EDITION

Auteurs : Anne-Sophie FESSELIER-HAGUET, Philippe TOSCER, Pierre LEGALL, Pascal BAUDOIN, Cécile BEYOU, Jean-Paul LABOURDETTE, Dominique AUZIAS et alter

Directeur éditorial : Stéphan SZEREMETA

Rédaction : Marie-Cécile HAINGUE, François TOURNIE, Grégoire DECONIHOUT et Jeff BUCHE

PUBLICITE / COMMUNICATION

Directeur Commercial : Olivier AZPIROZ assisté de Michel GRANSEIGNE, Victor CORREIA

Relation Gestion Clientèle : Nathalie GONCALVES et Vimla MEETTOO

Responsable Régie national : Aurélien MILTENBERGER

Régie national : Caroline GENTELET, Perrine DE CARNE MARCEIN, Stéphanie BERTRAND, Caroline AUBRY, Sabrina SERIN, Orianne BRIZE, Sacha GOURAND, Virginie SMADJA, Fortuné PELLICANO (Iroise Consulting Brest) assistés de Sandra RUFFIEUX

Régie publicitaire Internationale : Karine VIROT assistée de Camille ESMIEU, Guillaume LABOUREUR, Romain COLLYER et Elise CADIOU

Directeur technique web : Lionel CAZAUMAYOU

Chef de projet développeur et Ingénieur : Jean-Marc REYMUND, Cédric MAILLOUX, Anthony GUYOT, Florian FAZER, Anthony LEFEVRE, Christophe PERREAU

Animatrice Web : Caroline LOLLIEROU

DIFFUSION ET PROMOTION

Directeur des Ventes : Eric MARTIN assisté d'Aissatou DIOP et Alicia FILANKEMBO

Responsable de la diffusion : Bénédicte MOULET

Responsable des ventes : Jean-Pierre GHEZ

Responsable Relations Presse-Partenariats : Jean-Mary MARCHAL

FABRICATION / MAQUETTE

Studio : Sophie LECHERTIER et Romain AUDREN

Maquette : Sandrine MECKING, Laurie PILLOIS

Montage : Julie BORDES, Élodie CARY, Delphine PAGANO, Élodie CLAVIER, Evelyne AMRI et Hugues RENAULT

Photothèque : Elodie SCHUCK

Cartographie : Sophie CUCHEVAL

ADMINISTRATION

Président : Jean-Paul LABOURDETTE

Directeur Administratif et Financier : Gérard BRODIN

Directrice des Ressources Humaines : Dina BOURDEAU assistée de Sandra MORAIS, Claudia MARROT

Responsable informatique : Pascal LE GOFF

Responsable Comptabilité : Isabelle BAFOURD assistée de Christelle MANEBARD, Oumy DIOUF et Jeannine DEMIRDJIAN

Recouvrement : Fabien BONNAN assisté de Sandra BRIJLALL

Standard : Jehanne AOUMEUR

■ **PETIT FUTÉ BRETAGNE 2013** ■
Le Petit Futé a été fondé par Dominique Auzias.
Il est édité par Les Nouvelles Éditions de l'Université
18, rue des Volontaires - 75015 Paris.
✆ 01 53 69 70 00 - Fax 01 42 73 15 24
Internet : www.petitfute.com
SAS au capital de 1 000 000 € - RC PARIS B 309 769 966
Couverture : Bigoudenne - bretonne © Chris29 - Fotolia -
Cap Fréhel © JONATHAN - Fotolia
Impression : GROUPE CORLET IMPRIMEUR -
14110 Condé-sur-Noireau
Dépôt légal : mars 2013
ISBN : 9782746961982
Pour nous contacter par email, indiquez le nom de famille en minuscule suivi de @petitfute.com
Pour le courrier des lecteurs :
info@petitfute.com

... sur les espaces ... et les terres intérieures de l'Argoat.

... tes d'Armor, Finistère, Ille-et-Vilaine et Morbihan, quatre départements tous différents mais unis par cette appartenance commune et riches d'un patrimoine culturel, maritime, rural, architectural, religieux, gastronomique... Bretagne littorale et intérieure, villes et campagnes, ports de pêche et terres agricoles, bois et forêts, musées et parcs de loisirs, la Bretagne est une terre de contrastes qui offre un patchwork de lieux à découvrir, correspondant à tous les goûts et toutes les envies.

Quatrième région touristique de France, première destination pour les séjours à la mer, il existe de nombreuses façons de découvrir la Bretagne. On peut s'y rendre pour pratiquer des activités nautiques, s'y ressourcer en thalasso, camper en bord de mer ou à la ferme. On vient admirer ses chapelles, calvaires et autres monuments religieux mais aussi ses menhirs et dolmens, objets de croyances celtiques plus païennes. On peut également s'évader vers les îles : Ouessant, Bréhat, Belle-Île et d'autres îlots moins connus sont facilement accessibles pour un séjour loin du monde. La Bretagne peut aussi se parcourir à pied, sur les centaines de kilomètres de circuits de petite et grande randonnée (le GR 34 longe la côte sur près de 2 000 km, du Mont-Saint-Michel au Tour-du-Parc, non loin de Vannes !). Mais on peut bien sûr préférer se reposer sur une plage de sable fin... Du port de Cancale à celui du Conquet, de la cité médiévale de Dinan au Golfe du Morbihan en passant par la forêt de Brocéliande et le massif armoricain, la diversité des paysages et la variété des lieux font la richesse de cette région qui a toujours su marier authenticité et modernité. Nous avons sélectionné des lieux (sites naturels, musées, parcs de loisirs...) à voir ou visiter, des hôtels et campings où séjourner, des restaurants où déguster les meilleures crêpes et produits de la mer. Nous avons également répertorié les bonnes adresses pour trouver un kouign aman ou une boîte de galettes, un tricot marin ou un bol avec son prénom, bref, un peu de Bretagne à rapporter chez soi lorsqu'on la quitte... à regret ! Nous espérons faire découvrir à ceux qui connaissent déjà la Bretagne de nouveaux lieux de séjour, loisirs, repos, détente... et à ceux qui la visitent pour la première fois l'envie d'y revenir.

Degemer mat e Breizh !*

* Bienvenue en Bretagne !

Découvrir
le guide
en ligne

OFFERT
CE GUIDE VERSION NUMÉRIQUE
Retrouvez cette offre en page 97

Classification des hébergements : du neuf dans les étoiles

Depuis le 23 juillet 2012, un nouveau système de classification est entré en vigueur en France. Peut-être avez-vous remarqué les nouveaux panonceaux qui apparaissent progressivement sur leur façade, venant remplacer les octogones bleus presque trentenaires ? Désormais, tous les hôtels, campings, résidences de tourisme et villages de vacances seront classés de 1 à 5 étoiles (et non plus de 0 à 4), par rapport à plus de 200 critères axés sur l'équipement, mais également la prise en compte de l'accès handicapé, le service au client ou le développement durable. L'attribution devra être renouvelée par des cabinets d'audit tous les 5 ans, ce qui n'était pas le cas jusqu'à présent. Cette harmonisation européenne doit donc entraîner des travaux de mise en conformité avec les nouveaux critères de notation pour bon nombres d'établissements. Certains l'ont déjà adopté, d'autres sont en cours et n'affichent donc plus d'étoiles ou ne devraient plus les afficher.

Ancienne classification
Cet affichage n'est plus valable, il correspond à l'ancienne classification.

1 étoile correspond à l'hôtellerie économique
La surface minimum d'une chambre double doit être de 9 m², hors sanitaires. Ceux-ci peuvent être privés ou communs.

2 ou 3 étoiles correspondent au milieu de gamme

Dans ces hôtels, vous trouverez du personnel qui parle au moins une langue officielle européenne en plus du français. L'accueil y est garanti au moins dix heures par jour. La surface minimale de la chambre double est de 9 m² hors sanitaires pour les 2 étoiles et de 13,5 m², sanitaires inclus, pour les 3 étoiles. La différence avec un hôtel 1 étoile se juge également à la superficie des espaces communs, notamment le salon, au moins 50 m² dans un 3 étoiles contre 20 m² en 1*.

4 ou 5 étoiles indiquent une hôtellerie haut de gamme et très haut de gamme

Les chambres sont spacieuses, au moins 16 m², sanitaires inclus, en 4 étoiles, et 24 m² en 5 étoiles. Dans les hôtels de plus de 30 chambres, l'accueil est assuré 24 h sur 24. Deux langues étrangères, dont l'anglais, sont requises dans un 5 étoiles, ainsi que le service en chambre, l'accompagnement jusqu'à la chambre et la possibilité de dîner à l'hôtel. D'autres avantages caractérisent le 5 étoiles, comme un service de voiturier, une conciergerie ainsi que des équipements spécifiques dans les chambres tels qu'un coffre-fort et l'accès à Internet. La climatisation est obligatoire.

Les campings, résidences de tourismes et villages de vacances font également l'objet d'une nouvelle classification.

Sommaire

La station balnéaire de Dinard

Finistère

NOUVEAUTÉ 2013
Les loutres !

Océanopolis *Brest*
www.oceanopolis.com

Ille-et-Vilaine

Morbihan

Organiser son séjour

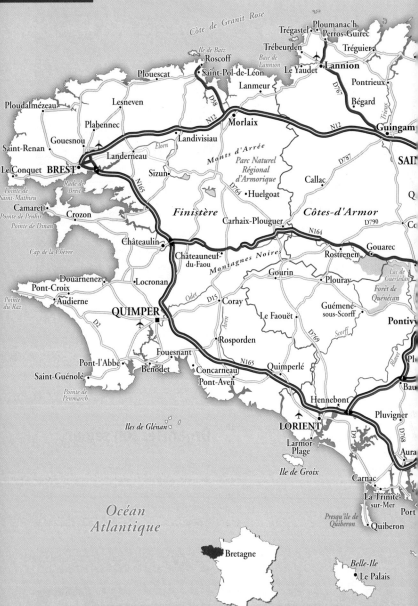

Bretagne

Côte de Granit Rose

Trégastel • • Ploumanac'h
Perros-Guirec
Trébeurden • Tréguier
Baie de   • Le Yaudet • **Lannion**
Lannion

Île de Batz
• Roscoff   Pontrieux
Plouescat •   Saint-Pol-de-Léon   Bégard
Lanmeur
Ploudalmézeau •   Landivisiau   **Guingam**
Lesneven
Plabennec •   **Morlaix**
Saint-Renan Gouesnou •   **SAI**
Le Conquet • **BREST** Landerneau   Monts d'Arrée
Pointe de   Sizun •   Parc Naturel
Saint-Mathieu Rade de   Régional   Callac   D787
Brest   d'Armorique
Camaret •   *Finistère* Huelgoat   **Côtes-d'Armor**   D790   Co
Pointe de Penhir Crozon •   Carhaix-Plouguer   Gouarec
Pointe de Dinan   Châteaulin •   Châteauneuf- D164   Rostrenen •
Cap de la Chèvre   du-Faou •   Montagnes Noires   Lac de
Douarnenez •   Locronan •   Gourin •   • Plouray Guerlédan
Pont-Croix   Odet   Coray   Le Faouët • Guémené- Forêt de
Pointe Audierne •   **QUIMPER** D15   sous-Scorff Quénécan
du Raz   D2   Scorff **Pontiv**
Rosporden •   D769
Fouesnant •   Quimperlé   Pl
Pont-l'Abbé • Bénodet •   Concarneau N165   Bau
Saint-Guénolé •   Pont-Aven •   Hennebont
Pointe de   Pluvigner   D768
Penmarch   **LORIENT**   Aura
Larmor-
Plage   Carnac
Iles de Glénan   Ile de Groix   La Trinité- Port
sur-Mer
Océan   Presqu'île de • Quiberon
Atlantique   Quiberon

Bretagne   *Belle-Ile*
• Le Palais

0   25km

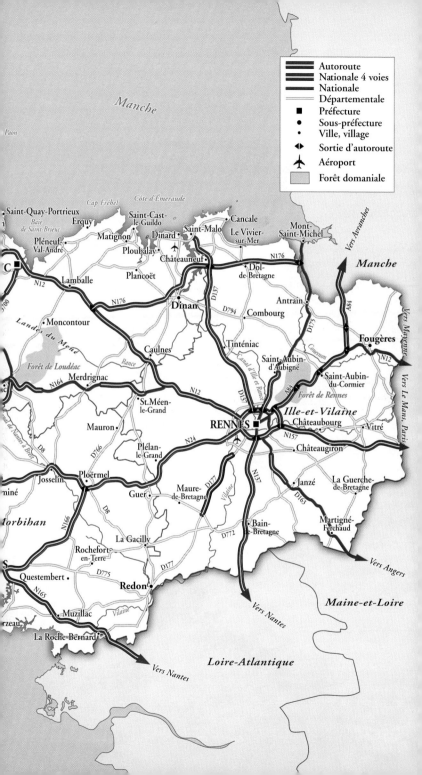

La presqu'île de Crozon
JUSTKIS · FOTOLIA

Carte d'i...
Les immano...

Éco...
H...
Patrimoine et tra...
La Bretagne gour...
Sports et...
Festivals et manifes...

Les Français aiment l'ouvrir.

Carte d'identité

▶ **Population :** 3 175 064 habitants au 1er janvier 2009

▶ **Démographie :** déséquilibres entre le fort dynamisme de l'est, du sud-est et des zones littorales, et l'étiolement du Centre-Bretagne. En chiffres, l'Ille-et-Vilaine est le département qui a le plus progressé depuis vingt ans, avec une augmentation moyenne annuelle de 0,9% de 1990 à 1999, et de 1,2% de 1999 à 2007. Le Morbihan suit avec 0,4% et 1,1%. Les Côtes-d'Armor, au plus bas dans la première décennie (0,1%), ont ensuite rattrapé le retard avec 0,8%. Et le Finistère marque le pas, avec 0,2% et 0,5%.

▶ **Densité :** 117 habitants par km^2

▶ **Superficie :** 27 208 km^2

▶ **Départements la composant :** Côtes-d'Armor, Ille-et-Vilaine, Morbihan, Finistère

▶ **Point culminant :** le Roc'h Trédudon (387 mètres), dans les Monts d'Arrée

▶ **Cours d'eau principaux :** l'Arguenon, l'Aulne, le Blavet, le Couesnon, l'Elez, l'Élorn, l'Ével, le Gouessant, le Gouët, le Léguer, l'Odet, la Rance, le Scorff, le Trieux, la Vilaine.

Drapeau breton

© FRANÇOIS HÉDOU – FOTOLIA

Drapeau breton

« Le » ou « les » drapeaux bretons ? Là encore, c'est la variété qui s'impose, comme dans le domaine des « guises », avec toutefois un choix plus limité. On ignore à peu près tout des vexilloïdes utilisés en Bretagne à la période alto-médiévale, mais plusieurs récits anciens ainsi que des bas-reliefs comme celui du porche sud de l'église Saint-Jacques de Perros-Guirec nous laissent supposer que des manches à air figurant des dragons étaient couramment utilisées pour galvaniser le courage des Bretons sur les champs de bataille. Il y a fort à parier que c'est, groupées derrière de tels emblèmes, que les troupes du roi Arthur infligèrent une terrible défaite aux envahisseurs saxons au Mont-Badon, vers 500 de notre ère.

▶ **Gwenn ha du...** En 1923, Morvan Marchal, jeune architecte cofondateur du journal Breiz Atao, entendant créer pour la Bretagne un drapeau à la fois résolument moderne, imagina le fameux Gwenn ha du (blanc et noir), qui allait très vite devenir le drapeau de l'Emsav, le mouvement breton. Constitué d'un champ d'hermines plain au nombre à l'origine indifférencié, mais, selon les règles héraldiques, dont le premier rang était coupé dans le sens de la hauteur, et de neuf bandes : cinq noires, représentant les anciens « pays » ou diocèses de langue gallèse (Dol, Nantes, Rennes, Saint-Brieuc et Saint-Malo) et quatre blanches, symbolisant les quatre évêchés brittophones (Cornouaille, Léon, Trégor et Vannetais). Ce drapeau est bien évidemment inspiré du stars and stripes qui, en 1918, était encore un symbole de liberté et d'indépendance. Exposé pour la première fois sur le pavillon de la Bretagne à l'exposition des arts décoratifs de Paris en 1925, le drapeau suscite très vite l'enthousiasme du Mouvement Breton, au point d'être adopté officiellement comme « drapeau national breton » par le premier congrès du Parti Autonomiste Breton réuni à Rosporden. Flottant désormais sur une bonne partie des mairies des cinq départements, le vieux drapeau autonomiste, un temps ostracisé, a retrouvé toute sa vigueur et son honneur ! Le cosmonaute Jean-Loup Chrétien ne l'apportait-il pas avec lui lors de chacune de ses expéditions spatiales ? Et Gérard d'Aboville ne l'arborait-il pas sur son bateau lors de sa traversée de l'Atlantique en solitaire à la rame ? Est-ce justement parce qu'il semble définitivement débarrassé de sa charge contestataire et séditieuse qu'il se voit de plus en plus souvent remplacé sur les mâts plantés dans les jardins, sur ceux des bateaux ou dans les cortèges contestataires, par le vieux Kroaz Du (croix noire) ?

▶ **... ou Kroaz Du ?** Un drapeau vraiment ancien celui-là puisqu'il lui fut accordé aux Bretons par le Pape lors de la troisième croisade, en 1188, à l'époque où les Anglais se voyaient dotés de la croix de Saint-Georges rouge sur fond blanc et les Français d'une croix blanche sur fond bleu. La couleur noire identifiait d'ailleurs les Bretons depuis le haut Moyen Age si l'on en croit les chroniques d'Ermold le Noir. Symbole, non d'une famille, comme la bannière herminée ou d'un mouvement politique, comme le Gwenn ha du, mais de l'Etat breton, le Kroaz du apparaît, de plus en plus, comme le symbole de la nation bretonne.

Les immanquables

Le canal de Nantes à Brest

Ondoyant dans l'intime repli des campagnes, remodelant l'espace et créant mille paysages dans le paysage de la Bretagne intérieure, le canal, veine de vie allongeant ses molles sinuosités au cœur même de la presqu'île, est l'axe qui lie physiquement la Bretagne de Nantes à Brest. Débuté sous Napoléon Ier et inauguré en 1858 par Napoléon III, sa construction naquit d'une visée guerrière. En 1803, la guerre avec la « perfide » Albion reprenant, il s'avère plus que jamais indispensable de relier entre eux les arsenaux de Bretagne. Mais une telle entreprise nécessite l'adhésion de tous les acteurs au projet et c'est loin d'être le cas. C'est un chantier infernal, ce que décrit remarquablement Jacques Guillet dans son magnifique ouvrage « La Batellerie bretonne ». Il faudra dix années pour aplanir les 52 000 m^2 de la base et vingt ans pour entasser les blocs. Il a fallu remuer trois millions de m^3 de terre et niveler une plate-forme aussi grande que celle de la pyramide de Khéops pour creuser la tranchée de Glomel ! Prisonniers de guerre espagnols, ouvriers libres et bagnards de Bretagne, ce sont les damnés du canal, décimés par le choléra, les fièvres ou la tuberculose qui mènent à bien « la trouée monstrueuse ». Les conditions sont épouvantables. De l'aube au crépuscule le travail s'effectue constamment dans l'eau ou la boue, la paye des ouvriers est bien maigre, versée avec retard et terrible ironie, le canal ne servit jamais, ni en temps de guerre ni en temps de paix, inutile et quasi désert de toute navigation.

Et pourtant, malgré tout cela et toutes les réserves que l'on peut faire, l'agriculture, le commerce et l'industrie vont, grâce aux travaux, décoller. A partir de 1898-1902 le train, en centre Bretagne, vient concurrencer le chemin d'eau et dès 1923 le coup de grâce s'annonce. Cette année-là s'ouvre le chantier du barrage de Guerlédan dont la finalité est d'alimenter une partie du centre Bretagne en électricité. Noyées sous des tonnes d'eau les dix-sept écluses, noyé le village d'ardoisiers, noyé le chemin de halage et noyées les promesses affirmant que le barrage n'entraverait en rien le passage des péniches, que le nécessaire serait fait pour rendre au canal son intégrité, permettant la reprise de la navigation vers Brest.

On n'est plus en Bretagne... Mais c'est pas loin !

Nantes ne fait effectivement pas partie de la Bretagne. Mais les sorties culturelles ne manquent pas dans la ville élue Capitale verte de l'Europe pour 2013. Quelque exemples parmi d'autres qui méritent votre attention :

▶ **Le Carrousel des mondes marins,** dernier né du projet des Machines de l'Île.

▶ **Le musée d'Histoire de Nantes du château des Ducs de Bretagne** vaut également le détour, avec un parcours à travers les âges en sept séquences.

▶ **L'ancien site des chantiers navals** est le meilleur endroit pour avoir la chance de croiser un éléphant, et pas n'importe lequel : né de l'imaginaire de François Delarozière et Pierre Orefice, l'éléphant de bois, cuir et métal est réellement impressionnant, par sa hauteur de 12 m et ses 50 tonnes.

▶ **On peut aussi citer le NID,** un bar niché au 32e étage, au sommet de la Tour de Bretagne, où l'on peut admirer la ville de Nantes à 360°. Ainsi que l'œuvre artistique contemporaine de Jean Jullien : un oiseau géant mi cigogne-mi héron et son nid...

▶ **Le mémorial de l'abolition de l'esclavage,** fait également partie des nouveautés à ne pas manquer, mais évidemment, la liste n'est pas exhaustive.

▶ **N'hésitez pas à vous renseigner auprès de Nantes tourisme** (l'office de tourisme de Nantes Métropole) pour en savoir plus sur les différents incontournables de la ville et du Pays de la Loire en général. Vous pouvez également consulter le site www.levoyageanantes.fr, qui propose une déambulation urbaine très complète qui incite à la flanerie et à la découverte, en proposant une exploration insolite des coins et recoins de la ville.

■ **NANTES TOURISME**
9 rue des Etats – 44000 Nantes ✆ **08 92 46 40 44 (0,34€/min)**
www.nantes-tourisme.com – www.levoyageanantes.fr – info@nantes-tourisme.com
En face du pont-levis.
▶ **Autre adresse :** lieu d'information Nantes Tourisme, station Prouvé. Boulevard de la Prairie au duc (proche de la station île de Nantes)

© PAUL LAROQUE - FOTOLIA

Le canal de Nantes à Brest

Et aujourd'hui ? Le Canal de l'Unité, comme il a été baptisé par l'association qui œuvre pour la réunification de la Bretagne, vient de justesse d'échapper à ce que l'on a cru être un canular : la destruction des écluses et des déversoirs ! Et cela pour répondre à une directive européenne* visant l'obtention du « bon état écologique des eaux » d'ici 2015. La forte mobilisation des amoureux du canal mais aussi des élus du centre Bretagne fin 2007 a permis d'obtenir la classification du canal de Nantes à Brest en « masse d'eau fortement modifiée » — MEFM — reconnaissant ainsi le caractère historique, patrimonial et culturel de cette voie de navigation. Au grand dam de la Fédération du Finistère pour la pêche et la protection du milieu aquatique favorable au classement du canal en masse d'eau naturelle (MEN) ce qui aurait permis le retour de 2 000 saumons. Le tourisme vert s'épanouit tout au long des 360 km du sillon fluvial, traversant la « paume calleuse de la Bretagne », menant plaisanciers et promeneurs à pied ou à bicyclette à la découverte d'un pays secret et merveilleux.

L'un des plus importants ensembles d'architecture religieuse conservés en Bretagne, fondé par le comte Alain de Goëlo en 1202. Classée Monument historique en 1862, l'abbaye de Beauport a été acquise en 1993 par le Conservatoire de l'espace littoral et des rivages lacustres. Le nom « Beauport », ou « *Bellus Portus* », explicite parfaitement l'exceptionnelle dimension littorale de l'abbaye. Elle fut successivement un centre d'accueil des pèlerins en route vers Saint-Jacques-de-Compostelle, et un centre de commerce et d'économie maritimes. Six siècles durant, les chanoines ont construit et aménagé ce domaine, doté d'une architecture remarquable, et agrémenté de roses, de figuiers et de vergers. Bordée par des prés salés, l'abbaye est située à proximité d'un port abrité. Des animations sont organisées tout au long de l'année. La Maison de la pomme vous propose une présentation du verger cidricole de Beauport. Ouverte sur la mer, cette salle accueille également les groupes d'enfants, en complément des salles pédagogiques déjà existantes sur le site. A noter, le domaine de Beauport a récemment été accepté comme 33e membre au sein du prestigieux Réseau des Grands Sites de France (RGSF) !

Côtes-d'Armor

Abbaye de Beauport

■ **ABBAYE MARITIME DE BEAUPORT**
Chemin de l'Abbaye – Kérity
PAIMPOL ✆ 02 96 55 18 58
www.abbaye-beauport.com
Ouvert toute l'année. Basse saison : tous les jours de 10h à 12h et de 14h à 17h. Haute saison : tous les jours de 10h à 19h. De 14h à 17h du 1ᵉʳ octobre au 15 mars. Adulte : 6 €. Enfant (de 5 à 10 ans) : 2,50 € (tarif jeune de 11 à 18 ans : 3,5 €). Groupe (15 personnes) : 5 €. Réduit (étudiants, demandeurs d'emploi, handicapés) : 5 €. Balade nature autour de Beauport : adulte 6 €, jeune 4 € et enfant 3 €. Visite de l'abbaye + balade nature : adulte 9,50 €, jeune 6 € et enfant 4 €.

Dinan

■ **OFFICE DE TOURISME DE DINAN – PAYS DE RANCE**
BP 65 261
9, rue du Château
DINAN
✆ 02 96 87 69 76
Fax : 02 96 87 69 77
www.dinan-tourisme.com
Basse saison : ouvert du lundi au samedi de 9h à 12h30 et de 14h à 18h. Haute saison : du lundi au samedi de 9h à 19h ; le dimanche et les jours fériés de 10h à 12h30 et de 14h30 à 18h. Basse saison, ouverture certains dimanches et jours fériés lors de grands week-ends. Visites guidées (se renseigner pour les dates) : 6 € par adulte, enfant (de 12 à 18 ans) et étudiant : 4 €.

En 2006, l'office de Dinan a fêté ses 100 ans. Cent ans d'informations, de services et d'accueil, qui ont bâti sa notoriété et en ont fait le point de départ inévitable de toute visite qui se respecte. Juste avant l'été 2006, pour encore plus de transparence, l'office a signé la charte de qualité accueil de la fédération régionale des offices de tourisme. Sous la conduite d'un guide conférencier, vous découvrirez toutes les facettes de cette ville qui a su conserver sa structure médiévale et son enceinte fortifiée, la plus importante de Bretagne. Ainsi, au fil de ses rues, vous serez émerveillés par ses hôtels particuliers des XVIIᵉ et XVIIIᵉ siècles, sa magnifique fresque du collège Roger-Vercel – ancien couvent des bénédictines –, ou encore l'ancien couvent Sainte-Catherine, refuge des enfants abandonnés, et sa chapelle.

Fort-la-Latte

■ **OFFICE DE TOURISME DU PAYS DE FRÉHEL**
Place de Chambly
FRÉHEL ✆ **02 96 41 53 81**
www.paysdefrehel.com

Ploumanach

C'est l'un des paysages les plus insolites de Bretagne. À perte de vue, lorsque l'on se hisse sur la pointe du Squewel ou que l'on s'accoude au muret qui protège le phare des fureurs de la mer, c'est un maelström de rochers roses qui s'abiment dans les flots comme en une gigantesque cascade pétrifiée. Mais que s'est-il donc passé ici, à une époque dont l'évocation à elle seule donne le vertige ? Partout, des blocs erratiques affleurent sur une lande qui fut rase mais qui reprend ses aises depuis que la municipalité entreprit de canaliser sur des sentiers balisés les milliers de pas des promeneurs qui leur font une cour assidue. Est-ce pour dompter tant de démesures, pour apprivoiser leurs cauchemars, pour se familiariser avec cette très vieille cosmogonie de pierre que les hommes d'ici se sont amusés, comme par défi, à donner des noms aux blocs erratiques ? La tortue, la bouteille, le chapeau de Napoléon, le sabot renversé... En ces lieux frappés par la main de dieu – ou du diable – « l'esprit se perd en conjectures », comme l'écrivait si justement Charles Le Goffic. C'est vrai. Il faut venir ici avec l'humilité du pèlerin et la conviction du voyant. Sinon les géants ne resteront que des blocs de pierre renfermés sur leurs secrets insondables. C'est en les apprivoisant qu'ils libéreront leur âme et leurs silhouettes, comme si chaque pierre recelait un être vivant au tréfonds de sa chair de feldspath et de micaschiste. Car chacune est unique ! Pour les connaître et les apprivoiser, c'est à deux pas du sémaphore qu'il faut aller frapper. Chez Marie Le Scanve, qui veille sur ses pierres avec la même conviction que les derniers gardiens des Sept îles dont le phare clignote à quelques miles au large, veillent sur les esquifs. Car Marie est la grande prêtresse de la Maison du Littoral. Ceux qui ne voyaient dans la côte de granite rose qu'un amas indifférencié de « grosses pierres » en sont pour leurs frais ! Paradis des géologues en herbe, avec ses roches vénérables de 300 millions d'années, Ploumanach séduira aussi les accros de la palette. C'est à la tombée du jour, lorsque les derniers rayons d'un soleil estival irradient la pierre de couleur sang, qu'il faut venir. On pourra alors rêver devant la haute silhouette de la folie néogothique de Costaérès. Ou tenter de planter, comme ces jeunes filles en mal de mariage, une épingle dans le nez de pierre de Saint-Guirec, sagement enfermé dans son oratoire roman que viennent lécher les vagues deux fois par jour. En fermant les yeux, l'on imaginera le pays qu'a pu découvrir Rivière à la fin du XIXᵉ siècle, lorsque la moitié des maisons de pêcheurs était coiffée de chaume et que l'autre moitié souriait sous les briques roses venues du pays de Galles.

DÉCOUVERTE

Phare de Ploumanac'h sur le sentier des douaniers

Île Tudy

Finistère

Pointe du Raz

A 35 kilomètres de Quimper, sur la commune de Plogoff, se trouve la Pointe du Raz. Avancée de granit dans la mer d'Iroise, à l'extrême pointe du Cap Sizun, c'est l'un des lieux les plus emblématiques de la côte bretonne. Site touristique de renommée internationale, il a fallu protéger son environnement majestueux mais fragile. Seuls les piétons peuvent désormais s'approcher des falaises de 70 mètres pour d'encore plus belles sensations et regards sur la baie des Trépassés et la pointe du Van, le phare de Vieille, l'île de Sein, et plus loin, l'horizon Cette réhabilitation du site (éloignement des parkings et commerces, réintroduction des espèces végétales) avait valu à la Pointe du Raz le label Grand site de France. Cette labellisation a été étendue à la quasi-totalité des côtes du Cap Sizun en décembre 2012. C'est dire que ce lieu conserve son aspect sauvage malgré les milliers de touristes (quasiment un million) qui viennent l'admirer chaque année.

Monts d'Arrée

Quelques lignes sur un guide ne sont pas suffisantes pour décrire les monts d'Arrée. Il faut y aller et s'y perdre pour apprécier cet endroit si particulier. Sur place, tous les sens sont en éveil. Sur les sommets, à l'ombre des crêtes, on découvre un paysage à perte de vue et à couper le souffle. Par temps clair, on distingue même la majeure partie du département. Selon la saison, la végétation arbore des teintes rosées et dorées. La lande déploie toute une palette de couleurs. En marchant dans les sentiers, piqué par les ajoncs et les plantes rases, on retrouve ses instincts de cueilleur. L'été, myrtilles et baies sauvages attendent d'être dégustées avec délice. La flore est riche, la faune abondante : les amoureux de la nature sont dans leur élément. L'habitat humain est clairsemé : les maisons sont basses, faites principalement de schiste, la pierre locale. La vie y fut rude car la terre est ingrate. Tourbe et ardoise ont occasionné les principales activités humaines. Climat particulier et conditions difficiles d'installation humaine : est-ce les raisons qui ont donné naissance à de nombreuses légendes ? Toujours est-il que plusieurs mystères planent mais qu'il faut y venir pour tenter de percer leurs secrets.

Pointe Saint-Mathieu

Le Finistère sud s'enorgueillit d'avoir la pointe du Raz, le nord du département possède sa pointe avec celle de Saint-Mathieu. Et contrairement aux idées reçues, cette dernière est plus avancée dans la mer. Cet endroit incontournable, installé sur l'extrémité de la commune de Plougonvelin, a vu sa notoriété s'accroître au cours des siècles. Façonnée par les vagues, cette falaise abrupte surplombe la mer d'une vingtaine de mètres. Plusieurs bâtiments ont été construits sur ce promontoire. L'élément central de cet ensemble historique est l'abbaye. Elle est actuellement en restauration. Tout autour d'elle, c'était créé une bourgade mais la plupart des habitations ont désormais disparu. Un phare, édifié au XIXᵉ siècle, veille sur l'océan accompagné d'un sémaphore. Dans les parages, on trouve une chapelle ainsi qu'un mémorial aux marins morts en mer pour la France. C'est un point de départ apprécié par les randonneurs qui arpentent les sentiers du GR34.

Presqu'île de Crozon

Coincée entre la rade de Brest au nord et la baie de Douarnenez au sud, la presqu'île de Crozon est entourée par la mer. Elle tient son nom de la ville principale, Crozon, et a une forme de croix la rendant très repérable sur une carte de France. Elle est appréciée pour la beauté de ses paysages. On y trouve notamment de magnifiques sites naturels remarquables dont les plus connus sont : la Pointe des Espagnols, la Pointe de Pen-Hir avec les fameux tas de pois et le cap de la Chèvre. Mais, il ne faut surtout pas se limiter à ces quelques endroits mythiques !

LA FRANCE DEVIENT RMC !

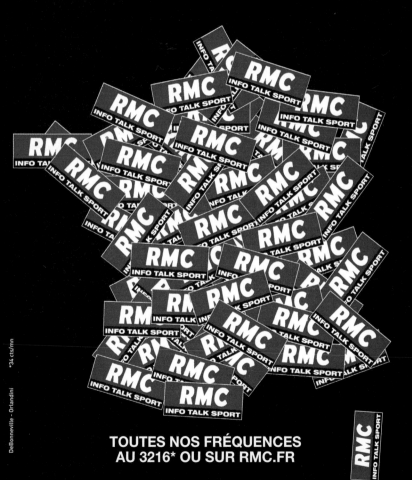

TOUTES NOS FRÉQUENCES
AU 3216* OU SUR RMC.FR

RMC
INFO TALK SPORT

LA RADIO D'OPINIONS

Des communes comme Camaret (où se trouvent la Tour Vauban et la chapelle de Rocamadour) et Lanvéoc (connu pour l'Ecole Navale et sa base aéronavale), sont aussi autant de lieux où il fait bon se promener. Falaises, criques, côtes découpées, belles plages : un vrai paradis pour ceux qui aiment les endroits sauvages. Une route des fortifications permet aussi de découvrir un patrimoine militaire (fort, tour, batterie) important du fait de sa situation géographique. A côté de cela, elle dispose également d'un riche patrimoine culturel que l'on remarque au gré des itinéraires. A l'entrée de la presqu'île, le Menez Hom culminant à plus de 300 mètres offre un belvédère magique sur ce territoire.

Ille-et-Vilaine

Dol-de-Bretagne et le mont Dol

« Dol, ville espagnole de France, en Bretagne, n'est pas une ville, c'est une rue. Grande vieille rue gothique, toute bordée à droite et à gauche de maisons à piliers, points alignés qui font des caps et des coudes dans la rue, d'ailleurs très large... » écrivait Victor Hugo.

Dol, premier sanctuaire de Bretagne, ville frontière où la sévère « Brezih » se mâtine de douceur normande, zone charnière à la fois entre les deux grandes régions, mais aussi entre la baie du Mont Saint-Michel et les premiers vallons verdoyants des Pays de Combourg et d'Antrain. Porte d'entrée dans la Bretagne romantique, Chateaubriand et Victor Hugo séjournèrent à maintes reprises dans la cité médiévale qui recèle les vestiges d'un passé exceptionnel. Dès le Moyen Age, Dol connut une exceptionnelle fortune. Sa situation à la croisée des routes menant vers la Normandie et l'abbaye du Mont-Saint-Michel n'y est point étrangère. Mais le joyau de cet ancien évêché, c'est sa cathédrale gothique, classée parmi les plus belles. Placée sous l'invocation de Samson, l'un des sept saints fondateurs de la Bretagne, elle fut longtemps l'église primatiale de la péninsule. Au VIe siècle, Nevenoe – Nominoë en français – se fit

couronner roi de Bretagne à Dol. Il s'empressa alors, afin de libérer l'église bretonne de la tutelle franque, d'ériger l'évêché en archevêché, ce qui n'eut pas l'heur de plaire à l'archevêque de Tours, qui avait, jusque-là, autorité sur les évêques d'Armorique ! L'affaire fut portée en cours de Rome, le procès dura plus de trois siècles, s'achevant par la défaite de l'évêque qui dut abdiquer en 1199 ses droits métropolitains. Si le siège épiscopal est supprimé depuis 1801, il reste que l'archevêque de Rennes est métropolitain de Bretagne et porte également les titres de Dol et de Saint-Malo. L'actuelle ville de Dol, située au milieu d'anciens marécages, offre l'attrait d'un patrimoine bâti exceptionnel, maisons à colombages, galeries basses, toits biscornus ainsi qu'un des rares spécimens de l'architecture civile du XIIe siècle en France et l'une des plus vieilles maisons de Bretagne, « la maison des Petits Palets ». « Lorsque le temps était beau, les pensionnaires sortaient le jeudi et le dimanche. On nous menait souvent au mont Dol... l'œil plane sur la mer et sur les marais, où voltigent pendant la nuit des feux follets, lumière des sorciers qui brûle aujourd'hui dans nos lampes ». C'est ainsi que François-René de Chateaubriand, alors qu'il était lycéen à Dol, dressait l'esquisse du « vieux caillou » qui, selon la légende aurait été jeté là par Gargantua en même temps que le Mont-Saint-Michel et Tombelaine. Jadis la mer recouvrait toutes ces terres ; seul piton au milieu des grèves mouvantes, le mont Dol émergeait. Cette ancienne île, ancien et important lieu de culte druidique, est également une station archéologique d'un grand intérêt. En 1872, des fouilles pratiquées au voisinage du bourg ont exhumé les restes de quelque 150 animaux, rennes, rhinocéros, mammouths, lion des cavernes... ! La haute silhouette – 65 m – s'élève au-dessus des marais, mystérieuse et fascinante, marquée par le sacré depuis la nuit des temps.

■ **OFFICE DE TOURISME**
5, place de la Cathédrale
DOL-DE-BRETAGNE ✆ **02 99 48 15 37**
Fax : 02 99 48 14 13
www.pays-de-dol.com
Basse saison : ouvert le lundi de 14h à 18h ; du mardi au samedi de 10h à 12h30 et de 14h à 18h. Haute saison : tous les jours de 9h30 à 13h et de 14h à 19h.

Digue du Sillon et Grande plage

© PHILIPPE GUERSAN – AUTHOR'S IMAGE

L'office de tourisme propose des idées escapades en baie du Mont Saint-Michel, pour le week-end et pour quelques jours en semaine : escapade savoureuse en baie du Mont Saint-Michel, balades pédestres au cœur de la baie, séjours grandes marées dans la baie, à vélo dans le marais de Dol-de-Bretagne. Sans oublier les visites guidées de la ville de Dol de Bretagne à travers ses remparts, son centre historique avec des maisons s'échelonnant du XI-XIIᵉ siècle jusqu'au XVIᵉ siècle : maisons à porche, à pan de bois... Nouveau, la visite guidée avec un goûter « local » dans la salle romane de la crêperie « Dol mène aux saveurs » (7 € pour les adultes et 4 € pour les enfants, en juillet et en août, le jeudi à 15h. Renseignements au Tél. 02 99 48 15 37).

Brocéliande – Forêt de Paimpont

■ **LA FORÊT DE BROCÉLIANDE ET LE VAL SANS RETOUR PAIMPONT**
www.broceliande.valsansretour.com
Nom évocateur pour cette forêt, également nommée forêt de Paimpont, qui recouvrait autrefois la Bretagne. Dès le Moyen Âge, la forêt de Brocéliande est mentionnée dans la littérature comme étant le théâtre des aventures du roi Arthur et de ses chevaliers de la Table ronde à la quête du Graal. Histoire et mythes s'enchevêtrent sans qu'il soit aisé d'en démêler l'écheveau. Arthur semble avoir existé, mais sur l'île Bretagne, lors des invasions anglo-saxonnes. Quoiqu'il en soit réellement, Brocéliande reste l'univers de Merlin l'Enchanteur, de la fée Viviane, des chevaliers de la Table ronde, du roi Arthur. Quant au Val sans retour, là encore, laissez aux experts le soin de débattre de la vraie destination de la Maison de Morgane – ou Hotié-Morgane. Selon la légende, la fée qui voulait se venger d'un amant volage décida d'emprisonner les chevaliers infidèles. Seul Lancelot, fidèle à Guenièvre, put rompre les enchantements. Mais ce coffre mégalithique, qui date d'environ 2 500 ans avant J-C, est surtout un prétexte pour vous enfoncer dans la mythique forêt des druides. Le Val Sans Retour, c'est aussi l'étang, le Miroir aux fées et le très connu Arbre d'or, œuvre de François Davin.

Dinard

Située au cœur d'une région magnifique, avec le Mont-Saint-Michel à l'est et le Cap Fréhel à l'ouest, Dinard, perle du Nord, offre l'éblouissement de ses jardins qui se prolongent jusque dans la mer. En 1850, la ville n'était qu'un petit port de pêcheurs rattaché au bourg de Saint-Enogat. Vingt ans plus tard, Dinard devenait le centre d'une véritable colonie anglaise, séduite par la beauté du rivage et la douceur de son climat. Les aristocrates anglo-saxons prirent l'habitude de s'y installer en villégiature d'été et d'y pratiquer les bains de mer et le tennis. Le duc d'Audiffred-Pasquier, messieurs Coppinger, Roederer et le baron Féard construisirent de superbes demeures et Dinard devenue une station à la mode, la plus huppée de la côte d'Emeraude, se classa parmi les plages les plus coquettes de France !

DÉCOUVERTE

Le hêtre de Pontus à Paimpont, le roi de la forêt de Brocéliande

Près de 800 châteaux et villas – aujourd'hui, plus de 400 d'entre elles sont classées aux Monuments historiques – hérissent ses cailloux, s'érigeant autour des palmiers, des tamaris et des camélias, faisant de la ville une petite Riviera, où boulevards et avenue parent la ville neuve d'une élégance de bon aloi. Si la plage est peu étendue, elle s'arrondit en un hémicycle parfait. Desservie par le train dès 1887 et dotée de tous les équipements de loisir, salle de bal, Grand Café avec terrasse et orchestre, salle de jeux et billards, Dinard permettait aux élégantes et aux dandys d'y mener une épuisante vie de fêtes et de mondanité. De nombreuses célébrités, séduites par son environnement, y vinrent en villégiature : Ernest Renan, Agatha Christie, Oscar Wilde, Winston Churchill, Jules Vernes, Pablo Picasso… Si sur la plage rien ne semble avoir changé, hormis la couleur des rayures des tentes, c'est une calme clientèle de retraité et de familles qui succèdent aux lords et aux rois. La société qui fit le Dinard de la Belle Époque n'est plus mais son charme indéfinissable perdure. Presqu'île rocheuse, inscrite entre deux baies, de quelque côté que porte le regard, il rencontre la mer, des côtes, des îles. Tours carrées ou rondes, remparts semblant être des chemins de ronde, escaliers de granit descendant vers la mer, gargouilles et pierres sculptées sont autant de signes distinctifs des anciens bâtisseurs de la station. Les amateurs de romantisme seront comblés par la promenade du Clair de Lune, qui se voit l'été illuminée et mise en musique avec chaque soir une ambiance différente.

■ **OFFICE DE TOURISME**
2, boulevard Féart – DINARD
℡ **02 99 46 94 12**
www.ot-dinard.com
Visites guidées de Mars à Octobre. Réservation obligatoire.
Des guides conférenciers agréés par le Ministère de la Culture et de la Communication vous invitent à découvrir l'histoire de la Station Balnéaire selon de nombreux thèmes : visite générale, balade à Saint-Enogat, promenade du Clair de Lune, Dinard et les femmes, l'architecture de l'entre-deux-guerres... Pour les individuels, visites guidées possibles d'avril à novembre. Billets en vente à l'Office de Tourisme. Les réservations sont conseillées.

Morbihan

Aiguilles de Port-Coton et pointe des Poulains

Quitte à gagner Belle-Ile-en-Mer, il serait de bon ton de ne pas rater ces deux sites exceptionnels. Le premier, sur la commune de Bangor, a captivé Claude Monet qui, contre vents et marées, déclina les aiguilles de Port-Coton en trente-neuf toiles. Il faut bien avouer que ces roches dentelées ont tout pour inspirer les artistes. Les promeneurs ne pourront échapper à un moment d'émotion, surtout lorsque la mer est déchaînée et que le vent souffle à en perdre haleine. Au nord-ouest de l'île, la pointe des Poulains où flotte encore l'ombre de Sarah Bernhardt s'enfonce dans l'océan. A quelques encablures, l'îlot des Poulains est dominé par un petit phare. Par temps clair, on peut apercevoir l'île de Groix, Lorient et la baie de Quiberon. A marée basse, l'îlot est relié à la pointe des Poulains par une plage de sable fin et de galets. C'est en amoureux ou en curieux qu'il faut s'y rendre. Et pour que le spectacle soit complet, y attendre le coucher de soleil. A moins de préférer une de ces journées où les éléments sont déchaînés… là aussi, ça vaut le coup d'œil ! 800 km de côtes échancrées, des côtes rocheuses, des côtes de sable fin, des côtes qui de l'Europe entière font accourir chaque été des centaines de milliers d'amateurs de douceurs marines.

Carnac

C'est le lieu du mégalithisme mondial. Sorte de Mecque des amoureux des « grosses pierres », l'endroit recèle dans un périmètre de quelques kilomètres carrés la plus forte concentration de mégalithes au monde. De toutes sortes et de tout genre. Mais c'est surtout pour ses alignements que Carnac est célèbre ! Les chiffres bruts donnent le vertige ! Quelque 3 871 pierres levées, menhirs ou peulvens selon l'ancienne appellation, répartis dans les quatre grands groupes du Ménec, de Kerzerho, de Kerlescan et de Kermario, très proches les uns des autres, auxquels on peut ajouter encore celui du Petit Menec qui comporte une centaine de pierres réparties sur huit rangées. Le paysage est à ce point marqué par la présence des pierres qu'il a donné son nom à la commune. Carnac tire en effet son nom de carn, mot commun à toutes les langues celtiques qui désigne un tas de pierres. Sur les alignements on a dit à peu près tout et le contraire de tout. Des théories de Royer de la Sauvagère qui, en 1755, y voyait les vestiges d'un camp romain à celles de ces GI's américains qui, en 1944, les prirent pour des lignes de défenses antichars allemandes, en passant par les délires ophiolâtriques du Docteur Stukeley en 1824, on pourrait faire une encyclopédie du bêtisier mégalithique carnacéen. Il fallut attendre la seconde moitié du XIXᵉ siècle et, dans les années 1860, les premières fouilles scientifiques organisées sous les auspices de la Société Polymathique du Morbihan, pour se rendre enfin compte, à la vue du mobilier qui y fut découvert, que les dolmens à couloirs étaient en réalité des sépultures, datant du néolithique, c'est-à-dire antérieur d'au moins 2 000 ans à l'arrivée de « nos ancêtres les Gaulois » ! Quant aux alignements, ils continuent à faire couler beaucoup d'encre. Et leurs constructeurs n'ayant pas laissé davantage de traces écrites que leurs successeurs celtiques, on débat encore sur leur signification. La plus couramment admise aujourd'hui cependant, veut qu'ils aient constitué des sortes de temples astronomiques orientés dans le sens du lever du soleil au solstice d'hiver.

Pour de nombreux auteurs comme Jacques Briard ou Gwenc'hlan Le Scouëzec, Carnac, par sa monumentalité, aurait constitué à son époque, un grand centre religieux où des foules immenses se rassemblaient pour célébrer des cultes saisonniers.

■ **OFFICE DU TOURISME**
74, avenue des Druides
Carnac-Plage
CARNAC
☎ **02 97 52 13 52**
www.ot-carnac.fr
Basse saison : ouvert du lundi au samedi de 9h30 à 12h et de 14h à 17h. Haute saison : tous les jours de 9h à 19h. En moyenne saison, ouvert du lundi au samedi de 9h30 à 12h30 et de 14h à 18h.
Sur la place de l'Eglise à Carnac-Ville, un bureau annexe est ouvert du 1ᵉʳ avril au 30 septembre, pendant les vacances scolaires de la Toussaint et de Noël (fermé pendant les vacances de février), du lundi au samedi aux mêmes horaires que l'office de la plage. Deux bornes télématiques dispensent également des informations touristiques, des indications d'accès et diverses disponibilités d'hébergement. L'une est située à côté de la mairie à Carnac-Ville et l'autre a pris ses quartiers près de l'office du tourisme à Carnac-Plage.

Golfe du Morbihan

Paradis des oiseaux migrateurs et des ostréiculteurs, véritable sanctuaire pour la vie sauvage, les saisons passent en douceur sur la « petite mer », « Mor-bihan » en breton. Une petite mer accueillante et secrète, mais qui possède tout de même un sacré caractère si l'on en juge par la violence de ses courants ! Elle s'étend sur près de 100 km² fermée par la presqu'île de Rhuys et la pointe de Kerpemir près de Locmariaquer ; pays aux mille visages et aux 300 îles, pays d'eau, de brumes et de lumières, où alternent langues de terre et étendues d'eau salée, on ne sait pas toujours déceler l'eau de la terre…

Les alignements mégalithiques de Carnac

Toutes les six heures, sous l'influence de la lune, le golfe se vide et se remplit, grouillant de vie, véritable paradis pour l'homme, mais aussi pour les poissons, les coquillages et les oiseaux. Il y a diverses manières de l'aborder ; par air, en hélicoptère ou en avion afin d'embrasser dans sa totalité le joyau dans son écrin ; à pied, en empruntant les sentiers côtiers mais le tour est interminable tant les côtes sont découpées et percées de vallées profondément encaissées. Et en bateau. Ah le bateau ! Ne pas résister à l'appel du golfe et s'embarquer, embarquer sur toutes sortes de bateaux, plate, Zodiac, kayak de mer, voilier, sinagot, navettes, car c'est sans doute le meilleur moyen de découvrir cette perle rare dont les paysages changent au gré des caprices de la météo et des marées. Les civilisations n'ont cessé de célébrer le Golfe qui se trouve au centre de l'ensemble mégalithique le plus important du monde. Cairn de l'île de Gavrinis, un chef-d'œuvre, Locmariaquer et ses monuments gigantesques – grand menhir qui culminait autrefois à plus de vingt mètres de hauteur, Table des Marchands, tumulus d'Er Grah – ce n'est pas un hasard si l'homme alors nomade du néolithique choisit de sédentariser ici. Douceur et violence mêlées, il se dit que le soleil luit ici tout autant qu'en pays catalan, le golfe ne sombre jamais dans l'artifice, même au plus fort de la saison touristique.

Suscinio

Dans la presqu'île de Rhuys, au milieu d'un écrin de marais, où prospèrent les roselières, où éclosent les boutons d'or et les iris, le château de Suscinio se remémore les temps anciens où il fut la résidence favorite des ducs de Bretagne. La première mention du château apparaît dès 1218 dans une lettre écrite par Pierre de Dreux, dit Mauclerc. Mais la forteresse n'est alors que l'un des multiples manoirs ducaux qui parsèment le territoire breton. Si son fils Jean Ier (1237-1286) systématise les aménagements des parcs à gibier de la forêt, c'est Jean II (1286-1305) qui quitte la vieille demeure ducale de La Motte à Vannes, pour s'installer à demeure à Suscinio. Jean IV (1364-1399) et son fils Jean V (1399-1442) entreprennent la construction du grand long logis-châtelet de la façade est et du logis ouest qui feront de Suscinio une demeure de prestige associant, dans l'idée du XIVe siècle, l'efficacité militaire et le souci de confort, avec notamment ces belles fenêtres à meneaux. Dès la première moitié du XVe siècle, le château prend globalement la physionomie qu'on lui connaît aujourd'hui. La construction d'un nouveau château ducal à Nantes, en 1466, détourne les ducs de la vieille forteresse du « dessus des marais », tandis que la défaite de Saint-Aubin-du-Cormier, en 1488, ruine la politique d'indépendance de la Bretagne. Un temps propriété du roi de France, puis de ses vassaux, Suscinio est abandonné aux ronces et aux choucas. Vendu comme bien national à la Révolution, il abritera un temps « l'armée rouge » du chef chouan Cadoudal, avant d'être vendu en pièces détachées par un acquéreur peu scrupuleux. La première étape de sa résurrection sera son classement au titre de « Monument historique » après la visite de Prosper Mérimée en 1835. Mais c'est un édifice en bien piteux état qu'acquiert en 1965 le conseil général du Morbihan. Pourtant, après quatre décennies de campagnes de restaurations, la résidence ducale a retrouvé sa superbe et ses couleurs. Avec une charpente, une couverture et des planchers refaits à l'identique, Suscinio est un modèle de restauration et de résurrection. Et les quelque 30 000 carreaux de terre cuite recouverts d'un vernis à engobe ou faïencés, trouvés en 1963 au fonds des douves et en 1975 dans un talus situé au sud du château, constituent la plus belle collection de carrelages médiévaux d'Europe. A visiter, absolument !

© FRANK - FOTOLIA

Le château de Suscinio

Ouï *fm.*
Maintenant à *Lorient.*

Nature

Géographie

« Dieu doit nous aimer. Du reste il nous connaît bien. Visiblement il sortait d'un de nos bistrots quand il nous a dessiné un territoire. Sa main tremblait. Aucune nation n'a des contours aussi déchirés. »
Gilles Martin-Chauffier – *Le Roman de la Bretagne*
Avec, dans sa dimension historique, cinq départements, une superficie s'étendant sur 35 000 km^2 et une population qui a dépassé les 4 millions en l'an 2000, la Bretagne peut avoir quelque prétention à jouer un jour dans la cour des grands, parmi les régions majeures d'Europe comme la Flandre, la Bavière, l'Écosse ou la Catalogne. Promontoire rocheux s'étirant d'est en ouest sur plus de 270 km de long, la Bretagne, au bord du continent, monte la garde devant les immensités atlantiques. « Bout du monde » pour certains, mais « tête du monde » pour d'autres, sertie presque de toute part par l'immensité liquide, elle a la mer pour destin et pour spectacle quotidien. Au long de ses côtes croisent quotidiennement quelque cent cinquante supertankers aux panses remplies d'hydrocarbures et le rail d'Ouessant, mis sur pied après le naufrage de l'Amoco Cadiz, en 1978, et sur lequel veille l'œil cyclopéen du phare du Creac'h, nous rappelle que la Bretagne est toujours aux premières loges en cas de catastrophe écologique.

Climat

▶ **Températures moyennes :** Océanique dans les grandes lignes, car la péninsule est sous influence du Gulf Stream, courant chaud venu du golfe du Mexique qui lui vaut des hivers bien plus doux que ceux de Terre-Neuve et du Labrador situés sur la même latitude, le climat breton est caractérisé par de faibles amplitudes thermiques. Les gelées y sont rares sur la côte, ce qui permet aux mimosas, aux agapanthes de prospérer de l'île de Bréhat aux bords du golfe du Morbihan. La neige y est rare et n'y tient rarement plus de quelques jours, voire quelques heures. C'est dire la valeur d'une photo de paysage marin ou d'un alignement mégalithique recouvert de légers flocons blancs ! Mais surtout, c'est pour les lumières qu'il faut venir en Bretagne. Elles n'ont pas leur pareil, sauf peut-être, en Irlande, pour séduire les palettes des peintres et les objectifs des photographes !
▶ **Ensoleillement et précipitations :** On pourrait, paraphrasant certaines cartes postales d'Irlande ou d'Écosse, évoquer le climat breton par une boutade du genre : « Quel magnifique camaïeu de gris ! ». Pourtant, force est de reconnaître que si Saint-Brieuc ne jouit pas de l'ensoleillement de Bastia ou d'Ajaccio, il ne pleut pas tout le temps en Bretagne ! Affirmer, comme certains plaisantins ne manquent pas de le faire en arborant

de jolis tee-shirts où s'étalent des phrases sibyllines du genre : « En Bretagne il ne pleut que sur les cons ! », serait prêté au climat breton un esprit de ségrégation bien loin de ses préoccupations. Quant à l' « éloge de la pluie » de notre cher Xavier Grall, il reste marqué par une époque de feu et de poudre où le porte-monnaie du touriste était le bienvenu… sans le touriste !
▶ **Vents :** bien connus des marins amateurs et professionnels, le Noroît (ou *gwalarn* en breton, vent de nord-ouest), le Suroît (sud-ouest) et le Nordet (nord-est).
▶ **Phénomènes naturels :** les principaux risques naturels en Bretagne sont les inondations, les mouvements de terrain et les submersions marines. De courts épisodes de forts vents provoquent parfois d'importants dégâts, à l'instar de l'ouragan de 1987, ou plus récemment l'échouage du TK Bremen provoqué par la tempête Joachim. Ces phénomènes restent cependant rares.

Relief

▶ **Paysages caractéristiques :** la Bretagne détient le record de la plus importante façade maritime en France, avec plus de 2 000 km de littoral très découpé, qui façonne des paysages illustrant la lutte éternelle entre roc, mer et vent. Grandes étendues de sable fin en bord de littoral, falaises abruptes sur la côte nord, avec chaos de granit rose à Ploumanac'h, pointes vertigineuses à l'ouest, végétation curieusement teintée de climat méditerranéen en golfe du Morbihan. On distingue cette ceinture côtière, l'*Armor*, de l'intérieur des terres, l'*Argoat*, à la densité de population moindre. Quatre types de paysage cohabitent suivant un axe approximatif reliant Carhaix à Paimpont : le bocage, les landes, les forêts et les marais (nord-est de l'Ille-et-Vilaine, sud et sud-est du Morbihan).
▶ **Cours d'eau et vallées :** la Bretagne est sillonnée de fleuves (au sens géographique du terme), rivières se jetant dans la Manche au nord ou l'océan atlantique au sud parmi les principales vallées fluviales, celle de la Rance (entre Dinan et Saint-Malo), l'Arguenon (entre Le Gouray et Le Guildo), la Vilaine (de Vitré au barrage d'Arzal), la rivière de Pont-l'Abbé, la rivière de Morlaix, l'Odet (Finistère sud), le Léguer (Trégor), l'Aven.
▶ **Sommets :** on parle sérieusement de « montagnes » en Bretagne, même si l'ouverture de stations de sports d'hiver rest loin d'être à l'ordre du jour. La région occupant l'ouest du Massif armoricain, massif hercynien très raboté par l'érosion, deux lignes de crêtes à l'altitude plus élevée émergent suivant une direction est-ouest : les monts d'Arrée et les montagnes Noires. Débats incessants sur le point culminant de Bretagne, les « sommets » en lice étant : le Roc'h Ruz situé dans le Léon, le Ménez Kador entre la commune de Botmeur et de Sizun, le Roc'h

Trevezel, le Roc'h Trédudon et le mont Saint-Michel de Braspart, tous culminant entre 380 et 387 m.

▶ **Géologie :** ligne de crêtes orientée ouest-est (Monts d'Arrée, Montagnes noires, landes de Lanvaux), chaos granitiques (Huelgoat), Mont-Dol ou « Mont-Saint-Michel bis granitique » (nord Ille-et-Vilaine), minerai de plomb (mine de Pont-Péan), gisement de kaolin (Ploemeur), de schistes bleus (île de Groix), d'or (Fougères, Pontivy, Loudéac, Penestin), d'ardoise (centre-ouest Bretagne), faluns (sud-est Côtes-d'Armor), granits (rose à Ploumanac'h, blond à Languédias, gris au Hinglé).

▶ **Forêts et bois :** la Bretagne actuelle porte les vestiges de l'ancienne forêt couvrant presque dans sa totalité le massif armoricain au début de notre ère. La forêt de Paimpont (dite « de Brocéliande ») en est la trace la plus représentative.

▶ **Lacs :** parmi les plus importants naturels ou artificiels (barrages hydro-électriques), le lac de Guerlédan (sur le Blavet), le lac de Jugon (sur l'Arguenon), le lac de Brennilis (sur les tourbières du Yeun-Elez dans les Monts d'Arrée), le lac de Rophémel (sur la Rance).

▶ **Marais :** zones humides abritant des réserves de biodiversité remarquables, notamment les marais de Sougeal (nord Ille-et-Vilaine) et de Muzillac (Morbihan). Des marais salants ont par ailleurs été remis en activité à Saint-Armel (presqu'île de Rhuys), signant le retour de « l'or blanc » en Bretagne administrative (des marais salants étant toujours en activité dans la région de Guérande, située en Loire-Atlantique, département appartenant à la Bretagne historique).

Littoral

Mer, océan

entre la Manche et l'océan Atlantique, sur quelque 2 600 km, la Bretagne est bordée de côtes dont la variété frise l'indécence. Au nord, le coup d'œil est généralement plus grandiose qu'au sud. Les proportions y semblent plus démesurées, comme si une main de géant avait façonné ces paysages où l'homme semble minuscule. L'Ouest est le « balcon sur la mer » chanté par Xavier Grall. Un maelström d'embruns, de sel, de vent et d'iode, une mer trouée de marmites profondes comme des gouffres, de courants où la raison s'égare, où crient les âmes des disparus en mer, serrés comme des sardines sur le Bag noz, le bateau qui croise dans les parages. Le sud, de la pointe de la torche à la Turballe est plus riant, plus ensoleillé, plus intime et souvent plus coloré.

▶ **La côte d'Emeraude.** La baie du Mont-Saint-Michel, qui ouvre le bal, est un désert de sable où au loin, se dresse la silhouette du Mont et celle de Tombelaine que la légende associe à Gargantua et Gwenc'hlan Le Scouezec au dieu Belen. Allez savoir ! En tout cas un espace à couper le souffle avec des dimensions qui donnent le vertige : quelque 240 km^2 d'estran auxquels s'ajoutent 170 km^2 de marais 30 km^2 de polders et quatre mille hectares d'herbus où paissent les fameux moutons des prés-salés. Un lieu fort et puissant où la marée n'atteint pas moins de 16 m d'amplitude – la seconde au monde après la baie de Fundy au Canada ! – et où la mer monte dit-on, à la vitesse d'un cheval au galop ! Passé Saint-Malo, sa ville-close et son chapelet de forts de pierre juchés sur des îlots rocheux qui montent la garde face à l'Anglois et Dinard qui s'endort, lascive, sur ses souvenirs de grandeur de la belle Epoque, le Cap Fréhel pointe son doigt de grès, de schistes et de porphyre rouge vers le large, semblant veiller à tribord sur la baie de la Fresnaye qui ouvre la route de la cité corsaire. Fréhel, qui donna son nom à une chanteuse en vogue à Paris dans l'entre-deux-guerres, est un enchantement, avec sa falaise escarpée, qui domine la mer de 103 m en moyenne, ses landes qui de loin lui font un chaud manteau de velours aux couleurs de genêt, d'ajonc et de bruyère, d'œillet marin ou de jacinthe.

© DUB - FOTOLIA

Plage bretonne

▶ **La côte du Goëlo.** Passé la baie de Saint-Brieuc, longue échancrure indiscrète dans le corsage de l'Armor, Bréhat, sorte d'archipel éclaté dont le granite rose contraste avec le jaune des mimosas qui y fleurissent dès fin janvier, le bleu des agapanthes et le rouge vif des géraniums, s'endort derrière ses volets clos les trois-quarts de l'année. A l'est, le sillon de Talbert, comme un doigt surréaliste pointé une fois de plus vers la perfide Albion, est une jetée naturelle de pierre de quatre kilomètres de long sur quelques dizaines de mètres de large à marée haute. Il faut s'y perdre, aux jours des grandes tempêtes, pour prendre la mesure de la Bretagne septentrionale.

▶ **La côte de Granit rose.** A Ploumanach, mais aussi à Trégastel et à Perros Guirec, d'énormes blocs de granite antédiluviens prennent des poses pour les touristes. Et les gens du pays s'amusent à leur donner des noms : la bouteille, le chapeau de Napoléon, etc. Au-delà de l'embouchure du Léguer, l'un des plus séduisants estuaires de Bretagne avec le site du Yaudet qui fut jadis un éperon barré celtique, du petit port de Locquémeau et de la pointe de séhar qui enfonce ses schistes tuffacés dans la baie de Lannion où croise fièrement le flambard Barr Awel, la lieue de grève de Saint-Michel retentit encore des cris du dragon terrassé par le roi Arthur avec l'aide toute providentielle de son cousin Efflam. C'est du haut du « grand rocher », Roc'h Hir Glas, en breton, que l'on prendra toute la mesure des lieux. De la corniche de Locquirec à la baie de Morlaix, la côte est plus sauvage. Entendre : moins urbanisée. Et l'habitat, souvent paysan, y est plus authentique. De la plage des Sables blancs au clocher de Saint-Jean-du-Doigt, c'est à pied qu'il faut découvrir la façade maritime du Petit Trégor ou Trégor finistérien. Un peu à l'ouest, la baie de Morlaix est l'une des plus ensorcelante de Bretagne, avec, sur la rive droite, tout au nord, Plougasnou et les chaos du Dibenn, un peu plus au sud, le cairn de Plouezoch qui faillit disparaître corps et bien au milieu des années cinquante, lorsqu'un entrepreneur peu scrupuleux commença à s'en servir comme… carrière de pierres, et sur la rive gauche, un peu avant Carantec, l'île Louet, l'une des plus photogéniques de toute la Bretagne nord. Au milieu, semblant monter la garde contre les fantômes des corsaires Anglais : le château du Taureau, qui finit sa carrière, en géant de pierre débonnaire, comme centre nautique…

▶ **La côte des légendes ou Pays des abers.** Tout à l'ouest, sur la côte des Abers, Aber-Iltud, Aber-Benoît, Aber-Wrac'h, les bateaux trouvent des abris naturels bien protégés. Aber est un mot brittonique qui désigne un estuaire profond et découpé, créé au quaternaire par la fonte des glaciers. C'est un petit cousin des fjords scandinaves. Mais ici, les Vikings n'ont fait que passer. Tout autre est le spectre des « naufrageurs » du Bro Pagan, du côté de Brignogan ou de Guisseny. Ces « frères de la côte » étaient quant à eux spécialisés dans l'échouage des navires marchands dont, selon la légende, ils s'appropriaient les cargaisons avec la rapidité et la rapacité du goéland. Mais les Léonards du nord-ouest n'apprécient guère que l'on rappelle ces pénibles souvenirs. Du reste il semble que l'histoire ait, dans ce domaine encore, cédé le pas à la légende, consciencieusement écrite par des littérateurs en mal d'exotisme.

▶ **La mer d'Iroise.** Plus au sud, les courants sont parmi les plus violents d'Europe et du monde. La pointe du Raz, Beg ar c'hra en breton, borde la baie des Trépassés où hurlent les crierien, les âmes des disparus en mer. L'endroit n'est pas rassurant. On y tutoie les éléments dans leur furie, et c'est là que Procope situait, dans l'Antiquité, l'embarcadère pour l'Autre Monde. Entre le phare de la Vieille et celui de Tévenec, qui balisent le chemin de l'île de Sein, l'eau salée forme de gros bouillons blancs et les courants creusent des marmites profondes comme des gouffres.

▶ **La côte de Cornouaille.** Passée la pointe de la Torche, sorte de paradis des véliplanchistes, la Bigoudénie de Pèr-Jakez Hélias présente une côte basse et plate aux plages de gros sable blanc et lumineux. Mais au-delà du pont de l'Odet, qui fait office de frontière tacite entre le peuple du « cheval d'orgueil » et les Cornouaillais… ordinaires, on entre dans le fabuleux pays des « rias », selon la dénomination hispanique, des « avens » pour les Bretons, qui sont au sud ce que les « abers » sont au septentrion. A la différence que ces petits paradis du plaisancier comme de l'autochtone, sont peuplés de bois de pins qui, mariés aux mers d'ajoncs inondant les flancs de ces coteaux à taille humaine, leur donnent au printemps un air chaud et des parfums de galette au beurre et au miel. Doëlan et sa maison rose qui jour les amers salutaires lorsque d'aventure, venant de Groix, on met le cap sur le petit port célébré par Paul Guimard, Merrien et ses cliquetis de haubans et ses coques multicolores, Belon et ses parcs à huîtres, Brigneau et son école de voile qui forma des milliers de loups de mer du dimanche. Une côte pour le plaisir. Le plaisir d'aller prendre un verre de kir breton dans un des milliers de caboulots qui rappellent les escapades et les élégies de Xavier Grall qui lui, avait choisi de s'établir un peu plus loin, un tout petit peu plus loin dans les terres, au-dessus de Pont-Aven qui résonne encore des éclats de voix de son ami Glenmor avec qui il refaisait le monde et libérait la Bretagne, patiemment, jour après jour, au fil des marées, à l'auberge de Nicolle Corelleau. « La mer conteste la rive » s'extasiait Xavier, enthousiaste, lorsque, les jours de grandes tempêtes, il prenait sa voiture pour aller sentir les longs halètements de l'océan, à la pointe de Trévignon.

▶ **La côte des Mégalithes.** La mer, elle vient régulièrement caresser les grands sables d'Erdeven, passe la barre d'Etel qui est aussi dangereuse que les sirènes traquées dans les parages par Yves Le Diberder au début du siècle dernier. Mais elle bat la chamade sur la côte sauvage de Quiberon où des bouées de sauvetage rappellent au visiteur téméraire qu'on ne plaisante pas avec la grande bleue. Ici, les fantômes des chouans et des émigrés, fusillés en juillet 1795 par le général Hoche, errent, nombreux, sur les chicots acérés de Beg en Aud ou de Port Bara. Ici, la rivière d'Etel joue les petites mers intérieures, avec son île de Saint-Cado et la presqu'île de Locoal, où le grand Georges, Georges Cadoudal établit l'un de ses repaires. Le golfe du Morbihan, avec ses îles aussi nombreuses que les jours de l'année : l'île d'Arz et île aux Moines où les prix de l'immobilier jouent les montagnes russes, Er Lannig et son cromlec'h à demi immergé, est un milieu terraqué à nul autre semblable. Qui se douterait en voyant cette immense étendue d'eau salée où nagent ces esquifs pétrifiés qu'il y a seulement dix mille ans, on avait ici le pied à sec ?

Plages

point commun des plages du littoral breton, le sable fin, variant du blond au blanc selon les couleurs du jour. Nombreuses sont les plages bretonnes à rivaliser au titre de plus belle plage d'Europe ! Les Grands Sables à Groix, L'Anse du Verger à Saint Coulomb, Langoz à Loctudy, les Sables-d'Or à Fréhel, la Grève des Curés à Trégastel, les Blancs Sablons du Conquet, la Mine d'or à Pénestin, Pen Bron à La Turballe...

Îles et archipels

Voir la partie consacrée aux îles bretonnes.

Ports

qui dit région maritime dit ports, forcément ! De plaisance ou de pêche, de marée ou d'eau profonde, les havres bretons offrent des ambiances colorées, microcosmes originaux où se côtoient de façon plus ou moins sereine touristes estivaux, en mal d'embruns saisonniers, et pêcheurs locaux, portant la mer comme unique horizon de labeur. Parmi les univers les plus contrastés : l'ambiance balnéaire du nouveau port d'Armor de Saint-Cast-le-Guildo, les chalutiers du Guilvinec, les pontons de plaisance de Vannes ou encore les quais au pied des remparts de Saint-Malo.

Faune et flore

Faune

▶ **Mammifères :** la Bretagne accueille 71 espèces de mammifères ! Le statut juridique de ces espèces est très variable, certaines étant strictement protégées par la loi comme la loutre, les chauves-souris, les mammifères marins ou la musaraigne aquatique, alors que d'autres espèces figurent sur la liste des espèces « susceptibles d'êtres classées nuisibles », comme le renard.

▶ **Reptiles :** parmi les reptiles et amphibiens les plus courants en Bretagne, à noter la présence de la salamandre tachetée, du crapaud commun, de l'orvet fragile, du lézard vert, du lézard des murailles et de la grenouille verte.

▶ **Oiseaux :** par la qualité de ses milieux naturels, la Bretagne est une terre d'élection privilégiée pour l'avifaune. Oiseaux de mer, évidemment : sur 415 espèces visibles en Europe de l'Ouest, plus de 65 % d'entre elles sont observables en Bretagne. Sans avoir la prétention de présenter ici un état exhaustif des populations et de leurs lieux de prédilection, signalons le cap Sizun, les îlots autour d'Ouessant, le cap Fréhel, la baie de Saint-Brieuc et celle de Morlaix et, bien entendu, ce paradis ornithologique de Bretagne que sont les Sept-Îles dans le Trégor qui abritent de nombreuses espèces dont certaines devenues très rares comme les guillemots, les macareux et les petits pingouins. Ses races proliférantes autrefois ont été les victimes innocentes par les décennies passées, des inconséquences humaines. Les marées noires en sont les plus tristes exemples ! Les estuaires qui se découvrent au rythme des marées où les marais salants sont le royaume d'élégants échassiers, hérons cendrés, avocette élégante, barge à queue noire, chevalier gambette... Les marais et les tourbières de l'intérieur des terres accueillent en leur sein le busard des roseaux et le busard cendré ou le chevalier cul-blanc. Vers le bocage et les bois, l'épervier d'Europe ou le pic épeiche se dévoileront aux yeux de ceux qui sauront être patients, car ils sont farouches et seront difficilement observables sans un minimum d'initiation. Et pour y remédier, un petit détour par l'une des nombreuses réserves bretonnes : celle des landes du Cragou dans les monts d'Arrée, celle de l'étang de Trunvel dans le Finistère ou pourquoi pas celle du marais de Falguérec à Séné dans le golfe du Morbihan.

Macareux moine

Que la nature est belle !

« Le printemps, en Bretagne, est plus doux qu'aux environs de Paris, et fleurit trois semaines plus tôt. Les cinq oiseaux qui l'annoncent, l'hirondelle, le loriot, le coucou, la caille et le rossignol, arrivent avec des brises qui hébergent dans les golfes de la péninsule armoricaine. La terre se couvre de marguerites, de pensées, de jonquilles, de narcisses, d'hyacinthes, de renoncules, d'anémones, comme les espaces abandonnés qui environnent Saint-Jean de Latran et Sainte-Croix de Jérusalem à Rome. Des clairières se panachent d'élégantes et hautes fougères. Des champs de genêts et d'ajoncs resplendissent de leurs fleurs qu'on prendrait pour des papillons d'or. Les haies, au long desquelles abondent la fraise, la framboise et la violette, sont décorées d'aubépines, de chèvrefeuille, de ronces dont les rejets bruns et courbés portent des feuilles et des fruits magnifiques. Tout fourmille d'abeilles et d'oiseaux ; les essaims et les nids arrêtent les enfants à chaque pas. Dans certains abris, le myrte et le laurier-rose croissent en pleine terre, comme en Grèce ; la figue mûrit comme en Provence ; chaque pommier, avec ses fleurs carminées, ressemble à un gros bouquet de fiancée de village ».
François-René de Chateaubriand

▶ **Poissons et crustacés :** la richesse des fonds marins irradie les marchés locaux, sur les étals desquels l'on peut trouver selon la saison la dorade grise, les baudroies commune et rousse, le bar commun, le rouget barbet, le grondin rouge, la sole, le tacaud, le merlu, la raie, le maquereau, la sardine, l'anchois, la julienne, le cabillaud et le merlan. Côté crustacés sauvages, les côtes abritent la langoustine, l'araignée de mer et le tourteau. Coquillages ne sont pas en reste, dignement représentés par la palourde et la coquille Saint-Jacques. Sans oublier bien évidemment les stars locales d'élevage que sont les moules de bouchot et les huîtres (notamment de la baie du Mont-Saint-Michel et de l'Arguenon). Parmi les poissons d'eau douce, drôle de parcours pour l'anguille, passée du statut de nuisible dans les années 1970 à celui d'espèce en voie d'extinction dans les années 2000. Ses alevins, les civelles, sont malheureusement pour l'espèce, très prisés, favorisant un marché parallèle juteux, contournant la protection juridique en place.
▶ **Mammifères marins :** nul besoin de voyager vers quelque antipode pour admirer le ballet d'une colonie de dauphins. La baie du Mont-Saint-Michel, l'archipel de Molène ou encore l'île de Sein sont des lieux privilégiés qu'ils ont coutume de fréquenter. Le phoque gris, lui, préfère les milieux rocheux de l'archipel des Sept-Îles, mais il ne néglige pas non plus celui de Molène. Son cousin, dit veau marin, qui vit en colonie plus restreinte, a ses habitudes dans la baie du Mont-Saint-Michel, de l'Arguenon et de la Rance…
▶ **Insectes :** la Bretagne recèle une diversité de petites bestioles du quotidien, communes à ce type de région au climat océanique tempéré. Les plus connues sont le puceron, attirant logiquement son prédateur à poids le coccinelle, la sauterelle, le hanneton, le criquet… Avec le réchauffement climatique en cours, depuis quelques années, de nouvelles espèces viennent bousculer les fragiles équilibres en place. C'est le cas du frelon asiatique, véritable fléau pour les apiculteurs locaux, le nouvel arrivant se nourrissant d'abeilles !

Flore

Haies bocagères

Pays de bocages entre ciel et mer, Argoat pays des bois, Armor pays de la mer. Il y a cent cinquante ans, les korrigans (petits génies malicieux mais parfois impitoyables) disposaient de plus d'un tiers du sol breton pour danser leur inquiétant jabadao. Depuis ce temps, les landes reculent, on reboise, et pas toujours à bon escient. Au XVIIIe siècle, le chêne régnait en maître sur les hauteurs bretonnes ; Louis XIV, pour sa

Coquillage

marine, eut besoin de ces arbres. La forêt bretonne en fit donc les frais et la lande, ajoncs et genêts, prirent possession des terres, pour le plus grand bonheur des agriculteurs qui trouvèrent là, à bon compte, fourrage et litière. Aujourd'hui on reboise en résineux… hélas ! En quelques forêts, Brocéliande la légendaire (dite de Paimpont, le bout du pont en langue française), Crânou dans le Finistère ou Camors dans le Morbihan, si le hêtre domine au nord, le chêne règne en maître au sud. Et de plus en plus, les sapins et les pins maritimes près des côtes morbihannaises, ce qui leur donne un petit air méridional. La Bretagne d'aujourd'hui n'est plus celle d'hier ; les « fossés » et talus ont été arasés dans les années 1960, ce qui donne parfois l'impression d'être dans une mini-Beauce. Bien qu'en Bretagne les départements ne représentent culturellement que peu de chose, s'il faut néanmoins s'en tenir à ce découpage arbitraire, on observe que le Finistère intérieur (ce qui correspond approximativement à la Cornouaille) est un pays de landes et de tourbières. Ces tourbières furent, comme en Irlande, jusqu'à la veille du dernier conflit mondial, pourvoyeuses de combustible domestique. L'Ille-et-Vilaine, qui ne possède qu'une modeste façade maritime, dispose intérieurement de nombreux ensembles boisés, parsemés d'étangs.

Fleurs et plantes rares

Certaines sont si rares et si fragiles qu'il a bien fallu prendre des mesures pour les protéger. Elles embellissent le littoral et ont bien du mérite à résister à des conditions parfois difficiles… En voici quelques-unes à découvrir au gré des promenades.

▶ **L'armerie maritime**. Elle déploie ses fleurettes rose tendre en mai et juin, en touffes serrées, sur les falaises et les pelouses littorales, formant de larges coussins roses, blancs et verts.

▶ **La criste marine**. Elle s'accroche dans le moindre interstice d'où son surnom de « perce-pierre ». On la consomme aujourd'hui dans le vinaigre comme un condiment.

▶ **La silène maritime**. Fleurs très blanches dont les pétales surmontent un calice renflé veiné de rouge violacé, elle est présente de mai à août à flanc de falaise.

▶ **Nombril de Vénus**. Les rochers, mais aussi les murets de pierre sèche, accueillent cette petite plante grasse très commune en Bretagne et dont le nom évocateur vient de sa feuille ronde déprimée en son centre et au toucher soyeux.

▶ **Bruyère et ajonc**. Sur la lande, deux fleurs emblématiques de la Bretagne, la bruyère et l'ajonc, déploient avec un art consommé de la nuance du fuchsia au violacé pour la première et du jaune d'or éclatant du second, genêt à balai, de mai à juillet.

▶ **Le narcisse de Glénan**. Encore plus rarissime que les plus rares puisqu'il ne se trouve que sur l'île Saint-Nicolas de l'archipel de Glénan. Découvert en 1903, il fut tellement cueilli, arraché, qu'il faillit disparaître à tout jamais. On vient aujourd'hui l'admirer lors de sorties naturalistes organisées sur la réserve au moment de sa floraison au printemps.

▶ **Le panicaut marin**. Appelé aussi chardon bleu, le panicaut marin offre aux regards ses belles feuilles bleutées et pointues formant à la base de la fleur violette une étoile. Il est d'ailleurs le symbole du Conservatoire de l'espace littoral.

Parcs et réserves naturelles

■ **PARC NATUREL MARIN D'IROISE**
Pointe des Renards
LE CONQUET
℡ 02 98 44 17 00
Fax : 02 98 46 20 66
www.parc-marin-iroise.gouv.fr
Servant désormais d'exemple pour les prochains parcs en cours de réalisation, le parc naturel marin d'Iroise est le premier à avoir été créé en France en 2007. Son objet d'étude et d'intervention est le milieu marin de la mer d'Iroise. Il s'étend sur près de 3550 km² de l'île de Sein à celle d'Ouessant. Cette partie de l'océan atlantique est réputée pour sa navigation dangereuse et pour son exceptionnelle biodiversité. L'un des objectifs du parc est donc de sensibiliser les publics et les habitants de cet espace à mieux connaître et préserver cet environnement. Riche d'un patrimoine culturel et naturel remarquable, le parc fonctionne en complémentarité avec le Parc naturel régional d'Armorique, des gestionnaires d'espaces naturels et des partenaires d'instances universitaires et scientifiques. Englobant 34 communes en plus des communes insulaires soit près de 71 000 habitants, elle intègre aussi des colonies d'oiseaux de mer rares, des mammifères marins menacés et plus de 120 espèces de poissons. Le parc affiche aussi une volonté de promouvoir et sauvegarder ce patrimoine marin en concertation avec les professionnels d'activités liées à la mer tels la pêche et le nautisme.

▶ **Autre adresse :** Antenne Sud à Douarnenez sur l'île Tristan

■ **PARC NATUREL RÉGIONAL D'ARMORIQUE –
PARK AN ARVORIG**
Maison du Parc
15, place aux Foires
LE FAOU ℡ 02 98 81 90 08
Fax : 02 98 81 90 09
www.pnr-armorique.fr
Ouvert toute l'année. Du lundi au vendredi de 8h30 à 12h30 et de 13h30 à 17h.
Depuis sa création en 1969, le siège administratif du parc a été établi au Faou. Les locaux, ouverts au public, permettent d'obtenir une mine de renseignements. On y trouve les informations essentielles concernant les réalisations et les projets du parc ainsi que sur les 20 équipements adhérents – le réseau des musées et des maisons à thèmes et sur les sentiers de randonnée qui sillonnent le territoire. Le parc regroupe 44 communes soit environ 61 000 habitants. Étendu sur plus de 125 000 ha, il englobe des espaces variés avec des paysages exceptionnels. Il comprend ainsi les Monts d'Arrée, les îles de la mer d'Iroise (Molène, Ouessant, Sein), la presqu'île de Crozon et la vallée de l'Aulne maritime. C'est un territoire riche du point de vue de son patrimoine naturel et culturel que l'on peut découvrir au gré des rencontres ou au détour des chemins.

Économie

Ressources naturelles

▶ **La pêche hauturière.** Si la pêche côtière domine en Bretagne nord, tous les types de pêches sont représentés en Bretagne sud. Véritables chalutiers-usines mesurant jusqu'à 90 m de long, les bateaux de pêche hauturière, flanqués d'une équipe d'une cinquantaine de personnes, partent en général plusieurs semaines. Direction les côtes atlantiques, au large du Maroc, de la Mauritanie, du Sénégal... Ou celles de l'Amérique du Sud et de l'océan Indien. On retrouve encore ces immenses chalutiers bretons sillonnant le rivage portugais et le golfe de Gascogne, aux prises avec les pêcheurs espagnols, en mer d'Irlande et en Écosse.

▶ **La pêche côtière.** Les trois quarts de la flotte bretonne s'activent à la pêche côtière et artisanale. Chalutiers, fileyeurs, palangriers et caseyeurs sortent pour un ou deux jours et ramènent au port du poisson frais : sole, turbot, raie, bar, merlu, dorade... Et des coquillages : coquilles Saint-Jacques à Saint-Malo et Saint-Brieuc, araignées à Paimpol, tourteaux à Morlaix... Si jamais vous voulez de la sardine, venez plutôt entre juin et septembre.

▶ **Conchyliculture.** La belle du golfe, la Cancale ou la Marennes d'Oléron, la Belon, la Quiberon, la Paimpol, la Rade de Brest, vous connaissez ? Simples ou cuisinées, creuses ou plates, elles sont savoureuses. La Bretagne atteint les 28 % de la production nationale, soit 54 000 tonnes expédiées par plus de 1 200 entreprises de nature artisanale et familiale pour la plupart. Le parc breton compte huit bassins essentiels : la baie du Mont-Saint-Michel, la baie de l'Arguenon, la baie de Saint-Brieuc, le secteur de Paimpol, la baie de Morlaix, le pays des Abers, la rade de Brest et le sud du Morbihan. La production d'huîtres dépasse les 20 000 tonnes en Bretagne sud et les 16 000 tonnes en Bretagne nord. A noter que la Bretagne est la seule à produire des huîtres plates. Quant à la production de moules, elle s'élève à environ 16 000 tonnes par an en Bretagne nord.

Environnement et énergies

▶ **L'exploitation des énergies renouvelables et perpétuelles.** La Bretagne est un pays où les énergies naturelles et renouvelables sont d'une prodigalité sans égales. Le vent, bien sûr, est omniprésent. Mais la mer elle-même n'est pas qu'un vivier extraordinaire. L'usine marémotrice de la Rance, à la fin des années 1960, et très récemment, les champs d'hydroliennes expérimentales posées par EDF au large de l'île de Bréhat ne font que réconcilier les Bretons avec la grande bleue. Car ici, depuis le XIIe siècle, on sait tirer profit de la puissance des marées. C'est même en Bretagne qu'au Moyen Age, l'on trouvait la plus forte concentration européenne de moulins à marée. Si ces structures artisanales ont été abandonnées progressivement dans la première moitié du siècle dernier, par leur charme et la poésie qu'ils dégagent, ils s'attirent aujourd'hui les grâces de passionnés de patrimoine architectural et maritime, qui à leurs heures perdues, s'y retrouvent dans des ambiances laborieuses et conviviales, pour en restaurer les architectures et les mécanismes. Le golfe du Morbihan en recèle la plus grande concentration : Lindin, Pen Castel, Hézo, Noyalo Paluden, Kerouarc'h, Pont du Sac'h. Mais la côte nord de la Bretagne en possède de splendides, récemment restaurés, comme celui de Ploumanac'h, qui, édifié au XIVe siècle, a fonctionné jusqu'en 1932, ou celui du Birlot sur l'île de Bréhat qui, dans son écrin de récifs de granite rose et coiffé de son élégant toit de chaume, est certainement l'un des plus beaux de Bretagne.

© PHILIPPE GUERSAN – AUTHOR'S IMAGE

Coquille d'huître

Agriculture

▶ **La culture de la terre : un choix pour l'avenir.**
Terre de cultivateurs, la Bretagne doit répondre à d'importants défis concernant ses choix de développement en ce début de XXIe siècle. En raison d'une pression démographique croissante, en particulier sur les zones littorales et suivant l'axe Nantes – Saint-Malo, l'urbanisation galopante rogne un peu plus chaque jour l'espace cultivable. Allié aux difficultés du renouvellement des générations d'exploitants agricoles et aux contraintes de protection environnementale, ce phénomène remet en cause le modèle breton développé lors de la seconde moitié du XXe siècle, basé sur l'industrialisation de l'activité agricole et ses débouchés agro-alimentaires. Parmi les cultures majeures, le maraîchage (choux-fleurs, artichaut), le fourrage (maïs pour l'ensilage), le blé, la pomme de terre, la pomme (et son dérivé à multiples débouchés : le cidre), la fraise (de Plougastel bien sûr !). La culture du chanvre, qui a fait l'âge d'or de la Bretagne au XVIe siècle, bien que marginale aujourd'hui, tente de reconquérir l'espace, notamment au sud de Dinan et en Centre-Bretagne. Il n'est plus question d'en faire des toiles ou des voiles, mais plutôt un isolant naturel de plus en plus utilisé en matière de construction écologique. L'agriculture biologique s'implante également progressivement, complétant l'offre dite « conventionnelle ». L'équilibre à trouver devant respecter des normes anti-pollution (les pesticides ayant pollué les cours d'eau bretons), tout en produisant suffisamment pour assurer une autonomie vivrière d'une région à la démographie très contrastée.

▶ **La Bretagne : un bastion de l'élevage.** La révolution agricole d'après-guerre a profondément bouleversé le modèle jusque-là en place en Bretagne. Tracteurs et élevages hors-sols seront les deux mamelles de la quête de productivité instillée au cœur des campagnes, qui vont voir leur visage évoluer rapidement, permettant de rivaliser économiquement avec de grands pays producteurs tels la Belgique ou l'Australie. Sont ainsi développés l'élevage bovin (environ 5 milliards de litres de lait par an, 400 000 bêtes à viande adultes et 400 000 veaux), avicole (environ 5 milliards d'œufs par an, 34 millions de poulets de chair, races locales poulet de Janzé et coucou de Rennes), porcin (la Bretagne est la première région française productrice de porcs !), ovin (notamment la production d'agneau de pré salé).

Industries

Une activité industrielle performante s'est développée autour de l'agroalimentaire, des télécoms (invention du Minitel en partie à Lannion) et de l'automobile (PSA à Rennes), sans oublier la tradition des chantiers navals.

▶ **Une tradition de chantiers navals.** Compte tenu de la vocation maritime de la Bretagne, la construction et la réparation navale constituent des activités ancestrales dans cette région. La région compte une trentaine de sites de constructions et de réparations navales, au titre de la NAF (Nomenclature Activité Française), essentiellement concentrés autour de Lorient et de Brest. Lorient, où Louis XIV fonde en 1664 la Compagnie des Indes Orientales. Arsenal royal en 1770, puis grand port militaire sous Napoléon Ier, Lorient connaît dans l'entre-deux-guerres, l'essor de son port de pêche, générant ainsi de multiples activités navales. Brest, où Richelieu crée en 1631 le port et les arsenaux, développés ensuite par Colbert et Napoléon III. Aussi le Sud Finistère conserve-t-il une spécialisation dans les bateaux de pêche qui sont devenus de véritables usines flottantes. Et, depuis une vingtaine d'années, le Morbihan et le Sud Finistère voient fleurir de petites entreprises fabriquant des embarcations de plaisance ou de compétition. Malheureusement, le secteur naval connaît une crise profonde du fait de l'absence de nouvelles commandes, le faible renouvellement de la flotte de pêche en Europe et plus généralement la surcapacité de production et la concurrence au plan mondial. La construction navale militaire s'en tire un peu mieux grâce à de nouveaux projets. Malgré une histoire chaotique, on retiendra le prestige de ces chantiers navals qui ont vu sortir de leurs usines l'Ile-de-France, le Normandie, le France, le Foch ou encore le porte-avions nucléaire Charles-de-Gaulle, mis à flot en 1996.

▶ **L'agroalimentaire à la pointe de l'industrie bretonne.** L'agroalimentaire est la principale activité industrielle en Bretagne (43 % des entreprises et un tiers des emplois industriels). Ce secteur a connu un véritable essor dans la région depuis les années 1980 (transformation des protéines animales, production légumière, alimentation animale…).

▶ **L'industrie automobile à Rennes.** L'essor de l'industrie automobile en Bretagne est récent (années 1960), et est lié à l'implantation de Citroën dans l'agglomération rennaise, entraînant le développement d'un important réseau d'équipementiers et de sous-traitants dans la région.

▶ **L'électronique et les télécoms.** La Bretagne constitue le deuxième pôle national dans le domaine des télécommunications. C'est par ailleurs la 5e région française dans le secteur de l'électronique. La croissance de ce secteur se fait via trois pôles (Rennes, Lannion et Brest), illustrée par l'implantation de centres de recherche, de groupes industriels français et étrangers et de nombreuses PME.

Tertiaire

▶ **L'essor des services en Bretagne.** Le secteur tertiaire a connu un important essor ces vingt dernières années. Les domaines les plus développés sont la banque, la grande distribution, les services aux particuliers et aux entreprises.

Tourisme

▶ **Une destination touristique d'intérêt international.** La Bretagne se situe à la 4e place des régions françaises en termes d'accueil de touristes français et à la 5e place pour l'accueil de touristes internationaux. Le secteur touristique se développe et tend à jouer un rôle majeur dans l'économie bretonne.

Histoire

Préhistoire

La Bretagne recèle un extraordinaire patrimoine préhistorique. Des alignements de Carnac (56), au dolmen de la Roche-aux-fées (35), en passant par le cairn de Barnenez (29) ou l'atelier de taille de haches de pierre de Plussulien (22), les traces des peuples sans écriture suscitent toujours les interrogations des chercheurs contemporains. Ces témoignages n'ont pas encore révélé tous leurs secrets, l'inextricable canevas entremêlant légendes, mythes et réalités résistant parfois au fil de l'Histoire rationnelle.

Une occupation liée aux variations climatiques

Au vu des différents indices archéologiques collectés, la fréquentation du Massif armoricain daterait de 600 000 ans avant notre ère. Des traces d'occupation humaine ont été retrouvées au Mont-Dol (époque paléolithique) et sur l'île de Tréviec (époque mésolithique). Durant tout le Paléolithique, les zones d'occupation sont liées aux variations climatiques, influant sur le niveau des eaux. La Manche se retrouve ainsi quasiment à sec, vers − 20 000, le niveau de la mer ayant baissé d'environ 120 mètres ! Mammouths, rennes et chevaux évoluent alors en troupeaux, sur ces steppes émergées provisoirement. Provisoirement, car lorsqu'une période de réchauffement s'amorce, le niveau des océans remonte irrémédiablement. Les chasseurs cueilleurs nomades du Paléolithique s'adapteront à ces variations, suivant les migrations des troupeaux d'herbivores. Différents sites attestent d'une occupation littorale dès le, notamment au Mont-Dol (35), à Pléneuf-Val-André (22), Plouhinec (29) ou Carnac (56). La découverte de bifaces en grès témoigne également d'une présence à l'intérieur des terres, comme à Saint-Malo-de-Phily (35) ou Planguenoual (22). C'est l'arrêt des des derniers épisodes froids, vers − 7 000, qui entraîne une mutation des pratiques humaines. C'est alors le début de la sédentarisation, accompagnée des premières pratiques agricoles. C'est à cette époque également que se créent les îles telles Groix ou Belle-Île, en raison de la montée des océan sur les franges côtières autrefois occupées.

Une terre de mégalithes

Le paysage se hérisse petit à petit de mégalithes, objets de rites funéraires particulièrement bien exprimés en Bretagne, à partir de − 5 500. L'ère néolithique s'ouvre sur la péninsule armoricaine. En témoignent les grands sites mégalithiques du golfe du Morbihan, une référence du Néolithique à l'échelle européenne. A voir, les alignements de Carnac, bien sûr, mais également le grand menhir brisé de Locmariaquer, les cairns de Saint-Michel et de Gavrinis. Les réponses aux nombreuses questions soulevées par le phénomène « pierre dressée » (littéralement « men » « hir' en breton) évoluent au cours des siècles. Débarrassées des explications hasardeuses évoquant mythes et légendes « celtiques », les explications actuelles s'orientent vers des monuments funéraires à chambres multiples (cairn de Barnenez), et ouvrages non funéraires marquant la naissance de sociétés hiérarchisées (blocs couchés de Kerdruellan à Belz, alignement de l'île de Hoëdic, menhir en schiste

Le château des ducs de Bretagne

Un détour historique par Nantes

Désormais grand ouvert au public après une imposante rénovation, le château a retrouvé sa place et sa splendeur, en plein cœur de la cité nantaise. Cinq siècles d'Histoire sont à redécouvrir entre ses remparts. Construit à la fin du XVe siècle par François II, dernier duc de la Bretagne indépendante, ce monument a surtout été marqué par la fille de ce dernier, Anne, qui fut duchesse et, certains l'ont peut-être oublié, deux fois reine de France puisqu'elle épousa Charles VIII, puis Louis XII. Elle naquit donc dans ce palais résidentiel raffiné en pierres de tuffeau, abrité par une solide forteresse, et y vécut toute sa jeunesse. Dans le puits, au pied de la tour de la Couronne d'Or, le reflet de sa couronne ducal se reflète encore... Sa fille Claude en hérita, ainsi que son époux François Ier pour qui fut construit le Logys du Roi, de style Renaissance. En 1532, alors que la Bretagne se voit rattachée au Royaume de France, le château devient propriété royale. Quelques décennies plus tard, Henri IV y séjourne à son tour pour signer le célèbre Edit de Nantes. Au cours des siècles suivants, quelque peu délaissé, le château servit tour à tour de prison, de caserne et d'arsenal... Classé Monument historique en 1862, il est aujourd'hui propriété de la mairie de Nantes et accueille le musée d'Histoire de Nantes ainsi que des expositions temporaires.

■ **LE CHÂTEAU DES DUCS DE BRETAGNE**
4, place Marc Elder – NANTES
✆ **0 811 46 46 44 (coût d'une communication locale) / (+33) 2 51 17 49 48 (de l'étranger)**
www.chateau-nantes.fr
♿ 🛏 🍴 🎭 ⚓

Fermé le 1er janvier, 1er mai, 1er novembre et 25 décembre. Basse saison : ouvert tous les jours de 10h à 19h. Haute saison : tous les jours de 9h à 20h ; le samedi jusqu'à 23h. Viste de la cour et des remparts, de l'intérieur du château et de l'intérieur du musée (+ exposition) de 9h30 à 19h, 7j/7. Gratuit jusqu'à 18 ans. Adulte : 5 € (réduit : 3 €). Audio guide du musée : 3 €. Musée+exposition : 8 € (réduit : 4,80 €). Label Tourisme & Handicap.

pourpre de Saint-Just...). Ces énormes pierres ont parfois été transportées sur un parcours de trente kilomètres, certaines dépassant les 300 tonnes, comme l'aiguille de Locmariaquer. De nombreux sites sont inscrits ou classés Monuments historiques. Les hommes qui ont dressé ces mégalithes possédaient des armes de bronze et ont imposé leur domination sur tout l'Occident. Jusqu'au jour où des peuples occupant auparavant l'Europe centrale sont partis à la conquête des terres avoisinant la Mer du Nord, la Baltique, la Grande-Bretagne actuelle et l'Irlande. Les Celtes.

Antiquité

Partis du cœur de l'Europe, entre l'Elbe, le Rhin et la Mer du Nord, les peuples celtes vont envahir l'ouest du continent entre 1000 et 800 avant J.-C.

Des Celtes à la conquête romaine

Les Goïdels mettent le cap vers l'Angleterre et l'Irlande, les Brittons vers l'Angleterre également et le pays de Galles. Plusieurs tribus celtes occupent le massif armoricain au premier siècle av. J.-C. Les Redones, installés dans le bassin de la Vilaine, entre la Manche, la Rance, le Couesnon et la forêt de Paimpont. Les Namnètes, occupant le territoire du département actuel de Loire-Atlantique. Les Ossimes, à l'ouest de la péninsule. Les Curiosolites, installés entre la rivière de Morlaix et la Rance, au nord de la forêt de Paimpont. Les Vénètes,

marins renommés, installés sur la côte sud armoricaine. Ce dernier peuple est la principale nation armoricaine, opposant également une farouche résistance à l'envahisseur romain. C'est finalement en 57 avant J.-C. que César réduira à néant la flotte des Vénètes, en coupant leurs cordages à l'aide de grandes faux, lors d'un affrontement en pleine mer, mettant ainsi fin à la puissance celte. L'Armorique gallo-romaine connaît ensuite une période de prospérité, lors des trois premiers siècles après J.-C. Les cinq capitales (Carhaix, Corseul, Vannes, Rennes et Nantes) sont alors reliées par des voies dallées et maçonnées, les fameuses voies romaines, dont il reste quelques bornes encore aujourd'hui. Une révolution en matière de communication et de commerce, en comparaison de l'organisation tribale des nations celtes. En peu d'années, l'empire romain fait table rase des traditions celtes, notamment en termes de divinités, pratiques religieuses et langue. Le droit romain remplace alors les coutumes non-écrites des peuples antérieurs. L'organisation sociale est également bouleversée, avec notamment la généralisation du *fundus* romain (population nombreuse vivant sous l'autorité d'un *domus*, maître du domaine). Des vestiges de l'époque romaine sont encore visibles de nos jours. C'est le cas notamment dans les régions de Vannes et Corseul (*Fanum Martis*), où les ruines du temple de Mars dominent le site du Haut-Bécherel. Un centre d'interprétation du patrimoine devrait d'ailleurs voir le jour prochainement, en vue de valoriser cet héritage exceptionnel en Bretagne. La villa de la commune du Quiou est également un témoignage bâti de grand intérêt patrimonial.

Les invasions barbares en Armorique

Sous la pression des peuples Germains, qui envahissent l'Armorique et la pillent, l'empire romain vacille, provoquant naturellement d'importants troubles au cours du Ve siècle. Les fouilles archéologiques réalisées sur les côtes témoignent d'incendies et d'habitations désertées précipitamment à cette époque. L'hypothèse d'attaques pirates soudaines se vérifie notamment sur le site de Corseul. Les Alains et surtout les Saxons se sont livrés à des pillages en règle des villages côtiers, laissant à cette époque l'image d'une péninsule armoricaine couverte de forêts et moins peuplée que le reste de la Gaule.

L'émigration des Bretons insulaires

Peuplée par des populations portant le nom de Pretani, l'Angleterre actuelle (île de Bretagne, anciennement Pritannia) est également concernée par les mouvements migratoires qui se font jour sur le continent. D'abord envahie par les Celtes (les Goïdels, et plus tard les Bretons), l'île est ensuite convoitée par César, dès 55 avant J.-C. Les invasions barbares refoulent les Bretons vers l'ouest de l'île. De grandes figures ont laissé leur nom dans l'Histoire, fortement teintée de légende. C'est le cas du fameux Arthur, resté célèbre pour ses exploits contre le nouvel envahisseur anglo-saxon. Ces victoires sporadiques ne suffisent pas à contenir l'invasion, qui provoque de grandes vagues d'émigration. Fuyant par voie maritime, certains Bretons ont débarqué en Galice, sur les côtes nord de l'Espagne, mais la majeure partie a abordé la péninsule armoricaine, dès 461. Cette nouvelle population a fait souche en Armorique, qui est alors dénommée Brittannia, Bretagne. Trois principautés

bretonnes vont bientôt se répartir le nouveau territoire : la Domnonée (nord de la péninsule, de l'Elorn au Couesnon), la Cornouaille (pointe occidentale) et le Bro-Werec (côte sud). Du fait de la désertification en Armorique occidentale, cette vague de population de langue celtique s'est implantée beaucoup plus profondément à l'ouest qu'à l'est de la péninsule (l'actuelle Haute-Bretagne), dotée d'une population plus dense.

Une Église bretonne en Armorique

Ce sont les moines émigrants bretons qui ont évangélisé l'Armorique, largement païenne jusque-là. Six évêchés sont alors fondés au Ve siècle. Quimper (par saint Corentin), Léon (par saint Pol-Aurélien), Saint-Brieuc (par saint Brioc), Tréguier (par saint Tugdual), Dol (par saint Samson), et Aleth (par saint Malo). La création de monastère (*lann*), de leur agglomération (*plou*) et d'ermitages (*loc*) a laissé des traces dans l'étymologie des noms de lieux actuels (Ploufragan, Locmaria, Lannilis, Ploemeur...). A l'est de l'Armorique, en Haute-Bretagne, l'évangélisation se poursuit également, mais par des évêques gallo-romains : saint Melaine à Rennes, saint Patern à Vannes et saint Félix à Nantes.

Moyen-âge

Les princes bretons de Cornouaille, Domnonée et Bro-Werec exercent leur gouvernement de façon divisée sur la péninsule armoricaine. Jusqu'au VIIe siècle, les voisins Francs ne représentent pas de danger, car trop occupés par les divisions internes aux Mérovingiens et par les invasions arabes. C'est l'avènement des Carolingiens

Le destin malheureux de Gilles de Bretagne

Situé à l'embouchure de l'Arguenon, à Créhen, le château du Guildo porte encore le nom de Gilles de Bretagne. Frère du duc de Bretagne François Ier (qui régna de 1442 à 1450), Gilles de Bretagne a côtoyé enfant le futur roi d'Angleterre, Henri VI, avec qui il se lia d'amitié. Gilles promit alors de servir « le Roy d'Angleterre à la paix et à la guerre en toutes les façons qu'il lui plaira de commander ». Propos pour le moins imprudent en cette période trouble, qui vient s'ajouter à une rivalité plus profonde entre les deux frères, Gilles s'estimant lésé par le testament de Jean V. Par ailleurs, Gilles éveilla de farouches convoitises en enlevant la jeune Françoise de Dinan-Montafilan (alors seulement âgée de huit ans !), la plus riche héritière du duché de Bretagne, à la mort de son père. Elle fut alors demandée en mariage par Gilles de Bretagne. Mais les frasques de Gilles, soutenu par le roi d'Angleterre, lui valurent une fin précoce des plus tragiques. L'un des prétendants de la riche héritière Françoise de Dinan, Arthur de Montauban, soutenu par le roi de France Charles VII, devint l'âme du complot qui allait aboutir au meurtre de Gilles de Bretagne. En 1446, François Ier fit arrêter son frère au Guildo par quatre cents « lances françaises » envoyées par Charles VII, et le fit interner à Dinan. En réaction, les Anglais s'emparèrent de Fougères et pillèrent la ville. En avril 1450, Gilles fut transféré au château de la Hardouinaye. Ses geôliers, soudoyés par Arthur de Montauban, décidèrent de le faire périr, par le poison d'abord, puis par la faim. Mais ses souffrances lui firent pousser de tels gémissements qu'une femme passant devant le château l'entendit, et lui apporta chaque jour, en secret, du pain et de l'eau. Six semaines plus tard, stupéfaits de le trouver toujours vivant, ses geôliers, en désespoir de cause, l'étranglèrent de leurs mains et finirent de l'étouffer entre deux paillasses. Sa dépouille fut inhumée à l'abbaye de Boquen, à Plénée-Jugon. Quelques jours plus tard, le cordelier qui avait reçu la dernière confession de Gilles de Bretagne se présenta au duc François Ier et le cita, de la part de sa victime, « à comparaître dans quarante jours devant le tribunal de Dieu ». Le duc fut extrêmement frappé de ces paroles, tomba malade presque aussitôt, et expira le 17 juillet suivant...

Bertrand Duguesclin : le « dogue noir » nommé connétable

Né en 1320 au château de la Motte-Broons, près de Dinan, sa laideur fit dire de lui qu'il était « le plus laid qu'il y eût de Rennes à Dinan ». Lors d'un tournoi sur la Place des Lices à Rennes, où il avait interdiction de participer, il défit tous ses adversaires, avant de refuser de combattre son père, en inclinant sa lance par respect au moment de la joute. Il avait tout juste 15 ans ! A partir de 1342, il prit part aux combats de la guerre de succession de Bretagne, le plus souvent pour son propre compte. Passé en 1357 au service de Charles V, il s'illustra contre les Anglais en Bretagne puis en Normandie et en Maine. Du Guesclin fut nommé connétable de France en 1370, et réussit, en dix ans, à chasser les Anglais de presque tout le territoire français. Il doit la plupart de ses succès à une judicieuse tactique de harcèlement, lui valant le surnom de « dogue noir de Brocéliande ». En 1380, il meurt lors du siège qu'il mène en Gévaudan. Les ossements du défunt connétable reposent dans la basilique royale de Saint-Denis, aux côtés des rois de France. Son cœur fut déposé sous une dalle, au couvent des Jacobins, à Dinan. En 1810, la pierre tombale et l'urne contenant le cœur furent transférées dans la basilique Saint-Sauveur de Dinan.

au pouvoir qui va pousser les Bretons à s'unifier, afin de mieux lutter pour leur indépendance vis-à-vis des Francs.

Victoire contre les Francs à Ballon

Cherchant à profiter des faiblesses des rois mérovingiens, les Bretons tentent d'affirmer leur indépendance jusqu'à ce que Charlemagne soumette la péninsule, en 799. Le tournant de l'histoire bretonne commence sans doute en 831, lorsque Louis le Pieux, fils de Charlemagne, fait duc de Bretagne un seigneur vannetais, Nominoë. A la mort du souverain carolingien, Nominoë engage la Bretagne dans une lutte d'indépendance. Il est bon de se souvenir de Nominoë, considéré comme le père de la nation bretonne, qui en 845 battit à Ballon, tout près de Redon, les Francs commandés par Charles le Chauve.

La monarchie bretonne à son apogée

A la mort de Nominoë, son fils Erispoë reprend le flambeau de la lutte. Il est assassiné par son cousin, Salomon, qui briguait la couronne de Bretagne. Sous son règne, les traités avec les Francs d'Entrammes en 863 et de Compiègne en 867 concèdent à la Bretagne, l'Anjou, le Maine, le Cotentin ainsi que Jersey et Guernesey. Ces deux îles étaient depuis des décennies peuplées par des Bretons. C'est à cette époque que Salomon est à l'apogée de sa puissance, se faisant appeler « Prince de toute la Bretagne et d'une partie de la Gaule ».

Invasions normandes et ruine de la Bretagne

Mais les invasions normandes, à partir de 875, fragilisent le pouvoir breton. A la mort d'Alain, dernier roi de Bretagne, suivent des conflits de succession entre seigneurs bretons, *machtierns*, qui profitent de leur place

forte pour revendiquer le pouvoir. Divisions qui seront exploitées par les envahisseurs scandinaves, les Normands. Toutes les côtes sont alors ravagées, Nantes mise à sac.

Naissance du duché de Bretagne

Il faudra attendre 937 pour que le sol breton soit libéré de la main-mise normande, par Alain dit « Barbe-Torte », reconnu premier duc de Bretagne à l'issue de son œuvre libératrice. Jusqu'au XIIe siècle, les grandes maisons bretonnes de Rennes, Nantes et Cornouaille n'auront de cesse de se disputer le pouvoir à la tête du duché, qui devient un véritable enjeu géostratégique, dans le contexte de conflit ouvert entre la dynastie anglaise des Plantagenets et la maison de France.

Guerres de succession et âge d'or

Au XIVe siècle, alors que la France et l'Angleterre sont aux prises avec la guerre de Cent ans, un terrible conflit de succession déchire la Bretagne, et oppose Jean de Montfort soutenu par l'Angleterre, à Charles de Blois favori du roi de France. La guerre dura 23 ans, elle se termina par la victoire de Monfort à Auray en 1364. Un an plus tard, Jean de Montfort sera reconnu par le roi de France comme duc de Bretagne, sous le nom de Jean IV. Le règne de son fils, Jean V, marque le début d'une période de construction et d'essor économique et artistique. Ainsi la Bretagne marque son indépendance et son identité en battant sa monnaie, en entretenant son armée et en possédant une administration propre. La Bretagne connaît alors son âge d'or sous les règnes successifs de François Ier (1442-1450), Pierre II (1451-1456), Arthur III (1457-1458) et François II (1458-1488). Le gothique flamboyant s'impose à cette même époque, comme en témoignent encore aujourd'hui les églises de Bais, Louvigné-de-Bais, Moutiers, Domalain, Notre-Dame à Vitré ou la chapelle Saint-Fiacre au Faouët.

Retrouvez le sommaire en début de guide

Corsaires malouins célèbres

▶ **René Duguay Trouin (Saint-Malo 1673-1736).** Fils d'un riche armateur malouin, Duguay Trouin a probablement été l'un de ceux qui auront le mieux servi la France dans la guerre des courses. Dès 18 ans, il dirige son premier bateau corsaire, et 5 ans plus tard fait d'un amiral hollandais son premier prisonnier important. Il intègre la marine royale en 1697, devient capitaine de frégate, reprend les courses aux prémices de la guerre de Succession d'Espagne, puis revient par la suite à la Royale où il est promu capitaine de vaisseau en 1705. Ses nombreux exploits, comme par exemple la déroute de la flotte portugaise comportant plus de 200 vaisseaux, lui valent d'être anobli en 1709 ; et il est sommet de sa gloire en 1711, lorsqu'il fit tomber Rio de Janiero en à peine 11 jours. En 1715, il poursuit sa carrière en tant que chef d'escadre puis devient lieutenant général des armées navales en 1728. Il meurt à Paris à l'âge de 63 ans.

▶ **Robert Charles Surcouf (Saint-Malo 1173-1827).** Impossible d'évoquer les corsaires malouins sans évoquer celui qui est sans doute le plus illustre d'entre eux, le redoutable Robert Surcouf. Embarqué dès l'âge de 13 ans en tant que mousse, il devient dès ses 20 ans capitaine-marchand et pratiquant de la traite des noirs pour le compte de planteurs de l'île de la Réunion. A partir de 1795, il se lance dans la course contre les navires anglais dans les eaux de l'océan Indien où il acquiert sa réputation de redoutable corsaire grâce à des prises exceptionnelles. En 1809, il entreprend d'armer pour la course sur les mers et après 1815, il devient l'un des plus riches armateurs de Saint-Malo, où il finit ses jours à l'âge de 54 ans. Vous pouvez embarquer et vivre l'aventure corsaire à bord de la réplique de son célèbre côtre *Le Renard*, son dernier bateau armé, à quai à Saint-Malo.

De la Renaissance à la Révolution

Alors que l'unité bretonne s'est construite au fil des siècles face à la menace franque puis française, la Bretagne tombe dans le giron du royaume de France au XVIe siècle, tout en conservant nombre de privilèges. Privilèges qui seront remises en cause à la Révolution.

Et le duché de Bretagne devint province française...

Fille du duc souverain de Bretagne François II (1435-1488) et de sa seconde épouse Marguerite de Foix princesse de Navarre (1449-1486), Anne de Bretagne n'a que onze ans quand elle hérite du duché, en 1488. Elle est couronnée à Rennes en février 1489. Face à la pression des troupes françaises établies près de Rennes, n'ayant plus aucun secours de ses alliés anglais et espagnols, la duchesse consent à épouser le roi de France Charles VIII, seule solution pour sauver le duché de Bretagne de la ruine. Le mariage a lieu en 1491, en Touraine. Par ce contrat, les époux se sont fait réciproquement cession de leurs droits sur la Bretagne. En 1498, Charles VIII meurt, laissant une veuve âgée de 21 ans, qui se remarie en 1499, avec le roi Louis XII. Négociation du mariage : la Bretagne devait rester indépendante, même après la mort de la duchesse. Deux fois reine de France, Anne de Bretagne a laissé l'image d'une femme de pouvoir visionnaire, attachée à l'indépendance de son duché vis à vis du royaume de France. Elle meurt en 1514, laissant sa fille Claude héritière du duché. Cette dernière devient reine de France, en épousant François Ier, en 1514. L'année suivante, le roi fait signer à Claude un acte de donation perpétuel du duché de Bretagne, contraire bien évidemment aux aspirations de la défunte Anne

de Bretagne. Claude meurt en 1524, à l'âge de 24 ans. En 1532, le Pacte d'union officialise le rattachement du duché de Bretagne au royaume de France, tout en garantissant les « droits, libertés et privilèges du pays ».

Le XVIe siècle, siècle de la prospérité

Jusqu'à la fin du XVIe siècle, la Bretagne est surnommée « le Pérou des Français » tant l'essor économique et industriel y est florissant. Au palmarès des activités rentables, la fabrication et le commerce de la toile. L'exportation se faisant essentiellement vers l'Angleterre, l'Espagne ou les Flandres. Cette prospérité économique favorise le développement des arts. Nombre d'églises et de chapelles portent le témoignage de la fusion entre styles gothique et Renaissance. Richesse architecturale, sculpturale, mais également en matière d'art du vitrail et de la broderie.

Guerres de religion en Bretagne

Les guerres de religion se traduisent en Bretagne par des conflits entre le duc de Mercoeur, cousin des Guises, nommé gouverneur de Bretagne en 1582, allié des Espagnols catholiques, et les partisan du roi Henri IV, alliés aux Anglais protestants. Le duc de Mercoeur se soumet au roi de France en 1598, année du fameux édit de Nantes, accordant liberté de conscience aux protestants.

La révolte du papier timbré ou des « Bonnets rouges »

Sous le règne de Louis XIV qui gouverne depuis 1661, la Bretagne est marquée par une révolte qui fera date et sert encore de référence au XXIe siècle. En 1672, la France est en guerre contre les Provinces Unies (l'Empire, l'Espagne et l'Angleterre). Les finances de l'Etat ne suffisant plus, Colbert imagine de nouvelles taxes, notamment sur le papier timbré (ainsi que sur tous les papiers et parchemins fabriqués dans le royaume), le monopole du tabac et un droit de marque sur la vaisselle d'étain. Ces mesures sont mal accueillies en Bretagne bénéficiant alors de certains droits garantis par le traité d'union de 1532. Les nouveaux édits sont cependant enregistrés par le Parlement de Bretagne en 1673 et 1674, devenant ainsi applicables. En 1675, une insurrection éclate à Rennes. Le bureau de tabacs, le bureau de contrôle et le bureau du papier timbré sont pillés et saccagés, la foule criant « Vive le roi sans gabelle ! » . Des troubles éclatent par la suite à Nantes, Dinan, Lamballe, Montfort et Vannes. L'insurrection gronde également en Basse-Bretagne, dans la région de Guingamp et Châteaulin, ainsi que dans le Poher et les Montagnes noires. Ces révoltes paysannes, dites des « Bonnets rouges », seront plus profondément attisées par la misère régnant dans les campagnes. Une répression sévère est ordonnée, dès l'assassinat de l'un des meneurs, en septembre 1675, un notaire nommé Le Balp. Pendaisons et envois aux galères s'abattent alors sur les paysans de la région de Quimper, Pontivy, Hennebont et Carhaix. Le duc de Chaulnes envoie 6 000 hommes à Rennes, pour y exercer une égale « punition ».

Révoltes contre le centralisme au XVIIIe siècle

Le centralisme exacerbé de Colbert, lors des dernières années du règne de Louis XIV, attise l'esprit de résistance en Bretagne, alimenté par le poids des taxes et impôts ponctionnés par Paris, pressurant villes et campagnes. Pour prendre la mesure de la dette, quelques chiffres : la province ne disposait que de 5 millions de recettes, tout en devant faire face à 9 millions de dépenses ordinaires ! Les Etats se réunissent à Dinan en 1717, dans une ambiance pour le moins tendue... Les Etats de Bretagne refusent de voter le « don gratuit » de 2 millions. Ils sont dissous par le commandant en chef de Bretagne, le maréchal de Montesquiou. Ce renvoi des Etats tend encore un peu plus les relations entre la Bretagne et Paris. Le Parlement de Bretagne adresse alors ses remontrances au roi : « Le renvoi des Etats donne atteinte au traité d'union de 1532 ». En réaction, révoltes et complots fleurissent, notamment à Lamballe, à Vitré, en presqu'île guérandaise et en centre-Bretagne. Parmi les gentilshommes rebelles, le marquis de Pontcallec. Son exécution à Nantes en 1720, pour lèse-majesté et félonie provoque émoi et révolte, faisant dès lors entrer le marquis dans la légende.

Les Bretons s'illustrent contre les Anglais

Le duc d'Aiguillon a laissé son nom dans l'Histoire pour avoir organisé la défense côtière en Bretagne, face aux Anglais. Après une incursion dans la région de Saint-Malo, Saint-Lunaire et Saint-Briac, la flotte anglaise débarque des troupes à Saint-Cast, en 1758. Une centaine de volontaires parviennent à retenir les troupes anglaises en route vers Matignon, suffisamment longtemps pour permettre au duc d'Aiguillon de concentrer ses troupes à Saint-Potan. Les Anglais sont rejetés à la mer et perdent 2 700 hommes. Par vengeance, ils occupent Belle-Île de 1761 à 1763.

Effervescence à la veille de la Révolution

Les idées nouvelles des philosophes se répandent rapidement en Bretagne par le biais des sociétés de pensée et la franc-maçonnerie, en réponse aux critiques récurrentes contre le centralisme royal. Ancrée dans ses privilèges datant de 1532, la province de la Bretagne est appelée à disparaître, dans le souffle appelant la souveraineté populaire à créer ses lois, traduction de la volonté générale. La dernière réunion des Etats de Bretagne a lieu en 1788, marquant le fossé grandissant entre la noblesse et le Tiers-Etat. Parmi les sujets de vive opposition : la répartition inégale des impôts, le contrôle des octrois municipaux...

De la Révolution au XXIe siècle

Avec la Révolution, c'en est fini des privilèges de la province de Bretagne, qui se trouve divisée en 5 départements, en districts, en cantons et en municipalités. Une nouvelle ère s'ouvre, subtile mélange de modernité et de conservatisme.

La chouannerie en Bretagne

A la différence des chouans vendéens, exclusivement mobilisés autour du catholicisme et de la royauté, les mouvements de chouannerie bretons sont animés par des volontés plus diverses, notamment le refus de la conscription et l'hostilité à l'égard des agents du fisc. Parmi les meneurs à l'instigation de cette contre-Révolution, citons La Rouërie, né à Fougères, qui voyait par ce mouvement insurrectionnel un moyen de restaurer les Etats et l'autonomie de la Bretagne. La révolte débute au mois de mars 1793, éclatant dans les campagnes de Fougères, Vitré, Rennes, Redon, Lamballe, Moncontour, dans le Léon et le Morbihan. La Terreur ne fait qu'alimenter ces mouvements rebelles. Parmi les chefs reconnus par les masses paysannes : Cadoudal à Auray, Guillemot à Bignan, Bobinot de Saint-Régent à Loudéac et la Trinité-Porhoët, Boishardy à Moncontour, Bois-Guy à Fougères, De Silz à Redon... Aux batailles rangées des Vendéens, les chouans bretons privilégieront les embuscades éclairs et les techniques de type *guérilla*. Leur maîtrise du territoire est telle, que l'on rapporte que Boishardy pouvait relier en 1794 Moncontour à Jugon en compagnie de 500 hommes, sans être inquiété outre mesure par les « Bleus » ! Les chouans ont également tenté des alliances avec les émigrés réfugiés en Angleterre. Un débarquement est organisé dans la presqu'île de Quiberon en 1794, mais l'opération est refoulée par les troupes républicaines de Hoche. S'ensuit un épisode de répression courant 1796. La chouannerie perd sa motivation religieuse avec la signature du Concordat entre le premier consul Napoléon Bonaparte et le représentant du pape Pie VII, en 1801, et prend fin avec la mort de Cadoudal sur l'échafaud le 21 avril 1804.

La population bretonne au XIXe siècle

Au XIXe siècle, la population bretonne augmente de plus d'un million d'habitants. Les chiffres du recensement parlent d'eux-mêmes : de 2 276 000 habitants en 1796 la Bretagne passe à 3 271 712 habitants en 1911. Cet essor démographique est contrasté dans le temps et dans l'espace. Après 1870, le taux de natalité diminue fortement. Par ailleurs, alors que certaines villes moyennes souffrent de l'émigration croissante (Loudéac, Quintin, Josselin...), d'autres plus importantes connaissent une constante progression (Rennes, Vannes, Quimper, Saint-Brieuc...), jusqu'à la première guerre mondiale.

Les Bretons dans la guerre de 1870

L'épisode de la guerre de 1870 a particulièrement marqué les esprits en Bretagne. Alors que les armées prussiennes encerclent Paris, des armées sont formées en province pour secourir la capitale. En Bretagne, c'est Kératry qui en est le général. Il s'installe avec 60 000 Bretons dans un camp sommaire à Conlie, près du Mans. Peu d'armes seront finalement envoyées par Gambette, qui laissera ces soldats dans l'inaction et la boue du camp, surnommé « Kerfank » (littéralement « ville-boue » en breton). Cet épisode illustre la méfiance du gouvernement central au regard de cette armée bretonne, potentiellement porteuse du germe autonomiste, si craint du pouvoir étatique. Pour toute réponse à ses pressantes interrogations, le maire de Rennes se verra notifier : « Que voulez-vous, à Tours, ces messieurs craignent que ce soit une armée de chouans ». Pour l'anecdote, à la prise de commandement de Marivault lors du remplacement de Kératry, alors qu'il passait en revue les soldats bretonnants, ceux-ci se seraient mis à crier « d'ar gêr, ma general, d'ar gêr ! « . Marivault loua leur ardeur à vouloir partir à la guerre, ignorant qu'en breton « d'ar gêr » ne veut pas dire « à la guerre », mais « à la maison »...

Terre de romantiques et de folkloristes

C'est au cours du XIXe siècle que s'exacerbe le sentiment d'appartenance à un monde en profonde mutation.

Bécassine : héroïne pittoresque de la Belle Epoque

Vue de Paris, la province est porteuse de nombreux clichés et ça ne date pas d'aujourd'hui ! Dès 1905, apparaît le personnage de Bécassine, sous forme de bande dessinée dans « La semaine de Suzette », illustrant une émigrée bretonne à la capitale. Cette héroïne pittoresque se veut à l'image de sa Bretagne natale, supposée arriérée et figée dans son folklore. Ce dénigrement aura pour conséquence d'alimenter une sourde animosité des acteurs de l'émancipation bretonne envers les cercles de pouvoir parisiens.

Nombre d'écrivains bretons s'inscrivent alors dans le courant romantique. Citons parmi les plus connus François-René de Chateaubriand (1768-1848), Ernest Renan (1823-1892), Paul Féval (1817-1887), Zénaïde Fleuriot (1829-1890), Anatole Le Braz (1859-1929), Charles Le Goffic (1863-1930)... L'attrait pour l'»esprit du peuple » ou le « génie populaire » se traduit par des travaux de folkloristes faisant encore référence au XXIe siècle. De ces « ethnographes bretons » l'on retiendra les noms de Paul Sébillot (« Contes populaires de Haute-Bretagne »), Amand Dagnet (« Croyances populaires du pays fougerais »), Adolphe Orain (« Glossaire du patois d'Ille-et-Vilaine »), Théodore Hersart de la Villemarqué (« Barzaz-Breiz »), François-Marie Luzel (« Gwerziou Breiz-Izel »), François Jaffrennou (« Barzaz Taldir »), Philomène Cadoret (« Mouez meneou Kerne »)...

Emergence du mouvement nationaliste breton

Le mouvement breton prend son essor au sein de l'Association bretonne, fondée en 1843. Les écrits des folkloristes et l'unité créée lors de la guerre de 1870 contribuent à réveiller un sentiment fort d'appartenance à une entité historique. L'Union régionaliste bretonne est fondée en 1898, sous l'influence de Le Goffic et Le Braz. Parmi les revendications : la décentralisation politique et culturelle, l'enseignement de l'histoire de la Bretagne dans les écoles, l'enseignement de la langue bretonne (refoulés sous les termes de « patois », les langues régionales sont alors formellement proscrites au sein des écoles par les « hussards noirs de la République »). Le lourd tribut payé par la Bretagne lors de la première guerre mondiale au nom de la France (150 000 morts) accentuera ce mouvement politique centrifuge, revendiqué par certains comme « nationaliste ». Le « groupe régionaliste breton » publie en 1919 le premier numéro de son journal, dont le nom « Breiz atao » (« Bretagne toujours ») servira de slogan à certains régionalistes tout au long du XXe siècle. Ce journal servira d'organe du Parti national breton entre 1931 et 1939.

Création du mouvement artistique « Ar seiz breur »

Le courant artistique « Ar seiz breur » (« les sept frères ») voit le jour en 1923, sous l'impulsion de Jeanne Malivel, Georges Robin et René-Yves Creston. Les artistes qui s'en revendiqueront se donneront pour objectif de briser l'image passéiste associée à la Bretagne, en stimulant une création des plus modernistes dans tous les domaines des arts, de la décoration et de l'artisanat. De ce courant se dégage un attachement à la tradition mêlé d'un parti pris radical orienté vers le modernisme.

Les Bretons dans la tourmente de la seconde guerre mondiale

Les années 1930 voient le ciel breton s'assombrir. Ce sont d'abord des vagues de réfugiés espagnols fuyant la répression franquiste, qui, dès 1934 (répression des mineurs d'Asturies) et plus tard en 1936 (déroute des Républicains) annonceront le conflit majeur du vingtième siècle. La prise en charge de ces populations ne se fait pas sans heurts, certains maires ruraux craignant la « contamination » de leur population à majorité catholique par les idées de ces Républicains « rouges ». Certains camps de réfugiés resteront tristement célèbres, notamment celui du Gouëdic, à Saint-Brieuc, dont l'écrivain Louis Guilloux (alors investi au sein du Secours rouge) relate la déplorable situation dans ses écrits. Avec l'occupation allemande, certains militants séparatistes du Parti national breton croient percevoir une occasion unique de créer une république bretonne, en s'alliant à l'Allemagne nazie. Egarement qui sera utilisé comme carte de disqualification par les détracteurs du renouveau culturel et politique breton de la seconde moitié du XXᵉ siècle. Le 30 juin 1941, le décret Pétain-Laval sépare le département de la Loire-inférieure (aujourd'hui Loire-Atlantique) du reste de la Bretagne. Sous l'occupation, nombre de Bretons prendront la mer pour se rendre en Angleterre, des maquis seront également actifs. A titre d'exemple, les réseaux Shelburn à Plouha et Alibi à l'Île-Grande seront les seuls liens maritimes avec l'Angleterre fin 1943 début 1944. La Bretagne est libérée par les colonnes du général Patton. Des poches de résistance allemande feront se prolonger le conflit, notamment à Saint-Malo, Brest, Lorient et Saint-Nazaire, villes qui sortiront très meurtries, voire rasées, suite aux assauts libérateurs. Sonne alors l'heure de la reconstruction.

De nos jours

Encore abasourdie par la déferlente mondiale de 1939-1945, la Bretagne s'oriente rapidement vers sa reconstruction, dans les années 1950, à la recherche d'un nouveau modèle de développement politique, économique et culturel. Les germes de cette modernité nouvelle porteront leurs fruits jusqu'à la fin du XXᵉ siècle, période charnière, à l'heure européenne, dans un contexte d'échanges mondialisés.

La révolution du monde rural

Parmi les faits marquants de ce nécessaire renouveau de l'après-guerre figurent les profonds bouleversements que connaîtra le monde agricole. Au quotidien, l'arrivée de l'électricité de plus en plus généralisée dans les campages est le fait marquant de la génération d'après-guerre. Les habitudes de travail vont également connaître une évolution rapide, notamment avec la mécanisation croissante du monde agricole et l'arrivée du tracteur, qui remplacera désormais le cheval, compagnon de

1944 : « libération » de la presse quotidienne en Bretagne

Entre août et septembre 1944, de nouveaux journaux quotidiens voient le jour à l'issue de la Libération en Bretagne : La Liberté du Morbihan, La Résistance de l'Ouest, Ouest-France (anciennement Ouest-Eclair) et Le Télégramme. Seuls ces deux derniers titres sont encore en activité au XXIᵉ siècle.

labeur séculaire du cultivateur. La logique économique s'empare dans les années 1970 du secteur agricole. Un nouveau modèle sert alors de référence. On ne parle plus de paysans, mais bel et bien d'entrepreneurs agricoles, maillons dépendants de la chaîne industrielle agro-alimentaire, qui englobe également le milieu de la pêche. Aux objectifs de productivité correspondront de nouvelles occupations de l'espace. Pour faciliter le rendement de l'exploitation, on procédera au remembrement. Les années 1970 ont ainsi marqué les paysages ruraux par la mise à mal du bocage breton, les haies et talus étant arrachés pour obtenir des parcelles plus grandes, plus facile à cultiver avec des engins de plus en plus imposants. Effet indésirable qui n'a pas été anticipé à l'époque : le bocage n'exerçant plus son rôle de filtre, les eaux pluviales ne sont plus absorbées et ruissellent le long des champs, provoquant vagues de boue et inondations récurrentes.

Le sursaut culturel

Tandis que Glenmor allume, dans les cœurs, les feux salutaires des révoltes paysannes, la Bretagne retrouve ses racines. Loeiz Roparz, de Poullaouenn, s'attache à préserver et à promouvoir le kan ha diskan, chant tuilé du centre Bretagne. Et dès 1959, les sœurs Goadec mettent le feu aux planches à Châteauneuf-du-Faou, tandis que la petite ville de Gourin voit en 1956 relancer les concours de sonneurs de couples qui avaient connu leurs heures de gloire avant la Première Guerre mondiale grâce au mouvement revivaliste et régionaliste. Mais c'est à Paris encore, dans les milieux de l'émigration, que se produit l'événement qui va révolutionner le petit monde de la musique bretonne. Jorj Cochevelou, traducteur au ministère de l'intérieur, termine en 1953 une petite harpe sur les plans de laquelle il travaille depuis la guerre. Jorj Cochevelou qui pense d'abord à qualifier sa harpe de « bretonne », lui préfère finalement l'épithète de « celtique » qui lui ouvre potentiellement des horizons plus vastes. Son fils Alan a neuf ans. En 1967, il troque son patronyme d'Etat civil contre un nom de scène, sonore et musical. Il sera désormais Alan Stivell (inspiré du mot breton « stival » qui signifie la source). De sa rencontre, fortuite, un beau jour de 1967 dans un bar de Bénodet, avec le guitariste Daniel Le Braz, qui deviendra Dan ar Braz, naît l'idée d'une formation constituée autour de la voix et de la harpe.

Une première qui va véritablement révolutionner l'univers musical breton jusque-là resté surtout traditionnel malgré l'invention du bagad, sur le modèle du pipe-band écossais. Il fallait l'oser à une époque où, selon les propos mêmes de Jean-Pierre Pichard, le directeur artistique du Festival Interceltique, « On n'aurait pas parié un kopeck sur la survie de la musique et de la culture du pays ». Le succès est immédiat. En 1971, alors que Glenmor reste interdit d'antenne, Alan Stivell passe sur toutes les ondes radiophoniques de l'Hexagone. Et puis un événement va transformer durablement le destin musical et identitaire de la Bretagne. En janvier 1972, Alan et son groupe, donne un concert à l'Olympia, salle mythique de la scène parisienne. Tout le Paris breton est là. C'est l'ébullition, l'effervescence. La Bretagne est en marche, débarrassée de ses vieux complexes. La foule est en transes, pavoisée de gwenn-ha-du. L'écrivain Xavier Grall, qui y est, raconte l'expérience : « Salle de l'Olympia, premier récital de Stivell. J'y suis. Rideau… Derrière le harpeur, ils sont tous là, les premiers compagnons. Ils ont tous du génie (…) Salle pleine. C'est parti. « The wind of Keltia ». La harpe ruisselle, le vent celtique, douceur du vent. C'est parti. Jeux de lumière sur le groupe illuminé. Car ils sont tous illuminés ceux-là, rimbaldiens, organisant magiquement la fête des sons et des couleurs. Ça chauffe, ça chauffe. Ca brûle… C'est chaud (…) Immédiatement il se passe quelque chose. C'est physique, c'est une communion populaire. Une envie de scander, de danser, violente, impérative, c'est instinctif ».

Le phénomène « fest-noz »

Le fest-noz – on devrait d'ailleurs écrire « la » fest-noz, car le mot breton « fest » est féminin – est jusqu'à la Seconde Guerre mondiale une fête occasionnelle, spontanée, privée, liée au monde rural, dans la région du Poher, en Centre-Bretagne. C'est vers la fin des années cinquante que Loeiz Roparz et ses amis du cercle celtique Mesaerien Poullaouen inventent le fest-noz « mod nevez » (« nouvelle mode »), qui se déroule en salle, où les chanteurs se retrouvent sur scène équipés d'un micro. Le succès est immédiat. Fulgurant même. Adapté à l'évolution de la société bretonne, la formule se répand comme une traînée de poudre. Expérimenté à Paris en avril 1957, puis à Poullaouen en décembre de la même année, le fest-noz mod nevez est « exporté » dès 1958 dans les Côtes d'Armor, à Saint-Servais, où les frères Morvan, de Saint-Nicodème, entament une carrière prestigieuse. En 1959, les sœurs Goadec montent pour la première fois sur les planches à Châteauneuf-du-Faou, où elles subjuguent danseurs et auditoire. « Partis du Kreiz Kerné (centre Cornouaille), les festoù-noz gagnent toute la Bretagne » titre Le Télégramme dans son édition du 14 mars 1961. Le succès de la formule ne devait plus se démentir. Le fest-noz devient très vite le partenaire obligé de tout festival qui se respecte, des fêtes de Cornouailles au Festival Interceltique. Et si, durant les seventies, le fest-noz avait des allures souvent militantes, ce n'est plus le cas de nos jours. Définitivement passé dans les mœurs, il draine désormais des milliers de garçons et de filles qui n'ont d'autre objectif que de s'amuser et se défouler au son des bombardes et des binious, mais aussi à celui de la vieille, de l'accordéon diatonique ou chromatique, du violon, de la clarinette… Il faut s'y immerger, se laisser littéralement porter par la cadence endiablée, évoluer dans cette foule mouvante qui déploie ses orbes au gré des notes d'un « couple » de sonneurs ou de deux chanteurs de kan-ha diskan se tenant fermement campés sur l'estrade, le bras passé par-dessus l'épaule du compère, pour comprendre la signification du mot fest-noz. À chaque terroir ses « grands tubes » : l'an-dro ou l'hanter-dro au Vannetais, la gavotte à la montagne, la dans fisel ou la dans plinn au secteur de Bourbriac, l'avant-deux au nord Ille-et-Vilaine, la contredanse à l'est des Côtes-d'Armor… La transe semble parfois au bout de la danse.

La remise en cause du modèle au XXIᵉ siècle

Si la culture reste un moteur fort de développement, avec le tourisme, le modèle breton est par certains aspects remis en cause en ce début de XXIᵉ siècle. L'accroissement démographique, surtout sur les côtes, pose la question de l'urbanisation galopante au détriment des terres cultivables. De forts déséquilibres se font jour, entre le dynamisme croissant de l'axe Nantes – Rennes – Saint-Malo à l'est, et la perte de vitesse du centre et de l'ouest de la région. La question environnementale s'est au fil des ans également invitée au centre du débat, notamment suite aux différentes marées noires dues à l'échouage de pétroliers (les plus tristement célèbres sont : *Torrey Canyon* en 1967, *Olympic Bravery* en 1976, *Amocco Cadiz* en 1978, *Gino* en 1979, *Tanio* en 1980, *Erika* en 1999). La protection de l'environnement met également aux prises les tenants du modèle agricole productiviste intensif mis en place au XXᵉ siècle et les associations environnementalistes, pour qui les pollutions de type « algues vertes » sont d'origine agricole. Serpent de mer de la revendication identitaire, le rattachement du département de Loire-Atlantique à la Bretagne administrative est revenu sur le devant de la scène politique en 2012. Côté linguistique, le breton et le gallo sont de plus en plus menacés au sein d'un univers francophone omniprésent, bien que des initiatives de sauvegarde et de transmission soient entreprises de façon fructueuse (écoles bilingues français-breton, écrits en gallo et breton dans la presse, stages d'initiation et de perfectionnement, spectacles, créations sonores…). Dans un monde globalisé, la région Bretagne ne manque pas d'atouts pour exister, mais doit sans cesse se réinventer un dessein collectif, naviguant entre deux écueils : le repli identitaire et la dilution au sein d'un univers standardisé et homogénéisé.

Patrimoine et traditions

Patrimoine culturel

Littérature

▶ **Gwalarn.** À peu près à la même époque que le mouvement Seiz Breur, naissait Gwalarn, en breton cela signifie nord-ouest, et en français ce mot gwalarn a donné « galerne », vent de galerne autrement dit un vent d'ouest/nord-ouest. Mais ici brise, bise, bourrasque et tempête n'y sont pour rien. En effet, car c'est de littérature dont il s'agit. Ce fut tout d'abord une revue littéraire en langue bretonne. Dans l'esprit de son fondateur et des jeunes écrivains qui y collaboraient, ce mouvement souhaitait développer une langue littéraire. Comme il était écrit dans le manifeste de Gwalarn, une langue ciselée mais aussi distante de la langue des paysans bretons que l'était la langue et les écrits d'Anatole France à l'endroit des paysans français. En ce troisième millénaire débutant, si Gwalarn n'existe plus, la revue Al Liamm maintient cette ambition près des intellectuels brittophone.

Ar Seiz Breur

Bien moins connu que le synthétisme de l'école de Pont-Aven, le mouvement des Seiz Breur, les sept frères en breton, a néanmoins fortement marqué la création en Bretagne. L'aventure de cette École va s'étaler sur un quart de siècle, de 1923 à 1947. La démarche des Seiz Breur était de renouveler l'art décoratif en Bretagne. Cette École s'est constituée autour d'un groupe d'artistes, plasticiens, peintres, écrivains, dessinateurs... c'est toute l'imagination créative bretonne qui va se trouver révolutionnée. Ils se voulaient ardemment contemporains, voire pour certains avant-gardistes, avec une volonté d'accorder l'héritage culturel à la modernité la plus résolue. En témoignent de nos jours mobilier, céramique ou architecture... comme cet immeuble quimpérois du 33, boulevard Amiral-de-Kerguelen, œuvre de l'architecte Olier Mordrel et classé depuis quelques années Monument historique.

Peinture

▶ **L'École de Pont-Aven.** La Bretagne a une chance inouïe, elle est biculturelle, romane et celtique, et c'est ainsi que depuis deux siècles elle attire et accueille les artistes. D'aucuns ont pu vanter sa lumière, pour d'autres ce sont ses paysages ondoyants qui font leur bonheur, pour peu que ceux-ci se consacrent à l'art figuratif. Deux petites villes de la côte sud du Finistère vont devenir, à la fin du XIXᵉ siècle, des pôles importants d'un nouveau courant de peinture. Mais c'est Pont-Aven qui va connaître une notoriété universelle avec l'arrivée, en 1886, de Paul Gauguin. Celui-ci, précocement usé par une vie parisienne soutenue, se laisse convaincre par son marchand de couleurs, le père Tanguy, d'aller se mettre au vert en Bretagne. Et Gauguin qui est à la recherche d'une inspiration nouvelle, se décide pour Pont-Aven, à tout bien regarder, il n'a guère le choix. Sa bourse est plate et son ami Jobbé-Duval, qui est de la région, lui a indiqué deux ou trois adresses bon marché, la pension Gloanec, où il s'établira, et une autre bonne maison pour les artistes impécunieux, l'hôtel de Julia Guillou. L'installation de Gauguin sur les bords de l'Aven où il rencontre Filliger, Emile Bernard, Paul Sérusier... marque l'acte fondateur de l'École de Pont-Aven.

Patrimoine architectural

Villes et villages

Ce n'est point d'habitat traditionnel, mais des habitats traditionnels qu'il convient de parler, tant en la matière, c'est l'extrême variété et l'abondante diversité des maisons des Bretons qui saute aux yeux du visiteur. Si le modèle archaïque à foyer central n'est plus qu'un souvenir, visible encore dans quelques rares sites historico-archéologiques comme l'exceptionnel hameau de l'An Mil à Melrand, la « maison longue » avec cheminée au pignon et toit à deux pentes, a une descendance bien nombreuse ! Jusqu'à la Seconde Guerre mondiale on trouvait encore, en Brière et dans certains secteurs du pays Vannetais de ces maisons rurales à pièce unique où la séparation entre hommes et bêtes relevait plus du symbole que de la réalité concrète. Ces temps-là sont révolus. Et la campagne bretonne offre, la plupart du temps l'image d'un pays où se mêlent dans une harmonie plus ou moins grande selon les secteurs, demeures anciennes et maisons dites « néobretonnes », théorisées par les architectes régionalistes dès l'entre-deux-guerres.

Mobilier et objets du quotidien

Typiques de l'intérieur breton, les nombreux meubles étaient accolés les uns aux autres, tout le long des murs. Cette disposition explique sans doute la façon de décorer les meubles uniquement sur une face. Sur les coffres, les armoires et autres meubles, les motifs sculptés étaient souvent d'influence religieuse comme un ostensoir ou l'inscription Jésus Maria. D'autres motifs très employés sont les fuseaux, disposés tantôt en galerie, tantôt en roses, les svastikas, les losanges, les entrelacs, arabesques, palmettes, etc. Les meubles bretons sont en chêne ou en châtaignier passé au brou de noix ou au minium, ou encore en merisier. Un élément caractéristique du mobilier breton ? Le lit clos. L'utilisation de cette sorte d' « armoire-lit » fermée par des portes s'explique par la taille réduite des intérieurs des fermes d'antan. Placé dans la pièce commune de 20 m² à 30 m² le plus communément, il permettait de s'isoler mais aussi de se protéger du froid. Il peut se fermer par deux portes coulissantes, par une simple porte à charnière au cœur du Léon, ou par d'épais rideaux dans le Morbihannais. Le lit mi-clos, lui, n'a pas de porte ; les formes harmonieusement galbées de son ouverture lui donnent une allure très élégante. Le lit se complète le plus souvent d'un banc-coffre où l'on rangeait son linge. A partir du XVIIIᵉ siècle, le mobilier breton s'enrichit avec l'arrivée des buffets et des vaisseliers. De plus en plus, le mobilier remplit une fonction sociale, au-delà de son utilité propre. Évolution qui fait suite à l'émergence de la petite bourgeoisie. La qualité de meubles et la richesse de leur ornementation viennent renforcer l'importance du propriétaire.

Une tradition de pierres

L'architecture bretonne « traditionnelle » pour sa part, fait évidemment la part belle aux matériaux que lui offre le pays. Et au premier d'entre eux, la pierre qui se décline en une quasi-infinité de granites, du rose éclatant de la clarté au gris plus ou moins soutenu. Mais selon les régions, la maison bretonne peut offrir aussi une dominante de schistes, quasiment noirs au centre Bretagne, pourprés du côté de Guichen en Haute-Bretagne ou presque verts dans la région de Nozay. Si la pierre impose sa couleur, elle dicte aussi les formes et les volumes.

Une variété architecturale

Quoi de commun entre les petits moellons de schiste du Poher et les gros blocs de granite taillés du canton de Perros-Guirec ? Et entre les demeures de pierre de Basse-Bretagne et celles de pisé – terre mélangée à de la paille – que l'on trouve abondamment en Haute-Bretagne ? La variété observée au niveau des couleurs, des formes et des matériaux se retrouvent au plan des volumes et des proportions. Si le Trégor, à la terre riche et limoneuse, s'enorgueillit d'imposants bâtiments sans fioritures, les îles et la bordure maritime où la vie était rude, ont un habitat digne de maisons de poupées.

De la chaume à l'ardoise

Les toits ne présentent pas une moindre richesse de typologie que les murs. L'ardoise, jusqu'au milieu du XIXᵉ siècle, était un matériau coûteux auquel les paysans préféraient de loin le chaume. De seigle, comme dans le Pays Vannetais, ou de roseau comme en Brière, c'était la couverture à peu près universelle du pays avant la diffusion de l'ardoise des Montagnes Noires puis

© TONY CARDWELL – ICONOTEC

Ferme typique

© S. NICOLAS – ICONOTEC

Façade d'une maison traditionnelle

d'Angers. Les tableaux de Gauguin, les bois gravés de Rivière, les dessins de maints visiteurs comme les récits des auteurs du XIXe siècle sont là pour nous prouver que le chaume était alors partout présent, sur les granges, sur les maisons d'habitation et jusque sur certaines églises, à la campagne, mais aussi dans les petites villes. Dans le Trégor maritime, il alternait harmonieusement avec la tuile, importée non de Provence ou d'Italie, mais… de Grande-Bretagne. Aujourd'hui, seuls quelques îlots limités continuent cette tradition. C'est le cas de la Brière, bien sûr, mais aussi d'une partie du Vannetais et de la Cornouaille. Une visite au hameau de Lanvaudan, comme dans le village associatif de Poul Fetan en Quistinic vous donneront une idée assez précise de ce qu'était la Bretagne du XIXe siècle.

Austérité et chatoiement des couleurs

Lorsque la pierre n'est pas apparente, elle peut être recouverte d'un enduit de ciment aux camaïeux de gris qui s'harmonisent merveilleusement à ceux du ciel, comme dans le Léon, où l'on n'apprécie pas les couleurs. Mais la coutume, dans les villages de pêcheurs, était jadis de chauler les murs. Quoi de plus gai et de somptueux alors que ces chaumières des bords de l'Aven ou du Bélon, aux murs étincelants, aux volets bleus de Bretagne et flanquées de massifs d'hortensias d'un rose éclatant ? Une image d'Epinal sans doute. Et une carte postale reproduite à satiété. Mais à coup sûr une vision d'une Bretagne soucieuse d'identité et d'enracinement.

La particularité ouessantine

La maison ouessantine, quant à elle, est un monde à part qui, très classique à l'extérieur, est tout à fait remarquable par son intérieur. Cloisonnée à l'extrême, avec un espace dont chaque centimètre carré est utilisé, elle donne l'impression de boîtes empilées ou juxtaposées les unes à côté des autres et tire davantage sur l'aména-

gement intérieur des bateaux sur lesquels les hommes embarquaient jadis pour des séjours de plusieurs mois. Le mobilier, peint en bleu et en blanc, souvent fait de bois d'épave, plus nombreux sur l'île que les arbres eux-mêmes, contraste étrangement avec celui de tout le reste du pays, qui est plutôt de bois naturel foncé et ciré.

Des labels pour valoriser le patrimoine

La Bretagne compte de nombreuses villes et bourgades d'intérêt patrimonial majeur. Pour les repérer, très simple, la plupart sont labellisées ! Sont ainsi titulaires du label « Ville d'art et d'histoire » Concarneau, Dinan, Dinard, Fougères, Lorient, Morlaix, Quimper, Rennes, Vannes et Vitré. Sont labellisées « Plus beaux villages de France » les communes de Le Faou, Locronan, Moncontour, Rochefort-en-terre et Saint-Suliac. Portent le label « Petite cité de caractère de Bretagne » les communes de Bazouges-la-Pérouse, Bécherel, Châteaugiron, Châtelaudren, Combourg, Guerlesquin, Josselin, Jugon-les-lacs, La Roche-Bernard, La Roche-Derrien, Le Faou, Léhon, Lizio, Locronan, Malestroit, Moncontour, Pont-Croix, Pontrieux, Quintin, Rochefort-en-terre, Roscoff et Tréguier.

Châteaux

Terre de châteaux s'il en est, la Bretagne offre au visiteur féru d'histoire un panorama des plus exhaustifs. Petit aperçu des sites incontournables de la région.

Château de la Hunaudaye à Plédéliac

Classé Monumenty historique, le château fort de la Hunaudaye a été construit vers 1220 par Olivier Tournemine. A cette époque, ce château protégeait la frontière Est du Penthièvre (pays de Lamballe) en conflit avec le Poudouvre (région de Dinan). Le château est détruit en 1341 lors de la Guerre de Succession de Bretagne.

Cette guerre civile en Bretagne ravage le duché pendant une vingtaine d'années. L'âge d'or de la Hunaudaye coïncide avec la disparition des Tournemine au début du XVIIe siècle. Durant la Révolution française, le château est pillé et incendié. Au XIXe siècle, il est utilisé comme carrière de pierre. Il est actuellement ouvert au public d'avril à novembre, accueille une nouvelle exposition originale et documentée tous les deux ans et de nombreuses animations estivales. On pourra peut-être également croiser le « soufflou », surnom donné au fantôme de la Hunaudaye par les gens des environs.

Château de la Roche Jagu à Ploëzal

Forteresse construite au XVe siècle et restaurée en 1968, le château de la Roche Jagu est classé Monument historique. Il est situé sur un éperon rocheux stratégique, sur la rive gauche du Trieux, d'où il jouit d'un point de vue exceptionnel sur les environs. Ses jardins, labellisés « Jardins remarquables » sont en visite libre, et des ateliers guidés y sont également organisés. Côté architecture, le château de la Roche Jagu a pour sa partie la plus ancienne été construit à la fin du Moyen Âge, avec une façade défensive donnant sur la rivière, dotée d'un chemin de ronde avec mâchicoulis. Le logis est constitué d'un seul corps de bâtiment en profondeur, dont l'entrée se fait par une porte surmontée d'une niche. Le premier étage possède encore ses fenêtres à meneaux, mais le second étage et la toiture ont été très remaniés. La cuisine est la seule pièce conservée en état. Les 70 hectares du domaine départemental de la Roche Jagu demeurent une étape incontournable en Bretagne.

Fort-la-Latte à Plévenon

Situé en face du cap Fréhel, le château Fort-la-Latte, anciennement la Roche-Goyon, est l'un des plus célèbres châteaux bretons. Il est classé Monument historique. De son donjon, une vue imprenable sur la Côte d'émeraude. Sur le chemin menant au château, on peut observer un petit menhir qui, selon la légende serait le doigt de Gargantua. La citerne d'eau, d'une capacité de 20 000 litres, devait pouvoir servir à toute la garnison, soit environ une quarantaine hommes. Il y eu huit canons sous Louis XIV. Les plus grands avaient un fût de huit mètres de long. Seuls, des exemplaires « moyens » sont présents sur le site, qui pouvaient envoyer un boulet jusqu'à un kilomètre de distance. Le Fort-la-Latte possède aussi un four à boulets qui permettait de chauffer au rouge les boulets de canon. Le château est actuellement ouvert au public et accueille de nombreuses animations médiévales.

Le château de Kérouzéré à Sibiril

Unique forteresse du XVe siècle pouvant être visitée dans le Finistère, le château de Kérouzéré est classé monument historique. Édifié entre 1425 et 1458, il est construit en pierre de taille de granite et couvert d'ardoise. Il est orné de peintures datant du XVIIe siècle. Dans le parc, sont construits un colombier, une fontaine, un puits, un lavoir et une ferme. Le parc est classé et le jardin est inscrit au pré-inventaire des jardins remarquables.

Le château de la Bourbansais à Pleugueneuc

Imposant édifice élevé à la fin du XVIe siècle et agrandi au XVIIIe siècle, le château de la Bourbansais est classé Monument historique. Le site actuel comporte encore de nombreuses traces de l'ancien fundus romain, ainsi que des occupations postérieures datant du Moyen-Âge et de la Renaissance. Les jardins à la française sont labellisés « Jardins remarquables ».

Le château de Vitré

Classé Monument historique, le château de Vitré est un bel exemple d'architecture militaire, situé sur les marches de Bretagne. Le premier château en pierre a été construit au XIe siècle, sur un promontoire rocheux dominant la Vilaine. Il accueille actuellement l'hôtel de Ville de Vitré, dans un bâtiment reconstruit en 1912 selon les plans du logis médiéval.

Le château de Comper à Concoret

Le château-fort d'origine bénéficiait d'une protection naturelle assurée par l'étang situé à proximité, au nord de la forêt de Paimpont. Peu de traces de l'époque féodale subsistent, le manoir Renaissance ayant été reconstruit au cours du XIXe siècle. Le site serait lié à la légende arthurienne, comme étant le logis de la fée Viviane. Le centre de l'imaginaire arthurien expose ses travaux. L'enceinte, le manoir, la cour, la digue et les douves sont classés Monuments historiques.

Le château de Suscinio à Sarzeau

Edifice datant de la fin du Moyen-Âge (XIIIe siècle et seconde moitié du XIVe siècle), classé Monument historique. Ce château-fort situé au bord de l'océan Atlantique a été la résidence des ducs de Bretagne. Un vaste programme de restauration a permis à la forteresse de retrouver sa fière allure médiévale. Ouvert au public, le monument accueille expositions et animations estivales.

Architecture religieuse

En Bretagne plus qu'ailleurs, l'Eglise catholique a laissé trace de son implantation, souvent taillée dans le granit ! Cathédrales, chapelles, calvaires... Caractéristiques locales, les enclos paroissiaux, en forte concentration étant visible en Basse-Bretagne. Quelques sites remarquables existent également en Haute-Bretagne.

Les saints fondateurs de l'Armorique ont leur cathédrale

Outre de nombreuses églises, des chantiers de cathédrale sont entrepris dès le XIIe siècle, certains durant plusieurs siècles, d'où la cohabitation de différents styles architecturaux (roman, gohique flamboyant, Renaissance...). On peut ainsi admirer encore aujourd'hui la cathédrale Saint-Tugdual (IXe-XVe siècles) à Tréguier, la cathédrale Saint-Corentin (XIIIe-XVIe siècles) à Quimper, la cathédrale Saint-Samson (XIIe-XIIIe siècles) à Dol-de-Bretagne ou encore la cathédrale Saint-Pierre et Saint-Paul (XVe siècle) à Nantes.

Chapelles et calvaires

La foi a pénétré jusqu'au moindre sentier de Bretagne. Témoignage de la christianisation de l'antique culte des sources, des milliers de chapelles ont été édifiées à proximité de fontaines sacrées, parfois à l'écart des grands axes de communication et des bourgades. Croix et calvaires attendent également le promeneur au détour des chemins creux ou en bordure de champs.

Apogée des enclos paroissiaux aux XVIe et XVIIe siècles

C'est principalement en Basse-Bretagne que fleurissent les enclos paroissiaux, dont l'apogée se situe aux XVIe et XVIIe siècles, correspondant à l'âge d'or de la province, lié au commerce florissant des toiles de lin et de chanvre. Objet d'ostentatoire rivalité symbolique entre paroisses, l'enclos paroissial est un ensemble architectural religieux rural comportant une église, un ossuaire, un mur d'enceinte, un cimetière, une fontaine, une chapelle reliquaire, une porte triomphale et un calvaire. Même si Saint-Suliac (Ille-et-Vilaine) détient un exceptionnel exemplaire du XIIIe siècle, la plupart des enclos paroissiaux encore visibles aujourd'hui se situent en Basse-Bretagne, notamment dans le Finistère. Parmi les plus célèbres, citons ceux de Sizun, Pleyben, Plougastel-Daoulas, Saint-Thégonnec, Plounéour-Menez, Saint-Herbot, Guimiliau et Lampaul-Guimiliau.

Architecture militaire

Depuis les premières occupations humaines du massif armoricain, les rivalités entre populations, familles, provinces et nations se sont traduites par une recherche permanente du perfectionnement de l'architecture militaire. Petit tour d'horizon historique des éléments encore visibles aujourd'hui.

Éperons barrés et oppidums

Les premières traces de fortifications datent du Néolithique, et sont constituées d'une avancée de relief naturel (un éperon), coupée ou barrée par un retranchement (palissade, fossé, mur de pierre sèche...). On peut voir de beaux exemples d'éperons barrés à La Vicomté-sur-Rance, Crozon, Carantec... Ces sites fortifiés ont souvent été réemployés par les Celtes, dont le système de défense est appelé « oppidum », terme usité par les Romains désignant un lieu élevé de fortification, basé sur un site stratégique naturel. Parmi les plus remarquables, citons l'oppidum de Cléden-cap Sizun, de Plogoff, de Bains-sur-Oust ou encore le camp d'Artus dans la forêt de Huelgoat.

Mottes castrales

Nommés également mottes « féodales », ces ouvrages défensifs sont composés d'une butte de terre, surmontée d'une palissade entourant un fortin de bois avec une tour de guet, sorte de donjon de château-fort primitif. Si les ouvrages de bois ont disparu, il est toujours possible de voir ces mottes, partout en Bretagne, notamment à Pléven, à Marcillé-Raoul (double motte du Châtel), à Scrignac, Louannec, Kérien...

Châteaux-forts

Héritiers des mottes castrales, les châteaux-forts construits en pierre firent encore légion en Bretagne (voir rubrique consacrée aux châteaux). De nombreux ouvrages témoignent du rôle militaire joué par ces châteaux jusqu'à la fin du Moyen-Âge. Citons par exemple les ruines du château du Guildo, le château de Tonquédec, de Corlay, de Hennebont, de Chateaugiron, de Kergournadeac'h...

Forts de Vauban

Inventeur de ce que l'on pourrait anachroniquement nommé « le premier Mur de l'Atlantique », Sébastien Le Prestre, marquis de Vauban, est nommé maréchal de France par Louis XIV, et s'ingénie à faire du royaume de France un « pré carré protégé par une ceinture de fer ». L'empreinte de son œuvre militaire est toujours prégnante en Bretagne, notamment sur les zones littorales. Sont ainsi construits ou remaniés la citadelle de Belle-Île-en-mer, le fort de la Conchée en baie de Saint-Malo, la tour de Camaret, le château du Taureau en baie de Morlaix, les fortifications de Brest et ses abords, le corps de garde et le village de Meneham à Kerlouan...

Blockhaus et bunkers

Éléments incontournables du littoral breton, vestiges du « Mur de l'Atlantique » érigé par Rommel lors de la Second Guerre mondiale, de nombreux blockhaus et bunkers rappellent la position stratégique de la Bretagne lors du dernier conflit armé européen du XXe siècle. Sont encore visibles les fortifications érigées notamment à Saint-Malo, Erdeven, Lorient, Crozon, Brest...

Traditions et modes de vie

Langue

La dernière langue celtique du continent

Voici vingt-cinq siècles, les deux tiers de l'Europe parlaient des langues celtiques – un groupe de langues qui appartient à la famille indo-européenne – des falaises de Moher aux Monts Métallifères et des Glens d'Ecosse jusqu'aux Balkans. Ces langues n'ont depuis lors cessé de reculer pour finir par se réfugier sur les promontoires occidentaux de l'Europe. Et la Bretagne est désormais la dernière région d'Europe continentale où parler une langue celtique ! Plus précisément, le breton appartient au rameau dit « brittonique » qui comprend aussi le gallois et le cornique, qui connaît une timide renaissance après s'être éteint à la fin du XVIIIe siècle. La langue bretonne est donc du type « insulaire », dans la mesure où elle fut importée par les populations descendues des îles britanniques lors des grands mouvements de populations qui eurent lieu sur fond de désintégration de l'empire romain, principalement du IVe au VIIe siècle.

Symboles bretons

▶ **Le triskell.** Paradoxalement, son nom n'est pas celtique, mais grec. Il signifie « trois jambes ». Pourtant le triskell est de loin le symbole qui identifie le mieux les Bretons d'aujourd'hui. C'est aussi un symbole des plus anciens, puisqu'il est utilisé couramment dans tout l'art laténien ou de la civilisation celtique du second âge du fer, sur des casques comme celui d'Amfreville ou sur des boucliers comme ceux trouvés dans la Tamise. Appartenant historiquement au monde celtique païen, il fut habilement récupéré par les artistes de l'Irlande christianisée au point de constituer l'un des motifs récurrents des célèbres manuscrits enluminés de Kells, de Lindisfarne ou de Durrow. On le retrouve aussi fréquemment sur les fenêtres des églises et des chapelles bretonnes. Quoi de plus naturel alors que dès les années vingt, il constitue l'un des symboles de prédilection des différents mouvements de renaissance politique et culturelle des pays celtiques. Décorant aujourd'hui colliers, bracelets, bagues et bijoux en tout genre, il s'étale aussi sur les tee-shirts et se porte parfois à même la peau, en tatouage, renouant avec une vieille coutume bretonne signalée par César dans son De Bello Gallico. D'une connotation plus nationale que l'hermine, il a aussi conservé une signification interceltique et figure d'ailleurs sur le drapeau interceltique moderne. Apparaissant sur le drapeau de l'île de Man — comme sur celui de la Sicile — il est l'emblème privilégié de toutes les régions d'Europe revendiquant une part de l'héritage celtique commun.

▶ **L'hermine.** L'hermine n'est devenue l'un des symboles de la Bretagne que par raccroc si l'on peut dire, puisqu'elle ne figure à l'origine que sur les armes de Pierre de Dreux dit Mauclerc, qui épouse en 1214 Alix, héritière du duché de Bretagne, dont les armoiries sont « de gueule à trois gerbes d'or ». Ce sont en réalité les queues noires de l'hermine, attachées par trois agrafes, qui constituent ce que l'héraldique nomme les « mouchetures d'hermines ». L'animal, dont la livrée devient blanche dans les contrées aux hivers rigoureux, ce qui à vrai dire n'est guère le cas en Bretagne, est un symbole de pureté. Aujourd'hui, l'hermine est avec le triskell l'un des deux symboles privilégiés des Bretons, avec sans doute la connotation politique et interceltique en moins. On la trouve sur les écussons des gendarmes français comme sur les documents des nationalistes les plus convaincus. Son symbolisme qui fut longtemps considéré comme le pendant breton de la fleur de lys française tend à se rapprocher de celui de l'étoile américaine, comme sur le moderne Gwenn ha du ou plus récemment sur le drapeau du Pays bigouden, où elle représente, non les États fédérés comme sur le stars and stripes, mais les communes !

Parlée au haut Moyen Age sur presque tout l'ensemble de la péninsule, elle n'a cessé de reculer géographiquement depuis le XIIe siècle, cédant dans la partie orientale du pays, la Bretagne Gallèse ou « Haute-Bretagne », du terrain devant le français et le gallo, pour se fixer, au début du XXe siècle à l'est d'une diagonale coupant la Bretagne de l'ouest de Paimpol à l'est de Vannes, avec une enclave notable en Loire Atlantique dans la presqu'île de Guérande. Mais depuis la fin du XIXe et le début du XXe siècle, c'est aussi à l'intérieur de ce « sanctuaire » que la pratique du breton décroît. La responsabilité en revient en premier lieu à l'Etat français hanté de manière obsessionnelle par l'unité linguistique de l'Hexagone.

Une résistance opiniâtre

Depuis le XIXe siècle pourtant, de nombreux intellectuels, des élus, des prêtres et des parties représentatives de la population ont réagi à ce que Patrick Le Lay, dans un entretien accordé en août 2005 au bimestriel breton qualifie de « génocide linguistique ». En 1871, Charles De Gaulle, l'oncle du général, inaugure le mouvement de résistance en lançant une pétition appelant à son respect et à son enseignement officiel. La démarche sera souvent renouvelée par la suite, avec les mêmes résultats : une crispation accrue des autorités sur les dogmes de la République et une surveillance policière des contrevenants. Il faudra attendre la timide loi Deixonne

de 1951, qui autorise l'enseignement très facultatif des langues régionales pour assister à une certaine décrispation des autorités.

Du breton et du gallo à l'école

L'ouverture, en école samizdat, de la première classe Diwan (« le germe » en breton) en 1977 à Ploudalmézeau, marque une étape importante dans la reconnaissance de la dernière langue celtique du continent. Au bout de trente ans de luttes acharnées sur le terrain, l'école associative, dont une partie des enseignants sont maintenant rémunérés par l'Etat, peut s'enorgueillir de scolariser quelque 3 000 élèves de l'école maternelle jusqu'à la terminale, sur le modèle immersif québécois. Elle a surtout suscité la création de deux filières bilingues, l'une publique, l'autre privée catholique, qui œuvrent surtout sur les trois départements brittophones, mais aussi en zone gallèse et dans les grandes métropoles de Rennes et Nantes. La réussite scolaire des enfants, en particulier le taux de succès de 100 % de la première promotion de bacheliers Diwan, en 1997, a eu pour effet de booster les effectifs de l'école associative bien sûr, mais aussi des deux autres filières, puisque l'ensemble des enfants scolarisés dans les écoles « bilingues » flirte avec les 10 000 élèves toutes filières confondues. Il y a fort à parier que le chiffre, qui augmente régulièrement, aurait été bien différent il y a seulement 40 ans, à une époque où les Bretons étaient encore complexés par leur propre identité. Le gallo, la langue romane de Bretagne, s'inscrit de façon plus expérimentale dans le milieu de l'Éducation. Seuls quelques lycées proposent l'option gallo au Bac, et la discipline n'est plus enseignée à l'Université, depuis quelques années. Il est cependant question de réintégrer le gallo à la fac, au côté du catalan, du portugais ou du russe. Des formations sont par ailleurs proposées par diverses associations et instituts.

Vers une reconquête

Et si les médias publics, en particulier France 3 qui a pourtant une vocation régionale, et les deux radios du réseau France Bleu, traînent la patte pour répondre aux demandes de la population, côté télévision TV Breizh, portée sur les fonds baptismaux en 2000 par Patrick Le Lay, Rozenn Milin et Patrick Poivre d'Arvor, a fait long feu, n'étant plus qu'une chaîne qui de Breizh n'a que le nom... L'édition en langue bretonne tente tant bien que mal d'occuper le terrain, avec les romans des éditions Al Liamm, les magazines pour la jeunesse publiés par Keit Vimp Beo et Bremañ, un mensuel d'informations générales. La langue de Roparz Hémon, qui lança en 1925 la revue littéraire Gwalarn, a même fait son apparition dans les hebdos et quotidiens comme Ouest-France ou Le Télégramme. L'Hebdomadaire d'Armor a quant à lui créé la rubrique « Les caoseries à Matao », traitant de divers sujets d'actualité, entièrement en gallo. Enfin, cerise sur le kouign-amann, Tintin, Yakari et maintenant Astérix ou Titeuf se déclinent en breton et en gallo ! Quant à la signalétique routière, après des années de barbouillage nocturne des panneaux bilingues, sur un modèle de militantisme inspiré de celui des cousins gallois, elle s'est, elle aussi convertie avec bonheur au bilinguisme.

Signe des temps

A une époque où la diversité culturelle apparaît enfin comme une richesse à préserver, les langues gallèse et bretonne ne font plus peur ni honte. Mais ne nous voilons pas la face pour autant. La situation du breton demeure très préoccupante. Car, selon une enquête conduite en 1992 par l'INSEE, sur quelque 666 000 locuteurs actuels du breton, 2 000 brittophones de naissance seulement ont moins de 30 ans et 202 000 dépassent les 60 ans ! Des chiffres que seul un changement radical de comportement de l'État vis-à-vis des langues « régionales » pourrait inverser. Dans les conditions actuelles, les néo-locuteurs sont hélas bien loin de remplacer les

Femmes en costume traditionnel bigouden

20 000 native speakers qui disparaissent chaque année. Côté gallo, une enquête menée par le laboratoire Credilif de l'Université Rennes 2 Haute-Bretagne indique que cette langue romane serait parlée par environ 200 000 locuteurs en Bretagne. Quelle sera la situation du breton et du gallo dans 30 ou 40 ans ? Langues vivantes ou langues mortes, parlées et comprises par une élite de quelques milliers d'enseignants et d'étudiants ? L'avenir seul nous le dira. Mais il est évident que seul un sursaut des Bretons et un alignement de la France sur ses voisins démocratiques pourra permettre une pérennisation souhaitée profondément par la population.

Fierté paysanne : la coiffe

La coiffe faisait du temps de sa splendeur, l'objet de toutes les attentions. Jorj Belz, l'un des organisateurs d'une exposition sur les costumes du Pays Vannetais, à Pontivy recueillit de l'un de ses visiteurs une anecdote qui vaut son pesant de kouign-amann : Une vénérable mamie du pays, surprise par une averse, fit part à la compagnie de son intention de retrousser ses jupes pour en protéger sa coiffe. Ce à quoi les autres opposèrent en riant qu'on allait sans doute voir son « derrière » ! « C'est pas grave, répliqua la Mamm-gozh avec un sens certain de la répartie. Celui-là je l'ai depuis soixante-dix ans. Ma coiffe elle, est amidonnée de ce matin ! ».

Artisanat

Les costumes bretons

Les costumes identifient les Bretons aussi sûrement que la musique ou la langue. Quel pays d'Europe peut s'enorgueillir d'une telle diversité de coupes, de couleurs, d'étoffes, d'une telle abondance de décors et de motifs ? Et les coiffes semblent immortaliser les Bretonnes, comme s'il s'agissait d'images pieuses, sortes de cariatides des mers glauques et grises, fixées pour l'éternité sur des milliers de boîtes de galettes comme sur l'écran de télévision. Au risque de décevoir nombre de personnes, la coiffe a pourtant aujourd'hui quasiment disparu. Portée encore largement dans une partie importante de la Bretagne incluant le pays de Lorient et le Trégor dans le courant des années 1970, elle se réduit aujourd'hui à quelques isolats, comme la presqu'île de Plougastel et le Pays Bigouden où quelques mamies font de la résistance. Mais « un » costume breton ou « des » costumes bretons ? C'est vrai, il n'y a guère ici de costume « national » ailleurs que dans les souvenirs fugitifs des visiteurs du XIXe siècle et peut être dans les rêves de Taldir Jaffrenou et des protagonistes du premier mouvement nationaliste. Pourtant, les Bretons ont marqué l'esprit de leurs voisins à une époque éprise de romantisme, passionnée par les barbares et assoiffée d'exotismes torrides. La Bretagne, par sa langue, mais surtout par ses costumes, étonnait autant les ethnologues du XIXe siècle que les Indiens de la prairie ou les Maoris de Polynésie. Il suffit de se rapporter aux encyclopédies de l'époque pour se rendre compte que la variété, la richesse et l'originalité de ses tenues paysannes n'avaient d'égale que celles de l'Écosse, des pays slaves ou de l'aire balkanique. Des sujets qui n'ont pas manqué de fasciner les peintres vaguement ethnologues comme le quimpérois Olivier Perrin, illustrant le texte d'Alexandre Bouët pour sa Galerie bretonne, ou les Lorrains François-Hyppolite Lalaisse et Joseph-Emile Gridel. C'est que ces passionnés ont croqué les plus colorés, les plus extravagants costumes paysans, à l'époque de leur apogée, située par les spécialistes vers le milieu du XIXe siècle. Une époque où les lois somptuaires de l'Ancien Régime ayant été abolies, l'imagination pouvait cavaler et la créativité prendre ses meilleures aises. C'était l'époque (1900) où chaque évêché, chaque canton, chaque commune, chaque paroisse, presque chaque frairie mettait son point d'honneur à affirmer son identité et son originalité Les couleurs sont bien sûr des marques d'identification incontournables. Au terme de son étude qui occupa une grande partie de son temps entre 1925 et 1950, l'ethnologue René-Yves Creston concluait à l'existence de pas moins de 66 modes déclinés en quelque 1 200 variantes ! Une volonté d'identification qui traverse la société géographiquement mais aussi sociologiquement. Car à la différence entre la Haute-Bretagne, plus influencée par les modes françaises et la Basse-Bretagne, plus originale et sans doute plus archaïsante, aux différences de « pays » s'ajoutent encore les différences de métier. La coiffe des artisanes n'est pas celle des paysannes ! Et gare à celle qui, sur sa robe ajoutera plus de velours ou de dentelles que ne l'autorise sa condition ! Après la Première Guerre mondiale le veston de ville a raison du chupenn traditionnel et les derniers bragoù-bras baissent la garde devant les pantalons droits, cependant que les 240 000 deuils de l'holocauste assombrissent les costumes féminins. Mais au Pays Bigouden, la coiffe se met à grandir comme un clocher ajouré, à mesure que la robe se raccourcit, pour atteindre 33 cm à la moitié du siècle, posant de graves problèmes d'inconfort aux téméraires qui veulent entrer dans les automobiles. Le climat breton ne permettant pas toujours au cabriolet Citroën — entendre la deux CV — de circuler décapotée, on imagine aisément le nombre de torticolis que le fameux « pain de sucre » occasionna aux compatriotes féminines de Pèr-Jakez Hélias.

La faïence

La faïence est désormais aussi emblématique de Quimper que la cathédrale Saint-Corentin, les ponts de l'Odet ou la crêpe dentelle ! A l'époque gallo-romaine et peut-être même celtique, un village de potier métamorphosait l'argile de l'anse de Toulven, en objets d'usage quotidien, du côté de Locmaria. Mais c'est depuis la fin du XVIIe siècle que la faïence fit son apparition dans la capitale de la Cornouaille, lorsqu'un certain Jean-Baptiste Bousquet s'installa, toujours à Locmaria pour y apporter un savoir-faire appris dans les deux importants centres provençaux de Moustiers et Marseille. Marseille, Nevers, puis Rouen. Trois influences déterminantes aux débuts de la grande aventure faïencière d'un microcosme qui assimile les influences étrangères et leur impose les marques de son génie propre. Car dès la seconde moitié du siècle suivant se répandent dans l'univers de la faïence quimpéroise les fameux poncifs « bretons » qui feront sa renommée internationale. Le petit « Breton » en costume glazik et bragoù braz et sa compagne portant fièrement la coiffe de Quimper deviennent des motifs récurrents qui identifieront désormais la faïence quimpéroise. Sous la direction artistique du Morlaisien Alfred Beau, le gendre de l'écrivain folkloriste Émile Souvestre, à une époque où la Bretagne apparaît aux ethnologues comme une contrée aussi exotique que la pampa argentine, les décors inspirés des gravures d'Oliver Perrin connaissent une vogue qui ne se démentira pas.

Dès 1864, les jeunes établissements Henriot, surfant sur cette vague « identitaire », créent des motifs inspirés des travaux du peintre Lalaisse qui a publié quelques années auparavant de riches études dédiées aux costumes bretons avant d'embaucher des artistes d'envergure comme le peintre Mathurin Méheut, le sculpteur Armel Beaufils, Micheau-Vernez, Jim Sévellec, ou René-Yves Creston, l'un des membres éminents de l'école des Seiz Breur. La période de l'entre-deux-guerres, avec ses désirs récurrents d'associer étroitement la tradition la plus enracinée à la modernité la plus échevelée, tout en insistant sur les cousinages celtiques, est l'une des plus exaltantes et créatrices de la faïence quimpéroise. C'est l'idée où Paul Fouillen, ancien chef d'atelier chez HB (Hubaudière-Bousquet) s'installe à son compte, place du Styvell, pour créer des pièces inspirées des enluminures irlandaises et des broderies bretonnes. L'après-guerre porte un rude coup à l'univers de la faïence quimpéroise frappée de plein fouet par la concurrence des produits bon marché. Plusieurs entreprises doivent déposer leur bilan au cours des « trente glorieuses » qui semblent inaugurer le purgatoire de l'artisanat. En 1968, HB rachète Henriot au bord de la faillite. Le répit sera d'assez courte durée. En 1983, elle n'évite pas le dépôt de bilan malgré une occupation des locaux par les salariés et le soutien de la population quimpéroise. Le repreneur, Paul Janssens, un riche américain d'origine néerlandaise qui commercialise déjà le « Quimper » aux États-Unis depuis des années entend restaurer une image de qualité de la faïence entièrement peinte à la main par des ouvriers qui tiennent plus de l'artisan voire de l'artiste que du simple exécutant. Décidant de vendre ses pièces dans un circuit de magasins spécialisés « haut de gamme », il permet à l'entreprise tricentenaire de redresser la barre et de passer d'une cinquantaine de salariés en 1984 à 125 dix ans plus tard. Dernier épisode heureux en date : l'entreprise est rachetée en septembre 2003 par le Breton Pierre Chiron qui la ramène ainsi dans le giron régional. Quant à la facture du « Quimper » du troisième millénaire, elle conserve le cap, faite d'un savant mélange de thèmes « traditionnels » et de traits contemporains. Comme en témoignent le décor Avel Vor (Vent de mer), créé en 1998 par Philippe Lalys, consacré Meilleur ouvrier de France ou la série Escale, signée par Christine Noël.

Les toiles de Bretagne

Entre les XVe et XVIIe siècles, l'industrie textile, issue de la production du chanvre ou du lin, était la première industrie bretonne. Les toiles, fabriquées dans les campagnes, étaient commercialisées en ville, (à Rennes, Morlaix, Fougères…) et exportées pour l'essentiel vers l'Angleterre, mais également vers l'Espagne, les Indes et les colonies américaines. Le chanvre était principalement destiné à la fabrication des voiles, et le lin permettait la production du linge de maison, draps et surtout chemises. A chaque région sa spécialité : les « Bretagnes légitimes » du Trégor, les « Crées » du Léon, les « Olonnes » à Locronan, les « Oléronnes » de Merdrigac, les « Noyales » à Rennes… Les années 1950 verront la mort de cette production traditionnelle qui ne survivra pas à la concurrence des filatures du Nord.

Croyances, mythes et légendes

Les Bretons et le sacré

Peu de régions d'Europe peuvent revendiquer une telle richesse, une concentration aussi extraordinaire d'art religieux que l'occidentale Bretagne. Comme si, à l'Ouest de l'Europe, à deux pas de cet « embarcadère » pour l'« Autre Monde » tout un peuple, de tout temps, avait tissé des liens indissociables et privilégiés avec un sacré omniprésent. Si certaines cathédrales, comme celle dédiée à saint Corentin à Quimper, restaurée au cours des années 1990 ou celle de Tréguier, avec son cloître et sa tour Hastings qui date de l'époque viking, sont de véritables fêtes pour l'œil, ce n'est pourtant pas par ses architectures colossales que l'art sacré brille ici.

C'est par la multitude et la grâce modeste de petits édifices nichés au fond de vallons ombragés, par cette galaxie de petites chapelles ducales ou paroissiales à la pierre mangée de lichens qui prennent des couleurs somptueuses dans les chaudes lumières du soir. Les vestiges romans se comptent presque sur les doigts des deux mains. De beaux restes à l'abbaye de Langonnet dans le Pays Vannetais. Des piliers admirablement sculptés dans l'église Saint-Jacques de Perros-Guirec. Une crypte aux piliers ornés de surprenants motifs végétaux à Lanmeur. Le fameux « temple » de Lanleff, bâti sur les plans du Saint Sépulcre de Jérusalem et qui aurait un frère jumeau de la même époque sur Rhodes Island dans l'État de New York… Une partie de l'église Saint-Sauveur à Redon où Nominoé, le premier roi de Bretagne autorisa Conwoion à installer un monastère. Quelques éléments ailleurs. Ici et là… C'est du temps des ducs Jean IV (1364-1399) et Jean V (1399-1422) que l'art religieux breton prend véritablement son essor. Durant leurs règnes sont construites la chapelle du Kreisker à Saint-Pol de Léon, la collégiale du Folgoët, la cathédrale Saint-Pierre de Nantes où se trouve le tombeau de François II et de Marguerite de Foix, les parents d'Anne de Bretagne, dernière duchesse de Bretagne. C'est à cette époque surtout que les conseils de fabrique passent commande aux multiples ateliers de verriers, de retabliers, de maçons, de charpentiers, de peintres, de doreurs d'images ou de fabricants de cloches de cette multitude de chapelles qui fondent vraiment l'identité profonde et singulière de la Bretagne religieuse. Une richesse extraordinaire qui apparaît comme le fruit du génie populaire. Pour Alain Croix, celle-ci « est moins celle de l'élite que celle du plus grand nombre : dans les campagnes plus que dans les villes, dans les églises plus que dans les châteaux. En un mot, c'est dans les paroisses que se joue l'essentiel ». Un art populaire qui trouve toute son expression dans l'exaltation du sacré avec qui les Bretons ont toujours fait bon ménage, mais qui connaît son plus fort rayonnement au fonds de développement économique du pays, lorsque la Bretagne possède la seconde flotte d'Europe et inonde les marchés européens de ses toiles de chanvre et de lin.

Des saints qui sentent le fagot

L'art sacré breton, hérité d'une tradition en partie préchrétienne, présente un certain nombre de particularités. Comme ce culte des saints qui fait mentir le dicton français : « Mieux vaut s'adresser au bon dieu qu'à ses saints ». Ils sont si nombreux, si humbles souvent dans leurs habits polychromes un peu passés, dans leurs houppelandes de lichens or, gris et rouges, dans leurs petites niches qui les abritent autant des intempéries que du regard des impies, ils font tellement partie de l'univers immédiat, du clan, de la frairie qu'on finit par les considérer comme des membres de la famille. Combien sont-ils, ces Melar, ces Miliau, ces Gireg, ces Tudy, ces Thelo, ces Hernin, Efflam, Riwal, Thégonneg, Budog, Mawdez, Kaourintin, aux noms rudes et sonores comme le granite qui les a vus naître, selon la tradition populaire ! Mais la tradition populaire, c'est bien connu, a une tendance très naturelle à exagérer les nombres et à multiplier les miracles.

Près de 900, d'après Le Scouézec, chiffre déjà considérable au regard des trois seuls saints bretons officiellement canonisés par Rome : Saint Yves, alias Yves Hélory de Kermartin en Minihy-Tréguier, Saint Vincent et Saint Guillaume. Autant dire qu'une telle armée de saints dont un certain nombre ont chaussé les bottes de divinités païennes, se sent le fagot et la complicité avec l'ancienne religion. Quant à la trilogie Sainte-Anne-Sainte-Marie-Enfant Jésus, nulle part elle ne prend ses aises comme en ce pays où l'on vénérait jadis sous le nom d'Ana, la grande mère des Dieux et des Celtes.

Un enclos sacré

Une autre particularité de la Bretagne, et non des moindres, tient en cet enclos paroissial dont on trouve encore 70 exemples intacts en Basse Bretagne. L'enclos proprement dit sépare l'espace sacré du monde profane. Il est ceint d'un mur d'enceinte qui ne se répandit en réalité qu'à partir du XVe siècle. Dans la plupart des paroisses, ce surprenant ensemble architectural se présente au visiteur sous l'aspect qu'il avait à l'origine, à une époque où les morts étaient enterrés non pas autour de l'église, mais à l'intérieur même. A partir de 1660, la coutume se généralisa d'inhumer des défunts dans l'enclos avant de les transférer dans un cimetière situé en retrait du bourg. Si un certain nombre d'enclos, comme ceux de Lanrivain ou de Guehenno, ont conservé leurs sépultures, nombre d'enclos, sont retournés à l'herbe et se voient désormais privés de rôle funéraire ; ils sont nommés « placîtres ». Loin de répondre à la fantaisie de la population, du recteur ou des artistes eux-mêmes, l'enclos paroissial, à l'image de l'ancien nemeton celtique, est un espace rigoureusement organisé en fonction d'une symbolique précise et exigeante. La pièce maîtresse en est bien évidemment l'église ou la chapelle, à laquelle on accède la plupart du temps par un porche situé à l'ouest ou au sud, tandis que le chevet et le chœur sont tournés vers l'est. Si la partie septentrionale de l'enclos est un endroit délaissé et peu prisé, il n'en est pas le cas à l'ouest, direction associée à la mort, celle, dans le monde celtique préchrétien, des îles d'Avalon. C'est là, tout naturellement, que se trouve l'ossuaire, qui recueille les crânes et les ossements principaux des paroissiens, une fois que le séjour en terre les a réduits à l'état de simple squelette. Le culte fervent rendu aux défunts du clan explique la généralisation de ces ossuaires autour desquels naquirent bon nombre de légendes ayant trait à la mort et à l'Au-delà. L'écrivain-folkloriste Anatole Le Braz n'écrivait-il pas dans sa Légende de la mort chez les Bretons armoricains que : « la nuit, les crânes remisés dans leurs boîtes reliquaires s'échangent les noms de ceux qui vont mourir dans l'année ». Le calvaire, que le paroissien entrant dans l'église par le porche sud, laisse à sa droite, suscite l'admiration du visiteur, par une véritable exubérance de détails sculptés dans la pierre noire de Kersanton ou le granite jaune de Logonna.

Une débauche de personnages

Le rôle du « calvaire » est bien comme son nom l'indique, de retracer symboliquement la passion du Christ. Dans son plus simple appareil, il se doit de représenter au moins Jésus crucifié entouré des deux larrons. Mais au fil des ans, il s'est enrichi, sous le ciseau et le burin du sculpteur d'un petit peuple de pierre aussi nombreux que la foule sur la place du village. Sur celui de Guimiliau, ils ne sont pas moins de 200 à supporter le Christ de pierre dans ses souffrances. L'âge d'or de ces pièces monumentales se situe aux XVIe et XVIIe siècles. Mais les plus touchants sont sans doute ceux de Tronoën, tout au bout du pays Bigouden et de Kerbreudeur, sur la commune de Saint-Hernin. Ils dateraient de la fin du XVe siècle. Art frappé au coin d'une certaine naïveté, avec des personnages aux proportions parfois enfantines : grosses têtes et corps graciles. Mais art anonyme, comme on s'est longtemps plu à le répéter ? Rien n'est moins sûr. Genc'hlan Le Scouézec tempête et tempère : « Il est indispensable de faire ici justice de la rumeur qui veut faire des calvaires, comme de toute la sculpture et même de l'architecture de Bretagne, un art de paysans d'un style « populaire ». Ce sont de riches agriculteurs et des bourgeois locaux qui ont commandité ces œuvres. Les fabriciens, gens fortunés, ont cherché à se surpasser les uns les autres en offrant à leur tour quelque somptuosité. Quant aux artistes qui les ont réalisées, ce sont bien évidemment des gens de métier, sculpteurs et architectes confirmés ». Pour apprécier à leur juste valeur ces véritables chefs-d'œuvre de pierre, c'est dans toute leur splendeur et vêtus de leurs habits polychromes qu'il faut les imaginer. Enfin, on trouve avec une telle fréquence, au cœur de l'enclos, surtout dans la Pays Bigouden, une pierre longue, toujours travaillée, parfois sculptée et cannelée, conique, cylindrique ou tronconique, qu'on doit bien la considérer comme un élément à part entière de l'ensemble. Le lec'h ou plus exactement la stèle laténienne ne se trouve là que par raccroc, certes, comme un rappel des croyances et des rites anciens. Mais elle fait partie du décor et de la famille spirituelle. Du reste sa fonction n'est-elle pas très proche de celle du clocher du village ? Tout à la fois indication funéraire, axe du mode qui relie le ciel à la terre et centre du territoire dévolu au clan, elle est, elle aussi, un élément incontournable de l'enclos.

Les pardons, des fêtes de l'âme

Une pratique, à mi-chemin entre la dévotion religieuse et l'affirmation identitaire, résume la Bretagne aux yeux du monde entier : c'est le pardon. Destiné, comme son nom l'indique, à racheter à l'origine les fautes individuelles ou collectives par une grande cérémonie expiatoire, il est devenu au fil des ans un grand rassemblement communautaire et coloré où le sacré est certes présent, mais dans lequel la notion de fête, au sens le plus littéral a fini par acquérir une place prépondérante. Comment en irait-il différemment dans une liturgie qui dure trois jours, chiffre sacré de toute éternité chez les Celtes et chez les Bretons ? Réminiscence des temps anciens, la fête commence par un immense tantad, un feu de joie. Quant à la procession elle-même, elle reprend la plupart du temps, les antiques circumambulations païennes : trois fois le tour de l'aire sacrée, dans le sens dextrogyre, c'est-à-dire en tournant sur la droite, dans le sens apparent de la marche du soleil. La cérémonie se poursuit par des réjouissances profanes, danses et jeux de force ou d'adresse. Si les petits pardons, ceux dédiés aux petits saints claniques et familiaux, drainent le « public » à quelques kilomètres à la ronde, on vient parfois de très loin pour les grands pardons, ceux consacrés à saint Erwan ou saint Yves, le saint patron des Bretons ou à Santez Anna, reconnue comme leur sainte patronne depuis 1913.

De vieilles fêtes païennes

Nombre de pardons chaussent les bottes de pèlerinages immémoriaux, comme la fameuse grande Troménie de Locronan qui, tous les six ans, voit les « pardonneurs » effectuer une grande marche de 12 km de long. Sur le parcours d'un très ancien pèlerinage païen, répond Donatien Laurent qui identifie tout au long du parcours les symboles du vieux calendrier celtique commencé dans la nuit de Samonios, au premier quartier de lune ascendante le plus proche du premier novembre. Sa symbolique païenne n'est-elle pas renforcée par la présence, à flanc de coteau, de la fameuse maen Gazeg, la « jument », pierre de fécondité sur laquelle les femmes désireuses d'enfants doivent impérativement s'asseoir pour s'assurer une progéniture nombreuse ? Symbolique immémoriale encore pour ces innombrables pardons aux chevaux qui maillaient la péninsule. Ce sont des fêtes incontournables, aussi nécessaires pour le salut des hommes que pour celui des bêtes et où l'on décèle encore la vieille alliance celtique du cavalier et de sa monture. La protection de Sant Alar ou de Sant Gweltaz est aussi vitale pour les équidés que celle de Cornely pour les bêtes à cornes ou celle de Saint Antoine de Pleumeur Bodou pour les cochons. Le jour venu, mis sur le trente et un, les montures sont aussi impatientes, aussi nerveuses que les hommes de participer aux rites prophylactiques millénaires.
Comme pour les autres pardons, une triple rotation sur la droite est nécessaire pour le salut des âmes, à la différence qu'ici, elle est effectuée par les quadrupèdes portant leur cavalier. Parfois, les chevaux, bouchonnés de près et décorés de rubans, se livrent à des courses et cavalcades plus ou moins spontanées, comme au pardon de Saint Hervé en Gourin. Ou comme sur l'île Sant Gweltaz en Penvenan.

Des saints spécialistes ou… généralistes

S'ils semblent particulièrement privilégiés, à cause de leur valeur irremplaçable dans la ferme, les chevaux ne sont bien sûr pas les seuls bénéficiaires de ces rites et de ces saints peu orthodoxes, plus proches des anciennes divinités celtiques intermédiaires. Moyennant quelques prières et des rites assez peu conventionnels, dont le tour du sanctuaire à genoux est un grand classique, les « petits » saints rendent d'éminents services. Mériadeg guérit la surdité, Servan les furoncles, Gwenn les maladies de peau… Certains saints, comme Notre Dame de Rumengol, ou cette énigmatique Sant Diboan (littéralement « qui enlève toutes les douleurs ») sont généralistes. Nombreuses sont aussi les saintes qui guérissent la stérilité féminine et donnent du lait en abondance aux nourrices. Comme cette Notre Dame de Kergornet, dont le pardon se déroulait le premier mai, date de la fête celtique de Beltaine qui ouvre l'été,

sur la commune de Gestel, près de Lorient. Lors de ce célèbre pardon des nourrices, les candidates à de bonnes lactations se rendaient en procession à la fontaine, s'y abreuvaient abondamment, avant de se faire couler de l'eau consacrée dans leurs manches et de se frotter énergiquement la poitrine avec des pierres. L'effet était évidemment garanti !

Un rassemblement identitaire

Le pardon n'est jamais aussi brillant, aussi chamarré, aussi haut en couleur que durant la seconde moitié du XIXe siècle, à l'apogée de la variété et de la richesse des costumes bretons. Fête religieuse certes, il est avant tout une fête communautaire, où le prêche a lieu en breton, où l'on se distingue des autres par les guises de son « pays », où parfois les rixes sont aussi obligatoires et incontournables que les combats dans le cycle irlandais de la Branche Rouge. Pour le port du saint, pour celui de la bannière, pour rien, pour le plaisir simple et primitif de montrer sa force et sa vitalité. Mais l'essentiel demeure. Et l'essentiel consiste en ce caractère éminemment populaire, enraciné et festif du pardon. Un caractère qui ne porte pas ombrage au sacré mais le complète intimement. Après une période de déclin durant les « trente glorieuses », les pardons sont de retour. Mais ils sont aujourd'hui comme hier, l'occasion d'affirmer, par les costumes des ancêtres sortis ce jour-là, comme par les cantiques dans la langue du pays, une identité considérée comme un héritage précieux à préserver et à transmettre. Désormais débarrassé de son aspect d'obligation et de rédemption, le pardon peut prend toute sa mesure.

Arthur, le cycle arthurien

Peu de légendes ont enchanté l'Europe comme celle du roi Arthur, du Graal et de la forêt de Brocéliande. Peu de mythes ont exercé sur les esprits une si étrange, une si durable, une si profonde fascination que les exploits de ce roi rédempteur dont les Bretons prétendaient encore au XIe siècle, selon Alain des îles, qu'il devait un jour revenir d'Avalon où il était entré en dormition, pour libérer les Bretons de la tutelle étrangère. Il fut un temps où la « matière de Bretagne » enchantait toutes les cours d'Europe, de Londres à Rome, de Troyes à Budapest, et où l'on vibrait aux amours de Lancelot et de Guenièvre, aux prodiges de Merlin. L'enchantement n'est pas près de s'évanouir si l'on en juge par l'abondante production artistique qu'elle a suscité depuis que Robert Wace, Robert de Boron ou Chrestien de Troyes lui assurèrent un rayonnement continental. De l'opéra de Wagner au film de Fouqua, de l'excellent Excalibur de John Boorman à l'affligeant Lancelot de Jerry Zucker où Sean Connery, alias Mister James Bond campe un roi Arthur peu convaincant et Richard Geere un Lancelot mâtiné de minet new-yorkais, le mythe est là, toujours aussi présent, toujours aussi vivant, comme un fragment de l'Autre Monde qui refuserait de disparaître. Merlin est le héros d'un (bon) dessin animé de Walt Disney. Il a donné son nom à une série de bandes dessinées signée Istin chez Soleil. Excalibur, l'épée du roi, la « dure entaille » séduit un public d'adolescents sous la plume d'Arleston, chez le même éditeur.

Quant à Arthur, il revit dans ses habits alto-médiévaux et dans des aventures inspirées des textes gallois anciens, grâce au travail cosigné par Chauvel et Lereculey, chez Delcourt. Fabuleux destin pour un roi à qui une histoire héroïsée attribue une victoire sur les Saxons d'Hengist et d'Horsa au mont Badon, en Bretagne, aux environs de l'an 500 de notre ère... Mais l'Histoire a-t-elle vraiment rendez-vous avec le roi « ours » ? Entendre celui qui, en tant que représentant de la seconde fonction celtique et indo-européenne, est symbolisé par l'ours, arth, en breton ? Pas si sûr, répondent les spécialistes ! Car s'il a bien existé, au deuxième siècle de notre ère, un général romain du nom de Lucius Artorius Castus, envoyé en Bretagne par Marc-Aurèle pour contenir l'invasion saxonne, c'est plutôt dans le couple archétypal druide-roi de la société celtique indépendante, qu'il faut chercher le modèle du ce binôme magique et souverain constitué par Arthur et son « conseiller » Merlin. La Villemarqué lui-même, en introduction à sa Marche d'Arthur dans le Barzaz Breiz, écrit pour sa part : « La popularité dont jouit en Bretagne le nom d'Arthur est un des phénomènes les plus curieux de l'histoire de la fidélité bretonne. Ce nom, primitivement porté par une divinité guerrière, le fut, au sixième siècle, par un chef illustre, mort en défendant sa patrie et auquel on attribua plusieurs des vertus surhumaines de son homonyme adoré. Les pères invoquaient le dieu en allant au combat ; les fils chantèrent l'homme déifié, le jour de la bataille ».

Des origines mythologiques

Nombre d'éléments du cycle arthurien, bien qu'indéniablement christianisés par les rédactions médiévales, en particulier celle de Robert de Boron, de la légende, laissent apparaître clairement ses origines celtiques et mythiques. A commencer par l'épée magique du roi, Excalibur, qui ne se laisse sortir du roc que par le roi élu, signant là symboliquement son union avec le royaume. Le Graal est un avatar médiéval du chaudron de Dagda qui ressuscite les guerriers morts au combat, qui donne la Connaissance et dispense une nourriture abondante et inépuisable. Quant à la forêt, elle est dans le monde celtique un lieu de refuge et de connaissance, l'une des portes d'accès à l'Autre Monde, à l'instar des lacs qui la parsèment. Cadre permanent et indispensable de la légende, elle est celle qui révèle les héros à eux-mêmes. Pour Christian-J. Guyonvarc'h, spécialiste du monde celtique : « Le seul, l'unique sanctuaire celtique, c'est la forêt dense et vivante qui, à l'aube de l'Histoire, couvrait d'immenses étendues de l'Europe du nord et de l'ouest. Notre Brocéliande est l'ultime lambeau de cette antique splendeur ». On ne saurait mieux dire qu'il est vain de chercher à localiser un lieu qui appartient plus à la mémoire d'un peuple qu'à une géographie de cartulaire. Brocéliande est bien cela, cette géographie de l'âme, qui appartient autant, tout comme Arthur et Merlin, aux « grands » qu'aux « petits » bretons. Un souvenir de temps lointains où la Bretagne s'étendait du sud des Highlands jusqu'à l'estuaire de la Loire, où les légendes voyageaient pour s'incarner dans la pierre comme sur le porche de la cathédrale de Modène, et où Brocéliande s'étendait-elle aussi des deux côtés d'une Mor Breizh, une Manche considérée bien plus comme une gigantesque

autoroute qu'un fossé irréductible ! Ici ? C'est vers la fin du XIXe siècle qu'elle s'est identifiée formellement avec celle de Paimpont. Il fallait bien que les fantômes et leurs talismans s'incarnent. La Villemarqué, dans ses Romans de la Table Ronde, s'il évoque d'autres lieux de moindre Bretagne, n'en pipe mot. Mais Claudine Glot, présidente et co-créatrice du Centre de l'Imaginaire Arthurien situé au château de Comper, dans son livre Hauts lieux de Brocéliande, prétend qu'en 1467, la Charte des usements et coutumes de la forêt de Brocéliande, assimile les terres de Guy de Laval, seigneur de Comper, à la forêt d'Arthur et de Merlin. Allez savoir ! Car dans la mémoire populaire, la forêt qui étend son sombre manteau de frondaisons autour du chaos de Huelgoat abrite un « camp » que la vox populi attribue à Arthur, et que, très prosaïquement, les historiens font remonter à l'an 56 avant J-C et qu'ils attribuent aux Osismes en guerre au côté des Vénètes contre les légions de Rome.

Une géographie insaisissable

C'est que Brocéliande s'étend ici et là. De ce côté-ci de la mer, comme de l'autre. Combien d'ailleurs de lieux arthuriens en « Grande » Bretagne pour un ici ? Dans une géographie de l'âme, les lieux concrets finissent par se dissoudre pour céder la place au rêve, à de chers fantômes, qui continuent une existence parallèle à la nôtre à quelques encablures seulement. « Brocéliande, écrit Claudine Glot, n'existe pas dans la cartographie administrative : c'est une forêt que l'on porte en soi et dont on espère toujours la rencontre ». Comme on espère celle du roi rédempteur en allant, en pèlerinage, à pied et à marée basse fouler le sol de l'île d'Aval, au large de Pleumeur-Bodou, où les gens du coin prétendent qu'il est entré en dormition. Comme, en fermant les yeux, du haut du Ro'ch Hir glaz, dans la grande baie de Saint-Michel en Grève, l'on entend aux soirs de pleine lune, le choc mat de l'épée d'Arthur contre les écailles d'un terrible dragon. Arthur ? Ne vit-il pas encore, dans un bas-relief roman, rêve de pierre figé entre ciel et terre, sur le porche sud de l'église Saint Jacques de Perros-Guirec ? C'est du moins ce que prétendait Hersart de la Villemarqué dès la première moitié du XIXe siècle au regard du vexiloïde en forme de dragon que porterait l'écuyer figuré dans la pierre. La haute silhouette est ici et là. Partout où le peuple croit encore en ses pouvoirs libérateurs. « Ainsi, écrivait encore La Villemarqué dans son fameux Barzaz Breiz, toutes les fois qu'une guerre se prépare, on voit, en signe avant-coureur, l'armée d'Arthur défiler, à l'aube du jour, au sommet des Montagnes Noires et l'on y répète encore le bardit suivant, qui s'est retrouvé, après douze cents ans, dans la bouche des Bretons armés pour défendre leurs autels et leurs foyers. Je l'ai appris d'un ancien chouan de Leuhan, qui l'a souvent chanté, m'a-t-il dit, en marchant à l'ennemi, dans les dernières guerres de l'ouest ». Pouvait-on rêver meilleure permanence ?

Musique – Danses

La musique bretonne

Dire que la musique chez les Bretons est, depuis la nuit des temps, un moyen d'expression privilégié serait un doux euphémisme ! Car la musique résume presque à elle-même cette terre d'enchantements où se jouent des symphonies inachevées et perpétuellement renouvelées. La musique identifie à tel point ce territoire qu'il y a quelques années, lorsque l'un des deux grands quotidiens qui se disputent le lectorat des Bretons, dressa une carte d'Europe des mouvements irrédentistes et centrifuges et tenta de les résumer par des moyens de se faire entendre, si la Corse fut symbolisée par une bombe et l'Écosse ou la Catalogne par une urne, ce fut une bombarde ou un biniou qui identifia le combat de la Bretagne !

Musique et magie

Sans doute parce que l'art de Brigantia fut, de tout temps, consubstantiel aux peuples celtiques, qui soufflent dans des poches à vent et grattent des cordophones comme ils respirent, c'est-à-dire spontanément. Une explication toute simple : la musique, dans le monde celtique, est un art sacré, pratiqué au plus haut point par Lug, le dieu polytechnicien, comme par Dagda, le dieu des druides et druide des dieux. C'est elle qui ouvre les portes de l'Autre Monde. Elle encore qui a le pouvoir de suspendre les sens des adversaires, comme de provoquer, dans l'auditoire, alternativement les rires, les pleurs et le sommeil. Quant à la harpe du Dagda, qui n'obéissait qu'à son maître, n'était-elle pas capable tout à la fois de voler dans les airs et de tuer neuf hommes d'un seul coup ? C'est vrai, depuis la plus haute Antiquité, les Bretons et la musique sont unis indissolublement. Merlin l'enchanteur est un maître harpeur. Tout comme le Tristan d'Iseult, qui ne se sépare pas de son instrument lorsque, blessé à mort par le Morholt, l'oncle de la belle Iseult, il se fait déposer sur une barque sans voiles ni rames, pour des ailleurs improbables. Au Moyen Âge, les bardes servent les princes gallois et bretons. La Vie de Winwaloe (Gwénolé) du cartulaire de Landévennec, rédigé vers 880, nous apprend qu'à la cour du roi Gradlon, les musiciens pratiquent la cythara, la lyra, la tybia (flûte) et le tympana (tambour). Un texte un peu postérieur affirme qu'un certain Cadiou est citharistre à la cour du

duc Hoël de Cornouaille, contemporain de Guillaume le Conquérant, qui d'ailleurs est réputé pour engager des musiciens bretons. Deux instruments se révèlent alors emblématiques de l'aire celtique en général et britto-nique en particulier. Le crwth, dans son orthographe galloise, est une sorte de lyre à quatre cordes augmentées de deux cordes bourdons allant du chevalet au cheviller, qui se jouait avec un archet. L'instrument, dont l'aire s'est finalement réduite au pays de Galles disparut vers la fin du XVIIIe siècle. Quant à la harpe, nommée telenn en breton, elle fut pratiquée assidûment à la cour des ducs jusque vers la fin de l'indépendance au XVe siècle, avant, elle aussi, de disparaître.

Un couple indissociable

Ce sont d'autres instruments qui, au XVIIIe et au XIXe siècles, apparaîtront comme représentatifs de la musique bretonne. Ils ne sont pas plus que la harpe, originaire vraisemblablement de Mésopotamie, des instruments « autochtones ». Le biniou, appartient à la grande famille des cornemuses, qui se développa dans le bassin méditerranéen et que les populations celtiques empruntèrent aux conquérants... romains. La bombarde, sorte de hautbois médiéval à anche de roseau, fut pour sa part importée du Moyen-Orient au temps des croisades ! Mais, comme pour l'art plastique laténien ou les motifs de leur art religieux, c'est dans l'adaptation de ces emprunts que les Bretons vont révéler leur génie propre ! Le couple bombarde-biniou, dit aujourd'hui kozh (ancien) ou vihan (petit), par rapport à la grande cornemuse des Highlands, va devenir emblématique de la musique bretonne et même dans une certaine mesure, de la Bretagne. Souvent, à ce duo vedette des campagnes de Basse-Bretagne s'adjoint un troisième instrument, le tambour, avec qui il forme ce qu'Alexandre Bouët, dans sa Galerie bretonne, nomme l'« orchestre national breton ». Dans les pardons, pour les battages, l'holocauste du cochon, les mariages ou les baptêmes, les musiciens de Basse-Bretagne « sonnent » un répertoire varié qui diffère d'un pays à l'autre.

Joueur de biniou

Des instruments nouveaux

Dans la Bretagne gallèse, la veuze, à la morphologie plus proche de la gaïta galicienne et à la tessiture plus grave est pratiquée dans le pays nantais, le violon se répand autour de Rennes, de Broons, de Merdrignac et de Dinan, la vielle à roue dans le Penthièvre et la clarinette, surnommée en breton « treujenn-gaol » (tronc de choux), se développe autour de Rostrenen et Glomel. D'anciennes photographies attesteraient d'une pratique populaire dans le pays de Vitré, sans qu'aucune source sonore ne vienne étayer le propos. Un nouveau venu, l'accordéon, surnommé boueze ou pouche en pays gallo et boest an diaoul (la boîte du diable) en zone brittophone, en une génération, de 1890 à la guerre de 1914, fait une apparition remarquable et séduit des joueurs et des auditoires de plus en plus importants. Devant le « danger » que représente aux yeux du mouvement régionaliste naissant, la concurrence de ces instruments considérés comme « étranger », des concours et des rencontres sont organisés. Comme celui de Brest en août 1895 qui réunit 42 « couples » biniou kozh-bombarde issus principalement du Vannetais et de Cornouaille. Sur fond de réflexion sur la transmission de la Tradition musicale, les sonneurs sont instrumentalisés dans des fêtes « historiques et celtiques » qui se répandent dans les sites touristiques de Bretagne, sur le modèle du Pardon des fleurs d'Ajonc de Pont-Aven organisé par Théodore Botrel ou de la Fête des Filets Bleus, de Concarneau. Le biniaouer et le bombarder (aujourd'hui on dit plutôt talabarder), sauvent nos fêtes de la banalité française, du cortège sans âme des officiels, des pompiers villageois et des fanfares municipales. Pourtant, si malgré l'intrusion intempestive des instruments cités, le couple biniaouer-talabarder se maintient jusqu'à la première guerre mondiale, l'arrivée de nouveaux concurrents comme le saxophone ou le jaze, dans l'entre-deux-guerres va lui porter un coup très rude. Nombre de sonneurs traditionnels rangent leurs bombardes et leurs biniou au placard. Certains résistent. Comme Hervé Douarin de Trégarvan, qui un beau jour de 1930, en vient aux mains avec le maire de sa commune qui, pour marier sa fille, lui avait préféré un joueur de boest an diaoul.

Le succès des bagadoù

C'est paradoxalement de la ville que vient le renouveau. Et du milieu des Bretons de Paris. En 1932, Hervé Le Menn, Dorig Le Voyer et Robert Audic créent, dans l'exil la Kenvreuriezh ar Viniaouerien (la « Confrérie des sonneurs de biniou »), qui pose les premières bases du renouveau. Mais c'est surtout la création de la Bodadeg ar Sonerien, portée sur les fonds baptismaux à Rennes le 23 mai 1943 par Polig Monjarret, Robert Marie et Dorig Le Voyer qui sera le moteur principal de la formidable résurrection qui va s'opérer dans les décennies qui suivent. Alors que les derniers sonneurs de couples traditionnels, ruraux et enracinés, remisent leurs instruments au placard, un mouvement urbain s'intéresse à ces instruments en péril. Pourtant, le lien est parfois ténu, voire inexistant, entre ces deux univers qui s'ignorent à peu près totalement. Polig Monjarret, qui participe, le premier mars 1942, à une noce, à Locmaria-

Berrien, dans le pays de son ami Loeiz Roparz, se rend compte du fossé qui sépare la musique et les danses « urbaines » de cette tradition paysanne authentique. Tirant les conséquences de ces observations, Polig va, dès les années quarante, battre la campagne du Kreizh Breizh, le centre Bretagne, pour collecter des milliers d'airs auprès de vieux sonneurs comme Auguste, dit Gus Salaun, de Bannalec ou Guillaume Léon, dit Léon Bras, de Carhaix. C'est encore lui qui fonde, en 1947, à Carhaix où il s'est établi comme tapissier, le premier exemplaire d'une formation musicale qui va révolutionner l'univers musical breton de la seconde moitié du XXe siècle : le bagad, nommé initialement « clique de sonneurs », puis bagad sonerion (troupe de musiciens). Voilà donc né un « pipe-band » bretonnisé par l'adjonction d'un pupitre de bombardes. Quant à la cornemuse des Highlands, dont le premier exemplaire fut importé en Bretagne en 1895 par l'académicien lannionais Charles Le Goffic, elle s'impose d'emblée au sein du bagad, évinçant d'office le petit biniou kozh. Le succès est immédiat. En 1952, la Bodageg ar Sonerien compte déjà trente bagadoù. Trois ans plus tard, le chiffre est déjà passé à soixante-dix. Parallèlement, grâce au travail de Jeff Le Penven, le « censeur musical » du mouvement et au Championnat National de bagadoù dont la première édition a lieu à Brest en 1953, le niveau de ces musiciens amateurs ne cesse de s'élever. Transféré à Lorient en 1971, le Championnat national, qui se déroule dans le grand stade du Moustoir devant plusieurs milliers de fans et de passionnés chauffés à blanc, est un événement incontournable de l'été breton. Les bagadoù sont depuis les années 1950 répartis en plusieurs catégories. Car d'ensemble de marche au départ, sur le modèle écossais, le bagad est devenu au fil des ans un véritable orchestre symphonique intégrant d'ailleurs, dans une proportion raisonnable et contrôlée, de nombreux instruments prohibés dans les années 1950 comme les clarinettes ou des cuivres. Et le petit biniou kozh a enfin fini par y être admis, lui aussi à dose homéopathique il est vrai. Formation désormais prestigieuse, le triomphe des Sonneurs du Festival de Cornouailles comme celui du Fil de Lorient, attirent des milliers de fans et de simples curieux. Quant au bagad de Lann-Bihoué, à présent composé de garçons… et de filles – modernité oblige ! – engagés pour trois ans, il continue à représenter la France sur toutes les mers du monde. Enfin, last but not least, le niveau musical des bagadoù a tellement augmenté au cours des dernières décennies, qu'ils sont désormais courtisés par nombre d'artistes pour les accompagner sur scène ou dans leurs créations discographiques. Mais aussi important soit-il pour son renouveau, la musique bretonne ne saurait se limiter à cette Rolls sonnante et rutilante.

Et vint Stivell…

Tandis que Glen allume, dans les cœurs, les feux salutaires des révoltes paysannes, la Bretagne se réinvente un chant. Au pays, Loeiz Roparz, de Poullaouenn s'attache à préserver et à promouvoir le kan ha diskan, chant tuilé du centre Bretagne. Et dès 1959, les sœurs Goadec mettent le feu aux planches à Châteauneuf-du-Faou, tandis que la petite ville de Gourin voit en 1956 relancer les concours de sonneurs de couples qui avaient connu leurs heures de gloire avant la Première Guerre mondiale grâce au mouvement revivaliste et régionaliste. Mais c'est à Paris encore, dans les milieux de l'émigration, que se produit l'événement qui va révolutionner le petit monde de la musique bretonne. Jorj Cochevelou, traducteur au ministère de l'intérieur, termine en 1953 une petite harpe sur les plans de laquelle il travaille depuis la guerre, avec notamment l'aide de Gildas Jaffrenou, le fils du grand druide Taldir, réfugié au pays de Galles depuis 1945. On n'en a pas vu en Bretagne depuis la fin du Moyen Age. Jorj Cochevelou qui pense d'abord à qualifier sa harpe de « bretonne », lui préfère finalement l'épithète de « celtique » qui lui ouvre potentiellement des horizons plus vastes. Son fils Alan a neuf ans. Il brûle de s'initier à l'instrument qui le transporte au bord de l'Autre Monde. Denise Mégévant, une très grande dame de la harpe classique, accepte de lui donner des cours. Pour Alan, elle doit inventer un matériau qui n'existe plus depuis plusieurs siècles. « J'ai écris alors des partitions au kilomètre ! », raconte-t-elle, encore visiblement émue, plusieurs décennies après les temps aventureux. Dans la fièvre de l'exil, un instrument millénaire et emblématique est ressuscité. Et un destin est scellé. Tandis que Perig et Lizig Keraod fondent la Telenn Bleimor, le premier ensemble de jeunes filles de harpe... « celtique », le jeune Alan multiplie concerts et prestations, de la Maison de la Bretagne à Paris en novembre 1954, à l'Olympia, en première partie de Line Renaud en 1955. En 1967, il troque son patronyme d'Etat civil contre un nom de scène, sonore et musical. Il sera désormais Alan Stivell. Stivell : la source jaillissante. Une source qui n'est pas près de se tarir tant Alan aime, en perpétuel alchimiste des sons, inventer, créer, imaginer. Son premier album 33 tours, Renaissance de la harpe celtique qui mêle des mélodies irlandaises et d'antiques mélopées bretonnes, dans une interprétation profonde et poétique fait l'effet d'une bombe. Mais Alan n'entend pas en rester là. Il a un monde à bousculer, à réveiller, à renommer. De sa rencontre, fortuite, un beau jour de 1967 dans un bar de Bénodet, avec le guitariste Daniel Le Braz, qui deviendra le grand Dan ar Braz, naît l'idée d'une formation constituée autour de la voix et de la harpe. Une première qui va véritablement révolutionner l'univers musical breton jusque-là resté surtout traditionnel malgré l' « invention » du bagad ! Nourri de sonorités folks et rocks, Alan va réunir autour de sa harpe outre la guitare électrique de Dan, la bombarde de Mikaël Klec'h le fiddle de René Werneer et les batteries de Michel Santangelli. Une musique bretonne bien dans ses sabots, à la fois urbaine et contemporaine, voire futuriste. Il fallait l'oser à une époque où, selon les propos mêmes de Jean-Pierre Pichard, le directeur artistique du Festival interceltique, « On n'aurait pas parié un kopeck sur la survie de la musique et de la culture du pays ». Le succès est immédiat. En 1971, alors que Glenmor reste interdit d'antenne, Alan passe sur toutes les ondes radiophoniques de l'Hexagone. Sa Suite Sud armoricaine est sur toutes les lèvres. Et puis un événement va transformer durablement le destin musical et identitaire de la Bretagne. En janvier 1972, Alan et son groupe, donne un concert à l'Olympia, salle mythique de la scène parisienne. Tout le Paris breton est

là. C'est l'ébullition, l'effervescence. La Bretagne est en marche, débarrassée de ses vieux complexes. La foule est en transes, pavoisée de gwenn-ha-du. Grall, qui y est, le raconte avec passion et talent : « Salle de l'Olympia, premier récital de Stivell. J'y suis. Rideau... Derrière le harpeur, ils sont tous là, les premiers compagnons. Ils ont tous du génie (...) Salle pleine. C'est parti. « The wind of Keltia ». La harpe ruisselle, le vent celtique, douceur du vent. C'est parti. Jeux de lumière sur le groupe illuminé. Car ils sont tous illuminés ceux-là, rimbaldiens, organisant magiquement la fête des sons et des couleurs. Ça chauffe, ça chauffe. Ça brûle... C'est chaud (...) Immédiatement il se passe quelque chose. C'est physique. Une communion populaire. Une envie de scander, de danser, violente, impérative, c'est instinctif ».

Le phénomène fest-noz

Il faut s'y immerger, se laisser littéralement porter par la cadence endiablée d'une gavotte des montagnes, évoluer dans cette foule mouvante qui déploie ses orbes au gré des notes d'un « couple » de sonneurs ou de deux chanteurs de kan-ha diskan se tenant fermement campés sur l'estrade, le bras passé par-dessus l'épaule du compère, pour comprendre la signification du mot fest-noz. Littéralement la « fête de nuit ». Une fête, oui, et quelle fête ! Communautaire en diable, le fest-noz s'est élevé en quelque quarante ans, au rang des véritables et des vénérables institutions de Bretagne. Au point qu'il supplante, dans nombre de terroirs de Bretagne, les discothèques avec leur musique en boîte. Le fest-noz ? C'est bien sûr tout le contraire ! Des danses claniques, immémoriales, identifiées à chaque terroir, l'an-dro ou l'hanter-dro au Vannetais, la gavotte à la montagne, la dans fisel ou la dans plinn au secteur de Bourbriac, l'avant-deux au nord Ille-et-Vilaine, la contredanse à l'est des Côtes-d'Armor... Ici, on se tient fermement par le bras ou par la main, pour des chaînes qui n'ont ni début ni fin, mais où tout un peuple se retrouve soudé. La danse des Sioux ou des Arapahos ? Il y a de cela, tant la transe semble parfois au bout de la danse. Le fest-noz — on devrait d'ailleurs écrire « la » fest-noz, car le mot breton « fest » est féminin — est une tradition immémoriale en Bretagne. Jusqu'à la Seconde Guerre mondiale, c'était une fête occasionnelle, spontanée, privée et plutôt liée au monde rural. C'est vers la fin des années cinquante que Loeiz Roparz et ses amis du cercle celtique Mesaerien Poullaouen inventent le fest-noz mod nevez, qui se déroule en salle, où les chanteurs se retrouvent sur scène équipés d'un micro. Le succès est immédiat. Fulgurant même. Adapté à l'évolution de la société bretonne, la formule se répand comme une traînée de poudre. Expérimenté à Paris en avril 1957, puis à Poullaouen en décembre de la même année, le fest-noz mod nevez est « exporté » dès 1958 dans les Côtes d'Armor, à Saint-Servais, où les frères Morvan, de Saint-Nicodème, entament une carrière prestigieuse. En 1959, les sœurs Goadec montent pour la première fois sur les planches à Châteauneuf-du-Faou, où elles subjuguent danseurs et auditoire. « Partis du Kreiz Kerné (centre Cornouaille), les festoù-noz gagnent toute la Bretagne » titre Le Télégramme dans son édition du 14 mars 1961. Le succès de la formule ne devait plus se démentir.

Catamaran

Le fest-noz devient très vite le partenaire obligé de tout festival qui se respecte, des fêtes de Cornouailles au Festival Interceltique où il bat son plein, tous les soirs à salle Carnot. Le dans-noz-vras (grand fest-noz) organisé tous les ans durant la première quinzaine d'août à Lorient, attire fréquemment jusqu'à 10 000 danseurs, tous sexes, toutes générations et toutes catégories sociales confondues. Et si, durant les seventies, le fest-noz avait des allures souvent militantes, ce n'est plus le cas de nos jours. Définitivement passé dans les mœurs, il draine désormais des milliers de garçons et de filles qui n'ont d'autre objectif que de s'amuser et de se défouler au son des bombardes et des binious, mais aussi à celui de la vieille, de l'accordéon, du violon et même de la harpe !

Sports et jeux traditionnels

Les jeux traditionnels bretons permettaient de défier la paroisse ou le village voisin en des joutes collectives ou individuelles. Après le début du XXᵉ siècle voit leur quasi-disparition, en 1930, la Fédération des Amis des Luttes et Sports Athlétiques Bretons (FALSAB) sonne leur retour. Aujourd'hui, 25 000 personnes pratiquent des jeux bretons.

Ar Gouren, la lutte bretonne

Cette lutte de deux hommes en corps à corps est arrivée sur le continent avec les émigrants qui venaient de l'île de Bretagne. Aujourd'hui, elle est encore pratiquée en Cornwall, la Cornouaille britannique et, bien entendu, en Bretagne. Contrairement à la lutte gréco-romaine, la lutte bretonne se pratique toujours debout. Elle a pour but de déséquilibrer l'adversaire et de le faire tomber, en vol plané affirment certains, les deux épaules devant toucher le sol, ce qui en breton se dit lamm. Au temps passé, lorsqu'on luttait mod kozh, ou à l'ancienne, le vainqueur emportait un mouton. En ce début de XXIᵉ siècle, malgré des tentatives de déstabilisation menées par des associations de protection des animaux, le vainqueur a toujours le droit de parader, à l'issue du combat, avec un mouton vivant sur ses épaules. Depuis octobre 2005, le gouren a aussi son « musée » centre d'interprétation et de découverte, à Belle-Isle-en-Terre, qui fut depuis l'entre-deux guerres un haut lieu de la lutte bretonne. Entre de belles affiches début de siècle et des portraits de lutteurs célèbres, on y trouve des roched et des ceintures de champions historiques.

La boule bretonne

Elle occupe une place de choix dans les jeux traditionnels bretons. Très populaire dans le Trégor et et le Morbihan, avec ou sans plomb, elle se pratique sur des terrains aussi variés que ses règles de jeux. Des projets d'écoles de boule bretonne pour enfants et adolescents sont en projet dans les Côtes-d'Armor, preuve s'il en est de la vitalité de ce jeu traditionnel. Les joueurs se spécialisent : placeurs, poseurs, tireurs, et si les règles ont tendance à s'uniformiser pour faciliter la tenue des concours, des différences persistent néanmoins. Guingamp, La Mecque de la boule en bois, a même inauguré au printemps 2003 le musée de la Boule bretonne dans les locaux de l'office de tourisme, place du Champ-au-Roy (Renseignements Tél. 02 96 43 73 89. Accès gratuit aux heures d'ouverture de l'office de tourisme).

Le nautisme

Compétitions, régates ou simples promenades sur l'eau, la Bretagne est le lieu le plus prisé pour les pratiques nautiques grâce à ses 1 200 km de côtes découpées en criques, anses, rades, baies et ses nombreuses rivières et lacs. Jadis réservés à l'élite, les sports nautiques ont connu un vif engouement dès que l'industrie a délaissé l'artisanat pour une production en matériaux de synthèse, mettant cette discipline à la portée de tous. Toute l'année, de la régate à la voile scolaire, les écoles et clubs de voile bretons proposent un très large éventail d'activités : dériveur solitaire et double, catamaran, planche à voile, funboard, char à voile, plongée sous-marine, bateaux collectifs, et randonnée. Côté plaisance, la Bretagne offre aujourd'hui 52 000 postes de mouillage, répartis entre 64 % de places de pontons et 36 % de mouillages, sachant que les plus gros bassins sont la baie de Quiberon, la baie de Saint-Malo et le bassin de Glénan.

En matière économique, les ports de plaisance représentent près de 250 emplois directs et génèrent un chiffre d'affaires d'environ 5,2 millions d'euros. De nombreux sportifs, bretons d'origine ou d'adoption, ont aussi contribué à l'enthousiasme du grand public pour la voile sportive. On peut penser à Éric Tabarly, Olivier de Kersauzon, Roland Jourdain, Karine Fauconnier, Erwan Tabarly, Michel Desjoyaux, Armel Le Cléac'h, Franck Cammas, Jean Le Cam... Les records, les traversées, les grandes courses et les régates ponctuent l'histoire des marins bretons. Nombreux sont les amateurs qui se rendent en Bretagne pour assister aux départs ou à l'arrivée de compétitions devenues prestigieuses : le Spi Ouest-France à La Trinité-sur-Mer (week-end de Pâques), l'Obélix Trophy à Bénodet (1ᵉʳ week-end de mai), la transat Québec-Saint-Malo (tous les 4 ans), la transat Lorient-Saint-Barth (en avril, tous les 2 ans), Tour de Bretagne à la voile, Trophée Jules Verne et Solitaire Le Figaro. Mais la plus célèbre reste sans doute, la Route du Rhum (en novembre), qui signa sa première édition en 1978. Tous les quatre ans, nombre de marins se lancent dans l'aventure pour relier la pointe du Grouin (près de Saint-Malo) à Pointe-à-Pitre, en solitaire en mono ou multicoque.

La Bretagne gourmande

La Bretagne ? Mais qu'allez-vous donc faire de vos artichauts et de vos choux-fleurs ? Il y a deux ou trois décennies lorsque quelques « blev hir » (individus à cheveux longs) osaient à qui daignait les écouter, à défaut de les entendre, faire valoir qu'un peu plus de régionalisation ne pouvait qu'être un plus pour la Bretagne, voilà ce qu'il leur était rétorqué. N'en déplaise à ces belles âmes, la Bretagne ne récolte pas que des choux-fleurs, que des artichauts… Cependant, il est vrai qu'elle en produit, et la culture de ces deux fleurons de l'agriculture locale se situe essentiellement dans le pays de Léon, cette bande de terre fertile que l'on nomme également ceinture dorée, en gros le Nord Finistère.

Spécialités locales

Les farz

On parle de far, mais c'est bien de farz qu'il s'agit. Si aujourd'hui on connaît celui qui fait le kig ha farz trouvant son origine dans le Léon, l'autre, le farz de froment sucré avec pruneaux et raisins de Corinthe se savoure en haute comme en basse Bretagne. Ce plat traditionnel, ô combien, est sans doute un des plus anciens de cette vieille terre. La pomme de terre arrivée au XVIIe siècle l'a quelque peu détrôné… mais il résiste bien ! Jusqu'à disons la Seconde Guerre mondiale, il existait tout un florilège de farz ; on entendait alors parler de farz gwad qui se faisait avec du sang de cochon et ce dans l'île d'Ouessant ; pour rester sur les îles, à Sein on parlait de farz poch, de la farine de froment, du lait, du sucre, des pruneaux ou des raisins… à cuire dans la soupe ; plus au sud à Groix on y mettait des raisins de Malaga et on parlait alors de kunpod. Ailleurs on pouvait faire un farz daou hanter en mélangeant le froment et le blé noir.

Pour les grandes occasions, on préparait un farz forn, un gâteau de luxe qui ne se servait qu'aux mariages. Aujourd'hui au XXIe siècle le kig ha farz connaît toujours un franc succès et pas uniquement en Basse-Bretagne. Quant à l'autre, le farz forn au froment dit farz breton à la farine de froment et dans lequel on ajoute un petit verre de lambig*, il reste un dessert fort apprécié des petits comme des grands.
* Eau-de-vie de cidre de Bretagne

Crêpes et galettes

Se dit *Krampouezh* en breton, *gaôf* en gallo. A ce sujet, galette de blé noir c'est pour la Haute-Bretagne, en Basse-Bretagne on dit invariablement crêpe pour l'une ou l'autre spécialité ; on précisera simplement blé noir ou froment. Avec un nombre incalculable de crêperies et depuis quelques années un diplôme professionnel, la crêpe constitue la spécialité qui vient à l'esprit de tous les gourmands lorsqu'ils évoquent la Bretagne. Les ustensiles traditionnels pour la confection des crêpes et galettes :
▶ **La galetière :** selon les régions voire, même les villages, elle se nomme bilig, galetière, tuile ou pierre. Grande plaque circulaire en tôle martelée ou mieux en fonte épaisse où l'on étale la pâte. Elle est graissée régulièrement avec du lard gras peu salé ou de l'huile épandue avec un tampon de chiffon.
▶ **La huèche :** sorte de claie de bois arrondie que l'on recouvre d'un torchon afin d'y empiler les crêpes et galettes.
▶ **Le rouable :** en breton, il se nomme rozell. C'est une simple raclette de bois très dur et très lisse. Elle permet de répartir régulièrement la pâte sur le bilig.
▶ **La tournette :** nommée aussi latte, viroué, spatule et plus souvent couteau à beurre. Elle permet de décoller les crêpes sur la plaque de cuisson et de les tourner aisément sans les briser.

Bolée de cidre et crêpes

Recettes

Daurade au four

▶ **Ingrédients :** (pour 4 personnes)1 daurade royale de 800 g à 1 kg, 2 oignons, 2 carottes,1 botte de persil plat, huile d'olive, 1 demi-bouteille de vin blanc sec, thym et laurier, fleur de sel et poivre du moulin.

▶ **Préparation :** 30 min. Cuisson 25 à 30 min. Préchauffez le four th7, 210°C.Grattez, videz et écaillez une daurade royale.Coupez l'arrête dorsale et jetez-la. Coupez la tête et gardez-la pour votre fumet de poisson.Dans un plat allant au four, versez un peu d'huile d'olive au fond du plat, puis un oignon et une carotte pelés et émincés. Coupez les queues d'une botte de persil plat et parsemez-les dans le plat. Ajoutez quelques brins de thym, 3 feuilles de laurier et poivrez généreusement.Placez ensuite, la daurade dans le plat. Incisez-la de quatre coups de couteau pour qu'elle cuise plus rapidement et que le jus de cuisson parfume la chair du poisson.Arrosez le poisson d'un filet d'huile d'olive et de la demi-bouteille de vin blanc. Salez et poivrez généreusement et rajouter du persil. Faites cuire la daurade 25 à 30 min, en l'arrosant régulièrement de son jus.

Les moules marinières

▶ **Ingrédients :** (pour 4 à 6 personnes) 4 kg de moules, 2 beaux oignons, 25 cl de muscadet, persil, beurre, sel et poivre

▶ **Préparation :** 10 min. Cuisson 10 min. Nettoyage des moules de 10 à 15 min.Nettoyer les moules. Ne garder que les moules crues intactes et bien fermées, jetez les autres. Emincer les oignons et hacher le persil plat. Dans un grand fait-tout faire fondre le beurre, y faire suer les oignons, ajouter les moules, le persil. Saler (avec parcimonie les moules étant déjà salées) et poivrer. Arroser de vin blanc et laisser cuire à feu vif pendant 5 à 10 minutes jusqu'à ce que les coquilles s'ouvrent.

Le kouign amann

▶ **Ingrédients :** (pour 4 personnes) 500 g de farine, 375 g de beurre demi-sel, 200 g de sucre, 20 g de levure de boulanger, 1 jaune d'œuf, 1 pincée de sel

▶ **Préparation :** (pour 4 personnes)30 min. Repos 3 heures. Cuisson de 30 à 40 min. Délayer la levure dans 2 cuillerées à soupe d'eau tiède et la laisser reposer 15 minutes. Mélanger la farine et la pincée de sel. Ajouter ensuite la levure délayée (bien respecter cet ordre car il ne faut pas que la levure soit en contact direct avec le sel). Ajouter de l'eau progressivement jusqu'à ce que la pâte soit souple et lisse. Laisser reposer 3 heures sous un linge près d'une source de chaleur jusqu'à ce que la pâte soit bien gonflée. Verser la pâte sur un plan de travail fariné et l'étaler en forme de rectangle d'environ 1,5 cm d'épaisseur. Couper le beurre en petits morceaux et les disposer sur la pâte. Saupoudrer le sucre sur le tout. Plier une première fois en 3 partie égales : rabattre les deux côtés de la pâte vers le milieu dans le sens de la longueur. Faire la même chose dans le sens de la hauteur.Tourner la préparation d'un quart de tour et étaler à nouveau la pâte au rouleau. Le beurre et le sucre commencent à se mêler à la pâte. Recommencer le pliage de la même façon que précédemment. Tourner à nouveau la pâte d'un quart de tour et refaire les mêmes opérations une dernière fois. Etaler une dernière fois. Plier ensuite en carré et éventuellement relever un peu les bords pour former un rond. Badigeonner le tout avec le jaune d'œuf. Mettre dans un moule non beurré et laisser reposer 1/2 heure le temps de préchauffer le four à 230° (thermostat 7). Faire cuire 30 à 40 minutes. A déguster tiède.

Kouign-amann

Les sites remarquables du goût

« Un Site Remarquable du Goût permet d'identifier un accord exceptionnel entre le savoir-faire des hommes, la qualité d'un produit et la richesse d'un patrimoine architectural et environnemental. Cette identification ne peut se faire sans la volonté d'accueillir, d'expliquer, de tisser le lien entre savoir-faire et faire savoir. » Définition proposée par Charles Perraud, président de l'association nationale des Sites Remarquables du Goût depuis sa création en 1996, en préface du livre dédié au réseau, *Les chemins du goût*. Les sites remarquables du goût sont au nombre de quatre en Bretagne : Cancale et Riec-sur-Belon pour les huîtres, Le Guilvinec pour la langoustine et les marais salants de Guérande pour le sel. **Site : www.sitesremarquablesdugout.com**

Produits du terroir

Viandes, volailles et gibiers

L'agneau de « pré-salé »

Il gambade en temps ordinaire sur les landes voisines du Mont-Saint-Michel, il est en quelque sorte un agneau franco-breton, pas plus fier pour cela il est quand même superbement délicieux. Son nom, il le doit au fait qu'il broute l'herbe des herbages envahis par la mer à marée haute ! Ce qui donne à sa viande un moelleux dont on se souvient… longtemps. A Ouessant, son homologue est tout aussi délectable, surtout lorsqu'il est cuisiné dans les mottes.

Poule coucou de Rennes

Dans les années soixante et soixante-dix, la montée de l'agriculture productiviste a failli sonner le glas de multiples races rustiques. Par bonheur, quelques passionnés, conscients de l'enjeu de sauvegarde d'un tel patrimoine, ont sauvé ce qui pouvait l'être. Ainsi en a-t-il été de la poule coucou de Rennes qui figure désormais en bonne place sur la carte des grandes tables rennaises… Les standards de la coucou ont été fixés en 1914, mais c'est le docteur Edmont Ramé, un notable membre de la Société nationale d'aviculture, qui « inventa » à la fin du XIXe siècle la coucou. Cette petite volaille rustique demande quelques soins dans sa préparation. La rôtir doucement, l'arroser beaucoup durant les 40 minutes de cuisson, à 170 °C maximum. Beaucoup l'apprécient farcie accompagnée de compote de potimarron, de pommes rainette et de noix.

Poulet de Janzé

Autrefois, la volaille faisait la réputation de la région et il n'est pas rare sur les recueils de recettes du XIXe siècle, de voir mentionnés le poulet, la poularde et le poussin de Janzé. La petite cité s'est fait une spécialité de ces volailles qu'elle vendait auprès des grands restaurateurs français. Après une éclipse, la tradition de la volaille de Janzé a connu un renouveau et eu égard à leur belle tenue à table ont très rapidement obtenu le Label rouge attribué par Qualité France.

Charcuteries

L'andouille de Guémené-sur-Scorff

Faite d'abats de porc imbriqués, donnant à la coupe des cercles concentriques et réguliers, l'andouille de Guémené-sur-Scorff est très réputée. C'est la plus familière aux gourmets, mais elle est loin d'être la seule, la région de Saint-Brieuc en fabrique d'excellentes, que l'on déguste chaudes avec une purée de pomme de terre.

Le porc blanc de l'Ouest

Depuis l'aube des temps ou presque, le cochon est le trésor des campagnes, particulièrement en Bretagne où il y eut une race celtique très appréciée. Ce cochon celtique peuplait l'Ouest de la France à la fin du Moyen Age. Son descendant direct, ce fameux blanc de l'Ouest, loin de ces pauvres bêtes élevées en hors-sol, est le type même du porc fermier de plein air. Les truies et leurs petits pâturent en liberté une grande partie de l'année. A noter, que dès 2007, un plan de sauvegarde a été lancé pour palier au déclin continu de ses effectifs. Si autrefois, le « sacrifice » du cochon était l'occasion de fête et grandes réjouissances, de nos jours, sa consommation, après avoir été un temps délaissée, connaît un regain de popularité. Sa viande est réputée pour donner une excellente charcuterie et d'admirables jambons de… Paris ! Sa saveur et sa texture sont reconnues par les gourmets, et les tables réputées de Bretagne le tiennent en haute estime.

Saucisse de Molène

Délicatesse pur porc, fumée au goémon car sur cette petite île de pêcheurs, il n'y a pas d'arbres. Cuite ou grillée, froide ou crue on ne le répétera jamais assez la molène est exquise.

Chilgick d'Ouessant

Sa cousine peut-être, et assurément tout aussi délicate que sa voisine molénaise. Ici, sur l'île du bout du monde, on ne fume pas au goémon mais à la motte – spécialité locale remontant à la nuit des temps – ce qui lui donne un fumet incomparable. Délicieuse entourée de pommes de terre, en salade ou dans des crêpes de blé noir.

L'authentique plateau de fruits de mer frais breton

116 restaurateurs ont adhéré à la charte du plateau de fruits de mer frais bretons et se sont engagés à toujours apporter les produits les plus frais. Ils sont identifiés par un logo apposé sur leur vitrine, un tourteau entouré de la phrase : fruits de mer frais bretons. Ils sont recensés dans un petit guide édité par Bretagne Nouvelle Vague disponible dans les offices de tourisme. S'il est difficile de normaliser le plateau de fruits de mer, il se doit de toujours comporter au moins trois variétés de crustacés et trois de coquillages, sa composition varie selon les saisons, en fonction des cycles de vie des coquillages et crustacés, et tient compte de la physionomie de la côte, rocheuse ou sableuse, ainsi que des caractéristiques de l'eau en cet endroit. Et puis il y a les aléas de la pêche...
Deux catégories de plateaux sont proposées :
▶ **Catégorie 1 :** langoustines non glacées, araignées ou tourteaux, huîtres, étrilles, crevettes roses ou grises.
▶ **Catégorie 2 :** praires, palourdes, bigorneaux, bulots, galathées, clams, moules, amandes. De plus, il se doit d'être servi avec deux sortes de pains, noir et blanc, mayonnaise maison et beurre salé.

Poissons, fruits de mer et crustacés

Avec plus de 2 000 km de côtes, la Bretagne est l'une des toutes premières régions maritimes d'Europe. Au nombre de 70, ses ports sont mondialement connus : Douarnenez, Concarneau, Paimpol, Le Guilvinec, Lorient... Industrielle ou artisanale, la pêche bretonne emploie 7 000 marins pêcheurs environ et avec une production de 200 000 tonnes par an occupe le premier rang français. Quant aux algues, utilisées en cosmétique et en cuisine, la Bretagne en assure 90 % de la production française.

Les algues

En Bretagne du nord leur réputation n'est plus à faire... Si autrefois les populations côtières se servaient de l'algue pour se chauffer, se soigner, se nourrir ou enrichir la terre, aujourd'hui l'agroalimentaire, la cosmétique, la pharmacologie, le textile et l'industrie l'utilisent souvent. Dans la région des Abers et de l'archipel de Molène, il existe de véritables champs d'algues. Les algues s'imposent même tout doucement dans le paysage gastronomique. A n'en point douter, l'algue de Bretagne se prépare à un avenir culinaire prometteur...

Poissons

Anchois, maquereaux, sardines, dorades, soles, bars de ligne... On les rencontre, avec d'autres encore, sur tous les étals de poissonniers, sur les tables familiales, et dans les salles à manger des restaurants des plus humbles au plus huppés... Puisque à l'instant il était question bar de ligne, restons-y pour préciser qu'il faut surtout pas le confondre avec le bar d'élevage nourri aux granulés. Jadis, lorsque les bateaux de pêche rentraient au port, les pêcheurs triaient les poissons au moment de leur arrivée. Les plus communs étaient mis de côté et les plus nobles étaient vendus. C'était la « kaoteriade », la part du marin pêcheur. Pendant que les pêcheurs vendaient leur pêche, les autres membres de la famille préparaient cette soupe, la cotriade, faite à base de beurre ou de saindoux, d'oignons, de pomme de terre et des fameux poissons. En certains lieux de Bretagne, on parlera de godaille, mais le principe reste le même. Les ingrédients composant la cotriade étaient cuits parfois directement sur le port, sur des « cotrets », morceaux de bois sur lesquels on calait un gros chaudron « kaoter ». Si aujourd'hui on ne le cuit plus sur le port, nombre de restaurants l'ont mise à leur carte et c'est devenu un mets de choix.

Fruits de mer et crustacés

Si en Bretagne la mer est source de plaisir, elle est également nourricière. Cependant, n'oublions pas que durant les siècles, les Bretons allaient sur l'eau mais ils n'allaient pas dans l'eau ! De plus, la population locale tenait les produits de la mer en peu d'estime. « Je ne vais quand même pas gaspiller du bon beurre pour cuire ces cochonneries-là » disait la mère de Pierre Jakez Helias à son fils lorsque d'aventure celui-ci ramenait poissons et crustacés. Les temps changent, les goûts aussi... Ce qu'hier on méprisait est aujourd'hui porté au pinacle de la gastronomie. Le tourisme a bien entendu fait bouger les choses et c'est ainsi que l'on a inventé ce fameux plateau de fruits de mer ! Langoustines, homards, araignées, tourteaux, bigorneaux, praires, palourdes, bouquets bretons, crevettes grises, coques... coquillages et crustacés sont les fleurons de la gastronomie bretonne. Dressé sur un lit de goémon, dégusté à la terrasse d'un bistrot dans un petit port de pêche où sur une table dressée avec élégance, le plateau de fruits de mer fait partie des beaux souvenirs de vacances que l'on se remémore avec émotion... Le port de Cancale est sans conteste l'un des plus beaux endroits en la matière !
▶ **Les huîtres.** Bien sûr les huîtres... les savoureuses : belon, cancalaise, prat ar koum, de la rade de Brest, plates ou creuses, très grosses, triple 0, ou 5, petites, la taille ne change rien à la qualité, tout est en fait affaire de goût. En Bretagne, les huîtres bénéficient d'une qualité d'eau incomparable, brassées en permanence par les forts courants bretons qui les gorgent du plancton indispensable à leur croissance. Le savoir-faire des ostréiculteurs se transmet de père en fils, et chaque terroir possède ses qualités propres, reconnues en douze grands crus. Plates ou creuses ? C'est affaire de goût. La creuse, élevée à la côte est moins salée que la plate qui se cultive au large. Comme le vin, la saveur des huîtres dépend

de leur terroir. En règle générale, l'huître plate, l'huître bretonne par excellence, est d'une exquise finesse, ses thuriféraires la trouvent de toutes les vertus et beaucoup lui trouvent un délicat goût de noisette. Bien entendu on la déguste nature avec du pain de seigle, du beurre salé et un verre de muscadet. Les chefs la subliment parfois, jusqu'à loin dans les terres, comme le talentueux chef bourguignon qu'est Marc Meneau, qui la propose en gelée d'eau de mer !

▶ **Les ormeaux.** Les connaisseurs prononcent son nom avec des trémolos dans la voix et des étoiles dans les yeux ; l'ormeau, l'aristocrate des coquillages, est un mollusque connu pour sa belle coquille nacrée qui sert souvent de décoration. Dans certaines régions, on l'appelle oreille-de-mer, en Manche, c'est l'ormier, et en Bretagne on parle d'ormel. Autrefois, il y a une trentaine d'années, on attendait les grandes marées avec impatience pour aller le récolter sur des rochers ordinairement inaccessibles. Mais il fut la victime de prédateurs sans foi ni loi, les pêcheurs à bouteilles. Quelques poissonneries, aux halles de Rennes par exemple, en proposent de temps à autre. Débarrassé de sa coquille et des parties jaunes et noires, on le bat longuement au marteau à viande, et on le poêle à la manière d'une escalope, légèrement persillé. Un rare, très rare bonheur gastronomique.

▶ **Les coquilles Saint-Jacques.** Un mot sur les coquilles Saint-Jacques, celles de la baie de Saint-Brieuc n'ont presque pas de corail, tandis que les ressortissantes de la rade de Brest sont plus charnues mais également plus rares. Connues et appréciées depuis la plus haute Antiquité, les Grecs, mais aussi les Romains en faisaient leurs délices. En Asie on leur prête même des vertus favorables à la fertilité. Il en existe plus de 400 espèces de par le monde, et il prétend que cette Pecten Maximus que l'on trouve en baie de Saint-Brieuc et en rade de Brest serait parmi les plus convoitées. Pourquoi pas en effet… Mais ce dont il est par contre certain, c'est quelle est sans nul doute la coquille du pèlerin qu'arboraient ceux qui s'en allaient à Saint-Jacques-de-Compostelle. Louis XV, lui, en tomba littéralement amoureux et décida de la représenter partout… ou presque. Elle se prête à de multiples préparations, de la plus simple comme à la façon du pêcheur, on nettoie, on hache grossièrement, sel, poivre, beurre et on passe au four, à la plus savante, à la brestoise par exemple… Dont on s'abstiendra ici de donner la recette, mais elle est excellente. Pour les inconditionnels, la confrérie des Chevaliers de la coquille Saint-Jacques tient chaque année ses assises à Erquy. Cela se passe au mois d'avril et cette fête est l'occasion de joyeuses agapes pour la plus grande joie de milliers de visiteurs.

▶ **Les moules de bouchot.** Elles se fixent de préférence près des estuaires, là où se mêlent eaux douces et eaux salées. Bouchot est un mot du vieux breton qui signifie clôture de bois… Mais l'origine de ces moules se fixant sur les pieux de bois remonterait au XIIIᵉ siècle. Elles auraient été découvertes alors qu'un naufragé répondant au nom de Patrick Walton et Irlandais d'origine se forçait à survivre après son naufrage. Cela se passait en 1235 dans la baie de l'Aiguillon non loin des côtes charentaises. Quant à la mytiliculture moderne, elle vit le jour en 1954 dans la baie du Mont-Saint-Michel. La

moule s'apprécie à la marinière, bien entendu, avec des frites si cela peut faire plaisir… Ou toujours marinières mais à la mode malouine, enrichies de beaucoup de crème fraîche…

▶ **Homard… à l'armoricaine ou à l'américaine ?** Une polémique qui tout comme le sexe des anges a nourri des disputes homériques… et souvent sans fin… Tout en évitant de ranimer un débat qui ne demanderait, malicieusement, qu'à l'être, et pour peut-être tenter de mettre les tenants de l'un ou l'autre parti sinon d'accord à tout le moins d'observer un raisonnable armistice, regardons ce qui peut être tenu pour certain dans cette amphigourique controverse. Fraysse grand chef du siècle passé va bien inventer ce homard de la discorde et nonobstant à l'américaine mais… Il y a en effet un mais… il va plus que s'inspirer de la façon dont les autochtones des côtes atlantiques et bretonnes préparaient ce plaisant compagnon de table. Ayant, dit-on, affiné la recette, il la proposa à des siens clients… américains… Ces derniers apprécièrent la préparation du maître queux et le homard devint, *ipso facto*, à l'américaine… alors qu'en fait il est à… l'armoricaine. Dans la série des recettes de homard, ne pas se désintéresser non plus de celui que l'on prépare à la bretonne, flambé au lambig, relevé au curry, adouci à la crème fraîche et que l'on déguste avec un riz pilaf.

▶ **L'araignée.** Sans vouloir passer en revue tous les délices offerts par la Manche, la mer d'Iroise ou le golfe du Morbihan, on ne peut faire l'impasse sur l'araignée à la chaire si délicate qui est en fait le crabe le plus réputé de Bretagne. Elle affectionne les fonds sableux ou vaseux, très sensible à la salinité de l'eau elle fuit les embouchures, là où se mélangent les eaux douces et salées. Elle se pêche aux casiers et est débusquée jusqu'à 50 mètres de profondeur. On la savoure simplement à la mayonnaise relevée d'une pointe d'ail.

▶ **Les langoustines.** Elles se pêchent à la fin du printemps au chalut de fond à 4h à 5h de bateau des côtes ; elles profitent des fonds meubles pour se creuser des galeries et s'y aménagent, à l'instar des lapins, de véritables terriers ! Son terrain de prédilection ? Le Pays bigouden. A certaines périodes il se révèle très difficile d'en trouver à un prix abordable du fait de leur rareté. La langoustine se prête à bien des préparations et pourquoi pas sautées au beurre, au persil et à… l'ail !

Fromages, produits laitiers

Le beurre

En breton, il se dit amann, et à tout seigneur, tout honneur, en Bretagne il est incontournable. Les Bretons tiennent leur réputation de consommateurs de beurre salé depuis la Révolution ; en guise de bienvenue, on offrait avec le pain et le couteau « le beurre d'accueil », marque de respect et d'hospitalité pour son hôte. Chaque producteur, famille, village ou petite fabrique « signait » sa motte par un sceau différent représentant des fleurs, une vache, des motifs géométriques d'une infinie variété. Cette pratique du « beurre d'accueil » s'est perpétuée de nos jours dans les restaurants bretons qui l'ont revisitée à leur manière en posant sur la table le pain… et le beurre.

D'ailleurs un simple morceau de bon pain tartiné de beurre de ferme se déguste comme s'il s'agissait d'un don du ciel ! Mais pourquoi le beurre salé en Bretagne ? Réponse extrêmement simple : un souci de conservation favorisé par la présence à profusion sur place de sel pour un prix dérisoire, échappant à la ruineuse gabelle. Le beurre salé a d'ailleurs occupé des siècles durant une position centrale dans la plupart des cérémonies, processions religieuses, mariages, pardons… Aujourd'hui encore à Spézet, dans le Finistère, le premier dimanche qui suit la Pentecôte, à la chapelle de Notre-Dame-du-Krann, perdure une antique tradition. La « Bonne Dame » des lieux préside un pardon pas ordinaire puisque la procession s'achève par une offrande singulière : une gigantesque motte de beurre sculptée par les paroissiennes et exposée ensuite dans la chapelle.

Le fromage

En basse Bretagne, jadis, il était traité de « beurre pourri », amann brein ! De nos jours il n'en est plus rien, de nombreuses laiteries et fromageries sont installées depuis longtemps dans les cinq départements. Le plus ancien des fromages bretons est le « nantais » dit fromage de curé ; différentes abbayes de Bretagne fabriquent d'excellentes variétés de port-salut, abbaye de Timadeuc dans le Morbihan par exemple. A Plogonnec dans le Finistère, on fabrique une tomme au lait cru, nature ou aux algues, la tomme du Nevet et une autre à Landeleau ! Quant aux fromages de chèvre, les élevages se multiplient.

Le lait ribot

C'est ainsi que l'on nomme en Bretagne le petit-lait issu de la fabrication du beurre. C'est un lait fermenté maigre qui, au même titre que les galettes et les crêpes, est un élément incontournable de la gastronomie bretonne. Petites recettes simples et délicieuses : remplir un bol de lait ribot, et y ajouter une crêpe de blé noir (ou galette, si vous êtes en Haute-Bretagne) ou des pommes de terre en morceaux… c'est prêt !

Fruits et légumes

Longtemps confinée dans des cultures extensives et intensives, la Bretagne fournit 74 % des artichauts, 75 % des choux-fleurs, 90 % des pommes de terre primeurs produits dans l'Hexagone. Mais à quel prix ! Destruction du bocage, appauvrissement de la diversité biologique… 80 % des rivières bretonnes sont touchées par une pollution due à un taux de nitrate anormalement élevé. Le modèle breton a du plomb dans l'aile… Heureusement, une prise de conscience voit l'émergence d'une nouvelle pratique agricole pour produire moins mais mieux, limiter l'emploi des engrais et privilégier la filière biologique. Et n'oublions pas que depuis quelques années, la Bretagne se trouve une nouvelle vocation avec d'anciennes productions.

▶ **Les artichauts et les choux-fleurs.** Comme larrons en foire, ils vont ensemble, comme biniou et bombarde. D'aucuns d'outre-Couesnon y voient l'essentiel des productions agricoles bretonnes. Il n'en est rien, bien entendu, nonobstant ces deux légumes qui on fait et

font toujours la réputation de la Bretagne. Il serait plus juste de parler d'une partie de la Bretagne, d'une petite partie car essentiellement confinée au Léon… à tout le moins pour ce qui concerne l'artichaut. Le chou-fleur se cultive, lui, également sur la côte trégoroise et sur une partie du département de l'Ille-et-Vilaine. L'artichaut arrive sur les côtes bretonnes au XVIIᵉ siècle. Il serait originaire d'Italie, néanmoins rien n'est vraiment attesté, mais aujourd'hui, chaque année, on en récolte plus de 30 000 tonnes. Le chou-fleur que l'on sème en avril et mai se repique un mois tard et il produit tous les ans 150 millions de tête ! La Bretagne est de loin la première région productrice d'Europe. Les artichauts cuits à l'eau s'apprécient à la vinaigrette. Moins connu, on peut aussi les déguster braisés avec des couennes de lard ou même frits, mais dans ce cas, il est vivement conseillé de les choisir jeunes et tendres…

▶ **Le coco de Paimpol.** Cet inimitable petit haricot demi-sec, que certains gastronomes n'hésitent pas à qualifier de roi de son espèce, est reconnu depuis peu par le label AOC. Il existe dans cette côte du Goëlo une multitude de producteurs dont la plupart sont fédérés à l'Union des coopératives de Paimpol et de Tréguier. La récolte se fait à la main, et à l'automne tout le Goëlo se mobilise, on dit alors que l'on va plumer le coco !

▶ **L'échalote de Bretagne.** Petit rappel orthographique, échalote, ne prend qu'un seul « l » et qu'un seul « t ». Quitte à se fâcher avec tout le Pays Pagan, disons le tout net : non l'échalote n'est pas née à Kerlouan et encore moins en quelconque endroit de Bretagne. Notre liliacée vient du Turkestan, tout comme l'oignon et l'ail. Elle n'arrivera sous nos climats bretons, qu'au cours du XVIIᵉ siècle et depuis ce temps, son mode de culture n'a guère changé. La plus connue, la plus appréciée c'est l'échalote rose, on la dit aussi de Jersey. On la trouve sur le marché toute l'année contrairement à sa cousine grise, dont la conservation n'excède pas janvier. La Bretagne en récolte bon an mal an 30 000 tonnes, essentiellement dans le Léon et particulièrement dans le Pays Pagan, ce qui fait d'elle la première région européenne productrice.

▶ **Les fraises… de Plougastel.** Il s'appelait Frézier, il était navigateur mais également agronome, il revenait du Chili à Brest avec justement des plants… de fraises. Il trouva dans la presqu'île de Plougastel un climat qui lui sembla propice à la culture de la plante marcotte. C'est donc là, à quelques lieux de Brest que vinrent se fixer et prospérer les premières fraises d'Europe. Mais où sont donc passées les « petites de Plougastel », les « marguerite le breton » mais aussi les « docteur morère », etc. Aujourd'hui, il ne reste que la gariguette, mais ça aurait pu être pire… et puis la « général de gaulle » qui est toujours cultivée par quelques tenants de la tradition fraisicole ! Un conseil : ne jamais mettre les fraises au froid, elles perdent leur parfum !

▶ **L'oignon rosé de Roscoff et les Johnnies.** N'ayons pas peur des mots, c'est un oignon haut de gamme ! Originaire du Portugal, l'oignon rosé fut introduit en France par un moine capucin au milieu du XVIIᵉ siècle. Savoureux, sucré et fondant, il est considéré actuellement comme un légume à part entière grâce à ses propriétés gustatives et nutritives élevées. Cultivé à la manière traditionnelle par une centaine de producteurs sur une petite centaine d'hectares entre Morlaix et

Kerlouan (nord Finistère) ce joyau est ramassé exclusivement à la main entre juillet et août. L'attribution de l'AOC, qui récompense son excellence, lui a été décerné en 2009… Le tout premier des Johnnies se nommait Henri Olivier, c'est lui qui eut l'idée de vendre directement aux Anglais les beaux oignons de Roscoff. C'était en 1828, et le moins que l'on puisse dire c'est qu'il fit des émules ! Accompagné de quatre amis, il affrète une gabare pour Plymouth. En moins d'une semaine, retour dans la cité corsaire, le chargement est entièrement vendu. Les dés sont jetés et les Johnnies nés. Juste après le pardon de sainte Anne, le troisième dimanche de juillet, ils traversent la mer par centaine et sillonnent la Grande-Bretagne, de la Cornouaille à l'Ecosse, à pied, puis à bicyclette par tous les temps jusqu'en 1939, date de déclaration de la Seconde Guerre mondiale. L'activité ne reprendra que neuf ans plus tard. Aujourd'hui ils sont une quinzaine à perpétuer la tradition, mais c'est en voiture que s'effectue la tournée. Et ceux qui ne traversent plus vendent leurs oignons sur le marché de Roscoff pour le plus grand bonheur des gourmets, qu'ils soient Britanniques ou non ! La maison des Johnnies et de l'Oignon, c'est l'histoire de cette épopée qui est ici contée. Depuis août 2003, l'oignon rosé de Roscoff a même sa fête. La première édition connut un tel succès qu'elle fut pérennisée et dorénavant, le week-end qui suit le 15 août voit la ville s'animer d'un grand marché festif. Au programme, vente d'oignons, animations culinaires et musicales…

▶ **Le maïs.** « Mais que font-ils donc de tout ce maïs ? ». Cette question vient à l'esprit du voyageur lorsqu'il s'aventure en dehors des grands axes de circulation… Et encore, même sur ces voies-là sont souvent bordées d'étendues de maïs… Pourtant cette histoire entre Bretagne et maïs ne remonte pas à la nuit des temps, loin s'en faut ! Cela vient sans doute des origines tropicales de la plante, de son aversion pour le froid, de ses exigences en matière d'eau et de chaleur. Si pour l'eau, la Bretagne n'est pas si mal placée, pour la chaleur en revanche… Donc avant 1960, le maïs en Bretagne se faisait rare pour ne pas dire inexistant… L'affaire aurait pu en rester là, mais c'était sans compter avec le travail des chercheurs. En effet, ces derniers mirent au point des variétés hybrides pouvant prospérer sous les climats septentrionaux. La Bretagne peu à peu abandonna la culture de la betterave fourragère et délaissa ses prairies naturelles. Ce maïs que l'on rencontre à chaque détour de chemin est ici uniquement utilisé, après ensilage, pour l'alimentation animale, principalement des vaches laitières et dans une moindre mesure des porcs. En aucune façon, le maïs breton ne donnera pop-corn et autres céréales pour le petit déjeuner.

▶ **Le marron de Redon.** Il se récolte et se fête en octobre. De belle taille, ses qualités gustatives ont inspiré depuis fort longtemps les cuisiniers de la région. La Teillouse, appelée encore Foire aux marrons, est ici millénaire, c'est dire si Redon et marrons s'accordent comme larrons en foire… Le mois s'ouvre par le chapitre de la Confrérie du Marron, avec un défilé en centre-ville. Puis, pendant La Bogue, on profite de la Taverne aux marrons, d'expositions sur le châtaignier, de ventes de produits du terroir à base de châtaigne, entre dégustation, bolées de cidre et musiciens, le marron dans tous ses états… Le dernier week-end d'octobre, le Pays de Redon célèbre le fruit en deux évènements distincts. La foire aux marrons, dont la Teillouse qui se tient – provisoirement, jusqu'à la fin des travaux du théâtre municipal, prévue pour 2012 – au parc Anger, et La Bogue. Pendant cette journée du dimanche, le public peut assister à des concerts, danses, joutes contées, et à l'hilarante guerre des clochers du Pays de Redon. La Bogue d'Or récompense le dimanche soir les meilleurs musiciens et chanteurs. Manifestation transgénérationnelle, qui attire jeunes et anciens, La Bogue se caractérise par un esprit bon enfant, autour des nombreux stands de marrons grillés, le tout arrosé de bière à la châtaigne. Ce festival discret est à découvrir. Pendant un week-end, la petite ville prend une autre dimension, et accueille 30 000 visiteurs. Dont certains viennent chaque année de Paris, ou de Belgique ! A noter, pendant le mois d'octobre, une dizaine des meilleurs restaurateurs de la ville proposent un menu à la châtaigne… de l'apéro au dessert !

▶ **La pomme de terre.** Certes, présente sur tous les continents ou presque, la Bretagne, pour elle, est une terre d'élection. Arrivée au XVIIIᵉ siècle avant Parmentier, La Chalotais, procureur général au Parlement de Bretagne a beaucoup contribué à l'introduire sur la péninsule. Toutefois cette pomme de terre que l'on appelait patache en Ille-et-Vilaine, était encore inconnue en Morbihan gallo au début du XIXᵉ siècle et à Fougères, aux portes de Rennes, en 1825 on disait qu'elle transmettait le choléra. La réalité est aujourd'hui tout autre, la patate a gagné ses lettres de noblesse et on l'accommode de mille et une façons. On pourrait citer les pommes de terre à la mode de Bretagne, lard, ail, tomate cidre, ou encore avaloù douar frikez qui se déguste sur la côte de granit rose avec du lait ribot, et une dernière pour la route, m'amm Boulic, la purée Maïe Louise, qui se prépare avec des pommes de terre, evel just, mais également de l'ail, des oignons et des carottes. On se toque aisément d'elle.

▶ **La salicorne.** Dénommé par certains « le cornichon de la mer » en raison de son mode de préparation culinaire (macération dans du vinaigre), la salicorne est une plante dite halophile, c'est-à-dire qui se plaît dans un terrain salé Il ne faut donc pas être étonné de rencontrer cette plante charnue dans les vasières de bord de mer et à proximité des marais salants en Bretagne… Dénommée dans les anciens temps « bâton d'eau de mer » ou « eau de mer en bâton », les rameaux de cette plante, cylindriques et gorgés d'eau, donnent l'impression d'être articulés. Les salicornes sont cueillies jeunes, généralement au cours du mois de juillet, période durant laquelle elles arborent une teinte d'un vif vert.

▶ **Les tomates.** Originaire d'Amérique centrale, la tomate n'a pas été connue sur le territoire européen avant le XVIᵉ siècle, époque à laquelle elle fut importée du Pérou. Elle commence par s'implanter en Espagne et à Naples et sera considérée comme un produit vénéneux durant… trois siècles ! Le XVIIIᵉ siècle découvrant ses vertus, la met sur toutes les tables du sud du vieux continent. Le 14 juillet 1790, les Provençaux, premiers français à la consommer, montés à la capitale pour la fête de la Fédération nationale, ont apporté dans leurs bagages la belle, surnommée autrefois « pomme d'amour » ou « pomme d'or ». Succès fulgurant, les maraîchers des environs de Paris se mettent à la cultiver et les années passant, on la vit s'installer et prospérer dans toute la Bretagne. Cerise, cocktail, grappe, ronde, côtelée ou allongée, jaune, rouge, espèces anciennes à l'instar de la Cœur de Bœuf, de la Noire de Crimée voisinent avec des variétés nouvelles. En peu d'années et « grâce » aux cultures sous serres, la Bretagne est devenue la première région productrice de tomates de l'hexagone.

▶ **Le blé noir.** Originaire d'Asie, le blé noir, appelé aussi sarrasin, est cultivé en Bretagne depuis le XVIe siècle. Il est alors l'aliment de base du paysan breton qui le consomme sous différentes formes : crêpes, pain, far… Mais au XXe siècle, on remplace sa culture par celle du maïs, du colza et 80 % du marché français est alors issu de l'import. Il faut attendre les années 1970 pour le voir réapparaître, un peu confidentiellement il est vrai, dans la région. Il est naturellement « bio », car cette plante de pays pauvre se contente de très peu, ne nécessitant ni engrais, ni pesticide, ni conservateur et pas d'insecticide de stockage contrairement à son cousin chinois. Digeste, contenant sels minéraux et vitamines B, cet aliment reste assez pauvre en calories. Le blé noir breton a décidément des atouts intéressants…

▶ **La pomme.** La pomme fait partie intégrante de la culture culinaire en Bretagne. À couteau ou à cidre, le fruit est bien défendu par ses promoteurs locaux, et joue régulièrement le rôle de pomme de discorde entre Bretons et Normands, qui ont, soyons honnêtes, de nombreuses recettes communes. À commencer par le cidre, jus de pomme fermenté, que l'on peut également fabriquer à partir de poire (on parle alors de poiré). Distillé, le cidre donne de l'eau-de-vie (calva en Normandie, lambig ou goutte en Bretagne), qui peut se déguster pure, ou en mélange. On peut également y faire macérer des fruits avec un peu de sucre. Dans le Nord Ille-et-Vilaine, on mélange pomme et jus de pomme, dans une grande bassine, et on « ramaoge » toute la nuit, à l'occasion de veillées. On obtient alors, le lendemain, du pommé, à mi-chemin de la confiture et de la compote, brune et délicieuse. Un projet de conservatoire des fruitiers bretons est à l'étude, mené par l'association Les Mordus de la pomme, qui organise la fête de la pomme, à Quévert, en automne, et la foire aux greffons, en février.

Huiles, épices, condiments

▶ **Le Kari Gosse de Lorient.** Ce mélange d'épices est né au XVIIe siècle en même temps que la création de la Compagnie des Indes Orientales. Les navires revenaient alors au port chargés d'épices et d'exotisme, mais c'est à la fin du XIXe siècle qu'un pharmacien lorientais, M. Gosse, dépose un brevet pour un mélange d'épices de son invention… le célèbre Kari Gosse était né ! Depuis cette époque, le secret qui entoure cette géniale préparation culinaire reste complet. Seul l'arôme et la couleur de ce mélange d'épices permettent d'avancer que clous de girofle et curcuma rentrent dans sa composition. On utilise le Kari Gosse pour différentes préparations culinaires, et notamment les poissons et crustacés.

▶ **Le sel de Guérande.** Tendre, savoureux, odorant, le sel de Guérande est très prisé des gastronomes. 100 % naturel, non raffiné, non lavé et sans additif, le gros sel gris tire sa couleur de l'argile retirée à l'aide du « las » du fond du marais salant en même temps que le sel. Plus difficile à récolter « la fleur de sel », véritable caviar de la mer, cristallisant en surface, afin de récolter cette pellicule blanche au subtil parfum de violette, le paludier doit se livrer à un véritable écrémage.

Douceurs

La Bretagne n'avait pas la réputation d'être « Bec sucré », le repas se terminant généralement par une crêpe sucrée, un laitage, une bouillie d'avoine… ou quelque autre dessert plutôt roboratif que fin ! Et pourtant. Si on ne lui connaît pas de prestigieux desserts, la région possède quelques savoureux gâteaux qui fleurent bon le beurre salé.

▶ **Craquelin.** Son histoire remonterait au XVIe siècle. Là-dessus, tout le monde semble s'accorder. Par contre, sur son origine ça se gâte… Serait-il Malouin ? Dinannais ? Ou de Plumaudan ? Là est la question et le débat fait rage. Mais il se dit également qu'il serait arrivé en Bretagne dans les flancs des navires hollandais. En ces temps, on le conservait au sec dans des taies d'oreillers. On le nommait alors, échaudé, ou encore hostie d'éléphant. Sa fabrication ? Un secret dit-on, bien gardé ? Non pas tout à fait car cela ne tient qu'à quelques ingrédients, de l'eau bouillante, de la farine, bien entendu, des œufs, du lait pour faire bonne mesure et une espèce de meule de bois nommée le bris. Sans lui pas de craquelin possible, ni sans les proportions des ingrédients qui, elles, sont jalousement gardées. Ce biscuit léger, léger… léger, sans sucre, mais tartiné de beurre salé ou de confiture pour accompagner un thé, un café ou un chocolat, est unique !

▶ **Kouign-amann.** Ce mot en breton signifie gâteau au beurre… Rien de moins et lorsque l'on dit « au beurre » en Bretagne, la vue de l'esprit est assez éloignée ! En clair, il s'agit d'une pâte levée à laquelle on va incorporer du beurre, du beurre et encore du beurre mais salé et si possible fermier. Le beurre est très important, il faut donc être sourcilleux sur ses origines. Le kouign-amann trouve sa genèse à Douarnenez et c'est dans les cuisines familiales qu'il a vu le jour et non pas chez les pâtissiers et autres boulangers qui aujourd'hui exploitent la recette. Si l'on veut se lancer dans l'aventure de cet excellent gâteau, il faut 300 g de farine, de la levure de boulanger, 220 g de beurre salé, 200 g de sucre en poudre et une pincée de sel… Pour le reste, c'est le savoir-faire, le coup de patte en quelque sorte. Le kouign-amann fait à la maison ne ressemble pas toujours à celui du commerce, ce n'est d'ailleurs pas plus mal et on le déguste accompagné d'une belle de cidre ou après une balade sur le sentier des douaniers avec un bon thé.

▶ **Le riz au lait.** Il se vendait chez le boulanger à la louche et on l'appréciait particulièrement les jours de kermesse où il trouvait sa place près des crêpes et du cidre. La coutume voulait qu'il soit rosé, rose comme le ruban des jeunes filles. Voici la recette bretonne pour 20 ou 30 personnes ! Mettre dans une grande jatte en terre 9 litres de lait entier, 1 livre de riz rond, 1 livre de sucre, puis le placer dans le four du boulanger après la cuisson du pain jusqu'à complet refroidissement du four. Le riz est alors tendre, le lait transformé en une crème onctueuse et rosée et une belle croûte dorée recouvre le tout.

▶ **Et aussi…** Comment ne pas citer le far breton (aux pruneaux), les crêpes dentelles de Quimper, les galettes de Pont-Aven, les Traou-mad, la fouace et le gâteau du Pays nantais, le quatre-quarts, la crème d'avoine, les gavottes de Dinan…

Eaux minérales, boissons locales

L'eau en Bretagne est partout. Rus, ruisseaux, rivières, fleuves roulent un peu partout des flots généreux, mais les mauvaises langues affirment que l'eau en ce pays vient surtout du ciel ! A cela il est bon de répondre qu'il ne pleut pas plus ni plus souvent ici que par exemple au Pays basque… mais on sait ce que c'est… les idées reçues ont la vie dure ! En Bretagne, comme sur les contreforts du Massif central le granit est roi, les nappes phréatiques peu nombreuses et les eaux minérales quasi absentes… A peu près… mais pas tout à fait, à tout le moins pour ce pays qui nous occupe, la Bretagne. En effet voici bientôt 9 décennies que la source Sassay fut au centre d'une thèse de doctorat. En 1928, la source est reconnue « eau minérale naturelle » par le ministère de la Santé, puisée à 112 mètres de profondeur sur un site protégé de 96 hectares. Seule eau minérale de Bretagne, Plancoët produit 57 millions de bouteilles par an, garantie « zéro nitrate ». Sur la péninsule armoricaine, on la trouve partout, grandes et petites surfaces, établissements de restauration, en petites bouteilles dans les distributeurs automatiques… L'eau de Plancoët est membre de l'Association « Produit en Bretagne » et partenaire officiel de la fête internationale de la mer et des marins, la célèbre Biennale brestoise, du festival des Vieilles charrues à Carhaix… Depuis 2011, la marque tente une incursion sur les bonnes tables bretonnes en lançant sa version Fines bulles. Une seule eau minérale donc, mais des eaux de source, et certaines commercialisées à l'instar de celle des Montagnes noires, Isabelle et monts d'Arrée. Créée en 1970 cette petite société conditionne quelque 50 millions de bouteilles par an. A propos de sources, on trouve en Bretagne une multitude de fontaines, on les dit sacrées… Peut-être le sont-elles ? Mais l'essentiel est d'y croire n'est-ce pas ? Cependant, on sait que les Celtes vouaient un culte particulier à l'eau et tout particulièrement aux sources et aux fontaines. De nos jours si les vénérations à l'endroit des fontaines se sont quelque peu tempérées, il n'en demeure pas moins qu'ici où là on parle toujours d'une source aux vertus surnaturelles. Certaines étant sollicitées contre quelque affection, d'autres plus spécialisées dans la recherche de l'âme sœur… l'essentiel, c'est d'y croire… n'est-il pas ?

Alcools et spiritueux

Vins

« Mais il n'y a pas de vin en Bretagne » affirmeront péremptoirement certains… Sans doute sont-ils les mêmes que ceux qui nient l'appartenance de la Loire-Atlantique à la Bretagne… Les évidences sont parfois bien difficiles à admettre ! Mais, mais, la bataille est loin d'être perdue, puisque la justice a dernièrement donné raison au producteur de vin du pays nantais qui avait décidé de mettre l'appellation « vin breton » sur ses bouteilles ! En effet, la cour a tenu compte de l'histoire de l'appellation d'origine contrôlée (AOC) qui existe depuis 1936. A cette époque la Loire inférieure faisait partie de la Bretagne et le tribunal a donc estimé que, à l'époque, il n'était pas imaginable de penser que la Loire inférieure ne serait plus en Bretagne…

Bières, cidres

Le renouveau de la tradition brassicole

L'image de la Bretagne est traditionnellement associée, pour le meilleur et pour le pire, à celle du cidre ou du chouchen pour les plus connaisseurs et les initiés. Pourtant, la bière a eu aussi ses heures de gloire en Armorique. Le breuvage préféré d'Astérix et de son compère Obélix n'est-il pas précisément cette cervoise, nom d'origine celtique de la bière que seul le castillan moderne a conservé dans cervesa, la plupart des autres langues européennes, y compris le breton, lui préférant celui, germanique de « bière » ? La Bretagne connut une traversée du désert brassicole dans la période des trente glorieuses où gastronomie rimait avec quantitatif et productivisme. En 1955 l'entreprise rennaise Graf est rachetée par les Brasseries de la Meuse. C'est le glas sonne définitivement en 1980 à la fermeture de sa concurrente brestoise de Kerinou. Il a fallu toute l'opiniâtreté de deux jeunes Bretons formés en Ecosse pour relancer la tradition bretonne. Nous sommes en 1985. Jean-François Malgorn et Christian Blanchard mettent à profit des techniques apprises chez les cousins d'outre-Manche, pour créer, à Morlaix, la Brasserie des deux rivières qui ne tarde pas à commercialiser une ale (bière ambrée) naturelle, sans adjuvants chimiques et servie à la pompe (et non à la « pression »). Le succès est immédiat pour cette Coreff – nom de la bière en moyen breton – tant dans les bars du Trégor et du Léon, que dans les festoù-noz qui chaque samedi soir drainent une clientèle demandeuse de produits estampillés bretons et celtiques. L'exemple fait école. En 1990, c'est Bernard Lancelot – c'est son vrai nom ! – qui, en lisière de la forêt de Brocéliande, lance, avec succès la Cervoise, inspirée de la boisson emblématique des ancêtres Celtes : une bière d'orge sans houblon, mais parfumée avec du miel et un certain nombre de plantes aromatiques dont le maître brasseur garde le secret aussi jalousement que Panoramix celui de la potion magique.

Une explosion de micro-brasseries

Le la est donné. Dans la décennie qui suit, ce sont des dizaines de brasseries plus ou moins artisanales, de la micro-structure comme celle de Sainte-Colombe en Ille-et-Vilaine à la fabrique semi-industrielle Warenghem à Lannion, qui voient le jour sur fond de recherche de qualité et d'affirmation d'identité.

La bière à l'eau de mer

■ **BRASSERIE MOR BRAZ**
4, rue Ampère – THEIX
✆ **02 97 42 53 53**
http://morbraz.pagesperso-orange.fr
Tout à la fois douces et légèrement iodées, les bières de la brasserie Mor Braz ont ce petit parfum inimitable du terroir breton et du grand air marin. La brasserie se visite, avec dégustation à la clé de la Mor Braz (bière blonde légèrement ambrée dont le parfum évoque l'air de la mer sur un fond de pur malt) et de l'Océane (bière blonde légèrement maltée avec une pointe sucrée).

Sur fonds aussi de remise en cause de la standardisation et d'un prêt-à-boire qui a fait son temps. Les nouveaux brasseurs bretons rivalisent de créativité pour satisfaire des palais et des gosiers en recherche d'émotions. Si Lancelot, dans la foulée de la Cervoise, invente la Telenn Du (harpe noire), sa fameuse bière de blé noir à laquelle répond un peu plus tard la Hini Du (la noire), brassée dans les monts d'Arrée, la brasserie de Theix dans le Morbihan invente la Mor Braz, une bière très typée, brassée à l'eau de mer en grande partie désalinisée, mais conservant sa richesse en oligo-éléments. Bière « cidrée », bière « au chouchen », blonde, ambrée, brune, blanche ou rousse la production bretonne propose désormais à l'amateur une gamme digne des plus grands terroirs brassicoles. Le choix des noms et des étiquettes reflète des préoccupations culturelles et identitaires des producteurs comme des consommateurs. Britt, en référence à l'ancien nom de la Bretagne, dont l'étiquette

© INGRID – FOTOLIA

Cidre fermier

arbore un superbe macareux, oiseau emblématique de la côte de granite rose, Blanche hermine, en référence à l'héraldique ducale et à une chanson célèbre de Gilles Servat, Bonnets Rouges, qui fait allusion à l'insurrection de 1675, Duchesse Anne, en hommage à la dernière duchesse de Bretagne, bière de Samain, brassée lors de la nuit de Toussaint, qui, dans le monde celtique, inaugurait l'hiver et ouvrait l'année, bière de l'Ankou, ce personnage central de la Légende de la mort : on pourrait multiplier les exemples. Alliant identité et qualité, enracinement et recherche esthétisante dans leur présentation, généralement non pasteurisées, non filtrées, ou filtrées sur copeaux de hêtre, comme la Britt, les bières bretonnes séduisent un public de plus en plus nombreux.

Le cidre

On trouve d'autres AOC en Bretagne, notamment parmi les liquides ; le cidre de Cornouaille en est un fier représentant avec sa quinzaine de producteurs, fédérés au sein du Cidref. Il faut savoir que le cidre de Cornouaille est le premier en France à obtenir une AOC. Une véritable consécration pour un produit artisanal élaboré dans un souci de qualité et d'authenticité. Il y a cidre et cidre et les cidres industriels, même s'ils ont fait des progrès, n'ont jamais connu, au contraire des AOC, les fûts de chêne, et ils doivent leur effervescence à des ajouts en gaz carbonique. Non… le cidre n'était pas la boisson traditionnelle des anciens Celtes. Il n'est pas certain, d'ailleurs qu'ils l'aient connue. Les tadoù kozh* préféraient avant tout la cervoise, bière d'alors, l'incontournable chouchen et, bien entendu, le vin ! Le cidre jusqu'à la moitié du XVIIIe n'avait, en Bretagne, guère bonne presse ; on lui préférait le vin et de loin. Il faut dire que la vigne courait en Penthièvre, dans la presqu'île de Ruiz, à Sarzeau… Si dans le sud, la culture de la vigne subsista jusqu'à la fin du XIXe siècle, plus au nord, elle fut victime d'une mini-glaciation sous le règne de Louis XV. Et ce vin, une piquette ? Pas du tout à en croire les courriéristes du temps, ils étaient de fort belle tournure. Alors et le cidre… Hé bien, création à l'origine, des Basques, le cidre est arrivé en Bretagne par la Normandie voisine. Les terroirs à cidres les plus réputés en Bretagne sont, pour la Basse Bretagne, la Cornouaille sud avec notamment la région de Fouesnant. Dans ce terroir, on fabrique un cidre particulièrement apprécié. Non loin de là, vers Quimper une quinzaine de producteurs se sont

Sodas

Dans les années 1950, à Brest, on mettait en bouteilles un inoubliable nectar répondant au joli nom de « Verigoud ». On en trouvait à l'orange, au citron et certains se souviennent d'en avoir goûté à la mandarine. Ils pétillaient et leurs couleurs n'avaient pas grand-chose de naturel, mais qu'est ce qu'on les aimait ! Ils ont disparu en même temps que la Grande Brasserie de Kerinou et longtemps en Bretagne, de soda, il n'y en eut plus ! Mais voici qu'avec le troisième millénaire le soda est de retour en Bretagne… youpii.

▶ **Beuk Cola.** Un soda au nom évocateur puisque rot en breton se dit beuk ! Et c'est, tenez-vous bien, « le premier soda équitable ». Il est distribué dans les bars et cafés respectant une certaine éthique.

▶ **Breizh Cola.** L'autre cola breton vient lui du Morbihan, il est l'œuvre de la société Phare Ouest. Lancé en avril 2002, le Breizh Cola plaît puisque dès sa première année de commercialisation, 500 000 bouteilles ont été vendues.

fédérés en une association, le Cidref ; cette dernière, en quelque sorte un label de qualité, garantit l'excellence des cidres produits. Pour la Haute Bretagne, la région de Dol, les vallées de l'Arguenon et de la Rance, Pleudihen, SaintPierre de Plesguen, Messac et Domagné composent chacun dans un registre différent, des cidres pétillants et gouleyants à souhait. A Trans, la « tiretaine » était une boisson moitié cidre, moitié poiré, et à propos de poirés, il faut évoquer ceux de Cancale et sa région. Sec ou doux ? C'est selon les assemblages et les mariages de pommes… Champagnisés ou non ? C'est une question de goût, cependant les puristes, eux, ne jurent que par un cidre sec et pas nécessairement ultra-pétillant. Sauf, bien entendu, lorsqu'il s'agit de pétillance naturelle, bien supérieure au goût, à la gazéification par adjonction de gaz carbonique ajouté à des breuvages dont on a stoppé la fermentation, par le biais de la pasteurisation. Le cidre du Terroir, de Lizio, en bio ou en « tradition » est à ce titre un cidre de très bonne qualité. Partenaire désormais du Festival Interceltique, il a détrôné le Dagan cider, à l'étiquette évocatrice des anciens Celtes. Le Morbihan peut aussi s'enorgueillir du Guillevic, le seul label rouge de Bretagne, une véritable « Rolls » des cidres, produit en petite quantité, que les connaisseurs qualifient de champagne breton. Un cidre mono-variétal ayant toute la typicité des cidres vannetais, avec une robe dorée, une agréable acidité et une absence d'amertume. Hier encore boisson familiale fabriquée le plus clair du temps à la ferme, néanmoins, dans les villes de Bretagne, il existait des « cafés-cidre » et l'on s'y rendait pour boire une « moque » autrement dit une bolée.

*grands-pères

Pommeau de Bretagne

L'histoire du Pommeau de Bretagne est intimement liée au savoir-vivre et au savoir faire breton. Au début était la pomme, puisque, mais est-il besoin de le rappeler, le pommier est indissociable du paysage breton. A la saison des récoltes, les jus de pommes à cidre les plus fruités étaient mêlés à l'eau-de-vie de cidre, le fameux lambig breton, une opération nommée mutage. Le mutage, permettant de conserver tout au long de l'année les saveurs des jus de pomme, était un secret bien gardé au sein des fermes familiales, une recette ignorée de la réglementation. Mais Alléluia, en 1973 la divine boisson est autorisée à la vente ! Elle obtient même en 1997 la suprême récompense l'AOC. Seulement, il ne s'agit pas d'élaborer le Pommeau de Bretagne à partir de la première pomme venue ! Ah mais non ! Sur les 325 variétés de pommes recensées depuis le XIXe siècle, seuls quelques fleurons, issus de vergers sélectionnés se trouvant sur des zones côtières à sous-sol à dominante granitique et schisteuse, peuvent prétendre aux épousailles avec le Lambig ! Et encore faut-il que ces zones côtières soient constituées de bas plateaux coupés par de nombreuses vallées offrant des pentes saines et ensoleillées ! Et oui l'excellence se mérite… Veilli en fût de chêne pendant au moins 14 mois, le Pommeau développe alors une palette aromatique très riche, variant selon le terroir, les tanins, son âge. Brillant, limpide, de belle couleur ambrée, cet apéritif régional par excellence se sert à température de 8 °C à 10 °C, laissant alors apprécier sa rondeur, son authenticité et ses arômes subtils. Et s'il accompagne à merveille les desserts, il a toute sa place auprès du foie gras, d'huîtres et au cœur du melon. Sans compter qu'il se prête à de nombreuses recettes…

Alcools, eaux de vie et liqueurs

Le chouchen, la boisson des Dieux

On dit que les anciens Celtes s'en gobergeaient, et la buvaient dans le crâne de leurs ennemis… Aujourd'hui, on le prend surtout en apéritif, mais beaucoup le dégustent à toute heure. Attention… avec modération, car ça tape dans les 18 degrés et l'on affirme que si on en abuse, on tombe à la renverse… Légende venant sans doute du fait que le miel contenait autrefois quelques dards chargés de venin, laissés que par mégarde dans la préparation. Mais au juste qu'est que le chouchen ? La question est bonne et mérite une réponse. Le chouchen est donc une fermentation de miel en présence d'eau et de levure de pomme ou de vin. Cette fermentation prend de 2 à 6 mois. On en trouve des pétillants, des secs, des moelleux, des demi-secs et un vinaigre. En Bretagne gallèsante, on parle plus volontiers de chamillard.

Lambig – Fine Bretagne

C'est en quelque sorte notre « Calvados » ! Et l'on peut affirmer sans barguigner, qu'en Bretagne les eaux-de-vie sont de belle qualité… Il en existait même une à Rhuys particulièrement renommée ! Mais aujourd'hui, elle est introuvable. C'est en Cornouaille que l'eau de vie de cidre est appelée Lambig ; obtenu par la distillation du cidre produit localement selon des recettes ancestrales, vieilli en fût de chêne 5 à 10 ans, le Lambig offre une robe légèrement ambrée et un nez délicieusement parfumé de fruits. Il s'apprécie en digestif, et accompagne judicieusement les sorbets, mais trouve aussi toute sa place dans la cuisine où il parfume les sauces, les soupes de poissons, sans oublier le flambage. Et puis sacrifier en Pays de Rennes au « mic », au « micamo » en Penthièvre et en Trégor, et à d'autres expressions tout aussi délicieuses dans les divers pays de Bretagne et qui recouvrent une même réalité : mélanger le Lambig au café !

Whiskies

« … Et s'il est un symbole de la celtitude de l'âme aussi envoûtant que les sons cristallins de la harpe, aussi puissant que les tonitruances des cornemuses, c'est bien le whisky, ce nectar à la robe aussi cuivrée que le meilleur alambic et dont le nom est directement issu du gaëlique Uisge Beatha, qui signifie tout simplement… eaux-de-vie ! ».
Thierry Jigourel, *Le Bonheur est en Bretagne*, 2007, Editions C.P.E.

Sports et loisirs

Activités de plein air

Randonnées pédestres

Peu de régions offrent autant de sites remarquables pour la balade et la randonnée. C'est sûr, les plus beaux sites de Bretagne se découvrent à pied.
▶ **Le sentier des douaniers.** Le fameux GR34, qui fait le tour de la région, est connu sous le nom de sentier des douaniers. Ce sentier aux embruns salés était voici plus de deux siècles arpenté par les gabelous qui, malgré leur sobriquet, ne pourchassaient plus depuis longtemps les trafiquants de sel. Non ! Ici, sur les quelque 1 500 km de chemins surplombant les côtes du Mont-Saint-Michel à l'embouchure de la Loire, ils épiaient, observaient, traquaient le contrebandier, qui à la faveur de la nuit venait décharger des marchandises acquises outre-Manche. C'en était insupportable pour le pouvoir central ! Alors nos douaniers nuit et jour surveillaient le large, ouvrant l'œil et le bon sur tous les mouvements de navires. Ils avaient tout bout de côte qu'ils arpentaient chaque jour sans relâche et aux confins une petite maison… Les gabelous ont disparu du paysage, leur maison pour la plupart aussi mais les sentiers sont toujours là. Ils faillirent cependant bien, il y a une trentaine d'années, périr sous la végétation, mais l'action conjuguée d'associations locales, de randonneurs et du Conservatoire du littoral leur ont permis de connaître une nouvelle vie. Partant du Mont-Saint-Michel vers l'extrême ouest, là où la mer devient océan, côtoyant les ruines magnifiques de la pointe Saint-Mathieu, les paysages se succèdent : marais, dunes, landes, falaises abruptes où nichent espèces communes et sauvegardées ; au large, îles et îlots scandent les marches premières d'un continent prétendument vieux. Ainsi va le GR34 de la pointe du Grouin à Saint-Brévin-les-Pins.
▶ **De Nantes à Brest par le chemin de halage.** 360 km baignés d'eau et de silence. Créé pour que le batelier puisse tirer sa péniche, parfois à épaule d'hommes mais le plus souvent à l'aide de chevaux, le chemin de halage est devenu un sentier de randonnée.

Randonnées à cheval et à dos d'âne

De tout temps, la Bretagne a été un pays de chevaux. Mais les chevaux originaux des Bretons n'ont que peu de points communs avec les « géants » connus aujourd'hui, qu'ils soient fins et élancés comme ces descendants de pur-sang arabes ramenés des croisades au Moyen Age ou massifs et musculeux comme ces énormes chevaux de traits que l'on peut voir encore former un couple jadis indissociable avec le paysan léonard entre les rangs de choux-fleurs et d'artichauts du pays de Saint-Pol Aurélien. Le véritable autochtone de la presqu'île armoricaine est le bidet. Un « nain » qui mesurait environ 1,40 m au garrot, mais qui inscrivit sa légende en lettres dorées dans l'Histoire de Bretagne. Cousin proche du double poney fjord norvégien à la jolie robe isabelle, cousin encore à la mode de Celtie, du poney des Shetlands, le bidet breton était directement issu de ces petits chevaux celtiques que l'on attelait à des chars parce qu'ils étaient bien minuscules pour porter des hommes de la taille de Vercingétorix et de ses congénères. Modèle de nervosité, de rapidité et de résistance, c'est lui qui permit aux Bretons de développer une stratégie proche de celle des peuples des steppes, faite d'assauts furieux et de replis rapides, associées à une parfaite maîtrise des armes de jet. Il avait la particularité d'aller à amble, c'est-à-dire en avançant simultanément les deux membres d'un même côté, comme les dromadaires. Robuste, peu exigeant et polyvalent dans son travail, c'était un trésor choyé par le paysan breton, mais mal considéré par l'administration française qui s'acharna dès le XVIII° siècle à le faire disparaître. Il faut croire que la grande guerre de la République fut plus efficace que les haras du roi, car le bidet qui avait tant bien que mal survécu jusqu'au début du siècle disparut dans les tranchées de Verdun ou de la Somme. Un holocauste qui fut fatal à plus de 50 000 individus ! L'attachant bidet breton a aujourd'hui disparu, mais il possède en le trait breton et son cousin le postier breton, deux descendants en ligne directe, bien que mâtiné pour le premier d'Ardennais et pour l'autre de jument Norfolk. Si l'on est amateur de la plus belle conquête de l'homme, une visite aux haras de Lamballe ou à ceux d'Hennebont s'impose. Les cavaliers disposent eux de 2 000 km de promenade, des sentiers balisés « l'Equi Breizh », en bord de mer, à la campagne et dans les montagnes. Il existe de très nombreux centres en Bretagne qui proposent stages et randonnées, quels que soient son niveau et son âge, et pourquoi pas la découverte en 7 jours de la côte nord-est par le sentier des douaniers, de Plérin, près de Saint-Brieuc, jusqu'au Mont-Saint-Michel, en passant par les éblouissants paysages du cap Fréhel. Préférerait-on le mysticisme de la Bretagne centrale, il faut alors chevaucher le long de l'Aulne, découvrir les richesses du patrimoine architectural, tout en se régalant les yeux des étonnants paysages se découpant dans les crêtes des vieilles montagnes bretonnes. Les légendes du roi Morvan accompagnent pendant 5 jours les cavaliers partis sur les pas de la rocambolesque Marion du Faoüet, quant aux amoureux des îles du bout du monde, c'est à dos de connemara qu'ils s'en iront sur la plus occidentale factionnaire du Vieux Continent d'entre elles, Ouessant l'île haute. Là, du Stiff (le nom port de cette île sans havre), le cavalier au hasard des pas de sa monture découvrira Kermein, Lampaul, le phare du Créac'h... Un milieu, un espace à couper le souffle !

Balades à vélo, cyclotourisme et VTT

Les inconditionnels de la petite reine, qu'ils soient vététistes ou plus classiquement cyclotouristes, iront à la découverte du Guerlédan, à moins que ce ne soit de la baie du Mont-Saint-Michel ou de la bucolique vallée du Blavet ; ou découvrir au guidon de leurs drôles de machines, les singulières harmonies du mariage de la mer et des hauteurs du Menez Hom, emprunter l'ancienne voie ferrée qui menait les voyageurs de Rosporden au centre Bretagne, pédaler en douceur le long des 53 km de voies vertes de Questembert à Mauron, ce sont des centaines de kilomètres de pistes balisées ou de chemins interdits à la circulation automobile qui s'offrent à eux.

Tourisme fluvial

▶ **Canal de Nantes à Brest,** la voie royale, canal d'Ille et Rance, la Vilaine, le Blavet, la Rance..., rivières, canaux, quel plaisir de naviguer au gré des libellules ! Une autre manière de découvrir la Bretagne, que l'on soit navigateur chevronné ou néophyte, cette navigation toute de douceur s'adresse à tous. Pays maritime, la Bretagne possède également une magnifique voie d'eau. Elle serpente de Nantes à Brest et se nomme comme par enchantement « canal de Nantes à Brest ». Ce canal fut décidé par Napoléon Ier. Celui-ci, en ce début du XIX° siècle, connaissait les soucis que l'on sait avec la voisine et non moins perfide Albion, et Brest était un port bien vulnérable. Pour déjouer d'éventuels et funestes projets anglais sur le port du Ponant, Napoléon eut l'idée de le relier par les terres à son homologue marchand de Nantes. Le projet était terriblement ambitieux et devait mettre en œuvre des moyens colossaux. Tant et si bien, si l'on peut dire, que le canal ne fut mis en eau qu'avec la monarchie de Juillet... Presque quatre décennies plus tard ! Si depuis bien longtemps on ne peut plus relier Nantes à Brest par la voie fluviale, par contre le canal offre ses 360 km de chemin de halage à la promenade et à la randonnée. Écluses, hameaux, villages, le long de ce chemin où hier ahanaient les chevaux remorquant les péniches qui reliaient Redon à Carhaix, les splendeurs de la Bretagne intérieure, chapelles, forteresses oubliées, paysages d'une beauté farouche se dévoilent.

Golf de Belle-Ile-en-Mer

Char à voile

Pour être tout à fait exhaustif, notons enfin que les adeptes du char à voile, du speed-sail ou encore du char à cerf-volant, trouveront sur les longues plages de sable fin, les lieux idéaux pour s'enivrer de vitesse au naturel.

▶ **Navigation maritime.** Au risque d'en étonner plus d'un... on peut affirmer que les Bretons ne sont pas des marins ! Les Bretons, enfin ceux du littoral, sont confrontés à la mer... et lorsqu'on vit dans un pays qui est en fait un promontoire maritime, on devient... marin. Même si parfois cela est à son corps défendant. La mer en Bretagne n'est pas une amie et il était rare que l'on s'embarque par amour des grands espaces marins. D'ailleurs peu de marins bretons savaient nager... Les choses ont bien changé, la mer qui représentait danger et malheur, et on se gardera bien de rompre le silence sur les conditions de vie à bord des navires, cette mer et cet océan sont devenus au fil des ans, la société des loisirs aidant, un espace ludique. Mais naviguer le long des côtes bretonnes, les découvrir dans leur sauvage beauté, mouiller dans de superbes petites criques, vivre l'ambiance des ports, pour tous les amoureux du bateau, c'est le bonheur ! La voile grande, petite, les planches avec ou sans... voile envahissent les franges marines de Bretagne qui est aujourd'hui un des paradis du nautisme.

Plongée sous-marine

Les zones de plongée, qui dans leurs tréfonds abritent les trésors de la faune et de la flore sous-marines ainsi que des épaves, sauront dévoiler leurs secrets aux passionnés de plongée. Mais attention, impossible de se lancer sans formation, sa pratique requiert des conditions de sécurité irréprochables.

Golf

31 greens en Bretagne situés en bord de mer, en bordure de forêts, de collines, au pied d'un château... Sites superbes, toujours. Diversité de l'environnement et des installations pour répondre aux attentes des pratiquants. D'année en année, le golf breton confirme son développement aussi bien sportif que touristique.

Chasse, pêche et nature

Pêche

Que l'on ne s'y trompe pas, ici c'est bien de pêche amateur qu'il s'agit. La pêche à la ligne le long des nombreuses rivières et fleuves côtiers bretons, au bord des lacs ou des estuaires... mais également en mer, au lancer à la côte et bien entendu à pied lors des grandes marées, la pêche trouve ici des conditions quasi exceptionnelles à sa pratique. Les Bretons, bien qu'ayant un impressionnant potentiel de pêche en eau douce, pêchent essentiellement en mer. Longtemps, les pêcheurs en eau douce étaient considérés comme des êtres étranges. On ne les rencontrait guère que dans la Bretagne centrale « ce fameux Kreiz Breizh », le long de l'Aune ou de l'Hyères remontant avec leur équipage le fil de l'onde. Ils traquaient la truite ou à la saison, le saumon, pour la plupart se désintéressant des autres espèces... Puis les brassages humains aidant, on vit de plus en plus de Bretons s'adonner aux joies de la pêche au coup, aux vifs, aux flotteurs... Cependant pour être tout à fait exact, il est bon de préciser que la tradition de la pêche à la mouche a toujours été vivace en Bretagne, principalement dans le Goélo ; il n'en demeure pas moins que cette pratique était loin d'être répandue dans la péninsule. Aujourd'hui qu'attrape-t-on dans les cours d'eau bretons ? De tout ou presque ; truites fario, truites arc-en-ciel, saumons évidemment, brochets, sandres, brèmes, gardons et même écrevisses à pattes blanches dans le Blavet... Et l'océan ? 2 000 km de côtes au bas mot pour traquer le bar, le mulet, le lieu ou la dorade, sans parler des grandes marées qui mettent à portée de crocs, de haveneau ou tout simplement du bon couteau de poche, araignées, tourteaux, palourdes et couteaux, bouquets ou crevettes grises. Depuis une ordonnance de 1681, la pêche en mer est libre de jour comme de nuit... Mais pour autant le pêcheur occasionnel n'est pas libre de contraintes, bien naturelles par ailleurs, respect des tailles minimales de capture, respect des lieux – attention à ces cailloux que l'on retourne – respect également des gens, on ne peut en effet pas pêcher n'importe où...

Sports à sensation

Sports de glisse

▶ **Voile.** La voile avec des écoles de croisière et de plaisance situées un peu partout, de Saint-Malo à Pornic, permet aux amoureux des grands largues d'éprouver de saines sensations. Veut-on s'initier à la navigation hauturière ? Le Sud Bretagne et son école de croisière « Skipper de Bretagne » proposent tout un programme de stages embarqués. Ces stages se déroulent sur Sun Fast 32. Une dizaine de jours sur ce voilier transforme le néophyte en vrai loup de mer... par temps de curé peut-être, mais il faut tout de même le faire ? Il se développe depuis quelques années des « villages mer », et on en rencontre à Camaret-sur-Mer, au Conquet, sur l'île de Batz... Ils proposent un vaste choix de loisirs nautiques... sortie en catamaran, initiation au kayak de mer, pêche en mer sous la conduite de Fañch, un ancien marin-pêcheur qui transmettra son savoir-faire. Et puis bien sûr la mythique école de Glénan, celle qui fera de chacun un marin chevronné… ou presque ! Et depuis octobre 2002, le cours des Glénan est en librairie, livre de référence de tous les passionnés de la mer (6 éditions à ce jour). Les novices loueront un bateau et son skipper, des stages d'initiation permettent de partir en croisière avec un professionnel, tout est possible quelles que soient ses attentes et le niveau que l'on souhaite atteindre.

▶ **Planche à voile – surf.** Du canoë à la planche à voile, il n'y a qu'une brise à prendre. Les débutants trouveront à leur disposition des structures de formation sur à peu près tout le littoral. Souvent, ces centres nautiques proposent aux connaisseurs, comme aux amateurs, des stages de perfectionnement ou de découverte. Les plus capés s'en iront à coup sûr vers la Torche, que d'aucun nomme la Rome du funboard. Les surfeurs débutants ou confirmés et autres bobyboardeurs, leur planche en bandoulière, se dirigeront vers Crozon, ou la plage du Minou tout près de Brest, les côtes de cette Bretagne, du nord au sud, leur permettant d'assouvir leur passion en toute saison. Variante du surf, le kite-surf, réunit les sensations du kite (cerf-volant) et du surf, le premier tractant le second. Son essor au fil des années s'affirme et devrait s'affirmer de plus en plus.

Sports d'eaux-vives

▶ **Les adeptes de la grande bleue auront certainement à cœur de découvrir le littoral breton.** Ne sont-ils pas des navigateurs émérites ? Que cela ne soit surtout pas un frein à leur désir de slalomer entre îlots et rochers : 15 points kayak mer sont à leur disposition pour une initiation à cette embarcation maniable. Une demi-journée tout au plus fera du plus néophyte un marin chevronné… ou presque ! Les autres, ceux pour qui navigation ne peut rimer qu'avec cours d'eau, iront vers les points kayac nature ; tout comme leurs homologues maritimes, ils proposent des prestations individualisées de location, d'apprentissage pour le débutant qui, comme le plus aguerri, découvrira avec enchantement en descendant l'Oust, le'lh aux Pies. Plus à l'ouest, descendant le Scorff, qui sait si au milieu des loutres qui peuplent l'endroit n'apercevront-ils pas un ou plusieurs ours, à moins que ceux-ci ne soient partis la guitare sur l'épaule se produire sur quelque scène internationale…

Bien-être et remise en forme

Thalassothérapie

Les vertus de la mer sont connues depuis la nuit des temps. Le philosophe grec Euripide n'écrivait-il pas déjà que « la mer lave tous les maux ». Les Romains, amateurs d'eaux douces ou d'eaux salées pratiquaient déjà une thalassothérapie plus ou moins intuitive. Et au IXe siècle encore, Nominoé, le premier roi des Bretons apaisait ses douleurs en se roulant dans les boues tièdes de la Laïta. Mais comme pour les connaissances géographiques, un certain Moyen Age chrétien mit une chape de plomb sur ces soins du corps considérés comme séditieux et si peu convenables. Il fallut attendre le XVIIIe siècle pour voir réapparaître une thalassothérapie cette fois explicitée plus ou moins scientifiquement. « Il faut boire de l'eau de mer, il faut s'y baigner et manger toutes autres choses marines où sa vertu s'est concentrée » affirmait en 1750 le Docteur Richard Russel. En 1849, les établissements de bains de mer sont assimilés très officiellement aux centres thermaux, l'eau de mer se voyant *ipso facto* reconnaître une minéralisation supérieure à celle des eaux douces. De fait, elle présente une concentration en oligo-éléments ou sels minéraux quatre fois plus importante que le corps humain ! Mais c'est le Docteur Louis Bagot, un médecin de la marine né à Broons dans les Côtes-du-Nord, qui va systématiser et rationaliser la thalassothérapie moderne. C'est lui qui, le premier, propose à ses patients atteints de douleurs articulaires, des bains d'une vingtaine de minutes dans de l'eau de mer puisée dans l'anse voisine du Laber, puis portée à la température du corps humain. Une technique qui permet une absorption dix fois plus rapide des ions par l'organisme qu'un bain à température ambiante ! Il généralise encore l'usage thérapeutique des algues dont un kilo contient l'équivalent en iode de quelque 10 000 litres d'eau de mer. C'est pourtant au début des années 1960 que la thalassothérapie va prendre un réel essor. Le Breton Louison Bobet, triple vainqueur du Tour de France, menacé d'amputation après un grave accident… d'automobile suit avec succès une rééducation à Roscoff. A sa sortie, il inaugure à Quiberon un établissement qui jouit rapidement d'une grande réputation auprès des sportifs, et qui ouvre ses portes à une thalassothérapie « touristique ».

DÉCOUVERTE

Dans un siècle où les maladies dites de « civilisation » font des ravages parmi la population, la thalassothérapie est considérée comme une médecine douce, régénératrice et sans dangers secondaires. Dès lors, elle connaît une véritable explosion sur les côtes bretonnes dans les quatre dernières décennies du siècle dernier. De Saint-Malo à Pornic, en passant par Perros-Guirec, ce ne sont pas moins de quinze centres de « thalasso » qui y voient le jour en un peu plus de trente ans, soit 15 % du total mondial !

Festivals et manifestations

Côtes-d'Armor

Expositions

■ **EXPEAUX – LES ARAPATES**
Salle Polyvalente – Route de Guéméné
MELLIONNEC
Annuel. Dernier dimanche d'octobre ou premier dimanche de novembre. Entrée libre.
Voilà une des curiosités les plus déconcertantes à laquelle il vous sera donné d'assister ou de participer. Menée de main de maître par les sémillants membres des Arapates, chaque exposition annuelle a pour sujet un animal différent, ce qui a donné par le passé une « expeau de vache » ou une « expeau d'âne ». La bête ainsi élue dans l'année, a droit à des gravures sculptures ou peintures, mais aussi à une performance d'artiste, comme celle du fameux Mimi Labeyrie l'année passée. Celle-ci est accompagnée par la musique décoiffante de la contrebassiste de jazz Hélène Labarrière ou par un étrance concert de banjo de Jacques-Yves Réhault et toujours quelques chansons d'Anes et d'Ours par Gigi Bourdin et son compère Laurent Jouin. A la fin de la fête une grande vente aux enchères d'objet divers clôt cette manifestation culturelle à haute teneur en humour décalé.

■ **EXPOSITION KIZELLAN- UN BOURG À SCULPTER**
MELLIONNEC
contact@kizellan.fr
Du 14 septembre au 11 novembre 2013. Accès libre.
Mais oui, incroyable, la Bretagne est pleine de ressources et chapeaux ronds et biniou ne sont pas contradictoires avec la modernité. Il y a longtemps déjà que la très dynamique association Kizellan suscite la participation de nombreux plasticiens, qui placent tous les deux ans leurs sculptures monumentales dans les espaces du bourg les plus inattendus. Drainant un flux ininterrompu de visiteurs, cette manifestation est à coup sûr un des évènements majeurs du Centre Bretagne en matière d'art contemporain.

Manifestation culturelles – Festivals

■ **RENCONTRE INTERNATIONALE DE LA CLARINETTE POPULAIRE**
Association Paotred an Dreujenn Gaol
1, rue de Rostrenen
GLOMEL ✆ 02 96 29 69 26
Tous les deux ans, sur les 4 jours du week-end de l'Ascension en alternance avec les « Petites Clarinettes » le samedi du même week-end.
Au cours de cet évènement majeur, autrefois appelée Fête des Clarinettes, les spécialistes du Dreujenn Gaol (littéralement tronc de chou, appellation familière de la clarinette en breton) de la région mais aussi d'horizons plus lointains, se retrouvent à Poullaouen puis à Glomel, pour des moments festifs liés à cet instrument. Bien sûr, musique et danse sont au menu de ces quatre jours inoubliables et c'est la meilleure occasion pour ceux qui ne connaissent pas la culture bretonne, de constater sa vitalité. L'ambiance festive dont aucun participant ou spectateur n'est exclu, vous emportera dans un monde étrange dont vous aurez du mal à vous extraire.

■ **EXPEAUX – LES ARAPATES**
Salle Polyvalente
Route de Guéméné – MELLIONNEC
Voir page 72.

Finistère

Fêtes

■ **FESTIVAL DES FILETS BLEUS**
Parking de la Criée
CONCARNEAU ✆ 02 98 97 09 09
www.festivaldesfiletsbleus.fr
Du 14 au 18 août 2013.
Depuis 1905, la Bretagne sort ses plus beaux atours... Sonnez binious, bombardes, roulez tambours, la plus ancienne des fêtes bretonnes à caractère régionaliste est de retour ! Des spectacles, des animations sportives (jeux

bretons, démonstration et concours de lutte bretonne), des animations culturelles, des bagadoù et des cercles celtiques, des musiciens traditionnels de Bretagne, des concerts d'artistes celtiques, des créations celtiques bretonnes, des chants de marins, des découvertes de jeunes et futurs talents bretons. Et, temps fort du festival, l'élection de la Reine des Filets Bleus !

■ FÊTE DU 15 AOÛT
ILE-MOLÈNE
Comme dans toutes les communes du littoral finistérien, la fête du 15 août garde son importance et à Molène peut-être plus qu'ailleurs encore. C'est tout d'abord une fête religieuse en l'honneur de Notre-Dame-du-Bon-Retour et aux disparus en mer. La cérémonie se prolonge par une bénédiction de la mer et le dépôt de fleurs en mer. Molénais et touristes y assistent sur les quais. Dans le même temps, de nombreux bateaux quittent le port. La journée se poursuit avec de nombreuses animations et les fonds récoltés sont reversés à la S.N.S.M..

■ FESTIVAL KANN AL LOAR
14, rue Chanoine-Kerbrat
LANDERNEAU ℰ 02 98 30 30 45
www.kann-al-loar.com
Du 10 au 14 juillet 2013 (27e édition).
Comme toujours, la programmation du festival landernéen n'est annoncé qu'à partir de mars. Désormais présidé par Tangi Thomin, Kann Al Loar fera encore vibrer son public du 10 au 14 juillet 2013, à travers une programmation majoritairement tournée vers la musique bretonne et celtique. Mais les organisateurs continueront de s'ouvrir à d'autres musiques. Les animations seront concentrées autour du Family et le soir les concerts se dérouleront sous un grand chapiteau sur l'espace Kerbrat. Toutefois rassurons-nous, il y aura toujours autant de bruit à Landerneau.

■ FÊTE DES BRODEUSES
PONT-L'ABBÉ ℰ 02 98 82 37 99
www.fetedesbrodeuses.com
Du 11 au 15 juillet 2013.
En 2013, la fête des brodeuses fête ses 60 ans ! Cette grande fête familiale fait vivre et connaître la tradition du terroir bigouden et plus largement breton, avec une fenêtre ouverte sur des traditions plus lointaines. Musique, danse, bagadoù, cercles celtiques animent scènes et rues, se mêlant en un gigantesque final afin de rendre hommage à la Reine des Brodeuses. Quatre jours de fête qui animent les rues de Pont-l'Abbé.

■ MESSE-INFO
QUIMPER – www.messesinfo.catholique.fr
1er dimanche de juillet : pardon de Ty Mamm Doue à Quimper • 2e dimanche de juillet : petite Troménie à Locronan • 1er dimanche d'août : pardon de Notre-Dame-des-Naufrages à Plogoff • 15 Août : pardon de Notre-Dame de Rumengol à Rumengol • 1er dimanche après 15 Août : pardon chapelle Sainte-Anne à Lampaul-Guililiau • 15 Août : pardon de Notre-Dame-de-la-Joie à Penmarc'h • Dernier dimanche d'août : pardon de Sainte-Anne-La-Palud à Plonevez-Porzay • 1er week-end de septembre : pardon de Notre-Dame du Folgoët au Folgoët.

■ FÊTE DE L'OIGNON ROSE
Hôtel de Ville
ROSCOFF
ℰ 02 98 61 12 13
www.roscoff.fr
Du 24 au 25 août 2013.
Le temps d'un week-end du mois d'août, la cité roscovite célèbre ses fameux oignons rosés. Ce légume à la saveur si particulière et que l'on peut déguster cru, cuit, en tarte, en soupe, en omelette, en confit... est à la fête. Issu de l'agriculture biologique et traditionnelle, les producteurs le vendent en tresse ou en vrac. Entre les nombreuses dégustations : musiques, animations et danses sont proposées.

Expositions

■ LE QUARTIER SAINT-THOMAS
CAMARET-SUR-MER ℰ 02 98 27 93 60
D´avril à septembre (et toute l'année sur rendez-vous).
En 2013, 14 artistes vous invitent à découvrir leurs œuvres dans leur atelier ou galerie du quartier de Saint-Thomas, dénommé « Quartier des artistes ». D'avril à septembre (ou sur rendez-vous le reste de l'année), ils vous accueillent. Sans oublier le vernissage collectif qui a lieu chaque année le dernier dimanche du mois de juin. Un véritable moment convivial et festif. Qu'ils travaillent ou non sur place, ils vous feront découvrir leur univers artistique. Futé : toutes leurs coordonnées sont disponibles sur le site Internet de l'office de tourisme.

Foires – Salons

■ SALON DU LIVRE DE BRETAGNE
Espace Glenmor
Kerampuilh
CARHAIX-PLOUGUER ℰ 02 98 93 37 43
www.festivaldulivre-carhaix.org
Du 26 au 27 octobre 2013 (24e édition).
C'est le rendez-vous incontournable des éditeurs et des auteurs de Bretagne, une Bretagne qui, après l'Ile de France, est la deuxième région éditrice de l'hexagone ! Une centaine de maisons d'édition présentes, 300 auteurs et plus de 10 000 visiteurs attendus ! En 2013, le thème du salon est L'Europe, un thème générateur de nombreux débats et discussions avec auteurs, éditeurs, acteurs politiques...

Manifestations culturelles – Festivals

■ FESTIVAL PLACE AUX MÔMES
www.sensation-bretagne.com
« Place aux Mômes », ce sont des animations et des spectacles gratuits destinés au jeune public, dès 4-5 ans, et proposés dans une quinzaine de stations balnéaires bretonnes tout au long de l'été (Cancale, Dinard, Saint-Cast-Le-Guildo, Erquy, Binic, Saint-Quai-Portrieux, Perros-Guirec, Trébeurden, Carantec, Roscoff, Plouescat, Plougonvelin, Fouesnant Les Glénans, La Forêt-

Fouesnant, Névez, Arzon, Pénestin). Au programme : du théâtre, des acrobaties, du chant, des marionnettes, de la danse et de la musique. Une belle initiative de la part de la région !

■ **ASTROPOLIS – BREST**
BREST
© 02 98 43 37 74
© 02 98 44 24 96
www.astropolis.org
Du 15 au 17 août 2013.
Devenu un incontournable, il est le plus ancien festival de musiques électroniques hexagonal avec ses découvertes et ses sons vintages, techno, électro, hardcore, hip-hop, drum'n'bass... Tous ces genres se croisent ici pour le plus grand plaisir de la foultitude de fans venant de tous les horizons ! Musique et danse se propagent dans toute la ville pour des apéro-mix, des concerts dans des clubs, au port de commerce, à la Carène, au Cabaret Vauban, mais aussi au célèbre manoir de Kéroual ! Pour vous tenir au courant des dernières infos, le festival a un site, mais aussi un blog... et forcément un profil Facebook. Pour la deuxième année consécutive, Astropolis s'est décliné en version hivernale qui a eu lieu en janvier. Mais pas de panique : la séance de rattrapage a bien lieu en août !

■ **CHAMPIONNAT DES BAGADOU**
BREST
www.bodadeg-ar-sonerion.org
Ce concours organisé par l'Assemblée des sonneurs Bodadeg Ar Sonerion réunit des ensembles de musique traditionnelle bretonne. Chacun d'eux présente un programme de dix minutes.

■ **FESTIVAL EUROPEEN DU FILM COURT DE BREST**
Association Côte Ouest
BREST
© 02 98 44 03 94
www.filmcourt.fr
Du 12 au 17 novembre 2013 (28ᵉ édition).
Le festival du film court de Brest a déjà fêté son premier quart de siècle en 2010 ! Et le public, les professionnels ainsi que les artistes sont toujours au rendez-vous... C'est une manifestation attendue et appréciée et non le court-métrage n'est pas mort car il est défendu avec vigueur à Brest ! Les courts-métrages sont projetés dans plusieurs endroits notamment dans la salle de spectacles du Quartz et au cinéma Multiplexe. Pour le programme : compétition, Brest Off, ateliers, expos, rencontres... et tout un programmation pour les plus jeunes. Ne pas hésiter à consulter le site Internet pour plus d'infos...

■ **GOUEL AN ERER KOZH – KARAEZ/FESTIVAL « LES VIEILLES CHARRUES »**
CARHAIX-PLOUGUER
www.vieillescharrues.asso.fr
Du 18 au 21 juillet 2013 (22ᵉ édition).
A tout seigneur tout honneur, Gouel an Erer Kozh, plus connu dans l'Hexagone et en Europe sous son nom français de festival des Vieilles Charrues. 22 ans d'histoire avec à l'origine une idée de trois copains. Une plaisanterie presque, pour faire la pige en quelque

sorte aux fêtes estivales et côtières qui chaque année honorent, qui le chant de marins, qui les vieilles coques, qui les vieux gréements... d'où d'ailleurs son nom « Les vieilles charrues ». Badinage d'étudiants en quelque sorte et une volonté commune d'un petit groupe d'individus à refuser la mort lente qui semblait dévolue au Kreiz Breizh, ce centre Bretagne parent pauvre d'une région à vocation postmoderne, touristique et balnéaire, un petit groupe pour qui la notion de territoire revêt une importance majeure. Ce festival c'est désormais quatre jours insensés qui voient la population carhaisienne de 8 000 âmes accueillir le temps du festival en gros la ville de Brest encadré par plus de 5 000 bénévoles ! Encore de nombreux temps fort en 2013, comme Rammstein le 18 et Neil Young le 20 juillet... sans oublier « Les jeunes charrues », un tremplin extraordinaire pour les jeunes groupes.

■ **LE CHIEN JAUNE**
Association Le Chien Jaune
16, impasse Courbet – CONCARNEAU
© 06 64 93 69 07 / 09 81 60 66 84
www.lechienjaune.fr
Du 19 au 21 juillet 2013.
Le Chien Jaune est le titre d'un célèbre roman de Georges Simenon. Dans ce livre policier, la ville de Concarneau partage la vedette avec un récurrent chien... jaune ! L'association Le chien jaune, qui fête ses 20 ans en 2013, organise chaque été le Festival du polar de Concarneau avec la présence sur les quais de nombreux auteurs. Des lectures-performances, expositions, séances de cinéma... Le thème de l'édition 2013 est : « Polar et musique » avec un éclairage particulier sur les années 1960.

■ **FESTIVAL DU BOUT DU MONDE**
Boulevard de Pralognan
CROZON © 02 98 27 00 32
www.festivalduboutdumonde.com
Du 2 au 4 août 2013 (14ᵉ édition).
C'est dans la prairie de Landaoudec sur la presqu'île de Crozon, que le Festival du Bout du Monde, fidèle à lui-même et à ses ambitions premières, sera une nouvelle fois le carrefour des musiques métissées. Originalité, découverte, qualité, prise de risque artistique, accessibilité pour tous, des choix singuliers faits par Jacques Guérin, le créateur du festival, et sa société Quai Ouest. Évènement accueillant et chaleureux, tout est mis en œuvre afin de permettre à chacun, public ou artistes, de partager des moments d'émotion dans un esprit de convivialité. La programmation est toujours éclectique avec des artistes qui viennent des quatre coins de la planète. Avec 20 000 festivaliers par jour, le festival ne pousse pas les murs, pour conserver cette taille humaine plébiscitée par les festivaliers, l'équipe et les habitants de la presqu'île. Parmi les artistes de renommée internationale, sont d'ores et déjà attendus du 2 au 4 août 2013 : Joe Cocker, Jacques Higelin, Ray Lema & l'Orchestre Symphonique Universitaire de Brest, Cali, Manu Dibango & Soul Makossa Gang ft. Cheick Tidiane Seck, La Rue Kétanou, La Troba Kung-Fu, Niyaz, 77 Bombay Street, Ondatrópica, Taj Mahal, Yasmin Levy.

■ GOUEL AR FILMIOU – FESTIVAL DE CINÉMA DE DOUARNENEZ
13, rue Michel-Le-Nobletz
DOUARNENEZ ✆ **02 98 92 09 21**
www.festival-douarnenez.com
Du 23 au 31 août 2013 (36ᵉ édition).
C'est un festival de Cinéma pas comme les autres, qui part depuis 36 ans à la découverte d'un peuple différent. Il propose par le biais d'une sélection de films de favoriser une meilleure connaissance de sa culture. Débats, rencontres, conférences, concerts, espace livres, expositions, animations et jeune public, ateliers, village des associations… Les thèmes abordés mènent forcément aux échanges d'idées, « les p'tits déj » autour d'un café crêpes sont des moments privilégiés à partager avec les invités de la semaine – cinéastes, écrivains, politiques, universitaires… – loin des mondanités et du tapis rouge. Mais le festival, c'est également une vitrine de la création et de la production audiovisuelle en Bretagne : documentaires, fictions et films d'animation produits ou tournés en Bretagne et réalisés par des résidents en Bretagne ou non. De même, comme chaque année, des programmes d'archives inédites sont concoctés par la Cinémathèque de Bretagne et l'INA Atlantique. La programmation 2013 porte sur les Roms, Tsiganes et gens du voyage. Ne pas hésiter à consulter le site Internet du festival pour plus de précisions.

■ SALON INTERNATIONAL DU LIVRE INSULAIRE D'OUESSANT
OUESSANT ✆ **06 81 85 41 71**
www.livre-insulaire.fr
Du 16 au 20 août 2013 (14ᵉ édition).
Cet été, le Salon International du Livre Insulaire fêtera sa quinzième édition. C'est un appel au voyage dans cette contrée du bout du monde. Tous les ans, la programmation riche réserve de nombreuses surprises. Échanges avec des écrivains, lectures, conférences et discussions autour d'un café, expositions, dictées, concours. Pendant cinq jours, c'est une occasion originale de rencontrer des auteurs et des éditeurs venant du monde entier. Cette 14ᵉ édition, qui se déroulera cet été sur cinq jours seulement, sera marquée par un hommage au cinéaste et romancier Jean Epstein, décédé il y a 60 ans cette année.

■ MONDIAL FOLK
PLOZÉVET
✆ **02 98 91 45 45 – Fax : 02 98 91 44 33**
www.mondialfolk.org
Du 16 au 21 août 2013 (31ᵉ édition).
Chaque année au mois d'août, la petite commune du Finistère devient le carrefour du monde ! Environ 800 artistes représentant une dizaine de pays des 5 continents s'y donnent rendez-vous, tout comme près de 30 000 visiteurs… Musiques et danses du monde avec des groupes venus d'Asie, Amérique du Sud ou Afrique qui côtoient bagadoùs et cercles celtiques dans une fête sans frontières au cours de laquelle nous sommes « tous différents, tous égaux ».

■ GOUELIOU MEUR KERNE – KEMPER/ FESTIVAL DE CORNOUAILLE
5 bis, rue de Kerfeunteun
QUIMPER

✆ **02 98 55 53 53 – Fax : 02 98 55 35 60**
www.festival-cornouaille.com
Du 23 au 28 juillet 2013 (90ᵉ édition).
90 ans de culture bretonne vivante ! Créée en 1923 par Louis Le Bourhis, le festival de Cornouaille est l'une des plus anciennes manifestations de Bretagne. Jouant sur le registre des « arts et des traditions populaires », dans un ton assez différent de celui de Lorient et dans un registre plus familial, il est aussi l'un des plus attachants. Il conjugue avec un bonheur certain identité bretonne et ouverture au monde. Du parvis de la cathédrale au pied du Mont Frugy, des rues du vieux Quimper au quai de l'Odet, 6 jours dédiés à la fête, à la musique, à la danse, à la convivialité, aux rencontres, à la découverte. Grand défilé des cercles et bagadoù, concerts apéros et cabarets de l'espace Evêché, quais de l'Odet en fête, festoù-noz gratuits de la place Saint-Corentin, concerts de l'espace Gradlon, les concours, les stages, la Reine de Cornouaille… La culture bretonne dans tous ses états et tous ses éclats !

■ LES SEMAINES MUSICALES DE QUIMPER
Esplanade François-Mitterrand
Théâtre de Cornouaille
QUIMPER ✆ **02 98 95 32 43**
www.semaines-musicales-quimper.org
Du 6 au 22 août 2013 (35ᵉ édition).
Éclectisme, émotion et convivialité pour un véritable festin de musique ! Un festival baroque, classique, contemporain qui au travers de rencontres conviviales en des lieux de concerts privilégiés, invite à partager la musique, l'univers, les émotions de musiciens prestigieux interprétés par des artistes de renom. Opéras, récitals, dîners concerts, il ne reste plus qu'à vibrer au son des cordes, des vents et des voix en cet été 2013 avec des musiciens virtuoses accomplis de tous les styles de musique : Ensemble Carpe Diem, Anne Quéffelec et Jean-Marie Neuburger, La Grande chorale de Palma de Majorque, l'ensemble Squillante, le chœur Les Métaboles, Trio Esteban, Jean-Philippe Guillo…

Ille-et-Vilaine

■ LES PARCOURS DU VOYAGE À NANTES
9, rue des États
NANTES
✆ **0 892 464 044 (0,34 € / min)**
www.levoyageanantes.fr
Toute l'année.
Le Voyage à Nantes a été créé pour mettre en valeur et promouvoir de façon très dynamique la ville grâce à deux parcours (Nantes et l'Estuaire) accessibles à tous : à pied, à vélo, en bateau ou par les transports en commun. Deux invitations à l'aventure, ponctuées de monuments incontournables, de panoramas inattendus mais aussi d'installations insolites. Dans Nantes, le parcours nous emmène du Lieu Unique à un coucher de soleil sur l'estuaire, à la pointe ouest de l'Ile de Nantes, en passant par une trentaine d'étapes, dont le château et la cathédrale, mais aussi un panorama exceptionnel et insolite du haut de la Tour Bretagne, le très moderne

et bouleversant Mémorial de l'Abolition de l'Esclavage ou encore le poétique Carrousel des Mondes Marins...Pas sûr que vous ferez tout en une seule journée ! Le Voyage à Nantes propose également de découvrir 28 œuvres contemporaines le long de l'Estuaire de la Loire, telles le Péage sauvage ou le Lunar tree de la Butte Sainte Anne, à Nantes, et par exemple, le Serpent d'Océan à Saint Brévin les Pins ou la Maison dans la Loire à Couëron. Vous pouvez télécharger toutes les informations utiles sur le site, ou vous procurer les différents guides auprès de Nantes Tourisme, 9 rue des Etats (face au Château), ou à la station Prouvé (sur l'île de Nantes).

Fêtes

■ LA FÊTE DE L'AIL
1, rue Théophile-Blin
CHERRUEIX
www.fetedelail.fr
En plein cœur de la baie, dans une ambiance chaleureuse et musicale, Cherrueix vous invite à fêter son ail, dont la chair plus ferme, l'odeur plus forte et la conservation plus longue, sont elles aussi de notoriété publique. Sous chapiteau, venez déguster les trésors du terroir cherrulais (moules, grillades, galettes, pain à l'ail, soupe à l'ail...). Si Cherrueix est réputée pour son char à voile, elle l'est tout autant pour sa fête de l'ail qui a lieu généralement le dernier dimanche de juillet.

■ FÊTE DES CENT ANS
SAINT-SULIAC
1er week-end d'août.
Fidèles à leurs traditions et fiers de leur histoire, les Suliaçais organisent chaque année, le 1er week-end d'août, l'une des plus belles fêtes de Bretagne, à l'ambiance conviviale et bon enfant. De grandes tablées dressées le long des rues accueillent tous ceux qui veulent s'y arrêter. Galettes saucisses, poissons grillés, pieds de porc dégagent des effluves irrésistibles. Sur le magnifique port de plaisance où le cidre coule à flots, tourbillonne une foule joviale qui festoie avec jambon à l'os, grillades ou encore moules de bouchot, dans un immense restaurant improvisé en plein air ! Musiques, chansons, défilés, artistes de rues et autres spectacles participent à cet inoubliable moment de bonheur.

Expositions

■ LA HALLE À MARÉE
CANCALE
www.lahalleamaree.com
De juin à septembre.
L'association La Halle à Marée organise chaque année de juin à septembre, dans la salle Yvain, du nom du céramiste cancalais à l'origine de la création de l'association, des expositions d'art contemporain. L'objectif de l'association, en dehors du fait d'organiser des expositions d'art contemporain et de favoriser les rencontres entre le public et les artistes et ainsi développer l'éducation artistique pour tous.

■ LES ATELIERS DE RENNES
RENNES
www.lesateliersderennes.fr
Du 15 septembre au 9 décembre 2012.
Cette biennale d'art contemporain interroge à sa façon la relation entre l'art, l'entreprise et l'économie, omniprésente dans notre société, un thème sur lequel les artistes veulent réfléchir et s'exprimer. Les deux principales expositions de l'édition 2012 se tiendront dans deux lieux inédits et prestigieux : le Frac Bretagne (Fonds régional d'art contemporain Bretagne, à Châteaugiron), et le Newway Mabilais, l'ancien centre régional des télécommunications. Outre ces deux sites, la biennale se déroulera dans plusieurs lieux d'art : la Criée, centre d'art contemporain, 40mcube, le centre culturel Colombier, la galerie Art et Essai, le cabinet du livre d'artiste et le musée des Beaux-arts de Rennes.

■ BRADERIE DU CANAL SAINT-MARTIN
76, canal Saint-Martin
RENNES
✆ **02 99 59 42 63**
www.comitestmartin.fr
Du 15 au 16 septembre 2012. Réservations uniquement au local du comité de quartier ; 2 emplacements maximum. Pièce d'identité obligatoire. Prix de l'emplacement : 8 € pour 2 mètres linéaires.
C'est l'un des événements phares de l'année rennaise, la deuxième braderie de France, après celle de Lille. Organisé pour la première fois en 1968, ce vide-grenier draine chaque année plus de 200 000 chineurs le long du canal Saint-Martin, à la recherche de l'objet rare, d'une affaire en or, d'un jouet pour les marmots, ou tout simplement pour une balade le long du canal. Plus de 3 500 exposants, brocanteurs ou amateurs, se partagent 8 km d'étals. Près de 150 000 chineurs déambulent le long du canal Saint-Martin pendant ce week-end.

Foires – Salons

■ LES TABLÉES DU RHEU
34, avenue de la Motte
LE RHEU
✆ **02 99 60 79 80**
Fax : 02 99 60 87 54
www.lestablees.com
♿
Deuxième week-end de mars. 6 € environ.
Quelques chiffres éloquents pour présenter ce rendez-vous gastronomique incontournable dans le pays rennais : 29 ans d'existence, plus de 25 000 visiteurs sur trois jours, 200 exposants, autant de bénévoles, sur une surface de 5 200 m²... Quand Le Rheu passe à table, tout le monde rapplique ! Chaque année, une région de France est l'invitée d'honneur du salon, et ses spécialités sont très attendues. Les spécialités du salon : le vin (avec un concours) et le fromage, mais profitez-en pour faire découvrir à votre palais les produits frais régionaux : escargots,

huîtres, confitures, épices, charcuterie, produits corses, foie gras, caviar de France, chocolats... Un régal à ne pas manquer ! Salle Mariette-Nansot, rue de l'Hermitage, Le Rheu.

■ **BRADERIE SAINTE-THÉRÈSE**
Maison de quartier Sainte-Thérèse
14, rue Jean-Boucher
RENNES
✆ **02 99 22 24 44**
M° Jacques Cartier
Deuxième week-end de juin. 5 € les deux mètres.
Inscriptions à partir du 9 mai à la maison de quartier.
Restauration.
Bien moins importante que sa grande sœur à Saint-Martin, elle reste une manifestation qui compte localement en cette fin d'année. Concrètement, ce vide-grenier familial créé en 1987 rassemble près de 800 vendeurs sur 1 500 emplacements qui s'étalent entre la sortie sud de la gare et le boulevard Jacques-Quartier, dans huit rues adjacentes. L'ambiance est bon enfant, avec une seule animation musicale qui prend également en compte les *desiderata* des milliers de visiteurs. L'occasion d'une agréable sortie en famille à la rencontre d'objets inattendus ou dénicher ici un jouet pour les p'tits bouts ou des vieux vinyles pour les plus grands.

■ **MARCHÉ DE NOËL**
Place du Parlement
RENNES
M° République ou Sainte-Anne
Du 1er au 27 décembre 2012 (de 11h à 20h).
Confiné à la belle place du Parlement, le marché de Noël mérite un petit coup d'œil. Les exposants à l'abri dans leurs petites cabanes en bois sont généralement fort aimables et discutent facilement avec le chaland. L'artisanat y figure en bonne place, des parfums aux châles de décoration en bois, des bijoux aux bonnets et châles pour ces dames... Ce marché attire aussi beaucoup les gourmets pour ses produits des terroirs français. Bref, un lieu de passage à visiter, et idéal pour un petit cadeau original de dernière minute, pour déguster une tartiflette aux oignons en amoureux (hum...), ou pour une balade en famille, tout simplement.

■ **SALON DES VIGNERONS INDÉPENDANTS**
Parc des expositions
SAINT-JACQUES-DE-LA-LANDE
✆ **01 53 02 05 18**
www.vigneron-independant.com/auxsalons
Trois jours fin janvier de 10h à 19h. Entrée : 6 €.
Nombreuses invitations dans les médias locaux.
Intimiste et familial, ce salon accueille depuis treize ans 280 viniculteurs de toutes les régions de France et de Navarre. L'entrée comprend trois séances d'initiation à la dégustation d'une heure. Contrairement à de nombreuses foires où les services commerciaux se déplacent en force pour représenter l'exploitation, c'est le producteur lui-même, celui qui assure toute la chaîne de production du vin des vendanges à la vente, qui vient à Rennes pour faire sentir et faire goûter les

saveurs de son nectar. Ce dernier est d'ailleurs d'une qualité digne ou un peu inférieure aux très grands vins bordelais ou bourguignons, mais moins renommé donc bien plus accessible pour le porte-monnaie. Beaucoup repartent d'ailleurs avec des caisses de bouteilles à très bon prix. Un rendez-vous incontournable donc pour celles et ceux souhaitant éduquer leur palais.

Manifestations culturelles – Festivals

■ **FESTIVAL ÉTONNANT DES ROMANTIQUES**
COMBOURG
A la mi-juillet. Festival sur 3 jours.
Comme chaque année, ce festival propose une approche contemporaine du romantisme en abordant des thèmes fondamentaux comme la violence des passions, la communion avec la nature, la fascination pour le passé ou l'ailleurs, la nostalgie... en impliquant l'art sous toutes ses formes (littérature, peinture, photographie, musique, arts de la rue...). A noter que les spectacles sont pour la plupart tous gratuits. Incontournable dans la région.

■ **ESTIVALES DU RIRE**
Palais des Arts et du Festival
DINARD ✆ **02 99 16 82 72**
www.estivalesdurire.dinard.com
Du 1er au 4 mai 2013.
Les Estivales du Rire préparent leur XVIe édition. Après avoir initialement existé à Matignon, cette manifestation placée sous le signe de l'humour s'est installée dans la station balnéaire. Avec l'arrivée des beaux jours, une vague de rire et de bonne humeur déferle sur Dinard. Pendant quatre jours, les humoristes se succèdent pour des représentations de qualité. Devant le succès grandissant de cette joyeuse manifestation, un seul conseil : allez-y ! et prenez même la précaution de réserver pour les spectacles que vous ne voulez pas manquer.

■ **FESTIVAL DU FILM BRITANIQUE DE DINARD**
Bureau du Festival
2, boulevard Féart
DINARD
✆ **02 99 88 19 04**
Fax : 02 99 46 67 15
festivaldufilm-dinard.com
Du 2 au 6 octobre 2013.
Chaque année à l'automne, Dinard accueille ce festival qui a acquis une notoriété méritée. Né de la bienheureuse initiative de Thierry de la Fournière qui avait alors rencontré l'adhésion d'une ville prête à créer un bel événement de grande renommée, ce festival rencontre un grand succès. Pendant une semaine, des projections et des rencontres sont organisées en différents lieux : au palais des Arts et du Festival et au cinéma les Alizés. C'est l'occasion de découvrir des films en VO et d'assister à de nombreuses festivités. Le public accueille chaque fois le festival avec enthousiasme : plus de 29 000 spectateurs en profitent tous les ans.

DÉCOUVERTE

■ **BIBLIOTHÈQUE DU LANDRY**
100, rue de Châteaugiron
RENNES
℡ 02 23 62 26 39
www.bibliotheques.rennes.fr
Programme à consulter sur le site en ligne. Sur réservation.
La bibliothèque du Landry organise chaque mercredi pour les tous petits de 3 à 6 ans un atelier de lecture de contes à travers un kamishibaï, théâtre de papier japonais. On y organise également des projections de courts-métrages, ainsi que des activités et manifestations culturelles.

■ **LES COQUECIGRUES**
5, place Saint-Germain
RENNES ℡ 02 99 78 38 38
www.lescoquecigrues.com
Tous les dimanche de mi-janvier à mi-mars. De 2,50 € à 8 €. Forfait tribus (22 €) et forfait 3 dimanches 21 € par adulte, 12 € par enfant de moins de 10 ans.
Un festival familial pour les enfants, à Rennes et dans différentes villes du département, jusqu'à Saint-Malo. Les créateurs, artsites, metteurs en scènes, musiciens, acteurs s'appliquent toujours à mélanger les genres culturels et artistiques, avec une bonne bate d'humour en général : slam, poésie, contes, musique, marionnettes, théâtre... Des animations et du théâtre vivant qui amuseront les plus jeunes en premier lieu, mais aussi les plus âgés, qui apprécieront la une belle qualité musicale, ici des références humoristiques. Des spectacles « bon esprit » comme on n'en trouve plus beaucoup.

■ **FESTIVAL MARMAILLE – THÉÂTRE LILLICO**
135, rue d'Antrain
RENNES
℡ 02 99 63 13 82
www.theatre-illico.fr
M° Sainte-Anne
Mi-Octobre. A partir de 2 € et jusqu'à 8 € (voir les détails sur le site).
Le théâtre Lillico organise chaque année 10 jours de festival spécialement dédié aux enfants de 1 à 12 ans. Pour les 20 ans de Marmaille, l'équipe de Lillico prévoit une programmation époustouflante, avec plus de 40 représentations en tout genre à travers la ville et le département : cinéma, musiques, théâtre, marionnettes, art du cirque, contes et animations. De tels événements spécialement créés et pensés pour les tous petits sont assez rares, alors ne ratez pas celui-ci, surtout que les parents ne sont après tout que de grands enfants !

■ **FESTIVAL MYTHOS**
57, quai de la Prévalaye
RENNES
℡ 02 99 79 76 39
Fax : 02 99 79 26 07
www.festival-mythos.com
Cinq jours courant avril.
Ce n'est pas un bobard, ni un poisson d'avril. Mythos, ou le festival des arts de la parole, est un autre rendez-vous culturel phare de l'année. Contes, chansons, pièces et

spectacles musicaux composent l'affiche de ce festival qui se défie notoirement de tous les genres, où la transmission des histoires, des cultures, des expériences est la ligne conductrice... Maël le Goff et son équipe programment des spectacles inclassables et pluridisciplinaires, où se côtoie différents moyens d'expression (théâtre, danse, musique, vidéo), dans un télescopage transgenres unique, avec pour but d'interpeller et de faire participer le public. Cette manifestation qui s'étend sur cinq jours a su fidéliser un public (20 000 entrées payantes en moyenne) qui vient apprécier des créations destinées à des audiences réduites, privilégiant l'intimiste, le dialogue, l'interactivité, le tout présenté dans de magnifiques espaces à capacité d'accueil restreinte : le Théâtre du Vieux Saint-Etienne (une magnifique église), un cabaret délirant dans le très beau jardin du Thabor, ou encore la salle de la Cité. Un festival curieux et original.

■ **FESTIVAL TRAVELLING**
5, rue de Lorraine
RENNES
℡ 02 23 46 47 08
www.clairobscur.info
Du 19 au 26 février 2013.
Chaque année, l'association Clair Obscur choisit une capitale du monde pour la mettre à l'honneur de ce festival de cinéma réputé. En 2013, c'est l'Ecosse que les cinéastes, artistes, historiens auront à cœur de faire découvrir par l'image. Les projections – très nombreuses – et des ateliers ont lieu dans de nombreux cinémas et centres culturel de Rennes et de l'agglo, mais le QG reste le Liberté, lieu de rencontres, de restauration et d'informations. 40 000 personnes ont fréquenté le Travelling en 2012, incontestablement l'un des points d'orgue de l'agenda culturel rennais.

■ **FESTVAL MARMAILLE RENNES – THEATRE LILLICO**
135, rue d'Antrain
RENNES
℡ 02 99 63 13 82
www.theatre-lillico.fr
Entrée : 8 €. Enfant : 5 €.
Une programmation époustouflante ! Entre autre moment fort, chaque année, au mois d'octobre, le Théâtre Lillico organise sur 10 jours un festival spécialement dédié aux enfants de 1 à 12 ans. Plus de 40 représentations en tout genre (cinéma, musiques, théâtre, marionnettes, arts du cirque, contes et animations) sont présentées à travers la ville. Des spectacles soumis à la critique aiguisée des enfants, et qui, pour beaucoup, régalent aussi les adultes qui les accompagnent

■ **FÊTE DE LA MUSIQUE**
RENNES
Concerts gratuits de rues et en salles, dans chaque commune de l'agglomération.
Comme partout en France ce soir-là, Rennes sort sa trompette. La capitale d'une Bretagne célèbre pour ses nombreux festivals de musique est largement à la hauteur de sa réputation. Il y en a partout, sur les places, dans les bars, dans les ruelles et venelles. Tous les genres musicaux sont représentés, pour toutes les catégories

d'âge. Il n'y qu'à se laisser porter et déambuler au gré des mélodies. Toujours festive, l'ambiance est familiale, populaire et bon enfant de 20h à minuit *grosso modo*, puis s'agite quelque peu durant la nuit. Seule condition à une totale réussite : une soirée sans pluie. Les programmes sont à lire dans les médias locaux et sur les sites Internet comme www.maville.com.

■ **METTRE EN SCÈNE**
Théâtre national de Bretagne
1, rue Saint-Hélier
RENNES
✆ **02 99 31 12 31**
www.t-n-b.fr
M° Gares
Première quinzaine de novembre.
La 16e édition de ces rencontres entre metteurs en scène et chorégraphes aura lieu pendant près 15 jours au mois de novembre. Pour son directeur, ce festival est « un creuset d'auscultation et d'innovation, reconnu comme un lieu dédié à la création, à la recherche d'écritures limites, de gestes authentiques, de moments subversifs. Pour de plus en plus d'observateurs, il est l'un des lieux prescripteurs. » Novices ou expérimentés, les acteurs de cet événement artistique reconnu – il a drainé en 2011 près de 30 000 spectateurs (+12% en un an !), lucides sur la qualité de ce rendez-vous – ont pour beaucoup une envergure nationale, et certains d'entre eux viennent d'autres pays européens. 220 professionnels ont répondu présents l'année dernière à Mettre en Scène, et les principaux médias français en ont largement fait écho.

■ **ORCHESTRE DE BRETAGNE**
29, rue Saint-Melaine
RENNES
✆ **02 99 27 52 75**
Fax : 02 99 27 52 76
www.orchestre-de-bretagne.com
Métro et bus Sainte-Anne
Fin août. Tarifs réduits pour les moins de 26 ans : 5 concerts au choix à 25 €.

L'Orchestre de Bretagne rassemble près de cinquante musiciens à cordes, à vent et à percussion. Fondée en 1989, cette formation donne une centaine de concerts symphoniques et de récitals par an, en France comme à l'étranger. Reconnu sur la scène internationale, l'Orchestre de Bretagne se produit dans vingt-cinq villes de Bretagne (à Rennes au TNB ou à l'Opéra) et participe à de prestigieux festivals comme sur la scène du Konzerthaus de Vienne par exemple. Chaque été en août, il offre aussi aux Rennais et aux mélomanes venus d'ailleurs trois soirées de concerts gratuits en différents lieux de la ville. Sachez par ailleurs que l'Orchestre de Bretagne propose au public d'assister à des répétitions et aux plus jeunes de profiter d'ateliers de découverte d'instruments.

■ **QUARTIERS D'ÉTÉ**
Parc des Gayeulles
RENNES ✆ **02 99 31 47 48**
www.crij-bretagne.com/quartiersdete/
♿
Mi-juillet. Entrée gratuite. Restauration.
Ce festival qui « donne du son et du sens » fêtera ses 20 ans en juillet 2013. Une longévité due à la qualité de ce formidable événement généreux et citoyen. Il se détache de tous les autres festivals par sa gratuité, puisque sa mission première est en effet de faciliter l'accès à la culture pour les jeunes des quartiers et les familles qui ne peuvent partir en vacances. Concrètement, cela donne un week-end de jeux et de concerts organisé par 150 jeunes bénévoles pour un public de 15 000 personnes sur deux jours ! Durant la journée, le programme tourne autour d'activités sportives (foot, rugby, course de pédalos dans l'étang), de bien-être (massage...), et d'animations culturelles par un collectif d'artistes. Le soir, groupes locaux et tête d'affiche (Zebda en 2012) se partagent la grande scène dans un mélange des genres (hip-hop, rap et musique du monde). Enfin, ce festival est éco-responsable et solidaire, avec des stands d'information sur les gestes de tri sélectif, l'économie d'eau, etc. Contacter le Crij pour devenir bénévole. Pour les activités, inscriptions sur place.

Bigoudène

■ **RENCONTRES TRANSMUSICALES**
10-12, rue Jean-Guy
RENNES
℡ 02 99 31 12 10
www.lestrans.com
Du 6 au 8 décembre 2012. Echelle de tarifs de la gratuité
à 29 €, en fonction de la salle et de la programmation.
Des pass compris entre 47 € et 63 € pour le Liberté et
le Parc Expo. Chèque Vacances.
On peut le dire tout net : les Transmusicales sont
l'événement phare de l'année rennaise. La renommée
de ce rendez-vous de référence en musique actuelle
dépasse largement les murs de la ville. La scène des
Trans est surtout un tremplin international pour des
stars en devenir, mais elle produit également des têtes
d'affiche déjà consacrées : Björk, Ben Harper, Keziah
Jones, Berrurier noir, Arno... Une partie des concerts a
lieu dans les salles de la ville (le Liberté, l'Ubu, le 4Bis,
la Cité...), mais les scènes principales sont dressés dans
les hangars du Parc Expo de Saint-Jacques. En parallèle,
les bars de la ville sont également « en Trans » sur
une plus longue période, et des concerts gratuits sont
programmés dans près de 20 établissements rennais.
Un week-end musical à ne pas manquer, dont les prix
restent très attractifs au vu des prestations.

■ **ROCK'N SOLEX**
Campus de Beaulieu
RENNES
℡ 02 23 23 84 12
www.rocknsolex.fr
Bus 4 et 30, arrêt Beaulieu Restau U
Mi-mai. 17 €, 18 € et 19 € pour les concerts du jeudi,
vendredi ou samedi.
... Ou comment associer un sport mécanique et un
festival de musique. Le succès de ce rendez-vous unique
en son genre ne se dément pas depuis 1967, sûrement
dû à la motivation à l'équipe tournante d'étudiants (une
centaine) qui prennent l'organisation en charge. Côté
solex : être membre de l'Ufolep pour participer aux
courses et épreuves diverses. Environ 400 pilotes ! Côté
son : des têtes bien connues à l'affiche chaque année
(Abd al-Malik en 2011, Dub Incorporation, le Peuple de
l'Herbe, Zebda...). La programmation est orientée vers
le reggae, la dub, l'électro, mais chaque édition réserve
son lot de surprises. Places à 17 €, 18 €, 19 € pour
respectivement le jeudi, vendredi et samedi.

■ **RUE DES LIVRES**
RENNES
www.festival-ruedeslivres.org
Du 15 au 17 mars 2013. Entrée gratuite.
Rue des Livres est un festival de littérature tout public.
La littérature est ici entendue au sens le plus ouvert
et considère tous les genres : poésie, polar, nouvelles,
roman, théâtre, bande dessinée, essais... Rue des Livres
propose des animations qui peuvent prendre la forme
de débats, cafés littéraires, rencontres avec des auteurs,
lectures, représentations théâtrales, interventions
musicales, projections de films, des échanges avec des
villes françaises ou étrangères... Les productions des
habitants résultant d'ateliers mis en place à l'occasion
du festival sont intégrées dans la programmation.

■ **SEVENADUR**
Centre Léo-Lagrange – Ferme de la Harpe
Avenue Charles-Tillon
RENNES ℡ 02 99 54 36 45
www.sevenadur.org
Fin février. De la gratuité à 35 € envrion selon les activités,
animations et concerts.
Coordonné par le Cercle celtique de Rennes, Sevenadur
s'impose depuis 13 ans comme un promoteur indéfec-
tible de la culture bretonne sous toutes ses formes :
contes, conférences, balades chantées, jeux bretons,
fest-noz et fest-deiz, ateliers de musique, de broderie,
de gallo ou de harpe, journées enfants, visistes guidées
de musées... Tout cela pour mettre en valeur le patrimoine
et soutenir la création artistique régionale. Tous les
acteurs associatifs membres de Sevenadur se mobilisent
pour pérenniser tous ces événements qui trouvent un
écho auprès du public le plus large (enfants, étudiants,
familles, retraités...). Les tarifs sont variables, mais
attractifs, au vu des prestations, comme les lieux.

■ **LES TOMBÉES DE LA NUIT**
13, square Lucien-Rose
RENNES ℡ 02 99 32 56 56
www.lestombeesdelanuit.com
Première semaine de juillet. Tarifs variables. Réservation
conseillée.
Créé en 1980, il fait partie de ces festivals pionniers de la
ville dont la mission est de faire se déplacer les riverains
à la (re) découverte de leur ville, l'art de jouer ici ce
rôle de médiateur. Pendant une semaine, les animations
se succèdent, dans les lieux symboliques de Rennes,
le long du canal, sur la place du Parlement, ou bien
plus inattendus, écoles, toits d'immeuble... Et le public
répond fidèlement présent à cet appel. L'innovation, la
création sont les maîtres-mots de l'esprit dans lequel
s'inscrit ce festival surprenant, bâti autour de concerts,
cirques, théâtre, kermesses, opéras de rue, interventions
plastiques, expo photos, deiz-noz... A ne pas manquer.

■ **YAOUANK**
8, rue Hoche – RENNES
℡ 02 99 30 06 87
www.yaouank.com
Du 1er au 17 novembre 2012. Entrée : 12 €. Gratuite sur
place avant 22h pour les moins de 18 ans (dans la limite
des places disponibles).
« Jeune », en breton, est le plus gros fest-noz de
Bretagne ! L'ultime soirée MusikHall rassemble près de
7 000 personnes au Parc Expo de Rennes Saint-Jacques,
de 17h à 1h (navettes gratuites du/vers le centre-ville).
Tous les jours, un rendez-vous au Champs libres, au
Liberté, à la Cité, au 4Bis. La musique traditionnelle
celtique est revisitée par de nouveaux genres (électro,
hip-hop, punk...). De grands noms – Alan Stivell, Denez
Prigent et bien d'autres – sont passés à Yaouank. A
l'affiche cette année : les Ramoneurs de Menhirs, les
frères Plantec, le groupe E Leiz... Skeudenn Bro Roazhon,
est une fédération parapluie ayant pour mission de
promouvoir la culture bretonne dans le bassin rennais.
Elle regroupe sous sa baleine 4 000 adhérents dans
près de 47 associations et s'occupe entre autres de
l'organisation de Yaouank.

■ **FESTIVAL SAINT-BRIAC EN MUSIQUE**
SAINT-BRIAC-SUR-MER
✆ 02 99 88 02 49 (hors saison)
Fax : 02 99 81 29 47
www.saintbriacenmusique.free.fr
Du 11 au 14 juillet 2013.
Ce festival, organisé par l'association « l'Harmonie
Briocine », fêtera cette année sa 15ᵉ édition. Il regroupe
toutes les musiques (chanson française, jazz, rock,
reggae, classique et sacrée...) et a pour but, outre l'animation qu'il apporte à la commune, de permettre d'offrir
des bourses aux enfants et d'acheter les instruments
qui leur sont prêtés pour leurs études. Les concerts se
déroulent pour la plupart sur la place du Centre.

■ **LA ROUTE DU ROCK**
SAINT-MALO ✆ 02 99 54 01 11
www.laroutedurock.com
Du 15 au 17 août 2013.
Très important festival où l'on peut venir voir et écouter
les artistes les plus en pointe, La Route du Rock se
décline en deux éditions intitulées « Collection hiver »
et « Collection été ». La 8ᵉ Collection Hiver se déroulera
les 15, 16 et 17 février à Saint-Malo et le 13 et 14 février
à Rennes ; tandis que la 23ᵉ édition de La Collection
Été aura lieu du 15 au 17 août et offrira des concerts
au Fort Saint-Père, au Palais du Grand Large ou encore
sur la plage.

Manifestations sportives

■ **TRIATHLON INTERNATIONAL**
Base de loisirs
43, boulevard de Dézerseul
CESSON-SÉVIGNÉ ✆ 02 99 83 80 64
www.triathlon-cesson.fr
Bus 6, terminus Base de loisirs
*Premier week-end de mai. De 11 € à 29 € suivant la
catégorie et selon si le participant est licencié FFTri ou
non. Gratuit pour les moins de 16 ans.*
Le club leader de la discipline en Bretagne organise une
compétition rassemblant, sur un week-end, près de
800 athlètes, amateurs voire professionnels. Un public
de 6 000 personnes se rassemble autour des étangs de
Dézerseul pour encourager les champions. Course pour
les jeunes le samedi. Le dimanche, sprint open : 500 m
de natation, 20 km de vélo, 5 km de course à pied ;
course découverte : 250 m, 10 km, 3 km. Le « relais
entreprises » (ouvert aux particuliers) séduit de plus en
plus : un nageur, un cycliste et un coureur se relaient sur la
distance sprint (750 m natation, 20 km vélo, 5 km course
à pied). Enfin, la course internationale est plutôt réservée
aux athlètes expérimentés qui concourent sur du sprint.

■ **OPEN DE TENNIS DE RENNES**
Salle Colette-Besson
12, boulevard Albert-1er
Plaine de Bréquigny – RENNES
www.openderennes.org
*Mi-octobre. Gratuite pour tous les licenciés FFT et pour
les enfants de moins de 12 ans. Qualifications gratuites
pour tous. Demi-finales et finales : 10 €. Restauration.*

Il réunit 32 joueurs professionnels, dont une petite
dizaine figure en bonne place dans le Top 100 mondial.
Julien Benneteau, plusieurs fois sélectionné en équipe de
France, a remporté le tournoi en 2011. Dans les gradins,
16 000 spectateurs se régalent devant un niveau de jeu
digne des plus grands circuits, mais dont le prix des
places est beaucoup plus abordable ! L'Open de Rennes
est jeune puisqu'il date de 2006, mais il s'est très vite
imposé parmi les rendez-vous importants dans l'agenda
du tennis français et européen. A ne pas manquer.

■ **RENNES SUR ROULETTES**
30 bis, rue de Paris – RENNES
✆ 02 99 27 74 00
www.rennessurroulettes.com
Deuxième week-end de mai.
Rennes enfile les patins pour une grande manifestation
populaire qui s'adresse aux amateurs de glisse urbaine,
débutants ou confirmés. La plus importante association
sportive de la ville avec 11 000 adhérents, le CPB, se charge
de l'organisation de cette sortie sur roulette annuelle.
Pour les sportifs, le S'MI roller, ouvert à tous les hommes
et femmes de plus de 14 ans, licenciés ou non, ainsi
que les deux marathons masters et seniors, ont lieu en
centre-ville. Pour ceux qui préfèrent le jouer « balade des
gens heureux entre amis », ce sera la rando pop de deux
heures environ dans le centre-ville, ou bien la rando des
roues libres, qui part de l'Esplanade Charles-de-Gaulle vers
l'extérieur de Rennes à la découverte de lieux insolites.
Durant tout le week-end, le « village » situé à l'Esplanade
renseigne les curieux et les inscrits, et se compose surtout
des équipements nécessaires pour le freestyle, le freeride,
le slalom et le half-pipe. Tous les renseignements, contacts,
modalités d'inscriptions sont sur le site. Avec 30 éditions au
compteur, Rennes sur roulette est l'une des plus anciennes
manifestations de roller en centre-ville en France.

■ **ROCK'N SOLEX**
Campus de Beaulieu – RENNES
✆ 02 23 23 84 12
Voir page 80.

■ **TOUT RENNES COURT**
RENNES – www.trc.rennes.fr
Du 13 au 14 octobre 2012.
Tout Rennes court a enregistré un taux d'inscription
record de 11 800 personnes, dont 3 500 pour le S'MI
Ouest-France et 6 000 pour le Crédit Mutuel ! Un joli
cadeau d'anniversaire pour les trente ans de cette manifestation sportive à Rennes. Les circuits sont tracés en
plein centre-ville et les départs sont donnés à l'Esplanade
Charles-de-Gaulle. Principales courses : samedi, courses
des écoles primaires, 2 km. Dimanche : « Crédit Mutuel
de Bretagne », 10 km ; Colombia : S'Mi « Ouest-France »,
21 km ; la « Sobhi Sport », 5 km.

■ **TOUT RENNES MARCHE**
Parc des Gayeulles – RENNES
✆ 02 99 54 67 61 – www.toutrennesmarche.fr
**Ligne 1, arrêt Gallet ou ligne 3, arrêt
Gayeulles.**
*24 mars 2013. Entrée : 4 € (16 € pour la rando
gourmande). Gratuit pour les jeunes enfants. Une rando
est dédiée aux personnes avec insuffisance respiratoire.*

Les immanquables

LA 7e EDITION DE LA SEMAINE DU GOLFE DU MORBIHAN DU 6 AU 12 MAI 2013
Manifestation maritime et terrestre incontournable réunissant plus d'un millier de bateaux de caractère français et européens, la Semaine du Golfe – créée en 2001 – est une fête biennale qui se déroule durant la semaine de l'Ascension. Quinze communes participent à cet événement : Arradon, Arzon, Auray, Baden, Ile-d'Arz, Ile-aux-Moines, Larmor-Baden, Le Bono, Le Hézo, Locmariaquer, Plougoumelen, Saint-Armel, Sarzeau, Séné, Vannes. Les bateaux inscrits sont répartis en 8 flottilles : Yoles et bateaux voile-aviron, yachts classiques, anciens voiliers de pêche et de travail... ainsi qu'une trentaine de spectaculaires voiliers de 20 à 40 m du patrimoine maritime européen (trois-mâts, bricks, goélettes, etc.). Chaque jour, chaque flottille suit son propre programme de navigation et relâche chaque soir dans un port différent. Pour accueillir les navigateurs et les visiteurs de passage, chaque port propose des animations entre festoù-noz, concerts, expositions ou encore dégustation d'huîtres, de poissons et de produits du terroir. La semaine s'achève par une parade regroupant tous les bateaux participants dans un défilé de l'entrée du golfe à Vannes.

Il y en a pour tous les goûts (rando gourmande de 25 km avec une pause déjeuner dans un restaurant), tous les âges (chasse aux trésors de 2 km pour les jeunes), pour les familles comme les traditionnelles de 6 ou 12 km, en ville ou au parc, guidée, commentée, et pour les personnes en insuffisance respiratoire ; pour les initiés à la marche nordique (10 km), et pour les urbains (10 ou 20 km) ; enfin, pour les endurants, circuit guidé mais non balisé de 30 km, en campagne et forêt. Ambiance bucolique et bon enfant assurée, autour d'un pique-nique à midi.

Morbihan

Fêtes

■ LE FESTIVAL DES GALETTES DU MONDE
AURAY
http://galettesdumonde.free.fr
Du 24 au 25 août 2013.
Unique, ce festival, qui se déroule sur deux jours sur le site du Motten, a gagné l'incroyable pari de rassembler des associations culturelles des quatre coins du monde, dans le but de faire découvrir au public, l'extraordinaire variété des galettes cuisinées (céréales, riz...) à travers le monde. Le visiteur aura le privilège de déguster ces nombreuses spécialités dans des pavillons représentant chacun, un pays invité (20 pays sont invités cette année) comme Mayotte, Mali, Mexique, Afghanistan, Laos, Égypte, Madagascar, Pérou, Vietnam, Haïti, l'Inde, la Turquie, Manille, Wallis et Futuna et, bien entendu, la Bretagne. Une porte ouverte sur le monde qui vous permettra de découvrir les cultures de ces pays à travers leur cuisine, leur musique, leur danse ou leur artisanat. Une belle réussite pour l'édition 2012 qui a rassemblé un public encore plus nombreux dès le samedi. Un festival d'échanges et d'amitié !

■ FÊTE DES BATTAGES
BADEN – www.baden.fr
En août.
Cette fête traditionnelle autour des vieux métiers

démarre par une messe à 10h30, à l'issue de laquelle un défilé est organisé en direction du champ de Kergonano où se déroulent les festivités. Deux repas champêtres sont proposés à l'heure du déjeuner et du dîner. L'après-midi est ponctué d'animations diverses et populaires : découverte du battage à l'ancienne, confection du pain et de beurre comme autrefois, exposition sur les métiers de l'ostréiculture, animation pour les enfants avec promenade en calèche et nombreux jeux, pour finir par un fest noz en soirée.

■ FÊTE DE L'HUÎTRE
LOCMARIAQUER – www.ot-locmariaquer.com
Le 18 août 2013.
Organisée conjointement par le Comité des fêtes, le Syndicat local des ostréiculteurs et l'Office de tourisme, la Fête de l'Huître se déroule ordinairement l'avant-dernier dimanche du mois d'août. Sur le port, dégustation d'huîtres, présentation des outils de travail nécessaire au travail de l'huître, groupes folkloriques, ensembles musicaux traditionnels, ensemble vocaux (chants de marin, cercles celtiques...), concours d'écaillers amateurs et professionnels ou encore grand Fest-Noz sont au programme.

■ LA FETE DES JUMEAUX
PLEUCADEUC © 02 97 29 93 06
Le 15 août 2013.
20e édition de la Fête des Jumeaux dans une ambiance conviviale et familiale. On va voir double, triple et parfois même quadruple à Pleucadeuc... Rien à voir avec un phénomène surnaturel ou quelques substances hallucinogènes... Non, cette petite réunion familiale n'a d'autre objectif que réunir les jumeaux, triplés et quadruplés de France et de Navarre. Eh oui, aujourd'hui la popularité de ce rassemblement a franchi les frontières de l'hexagone. Si certains prennent leurs vacances en fonction de ce rendez-vous, d'autres viennent aussi des 5 continents. Le mieux sera encore d'y aller faire un tour... à deux, à trois, à quatre ou en famille.

■ LES FÊTES D'ARVOR
VANNES – www.fetes-arvor.org
Du 13 au 15 août 2013.

Dans la tradition et la convivialité, ce grand rendez-vous estival met à l'honneur la culture bretonne. Festoù noz, spectacles, concerts de bagadou, chants de marins, initiation à la danse, défilés en costume ou encore élection de la nouvelle Reine d'Arvor rythment ces 3 jours de fêtes à l'ambiance bon enfant, qui se terminent en apothéose par l'incontournable feu d'artifice tiré au dessus des remparts.

Manifestations culturelles – Festivals

■ FESTIVAL LYRIQUE
✆ 02 97 31 59 59
www.belle-ile.org
Du 19 juillet au 16 août 2013. Des bateaux au départ de La Trinité, Port-Navalo et Quiberon dans l'après midi et un retour au port de départ après le spectacle permettent d'assister à des représentations d'opéras à la Citadelle Vauban ou de Musique Sacrée à l'Eglise de Le Palais.
Au cours des treize dernières années, la Citadelle Vauban, chargée d'histoire, a été l'hôte de représentations d'œuvres comme *Don Giovanni, Le Château de Barbe-Bleue, Les Contes d'Hoffmann, Madame Butterfly, Carmen, Falstaff, Don Pasquale, La Flûte enchantée, La Bohème, Le Barbier de Séville, Tosca, Rigoletto, L'Elisir d'Amoreet, Cosi fan tutte* ou encore *Otello* de Verdi *et la Cenerentola* de Rossini. La prochaine saison 2013 accueillera deux opéras très appréciés du public français à la Citadelle Vauban, *Carmen* de Georges Bizet, ainsi que *Le Barbier de Séville* de Gioachino Rossini et pour ce qui est de la musique sacrée prévue dans les églises de l'île, le bien connu *Messie* de Georg Friedrich Haendel.

■ MAPL
Les Studios
2, rue Jean Le Coutaller
LORIENT
✆ **02 97 21 32 21**
www.mapl.biz
Autre adresse : Le Manège – Cité Allendé, 10 rue Colbert – 56100 Lorient
L'association MAPL a pour objet de contribuer à la promotion, à la diffusion, au soutien à la création et d'une manière générale au développement des musiques actuelles au Pays de Lorient. Les principales activités de l'association sont la promotion et la diffusion artistique (participation aux réseaux institutionnels des musiques actuelles à l'échelon départemental, régional et national ; réalisation d'une programmation régulière dans la salle lorientaise « le Manège », permettant la promotion d'artistes locaux, départementaux et régionaux ; organisation du Festival Les Indisciplinées et le soutien à la création (organisation de résidences d'artistes nationaux et internationaux, accompagnement artistique des projets, accompagnement technique). M.A.P.L. dispose de deux équipements, les Studios et Le Manège. Les Studios est un complexe doté de 5 studios de répétitions, un studio d'enregistrement, un local de stockage, une cafétéria, une galerie d'expositions, un café culturel (organisation de conférences, débats, concerts). Le Manège quant à lui est une salle de diffusion et de préproduction scénique de 350 places, adhérente à la Fedurok (réseau national de salles de musiques actuelles), lieu de résidence... Pour obtenir plus d'informations sur les modalités d'adhésion, les services et leurs coûts, la programmation, les actions culturelles mises en place par M.A.P.L., consultez le site : www.mapl.biz ou téléphonez au 02 97 21 32 21.

Les pardons

Si l'on recherche dans un dictionnaire la signification de ce mot à double et triple entrées, l'on trouvera sans doute parmi d'autres explications cette dernière : fête religieuse bretonne ! Le catholicon définit ainsi le pardon : réunion des fidèles d'une église où il y a indulgence. Aujourd'hui, le terme est toujours en usage, et comment ! Il est en quelque sorte un lien entre un vieux fond païen et culture chrétienne. Le pardon se déroule à proximité d'une église ou d'une chapelle, le plus souvent il s'agit d'un antique site de culte païen, le lieu fut christianisé par une chapelle et dédié à un saint, souvent d'origine obscure. Des saints de cette sorte la Bretagne en regorge : on n'en dénombrait plus de 700 ! Ils débutent par une messe solennelle, généralement en plein air, puis une procession chantée où se mêlent bannières aux couleurs éclatantes et statues de saints portées par des hommes et des femmes en costume traditionnel. La cérémonie des pardons de la mer varie quelque peu puisque la procession arrivée au port voit le clergé, enfants et reliquaire embarquer sur un bateau pour une bénédiction de tous les bateaux du port. Ces défilés sont en général suivis de manifestations festives traditionnelles tels les Fest deiz ; tournois de Gouren... En Morbihan les beaux jours venus les pardons sont légions, en voici une sélection.
▶ **Le Faouët :** pardon de la Sainte-Barbe, le dernier dimanche de juin.
▶ **Sainte-Anne-d'Auray :** pardon de Sainte-Anne, dernier dimanche de juillet.
▶ **Pluméliau :** pardon de Saint-Nicodème, premier dimanche d'août.
▶ **Rochefort-en-Terre :** Notre-Dame-de-la-Tronchay, premier dimanche après le 15 août.
▶ **Pontivy :** Notre-Dame-de-la-Houssaye, quatrième dimanche d'août.
▶ **Arzon :** bénédiction des bateaux, deuxième dimanche d'août.
▶ **Melrand :** pardon de Saint-Rivalain, 20 septembre.

DÉCOUVERTE

L'île de Bréhat
© MATHIEU JACOB – FOTOLIA

Les îles bretonnes

Les îles bretonnes

Cette île est un microcosme. Sorte de vaisseau de pierre en instance entre deux mondes, elle n'est déjà plus d'ici, et pas encore de là. Un pied dans ce monde-ci, un pied dans l'autre. Elle a été chantée par tous les bardes d'ici, de Jean-Michel Caradec le Morlaisien à Yann-Ber Calloc'h, revenu au cimetière de Port-Tudy à Groix, dans un cercueil plombé après avoir été fauché par un éclat d'obus, en 1917. Et par Gilles Servat, qui est né en quelque sorte à lui-même à l'Auberge des pêcheurs, chez Claude Pouzoulic, un fameux printemps de 1968. C'est que dans le monde celtique, l'île possède une charge symbolique à nulle autre pareille. Tantôt fragment de l'Autre Monde, tantôt lieu initiatique, elle exerce toujours sur les esprits de bien étranges séductions. « Les Grecs et les Latins, écrit le professeur Christian-J. Guyonvarc'h, ne semblent pas avoir été surpris par l'abondance d'îles sacrées qui, de Dumet face à l'estuaire de la Loire à l'île de Sein, à Anglesey ou d'autres encore, jalonnaient les mers celtiques. » Sacrées. C'est le mot qui convient à ces univers en instance où la légende court à fleur de lande, sur les tapis de fétuque, d'iris, de bruyère callune ou d'ajoncs de Le Gall qui lui font comme une chaude culotte de velours. Si la Bretagne tout entière, pour paraphraser Plutarque, est cet étrange embarcadère pour l'Autre Monde, que dire alors des îles ? De ces endroits proprement magiques d'où venaient les quatre druides primordiaux et leurs talismans qui devaient protéger notre monde et veiller au bon ordre de l'univers. C'est encore là-bas, quelque part au nord ou à l'ouest du monde, qu'Arthur est entré en dormition, veillé par sa demi-sœur Morgane, et c'est de là qu'un jour, voguant sur une nef de verre et de lumière, il voguera vers le Levant pour libérer son peuple...

▷ **Un lieu fort.** Mais que l'on ne s'y trompe pas, l'île ne fut pas toujours le paradis de villégiature qu'il est devenu au fil des ans, pour une certaine civilisation du loisir et de consommation. Ces quelques arpents de pierre, de terre et de rêves furent de tout temps des lieux d'exaspération. Au Ponant, les tempêtes sont violentes, et la mer, de grande nourricière, peut aussi charrier les âmes. Le grand bleu, au cœur de l'hiver, prend souvent des teintes grises et sombres et le blanc de l'écume est parfois celui du linceul. Les dictons que les hommes ont élaborés pour caractériser leurs parages rappellent l'époque où la navigation à la voile, vers ces vaisseaux de pierre perdus au milieu des immensités glauques n'avait rien d'une croisière de plaisance. « Qui voit Groix voit sa croix ! », prévient l'un. « Qui voit Ouessant, voit son sang ! », répond l'autre. « Qui voit Sein voit sa fin ! », glapit le troisième. Voilà le voyageur prévenu. Il n'y avait pas de place, dans ces lieux primordiaux, pour la légèreté ou l'insouciance. Il n'est pas si loin, le temps où le courrier qui reliait comme un cordon ombilical, Ouessant au Conquet ne partait qu'une fois par semaine, et encore, lorsque le temps le permettait, pour un voyage de plus de 12 heures. En hiver 1997 encore, des dizaines de vacanciers partis réveillonner sur l'ancienne Uxisama et restèrent prisonniers pour une semaine à cause d'une mer en furie.

Lieux essentiels et premiers où rien n'était négligé pour la survie, où l'on construisait le mobilier avec du bois d'épaves, où l'on se chauffait au bezin tan (goémon de feu = à brûler), aux mottes ou encore à ces étranges galettes de paille et de bouse de vache séchées sur les innombrables murets qui séparaient des milliers de champs lilliputiens, l'île était un monde rude et vrai. Un monde où, presque partout, la femme régnait d'un pouvoir absolu et incontesté jusqu'à une époque récente. C'est elle qui s'occupait des enfants, des vaches, des moutons, bien plus nombreux jadis que les êtres humains sur ces arpents de terre battus par la tempête neuf mois par douze. Elle encore qui semait, récoltait, moissonnait, battait au fléau. Elle qui labourait la terre pendant que l'homme labourait la mer. Il n'était ici que toléré et toujours en instance, entre deux embarquements.

Républiques de femmes, les îles étaient avant tout des républiques autonomes. Des mondes quasi autarciques qui vivaient selon leurs rythmes et selon leurs lois, souvent bien étrangères à celles du continent. Comme à Hoëdic où au XIXe siècle, le prêtre de la paroisse établit une sorte de démocratie directe ignorant souverainement les décrets du Second Empire ou de la Troisième République.

▷ **La rançon de la modernité.** Les choses ont bien changé. L'arrivée, au début des *sixties*, de l'électricité, la construction de ports plus abrités et plus praticables, ont considérablement facilité la vie des insulaires. Des compagnies maritimes, voire aériennes, relient quotidiennement l'île au continent. Et les hélicoptères transportent en quelques dizaines de minutes, malades ou parturientes dans les hôpitaux les plus proches. Mais la rançon du progrès est lourde. Les écoles se vident. Les marins se réduisent à une peau de chagrin. Il reste deux bateaux à Sein qui en comptait des centaines avant la guerre ! La population, séduite par l'attrait du continent, déserte des microcosmes dont certains, comme Bréhat, avec ses mimosas, ses agapanthes, ses palmiers et ses aloès, deviennent des parcs à résidences secondaires. Des « balcons sur la mer », certes, mais pour retraités de la « royale » et autres marins perdus de fatigue. Il en est pourtant qui résistent. Et vaillamment ! Ouessant, la « plus haute » assume, plus que jamais, son rôle de vigie, plantée là, à l'Occident, devant son « rail » éponyme, surveillant depuis le Cross Corsen, la plus grande autoroute des mers. Et Batz a inventé un label de pomme de terre bio, pour fixer une population largement agricole. Toutes semblables, toutes différentes, les îles de Bretagne, sans la franchise fiscale appliquée à la Corse où à certaines banlieues de l'île... de France, perpétuent un art de vivre qui enchante les continentaux que nous sommes. Lieux de fécondations et d'imaginations fertiles, elles créent même des événements culturels d'importance, comme le Festival du Livre insulaire à Ouessant ou celui du film insulaire à Groix. Ouverte certes, et accueillante, l'île reste pourtant cette fraction d'ailleurs qui se refuse aux abordages bruyants et intempestifs. L'île ne se dévoilera pas au passant pressé. Comme une femme, c'est par un habile jeu de séduction, une patience exemplaire et un respect de chaque instant qu'on saura la conquérir et finalement, s'en faire accepter. Ici, le temps ne passe pas comme ailleurs. Il est comme suspendu. Ici les heures sont plus longues, plus élastiques, moins cartésiennes que sur le continent...

Île des Côtes-d'Armor

L'Île de Bréhat ou l'île aux Fleurs

▶ **Un passé glorieux.** Ile aux fleurs, bijou blotti au milieu d'un écrin de rochers roses que les rayons de soleil enflamment et d'une mer d'un bleu profond. Ici, le paysage change d'heure en heure au gré de l'humeur de Madame météo. Composé de deux îles principales reliées au XVIIIe siècle par un pont construit sous les ordres de Vauban, cerné par une dizaine d'îlots, cet archipel est sans cesse animé par le flux et le reflux.

Un paysage mouvant d'une beauté fascinante. Son histoire est ancienne car dès la préhistoire, les Romains investissent les terres de cocagne. Mais Bréhat a été fondée, comme beaucoup de villes bretonnes, par un moine, saint Budoc, en 470. Fuyant les pillards ravageant la Grande-Bretagne, il fonda, rejoint par d'autres frères, le premier monastère breton. Au milieu du XIe siècle, Bréhat passe sous la tutelle du duché de Penthièvre et de sa capitale, Lamballe. Fortifiée au Moyen Age, elle subit les retombées des guerres de Succession de Bretagne et de la Ligue. Bretons, Anglais et Français se disputent ce bout de terre stratégique. Plus tard, les XVe et XVIe siècles firent de l'archipel le théâtre de farouches combats où tour à tour Anglais puis Espagnols le ravagèrent. Les décades héroïques de la fin du XVIIIe au XIXe siècle, où corsaires mais également pirates et contrebandiers hantaient les mers séparant l'Angleterre et la France, apportèrent un renom certain aux marins de l'île, connus alors pour leur bravoure. Les capitaines Corouge, Lambert, Fleur, Burgeon et d'autres encore sont des noms à jamais gravés dans la mémoire de

l'île. Rien d'étonnant à ce que l'économie de Bréhat soit restée longtemps tournée vers les métiers de la mer. Elle connut l'apogée de son développement à l'époque de la Grande Pêche. Aujourd'hui, les pêcheurs courent les mers du monde pour subvenir aux besoins de leurs familles mais ils reviennent toujours au pays planter leurs souvenirs. Si la pêche ne fait plus vivre les Bréhatins, nombreux sont les sites qui portent la mémoire de ce glorieux passé.

▶ **Île aux fleurs.** Si l'on nomme Bréhat, île aux Fleurs, ce n'est certainement pas un hasard. Plusieurs générations de corsaires et de marins ont rapporté de leurs aventures du monde toutes sortes de plantes exotiques qui se sont facilement acclimatées ici, grâce à un microclimat très favorable, souvent baigné de soleil. Véritable petit paradis d'odeurs et de couleurs, Bréhat offre au regard des jardins miniatures, une flore composée de mimosas, myrtes, figuiers, amandiers et autres eucalyptus, végétation luxuriante trouée de rochers roses. Les contrastes sont étonnants de beauté Ceux-ci marquent encore davantage la différence entre l'île nord et l'île sud. La première est tourmentée avec ses landes et ses criques sauvages. Sa côte est déchiquetée par les tempêtes et des courants très violents. Elle laisse place à de nombreux rochers saillants, prenant des allures de pays irlandais. L'archipel et les grandes étendues découvertes à marée basse sont propices à la reproduction et à l'hivernage d'une avifaune riche et variée : sternes, huîtriers-pies, courlis et autres bécasseaux. L'île du sud riante et douce est un jardin d'Eden parsemé de villas contemporaines, de petites maisons basses au toit de chaume et de vieux manoirs en pierre. Le printemps est certainement la saison idéale pour venir rêver sur cette île qui a su si parfaitement inspirer Matisse, Gauguin et Foujita.

Le moulin à marée du Birlot

■ **VEDETTES DE BRÉHAT**
℡ 02 96 55 79 50
Fax : 02 96 55 79 55
www.vedettesdebrehat.com
Départ pour Bréhat toutes les heures d'avril à septembre. Hors saison, 5 départs par jour. Ouvert tous les jours. Horaires sur répondeur 02 96 55 73 47. Gratuit jusqu'à 4 ans. Adulte : 9 €. Enfant (de 4 à 11 ans) : 7,50 €. Vélo : 15 €. Tour de l'île, adultes : 14 €. Remontée de la Rivière du Trieux, Adultes : 21 €.
Vous ne mettrez qu'un quart d'heure depuis la pointe de l'Arcouest, près de Paimpol, pour gagner l'île aux fleurs. Les vedettes de Bréhat, qui sont presque centenaires proposent un grand nombre de formules. Le tour de l'île commenté, vous fera découvrir cet archipel aux nombreux rochers et îlots et il faut tout le savoir-faire du pilote pour se faufiler dans ce dédale. Autre balade, la remontée de la rivière maritime du Trieux vous conduira entre ses rives spectaculaires à la découverte de cette rivière maritime.

Points d'intérêt

■ LA CHAPELLE SAINTE-ANNE
Non loin du jardin Delasselle se trouve la chapelle Sainte-Anne. De style roman pur, elle fut rebâtie fin XIe-début XIIe sur l'emplacement de l'église primitive. Milieu XVIIIe siècle, l'édifice et son église voisine Notre-Dame-de-Péniti sont utilisées uniquement pour les cérémonies. A partir de 1793, elle fera office de logement pour les canonniers et de dépôt de munitions, ce qui entraîna la dégradation du monument. Ensablement et désensablement provoquèrent en 1860 l'effondrement du toit et des piliers de la nef. Les restes de la chapelle dédiée à sainte Anne, patronne de l'île et des marins, furent consolidés et classés en 1980.

■ LA CHAPELLE SAINT-MICHEL
Erigée au XVIIIe siècle sur une butte de 26 mètres de haut, la chapelle Saint-Michel offre l'un des plus beaux panoramas sur presque tout l'ensemble de l'archipel, notamment l'île de Béniguet, l'île Maudez et la pointe de l'Arcouest. Elle sert ainsi d'amer et offre une vue très dégagée sur l'île sud. Cette chapelle édifiée au XIXe siècle remplace une chapelle bien plus ancienne, qui servit jadis de corps de garde et de magasin à poudre durant la Révolution.

■ LA CROIX DE MAUDEZ
Dominant la mer, le regard s'éternise sur une vue grandiose. Cette croix a été érigée par les Bréhatins pour demander pardon à saint Maudez de l'avoir expulsé au VIe siècle.

■ LES DÉCAPITÉS DE BRÉHAT
Une petite histoire qui ne manque pas de piquant, tout en laissant une belle collection de « décapités ». Le cabaret de Madame Guéré était, au début du siècle dernier, fréquenté par de nombreux artistes. L'un d'eux se laissait un peu tirer l'oreille pour payer son ardoise. La patronne au caractère bien trempé le menaça de lui couper la tête. Dès lors, les artistes ont pris pour habitude de peindre leurs visages sur les verres du café des pêcheurs. La collection compte aujourd'hui 200 récipients mais les artistes conservent leur tête !

■ L'ÉGLISE NOTRE-DAME-DU-BON-SECOURS
Pas très loin de la mairie se trouve l'église construite en 1873 sur l'emplacement de l'ancien cimetière. Elle abrite l'étole (classée Monument historique) de saint Pol qui selon la légende lui permit de terrasser le dragon. On peut aussi y admirer une très belle statue de la Vierge en bois polychrome du XVIe siècle, ainsi qu'un vitrail racontant les exploits du pilote Tremintin, dont le canot de sauvetage porte aujourd'hui le nom.

■ MOULIN DU BIRLOT
BP5
℡ 02 96 20 02 83
Fax : 02 96 20 02 83
birlot@bretagnenet.com
Le moulin du Birlot est situé sur le chenal du Kerpont, à l'ouest de l'île de Bréhat. Une digue de 140 mètres barre une anse pour former une réserve d'eau de 2 hectares, qui alimente le moulin. Rénové, il a été construit entre 1633 et 1638. Ce moulin est considéré comme l'un des plus beaux de Bretagne. En 1916, il cessait de moudre ses 25 tonnes de farine annuelles. Un boulanger qui s'était installé dans l'île s'approvisionnait en farine sur le continent. Aujourd'hui, on y moud du blé noir. Petite info insolite, en basse saison, le moulin sert de refuge pour une petite famille de chouettes effraies !

■ LE PHARE DU PAON
Asseyez-vous là, au pied du phare. Admirez ses rochers de granit rose par centaines que le soleil vient taquiner de ses rayons. Le spectacle est à couper le souffle dans cette écume fumante et cette odeur fraîche de la lande ; idéal pour puiser des nouvelles forces en rêvant de voyages lointains. Le phare surplombe un gouffre (attention ne pas s'y aventurer). On dit que de jeunes gens désirant se marier dans l'année venaient lancer un caillou dans l'interstice du rocher. Si la pierre atteignait l'eau sans ricocher, leur vœu était exaucé mais si elle venait à heurter la paroi, le mariage serait retardé autant de fois que la paroi était touchée.

Le couvert

■ HÔTEL-RESTAURANT BELLEVUE
Le Port-Clos
℡ 02 96 20 00 05
Fax : 02 96 20 06 06
www.hotel-bellevue-brehat.com
Ouvert tous les jours. Menus de 26 € à 41 € (menu homard : 134 € pour 2 personnes). Menu enfant : 9,50 €. Plateaux de fruits de mer de 20 à 51 € par personne. Accueil des groupes (menus de 18 à 30,30 €).
N'est-ce pas une merveilleuse idée que celle de prendre le bateau à la pointe de l'Arcouest pour venir, à la mi-journée, déguster quelques poissons et fruits de mer à la terrasse de ce génial restaurant ? Ici, les espèces marines sautent directement de l'océan à l'assiette, ce qui ne vous empêchera pas, au demeurant de vous émerveiller devant le foie gras maison au piment d'Espelette et confiture d'oignon. La cuisine, classique, mais

Le phare du Paon sur l'île de Bréhat

agrémentées de trouvailles bien appétissantes, saura certainement vous ravir avec par exemple le filet de bar aux coques et chorizo. Même si vous êtes définitivement brouillé avec l'élément liquide, le carré d'agneau à la fleur de thym vous permettra quand même de vous régaler. Les plateaux de fruits de mer sont somptueux et, si vous êtes amateur, c'est ici qu'il faut manger le homard, un menu lui est consacré. Un conseil : venez dîner et restez dormir sur place dans une des chambres de la maison.

Le gîte

■ HÔTEL-RESTAURANT BELLEVUE
Le Port-Clos
✆ **02 96 20 00 05**
Fax : 02 96 20 06 06
www.hotel-bellevue-brehat.com

19 chambres (dont 11 avec vue sur mer). Chambre double de 72 € à 146 € ; chambre triple de 102 € à 112 € ; studio / appartement de 134 € à 175 €. Demi-pension : 154 € (à 210 € pour 2 personnes). Petit déjeuner buffet ou en chambre. Garage : 12 € (sur le continent, sur réservation). Séminaires. Réceptions et mariages. Wifi. Restauration. Locations de kayaks, location de bateaux. Coup de cœur pour cet hôtel de bord de mer, campé sur les rives d'une des plus charmantes îles bretonnes. A quelques pas de l'embarcadère, vous goûterez la douceur de vivre d'un territoire sans voiture. Chaleureusement accueilli par la direction, vous séjournerez dans des chambres au confort incomparable, dont les salles de bains balnéo qui équipent certaines d'entre elles mettront définitivement fin à votre stress. Depuis celles situées côté mer, vous pourrez vous prélasser au petit déjeuner sur balcon ou terrasse, avant de, pourquoi pas, entreprendre une balade en vélo, une rando en kayak ou en bateau, engins que l'on peut vous louer à l'hôtel. Revenant de vos virées, la table du Bellevue finira de vous prouver que décidément la vie est belle.

■ HOTEL-RESTAURANT LA VIEILLE AUBERGE
Le Bourg ✆ **02 96 20 00 24**
Fax : 02 96 20 05 12

Ouvert de Pâques à novembre. 12 chambres. Chambre double de 79 € à 111 €. Demi-pension : 70,50 € (78,50 par personne). Petit déjeuner : 9,75 €. Lit supplémentaire : 28,50 € (avec petit déjeuner). Restauration.
Elle vous ravira, cette maison de corsaire du XVIIIe siècle trônant sur un jardin fleuri. Vous ne risquez pas de vous faire écraser, en remontant depuis l'embarcadère situé à un peu plus d'un kilomètre, car les voitures sont indésirables sur ce petit paradis fleuri. Arrivé à l'Auberge, vous avez le choix entre une des six chambres du rez-de-chaussée qui comportent une terrasse ou une de celles situées à l'étage d'où la vue sur les jardins est tout à fait charmante. Après une balade sur les rivages de l'île, vous aurez la joie de vous attabler au restaurant pour déguster quelque poisson du jour.

Gîtes

■ CÔTÉ MER
Port Clos – Madame Céline Tartault
✆ **06 32 24 50 90 / 02 96 20 03 45**
www.locations-brehat.fr

Pour 4 personnes. De 450 € à 545 € la semaine selon saison. 1 chambre. Un deuxième appartement est à louer au rez-de-chaussée pour 2 à 3 personnes. Terrasse.
Débarquant du bateau à Port-Clos, vous êtes tout près de ce gîte constitué d'un appartement, au premier étage d'une grande maison en pierre de taille. Constitué d'une chambre et d'une grande pièce à vivre, il comporte un coin cuisine bien équipé et, bien sûr, salle de bains et toilettes. Ainsi hébergé, c'est l'esprit libre que vous pourrez vous adonner aux sports nautiques ou aux bains de mer et au bout d'une semaine de balades à bicyclette, vous aurez visité tous les chemins et les sites remarquables de Bréhat.

■ **LE REFUGE DES ELFES**
Crech Kerio ✆ **06 08 03 06 43**
www.refugedeselfes.fr

Pour 6 personnes (40 m²). De 495 € à 570 € la semaine selon saison. Tarif selon période.
Passer une semaine à se reposer dans l'île aux Fleurs tenterait n'importe quel surmené. A quelques minutes du débarcadère, on trouve des chalets confortables et sympas qui constituent une solution idéale pour passer un séjour actif sur l'île. En totale autonomie, vous allez faire vos courses dans les commerces voisins et faites votre cuisine au Refuge, ce qui vous permet de vaquer à vos activités. Le Centre Nautique Les Albatros se trouve tout près, ainsi que la plage dont vous profiterez abondamment avant de vous élancer à bicyclette à la découverte de Bréhat.

Chambres d'hôtes

■ **L'HIPPOCAMPE**
Le Bourg ✆ **06 70 58 52 46 / 02 96 20 04 00**
www.locationlamy-brehat.fr/

1 chambres. Chambre double 65 €. Petit déjeuner inclus. Lit supplémentaire : 10 € (capacité totale : 5 personnes). Au bourg, cette maison d'hôte vous attend dans une jolie maison plutôt moderne. Mais n'est-ce pas plutôt un gîte ? Certainement un peu des deux. Vous pouvez être accueilli à cinq dans des conditions de confort très agréables. La chambre comporte en effet une salle de bains indépendante, mais aussi une terrasse privative avec barbecue et une kitchenette, ce qui vous permet d'organiser votre séjour à des conditions financières très intéressantes en prenant vos repas sur place. Les commerces sont tout à côté et tous les matins, vos hôtes vous fournissent un petit déjeuner délicieux et roboratif, préalable à des bains de mer et promenades inoubliables.

■ **MEN JOLIGUET**
Le Port Clos
✆ **02 96 20 08 29 / 06 88 20 32 88**
www.locations-brehat.net

Fermé d´octobre à avril. Ouvert aux vacances de la Toussaint. Chambre double de 88 € à 123 €. Petit déjeuner inclus. Venir à Men Joliguet, c'est quelque part l'assurance de réaliser un rêve de mer, le nom du lieu est celui d'une balise de l'entrée du port. A deux pas de l'embarcadère, vous rejoindrez cette maison qui domine un jardin typique de l'île, fleuri à souhait, et une terrasse merveilleusement ensoleillée. Les chambres sont parfaitement meublées, confortables, munies de salles de bains et certaines possèdent même une cheminée. Depuis votre fenêtre, les bateaux dansent mollement au mouillage et au fond, le continent vous fait de l'œil.

■ **LA POTINIÈRE DE BRÉHAT**
Plage du Guerzido
✆ **06 98 49 24 12 / 02 96 20 04 78**
www.lapotinieredebrehat.com
Fermé du 1ᵉʳ octobre au 1ᵉʳ avril. Chambre double de 80 € à 110 €. Wifi.

C'est un peu la Californie à la plage de Guerzido. Pensez donc ! Une maison, un ancien hangar à bateau vous reçoit dans une de ses quatre chambres d'hôtes qui ont un accès direct à la plage. Toutes très confortables et décorées design, elles sont à la hauteur de ce site exceptionnel et bien sûr équipées de sanitaires et salles de bains indépendants et de la wifi. Après de longs farniente sur la terrasse ou sur la plage et moult bains de mer partez découvrir Bréhat à vélo, l'île étant exempte des méfaits des moteurs.

■ **LE REFUGE DES ELFES**
Crech Kerio ✆ **06 08 03 06 43**
www.refugedeselfes.fr

Fermé de novembre à mars. Chambre double de 65 € à 75 € la nuit, de 120 € à 140 € le week-end. Petit déjeuner inclus.
Qui refuserait une petite ballade à Bréhat pour le week-end ? Surtout que vous êtes attendu ici dans cette chambre d'hôte avec entrée indépendant. Très bien équipée en sanitaires et toilettes, elle comporte un coin petit déjeuner où vous pouvez vous prélasser avant d'entamer les activités de la journée. La plage est à cinq minutes. Entre les bains de mer, vous pouvez y louer un kayak pour aller faire des ronds dans l'eau et visiter les cailloux de ce splendide archipel.

Campings

  CAMPING MUNICIPAL DU GOAREVA**
✆ **02 96 20 02 46 / 02 96 20 00 36**
Fax : 02 96 20 01 92
www.iledebrehat.fr
Fermé de septembre à juin. Emplacement + 1 personne à partir de 5,30 €. Personne supplémentaire à partir de 3,10 €. Forfait travailleur saisonnier mois complet : 97,30 €, semaine : 26,50 €.
Voilà un camping qui ravira littéralement les vrais campeurs, ceux qui dorment sous des tentes et qui font leur cuisine sur des camping-gaz. Au-dessus de Port-Clos où se trouve l'embarcadère, les amoureux de la nature seront parfaitement dans leur élément. Sous des arbres accueillants, ils s'endormiront au crépuscule en regardant la mer après avoir parcouru l'île à pied et à vélo. Si les services proposés sont réduits, les commerces sont tout près, et les prix sont tout à fait attractifs, compte tenu que les sanitaires sont à niveau.

Loisirs

■ **ÉCOLE DE VOILE LES ALBATROS**
Plage de Guerzido
✆ **02 96 20 07 24 / 06 77 98 00 42**
www.les-albatros.com
Fermé d´octobre à janvier. Haute saison : ouvert tous les jours. Stage de voile : de 98 € à 169 € la semaine ; baptême de plongée : 40 € ; location de kayak : 10 € l'heure ; sortie zodiac : de 17 € à 20 € par personne les 2 heures. Cotisation club obligatoire : 5 €.
Quel cadre idéal pour apprendre à naviguer. Loin des rivages monotones des plages uniformes, vous pourrez

vous initier ou vous perfectionner au maniement d'un dériveur ou d'un catamaran entre cailloux et îlots, sécurisé par un moniteur diplômé d'Etat. Les possibilités ne s'arrêtent pas à la voile. Outre les cours de plongée, vous pouvez aussi louer un kayak ou effectuer, avec celui-ci, une randonnée accompagnée sur une durée de plusieurs jours. Après un tel séjour, l'archipel de Bréhat et sa vie marine n'aura plus de secret pour vous.

Location de deux-roues

■ **DALIBOT – LES VÉLOS LES PLUS BEAUX**
Le Port-Clos
✆ **02 96 20 03 51**
Fax : 02 96 20 08 26
www.locationvelosbrehat.com
Tarifs de groupes, séminaires, mariage à vélos, location à la semaine. Tarifs VTT et VTC. La journée : adulte 13 €. La demi-journée : 10 €. Tarifs enfants. Tarifs carriole : 3 € l'heure, 8 € la journée.
L'île présente un profil idéal pour le vélo, à la fois pour ceux qui n'en font jamais, les côtes ne sont jamais violentes, et pour les enfants, car les voitures étant absentes, leur sécurité est assurée. Les carrioles sont pratiques pour porter les bagages, et c'est ainsi équipés que vous pourrez parcourir en tous sens les chemins de l'île, vers le phare du Paon, l'étrange moulin à marée

de Birlot et la chapelle Saint-Michel qui le domine. Les vélos sont bien sûr parfaitement entretenus et casques et antivols sont fournis avec votre monture.

Emplettes

■ **LES VERRERIES DE BREHAT**
La Citadelle
✆ **02 96 20 09 09**
www.verreriesdebrehat.com
Basse saison : ouvert du lundi au vendredi de 10h à 16h45. Haute saison : tous les jours de 10h à 17h45. Ouvert toute l'année.
Si vous n'avez aucune idée du travail artisanal du verre, courez à cette adresse. Au cœur de la citadelle datant de 1863, vous verrez ici la pâte rougeoyer au bout des cannes, après un séjour dans un four à 1 200°, mais aussi les nombreuses opérations nécessaires à la fabrication d'une collection d'objets décoratifs et utilitaires. Boutons de porte, luminaires, boules d'escalier et tous articles de la quincaillerie décorative. Vous aurez du mal à en repartir sans un des très esthétiques objets produits ici, vaisselle, vases ou autre objet pour décorer votre intérieur. Notez que ce centre d'art et d'artisanat du verre a reçu, en 2007, le prestigieux prix Entreprises et patrimoine vivant.

LES ÎLES BRETONNES

Îles du Finistère

L'archipel des Glénan

Une population fluctuante pour une superficie difficilement calculable et au final une île habitée qu'à la belle saison ! A 18 km au large de la commune de Fouesnant dont elles font partie, les îles de Glénan offrent un total dépaysement. Autour de la « Chambre », petite mer intérieure et escale favorite des plus grands navigateurs, huit îles principales, une dizaine d'îlots et de multiples écueils s'organisent en cercle. Aujourd'hui, une grande partie de ces îles sont privées ou classées réserves ornithologiques, comme l'île Giautec et ses îlots où les oiseaux (sterne caugek et pierregarin, gravelot à collier ininterrompu, cormoran huppé…) viennent trouver refuge et se reproduire. Le reste de l'archipel n'est habité qu'à la belle saison et entièrement voué aux loisirs nautiques.
Le passé des îles de Glénan est parsemé de fortunes et d'infortunes. Habitées dès la préhistoire, elles étaient le repaire des corsaires et des pirates au début du XVIIIe siècle. A son apogée en 1881, l'archipel abritait 85 âmes, tous pêcheurs, agriculteurs – goémoniers ou fabri-

cants de soude. Les « travailleurs de la mer » de tout le Finistère venaient, dans ses eaux, pêcher la langouste et le homard. Peu à peu, l'archipel sera quasi abandonné. C'est avec l'installation, à la fin des années 1940, du centre nautique sur le site, puis du centre international de plongée que l'archipel a pris peu à peu son essor. S'il est devenu pour de nombreux visiteurs un espace privilégié de découvertes et de loisirs, il ne faut pas oublier que pour le préserver, il faut avant tout le protéger.
1 000 bateaux de plaisance sont présents dans l'archipel, certains jours d'été ; du coup certaines populations d'oiseaux marins délaissent l'archipel, car trop sensibles au dérangement. L'un des plus beaux herbiers de zostères du littoral, les « prairies marines », se trouve en danger par les ancres des bateaux, il faut absolument utiliser les mouillages organisés de La Pie et de la Chambre.
A respecter également, les recommandations concernant la pêche avant le retour de la marée. En se retirant, la mer découvre de vastes étendues de sable, de roche et laisse derrière elle des mares où se réfugient poissons et crustacés. Parcourir l'estran sans protéger les écosystèmes présente un sérieux danger pour l'avenir.

Attention : la chasse sous-marine est interdite dans la plus grande partie de l'archipel. L'île Saint-Nicolas, est une riche et minuscule réserve naturelle. Il y a près de deux siècles, un botaniste de Quimper découvre en 1803 sur cette île un narcisse jusqu'alors inconnu et que l'on ne trouve nulle part ailleurs.

La nouvelle ne tarde pas à se répandre et l'île est littéralement pillée. En 1973, une réserve naturelle est créée mais le lieu est envahi par genêts et ronces. Aujourd'hui, pour contenir les broussailles, on fait appel aux moutons d'Ouessant et aux ânes et depuis trente ans, botanistes et naturalistes tentent de le sauver. L'équilibre écologique assuré, le narcisse peut s'épanouir. Des visites sont possibles à la floraison au début du printemps.

L'Île de Batz

Bien que touristique, Batz a conservé une authenticité et du charme qui lui donnent beaucoup d'attraits. Il est possible de faire le tour de l'île – 3,5 kilomètres de long, 1,5 kilomètre de large – en quatre heures. Au sud-ouest, on remarque une ancienne maison de corsaire : construite au début du XVIIIᵉ siècle, ce corps de garde abritait les canonniers des batteries proches ainsi que le personnel des douanes. Le phare, le jardin Delasselle, le trou du serpent, les vieilles maisons en pierres sont quelques lieux à découvrir quand on prend le temps de vivre et que l'on a envie de goûter à la nature insoumise. Les plages se situent plutôt à l'ouest et au sud, mais la température de l'eau y est souvent plus froide qu'ailleurs, qu'importe c'est tonique et vivifiant ! Mais, à Batz, la vie insulaire se décline aussi autour de l'agriculture : une quinzaine d'exploitations biologiques ou traditionnelles se partagent 170 hectares de terres cultivables réparties en de nombreuses parcelles. La pêche tient aussi une place dans l'économie de l'île : 22 marins de profession pour 5 fileyeurs, 2 chalutiers et 5 goémoniers. Ile originale, quadrillée de champs et « balayée » par le Gulf Stream, on parle moins de Batz par rapport aux autres îles finistériennes. Secrète ? Discrète ? En tous les cas, à peine 15 minutes de bateau pour suffisent pour l'atteindre et le dépaysement est total.

L'île de Batz recèle de richesses. Elle offre plus de 14 km de côtes longées de nombreuses plages de sable fin. Baignée par un microclimat, elle a su conserver une flore et une faune très riches ainsi qu'un patrimoine naturel préservé. Plus de 650 espèces d'algues sont dénombrées sur les côtes du Nord Finistère. Cette extraordinaire richesse est liée à la qualité de l'eau de mer et à la climatologie locale. Les algues sont utilisées en agriculture, médecine, cosmétologie, agroalimentaire et thalassothérapie. Plantes et oiseaux rares mais aussi coquillages viennent ici trouver asile. Pour découvrir tous les secrets de l'île, il vous faudra emprunter tous les chemins goudronnés ou non.

Points d'intérêt

■ **JARDIN GEORGES-DELASELLE**
Penn-Batz ✆ **02 98 61 75 65**
www.jardin-georgesdelaselle.fr
Ouvert du 1ᵉʳ avril au 1ᵉʳ novembre. Basse saison : ouvert du mercredi au lundi de 14h à 18h. Haute saison : tous les jours de 13h à 18h30. Tarif seniors et étudiants : 4 €. Gratuit jusqu'à 10 ans. Adulte : 5 €. Enfant (10 à 16 ans) : 2,50 €. Groupe : 4 € (groupes scolaire : 1,70 €). Senior, étudiant, chômeur : 4 €. Visite guidée : 7 €. Visite guidée (en juillet et août, le mardi, à 10h 8 €). Interdit aux animaux. Label Jardin remarquable.

© PHOVOIR

Sur l'île de Batz

En 1897, Georges Delasalle, assureur parisien, passionné de végétaux exotiques, est profondément séduit par l'ambiance qui règne à l'île de Batz. Remarquant de nombreux végétaux exotiques et rares en provenance des quatre coins du monde, il décide d'œuvrer à la création d'un jardin consacré à ces végétaux. En cours d'aménagement, il met à jour une nécropole datant de l'âge du bronze. Lorsqu'il meurt, une luxuriante oasis a pris la place de la dune aride et primitive. Abandonné pendant des années, une association sort le jardin de l'oubli et en 1997, le Conservatoire du littoral en devient propriétaire. Vous y verrez une collection de plus de 2 500 plantes dont plus des deux tiers de l'hémisphère sud. Le jardin est divisé en espaces dont chacun vous invite au voyage. C'est un véritable conservatoire de la biodiversité mondiale.

■ LE PHARE
℘ 02 98 61 77 76
Fermé d´octobre à mars. Ouvert toute l'année pour les groupes sur réservation. Basse saison : ouvert tous les jours de 11h à 17h. Septembre, ouvert tous les week-ends jusqu'au 16 inclus. Adulte : 2,20 €. Enfant : 1,20 €. Visite guidée (nombre restreint pour les visites).
Sa construction démarre en 1834 et il faut trois ans pour construire les 44 m de cette tour. Il est électrifié à la veille de la Seconde Guerre mondiale, après avoir fonctionné à la vapeur de pétrole. Culminant à soixante-sept mètres au-dessus de la Manche, il éclaire jusqu'à 36 km en mer. 198 marches vous permettent de gagner la plate-forme à son sommet. Cardiaques et insuffisants pulmonaires s'abstenir. Les autres pourront contempler un panorama qui s'étende des Sept-Îles à l'est à l'Île Vierge à l'ouest, à l'entrée de l'Aber Wrac'h, en passant par l'entrée de la baie de Morlaix.

Le couvert

■ LES COULEURS DU TEMPS
Le Débarcadère ℘ 02 98 61 75 75
www.lescouleursdutemps.net
Fermé d´octobre à mars.
Ce bel établissement est installé dans le quartier du port. On y mange une cuisine simple et élaborée à partir de produits bios et locaux. Les crêpes au blé noir et au froment portent le nom d'îles du monde. Le choix est vaste et on se laisse vite tenter par une deuxième voire plus si l'on est gourmand. Des salades complètent la carte des menus. Les plats évoluent au fil des saisons. Enfin, le kig ar farz, le plat typique léonard est préparé sur réservation. Et puis, avant de reprendre le bateau, on peut venir apprécier la vue tout en dégustant une bonne glace sur la terrasse.

■ LES HERBES FOLLES – HÔTEL-RESTAURANT
Le débarcadère
℘ 02 98 61 78 28
www.hotel-iledebatz.com
Ouvert toute l'année. Tous les jours le midi et le soir. Menu unique à 19,50 €. Menu enfant : 8,50 €.
Lorsque l'on se balade à Roscoff, la tentation est grande de passer en face pour visiter l'île de Batz. Eh bien, il ne faut pas hésiter, même pour un aller-retour, car vous trouverez à l'endroit où vous débarquez, un restaurant qui sait vous accueillir comme il se doit. Le cadre y est des plus sympathiques, avec, dans la salle ou sur la terrasse, la vue sur le continent. La cuisine est en harmonie avec cette fête des yeux, produits frais et espèces marines locales y sont cuisinés de belle façon. Soupe de poisson ou salade de chèvre chaud précéderont le lieu à la salicorne ou le filet mignon de porc au cidre et aux oignons rosés de Roscoff. Impossible de quitter les lieux sans déguster la fameuse glace artisanale Jampi, perle du Finistère.

Le gîte

■ LES HERBES FOLLES – HÔTEL-RESTAURANT**
Le débarcadère
℘ 02 98 61 78 28
www.hotel-iledebatz.com
🍸
Ouvert toute l'année. 10 chambres (7 avec vue sur mer). Chambre double de 60 € à 105 €. Pension complète : 43 € (en sus du prix de la chambre). Demi-pension : 28 € (en sus du prix de la chambre). Petit déjeuner : 8,80 €. Animaux acceptés (10 €). Wifi. Restauration.
Inutile d'aller plus loin, lorsque vous débarquez à l'île de Batz. Devant vous, l'hôtel Herbes Folles se tient au bord de l'eau, dans une grande maison d'architecture balnéaire. Très récemment ouvert, cet hôtel de charme vous reçoit dans une de ses dix chambres très confortables et équipées de wifi. Choisissez une de celles qui donne sur la mer, car la vue sur le continent et la côte découpée de Roscoff est de toute beauté. A deux cents mètres des plages, votre séjour se partage entre bains de mer, balades sur les chemins de l'île jusqu'au phare ou farniente sur la très agréable terrasse au premier étage de l'établissement. Dans la soirée, le bar et le restaurant vous accueillent pour une soirée bien agréable.

Chambres d'hôtes

■ L'ÎLE EN ÎLE
Ker Ru Louet
Rue Neuve
Madame Chantal Cabioch
℘ 06 23 07 48 73
ile.en.ile.free.fr
2 chambres (capacité : 2 à 3 personnes par chambre). Chambre double à partir de 49 €. Petit déjeuner inclus. Lit supplémentaire : 16 €. Salle de bain et sanitaires partagés. Wifi.
Venez prendre l'air à l'île de Batz, loin du bruit et du tumulte des automobiles et des touristes. A deux kilomètres de Roscoff, sur cette terre d'agriculteurs et de marins, cette maison d'hôtes vous accueille pour un séjour de pure détente à quelques centaines de mètres de l'embarcadère. Dans les deux chambres claires, ayant vue sur mer, un mobilier confortable vous permettra de vous reposer dans les meilleures conditions entre excursions et bains de mer et farniente dans le jardin.

■ **TI VA ZADOU**
Marie-Pierre Prigent
Le Bourg ✆ **02 98 61 76 91**
www.tivazadou-iledebatz.fr

3 chambres (et une suite). Chambre simple 50 € ; chambre double 65 € ; chambre triple 80 €. Petit déjeuner inclus.
Dans cette grande maison de maître traditionnelle, demeure ancestrale de la famille Prigent, on vous accueille à la bonne franquette, avec beaucoup de chaleur et d'à propos. Difficile, pour le voyageur, de résister au charme qui se dégage du lieu, mélange de l'enchantement des vieilles pierres et de la gentillesse de vos hôtes qui vous feront partager un peu de l'histoire et des histoires de leur terre, peuplée de pêcheurs et de paysans. Vous dormirez dans le calme absolu d'un bourg sans voiture, à deux pas de l'église dont les cloches ont le bon goût de cesser de sonner à partir de sept heures du soir. Les chambres décorées de couleurs gaies, toutes dotées de salles de bains et toilettes indépendantes sont agréables et confortables, l'une d'entre elles pouvant recevoir jusqu'à quatre personnes. Lors du copieux petit déjeuner, n'hésitez pas à demander conseil aux maîtresses de maison quant aux activités à pratiquer et curiosités à visiter, leur île n'a pas de secret pour elles.

L'Île de Molène

Plusieurs interprétations ont été avancées sur l'origine du nom Molène. Pour certains, le nom de cette « île du bout du monde » viendrait du breton *moal enez* qui signifie l'île chauve. Ceci s'expliquerait par l'absence d'arbres sur l'île. Pour d'autres, son étymologie évoquerait une particularité de l'île en forme de butte. Le point culminant se situe à 26 mètres au-dessus de la mer. Cette île est un petit bout de terre de 72 ha, entourée de 9 îlots principaux (Bannec, Balanec, Molène, Triélen, L'île aux Chrétiens, Quéménès, Litiry, Morgol, Béniguet) et éloignée du continent d'environ 15 kilomètres. Il faut à peu près 1h30 de traversée à partir du port de Brest ou 30 minutes du Conquet pour l'atteindre. L'accès à l'archipel de Molène a toujours été considéré comme très dangereux pour la navigation. Néanmoins, Molène dispose d'un port abrité qui accueille Molénais et vacanciers toute l'année. Concernant les activités économiques, le tourisme a pris de plus en plus d'ampleur au fil des années. Avant, à Molène, on était marin de père en fils et les travaux liés à la récolte du goémon étaient très importants. A l'heure actuelle, il reste encore des pêcheurs à Molène, dont quelques uns spécialisés dans les ormeaux. Ce coquillage réputé, rare et au goût très fin, a reçu récemment un label « ormeau de Molène ». Il se récupère en plongée sous les laminaires de septembre à avril et régale les connaisseurs dans quelques rares restaurants du Conquet et de Brest. Le ramassage d'algues est toujours effectué pour l'agroalimentaire et les industries de cosmétique. Pour découvrir l'île, un sentier de randonnée balisé a été aménagé. Durant la marche, avec un peu de chance, on peut apercevoir des phoques gris de la mer d'Iroise.

■ **MUSÉE DU DRUMMOND CASTLE**
✆ **02 98 07 38 41**
Ouvert durant toutes les vacances scolaires (sauf février), et les week-end entre juin et septembre, de 14h30 à 17h (18h30 en été). Gratuit jusqu'à 12 ans. Adulte : 2 €. Groupe : 1 €.
Le 18 juin 1896, Mathieu Masson, pêcheur aguerri de l'île de Molène heurte en plein brouillard des débris de bois, des épaves des fûts et des régimes de banane. Pour lui le naufrage d'un gros bateau est évident, le Drummond Castle a sombré pendant la nuit dans les parages délicats du Fromveur. Alerte est donnée sur l'île, sur Ouessant et le continent et trois rescapés seulement seront retrouvés, les défunts étant ramenés et enterrés dans le cimetière de l'île. En remerciement des habitants pour leur dévouement, la reine Victoria leur offre une horloge, un calice et une citerne destinée à recueillir les eaux de pluie.

Points d'intérêt

■ **ÉGLISE SAINT-RONAN**
L'église actuelle a été reconstruite à la fin du XIXe siècle car la précédente n'était plus assez grande pour contenir tous les paroissiens molénais. A l'intérieur, on découvre quelques trésors. Parmi les ciboires et les statues, on peut admirer une magnifique huile sur toile non signée du XVIIe siècle, intitulée *La Vierge et l'Enfant*. A ses côtés, trône un calice en vermeil offert par l'archevêque de Canterburry au recteur de l'île en remerciement suite au naufrage du Drummond Castle. La reine Victoria et les autorités anglaises offrirent également une horloge pour le clocher de l'église en signe de reconnaissance. Deux ex-voto représentant des bateaux, un trois-mats et un sloop, sont également visibles.

■ **LA MARCHE TRIELEN – MOLÈNE**
Un jour de grande marée en août ou en septembre selon les années. Nombre de participants limité à 100. Déconseillé aux enfants de moins de 10 ans.
Le principe est simple : parcourir 3,5 kilomètres en 1h30 de temps à peu près. Mais, c'est sans compter sur quelques contraintes. Le principal déterminant reste le coefficient de marée car il faut qu'il atteigne au moins 107 pour que le chemin soit praticable. Ensuite, il faut avoir une bonne forme physique pour crapahuter dans les rochers et « marcher » sur les laminaires. Si tous ces éléments sont réunis avec en plus la bonne humeur, on est prêt pour rejoindre à pied Trielen à Molène. Cette marche originale est organisée depuis 1979 par l'Amicale molénaise et n'a lieu qu'une fois dans l'année. Un conseil futé : ne pas la rater pour garder un souvenir inoubliable !

Le couvert

■ **BAR RESTAURANT L'ARCHIPEL**
Le Quai
✆ **02 98 07 38 56**
Ouvert toute l'année. Fermé pendant les fêtes de fin d'année. Tous les jours le midi. Menus de 19 € à 26 €. Formule : 15 €. Terrasse.

En arrivant sur les quais de Molène, peut-être aurez-vous envie d'aller quelques pas pour récupérer du mal de mer, ou la faim sera plus forte et vous cherchez immédiatement quelqu'établissement pour combler votre estomac vide. Entrez donc au Restaurant de l'Archipel, ou installez-vous sur la terrasse sur la mer qui vous offre une vue magnifique. Le chef Marcel Monot et sa cuisine locale sauront redonner le goût de manger, à ceux qui ont nourri les poissons comme aux autres. Incontournable, le homard dont la préparation au Ricard est une recette jalousement gardée. L'assiette Molénaise terre et mer (saucisses de Molène fumée aux algues, congre, lieu, sauce crustacés safrané servie avec pommes de terre) viendra également à bout de votre faim, mais vous pouvez aussi opter pour des moules marinières ou normandes ou sauce beurre blanc. Après un dessert, pour ceux dont l'appétit est insatiable, c'est l'esprit apaisé que vous entamerez un tour de l'île.

CRÊPERIE LE VENT DES ÎLES
Mez ar Vilin
02 98 07 37 08
www.vent-des-iles.com
Ouvert de mars à novembre et durant les vacances scolaires. Carte : 15 € environ.
Si vous avez envie de manger les rondes spécialités bretonnes à Molène, vous n'avez pas le choix, il faut vous rendre de ce pas à la crêperie du Vent des Iles. En haut de la gare maritime, Cathy Tual vous attend dans cette agréable maison moderne. Si vous n'êtes pas inconditionnel de la complète, il est impératif de tester les galettes de spécialité maison comme La Mouette garnie avec des gambas au curry et du riz, La Skréo à la saucisse de Molène fumée aux algues ou L'Océane aux Saint-Jacques et fondue de poireaux à la crème. Pour les groupes de six personnes et plus, commandez un ragoût de mouton « cuit dans les mottes », le fameux plat traditionnel. Vous ne sortirez pas d'ici sans avoir dégusté une bonne crêpe miel citron préalable à une sieste dans l'herbe.

HÔTEL-RESTAURANT KASTELL AN DAOL
02 98 07 39 11 / 02 98 07 38 64 / 06 84 78 81 03
Fax : 02 98 07 39 92
www.kastell-an-daol.com
Ouvert toute l'année. Fermeture annuelle en début d'année. Tous les jours le midi et le soir. Menu unique à 26 €. Menu enfant : 9 €. Formule : 19 €. Homard des iles flambé au whisky : 58 €.
Si vous visitez les îles de l'Iroise, ne négligez en aucun cas Molène où un arrêt ; voire un séjour. En effet, ne craignez pas de jeûner ou de dépérir sur ce bout de terre bretonne car au restaurant Kastel an Daol fondé en 1962 par la famille Masson, la faim générée par l'air du large trouvera un délicieux remède. L'univers marin est ici un immense camp de cailloux et les pêcheurs ramènent dans leurs casiers, crabes, homards, langoustes à profusion qui se retrouvent immanquablement au menu de cet

exceptionnel restaurant. Yannick Masson officie aux fourneaux et cuisine de main de maître tous ces trésors de la mer et, si on doit manger du homard, c'est bien ici qu'il faut le faire. Cuisiné au whisky, à l'armoricaine, à l'estragon ou façon Bellevue, malheureusement vous n'en mangerez qu'un. Il est possible, bien sûr, de choisir un plateau de fruits de mer ou un repas plus diversifié. Au beau temps, sur la terrasse, vous pourrez déguster des huîtres en entrée, suivies d'une lotte au beurre blanc ou d'un lieu sauce molénaise. Pour finir pourquoi pas un super far breton ? Molène, votre palais s'en souviendra !

Le gîte

HÔTEL-RESTAURANT KASTELL AN DAOL
02 98 07 39 11 / 02 98 07 38 64 / 06 84 78 81 03
Fax : 02 98 07 39 92
www.kastell-an-daol.com
10 chambres. Chambre double. Petit déjeuner : 8 €. De 65 € à 80 €/nuit/pers en 1/2 pension ou pension complète.
A Molène, vous ne serez pas dérangé par les voitures ou une fréquentation touristique excessive et bruyante. Ici, tout respire la paix et le Kastell an Daol, campé au bord du port, vous procurera un repos et une détente beaucoup plus efficace qu'un séjour en thalasso. Grâce à votre chambre confortable, le sommeil réparateur alterne avec la balade dans ce superbe environnement, la visite du musée du Drummond Castle et les conversations avec les habitants, dont un membre de la tribu Masson, fan de Johnny. Après quelques cervoises, vous avez la satisfaction de pouvoir vous attabler dans un restaurant de fruits de mer tout à fait exceptionnel.

Chambres d'hôtes

FERME INSULAIRE DE QUÉMÉNÈS
Ile de Quéménès
06 63 02 15 08
www.iledequemenes.fr
Ouvert toute l'année. Chambre double de 80 € à 110 €. Demi-pension obligatoire. Restauration (15 € par repas adulte et 8 € par repas enfant de 4 à 14 ans, boissons comprises).
On est ici dans l'exceptionnel et le rare. Le Conservatoire du Littoral a confié l'île et David et Soizic l'exploitation de la ferme insulaire de Quéménès qui produit une partie de ce qui leur est nécessaire ainsi qu'aux hôtes qui peuvent louer une des trois chambres d'hôtes. Inutile de dire qu'elles sont confortables et que le murmure de la mer et parfois le frôlement du vent constituent le seul décor sonore à votre séjour, d'où des nuits profondes et sans éveil intempestif. Après un bon petit déjeuner, vous pourrez vaquer à des occupations avec ou sans vos hôtes qui vous reconduiront à Molène avec leur vedette en fin de séjour.

Retrouvez le sommaire en début de guide

LES ÎLES BRETONNES

Campings

■ CAMPING MUNICIPAL
ℰ 02 98 07 39 05 – Fax : 02 98 07 38 28
Ouvert pendant l'été. Se renseigner auprès de la mairie. 50 emplacements. Emplacement + 1 personne de 6,30 € à 8 €. Personne supplémentaire de 4,20 € à 5 €.
Il est évident que ce camping ne sera pas forcément au goût des habitués du mobil-home ou de la caravane tout confort. Ici, c'est le paradis des tentes protégées du vent d'ouest par un muret. Pas d'animation ni de snack-bar. À quoi bon ? Les bars et pubs du bourg sont à quelques minutes à pied et si vous voulez jouer à la pétanque, les chemins aux alentours sont là pour ça. Pour votre déjeuner du midi, vous aurez évidemment attrapé quelques coquillages, crevettes ou crabes, mais si vous n'avez pas la main heureuse, filez dans un des deux restaurants ou à la crêperie. Vous l'aurez compris, le camping de Molène fait partie de la dizaine de campings réellement nature de Bretagne qui ont échappé à l'enfer de l'aménagement, de l'animation et des aquaparcs.

L'Île d'Ouessant

Difficile tâche que de décrire en quelques lignes Ouessant... Quelques chiffres pour commencer : l'île se trouve à une vingtaine de kilomètres du continent et elle a une superficie de 1 500 ha. La première traversée d'un vapeur entre Ouessant et les côtes remonte à 1880. L'électrification de l'île date de 1953. Elle compte une église, deux chapelles et 18 calvaires. Ses abords sont surveillés par 2 phares en terre (le Stiff et le Creac'h) et 3 phares en mer immédiate (la Jument, Kereon et Nividic). Depuis 1982, la tour du Stiff complète le dispositif du haut de ses 70 mètres et surplombant la mer à 136 mètres. Ensuite, pour poursuivre avec les données chiffrées : il y a quelques centaines d'habitants à l'année et beaucoup plus quand les beaux jours approchent. Quand on y arrive, on est un peu secoué sur le passage du Fromveur, un puissant courant marin de 8 à 10 nœuds qui

sépare Molène et Ouessant. Mais une fois le pied posé sur l'île cela est vite oublié. Falaises, côtes escarpées, vagues, écume, oiseaux de mer, phoques gris, ajoncs, bruyères, agapanthes : c'est un spectacle permanent. De nombreux sentiers ont été aménagés, pour la plupart praticables en vélo, et on ne se lasse pas de les suivre. Au détour des chemins, on aperçoit dans les petites parcelles des constructions en pierre en forme d'étoile. Ce sont des « gwasked », des abris pour les moutons qui s'y réfugient quand le vent meugle de toute part. Concernant les moutons, quelques traditions sont toujours respectées : les moutons sont en vaine pâture de la saint Michel (fin septembre) jusque la mi-février, ensuite chacun retrouve ses bêtes en fonction de la forme de la coupe des oreilles comme autrefois ou avec les étiquettes. Quand on parle du mouton, on n'oublie pas que ce n'est pas par hasard que le ragoût à la motte est devenu la spécialité culinaire ouessantine. Mais Ouessant a d'autres atouts et d'autres particularités que l'on découvre petit à petit et il n'est pas interdit d'y revenir !

■ OFFICE DE TOURISME
Bourg de Lampaul – Face à l'église
ℰ 02 98 48 85 83 – Fax : 02 98 48 87 09
www.ot-ouessant.fr
Basse saison : ouvert du lundi au samedi de 10h à 12h et de 14h à 17h ; le dimanche et les jours fériés de 10h à 12h. Haute saison : du lundi au samedi de 9h à 12h30 et de 13h30 à 18h30 ; le dimanche et les jours fériés de 9h à 12h30. Ouvert le dimanche.
Vous avez beau être dans une île, vous ne pourrez faire un séjour vraiment profitable sans un passage dans cet office de tourisme dans lequel tout le monde se précipite à chaque arrivée des navettes desservant le bateau. Préférez donc un moment plus calme pour vous renseigner sur les endroits à visiter comme la Maison du Niou, le musée des Phares et Balises, les différents points de vue remarquables de l'île ou encore les hébergements. N'oubliez surtout pas d'emporter un plan de l'île comportant tous les chemins de randonnées et routes carrossables, c'est le sésame qui ouvre toutes les autres portes.

Se rendre à Ouessant

Bien sûr vous pouvez accéder à Ouessant en bateau de plaisance. Cependant les parages sont dangereux par gros temps et les mouillages sur bouées dans la baie de Lampaul, orientée sud-ouest, ou du Stiff, orientée nord-est, ne sont vraiment sûrs que par bonne couverture météo, les coups de vents pouvant monter rapidement. On préférera donc accéder au port du Stiff grâce au bateau le *Fromveur II*. Il appartient à la compagnie de navigation départementale Penn ar Bed qui dessert également Molène et l'île de Sein, cette dernière avec un autre bateau. Attention, il est largement préférable de partir de Brest plutôt que du Conquet. En effet, si le trajet dure une heure de plus, cette solution présente de nombreux avantages. Le Goulet de Brest est d'une grande beauté et on trouve facilement à se garer sur les parkings de Brest. Mais surtout, vous n'aurez pas à essayer de stationner dans la très inhospitalière ville du Conquet où le parking du port gratuit est toujours plein et où tous les autres stationnements sont payants. Ces dispositions vous interdisent totalement d'arriver au dernier moment. Beaucoup de personnes, surprises par la configuration des lieux, ne réussissent même pas à embarquer. Donc, si vous avez décidé de partir de là, prenez vos précautions, arrivez une heure à l'avance et stationnez sur le parking payant à l'entrée de la ville. Des navettes sont organisées pour vous acheminer vers le *Fromveur II*. En saison une autre solution consiste à embarquer depuis l'Aber-Ildut, au nord ou Camaret, au sud.

La version numérique de ce guide offerte !

1. Rendez vous sur http://boutique.petitfute.com.
2. «Ajouter au panier» la version numérique de votre guide papier, puis «Valider».
3. Entrez le code de remise ci-dessous et cliquez sur « Utiliser un bon de réduction ».

EA3QC45P6RG9

Le code ne peut être utilisé qu'une seule fois.

4. Cliquez sur « Passez la commande ».
5. Créez votre compte en cliquant sur le lien « S'enregistrer » ou connectez-vous à votre compte existant.
6. Sélectionnez l'adresse de facturation et cliquez sur « Poursuivre ».
7. Sélectionnez le mode de paiement « Valider ma commande offerte », cliquez sur « Poursuivre » puis « Valider la commande ».
8. Cliquez directement sur le lien « Mes guides téléchargeables », ou alors cliquez tout en haut sur le lien « Mon compte », puis à gauche sur « Mes guides téléchargeables » et sélectionnez à droite votre version numérique « Télécharger ».

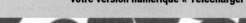

Formats disponibles* pour smartphones, tablettes, liseuses et ordinateurs PC ou MAC. Offre valable jusqu'au 31/12/2014 sous réserve de l'arrêt de commercialisation de certains titres en France métropolitaine et dans le monde et sous réserve que le nombre de téléchargements soit inférieur ou égal au nombre d'exemplaires de guides papier imprimés.

Connexion internet et espace disque disponible suffisant.
Il faut respecter la taille des caractères lorsque l'on rentre le code dans le champ « Code de remise ».

* Formats disponibles :
PDF : format lisible avec un lecteur compatible PDF, tel Adobe Acrobat Reader®, dont la dernière version, entièrement gratuite, est accessible sur le site Adobe.
EPUB : Format basé sur XHTML (le format de texte majoritai-

rement utilisé sur le Web), et donc théoriquement lisible sur tous types de périphériques, grâce à de nombreux logiciels de lecture, souvent disponibles gratuitement.
Mobipocket : format lisible avec le lecteur Mobipocket®, particulièrement pratique pour les appareils mobiles (téléphone), et certains e-reader (cybook et Kindle). Voir le site mobipocket pour plus d'informations.
Streaming : format vous permettant d'accéder en streaming aux ouvrages via notre liseuse web. Pour accéder à ce format, vous devez impérativement disposer d'une connexion à Internet et d'une largeur d'écran supérieure à 800 pixels. Actuellement compatible avec Firefox 3 ou supérieur, Safari 4 et Internet Explorer 7 ou supérieur.

Randonner à Ouessant

L'île possède de nombreuses richesses en terme patrimoine bâti historique ou archéologique. Cependant, la sauvage beauté des paysages, sur l'ensemble du territoire, fait de son patrimoine naturel l'intérêt majeur d'une visite à Ouessant. Il ne fait pas toujours beau, qu'à cela ne tienne. Bien équipé vous ferez face aux éléments déchaînés, par coup de vent de Sud-ouest sur les pointes de Pern, de Porz Doun ou aux abords du parc du Créac'h. La prudence est cependant de mise, des accidents se produisent régulièrement, dus à des imprudences. Par beau temps, allez donc vers Penn Arlan, la lande d'ajoncs et de bruyère en fleur émerveillera les plus difficiles. En descendant sur la jetée du charmant petit port d'Arlan, vous constaterez la limpidité exceptionnelle de l'eau aux replets bleus gris ou vert, « glaz » en breton. En remontant direction Nord-est, vers Cadoran, vous profiterez de la majestueuse vue depuis les hautes falaises, aux abords de la tour radar avant de regagner Lampaul par les abords de l'île Keller. La nature exceptionnelle, les paysages et l'absence de bruit vous laisseront un souvenir inoubliable, ce genre de conditions étant rare sur le continent en bord de mer.

Grâce au « Plan de l'île et Guide Pratique », que vous trouverez à l'Office du Tourisme, situé aux abords de l'église de Lampaul, les routes et chemins n'auront plus de secret pour vous. Préférez les chaussures montantes, les ajoncs et ronces étant agressifs sur les petits sentiers, et imperméables, car le sol et la végétation sont souvent humides. Bien évidemment, prévoyez des protections contre la pluie et le vent.

■ KALON EUSA
Ondine Morin, guide et interprète régionale
LAMPAUL ✆ **06 07 06 29 02**
www.kalon-eusa.com
Ouvert toute l'année. Enfant (de 5 à 14 ans) : 5 € (à 10 €.. Minimum 14 ans pour la sortie mer + phares). 10 à 30 € par personne selon visite. 25 € pour les familles. Visite guidée (nombreux thèmes, se renseigner).

Bien sûr, on peut venir à Ouessant sur le mode trois petits tour et puis s'en vont. Mais l'Enez Eusa (en breton), son histoire et ses habitants valent bien mieux que cela. Justement, une fille de l'île, Ondine, guide interprète régionale officielle, vous permet de pénétrer l'univers insoupçonné de ce territoire grâce aux visites guidées qu'elle organise sur terre ou sur mer. Selon le thème du jour, vous saurez tout sur les phares, les rochers les sites archéologiques ou les algues. Et, encore mieux, félicitez-vous d'être présent sur l'île les jours de tempête. Ondine vous emmènera vers les endroits les plus spectaculaires de la côte tout en vous contant mille et une anecdotes, en particulier sur les naufrages la plupart du temps tragiques, qui ont émaillé la vie des îliens, bien que certains aient donné lieu à des scènes cocasses sur le rivage, lorsque les bateaux étaient chargés de vins et spiritueux. Si les découvertes diurnes ne vous suffisent pas, participez donc aux animations nocturnes qui peuvent se terminer par un petit déjeuner chez Carole. A ne pas manquer !

OUESSANT DÉCOUVERTE
Bourg de Lampaul ✆ **06 12 22 92 73**
Ouvert tous les jours. Départs à 13 h 30 et 15 h 30. Visite guidée.
Si vous ne connaissez pas Ouessant, il est certainement préférable de choisir la visite guidée à une exploration du territoire au petit bonheur la chance. En effet, l'île étant assez vaste et recelant de nombreuses richesses tant historiques, en matière de patrimoine bâti, que paysagères, il vous sera difficile d'en faire le tour en un temps réduit, à plus forte raison si vous n'êtes là que

pour la journée. Le guide, expert en son domaine vous emmènera vers tous les points de vue remarquables et vous décrira les endroits des naufrages les plus célèbres, l'archipel d'Ouessant et de Molène détenant en ce domaine un triste record.

Points d'intérêt

■ BOURG DE LAMPAUL
Lampaul c'est le bourg de l'île, c'est un peu aussi le point de ralliement après le débarquement pour discuter des modalités de découverte de l'île (vélo, randonnée ? le choix est difficile) ou le lieu de rendez-vous du déjeuner ou encore pour boire un verre avant le départ du bateau. Ici, on trouve tout ou presque : supermarché, bars, restaurants, boulangerie, pharmacie, école. On peut aussi y louer des vélos pour faire le tour de l'île, récupérer des informations à l'office de tourisme et si le cœur y en est visiter l'église. On rappellera juste à ce propos que son clocher fut érigé grâce aux dons de la couronne britannique après le naufrage du Drummond Castle. En descendant, on accède aussi au port de Lampaul où se situe l'école de voile, le club de plongée et le bateau de sauvetage. A l'extrémité sud-ouest, la vue sur la magnifique baie de Lampaul a quelque chose d'irréel et de tellement magnifique. Enfin, c'est à Lampaul que se déroule la majeure partie des festivités du Salon international du livre insulaire.

■ ÎLE DE KELLER
En remontant vers le nord, on aperçoit une île avec une seule maison dessus. Cet îlot rocheux de 0,28 km² est depuis le début du XXe siècle une propriété privée. Tous les étés, les membres de cette famille s'installent dans leur maison, une ancienne bergerie transformée en habitation mais toujours sans eau courante ni électricité. Cette île est très connue des ornithologues car elle constitue une réserve ornithologique de première importance : cormorans, goélands marins, huîtriers-pies, petits pingouins, tournepierres à collier et macareux y

nichent en toute tranquillité. On peut les admirer à la jumelle depuis la pointe de Penn ar ru Meur. De là, on peut aussi juger du fort courant marin qui sépare l'île de Keller de l'île d'Ouessant.

■ MAISON DU NIOU
Hameau de Niou Huella ✆ **02 98 48 86 37**
www.pnr-armorique.fr
Ouvert toute l'année. Basse saison : tous les jours de 11h à 17h ; du mardi au dimanche de 13h30 à 17h30. Haute saison : tous les jours de 10h30 à 18h. Réservation pour les groupes. Gratuit jusqu'à 8 ans. Adulte : 3,50 €. Enfant (de 8 à 14 ans) : 2,40 €. Groupe : 2,80 €, 4,50 € (Passeport Finistère). Visite commentée : adulte 1,20 € / groupe adultes : 1 €.
C'est ici qu'a vu le jour, en 1968 le premier écomusée de France. En pénétrant dans l'équipement, on a l'impression que le temps s'est arrêté. Ces deux maisons sont caractéristiques de l'architecture traditionnelle de l'habitat à Ouessant. Ce sont des bâtiments avec rez-de-chaussée et combles conçues de manière très fonctionnelle. On remarquera les ouvertures de l'étage, petites et placées aux extrémités supérieures des façades. La distribution intérieure interpelle également le visiteur. Un système de cloisonnement libère deux pièces de dimensions semblables aux deux extrémités de la maison. L'une d'elle garnies de table, banc et banc coffre et munie dune cheminée est la pièce à vivre pour tous les jours. La pièce située à l'autre extrémité a la même configuration, mais sa décoration est soignée et les bois sont travaillés. C'est la pièce d'apparat de la maison qui ne sert qu'à recevoir lors des grandes occasions. Dans les deux maisons, meubles, objets gravures, photos et costumes sont autant de témoignages des riches heures de l'île au siècle passé.

■ MUSÉE DES PHARES ET BALISES
Phare du Creac'h ✆ **02 98 48 80 70**
www.pnr-armorique.fr
Ouvert toute l'année. Basse saison : tous les jours de 11h à 17h ; du mardi au dimanche de 13h30 à 17h30. Haute saison : de 10h30 à 18h. Gratuit jusqu'à 8 ans. Adulte : 4,30 €. Enfant (de 8 à 14 ans) : 3 €. Visite commentée : adulte 1,50 € / enfant 1,20 €.
Le musée des phares et balises ne pouvait être installé qu'à Ouessant. En effet, les alentours de l'île et ceux de l'archipel de Molène sont connus par tous les marins du monde en raison de leur dangerosité. Ouessant compte 5 phares et de nombreuses balises et amers aident à la navigation. Le musée, installé dans les locaux de l'ancienne centrale électrique du phare du Créac'h, présente l'histoire de la signalisation maritime. Il évoque également les nombreux naufrages qui ont eu lieu dans les parages et la construction épique de certains monuments comme le phare de la Jument. De nombreuses lentilles de Fresnel et d'autres objets d'optique sont exposés. Plusieurs maquettes et des documents audiovisuels complètent la visite. C'est un musée qui s'adresse aux passionnés des phares mais aussi à ceux qui s'intéressent à ce patrimoine particulier.

■ PEN AR LAN
De cette presqu'île, le regard se perd dans les chahuts du Fromveur, sur les rochers de Molène, sur le chenal du Four et son trafic maritime. A terre, ne manquez pas le cromlec'h, une enceinte ovale constituée de petits menhirs. Le site a été restauré. On pense qu'il s'agit d'un ancien observatoire astronomique. En longeant la côte par le sud, vous verrez la croix de Saint-Paul, but d'un pèlerinage annuel. Près de la croix, la roche est encore marquée des empreintes des genoux du saint et des griffes du diable. Enfin, c'est la légende ! Le vallon de Pen ar Lan abrite les seuls arbres qui poussent en ces contrées hostiles, des saules, ainsi qu'une multitude d'oiseaux. Le village de Kernoaz conserve quelques belles maisons anciennes. Avec sa petite digue, Porz Arlan constitue un havre ensoleillé offrant l'une des rares plages de sable sur l'île.

■ LES POINTES
A Ouessant, ce n'est pas compliqué, il faut faire le tour de l'île pour apprécier ces paysages naturels majestueux. Certes, on a parfois le souffle coupé par le vent mais il faut reconnaître que l'île dispose d'un patrimoine naturel exceptionnel : falaises, rochers déchiquetés, côtes escarpées... La pointe de Pern est un site classé d'où l'on peut observer de forts courants marins qui entourent l'île. Le port de d'Arlan avec sa grande digue est aussi un endroit agréable d'où l'on peut voir le phare de la Jument et Molène. Mais le mieux c'est de partir à l'aventure, suivre les routes et les chemins, passer dans les hameaux entourés de murets...

Moutons sur l'île d'Ouessant

Le couvert

■ CRÊPERIE DE L'ARRIVÉE
Le Stiff
Le Port ✆ 02 98 48 84 99
Ouvert toute l'année. Tous les jours le midi et le soir. Carte : 15 € environ. La complète : 5,90 €. Galette à la saucisse fumée sur la motte : 6,20 €.
La tentation est grande de prendre une navette pour gagner directement Lampaul, lorsqu'on débarque du *Fromveur* (bateau desservant Ouessant à partir de Brest et du Conquet). Ne cédez pas à celle-ci, le bourg n'est qu'à trois kilomètres. Attardez-vous plutôt à la crêperie de l'Arrivée, car vous dégusterez ici des crêpes de froment et de blé noir (ici ce ne sont pas des galettes) certes simples, mais délicieuses. Ne manquez surtout pas la galette à la saucisse fumée sur la motte (sorte de tourbe), vous louperiez un moment exceptionnel !

■ CHEZ CAROLE
Stang Ar Glan
Sur la route du Stiff à Lampaul
Ouvert le midi et le soir. Carte : 15 € environ. Crêpe ou galette beurre : 3 €.
Il faut être un peu attentif pour trouver cette excellente crêperie au charme si particulier. Dans cette demeure ouessantine tenue par une femme du cru (Ouessant est dénommée l'île aux femmes), située au bord de la route qui mène du port du Stiff au bourg de Lampaul, on vous sert ici des crêpes de froment et des galettes de blé noir, munies de garnitures d'une qualité exceptionnelle arrosées de cidre ou de jus de pomme biologique. On appréciera la décoration du lieu, style brocante, et l'atmosphère si particulière qui se dégage de cet endroit calme où on peut aussi vous servir thé ou tisanes.

■ CRÊPERIE DU STANG
Bourg de Lampaul
Bas du bourg ✆ 02 98 48 80 94
Ouvert tous les jours le midi et le soir. Réservation recommandée. Carte : 15 € environ.
Il vous faut visiter le charmant port de Lampaul, puissamment protégé par de hautes jetées et une entrée aussi étroite que le port est exigu. En remontant vers le bourg, vous ne manquerez certainement pas de vous arrêter à la Crêperie du Stang, tenue par Monsieur et Madame Massson. Dans un décor très agréable sans fioritures excessives ou signes ostentatoires de la tradition, on vous servira ici d'authentiques galettes de blé noir et crêpes de froment, toutes, bien sûr, tournée sur des biligs ici-même et agrémentées de garnitures ultra-fraîches. Il faudrait avoir perdu la raison pour ne pas se laisser tenter par la Saint-Jacques aux algues ou la Molénaise à la saucisse fumée sur le goémon. Après une crêpe au sirop d'érable, vous voilà prêt à affronter la lande pour aller visiter le musée des Phares et Balises.

■ LE FROMVEUR
Rue du Fromveur
Bourg de Lampaul ✆ 02 98 48 81 30
Ouvert tous les jours le midi et le soir. Menus de 13,50 € à 44 €. Menu enfant : 8 €.
C'est le restaurant-brasserie que l'on ne peut manquer, tant il est central dans le bourg de Lampaul. Sa terrasse idéalement placée sur la rue est cependant très calme, car la circulation des automobiles est limitée sur l'île. Dans ce sympathique endroit, dehors ou dans la salle, si le temps ne s'y prête pas, la carte vous révélera de nombreuses richesses liées à l'endroit, fruits de mer, crabes, langoustines ou coquilles Saint-Jacques, mais aussi de l'agneau, Ouessant étant une île dont la seconde

Île d'Ouessant, la pointe du Pern

population après les hommes est constituée de moutons. Après une terrine de congre ou de chevreau au lambig (eau-de-vie de pomme), vous continuerez idéalement par la schilgig, saucisse fumée aux mottes. Après une petite douceur, pourquoi ne pas gagner une chambre au-dessus, puisque la maison fait également hôtel.

■ HÔTEL-RESTAURANT LA DUCHESSE ANNE
Bourg de Lampaul – Aux abords de la Mairie
*Ouvert tous les jours le midi et le soir. Menus de 15 €
à 28,50 € (menu du jour : 12 €). Menu enfant : 8 €.
Formule du midi : 12 €.*
C'est certainement le restaurant qui bénéficie du plus beau panorama. Depuis la salle, vous pourrez contempler en mangeant la beauté sauvage de la baie de Lampaul, dont les pointes de Pern et Porz Doun s'avancent vers les phares de la Jument et de Nividic. Confortablement installé dans cette salle classique votre choix se portera probablement vers les produits de la mer. Huîtres, moules ou plateau de fruits de mer sont bien sûr au programme, mais ne négligez surtout pas la cassolette de Saint-Jacques aux petits légumes. Continuez par un filet de lieu jaune aux algues et coquillages avant de déguster par exemple une tarte Tatin. Voilà, vous êtes prêts à aller découvrir le paysage devant lequel vous avez si bien mangé.

■ TY KORN
Bourg de Lampaul ✆ 02 98 48 87 33
Ouvert toute l'année. Du mardi au samedi le midi et le soir. Juillet et août ouvert toute la journée. Réservation recommandée. Menu unique à 31 €. Menu enfant : 10 €. Wifi.
Il est difficile d'ignorer cet établissement, lorsqu'on visite le centre de Lampaul. D'abord, comme son nom l'indique en breton, il est situé au coin de deux rues formant un angle aigu. (*Ty Korn* veut dire maison du coin). C'est ensuite le seul pub de l'île, servant d'excellents breuvages. Et, lorsqu'on examine la carte, c'est enfin un restaurant de grande qualité ne servant que des plats élaborés sur place à base de produits frais, ce qui explique l'absence de certains produits de la mer, lorsque la tempête fait rage. Le tartare de haddock à la ciboulette et betteraves vous donnera déjà un aperçu des ressources maison. Le filet de bar de ligne à la réglisse, fondue de céleri, vous confirmera que le talent de Mademoiselle Kennedy-Campbell, le chef, est décidément étendu. On peut aussi vous servir de la viande d'agneau ou même un repas végétarien. Décidément, il est impossible de passer quelques jours à Ouessant sans visiter cet endroit au moins une fois.

Le gîte

■ AUBERGE DE JEUNESSE D'OUESSANT
Croix Rouge ✆ 02 98 48 84 53
Fax : 02 98 48 87 42
www.auberge-ouessant.com
*Ouvert de février à novembre. 43 lits. à partir de 19 €.
Demi-pension : 33 €. Petit déjeuner inclus. Tarifs préférentiels pour 6 de 26 ans, demandeurs d'emploi et familles nombreuses. Restauration (à partir de 10 personnes).*

Les auberges de jeunesse, on aime ou on n'aime pas. Mais certains voyageurs en sont de chauds partisans, car, ici, on rencontre le monde entier, pour un prix relativement modique. A l'auberge, vous serez accueilli dans un bâtiment moderne, doté d'une salle de restaurant très claire et de lits confortables dans des chambres de deux à six personnes. C'est une manière idéale de réussir un séjour différent à Ouessant. Vous serez immédiatement au courant des balades à faire et des lieux à visiter. Avant de partir, on peut aussi vous préparer des paniers-repas. Comme partout ailleurs à Ouessant, il faut réserver.

■ LE FROMVEUR
Rue du Fromveur
Bourg de Lampaul
✆ 02 98 48 81 30

Chambre double à partir de 50 €. Petit déjeuner : 9 €. Animaux acceptés. Wifi. Restauration (à l'hôtel).
Le Fromveur possède l'essentiel, le confort, l'accueil, et la situation géographique. Situé en effet en plein centre du bourg il est très aisé à repérer, sa terrasse donne en effet sur la grand rue. Il fait bon y prendre un verre en regardant défiler les randonneurs sac au dos. Logé dans des chambres équipées de télévision et de wifi, vous pourrez éventuellement ne pas vous débrancher de la trépidation continentale, bien qu'un séjour à Ouessant devrait en principe, être consacré à la rupture avec réseaux et médias. A partir de l'hôtel vous avez accès à toutes les promenades et randonnées et vous êtes surtout à deux pas des couchers de soleil sur la baie de Lampaul.

■ HOTEL RESTAURANT LA DUCHESSE ANNE
Bourg de Lampaul
Ouessant ✆ 02 98 48 80 25
www.hotelduchesseanne.fr

*9 chambres (4 avec vue sur la mer et 5 sur le port).
Chambre double de 49 € à 58 €. Pension complète : 77 €. Demi-pension : 68 € (enfant : 25 €). Petit déjeuner : 7 € (5,50 € pour les enfants). Les animaux ne sont pas admis. Wifi. Restauration (menus du jour : 12 €, menus à 13,50 €, 21 € et 26 € et plats à la carte).*
Peut-être que vous n'êtes pas partisan de passer des vacances ou un week-end dans un hôtel, parce que vous y passez du temps lorsque vous êtes au travail. Mais, soyez en sûr, il faut faire une exception pour la Duchesse Anne situé aux abords du port dans une grande maison de maître. On peut ici ne rien faire avec volupté, avec un bon bouquin et la mer devant les yeux. Une petite sieste, des balades sur le port ou sur les chemins de l'île, une randonnée à cheval ou une petite virée en kayak, un petit verre au bar et on ne voit pas le temps passer. Avant de remonter dans les chambres, refaites récemment, où vous jouissez d'un confort parfait avec télévision et wifi, attardez-vous au restaurant de l'établissement pour déguster des produits de la mer ou l'agneau cuit sous la motte (tourbe). Et tout cela pour un prix ultra abordable, Ouessant, vous y reviendrez !

■ **TI JAN AR C'HAFE**
Kernigou ✆ **02 98 48 82 64 – www.tijan.fr**
Fermé du 15 février au 11 novembre. Ouvert pour les fêtes de Noël. 8 chambres. Basse saison : de 69 € à 89 €. Haute saison : chambre double de 79 € à 99 €. Petit déjeuner : 10 € (avec yaourts et brioche maison). Lit supplémentaire : 30 €. Wifi.
On vient à Ouessant pour la nature, la mer, les ciels délavés, les chemins et les murs en pierre sèche, les moutons et les phares. Alors, pourquoi ne pas trouver où loger dans un hébergement en rapport avec cette ambiance si spéciale ? Au Ti Jan Ar C'afé, vous y êtes, Les chambres où vous dormez sont toutes confortables et décorées et meublées cosy dégageant une espèce de gaîté propre à cette grande maison de maître. Après le petit déjeuner succulent et vous voilà prêt à arpenter la dernière terre bretonne avant l'Amérique. Si vous vous sentez trop loin du continent, vous avez la wifi, mais choisissez plutôt de décrocher complètement. Pourquoi pas avec une balade à vélo, à cheval ou en kayak ?

Gîtes

■ **CENTRE D'ÉTUDE DU MILIEU D'OUESSANT**
Gouzoul ✆ **02 98 48 82 65**
Fax : 02 98 48 87 39
www.cemo-ouessant.fr
10 chambres. A partir de 14,40 € la nuit. Chambres de 2 à 5 lits. 4 chambres avec salles de bain.
Ce centre, ouvert au printemps 1984 aux alentours du phare du Créac'h, est un lieu d'observation naturaliste, en particulier de l'avifaune migratrice. Vous pouvez y passer un séjour même si au départ, vous n'êtes pas un spécialiste du sujet, car il est ouvert à tous, individuels ou groupes. Nul doute qu'après quelques jours passé en compagnie de passionnés et d'experts, votre intérêt pour nos amis ailés grandisse graduellement. Hébergé dans des chambres sous des lits confortables, vous pouvez préparer vos repas grâce à la cuisine commune mise à votre disposition. C'est le point de départ idéal pour des randonnées sur la côte Nord-Ouest de l'île.

■ **GÎTE D'ÉTAPE DU TY CRENN**
Stang ar Glann ✆ **02 98 48 83 58**
Pour 7 personnes (2 chambres). 18,61€ par personne.
Voilà une solution sympathique pour passer un bon séjour sur l'île. Pratiquer la randonnée, qu'elle soit pédestre, cycliste ou équestre, ne demande pas forcément des conditions d'hébergement exceptionnelles. Ici vous avez le principal, un bon lit dans une chambre de trois ou quatre personnes, une salle commune avec salle d'eau et une cuisine où vous pouvez préparer vos repas en toute tranquillité après avoir crapahuté sur les chemins côtiers et en avoir pris plein les mirettes de mer de vent et de beauté absolue.

Campings

■ **CAMPING MUNICIPAL « PENN AR BED »***
Stang ar Glan ✆ **02 98 48 84 65**
Fermé du 1ᵉʳ avril au 30 septembre. 100 emplacements (non délimités). Emplacement + 1 personne à partir de 6,50 €. Douche : 1,50 € le jeton. Animaux acceptés.

A Ouessant, on est sur une île sauvage et on y vient pour y retrouver la vie à l'état naturel. Si vous êtes un vrai campeur, et que vous fuyez les campings pour les bronzés avec mobil-home, animations bruyantes, aqualand, et bracelet autour du poignet, vous serez ravis de séjourner et de vous endormir ici au doux son du vent du large. Situé à la sortie du bourg de Lampaul, les emplacements ne sont pas délimités, les sanitaires parfaits, mais les douches sont payantes, car l'eau est une denrée rare sur les îles. Si vous êtes nostalgique de l'Irlande, allez donc camper à Ouessant dont la lande et les ribin (chemins) rappellent beaucoup ceux de la verte Erin. Utilisez un équipement adapté, car comme là-bas, le temps n'est pas toujours beau.

Loisirs

■ **SUBAQUA**
Port de Lampaul
✆ **02 98 48 83 84**
ouessantsubaqua@gmail.com
Fermé de novembre à avril. Horaires d'ouvrture : se renseigner. Adhésion club obligatoire : 18 €. Baptêmes et plongées découvertes : 36 €.
Si le subaquatique vous tente, n'hésitez pas, en Bretagne c'est à Ouessant qu'il faut venir le pratiquer. L'eau y est d'une transparence qui n'existe pas sur le continent et il y a toujours un endroit à l'abri où l'on peut plonger, d'un côté où l'autre de l'île, en fonction de la météo, de la houle et des courants. Inexpérimenté, vous serez accompagné par des moniteurs diplômés pour des plongées découvertes à votre portée. Pour les plus aguerris, de nombreuses épaves environnent les côtes et une soixantaine de sites de plongée sont d'un grand intérêt.

Location de deux-roues

■ **CYCLÉVASION**
Centre Bourg de Lampaul
Port du Stiff
✆ **02 98 48 85 15**
Ouvert au port du Stiff aux horaires d'embarquement et de débarquement du bateau. Portage des bagages du port du Stiff vers Lampaul et inversement. Journée : 10 € à 14 €, semaine : de 37 € à 50 € selon le type de vélo.
Pour se déplacer sur l'île d'Ouessant, la bicyclette constitue évidemment un choix pratique et rationnel. Les dimensions et le relief de l'île se prêtent merveilleusement à une visite en vélo. A l'aide de ce moderne cheval, vous gagnerez les différentes pointes de l'île d'où les points de vue sont exceptionnels sur phares, îlots, récif et grand large. Si vous n'êtes pas un grand marcheur, c'est également le seul moyen d'aller faire vos courses au bourg, dans le cas où vous êtes logé loin de Lampaul.

■ **LOCATION DE VÉLOS**
Trois compagnies au choix, soit dès le débarcadère, soit dans le bourg de Lampaul, mais attention ça grimpe jusqu'au bourg ! Le coût est globalement le même. Certains vélos sont équipés de paniers et de sièges enfants. A pied, les randonneurs férus parviendront au bourg, distant de 3,5 kilomètres, en 40 minutes environ.

L'Île de Sein

A quelques milles au large, face à la pointe du Raz, l'endroit est l'un des points les plus sauvages et les plus rudes que l'on puisse concevoir. La résistance farouche de cette île aux épreuves du vent, tout autant que la générosité de ses étés lumineux, en font un lieu extraordinaire. Les marins disaient autrefois : « Qui voit Sein, voit sa fin ». Dernier rempart avant l'immensité de l'Atlantique, défiant les fureurs des tempêtes ou se laissant caresser par la brise du large, tel un mirage posé à plat sur l'horizon bleu ou sous une brume épaisse, Sein apparaît parfois comme l'origine du monde. Sur les écueils qui l'entourent vient se fracasser l'écume des vagues poussées par un vent hurlant. Cette langue plate, sinueuse, culminant à 6 m au-dessus des flots faite de sable et de galets, bien souvent recouverte par la mer, acculant les habitants sur les toits, a toujours été un défi et le cauchemar des marins. C'est ici que certains hommes tiennent à vivre. Au début du XXᵉ siècle, la population dépassait les 1 000 habitants. Poissons et crustacés sont abondants dans les parages. Marins habiles et audacieux, les Sénans ont su s'illustrer tout au long de leur histoire dans le sauvetage en mer. Ces actes d'héroïsme valurent à la population de l'île d'être exemptée d'impôt foncier. Il faut pourtant du courage pour vivre sur cette île surtout quand on sait que le passage du Raz de Sein, toujours agité, est un haut lieu de naufrages et de tempêtes. Ce cadre insolite a servi de décor à plusieurs tournages de films, parmi eux *Dieu a besoin des hommes* ou encore *Elisa* avec Gérard Depardieu et Vanessa Paradis.

Un géographe latin mentionne l'île en l'an 43 sous le nom de Sena. Des restes de mégalithes argumentent l'ancienneté de son occupation. Selon la légende, l'île aurait servi de sépulture aux druides, de refuge aux prêtresses possédant des pouvoirs extraordinaires. Christianisée par Guénolé au Vᵉ siècle, Sein a toutefois conservé durant des siècles des rites païens dédiés au soleil et à la lune, si bien que les prêtres n'étaient pas toujours les bienvenus. Comme Ouessant, Sein a longtemps gardé sa réputation d'île aux femmes, les

hommes devant partir au loin gagner leur vie entre campagne de pêche et marine marchande. Au XIXᵉ siècle, l'île fut ravagée par une épidémie de choléra. Depuis lors, les femmes se vêtirent de noir et portèrent une coiffe de la même couleur. Ce costume traditionnel est aujourd'hui porté uniquement par les femmes âgées. Derrière des murets de pierre, les femmes tentent de faire pousser quelques maigres substances. Avant d'être gagnés par les principes de charité des recteurs et de se lancer dans des opérations de sauvetage bravant les tempêtes dans des barques à rames, le caractère quelque peu farouche des îliens les amena à allumer des feux pour attirer les navires et procéder à leur pillage.

Erreur de jeunesse ou de survie que l'on pardonne aisément car l'héroïsme des Sénans a su maintes fois se manifester. Lorsque le général de Gaulle lança l'appel du 18 juin 1940, tous les habitants de l'île valides, près de 150 hommes, le rejoignirent à Londres. Leur effectif représenta le quart des premiers volontaires de la Résistance ! Ces différents exploits font de Sein l'île la plus décorée du pays. Un village hors du commun. Une forteresse de digues et de remparts enserre le village composé de maisons grises aux rues si étroites que les angles des maisons sont épannelés pour laisser passer le tonneau de cidre. La rue Charles-de-Foucauld prend son départ du quai : 85 cm, sinueuse, s'élargit en un boulevard de... 1,40 m. Il faut, ici, non seulement contrer la mer mais aussi le vent et tout est conçu dans le but de se protéger de ces éléments qui font le quotidien des îliens. C'est dans un dédale de coupe-vent que les venelles vous mènent tout droit à la mer. Pour rejoindre l'île en partant du continent, le bateau donne pour affronter les courants toute la puissance de ses moteurs. On retient son souffle, l'île semble être au centre du monde. Lorsque la brume transforme l'île en bateau ivre, le spectacle est fabuleux, irréel et angoissant. Dans cet espace d'authenticité, rien n'est comme ailleurs. Comme ses consœurs Ouessant et Molène, Sein fait partie du Parc naturel régional d'Armorique. Pas d'arbre sur ses 50 hectares, mais les restes des murets délimitant et protégeant de minuscules lopins autrefois cultivés, aujourd'hui envahis par la friche.

Sur l'île de Sein

Points d'intérêt

■ LA CHAPELLE SAINT-CORENTIN

L'édifice a certainement été rebâti au XVIe siècle. Il était minuscule et ne présentait aucun intérêt artistique. La chapelle abritait une statue en bois peint de saint Corentin, figure vieille et rasée, tenant une crosse épiscopale et portant des gants gris et une mitre blanche. Lorsqu'on désirait faire changer le vent, on tournait la crosse vers l'aire du vent souhaité. Si le vœu n'était pas exaucé, on mettait le saint en pénitence et le recouvrait de goémon. Les Sénans n'avaient qu'un désir : la restauration de cette chapelle. Grâce à l'abbé Marzin, elle a été rééditée et inaugurée le 13 août 1972. La statue originale du saint est due à Tudy, un artiste de l'île et les trois vitraux à une famille de Sénans.

■ LE CIMETIÈRE

Le nombre de « péris en mer » est impressionnant. Vous y trouverez la tombe d'Alain Kaminker, frère de Simone Signoret, enlevé par une lame lors du tournage du film *La mer et les jours*, en décembre 1958. Son âme erre aux côtés de celle de Marceline Cuillandre, sa mère adoptive sénane.

■ L'ÉGLISE SAINT-GUENOLÉ

Cette église fut bâtie sur les débris de celle que les bénédictins de Landévennec édifièrent au XIIe siècle. En août 1790, l'abbé Guillaume-Alexandre Le Guellec avise les administrateurs du Finistère que son église menace de tomber en ruines. De sommaires travaux furent alors effectués. Ce n'est que sous le rectorat de l'abbé Le Borgne – 1898-1910 – que l'église actuelle, dédiée à saint Guénolé, fut reconstruite. Même si elle ne présente aucun cachet artistique, les Sénans en sont fiers. Ils en furent les ouvriers, dans les intervalles de répit que leur faisait leur profession maritime. Les hommes tiraient les pierres de la grève tandis que les femmes les transportaient jusqu'ici. Comme l'atteste l'inscription latine qui domine le portail majeur « State Virtute Dei Et Sudore Plebis » : « Debout par la volonté de dieu et la sueur du peuple ». Une plaque de marbre fixée à l'intérieur du sanctuaire donne en breton les détails de sa construction – 1901 – et de sa consécration – le 8 juillet 1902. La chaire, en bois superbement ouvragé, est un don de la congrégation religieuse des Filles du Saint-Esprit. On remarque sur sa face sud deux curieux menhirs, on les appelle les « causeurs ».

■ MUSÉE DE L'ASSOCIATION LAGAD AN ENEZ

Ouvert tous les jours du 1er juin au 30 septembre.
Dans l'ancien abri du marin, quai des Paimpolais, nous découvrons l'histoire de l'île de Sein à travers objets et cartes postales anciennes. Salles consacrées à la Seconde Guerre mondiale.

■ LE PHARE D'AR MEN

A une dizaine de kilomètres à l'ouest de l'île s'élève, à 29,80 mètres au-dessus des plus hautes mers, sur un récif battu par un océan furieux, le phare d'Ar Men. Inauguré en 1881, sa construction aura duré 14 ans au prix d'efforts surhumains. Classé dans une hiérarchie de « paradis, purgatoire ou d'enfer » par les gardiens, c'est à la dernière catégorie qu'il appartient. Les conditions de construction du phare promettaient des relèves de gardiens des plus périlleuses, l'état de la mer interdisant parfois l'approche du phare et il n'était pas exceptionnel que les hommes y restent bloqués plusieurs semaines de suite. Malmené par la houle, le navire ravitailleur devait pourtant chaque fois réussir l'acrobatie de hisser d'abord les gardiens du quart montant puis de recueillir ceux du quart descendant. Le pilote de la vedette manœuvrait sans cesse et devait faire preuve d'une maîtrise incomparable pour préserver la vie de ces hommes suspendus à un filin. Une épopée qui s'est terminée en 1990 avec le passage à l'automatisation.

Le couvert

■ CASE DE TOM

27, quai des Paimpolais – Quai Sud
✆ 02 98 70 93 12 / 02 98 70 99 69 (crêperie)
www.ile-de-sein.com
Ouvert toute l'année. Terrasse. Boutique.
Ce qu'il y a de bien avec la Case de Tom c'est qu'elle est tripartite ! Côté quai nord, on découvre le restaurant avec ses crustacés, ses homards, ses ormeaux et, surtout, « Le » bar de ligne, joyau de la gastronomie traqué dans le raz de Sein... Et si vous voulez faire un petit tour à la plage après le déjeuner mais que vous n'avez pas emmené votre matériel, n'hésitez pas à faire quelques pas et à entrer dans la boutique Tom Pouce. Une boutique dans laquelle vous pourrez trouver aussi bien des cartes postales que des seaux de plage ou encore les dernières collections. Pour le soir, rien de tel que de pousser jusqu'au quai sud à la crêperie Case de Tom... Vous pourrez y déguster de délicieuses crêpes préparées à base de farines bio, tant en blé noir qu'en froment. De une à quatre garnitures, on pioche, on compose, on amalgame, on déguste !

▶ **Autre adresse :** 26, quai des Français-Libres – Quai Sud

Le gîte

■ HÔTEL LES TROIS DAUPHINS

16, quai des Paimpolais
Île de Sein ✆ 02 98 70 92 09
www.hoteliledesein.com
Ouvert toute l'année. 7 chambres. Chambre double de 48 € à 65 €. Petit déjeuner : 6,50 €. Lit supplémentaire : 7,50 €. Animaux acceptés (6 € pour les petits chiens). Wifi. Débarquant depuis le continent, vous trouvez facilement l'établissement qui se tient au-dessus du bar du même nom, quai des Paimpolais, quasiment face à la pointe du Raz. Vous découvrez alors de charmantes chambres lambrissées qui vous accueillent, certaines face mer et d'autres tournées vers le village. Les prix étant plus que modérés, on peut en profiter pour envisager un repos au long cours sur l'île, surtout que l'établissement ne ferme pas l'hiver et que les soirées sont égayées par le bar du rez-de-chaussée, à ambiance forcément maritime. Attention, l'île exerce un dangereux attrait et certains en venant ici ont décidé de ne plus repartir. Serez-vous de ceux-là ?

© PAUL LAROQUE - FOTOLIA

Le phare de l'île de Sein

■ HOTEL RESTAURANT D'AR MEN
32, rue Fernand-Crouton ✆ **02 98 70 90 77**
www.hotel-armen.net
Fermé de novembre à février. 10 chambres. Chambre double de 45 € à 70 €. Pension complète : 150 € (à 165 €). Demi-pension : 110 € (à 125 €). Petit déjeuner : 7 €. Les prix de demi-pension et de pension sont pour 2 personnes pour un minimum de 3 nuits. Animaux acceptés. Restauration (restaurant fermé le mercredi midi et soir et le dimanche soir).
Pourquoi ne pas tout quitter pour gagner l'île de Sein et y passer, seul ou à deux, un de ces week-ends inoubliables, hors des contraintes, hormis celles, liées à un environnement fragile. A l'hôtel Ar Men, c'est le dépaysement assuré, face à la mer, vous pourrez rêver à votre aise aux horizons lointains. Après des balades autour de l'île, en vous reposant, vous vous demanderez pourquoi les hommes vivent parfois dans des contrées aussi rudes. En effet, au cours de son histoire, l'île a été envahie par la mer à plusieurs reprises. Mais rien de tel dans les dix chambres confortables de l'établissement, que vous regagnerez le soir après un bon ragoût de homard, la spécialité maison.

Chambres d'hôtes

■ AR FORN
29, rue de Saint-Guénolé
✆ **02 98 70 90 24 / 06 70 72 55 92**
www.arforn.fr
Ouvert toute l'année. Chambre double 38 € ; chambre triple de 48 € à 90 €. Petit déjeuner : 4,50 €. Possibilité location studio pour 2 ou 3 personnes et maison pour 7 personnes à la nuit ou à la semaine.
Vous voulez évacuer le stress de la vie moderne et reprendre pied sur notre bonne vieille planète, cessez immédiatement toute activité et rendez-vous immédiatement à l'île de Sein. Là-bas, entre ciel et mer, vous vous promènerez autour de l'île et dans le bourg et ses petites rues. Et le soir, vous rentrerez dans la douillette

chambre que vous offre Ar Forn un peu en arrière du quai des Paimpolais. Chez Véronique Tanguy, vous serez reçus comme des rois. Lors de vos promenades, les yeux perdus à l'horizon ou observant le vol des goélands, vous vous demanderez simplement pourquoi le monde a tourné de telle façon.

■ CHEZ MINETTE
20, quai des Français-Libres
✆ **02 98 70 91 14**
www.chezminette.com
Ouvert toute l'année. 7 chambres. Chambre double de 40 € à 50 €. Location à la semaine à partir de 225 €. Animaux acceptés (4 € pour les petits chiens).
Si vous souhaitez vous ressourcer dans un lieu chargé d'histoire, c'est ici l'endroit idéal puisque c'est en effet dans cette belle maison blanche que fut entendu par les Sénans l'appel du 18 Juin 1940 lancé par le Général De Gaulle ! 141 hommes le rejoignirent sur lesquelles, comme le rappelle la discrète plaque commémorative posée sur la façade, 32 ne revinrent pas. Pour ce qui est des chambres en elles-mêmes, rien d'extraordinaire si ce n'est que celles sont propres et simples avec leur parquet et quelques bibelots anciens, suffisant pour un repos certain. Surtout que la vue est sublime... Une vue sur la mer et sur le port que vous offrent les chambres de Chez Minette. A savoir : certaines chambres disposent également d'une cuisine et on peut y rester une nuit, une semaine, deux semaines, trois semaines ou même tout un mois...

Loisirs

■ L'ASSOCIATION POUR LA MEMOIRE ILIENNE DU SAUVETAGE
Ouvert du 1er juillet au 3 septembre – aux heures des bateaux.
Dans l'abri du canot de sauvetage à Men Brial, exposition d'objets et de photos relatant les sauvetages effectués autour de Sein.

Îles du Morbihan

L'Île d'Arz

Composée de huit îles ou îlots, l'île d'Arz se voit de loin, reconnaissable à la flèche élancée de son clocher. Plate et relativement sauvage, elle a donné le jour à des générations de capitaines au long cours réputés, notamment du temps de la marine à voile. Le dernier en date est Jean Bulot, commandant de l'Abeille Flandres, l'un des plus puissants remorqueurs de haute mer au monde utilisé pour remorquer les navires en détresse sur le rail d'Ouessant. En considérant le strict territoire de l'île, elle atteint une superficie de 270 ha (à marée haute et du double, dit-on, à marée basse !). Si on ajoute les petites îles qui en dépendent : Mouchot, Spiren, Les Drenec, Lern, Illur et Illuric, elle dépasse de 18 ha sa voisine l'île aux Moines, soit 328 ha contre 310 ha. Toutefois, l'île d'Arz elle-même est plus petite, puisque les deux pointes extrêmes sont seulement distantes de 3,5 km. Mais elle est tellement dentelée qu'aucun de ses points ne se trouve à plus de 400 m de la mer et son linéaire côtier avoisine les 18 km ! Son relief est peu accentué : le point le plus haut « culmine » à 19 m au bourg et le deuxième « sommet » se situe à Billihervé, au lieu appelé modestement, la « montagne », qui atteint 13 m !
Cet endroit vous offrira toutefois un joli point de vue sur tout l'horizon. Signifiant « ours » en breton, l'île offre le spectacle d'une succession de paysages champêtres plongeant sur la mer et mérite une escapade aux plus beaux jours du printemps. Le bourg est lui aussi très pittoresque avec ses étroites ruelles, ses maisons blanches aux volets colorés et ses jardins fleuris d'hortensias, camélias et mimosas.

■ **BATEAUX BUS DU GOLFE : ÎLE D'ARZ – VANNES**
Gare Maritime
7, rue Loïc Caradec – Vannes
✆ **02 97 44 44 40**
www.ile-arz.fr
Bus : navette gratuite transport public vannetais tous les jours en juillet et aout entre le parc du golf et le port.ligne 3 arret le raker à 500 m de la gare maritimeou arrêt Conleau, terminus à 400 m de l'embarcadère
Circulent toute l'année.

▶ **Autre adresse :** Vannes / GARE MARITIME : du 1er avril au 30 septembre. Suivre le port direction Parc des expositions.Vannes-CONLEAU : du 01/10 au 31-12. Suivre le port, puis parc des expositions, cale à côté hôtel du Roof. SENE Barrarac'h : suivre Séné bourg, Port-Anna, Barrarac'h.

Points d'intérêt

■ **L'ÉGLISE DE LA NATIVITÉ DE NOTRE-DAME**
L'église de la Nativité de Notre-Dame, qui date du XIIe siècle, a été restaurée en 1396, 1412, 1553, et entre 1836 et 1840. A l'intérieur, on peut remarquer un bénitier polygonal encastré dans le mur ainsi que deux anges en haut-relief tenant des écussons, aux angles de la charpente de la nef. La peinture « Déposition de la Croix », œuvre du peintre Lhermitais de Vannes (1700-1758), date de 1754. L'église est classée Monument historique.

■ **LE MOULIN À MARÉE DE BERNO**
Au nord-ouest de l'île, nous découvrons la digue et le moulin à marée de Berno datant du XVIe siècle. A noter que le moulin à marée de Berno fonctionne à nouveau grâce à des bénévoles qui l'ont restauré pendant six ans. A l'initiative de Jean Bulot, dit « l'homme tempête », capitaine à la retraite du remorqueur « Abeille Flandre » qui a voulu redonner vie au moulin à marée de l'île d'Arz, abandonné depuis le début du siècle.

■ **LE PRIEURÉ**
Créé dès 1008, le Prieuré Notre-Dame a été reconstruit aux XVIIe et XVIIIe siècles. Il abrite aujourd'hui la mairie et l'école. Il bénéficie d'un point de vue assez remarquable sur le golfe du Morbihan et l'île d'Ilur. De là, deux petites routes rejoignent la pointe de Lious et son dolmen, l'une passant par le centre nautique des Glénan (sur la gauche), l'autre par la pointe de Brouel (sur la droite).

■ **RAIDS NORMANDS ET MOINES DESPOTES**
Dolmens et cromlec'h font partie des vestiges mégalithiques de l'île. L'histoire d'Arz ne fut pas des plus calmes. Les raids normands sévissent durant le Moyen Age. Puis, plus tard le relais fut pris par deux communautés de moines qui colonisèrent l'île. Transformée en vergers, potagers et vignes rentables, les îliens se virent accablés d'impôts et d'obligations diverses des plus farfelues. Après la Révolution, les Iledarais se rangèrent du côté des républicains, ce qui n'étonne personne !

■ **LE TOUR DE L'ÎLE**
Le tour sud de l'île est certainement le plus sauvage et il est enrichissant de le faire à pied. De retour au bourg, n'hésitez pas à faire un détour par le manoir de Kernoel daté du XVIe siècle. Tout au long de ce parcours, les nombreuses plages sont propices à la baignade et sans danger pour les enfants. Le chemin côtier qui fait le tour de l'île vous permet aussi d'observer toute l'avifaune qui y séjourne : tadornes de Belon, aigrettes-gazettes, canards et échassiers en tout genre.

Loisirs

■ **CENTRE NAUTIQUE DES GLENAN**
Base de Kéroland
✆ **02 97 44 31 16**
Cette fameuse école de voile, qui possède une base
sur l'île d'Arz, est l'une des rares écoles de voiles en
Bretagne à proposer des stages tout au long de l'année.
4 filières de navigation sont proposées : la croisière, le
catamaran, le dériveur et la planche à voile. Les stages
comprennent l'hébergement, soit sur la base nautique
soit à bord du bateau. Les Glénans proposent également
des préparations aux différents examens des permis
côtiers et hauturiers (ces cours sont organisés toute
l'année et se déroulent sur la Seine à Paris).

Belle-Île-en-Mer

C'est la plus vaste des îles du Ponant et l'une des plus
hautes, s'élevant jusqu'à 71 m au-dessus de la mer à
14 km au large de Quiberon. Tous les paysages sont ici
réunis : champs fertiles, landes arides, falaises et côte
déchiquetées de la façade atlantique avec les fameuses
aiguilles de Port-Coton et l'étonnante grotte de l'Apothicairerie, plages de sable fin et doré face au continent.
Sous la douceur de son climat, se côtoient figuiers, lauriers,
mimosas, palmiers et camélias. Pas étonnant que de
grands noms soient venus la caresser de leurs mots,
de leurs pinceaux et de leur musique. Prévert, Claude
Monet, Courbet, Matisse, Vasarely, Flaubert, Proust,
Derain, Colette, Sarah Bernhardt… sont venus puiser dans
sa beauté pour nourrir inspiration et rêverie. Il faut une
journée complète pour faire le tour de la bien nommée
en véhicule motorisé. Le sentier côtier exclusivement
réservé aux piétons est aménagé sur près de 100 km tout
autour de l'île. Une île maintes fois envahie. La présence
humaine sur l'île est attestée depuis 3 000 ans avant
J.-C., mais les paysages insulaires d'aujourd'hui avec leurs
villages et champs ouverts furent façonnés à partir de l'an
mille. Constituant un havre de choix et un relais vers les
îles Britanniques, Belle-Ile subit de multiples invasions.
Tour à tour, Celtes, Romains et Normands en feront
leur cible. Au Ve siècle, les Bretons l'évangélisèrent. Le
marquis Gondi fit construire au XVIe siècle une première
forteresse. Milieu XVIIe, Fouquet devient propriétaire de
l'île. Surintendant de Louis XIV, il s'attela à poursuivre
le travail de fortification. Tout début XVIIIe, le roi loue
l'île, après l'avoir rachetée à la Compagnie des Indes.
S'étant enrichie, les Anglais la convoitent et l'occupent
de 1761 à 1763. Jusqu'alors, les Bellilois n'étaient pas
propriétaires de leurs terres ni de leurs maisons. Les
constructions incendiées lors des invasions successives
étaient reconstruites de façon précaire. Si la dernière
occupation anglaise ne dura que deux ans, elle fut
toutefois fatale au patrimoine construit et fit disparaître
chapelles et bâtiments publics. Redevenue française en
1763, ses terres furent partagées entre tous les habitants
auxquels se joignirent, deux ans plus tard, 78 familles
d'Acadiens délogées de leur territoire canadien. De petites
maisons, basses de plafond, surmontées par un grenier
important et couvertes par un toit à deux pentes égales se
construisirent avec l'aide de subventions en nature. Puis
vint la Révolution, l'île se trouva isolée par les corsaires
anglais. De cette période troublée à la fin du XIXe siècle,
Belle-Ile s'enrichit par le développement de l'agriculture,
de la pêche notamment à la sardine et des conserveries
de poissons. Terre appréciée d'artistes célèbres, elle vit
depuis principalement du tourisme. Quatre communes
constituent le canton de Belle-Ile. Autour de ces quatre
bourgs, présentés ci-dessous, se regroupent plus de
cent villages dont certains ne comptent que quelques
maisons. Si vous ne devez passer qu'un seul jour sur ce
petit paradis, une excursion en autocar vous permettra
d'en apprécier les principaux sites historiques et paysages
emblématiques (se renseigner auprès de l'office de
tourisme). L'île étant habitée toute l'année par près
de 5 000 habitants, tous les commerces usuels y sont
présents alors inutile d'arriver avec un stock démesuré de
provisions. Vous pourrez acheter vos produits frais tous
les matins sur le marché de Palais (toute l'année) ou le
dimanche matin à Locmaria et dans les exploitations
agricoles du « circuit des Saveurs ». Demandez à déguster
les tomates, les fraises et les melons de Belle-Ile, vous
serez surpris par leur grande valeur gustative. Services
de santé et de première urgence, agences bancaires
(avec distributeur) sont également présents sur l'île.

Plage de Belle-Île-en-Mer

LES ÎLES BRETONNES

© YVES MOURGLIA - FOTOLIA

Le Palais

Le Palais est la « capitale » tant sur le plan administratif qu'économique. C'est la commune la moins étendue et pourtant la plus peuplée avec plus de 2 500 habitants. Son port constitue la porte principale pour les liaisons avec le continent tant pour le transport de passagers que de marchandises. Le Palais offre au visiteur un patrimoine historique militaire unique en France.

■ **OFFICE DE TOURISME**
Quai Bonnelle – Le Palais
℡ 02 97 31 81 93
Fax : 02 97 31 56 17
www.belle-ile.com
Basse saison : ouvert du lundi au samedi. Haute saison : tous les jours.

■ **COMPAGNIE OCEANE**
Gare Maritime
Quai Bonnelle
℡ 08 20 05 61 56
www.compagnie-oceane.fr
Départs quotidiens toute l'année véhicules et passagers. Accès possible aux personnes à mobilité réduite. Horaires, tarifs et réservation sur le site Internet et au 0 820 056 156 (0,12 €/mn). Aller simple adultes : 17,90 €, senior : 15,75 €, enfant et junior : 10,60 €. Gratuit pour les enfants de − 4 ans. Tarfis préférentiels pour les morbihannais.
Au départ de la Gare Maritime du Palais, trois navires, dont 2 accessibles aux personnes en fauteuil roulant (le « Vindilis » et le « Bangor »), assurent toute l'année la liaison Belle-Ile – Quiberon en 45 minutes. Le « Vindilis » peut accueillir jusqu'à 462 passagers + 39 véhicules de tourisme, le « Bangor » a une capacité d'accueil de 450 passagers + 32 véhicules de tourisme et le « Kerdonis » transporte lui 295 passagers. Les délais de présentation sont de 20 minutes avant le départ pour les passagers et de 45 minutes pour les véhicules. La garantie d'une balade inoubliable dans des sites enchanteurs.

Points d'intérêt

■ **L'AIGUADE DE VAUBAN**
Perchée sur le sommet d'une falaise, cette insolite citerne a été construite sous l'autorité de Vauban en 1703. Classée aux Monuments historiques, elle servait autrefois au ravitaillement des navires, qui venaient s'y approvisionner en eau potable. Face à la mer, le mur de retenue des eaux de la citerne descend jusqu'à une terrasse située à quelques dizaines de centimètres du niveau de la pleine mer. Ce réservoir peut contenir envrion 860 000 litres.

■ **LA CITADELLE VAUBAN ET MUSÉE HISTORIQUE**
℡ 02 97 31 84 17
Fermé en janvier et du 25 au 25 décembre. Ouvert tous les jours. Horaires variables selon la saison. Gratuit jusqu'à 10 ans. Adulte : 7,50 €. Enfant (de 10 à 16 ans) : 4,50 €. Visite guidée adulte 8,50 € et jeune de 10 à 16 ans 5,50 €.
Fortifiée par Vauban, le « Cuirassé de l'Atlantique » surplombe le port de Palais. Ce remarquable ensemble architectural militaire, récemment rénové, conserve encore des traces du château fort des ducs de Gondi et de Retz que les modifications apportées jusqu'au XIXᵉ siècle n'ont pas effacées. L'édification de l'enceinte urbaine ne fut en effet réalisée qu'entre 1802 et 1877. Cet ensemble de remparts, fossés et bastions constitue un témoignage unique et intact de l'architecture militaire du XIXᵉ et un lieu de promenade à la fois agréable et enrichissant. Propriété privée depuis 1960, elle abrite un musée qui raconte la passionnante histoire de Belle-Ile, de ses hommes illustres et des artistes qui l'aimèrent. On y découvre aussi la vie quotidienne, celle des marins et des pêcheurs. Des expositions temporaires y sont organisées.

■ **LA MAISON DE LA NATURE**
Les Glacis
℡ 02 97 31 40 15
www.belle-ile-nature.com
Basse saison : ouvert du mardi au samedi de 10h à 12h. Haute saison : du lundi au vendredi de 10h30 à 12h30 et de 16h30 à 18h30 ; le samedi de 10h30 à 12h30. Gratuit jusqu'à 12 ans. Adulte : 5 €. Enfant (de 12 à 16 ans) : 3,50 €. Sortie annulée si moins de 5 personnes.
La Maison de la Nature s'abrite au sein de l'enceinte urbaine. Vous y découvrirez une exposition permanente sur le patrimoine naturel de Belle-Ile (habitat, faune, flore, géologie). Tout au long de l'année, des activités nature sont organisées par l'équipe pédagogique du CPIE : sorties adultes et enfants et stages naturalistes, accompagnement de groupes de la journée à la semaine, randonnée nature, organisation de séjours scolaires, chantiers de bénévoles pour la restauration du patrimoine naturel, séjours « Belle-Ile accessible » adaptés aux personnes à mobilité réduite, publications sur la nature et l'environnement...

Le couvert

■ **CRÊPERIE TRAOU MAD**
9, rue Willaumez
℡ 02 97 31 84 84
Ouvert de Pâques à novembre. Haute saison : ouvert tous les jours le midi et le soir. Service continu le vendredi, samedi et dimanche et en juillet et août. Service jusqu'à 22h30 l'été. Formule du midi : 7 €. Accueil des groupes (jusqu'à 120 personnes sur réservation avec menus adaptés).
En débarquant du bateau, grimpant la place de la République vers le tunnel vous trouvez sur votre gauche la rue Willaumez ou officie, au bord d'une très sympathique terrasse, l'équipe de la crêperie Traou Mad (bons produits en breton). Etablie depuis vingt-huit ans dans cette petite rue, on vous y sert du plus simple au plus élaboré en matière de spécialités bretonnes reines du terroir. Au rayon blé noir, impossible de ne pas se jeter sur la Palais garnie de steak haché, fromage, œuf, oignons et lard ou sur la très maritime Borstang, aux Saint-Jacques sur fondue de poireaux. Bien sûr, si vous êtes plutôt breton, vous ne pourrez vous passer de votre excellente complète. Pour le dessert, crêpe miel citron ou crêpe flambée, voire à la Chantilly, aucun gourmand ne pourra les éviter et c'est tout à fait calmé, niveau appétit, que vous continuerez votre promenade le long des remparts et des quais.

AU JARDIN DU PORT
6, rue Amiral-Willaumez ✆ **02 97 31 51 09**
www.aujardinduport.com
Ouvert de fin mars à fin octobre. Fermé le mercredi en avril et ouvert 7j/7 de mai à septembre. Menus de 18 € à 23 €. Menu enfant : 9 €. Terrasse. Carte bilingue.
C'est en montant la rue Willaumez que vous trouverez sur votre droite ce petit bijou, qui vous permet de fuir restaurants, brasseries et autres crêperies convenues et interchangeables. Vous vous installerez en terrasse ou dans la salle charmante et cosy à l'intérieur accueillis par des patrons sympas et prévenants : Hervé et Sophie. Vous pouvez bien sûr ne déguster qu'un thé, car vous êtes ici chez des spécialités. Mais mon conseil, c'est de rester pour se repaître d'une cuisine savoureuse largement inspirée par les arrivages des bateaux de l'île. Côté jardin, agréablement installé dans le patio à ambiance fleurie et végétale, commandez par exemple la morgate de Belle-Ile cuisinée à la sauce tomate, la cassolette de Saint-Jacques avec petits légumes. Mais vous pouvez aussi craquer sur le délicieux plat national Léonard : le Kig ha Farz, sorte de couscous breton, avec porc et blé noir. Après votre repas, vous ne repartirez certainement pas les mains vides, car vous irez musarder à l'épicerie fine. Elle recèle des trésors en termes de produits savoureux, dont des précieuses tartes maison que vous ne manquerez pas de déguster avec un (ou plusieurs) des cinquante deux-thés que vous aurez achetés ici.

LE GRAND CAFE
Quai de l'Acadie ✆ **02 97 31 80 11**
Fax : 02 97 31 81 46
www.hotel-atlantique.com
Ouvert toute l'année. Tous les jours le midi et le soir. Menus de 18,50 € à 31,50 €. Menu enfant : 8,50 €. Formule du midi : 13 €. Terrasse.
Débarquant à Belle-Île, vous n'aurez que l'embarras du choix en matière de restauration. Au Grand Café, le bien-nommé vu ses dimensions, vous êtes accueilli dans la salle, agréable et claire ou sur la terrasse d'où le spectacle du port bercera votre repas. Comme on peut s'y attendre dans un tel lieu, poissons et fruits de mer ultra-frais sont au menu, mais ces saveurs océanes se marient agréablement avec le terroir, à travers une cuisine élaborée autour du produit comportant des touches d'exotisme. Le poisson cru « façon des îles » (poisson blanc, citron vert, lait de coco, ciboulette), la salade de bord de mer (crabe, coquillages, langoustines, crevettes, pommes de terre, salade, tomate) ou la gourmandise de canard, son confit d'oignon rouge au vinaigre balsamique (salade, tomate, noix, foie gras, magret fumé, orange) se disputeront pour obtenir vos faveurs.

LE PETIT BRAMEL
3, rue Bramel ✆ **02 97 31 21 20**
Basse saison : ouvert du mardi au samedi le midi et le soir ; le dimanche midi. Ouvert tous les jours de juin à septembre ainsi que pendant les vacances scolaires. Service tardif jusqu'à 22h en saison.
Aurélie et Samuel vous accueillent chaleureusement au Petit Bramel, charmant restaurant de 18 couverts, intimiste et convivial dans lequel on se sent bien, ponctué ci et là de peintures d'artistes locaux, situé dans une ruelle entre les deux ports, face à la poissonnerie Lanco. A l'ardoise, vous découvrirez chaque jour des spécialités différentes car on ne travaille ici que des produits frais. Ainsi, vous pourrez peut-être régaler vos papilles d'un croustillant d'araignée, d'une aile de raie aux câpres, d'une brochette d'agneau marinée au coriandre, d'un lieu jaune en ligne et ses légumes du jour, ou encore d'un cœur coulant au chocolat pour finir cette pause gourmande en douceur... A découvrir.

LA SARRASINE
1, rue de l'Eglise
✆ **02 97 31 57 70**
Basse saison : ouvert du mardi au samedi le midi et le soir. Haute saison : tous les jours le midi et le soir. Carte : 15 € environ. Accueil des groupes.
Lorsque vous passez le seuil de la Sarrasine, vous êtes immédiatement saisi par l'ambiance particulière qui se dégage des lieux. La salle aux couleurs bleu pastel et ornées de divers objets de marine dont des demi-coques donne sur son côté Ouest, sur le bassin à flot et les remparts de la Citadelle. Si vous sortez des galettes complètes qui ont leurs fans, vous vous dirigerez tout droit vers les spécialités dont l'Envague au saumon, fromage de chèvre et crème fraîche, la Bordustard à l'andouille, aux champignons et crème, ou la Borlagadec à la saucisse, aux champignons et oignons poêlés. Toutes sont de vrais régals et vous finirez forcément votre repas en passant par le rayon froment où vous repaîtrez d'une excellente Plage de Port-Puce, aux pommes poêlées, sirop d'érable et glace vanille.

LES ÎLES BRETONNES

■ RESTAURANT L'ODYSSÉE
Quai Vauban © 02 97 29 13 08

Ouvert du mardi au samedi le soir. Basse saison : du mercredi au dimanche le midi. Haute saison : tous les jours le midi et le soir. Ouvert 7j/7 d'avril à fin septembre. Service continu et tardif en saison. Menus de 23 € à 29 €. Formule du midi : 17 €. Accueil des groupes (jusqu'à 20 personnes sur réservation). 2 salles et une grande terrasse de 40 couverts. Wifi gratuit. Le quai Vauban est situé face au bassin d'échouage de Palais. Récemment redécoré, il dégage ainsi une ambiance des plus sympathiques et c'est le cœur léger que vous examinerez les menus sur ardoise que l'on vous présentera. La carte change souvent et est tributaire des produits frais et arrivages et poissons des quais et viandes des plateaux de Belle-Ile constituent la base d'une cuisine sympa, décontractée et inventive. Vous pourrez donc commander ici aussi bien des Saint-Jacques au beurre d'orange qu'un tajine de la mer au coulis de homard en passant par l'épaule d'agneau de l'île rôtie à la fleur de sel et au romarin. Ne manquez pas les délicieuses sardines marinées, une vraie spécialité traditionnelle. Après un bon dessert dans la droite ligne des plats précédents, par exemple au caramel beurre salé, c'est l'esprit serein que vous pourrez aller visiter la citadelle en face.

■ LE VIVIER
4, place de l'Hôtel-de-Ville © 02 97 31 37 37
www.le-vivier-belle-ile.com

Fermé de mi-novembre à mi-février. Ouvert tous les jours. Service continu en juillet et en août. Service jusqu'à 23h en saison. Menus de 22 € à 45 €. Menu enfant : 10 €. Formule du midi : 13 € (entrée-plat ou plat-dessert ou formule entrée-plat-dessert à 17 €. Sauf dimanche et fériés). Accueil des groupes (jusqu'à 25 personnes sur réservation). 2 salles et 2 terrasses. Accès wifi.
Au Vivier, on sent nettement que, non seulement on est sur une île, mais que celle-ci est ancrée au milieu d'un territoire marin poissonneux recelant des merveilles de fruits de mer. Le patron, Guillaume, qui a pas mal roulé sa bosse, a posé son sac place de l'Hôtel-de-Ville où il vous offre des merveilles dans son bar à huîtres si vous n'avez qu'une petite faim. Mais bien sûr, devant la carte, impossible d'éviter le restaurant, l'ambiance marine est trop tentante, l'eau vous vient à la bouche. En entrée, bisque de homard ou tartare de crustacés, à moins que ce ne soit plutôt la salade de palourde. Eh oui, vous êtes déjà perplexe, que commander ? Pour la suite, ce ne devrait pas être plus facile, les fetuccinis aux fruits de mer ou le demi-homard rôti au beurre vous tendent les bras. Un fontainebleau aux fruits jaunes, croustillants de pommes au caramel plus tard, vous vous féliciterez de votre choix, tout en regrettant de ne pas avoir commandé un des impressionnants plateaux de fruits de mer.

Le gîte

■ AUBERGE DE JEUNESSE
Haute Boulogne © 02 97 31 81 33
Fax : 02 97 31 58 38 – belle-ile@fuaj.org

42 chambres (de 2 lits superposés, 3 chambres de 3 lits). Chambre simple à partir de 15,40 €. Petit déjeuner : 4,20 €.

A un kilomètre de l'embarcadère d'où vous arrivez en bateau depuis Quiberon, vous trouvez cette vaste auberge de jeunesse. A trois cents mètres de la mer, elle vous accueille dans une de ses quarante-deux chambres abritant deux à trois lits superposés. Ce type d'hébergement, on aime ou on n'aime pas. Mais la chaleur d'un repas et la joyeuse ambiance qui se dégage du lieu à certaines périodes de l'année, vaut toutes les froides conditions de certains hôtels et l'inconfort bruyant de nombre de campings. A partir de cet endroit, l'île est à vous pour pratiquer randonnée, à pied ou à bicyclette, bains de mer et bronzage sur sable fin. Au retour, un verre au bar pour échanger et un repas préparé dans la cuisine, qui est à votre disposition vous convaincront que, pour ce prix-là, rien de mieux ne peut exister en ce bas monde.

■ LE CLOS FLEURI***
Route de Sauzon © 02 97 31 45 45
Fax : 02 97 31 45 57
www.hotel-leclosfleuri.com

18 chambres. Chambre double de 60 € à 127 € ; chambre triple de 107 € à 142 € ; suite de 117 € à 152 €. Petit déjeuner : 11 €. Lit supplémentaire : 16 €. Possibilité d'aller chercher le client à l'embarcadère. Chèque Vacances. Animaux acceptés (12 €, dans certaines chambres seulement). Séminaires. Wifi. En saison, la foule et le brouhaha ne sont pas forcément attirants pour tout un chacun qui a décidé de faire un break grâce à un séjour déstressant. A Clos, Fleuri, vous avez trouvé une des perles rares, un hôtel de charme, un peu hors du temps, mais seulement à un peu plus d'un kilomètre de l'animation du Palais. Il se tient dans un ensemble de maisons belliloises, donnant sur un petit parc qui sent bon les parties de chaises longues avec un bouquin. Les chambres sont adorables et joyeuses, évidemment dotées d'un confort parfait. En rentrant des plages ou de vos escapades, prenez un verre pour savourer la vie au bar décoré Art déco.

■ HÔTEL ATLANTIQUE
Quai de l'Acadie © 02 97 31 80 11
www.hotel-atlantique.com

Ouvert toute l'année. 30 chambres. Chambre double de 49 € à 89 €. Demi-pension : 94 € (à 142 en haute saison). Petit déjeuner buffet : 8,70 €. Soirée Etape : de 65 à 85 €. Wifi. Restauration. Bain bouillonnant, sauna. C'est sur le quai de l'Acadie, tout près de l'embarcadère que vous trouverez cet hôtel offrant des prestations de qualité, en particulier dans une option de remise en forme. Sauna et Jacuzzi vous attendent en effet ici au retour de vos longues randonnées pédestres et de vos balades à vélo. Partenaire du très beau golf de Sauzon où vous pratiquez face à l'océan, c'est dans un intérieur et des chambres rénovées que vous êtes accueilli de manière très professionnelle et chaleureuse. Vous bénéficiez ici d'une connexion wifi et d'une télévision lorsque vous rentrez de nombreuses visites que vous ne manquerez pas de faire sur l'île. La Pointe des Poulains et la grotte de l'Apothicairerie, aussi bien que la côte sauvage et les aiguilles de Port-Coton n'auront plus de secret pour vous. Au retour des nombreuses activités, le restaurant de la maison Le Grand Café vous accueille pour de délicieuses dégustations de fruits de mer.

 HOTEL LE GALION
4, place de l'hôtel de Ville
℗ **02 97 31 37 37 / 02 97 31 46 52**
www.hotellegalion.com

17 chambres. Chambre double de 38 € à 64 € ; chambre triple de 36 € à 78 € ; studio / appartement de 68 € à 105 €. Petit déjeuner : 8 €. Wifi. Restauration (restaurant « Le Vivier »).
Trouver ce vaste hôtel si proche de l'embarcadère est une bénédiction pour tout un chacun qui débarque à pied sur l'île. En plein bourg du Palais, vous êtes au centre de la vie diurne et nocturne de la capitale de l'île. L'hôtel propose des chambres confortables équipées de la wifi. Certaines d'entre elles peuvent accueillir un petit groupe de personnes ou une famille. Au retour de la plage ou de promenades sur la côte sauvage, une escale au bar s'impose. Un bon restaurant de fruits de mer prend également place au rez-de-chaussée.

 HÔTEL VAUBAN
1, rue des Remparts
℗ **02 97 31 45 42**
www.hotel-vauban-belleile.com

Accueil 24h/24 (en juillet et en août). 16 chambres. Chambre double de 47 € à 92 € ; chambre triple de 68 € à 107 €. Demi-pension : 16 €. Petit déjeuner : 9,50 €. Lit supplémentaire : 12 €. Parking fermé. Une chambre adaptée au handicap. (Téléphoner pour réserver selon vos besoins spécifiques). Animaux acceptés (10 €). Wifi.
Prenez de la hauteur, dominez votre sujet, venez vous reposer à l'hôtel Vauban. Situé en haut des remparts qui dominent le port, vous profitez du calme d'une petite rue, en retrait du centre-ville, tout en pouvant atteindre commerces et quais animés en seulement deux minutes à pied. Vous vous reposerez ici dans des chambres très gaies aux couleurs claires, équipées, bien sûr, de tout le confort et de la wifi, une d'entre elles pouvant recevoir les handicapés. Tout près des plages où vous vous baignerez à l'abri des vents dominants, votre séjour peut aussi être organisé par l'hôtel autour d'une randonnée pédestre de plusieurs jours. Aux beaux jours, petit déjeuner et lectures sur la grande terrasse sont au programme.

 HÔTEL LE SAINT-AMANT
14, avenue Carnot
℗ **02 97 31 36 71**
Fax : 02 97 31 49 79
www.le-saint-amant.com

Fermé du 20 décembre au 1er février. 14 chambres. Chambre double de 47 € à 67 € ; chambre triple de 59 € à 79 €. Petit déjeuner : 7 €. Animaux acceptés (4 €). Wifi. Tv satellite.
C'est en remontant la rue Carnot que vous trouverez le délicieux hôtel le Saint-Amand qui vous accueille dans un cadre chaleureux et décontracté. Vous dormirez dans une des quatorze chambres calmes et confortables de l'établissement qui sont toutes équipées de la télévision et de la wifi. N'hésitez pas à continuer, vers le haut, la rue de l'établissement, elle vos mènera au bourg de Bangor. De là, poussez jusqu'à Goulphar et à la magnifique côte sauvage. Ne manquez pas non plus la visite de la spectaculaire citadelle. Au cœur du bourg du Palais, vous êtes à deux pas des terrasses et des restaurants des quais.

■ **HOTEL-RESTAURANT DE BRETAGNE**
Quai de l'Acadie
℗ **02 97 31 80 14**
Fax : 02 97 31 33 03
www.hotel-de-bretagne.fr

32 chambres. Chambre double de 47 € à 97 € ; chambre triple de 59 € à 229 €. Pension complète (à 179 € / pers). Demi-pension : 59 € (à 145 € / pers). Petit déjeuner : 8 €. Lit supplémentaire : 12 €. Animaux acceptés (10 €). Wifi. Restauration.
Vous n'avez que quelques mètres à effectuer à pied pour vous retrouver assis au bar de l'hôtel Le Bretagne et monter ensuite dans une des trente-deux chambres de l'établissement. Si vous avez opté pour l'une d'entre elles, face au port, vous pourrez jouir de la vue du trafic incessant des bateaux pénétrant ou sortant du port. Si vous êtes côté cour, vous bénéficiez de plus de tranquillité. Mais quoiqu'il arrive, vous bénéficiez du confort et de la wifi. Après avoir été vous promener vers Sauzon et la Pointe des Poulains, vous pourrez refaire vos forces sur les terrasses du restaurant.

LES ÎLES BRETONNES

■ **L'ACADIEN**
36, rue Joseph Le Brix
© 02 97 31 84 86
Fax : 02 97 31 45 06
www.hotel-acadien.com
Ouvert toute l'année. Chambre simple de 39 € à 53 € ;
chambre double de 39 € à 63 € ; chambre triple de
51 € à 75 €. Demi-pension : 16 € (en sus du prix de
la chambre). Petit déjeuner : 8 €. Pack Randonnée.
5 nuits, 1 personne : 489 €. 2 personnes : 709 €.
Animaux acceptés (si propres. 7 € / jour).
Vous serez accueilli très chaleureusement dans cet
hôtel entièrement rénové qui se tient dans une des
rues très calmes du centre du Palais. Une des treize
chambres vous accueillera pour un repos parfait, dans
un confort évidemment à niveau, et cela pour un des
prix les plus intéressants de la place. C'est le point de
chute idéal pour organiser vos pérégrinations pédestres
ou cyclistes sur les voies et chemins de l'île. On peut
d'ailleurs ici vous préparer un panier repas afin que
ces journées nature soient idéales. A l'Acadien, on
peut d'ailleurs vous proposer des packs randonnée.

Chambres d'hôtes

■ **CHÂTEAU DE BORDENEO**
Bordeneo
© 02 97 31 80 77
www.chateau-bordeneo.fr

Ouvert toute l'année. 5 chambres. Suite de 164 € à
214 €. Petit déjeuner inclus. Animaux acceptés (si
bien élevés). Wifi.
Vous voulez vraiment décompresser ? Venez donc à
Belle-Ile au château de Bordeneo. Les propriétaires
Françoise et Jean-Luc Duplessis vous y accueillent très
chaleureusement. Vous séjournerez dans des suites
comprenant un salon privé et une terrasse. Il fait bon
s'y délasser au petit déjeuner, avant de filer au golf, à la
thalasso ou à toute autre activité, comme promenade
ou randonnée. Meublées et décorées avec goût et à
propos, les chambres d'un grand confort, comprenant
salle de bains avec baignoire, wifi et télévision vous
assureront un repos sans pareil après bains de mer ou
dans la piscine du lieu.

■ **JANIK ET JEAN-FRANCOIS BISSON**
Rive Eva Jouan
© 02 97 31 56 08 / 06 64 17 59 29
lafermedebeausoleil.monsite-orange.fr

Ouvert toute l'année. 1 chambre. 65 € à 75 € la nuit
selon saison. Animaux acceptés. Wifi gratuit.
A un peu plus de sept cents mètres de l'endroit où vous
débarquez, vous trouvez ce très beau duplex, avec
entrée indépendante, installé dans un joli corps de
ferme traditionnel. C'est plus un gîte qu'une chambre
d'hôtes, car en plus de la chambre, il comprend un
salon avec deux canapés et un coin petit déjeuner.
Aux beaux jours, vous pouvez d'ailleurs démarrer
votre journée dans le petit jardin avant de vous livrer
à des occupations typiquement belliloises comme

la randonnée pédestre sur la Côte Sauvage ou les
balades à bicyclettes. Vous trouvez, en arrivant, un
logement avec équipement complet, comme des
thermos pour les balades, du papier à lettres pour
vos correspondances, un frigo équipé de confitures,
miel beurre et jus d'orange, des nattes plages, des
équipements de pluie et même du paracétamol, pour
parer à (presque) toutes les éventualités. Cerise sur le
gâteau, vous êtes vraiment tout près de l'animation
des quais et du centre-ville.

■ **AU JARDIN DU PORT**
Monsieur Bontems Hervé
6, rue Willaumez
© 02 97 31 51 09
www.aujardinduport.com
Ouvert toute l'année. 1 chambres (d'hôtes). Chambre
double 90 €. Petit déjeuner inclus. Lit supplémentaire :
45 €. Egalement à la location, un appartement de
2 à 4 personnes à 110 € la nuit et 650 € la semaine.
C'est tout à fait sympathique de pouvoir bénéficier
d'un hébergement très confortable dans un environnement calme, mais pourtant en plein centre du
Palais. Vous avez le choix entre la chambre pour deux
personnes, meublée cosy avec goût et l'appartement
indépendant, pour de plus longs séjours, en particulier
si vous séjournez à Belle-Ile en petit groupe, ce dernier
pouvant héberger jusqu'à cinq personnes. Pratique,
vous trouverez au rez-de-chaussée le restaurant et
salon de thé où vous pourrez trouver le réconfort après
vos virées exploratoires de l'île.

■ **MME LAURENCE LE CALVE**
Résidence hôtelière Sarah Bernhardt
9, rue Willaumez
© 02 97 31 84 84
lecalve.laurence@wanadoo.fr
3 chambres. Chambre double à partir de 57 €. Petit
déjeuner inclus.
Vous êtes accueilli à moins de trois cents mètres de
l'embarcadère, dans la rue qui monte, direction Bangor.
Les chambres sont confortables et l'environnement
calme de celles-ci vous permet de vous reposer en
toute quiétude entre les moments où vous vous baladez
ou pratiquez des activités. Après un bon et copieux
petit déjeuner pris sur la terrasse, voile ou golf sont
ici possibles. Vous ponctuerez vos randonnées et
vos balades de longs séjours à la plage. Au retour de
ceux-ci, vous vous rafraîchirez le soir venu aux terrasses
toutes proches des quais animés.

Campings

■ **CAMPING DE BORDENEO★★★★**
© 02 97 31 88 96
Fax : 02 97 31 87 77
www.bordeneo.com

Fermé du 8 octobre au 8 avril. Exposition : mi-ombragé.
Sol : herbeux. Emplacement + véhicule + 1 personne
(avec 5 A) de 13,50 € à 21,50 €. Emplacement +
véhicule + 1 personne de 10 € à 16 €. Mobile homes
pour 4 à 6 personnes de 300 € à 750 € la semaine ;

chalets pour 4 à 6 personnes de 360 € à 790 €. Studios de 280 € à 550 € la semaine. Chèque Vacances. Wifi. Restauration (snack. Dépôt de pain).

Un très beau camping est à votre disposition, sur la commune, à moins de deux kilomètres de l'embarcadère. Mobiles homes, chalets ou studio, pouvant recevoir de deux à six personnes, vous attendent. Mais vous avez également la possibilité de poser votre caravane ou votre tente sur un vaste emplacement. A partir de ce camping, poursuivez à pied ou à bicyclette les chemins et les routes vers Sauzon ou la pointe des Poulains, à moins que vous ne soyez plutôt tenté par la plage, la première se trouvant à un kilomètre. Pour les jours de farniente, parc aquatique et tennis agrémenteront agréablement votre journée. Après une journée de randonnée autour de l'île, en passant par la Côte Sauvage, Goulphar et Port Coton, vous retrouverez avec plaisir l'ambiance familiale et chaleureuse du bar de l'établissement.

Loisirs

■ A LOCA SCOOT
4, quai Bonnelle
✆ 02 97 31 49 94 / 06 16 48 63 26
www.velo-scooter-belle-ile.fr
Basse saison : ouvert tous les jours de 8h30 à 12h15 et de 14h à 18h. Haute saison : tous les jours à partir de 8h30 et à partir de 19h. Vélos adulte : 11 € la journée, 9 € la ½ journée, 55 € la semaine. Vélos enfant : 9 € la journée, 7 € la ½ journée, 45 € la semaine. Scooter : 50 cc 45 € la journée, 37 € la ½ journée, 225 € la semaine.

Vous trouverez cet établissement tout près du débarcadère sur le quai Bonnelle en allant vers l'office de tourisme et la Compagnie Océane. Si vous êtes cycliste confirmé, louez des vélos. Il faut en effet prendre en compte le fait que le relief de l'île est assez marqué et que cette solution ne conviendra pas à des non-pratiquants. Heureusement, le scooter de moins de 50 cc viendra à votre secours, celui-ci monte toutes les côtes tout seul, et c'est frais et dispos que vous passerez du port à l'hôtel, puis de l'hôtel à la plage. Autre solution : la moto pour ceux qui possèdent le permis.

■ LOCATION DEUX-ROUES BANET
Quai de l'Acadie
✆ 02 97 31 84 74
Location de vélos adulte et enfant à partir de 11 €. Tarifs dégressifs sur plusieurs jours. Location de scooter 50 cc 4 temps Piaggio : 45 €/j (de 9h à 19h) casque et assurance compris. Scooter 100 cc : 55 €/j. Moto Honda 125 cc ou scooter 125 cc : 65 €/j.

Pour faire le tour de l'île et partir à la découverte de sa nature et de ses paysages, faites confiance à un professionnel du deux roues. Et dans la maison Banet fondée en 1948, de père en fils, expérience et savoir-faire sont depuis plus de soixante ans les fers de lance. Aujourd'hui c'est Didier Banet qui vous accueille dans l'entreprise familiale située à droite en sortant de l'embarcadère. Ici, vous aurez le choix entre des VTT et des VTC adultes et enfants, des vélos électriques, des scooters 50 cc, 100 cc et 125 cc, des MB3 Piaggio

400 cc ou encore des motos Honda 125 cc. Une adresse incontournable pour visiter l'île autrement.

Emplettes

■ BISCUITERIE-CONFISERIE LA BIEN NOMMÉE
ZA de Bordilla
✆ 02 97 31 34 99
www.labiennommee.com
♿

Ouvert toute l'année. D'avril à juin et en septembre, ouvert du lundi au vendredi de 14h à 19h. En juillet et en août, ouvert du lundi au vendredi de 14h à 19h. D'octobre à mars, ouvert du lundi au vendredi de 10h à 12h et de 14h à 18h. Visite et dégustation gratuites. Durée de la visite (en français) : 30 minutes.

Cette biscuiterie-confiserie est le nec plus ultra en matière de gourmandises bretonnes. Ici, vous découvrirez des biscuits comme à la maison, délicieusement réalisés avec de la farine, du sucre, du beurre frais, des œufs et du sel. Point de colorants ni d'additifs, mais un réel respect de la tradition et du processus de fabrication artisanal indispensable à la qualité des produits. Entre autres merveilleuses douceurs, la maison propose des galettes fines au blé noir ou au beurre salé, des petits sablés de Belle-Île, de la crème de caramel de Belle-Île au beurre salé, des gâteaux bretons fourrés à la crème de caramel au beurre salé, des bonbons au caramel au beurre salé ou encore ceux au chocolat caramel... Sachez que lors des Trophées de la Gastronomie Bretonne de Quiberon, 5 produits ont été primés « Saveur à découvrir » et la Bien Nommée a également obtenu le 1er prix de la dynamique artisanale en 2007. Enfin, venez découvrir l'Espace Découverte spécialement créé pour vous. Au cœur de l'atelier, vous pourrez visionner le film retraçant les différentes étapes de la fabrication et déguster les différentes spécialités. Un vrai bonheur pour les gourmands... et les autres !

▶ **Autre adresse :** 29, rue de Verdun – Quiberon (tel.) 02 97 30 45 91

■ LE COMPTOIR DE BELLE-ÎLE-EN-MER
Quai Jacques Le Blanc
✆ 02 97 31 00 00
www.comptoirdebelleile.fr
Haute saison : ouvert tous les jours.
L'idée originale de Philippe Hamache, un gastronome reconnu, était de faire connaître les produits de l'île, transformés ou non, allier le bon et le beau, tel qu'il décrit lui-même la démarche. Peu à peu ont été développés des produits à forte image locale en même temps que pour ses besoins de financement, la société a été rejointe par une quinzaine d'actionnaires passionnés. Vous pouvez trouver les marchandises qu'elle propose dans de nombreux magasins régionaux ou nationaux, mais également les commander sur le site. Rillettes, pâtés, moutardes, sardines et soupes de poisson, mais aussi vieille eaux-de-vie et whiskies, profitez de leur qualité exceptionnelle pour vous régaler ou pour faire des cadeaux très appréciés à vos amis.

Les Aiguilles de Port-Coton

Bangor

Ce sont les moines venus d'outre-Manche qui ont fondé Bangor vers le VIe siècle. Cette petite commune compte 800 âmes habitant trente villages rassemblés au bord de nombreux vallons qui s'élancent vers la mer. Bangor est le bourg intérieur de l'île. Ses maisons blanches et basses se blottissent autour de l'église qui a remplacé une ancienne chapelle romane. Elle possède aussi le territoire le plus sauvage de l'île et le plus exposé aux vents du sud-ouest. Les jolies plages de Herlin, Kérel ou Donnant trouvent refuge sur la côte rocheuse. Les rochers aux formes spectaculaires sont légion.

Points d'intérêt

■ LES AIGUILLES DE PORT-COTON

Incontournables, les Aiguilles de Port-Coton sont sans doute le site le plus célèbre de l'île. De nombreux peintres ont été fascinés par la beauté de ces roches dentelées. On compte d'ailleurs parmi eux Claude Monet, qui a su révéler par quelques toiles célèbres la splendeur du lieu. Le nom de Port-Coton vient de l'écume qui, fouettée par gros temps, forme de gros flocons mousseux comparables à du coton.

■ LE GRAND PHARE

Le phare de Goulphar, dont les plans ont été réalisés par Augustin Fresnel, est entré en service en 1836. Sa tour mesure 52 mètres. Après avoir gravi ses 213 marches de granit suivies d'un escalier de fer, on accède à la lanterne. Par temps clair, la vue panoramique sur l'île et le continent, de Lorient au Croisic, est tout simplement magnifique. Il est l'un des phares les plus puissants de France.

■ LA PLAGE DE DONNANT

Adossée à un cordon de dunes, elle fait partie d'un site naturel protégé par le Conservatoire du littoral. Lieu privilégié pour la pratique du body-board, il faut toutefois rappeler que ses courants forts constituent aussi un réel danger. Le spectacle des vagues énormes qui se brisent est fascinant. Son sable a été longtemps expédié dans une verrerie nantaise. En juillet et août, la baignade y est surveillée de 13h à 19h.

Le couvert

■ LE BLEU MANIERE VERTE – HÔTEL CASTEL CLARA

Port Goulphar
℡ 02 97 31 47 68
Fax : 02 97 31 51 69
www.castel-clara.com
♿

Fermé du 12 novembre au 16 décembre. Ouvert tous les jours le midi jusqu'à 14h et le soir. Menus de 59 € à 145 € (de 39 à 55 € au Café Clara). American Express. Terrasse.

On est ici dans le haut de gamme régional, l'établissement labellisé Relais et Château se devait donc d'avoir un restaurant à la hauteur de la qualité du reste de ses prestations, en matière d'hébergement et de thalassothérapie. Et c'est bien le cas avec le Bleu-Manière Verte (résumé par un seul mot en breton : Glaz). Le chef Olivier Hardouin concocte ici, à partir bien sûr de produits ultra-frais provenant de producteurs identifiés, une cuisine précise, soigneusement élaborée, mais sans esbroufe, accessible à un public en phase de remise en forme. Les produits de la mer sont bien sûr de la partie, et vous vous arrêterez forcément devant le cannelloni de morgates farcies de chair de tourteau et araignée, bisque de crabe corsée avant de passer au rouget en paysanne, peau croustillante, trait de safran et artichauts nouveaux. Si vous voulez faire plus simple, par exemple le midi, l'établissement possède aussi une brasserie : le Castel-Clara.

■ LE CAFÉ COTON

Kervilaouen
Route des aiguilles de Port Coton
℡ 02 97 31 32 62

Fermé du 14 au 30 mars et du 15 novembre au 12 février. Ouvert du mercredi au lundi le midi ; du mercredi au dimanche le soir. Carte : 18 € environ. Terrasse.

Certains vont dans les crêperies par habitude, d'autres y vont parce qu'ils sont connaisseurs et gourmets. A Belle-Ile, ces derniers vont donc au Café Coton, pour déguster les fameuses crêpes et galettes, presqu'entièrement élaborées à partir de produits provenant de l'île. Sur la route de Port Coton, vous aurez à cœur de goûter la reine des galettes, la traditionnelle complète œuf jambon fromage. Mais puisque vous êtes dans une maison accueillante et sympathique, continuez par une spécialité comme la galette au boudin noir et aux pommes. Attention, dessert obligatoire, avec la crêpe à la gelée de chouchen et sorbet citron qui finira de vous rassasier tout en titillant vos papilles.

■ **CRÊPERIE CHEZ RENÉE**
21, rue Sarah Bernhart ✆ **02 97 31 52 87**
www.creperie-chez-renee.fr
Fermé du 1er octobre au 1er avril. Ouvert pendant les vacances scolaires. Basse saison : ouvert du mercredi au dimanche le midi et le soir. Haute saison : tous les jours le midi et le soir. Carte : 15 € environ.
Remontant de la plage d'Herlin, à la limite du bourg de Bangor, quelle aubaine de trouver une crêperie pour se refaire après un moment à la plage. Il suffit d'entrer dans le jardin, de s'asseoir à une table sous un parasol, pour qu'on vienne aussitôt s'enquérir de vos désirs, qui seront évidemment exaucés par les magiciens des lieux, pourvu qu'il s'agisse de crêpes et de galettes. Comment résister à celle aux noix de Saint-Jacques fondue de poireaux ou à l'autre, au foie gras poêlé, poitrine fumée, oignons et miel ? Heureusement, le propos n'est pas de se défendre et il est même conseillé de capituler devant une crêpe à la compote de pommes caramélisées maison.

■ **HÔTEL-RESTAURANT LE GRAND LARGE**
Goulphar
✆ **02 97 31 80 92 / 02 97 31 83 44 (restaurant)**
www.hotelgrandlarge.com
Ouvert toute l'année. Basse saison : du mercredi au lundi. Haute saison : tous les jours. Réservation recommandée. Menus de 33 € à 85 €. Formule du midi : 19,50 € (à partir de). Prix différents dans les deux équipements (Restaurant du Grand Large ou brasserie Le Marie-Galante). Terrasse. D'abord, il y a l'exceptionnel panorama que l'on peut contempler depuis la salle du restaurant le Grand Phare ou la terrasse de la Brasserie Marie-Galante. Ensuite, il existe ici un double choix d'établissement qui peut combler toutes vos envies. Le Grand Phare est un espace gourmet plus intime, adapté à un souper en tête à tête, ouvert seulement le soir et servant de la haute gastronomie. La Brasserie Marie-Galante, quant à elle, convient bien aux petits intermèdes du midi et vous servira une cuisine plus décontractée, bien que la même qualité de mise en œuvre soit pratiquée dans les deux espaces. Vous pourrez par exemple déguster dans le premier le fameux homard bleu breton, poêlé beurre demi-sel, chutney de betterave, tempura de jeunes légumes tandis qu'à la brasserie, vous vous arrêterez forcément sur le tartare de Saint-Jacques et saumon confit, pommes acides et sirop de betteraves. Et pour les desserts, vous avez le choix entre du complexe ou du plus simple, comme ce baba au rhum vieux de Guadeloupe, qui vous fera légèrement tourner la tête tandis que vous contemplez la mer.

HOTEL-RESTAURANT LA DESIRADE
Le Petit Cosquet
✆ 02 97 31 70 70
Fax : 02 97 31 89 63
www.hotel-la-desirade.com

Qualité Tourisme. Fermé du 3 novembre au 31 mars. Menus de 32 € à 78 €. Menu enfant : 16 € (menu junior : 25 €). Accueil des groupes. Terrasse.

Il faut quitter Le Palais pour profiter au mieux des richesses de l'île. C'est aussi vrai en termes de restauration. Sur la route de Bangor à Goulphar, on tombe sur ce restaurant dont les louanges sont chantées par tous ceux qui l'ont fréquenté. Entre les mains du chef Pacôme Epron et de son équipe, les produits frais, dont la plupart sont originaires de Belle-Ile se transforment quasi miraculeusement en une cuisine inventive, joyeuse et légère. Les langoustines poêlées au beurre noisette en sont un exemple. Accompagnées de chou-fleur, façon risotto, de tagliatelles de courgettes et de fumet à la verveine citronnée du jardin, elles vous donnent une idée de l'étendue du savoir-faire maison. Celui-ci se retrouve ensuite dans l'agneau de Belle-Ile, croustillants de pomme de terre charlotte, ail confit, pois gourmands carotte fane et son jus d'agneau corsé. Après tout cela, impossible d'échapper aux desserts de même facture, avant d'aller feire quelques pas sur la Côte Sauvage toute proche.

■ **RESTAURANT PIZZERIA LE CAMÉLÉON**
27, rue Claude Monet
✆ 02 97 31 31 11

Fermé du 1er novembre au 15 mars. Haute saison : ouvert tous les jours. Carte : 20 € environ. Formule du midi : 15 €. Accueil des groupes. Vente à emporter.

Voilà un petit restaurant qui ne paye pas de mine, mais qui peut vous rendre de grands services lorsque vous êtes affamé. La bonne humeur des patrons est communicative et, si vous aimez la plaisanterie, vous sortirez d'ici avec le moral tout en ayant rempli votre estomac ave des plats sans prétentions, mais parfaitement exécutés pour les convives ravis. Idéalement, la salade de langoustines précédera la souris d'agneau de lait aux épices des Indes, mais les délicieuses pizzas sont également fort désirables. Une tarte Tatin plus tard, vous voilà devant l'église de Bangor, rassasié de belle façon.

Le gîte

■ **HOTELLERIE CASTEL CLARA**
Goulphar-en-Bangor
✆ 02 97 31 84 21
Fax : 02 97 31 51 69
www.castel-clara.com

Fermé en décembre. 63 chambres (et suites). De 215 € à 660 €. Petit déjeuner : 25 €. Lit supplémentaire : 40 €. Animaux acceptés (chiens : 20 €). Wifi. Restauration (gastronomique). Hammam, bain bouillonnant, sauna.

Vue imprenable depuis le Castel Clara et sa terrasse sur le mouillage de Goulphar ! Sur la commune de Bangor, à Belle-Ile, vous séjournez dans ce Relais et Châteaux exceptionnel pour un séjour détente. Piscine intérieure et

extérieure, spa ainsi que repos sur les grandes terrasses face à la mer, sont au programme. L'établissement comprend également une thalassothérapie où la remise en forme est totale, couplée avec les bains de mer, la marche ou le tennis. Les chambres et suites sont évidemment d'un confort rare, de couleur claire et très silencieuses, elles permettent un repos total. Pour la soirée, le restaurant gastronomique Bleu Manière Verte et le très détendu Café Clara vous accueillent pour vos petites et grandes faims au cœur de l'établissement.

■ **HOTEL-RESTAURANT LA DESIRADE*****
Le Petit Cosquet
✆ 02 97 31 70 70
Fax : 02 97 31 89 63
www.hotel-la-desirade.com

Qualité Tourisme. 32 chambres (dont 4 suites). Suite de 270 € à 370 €. Basse saison : chambre double de 98 € à 237 €. Haute saison : chambre double de 130 € à 273 €. Demi-pension : 46 € (en sus du prix de la chambre). Petit déjeuner : 17 €. Lit supplémentaire : 29 €. Animaux acceptés (chiens : 14 €). Hammam, bain bouillonnant, sauna.

Les côtes sont trop bruyantes en saison pour vraiment déstresser. Si votre souhait est de vraiment vous détendre dans une sorte d'univers de rêve, pas d'hésitation, direction Belle-Ile, passez Bangor et vous tombez sur l'établissement de vos rêves sur la route de Goulphar, à moins de deux kilomètres de la mer. Les chambres claires, confortables et détendantes, sont dispersées dans plusieurs petites maisons à l'architecture belliloise réparties dans un grand parc paysagé. Labellisé Relais du Silence, l'établissement surprend par le calme et la quiétude joyeuse qui se dégage des lieux, grâce à l'esprit insufflé par ses propriétaires et concepteurs, Bénédicte et Pierre Rebour, ainsi que toute leur équipe. Au programme : sommeil sans pareil, spa et piscine, mais n'oubliez pas aussi d'aller marcher devant les magnifiques paysages de la Côte Sauvage.

■ **HÔTEL-RESTAURANT LE GRAND LARGE**
Goulphar
✆ 02 97 31 80 92 / 02 97 31 83 44 (restaurant)
www.hotelgrandlarge.com

Chambre double de 99 € à 219 € ; suite de 209 € à 389 €. Demi-pension (base deux personnes, de 207 € à 487 €, selon la chambre et la saison). Petit déjeuner buffet : 17 € (11 € pour les – 7 ans). Animaux acceptés (15 €). Wifi gratuit. Restauration.

Il a de la gueule ce manoir planté face au large, à proximité des aiguilles rocheuses de Port-Coton ! Planté au milieu d'un parc dessiné par le célèbre paysagiste du Morbihan, Erwan Tymen, il a été rénové pour pouvoir vous recevoir dans un véritable hôtel de charme. Les chambres, quelle que soit leur orientation, vous procurent une vue particulièrement agréable et apaisante sur la mer ou sur la lande. Très confortables et superbement décorées, elles vous accueillent et vous procurent un sommeil sans pareil. Après un petit déjeuner copieux, varié et savoureux, dirigez-vous directement vers la piscine chauffée de l'établissement et prélassez-vous sur les transats. Aux beaux jours, allez vous baigner à la plage, avant d'entreprendre une visite en règle de l'île, à pied si vous êtes bon marcheur ou en louant un vélo. Un institut de thalassothérapie est à moins de cinq minutes et, lorsque vous rentrez de vos activités, vous n'avez qu'à vous attabler au restaurant la Marie Galante. Charme et détente sont les maîtres mots des séjours au sein de cette maison d'exception.

Chambres d'hôtes

■ LA CLEF DES CHAMPS
Parlevant ✆ 02 97 31 52 40
www.chambresdhotes-belle-ile.com
Prendre le bateau à Quiberon (www.compa-gnie-oceane.fr)
Fermé du 6 novembre au 23 mars. Chambre double de 90 € à 136 € la nuit, de 600 € à 870 € la semaine. Wifi gratuit. Restauration (sur demande).
C'est avec une grande gentillesse, et beaucoup de plaisir, que Katy et André Gonidec vous accueillent dans leur belle demeure de charme sur 2 200 m² de terrain, idéalement située au cœur de l'île, dans un hameau typiquement bellilois. Vous trouverez des chambres personnalisées sur le thème « voyage autour du monde », de grand confort magnifiquement décorées, de réelles invitations au calme et à la sérénité : Partez en Afrique avec la chambre « Savane », envolez-vous vers la Tunisie avec la « Sidi Bou Saïd », découvrez l'Orient avec la « Soleil-Levant », naviguez vers les îles avec la « créole » ou encore offrez-vous les luxueux palais et les couleurs chaudes de l'Inde grâce à la chambre « des Mille et Une Nuit ». La Clef des Champs dispose d'un sauna gratuit et loue aussi quatre gîtes chaleureux et de très bon standing. De 8h à 11h30, des petits déjeuners pantagruéliques (viennoiserie, patisseries sucrées-salées, fromage, charcuterie...) vous seront servis et sur réservation, la table d'hôte du soir vous réservera bien des délices. Monsieur est Breton, Madame Alsacienne, et l'alliance des deux identités conjugue harmonieusement traditions bretonnes et culture alsacienne, à l'image de la bolée de cidre et du crémant d'Alsace, du gâteau aux cerises et du far aux pruneaux ou encore de la grande cheminée en granit et des vitraux alsaciens de la salle des petits déjeuners, et donne un accueil des plus charmants. Prendre La Clef des Champs n'aura jamais été aussi agréable !

Campings

■ CAMPING MUNICIPAL DE BANGOR
18, rue Pierre Cadre
✆ 02 97 31 89 75
www.bangor.fr
Exposition : mi-ombragé. Emplacement + véhicule + 1 personne à partir de 10,20 €. Emplacement + véhicule + 1 personne (avec 6 A) à partir de 12,65 €. Mobile homes pour 4 à 6 personnes de 260 € à 520 € la semaine. Tarif camping : 2 personnes. Jeux pour enfants. Animaux acceptés (0,70 €).

C'est un des campings de l'île qui ne manque pas de charme. On vous reçoit ici sur des emplacements délimités par des haies bien entretenues soit avec votre tente ou caravane, soit dans de confortables mobil-homes qu'on peut louer ici de deux nuits à une semaine ou plus. Vous êtes ici tout près des commerces, car l'établissement est à la sortie du bourg. Vous pouvez donc faire votre ravitaillement ou même aller à la pizzeria à pied, on passe en effet rarement sa voiture à Belle-Ile pour un court séjour. Vous pouvez également gagner, par des chemins pittoresques, la plage d'Herlin, située à moins de trois kilomètres. De bons bains en perspective !

Loisirs

■ CENTRE EQUESTRE ET PONEY-CLUB DE L'AERODROME
Domaine des chevaliers de Bangor
✆ 02 97 31 52 28 / 02 97 40 00 06
www.equitation-belle-ile.com
Face à l'aérodrome. Centre agréé Jeunesse et Sports, Fédération équestre et Haras nationaux. Poneys shetland, double poneys et chevaux. Initiation enfants et adultes dans un domaine de 12 ha avec moniteur diplômé d'Etat. Pour les cavaliers débutants, promenades d'initiation toute la journée dans le domaine avec les conseils de la monitrice. Pour les cavaliers moyens, promenades sur l'île le soir et pour les cavaliers confirmés, promenades le matin sur l'île (plages, terrains accidentés...).

Emplettes

■ LA FORGE AUX TROLLS
Kerourdé ✆ 02 97 31 54 21
Fax : 02 97 31 59 28
laforgeauxtrolls@orange.fr
Route de Locmaria, prendre la 4e à gauche
Ouvert le lundi, le mardi et du jeudi au samedi ; le dimanche.
Sur la route de Bangor à Locmaria, on trouve à Kerourdé la boulangerie-restaurant en tournant à la quatrième route sur la gauche. Ici tout ce que l'on vous propose est bio, et naturel et cela depuis vingt-cinq ans. On est chez des spécialistes qui ont oublié d'être tristes, car vous êtes accueillis ici par Fabrice et Lydie avec chaleur et proximité, comme en famille parce qu'il n'y a pas que la nourriture pour être en bonne santé, on se nourrit aussi de complicité et d'amitié. L'aventure a d'abord démarré à partir du produit de base de notre alimentation : le pain. On en trouve ici de toutes sortes, une quarantaine de types différents, pétris et façonnés à la main et au levain, puis cuits dans le four de la Forge. Tous les jeudis il y en a un nouveau. Mais on fait aussi ici épicerie bio et on trouve toutes sortes de produits comme de la cosmétique, des produits ménagers, des épices, du fromage, des légumes. On peut pratiquement tout trouver ici. Dans ce lieu vivant de rencontre et d'échange, on organise également des stages de pain, mais aussi de chocolat et plus généralement de cuisine bio et alternative, sans gluten, par exemple. Le lieu vaut vraiment une visite, pour la qualité de ses produits, mais aussi parce qu'ici un monde nouveau s'invente.

Locmaria

La commune, fondée en 1070, compte aujourd'hui 700 habitants qui se répartissent en 33 villages. Ses caractères particuliers la distinguent des autres communes de l'île. L'agriculture y est plus développée, l'habitat y est plus dense avec des hameaux importants et, chose étonnante, l'activité maritime y est quasiment absente. Locmaria est aussi le point culminant de l'île. Elle offre à la fois l'âpreté de la côte sauvage avec les falaises les plus hautes de l'île et le charme de grandes plages.

Points d'intérêt

■ L'ÉGLISE ET LE BOURG DE LOCMARIA
De style roman, l'église Notre-Dame-de-Locmaria est le plus ancien édifice religieux de Belle-Ile. Elle offre un chœur du XVIIe siècle et un clocher en poivrière du XVIIIe. Une légende raconte que des pirates hollandais ayant cassé leur mât avait coupé un arbre devant l'église. Notre-Dame déforma le tronc qui fut rendu inutilisable. Aussi de nombreux pèlerins venaient remercier autrefois Notre-Dame-de-Bois-Tors.

■ LA PLAGE DES GRANDS SABLES
Avec ses 2 km de sable fin, c'est la plus longue plage de Belle-Ile. Comme toutes les plages de la côte intérieure, elle est bien abritée des vents dominants. Surveillée en juillet et août (de 13h à 19h), elle convient parfaitement aux sports nautiques.

Le couvert

■ L'AUBERGE DU CHOUK'AZE
℡ 02 97 31 79 69 – www.choukaze.com
Fermé de novembre à avril. Basse saison : ouvert du mardi au samedi le midi ; du mercredi au dimanche le midi et le soir. Haute saison : tous les jours le midi et le soir. Carte : 20 € environ. Menu enfant : 7 €. Formule du midi : 16 €.
Légèrement en retrait du bourg de Locmaria, il est impératif d'aller manger au Chouk'Azé, parce que c'est sympa, original, bon et plein de bonne humeur. Asseyez-vous (le nom du restaurant en breton évoque cette éventualité) au bord des tables pimpantes pour voir ce que les deux sœurs à l'origine de l'établissement, Brigitte et Nanou, ont prévu pour vous à partir des produits frais provenant de Belle-Ile. Agneau, porc, chevreau et fromages de chèvres, mais aussi roquettes et fenouil, autant qu'orties et cristes marines termineront forcément, ici, dans votre assiette. Mille-feuille blé noir chèvre, samossas chèvre et miel ou palourdes farcies en entrée et brochettes de sardines farcies ou *morgate* (seiche) flambée au porto pour suivre et vous voila menacé de renoncer au dessert. Mais non, après tout, on ne vit qu'une fois et on ne peut finir sans se repaître d'un gâteau aux pommes façon Grand-Mère.

Le gîte

■ CAMPING MUNICIPAL DE LANNIVREC**
Lannivrec
℡ 02 97 31 70 92 – Fax : 02 97 31 71 65.
🖂 🧺

89 emplacements. Emplacement + véhicule + 1 personne (avec 6 A) à partir de 9,55 €. Emplacement + véhicule + 1 personne à partir de 7,80 €. Emplacement à partir de 2,60 €. Personne supplémentaire à partir de 4,15 €. Mobile homes de 260 € à 500 € la semaine. Chèque Vacances. Salle de bain pour bébés. Wifi.
Ce beau camping municipal vous accueille en mobil-home, caravane ou tente à deux pas du bourg de Locmaria, près de la pointe de Kerdonis à l'extrême est de l'île. Vous avez donc accès à tous les commerces et aux restaurants sans prendre votre voiture. Sur la plage de Port Maria vous pourrez vous baigner à l'abri du vent, si le cœur vous en dit, poussez jusqu'à la vaste plage des Grands Sables, à seulement deux kilomètres et demi. Le camping est évidemment tout confort, les mobil-homes très récents et très bien équipés et vous bénéficiez de la wifi si vous ne pouvez vraiment pas décrocher.

Sauzon

Elle est la deuxième commune de l'île. Son nom serait dû à la présence des Saxons sur ses côtes après celle des Romains. L'activité principale de cet adorable petit port tout en pastel a longtemps été la pêche. Il accueillit aussi les premières conserveries de poissons dès 1843. Aujourd'hui encore, il attire quelques pêcheurs de homards, langoustes et tourteaux. Comme le reste de l'île, Sauzon présente des paysages étonnants

Points d'intérêt

■ L'APOTHICAIRERIE
Parmi les nombreuses grottes qui ponctuent la côte de Belle-Ile, celle-ci est sans doute la plus célèbre, voire la plus belle. Elle doit son nom aux cormorans qui autrefois s'y abritaient, posés sur les encorbellements intérieurs de la roche comme des bocaux sur les étagères d'une pharmacie. Par les dangers qu'il présente, l'accès à la grotte de l'Apothicairerie est interdit mais le panorama qui est offert par son site sur la côte sauvage et la lande est unique.

■ LA POINTE DES POULAINS
Dominé par un petit phare automatisé d'une portée de 23 milles, dont l'autonomie est assurée par ses panneaux solaires, le site offre un panorama grandiose. Par temps clair, la vue s'étend jusqu'à l'île de Groix, Lorient, et embrasse toute la baie de Quiberon. En 2000, le Conservatoire du littoral fit l'acquisition de l'île des Poulains et de la propriété toute proche de la tragédienne Sarah Bernhardt. Classées « Site Naturel Protégé », elles font l'objet d'un projet de valorisation.

■ LA RÉSERVE ORNITHOLOGIQUE DE KOH KASTELL
℡ 02 97 31 40 15
Adulte : 5 €. Tarif réduit dès 12 ans : 4 €. En juillet et août, des balades nature de 2h commentées sont proposées.
Située sur la côte sauvage de Belle-Ile, cette réserve, créée en 1962 par Bretagne Vivante, abrite l'une des plus belles colonies d'oiseaux marins de Bretagne.

Crêperie "Les Embruns"

Quai Joseph Naudin
56360 Sauzon   Tél. 02 97 31 64 78

Son entrée est protégée par des buttes qui assurent la fonction de remparts. On peut y admirer plusieurs colonies de mouettes tridactyles, des goélands bruns, des goélands argentés, des cormorans huppés, des huîtriers-pies. Accès interdit en dehors des périodes de visites guidées.

Le couvert

■ LES EMBRUNS
Le Port
© 02 97 31 64 78
Fermé du 15 novembre à avril. Ouvert tous les jours le midi et le soir. Réservation recommandée. Carte : 15 € environ.
Il y a crêperie et crêperie. En effet, tout un chacun peut avoir fait l'expérience d'établissements, disons très moyens. Mais chez les Thomas, on est dans le très haut de gamme, à la fois en matières de farines, biologiques moulues à la meule de pierre, en matière de produits bio, dont la plupart sont originaires de l'île. Et ce que l'on ne pourra jamais remplacer, c'est une expérience de plus de vingt ans à élaborer des garnitures délicieuses, à tourner les galettes et crêpes. Tout cela est mis en œuvre au service d'une clientèle fidèle et experte qui apprécie par ailleurs une prévenance et une amabilité remarquable par tous. Tout étant digne d'être goûté, du plus simple au plus élaboré, craquez donc sur la spécialité boudin-pomme ou la roquefort-noix-crème fraîche-salade, cela vous donnera un délicieux aperçu du savoir-faire maison. Terminez par une bonne crêpe, ou, pourquoi pas, par une glace choisie parmi un choix impressionnant que vous propose la maison.

■ HÔTEL DU PHARE
Quai Guerveur
© 02 97 31 60 36
www.hotelduphare-belleile.com
Fermé du 1er avril au 30 septembre. Ouvert aux vacances de la Toussaint. Ouvert tous les jours. Menu unique à 20 €. Carte : 25 € environ. Menu enfant : 8 €.
Quelle bonne idée, ce restaurant au bord des quais du petit port de Sauzon. Ici, la cuisine tourne évidemment autour des produits de la mer. Vu la localisation de l'établissement on peut avoir l'assurance que les fruits de mer sont d'une absolue fraîcheur, ils sautent quasiment du bateau à l'assiette. Aux beaux jours, sur la terrasse surplombant le plan d'eau, la vue participe au plaisir. La soupe de poissons est évidemment au rendez-vous. Mais peut-êtes serez-vous tenté par une bonne quantité de moules marinières qui sont bien sûr un délice ou quelques huîtres avec pain, beurre salé et muscadet. Quant aux bulots mayonnaise, ils en enthousiasmeront plus d'un, le problème étant de garder une petite place dans votre estomac pour le plat, un filet de julienne par exemple ou un faux-filet de bœuf, pour ceux qui ne seraient pas en phase avec l'ambiance marine. Un far breton plus tard, et tout ragaillardi, vous voilà prêt à arpenter les chemins de Belle-Île.

■ LA MERE MICHELE
Chemin Neuf
Pen Prad
© 02 97 31 62 70
www.creperielameremichele.com
Ouvert toute l'année. Service continu. Du mardi au dimanche. Service tardif. Carte : 15 € environ.
Vous n'avez jamais mangé de crêpes et de galettes ou vous ne connaissez pas toute leur saveur lorsqu'elles sont fraîchement tournées sur les biligs (plaques rondes sur lesquelles elles cuisent) et munies de garnitures ultra-fraîches ? C'est le moment de sauter dans un bateau vers Belle-Île et de vous rendre toutes affaires cessantes à Sauzon où vous trouverez la crêperie la Mère Michel, qui surplombe le port de toute sa hauteur. Installé dans la salle décorée régionale et très chaleureuse, vous n'aurez que l'embarras du choix, lorsque vous consulterez la carte ornée du chat que la fameuse Mère Michel a perdu. Les galettes de spécialités requièrent toute votre attention, comme la « Palais » à la noix de Saint-Jacques, fondue de poireaux, la Locmaria à l'andouille de Guémené, lard, fromage et crème fraîche ou la Mère Michel au boudin, pommes, oignons confits. Mais il faut absolument qu'il vous reste de la place pour caser des crêpes comme la Gourmande, nappée de caramel beurre salé maison ou la Port Jean à la confiture d'orange maison nappée de chocolat chaud. C'est bon, l'accueil est sympa et c'est enchanté par le repas que vous irez vous dégourdir les jambes sur le port.

■ **RESTAURANT ROZ AVEL**
Place de l'Eglise
✆ 02 97 31 61 48
Fermeture annuelle de mi-novembre a mi-décembre et du 1er janvier à mi-mars. Ouvert du jeudi au mardi le midi et le soir. Menus de 30 € à 50 €. Formule du midi : 24 €. American Express. Accueil des groupes. Terrasse.
Il fait bon avoir faim à Belle-Ile et à Sauzon en particulier, car le Roz Avel, la colline ventée en breton, peut venir à bous des plus tenaces d'entre elles, et cela de la manière la plus agréable possible. Dans cette grande maison belliloise qui trône dans la descente vers le port, sur la place de l'Eglise, vous trouverez une salle des plus accueillantes ou, selon le temps une terrasse très agréable. La carte révèle des inspirations locales mêlées à celles de cuisine du monde, pour votre plus grand bonheur. C'est ainsi que vous craquerez sur les médaillons de homard poêlés, tempura d'asperge et mille-feuille de fromage blanc au yuzu suivis du bar rôti sur lit d'épinards, avec sa sauce exotique. Même si ce n'est pas raisonnable, vous ne sortirez pas d'ici sans avoir tâté de la tarte sablé aux amandes, crème passion, framboises, sphères glacées au fromage de chèvre. Promenade digestive sur le port conseillée !

Le gîte

■ **HÔTEL AUX TAMARIS**
11, allée des Peupliers
✆ 02 97 31 65 09
www.auxtamaris.com

15 chambres. De 48 € à 80 € ; chambre triple de 75 € à 85 €. Petit déjeuner : 7 €. Lit supplémentaire : 5 €. Parking fermé. Chèque Vacances. Wifi gratuit. Tv satellite.
Pour des vacances actives, pourquoi ne pas résider pendant un moment exquis aux Tamaris, sur la route de la pointe des Poulains près du port et des plages. L'accueil est très familial et vous vous sentirez comme chez vous

dans les chambres confortables équipées de télévision et de wifi. La spécificité est ici le service au randonneur qui désire visiter l'ensemble de l'île. Non seulement on vous préparera de délicieux paniers-repas, mais on peut également vous acheminer sur le lieu que vous avez choisi pour vous promener. Si vous le désirez, un vélo de location peut vous attendre à l'hôtel pour parcourir le territoire en tous sens. Ce moyen de déplacement est très adapté aux dimensions de l'île et vous permet, par exemple, d'aller prendre un verre au Palais ou manger au restaurant sur les quais de Sauzon.

■ **HÔTEL DU PHARE**
Quai Guerveur
✆ 02 97 31 60 36
www.hotelduphare-belleile.com
Ouvert du 1er avril à début novembre, tous les jours. Chambre simple à partir de 60 € ; chambre double à partir de 73,80 € ; chambre triple à partir de 100,70 €. Pension complète : 75 € (par personne). Demi-pension : 59 € (par personne). Petit déjeuner inclus. Lit supplémentaire : 20 €. Parking (privé). Animaux acceptés (gratuit). Wifi gratuit. Restauration.
Il a de l'allure, cet hôtel du Phare campé au bord des quais de Sauzon. Les chambres claires calmes, confortables et coquettes vous accueillent pour des séjours marins et un repos des plus déstressants. Vous vous y reposerez, sans pour autant vous couper du monde, car l'établissement est muni de la wifi, mais vous préférerez sûrement observer le doux va-et-vient des bateaux dans le port. Il y a beaucoup de belles choses à visiter dans les environs comme le musée Sarah Bernhardt ou la Grotte de l'Apothicairerie. Vous pouvez circuler vers les différents points remarquables de l'île, dont la Côte Sauvage, les Aiguilles de Port Coton ou Goulphar, en louant des vélos ou, si vous êtes un marcheur aguerri, à pied. Au retour, prenez un verre au bar et asseyez-vous ensuite à table pour déguster la cuisine du lieu.

Sauzon

Hôtel
★★

Aux Tamaris

Belle-île-en-Mer

11, allée des peupliers • 56360 Sauzon
Tél. 02 97 31 65 09 • www.auxtamaris.fr

LES ÎLES BRETONNES

■ **HOTELLERIE LE CARDINAL**
Port Bellec
☎ 02 97 31 61 60
Fax : 02 97 31 66 87
www.hotel-cardinal.fr

Fermé du 1er octobre au 31 mars. 65 chambres. Chambre double de 60 € à 176 € ; studio / appartement de 125 € à 267 €. Demi-pension : 73 € (à 143 €). Petit déjeuner buffet : 14 € (7 € pour les enfants). Séjour thalasso, hébergement au Cardinal, soins au Castel Clara en Bangor. 5 jours et 5 nuits : 525 €. Animaux acceptés (15 €). Wifi. Restauration.
Venez vous reposer au Cardinal à Sauzon. Vous trouverez calme et sérénité dans ce très bel établissement niché sur les hauteurs du port de Sauzon. Dans une des chambres très claires, dont certaines sont orientées vers la mer et munies de terrasses, si agréables pour se détendre, vous vous reposerez dans une quiétude totale. Après un petit déjeuner copieux, plage, piscine et grandes promenades sont au programme, avant de venir se restaurer dans un des deux établissements de l'hôtel. Notez que pour accroître votre dynamisme, vous pouvez réserver ici un séjour en thalasso.

■ **M. THOMAS LOIC**
Le Quai
☎ 02 97 31 64 78
www.vuesurmer-a-sauzon.com

Ouvert toute l'année. De 350 € à 450 € la semaine selon saison. Capacités : 2 adultes et 1 enfant.
Sauzon est certainement un des endroits les plus attachants de cette île. Les studios que loue Monsieur Thomas, qui tient avec son épouse la fameuse crêperie Les Embruns, donnent sur le port. Ces trois unités indépendants sont situées sur les quais, au cœur même de la vie portuaire. Vous n'avez qu'à descendre les marches pour vous retrouver à une terrasse pour quelque rafraîchissement. Sans pour autant négliger les restaurants ou les crêperies, la cuisine vous permet de préparer les repas chez vous et de profiter de long temps de repos dans ces logements confortables et calmes, équipés de télévision.

Chambres d'hôtes

■ **L'AUBERGERIE**
Borgroix ☎ 02 97 31 64 61 / 06 24 37 12 18
www.aubergerie-belleile.com

Ouvert toute l'année. 2 chambres (2 chambres, 2 suites et un duplex). Chambre double de 98 € à 1124 € ; suite de 180 € à 218 €. Petit déjeuner inclus. Bain bouillonnant, sauna. Vous serez magnifiquement reçu, dans cet ensemble de chambres et de suites qui se tiennent dans cette ancienne bergerie, restaurée de main de maître par son propriétaire, Michel Banet. Votre séjour se déroulera sous le signe de la détente et de la santé, car vous avez accès aux jardins d'Hadrien qui comprennent sauna, Jacuzzi. Vous pouvez aussi vous prélasser au bord de la piscine ou choisir d'aller plutôt vous baigner à la plage guère éloignée. Après avoir randonné vers la pointe des Poulains ou arpenté les rues du Palais, vous vous dirigerez à pied, en fin d'après-midi, vers le port de Sauzon à une vingtaine de minutes à pied, pour boire un verre en terrasse, avant de rentrer vous prélasser dans le parc ou dans le salon meublé avec beaucoup de goût et d'à-propos. Incontournable !

Loisirs

■ **CENTRE EQUESTRE LA FERME DU PONEY BLEU**
Anterre ☎ 02 97 31 64 32 – Fax : 02 97 31 69 35.
http://poneybleu.pagesperso-orange.fr
Ouvert toute l'année. Du lundi au samedi.
Randonner sur les chemins et la Côte Sauvage de Belle-Ile sur le dos de la plus belle conquête de l'homme pour se remplir les yeux de mer et de nature, voilà une idée séduisante. Ce rêve peut devenir réalité à la Ferme du Poney Bleu où l'on vous accueille, des moniteurs diplômés d'Etat vous prenant en charge quel que soit votre niveau, de débutant à confirmé. Cette ambiance familiale est particulièrement adaptée aux enfants qui disposent ici de poneys Shetland. On vous attend hors saison pour des randonnées de deux ou trois jours et en saison pour des promenades plus courtes, mais inoubliables.

L'Île de Groix

« De quelle source lui vient son nom, est-ce de fée ou de sorcière ? » chantait Gilles Servat, au début des seventies de rêve et de poudre, à une époque où la Bretagne se réinventait par l'intercession des nouveaux bardes germés dans le sillon creusé par Alan Stivell. Gilles, lui, s'est découvert ici. A deux encablures de Port-Tudy, où s'étalaient des graffitis qui appelaient de leurs vœux l'instauration d'une Bretagne libérée de ses vieux complexes. Chez Claude Pouzoulic, où il dormait dans une remise faisant office de voilerie, il composa cette ode à l'île où il connut sa première femme. Il faut croire que les lieux sont favorables à l'inspiration. Car c'est ici que grandit Yann-Ber Calloc'h, qui a donné son nom à l'un des trois bateaux de la Compagnie Morbihannaise de Navigation, tandis que son poème Me zo gannet e kreiz ar mor a servi à en baptiser un second. Poème ? Oui, car la musique ne lui fut donnée que plus tard, par un Jeff Le Penven promu « censeur musical » de la Bodadeg ar Sonerien, l'Assemblée des sonneurs. E kreiz ar Mor. Au milieu des flots. C'est vrai. Hauturière, elle aussi. Une vraie île que Groix. Avec une population simple, accessible, accueillante et authentique. Bien que située à seulement quatre de miles de la côte, Groix a tout des grandes.

Gwrac'hou Kroaz ? Ile de la « fée » ou de la « sorcière » ? De la « croix » ? En la matière, les étymologistes finissent par y perdre leur celtique. Il me plaît de penser que les lieux fussent jadis tout entier voués à un collège de druidesses ou à une « femme de l'autre monde », passeuse, psychopompe et sans doute initiatrice…

Haut lieu de la pêche au thon. Mais c'est sur un passé plus récent que Groix aime à se pencher. Un passé qui fut grand et lié tout entier au thon germon, un véritable aristocrate à la chair blanche et délicate dont un spécimen caparaçonné de fer sert de fière girouette sur le clocher de l'église où il a détrôné depuis longtemps le coq qui n'a de « gaulois » que l'homophonie (gallo en latin). Au début du siècle dernier, les dundees thoniers,

élégants voiliers, racés et rapide, occupaient tout le port, lorsqu'ils revenaient de campagne dans les eaux du golfe de Gascogne.

« On pouvait traverser tout le port, d'une jetée à l'autre », assène fièrement José Calloc'h, l'une des chevilles ouvrières de l'écomusée qui ouvrit ses portes en 1981 dans l'une des dernières conserveries de l'île. José, avec une patience de bénédictin, enseigne les nœuds aux scolaires ou aux stagiaires d'un jour. Nœud de chaise, nœud plat, nœud d'étoile, d'écoute, de 8, de chaise double. L'homme, sans forfaiture aucune, avoue la simplicité et la convivialité des gens d'ici, avoue en connaître… 200. Un chiffre qui donne le vertige au profane ! Depuis des années, José, comme une vierge de Killdara, veille sur le patrimoine et sur la mémoire d'île. Dans son antre, le bateau de sauvetage Grüssenheim-Alsace, qui rendit d'éminents services entre 1950 et 1974, côtoie pêle-mêle les livres et les cahiers d'écolier de Yann-Ber Calloc'h dont on peut voir la tombe au cimetière de Groix, la tombe en sarcophage schisteux de l'un des premiers habitants de l'île, avec son occupant (!), un échantillonnage du mobilier 1900, l'outillage avec lequel les femmes, jadis, travaillaient la terre ou récoltaient le behin-tan, le « goémon à feu » utilisé couramment pour chauffer les demeures et des photos anciennes sur lesquelles on peut voir ces drôles de petits chevaux à barbiche que l'on trouvait jusqu'à Houat et Hoëdic et qui ont aujourd'hui rejoint les poneys Franceessant au paradis des équidés. Mais Groix vaut aussi la visite pour son extraordinaire patrimoine naturel, de sa plage des grands sables incrustée de grenats à la réserve de la pointe des chats où le géologue amateur ou le simple curieux pourra admirer schistes verts et autres glaucophanes.

■ **OFFICE DE TOURISME**
Port-Tudy ✆ **02 97 84 78 00 / 02 97 84 78 02**
Fax : 02 97 84 78 01
www.lorient-tourisme.fr
Ouvert toute l'année. Ouvert le dimanche (de début avril à fin septembre).

Groix

■ **COMPAGNIE OCÉANE**
Gare Maritime de Port Tudy
✆ 08 20 05 61 56
www.compagnie-oceane.fr
Départs quotidiens toute l'année véhicules et passagers.
Accès possible aux personnes à mobilité réduite.
Horaires, tarifs et réservation sur le site Internet et au
0 820 056 156 (0,12 €/mn). Aller simple adultes :
17,90 €, senior : 15,75 €, enfant et junior : 10,60 €.
Gratuit pour les enfants de − 4 ans. Tarfis préférentiels
pour les morbihannais.
Au départ de Port Tudy, deux navires, le « Saint-Tudy »
et l'« île de Groix », assurent toute l'année la liaison
Ile de Groix-Lorient. Les deux navires sont accessibles
pour les personnes en fauteuil roulant. Le « Saint-Tudy »
peut accueillir jusqu'à 440 passagers + 20 véhicules de
tourisme et relie Lorient en 50 minutes. Le navire « île
de Groix » a une capacité d'accueil de 450 passagers
+ 32 véhicules de tourisme et assure la liaison vers
Lorient en 45 minutes. Les délais de présentation sont
de 20 minutes avant le départ pour les passagers et de
45 minutes pour les véhicules. La garantie d'une balade
inoubliable dans des sites enchanteurs.

Points d'intérêt

■ **L'ESCARGOTERIE**
Kerbus
✆ 02 97 86 58 94
www.lescargoterie.fr
Visite gratuite de mars à octobre. Haute saison : ouvert
de 10h à 12h. Aux vacances scolaires, le mercredi à 18h :
visite avec dégustation, 4 € par personne.
Philippe et Isabelle Guiader vous présentent leur ferme
hélicicole dans laquelle pas moins de 250 000 escargots
gros gris sont élévés chaque année, soit environ deux
tonnes... Vous visiterez la serre d'engraissement, découvrirez le cadre et les conditions de vie, et apprendrez tout
sur la famille escargot : les différentes races, l'anatomie,
l'évolution de l'œuf jusqu'à l'âge adulte, la reproduction,
la méthode d'élevage... bref, vous deviendrez incollable
en la matière... Une boutique propose des produits
maison tels que terrines d'escargots (au curry, au paprika,
au piment d'Espelette ou encore nature), escargots au
court-bouillon, escargots confits à la graisse de canard...

■ **GROIX HALIOTIS**
Port Tudy
✆ 02 97 86 81 35 / 06 84 78 07 04
www.groixhaliotis.com
En hiver, ouvert 7j/7 de 9h à 12h. En juin, juillet et août,
ouvert 7j/7 matin et soir.
Erwan Tonnerre est halioticulteur depuis 2005. Haliotis
signifiant ormeaux en grec, il est donc éleveur d'ormeaux
et deuxième producteur de Bretagne en la matière. Il
exerce une activité artisanale, c'est à dire que ses ormeaux
sont nourris à la main avec des algues fraîches récoltées
par ses soins sur Groix et un aliment biologique fabriqué
en Bretagne à base d'algues garanti sans OGM ; que les
ormeaux évoluent dans une eau de mer de très haute
qualité dans des bacs conçus sur mesure pour eux ; et
qu'ils bénéficient pendant deux à trois ans d'un suivi

quotidien de la part de l'éleveur. Les ormeaux sont
ensuite conditionnés, permettant ainsi une expédition
sur toute la France. Outre ces produits d'exception, vous
trouverez sur place des huîtres, des homards, des crabes,
des palourdes, des bigorneaux ou des bulots. La qualité
à l'état pur. A découvrir.

■ **L'ÉCOMUSÉE DE L'ÎLE DE GROIX**
Port-Tudy
✆ 02 97 86 84 60
www.ecomusee.groix.free.fr
♿
Ouvert toute l'année. Basse saison : le mercredi, le samedi
et le dimanche de 9h45 à 12h30 et de 14h à 17h. Haute
saison : de 9h45 à 12h30 et de 14h à 18h. Gratuit
jusqu'à 10 ans. Adulte : 5 €. Enfant : 2,30 €. Groupe
(10 personnes) : 3,70 €. Tarif réduit : 3,70 €. Visite guidée.
L'écomusée, situé dans une ancienne conserverie de thon,
présente l'histoire, le patrimoine et la vie de l'île qui fut
le premier port thonier de France, sur 800 m² d'exposition permanente. Au rez-de-chaussée, le visiteur fait
connaissance avec la géologie et la minéralogie de l'île,
avec l'agriculture et la pêche, et avec le sauvetage. L'étage
est consacré aux conserveries et presses à sardine, ainsi
qu'à la vie quotidienne du Groisillon. Des expositions
temporaires s'y tiennent aussi. L'écomusée propose
par ailleurs des sentiers balisés de découverte de l'île
(cartes disponibles à l'accueil), des sorties en mer, des
animations de matelotage, et un centre de documentation. En juillet et août, ainsi que certains week-ends
de printemps, l'écomusée s'enrichit de la visite de son
antenne à Kerlard, une maison de pêcheur-agriculteur,
permettant de découvrir la vie des femmes au début du
XXᵉ siècle. Possibilité de billet groupé avec la visite de la
maison antenne de Kerlard.

■ **MAISON DE LA RÉSERVE NATURELLE**
FRANÇOIS LEBAIL
Rue Maurice Gourong
✆ 02 97 86 55 97
www.bretagne-vivante.org
Ouvert toute l'année. Gratuit. Pour les animations : adulte
6 € et enfant 3 €.
Créée en 1982, la Réserve naturelle François Le Bail
s'étend sur deux secteurs : le secteur de Pen Men-beg
et le secteur de Locqueltas. Le premier site comporte
des falaises d'un grand intérêt géologique, et l'on peut y
observer goélands argentés, goélands marins et goélands
bruns. Le second site comprend une étroite frange côtière.
Son intérêt est essentiellement géologique. La réserve
a d'ailleurs été créée ici pour préserver des pillages les
plus beaux gisements minéraux (60 différents). On
y trouve notamment le glaucophane bleu, l'épidote
vert pistache et le grenat rouge. Des animations sont
proposées sur les deux sites de la réserve en juin, juillet,
août et septembre : découverte de la géologie de Groix,
des algues et coquillages, initiation à la botanique et
animations spéciales pour les enfants de 5 à 10 ans
(découvertes des plantes, roches, coquillages, oiseaux...).
La Maison de la réserve, située dans le bourg, est ouverte
toute l'année. Pendant les vacances scolaires, une exposition et des animations sont proposées.

■ **RÉSERVE NATURELLE FRANÇOIS LE BAIL**
De Pen Men à Beg Melen. De Locqueltas à la Pointe des Chats
✆ 02 97 86 55 97
Visite libre.
Créée en 1982, c'est la seule réserve naturelle géologique à intérêt minéralogique de France. Elle englobe deux secteurs côtiers. Celui qui s'étend depuis la pointe de Pen Men jusqu'à Beg Melen, au nord, présente un fort intérêt géologique, mais aussi ornithologique. Le deuxième qui s'étend de Locqueltas à la pointe des Chats, possède un intérêt géologique et minéralogique. En visitant la Maison de la Réserve naturelle vous connaîtrez leurs caractéristiques, leurs tenants et aboutissants afin de ne pas randonner idiot.

Le couvert

■ **LES ALIZÉS**
8, rue du Général de Gaulle
✆ 02 97 86 89 64
www.lesalizesgroix.over-blog.com
Fermé la dernière semaine de décembre et la première de janvier. Basse saison : ouvert du mardi au dimanche le midi ; le mardi et du jeudi au samedi le soir. Menu unique à 18,90 €. Formule : 14,90 € (plat du jour et café gourmand : 10,50 €).
Montant la côte sinueuse de la rue du Général-de-Gaulle depuis Port-Tudy vous trouverez les Alizés à l'entrée du bourg sur votre gauche. Pas de discussion, entrez directement dans la salle de ce petit restaurant qui n'a certainement rien à envier au gros. En effet, celui-ci fait largement appel aux ressources locales et aux petits bateaux de pêches qui accostent à Port-Lay ou à Port-Tudy. Le produit frais est ici le roi et la cuisine, bien que simple ne délaisse pas une certaine recherche pour autant. Une telle cuisine est bien sûr beaucoup plus digeste et vous pouvez rester actif après votre repas. La tarte fine au crottin de chèvre et oignons confits à la crème de cassis, le merlu au chorizo, le velouté de potimarron, poitrine fumée ou l'églefin en croûte d'amandes sont des plats auxquels vous ne résisterez pas.

■ **AUBERGE DU PECHEUR**
58, rue du Général de Gaulle
Port-Tudy
✆ 02 97 86 56 92
aubergedupecheur@aol.com
Ouvert toute l'année. Tous les jours le midi et le soir. Menus de 19,50 € à 27 €. Menu enfant : 9 € (le midi en semaine). Plat du jour : 9 € (le midi en semaine). Accueil des groupes (avec menus adaptés : nous consulter). Jardin. Terrasse. Wifi gratuit.
Débarquant du bateau, après un petit tour sur le port, la faim se fera forcément sentir. Démarrez juste la montée vers le bourg. A votre gauche se tient cet établissement dont vous sortirez rassasié et ravi, après avoir ingurgité moult produits de la mer à moins que ne restiez, et c'est dommage, accroché aux produits de la terre. Accueilli de la belle façon par une équipe très professionnelle, vous hésiterez en entrée entre soupe de poisson maison, croûtons à l'ail et rouille ou timbale de tourteau, sauce cressonnette. Cette cuisine classique qui met le produit en

valeur vous enchantant, le plat qui se profile pourra être, en saison, de délicieuses sardines grillées, sauce vierge au pistou ou un filet de lieu jaune, sauce langoustine. Evidemment, vous avez assez mangé après tout cela, mais faites donc un très agréable effort en dégustant le kouign amann et glace vanille, avant d'aller au bar déguster un des whiskies qui participent à la renommée de l'établissement.

■ **BAR DE LA PLAGE**
3, rue du Port
Locmaria
✆ 02 97 86 58 80
www.bar-delaplage.fr
Ouvert tous les jours. Carte : 15 € environ. Menu enfant : 7 €.
Il est si agréable ce petit port de Locmaria, bordé par une agréable plage protégée et orientée plein sud. Et, comme le monde est bien fait un bar est situé en haut. Il est même fort bien fait, car on trouve ici tout ce dont on a besoin, du pain, du vin chaud l'hiver et de quoi boire un coup et se sustenter. Depuis la terrasse ou la véranda, face à la mer, la vue est imprenable au point qu'on oublierait de manger. Heureusement à la vue de la carte, l'appétit revient. On peut déguster ici des plats de brasserie simples et succulents, en particulier salade, brochettes moules ou fruits de mer. Une demi-douzaine d'escargots de Groix ou une assiette de bulots pour démarrer, des crevettes marinées sauce pico ou des aiguillettes de canard pour continuer, et vous verrez la vie d'un œil différent. Un gâteau maison ou une glace artisanale pour finir et vous pourrez retourner, agréablement apaisé, faire une sieste au soleil sur le sable fin.

■ **CHEZ SANDRINE**
Kerfuret ✆ 02 97 86 89 72
Ouvert toute l'année. Basse saison : du mercredi au dimanche. Haute saison : tous les jours. Fermé le lundi, le mardi et le mercredi en hiver. Ouvert tous les jours pendant les vacances scolaires.
C'est en quittant le bourg de Groix pour aller vers le Barrage que l'on aperçoit le pignon blanc de cette belle maison groisillonne, une vraie crêperie. On passe ici dans une vraie crêperie bretonne à l'ancienne, mais à la différence de l'ancien temps, on sort un peu des œufs-jambon-fromage pour entrer dans la modernité de très riches galettes et crêpes de spécialité. Dans le rayon blé noir, vous ne pourrez résister à la Greck au chorizo, œuf, fromage, tomate, poivron, à la Saint-Jacques à la crème fraîche ou à la blé noir au chèvre frais, tomate, basilic. De délice en délice, passez à la crêpe banane flambée au Grand Marnier. Après cela, un peu d'air du large sur la figure sera le bienvenu.

■ **CRÊPERIE DES ÎLES**
19, place de l'Eglise
✆ 02 97 89 84 91
creperiedesiles@gmail.com
Ouvert toute l'année. Tous les jours le midi et le soir. Carte : 15 € environ. Crêpes et galettes beurre : 2,20 €.
Après la côte ou une balade à pied depuis Loctudy, on a forcément une petite faim qui s'est développée. Rendez-vous donc place de l'Eglise, surmontée d'une

Pub de la Jetée

1, quai Port Tudy
56590 Groix
02 97 86 59 42

LES ÎLES BRETONNES

girouette-thon, vous trouverez derrière celle-ci la très sympathique crêperie des Îles. Vous pouvez bien sûr commander une galette à un, deux ou trois composants au choix, mais il est préférable de craquer sur les spéciales. La Lofoten au saumon fumé maison et à la crème ciboulette citronnée ou la Sumbaya à l'andouille, oignons et moutarde à l'ancienne sont des dignes représentantes de celles-ci. Il est tout à fait pardonnable de ne pas vouloir de galette, vous avez donc aussi la possibilité de déguster une grillade, un tartare ou un poisson du jour précédé d'une soupe de poisson maison, personne ici ne vous en voudra.

◼ CAFE-PUB DE LA JETEE
1, quai Port Tudy ✆ **02 97 86 59 42**
Fermé de novembre à mars. En avril, mai, septembre, octobre et pendant les vacances scolaires, ouvert du jeudi au dimanche – service de 11h30 à 14h30 et de 19h à 22h. En juin, juillet et août, ouvert tous les jours en continu.
Dans l'établissement d'Erwan et Agnès Tonnerre, propriétaires des lieux depuis 1995, on y vient autant pour prendre un verre que pour y manger. Le pub vous accueille jusqu'à 1h du matin, le temps de déguster par exemple une bonne bière dans une ambiance irlandaise avec deux concerts programmés en été, et vous invite à l'heure du déjeuner et du dîner à déguster la grande spécialité de la maison : les ormeaux poêlés. Et il serait péché de ne pas succomber à la tentation quand on sait que vos hôtes sont également halioticulteurs – c'est à dire éleveurs d'ormeaux – et deuxième producteur d'ormeaux de Bretagne. A la carte également, huîtres de Groix, plateaux de fruits de mer, moules, salade de poissons frits ou encore thon et espadon grillés. Le Pub de la Jetée est situé face au port, près de l'abri de sauvetage, et bénéficie d'une grande terrasse de 60 couverts. Une excellente adresse.

◼ LE CINQUANTE
22, place de l'Eglise
✆ **02 97 86 51 10**
caradecfarjot@wanadoo.fr
Fermé de janvier à avril. Ouvert tous les jours le soir. Ouvert tous les soirs en juillet et en août, les week-ends et les vacances scolaires. Réservation recommandée. Entrées à partir de 9 €. Plats à partir de 20 €. Desserts à partir de 9 €.

Voilà un restaurant comme on les aime. On n'est pas ici dans une annexe de la restauration de collectivité qui sert des produits décongelés vaguement arrangés. Ici, c'est l'ultra-frais qui prime et de proximité de plus, on est dans le circuit court, alliance de la gastronomie la plus riche et du développement durable. Le poisson mais aussi les légumes et le fromage de chèvre, tout ici sent le vent du large. Pour plus de sérénité et pour s'approvisionner au plus juste, il vous est demandé de réserver. Une fois bien attablé dans ce lieu génial, pourquoi ne pas commencer par des ravioles de homard au jus de carapace ou tout simplement ce délicieux saucisson de canard et foie gras, macaron aux épices, avant de passer aux choses sérieuses comme le filet et ballottine de bar sauvage moelleux de potimarron. Après un entremets pomme coings, ne partez pas avant d'avoir acheté votre vin quotidien, car la maison fait aussi cave.

◼ HÔTEL DE LA MARINE
7, rue Général-de-Gaulle
Le Bourg
✆ **02 97 86 80 05**
Fax : 02 97 86 56 37
www.hoteldelamarine.com
Ouvert du mardi au samedi le soir ; du mardi au dimanche le midi. Haute saison : tous les jours le midi et le soir. Menus de 18,50 € à 25 €. Carte : 30 € environ. Menu enfant : 8,50 €. Formule : 9,50 € (jusqu'à 18,50 € en brasserie). Chèque Vacances. Accueil des groupes. Terrasse.
Il est joli l'hôtel de la Marine, belle maison au fond de son jardin fleuri derrière un imposant portail et donne immédiatement envie d'aller en goûter l'ambiance. Bien vous en prendra, car vous trouverez ici sur la carte des trésors en matière de produits de la mer, cuisinés de façon experte, et laissant la place à des plats traditionnels et typiques de l'île comme les sardines au gros sel. Une cassolette de fruits de mer au safran et lait de coco ou le crabe farci des îles en entrée, commencera à réduire délicieusement votre faim. Pour suivre, la brochette de lotte au lard fumé purée à l'andouille ou le homard du vivier rôti à l'estragon vous permettront d'attendre le repas suivant avec la plus grande sérénité. Que demander de plus ? Un sourire, il est bel et bien présent.

■ **LA MALICETTE**
Locqueltas
☎ **02 97 86 56 97**
www.lamalicette-groix.fr
Ouvert toute l'année. Tous les jours. Menus de 19 € à 28 €. Menu enfant : 10 €. Formule : 12 € (15 € pour 3 plats. Plat du jour à 8,80 €). Jardin. Terrasse.
En traversant l'île de Groix, vous arriverez à Locqueltas, non loin du chemin de randonnée qui longe les falaises. Arrêtez-vous impérativement à la Malicette, un des restaurants les plus fameux de cette terre. Dans la salle, très joliment agencée, vous êtes sympathiquement accueilli par les maîtres des lieux qui vous proposent une carte d'où vous discernez déjà le savoir-faire maison. Comment pourrait-on éviter fruits de mer et poissons dans un tel lieu ? Bien sûr si vous êtes allergique à la Grande Bleue, vous ne mourrez cependant pas de faim, grâce à une salade terre et mer ou un filet mignon de porc à la normande. La cuisine moderne, discrètement inventive, met en avant le produit de la belle manière. Le bouquet de crevettes entières, rémoulade aux fines herbes pimentées ou l'effiloché de lieu noir fumé façon haddock mariné sur salade vous raviront. Pour suivre, la poêlée de noix de Saint-Jacques au cidre, petits légumes et pommes de terre vapeur ou le filet de lieu jaune au beurre de citron et gingembre avec ses légumes, continueront l'enchantement. Une crêpe aux pommes caramélisée et sa glace à la cannelle plus tard, c'est délicieusement regonflé que vous regagnerez Port-Tudy.

■ **O THON BLEU**
52, rue du Général de Gaulle
☎ **02 97 86 58 86**
www.othonbleu.com
Ouvert tous les jours le midi et le soir. Menus de 21,90 € à 39,90 €. Formule : 13,90 € (et 16,90 € pour 3 plats. Plat du jour : 10,50 €).
C'est le troisième restaurant que l'on trouve lorsqu'on monte de Port-Tudy vers le bourg. Doté d'une grande terrasse, la salle à l'intérieur aux tons bleus est pimpante et la décoration est marine. La cuisine que l'on vous servira ici est efficace et fait largement place aux crustacés, poissons et produits de la mer, bien que la salade périgourdine et son foie gras de canard maison rappelle également que la terre n'est pas loin. Le tartare de Saint-Jacques façon Thon Bleu, la spécialité de la maison précédera idéalement le filet de turbot vapeur, crème de cèpes. Vous terminerez par un carpaccio d'ananas, vos forces reconstituées pour finir la montée.

■ **AU REPOS DE LA MONTEE**
56, rue du Général de Gaulle
☎ **02 97 24 04 74**
bastienautret@hotmail.com
Fermé de novembre à avril. Basse saison : ouvert du jeudi au lundi. Haute saison : tous les jours. Carte : 15 € environ. Accueil des groupes (jusqu'à 30 personnes sur réservation).

Beaucoup d'à-propos dans le nom de cette crêperie située au début de la sinueuse et pentue rue du Général-de-Gaulle, voie la plus directe de Port-Tudy vers le bourg. La décoration de l'établissement de Marie et Sébastien Autret est à la hauteur de l'inventivité culinaire dont la carte est le témoin. Il ne faut pas manquer par exemple la galette champignons cuisinés et tomates à la criste marine (plante sauvage comestible du littoral) avant d'en déguster une autre aux harengs fumés à la crème ciboulette. Ceux qui n'aiment pas l'aventure trouveront bien sur ici leur complète favorite (œuf, jambon, fromage). Et pour le dessert, la crêpe caramel au beurre salé maison est de rigueur. La maison propose également des gourmandises à emporter. Il faut prendre des forces pour monter la côte.

■ LE SAFRAN
25, place de l'Eglise
☎ 02 97 86 58 72
Fermé du 15 novembre au 15 février. Basse saison : ouvert du mercredi au lundi le midi et le soir. Haute saison : tous les jours de 11h à 23h. Ouvert pendant les vacances scolaires d'hiver. Menus de 10 € à 12 €. Menu enfant : 6 €. Terrasse. 2 salles dont une à l'étage. Terrasse ensoleillée de 25 couverts. Menus anglais, russe, slovaque, thailandais et corse. Pizzas à emporter à partir de 11h30 et 18h30.

Vous serez fameusement bien accueillis par Marie et Robert dans cette crêperie, saladerie et pizzeria. C'est un restaurant œcuménique, il y en a pour tous les goûts on peut donc y aller avec une bande de copains, tout le monde y trouvera son compte. Cerise sur l'île gâteau, si l'on peut dire, tous les produits sont issus du local, de l'île ou du continent proche. Confitures, miel, escargots, légumes, œufs bio, lieu fumé de chez Lucas à Quiberon sont la base de ce que vous dégusterez ici et vous aurez le plaisir d'arroser votre repas par le cidre artisanal des vergers de Kermabo à Guidel. Vous dégusterez ici des tagliatelles aux Saint-Jacques, de l'onglet, de l'entrecôte ou du faux-filet, de délicieuses pizzas à la fine pâte croustillante, des galettes élaborées à partir de farine de sarrasin artisanale ou encore des produits et de la charcuterie ou du fromage corse. Pour finir, un délicieux chocolat ou du caramel maison ou une glaces d'un artisan glacier de Ruffiac (qui sont aussi à emporter). Les enfants, qui trouvent en général le restaurant assommant, vaquent à leurs occupations, grâce aux coloriages et aux livres qu'on leur propose ici.

Le gîte

■ AUBERGE DE JEUNESSE
Fort du Méné
☎ 02 97 86 81 38
Fermé du 1er octobre au 31 mars. Chambre simple. Parking. 72 lits à partir de 12,90 €. Restauration (cuisine à disposition des résidents).
A deux cents mètres des premières plages venez séjourner à Groix en auberge de jeunesse. Celle-ci est particulièrement bon marché et, si vous y venez

en individuel, vous pouvez profiter de la cuisine pour préparer vos repas, ce qui ajoute à l'économie. Dans un cadre idyllique, sur le site d'un ancien ouvrage militaire sur la côte est, sa situation au bord du chemin de randonnée vous permet de pratiquer balades à pied vers Locmaria ou Port-Tudy. Si vous n'êtes pas bon marcheur, louez donc un vélo afin d'aller en promenade vers le magnifique site de la pointe de Pen Men.

■ AUBERGE DU PECHEUR
58, rue du Général de Gaulle
Port-Tudy
☎ 02 97 86 56 92
aubergedupecheur@aol.com
Ouvert toute l'année. 8 chambres. Chambre double de 39 € à 60 €. Demi-pension : 50 € (à 65 ear personne). Petit déjeuner : 7,50 €. Lit supplémentaire : 15 €. Parking ouvert. Wifi. Restauration (voir rubrique).
Pour faire un break et déstresser, rendez-vous à Groix à l'Auberge du Pêcheur. L'équipe de ce petit hôtel-restaurant, situé au début de la montée vers le bourg à partir de Port-Tudy, vous accueille chaleureusement. Huit chambres vous attendent, certes rustiques, mais pleines de charme. On vient ici pour l'inimitable ambiance qui règne sur le port tout proche, mais aussi parce que la maison fait restaurant, et que celui-ci n'est pas le premier venu en matière de cuisine de la mer. En journée, élancez-vous vers l'est, en direction de la plage des Grands Sables, qui change de place progressivement, au fil des années : une curiosité. Si vous tenez la forme, allez plutôt vers l'ouest. Après avoir passé les petits ports et vallées de la côte nord, vous arriverez à Pen Men, pointe flanquée d'un phare majestueux. Si vous n'êtes pas un champion de la rando pédestre, n'hésitez pas à louer un vélo. Ceux-ci sont réglés pour monter facilement les côtes. Au retour, le très familial pub de l'Auberge vous attend pour divers rafraîchissements non laitiers.

■ HÔTEL DE LA JETÉE
1, quai Port-Tudy
☎ 02 97 86 80 82
www.hoteldelajetee.fr

Fermé du 5 janvier au 15 février. 8 chambres. Chambre simple à partir de 59 € ; chambre double de 69 € à 89 € ; chambre triple à partir de 79 €. Petit déjeuner : 8,50 €. American Express, Chèque Vacances. Wifi.
Débarquant du bateau depuis Lorient, pourquoi chercher midi à quatorze heures ? En arrivant sur le quai, tournez vers la droite direction la jetée nord, c'est là que vous attend ce superbe petit hôtel où vous accueille l'équipe qui est des plus sympathiques. Gagnez votre chambre confortablement meublée et décorée dans le style anglais équipées de télévision TNT et de wifi. Vous pouvez être logé côté mer, face aux Courreaux de Groix (le détroit entre l'île et la terre) ou côté port, pensez-y lors de votre réservation. Lorsque vous ne serez pas occupé à parcourir l'île en tous sens ou à visiter quelque curiosité, partez vers la plage des Grands Sables vous baigner dans une eau de mer très pure. Le soir, attardez-vous simplement à la terrasse de l'hôtel pour boire un verre.

LES ÎLES BRETONNES

■ **HÔTEL DE LA MARINE**★★
7, rue Général-de-Gaulle
Le Bourg
℃ **02 97 86 80 05**
Fax : 02 97 86 56 37
www.hoteldelamarine.com

22 chambres. Chambre simple de 37 € à 42 € ; chambre double de 41 € à 102 €. Pension complète. Demi-pension. Petit déjeuner : 9,50 €. Lit supplémentaire : 20 €. Animaux acceptés (chiens : 5 €). Wifi. Restauration.
Quittez l'agitation du port et montez l'avenue du Général-de-Gaulle. En atteignant le bourg, vous apercevrez ce coquet hôtel où on vous reçoit avec beaucoup d'amabilité. L'accueil, meublé et décoré avec soin augure de la qualité d'une des vingt-deux chambres qui vous est destinée. Celles-ci, flanquée de belles salles de bains vous assureront un sommeil sans pareil, dans le calme d'un environnement pratiquement sans automobile. Très claire, les fenêtres ornées de rideau, elles disposent d'une connexion wifi. Un bon petit déjeuner augure d'une excellente journée de randonnée de vélo ou de plage.

■ **HÔTEL DE L'ESCALE**
5, quai de Port-Tudy
℃ **02 97 86 56 09**
www.hoteldelescale.com
Ouvert toute l'année. 7 chambres (+ une suite). Chambre double de 51 € à 64 € ; suite de 72 € à 122 €. Petit déjeuner : 8 € (de 8h30 à 10h30). Lit supplémentaire : 10 €. Animaux acceptés (5 €).
A cent mètres de l'embarcadère de l'île de Groix, cet hôtel vous interpelle avec sa façade colorée aux tons roses, sa haute stature dominant une très sympathique terrasse. Accueillis avec prévenance par la famille le Goff, vous vous reposerez d'un sommeil très calme dans des chambres très claires, confortables et toutes équipées de télévision et de wifi. De leurs fenêtre, vous pourrez observer le va-et-vient des bateaux dans le

Hôtel - Restaurant - Brasserie
Ty-Mad
Port-Tudy / Ile de Groix

Port-Tudy - 56590 - Ile de Groix
Tél. 02 97 86 80 19
Fax 02 97 86 50 79
www.tymad.com

port, tout en vous préparant à de merveilleuses balades sur cette île, paradis du randonneur. Vous trouverez sur le quai des loueurs de vélos, si vous n'êtes pas adepte de la marche. Vous aurez plaisir, à la belle saison, à vous rendre, par le sentier côtier à la plage des Grands Sables peu éloignée. Mais avant de partir, vous aurez le plaisir de prendre votre petit déjeuner à la terrasse sur le quai.

■ **TY MAD**
Port Tudy
℃ **02 97 86 80 19**
www.tymad.com

Ouvert toute l'année. 25 chambres. Chambre double de 50 € à 120 €. Demi-pension : 56 € (à 87 € par personne). Petit déjeuner : 10 € (13 € en chambre). Lit supplémentaire : 25 €. American Express, Diners Club, Chèque Vacances. Animaux acceptés (15 €). Séminaires. Wifi gratuit. Restauration. Tv satellite, Canal +.
Voilà un bel hôtel qui vous tend les bras lorsque vous arrivez à Port-Tudy par le bateau. On remarque aisément cet imposante bâtisse qui se tient à la jonction de la rue François-Stéphan et de la rue du Général-de-Gaulle. Une des vingt-cinq chambres de l'établissement vous y attend. Vous avez le choix entre avoir la vue sur le port et, plus loin, sur le continent, ou de choisir plutôt une orientation côté cour ou jardin, si vous désirez plus de calme. L'établissement offre tout le confort, télévision TNT en chambre et wifi vous attendent lorsque vous n'êtes pas dehors. Proche de l'embarcadère, il vous permet de poser vos bagages au plus près avant de commencer la découverte de l'île, à pied ou à vélo, les loueurs étant présents sur le port. Lorsque vous rentrez de vos pérégrinations ou de la plage, prenez place au restaurant de l'établissement avant de regagner votre lit pour un repos sans faille.

Gîtes

■ **LA VOILERIE**
54, rue Général-de-Gaulle
℃ **02 97 86 54 54 / 06 77 87 53 81**
jacqueline.pouzoulic@wanadoo.fr

Ouvert toute l'année. De 300 € à 600 € la semaine selon saison. 5 gîtes pour 2 personnes et 1 pour 3 personnes. De 50 € à 65 € la nuitée hors saison.
Vous n'aurez pas à porter bien longtemps vos bagages pour arriver à la Voilerie. Celle-ci se tient au début de la montée qui court de Port-Tudy au bourg. Vous prenez place dans un des six gîtes très confortables sis dans une longère qui servit autrefois de voilerie, d'où le nom du lieu, qui accueillit autrefois les nuits de Gilles Servat. Le logement, très bien équipé, munis d'une kitchenette, d'un salon, d'une télévision et d'une terrasse vous accueille pour un séjour marqué du sceau de la détente et du zéro stress. Non loin de petites plages qui bordent le port, vous pouvez après le bain, randonner sur le chemin côtier et pousser jusqu'à Pen Men, la pointe la plus à l'Ouest. Le soir, les terrasses animées de Port Tudy sont à quelques minutes à pied.

Chambres d'hôtes

■ LES AGAPANTHES
Route de Kerigant
Crehal
℡ 02 97 86 59 69 / 06 13 14 57 76
patjack56@sfr.fr
Ouvert toute l'année. Chambre simple de 50 € à 60 € ; chambre double de 55 € à 65 €. Petit déjeuner inclus. Parking privé.
Située au centre de l'île, à proximité du Trou de l'Enfer, à deux pas des chemins de randonnées et à 10 minutes à pied du bourg, l'adresse est idéale pour découvrir l'île et ses beautés. L'adresse, c'est celle de Patricia Morel, dont l'accueil est des plus charmants. La maîtresse des lieux met à votre disposition une chambre d'hôte joliment décorée, qui bénéficie d'un accès privé avec terrasse côté jardin, salon de jardin et transat à disposition. A l'heure du petit déjeuner, vous vous délecterez de yaourt de brebis, pain tradition et pain aux céréales, *gochter* (spécialité de gâteau de Groix), jus de pomme, de raisin ou d'orange bio, de confitures maison ou encore de salade fruits frais. Bref, tout est mis en œuvre pour faire de votre séjour un souvenir inoubliable.

■ LA CRISTE MARINE
Locqueltas
Monique Poupée
℡ 02 97 86 83 04
Fax : 02 22 44 30 53
www.groix-chambredhote.com
2 chambres. Chambre double 99 €. Petit déjeuner inclus.
A un peu plus de deux kilomètres de l'embarcadère, on trouve cette adorable maison traditionnelle groisillonne, dont les murs tapissés de vigne vierge plonge dans la verdure d'un jardin fleuri d'où on aperçoit la Grande Bleue. Accueilli chaleureusement par la propriétaire pleine de prévenance, Monique Poupée, celle-ci vous conduira dans une des deux chambres confortables, munies de salles de bain ou sanitaires privatifs. Très claires, agréablement meublées et bénéficiant d'entrées indépendantes, elles vous assurent un repos dans un calme et un silence rare, les voitures étant quasiment absentes de l'île. Après un petit déjeuner dans le jardin, gagnez la plage de Locmaria, à un quart d'heure de marche. Vous pourrez vous y baigner et peaufiner votre bronzage. Les sites naturels à visiter sont nombreux, à commencer par le Trou de l'Enfer et la Réserve naturelle François Le Bail situées à proximité. Pour ne rien manquer, prenez conseil auprès de votre hôte qui connaît son île sur le bout des doigts.

■ LA GREK
3, place du Leurhé ℡ 02 97 86 89 85
Fax : 02 97 86 58 28
www.groix.com

Fermé en janvier. 4 chambres. Chambre simple de 40 € à 65 € ; chambre double de 45 € à 70 € ; chambre triple de 50 € à 80 €. Petit déjeuner inclus. Gratuit pour les enfants de – 6 ans. Egalement : 3 appartement de 4 à 8 personnes. 260 € à 700 € par semaine, selon saison. Animaux acceptés (5 €). Wifi gratuit.
Lors du boom des conserveries et de la pêche au thon, au début du XXᵉ siècle, émergea une population d'armateurs extrêmement prospères qui faisaient naviguer en Atlantique d'importantes flottes de dundées, grands thoniers d'une vingtaine de mètres de long. C'est dans la maison d'un de ceux-ci, conçue pour le paraître et la représentation que prennent place ces quatre chambres d'hôtes de dimensions respectables. Toutes parfaitement décorées et meublées, d'un grand confort, elles sont munies de salles de bains, toilettes et wifi. Pour la télévision, vous avez accès au grand salon bibliothèque où l'atmosphère détendue pousse à la lecture. Entre farniente et repos, l'île est à vous pour des randonnées à pied ou à bicyclette sur ses chemins ruraux ou pour des parties de plage, seulement interrompues par l'apéritif du soir sur les quais animés de Port-Tudy.

■ ÎLE ET ELLES
8, place de l'Eglise
℡ 02 97 86 58 87
www.iletelles-groix.com
Ouvert toute l'année. 5 chambres. Chambre simple de 36 € à 58 € ; chambre double de 42 € à 65 € ; chambre triple de 75 € à 80 €. Petit déjeuner inclus. Wifi.
Une bonne idée : aller seul ou en couple à Groix pour se remettre pleinement en forme. Chez Ile et Elles, vous allierez la possibilité d'allier activités de plein air aux soins prodigués par une spécialiste, esthéticienne diplômée. Corine Marcon met en effet à votre disposition un véritable centre de balnéothérapie. Bain bouillonnant, hammam, enveloppement d'algues, modelages, soins du visage ainsi que toutes techniques d'esthétique les plus actuelles, sont pratiquées ici pour vous détendre, vous déstresser, dans l'ambiance chaleureuse d'une maison d'armateur. Quel avantage, après ces séances de pouvoir faire une petite sieste dans une de ces chambres très confortables, claires et joyeuses à l'étage afin de prolonger l'effet détente. C'est pleinement requinqué que vous entreprendrez la visite de l'île par les sentiers littoraux.

LES ÎLES BRETONNES

■ **MAISON D'HÔTES SOLEIL LEVANT**
4, rue François Le Bail *℡ 02 97 37 22 30 /*
06 08 84 75 68 / 02 97 12 77 92
www.voyages-soleil-levant.fr
3 chambres. Chambre simple de 55 € à 65 € ; chambre double de 60 € à 70 €. Petit déjeuner inclus.
A un peu plus de huit cent mètres de l'embarcadère, après avoir gravi la rue du Général-de-Gaulle, vous trouverez au centre du bourg cette maison un peu particulière. La grand-mère des hôtes la construisit dans les années trente et y ouvrit une mercerie, lors de la prospérité économique due à la pêche au thon, dont l'effigie trône sur la girouette de l'église. Aujourd'hui, vous louerez une des trois jolies chambres dont les noms, mais aussi la décoration évoque sans doute possible, l'Extrême-Orient. Birmane, Chinoise ou Indienne, elles sont toutes pourvues d'un grand confort, avec salle de bains, toilettes et télévision écran plat. Au retour des randonnées sur les falaises de Pen Men ou de la Pointe des Chats que vous ne manquerez pas d'effectuer ou après une séance bain et bronzing sur la plage des Grands Sables, vous vous attarderez dans le salon très cosy pour y dévorer quelque bouquin.

■ **LA MALICETTE**
Locqueltas *℡ 02 97 86 56 97*
www.lamalicette-groix.fr
4 chambres. Chambre simple de 41 € à 65 € ; chambre double de 48 € à 70 €. Petit déjeuner inclus. Gîte de 380 € à 500 € la semaine selon la saison. Wifi. Restauration.
A un kilomètre de la plage du bourg de Locmaria et à un peu plus de deux de l'embarcadère de Port-Tudy, vous résiderez à la Malicette, à deux pas de la mer et de la Réserve François Le Bail. Vous jouirez ici d'une réelle atmosphère de calme et dormirez dans des chambres neuves, claires et gaies au confort digne de celui d'un hôtel, avec télévision et wifi. Après un petit déjeuner copieux pris au salon, votre journée s'organisera autour des bains, des randonnées des activités nautiques ou simplement du farniente. Le soir venu, vous pourrez prendre vos repas au restaurant de l'établissement avant d'aller profiter d'un repos sans pareil. Il faut également remarquer que la propriétaire loue également un gîte très bien équipé pour deux à cinq personnes, avec jardin et terrasse.

■ **SÉMAPHORE DE LA CROIX**
Mez Carnelet
℡ 02 97 86 86 43 / 06 21 55 16 41
www.semaphoredelacroix.fr

Fermé du 16 novembre au 15 mars. 5 chambres (se louent seulement hors juillet et août). Chambre double de 165 € à 185 €. Petit déjeuner inclus. En location saisonnière, 3 000 € à 4 500 € la semaine. Wifi. Bain bouillonnant.
Le bâtiment est un ancien sémaphore de la marine nationale conçu en 1862 pour communiquer et surveiller le trafic maritime dans les parages de Groix, Lorient, Quiberon et Belle-Ile. Désaffecté après la Seconde Guerre mondiale, il a été racheté et restauré par son propriétaire qui a fait des chambres et de l'endroit en général, un intérieur digne des hôtels-clubs les plus actuels. Vous vous y reposerez dans le calme le plus parfait, oubliant vos soucis lors de longues promenades sur les chemins côtiers.

Campings

■ **CAMPING DES SABLES ROUGES**
Port-Coustic
℡ 02 97 86 81 32 / 02 99 64 13 14 (hors saison)
www.campingdessablesrouges.com

Fermé du 16 septembre au 27 avril. Terrain de 2,5 ha. 104 emplacements. Emplacement + véhicule + 1 personne (avec 6 A) de 16,60 € à 17,90 €. Emplacement + véhicule + 1 personne de 12,60 € à 13,90 €. Emplacement + 1 personne de 10,90 € à 11,90 €. Mobile homes pour 4 personnes de 410 € à 720 € la semaine ; bungalows pour 4 à 5 personnes de 270 € à 540 €. Wifi.
Voilà un camping diablement intéressant. Il est flanqué d'une plage orientée sud-est où vous piquerez une tête dans l'océan, dès la fin du petit déjeuner, sans avoir ni à vous habiller, ni à prendre la voiture. Vous avez aussi accès au mouillage situé devant l'anse, si vous avez votre propre bateau. Les mobil-homes et bungalows de l'endroit sont confortables, mais amener sa caravane ou sa tente est également possible. Vous passerez donc ici un séjour reposant, à l'abri du tumulte des stations balnéaires, tout en profitant, à l'occasion de l'animation et des terrasses des quais de Port-Tudy.

Loisirs

■ **CENTRE NAUTIQUE DE GROIX**
Plage de Port Mélite
© **02 97 33 77 78 / 06 84 79 61 80**
www.sellor-nautisme.fr
Ouvert en juillet et août.
Le Centre nautique vous accueille sur la plage de Port Mélite. Enfants, juniors et adultes pourront découvrir, s'initier et se perfectionner aux joies de la voile, sur catamaran optimist et planche à voile, avec des formules sur mesure (stages de 2 ou 5 séances). Si vous avez envie de prendre le large en toute liberté, le centre nautique de Groix propose la location de kayaks, planches à voile ou catamarans.

■ **PARC À BOUT – PARC D'AVENTURE CHIEN NOIR** – **Bois du Grao** © **02 97 86 57 61**
http://parcabout.fr
Haute saison : ouvert tous les jours de 10h à 19h. + 18 ans : 14 € la journée et enfant de 5 à 17 ans 12 € la journée.
A tous ceux qui ont envie de nature et d'aventure, ce lieu original de 3 ha, une île dans une île, 1er parc aventure de marins et concept unique au monde, est fait pour vous ! Une pinède composée de 200 pins de Californie, plusieurs milliers de mètres carrés de filets tendus, trampolines géants... Vous découvrirez un paysage nouveau d'une rare beauté, en évoluant à votre rythme au-dessus du vide en totale liberté et en toute sécurité ! A l'origine de cette extraordinaire entreprise, 3 passionnés unis par le même élan, celui d'offrir aux visiteurs un séjour inoubliable digne des plus grands aventuriers. Et ce concept génial ne s'arrête pas là ! Qui n'a jamais rêvé de s'endormir un peu plus près des étoiles, dans un nid, blotti au creux d'un arbre ? Pour ce faire, le parc à bout vous propose ses nids conçus spécialement pour son site de Groix. A 6 ou 8 m de hauteur, chaque nid, confortablement équipés, peut accueillir 2 personnes, et en remontant la partie supérieure du Nid, vous pourrez passer une nuit à ciel ouvert. Le Chien Noir dispose également d'un « bistro resto » où vous pourrez prendre votre petit déjeuner et partager vos émotions. Une expérience unique à ne pas manquer !

■ **RANDONNÉES PÉDESTRES**
L'île de Groix offre plus de 30 kilomètres de sentiers côtiers réservés aux randonneurs à pied (interdit à tous les types de véhicules : vélos, motos, scooters, voitures, 4x4...). L'île de Groix propose également plus de 50 kilomètres de sentiers de randonnée intérieurs qui sont eux accessibles à tous. Vous pouvez vous procurer un guide de randonnée à l'office du tourisme. N'hésitez pas à les contacter.

Location de deux-roues

■ **BIKINI BIKE**
Port Tudy © **02 97 86 85 12 / 06 24 31 94 72**
www.bikini-bike.com
Ouvert 7j/7 toute l'année. Location de vélo 11 € par jour.
Vous ne pouvez manquer Bikini Bike, l'enseigne vous crève les yeux en sortant du bateau. L'enseigne vous fournit un choix très complet de deux-roues pour tous pratiquants, enfants ou adultes : vélos tous chemin (VTC), vélos tous terrains (VTT), tandems, scooters ainsi que des vélos électriques. Les accessoires sont fournis gratuitement, en particulier sièges bébés, tendeurs, antivols et casques. Les vélos sont parfaitement en état, mais il peut toujours arriver un incident, comme un tendeur dans les rayons ou une chaîne qui saute sur fausse manœuvre, voire une crevaison. Pas de problème, Bikini Bike fournit également l'assistance et vous dépanne où que vous vous trouviez. Si vous êtes arrivé avec votre propre vélo, on peut aussi le vérifier et le réparer. L'enseigne propose des glaces à emporter, mais il est plus prudent de les consommer sur place.

■ **COCONUT'S LOCATION**
Port Tudy – près de l'embarcadère
© **02 97 86 81 57**
Fax : 02 97 86 55 40
Ouvert tous les jours. Voiture : 84 € / jour. Scooter : 49 € / jour. Vélo : 11 € / jour. Tarif de groupe.
Grâce à Coconut's Location, l'île de Groix est à vous. On peut pratiquement louer tout ce qui roule dans cet établissement que vous trouverez pratiquement en face de l'arrivée du bateau depuis Lorient. La montée vers le bourg étant un peu pentue, une voiture peut se révéler nécessaire, surtout si vous êtes chargé. Autre éventualité : le scooter. N'est-il pas agréable de filer sur les routes sur un deux-roues motorisé pour une visite rapide du territoire ? Mais pour les moins pressés, le vélo s'impose. Ceux de la maison permettent de gravir facilement les côtes et de filer dans les descentes les cheveux aux vents en profitant pleinement du spectacle des magnifiques paysages de l'île.

LES ÎLES BRETONNES

Sorties

■ AUBERGE DU PECHEUR
58, rue du Général de Gaulle
Port-Tudy
✆ 02 97 86 56 92 – **aubergedupecheur@aol.com**
Ouvert toute l'année. Tous les jours. Restauration.
C'est au début de la montée vers le bourg qu'après avoir gravi quelques marches, vous vous retrouvez dans l'atmosphère d'un authentique pub. Au bar ou sur une des tables de la salle à l'ambiance chaleureuse, vous dégusterez une bière ou l'un des nombreux whiskies single malt dont la maison possède une carte bien fournie. Après votre repas, idéalement au restaurant à côté, vous reviendrez ici finir agréablement votre soirée avant, pourquoi pas, de gagner en toute sécurité une chambre à l'étage, l'établissement faisant hôtel.

■ LE NOROIT
Port Tudy ✆ 09 66 93 55 04
barlenoroit.lescigales.org
♿
Ouvert toute l'année. Tous les jours de 18h à 2h. Terrasse. Concerts. Billard.
Vous voulez passer une bonne soirée ou simplement profiter d'un apéro dynamique et inspiré, ou encore profiter d'un concert, le cas échéant ? A côté de l'Escale, dans une cour légèrement en retrait du quai, vous découvrirez cet établissement tenu de main de maître par les créateurs de l'endroit, Fabrice et Julien. A la terrasse, à la belle saison, ou dans l'atmosphère pub et pierres apparentes du bar, vous passerez ici des moments inoubliables. Après quelques bières, whiskys ou autres boissons non laitières, vous pourrez pleinement profiter de l'ambiance avant de rentrer, après quelques discussions avec tenanciers ou Groisillons, sagement à pied vers vos pénates.

Emplettes

■ GROIX HALIOTIS
Port Tudy
✆ 02 97 86 81 35 / 06 84 78 07 04
www.groixhaliotis.com

Marchés

■ MARCHÉ
Ouvert tous les jours. Le matin.

L'Île d'Hoëdic

■ LE MENHIR DE LA VIERGE
Le Menhir de la Vierge est un monolithe moyen datant du milieu du Ve millénaire avant Jésus-Christ. Il mesure environ 4,10 m de hauteur et 2,30 m de largeur. Son aspect ressemble beaucoup aux grandes stèles érigées du pays de Locmariaquer. Dans la partie supérieure du menhir, on peut voir une petite niche qui témoigne de sa christianisation au XIXe, de par la statuette de la Vierge Marie qui s'y trouva. Un chicot en ferraille en haut du bloc semble constituer le reste d'une croix qui surmontait le bloc. Le menhir a été classé monument historique en 1926.

L'Île d'Houat

Le couvert

■ HÔTEL LA SIRÈNE
Route du Port
✆ 02 97 30 66 73
Fax : 02 97 30 66 94
www.houat-la-sirene.com
Ouvert tous les jours. Menus de 22 € à 34 € (menu Terroir). Menu enfant : 9 €. Formule : 18 €. Chèque Restaurant.
Lorsque vous êtes sur le continent, aller faire un bon repas à Houat est certes une merveilleuse idée. Au restaurant de l'hôtel la Sirène, pas de déception, en particulier si vous êtes venu pour déguster des spécialités de la mer, vous êtes ici à la bonne adresse. Tout est ici façonné maison à partir de produits ultra frais et de poissons qui n'ont jamais connu le froid, puisqu'ils débarquent juste d'un des bateaux de pêche à la journée de l'île. La soupe de poissons avec rouille et croûtons vaut le détour ainsi d'ailleurs que les fameuses huîtres chaudes sauce La Sirène, spécialité maison. Et si vous n'êtes pas trop poisson, on vous préparera un succulent filet-mignon de porc en médaillon, aux deux pommes et au miel de Bretagne.

Le gîte

■ HÔTEL LA SIRÈNE***
Route du Port ✆ 02 97 30 66 73
Fax : 02 97 30 66 94
www.houat-la-sirene.com
20 chambres (chambres doubles ou triples). Chambre double de 90 € à 110 € ; chambre triple de 120 € à 150 € ; studio / appartement de 180 € à 190 €. Demi-pension : 23 € (par personne en sus du prix de la chambre). Petit déjeuner : 12 €. Les chambres triples peuvent accueillir 4 personnes. Animaux acceptés (12 €). Séminaires. Réceptions et mariages.
Remontant du port vers le bourg, vous avisez cette belle et grande maison moderne ornée de stores bleus. Les chambres dans lesquelles vous dormirez d'un sommeil paisible et sans automobile, sont toutes très confortables, ornées de couleurs détendantes et de belles salles d'eau avec douche ou bain au choix. Après un sommeil et un copieux petit déjeuner, vous pourrez découvrir les richesses naturelles de cette île si calme et vous baigner à la Grande Plage, abritée des vents dominants. Au retour, un bon dîner vous attend à l'hôtel.

L'Île aux Moines

Comme en témoignent de nombreux dolmens, l'île est peuplée depuis le Néolithique. Au IXe siècle, Erispoë, alors roi de Bretagne, offrit l'île aux moines de l'abbaye de Redon. Les îliens fournissaient la communauté monastique en produits agricoles notamment fèves et haricots. Au Xe siècle, elle subit, comme l'île d'Arz, le raid des Normands qui la ravagèrent.

L'île en forme de croix. A peine 500 m séparent l'île aux Moines de l'embarcadère de Port-Blanc et pourtant au terme des cinq petites minutes de traversée, c'est le dépaysement total. A elle seule, c'est un résumé du golfe du Morbihan avec ses plages, ses maisons basses de pêcheurs aux murs blancs, ses hautes demeures de capitaines en belles pierres de taille, ses lumières incomparables et ses jardinets plantés de mille senteurs et couleurs. Ici encore de nombreux peintres et écrivains sont venus tremper pinceaux et plumes dans une source limpide appelée inspiration. Faite de paysages contrastés que l'on vous invite à découvrir à pied ou à vélo en empruntant ses sentiers qui enjambent de mini-collines, descendent dans de mini-vallons, traversent de mini-bois aux noms évocateurs : bois d'Amour, bois des Soupirs, bois des Regrets… Jadis appelée Izenah, parsemée de pins, figuiers et églantiers où se nichent fontaines, petites chapelles, ruines d'anciens moulins, vestiges mégalithiques, l'île aux Moines ou « Perle du golfe », comme on aime à l'appeler, vit aujourd'hui essentiellement du tourisme. Mais sur les pages de son histoire, on retrouve la signature de capitaines au long cours réputés. Toute la société îlienne était organisée en fonction de la hiérarchie maritime à tel point que familles de matelots et de capitaines ne se mélangeaient pas, même par mariage. Signalons ici que comme à Ouessant, les jeunes filles choisissaient elles-mêmes leur mari. Au

XIXe siècle, une importante flottille de trois-mâts, de bricks et de goélettes mouillait face à la Grande Plage. Comme sa voisine l'île d'Arz, l'île aux Moines est un remarquable poste d'observation des innombrables oiseaux fréquentent le golfe du Morbihan. C'est en fin d'automne et jusqu'en hiver que vous croiserez sûrement sur ces grèves quelques-unes des milliers d'oies bernaches qui y prennent leur quartier le froid venu.

■ **POINT I**
Débarcadère du port
✆ **02 97 26 32 45**
www.ileauxmoines.fr
Ouvert tous les jours et les jours fériés de 9h30 à 13h et de 14h à 17h30. Ouvert de début avril à fin septembre.

■ **IZENAH CROISIERES**
Le Port
✆ **02 97 26 31 45 / 02 97 57 23 24**
Fax : 02 97 26 31 01
www.izenah-croisieres.com
Embarcadère de Port-Blanc Baden (à 12 kilomètres de Vannes). Départ des navettes toutes les 30 minutes : du 1er juillet au 31 août de 7h à 22h et de septembre à juin de 7h à 19h30. Aller-retour adultes : 4,30 €. Enfants de 4 à 10 ans : 2,20 €. Gratuit pour les moins de 4 ans dans le cadre d'une promenade familiale.
Départ de Port-Blanc en Baden. Croisière sur le golfe – 1h15 – ou grand tour du golfe – 2h – avec escale sur l'île aux Moines, sur l'île d'Arz ou sur les deux îles, escapade vers les îles du large, Houat et Hoëdic, neuf formules différentes à bord de spacieuses et confortables vedettes, bien à l'abri ou la tête dans les embruns… Et toute l'année, liaisons régulières entre le continent et l'île avec un départ toutes les 30 minutes de 7h à 22h, du 1er juillet au 31 août et de 7h à 19h30 le reste de l'année. Durée de la traversée 5 minutes.

LES ÎLES BRETONNES

© IRÈNE ALASTRUEY – AUTHOR'S IMAGE

Le port de l'île aux Moines

Sur l'île aux Moines

Points d'intérêt

■ LE BOURG

Le bourg de l'île aux Moines, parsemé de maisons basses où s'entrelacent nombre de ruelles étroites, offre aux promeneurs plus d'une occasion de s'égarer plaisamment. Dominant le bourg sur son versant est, l'église et sa tour carrée proposent une splendide vue sur l'île d'Arz. Au nord, la pointe du Trec'h rejoint la pointe d'Arradon. Chemin faisant, une grande croix de granit, à laquelle un escalier permet d'accéder, permet de découvrir une seconde vision panoramique du golfe, côté île d'Arz. A l'est, la route rejoint la pointe de Brouel en offrant un magnifique paysage de l'anse du Guéric. En se rendant vers la pointe de Nioul, au sud, on traverse le petit village de Kergonan et son cromlech au diamètre impressionnant, avant d'atteindre le Guip et son fameux chantier naval, Penhap et son dolmen, puis la crique qui fait face à l'île Brannec. Enfin, à la pointe ouest, au port du Lério, débarquent les passagers en provenance du continent. Ils peuvent aller se baigner à la Grande Plage, située à 200 m, non sans avoir traversé le bois d'Amour, le bois des Soupirs ou le bois des Regrets.

■ LE CROMLECH DE KERGONAN

Pour découvrir ce site au sud du bourg de l'île aux Moines, au lieu-dit Er-Anké (la mort), il faut compter 20 min de marche à partir de l'embarcadère, direction Penhap. Il s'agit d'un ensemble de 24 pierres dressées en demi-cercle et formant la plus grande enceinte mégalithique de France. Depuis que le conseil général du Morbihan a fait l'acquisition de l'ancienne ferme (terres et bâtiments) sur laquelle était implanté le Cromlech, on peut le visiter librement. Vous pourrez y suivre une exposition fort intéressante sur l'origine et la description du Cromlech, ses relations avec d'autres monuments préhistoriques, la localisation des sites mégalithiques de l'île aux Moines, et aussi comprendre comment ces vestiges ont inspiré les cartes postales anciennes ! Site ouvert au public.

■ LES SENTIERS CÔTIERS

Des sentiers côtiers vous permettent de faire le tour de l'île. En prenant par l'ouest, nous découvrons la Grande

Plage surplombée de magnifiques villas. Les arbres du bois d'Amour couronnent les falaises. A l'extrême nord, la pointe du Trech nous laisse découvrir la chapelle Saint-Michel et offre une belle vue sur le golfe. En redescendant côté est, la pointe de Brouel nous sert chapelle, fontaine et vue sur Arz. Pour rejoindre la pointe du Nioul et son dolmen, à l'extrême sud, nous passons devant le fameux chantier naval du Guip. Une succession de magnifiques chaumières aux pelouses verdoyantes et semées de fleurs, des bosquets aux noms nostalgiques et une belle vue sur la presqu'île de Rhuys.

Le couvert

■ ASPHODÈLE

Rue du Presbytère ✆ **02 97 26 32 52**
www.asphodele.com
Haute saison : ouvert tous les jours. Carte : 15 € environ.
Du nom d'une plante protégée, que l'on trouve uniquement en Bretagne et très présente à l'île-aux-Moines, vous êtes accueilli dans ce petit havre de paix dans un charmant jardin ou dans une salle à la décoration délicate. Ici, c'est le royaume du produit frais bio et des tartes qui sont toutes servies sur un lit de douze crudités. Après la salade de la mer aux anguilles, vous apprécierez la quiche lorraine ou les tartes courgettes féta chèvre olives noires, ou saumon poireaux au cidre. C'est simple, savoureux, on mange dans la quiétude, que demander de plus ?

■ LES EMBRUNS

Rue du Commerce ✆ **02 97 26 30 86**
Fax : 02 97 26 31 94
www.restaurant-ile-morbihan.com/
Ouvert toute l'année. Fermeture exceptionnelle les 25 décembre et 1er janvier. Basse saison : du jeudi au mardi. Haute saison : tous les jours le midi et le soir. Menus de 19,50 € à 21,50 €. Menu enfant : 8,50 €.
A huit cents mètres de l'embarcadère vers Port-Blanc, on découvre ce restaurant qui niche dans une belle maison traditionnelle. Dans la salle claire et pimpante, accueilli avec attention, vous constaterez sur la carte que

les produits de la mer figurent en bonne place parmi les propositions. Pour la cuisine, pas d'esbroufe, que du classique et du bon goût. On pense bien sûr tout de suite au plateau de fruits de mer, puisque le golfe du Morbihan en fournit à profusion. Mais on peut également se réjouir avec des palourdes et pétoncles farcies et jubiler avec les médaillons de lotte à l'armoricaine ou un carré d'agneau braisé. C'est ainsi bien lesté que vous regagnerez le continent.

Le gîte

■ HÔTEL DE L'ISLE
Rue du Commerce ✆ **02 97 26 32 50**
Fax : 02 97 26 39 54 – www.hotel-de-lisle.com
⚑
Ouvert toute l'année. 8 chambres. Chambre double de 75 €
à 120 € ; chambre triple à partir de 145 €. Majoration
du prix des chambres de 10 € en juillet et août. Wifi.
Restauration.
À partir de l'embarcadère, montez vers le bourg. Rue du Commerce, vous apercevrez cette façade munie d'une proue de bateau qui semble sortir d'une arête de la maçonnerie. C'est là. Franchissez la porte, vous entrez dans un autre univers, tant la déco et le mobilier rappelle plus le fond d'un antiquaire qu'un hôtel sur une île. Gagnez les chambres, parquet ciré, lit à baldaquin pour certaines, terrasse pour d'autres, ambiance générale en rapport. Le dépaysement est total et c'est dans cette ambiance si détendue que vous dormirez d'un sommeil de plomb, non sans avoir mangé au restaurant Chez les Garçons, en bas, et discuté avec les charmants propriétaires, Philippe et Bernard.

Chambres d'hôtes

■ KERISA
Rue Presbytère ✆ **02 97 26 32 52**
www.kerisa.com
Ouvert toute l'année. 6 chambres (dont une suite familiale).
Chambre double de 105 € à 135 € ; suite de 200 € à
230 €. Petit déjeuner inclus. Lit supplémentaire : 30 €.
Wifi gratuit.

C'est dans un écrin de verdure, au cœur d'un parc dont plantes et arbres enchantent le lieu, que Kerisa vous accueille pour un séjour sans pareil. Chaleur et sympathie se dégagent du lieu et ce sont des hôtes aux petits soins qui vous accueillent et vous conduisent vers les chambres. Cosy, claires, joyeuses et confortables, vous vous y reposerez entre vos visites et promenades. La proximité des commerces vous permet de vous distraire à tout moment, mais ne négligez pas le rare plaisir de prendre le thé et de déguster les excellentes tartes et quiches bio maison.

Loisirs

■ LOCATION DU PORT
Le Port
Une heure : 3,30 €. Journée : 10,50 €.
L'Île-aux-Moines est très adaptée à la balade à vélo et, pour certains, trop étendue pour qu'on puisse la parcourir à pied. Il y a de nombreuses visites à faire, et les points de vue depuis les différentes pointes de l'île méritent le déplacement ; il serait dommage de s'en priver. Tous les vélos sont équipés de pneus anticrevaison, dotés du système nexus, sans dérailleur. Avant de rouler sur l'asphalte de l'île, prévenez l'hypoglycémie en commandant un sandwich au local juste à côté. Ils sont délicieux.

Emplettes

■ ENTREPRISE MARTIN
Beg moussir
✆ **02 97 26 31 56**
www.huitres-ileauxmoines.fr
La maison Martin, ostréiculteurs depuis trois générations, vous invitent à découvrir leurs huîtres élevées et travaillées exclusivement sur l'île. Avec ses eaux riches en planctons, le Golfe du Morbihan est un lieu privilégié pour l'affinage des huîtres. La maison produit aussi des palourdes et des coques, et propose également à la vente des moules de bouchot de Pénestin ou encore des bigorneaux. Dégustation d'huîtres et de palourdes sur place de mai à fin septembre. Expédition sur toute la France.

Vieille maison au toit de chaume, île aux Moines

Le port d'Erquy

Côtes-d'Armor

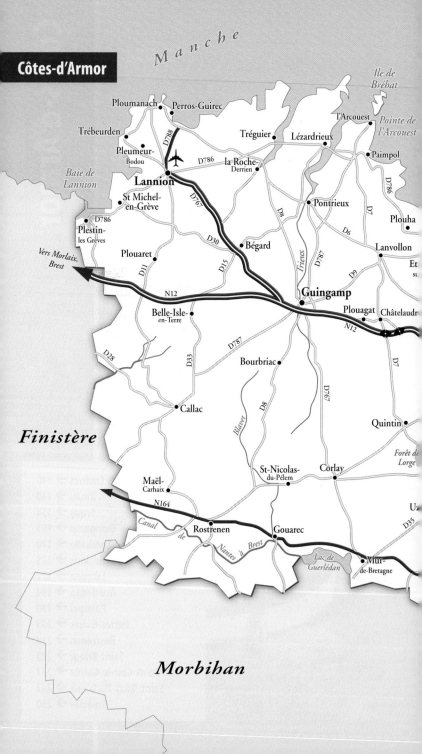

Côtes-d'Armor

Manche

Ile de
Bréhat

Ploumanach   Perros-Guirec   l'Arcouest   Pointe de
                                                              l'Arcouest
Trébeurden   Tréguier   Lézardrieux
                                                      Paimpol
Pleumeur-   D786   la Roche-
Bodou   Derrien

Baie de
Lannion   Lannion
                                        Pontrieux   Plouha
           St Michel-
           en-Grève   Lanvollon
                                                                        Et
Plestin-   D786   su
les Grèves   Bégard
Vers Morlaix,   Plouaret   Guingamp
Brest
                        N12   Plouagat   Châtelaudr
           Belle-Isle-
           en-Terre   N12   D7

                              D787
                    D28
                              Bourbriac
           D33

                    Callac

Finistère

                                   St-Nicolas-   Corlay   Quintin
                                   du-Pélem   Forêt de
                                                                 Lorge
           Maël-
           Carhaix
                    N164
           Canal   Rostrenen   Gouarec   U:
                de   D35
                    Nantes à Brest   Lac de
                                                Guerlédan   Mur-
                                                             de-Bretagne

Morbihan

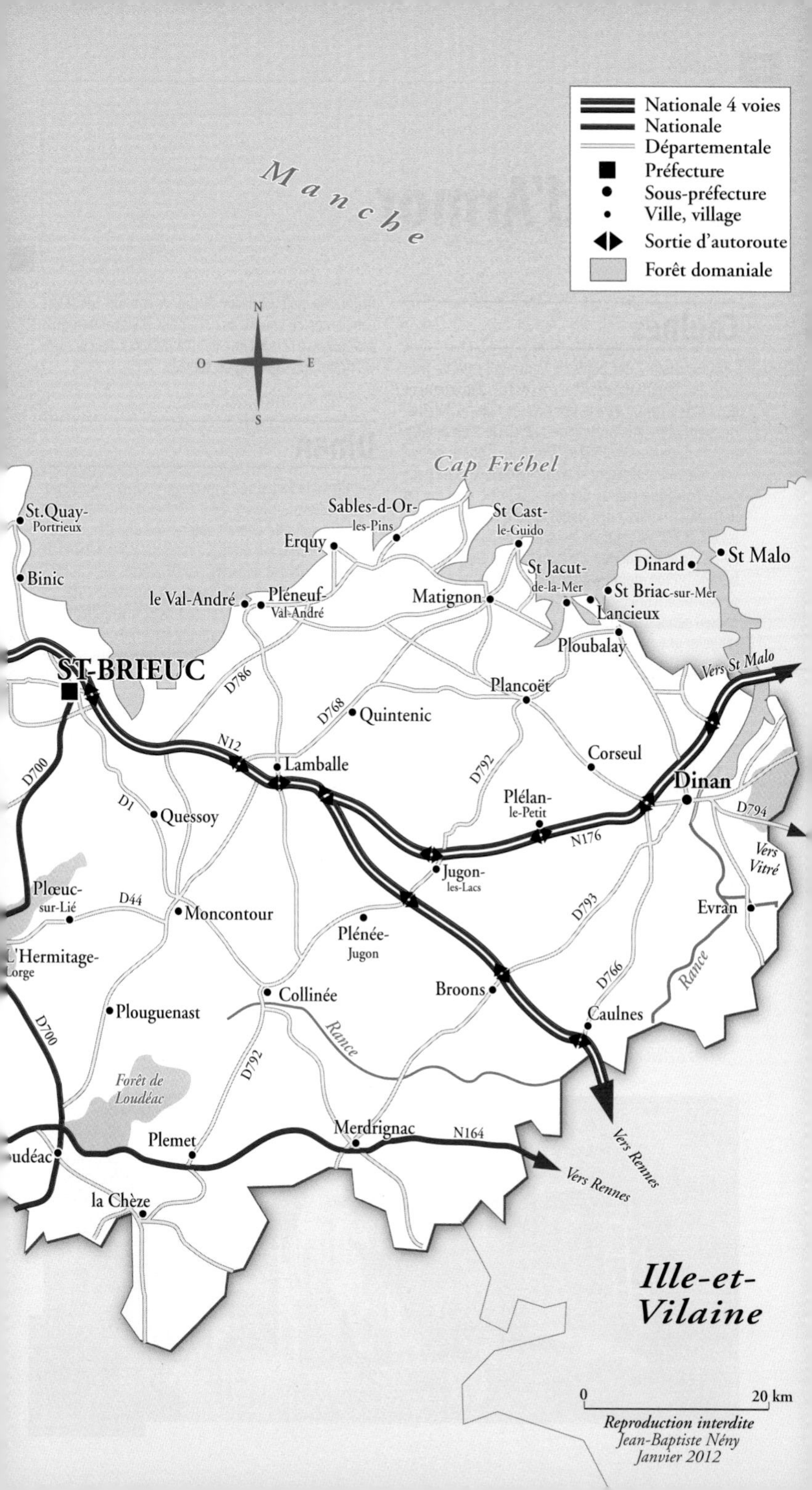
Nationale 4 voies
Nationale
Départementale
Préfecture
Sous-préfecture
Ville, village
Sortie d'autoroute
Forêt domaniale
Manche
N
O
E
S
Cap Fréhel
St.Quay-Portrieux
Binic
Sables-d-Or-les-Pins
Erquy
St Cast-le-Guido
St Jacut-de-la-Mer
Dinard
St Malo
St Briac-sur-Mer
Lancieux
le Val-André
Pléneuf-Val-André
Matignon
Ploubalay
ST-BRIEUC
D786
Vers St Malo
Plancoët
D768
Quintenic
N12
Lamballe
D792
Corseul
Dinan
D700
D1
Quessoy
Plélan-le-Petit
D794
N176
Vers Vitré
Jugon-les-Lacs
Plœuc-sur-Lié
D44
Moncontour
D793
Evran
Plénée-Jugon
L'Hermitage-Lorge
D766
Rance
Broons
Collinée
Plouguenast
Caulnes
D700
Rance
D792
Forêt de Loudéac
Vers Rennes
Merdrignac
N164
Plemet
oudéac
Vers Rennes
la Chèze
Ille-et-Vilaine
0
20 km
Reproduction interdite
Jean-Baptiste Nény
Janvier 2012

Côtes-d'Armor

Caulnes

Cette commune des bords de Rance qui compte près de 2 300 habitants, est située à l'est du département des Côtes d'Armor et à la frontière de l'Ille-et-Vilaine. On mentionnera la présence au IVe siècle d'un habitat romain découvert en 1862 et l'existence d'une ancienne voie romaine traversant le territoire de la localité pour relier l'antique cité de Corseul à Duretie – la Roche Bernard. La paroisse de Caulnes apparaît également dès les XIIe et XIIIe siècles dans les chartes de Saint-Magloire de Léhon et de Boquen. C'est une vieille commune du bocage breton, dont les armes empruntées à la famille de Saint-Pern ont été peintes, en 1885, dans la salle du conseil général de l'ancienne préfecture. Il convient de rappeler une spécificité de la vie économique d'autrefois avec l'exploitation d'ardoisières et l'existence de nombreux moulins et tanneries. Mais c'est la station de chemins de fer, avec l'activité de sa gare des voyageurs et marchandises qui a longtemps identifié et distingué la bourgade de Caulnes des communes environnantes. A 22 km de Dinan, 45 km de Rennes, 59 km de Saint-Brieuc, en bordure de la liaison Rennes/Saint-Brieuc (RN12) et de la vallée de la Haute-Rance, la localité est traversée par la RD766. Cette liaison Manche-Océan constitue un axe régional de la première importance.

■ **EGLISE ROMANE YVIGNAC-LA-TOUR**

Elevée aux XIe et XIIe siècles par l'ordre des Templiers, elle a su résister aux outrages du temps. Le chœur a cependant été reconstruit au XVe siècle. Une belle tour carrée de 32 m de haut domine l'église, qui est l'un des édifices religieux de l'époque romane les plus importants de la région de Dinan. Au nord, se dresse un if millénaire, symbole d'éternité. De l'édifice subsistent cinq travées de

la nef et la majeure partie du mur de l'abside. Les piliers sont ornés de chapiteaux sculptés. Divers ornements sont placés à la rencontre des bandeaux et des nervures verticales qui séparent les travées.

Dinan

Dominant la Rance de 75 m, Dinan est une magnifique cité médiévale classée ville d'Art et d'Histoire, créée au XIe siècle. Elle devrait son nom à une déesse très vénérée, Abna, qui était la protectrice des vivants et la gardienne des défunts. Au IXe siècle, des moines s'installent au bord de la Rance sur des terres offertes par Névenoé – premier roi breton. Ils y construisirent leur abbaye. Guillaume le Conquérant fait ériger un château en bois, représenté sur la tapisserie de Bayeux, pour se protéger des Saxons et des Normands. Au XIe siècle un monastère bénédictin est construit et Dinan commence alors à se construire. Les ducs de Bretagne font construire les remparts dominant la vallée de la Rance, qu'ils ne cesseront de perfectionner au fil des siècles. Au XIVe siècle, Dinan subit durant vingt-trois ans la guerre de Succession au trône de Bretagne. Le château s'est transformé en musée et la basilique Saint-Sauveur abrite le cœur de Du Guesclin. Au XVIIIe siècle, Dinan assiste à l'essor du commerce, stimulé par de nombreux tisserands qui fabriquent des voiles acheminées via la Rance à Saint-Malo. Sous l'impulsion d'une bourgeoisie qui se développe, diverses mesures sont prises pour lutter contre l'insalubrité régnant dans la ville, parallèlement à son développement extra-muros. De nombreuses rues piétonnières permettent d'admirer le charme médiéval des demeures aux façades ouvragées, des maisons aux pans de bois dominant le pavé. Dinan est encore aujourd'hui ceinte de ses remparts, les plus importants

Rue de Dinan

et les plus anciens de Bretagne. Cette impressionnante ceinture de 3 km, composée d'un donjon, de 14 tours et de portes monumentales, surprend par les multiples trésors qu'elle a su protéger tout au long des siècles. Le chemin de ronde est intact sur 2 600 m. La ville a servi de décor dans plusieurs scènes du film *Armageddon* de Michael Bay.

■ **OFFICE DE TOURISME DE DINAN – PAYS DE RANCE**
BP 65 261 – 9, rue du Château
℡ **02 96 87 69 76**
Voir page 253.

■ **JAMAN IV**
Port de Dinan
℡ **02 96 39 28 41 / 06 07 87 64 90**
www.vedettejamaniv.com
Fermé du 2 novembre au 31 mars. Ouvert du mardi au samedi à partir de 14h30 et à partir de 16h. Haute saison : du mardi au dimanche de 11h à 14h30 et de 16h à 17h30. Adulte : 12 €. Enfant (de 2 à 12 ans) : 8,50 € (et étudiants). Groupe (15 personnes) : 11,50 €. Chèque Vacances.
Bienvenue à bord du *Jaman IV* pour une croisière en Bretagne sur la Rance au pied de la ville de Dinan. Cette promenade est un aller-retour. Embarquement au port de Dinan, retour une heure plus tard au port de Dinan. Si cette belle vedette en acajou n'est pas amarrée au vieux port, c'est qu'elle glisse déjà au fil de l'eau. Elle embarque jusqu'à 58 passagers, quatre fois par jour (à 11h, 14h30, 16h et 17h30) d'avril à novembre. Sauf le lundi et le dimanche matin.

Points d'intérêt

■ **ARTHÉ MUSÉE DE LA VEILLEUSE-THÉIÈRE**
19, rue de l'Apport ℡ **02 96 87 48 45**
arthe22@wanadoo.fr
Ouvert toute l'année. Basse saison : du mardi au dimanche de 10h30 à 12h30 et de 14h30 à 19h30. Unique au monde. Gratuit.
« Un havre de thé et d'amitié », comme le décrit si bien Jean Rochefort, illustre enfant du pays. Il semble que le temps se soit arrêté dans cette surprenante demeure de caractère, en plein cœur de Dinan, écrin de charme du premier musée du Thé au monde. Dans un décor élégant et raffiné, vous découvrirez plus de 700 pièces, authentiques petits chefs-d'œuvre de porcelainiers du XIXe siècle (théière de Bayeux période Gosse, théière Paris Circa 1830 signée Jacob Petit, Manufacture royale de Sèvres 1831…). Sur fond de musique classique, vous pourrez savourer l'un des 60 délicieux thés que vous propose Arthé (thés Donovan, maison de grande renommée fondée en 1878), tout en feuilletant des ouvrages dédiés au thé, à l'Art du Japon… Grand spécialiste des mélanges russes, Arthé vous propose ses sélections du prince Orlov. Il recèle de petits trésors (théières et brûle encens en fonte du Japon, jarres à thé de Pékin, briques de thés du Tibet et du Népal…) et douceurs sucrées, cadeaux uniques à offrir ou à s'offrir. L'accueil est généreux.

CÔTES-D'ARMOR

■ **CHÂTEAU DE DINAN**
Porte de Guichet
✆ 02 96 39 45 20 / 02 96 87 58 72 (réservation visites scolaires)
www.mairie-dinan.com
Fermé du 1ᵉʳ au 31 janvier. Basse saison : ouvert de 13h30 à 17h30. Haute saison : de 10h à 18h30. Dernière entrée une heure avant la fermeture. Expositions temporaires pendant l'été. Gratuit jusqu'à 12 ans. Adulte : 4,40 €. Enfant (de 12 à 18 ans) : 1,75 €.
Fortifié au XVIᵉ siècle, avec ses remparts, son donjon à mâchicoulis, le château a conservé un donjon qui est la partie la plus ancienne : deux demi-tours desservies par une courtine centrale à plus de 30 m de hauteur. Il fut élevé entre 1380 et 1390 par le duc de Bretagne Jean IV. Il abrite le musée de Dinan qui permet de découvrir les constructions et notamment le spectaculaire salle des gisants. Trois expositions temporaires sont programmées chaque année. Le fond est composé de nombreuses pièces d'art religieux (notamment des statues de bois polychromes du XVIᵉ siècle).

■ **EGLISE SAINT-MALO**
12, rue de la Boulangerie
Elle date du XVᵉ siècle mais ne reçut sa forme définitive qu'au XIXᵉ siècle. Elle conserve cependant des parties originelles, notamment son abside. L'orgue aux tuyaux polychromes, fabriqué par Oldknow en 1889, est classé. L'église est surtout réputée pour ses vitraux du début XXᵉ siècle. A l'arrière, un délicieux jardin anglais ne doit pas être négligé. L'église est située à deux pas de l'ancien couvent des Cordeliers qui abrite un lycée privé.

■ **LA MAISON DE LA HARPE**
6, rue de l'Horloge ✆ 02 96 87 36 69
www.harpe-celtique.fr
Ouvert les après-midis de juin à septembre et durant les vacances scolaires. En dehors de ces périodes, visite sur rendez-vous. Gratuit jusqu'à 10 ans. Adulte : 2 €. Enfant : 1 €. Accueil enfants (ateliers découverte (6-12 ans) les mercredis des vacances scolaires et de juin à septembre, de 10h30 à 11h30 : 5 €). Boutique. Animation.
Pour tout savoir sur la harpe celtique et les harpes traditionnelles du monde ! Un lieu unique (en Europe) et singulier consacré à l'instrument des bardes, ses légendes et sa fabrication ; fréquentes expositions temporaires, ludiques et pédagogiques. La Maison de la Harpe propose également tout au long de l'année des concerts, des animations et des ateliers pour les enfants. Une visite s'impose !

■ **PROMENADE DE LA DUCHESSE ANNE**
Cet ancien chemin de ronde domine la vallée de la Rance et laisse découvrir un magnifique panorama. Très agréable, la balade part du jardin anglais et se poursuit jusqu'à la rue du Général-De-Gaulle. Vous trouverez le point de départ en contournant (après l'avoir visitée !) la basilique Saint-Sauveur. Par temps clair, on peut même apercevoir la silhouette de l'ancien château de la Petite cité de caractère de Léhon.

Le couvert

■ **L'AUBERGE DES TERRE NEUVAS**
25, rue du Quai
Le Port
✆ 02 96 39 86 45
Fax : 02 96 87 99 92
www.port-dinan-lanvallay.com
Fermé en janvier. Basse saison : ouvert tous les jours le midi ; le samedi soir. Haute saison : tous les jours. Menu unique à 21 €. Accueil des groupes (jusqu'à 54 personnes sur réservation).
Depuis plus de dix ans, ce restaurant traditionnel – parfaitement tenu par Cécile et Grégory Correaux – propose ses spécialités gourmandes : feuilleté d'andouille de Guéméné, compotée d'oignons et sauce moutarde ; mille-feuille de rougets à la fondue de poireaux ; tartare de saumon frais, terrine de Saint-Jacques ; pavé de morue aux épices douces. Et même un homard breton rôti au beurre salé sur commande. Les produits sont frais et travaillés sur place. Excellent rapport qualité/prix et accueil remarquable. A découvrir.

■ **AVEC LES ANGES**
22, Grand-Rue
✆ 02 96 84 33 20
www.avec-les-anges.fr
Ouvert toute l'année. Du mardi au dimanche de 12h à 23h30. A partir de 13 €. Formule du midi : 10,50 € (boisson comprise, sauf le dimanche). Carte bilingue. Chèque Vacances, Chèque Restaurant.

Donjon de la duchesse Anne au château

Esthète passionné et généreux, François Tilliole vous ouvre, Avec les Anges, les portes de son paradis : café, salon de thé, restaurant bio, coloré, original et divinement atypique. Paré ici et là de merveilleuses sculptures et peintures d'artistes locaux (une nouvelle exposition chaque mois), l'ambiance chaleureuse et cosy invite à la détente et à la contemplation tandis que les copieuses assiettes sur mesure incitent à la gourmandise. Les produits sont d'une telle qualité, bio pour la plupart, que le « vilain défaut » serait de ne pas succomber à la tentation ! Le concept est simple et offre une réelle liberté au client : celle de composer à toute heure son assiette. Avec une trentaine de produits, vous aurez l'embarras du choix pour marier poissons, charcuteries, fromages, légumes et fruits ainsi que des spécialités comme des tomates confites ou de la purée de pois chiches maison. Et pour encore plus de bonheur, trois ingrédients parmi une douzaine sont offerts (noix bio, beurre bio, graines bio...). Le midi, une formule tarte salée ou escalope de céréales bio est également proposée. A découvrir d'urgence.

■ LE CHAT BOTTÉ
18, passage de la Tour-de-l'Horloge
✆ 02 96 85 31 58
creperie.lechatbotte.perso.sfr.fr
Ouvert toute l'année. Basse saison : du mardi au dimanche. Menus de 12,50 € à 18,50 €. Formules midi et soir à 9,90 €, 11,90 € et 17,50 €. Carte. Chèque Vacances, Chèque Restaurant.
Cette belle adresse est située au cœur de la ville historique, au pied de la tour de l'Horloge, dans une rue calme et ensoleillée. Dans une décoration de style baroque aux tons très chauds, délicieusement cosy et raffinée, Claude Jacquemard, propriétaire des lieux depuis septembre 2009, se fait un plaisir de partager avec vous une cuisine joliment mitonnée avec des produits frais et de qualité (farine bio bretonne...). Au menu, d'originales galettes comme la Mexicaine (chili con carne agréablement épicé et guacamole) ou la Tartiflette Gourmande (pomme de terre, crème, lardons, tomates, munster), de délicieuse crêpes telles que le caramel au beurre salé maison mais aussi des grillades, des omelettes cuites sur le bilig, des petits plats gourmands comme l'assiette de cochonaille ainsi que des très bons plats (volaille aux morilles, Saint-Jacques à l'orange, foie gras sur blinis de blé noir...) renouvelés chaque semaine. Nouveautés, le cochon grillé à l'os servi avec frites, dégustez les moules de bouchots de Bretagne, l'andouillette de l'Argoat. Autres trésors de la maison, des cidres bretons bio ou de fabrication artisanale, des glaces artisanales et des sorbets « plein fruits », des thés et des cafés du monde... Nouveauté sucrée : la Douceur du pays (kouing amann avec glace caramel au beurre salé). A déguster, pourquoi pas, sur l'agréable terrasse de 25 couverts. On aime beaucoup.

■ AU COMPTOIR ITALIEN
Centre Commercial Leclerc
La Couélbart ✆ 02 96 39 76 68
www.aucomptoiritalien.com
Ouvert du lundi au samedi de 8h à 21h30 ; le vendredi et le samedi de 8h à 22h. Menus de 9,90 € à 24,90 €. Menu enfant : 7 €. Formule du midi : 9,90 € (plat + boisson, du lundi au vendredi sauf fériés). Accueil des groupes (jusqu'à 150 personnes pour séminaires et repas de groupes). Carte de fidélité : dix plats achetés, le onzième offert.
On se sent bien dans ce bar-brasserie-pizzeria, à la décoration chic et soignée, situé dans le centre commercial Leclerc. Spacieux, moderne et confortable, le restaurant que Nicolas et Sophie Petit ont ouvert en février 2012, peut accueillir jusqu'à 180 personnes et 60 couverts au bar. Et si l'endroit est agréable, la carte est plus qu'appétissante : antipasti, plancha, carpaccio, salades, pâtes, viandes, poissons ou encore pizzas (27 différentes), bruschetta. Le choix risque d'être difficile... Mention spéciale pour l'espace enfant (avec lecture, jeux et vidéo) aménagé pour le bonheur de toute la famille. Très bon rapport qualité/prix. Accueil charmant. Soirées à thème organisées régulièrement (concerts rock, jazz, country, défilé de mode).

CÔTES-D'ARMOR

■ **COSY GRILL**
11, rue de la Poissonnerie
© **02 96 55 06 50**
Ouvert toute l'année. Basse saison : du mardi au samedi le midi et le soir ; le dimanche midi. Haute saison : du lundi au samedi le midi et le soir. Formule du midi : 10,90 €. Formule du soir : 15,50 €.
Ici, tout est frais et cuisiné maison. La nouvelle équipe, particulièrement dynamique, est à l'écoute du client et le service très agréable. Les lieux revisités sont accueillants (tables espacées). Dans l'assiette, place à la couleur et à la fraîcheur : Saint-Jacques en brochettes, immenses tartines (dont une végétarienne), pièce du boucher et purée maison, burger maison au foie gras. La carte est variée et l'addition plus que raisonnable. Une petite terrasse permet d'attabler une douzaine de personnes.

LA COURTINE
6, rue de la Croix
© **02 96 39 74 41**
restaurantlacourtine@orange.fr
Ouvert le lundi et du jeudi au samedi le soir de 19h à 21h30 ; le lundi et du mercredi au samedi le midi de 12h à 13h30.
Confiné dans une petite rue à deux pas de la place Duclos et face à la mairie, ce petit restaurant cosy a un charme fou avec ses belles poutres et pierres apparentes. L'accueil est chaleureux et la cuisine délicate, inventive, uniquement composée de produits frais et de saison. Des exemples : velouté de potiron à la crème de cannelle et jambon cru, souris d'agneau confite au cidre, poire pochée au caramel de beurre salé. Le rapport qualité/prix est bluffant.

■ **CRÊPERIE AHNA**
7, rue de la Poissonnerie
© **02 96 39 09 13**
http://creperie-ahna.blogspirit.com/
Ouvert du lundi au samedi le midi de 12h à 14h30 et le soir de 19h à 22h. Réservation recommandée. Carte : 15 € environ. Terrasse.
Elle est l'une des plus anciennes crêperies de Dinan. Sa réputation, qui n'est plus à faire, est excellente. Et ce, depuis des générations. La façade est avenante et la petite terrasse invite à franchir la porte pour découvrir de beaux mobiliers en bois qui donnent de la chaleur à la décoration. Mais ce qui fait le succès de la maison, c'est la qualité des produits proposés, frais et de saison, cuisinés maison... Les spécialités originales sont assez remarquables. L'accueil est souriant, l'addition raisonnable.

■ **CRÊPERIE LE BEFFROI**
3, rue de l'Horloge
© **02 96 39 03 36**
www.creperie-le-beffroi.com
Ouvert toute l'année. Basse saison : de 12h à 15h et de 19h à 21h30. Haute saison : de 12h à 22h.
Cette crêperie située dans le vieux Dinan, face au théâtre des Jacobins, et dans laquelle vous accueillent Déborah

et Christophe, est 100 % crêpes et galettes. À l'exception de cinq salades composées. La carte est vaste avec les classiques (complète) et des créations plus originales comme la « raffinée » (tranches de foie gras de canard, pommes dorées, confit d'oignons et toasts) ou la « Périgourdine » (gésiers confits, magrets de canard fumés, pommes de terre, lit de salade). Aux créations « Terre » répond une carte de la « Mer ». Un exemple : la « Marine » (Saint-Jacques poêlées, gambas, fondue de poireaux, sauce curry). La carte des crêpes n'est pas en reste avec une trentaine de recettes différentes. Le plus ? Cidres fermiers à déguster sur la terrasse ensoleillée à partir d'avril.

■ **LA DUCHESSE ANNE**
10, place Duguesclin
© **02 96 39 59 76**
Fax : 02 96 87 57 26
hoteldinanduchessea.monsite-orange.fr
Menus de 12 € à 26,80 €. Spécialités raclette et pierre chaude. Différents menus pour vos grands événements. 9 chambres de 35 € à 82 €. Petit-déjeuner avec viennoiseries maison : 6,50 €. 1/2 pension : 60 €/ personne. Pension complète : 75 €/personne. Wifi gratuit.
Andréa et Jacky, 40 ans d'expérience dans la restauration, vous accueillent depuis avril 2006. Cuisine traditionnelle et familiale, avec comme spécialités des plats d'antan, parmi lesquelles la tête de veau à l'ancienne avec sa sauce gribiche, le pot-au-feu avec ses légumes rustiques, la potée bretonne, l'andouille de campagne chaude avec sa purée maison ou encore la choucroute de la mer... À ne manquer sous aucun prétexte, les desserts maison, tels le tiramisu ou l'île flottante. À noter, une sympathique terrasse de 25 couverts.

■ **LA FONTAINE DU JERZUAL**
21 bis, rue du Jerzual
© **02 96 85 45 33**
http://creperiefontainedujerzual.fr
Ouvert toute l'année. Fermé le mercredi (toute la journée), le lundi soir, mardi soir, jeudi pendant la basse saison (d'octobre à mai). Sauf pendant les vacances scolaires. Haute saison : tous les jours. Service continu pendant la saison et le week-end. Chèque Vacances, Chèque Restaurant. Vaste terrasse pouvant accueillir 60 couverts.
La crêperie, construite à la fin des années 1980 dans le jardin de l'ancien dispensaire, perpétue les traditions et un tour de main transmis de génération en génération : pâte de blé noir uniquement (bien sûr), battue à la main, saisie sur un bilig très chaud. Les galettes tournées à la demande ; on peut même apercevoir le crêpier à l'ouvrage. Parmi les spécialités : la Jerzual à l'andouille bretonne, fondue d'oignon au cidre, pomme de terre sautée et fromage ; la Jacquy avec des noix de Saint-Jacques, pommes de terre sautées, tomate et salade. Au registre sucré, la Williams (poire rôtie, caramel au beurre salé, glace vanille, Chantilly maison) est une invitation gourmande. L'accueil est très agréable. La terrasse également.

Retrouvez le sommaire en début de guide

■ CHEZ LA MERE POURCEL
3, place des Merciers
✆ **02 96 39 03 80**
www.chezlamerepourcel.com
Fermé du 20 au 26 décembre. Ouvert tous les jours le midi de 12h à 13h30 et le soir de 19h à 21h. Menus de 23 € à 35 €. Menu enfant : 10 €. Formule du midi : 14,50 € (du lundi au vendredi). Terrasse.
Etablissement labellisé « Restaurant du Terroir » (découverte du patrimoine culinaire breton, partenariat avec des producteurs régionaux) et « Restaurateurs de France », au cœur du vieux Dinan, Chez la mère Pourcel existe depuis 1927 quand Alfred et Virginie Pourcel ont donné l'esprit de cette maison. Elle mitonne aujourd'hui des cocottes inspirées, aux associations aussi sûres que gourmandes : magret de canard à la pêche rôtie, brochette de Saint-Jacques au romarin, souris d'agneau confite aux épices. Le menu Terroir s'affiche à 26 €. La formule tout compris à 35 €. Un bon rapport qualité/prix. Carte de vins intéressante. C'est ainsi que l'on a envie de découvrir et d'aimer la Bretagne.

■ L'AUBERGE DU PÉLICAN
3, rue Haute-Voie
✆ **02 96 39 47 05**
Fax : 02 96 87 53 30
aubergedupelican@hotmail.fr
Fermé du 10 janvier au 10 février. Ouvert du vendredi au mercredi le midi et le soir ; le jeudi midi. Menus de 19,90 € à 70 €. De 30 à 70 €. Formule : 19,90 € (midi et soir). Menus à partir de 19,90 €. Carte bilingue. Accueil des groupes (banquet).
Une adresse sympathique et incontournable au cœur du vieux Dinan. Une décoration sobre mais agréable, une jolie terrasse d'été. La cuisine ? Maître restaurateur de France depuis 2011, le chef, Bernard Briat, propose une cuisine de tradition et de saison, axée sur les produits de la mer. Suggestions parmi d'autres : choucroute de la mer au beurre blanc ; saumon rôti à la fleur de sel, beurre au citron vert ; confit de canard maison, pommes sautées aux pleurottes ; soufflé glacé au calvados ; soupe de poisson maison ; homard breton aux épices, tatin de poires et caramel au beurre salé maison. Accueil aussi chaleureux que convivial.

■ LE LONGUEVILLE
29, place Duguesclin
✆ **02 96 87 16 39**
www.le-longueville.com/
Ouvert toute l'année. Carte : 29 € environ. Terrasse. Vente à emporter.
Dans ce lieu historique qu'est le Longueville, Nathalie et Philippe invite dans un cadre résolument contemporain à savourer une cuisine dans l'air du temps. L'établissement est chic mais le service décontracté. Terrasse ou jardin aux beaux jours permettent de passer un moment agréable. Au menu : choucroute d'Alsace (royale) ou de la mer (saumon, haddock, tacaud, crevettes, noix de Saint-Jacques) ; huîtres et poissons ; et des desserts classiques de brasserie (marquise aux chocolats, crème brûlée, macaron maison au chocolat et sa mousse au miel, île flottante ou crème caramel).

■ M. ROBERT
11, place des Cordeliers
✆ **02 96 85 20 37**
www.mrrobertrestaurant.fr
Ouvert du mardi au samedi ; le dimanche midi. Réservation recommandée. Menus de 12 € à 34 €. Terrasse.
Un cadre très agréable pour une très jolie table qui entraîne dans un voyage entre la tradition inspirée par les saisons et l'exotisme inspiré par l'âme voyageuse du propriétaire, un Irlandais. Sur demande, on peut aussi se régaler d'un plat végétarien sur demande. Le « menu des saveurs » met en valeur des alliances délicates, jeu subtil que l'on retrouve également dans le menu « tout Saint-Jacques ». Joli patio et terrasse. L'accueil est très agréable.

■ Ô BLÉ GOURMAND
3, rue du Fossé
✆ **02 56 38 16 13**
Ouvert toute l'année. Du mardi au samedi de 12h à 14h30 et de 19h à 21h30. Menus de 9,90 € à 12,90 €. Menu enfant : 7,50 €. Chèque Vacances, Chèque Restaurant. Accueil des groupes (jusqu'à 15 personnes sur réservation). Vente à emporter. Vente à emporter les jeudi et vendredi.
Depuis le 25 septembre 2012, Martine a ouvert les portes de cette chaleureuse crêperie qui prépare galettes et crêpes (copieuses) à la minute. Programme salé : la Bretonne (noix de Saint-Jacques, andouille, pomme de terre et crème). Programme sucré : la « BZH » (pomme caramel au beurre salé). Si l'inspiration vous guide, vous pouvez demander une galette personnalisée à votre goût. L'établissement propose également des salades (dont la Champêtre, salade, jambon cru, tomate, noix et toast de chèvre) et une carte de viandes grillées. Le cadre conjugue modernité et authenticité. L'accueil est attentif et très agréable.

LE SAINT-LOUIS
9, rue de Léhon
✆ **02 96 39 89 50**
lesaintlouisdinan@gmail.com
Ouvert toute l'année. Ouvert 7j/7 de mai à septembre. Accueil tardif. Menus de 13 € à 18 €. Formules midi, soir et week-end à 13 €, 15 € et 18 €. Carte. Chèque Restaurant. Accueil des groupes (jusqu'à 100 personnes sur réservation).
Depuis avril 2011, Maryse et Stéphane vous accueillent au Saint-Louis, charmant restaurant-rôtisserie situé en face du château et à deux pas de la place Duguesclin, dans la continuité de la rue de l'Horloge. Dans la jolie salle ou sur le patio ensoleillé, vous découvrirez ici une délicieuse cuisine traditionnelle concoctée à partir de produits frais et cuisinés maison. A la carte qui varie régulièrement, vous pourrez par exemple prendre une tatin de foie gras, des noix de Saint-Jacques au cidre et aux endives caramélisées, un mignon de poc à l'oignon de Roscoff, un cochon de lait farci tous les dimanches, souris d'agneau au citron confit, rognons de veau sauce Madère, avant de vous laisser tenter par le buffet des desserts qui propose, entre autres, un crumble à la rhubarbe ou une crème brûlée à la violette. Une adresse à découvrir. En été pour le patio, en hiver pour la cheminée.

■ **LES TROIS LUNES**
22, rue de la Lainerie ✆ **02 96 85 10 32**
www.les3lunes.fr
Fermé du 2 au 20 janvier. Ouvert du mardi au dimanche le midi de 12h à 13h30 ; du mardi au samedi le soir de 19h à 21h30. Réservation recommandée. Menus de 23 € à 49 €. Carte : 50 € environ. Formule du midi : 16 €. Accueil des groupes (salle à l'étage pour les séminaires). Terrasse.
Les Trois Lunes est une adresse incontournable pour les amateurs de bonne cuisine ! On vient ici pour se faire plaisir. Le cadre est sympa, sobre, malin et l'atmosphère chaleureuse. On passe par le salon de thé pour accéder à la salle de restaurant. Et l'été, une terrasse attend le chaland derrière l'établissement. A l'étage, une salle peut accueillir les groupes. La cuisine est à l'image des lieux : raffinée ! A la carte : escalopes de foie gras au chocolat épicé, pommes caramélisées (appétissant, non ?) ; cœur de laitue, jambon ibérique, vieux parmesan, légumes du moment (simple mais bon) ; dos de daim poêlé, charlotte de chicon et topinambour, éclats de marron (original donc étonnant). Le repas donne envie de revenir au salon de thé pour ses pâtisseries. A retenir : le chef organise des cours de cuisine.

Le gîte

■ **AU VIEUX SAINT-SAUVEUR**
19, place Saint-Sauveur ✆ **02 96 85 30 20**
www.hotelpubsaintsauveur.com
Ouvert toute l'année. Ouvert de 11h à 1h et jusqu'à 2h l'été. 6 chambres (5 doubles et 1 familiale). De 35 € à 60 €. Plateau de courtoisie dans chaque chambre. Wifi gratuit.
Sur la jolie place Saint-Sauveur, tout près de la basilique du même nom et au cœur de la cité historique, cette belle bâtisse abrite un bar dynamique (bière pression et whiskies) avec deux salons et un billard anglais. On peut s'y restaurer car il fait mini-snack. Sandrine et Yannick y organisent régulièrement des concerts. La terrasse est très agréable l'été, la cheminée du XVᵉ siècle crée une atmosphère chaleureuse durant l'hiver. Aux étages, les 6 chambres, dont 1 familiale offrent un confort appréciable, pour un excellent rapport qualité/prix. Elles sont toutes équipées de douche, de lavabo, de toilettes, d'un plateau de courtoisie et d'un accès wi-fi gratuit.

■ **HOTEL LE D'AVAUGOUR******
1, place du Champ ✆ **02 96 39 07 49**
Fax : 02 96 85 43 04
www.avaugourhotel.com
Logis (3 cheminées). 21 chambres (chambres doubles avec vue sur rue ou jardin). De 90 € à 178 € ; suite de 230 € à 290 €. Petit déjeuner : 14,25 €. Lit supplémentaire : 17 €. Animaux acceptés (15 €). Wifi gratuit.
Un hôtel quatre étoiles (depuis 2012) au charme des maisons d'antan. Ce havre de paix au cœur de Dinan est d'un excellent confort et dispose d'un très beau jardin fleuri sur les remparts. Aux beaux jours, vous aurez plaisir à y déguster le petit déjeuner ou l'apéritif. Les 21 chambres et les 3 suites familiales décorées avec beaucoup de charme se déclinent selon une combinaison de couleurs douces et apaisantes. Week-end romantique à souhait. En rentrant de promenade, arrêtez-vous au

bar pour une pause agréable. Vous êtes à deux pas du centre-ville historique et la route menant au port passe devant l'hôtel.

■ **HOTEL-RESTAURANT DE FRANCE**
7, place du 11-Novembre ✆ **02 96 39 22 56**
www.hoteldefrancedinan.fr
14 chambres. Chambre simple de 39 € à 45 € ; chambre double de 49 € à 55 €. Petit déjeuner : 6 €. Garage inclus. Wifi. Restauration (du lundi midi au vendredi soir). Tv satellite.
Vous avez décidé de visiter la région, Côte d'Emeraude, Pays de la Rance et villes d'arts et d'histoires ? Choisissez sans hésiter l'Hôtel de France, à deux pas du centre de la ville médiévale de Dinan, au rapport qualité-prix très attractif. Si vous arrivez en train, il est en face de la gare, et d'un accès très facile en voiture, que vous pourrez par ailleurs laisser dans le garage de l'établissement (sur réservation). Les chambres très confortables, équipées de la wifi et de la télévision par satellite, vous accueillent pour un sommeil réparateur entre vos incursions vers le littoral et les plages à vingt minutes. Les visites de Saint-Malo, du mont Saint-Michel ou du centre historique de Rennes qui n'est situé qu'à cinquante kilomètres, s'imposent par ailleurs, sans négliger non plus de belles balades sur le chemin des douaniers aux alentours du Cap Fréhel. En retour de ces escapades, attablez-vous au restaurant pour déguster une cuisine traditionnelle à base de produits locaux. Bon séjour !

Sorties

■ **AU VIEUX SAINT-SAUVEUR**
19, place Saint-Sauveur ✆ **02 96 85 30 20**
www.hotelpubsaintsauveur.com
Ouvert toute l'année.
Sympathique pub, où il fait bon passer du temps, en terrasse comme à l'intérieur. Endroit très fréquenté des jeunes Dinannais. A noter, des bières irlandaises sont proposées à la pression. Bonne ambiance le week-end. Des concerts sont régulièrement organisés, l'occasion de découvrir les talents locaux, voire de croiser des pointures d'envergure internationale ! En hiver, la grande cheminée ne reste pas inactive, ce qui ajoute encore un peu plus à l'ambiance chaleureuse qui règne naturellement au sein de l'établissement.

■ **LES TERNY THES**
Centre historique ✆ **02 96 85 40 09**
www.lesternythes.fr/
♿

Ouvert toute l'année. Basse saison : le dimanche et le lundi de 15h30 à 18h30 ; du mardi au samedi de 10h à 19h. Haute saison : tous les jours de 10h à 20h. Ouvert le dimanche en période de vacances scolaires. Thés à consommer sur place ou à emporter.
Au cœur de Dinan, Christine et Claude Terny vous réservent un accueil charmant, dans leur magnifique salon de thé qui comble connaisseurs et amateurs. Dans un vaste espace convivial et aéré, à l'ambiance musicale classique et reposante, vous pourrez vous délecter en famille des cafés, chocolats, pâtisseries

maison (comme le fudge, confiserie anglo-saxonne proche du caramel mou confectionné sur place) et bien évidemment des thés. Noirs, aromatisés, verts, fumés, rouges, tisanes, infusions : plus de 140 thés aux douces senteurs et saveurs du monde trônent au comptoir. A noter : une sélection d'une quinzaine de thés bio. Un espace enfant vous permettra de prendre votre temps et l'espace décoration de trouver 1 001 merveilles telles que vaisselle anglaise, accessoires de thés, reproductions d'anciennes publicités automobiles et alimentaires (Vespa, Harley Davidson, Vache qui Rit, Banania...) . . . Un beau moment d'éternité.

■ AU THÉ GOURMAND
19, rue de l'Apport ✆ **02 96 87 48 45**
Ouvert toute l'année. Saison haute d'avril à septembre. Saison basse d'octobre à mars. Basse saison : du mardi au dimanche de 10h30 à 18h30. Haute saison : tous les jours de 10h30 à 18h30. Wifi gratuit.
Un salon de thé confortable, situé près de la place Saint-Sauveur. Il fait bon y vivre une heure bleue, dans une ambiance jazzy, lové près d'un mur de pierres ou du meuble miel où se logent les boîtes noires à thés. La carte invite à la gourmandise : gâteau aux pommes à la normande, tarte aux pommes et aux épices, pain d'épices, brownies. Evidemment, le thé et le café sont « gourmands ». Chaque week-end, le brunch est un agréable rendez-vous. A l'anglaise avec œufs brouillés aux herbes, pommes de terre et tomates rôties, pancakes, confitures, jus de fruits frais. Accueil plus que sympathique. Un gros plaisir à petits prix.

Emplettes

■ LE PÔLE NORD
3, Grande-Rue ✆ **02 96 39 23 76**
Basse saison : ouvert tous les jours de 11h à 19h30. Haute saison : tous les jours de 10h à 0h. Ouvert d'avril à fin septembre.
Situé en plein cœur du vieux Dinan, à deux pas de la place des Cordeliers, venez vous rafraîchir et frissonner de plaisir en vous laissant séduire par l'un des 65 parfums de véritables crèmes glacées italiennes maison que vous propose de découvrir ce glacier fabricant. Gaufres maison, milk-shake, gâteaux glacés ou Chantilly maison sont autant d'irrésistibles gourmandises qui vous réchaufferont le cœur... Le Pôle Nord, on adore !

▶ **Autres adresses :** 1, rue de la Poissonnerie • 9, rue de l'Apport

■ Dans les environs ■

Corseul

■ L'ATELIER DE MONA
34, rue de l'Arguenon
✆ **02 96 27 99 97 / 06 81 59 05 60**
www.atelier-de-mona.eklablog.com
L'atelier de Mona a été transféré deux mois à Dinan. Avec des horaires modifiés. Consulter le site de la peintre pour les nouveaux horaires depuis le 1er janvier 2013.

Entre Dinan et Plancoët, à Corseul, Mona Cauret accueille les passionnés de peinture comme les curieux dans son atelier à qui elle réserve le meilleur accueil. La peintre, diplômée des Beaux-Arts, à Rennes, est inscrite à la Maison des artistes. Mona réalise des commandes, pour des œuvres qui vous ressemblent. Pinceau ou couteau, avec des couleurs pétillantes. Le jardin est également ouvert aux amoureux des espaces verts, où, le temps d'un été, les tableaux changent de murs. L'été, l'atelier est ouvert tous les jours.

Des marées simulées...
Située à Lanvallay, au port de Dinan, la maison de la Rance propose la découverte originale du patrimoine exceptionnel de la vallée au travers de sorties nature à pied, à vélo ou en bateau. Adaptées à un public familial, ces promenades pédagogiques sont accompagnées par des animateurs diplômés. Sur place, six salles (300 m²) permettent de découvrir la magie de la vallée de la Rance (reconstitution du milieu naturel, faune et flore, maquettes animées, simulation des marées).

■ MAISON DE LA RANCE
Quai Talard
Port de Dinan-Lanvallay
✆ **02 96 87 00 40**

Lanvallay

Cette paroisse de l'ancien évêché de Dol dépendait à l'origine de la paroisse mère de Pleudihen. Au XIIe, elle se nommait Lanvalei, puis Lanvalay avec un seul « L ». Ce n'est qu'au XVIIe siècle qu'apparaît le second « L ». Mais les deux orthographes se rencontrent jusqu'au début du XXe siècle. La commune possède de nombreux sites, points de vue panoramiques sur Dinan et monuments : la rue Anne, le Bois des Bruyères et le magnifique site de Chantoiseau. Deux circuits balisés existent, l'un au nord, l'autre au sud. Le départ se fait du bourg.

■ MAISON DE LA RANCE
Quai Talard
Port de Dinan-Lanvallay
DINAN
℡ **02 96 87 00 40**
Fax : 02 96 87 73 40
www.codi.fr/sortir-maison-rance.php
Ouvert toute l'année. Basse saison : le dimanche de 14h à 18h. Haute saison : tous les jours et les jours fériés de 10h à 19h. D'avril à juin, septembre, novembre et vacances scolaires ouvert de 14h à 18h, fermé le lundi. Gratuit jusqu'à 15 ans. Adulte : 3,90 €. Enfant (de 15 à 18 ans) : 3 € (et étudiant, senior). Groupe (25 personnes) : 3 €.
Située au Port de Dinan – Lanvallay, la Maison de la Rance vous propose la découverte de la Vallée de la Rance sous un nouveau jour. Depuis 2010, la muséographie s'est refaite une beauté. Maquettes interactives, bruitages, boîtes à odeur, simulation des marées : une exposition permanente originale pour découvrir en s'amusant le patrimoine naturel et humain d'une « rivière maritime ». Cette maison nature vous propose également des randonnées Nature accompagnées d'un animateur, qui à pied, à vélo ou en bateau vous emmènera à l'écoute des oiseaux, à l'observation des milieux naturels qui vous entourent.

■ LE BISTROT DU VIADUC
22, rue du Lion-d'Or
℡ **02 96 85 95 00**
Fax : 02 96 85 95 05
www.bistrot-du-viaduc.fr
Fermé du 15 au 30 juin et du 20 décembre au 15 janvier. Ouvert du mardi au vendredi et le dimanche le midi de 12h à 13h30 ; du mardi au samedi le soir de 19h à 21h30. Menus de 32 € à 42 €. Carte : 40 € environ. Formule du midi : 19,50 €. Terrasse.
Surplombant le port de Dinan, ce restaurant bénéficie d'une vue plongeante imprenable sur la vallée de la Rance offrant au regard un paysage exceptionnel d'une rare beauté. La décoration y est chaude et intemporelle, avec un souffle de nostalgie qui rappelle la douceur des maisons familiales d'antan. L'accueil d'Annick et d'Henri est des plus charmants et la cuisine du marché que composent derrière leur piano (et devant nos yeux) Henri et son fils François, un réel bonheur pour les papilles. Ici, tout est fait maison même le pain, croustillant et doré à souhait. A l'ardoise, qui varie régulièrement puisque ne sont travaillés que des produits de qualité, frais et de saison, vous dégusterez

par exemple un panaché de foie gras maison avec sa confiture d'oignons et sa chapelure de pain d'épice, une délicieuse fricassée d'ormeaux à la provençale, du bar de ligne grillé au fenouil et beurre blanc, des ris de veau mijotés aux morilles ou encore de la langouste rose à la plancha. Le tout accompagné des meilleurs vins. Pour finir en apothéose, offrez-vous le moelleux au chocolat ou encore la tarte fine à la rhubarbe. Une adresse incontournable pour les gourmets gourmands !

■ LA VIEILLE BRAISE
23, rue de Rennes *℡* **02 96 39 40 50**
Fax : 02 96 39 65 70
www.lavieillebraise.com
Ouvert toute l'année. Du jeudi au mardi le midi ; le lundi et du jeudi au samedi le soir. Menus de 19,50 € à 31 € (menu à 35 € à partir de 8 personnes). Menu enfant : 9 € (et 15,50 €). Terrasse.
Impossible de quitter Dinan, direction Rennes sans passer devant La Vieille Braise, situé au centre du bourg de Lanvallay. Et puisque vous avez remarqué cet établissement aux ouvertures, stores et enseignes aux tons jaunes, n'hésitez pas une seconde : rentrez. Accueilli par Madame Lecointe, vous vous installerez dans une salle aux pierres apparentes, confortablement meublée, munie d'une cheminée où rougeoie le feu en hiver. A la belle saison, vous préférerez sûrement manger à la terrasse, dans le jardin, sous de vastes parasols. La cuisine est ici gastronomique, réalisée pour mettre en valeur les produits du terroir. En entrée, vous hésiterez sûrement entre la flambée de noix de Saint-Jacques et gambas à la crème de whisky ou la terrine de campagne aux foies de volailles et à l'armagnac. Mais le festin ne fait que commencer et la fricassée de lotte à la bretonne entre « terre et mer » vous fait de l'œil, tandis que le mignon de porc acidulé aux mendiants vous tente. Après de tels plats, les gourmandises sont à la hauteur et un nougat glacé au miel sur son coulis de framboises achèvera ce moment exceptionnel avant que la route ne vous reprenne.

■ HÔTEL BEST WESTERN JERZUAL-RESTAURANT LE GRAND PAVOIS
26, quai des Talards
℡ **02 96 87 02 02**
Fax : 02 96 87 02 03
www.bestwesterndinan.fr
52 chambres. Chambre simple de 90 € à 190 € ; chambre double de 94 € à 210 € ; suite de 155 € à 240 €. Demi-pension : 33 €. Petit déjeuner : 14 €. Parking privé. Animaux acceptés (7 €). Séminaires. Wifi. Restauration (menus à 210 € et 26 € ; menu poussin – de 12 ans : 7,90 € ; formule midi en semaine 3 plats 16 € ; carte). Tv satellite, Canal +.
Dans un cadre d'exception, sublimement logé sur les quais de la Rance, cet établissement est un lieu merveilleux tant pour un séjour placé sous le signe de la détente et du bien-être que pour les séminaires et autres congrès d'affaires. L'hôtel offre 52 chambres de grand confort (plateau de courtoisie dans les chambres, balcon, salle de bains, sèche-cheveux, Canal +, coffre-

fort, Wifi gratuit…) ainsi qu'une suite raffinée. Le restaurant le Grand Pavois propose une excellente cuisine gastronomique qui navigue entre terre et mer, composée de multiples délices. Venez également découvrir les plaisirs à l'ardoise que vous suggère chaque jour le chef selon son marché et les saisons, à déguster dans la superbe salle de restaurant ou encore sur l'agréable terrasse ensoleillée au bord de la rivière. Dans une ambiance chaleureuse, le bar La Rhumerie vous propose, à l'heure du thé ou de l'apéritif, sa belle sélection de cocktails et ses spécialités de Rhum. Pour vos séjours d'affaires, sachez que l'établissement dispose de 3 salles de réunion (25 à 150 places) et organise des repas d'affaires ainsi que des cocktails autour de sa piscine chauffée. Une adresse au charme authentique.

Léhon

Léhon conserve un patrimoine historique et religieux dont les vestiges rappellent la place importante tenue par cette bourgade à l'époque médiévale. L'abbaye bénédictine fondée au IXe siècle par le roi de Bretagne Nominoë, le château édifié au XIIe siècle et les maisons du bourg séduisent les visiteurs. Si le château est démantelé au XVIIe siècle, la Rance et le chemin de Dinan à Rennes favorisent le commerce et les échanges. Les métiers de l'artisanat prospèrent : tissage de toile à voile, tanneries, commerces. Les maisons marquent l'aisance : corniches moulurées et linteaux sculptés. Léhon a su garder la mémoire de son passé dont l'architecture majestueuse de l'abbaye qui demeure un lieu privilégié d'expressions culturelles multiples.

Pleudihen-sur-Rance

Cette paroisse de l'ancien évêché de Dol se nommait dès le XIIIe siècle Pludihen. Ce nom vient du vieux breton *ploé* signifiant territoire du clan et *dihen* vient de Guihen qui est le nom d'un moine dolois du Ve siècle. Dominant la vallée de la Rance, cette commune est renommée pour la qualité de son cidre. Selon la vie de saint Magloire, au XIe siècle, les moines de Léhon – près de Dinan – de retour de l'île de Serq avec les reliques du saint, s'arrêtèrent dans l'anse de la Tourniole où ils possédaient une demeure – on suppose qu'il s'agissait de Saint-Magloire, située à 4 km au nord du bourg. En s'installant, ils placèrent les reliques dans les branches d'un pommier sous lequel ils mangeaient. A la fin du repas, des fruits tombèrent sur la table. Les pommes tombées de l'arbre avaient la réputation d'être très acides, mais celles-ci étaient devenues succulentes. En quittant le bourg, les rives droites de la Rance vous conduiront au lieu-dit Mordreuc (« Mer des Druides »). On y retrouve Gargantua qui s'y serait cassé une dent, expliquant la configuration des lieux. Légende ou pas, le petit port n'en manque pas de charme.

■ CHÂTEAU DE LA BELLIÈRE
Le premier seigneur connu de La Bellière est Raoul de Dinan, vicomte de Poudouvre (1237-1287). La seigneurie de La Bellière possède alors un droit de haute justice. L'ensemble, tour, corps de logis, chapelle,

communs et colombier, est entouré d'étangs. Au XIVe siècle, le château échoit par alliance aux Raguenel, famille de Thiphaine, première épouse de Bertrand Du Guesclin, connétable de France. En 1767, le domaine passe aux Collin de La Bellière, qui jouent un grand rôle dans l'érection de La Vicomté-sur-Rance en paroisse en 1870, et en commune en 1878. Depuis, le château est resté dans la même famille, il est une propriété privée non ouverte au public.

■ MUSÉE DE LA POMME ET DU CIDRE
La Ville-Hervy
✆ **02 96 83 20 78**
Fax : 02 96 88 23 10
www.museeducidre.fr
Fermé du 30 septembre au 30 mars. Basse saison : ouvert du lundi au samedi de 14h à 19h. Haute saison : du lundi au samedi de 10h à 19h. Adulte : 3,50 €. Enfant : 2 €. Groupes sur réservation. Visite guidée (accueil de groupe). Boutique. Animation.
Qui mieux que cette région réputée pour son cidre pouvait consacrer un musée à la pomme et au cidre. Installé dans une ferme, il offre une large documentation sur la présence de la pomme dans l'histoire, une belle collection d'outillage et de matériel de fabrication du cidre, ainsi qu'une projection d'un montage audiovisuel. Salle de dégustation gratuite et vente directe de cidre, jus de pommes et produits dérivés.

 L'AUBERGE DE LA CHESNAIE
La Chesnaie
✆ **02 23 15 26 65**
www.aubergedelachesnaie.com
♿
Ouvert toute l'année. Service tardif le week-end. Formule : 13,50 €. Menus à partir de 18,50 €. Accueil des groupes (sur réservation). Terrasse. Parking privé.
Située dans le petit village de pêcheurs de Pleudihen-sur-Rance (sortie Miniac-Morvan suivre la Chesnaie), cette auberge à la décoration joliment rustique, ouverte depuis juin 2008, ne manque ni de caractère ni d'authenticité avec ses belles poutres et pierres apparentes, ou encore sa grande cheminée. Si l'on tombe assurément sous le charme des lieux, l'on ne résiste pas non plus à la cuisine traditionnelle que Caroline et Jérôme proposent. Et les grandes spécialités de la maison, ce sont les grillades au feu de bois : entrecôte, côte de bœuf (V.B.F., 1 kg minimum pour 2 personnes, prix au kg), tajines de poissons et de viandes, brochettes de poissons, de gambas, de Saint-Jacques suivant la saison, mais aussi poêlées de gambas, homard grillé sur réservation… Les produits sont de premier choix et le savoir-faire de la maison régale les papilles qui en redemandent ! Aux beaux jours, on apprécie pleinement la tranquillité de la grande terrasse et du jardin ensoleillé, au cœur d'un écrin de verdure. Un endroit que l'on vous recommande tout particulièrement.

 L'AUBERGE DE LA CHESNAIE
La Chesnaie
✆ **02 23 15 26 65**
Voir page 149.

CÔTES-D'ARMOR

■ **VAL DE RANCE – LES CELLIERS ASSOCIÉS**
24, route de Dinan
☎ **02 96 83 20 02**
www.valderance.com
« Magasin de vente direct » ouvert le mardi et le vendredi
de 14h à 17h hors saison et du lundi au vendredi de 10h
à 12h et de 14h à 19h en juillet et en août.
Cette enseigne emblématique a été créée en 1953 par
9 producteurs locaux de pommes à cidre. Aujourd'hui, la
petite coopérative agricole a bien poussée... Elle regroupe
300 adhérents (départements 35, 22 et 56), compte
57 salariés et elle est devenue le 2e intervenant national
au niveau du cidre. Et les chiffres sont impressionnants : 440 hectares de vergers, 14 millions de bouteilles
produites par an, et pas moins de 12 000 tonnes de
pommes sont pressées de fin septembre à début
décembre rien que sur le site de Pleudihen. Val de
Rance – Les Celliers Associés offre une gamme très
large, du cidre de table au cidre fermier, en passant par
les cidres artisanaux comme le « Cru Breton » doux et
brut qui a obtenu la médaille d'Or au Concours Général
Agricole, le cidre bouché, le cidre bio ou encore, grandes
nouveautés 2011, le cidre blanc et le cidre rosé. La maison
est également un producteur de boissons gazeuses qui
propose par exemple du jus de pomme pétillant ou
des limonades, et s'exporte dans une dizaine de pays.
Incontournable !

Ploüer-sur-Rance

Idéalement située entre Saint-Malo, Dinard et Dinan,
Ploüer est une charmante petite commune de caractère
située au cœur de l'estuaire de la Rance. Elle est réputée
pour son port de plaisance, le seul bassin à flot de la
Rance maritime (avec le Lyvet qui, lui, est en eau douce).
Il compte de 240 anneaux (10 places sont réservées aux
visiteurs). Ploüer-sur-Rance offre 16 km de balades sur
les berges (à pied ou en VTT) ainsi qu'un patrimoine riche
et varié qui remonte à plus de 4 000 ans. Le moulin à
marée a cessé son activité depuis belle lurette, il a
gardé ses murs pour être transformé mais en plusieurs

appartements qui bénéficient d'un environnement
très exceptionnel.

■ **LA RENARDAIS**
Le Repos ☎ **02 96 86 89 81**
Fax : 02 96 86 99 22
www.larenardais.com
Ploüer est au bord de la N176. Prendre la
sortie Ploüer continuer sud en suivant la
direction de Dinan par La Hisse et vous arrive-
rez sur la D12 (ne pas entrer dans le bourg). La
Renardais se trouve à 3km sur la droite.
Gîte de France (4 épis). Ouvert entre Pâques et
mi-novembre. Chambre double 80 € ; chambre triple
100 €. Petit déjeuner inclus. Ensemble familial de 4 à
6 personnes de 140 € à 180 €. Supplément bébé : 10 €.
La Renardais, à Ploüer-sur-Rance, est une élégante
maison de campagne, où vous vous sentirez chez vous,
dès votre arrivée ! Construite il y a 150 ans, elle a été
aménagée avec goût, dotée d'un confort moderne
respectueux du cadre traditionnel. Chambres d'hôtes
depuis 1993, la maison se trouve à 400 mètres de la
Rance, à 10 minutes de Dinan, à 15 minutes de la côte et
ses plages (Dinard, Lancieux, Saint-Malo...). Un plateau
de courtoisie avec boisson chaude (café, thé, tisane) vous
est offert dans chaque chambre.

Quévert

Cette paroisse de l'ancien évêché de Dol se nommait déjà
Quévert à la fin du XIIe siècle. Nom d'origine celtique, il est
formé du vieux breton cemer que l'on retrouve en moyen
breton et en cornique – Cornouaille anglaise –, sous la
forme de kever. Dans toutes ces langues, ce mot désigne
une terre labourée en commun par les serfs d'un même
seigneur. Quévert a aménagé voici quelques années, le
Courtil des Senteurs. Dans ce magnifique parc, fleurissent
plus de 5 000 plantes parfumées, dont 550 variétés de
rosiers remontants et 200 espèces d'arbustes. Chaque
année, fin octobre, la commune célèbre la pomme et
ses dérivés ; à commencer par le cidre.

La Renardais

© LA GUYONNAIS

La Guyonnais

■ LA QUÉBÉCOISE
Lieu-dit le Bas Fresne
Route de Ploubalay
✆ 02 96 85 02 95
Fax : 02 96 87 51 78
www.hotellaquebecoise.com

Ouvert toute l'année. Accueil jusqu'à 23. 24 chambres. Chambre simple de 42 € à 55 € ; chambre double de 48 € à 65 € ; chambre triple de 58 € à 70 €. Petit déjeuner : 6 €. Parking inclus (possibité de mettre vélos et motos à l'abri). Petit déjeuner à 1/2 tarif pour les moins de 12 ans. Soirée étape 55 € (65 € en haute saison). Animaux acceptés (5 €). Wifi. Restauration (sur demande).
Québécois « pure laine », Julie et Olivier vous accueillent dans un cadre original, sobre et de bon goût, à 2 km du centre de Dinan. Cet authentique corps de ferme de la fin du XVIIIᵉ, ancien relais de poste, est l'endroit idéal pour se ressourcer en toute quiétude dans un lieu de caractère. De la gare SNCF, suivre la direction de Ploubalay. Vous êtes à proximité de l'axe Saint-Malo/Jugon-les-Lacs, idéal pour programmer des escapades (plage ou nature). Une salle de restaurant accueille les clients en toute convivialité pendant la semaine (pas le week-end). Grand parking gratuit (vélos et motos à l'abri).

■ L'ARGENTEIL
La Borgnais
✆ 02 96 85 46 59
http://argenteil.com
Arrivée par RN176 : prendre la sortie Quévert ZI puis direction Ploubalay et aussitôt à gauche direction Languenan. Suivre le flé-chage.

Ouvert toute l'année. 3 chambres. Chambre double de 48 € à 75 €. Petit déjeuner inclus. Repas enfant 10 €. Wifi gratuit. Restauration (table d'hôtes le soir uniquement). Les amoureux de la nature vont adorer ce retour aux sources. Hélène vous accueille dans un havre de paix composé de 3 chambres (dont une de 28 m²) aux ambiances personnalisées (orientale, chocolat, safari) ainsi que 4 gîtes (ambiance coloniale ou ethnique) dont un de 40 m² surplombant le parc, la vallée, la piscine et la rivière. Ils sont tous parfaitement équipés. On appréciera la cuisine familiale et conviviale à la table d'hôtes, ouverte uniquement le soir et sur réservation (de 6 à 12 personnes). Pour un tarif plus que raisonnable (20 €). Apéritif compris.

■ LA GUYONNAIS
✆ 02 96 39 73 10 / 06 60 85 55 77
www.chambresdhotesdinan.com

4 chambres. Chambre double 80 €. Petit déjeuner inclus. Lit supplémentaire : 20 €. Restauration (table d'hôte 25 €. Sur réservation avec produits de saison et du potager).
C'est avec beaucoup de gentillesse qu'Hélène et Michel Drauzin vous accueillent depuis juillet 2008 dans leur belle demeure au cœur de la nature, idéalement située à 3 km de Dinan et à 17 km de la mer. Vous y découvrirez quatre chambres tout confort et très joliment décorées, qui répondent aux doux noms de Cassis, Pomme, Kiwi et Framboise. Mention spéciale pour les petits déjeuners de la maison, très complets, qui offrent confiture maison, far breton, crêpe, jus de pomme naturel, jus d'orange, pain maison... bref, tout ce qu'il faut pour bien démarrer la journée... Et pour vous détendre, la Guyonnais dispose d'une belle piscine chauffée de mai à septembre et propose également une initiation au golf « practice filet ». Une belle adresse pour un séjour réussi à coup sûr.

Saint-Samson-sur-Rance

Située sur la rive ouest de la Rance, Saint-Samson se niche parmi les prairies verdoyantes et les bois feuillus. Les hommes attirés par la douceur de son climat et par son cadre de vie agréable l'ont habitée depuis des temps très anciens. Quelques vestiges témoignent d'une présence humaine remontant à la préhistoire, avec le menhir de la Tiemblais, et quelques éléments gaulois se signalent au bord de Rance. Le village est construit sur les hauteurs. Un de ses hameaux a une importance stratégique, La Hisse, où a été érigée l'écluse dite du Chatelier (1837), située dans un étranglement de la rivière. Elle est devenue ainsi, avec le barrage qui la prolonge, la frontière entre eau douce et eau de mer. Lieu de passage obligé pour les bateaux venant de la partie fluviale vers la mer, cet endroit est le théâtre, en été, d'une intense animation. Au début de septembre, celle-ci est encore plus importante : la route du cidre y voit défiler nombre de vieux mais aussi de modernes gréements. C'est là l'occasion de se livrer à des agapes mémorables dont le point d'orgue se déroule à Dinan.

■ **MENHIR DE TIMBLAYE**
Le menhir de Timblaye – 8,50 mètres – se trouve à Saint-Samson. Il est orné de motifs néolithiques. Pour le visiteur de passage, en pleine lumière, il semble n'être qu'une pierre lisse et dénuée de tout intérêt. En réalité, dès que le soleil s'aligne sur l'horizon et diffuse une lumière rasante, des signes et des dessins apparaissent, laissés là par les hommes préhistoriques qui ont, peut-être, voulu ainsi laisser une trace de leur passage en y gravant un message pour la postérité.

■ **CAMPING BEAUSEJOUR***
La Hisse ✆ 02 96 39 53 27
Fax : 02 96 87 94 12
www.beausejour-camping.com
🚐🍴🛁🚻 ☂ 🍴🛶🎣

Fermé du 1ᵉʳ octobre au 31 mai. 68 emplacements (pour caravanes). Emplacement + véhicule + 1 personne de 5 € à 5,50 €. Emplacement + véhicule + 1 personne de 3,95 € à 4,50 €. Mobile homes de 213 € à 510 € la semaine. Réduction : 6ᵉ nuit offerte. Chèque Vacances. Jeux pour enfants. Animaux acceptés (simplement en camping non en location). Animation. Ping pong.

Laissez vous transporter par ce site préservé, calme, naturel, au cœur de la vallée de la Rance, au nord de la Bretagne. Adhérent à la charte Camping Qualité France, Beauséjour souhaite vous faire profiter de son ambiance ressourçante. Vous avez ainsi la possibilité de faire de la voile à quelques kilomètres et de louer un vélo ou un kayak à 500 mètres. A proximité : pêche, épicerie, bar, snack, restaurants...

Taden

La voie romaine de Corseul à Avranches passait autrefois par Taden, jadis paroisse de l'ancien évêché de Saint-Malo. On y trouve les vestiges d'un important habitat gallo-romain. L'origine du nom de Taden renvoie à « tat » en vieux breton ou à tato en gaulois, qui signifie père, et à « hen » se traduisant en breton par ancien, vieux. Les premières traces concernant Taden remontent à la Préhistoire. Il était un grand port, carrefour des voies fluviales et terrestres, à l'époque gallo-romaine. Il faut visiter les ruines du château de La Garaye (XVIᵉ siècle), demeure du philanthrope Claude Toussaint Marot de La Garaye (XVIIIᵉ), seigneur du lieu, qui sacrifia son train de vie opulent pour se consacrer – avec son épouse – au soulagement des pauvres et des malades. Près du porche de l'église de Taden se trouve le tombeau de ces pieux époux. Du bourg, on descend la Rance. La cale et le quai témoignent de l'important trafic de bois et de pommes qui s'y déroulait.

La Vicomté-sur-Rance

Nommée en 1461 « La Vicomté de la Bellière », cette ancienne trêve de Pleudihen dans l'ancien évêché de Dol devint une commune en 1877. Son nom vient du titre seigneurial possédé par les Raguenel, branche cadette des comtes de Dinan. A 1 km avant de parvenir à la Vicomté, le Manoir de la Bellière aurait abrité les premiers amours de Bertrand Du Guesclin et Tiphaine de Raguenel. Au début du XXᵉ siècle, le Lyvet connaît une activité portuaire intense d'où son poste de douane (passerelles en poutrelle d'acier datant de 1896). Situé au fond de la ria, à la jonction de la Rance fluviale et de la Rance maritime, la Vicomté possède un joli patrimoine et offre de pittoresques promenades en bord de Rance. A ne pas manquer : le moulin du Prat, un des premiers à utiliser l'énergie de la marée.

Camping Beauséjour

■ MAIRIE DE LA VICOMTE-SUR-RANCE
22 rue de la mairie © 02 96 83 21 41
www.communes.com

■ LE MOULIN DU PRAT

Ouvert de mars à mi-novembre, toute l'année sur réservation pour les groupes, scolaires, CE et autocaristes, haute saison en juillet et août. Basse saison : ouvert le dimanche et les jours fériés de 14h30 à 18h. Haute saison : tous les jours de 10h à 12h et de 15h à 19h. Adulte : 3 €. Groupe : 2 €. Visite guidée (accueil de groupes sur rendez-vous). Animation. Renseignement au 02 96 83 21 41 ou mairielavicomte@ wanadoo.fr. Construit au XVe, au fond de la ria de la Rance, le moulin du Prat utilisait l'énergie de la marée. Il a cessé ses activités dans les années 1920. Aujourd'hui, il est entièrement restauré et ses meules tournent à nouveau comme autrefois. Vous y découvrirez des expositions sur les origines et les techniques de mouture, les céréales, les moulins à mer, le moteur hydraulique, des diaporamas sur la quinzaine de moulins à marée de la Rance dont le Prat est le seul en état de marche aujourd'hui. Jusqu'en 1789, il dépendait du fief de la Bellière, propriété des Raguenel, seigneurs issus de Dinan. A ne pas manquer, le 10 août 2013, « un soir au Moulin », avec repas traditionnel, fest-noz, battage à l'ancienne, mouture de la farine de sarrasin et fabrication du pain. Le moulin se laisse également découvrir par la Rance, au cours d'une balade en bateau ou en canoë.

■ L'EFFET MER
9, rue du port – Port de Lyvet
© 02 96 83 21 10
Ouvert toute l'année. Haute saison : tous les jours le midi et le soir. Menus de 18,50 € à 23,90 €. Menu enfant : 7,50 €. Formule du midi : 10,80 € (à 12,50 € pour 3 plats). Accueil des groupes.
Le site encaissé qui reçoit l'écluse du Châtelier ainsi que le village de Lyvet est un des sites majeurs des bords de la Rance qui comporte un certain nombre de joyaux paysagers. Et ici, pour prolonger le plaisir vous irez vous asseoir à la terrasse de l'Effet Mer pour manger un morceau dans cet environnement splendide, à moins que le froid ne vous pousse vers l'intérieur et la cheminée. On vous propose ici une cuisine pleine de saveurs pour des prix raisonnables compte tenu du cadre et de la région. Une assiette de crevettes roses en entrée ou des coquilles Saint-Jacques à la bretonne se marieront bien avec un gratin de haddock et reblochon, à moins qu'amoureux des plats les plus classiques, vous n'optiez pour les rognons de veau à la bordelaise. Un nougat glacé et son coulis de fruits rouges plus tard, et vous pourrez reprendre, apaisé, vos pérégrinations estuariennes.

Vilde Guingalan

Il ne fait pas de doute que les chevaliers du Temple et après eux les Hospitaliers de Saint-Jean de Jérusalem, ont eu des intérêts à Vildé. Sous l'Ancien Régime, Vildé-Guingalan était une paroisse du diocèse de Saint-Malo et un prieuré-cure de l'abbaye de Beaulieu (Languédias). En 1790, le premier maire était… le curé de la paroisse ! L'église actuelle a été

LA VICOMTÉ-SUR-RANCE
LE MOULIN à MARÉE DU PRAT

Un moulin qui utilisait l'énergie de la marée. Construit au XVe siècle au fond de la ria de la Rance, il dépendait du fief de la Bellière, propriété des Raguenel de Dinan. Il a cessé ses activités dans les années 1920. A l'abandon et en ruines à la fin du XXe siècle, il est entièrement restauré et les meules tournent à nouveau comme autrefois.

| Accès handicapés | Parking près RD 29 |
| Pique-nique possible sur place | Camping cars autorisés |

Tarif adulte : 3 € (gratuit enfants) - Groupes : 2 €
Renseignements et RDV : 02 96 33 21 41 / 06 18 41 61 56
E-mail : mairielavicomte@wanadoo.fr

construite en deux temps : d'abord le clocher et le chœur en 1823, puis la nef à partir de 1868.

■ BISTROT DE CAMPAGNE
25, rue des Templiers
© 02 96 27 61 01
Ouvert tous les jours de 7h à 21h ; le midi de 8h30 à 14h. Menu unique à 11,50 €. Chèque Restaurant. Accueil des groupes (le soir et le week-end sur réservation, 120 couverts possibles). Parking privé. Changement de propriétaire pour le Bistrot de campagne. Depuis 2011, Eric Gadiot a succédé à Serge Lefort qui a accueilli les clients du lundi au dimanche – pendant huit années – dans ce bistrot simple et convivial pour lequel il avait eu un authentique coup de cœur. A l'heure du déjeuner, Vincent en cuisine, s'affaire aux fourneaux pour proposer une cuisine traditionnelle et familiale : blanquette de veau, jarret braisé, saucisse, vraies frites et desserts maison. La bonne humeur est de mise ! Le café, la bouteille d'eau ou le quart de vin est compris dans la formule. L'établissement fait également bar et tabac.

■ CLOS SAINT-ANGE
19, rue des Templiers © 02 96 27 69 95
www.clossaintange.fr
RN 176 axe Dinan-St Brieuc
Ouvert toute l'année. 4 chambres (dont 3 pour 2 à 3 personnes). 82 €. Petit déjeuner inclus. Tarifs dégressifs) partir de deux nuits, de 70 à 86 €. 2 gîtes de 2 à 5 personnes de 275 € à 695 € la semaine. Possibilité week-end en amoureux avec une corbeille des amoureux (champagne, chocolats, petits gâteaux salés et sucrés, fleurs).
Un véritable enchantement pour une longère de 1876, pleine de charme, lovée au cœur d'un parc arboré. Dans un accueil soigné, Dominique et Serge, les maîtres des lieux, abritent vos nuits depuis juin 2006 et proposent des chambres romantiques et spacieuses dont la décoration est cosy. Ici, on a le sens du détail et une attention particulière pour les hôtes. Les dîners sont servis à la table d'hôtes. La cuisine est traditionnelle mais de qualité… Bon à savoir : des stages de cuisine (de 2 à 4 personnes sur réservation) sont organisés hors saison. Verre de bienvenue offert. Séjour réussi à coup sûr !

Erquy

Erquy s'étend sur 2 686 ha et comporte près de 15 km de côtes. Les nombreux hameaux abritent des éléments de patrimoine révélateurs de son histoire (chapelles, dolmen, four à boulets, corps de garde, manoirs, phare...). Une curiosité : les habitants d'Erquy sont les... Réginéens ! Car le nom nom de la commune vient de Réginéa, l'ancienne appellation romaine (un peu contestée). Réginéa, c'était hier la « reine de la baie ». C'est aujourd'hui, la reine de la coquille Saint-Jacques. Difficile de la réduire à cela car elle est aussi une très jolie station balnéaire avec sept plages, douze campings et de nombreux petits hôtels. La promenade sur les quais du port au moment du débarquement de la coquille Saint-Jacques par les chalutiers est incontournable. De même qu'une excursion en vedette vers l'île de Bréhat. Revenons à la coquille. La pêche se pratique entre octobre et avril. Elle est très réglementée afin de préserver le gisement : deux jours de pêche par semaine à raison de 45 minutes par jour – en général le lundi et le mercredi. Soixante bateaux partent d'Erquy, et chacun débarque en moyenne 600 kg à chaque pêche. Depuis le parking proche de la cale, on peut voir les pêcheurs décharger leurs sacs qui sont aussitôt emportés vers la criée. La vente a lieu généralement 4 heures après la pêche en simultané dans les quatre ports des Côtes-d'Armor : Erquy, Saint-Quay Portrieux, Loguivy et Le Légué. Elle se fait en un temps record car elle est informatisée. Cette pêche fait vivre 200 familles sur l'ensemble de la baie de Saint-Brieuc.

■ **OFFICE DU TOURISME**
3, rue du 19-Mars-1962
BP 81
✆ **02 96 72 30 12**
Fax : 02 96 72 02 88
www.erquy-tourisme.com
Basse saison : ouvert du lundi au samedi de 9h30 à 12h30 et de 14h à 17h. Haute saison : du lundi au samedi de 9h30 à 13h et de 14h à 19h ; le dimanche de 10h à 13h et de 16h à 18h. Ouvert le dimanche.

Points d'intérêt

■ LE CAP D'ERQUY

Un site rare, et une nature authentique ! Les falaises et les rochers de grès rose surplombant des plages sauvages, les étendues de landes odorantes et des bois de pins accompagnent le promeneur sur le sentier littoral jusqu'au cap Fréhel. Randonnées pédestres commentées sur la nature, l'histoire et l'économie locale proposées par le syndicat des Caps (renseignements au 02 96 41 50 83). Plus de 65 km de parcours pédestres balisés en bord de mer ou en campagne garantissant des promenades familiales agréables. La pratique du VTT n'est pas autorisée sur le GR mais il existe 3 boucles de circuits de 15, 26 et 45 km (renseignements au 02 96 72 13 96).

■ LA CHAPELLE SAINT-MICHEL

Dès le XIIIe siècle, l'îlot Saint-Michel, relié à la terre par un sillon, appartient à l'abbaye cistercienne de Saint-Aubin-des-Bois, qui y établit des pêcheries et une chapelle. En 1790, l'îlot devient propriété communale. En 1880, la municipalité et une souscription populaire financent la construction d'une nouvelle chapelle, dont le clocheton est surmonté d'une statue en fonte de saint Michel terrassant le démon. Avant la Révolution, les moines y célèbrent la messe une fois par an, à la Saint-Michel, le 29 septembre, mais sous une voile de bateau, parce que la chapelle tombe en ruine. A partir de 2002, la chapelle a été entièrement rénovée par une équipe de bénévoles. Jusqu'en 2005, près de 15 tonnes de matériaux ont été acheminées au sommet de l'île pour réhabiliter la chapelle. Un doris, embarcation traditionnelle, a été utilisée pour l'occasion.

■ LE CHATEAU DE BIENASSIS

✆ **02 96 72 22 03**
Fax : 02 96 63 18 27
www.chateau-bienassis.com
Visites de mi-juin à mi-septembre. Basse saison : ouvert le dimanche de 14h30 à 16h. Haute saison : du lundi au samedi de 10h30 à 12h30 et de 14h à 18h30. Toute l'année sur rendez-vous pour les groupes. Adulte : 5 €. Enfant (de 3 à 12 ans) : 3 €. Jardin à la française.

Nom étonnant pour ce Monument historique classé du XVe et XVIIe siècles, représentant un ensemble complet de demeure seigneuriale. Son étymologie est sujette à diverses interprétations, plus ou moins fantaisistes. L'hypothèse la plus probable viendrait du fait que le château de Bienassis était bien situé et bien protégé par ses douves, donc « bien sis ». Presque invisible par un cavalier à des lieux à la ronde, au XVe siècle, le guetteur du haut de sa tour surveillait un immense territoire. La visite extérieure permet de découvrir un jardin à la française et le potager, les écuries, le cellier, la chapelle, la grande avenue (classée Monument Historique) et l'ensemble du parc forestier. La visite intérieure guidée est l'occasion de remonter l'histoire de cette demeure familiale entretenue et habitée depuis six siècles, avant de visiter les pièces meublées : grand salon, entrée, majestueux escalier, salle des gardes, cuisine et salle à manger. Un témoignage intéressant de l'évolution de la vie de château du XVe siècle à nos jours. L'été, Bienassis propose des animations dont les jeudis des artisans (pâtisseries, confitures artisanales...).

■ DOLMEN DU HAMEAU DE LA VILLE HAMONT

Dolmen à couloir situé entre Erquy et le village des Hôpitaux. Site classé, il est inscrit à l'inventaire depuis 1980. Il s'agit probablement d'un monument funéraire qui n'a jamais été achevé. La table de recouvrement est à fleur de terre et repose sur deux supports à peu près enfouis. L'ouverture regarde le sud, et le dolmen est composé de deux chambres, l'une au nord, l'autre au sud. Le dolmen est brisé en trois endroits pour des raisons encore méconnues.

■ L'EGLISE DE SAINT-PIERRE ET SAINT-PAUL

Eglise romane de plan rectangulaire régulier à trois vaisseaux construite en grès, poudingue et granite. Elle comprend une nef et deux bas-côtés réunis sous un toit à deux versants, un chœur de moindre hauteur prolongé par une sacristie plus basse. En partie construite au XIIe siècle à l'aide de matériaux récupérés sur des ruines romaines. Les bords du bénitier nord auraient été usés par les faux des paysans qui venaient les y affûter après les avoir trempées dans l'eau bénite pour s'assurer de bonnes récoltes. A noter les trois retables de la fin du XVIIIe siècle.

Le couvert

■ LA MARMITE
21, rue du Général de Gaulle
✆ **02 96 72 15 55**
lamarmite.erquy@orange.fr
Haute saison : ouvert tous les jours le midi et le soir.
Fermé le mercredi soir et jeudi hors saison. Menus de
12 € à 38 €. Menus à 12 € et 15 € le midi. Menus de
24 € à 38 € le soir.
Un peu à l'écart (100 m) de la plage, ce restaurant convivial (sans prétention excessive) et très sympathique propose une cuisine traditionnelle. La reine de la baie (la Saint-Jacques) se décline du carpaccio à la pizza. Pavé de charolais pour les amateurs de plaisir carné. Le service est rapide et l'accueil efficace, même en pleine saison. Plats copieux. Produits frais. Bon rapport qualité/prix. Agréable terrasse l'été.

■ LE RELAIS SAINT-AUBIN
D68, route de la Bouillie
Lieu dit Saint-Aubin
✆ **02 96 72 13 22**
Fax : 02 96 63 54 31
www.relais-saint-aubin.fr
Ouvert toute l'année. Fermeture annuelle en février. Basse
saison : du mercredi au dimanche. Haute saison : du
mardi au dimanche. Réservation recommandée. Menus
de 15,80 € à 44 €. Accueil des groupes (réceptions,
anniversaires). Parking gratuit.
Dans une ancienne demeure, à 3 km des plages d'Erquy, un restaurant d'une autre époque dans une ancienne ferme en pierre rénovée avec soin. Décor rustique, vieux meubles, gravures et tableaux anciens. Rauni et Gilbert Josset accueillent leurs hôtes devant une grande cheminée, sur des tables nappées de bleu. La terrasse et le jardin ajoutent un supplément de charme. On vient là passer une soirée chaleureuse et se délecter de choses exquises et simples : fricassée de moules et Saint-Jacques au cidre et au curry, filet de lieu jaune au beurre d'orange, bar grillé à la cheminée sur une compotée d'artichauts au beurre blanc. Les sardines sont marinées aux épices et la souris d'agneau confite au gingembre. Jolie carte des vins. Reste peut-être à accorder le service au style de la maison...

■ HÔTEL RESTAURANT DE LA PLAGE
21, boulevard de la Mer
✆ **02 96 72 30 09**
Fax : 02 96 72 16 62
www.hotelplage-erquy.com
Ouvert tous les jours le midi et le soir. Menus de 26 € à
39,90 €. Formule du midi : 13,20 €.
Il serait de mauvais goût, lorsqu'on se balade à Erquy d'éviter la coquille Saint-Jacques, richesse naturelle de la baie de Saint-Brieuc et encore plus incongru de ne pas déjeuner au bord de la plage. Grâce à sa salle surélevée par rapport à la chaussée, vous bénéficiez dans cet établissement à la fois des mollusques et de la mer, il vous faut donc vous y précipiter. La cuisine relève à la fois du caractère maritime du lieu, mais également de son enracinement dans le riche terroir de l'arrière-pays. Le foie gras du chef, mariné aux figues et beaumes-de-venise, précédera idéalement la cassolette de Saint-Jacques aux tagliatelles de légumes. Le moelleux au chocolat maison et sorbet framboise finira de vous ravir avant que votre peau ne réclame de nouveau le soleil, juste en face.

Cap d'Erquy

Le gîte

■ **HÔTEL BEAUSÉJOUR****
21, rue de la Corniche ℰ **02 96 72 30 39**
Fax : 02 96 72 16 30
www.beausejour-erquy.com

Fermé de décembre à février. 15 chambres (insonorisées, certaines avec vue sur mer). De 60 € à 90 €. Demi-pension (de 61 € à 73 €). Petit déjeuner : 9,80 €. Lit supplémentaire : 20 €. Parking inclus. Animaux acceptés (8 €). Wifi.

Dans cette imposante maison d'architecture balnéaire un peu surannée mais romantique à souhait, vous trouverez un hébergement moderne et rénové à l'atmosphère raffinée, insonorisé et équipé de doubles vitrages pour un repos des plus tranquilles. A une centaine de mètres de la plage et du port vous pourrez séjourner dans une des quinze chambres dont certaines donnent sur la mer. Après un petit déjeuner copieux sur la terrasse panoramique, vous vous détendrez sur la terrasse plein sud ou, pourquoi pas, faire de longues balades sur le GR 34 qui passe devant l'établissement.

■ **HÔTEL RESTAURANT DE LA PLAGE****
21, boulevard de la Mer
ℰ **02 96 72 30 09**
Fax : 02 96 72 16 62
www.hotelplage-erquy.com
25 chambres (tarifs selon chambre et saisonnalité). Chambre simple de 41 € à 45 € ; chambre double de 68 € à 89 € ; chambre triple de 83 € à 98 € ; studio / appartement de 120 € à 157 €. Demi-pension : 34,50 € (à 38,50 € par pers. à ajouter au prix de la chambre). Petit déjeuner buffet : 8,50 € (10 € en haute saison). Soirée étape 72 €. Animaux acceptés (7 €). Séminaires. Wifi. Restauration. Tv satellite.
Il se repère facilement au centre de la grande plage d'Erquy. Le long de celui-ci s'égrènent les belles villas balnéaires de l'entre-deux-guerres, quand soudain apparaît un bâtiment moderne, façade de verre, succession de bow-windows et salle de restaurant surélevée par rapport au niveau de la chaussée. Entrez sans hésiter dans l'établissement car il vous offre bien des avantages. Les chambres, sont toutes claires, modernes et parfaitement

insonorisées, afin que vous jouissiez d'un repos sans faille. Certaines sont équipées d'un balcon d'où vous pouvez contempler l'océan en bronzant. Pour les moments de détente, télévision et wifi sont à votre disposition, tandis que les jours de beau temps, vous pouvez aller vous prélasser sur la plage entre deux bains de mer. Il suffit juste de traverser le boulevard. Au retour attablez-vous simplement au restaurant de l'hôtel. La belle vie quoi !

Chambres d'hôtes

■ **LES BRUYÈRES D'ERQUY**
21, route des Hôpitaux
Les Ruaux – Les Bruyères
ℰ **02 96 72 31 59 / 06 81 85 55 46**
Fax : 02 96 72 04 68
www.lesbruyeres-erquy.com/

Ouvert toute l'année. Chambre simple de 44 € à 56 € ; chambre double de 59 € à 69 € ; chambre triple de 76 € à 88 €. Demi-pension : 56 € (jusqu'à 71 €). Petit déjeuner inclus.

Prenez le temps de souffler, seul, en amoureux ou en famille. Désertez les lieux surfréquentés et venez vous reposer aux Bruyères d'Erquy, un ensemble comprenant chambres d'hôtes et gîte labellisés Gîtes de France. Ce complexe de plusieurs bâtiments en pierre de taille dans un parc compte vingt-deux chambres, gîte de séjour compris. Elles vous accueillent, décorées avec soin et bien équipées pour un repos calme et tranquille avant des petits déjeuners savoureux. La localisation de l'établissement vous permet de visiter la région, depuis Saint-Malo jusqu'à Saint-Brieuc, et d'exercer des activités telles que la randonnée sur le GR 34, dans des conditions de confort maximales.

Campings

■ **CAMPING BELLEVUE******
Bellevue – Route de la Libération
ℰ **02 96 72 33 04 – www.campingbellevue.fr**

Fermé du 21 septembre au 6 avril. Terrain de 3 ha. 160 emplacements. Emplacement + véhicule + 1 personne. Emplacement + véhicule + 1 personne. Mobile

Camping Bellevue

Camping de la plage de Saint-Pabu

homes pour 2 à 6 personnes de 270 € à 710 € la semaine. Emplacement + véhicule + 2 personnes de 16,50 € à 22,50 €. Enfant de 7 à 12 ans de 3,50 € à 4,50 €. Enfant de 2 à 6 ans : 3,20 € (gratuit hors juillet et août). A votre disposition : piscine couverte et pataugeoire chauffées, pains et croissants, épicerie, bar, glaces, frites, pizza, camping gaz, sanitaires avec cabines individuelles, salle de bains pour bébés, salle de repassage, lave-linge et sèche-linge. Pour vos loisirs, une salle de jeux – avec billard, baby-foot, jeux vidéo, tv, table de ping-pong, bibliothèque – 3 aires de jeux, terrain multisport, terrains de boules… En juillet et en août, des animations sont organisées – concours, club enfant, soirées dansantes, karaoké…

■ **CAMPING DE LA PLAGE DE SAINT-PABU***
Saint-Pabu ℂ **02 96 72 24 65**
Fax : 02 96 72 87 17 – www.saintpabu.com

Fermé du 12 octobre au 31 mars. 370 emplacements (dont 37 locatifs). Emplacement + véhicule + 1 personne (avec 10 A) de 16,20 € à 29,30 €. Emplacement + véhicule + 1 personne (avec 10 A) de 4,25 € à 5,40 €. Mobile homes pour 2 à 6 personnes de 275 € à 705 € la semaine. La taxe de séjour est en supplément pour les personnes de + de 13 ans du 15/04 au 15/09. Animaux acceptés (chien tenu en laisse, tatoué et vacciné). Animation.
Au cœur de vertes collines et lové dans une magnifique plage de sable fin, qui n'a rien à envier aux îles paradisiaques, ce beau camping, qui possède 409 emplacements, jouit d'une merveilleuse vue sur mer. Les prestations du camping : bar, journaux, presse, alimentation et plats à emporter, lave-linge, sèche-linge et une grande salle de jeux. En juillet et en août, des animations quotidiennes sont organisées. Mini club pour les enfants et tous les après-midi, diverses animations pour les petits.

■ **LES ROCHES***
Rue Pierre Vergos – Caroual village
ℂ **02 96 72 32 90 / 06 87 02 47 47**
Fax : 02 96 63 57 84
www.camping-les-roches.com

Par la D 786 - Gare de Lamballe puis bus arrêt Le chalet.

Fermé du 6 novembre au 31 mars. Terrain de 3,5 ha. 122 emplacements (pour caravanes). Sol : herbeux. Emplacement + véhicule + 1 personne de 3,40 € à 4,80 €. Mobile homes pour 2 à 6 personnes de 250 € à 640 € la semaine. Réductions : 10 % basse saison. Chèque Vacances. Animaux acceptés. Wifi gratuit. Animation. Structures gonflables, trampoline.
Ce camping convivial et familial vous offre une vue panoramique imprenable sur la baie d'Erquy et se trouve à seulement quelques pas d'une immense plage de sable fin surveillée, le long de laquelle vous aurez plaisir à vous promener ou vous prélasser tout simplement. Longeant la côte bretonne, le GR 34 tout proche permet de pratiquer la randonnée. Le centre-ville n'est qu'à 2,5 km du terrain.. Egalement pétanque, ping pong, salle de jeux avec TV, soirées à thème, concerts.

Emplettes

■ **LE JARDIN DE KER ÉTIENNE**
1, rue de la Corniche
ℂ **02 96 72 09 61**
Fax : 02 96 72 02 88
www.keretienne.fr

Ouvert du lundi au vendredi à partir de 8h et à partir de 19h ; le samedi à partir de 8h et à partir de 18h.
Ne vous fiez pas à la devanture ! Chocolatier, Yannick Le Lain est joueur. La Saint-Jacques d'Erquy se déguise en coquille pour devenir une gourmandise et un mélange entre les arômes du chocolat blanc et noir, les parfums de fruits (orange, noix et amandes). Clin d'œil aux paysages maritimes du pays, le Roch Breiz, l'autre spécialité de la maison, associe le croustillant des amandes et noisettes caramélisées avec les plus grands crus de chocolat noir intense. Que dire des macarons, du kouign amann et des galettes maison ? Rien. Il faut juste savourer ! Comme les ganaches colorées, griffées, rafraîchissantes. En un mot : originales. Les sorbets valent aussi le détour.

Décor de films

Le fort la Latte sert régulièrement de décor aux films de cape et d'épée. Tony Curtis et Kirk Douglas dans *Les Vikings* en 1957, Sophie Marceau et Lambert Wilson dans *Les Chouans* et en 2010 le téléfilm *L'Epervier* inspiré de la bande dessinée de Patrice Pellerin.

Marchés

Deux marchés à Erquy dont un à ne pas manquer le samedi matin ; en été, le lundi de 17h30 à 20h30 les Artisan'Halles (sous la halle dans le centre-ville) où les exposants présentent huîtres et produits alimentaires à base d'algues, cidre, jus de pommes, galettes et crêpes à emporter, charcuteries artisanales, pain biologique...

▪ Dans les environs

Fréhel

Dominant la mer de plus de 70 mètres, les falaises de schiste et de grès rose du cap Fréhel offrent l'une des plus belles vues de Bretagne. Site d'exception, réserve ornithologique, entre ajoncs et bruyère, la promenade mène jusqu'à l'illustre fort La Latte. C'est l'un des plus impressionnants sites de la région. Surplombant une mer d'émeraude, battu par les vents, le cap Fréhel est enchanteur. Par sa beauté et ses couleurs. Ses falaises abritent des centaines d'oiseaux nicheurs. Ne pas rater le majestueux phare de 103 m.

■ OFFICE DE TOURISME DU PAYS DE FRÉHEL
Place de Chambly
℅ **02 96 41 53 81**
Voir page 253.

■ LE CAP FRÉHEL ET LE FORT LA LATTE
Route du Cap
℅ **02 99 67 58 98 / 02 99 30 38 84**
www.cap-frehel.net
En saison, ouvert tous les jours du 1ᵉʳ avril au 13 avril (14h-18h), du 14 avril au 7 juillet et du 28 août au 30 septembre (visites guidées) de 10h30 à 18h, et, du 8 juillet au 27 août sans interruption de 10h30 à 19h. Adulte : 5,20 €. Enfant (jusqu'à 12 ans) : 3,20 €.
Site légendaire, réserve ornithologique, dominant la mer de 70 m, le cap Fréhel offre un spectacle dont on ne se lasse jamais. Il est l'un des sites les plus impressionnants de la Bretagne. Le tour du cap constitue une magnifique promenade entre bruyères et ajoncs. Incoutournable : le fort La Latte, monument hsitorique classé. Vieux château féodal, vigie de grès rose, lieu magique et mythique, témoin d'un riche passé. Ses murailles et son pont-levis transportent dans un autre temps. Transformé en fort de défense côtière entre 1690 et 1715, l'édifice reste avant tout un château fort. Le système défensif du XIVᵉ siècle est toujours en place. Courtines, tours, ponts-levis, oubliettes, donjon ont traversé les siècles.

■ PHARE DU CAP
℅ **02 96 41 40 03**
Le phare est ouvert de 14h à 17h tous les jours sauf le mardi après-midi. Visite guidée (sur demande).

© JONATHAN - FOTOLIA

Cap Fréhel

Sensations garanties ! Le phare (145 marches), construit en 1950, est en réalité le troisième édifice. Le premier a été proposé par Vauban en 1694. Il sera allumé en 1702 et uniquement les mois d'hiver. En 1774, un réverbère de 60 réflecteurs sphériques remplace le brasier. Placé dans une lanterne, ce système devient tournant en 1821. La portée du feu passe de 15 à 21 milles. Le second phare est envisagé vers 1840, devant l'état de l'édifice. Le projet est une nouvelle tour octogonale de 22 m de haut pouvant supporter une optique de Fresnel. La portée du feu passe alors à 25 milles. Les projets d'électrification de 1880 seront abandonnés par une décision ministérielle. Pendant la Seconde Guerre mondiale, le phare sert de poste d'observation pour l'armée allemande qui dynamite l'édifice le 11 août 1944. Seule la vieille tour Vauban reste debout et supporte un feu provisoire jusqu'en 1950. L'actuel phare, le troisième, a été construit à partir de 1950. Il utilise une lampe à arc au xénon ; la portée de son feu varie de 200 m (brouillard très dense) à 120 km (beau temps). Au sommet, on se retrouve à plus de 100 m au-dessus du niveau de la mer. Par temps clair, on peut porter le regard jusqu'à plus de 100 km ! L'actuel phare a fait l'objet d'un classement au titre des monuments historiques en 2011.

■ AUBERGE L'AIR-DE-VENT
25, rue du Calvaire – Pléhérel Plage
☎ 02 96 41 41 01
www.aubergelairdevent.com
Fermé du 15 décembre au 4 janvier. Ouvert tous les jours le midi et le soir. Menu unique à 19 €. Carte : 15 € environ. Formule : 14,80 €.
Vous avez décidé de visiter les falaises du Cap Fréhel ? Comme l'air du large déchaîne l'appétit, rendez-vous rapidement le midi ou le soir à l'Auberge l'Air-de-Vent. Dans cette salle claire et dont l'ambiance rappelle le style de la maison avec son mur en pierres apparente, on vous présentera une carte ou les pizzas voisinent avec une cuisine dont les produits de la mer se marient avec ceux du terroir. Si vous n'êtes pas tenté par une Sicilienne ou une Calzone, la carte vous laisse le choix entre salade de chèvre chaud pané aux algues ou terrine de porc à l'andouille de Bretagne, chutney de pruneaux pour l'entrée. Et ensuite, serez vous plutôt filets de poisson blanc au beurre d'algues et légumes du potager breton ou pièce de bœuf, sauce échalote au cidre, purée pomme de terre écrasée à la fourchette ? En tous cas, après un dessert ne déparant pas l'excellente impression laissée par ce repas, il vous faut retourner respirer un peu sur la falaise avant un repos bien mérité. Pourquoi pas à l'Auberge ?

■ LE VICTORINE
Place Chambly ☎ 02 96 41 55 55
www.levictorine.net
La haute saison commence mi-juillet (jusqu'à fin août). Basse saison : ouvert du mardi au samedi le midi et le soir ; le dimanche midi. Haute saison : tous les jours le midi et le soir. Réservations uniquement par téléphone. Menus de 15 € à 29 €. Carte : 35 € environ. Plateaux de fruits de mer de 20 à 60 €. Chèque Vacances, Chèque Restaurant. Accueil des groupes. Terrasse. Terrasse pouvant accueillr 20 personnes.

AUBERGE
l'Air de Vent

25, rue du Calvaire
Pléhérel Plage • 22240 Fréhel
☎ **02 96 41 41 01**
www.aubergelairdevent.com

Nadine et Franck Lirot ont posé leurs valises en Bretagne, dans ce restaurant familial et convivial, situé sur la place du village. Dans la salle néo-rustique ou sur la terrasse, on peut se réjouir une cuisine traditionnelle qui privilégie les produits frais, selon la saison. Le chef s'approvisionne en direct de la criée d'Erquy et propose de très beaux plateaux de fruits de mer, sur réservation. Vaste choix à la carte avec un clin d'œil à l'Alsace en hiver (choucroutes, backeoffe). Plats à emporter et confitures maison (mûres sauvages, églantine…).

■ HÔTEL DE DIANE***
Allée des Acacias ☎ 02 96 41 42 07
Fax : 02 96 41 42 67 – www.hoteldiane.fr
❄ 🍸

Logis (3 cheminées). Ouvert toute l'année. 47 chambres. De 88 € à 187 €. Demi-pension. Petit déjeuner inclus (de 7 à 12 €). Parking. Etape affaires (85 €). Formule enfant (15 €). Accueil de séminaires. American Express. Wifi gratuit. Tv satellite.
Depuis quatre générations, cette belle maison de caractère reçoit ses hôtes dans un cadre privilégié, plutôt cossu, à une centaine de mètres des plages des Sables-d'Or-les-Pins. Les chambres cultivent un esprit très contemporain mais sans froideur. Elles sont toutes dotées d'une télévision par satellite et d'une connexion wifi gratuite. Chacune comprend une salle de bains privative et est desservie par un ascenseur. L'hôtel propose également un restaurant gastronomique (à partir de 22 €). Le service est très aimable et particulièrement à l'écoute.

■ HÔTEL LE TRÉCELIN
Le Petit Trécelin ✆ **02 96 41 46 82**
www.hoteltrecelin.com

Chambre double de 56 € à 62 €. Demi-pension : 50 €.
Petit déjeuner : 7 €. Animaux acceptés (5 €). Wifi.
Restauration.

Dans les environs du Cap Fréhel, de ses falaises et de ses grèves, vous êtes hébergé dans ce très sympathique hôtel, à quelques kilomètres du petit bourg de Plévenon. Toutes les chambres ont une entrée indépendante, certaines possèdent des kitchenettes, et sont bien équipées en télévision et Wifi. Pour une meilleure tranquillité, les doubles vitrages vous séparent des bruits éventuels, qui sont rares, vu l'emplacement de l'établissement. En été, on peut aller piquer une tête juste après le petit déjeuner, dans la piscine de l'endroit, avant d'aller plus tard vers les plages. Et après une excursion vers les falaises du Cap et fort la Latte, vous pouvez vous restaurer sur place, avant de regagner votre lit pour un repos paisible.

Pléneuf-Val-André

Occupé dès le paléolithique, le bourg de Pléneuf est fondé dès les Ve et VIe siècles par des fugitifs venus de Grande-Bretagne. La paroisse n'est mentionnée qu'en 1330 et, au XVe siècle, la famille Madeuc construit le château du Guémadeuc qui sera détruit en 1590 lors des guerres de Ligue. Devenue commune en 1790, Pléneuf vend en 1880 une partie de ses terrains communaux pour construire la station balnéaire. Charles Cotard, ingénieur en chef à la construction du canal de Suez, s'intéresse à notre côte bretonne. En quelques années, il lance l'épanouissement du Val-André d'aujourd'hui. Il fera venir ses amis orientaux qui feront construire les premières villas, ornées de bow-windows leur conférant un charme anglais. Juste pour l'anecdote, on notera que la construction des villas a été encouragée par des prix très raisonnables : 3 francs le mètre carré en 1896 ! Pas de quoi bouder les dunes et les terrains... inondables ! Un premier casino avait été créé en 1883. Le 22 avril 1934, le nouveau casino du Val-André, La Rotonde, donnant sur la digue-promenade, ouvre ses portes et propose – en plus des salles de jeux – une piste de danse et un restaurant-bar. Son bâtiment est imbriqué avec celui d'une salle de cinéma.

■ OFFICE DU TOURISME
1, rue Winston-Churchill
✆ **02 96 72 20 55**
Fax : 02 96 63 00 34
www.val-andre.org

Basse saison : ouvert du lundi au samedi de 9h15 à 12h30 et de 14h à 17h30. Haute saison : du lundi au samedi de 9h15 à 13h et de 14h à 19h ; le dimanche et les jours fériés de 10h30 à 12h30 et de 15h à 17h. Visites guidées.

■ LA PAULINE
Quai des Terres-Neuvas
Port de Dahouët
✆ **02 96 63 10 99**

La Pauline, construite en 1901 dans un chantier paimpolais a des coulées arrière très fines, un petit tableau avec une légère quête et un frégatage plus important, à l'instar des premiers homardiers de Loguivy, gréés en bocq ou en sloop. Dahouët et Saint-Jacut sont probablement les seuls ports de la baie de Saint-Brieuc où l'on peut encore trouver des flambarts, dans la premmière moitié du XXe siècle. Ces chaloupes pontées qui pratiquaient le chalut à perche et occasionnellement le pilotage disparaîtront après la guerre 1914-18 et le déclin du port. C'est à bord d'une réplique qu'il est possible de faire une promenade en mer, de jouer à cache-cache entre les ilots de Bréhat ou de pousser jusqu'aux îles anglo-normandes. Etant donnée l'importance des marées à Dahouët, le bateau vous embarque pour des sorties de 3 heures, 12 heures ou... quelques jours. Du temps pour tenir la barre, apprendre les manœuvres et s'initier aux rudiments de la navigation. Entre équipiers occasionnels et marins de toujours, le courant passe tout de suite. La convivialité est au « grand beau ».

■ LE VAL JOLI
24, rue Amiral-Charner
✆ **02 96 72 20 49**

Ouvert toute l'année. Fermeture le jeudi, deux semaines en décembre, trois semaines en janvier. Basse saison : du vendredi au mercredi de 12h à 14h30 et de 18h à 23h ; du vendredi au mardi de 18h à 23h. Haute saison : tous les jours de 11h à 23h. Service continu en juillet et août. Menus de 18,90 € à 32 €. Menu enfant : 8,10 €. Formule du midi : 10,80 € (en semaine). Accueil des groupes. Terrasse. Une cuisine à base de produits frais, dans une ambiance de brasserie familiale. La carte a mis le cap vers le large, avec fruits de mer selon la saison, coquilles Saint-Jacques, poissons grillés, moules... mais également pizzas. Les amateurs de viande ne sont pas oubliés avec un carpaccio (pesto, basilic, parmesan au choix) ou côte de bœuf, grande assiette de canard, tournedos, carré d'agneau en tajine. C'est copieux. Menu plancha (17,80 €) et formule du jour. A découvrir avec vue sur mer, si l'on souhaite profiter des atouts de l'agréable terrasse, à deux pas de la grande plage du Val-André.

■ HOTEL DE FRANCE**
4, rue Pasteur ✆ **02 96 72 22 52**
Fax : 02 96 72 91 67
www.pleneuf-hoteldefrance.com
Logis (2 cheminées). Fermé du 15 janvier au 15 février. Hôtel et restaurant fermés du dimanche soir au lundi soir hors saison. 16 chambres. Chambre double à partir de 57 €. Demi-pension : 99 € (en chambre double).
Des chambres confortables, dont 10 ont été rénovées selon des thèmes différents : la capitaine, les années trente, la nuptiale, la Sherazade... Cour fleurie avec fontaine et terrasse. L'hôtel occupe un bâtiment construit vers 1880, bien avant l'église qui lui fait face depuis 1889. Les nuits sont calmes à l'écart des animations estivales du Val-André. Dans une salle voûtée dont les murs centenaires évoquent la mer et son histoire, Alain Pottier, maître artisan, s'inspire de la saison et du terroir pour élaborer une cuisine gourmande et généreuse : huîtres en trois saveurs, verrine de thon façon Tahiti, filet de bar à la normande, feuilleté de pétoncles au gingembre et légumes croquants. Menus de 21 à 40 €.

■ HOTEL-RESTAURANT DE LA MER**
63, rue Amiral-Charner
✆ **02 96 72 20 44**
Fax : 02 96 72 85 72
www.hotel-de-la-mer.com
Ouvert toute l'année. 12 chambres (dont certaines avec vue sur mer). Basse saison : de 59 € à 93 €. Haute saison : de 69 € à 111 €. Demi-pension (53 € à 70 € selon la saison). Petit déjeuner : 7,50 €.

Etablissement situé à 50 mètres de la mer ! Les chambres sont très simples, décorées sobrement, fonctionnelles et très propres. L'accueil est très attentionné. Bref, une adresse constante. Uniquement accessible aux clients de l'hôtel, le restaurant propose des produits de la mer qui proviennent de la baie de Saint-Brieuc et de la baie d'Erquy (coquilles Saint-Jacques, huîtres, moules, cabillauds, rougets) et des viandes bovines et porcines provenant principalement d'une ferme située à Morieux à 25 km de Pléneuf-Val-André. Les animaux y sont élevés sans antibiotiques et aux farines végétales. Une partie des légumes viennent... du jardin !

■ HOTEL GEORGES – HOTEL-RESTAURANT***
131, rue Clemenceau
✆ **02 96 72 23 70**
Fax : 02 96 72 23 72
www.hotelvalandre.com
ⵖ

Fermé d'octobre à mars. 24 chambres (dont certaines avec vue sur mer). De 75 € à 191 €. Demi-pension (de 69 à 130 € selon les chambres). Petit déjeuner : 9,50 €. Lit supplémentaire : 20 €. Animaux acceptés (5 €). Séminaires. Wifi. Restauration (70 couverts, jusqu'à 200 en salle de spectacle).
L'hôtel Georges dispose de 24 chambres dont la décoration contemporaine est sobre et élégante. Situé dans le centre-ville du Val-André, il vous accueille d'avril à septembre. Idéal pour vos escapades, vous êtes à proximité immédiate des restaurants, de la plage, des commerces et du casino. Certaines chambres bénéficient d'un balcon donnant sur la station balnéaire. Le petit déjeuner est varié et copieux, vous pourrez le choisir au buffet ou vous le faire porter en plateau en chambre. La carte du restaurant laisse un choix varié de plats et de menus, parmi une sélection de poissons, de fruits de mer et de viandes cuisinés avec raffinement et simplicité. Le café vous accueille dans un décor original de paquebot. Sa terrasse ouverte sur la promenade de la digue vous permet d'apprécier une vue dégagée vers le large.

CÔTES-D'ARMOR

Champ de fleurs

■ CENTRE NAUTIQUE
BP 23
Rue du Corps-de-Garde
☎ 02 96 72 95 28
Fax : 02 96 72 23 18
www.cnpva.com
Ouvert toute l'année.
Créé en novembre 1963, le centre nautique est une association qui a pour but de faire découvrir et pratiquer les activités liées à la mer. Avec près de 1 450 membres, le centre accueille environ 3 900 pratiquants chaque année. Le centre est affilié à la Fédération Française de Voile, à la Fédération Française de Char à Voile, aux réseaux France Station Nautique et Point Passion Plage. Il est labellisé Centre de Classe découverte en Côtes-d'Armor, Ecole Française de Voile, Club compétition et Ecole Française de Char à Voile. Le centre nautique de Pléneuf-Val-André permet de découvrir – toute l'année – le kayak, l'optimist, le char à voile, la planche, le dériveur ou le catamaran. L'initiation commence dès 5 ans avec le programme « moussaillons ». Le centre accueille d'ailleurs des scolaires toute l'année depuis près de vingt ans.

■ CASINO LA ROTONDE
1, cours Winston-Churchill
☎ 02 96 72 85 06
Ouvert toute l'année. Du dimanche au vendredi de 10h à 3h ; le samedi de 10h à 4h. Veilles de jours fériés ouvert de 10h à 4h.
Le casino de Val-André La Rotonde offre l'une des plus grandes gammes de jeux de la région : il permet de jouer sur 70 machines à sous, à la boule, à la roulette anglaise, au black-jack. Pour profiter pleinement de la soirée et des plaisirs de la nuit, le casino dispose d'un bar, d'un restaurant, d'un cinéma et d'un hôtel. A l'étage, une large baie vitrée offre au restaurant une vue unique sur le panorama de la baie. La carte du restaurant vous laisse un choix varié de plats. De la brasserie (pavé de thon rouge « mi-cuit », tartare de bœuf au couteau, entrecôte grillée sauce tartare, aux fruits de mer (assiette de l'écailler ou plateau royal avec homard et tourteau).

■ FERME DU VAUMADEUC
Le Vaumadeuc
☎ 02 96 72 85 82
www.fermeduvaumadeuc.fr
Ouvert du lundi au samedi.
Cette exploitation agricole dédiée à la production laitière vous invite à découvrir ses coulisses. Vous pouvez notamment assister à la traite des vaches. Bien entendu vous en profiterez pour faire provision du fromage maison : la tomme du Vaumadeuc, une savoureuse tomme au lait de vache. Le plus : une originalité de la ferme qui fera le bonheur des gourmands, on peut également se procurer à la ferme des glaces à base de lait – caramel beurre salé, fleur de lait, chocolat, etc… – produites sur l'exploitation !

Sables-d'Or-les-Pins
Les Sables-d'Or furent réellement lancés en 1924, avec l'avènement de la ligne de tramway à vapeur qui relie Lamballe à Saint-Brieuc, en suivant la côte. Aujourd'hui, ses structures, ses jolies plages et ses possibilités de loisirs rendent la vie facile au vacancier. Son golf de 18 trous, ses tennis en terre battue ainsi que ses activités nautiques font le plaisir des sportifs.

■ L'OCÉAN
Allée Acacias
☎ 02 96 41 42 42
abri-des-flots@wanadoo.fr
Fermé en janvier. Ouvert tous les jours. Service continu en été. 320 couverts. Menus de 18 € à 49 €. Accueil des groupes (sur réservation). Chaises bébé. Terrasse.
Joliment installé sur la route des caps sauvages, à 100 m du Cap Fréhel et à proximité du casino, ce restaurant avec terrasse couverte et chauffée, a des allures de « chic normand ». La terrasse (chauffée) est très agréable et l'ambiance plutôt décontractée. Galettes, grillades, pizzas, salades, fruits de mer, moules, Saint-Jacques, poissons, choucroute ou coucous de la mer… constituent l'essentiel d'une carte très éclectique. Service continu l'été et le week-end.

■ LA POTINIERE
Allée des Acacias
☎ 02 96 52 65 69 / 06 09 98 06 47
Fermé du 1er novembre au 31 mars. Basse saison : ouvert du jeudi au lundi. Haute saison : tous les jours. Service tardif en saison. Terrasse.
L'accueil est chaleureux et sympathique dans ce restaurant agréable situé sur l'allée centrale des Sables-d'Or-les-Pins. Terrasse fleurie et ensoleillée. Cuisine maison, produits frais de l'entrée au dessert, produits régionaux. Dégustation de charcuterie et de fromages artisanaux locaux. Bar à vins : dégustation de plus de trente références, vin au verre. Au menu : salade folle de Saint-Jacques et sa vinaigrette aux herbes, encornets farcis au risotto negro, ormeaux poêlés au beurre citronné. N'hésitez pas à demander conseil au patron passionné et ses vins coup de cœur. Service agréable et efficace.

Saint-Alban
La voie romaine qui conduisait de Carhaix à Corseul traversait jadis Saint-Alban qui doit son nom au premier martyr insulaire de Vérulamium, devenu Saint-Alban (à 50 km de Londres), condamné et exécuté le 22 juin de l'an 209. Le culte de saint Alban se répandit très vite en Angleterre, puis en France. Bourg rural et station verte de vacances, Saint-Alban est aujourd'hui le carrefour du pays de Lamballe et la porte d'entrée vers Erquy et Pléneuf-Val-André. Intimement lié à l'histoire du duché du Penthièvre, la commune a conservé son caractère d'authenticité avec son bourg typique de la baie de Saint-Brieuc. Des fêtes traditionnelles réputées y sont régulièrement organisées. Le cercle celtique « Fleur d'aulne » perpétue les traditions de la danse, du chant et de la musique. Ses édifices classés et son patrimoine bâti de caractère ont incité des artistes, peintres et sculpteurs, à s'y installer. L'église, nouvellement restaurée, est remarquable à bien des égards (verrière, mobilier). Saint Guillaume (Guillaume Pinchon) évêque de Saint-Brieuc de 1220 à 1234 est né – selon la légende – à Fleur

Les fées de Saint-Jacques

La chapelle Saint-Jacques est initialement et probablement l'œuvre des Templiers. Dans l'inventaire des biens bretons de ces moines soldats figurent de nombreux lieux voisins leur ayant appartenu. Agrandie au XIIIe siècle, la chapelle est située sur l'itinéraire des pèlerins anglais se rendant à Saint-Jacques-de-Compostelle et des Bretons effectuant le « Tro Breizh » (voyage autour de la Bretagne pour prier les sept saints fondateurs). La cloche, hors service, est une des plus anciennes du département (1617). A la révolution, les croix et les pierres tombales ont été employées comme matériaux de construction du four à boulets d'Erquy. La légende, elle, raconte que les fées, lasses d'avoir couru le monde, ont jeté leur dévolu ici afin d'y construire une chapelle... sans clocher ! Mais à la vue d'une pie morte, craignant que l'éternité n'existe pas, les fées auraient fui. Depuis ce jour-là, personne ne les a jamais revues et la chapelle Saint-Jacques est restée inachevée.

d'Aulne, paroisse de Saint-Alban. Une chapelle lui est dédiée. À voir également : la chapelle Saint-Jacques.

■ **FERME DU MALIDO – HUGUETTE ET ROBERT LEGRAND**
Saint-Alban
✆ 02 96 32 94 74 / 06 82 49 64 08
Fax : 02 96 32 94 74
www.malido.com

Ouvert toute l'année. De 425 € à 1004 € la semaine selon saison. Chambres d'hôtes à partir de 37 €. CB non acceptée. Animation.
Huguette et Robert proposent le confort d'un grand gîte, proche de leur exploitation agricole. L'aménagement intérieur allie l'architecture contemporaine et ancienne avec ses grandes baies vitrées, ses pierres apparentes, ses murs à la chaux et la terre cuite. Par ailleurs, cinq chambres d'hôtes peuvent accueillir 15 personnes (grande salle d'accueil de 50 m², coin salon, cheminée, salle à manger et cuisine). En extérieur, barbecue et salon de jardin. Depuis près de dix ans, cette propriété fait la joie des enfants puisqu'elle abrite un labyrinthe végétal (dédale de maïs de 4 ha). Chaque année, un nouveau parcours thématique est proposé, avec énigmes à résoudre en famille ou entre amis. En juillet et août, de 10h30 à 19h, une aire d'accueil de 3 500 m², offrent des jeux en bois et des structures gonflables.

■ **LES NOTIFANES**
La Ville Quesmin
✆ 02 96 32 92 04 / 06 14 86 61 18
Fax : 02 96 32 99 41
www.lesnotifanes.fr
Gîte de France (4 épis). 4 chambres (2 au rez-de-chaussée, et 2 à l'étage). Chambre simple 60 € ; chambre double 65 € ; chambre triple 80 €. Petit déjeuner inclus. Gîte : de 250 € à 630 € la semaine. Chèque Vacances.
Quatre chambres de charme dans un ancien corps de ferme, à proximité de la mer, au calme de la campagne. Magalie et Bertrand vous accueillent dans cette confortable longère du XVIIe siècle entièrement restaurée. Un havre de paix entouré de verdure, à 5 minutes de la superbe station balnéaire de Pléneuf-Val-André. Vous apprécierez le confort et les excellents petits déjeuners servis dans la salle à manger réservée aux hôtes. Et si vous aimez l'originalité, vous adorerez la roulotte installée près

de la maison d'hôtes, avec ses couleurs printanières, sa décoration florale. Un hébergement insolite entièrement équipé du plus grand confort.

Guingamp

Guingamp souvent traduit par Camp blanc. Or, gwyn, blanc, était le nom donné dans la cosmogonie druidique à la sphère supérieure spirituelle, donc Guingamp serait plus justement le haut lieu spirituel. Guingamp a reçu le premier prix des villes fleuries des Côtes-d'Armor. C'est un voyage dans le temps que propose la ville de Guingamp, ancienne cité féodale. C'est un lieu de passage couru jusqu'au Xe siècle. Par la suite, une tour de bois – un guet – est édifiée, puis remplacée par un château de pierre. Il formera le centre de Guingamp. La ville, sur les bords du Trieux, vit alors de ses marchés, de ses foires et de ses artisans – tannerie et textile. Ayant pris le parti de Charles de Blois dans la guerre de Succession, la ville se trouve régulièrement assiégée. Son château et ses remparts seront détruits en 1410. En 1440, une imposante forteresse flanquée de quatre tours et de fortifications est édifiée par le second fils de Jean V, devenu comte de Guingamp. Les maisons à colombages sont peu à peu remplacées par des demeures de granit aux portes sculptées. Au XVIIIe siècle, un ambitieux projet d'urbanisme remodèle le centre-ville. Dépossédée par la Révolution de son rôle de petite capitale régionale, Guingamp n'est plus, au XIXe siècle, qu'une sous-préfecture.

■ **OFFICE DU TOURISME**
Place du Champ-au-Roy ✆ 02 96 43 73 89
Fax : 02 96 40 01 95
www.ot-guingamp.org
Ouvert le mardi, le mercredi, le vendredi et le samedi de 10h à 12h et de 14h à 17h30.
Vous serez accueillis avec beaucoup de prévenance dans cet office de tourisme qui prend place derrière une grande façade de verre. Une visite y est indispensable, tant la ville aussi bien que les terroirs alentour regorgent de richesses patrimoniales. Le tourisme est en effet un axe fort de la politique de Guingamp Communauté et vous serez surpris du nombre important de sites à visiter dans la région, tout autant que du nombre et de la qualité des restaurants, crêperies et hébergements.

CÔTES-D'ARMOR

Points d'intérêt

■ BASILIQUE NOTRE-DAME-DE-BON-SECOURS
Rue Notre Dame
Au cœur de la ville. La première construction, romane, a évolué avec l'édification d'une église gothique ne conservant que quelques pièces, les arcades romanes du transept, comme témoignage primitif. L'ensemble est donc gothique, avec une partie Renaissance, côté sud, venant pallier un effondrement. Une tour du XIIIᵉ siècle, le beau porche Notre-Dame, avec la statue de la Vierge au-dessus de l'autel, la porte au Duc du XIVᵉ siècle, abside du XVᵉ siècle. La statue de la vierge noire, laquelle est célébrée le premier samedi de juillet par une procession nocturne aux flambeaux et feux de joie. A l'intérieur, on admirera spécialement certains vitraux, l'autel des morts en pierres de Kersanton, et une partie d'un ancien retable, dans l'abside, représentant l'Annonciation.

■ MUSEE DE LA BOULE BRETONNE
Gratuit.
Boules de toutes sortes en buis, incassables, en bois de gaïac importées de Saint-Domingue, cloutées à la main pour jouer sur la neige ou sur la glace, synthétiques ou en plastique, boules de fort, boules morlaisiennes, lyonnaises, anglaises ou encore marocaines en bois de thuya, et autres objets ont été collectés. A ces boules s'ajoutent de nombreux souvenirs apportés par des habitants de la ville. Visites aux heures d'ouverture de l'office de tourisme, sauf le dimanche.

■ LA PLOMEE
Place du Centre
C'est une fontaine de style Renaissance, qui fut édifiée au XVᵉ siècle avant d'être remaniée en 1745 par le sculpteur Corlay. Elle est dédiée à la déesse mère celtique Ana. La fontaine est constituée d'un bassin de granit surmonté de trois vasques de plomb et une de granit, ornées de sculptures profanes et antiques. la Plomée est située sur la place du centre, cœur commercial et historique de la ville.

Le couvert

■ BRASSERIE L'O
4 bis, rue du Grand-Trotrieux
✆ **02 96 13 54 84**
brasserie_lo@yahoo.fr
Ouvert du lundi au samedi le midi et le soir. Menus de 19 € à 36,50 €. Menu enfant : 12 €. Formule du midi : 13,50 €. Accueil des groupes. Terrasse.
Il est difficile de trouver meilleur cadre pour déjeuner ou dîner à Guingamp. Dans un bâtiment moderne situé à l'endroit d'un ancien moulin vous êtes dans un cadre presque bucolique, au bord du Trieux, à l'orée de la ville ancienne et à deux pas de la basilique. Le bâtiment, largement vitré laisse passer largement la lumière et la décoration moderne du lieu ne casse pas une ambiance des plus chaleureuses, relayée par un personnel aimable. On mange ici une cuisine de brasserie, simple, mais de bon aloi, à base de produits frais et préparés avec le plus grand des soins. Parmi les plats d'une carte courte, mais suffisante, vous remarquerez par exemple un délicieux saumon mariné aux agrumes ou des calamars à la sicilienne en entrée. Pour le plat, côté terre vous serez forcément tenté par le filet de bar risotto, parmesan et artichaut petit violet ou, côté mer, par les ris de veau poêlés sauce acidulée. Après une faisselle de Plouigneau aux fraises, il vous faudra quitter cet endroit des plus agréables pour regagner la ville et ses trépidations.

■ CREPERIE LES REMPARTS
32, rue de la Trinité
✆ **02 96 21 34 54**
Basse saison : ouvert le lundi, le mardi et du jeudi au samedi le midi ; du jeudi au lundi le soir. Haute saison : du jeudi au mardi le soir ; le lundi, le mardi et du jeudi au samedi le midi. Réservation recommandée. Carte : 15 € environ. Menu enfant : 7,50 €. Formule du midi : 7,90 € (et 11,55 €). Accueil des groupes. Vente à emporter.
Quel délice de pouvoir retrouver au cœur du Pays Breton des crêperies comme celle-ci. La simplicité et l'authenti-

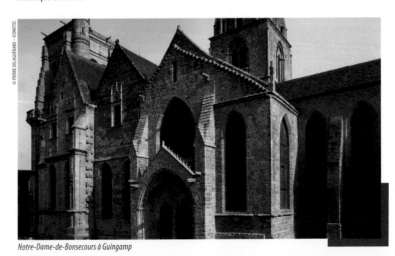

Notre-Dame-de-Bonsecours à Guingamp

© PIERRE DELAGUÉRARD – ICONOTEC

cité, voilà toute la richesse de la Crêperie des Remparts. Ici, point de chichis, des tables, des chaises, des pierres apparentes, des galettes de blé noir et des crêpes de froment tournées sur la bilig juste avant de vous être servies. Il faut légèrement sortir du centre historique et franchir la place de Verdun pour trouver, en face, cet établissement, chez Sabine, où l'accueil chaleureux, et presque intime, réchaufferait le cœur du plus désespéré. Sortant de la routine de l'éternelle complète vous commanderez évidemment une galette de spécialité comme par exemple l'Indienne, (émincé de volaille, sauce curry et oignons) ou la Guémené (andouille, pommes, œuf, fromage, salade). Les crêpes étant du même acabit, vous vous dirigerez vers la Duchesse, à la pomme à la confiture de myrtille et à la Chantilly ou vers l'exotique Bornéo (ananas caramélisé, glace mangue, Chantilly, coulis de fruits rouges, gingembre confit). Bien sûr, vous auriez pu manger ici une des excellentes salades maison ou une grillade, mais un tel repas breton, c'est ici qu'il faut le déguster.

■ **LE GRAIN DE SABLE**
3, rue des Salles
℡ **02 96 43 82 86**
www.legrain-desable.com
Ouvert toute l'année. Tous les jours le soir ; du mardi au vendredi et le dimanche le midi. Menus de 23 € à 36 €. Formule du midi : 13,50 €.
Non loin du centre de Guingamp, on a la bonne fortune d'aviser le Grain de Sable. Dans la salle très claire du restaurant, bénéficiant de larges ouvertures, la décoration et disposition agréable et chaleureuse de la salle est le présage d'un bon moment. Sur la carte, qui révèle une cuisine intelligente et inventive, on peut repérer sur la carte des entrées comme une escalope de foie gras

poêlées et son petit pain au lait, crémeux aux cèpes. Les plats sont à l'avenant. Des noix de Saint-Jacques poêlées sur mousseline de châtaignes au sirop d'érable surprendront et satisferont les plus difficiles. Impossible de négliger un dessert comme la cassolette de pommes confites, caramel au beurre salé, glace crémeuse au caramel. Après un repas plein d'autant de découvertes gastronomiques, l'esprit et le corps sont tout ragaillardis pour une visite complète du centre ancien de la ville.

Le gîte

■ **LA DEMEURE-SIDONIE ET COMPAGNIE**
5, rue du Général-de-Gaulle
℡ **02 96 44 28 53**
Fax : 02 96 44 45 54
www.demeure-vb.com
Chambre simple 66 € ; chambre double 85 € ; suite 119 €. Petit déjeuner : 9 €. Lit supplémentaire : 20 €. Garage : 6 € (de 16h à 12h le lendemain matin, sur réservation et selon disponibilité). Restauration (petite restaurataion : Sidonie et Compagnie). Hammam.
C'est la perle de Guingamp en matière d'hébergement. Idéalement situé dans le centre la Demeure vous accueille dans un ancien hôtel particulier de toute beauté datant du XVIIIe siècle. Délicieusement accueilli vous passerez ici des jours et des nuits de rêve, la décoration et le mobilier se mariant d'une manière exquise avec le style de la maison. Grands miroirs d'époque et murs lambrissés, ici c'est la vie de château. Côté repas, la maison n'est pas en reste, le restaurant maison Sidonie vous accueille et vous sert une délicieuse cuisine concoctée à partir de produits frais des fermes du pays, selon la formule : à chaque jour sa recette et à chaque saison sa gamme.

■ **BRITHOTEL ARMOR****
44-46, boulevard Clemenceau
☎ 02 96 43 76 16
www.armorhotel.com

Ouvert toute l'année. Fermeture annuelle 1 semaine entre Noël et le jour de l'an. 23 chambres (dont 2 pour personnes à mobilité réduite). Chambre simple à partir de 50 € ; chambre double à partir de 60 €. Petit déjeuner : 7 € (8 € en chambre). Garage inclus (pour vélos). Soirée étape : 70 euros. Animaux acceptés (8 €). Connexion Internet gratuite. Wifi gratuit. Restauration (au restaurant l'Express, partenaire de l'Hôtel). Tv satellite, Canal +.
Il est très agréable de trouver sur sa route un tel hôtel pour se reposer. Vous aurez à cœur de vous y arrêter pour y prendre un peu de repos au cours de vos pérégrinations dans le Pays de Guingamp. Situé près de la gare, à quelques encablures du centre historique les chambres confortables et calmes, confortables et bien équipées en wifi et télévision recueilleront votre sommeil dans un grand calme, les alentours étant peu passants. C'est l'adresse idéale pour visiter la ville et ses alentours ou, pourquoi pas, assister aux spectaculaires fêtes de la Saint-Loup.

■ **HOTEL DE L'ARRIVEE****
19, boulevard Clémenceau
☎ 02 96 40 04 57
Fax : 02 96 40 14 20
www.hotel-arrivee.com

Ouvert toute l'année. 27 chambres (et un appartement). Chambre simple à partir de 42 € ; chambre double de 57 € à 80 € ; chambre triple à partir de 83 €. Petit déjeuner : 8 €. Parking inclus (3 garages privés). Animaux acceptés (3 €). Séminaires. Wifi. Restauration. Tv satellite, Canal +. Sauna.
C'est sur la place de la gare que se tient cet hôtel à l'aspect traditionnel. Mais ne vous y trompez, pas, il recèle des ressources comme un sauna et un espace fitness pour vous détendre après une journée d'excursion ou de travail. Les chambres très claires sont munies de salle de bains et possèdent un mobilier confortable. Elles permettent un repos sans faille et un sommeil très réparateur après, éventuellement, l'utilisation de la télévision Canal + ou quelques connexions grâce à la présence de l'adsl avant de vous endormir.

■ **Dans les environs**

Bégard

■ **L'ABBAYE CISTERCIENNE**
La Ville de Bégard a été édifiée près de l'emplacement de l'ancienne abbaye cistercienne de Bégar, vendue comme Bien national à la Révolution, en 1793. L'abbaye fut fondée en 1130 par les moines cisterciens, sur le territoire où aurait vécu l'ermite Raoul (parfois appelé Bégar). Au cours des siècles, elle devint un établissement important, qui contrôlait l'activité agricole et économique d'une bonne partie du Trégor, voire même au-delà. L'abbaye

est aujourd'hui occupée par l'hôpital du Bon Sauveur. On peut encore voir les bâtiments des anciennes écuries, hostellerie et buanderie ainsi qu'un bâtiment du chapitre édifié aux XVIIe et XVIIIe siècles.

■ **CAMPING DU DONANT*****
Gwénézhan
☎ 02 96 45 46 46
Fax : 02 96 45 46 48
www.camping-donant-bretagne.com

Fermé du 16 septembre au 31 mars. 71 emplacements. Sol : herbeux. Relief : en terrasse. Emplacement + véhicule + 1 personne à partir de 8,70 €. Emplacement + véhicule + 1 personne (avec 6 A) à partir de 11,70 €. Personne supplémentaire à partir de 3,30 €. Bungalows pour 2 à 4 personnes de 149 € à 299 € la semaine ; chalets pour 4 à 6 personnes de 225 € à 609 €. Personne supplémentaire à partir de 3,15 €. Chèque Vacances. Jeux pour enfants. Animaux acceptés (1,40 €). Aire pour camping-cars. Wifi.
A deux cents mètres d'Armoripark et à deux kilomètres du bourg, vous trouverez ce camping bien équipé dans la direction de Guingamp. Les 71 emplacements vous accueillent pour des tarifs modiques vu la proximité relative de la côte de Granit rose, de la côte d'Ajoncs et du très animé port de Paimpol. Dans votre tente ou votre caravane, à moins que vous n'ayez opté pour un chalet ou un bungalow, vous pourrez vous adonner sans souci au farniente. Vous entrecouperez celui-ci par des bains et des séance de bronzage au centre aqualudique tout proche, les jours où vous n'allez pas à la plage. Notez également que vous trouverez à la réception toute une documentation complète sur les richesses touristiques naturelles ou patrimoniales aux alentours de Bégard.

■ **ARMORIPARK**
Parc de Loisirs
☎ 02 96 45 36 36
Fax : 02 96 45 20 14
www.armoripark.com

Fermé d´octobre à mars. Basse saison : ouvert tous les jours de 11h à 18h. Haute saison : tous les jours de 11h à 19h. Tarifs adultes forfait toutes activités : 9,50 € en basse saison et 11,50 € en pleine saison. Enfants forfait toutes activités (− 12 ans) de 7,50 € à 10 €. Enfants : de 6,50 € à 10,50. Tarif groupe à partir de 15 personnes : adultes de 7,50 € à 10 € et enfant (− 12 ans) de 6,50 € à 9 €. En basse saison, activités de plein air uniquement, adultes : 7 €, enfants : 6 €. Forfait famille (4 personnes dont 2 adultes maximum en pleine saison uniquement) : 38 €. Tarif groupe à partir de 15 personnes : adultes de 8 € à 10,50 € et enfant (− 12 an. Accueil enfants.
Au milieu des vacances entre plage et excursions, il faut absolument venir faire un tour, seul à deux, mais surtout en famille dans ce parc de loisirs multi-activités où petits et grands s'éclateront sur les toboggans de la piscine ludique, avant d'aller au jacuzzi pour finir de se détendre. Hormis ces jeux d'eau, les activités qu'on peut pratiquer ici sont très nombreuses. Les enfants seront enchantés de se mesurer sur la piste de kart à pédales ou au baby-foot humain installé dans une énorme

structure gonflable. Le pentogliss est également un des must de l'Armoripark, on y glisse sur 27 mètres sur une sorte de toboggan ; quant à la luge d'été, on la pratique sur une piste qui surplombe le site. Les petits ne sont pas oubliés, ils peuvent se familiariser avec de charmants animaux de la ferme, âne gris, vache, bouc, biquettes et chevaux. Et récemment, s'est ouvert pour eux un parcours acrobatique conçu pour les moins de 6 ans, où ils peuvent tester leur équilibre sans danger. Et pour les petits creux vous trouverez plein de bonnes choses au snack. Armoripark, c'est vraiment la bonne idée pour passer une bonne journée.

Belle-Isle-en-Terre

Ce nom surprenant lui fut donné par des habitants d'un village proche de Lannion, qui, chassés de leurs terres par les Normands, vinrent se poser en cet endroit, situé près d'un confluent de deux rivières, ici le Guic et le Guer. Ils l'appelèrent Isle puis Belle-Isle, enfin Belle-Isle-en-Terre, puisque Belle-Isle-en-Mer était déjà attribué et inadéquat. Le visiteur curieux retrouvera d'ailleurs d'autres points de similitude avec son homologue océane. Le château et de nombreuses autres constructions de Belle-Isle et de sa région ont été la propriété de Lady Mond, illustre figure belliloise dont la vie tient du conte de fées. Dans les environs immédiats, la chapelle de Locmaria mérite une visite, mais à vrai dire, la région est tellement truffée de chapelles, calvaires et églises, intéressants, anciens et charmants que le visiteur n'aura qu'à suivre le vent pour trouver matière à émerveillement. Les églises indiquées ci-dessous sont parmi les plus renommées. Ne manquez pas, cependant, le calvaire de Gurunhel, à triple colonnes et aux sculptures fines et variées. Le bourg est le plus élevé du canton et les points de vue sont étonnants. Les environs de Belle-Isle-en-Terre sont réputés pour leur empoissonnement : rivières et étangs font la joie des pêcheurs, d'autant que les sites, avec les bois alentour, sont souvent très agréables. Une visite au Centre d'initiation à la rivière au 02 96 43 08 39, ouvert toute l'année, vous en apprendra beaucoup dans ce domaine.
Attention : menhirs à Tregrom, au nord de Belle-Isle-en-Terre, et au Pergat-en-Louargat, à l'est, d'une belle hauteur avec ses 10 mètres. Si c'est l'altitude que vous recherchez, après ce menhir, poussez jusqu'au Menez-Bre, une pointe bretonne qui culmine à 302 mètres, et offre un superbe panorama. Une agréable place, installée sur le Guic, paisible et assez pimpante. Sur la place de l'Eglise, remarquez cette belle maison bretonne qui semble abandonnée. La mairie, la perception et la bibliothèque sont logées dans le même bâtiment, alliance assez remarquable du contemporain et de la tradition bretonne. D'autres belles maisons abritent la pharmacie, la gendarmerie : elles furent édifiées par la générosité de Lady Mond, grande dame anglaise. Cette ex-enfant de Belle-Isle, Maï Le Manac'h, fille de meunier, belle et ambitieuse, « monta » à Paris à la fin du siècle dernier, puis partit pour l'Angleterre où elle épousa un industriel anglais ayant fait fortune dans le nickel et anobli par le roi Georges, Lord Mond. Lady Mond fit élever le premier château, et les Bellilois la

remercièrent. Mais comme il était un peu près de la route – la N12 devenait fréquentée –, elle le fit raser pour le reconstruire un peu plus loin, ce qui chagrina un peu les Bellilois.

■ CENTRE REGIONAL D'INITIATION A LA RIVIERE
rue Castel Mond
✆ **02 96 43 08 39 / 02 96 43 07 29**
educatif.eau-et-rivieres.asso.fr
Animations : se renseigner.
Le Centre Régional a été créé à l'initiative de l'association régionale Eau & Rivières de Bretagne, très engagée dans la défense de la qualité des eaux régionales, et de la commune de Belle-Isle-en-Terre. Conformément à ses missions, elle mène de manière permanente des actions de sensibilisation, d'éducation et de formation auprès de toutes sortes de populations dont les scolaires. Elle fait partie de l'ensemble des six maisons de la nature des Côtes-d'Armor. Elle exerce son activité dans des domaines aussi différents que l'environnement en général, mais surtout dans le domaine de l'eau et des milieux aquatiques. En saison, elle organise des sorties nature sur le thème des plantes médicinales et gastronomiques, des jouets buissonniers, mais aussi autour de la recherche de paillettes d'or dans le Léguer.

■ CHAPELLE DE LOCMARIA
La chapelle de Locmaria date du XV-XVIe siècle. Elle faisait probablement partie d'un prieuré monastique ou des biens des Templiers. Le transept contient douze stalles ayant permis aux moines de siéger dans le chœur. La sacristie date de la fin du XVIIe siècle. Sa tribune est un ancien jubé en bois polychrome du début du XVIe siècle, soutenu par quatre colonnes ciselées en torsades. Endommagée par la foudre en janvier 1875, la chapelle est restaurée à partir de la fin du XIXe siècle. Les vitraux du chœur datent de 1931 et ont été offerts par Sir Robert et Lady Mond, fille de meunier, native de Belle-Isle-en-Terre. On trouve le mausolée de Lady Mond dans l'enclos de la chapelle. On y trouve également la pierre tombale de Maurice Nogues (1889-1934), ancien pilote aviateur de la Première Guerre mondiale.

■ EGLISE DE LOC-ENUEL
De style gothique, l'église de Loc-Enuel est surmontée d'une magnifique charpente. Vous apprécierez les statues d'apôtres et d'angelots qui ornent les arêtiers. Vous apercevrez également un jubé du XVIe siècle, qui vous dévoilera sa dentelle de bois aux évocations de feuillages et d'oiseaux. A droite du porche, on observe trois ouvertures, aménagements qui permettaient aux lépreux de suivre le déroulement du culte.

■ EGLISE NOTRE-DAME-DE-PITIE
L'église Notre-Dame-de-Pitié date du XVIe siècle. A l'intérieur, vous pourrez découvrir un chevet et un retable remarquables, ainsi qu'une crypte en forme de trèfle. Les mémoires locales racontent que de cette crypte partirait un souterrain. Les avis divergent cependant quant à l'endroit où aboutirait le passage. Avis aux courageux, le meilleur moyen de valider l'information, c'est d'aller vérifier par soi-même !

■ LEC'H ROND SAINT-MICHEL

« Lec'h » veut dire « pierre plate » en bas breton. Le lec'h est souvent utilisé comme pierre sépulcrale. On parle parfois de « cromlec'h », ce qui indique que les pierres sont alors disposées en forme de cercle (le mot « crom » voulant dire courbe en bas breton). A Belle-Isle-en-Terre, on dit que cette gigantesque pierre aurait été lancée par l'Archange Saint-Michel, alors qu'il se battait contre le diable.

■ LA VALLEE DES PAPETERIES
15, rue Crech Uguen
www.riviere-du-leguer.com
Visite libre ou guidée. Des balades commentées sont proposées en juillet et août et sur rendez-vous le reste de l'année. Il ne faut pas quitter Belle-Isle-en-Terrre sans visiter ces lieux, une friche industrielle liée à l'industrie papetière qui a été l'objet d'une très intéressante valorisation. Celle-ci, une vaste ruine représente tout ce qui reste des papeteries Vallée, qui produisirent jusqu'à quatre mille tonnes de papier et qui fermèrent leur porte en 1965 après un peu plus d'un siècle d'activité. Elles occupaient tout le fond de la vallée, en amont du barrage de Keransquillec démantelé depuis. Après une dépollution des lieux, ceux-ci firent l'objet d'un aménagement, en particulier paysager, pour les livrer à la visite du public en 2007. Cette phase de réhabilitation fut l'occasion d'un travail de collectage auprès des anciens ouvriers de l'usine. Un sentier d'interprétation familial a été aménagé sur deux kilomètres et une boucle de randonnée de dix kilomètres qui relie le site de Keransquillec aux papeteries Vallées.

■ TY AR C'HRAMPOUEZH
13, place de l'Eglise
✆ 02 96 43 00 01
www.creperie-ti-ar-chrampouezh.com
Ouvert toute l'année. Basse saison : du jeudi au lundi le soir. Haute saison : tous les jours le midi et le soir. Accueil tardif en été. Pendant les vacances scolaires (sauf juillet et août), fermé le lundi. Vente à emporter. Comme dans beaucoup de bourgs bretons, l'église trône au centre de la place qui porte son nom. Si les âmes ont besoin de nourritures spirituelles, les corps, eux, ne tardent pas à crier famine. Et très opportunément, sur cette même place, cette merveilleuse crêperie, labellisée crêperie gourmande, qui ne travaille que des produits locaux, saura venir à bout des faims les plus tenaces de la manière la plus agréable qui soit. Une bonne galette, soit à l'andouille de Guémené, sauce moutarde à la crème et oignons cuisinés au chouchenn (hydromel), soit au fromage de chèvre et au miel devrait déjà vous ravir, mais il est temps de passer au sucré. La crêpe caramel maison eu beurre salé finira de calmer votre appétit, tandis que

par pure gourmandise, vous n'éviterez certainement pas la Zeblone à la pêche et à la framboise, flambée à la fine de Bretagne, avant de continuer votre excursion.

Boqueho

■ ÉGLISE SAINT-TUGDUAL-ET-SAINT-YVES
Le Grand Reste
Cette église est placée sous le double patronage de saint Tugdual, fondateur de l'évêché de Tréguier dont elle dépendait, et de saint Yves. Fondée par les seigneurs du Liscouët sur leur terre de Kernabat, elle porte leurs armes, figurées par une licorne. L'église de Boquého conserve huit stalles à la provenant peut-être de l'ancienne abbaye des prémontrés de Beauport, dont Boquého était un prieuré cure. Elles sont de très belle facture et datées de la toute fin du XVe siècle ou du début du XVIe.

Brélidy

■ LES DÉLICES DE MARGOT -CHÂTEAU HÔTEL DE BRÉLIDY
✆ 02 96 95 69 38 – Fax : 02 96 95 18 03
www.chateau-brelidy.com
♿

Fermé du 1er décembre au 1er mars. Ouvert tous les jours. Menus de 34 € à 66 €. Menu enfant : 12 €. Formule du midi : 25 €. Vin au verre. Accueil des groupes. Jardin. Non loin du bourg de Pontrieux, il existe un trésor caché, niché au sein du Château-Hôtel de Brélidy. Les délices de Margot, tel est le nom de cette perle de la gastronomie des Côtes d'Armor, évolue donc au sein d'un majestueux ensemble architectural prestigieux, manoir dont une partie date du XVIème siècle. La cuisine du chef Mark Bryant est par contre tout ce qu'il y a d'actuelle, à la fois moderne et traditionnelle, et faisant ressortir les richesses du territoire, comma l'andouille de Guéméné ou la coquille Saint Jacques. Idéalement au cours du repas, le gravlax de saumon à la betterave et à l'aneth, crème de ciboulette et raifort précédera par exemple une charlotte de rognons et ris de veau, champignons sauvages sautés, assortiment de petits légumes et sauce au porto. Et pour terminer, une tarte fine aux pommes, glace vanille, caramel beurre salé aromatisé au calvados vous fera regretter de n'avoir pu tout goûter. Tant pis, vous reviendrez.

Châtelaudren

Châtelaudren, petite cité de 46 hectares, ancienne capitale du Goëlo est située à l'intersection de deux grands axes desservant la Bretagne d'ouest en est et du

nord au sud. Ancienne capitale du Goëlo, Châteaudren vient de Castel Audren du nom de comte Audren, qui fit construire un château sur une butte au bord du Leff au XIe siècle. La cité se développe au pied de ses murailles et subit une épreuve douloureuse avec les guerres de Succession. En 1420, la ville est entièrement rasée par les Monfort. Au début du XXe siècle, Châteaudren entre dans le monde de la mode. Une entreprise, les éditions Moustouris éditent Le Petit Echo de la mode transforment le Goëlo en « capitale de la mode française ». Aujourd'hui, la vocation de cette petite cité de caractère est essentiellement commerciale et touristique.

■ CHAPELLE NOTRE-DAME-DU-TERTRE

Edifiée sur une butte au XVe siècle à la demande de saint Vincent Ferrier, elle porte également le surnom de « chapelle rouge », du fait de ses superbes panneaux du XIVe siècle. Ceux-ci sont peints sur le lambris, et représentent 132 tableaux illustrant l'Ancien et le Nouveau Testament, la légende de sainte Marguerite et celle de saint Fiacre. Pour profiter pleinement de la lecture de ces tableaux, il faut commencer par le registre supérieur sud au fond du chœur. L'histoire débute par la création des anges et s'achève lorsque Adam et Eve sont chassés du paradis. Le registre suivant – supérieur nord – retrace l'épisode d'Abel et Caïn. Le second registre sud représente les 12 prophètes et la Nativité. Le deuxième registre nord évoque l'Adoration des mages et le Baptême du Christ. Le quatrième et dernier registre présente l'Ascension et la Pentecôte. Suite à cela, on peut découvrir les autres tableaux représentant les légendes. A découvrir également dans la chapelle, le mobilier, qui ne manque pas d'intérêt, ainsi que les 3 statues du XVIe siècle et le retable du maître-autel – 1589 – restauré en 1852 et créé par Charles de La Haye.

Louargat

■ CAMPING DU MANOIR DU CLEUZIOU
Le Cleuziou
℡ + 33 2 96 43 59 32
Fax : + 33 9 59 81 28 12
Fermé du 1er avril au 30 octobre. Emplacement + véhicule + 1 personne de 10 € à 19,50 €. Emplacement + véhicule + 1 personne (avec 6 A) de 14,60 € à 24,10 €. Mobile homes pour 4 à 6 personnes de 40 € à 85 € la semaine. Mobil-homes, tarifs à la nuitée, 40 € à 85 € selon la saison. Animaux acceptés (3 €).
Pourquoi ne pas choisir l'intérieur de la Bretagne pour aller camper ? Dans le très beau parc arboré du Manoir du Cleuziou, vous profiterez d'un endroit des plus calmes, où la tranquillité n'est troublée que par le doux chant des oiseaux. Vous avez ici le choix entre l'hébergement en mobil-home ou le camping dans votre tente ou votre caravane, tout près du jardin de plantes aromatiques. A partir d'ici, vous ne vous trouvez qu'à un quart d'heure de Lannion. Poussez jusqu'à la Côte de Granit rose, admirer les chaos rocheux vers Trégastel où vous trouverez une plage pour vous baigner. Mais ne négligez pas non plus les possibilités que vous offre l'intérieur. Randos et balades vous permettront de faire le plein de nature entre deux visites de sites.

Pabu

■ CAMPING DE MILIN KERHÉ
Kerhré ℡ **02 96 44 05 79 / 06 87 69 20 93**
milin-kerhe.com

Fermé du 1er avril au 31 octobre. Terrain de 2,6 ha. Exposition : ombragé. Emplacement + véhicule + 1 personne jusqu'à 7,80 €. Emplacement + véhicule + 1 personne (avec 6 A) jusqu'à 10,80 €. Location de caravane, 15 € par nuit et de tipis, 45 à 55 € pour un adulte. Jeux pour enfants. Animaux acceptés (1,20 €). Baignades dans la rivière. Lâchez prise pour un moment et allez vous réfugier dans ce vaste camping, chez Jonathan et Margareth à Milin Kerhe sur la commune de Pabu. Dans une vallée, au bord de la rivière et aux abords du moulin qui porte le nom du lieu, vous trouverez des emplacements au calme, à moins que vous ne préfériez une caravane ou un tipi. Quoi de mieux que d'aller se tremper les pieds dans l'eau au réveil, environné par une nature riche et généreuse. Entre les périodes nécessaires de repos, vous aurez le choix en termes d'activités. Pêche, rando, escalade et VTT se pratiquent aisément ici, et les plages, pour le bain de mer, ne sont qu'à vingt minutes. Vous vous ferez également une joie pendant votre séjour de visiter les centres anciens de Guingamp ou de Pontrieux et de pousser jusqu'au port de Paimpol, l'archipel de Bréhat et la Côte de Granit rose.

Ploumagoar

■ LE MOULIN A FOULER
8, rue du Moulin-à-Fouler ℡ **02 96 21 12 22**
www.moulinafouler-restaurant.com
Ouvert tous les jours le midi ; le vendredi et le samedi le soir. Haute saison : tous les jours le midi ; du vendredi au dimanche le soir. Menus de 26 € à 35 €. Formule du midi : 11,50 € (et 13,50 € pour 3 plats. Plat du jour : 8,50 €). Accueil des groupes (jusqu'à 80 personnes, sur réservation).
En balade, ou en pause déjeuner, rendez vous au Moulin à Fouler pour une petite fête du palais. Accueilli en salle ou en terrasse à la belle saison, vous aurez alors en main la carte décrivant les exploits de Dominique, énergique chef qui dirige, entre autres, de main de maître la partie fourneaux. Parce qu'ici, au bord de l'eau et de la forêt, on pratique l'art de la gastronomie, et bien assis dans l'élégante salle, vous n'aurez que l'embarras du choix entre toutes les bonnes choses que l'on vous propose ici. La cuisine est à la fois classique, mais ne dédaigne pas d'y inclure des touches plus modernes, sans évidemment tomber dans l'écueil du n'importe quoi. Vous hésiterez en entrée entre la cocotte d'escargots et magret fumé, coulis de foie gras ou les huîtres poêlées, fondue de poireaux et caramel au cidre. Il en sera de même pour la suite. Filet de bœuf et son émulsion de foie gras ou filet de bar et sa crème citronnée ? Oserez vous pour le dessert le délicieux et régional nougat avec amande caramel beurre salé et sa glace aux blés noirs ? Après un repas pareil, allez donc faire quelques pas dans la forêt pour vous remettre de vos émotions.

Saint-Gelven

■ ABBAYE DE BON-REPOS
Bon-Repos
℃ 02 96 24 82 20
www.bon-repos.com
Fermé du 1ᵉʳ novembre au 1ᵉʳ avril. Basse saison : ouvert du lundi au vendredi à partir de 14h18. Haute saison : tous les jours à partir de 14h18. Adulte : 4 €. Enfant : 2 €. Groupe : 3 €. Visites toute l'année pour les groupes sur réservation. Visite guidée gustative en juillet août : 5 €. Visite guidée.

Quel cadre exceptionnel pour l'abbaye cistercienne de Bon-Repos, aujourd'hui au bord du Blavet canalisé et quelle bonne surprise pour le randonneur qui tombe, au détour du halage sur ce grandiose ensemble architectural. Depuis 1986, une association de bénévoles, aidés par les collectivités et sous les instructions avisées de l'architecte des Bâtiments de France s'emploient à restaurer ce chef-d'œuvre qui fut vendu comme bien national au cours de la Révolution française. Hormis son intérêt intrinsèque qui mérite à lui seul une visite, l'abbaye accueille aujourd'hui des résidences et des expositions d'art contemporain.

■ LES JARDINS DE L'ABBAYE
Bon Repos
℃ 02 96 24 95 77
www.jardinsabbaye.fr/
Ouvert du jeudi au lundi le soir ; du jeudi au mardi le midi. Menus de 18,50 € à 28,50 €. Accueil des groupes.
Les abords du lac de Guerlédan sont décidément pleins de ressources. Après ou avant de visiter l'abbaye, arrêtez-vous ici pour combler le petit creux qui apparaît forcément, lorsqu'on visite ou on randonne. Dans cette ancienne ferme des moines, entre canal et forêt, on vous servira une délicieuse cuisine à base de produits frais du terroir, dont les propositions varient au gré du marché. Terrine de canard maison, et bavarois de concombre et saumon mariné à l'aneth sont au menu des entrées, tandis qu'à celui des plats, on retrouve la bourride de lotte et de rouget barbet ou le duo de ris et rognons de veau au banyuls et girolles, galette de pommes de terre. Après un nougat glacé maison, une petite marche le long du Blavet vous fera le plus grand bien.

■ LES JARDINS DE L'ABBAYE
Bon Repos
℃ 02 96 24 95 77
www.jardinsabbaye.fr/
5 chambres. Chambre simple à partir de 45 € ; chambre double à partir de 55 €. Petit déjeuner : 7 €. Lit supplémentaire : 10 €. Wifi. Restauration.
Lors de votre voyage en Bretagne, prenez quelque temps pour vous arrêter en plein centre du Pays, à côté de l'abbaye de Bon-Repos dans ce petit hôtel qui prend place dans l'ancienne ferme des moines. Confortablement installés, après un sommeil réparateur, vous avez accès aux randonnées au bord du canal de Nantes à Brest et du lac de Guerlédan, ainsi qu'à toutes les activités nautiques pratiquées ici, baignade et dériveur. A cet effet vous pouvez d'ailleurs louer

canoës et VTT de l'établissement et ne manquez pas, au retour, la cuisine du restaurant qui fleure bon le terroir.

■ LE PETIT MARCHÉ DE BON REPOS
Bon Repos
A côté de l'abbaye
Ouvert le dimanche de 10h à 13h30.
Dans un cadre plus que sympathique, venez prendre l'air et flâner sur le petit marché de Bon Repos où une vingtaine de producteurs et d'artisans, emblématiques du Centre-Bretagne, exposent leurs productions pour le plus grand bonheur des chalands. Vous pourrez trouver ici pour votre pique-nique ou pour plus tard, des produits du terroir exceptionnels dont du pain, de la brioche, du kouign amann, des rillettes et du pâté de lapin (sans conservateurs), des escargots cuisinés, mais aussi du miel, du savon artisanal et bien d'autres choses encore. Des artisans proposent également leurs créations, des produits en cuir, des poteries...

Lamballe

Lamballe vient du breton *lan* (monastère) et de saint Pal (saint Paul), natif d'Angleterre, qui fonde, vers la fin du VIᵉ siècle, un monastère sur un terrain nommé *Saint-Pal*, au sud de la ville actuelle, sur la route de Moncontour. La plus ancienne mention de Lamballe *(Lambala)* date de 1083, dans une charte latine du prieuré de Saint-Martin de Lamballe. La ville se développe avec Jean III de Brosse, duc d'Etampes, gouverneur de Bretagne, comte de Penthièvre. Le seigneur aménage deux « lieux de plaisance » à l'est et à l'ouest de la ville.
Les parchemins de Lamballe sont alors connus jusqu'au Vatican. L'arrivée du chemin de fer en 1865 et la construction des haras boostent l'activité économique et structurent l'urbanisme. Le développement des coopératives (début du XXᵉ siècle) puis l'essor de l'agro-alimentaire (après la Seconde Guerre mondiale) contribueront encore à son essor. A 1 heure 30 de Rennes et 2 heures 45 de Paris, Lamballe a diversifié l'économie où l'agroalimentaire est très important. Le territoire est historiquement marqué par les métiers liés à l'automobile. Lamballe bénéficie aussi d'une attractivité touristique, en particulier avec le haras national (60 000 à 75 000 visiteurs par an) et la proximité du littoral.

■ OFFICE DE TOURISME
Place du Champ-de-Foire
BP 50211
℃ 02 96 31 05 38
Fax : 02 96 50 88 54
www.lamballe-tourisme.com
L'office de tourisme se trouve dans l'enceinte du haras national.
Basse saison : ouvert le lundi de 13h30 à 17h30 ; du mardi au samedi de 10h à 12h et de 13h30 à 17h30. Haute saison : tous les jours de 10h à 18h. Un parcours a été mis en place dans la ville, au gré des points d'intérêts architecturaux et historiques.

Points d'intérêt

◼ COLLEGIALE NOTRE-DAME-DE-GRANDE-PUISSANCE

Visite guidée gratuite en juillet et août. Sur réservation pour les groupes, le reste de l'année. Prendre rendez-vous au 02 96 31 05 38 ou 02 96 31 02 55. Visite guidée.

Classée monument historique en 1848, la collégiale Notre-Dame-de-Grande-Puissance est, à l'origine, la chapelle du château des Penthièvre, dont le comté est créé en 1023 pour Eudon, fils cadet de Geoffroy Ier, duc de Bretagne. Elle est située dans l'enceinte close de la fortification seigneuriale. Cette dernière est démantelée en 1420 après l'attentat de Champtoceaux perpétré contre le jeune duc Jean V. Après une reconstruction partielle, le château est totalement rasé en 1626. Seule l'église échappe à la ruine. Son architecture désoriente par sa diversité. Celle-ci s'explique par la durée de sa construction, perturbée par les aléas de l'histoire des Penthièvre. Romane à l'origine, agrandie en gothique, elle subit des restaurations très importantes de 1514 à 1519, après l'effondrement de l'angle nord-ouest en 1514, puis d'autres encore au XIXe siècle, qui achèvent la confusion des styles. L'architecture témoigne du double aspect, culturel et militaire, de l'édifice. En 1995, des vitraux contemporains ont été réalisés.

◼ EGLISE SAINT-JEAN
1, Parvis Saint-Jean

Ouvert tous les jours de 10h à 18h30. Sauf le dimanche à 11h pour la messe.

La construction de l'église Saint-Jean remonte à la guerre de Succession, entre 1341 et 1364, qui oppose Charles de Blois à Jean de Monfort. L'église Notre-Dame qui assurait le service paroissial, se trouve dans l'enceinte même du château, alors retranché. Grâce à un don du duc de Bretagne Jean V, une tour en forme de croix latine est ajoutée à l'église, en utilisant des pierres du château détruit. Pendant les guerres de la Ligue, la ville est quatre fois assiégée et l'église est pillée. D'origine, demeurent les grandes arcades. Au XIXe siècle, l'abbé Rouillé entame des travaux. Entre 1837 et 1840, grâce à des crédits municipaux, il fait élargir le transept et rebâtir les bas-côtés en ruine. De 1843 à 1844, une nouvelle sacristie est construite. En 1902, l'église voit la réalisation d'un nouveau dôme et la réfection du clocher. Les orgues (1777, rénovées en 1989) sont classées monuments historiques.

◼ EGLISE SAINT-MARTIN

Dans la charte de 1083, le comte Geoffroy de Penthièvre fait don d'une terre aux moines pour y créer une église, un bourg et des bâtiments de travail. Son intention est d'éduquer la population locale, jugée archaïque, d'y rétablir la foi et de développer l'agriculture et l'élevage. Eglise prieurale à l'origine, Saint-Martin devient paroisse en 1206 et se voit dotée de chapelains qui en assurent le service pastoral. Aux XVe et XVIe siècles, on édifie la chapelle sud et on remanie le bras nord du transept. Au XVIIIe siècle, on élève la sacristie. Restaurée en 2010, elle révèle aujourd'hui de magnifique traces de fresques médiévales mais également des retables et des statues du XVIIIe, trois pièces du sculpteur Yves Corlay. Elle est classée monument historique depuis 1907.

◼ MUSEE MATHURIN-MEHEUT
Place du Martray ✆ 02 96 31 19 99
Fax : 02 96 50 19 79 – www.musee-meheut.fr

Avril à septembre : mardi au samedi de 14h à 18h ; vacances de la Toussaint : mardi au samedi de 14h à 17h ; vacances de Noël : de 14h à 17h. Ouvert les jours fériés : en pleine saison de 14h à 18h, en basse saison de 14h à 17h. Adulte : 3 €. Enfant (jusqu'à 12 ans) : 1 €. Groupe : 2,50 € (sur rendez-vous, du 1er avril au 31 décembre). Etudiants et scolaires : 2 €.

Le musée se trouve dans la maison du Bourreau, mais à l'étage. Consacré au peintre breton Mathurin Méheut, il met en valeur la diversité de son œuvre. Fils d'un artisan lamballais, artiste curieux de tout, dessinateur, décorateur, « tourmenté par le désir de peindre », il a porté un regard sur les hommes et la vie quotidienne jusqu'aux années 1950 qui donne une grande place à ses passions, notamment pour la Bretagne et ses trésors. Il a aussi enseigné à l'école Boulle, puis à l'école Estienne, aux Beaux-Arts de Rennes, enfin. Au sommet de son art, il a collaboré avec les faïenceries Henriot à Quimper, la Manufacture de Sèvres et Villeroy & Boch ; les grandes compagnies maritimes lui ont confié la décoration de leur plus beaux paquebots. Chaque année, une exposition thématique présente une des nombreuses facettes de son art.

La maison du Bourreau

■ HARAS NATIONAL DE LAMBALLE
Place du Champ-de-Foire
BP 50211
✆ **02 96 50 06 98**
Fax : 02 96 50 88 54
www.haraspatrimoine.com
Ouvert toute l'année. Visite guidée à 15 h. Gratuit jusqu'à 3 ans. Adulte : 6 €. Enfant (de 3 à 12 ans) : 3,50 €. Groupe : 4 €. Tarif réduit : 5 €, pour les chômeurs et les étudiants. Visite guidée (en français et en anglais régulièrement en juillet et en août).
Durant environ 1 heure 30, la visite guidée vous fait découvrir l'histoire comme la vie actuelle du lieu. Deux selleries exceptionnelles, une belle collection de voitures hippomobiles et les bâtiments construits au fil du temps donnent un aperçu d'une époque ou le cheval était « la force de l'homme ». Depuis 1825, Lamballe vit en effet au rythme du cheval. Sur 6 ha au cœur de la ville, le haras national abrite une cinquantaine d'étalons nationaux, et le postier breton. Avec son remarquable *punch*, le postier s'est illustré dans les transports et dans l'artillerie en 1914-18. Une gloire qui valut au haras national de Lamballe, son berceau, un développement fulgurant au début du siècle : jusqu'à 400 étalons y furent hébergés.

■ MUSÉE D'ART POPULAIRE DU PAYS DE LAMBALLE
Place du Martray
✆ **02 96 34 77 63 / 02 96 31 05 38**
www.alp22400.net
De juin à septembre. Ouvert tous les jours de 10h à 12h et de 14h30 à 18h. Gratuit jusqu'à 12 ans. Adulte : 2 €. Enfant : 1 €.
La maison du bourreau... C'est le nom de cette bâtisse dont la façade est l'une des plus anciennes maisons à pans de bois de Lamballe. Elle date du XVIᵉ siècle. Animé par des passionnés d'histoire locale, le musée qui s'y trouve retrace l'histoire de la capitale du Penthièvre. Trois salles présentent des collections, témoins des modes de vie : faïences, vaisselles, costumes et coiffes, photos anciennes, poteries locales. Une maquette de la ville représente Lamballe au Moyen Age avant la destruction de son château et des remparts de la ville en 1420 composés de 45 tours. De ce riche passé de l'ancienne place forte du Penthièvre, on peut encore aujourd'hui admirer la collégiale qui était la chapelle du château.

Le couvert

■ LE CONNETABLE
9, rue Paul-Langevin
Parking des Tanneurs
✆ **02 96 31 03 50**
Fax : 02 96 31 03 50
www.leconnetable-lamballe.com
Ouvert toute l'année. Du mardi au dimanche le midi ; le vendredi et le samedi le soir. Les soirs de semaine : ouverture sur réservation. Menus de 26 € à 41 €. Formule du midi : 14 € (16 € pour 3 plats). Accueil des groupes (salon privé à votre disposition).

Il suffit de pénétrer au Connétable à Lamballe pour comprendre que ce serait une grave erreur d'ignorer les richesses dont disposent certaines petites cités des Côtes-d'Armor. En effet, on vous prépare ici une cuisine moderne, variée, inventive et chaleureuse à partir des produits régionaux du terroir et de la mer. Tout est frais d'autant plus que les époux Nicolas, propriétaires des lieux exploitent également le P'tit Marché, une sorte de poissonnerie-épicerie fine qui regorge de tout ce que l'on peut trouver de mieux en matière de produits bretons. On est donc ici chez des experts. En entrée les langoustines grillées et crème de moules de Jospinet au bleu de Bellevue vous montreront l'aspect marin de l'endroit. Et pour le côté terrien, la brochette de cailles fermières grillée au lard fumé maison, polenta au piment d'Espelette bio vous ravira de la même façn. Après le toast de Hirel, compote de pommes et réduction de cidre du Prest, vous n'aurez qu'une envie, vous précipiter au P'tit Marché pour continuer ce doux moment.

■ LE MANOIR DES PORTES
La Poterie
✆ **02 96 31 13 62**
Fax : 02 96 31 20 53
www.manoirdesportes.com
Fermé du 19 décembre au 3 janvier. Ouvert du mardi au dimanche le midi de 12h à 13h30 et le soir de 19h à 21h30. Menus de 19 € à 26 €. Carte : 30 € environ. Formule du midi : 18 € (du mardi au vendredi). Accueil des groupes. Jardin. Terrasse.
En connaissant certains endroits de l'Argoat (Bretagne intérieure) on se demande parfois pourquoi les foules ont un tel tropisme pour l'Armor (le littoral). Il est des lieux, comme le Manoir des Portes, où pour rien au monde on n'échangerait un repas contre un autre sur un bord de mer bondé. Ici, le temps s'arrête pour le convive, et la cuisine à la fois vive et traditionnelle qu'on lui sert, ne ment pas. En effet, elle repose sur le produit frais du terroir, la richesse du pays. Goûtez donc en entrée, pour voir, la côte de saumon en gravelax, mousseux à l'avocat. Et pour le plat, que pensez-vous d'un médaillon de veau poêlé Vallée d'Auge ? Que du bien, évidemment, et même du très bien. Et pour finir sur une terre nuage, le crémeux au yaourt à la fraise et menthe finira de vous convaincre que les plaisirs gastronomiques de la Bretagne intérieure méritent vraiment qu'on s'y attarde.

Le gîte

■ LE MANOIR DES PORTES***
La Poterie
✆ **02 96 31 13 62**
Fax : 02 96 31 20 53
www.manoirdesportes.com
15 chambres. Chambre simple de 62 € à 105 € ; chambre double de 57 € à 100 € ; chambre triple de 92 € à 110 €. Demi-pension (de 82 à 90 €). Petit déjeuner : 9 €. Parking inclus. Animaux acceptés (7 €). Séminaires. Restauration.
Venez vous reposer en Bretagne authentique. A deux pas de Lamballe, cité historique environnée de manoirs d'une exceptionnelle facture, le temps c'est arrêté à celui

de Portes. Vos chambres spacieuses et soigneusement décorées vous accueillent pour un séjour au calme. Pas un bruit si ce n'est le gazouillis des oiseaux, à moins que la télévision ou la wifi ne prennent le relais, puisqu'elles équipent l'ensemble de cet hôtel de charme. En été, vous prendrez vos repas sur la terrasse, savourant la richesse de la cuisine maison, tandis qu'après déjeuner, une petite sieste dans le jardin parachèvera ces moments de détente absolue. En hiver vous prendrez place devant la cheminée monumentale où l'atmosphère d'antan est toujours bien vivante.

▪ Dans les environs

Jugon-les-lacs

Situé à quelques pas de la côte d'Emeraude, à 20 minutes de Dinan, Jugon-les-Lacs est l'un des lieux touristiques les plus attachants de Bretagne. Cette « Petite Cité de Caractère » et « Station Verte », adossée à un long et beau lac, est le lieu de rendez-vous incontournable des amoureux de la nature et de l'histoire. Ses belles demeures en granit et son environnement naturel préservé constituent le cadre idéal pour un séjour de charme. A voir : 300 ha de lacs et rivières, 200 km de sentiers VTT, le château de la Hunaudaye, l'Ecomusée de la Ferme d'Antan ou encore l'abbaye de Boquen.

▪ **OFFICE DE TOURISME**
Place du Martray ℂ **02 96 31 70 75**
www.jugon-les-lacs.com

Fermé du 24 décembre au 1er janvier.

▪ **CHATEAU DE LA HUNAUDAYE**
Saint-Esprit-des-Bois
ℂ **02 96 34 82 10**
www.la-hunaudaye.com
Du 26/06 au 16/09, tous les jours de 10h30 à 18h30. Pâques et Toussaint, tous les jours de 14h30 à 18h. Du 01/04 au 24/06 et du 17/09 au 4/11, de 14h30 à 18h. Gratuit jusqu'à 6 ans. Adulte : 5,50 €. Enfant : 3,50 €. Visite guidée (prévoir environ 45 minutes de visite). Animation.

Aux abords de la forêt de la Hunaudaye se dresse l'imposante architecture d'un château dont les plus anciens vestiges remontent au XIIIe siècle. En 2005, une vaste campagne de restauration et d'aménagement avait commencé. En 2008, les nouveaux espaces restaurés sont entièrement ouverts au public : salles d'exposition, ateliers pour enfants, accueil, librairie… L'intégration des matériaux modernes aux vestiges médiévaux est réussie et respectueuse. Le grand escalier de la tour militaire ponctue avec éclat la visite. Il est désormais possible d'accéder aux courtines et chemins de ronde, d'où une vue magnifique permet d'embrasser toute la région d'un seul coup d'œil ! Captant l'attention du public avec nombre d'anecdotes et détails insolites, les guides vous feront plonger dans la vie quotidienne médiévale. Trois types de visite : visite guidée de 45 minutes ; visite libre à l'aide d'un fascicule disponible en quatre langues, des audioguides pour visiter autrement le château depuis mai 2012.

Moncontour

Moncontour, « Petite Cité de Caractère », un des « Plus Beaux Villages de France » (depuis 2010), s'étend sur 48 ha. Malgré sa petite taille, la ville possède un patrimoine historique et architectural aussi dense que remarquable. Ce nom de Moncontour acquis au Moyen Age et qui signifie « entourée de monts » révèle sa situation : le Mené au sud et de ses ramifications dont les sommets atteignent 339 m à l'est (Bel Air, point culminant des Côtes-d'Armor). La cité est construite sur un éperon rocheux d'une hauteur de plus de 80 m, la rendant quasiment imprenable. Cette forteresse défendit le duché de Penthièvre sur la route Saint-Malo/Quiberon, un des principaux axes de circulation. Le choix d'un tel site s'explique aussi par la destination de la forteresse : un poste avancé devant défendre Lamballe, capitale du Penthièvre. Un rôle que la cité remplit durant tout le Moyen Age et jusqu'à son démantèlement en 1626. Sur ordre de Richelieu, le château a été découronné. Il reste aujourd'hui une ceinture de remparts remarquables. Une fête médiévale se tient tous les deux ans, chaque année impaire. En août 2011, elle a attiré quelque 15 000 visiteurs.

La ville de Moncontour et ses remparts

■ **OFFICE DU TOURISME**
4, place Carrière ✆ **02 96 73 49 57**
Fax : 02 96 73 53 78
www.tourisme-moncontour.com
Basse saison : ouvert le mardi, le mercredi, le vendredi et
le samedi de 10h à 12h et de 14h à 17h ; le jeudi de 10h
à 12h. Haute saison : tous les jours de 10h à 12h30 et de
14h à 18h. Visites guidées de la Petite Cité de Caractère
du 6 juillet au 27 août, le lundi et le jeudi, à 10h30.
Prévoir 1h de visite.

■ **LE CHAUDRON MAGIQUE**
Place de la carrière ✆ **02 96 73 40 34**
www.le-chaudron-magique.com
Ouvert toute l'année. Du mardi au samedi de 12h à 15h
et de 19h à 22h. Menus de 22 € à 32 €. Menu enfant :
10 €. Formule du midi : 13,80 € (en semaine. Formule
du soir : 15 €). 2 salles. Accueil des groupes (jusqu'à
50 personnes, sur réservation). Vente à emporter.
Le Chaudron Magique est un restaurant de charme,
spécialisé dans la cuisine médiévale. Pour emmener les
clients dans un voyage hors du temps et faire découvrir
des plats d'antan : soupe d'herbes, brouet blanc de
volaille fermière, andouillette à l'ancienne... La maison
propose également des plats traditionnels. Aux beaux
jours, la terrasse en bois (couverte) permet de déjeuner
au soleil. Pour le *fun*, des costumes sont prêtés aux hôtes
qui peuvent ainsi faire ripaille au son d'une musique
médiévale.

■ **A LA GARDE DUCALE**
10, Place Penthièvre
✆ **02 96 73 52 18**
a-la-garde-ducale.gitedarmor.com
Gîte de France (3 épis). Chambre simple 50 € ; chambre
double 55 € ; chambre triple 80 €. Restauration (table
dhôtes : 23 €).
Au cœur de la cité médiévale de Moncontour, classée
parmi les Plus Beaux Villages de France, 4 chambres
de charme vous attendent dans une demeure de la
fin du XVIᵉ siècle. Durant sa longue histoire, elle servit
notamment d'hébergement à la garnison de soldats de
la forteresse. Au choix, la belle époque (chambre romantique avec son ciel de lit et ses boiseries), la Bretonne
(chambre décorée avec goût mêlant le style breton et

le confort moderne), Rêve de Jeunesse (confortable et
spacieuse) ou la Louis Philippe (lumineuse et confortable
avec une vue exceptionnelle sur les remparts de la cité).

Planguenoual

■ **MANOIR DE LA HAZAIE**
La Hazaie ✆ **02 96 32 73 71**
Fax : 02 96 32 79 72
www.manoir-hazaie.com
6 chambres. Chambre double de 148 € à 264 €. Petit
déjeuner : 15 € (pour un adulte). Animaux acceptés
(dans cesrtaines chambres : 15 €). Restauration (dîner
sur réservation : 49 €, sauf le dimanche).
Voulez-vous vivre pour un moment la vie de châtelain ?
Vous serez reçus comme des princes dans cet authentique
manoir, typique du Pays de Lamballe, datant dans sa
forme actuelle majoritairement du XVIIᵉ siècle. Les
quatre chambres qui vous accueillent sont chacune aussi
grandes que des appartements parisiens et sont éclairées
par de larges fenêtres. Elles sont toutes autonomes
en ce qui concerne les sanitaires, et bénéficient de la
Wifi. Meublées de lits à baldaquins et de meubles des
XVIIIᵉ et XIXᵉ siècles, elles possèdent également des
cheminées monumentales en granit, à jambages et
manteaux sculptés, qui restituent l'ambiance originelle
des époques où le château fut conçu. Vous êtes ici à la
bonne adresse pour visiter la région ou aller jouer au
golf. On peut également, sur demande, vous servir un
dîner aux chandelles.

Plémy

■ **CAMPING LA TOURELLE PAYS DE**
MONCONTOUR**
Gare de Moncontour- Le Pont des Vallées
✆ **02 96 73 50 65**
Fax : 02 96 73 50 65
www.camping-moncontour.fr
RN 12 depuis Rennes ou BrestD 768 axe
Lamballe-LoudéacGare SNCF à Lamballe
(14 km)

Camping de la Tourelle Pays de Moncontour

Ouvert toute l'année. Ouvert de février à mi novembre. Terrain de 2 ha. 32 emplacements. Exposition : ombragé / mi-ombragé / ensoleillé. Relief : plat. Terrasses couvertes. Emplacement + véhicule + 1 personne à partir de 8,50 €. Chalets pour 4 à 6 personnes de 191 € à 520 € la semaine. Réduction : tarif groupe à partir de 10 personnes, 2 €. Espace camping car 2 € par nuit. Chèque Vacances. Label Tourisme & Handicap. Jeux pour enfants. Animaux acceptés (1 €). Connexion Internet. Bain bouillonnant. Animation.
C'est sur le toit des Côtes d'Armor que vous apprécierez de passer des vacances relaxantes sur le camping de la Tourelle. Outre son littoral offrant une vue imprenable couverte et chauffée à 100 m, les 14 sentiers pédestres avec ses 148 km de randonnée parfaits pour découvrir les paysages bretons ou encore le circuit d'interprétation du patrimoine. Vous plongerez dans une ambiance typique du Moyen-Age, à travers la découverte de la Cité de caractère de Moncontour (800 m du camping), classée parmi les Plus Beaux Villages de France et sa fête médiévale en août, son festival d'art de rue en septembre. Moments familiaux et reposants vous attendent dans cet endroit verdoyant. Wifi zone gratuite sur le camping, passage du boulanger d'avril à septembre.

Lancieux

Limitrophe de l'Ille-et-Vilaine, Lancieux est un des joyaux de la Côte d'Emeraude. La presqu'île que forme son territoire la dote de quatre magnifiques plages de sable fin. Outre son littoral offrant une vue imprenable sur l'île Agot et l'île des Ebihens, l'estuaire du Frémur ainsi que le bourg historique font de Lancieux un lieu de choix pour effectuer des promenades des bocages aux polders, en passant par les dunes. Sa baie semi-fermée - 500 ha - offre un site exceptionnel pour la pratique de la planche à voile (spot de renommée nationale), de la voile, du kayak de mer, de la pêche à pied, de la baignade et du cerf-volant. Ses 11 km de côtes présentent de nombreuses plages de sable fin séparées par des pointes rocheuses, bordées d'un sentier du littoral - GR34. Le nom de la commune vient du breton « Lann », signifiant « ermitage » et de « Sieu », moine originaire de Cornouaille britannique du VIe siècle, disciple de Saint-Brieuc. La plus vieille trace écrite faisant allusion au village date de 1092. A voir : ! les plages de sable fin, le moulin de Buglais (XVIe) classé monument historique, le tertre Corlieu, site naturel protégé.

■ **OFFICE DU TOURISME**
Square Jean-Connan BP19
22770 Lancieux (France)
✆ **02 96 86 25 37**
Fax : 02 96 86 29 81
www.lancieux-tourisme.fr
contact@lancieux.tourisme.fr
Ouvert du mardi au samedi de 10h à 13h et de 14h à 17h ; le dimanche et les jours fériés de 10h à 13h.
Lorsque vous venez à Lancieux par la route de Ploubalay, l'office de tourisme se trouve sur votre gauche, après avoir passé le moulin. Un petit parking offre quelques places devant l'office. Des soirées hebdomadaires sont organi-sées, en saison, sur cette petite esplanade. L'occasion de découvrir les produits locaux au son de la musique. Une convivialité qui permet de commencer les vacances du bon pied ! Des ordinateurs (avec une connexion wifi) sont à la disposition des visiteurs.

■ **Dans les environs**

Plancoët

■ **CROUZIL**
20, les Quais ✆ **02 96 84 10 24**
Fax : 02 96 84 01 93
www.crouzil.com
Fermé du 15 au 31 janvier. Ouvert du mardi au samedi le soir de 19h à 21h ; du mardi au dimanche le midi de 12h30 à 13h30. Réservation recommandée. Menus de 55 € à 110 €. Menu enfant : 10 €. Formule du midi : 12,50 € (déjeuner formule bistrot du mardi au samedi). American Express. Accueil des groupes (conditions exceptionnelles pour groupes, séminaires, week-ends gastronomiques). Jardin. Terrasse.
Cette maison est certainement l'une des meilleures de la région. Jean-Pierre Crouzil s'est effacé pour laisser petit à petit la main à Maxime, son fils, qui célèbre l'Armor avec talent et passion. Les produits sont exceptionnels, les saisons sont honorées de nouvelles créations culinaires. Cette très belle table propose une cuisine classique qui fait aimer la Bretagne. Au pays de l'eau minérale, la carte des vins est somptueuse. Si les prix peuvent s'envoler avec quelques jolis flacons, la maison fait un effort pour cadrer des menus très abordables à midi (formule bistrot) et le soir (90 € tout compris). C'est louable. A la saison de la chasse, le chef n'a pas son pareil pour préparer le gibier. Une grande leçon de cuisine à la française qui laisse admiratif. A la carte : Saint-Jacques dorées au sautoir, homard breton rôti sous le feu et brûlé au lambic beurre monté au chablis et estragon. Tentant, non ? On peut aussi dormir sur place pour éviter la route. L'établissement (L'Ecrin) compte 7 chambres (trois étoiles) qui portent le nom d'une pierre précieuse. Tarif préférentiel pour les clients du restaurant.

Ploubalay

Nœud routier sur les itinéraires touristiques de la côte d'Emeraude, Ploubalay est une commune littorale sans plage. Cette zone de polders de 75 ha, protégée par une digue construite aux XVII et XVIIIe siècle qui rappelle son passé maritime, occupe une situation privilégiée entre la mer, les étangs et les bois, unissant le tourisme vert au tourisme bleu. Des petits villages typiques sont à découvrir à l'occasion de belles promenades dans un arrière-pays bocager. Jadis, Ploubalay et Lancieux formaient une presqu'île bordée à l'est par le bras du Frémur ou la mer pénétrait jusque Languenan. Au cours des siècles, la mer s'est retirée pour faire place aux marais. Ploubalay est une ancienne paroisse primitive qui englobait jadis, outre le territoire actuel de Ploubalay, ceux de Lancieux, Trégon, Créhen, Saint-Jacut-de-la-Mer et Le Plessix-Balisson.

■ CHATEAU D'EAU

Ouvert toute l'année. Le vendredi, le dimanche et les jours fériés de 12h à 1h. Basse saison : du lundi au jeudi de 12h à 22h. Haute saison : tous les jours de 12h à 1h.

Du sommet de cet édifice, situé à 54 m au-dessus du sol, soit à 104 m du niveau de la mer, on peut apercevoir – par temps clair – les îles anglo-normandes et apprécier un panorama exceptionnel, du Cap Fréhel à Saint-Malo. Peint en rouge, il sert de repère pour le circuit d'approche de l'aéroport de Pleurtuit situé à proximité. Lors de forts coups de vent le 15 août 2012, une partie du parapet entourant le château d'eau du duc Jean V de Bretagne s'est effondrée. Plusieurs tonnes de béton sont tombées sur le parking. Dans l'attente des réparations et des conclusions des experts, le restaurant au sommet a été fermé.

■ L'EGLISE SAINT-PIERRE ET SAINT-PAUL

L'ancienne église de Ploubalay, Saint-Pierre, est créée en 1163 par le pape Alexandre III. Ploubalay devient une paroisse dès 1439 grâce au duc Jean V de Bretagne. Sous l'Ancien Régime la paroisse de Ploubalay appartient au diocèse de Saint-Malo. L'ancienne paroisse dépendait de la subdivision de Dinan. Elle dépendait du roi au moment de la Révolution. La nouvelle église de Ploubalay est créée en 1869 pour mettre en évidence l'indépendance de l'église par rapport à l'abbaye de Saint-Jacut. L'église abrite une statue de saint Jean-Baptiste provenant de la chapelle Saint-Jean de la Fardelays appelée aussi Saint-Jean-Haridy.

■ RESTAURANT CAFÉ DES SPORTS
1, rue du Colonel-Pléven
✆ **02 96 27 20 07**
www.restaurant-dessports.com

Ouvert tous les jours. Menus de 15,90 € à 38 €. Formule du midi : 11,50 € (menu ouvrier proposant buffet d'entrées, 4 plats au choix, 1 poisson chaque jour, fromage, buffet de dessert, boisson et café. En semaine). Chèque Restaurant. Toilettes accessibles aux handicapés. Accueil des groupes (jusqu'à 70 personnes sur réservation. 3 salles de restaurant). Terrasse.

Le restaurant des Sports, tenu par Nathalie depuis le 1er avril 2008, est réputé pour la qualité de ses plateaux de fruits de mer, sa choucroute de la mer, sa choucroute de Saint-Jacques à l'andouille ou son homard breton. Les menus sont très bon marché. Un menu ouvrier à 11 € le midi propose buffet d'entrées et de desserts, 4 plats au choix – avec un poisson chaque jour – comme par exemple une escalope à la normande ou un filet de merlu à la crème de moules, boissons et café compris. Paella ou coucous, une fois par semaine. Pour ne rien gâter, vous bénéficierez d'un accueil convivial et d'une grande terrasse ensoleillée. Le bar PMU ouvre ses portes dès 7 h. Excellent rapport qualité/prix.

■ CRÊPERIE LE CHÂTEAU D'OH
50, route de Dinard ✆ **02 96 27 36 98**

Ouvert du vendredi au mardi et les jours fériés le midi et le soir ; le jeudi soir. Réservation recommandée. Menus de 12 € à 20 €. Un restaurant inédit, niché au sommet du château d'eau de Ploubalay. Et cela dure depuis 40 ans. Galettes, crêpes, salades constituent la carte qui privilégie les produits frais du terroir. C'est évidemment la vue (à 360°) qui constitue l'attrait de l'établissement. La décoration est simple et le service décontracté. La salle est assez petite ce qui permet d'être attentif aux clients. Mais il est prudent de réserver pour profiter du coucher de soleil. A fortiori pendant la saison touristique. Au cours de l'été 2012, dix mètres de la rambarde en béton sont tombés. Le site a été sécurisé ; mais la crêperie a été contrainte de fermer jusqu'aux conclusions des experts.

■ RESTAURANT LA GARE
4, rue des Ormelets ✆ **02 96 27 25 16**
Fax : 02 96 82 63 22
www.restaurant-la-gare-ploubalay.com

Fermé du 16 février au 5 mars. Basse saison : ouvert le lundi et le mardi le midi ; du jeudi au dimanche le midi et le soir. Haute saison : le lundi et le mardi le soir ; du jeudi au dimanche le midi et le soir. Menus de 27 € à 58 €. Carte : 45 € environ. Formule du midi : 15 € (du lundi au vendredi). Accueil des groupes. Terrasse.

Thomas aux fourneaux. Valérie en salle. Le tandem se met en quatre pour le plaisir des clients fidèles. La cuisine est classique, raffinée, avec des accents de modernité. Maître restaurateur depuis 2008, le chef travaille les assaisonnements avec beaucoup de délicatesse. Son carpaccio de Saint-Jacques est parfumé à l'huile de truffes et aux orange sanguines ; le croquant de tourteau est servi tiède avec un nuage de curry. Quant au foie gras poêlé, il est souligné d'un caramel de porto et servi avec quelques girolles. Le rapport qualité/prix justifie l'étape gourmande et même un détour.

Saint-Jacut-de-la-Mer

Au VIe siècle, le moine Doac édifie un ermitage sur lequel la légende veut que les jumeaux Jacut et Guézénec, frères aînés de saint Guénolé, établissent l'abbaye de Landoac (ou abbaye de Landouar ou Landouart). Saint-Jacut-de-la-Mer tire son origine de l'abbaye de Saint-Jacut, fondée au Ve siècle, dès la première immigration bretonne. Au IXe siècle, l'abbaye de Saint-Jacut-de-la-Mer subit le pillage des Normands. Elle est devenue une pension de famille

en 1875, puis une maison de retraite à partir de 1951. Saint-Jacut-de-la-Mer a longtemps vécu de la pêche. A la raie et au maquereau notamment. Aujourd'hui plaisante station balnéaire, vous serez séduits par ses onze plages et l'architecture singulière des maisons, alignées par rangées, construites en longueur. Une tactique pour se protéger du vent. Saint-Jacut dispose de deux ports. Celui de la Houle-Causseul qui accueille les bateaux de pêche et de plaisance. Celui du Châtelet construit au XVIIIᵉ siècle, plus abrité, qui sert de refuge aux embarcations pour l'hiver.

■ OFFICE DE TOURISME
Rue de la Poste ✆ **02 96 27 71 91**
Fax : 02 96 27 75 64
www.saintjacutdelamer.com
Ouvert toute l'année. Visite guidée de la presqu'île (durée 3 heures environ).

■ LES EBIHENS
Accessible à marée basse par un banc de sable, l'archipel des Ebihens prolonge la presqu'île de Saint-Jacut-de-la-Mer. Son île principale est d'une superficie de 20 ha. Privée, l'île est occupée et partagée par six propriétaires qui tolèrent la traversée du sud au nord par le chemin principal car ils veillent à ce que ce site protégé par son insularité, perdure pour les générations futures. Des fouilles archéologiques ont révélé les traces d'un atelier dont l'activité était très particulière : la fabrication de pains de sel. Une technique qui permettait aux Celtes de transformer l'eau de mer. Pour ce faire, les « bouilleurs d'eau » utilisaient des fours pour récupérer les cristaux de sel de la saumure chauffée sur la braise et en faire des pains. Une chapelle – construite en 1699 – est le second vestige subsistant sur l'île. Surveillez l'heure, pour ne pas rester prisonnier des flots qui remontent – selon la légende – à la vitesse d'un cheval au galop.

■ LE BUVEUR DE LUNE
1, boulevard des Dunes ✆ **02 96 27 74 20**
www.lebuveurdelune.com
Ouvert de Pâques à la Toussaint. Ouvert du mardi au dimanche. Haute saison : (dernier service à 23h). Service continu le dimanche. Anglais parlé. Ambiance conviviale garantie dans ce restaurant festif ancré face à la mer. Pour les soirées à thème (durant la saison), il convient de consulter le programme sur le site de l'établissement. Un conseil : ne passer pas à côté de la soirée brésilienne... Aux beaux jours, installé sur sa grande terrasse, les yeux noyés dans l'horizon marin, vous vous délecterez de délicieuses galettes, de savoureuses cocottes de moules de Saint-Jacut, des huîtres du pays, ainsi que d'autres spécialités telles que gambas grillées ou salades.

■ HOTEL-RESTAURANT LE VIEUX MOULIN*
22, rue du Moulin ✆ **02 96 27 71 02**
Fax : 02 96 27 77 41
www.hotel-le-vieux-moulin.com

Fermé du 1ᵉʳ décembre au 31 mars. 26 chambres. Chambre double de 47 € à 67 €. Demi-pension (à partir de 52 €). Petit déjeuner : 7 €. Wifi. Restauration. Située sur le bout de la presqu'île, cette bâtisse, comme son nom l'indique,

est un ancien moulin à blé (en service entre 1415 et 1918) qui surplombe la mer. L'établissement a conservé le charme des pensions de famille à l'ancienne. C'est daté (on trouve encore des chambres avec lavabo et bidet) mais très propre. Le prix fait oublier les normes standardisées et plus urbaines. D'autant que l'ambiance est chaleureuse et l'accueil particulièrement courtois et agréable ! Vous êtes à proximité des plages, du centre-ville et de la pointe du Chevet. La table est ouverte le soir au client de l'hôtel, en demi-pension.

■ LES VIVIERS D'EMERAUDE
ZA de la Ville Neuve
✆ **02 96 86 21 11**
✆ **09 65 30 24 38 / 06 83 99 15 71**
Ouvert tous les jours de 9h à 19h. Grand parking.
Cette entreprise familiale, producteurs depuis cinq générations, offre à une clientèle fidèle des produits d'une extrême fraîcheur (huîtres, moules, araignées, tourteaux, homards bretons). On peut y commander un plateaux de fruits de mer. L'établissement dispose également d'un bar à huîtres. Pour trois francs six sous, on peut déguster des huîtres avec un verre de vin blanc à l'abri des baies vitrées qui offrent une vue imprenable sur la baie. Et ce, tous les jours de 9h à 19h.

Lannion

Lannion, sur la Côte de Granit rose, capitale du Trégor, ville labellisée 3 fleurs, et deuxième ville du département, est une cité de caractère à multiples facettes. L'étymologie de Lannion résulterait de l'installation au Vᵉ siècle, d'un établissement religieux, lann, en breton, sous le patronage d'un saint irlandais nommé Ion – ou Iudon. Fondée au XIᵉ siècle, elle a su conserver son patrimoine architectural et culturel qui enchante ses visiteurs. Découvrez ses petites rues pavées bordées de maisons à colombages des XVᵉ et XVIᵉ siècles, et ses églises du XIIᵉ au XVIIᵉ siècle. C'est aussi la capitale bretonne de l'électronique et des télécommunications, championne des techniques de pointe, avec sa technopole regroupant une centaine d'entreprises high-tech et des centres de recherche. Mais ce n'est pas tout ! C'est encore une ville d'eau avec le Léguer qui la traverse de part en part et son stade d'eaux vives. Et une commune côtière avec sa plage de Beg-Léguer que vous trouverez en suivant le chemin de halage, le long du cours d'eau, jusqu'à la mer. Lannion est une petite cité portuaire. Mais c'est aussi une ville fortifiée qui sera rapidement plongée dans la guerre de Succession à la mort de Jean III en 1341. Au début du XVᵉ siècle, la ville prend son essor, une expansion qui durera jusqu'en 1591, quand les Espagnols, mercenaires au service des ligueurs du Trégor, envahissent la ville et détruisent une partie de ses habitations. Quelques années plus tard, la peste vient achever le travail de mort et de destruction déjà engendré par les guerres et les pillages. Ce n'est qu'au XVIIIᵉ siècle que s'achève cette période de délabrement, la prospérité revient peu à peu, le port est rénové, un quai est construit. Aujourd'hui Lannion est une technopole active depuis l'installation en 1960 du Cnet – Centre National d'Etude et de Télécommunications.

■ **OFFICE DE TOURISME**
2, quai d'Aiguillon
② 02 96 46 41 00
Fax : 02 96 37 19 64
www.ot-lannion.fr
*Basse saison : ouvert du lundi au samedi de 9h30 à
12h30 et de 14h à 18h. Haute saison : du lundi au samedi
de 9h à 19h ; le dimanche et les jours fériés de 10h à 13h.
Visites guidées : se renseigner.*

Lorsque vous arrivez à Lannion, allez directement sur
les quais à l'office de tourisme. Vous y serez accueilli
très agréablement par un personnel expert, incollable
sur la région et parfaitement au courant de toutes les
possibilités qui vous sont offertes en termes d'hébergement, de restauration, mais aussi de visites de sites
ou de monuments remarquables. A ce propos, vous
pouvez, à partir d'ici, suivre des visites guidées fréquemment organisées, la réservation et l'obtention de billets
s'effectuant ici.

Points d'intérêt

■ **CENTRE-VILLE**
Les maisons à colombages – XVᵉ-XVIᵉ siècle – avec leurs
pans d'ardoises et leurs cariatides. La rue des Chapeliers,
Le-Teillandier et la place du Général-Leclerc. Les maisons
à pans de bois : place Leclerc et rue des Chapeliers. Elles
datent de deux époques : la première, fin XVIᵉ siècle,
s'inspire du Moyen Age. Il ne reste que la maison du
3, rue des Chapeliers, ornée de personnages sculptés
dans des positions étranges. La seconde période est plus
tardive – 1620 – et laisse apparaître des architectures
de type Renaissance.

■ **CHAPELLE DE SAINT-CARRE OU NOTRE-
DAME DE PITIE**
Cette chapelle qui date de la fin du XVIIᵉ siècle a pour prin-
cipaux attraits son clocher, l'oratoire extérieur au-dessus

du porche, les deux piliers du portail de l'enclos ainsi
qu'une fontaine de 1700. Sa construction fut décidée à
la suite de trois apparitions de la Vierge à un paysan de
Lanvellec, vers 1660. A l'intérieur, des chaînes accrochées
à l'une des poutres rappellent l'histoire d'un bagnard
injustement condamné, qui fit le vœu d'un pèlerinage
pieds nus pour offrir ses chaînes à la Vierge de Saint-
Carré, s'il était innocenté. Le véritable meurtrier étant
passé aux aveux sur son lit de mort, le bagnard réalisa
alors son vœu.

■ **CHAPELLE SAINT-GOULVEN**
Construite au XVIIᵉ siècle, la chapelle Saint-Goulven
possède un retable coloré représentant la Cène en haut-
relief, en bois polychrome. Sa fontaine date de 1652.
L'édifice a été restauré au XIXᵉ siècle, avec réutilisation
des portes datant du XVᵉ et du XVIᵉ siècles. Surmonté
d'une flèche, le clocher mur possède une chambre de
cloche. Cette dernière a été restaurée complètement en
1983, par M. Delestre.

■ **EGLISE DE BRELEVENEZ (OU DE LA TRINITE)**
Place Ernest Laurent
Visite guidée (tous les jours en été).
L'église de Brélévenez (ou de La Trinité) est bâtie sur la
colline dominant la ville de Lannion. On y accède par un
escalier de cent quarante-deux marches. Sa construction
de style roman est sans doute due aux Templiers. De
belle ligne, elle justifie son deuxième nom par les trois
piles de pierre du porche sud symbolisant La Trinité. A
l'intérieur, vous pourrez découvrir une mesure à grains
provenant du manoir du Cruguil. Elle servait à évaluer
la quantité de grains founis par les paysans à la paroisse
pour s'acquitter de la dîme.

■ **EGLISE SAINT-JEAN-DU-BALY**
Sa tour carrée date de 1519 et est dépourvue de sa
flèche depuis le XVIIIᵉ siècle. Trop lourd, cet assemblage
se mettait à pencher dangereusement après la rupture

Plage de Beg Léguer

d'une des pièces de la charpente. Le duc d'Aiguillon, commandant en chef de la province et lieutenant général du roi en Bretagne, fit ordonner sa démolition, en 1760. Un cadran solaire en ardoise, datant du XVIIIe siècle, orne le côté sud. A l'extérieur se trouve une croix, sculptée en 1870 par Hernot, artiste qui fit la grotte de Lourdes dans le jardin du Vatican.

■ L'ESCALIER QUI DESCEND VERS LANNION
Agé de 150 ans, il était composé de trois cent soixante-cinq marches, autant que le nombre de jours dans l'année. On les montait sur les genoux pour expier les péchers quotidiens. Il n'en reste aujourd'hui que cent quarante-deux à gravir. En bas, une croix de 1523 dédiée à saint Mathurin, le patron des trinitaires, alors populaires dans le Trégor. Leur but était de racheter les marins prisonniers des pirates maures.

■ L'IMAGERIE
12, rue Savidan
℃ **02 96 46 57 25**
www.imagerie-lannion.com
Ouvert toute l'année. Basse saison : le mardi, le mercredi, le vendredi et le samedi de 15h à 18h30 ; le jeudi de 10h à 12h et de 15h à 18h30. Haute saison : du lundi au samedi de 10h à 12h et de 15h à 18h30. Visites pour les groupes sur réservation en dehors de ces horaires.
Depuis 1984, cette galerie accueille d'une manière permanente des expositions d'art plastique et de photographie. Bénéficiant du partenariat du ministère de la Culture et des assemblées départementale et régionale ainsi que de la ville de Lannion. Elle propose au public depuis sa création des œuvres d'artistes contemporains connus mais aussi émergents et plus confidentiels. Mais le rôle de ce lieu ne s'arrête pas à cette première activité, car elle offre également à divers publics des activités pédagogiques en lien avec l'activité de la maison.

■ LE MANOIR DU CRUGUIL
℃ **02 96 48 53 90**
Fermé de septembre à juillet. Ouvert du lundi au vendredi de 13h à 18h. Gratuit jusqu'à 12 ans. Tarifs de 4 à 6 €.
Les manoirs des Côtes-d'Armor sont une des richesses patrimoniales remarquables du département. Si le patrimoine vous intéresse, allez donc faire un tour au manoir du Cruguil (tertre en langue bretonne). C'est un bâtiment emblématique de ce type de constructions. Datant originellement du milieu du XIVe siècle, son architecture a été remaniée au cours des époques postérieures pour aboutir à sa forme actuelle, avec charmilles et jardin à la française. Seuls la chapelle et le parc se visitent en dehors des journées du Patrimoine.

Le couvert

■ CREPERIE LE MOULIN VERT
15, rue Duguesclin
℃ **02 96 37 91 20**
www.creperie-lemoulinvert.com/
Ouvert toute l'année. Tous les jours le midi et le soir. En juillet et en août, ouverture en continu. Menus de 12,50 € à 20 €. Formule : 7,50 € (et 8 €). Terrasse.

Quelle ambiance joyeuse et décontractée, dans cette crêperie saladerie, aux abords du centre de Lannion. Entrez sans crainte dans cette salle chaleureuse, ou installez-vous en terrasse à la belle saison. Ici, les salades sont préparées avec amour. La Saint-Jacques, salade de noix de Saint-Jacques et riz chaud, crevettes royales et miettes de crabes est un délice, à moins que ne soyez plutôt attiré par la Costaérès : cœurs d'artichauts, tomates, jambon, poivrons, olives. Mais on est en Bretagne, et les crêpes de froment et les galettes de blé noir sont de grande qualité. Une double galette et sa saucisse bretonne apaisera n'importe quelle faim, tandis que comme douceur, la Reine des Pommes (pommes caramélisées, sorbet pomme, Chantilly) fera parfaitement l'affaire.

■ LA FLAMBEE
67, rue Georges Pompidou
℃ **02 96 48 04 85**
www.laflambeerestaurant.com
Ouvert toute l'année. Tous les jours le midi et le soir. Menus de 21 € à 33 €. Carte : 18 € environ (pour le plat à la carte). Formule : 12,50 € (et 14,50 € pour 3 plats).
Sortez du vieux centre de Lannion, le trésor se trouve ailleurs. Blotti dans une très belle longère sur l'ancienne route de Perros-Guirec, ce restaurant d'exception vous attend derrière ses ouvertures élégamment soulignées de stores rouges. L'équipe, qui a roulé sa bosse dans les grands établissements français et internationaux, a posé ses valises ici, pour le plus grand bonheur de vos papilles. Sandrine, et son chef Dominique vous préparent une cuisine intelligente autour de produits ultra frais provenant de producteurs de la région. C'est inventif, sans pour autant casser les codes de la gastronomie traditionnelle. Bref, un seul coup d'œil sur la carte et vous savez que vous allez vous régaler avec, au hasard, en entrée, la délicieuse escalope de foie gras chaud poêlée, sauce balsamique et pommes confites au calvados. Puis vous passerez au plat avec le risotto aux noix de Saint-Jacques et aux asperges vertes, riz *carnaroli*, parmesan et sauce crustacés qui vous fera fondre. Après avoir dégusté un des desserts, évidemment digne du reste du repas, vous vous en retournerez satisfait en pensant à votre prochaine venue. La carte change constamment.

■ LE GWIRION
13, rue Compagnie-Roger-Barbe
(rue de l'ancien cinema)
℃ **02 96 37 45 09**
www.legwirion.e-monsite.com
Ouvert tous les jours de 12h à 14h et de 19h à 22h. Formule : 9 € (11 € et 13 €).
Le Gwirion est un restaurant à l'ambiance zen qui offre un répertoire culinaire se déclinant sur les modes biologique et équitable. Le lieu et l'accueil vous procureront un sentiment de détente alors que vous dégusterez paisiblement les plats préparés avec soin par l'équipe de Hans Hatton, qui a imaginé lui-même toute la déco de son restaurant. Au choix, tartare de saumon fumé et noix de Saint-Jacques aux algues, carpaccio de betteraves aux pommes crème ciboulette, salade sarladaise, galettes, viandes... Bio, végétarienne ou traditionnelle, la carte séduit tout public en quête de zenitude.

■ **LE SERPOLET**
1, rue Félix Le Dantec
✆ 02 96 37 96 58 / 06 83 27 77 84
Ouvert le lundi, le mardi et du jeudi au samedi ; du lundi au samedi le midi. Menus de 12,80 € à 25 €. Menu enfant : 6 €.
Prenez les quais direction Trégastel. Au tout début de la rue Félix-Dantec, on a la joie d'aviser un restaurant qui a la bonne idée de faire de la cuisine à la fois simple et moderne, tout en ne vous détroussant pas. Au Serpolet, la cassolette de pétoncles dialogue avec la galette à l'andouille de Guémené et pomme au cidre, le filet de lieu jaune aux cocos paimpolais voisine en bonne intelligence avec le tournedos Rossini sauce bordelaise, aumônière de pommes de terre au lard. Un salpicon de fruits exotiques plus tard, vous voilà de nouveau prêt à battre le pavé.

■ **LA TETE DE GOINFRE**
223, route de Trégastel
✆ 02 96 48 26 79
Ouvert toute l'année. Du lundi au samedi le midi ; du mardi au samedi le soir. Menu unique à 17,30 €. Carte : 20 € environ. Menu enfant : 8 €. Formule du midi : 10,20 € (et 12,40 pour 3 plats). Plat du jour : 8 €).
Les bains de mer, ça peut donner faim. Justement, en revenant de Trégastel, on croise la route d'un établissement bien sympathique dont le seul but est de vous faire péter la sous-ventrière. Les hôtes sont chaleureux et aux petits soins et leur cuisine est diablement sympathique, située entre les vieux repas de mariage dans les fermes bretonnes et le bouchon lyonnais. Sa majesté le foie gras s'impose en entrée, avec de la gelée de gewurztraminer, ou poêlé avec des pommes caramélisées. Mais on peut aussi se diriger vers la tatin de Saint-Jacques aux échalotes confites ou à la compote de cochon. Pour le plat, ça se corse question choix, tout est séduisant et très terroir. Passons sur la classique, mais rare tête de veau sauce gribiche, pour découvrir le filet de bœuf au lipig ou le saumon rôti à l'andouille, voir le Breizh cassoulet « tout cochon ». Si le cœur vous en dit, pour un repas festif, commandez un kig ha farz. En tout cas, on en connaît plus d'un qui calera au dessert, après s'être repu de mets si authentiques et pourtant si fins.

■ **LE TIRE-BOUCHON**
8, rue de Kerlavily
✆ 02 96 37 10 43
Ouvert toute l'année. Du lundi au samedi le soir ; le mardi, le mercredi, le vendredi et le samedi le midi. Menus de 12 € à 28 €. Formule du midi : 11,50 € (et 14 € pour 3 plats). Plat du jour à 9 €.
Lorsqu'on vient visiter le centre historique de Lannion, ou à toute autre occasion d'ailleurs, on ne manque jamais de passer un moment au Tire-Bouchon, un restaurant qui enchante immédiatement celui qui franchit sa porte. Derrière une devanture aux tons rouges, agrémentée du programme annoncé sur une grande ardoise verte, on devine un intérieur chaleureux et convivial. Après un accueil sympathique, la carte révèle une cuisine, certes du terroir, mais délicate, précise et faisant bien ressortir les saveurs des produits frais de la terre et de la mer. Le carpaccio de saumon aux salicornes sera, en entrée, du meilleur effet, tandis que pour continuer, le filet mignon de porc gratiné au gorgonzola prolongera le plaisir vers un chaud-froid de poire au caramel beurre salé. Enchanté par une qualité pareille à un prix aussi doux, vous vous promettrez en sortant de revenir avec des amis.

Le gîte

■ **HOTEL ARCADIA****
Route de Perros
✆ 02 96 48 45 65
Fax : 02 96 48 15 68
www.hotel-arcadia.com
Ouvert toute l'année. Fermeture annuelle la dernière quinzaine de décembre. 42 chambres. Chambre double de 49 € à 95 € ; chambre triple de 66 € à 110 € ; studio / appartement de 78 € à 120 €. Tarifs promotionnels le week-end. Wifi. Restauration (restaurant brasserie ouvert midi et soir du lundi au vendredi ; formules de 8,50 € à 21,60 € ; carte).
Vous trouverez cet hôtel moderne en vous rendant de Lannion vers Perros-Guirec. Très confortable, il vous accueille dans une de ses chambres très claires, garnies d'un mobilier actuel, qui ont toutes été refaites récemment. Vous y trouverez une télévision écran plat recevant Canal Sat et Canal +, une connexion wifi, un sèche-cheveux et un miroir grossissant ainsi qu'un coffre-fort dans certaines d'entre elles. A moins de quatre kilomètres des premières plages, vous êtes dans les meilleures conditions pour visiter la Côte de Granit rose. Si le temps n'est pas de la partie, repliez-vous sur la piscine de l'établissement avant de vous attabler au Saint-Gilles, le grill maison.

Campings

■ **CAMPING DES 2 RIVES*****
Rue du Moulin-du-Duc
✆ 02 96 46 31 40 / 06 13 22 97 86
Fax : 02 96 37 17 03
Fermé de novembre à mars. Accueil tous les jours hors saison de 10h à 12h et de 15h à 18h, sauf le mercredi et le dimanche. 110 emplacements. Emplacement + véhicule + 1 personne de 12,40 € à 16,40 €. Bungalows pour 4 à 5 personnes de 218 € à 309 € la semaine ; chalets pour 4 à 6 personnes de 231 € à 476 €. Animaux acceptés (tenus en laisse et vaccinés). Aire pour camping-cars. Vente (petite épicerie de dépannage). Animation.
Vous aimez les vacances calmes, à l'écart des embarras et du tumulte des côtes touristique surchargées, ce camping est la solution que vous cherchez. A un peu plus d'un kilomètre du centre de Lannion, commerces, services, animations et culture sont tout près, même à pied. Montez dans votre voiture, Perros-Guirec et la Côte de Granit Rose et ses plages ne sont qu'à neuf kilomètres. Baignade et bronzage sont donc très accessibles. Au retour, les nombreux bars et restaurants de Lannion sauront de la meilleure manière étancher votre soif et calmer votre faim.

■ **LES PLAGES DE BEG-LEGUER*****
Route de la Côte ✆ **02 96 47 25 00**
Fax : 02 96 47 27 77
www.campingdesplages.com
en venant de Guingamps suivre Lannion centre, ne pas traverser la rivière, puis suivre les panneaux blancs sur fonds bleus indiquant le camping, nous sommes a 8 km du centre ville

🛒🎛♨⛷🍸🏍🚲🤿

Fermé de novembre à mars. Terrain de 5 ha. 196 emplacements. Sol : herbeux. Emplacement + véhicule + 1 personne. Emplacement + véhicule + 1 personne de 10,50 € à 16 €. Mobile homes pour 5 à 6 personnes de 336 € à 742 € la semaine. 1-12 ans de 3 € à 5,50 €, gratuit pour les moins de 1 an, électricité 3,60 €. Jeux pour enfants. Animaux acceptés (de gratuit à 2 €). Connexion Internet. Restauration (soirées moules frites, galettes et carte). 3 piscines dont 2 couvertes, pataugeoire. Si vous aimez la mer et la nature, mais que vous n'êtes pas trop attiré par les grandes concentrations touristiques, c'est incontestablement le camping qu'il vous faut. Etes-vous plutôt tente, mobil-home ou caravane ? Pas d'importance, ici tout est possible dans cet environnement marin exceptionnel et tout cela à des prix abordables. Tout près de la plage de Mez-an-Aod, mais aussi de la très spectaculaire Côte de Granit roses, bains, bronzage et plage rythmeront votre séjour. Et lorsque le soleil se montrera capricieux, la belle piscine couverte de l'établissement fera l'affaire, avant de rejoindre, pour un apéro ou plus le restaurant et sa terrasse. Situé à moins de 500 mètres des plages de sable fin, le camping Les plages de Beg-Léguer offre une vue exceptionnelle sur la baie de Lannion. L'équipe mettra tout en œuvre pour vous faire passer des vacances inoubliables. De nombreuses activités promettent de ne pas s'ennuyer : 3 piscines dont 2 couvertes, pataugeoire, toboggans aquatiques, 2 terrains de tennis, pêche en mer ou rivière, trampolines, tyrolienne, terrain multisport, baignade... mais également randonnée, avec un accès au sentier des douaniers GR34.

Emplettes

■ **DISTILLERIE WARENGHEM**
Route de Guingamp
✆ **02 96 37 00 08**
Fax : 02 96 46 57 44
www.distillerie-warenghem.com
Ouvert le samedi de 10h à 12h. Haute saison : le lundi de 15h à 18h ; du mardi au vendredi de 10h à 12h et de 15h à 18h. Visites de mi-juin à août. Visites gratuites, toutes les heures. Dégustation gratuite en fin de visite. Toute cette histoire commence lorsque l'aïeul, Léon Warenghem, originaire du Pas-de-Calais, se prend d'amour pour la côte de Granit rose et crée la distillerie qui porte son nom à Lannion après y avoir installé sa famille. Après avoir commencé avec l'Elixir d'Armorique qui rencontre un grand succès, car il est en phase avec son époque, l'établissement met peu à peu au point d'autres breuvages, crèmes de fruits et liqueurs, avant de distiller son premier whisky breton, le WB, en 1987. Dix ans plus tard, L'Armorik, un single malt qui n'a rien à envier à ses cousins écossais voit le jour et reçoit un accueil très favorable des spécialistes. Warenghem fabrique aujourd'hui un panel conséquent de spiritueux dont le chouchen Melmor, la Fine et le Pommeau de Bretagne et même la bière Diwall. La visite de l'usine est très enrichissante, et on vous invitera à goûter à tous ces délicieux breuvages en fin de visite. Si vous êtes gourmands, venez accompagnés.

Marchés

■ ■ **LE MARCHE**
Le marché se déroule tous les jeudis, toute la journée. Le matin : produits du terroir place du Général-Leclerc, rue Geoffroy-de-Pontblanc, rue Compagnie-Roger-Barbé, rue des Chapeliers. Matin et après-midi : artisanat, textiles, ustensiles de cuisine, linge de maison, mercerie... sur le quai d'Aiguillon, rue Le-Taillandier. Marché couvert du mardi au samedi matin, aux halles, centenaires depuis novembre 2007.

© LES PLAGES DE BEG-LEGUER

Les Plages de Beg-Leguer

■ **Dans les environs** ▬▬▬▬▬

Kerbors

■ **MANOIR DE TROEZEL VRAS**
Troezel Vras ✆ 02 96 22 89 68
http://troezel-vras.com
**Entre Paimpol et Tréguier prendre la route
qui va à Pleumeur-Gautier. Dans le village
prendre la direction de Kerbors. La Maison se
trouve à mi-chemin entre Pleumeur-Gautier
et Kerbors.**
*Ouvert de début avril à mi-octobre. 5 chambres. Chambre
simple 72 € ; chambre double 85 € ; chambre triple
120 € ; suite de 170 € à 205 €. Petit déjeuner inclus.
Lit supplémentaire : 25 €. Restauration (table d'hôtes
assurée tous les jours sauf le dimanche).*
Vous aimerez la mer la campagne et le patrimoine ?
N'hésitez pas, venez sans plus attendre prendre un repos
bien mérité à Troel Vras. Vous avez ici le choix entre la
location d'un gîte ou la solution plus simple pour les
cours séjours : la chambre d'hôtes. Dans ce grand manoir
typique du XVIe siècle en moellons et à portes à anses
de panier, trois vastes chambres doubles vous attendent
ainsi que deux suites. Lumineuses et confortables, vous
vous y endormirez sous les poutres apparentes de leur
haut plafond. Votre sommeil très réparateur, dans une
atmosphère de silence absolu, vous permettra d'aborder
la journée dans une forme olympique, nécessaire par
rapport aux activités que vous ne manquerez pas d'effectuer après le solide petit déjeuner que vos hôtes vous
proposeront. A dix kilomètres de Paimpol et à quinze
kilomètres de l'embarcadère de Bréhat, à proximité de
la ville patrimoniale de Tréguier, vous pourrez aussi
parcourir le GR 34 qui passe à proximité. La côte à deux
kilomètres vous offre des plages propices aux bains de
mer. Vous n'aurez pas manqué, avant de partir, d'avoir
commandé un repas au château, la table d'hôte étant
de grande qualité.

Plestin-les-Grèves

Plestin est une ancienne paroisse primitive. Plestin
vient de Gestin, qui était un chef laïc d'outre-Manche,
devenu saint par la suite. Le site de Plestin est un site
de tout temps privilégié. Les Romains y avaient élu
domicile – voir site de Hogolo. En 1790, elle forme une
commune avec Trémel qui deviendra indépendante en
1838. C'est en 1884 que l'on nomme définitivement le
site Plestin-les-Grèves. Pour la petite histoire, Plestin
est le site où saint Efflam combattit le dragon. De ce
fait, nombreux sont les édifices religieux retraçant
cette légende.

■ **OFFICE DU TOURISME**
Place de la Mairie
✆ 02 96 35 61 93
Fax : 02 96 54 12 54
o.tourismedelalieuedegreve@wanadoo.fr
*Basse saison : ouvert du lundi au samedi de 9h30 à
12h30 et de 14h à 17h30. Haute saison : du lundi au
samedi de 9h30 à 18h30 ; le dimanche de 10h à 12h.*

Dans un pays où la terre et la mer se mélangent et
où les détours des petites routes révèlent souvent
des richesses cachées, il est indispensable de passer
à l'office de tourisme de la Lieue-de-Grève. Il prendra
place, à l'été 2013, dans un nouveau bâtiment, place
du 19-Mars-1962. Accueillis ici de manière cordiale et
experte, le territoire n'aura bientôt plus de secret pour
vous. En effet, difficile de deviner, depuis les grandes
routes, les richesses que recèlent les communes de
Trédrez-Locquémeau avec son église ou son port de
pêche et Lanvellec avec son magnifique château de
Rosanbo.

■ **CROIX DE CHEMIN DE LA LIEUE DE GRÈVE**
La Lieue-de-Grève
**Au centre de la baie, baignée par la mer à
marée haute**
Depuis des temps immémoriaux, les voyageurs qui se
rendaient de Lannion à Morlaix traversaient à marée
basse la grande étendue sablonneuse qui voit la mer
se retirer à près de deux kilomètres, la Lieue de Grève.
Cette traversée était soumise au danger de la marée, qui
montait « à la vitesse d'un cheval au galop » et à celui
des brigands. Malheur à celui qui ne s'occupait pas des
heures du flot, beaucoup y perdirent la vie. La croix était
un repère précieux à mi-chemin de la traversée et un
grand réconfort pour les voyageurs. Pendant la dernière
guerre, le débarquement américain ruine la croix qui est
reconstruite et dressée à l'identique en 1993.

■ **EGLISE PAROISSIALE**
L'église paroissiale de Plestin-les-Grèves est dédiée
à saint Efflam. Les époques se mêlent à travers son
architecture et son mobilier. Sa nef date du XVe siècle,
le porche sud et le clocher sont du XVIe siècle, le côté
nord-est du XVIIe siècle, et l'abside du XIXe siècle. Les
statues des apôtres sont l'œuvre de Roland Doré. Le
tombeau de saint Efflam, qui date de 1550, trône
solennellement dans l'église.

■ **FONTAINE DE SAINT-EFFLAM**
Située en contrebas de la chapelle Saint-Efflam. Cette
fontaine communale, classée Monument historique,
a été construite en granite et schiste, mais elle a été
remaniée et restaurée au cours des siècles. Le dôme
du monument date du XVIIe siècle. Cette fontaine était
reconnue au XVIIe siècle pour rendre des oracles. Les
jeunes filles en âge de se marier s'y rendaient autrefois
et y jetaient des morceaux de pain. Si deux d'entre
eux se touchaient, l'union était assurée dans l'année.

■ **LA MAISON SAINT-EFFLAM**
9, avenue Lieue-de-Grève
✆ 02 96 35 09 93
www.lamaisonstefflamm.com
*Fermé du 1er décembre au 1er février. Basse saison : ouvert
du jeudi au lundi le soir ; du vendredi au lundi le midi.
Haute saison : du mercredi au lundi le midi et le soir.
Carte : 25 € environ. Formule du midi : 20 € (et 24 €
pour entrée, plat, dessert). Accueil des groupes (jusqu'à
25 personnes sur réservation). Terrasse.*
Vous aimez la cuisine et la vue sur mer ? C'est une
première raison de vous arrêter à la Maison Saint-Efflam,
vous vous restaurerez ici de belle façon, dans la salle

ou sur la terrasse, face à la Grande Bleue. La deuxième raison réside dans le fait que vous dégusterez ici une cuisine savoureuse, à base de produits frais de la mer, fraîchement débarqués des bateaux, et de produits de la terre bio pour la plupart d'entre eux. Quelques langoustines flambées au whisky, une sole grillée à la plancha ou une lotte au poivre vert raviront les adeptes du bien manger côtier, mais les fans du terroir ne seront pas en reste, le filet de bœuf grillé et le magret de canard à la plancha leur feront passer un délicieux moment, avant de retourner au bain ou aux visites.

■ **HOTEL LES PANORAMAS****
9, rue de Poul-Guioch
Port de Beg-Douar ✆ **02 96 35 63 76**
Fax : 02 96 35 09 10
www.lespanoramas.fr

♿

13 chambres (dont 11 avec vue sur mer). Chambre simple à partir de 36 € ; chambre double de 43 € à 60 €. Petit déjeuner : 7 € (4 € pour les enfants). Lit supplémentaire : 8 €. Chèque Vacances. Chambres adaptées. (Surtout téléphoner pour réserver selon vos besoins spécifiques). Cet hôtel qui loge dans un bâtiment imposant se trouve dans le voisinage immédiat du petit mouillage de Beg an Douar, sur le haut de la corniche qui surplombe, côté ouest, la mer et la baie de la Lieue de Grève. Les chambres sont claires et très agréables ; idéalement, vous en choisirez une avec vue sur mer. Une fois le confort de vos nuits assuré et après un solide petit déjeuner, traversez donc la baie pour une randonnée inoubliable ou empruntez le GR 34 vers le Finistère tout proche. N'oubliez pas non plus d'aller vous promener en Bretagne intérieure, là où réside son âme.

■ **RÉSIDENCE HÔTELIÈRE LES CÔTES D'ARMOR**
1132, Corniche Douron
✆ **02 96 35 63 11**
✆ **06 09 62 39 32**
Fax : 02 96 35 67 04
hwww.residencelescotesdarmor.com
Studio / appartement de 259 € à 1050 €. Tarif modulé selon logement et saison. Animaux acceptés (30 € par semaine). Wifi. Service de ménage.
Ah ! la charmante baie de Loquirec ! A la résidence hôtelière Les Côtes d'Armor, vous êtes aux premières loges pour l'admirer, en profiter et scruter les rivages du Finistère, juste en face. Vous serez accueillis dans des logements de taille variable puis que vous avez le choix entre studio, T2 ou T3, tous très bien équipés en particulier en cuisine, salle de bains et toilettes. Télévision et wifi sont à votre disposition, mais, à n'en pas douter, leur utilisation sera réduite, tant il y a de chose à visiter et d'activités à faire. Entre les bains de mer, ne manquez pas la randonnée à marée basse à travers l'immense baie de la Lieue de Grève vers le coquet petit bourg traditionnel de Saint-Michel-en-Grève.

■ **LE RELAIS DES VOILES**
46, avenue de la Lieue-de-Grève
Saint-Efflam
✆ **02 96 35 64 88 / 06 27 63 02 77**
www.relaisdesvoiles.fr

Fermé du 16 novembre au 14 mars. Chambre double de 40 € à 50 € ; chambre triple à partir de 60 €. Petit déjeuner inclus. Chambres avec ou sans kitchenette. Prenez le temps de décrocher, faites un break dans cet ancien hôtel transformé en chambres d'hôtes. Vous passerez ici un séjour détente sans pareil. Les chambres vous offrent un grand confort et un sommeil dans une atmosphère de grande tranquillité, tandis que la plage, à deux pas, idéale pour les pique-niques du soir vous permet également des activités nautiques au centre tout proche. Essayez le char à voiles : émotions garanties. Vous ne manquerez pas par ailleurs de randonner sur le GR 34 ou d'aller visiter les enclos paroissiaux, à l'intérieur des terres.

■ **CAMPING MUNICIPAL DE SAINT-EFFLAM****
Rue Lan-Carré ✆ **02 96 35 62 15**
Fax : 02 96 35 09 75
www.camping-municipal-bretagne.com

♿

Fermé du 5 octobre au 31 mars. Réservation recommandée. 190 emplacements. Emplacement + véhicule + 1 personne de 12,85 € à 16,65 €. Emplacement + véhicule + 1 personne de 10,50 € à 12,55 €. 8 chalets pour 3 à 6 personnes de 210 € à 576 € la semaine ; 11 mobile homes pour 4 à 5 personnes de 224 € à 526 €. Animaux acceptés (de 1,55 € à 1,85 €). Aire pour camping-cars. Wifi. Petite épicerie.
Ce grand camping prend place dans un site exceptionnel, celui de la Lieue de Grève située entre Saint-Efflam, appartenant à la commune de Plestin-les-Grèves et le petit bourg de Saint-Michel-en-Grève. Aujourd'hui débarrassée de ses algues vertes, la plage, site majeur de débarquement de matériel américain lors de la Seconde Guerre mondiale, accueille tous les ans des courses de chevaux renommées. Mobil-home, chalet, tente ou caravane, quel que soit votre choix en matière d'hébergement, vous êtes au bon endroit pour visiter la Côte de Granit Rose ou, plus confidentiel, les magnifiques paysages des monts d'Arrée dans le Centre-Bretagne. Au retour, plongez-vous dans la piscine pour une détente sans pareille avant un petit drink au bar.

■ **THERMES GALLO-ROMAINS DU HOGOLO**
Ouvert le mardi à partir de 15h. Visites guidées en juillet et août d'une heure environ. Se renseigner à l'office du tourisme. Entrée : 3 €.
Ils ont été mis à jour en 1892, sur le site du Hogolo à Plestin-les-Grèves, ils ont été l'objet de nombreuses campagnes de fouilles au siècle dernier. Cet édifice qui date du Ier siècle après J.-C. a subi au cours des siècles suivants des transformations en habitat agricole, a été ruiné au VIe siècle, époque du délitement de l'empire romain. Obéissant au plan général de tous les thermes du monde antique, les pièces sont construites en ménageant un vide sous le sol et à l'intérieur des cloisons dans lesquels circulent les gaz brûlants de foyers judicieusement placés. Les clients passaient d'une salle tiède vers une salle chaude avant de se plonger dans un bain froid.

CÔTES-D'ARMOR

Ploulec'h

■ **AR VRO**
47, route du Yaudet
✆ **02 96 46 48 80**
restaurant-pension-ar-vro.com
*Fermeture les vacanse de février. Basse saison : ouvert
du mercredi au samedi le midi et le soir. Haute saison :
du mardi au dimanche le midi ; du mardi au dimanche
le midi. Ouvert le lundi soir sur réservation. Menus de
26,50 € à 30,60 €. Menu enfant : 13 €.*
Dans une presqu'île, enserrée entre l'embouchure du
Léguer, où dansent les bateaux au mouillage, et l'anse
du Pont-Roux, on trouve le village du Yaudet, tout
près de la plage du même nom. Quelle bonne idée, au
retour du bain, de s'arrêter à l'Ar Vro. Dans ce restaurant,
l'âme bretonne règne en maître dans la cuisine et tous
les produits, bien sûr frais, proviennent de producteur
locaux qu'ils soient de la terre et de la mer. La carte vous
met l'eau à la bouche et le menu du terroir s'impose.
La déclinaison de foie gras de canard, au naturel, en
mille-feuilles de pain d'épices en entrée, suivie du
filet de saint-pierre, sauce au fenouil vous démontrera
l'excellence du chef. Si vous n'êtes pas fromage, passez
directement à un des fabuleux desserts, vous vous
souviendrez de ce moment gastronomique.

Guerlédan

Après la Première Guerre mondiale, pour satisfaire à la
demande en électricité provoquée par l'industrie alors
naissante en Bretagne, les pouvoirs publics décident
d'ériger un barrage sur le cours du haut Blavet : le
barrage de Guerlédan.
Coupant ainsi le canal de Nantes à Brest et rendant ainsi
le parcours intégral entre les deux villes impossible par
la voie d'eau, il inonde la vallée encaissée, noyant au
passage un village et dix-huit écluses du canal. Le site
est encaissé entre deux rives vallonnées et boisées,
prolongent au nord la forêt de Quénécan, siège d'un
important artisanat d'art. Autour du lac s'est organisée
aujourd'hui la seule zone touristique digne de ce nom
du Centre-Bretagne, le reste de l'intérieur de la région
n'étant l'objet que d'un tourisme diffus. Véritable station
balnéaires à la campagne, plusieurs sites sur les rives
permettent la baignade les sports nautiques, ainsi
que la pêche.
C'est également un important centre de randonnée, de
multiples itinéraires, sans difficulté particulière, permettant d'opérer un tour du lac en profitant d'hébergements
répartis tout autour.
Plusieurs restaurants de renom permettent de couper les
journées ou de passer des soirées agréables et l'abbaye
de Bon Repos ou les forges des Salles, à proximité, sont
des buts de promenade des plus spectaculaires. Passer
un séjour sur le secteur de Guerlédan, c'est aussi se
ménager la possibilité d'aller se baigner ou faire du
tourisme sur le littoral régional Nord ou Sud, les plages
de Guidel dans le Morbihan ou de la Côte de Granit rose
étant seulement à une heure de route.

■ **Dans les environs**

Allineuc

■ **CAMPING DE BOSMÉLÉAC**
Le Petit Bosméléac
✆ 02 96 28 87 88 / 06 61 15 27 90
campingdebosmeleac.jimdo.com/

Fermé du 8 septembre au 15 juin. 20 emplacements. Emplacement + véhicule + 1 personne (avec 6 A) à partir de 8 €. Emplacement + véhicule + 1 personne à partir de 5,50 €. Animaux acceptés (1,30). Restauration (crêperie et pizzeria).
Pour les vrais campeurs, voilà un des petits bijoux du Centre-Bretagne. Pour un prix très modique, vous êtes hébergé loin de la foule dans un endroit des plus tranquilles, au bord d'un lac de barrage de 72 ha qui servait à la régulation des eaux du canal de Nantes à Brest. Celui-ci comporte une plage, et on y pratique des activités nautiques ainsi que la pêche. Le camping de Bosméléac permet un repos total entrecoupé de baignades, randonnées à pied ou à vélo et rafraîchissements au bar. On n'oubliera pas cependant que les villes médiévales de Quintin ou de Moncontour, idéales pour passer l'après-midi, ne sont qu'à vingt minutes, et la côte à une demi-heure.

Caurel

■ **VEDETTES DE GUERLEDAN**
Beau-Rivage
✆ 02 96 28 52 64
Fax : 02 96 26 09 37
www.guerledan.com
Fermé du 1er avril au 15 octobre. Jours et horaires : consulter l'entreprise. Promenades commentées d'1 heure 30 sur le lac. Restauration. Déjeuner croisière de 3 heures, sur réservation.
Le lac de Guerlédan, espace peu connu, serpentant dans une vallée encaissée, est un espace naturel de toute beauté, à peine effleuré par quelques constructions discrètes situés sur ses rives souvent inaccessibles à pied. Le bateau est donc un des moyens privilégiés pour découvrir cet univers. Embarquez depuis le lieu-dit Beau-Rivage pour une promenade d'une heure et demie sur le duc de Guerlédan qui vous conduira ver le canal de Nantes à Brest à la suite du passage de l'écluse de Bellevue, en amont du Blavet. Vous pouvez aussi opter pour une formule déjeuner de trois heures, avec des menus variant de 38,50 € à 59,50 €.

■ **HOTEL – RESTAURANT LE RELAIS DU LAC**
56, rue Roc'hell ✆ 02 96 67 11 09
relaisdulaccaurel@wanadoo.fr

Ouvert toute l'année. 7 chambres. Chambre double à partir de 42 € ; chambre triple à partir de 55,50 €. Pension complète : 56 €. Demi-pension : 39 €. Petit déjeuner : 6 €. Parking. Soirée étape : 56 €. Animaux acceptés. Restauration. Canal +.
Il est coquet, ce petit hôtel de bourg, au bord de l'ancienne route qui reliait Loudéac à Rostrenen. Aujourd'hui voie de desserte, et donc très peu circulée, elle vous garantit une atmosphère calme, propice à la récupération après une journée de travail ou de plein air. A moins d'un kilomètre du lac de barrage de Gerlédan, vous êtes ici dans un des meilleurs hébergements possible lorsque vous décidez de randonner autour du lac, pratiquer activités nautiques ou bain. Et le soir, pas de problème, la maison fait restaurant et c'est parfaitement rassasié que vous gagnerez votre confortable chambre pour un repos bien mérité.

La Chèze

La Chèze dont l'étymologie vient du latin *casa* (maison) était l'ancien fief des Rohan qui y possédaient un château au XIIe siècle. Mis à mal au cours des siècles et finalement démantelé sur ordre de Richelieu, il laisse de jolies ruines, aujourd'hui propriétés de la commune. L'agglomération a gardé ce caractère dense des bourgs situées près d'un château fort. A voir : la tour octogonale du XIIIe siècle, l'étang et ses oiseaux aquatiques, les fleurs (le village a été primé au niveau national).

■ **CHATEAU FORT DE LA CHEZE**
Visite guidée pour les groupes sur réservation au 02 96 28 25 17. A la fin du XIIe (vers 1180), sur l'éperon schisteux surplombant la vallée du Lié, un château médiéval s'élève à La Chèze afin de marquer l'autorité de la vicomté de Porhoët. La forteresse passe ensuite entre les mains de la famille de Rohan en 1231 et devient l'une des principales résidences des ducs avec celle de Josselin. Aux XIVe et XVe siècles, le château constitue alors un haut lieu du pouvoir politique en Bretagne. A partir du XVIe siècle, le château décline inexorablement. En 1629, c'est le coup de grâce. il est démantelé sur ordre de Richelieu. Une partie des pierres est vendue le 25 août 1743 et sert à l'édification de la nouvelle église de Loudéac. Aujourd'hui, le projet de réhabilitation du château renaît afin de remettre à jour les vestiges et consolider les cinq tours encore visibles. Le site constitue l'un des rares et des plus anciens sites du patrimoine médiéval des Côtes-d'Armor.

CÔTES-D'ARMOR

■ **MUSEE REGIONAL DES METIERS**
1, rue du Moulin © **02 96 26 63 16 /**
02 96 28 25 17 – metiers.musee@wanadoo.fr
Ouvert du mardi au samedi de 10h à 12h et de 14h à 18h ;
le dimanche de 14h à 18h. Ouvert en juillet et août. Et
toute l'année sur rendez-vous pour les groupes. Adulte :
3,60 €. Enfant (jusqu'à 12 ans) : 2 €.
Installé dans une ancienne tannerie, construite en
1880 au bord du Lié, le musée fait découvrir les us
et coutumes des artisans. De la hache du sabotier à
l'enclume du forgeron... On y découvre pêle-mêle les
ateliers de l'ardoisier, du bourrelier, du sabotier, du
maréchal-ferrant et de l'imprimeur. Ainsi que leurs
outils : une machine à imprimer de 1930 (celle du *Courrier
Indépendant de Loudéac* qui a imprimé 2 000 pages
chaque jour jusqu'en 1984), le bouvet, l'herminette, la
hêche, le trusquin et le char à ban. Un jargon de douze
artisans que le musée s'efforce d'expliquer.

Corlay

Pays du cheval, son histoire tourne autour du château
féodal, datant du XIIe siècle à l'origine mais détruit durant
la guerre de Cent Ans. Il fut rebâti ensuite au XVe siècle
mais tomba en ruine à la suite de son démantèlement
ordonné par Henri IV. Ses ruines restaurées abritent
aujourd'hui la Maison du Cheval.

■ **CHAPELLE SAINTE-ANNE**
7, Rue Sainte-Anne
La chapelle Sainte-Anne de Corlay a été édifiée au XVIe
siècle, en lieu et place d'une chapelle bâtie par Alain
IX de Rohan, en 1424. Cette dernière est citée dans
le testament de Marguerite de Bretagne, en 1428. Le
retable date du XVIIIe siècle, l'albâtre « Education de
la Vierge » du XVe siècle. A l'intérieur de la chapelle,
vous pourrez découvrir les statues de la Sainte Vierge
datant du XVe siècle.

■ **CHATEAU FORT DE CORLAY**
Les ruines du château féodal, construit par Henry de
Corlay en 1195, sont le témoin de l'histoire de Corlay.
Ce château fut une première fois détruit au cours de la
guerre de Cent Ans. Rebâti à la fin du XVe siècle, il fut
démantelé en 1598 par Henry IV. Aujourd'hui, ces ruines
donnent sur un étang, autour duquel on peut faire une
agréable balade. Les rues du Lin et du Fil sont également
propices à une promenade et au souvenir, du temps
où la région prospérait grâce au lin. Les amateurs de
l'histoire armoricaine se devront de faire un petit tour
vers le Haut-Corlay, où se trouve le tertre aux Coulombs,
qui est le plus ancien monument armoricain.

■ **LE HAUT-CORLAY**
20, Place du Bourg
Goz-Korle, en breton, qui est le site ancien de Corlay.
On y trouve le plus vieux monument armoricain, le
tertre aux Coulombs, qui symbolisait la frontière entre
les différentes tribus gauloises. Voir l'église typique –
XIVe-XVe siècle – élevée sur les bases d'une construction
du XIIe siècle, la chapelle de la Croix et son retable
polychrome XVIIIe siècle, et le manoir de Botcozel. La
cime de Kerchouan marque la ligne de partage des
eaux entre Manche et Océan Atlantique.

■ **HIPPODROME DU PETIT-PARIS**
© **02 96 29 46 31**
Dès 1842, Corlay a eu une société de courses qui s'est
rapidement dotée d'un bel hippodrome, bien équipé
pour les professionnels comme pour le public. Avis aux
amateurs et parieurs, les courses qui s'y déroulent font
majoritairement la part belle au galop et à l'obstacle.
Le public raffole notamment des steeple-chases et des
cross, spectaculaires rendez-vous hippiques organisés
en juin et en juillet.

Loudéac

Ce n'est que vers le XIe siècle que la fondation de Loudéac
est reconnue. C'était au Moyen Age une ville renommée
pour ses foires et ses marchés. En 1591, elle subit les
rudes épreuves de la guerre de la Ligue. Jean d'Avaugour,
ligueur, chef de camp du duc de Mercœur tente de prendre
le château de Loudéac appartenant alors à son beau-père,
le marquis de Coëtquen. S'ensuit alors le « combat des
trois croix ». Le XVIIe et le XVIIIe siècles sont pour Loudéac
des périodes prospères, grâce au commerce des toiles de
Bretagne qui s'exportent jusqu'en Amérique. Loudéac,
pays des tisserands, connaît alors son apogée. Le déclin
s'amorce dès la révolution industrielle, et durera près
d'un siècle. Aujourd'hui c'est un centre commercial
actif qui compte environ dix mille habitants. Depuis
longtemps carrefour d'activités, la ville s'est tournée
vers l'industrie agroalimentaire, comme bien d'autres
places de la Bretagne intérieure.

■ **OFFICE DE TOURISME DU PAYS CENTRE
BRETAGNE**
1, rue Saint-Joseph © **02 96 28 25 17**
Fax : 02 96 28 25 33
www.centrebretagne.com
Ouvert du lundi au vendredi de 9h à 12h30 et de 13h30 à
17h30 ; le samedi de 10h à 12h.
Comme dans la plupart des contrées du Centre Bretagne,
les richesses touristiques du territoire ne se trouvent pas
forcément facilement, et de nombreux sites de visite,
patrimoniaux ou naturels peuvent échapper à la vigilance
d'un voyageur. Cet office de tourisme est l'émanation du
Pays Touristique du Centre Bretagne qui couvre une
large zone du sud du département. N'hésitez donc pas
à vous enquérir des activités que vous pouvez exercer
sur le territoire auprès d'un personnel, professionnel,
très accueillant et efficace.

■ **EGLISE SAINT-NICOLAS**
Quarante-cinq années auront été nécessaires pour
édifier et aménager cette église. La tour, avec ses trois
étages et son dôme, fut construite entre 1733 et 1746.
Le 24 septembre 1758 eut lieu la pose et la bénédiction de la première pierre de l'église, construite sur
une ancienne devenue trop vétuste. Le chœur et les
retables nord et sud demandèrent quinze ans de labeur,
depuis 1763 jusque 1778. Œuvre de Corlay, sculpteur de
Châtelaudren, l'édifice fut achevé après son décès par
son gendre Heurtault.

■ **FORET DE LOUDEAC**
Jusqu'au XIXe siècle, la forêt abritait encore des loups.
Au Moyen Age, les ducs de Rohan y élevaient des

chevaux en semi-liberté. Les amateurs d'équidés ne pourront qu'apprécier le fait que la tradition équestre se soit perpétuée jusqu'à aujourd'hui ! Un club hippique intercommunal a été fondé à proximité, et propose notamment des sorties détente en forêt. 45 km de sentiers balisés dans 2 500 ha de forêts.

■ **HÔTEL DES VOYAGEURS**
10, rue de Cadelac
✆ **02 96 28 00 47**
Fax : 02 96 28 22 30
www.hoteldesvoyageurs.fr/
Ouvert tous les jours le midi et le soir. Menus de 21 € à 45 €. Menu enfant : 10 €. Formule du midi : 15,50 €. Lorsque vous passez dans le Centre Bretagne, arrêtez-vous à Loudéac. Vous y trouverez le restaurant de l'hôtel de France, où l'on vous reçoit dans une salle des plus élégantes. Assis sur des sièges confortables, devant des tables impeccablement dressées, la carte vous révèle une cuisine de tradition entremêlant avec bonheur les produits de la terre et de la mer. En entrée, on peut facilement hésiter entre des crevettes sautées à la provençale ou le bloc de foie gras. Il en va de même pour les plats, l'escalope de saumon à la ciboulette et le carré d'agneau rôti aux herbes étant deux excellentes propositions. Après une petite gourmandise, continuez votre route apaisé et satisfait.

■ **HÔTEL LE FRANCE**
Place de l'Eglise ✆ **02 96 66 00 15**
Fax : 02 96 28 61 94
www.hotel-loudeac.com
Ouvert du lundi au samedi le midi et le soir. Menus de 15,90 € à 29 € (menu du terroir à 19,90 €). Formule du midi : 9,50 € (et 11, 50 € pour 2 plats. 13,50 € pour 3 plats). Si, à partir de Rennes, vous vous rendez à Brest ou à Quimper, prenez la route du Centre, vous éviterez les insipides 4 voies Nord et Sud. Et si d'aventure, la faim vous prend sur le trajet, pas d'hésitation, direction place de l'Eglise dans le centre de Loudéac. Vous trouvez là le restaurant de l'Hôtel Le France, entrez-y en toute confiance. On vous propose ici une cuisine de bon aloi, bien assise sur son terroir et qui n'oublie pas non plus que la mer se trouve à moins de trois quarts d'heure. L'assiette gourmande au jambon et foie gras, commencera à combler votre faim de la manière la plus agréable qui soit. Et pour suivre, vous constaterez que la marmite de poissons façon bouillabaisse continue de flatter vos papilles de la même façon. Le dessert vous ayant également ravi, il est temps alors d'aller faire une petite promenade dans la superbe forêt de Loudéac toute proche.

■ **BISCUITERIE KER CADELAC**
✆ **02 96 66 17 66**
Fax : 02 96 28 65 69
www.kercadelac.fr
Il y a quarante ans, Daniel Kermeur, fondateur de la maison Ker Cadelac ouvrait à Loudéac son premier atelier qui fabrique alors du quatre-quarts, un des gâteaux de base de la pâtisserie bretonne. La maison prospère peu à peu et à un moment sponsorise même des trimarans de course qui participent à la route du

Rhum. La production se diversifie ensuite, tout en restant centrée sur les spécialités régionales. Biscuits, galettes fines ou épaisses, quatre-quarts, galets, en passant par kouign-amann et madeleines vous attendent à la boutique du site de production de Loudéac.

■ **MIELLERIE DU BOUT DE LA LANDE**
Le Bout de Lande
✆ **02 96 28 28 49**
Outre sa production de miel tout au long de l'année, la miellerie du Bout de la lande organise chaque année un marché fermier, le jeudi en fin de journée, pendant les mois de juillet et d'août. C'est une très belle occasion de partir à la découverte d'une multitude de producteurs locaux. Il y en a pour tous les goûts, la large gamme des produits proposés s'étendant des légumes de terre aux fruits de mer.

Merdrignac

■ **CHAPELLE SAINT-BRIEUC-DES-BOIS**
La vénération de saint Brieuc à Merdrignac trouve son origine dans l'histoire des sept saints fondateurs qui, au VIe siècle, donnent le nom de Bretagne à l'Armorique. La situation géographique de cette chapelle, sur une ancienne route menant à Saint-Méen, du nom d'un autre abbé gallois, rappelle l'activité intense de ces missionnaires pour christianiser la Bretagne. La tradition rapporte qu'un oratoire se dresse à l'origine en ce lieu. De l'ancienne chapelle ne subsistent qu'un calvaire et une cuve baptismale du XVe siècle. La chapelle actuelle contient plusieurs statues dont celle de sainte Appoline, à qui la tradition prête le pouvoir de guérir les maux de dents : lors de son martyre, la sainte eut les dents brisées par ses bourreaux, et se jeta elle-même dans un brasier, alors qu'ils menaçaient de la brûler vive.

■ **CHAPELLE SAINTE-BRIGITTE**
Avant la construction de la nouvelle chapelle, le site de Sainte-Brigitte possède un vieil édifice, signalé dès 1207, et considéré jusqu'à la Révolution comme un prieuré de Paimpont. Le bâtiment actuel est étroit et se remarque par son petit clocher de fer et de zinc. Il contient, entre autres, la réduction d'un trois-mâts, suspendu à une poutre en ex-voto, qui aurait été offert par des marins pêcheurs d'Islande. L'édifice abrite aussi une statue de sainte Brigitte de Kildare datant du XVIIIe siècle. On raconte que les femmes y venaient de toute la région pour être guéries de la stérilité.

■ **EGLISE DE LA MADELEINE (1832-1834)**
L'église Saint-Nicolas du Vieux-Bourg est abandonnée en 1830 et le culte paroissial est transféré dans la chapelle de la Madeleine jusqu'en 1834, date à laquelle est achevée l'église actuelle. L'ancienne église du Vieux-Bourg avait bâti en 1373 par la famille Saint-Pern. Laissée à l'abandon lors de la Révolution, elle fut transformée d'abord en un atelier pour la fabrication de salpêtre, puis, plus tard, en un cantonnement de cavalerie. Exceptée celle représentant Saint-Nicodème, toutes les statues de l'ancienne église ont malheureusement disparu. L'actuelle église est en forme de croix latine. Le 8 octobre 1832 la première pierre fut posée, le 17 août 1834 l'église fut consacrée.

■ **RESTAURANT LA PASTOURELLE**
10, place du Centre
℡ **02 96 28 48 84**
Ouvert le mardi midi ; du jeudi au dimanche. Service jusqu'à 22h. Carte. Accueil des groupes (jusqu'à 20 personnes sur réservation). Terrasse.
Depuis janvier 2005, ce restaurant fait pizzeria et grill. La Pastourelle est également le nom d'une danse de Haute-Bretagne, alors laissez-vous étourdir… A la carte, 32 pizzas ! La Montagnarde (tomate, jambon, lardons, pommes de terre, fromage, oignons, reblochon et crème fraîche) est particulièrement copieuse, tout comme la Reine ou la Royale. L'établissement propose également ses salades, pâtes, viandes, omelettes et tartines. Terrasse de mai à septembre.

■ **CAMPING MUNICIPAL MANCHE OCEAN**
Le Val de Landrouet
14, rue du Gouède – BP 54
℡ **02 96 28 47 98**
Fax : 02 96 26 55 44
http://www.valdelandrouet.com
Fermé d´octobre à mai. Village vacances ouvert toute l'année. Terrain de 3 ha. 45 emplacements. Exposition : mi-ombragé. Village de 30 gîtes jusqu'à 7 personnes.
Le camping municipal, situé non loin de la ville, sur un magnifique site boisé (15 ha) bordé d'un étang, propose 4 types d'hébergement : 45 emplacements camping pour tente ou caravane ; location de 5 mobil-homes (jusqu'à 8 personnes) ; le village de gîtes (jusqu'à 7 personnes) ; l'accueil camping-car (un emplacement sécurisé). De nombreuses activités pour petits et grands avec plus de 20 loisirs sportifs, piscine avec sauna et hammam, club enfants de 5 à 10 ans (4 après-midi par semaine). Tarifs attractifs pour un cadre exceptionnel. Wifi dans tous les gîtes.

Mûr-de-Bretagne

C'est en 1280 qu'on trouve la première mention de Mûr-de-Bretagne. La signification du mot mur – meur, grand – remonte à l'époque celtique. La commune est habitée depuis la Préhistoire – de nombreux méga-lithes furent trouvés sur les lieux. A l'époque romaine, deux voies antiques traversaient le territoire de Mur. La forêt couvrait autrefois, l'essentiel du territoire de Mûr-de-Bretagne. Défrichée au XVIIe siècle, il ne subsiste actuellement, que des espaces boisés en petit nombre et de peu d'étendue, à deux ou trois exceptions près.Dès le XIe siècle, les Rohan et les seigneurs de Mur se partagent le fief. Les guerres de la Ligue détruisent le château de Launay-Mur. Au XVIIe siècle, le père Maunoir, mission-naire, vient réévangéliser les Murois. Au XIXe siècle, quelques tisserands s'installent dans la commune. Aujourd'hui, la grande activité de Mur-de-Bretagne est l'exploitation de carrières d'ardoises.

■ **OFFICE DE TOURISME DU LAC DE GUERLÉDAN**
1, place de l'Église
℡ **02 96 28 51 41**
Fax : 02 96 26 35 31
www.guerledan.fr

Basse saison : ouvert du lundi au vendredi de 10h à 12h30 et de 14h à 17h ; le samedi de 10h à 12h30. Haute saison : du lundi au jeudi et le samedi de 10h à 12h30 et de 14h à 18h30 ; le vendredi de 10h à 12h30 et de 14h à 19h30 ; le dimanche et les jours fériés de 10h30 à 12h30. En moyenne saison : du lundi au samedi de 10h à 12h30 et de 14h à 17h30. Jours fériés de 10h30 à 12h30.
Vous serez accueilli dans le bourg de Mûr-de-Bretagne dans cet office de tourisme qui couvre tout le territoire du lac de Guerlédan, qui est assez vaste, et des communes avoisinantes. Un personnel prévenant vous montrera, grâce à des documents, l'ensemble des activités et randonnées que vous pouvez effectuer autour de cette étendue d'eau, unique dans le Centre Bretagne, ainsi que dans la forêt de Quénécan qui est limitrophe. Vous pourrez également quérir ici les adresses de producteurs de produits du terroir, si vous avez manqué le marché du vendredi soir ou le dimanche à l'abbaye de Bon Repos.

■ **BARRAGE DE GUERLÉDAN**
www.guerledan.fr
Que les Edison en herbe et les amateurs de tourisme industriel se pressent pour voir cette « électrothèque ». Celle-ci retrace la grande histoire de l'électricité et ses multiples utilisations, et raconte celle du barrage de Guerlédan construit entre 1922 et 1930 sur le Blavet. Le lac artificiel de Guerlédan est le plus grand réservoir de Bretagne. L'eau utilisée pour la production d'électricité et le soutien d'étiage des rivières est conduite vers l'usine EDF que l'on peut visiter. Galerie sous le niveau d'eau et crête du barrage vous conduiront lors de ce voyage peu commun. Lors des vidanges du lac, on peut découvrir l'ancienne vallée avec ses maisons éclusières, son halage, ses jardinets, ses écluses et déversoirs. Le projet prévoyait la construction d'écluses en parallèle au barrage afin de maintenir le trafic fluvial sur le canal de Nantes à Brest. Cette initiative n'a jamais abouti, divisant ainsi le canal de Nantes à Brest en deux tronçons de navigation : à l'ouest, la branche finistérienne et à l'est, la branche Loire Atlantique et morbihannaise. De fait, il accéléra l'abandon progressif du canal déjà mis à mal par l'arrivée du chemin de fer dans le centre Bretagne.

■ **CHAPELLE SAINT-JACQUES-DE-MERLEAC**
C'était autrefois une étape importante lors du pèle-rinage de Saint-Jacques-de-Compostelle. Edifiée au XIVe siècle, elle s'élève dans le hameau de Saint-Léon. L'édifice comprend peintures murales et vitraux du XVe siècle, lambris et autels de granit, ainsi qu'une chaire en bois du XVIe siècle. L'intérieur est divisé par deux rangées d'arcades ogivales, en trois parties formant nef et collatéraux. La porte d'entrée est protégée par un porche ménagé dans l'épaisseur des contreforts. Au-dessus du maître-autel, dans le mur absidal, s'ouvre une grande fenêtre à meneaux et rosaces. Deux porches latéraux donnent accès à la nef.

■ **LAC DE GUERLEDAN**
www.guerledan.fr
Cet immense lac artificiel de 400 hectares – le plus grand de Bretagne – s'étend sur 12 kilomètres sur le lit du Blavet entre Mur-de-Bretagne et Gouarec. Il fut créé en 1930 en même temps que le barrage hydroé-

lectrique de Guerlédan. Sa construction a entraîné la fin d'écluses nécessaires au canal de Nantes à Brest, qui devenaient d'un coup obsolètes. Aujourd'hui cette merveilleuse étendue lacustre nichée dans la forêt de Quénécan, massif forestier de 4 000 hectares, est le paradis des amateurs de tourisme vert. On y pratique les sports nautiques au cours desquels on découvre de nombreuses criques, la baignade, la pêche et de belles randonnées – équestres, pédestres, VTT.

■ JARDINS DU BOTRAIN
Le Botrain ✆ **02 96 26 08 89**
✆ **06 12 03 38 44**
Fax : 02 96 26 08 89
lesjardinsdu-botrain@orange.fr
Depuis la N64, prendre la D35 entre Uzel et Saint-Brieuc
Basse saison : ouvert le week-end de 14h à 18h. Haute saison : tous les jours de 14h à 18h. Gratuit jusqu'à 12 ans. Groupes sur rendez-vous. Label Jardin remarquable.
Labellisé Jardin Remarquable, cette suite de jardins, installée sur deux hectares, dans le parc d'un château du XVIIIᵉ siècle devrait ravir non seulement les amoureux des végétaux mais également plus largement, petits et grands. 300 variétés de rosiers et plusieurs milliers de plantes sont installées pour mettre en scène 18 thèmes. On y rencontre par exemple un jardin japonais appuyé sur un rucher ou une roseraie, un jardin des simples, des iris ou des lilas. Bref, une bonne occasion d'aller faire une promenade dans un environnement pur, d'une qualité exceptionnelle, tout traitement chimique y étant banni.

■ LE POINT DE VUE
Rond point du lac
104, rue du Lac
✆ **02 96 26 01 90**
✆ **06 80 25 87 21**
Fax : 02 96 28 59 44
www.camping-lepointdevue.fr
Fermé de novembre à février. Terrain de 3 ha. 126 emplacements. Emplacement + véhicule + 1 personne à partir de 7,20 €. Emplacement + véhicule + 1 personne (avec 16 A) à partir de 10,40 €. Personne supplémentaire à partir de 3,50 €. Chalets pour 1 à 6 personnes de 225 € à 525 € la semaine. Jeux pour enfants. Animaux acceptés (1 €, vacciné et tenu en laisse). Aire pour camping-cars. Wifi. Animation.
Descendant la rue du Lac depuis le bourg de Mûr-de-Bretagne, vous arriverez à un parking situé au bord du lac. C'est ici que vous pourrez planter votre tente, stationner votre caravane ou, encore plus pratique, louer un chalet dans un environnement exceptionnel. Non content d'être à seulement 25 mètres de l'eau, vous êtes en plus à l'orée d'un grand bois où les promenades sont délicieuses au crépuscule. Cet environnement très boisé et ombragé favorise une détente sans pareille au cours de périodes farniente entrecoupées de parties de pêche ou de baignades. Guerlédan est aussi le pays de la randonnée à pied ou à bicyclette et vous pourrez,

en suivant les rives du lac, accéder par le Blavet à la magnifique abbaye de Bon Repos. Ici, la campagne est calme, mais pas triste, car de nombreuses animations et fêtes sont organisées l'été, en dehors des traditionnels pots de bienvenue.

■ AUBERGE GRAND MAISON
1, rue Léon-Le-Cerf
✆ **02 96 28 51 10**
Fax : 02 96 28 52 30
www.auberge-grand-maison.com
Haute saison : ouvert tous les jours. Hors saison fermé le dimanche soir, lundi et mardi. De juillet à septembre, restaurant ouvert du mardi au dimanche. 9 chambres. De 50 € à 98 €. Petit déjeuner : 11 €. Restauration (menus de 37 € à 77 € ; carte ; formule du midi : 27 € (du mardi au samedi)).
Depuis juillet 2004, Mireille et Christophe Le Fur développent savoir-faire et innovations gastronomiques, au sein de leur auberge de grande qualité. Laissez-vous séduire par une cuisine généreuse et pétillante, riche en surprises savoureuses. Pour vous mettre en bouche, la timbale de macaronis et coquilles Saint-Jacques d'Erquy, délicieusement accompagnées de lard fumé, ne pourra que vous ravir. Le cabillaud à la mode terre-neuvas en croûte d'argile saura également vous convaincre. Quant à l'atome de pigeon en coque d'épices douces, il s'agit simplement d'une recette à découvrir de toute urgence ! Pour finir en douceur, le panorama Caraïbe, cœur de glace jivara et lait carambar, vous fera succomber. Depuis mars 2009, le restaurant est récompensé d'une étoile au Guide Michelin. A n'en pas douter, une adresse costarmoricaine incontournable

■ AUBERGE GRAND MAISON
1, rue Léon-Le-Cerf ✆ **02 96 28 51 10**
Fax : 02 96 28 52 30
www.auberge-grand-maison.com
Fermé du 10 au 25 octobre. Ouvert du mardi au samedi le soir ; du mercredi au dimanche le midi. Menus de 5 € à 80 €. Formule du midi : 27 € (sauf le dimanche et fériés). Accueil des groupes.
Elle a la grosse cote, cette célèbre auberge, non seulement parce qu'elle est un peu perdue au milieu d'un terroir où les tables de haut niveau ne pullulent pas vraiment, mais aussi, parce que même au niveau régional, une telle qualité est rare. Au cœur du Pays de Guerlédan, où il fait si bon se promener, après un accueil bien entendu impeccable et assis au bord d'une table très élégamment dressée vous vous verrez proposer une cuisine qui est l'incarnation même de la Bretagne, en ce qu'elle utilise d'une manière respectueuse mais créative, produits du terroir et de l'océan pour le plus grand bonheur de vos papilles. Les coquilles Saint-Jacques rôties au beurre, risotto, citrons confits, bacon, tobiko et lait de parmesan raviront les amateurs de mer en entrée, tandis que les terriens se régaleront d'un plat constitué d'une poitrine de porc breton confite huit heures, cromesquis de cochonnaille et potée minute. Mais le Mystère en Terre Bretonne, mousse chocolat blanc, caramel au beurre salé, sorbet lait ribot et croustillant blé noir réconciliera, à n'en point douter, toutes les sensibilités..

■ **RANDONNÉES**

Le centre de la Bretagne offre mille opportunités de pratiquer la randonnée – équestre, pédestre, à vélo... La forêt de Quénécan, le bois de Caurel et de Keriven, le lac de Guerlédan et les divers points d'eau, les rivières, le canal de Nantes à Brest sont autant d'occasions de découvrir le pays de l'Armorique tout en s'oxygénant. Pour de plus amples informations adressez-vous dans les offices de tourisme et syndicats d'initiative, en particulier l'office de tourisme de Mur-de-Bretagne, où l'on vous transmettra des circuits tracés ou des coordonnées d'associations proposant des randonnées.

Saint-Gelven

■ **ABBAYE DE BON-REPOS**
Bon-Repos
✆ **02 96 24 82 20**
Voir page 170.

■ **LES JARDINS DE L'ABBAYE**
Bon Repos
✆ **02 96 24 95 77**
Voir page 170.

■ **LES JARDINS DE L'ABBAYE**
Bon Repos
✆ **02 96 24 95 77**
Voir page 170.

■ **LE PETIT MARCHÉ DE BON REPOS**
Bon Repos
A côté de l'abbaye
Voir page 170.

Paimpol

Paimpol est issu de la contraction de penn poul ce qui signifie la tête de l'étang, due à son ancienne situation géographique à la pointe d'une presqu'île. Paimpol et sa paimpolaise ! La chanson du barde Théodore Botrel a rendu célèbre cette cité de caractère, référence emblématique de la Bretagne maritime. Une notoriété par ailleurs due à Pierre Loti et à son immortel Pêcheurs d'Islande, racontant avec force l'épopée de ces marins bretons qui appareillaient de Paimpol pour aller pêcher la morue sur les côtes de Terre-Neuve et d'Islande. Deux mille d'entre eux n'en revinrent jamais, quelque cent vingt goélettes ayant fait naufrage lors de ces aventureuses campagnes, qui connurent leur apogée à la fin du XIXe siècle, quand plus de quatre-vingts goélettes s'alignaient dans le port, permettant de passer d'un quai à l'autre en empruntant ce pont de navires. Cette « pêche à Islande » a construit une véritable identité à cette ville où nombre de familles comptent parmi leurs ancêtres un « Islandais ». De la croix des Veuves, où les femmes guettaient les bateaux en retard, à la voûte des chapelles aux ex-voto émouvants, et du mur des Disparus au musée de la Mer, cette époque de la pêche hauturière s'inscrit aussi dans la pierre. Celle aussi des anciennes demeures d'armateurs et du pittoresque

« Quartier latin », un écheveau de ruelles où les pêcheurs se retrouvaient, passant d'un bistrot à l'autre.
Typique aussi, à deux pas du port, qui a la particularité d'être ancré en ville, la place du Martray est celle où Loti – qui y habita – situa la maison de son héroïne, Gaud. C'est là que se déploient le mardi matin les étals d'un des plus vivants marchés de la contrée. Mais si la pêche demeure, l'activité s'est essentiellement tournée vers la plaisance et le tourisme.

■ **OFFICE INTERCOMMUNAL DE TOURISME DE PAIMPOL-GOËLO**
Place de la République
✆ **02 96 20 83 16**
Fax : 02 96 55 11 12
www.paimpol-goelo.com
Basse saison : ouvert du lundi au vendredi de 9h30 à 12h30 et de 14h à 18h ; le samedi de 9h30 à 12h30 et de 14h à 18h30. Haute saison : du lundi au samedi de 9h30 à 19h30 ; le dimanche de 9h30 à 12h30 et de 16h à 18h. Offre de court séjours week-end à l'Office : de 54 à 107 €.
Tout près de l'arrière du bassin du port, cet office de tourisme intercommunal vous accueille dans un bâtiment moderne. Le pays de Paimpol est plus complexe qu'il n'y paraît, car il est loin de se résumer à la ville elle-même ou à Bréhat. Les communes de l'arrière-pays telles que Lanloup, Plourivo ou Ploubazlannec, pour ne citer qu'elles, possèdent des richesses en termes de patrimoine bâti ou naturel que le passant aurait tort d'ignorer pour ne pas mourir idiot. Comme sur toute la côte nord, la mer et la terre se confondent et les marins terre-neuvas étaient aussi des paysans et cette réalité a modelé le pays. Pour mieux vous éclairer sur les richesses et finesses du pays, sollicitez le personnel à l'accueil, qui saura vous guider vers ce qui peut vous intéresser.

■ **LA VAPEUR DU TRIEUX**
CFTA
Avenue du Général-de-Gaulle
✆ **02 96 20 81 22**
Fax : 02 96 55 18 76
www.vapeurdutrieux.com
Fermé d'octobre à avril. Se renseigner sur les horaires, plusieurs départs par jour. Gratuit jusqu'à 4 ans. Forfait famille (valable pour l'aller-retour) : 60 € (2 adultes et 2 enfants). Enfant supplémentaire : 5 €. Adulte (à partir de 17 ans), aller et retour avec halte : 23,50 €. Sans halte : 20,50 €. Aller simple : 16,50 €. Tarifs groupes. Chèque Vacances. Départ de la gare de Paimpol. Restauration (à proximité des gares de départ et d'arrivée).
Il circule sur une authentique voie qui dessert hors saison Paimpol depuis Guingamp grâce à des trains régionaux. Retrouver le train de son enfance pour les uns et vivre une expérience historique, pour les autres, c'est une des motivations des voyageurs qui empruntent ce train touristique. Mais bien d'autres centres d'intérêts émerveilleront le voyageur. Le look suranné du train et de la locomotive inspire déjà une sorte d'attendrissement, semblable à celui que l'on éprouve en retrouvant de vieilles photos. Une fois dans le train, on observe depuis le wagon l'exceptionnel estuaire du Trieux que l'on suit au plus près, avant de circuler entre la rivière et le massif boisé de Penhoat-Lancerf. Au sein de celui-ci,

vous ferez une halte à la Maison de l'Estuaire dans le manoir de Traou Nez, qui fut le théâtre de la tragique affaire Seznec, jamais élucidée. Après avoir observé, sur l'autre rive, le manoir de la Roche-Jagu, vous arrivez à la gare de Pontrieux, au bord de l'eau, à proximité du port de plaisance. Arrêtez-vous pour visiter cette petite Cité de Caractère, la ville aux lavoirs, et faites un tour avant de rembarquer au très pittoresque Schooner Pub.

Points d'intérêt

■ ABBAYE MARITIME DE BEAUPORT
Chemin de l'Abbaye
Kérity
✆ **02 96 55 18 58**
Voir page 253.

■ BOIS DE PENHOAT-LANCERF – MAISON DE LA NATURE
Manoir de Traou Nez
Plourivo
Propriété du Conservatoire du Littoral depuis 1982, le massif de Penhoat-Lancerf est le plus grand massif forestier littoral de Bretagne Nord. C'est un plateau de 600 hectares dont l'altitude se situe aux alentours de 90 mètres. Il domine l'estuaire le la rivière maritime du Trieux en suivant ses méandres. On y rencontre de nombreux animaux, dont des renards et des chevreuils ainsi que de nombreux oiseaux. Au lieu-dit Traou Nez se tient un manoir qui fut le lieu d'une tragédie dite de l'affaire Seznec. C'est aujourd'hui une maison de la nature. Ce centre de découverte de la nature et de sensibilisation à la protection de l'environnement. Elle est le siège de nombreuses animations et d'exposition à propos de l'histoire locale. Pour vos balades, les sentiers pédestres démarrent de ce point.

■ CHAPELLE DE LANVIGNEC
La chapelle de Lanvignec, édifice religieux datant du XVIᵉ siècle, fut église paroissiale jusqu'en 1789. Elle dépendait alors de l'évêché de Dol de Bretagne. La chapelle, ceinte d'un cimetière, abrite la tombe de Louis Morand, inventeur de la « Pêche en Islande ». Au-dessus du porche principal, une plaque honore la mémoire de 50 habitants, qui furent décimés par l'épidémie de choléra, en août 1832.

■ CHAPELLE SAINTE-BARBE
36, Rue Prof J Renaud
Construite au XVIIᵉ siècle, la chapelle Sainte-Barbe domine la rade de Paimpol. A l'extérieur, l'édifice religieux expose un calvaire d'une hauteur de 5 mètres qui se termine par une croix à deux faces. La chapelle recèle également une cave dans laquelle, autrefois, s'entreposaient les dons en nature des fidèles. En 1985, la chapelle fut restaurée, et les statues nettoyées, grâce à la générosité de bénévoles.

■ MUSEE DE LA MER
Rue de Labenne
✆ **02 96 22 02 19**
www.museemerpaimpol.com
Fermé du 15 septembre au 15 avril. Basse saison : ouvert de 14h à 18h. Haute saison : tous les jours de 10h30 à 12h30 et de 14h à 18h30. Adulte : 4,90 €. Enfant (de 10 à 18 ans) : 2 € (ainsi que pour étudiants et demandeurs d'emploi). Groupe (20 personnes) : 4 €. Groupe scolaire (+ de 20 enfants) : 1,80 €.
Il est très sympathique, ce musée consacré au monde maritime, et il est utile autant pour les marins qui verront quelques curiosités que pour ceux qui ne connaissent ni cet environnement, ni son histoire. Elle est faite d'épopées et de tragédies, écrite par des personnages exceptionnels, comme le Commandant Charcot ou les anonymes des goélettes morutières, qui allaient en Islande dans le froid et le vent hurlant pour pêcher en doris (petites embarcations à avirons) le poisson tant convoité. Vous verrez aussi un espace consacré aux navires marchands et à leur historique, indispensable pour ne pas prendre un porte-container pour un pétrolier ou un paquebot.

Le port de Paimpol

■ LA PLACE DU MARTRAY

Située au cœur de la ville, elle porte l'empreinte des riches armateurs qui se faisaient construire des somptueuses demeures au XVIe siècle. L'une de ces maisons fut celle où séjourna Pierre Loti lors de son passage, elle se distingue par sa tourelle et son style Renaissance. Elle se situe à l'angle de la rue de l'Eglise, qui est la rue la plus ancienne de la ville et qui offre de nombreuses statuettes sur les façades de ses maisons.

■ LA POINTE DE MINARD

La pointe offre une superbe vue des falaises de Plouha. On devine également les rochers de Saint-Quay-Portrieux, avec une vue sur la baie de Saint-Brieuc, jusqu'au cap d'Erquy. La Pointe de Minard s'ouvre au nord et à ses côtes sauvages. Sous l'Empire, elle fut une défense contre les attaques anglaises. Il ne reste que quelques ruines d'une batterie de canons dont elle était dotée. Un chemin descend vers Porz Donan, s'ouvrant sur la plus grande étendue de sable de Plouézec : la grève de Notoret.

■ RUE DES HUIT-PATRIOTES

La rue des Huit-Patriotes est sans aucun doute l'une des plus belles rues du centre historique de Paimpol. Elle vous dévoilera de superbes façades, parfois ornées de statues. La maison de Jézéquel qui se trouve sur la droite en venant de la place du Martray, date de 1570, et offre ses colonnes et ses poutrelles ainsi que des statues à ses angles. L'étage de cette maison est soutenu par des colonnes à chapiteau de feuillage.

■ LA VIEILLE VILLE

Le Quartier latin fut, au temps des campagnes en mer d'Islande, un quartier plutôt mouvementé. Il offre aujourd'hui une promenade fort agréable, à travers un dédale de vieilles ruelles débouchant sur le port. Vous trouverez également dans ce quartier nombre de bonnes adresses spécialisées en fruits de mer et poissons, sans oublier les crêperies. Ne pas oublier de se procurer dans les boutiques de gastronomie la spécialité du coin : le haricot local, le « coco de Paimpol ». Le Musée de la mer se trouve également à proximité.

Le couvert

■ BAR-RESTAURANT LE QUAI OUEST
11, quai Morand
✆ 02 96 20 72 30
www.restaurant-paimpol.com
Ouvert du vendredi au mardi le midi et le soir. Menus de 16,50 € à 25 €. Formule du midi : 11 €. Accueil des groupes.
C'est un des nombreux établissements que l'on trouve tout autour des quais de Paimpol. Ici, pas de terrasse, mais par contre une salle de restaurant au premier étage dont vous aurez une vue imprenable sur le port. La carte est bien fournie et les amateurs de produits de la terre comme ceux qui viennent à Paimpol pour y déguster des produits de la mer y trouveront tous leur compte sans entamer leur budget. La salade de magrets de canard fumé aux douceurs sucrées-salées vous mettra en appétit, tandis qu'ensuite vous hésiterez entre le filet de bar poêlé aux légumes de saison aux parfums marine

et le craquelin de Saint-Jacques et de gambas poêlées aux impressions indienne. Après une tarte Quai Ouest, donc maison, vous vous en retournerez en conseillant l'adresse à vos amis.

■ CAFÉ RESTAURANT DU PORT
17, quai Morand ✆ 02 96 20 82 76
www.paimpol-restaurant-du-port.com
Basse saison : ouvert du jeudi au lundi le soir ; du jeudi au mardi le midi. Haute saison : du mardi au dimanche le midi et le soir. Du 1er novembre à Pâques : fermé les mardis et mercredis. Menus de 15 € à 33 €.
Comme toujours sur la côte, Il est difficile de savoir où s'arrêter manger, tant l'offre est fournie dans les lieux touristiques. A Paimpol, près de l'île de Bréhat, faites un bon choix, et arrêtez-vous au restaurant du Port. Les baies vitrées de la salle du premier étage s'ouvrent largement sur le bassin, tandis que la terrasse couverte et fleurie vous accueille l'été. Ici, on mange des préparations maison, dont une fameuse soupe de poissons et sa rouille, de même que le bloc de foie gras de canard maison avec toasts. Bien sûr la mer tient une large place avec par exemple et selon la saison le gratin de langoustines et Saint-Jacques à l'anis ou le filet de lieu jaune au beurre de poireaux, pommes vapeur. Après un des excellents desserts choisi au sein d'une large carte, vous repartez ensuite content d'avoir trouvé un restaurant de cette qualité à un prix si modéré.

■ LA COTRIADE
16, quai Armand-Dayot ✆ 02 96 20 81 08
Fax : 02 96 55 10 94
Haute saison : ouvert tous les jours et les jours fériés le soir ; du mardi au dimanche et les jours fériés le midi. Carte : 25 € environ. Terrasse.
C'est une des bonnes maisons de la place et on aurait tort de l'ignorer, surtout si, comme c'est probable, vous venez à Paimpol pour y déguster des produits de la mer. Son enseigne se dresse à l'entrée du bassin Est du port et on repère facilement l'établissement car il bénéficie d'une terrasse protégée des vents, par des verrières transparentes qui vous permettent de profiter du spectacle portuaire. Ici, on ne cuisine, bien évidemment, que des produits frais, en les respectant et en les mettant en valeur. Pourquoi pas des langoustines marinées en entrée ? Ne vous refusez rien, vous êtes là pour manger du poisson et lorsque vous aurez dégusté lentement le lieu jaune, cuisson douce à la plancha, légumes du moment, vous vous demanderez pourquoi vous n'êtes pas venu plus tôt à la Cotriade.

■ CREPERIE – GRILL LES ALIZES
14, rue des Huit-Patriotes
✆ 02 96 22 03 90
www.creperie-les-alizes.fr
Ouvert toute l'année. Basse saison : du mardi au dimanche le midi et le soir. Haute saison : tous les jours le midi et le soir. Service continu en juillet et août et pendant les vacances scolaires. Menus de 11,90 € à 15,90 €. Menu enfant : 4,90 € (et 6,50 €). Formule : 10,90 €. Accueil des groupes (sur réservation). Terrasse.
Il est joli, typique et animé, le port de Paimpol ! Mais ne vous laissez pas hypnotiser par cet espace de carte

postale lorsqu'il est l'heure de manger. Enfoncez-vous d'une centaine de mètres dans la rue des Huit-Patriotes et vous repérerez facilement l'enseigne de cette crêperie-grill qui montre des Bretonnes en coiffe et costume menant un véritable sabbat autour de la fabrication des spécialités locales, crêpes de froment et galettes de blé noir. Une de ces dernières, une complète (œuf, jambon, fromage) est préparée en chausson, mais peut-être serez-vous plus tenté par la mer à travers la brochette de Saint-Jacques préparée avec une sauce maison, ou une brochette de gambas grillées au sel de Guérande ? Grillades d'agneau ou pièces de bœuf sont également au programme. Pour le dessert, la crêpe caramel au beurre salé maison s'impose. Bon appétit !

■ CRÊPERIE L'ESCALE
1, rue des Islandais
✆ 02 96 20 81 88
www.l-islandais.com
Ouvert toute l'année. Tous les jours. Carte : 15 € environ. Menu enfant : 6 €. Formule : 11,50 € (et 14,90 € pour 2 plats).
Face au bassin du port de plaisance, on ne peut manquer l'Escale dont l'accueillante terrasse déborde le bâtiment traditionnel, pierres apparentes et ardoises. Dans la salle, à l'ambiance sympathique et décontractée, vous découvrez une carte où il existe un large choix. Dans un pareil endroit, les crêpes et galettes sont à l'honneur. Mais elles ne sont pas les seules. Les moules, accompagnées de nombreuses sauces comme la Kéritienne, crème et gorgonzola ou simplement marinière sont délicieuses. Lorsque ce n'est pas la saison des moules, rabattez-vous sur les tagliatelles, elles aussi très bien accompagnées ou sur les bruschettas, de délicieuses tartines garnies par exemple de tomate, fromage, artichauts grillés, poivrons grillés, champignons des bois, persillade. Mais on peut aussi vous servir des huîtres ou une soupe de poisson ou encore une bavette ou une salade. A cette adresse, personne ne sera déçu.

■ HÔTEL RESTAURANT DE LA MARNE
30, rue de la Marne
✆ 02 96 16 33 41
Fax : 02 96 20 26 47
hoteldelamarne-paimpol.fr
Ouvert du mardi au samedi le soir ; du mardi au dimanche le midi. Réservation recommandée. Menus de 27 € à 71 €. Menu enfant : 9 € (ou 13 € pour 3 plats). Formule du midi : 19 € (du mardi au vendredi). Accueil des groupes.
A quelques encablures du port, en s'enfonçant dans le bourg, on trouve ce restaurant qui se tient dans une grande longère pierre apparentes et ardoises. Derrière cette vénérable façade officie derrière les fourneaux le chef Mathieu Le Tinier, qui possède un long parcours dans de très grandes adresses de France. Cette expérience et cette expertise du maître des lieux, qui revient au pays, se ressent fortement à travers la carte. Mais cette connotation un peu sévère est très heureusement complétée par l'enthousiasme et la fraîcheur de sa relative jeunesse. Confortablement attablé et superbement reçu par Camille, le choix est forcément difficile entre les différentes propositions. Bon, vous êtes au bord de la mer, les langoustines poêlées et croustillant de dorade

s'imposent en entrée. Si vous êtes définitivement marin, continuez par le filet de rouget barbet à l'unilatéral, risotto au parmesan et artichaut barigoules. Si votre humeur est terrienne, le filet de bœuf poêlé et saisi sur galet, asperges vertes vous comblera. Inutile de vous poser la question, il vous faut prendre une petite douceur à la suite duquel vous regretterez que cette petite fête à Paimpol soit déjà finie.

■ L'ISLANDAIS
Port de plaisance
19, quai Morand
✆ 02 96 20 93 80
Fax : 02 96 20 72 68
www.l-islandais.com
Ouvert toute l'année. Tous les jours le midi et le soir. Service continu. Suggestions servies de 12h à 14h, et de 19h à 22h. Menus de 18,50 € à 38 €. Menu enfant : 6,50 €. Formule du midi : 9,50 € (et 13,50 € pour 3 plats). Plateau de fruits de mer, 1 pers : 33 €. 2 pers : 49 €. Accueil des groupes (menu personnalisé, jusqu'à 30 personnes). Salle à l'étage gratuite pour les réunions d'entreprise.
On baigne à Paimpol dans le souvenir de la pêche à la morue en Islande, au cours de campagnes génératrices de nombreux naufrages, mais si lucratives pour les survivants. La maison où se tient l'Islandais qui fait référence à cette période appartenait à un pêcheur à la glorieuse période. Aujourd'hui les salles très agréables, lambrissées et décorées marine ou thalasso, très attirante l'été, vous accueillent pour un très bon moment. Car ici, vous avez le choix. Les plateaux de fruits de mer et les moules se disputent sur la carte avec les crêpes de froment, les galettes de blé noir et les propositions du terroir. Il faut donc choisir. Le saumon fumé maison façon islandais et son blinis devraient vous ouvrir délicatement l'appétit. Pour la suite, êtes-vous terre ou mer ? Le filet de bœuf façon Rossini comblera les uns tandis que la poêlée d'ormeaux et de Saint-Jacques ravira les autres. Après un dessert, vibrant à l'unisson avec les plats précédents, vous êtes de nouveau sur les quais à rêver au bassin rempli de goélettes d'Islandais.

■ LE NEPTUNE
23, quai Morand ✆ 02 96 20 53 03
Haute saison : ouvert tous les jours le midi et le soir. Menus de 18 € à 29 €. Formule du midi : 12,50 €.
Il serait dommage de venir dans un port de pêche aussi célèbre que Paimpol, sans profiter des richesses naturelles offertes par le site. C'est pourquoi un restaurant comme le Neptune, spécialisé dans les poissons et les fruits de mer est la bonne adresse pour satisfaire vos envies. On cuisine ici les produits, en les respectant et en vous offrant donc des poissons des Saint-Jacques ou des homards tout simplement grillés. Sauf que justement, cette cuisson ne supporte pas l'erreur et il faut la main pour la réussir. Bien sûr quelques produits régionaux comme l'andouille ou les escargots ou le magret de canard sont présents sur la carte pour ceux qui ne sont pas très mer. Idéalement un croustillant de langoustines précédera un bar entier grillé avant de vous attaquer, par exemple, à un moelleux au chocolat et crème anglaise. Profitez ensuite de la situation du Neptune pour faire le tour des quais du port et admirer les bateaux.

■ RESTAURANT LE TERRE-NEUVAS
16, quai Duguay Trouin ✆ **02 96 55 14 14**
www.le-terre-neuvas.com
Ouvert tous les jours le midi et le soir. Menus de 19,50 €
à 31 €. Menu enfant : 8 €. Accueil des groupes (menus
spéciaux).
Lorsqu'on se promène sur les quais de Paimpol, beaucoup
de restaurants vous font de l'œil autour du port. Et comme
vous êtes dans un port dont l'industrie principale était la
pêche à la morue au siècle dernier, pourquoi ne pas choisir
le Terre-Neuvas ? Dans la salle entièrement lambrissée,
mais très claire grâce à de larges ouvertures, vous vous
trouvez tout de suite dans l'ambiance car on peut vous
proposer un menu tout à la morue qui porte le nom du
restaurant avec acra de morue et cassoulet de joues de
morue et de Saint-Jacques aux cocos de Paimpol. Si
vous êtes moins extrême, optez pour la cassolette de
Saint-Jacques et de langoustines et sa crème flambée au
whisky et le filet de bar sauvage et sa sauce vierge. On
peut, bien sûr, vous servir aussi des viandes. Un grand
choix de desserts est à votre disposition pour en finir
avec un repas dont vous vous souviendrez.

■ LE RIVA
33, quai Morand
✆ **02 96 20 43 08**
restoriva.com/
Ouvert le mercredi et le dimanche le midi. Basse saison :
le lundi, le mardi et du jeudi au samedi le midi et le soir.
Haute saison : tous les jours le midi et le soir. Menus de
19 € à 35 €. Menu enfant : 8,70 €. Formule du midi :
10 € (et 12,50 € avec 3 plats). Accueil des groupes (sur
réservation). Terrasse.
Ne confondons pas tout. Au Riva, on est dans un authentique restaurant italien. Bien loin de ne servir que des
pizzas, on élabore dans cette maison de véritables
plats, dans le souci d'une diversité d'approches, face
aux spécialités du Sud, mais également locales. Ce
syncrétisme Nord-Sud se retrouve par exemple dans
la brandade de morue aux olives ou le bar au pastis.
On peut aussi donner dans le purement paimpolais,
et choisir les rillettes de maquereaux au basilic ou le
tartare aux deux saumons. On peut aussi opter plutôt
pour le transalpin avec cette délicieuse escalope de veau
au gorgonzola. Pour les petites faims, on vous proposera
ici des « grandes assiettes » comme la salade Cabrini
(salade aux noix, jambon cru italien, chèvre chaud sur
pizzetta). Vous pouvez aussi, plus classiquement, opter
pour pizzas ou moules, mais ne partez pas sans un petit
dessert comme une coupe glacée tutti frutti, excellente
spécialité de là-bas qui terminera agréablement votre
plongée dans une cuisine différente, mais alléchante.

■ LA VIEILLE TOUR
13, rue de l'Eglise
✆ **02 96 20 83 18**
lavieilletour@orange.fr
Qualité Tourisme. Basse saison : ouvert du mardi au
dimanche le midi ; du mardi au samedi le soir. Haute
saison : du mardi au dimanche le midi et le soir. Hors
saison fermé le dimanche soir, le lundi et le mercredi.
Menus de 32 € à 56 €. Menu enfant : 12 €. Formule du
midi : 18 € (formule bistronomique. 23 € pour 3 plats).

Depuis le port, il faut s'enfoncer légèrement dans une
des rues du vieux Paimpol à partir du Quai Ouest,
pour accéder à ce petit joyau de la cuisine locale. Cet
établissement gastronomique se blottit derrière une
devanture aux tons verts bardée de recommandations
et de labels. Un simple coup d'œil sur la carte révèle une
cuisine classique, bien assise sur les produits ultra-frais,
qu'ils proviennent de la terre ou de la mer. En entrée,
vous serez forcément tenté par le carpaccio de saumon
sauvage, tartare de thon au kiwi, vinaigrette au piment
d'Espelette. Un plaisir en appelant un autre, le pigeon
rôti en deux temps et son paillasson de pommes de terre
contentera vos papilles de la plus belle des manières.
Et enfin la poêlée de fruits rouges, glace vanille finira
de vous convaincre que décidément, vous avez fait le
bon choix.

■ AUX VIEUX GRÉEMENTS
10, quai de Kernoa ✆ **02 96 16 17 63**
Basse saison : ouvert du mardi au samedi le soir ; du mardi
au dimanche le midi. Haute saison : tous les jours le midi et
le soir. En saison : journée continue. Carte : 15 € environ.
Formule du midi : 10,50 €.
C'est un des premiers établissements que vous apercevez
lorsque vous accédez au port côté quai Kernoa. Façade
blanche et store-banne orange, vous vous y installerez
soit en salle ou mieux, en terrasse au beau temps. Vous
pourrez alors profiter de l'animation du bassin tout
en dégustant crêpes de froment, galettes de blé noir,
salades ou tartines, certaines très élaborées, pour un prix
relativement modique. La Triagoz, salade composée de
fromage de chèvre, de pommes de terre, de tomates et
de poulet, comme d'ailleurs la Logodec, galette garnie
de Saint-Jacques à la crème safranée, à l'andouille vous
laisseront un souvenir inoubliable.

Le gîte

■ EUROTEL LE GRAND BLEU***
chemin de Kergroas
✆ **02 96 20 81 85**
Fax : 02 96 20 48 24
www.paimpol-eurotel.com
♿ ⊺

30 chambres. Basse saison : chambre simple à partir de
41 € ; chambre double à partir de 46 €. Haute saison :
chambre simple jusqu'à 51 € ; chambre double jusqu'à
57 €. Demi-pension : 60 € (76 € en saison)). Petit
déjeuner : 7,50 €. Parking inclus. Chambres adaptées.
(Surtout téléphoner pour réserver selon vos besoins
spécifiques). Wifi. Restauration (restaurant de l'hotel).
Tout près du mythique port de Paimpol, qui ne possède
pas de falaise, contrairement à ce que dit la chanson
de Théodore Botrel, on trouve cet hôtel moderne et
fonctionnel. A partir de cet établissement, on peut
rayonner, d'abord vers le port situé à 1 km, puis vers la
magnifique abbaye de Beauport, l'archipel de Bréhat
ou la côte de Granit rose. L'Eurotel Le Grand Bleu est
situé dans un environnement calme. On dort dans des
chambres confortables avec télévision à écran plat, TNT
et Wifi. Pratique : l'hôtel loue des salles et accueille des
groupes et est agréé pour organiser manifestations,

excursions et produits touristiques clé en main, tout cela sur mesure et à des tarifs étudiés (telle une agence réceptive).

■ HÔTEL DE LA MARNE
30, rue de la Marne
www.hoteldelamarne-paimpol.fr
Ouvert toute l'année. 10 chambres. Basse saison : chambre double de 50 € à 80 €. Haute saison : chambre double de 60 € à 92 €. Demi-pension : 82 € (jusqu'à 125 € selon chambre et saison). Petit déjeuner : 8 €. Animaux acceptés (8 €). Wifi. Restauration (au rez-de-chaussée, voir rubrique Restaurants).

Ne vous arrêtez surtout pas à l'aspect sévère de l'hôtel de la Marne. Bâti dans le style de la région, granit et ardoises, il contraste fortement avec l'accueil très convivial que vous y trouverez. Situé à 600 mètres du port de Paimpol, ses chambres calmes et décorées de façon chaleureuses et modernes, bien équipées en tv et wifi, vous accueillent pour un repos réparateur. Pratique : l'hôtel a son restaurant de qualité au rez-de-chaussée dans une belle salle claire. Vous êtes par ailleurs à un quart d'heure de l'embarcadère vers l'île de Bréhat et à la portée de toutes vos envies de visites et d'excursion que génère un tel territoire patrimonial.

■ HOTEL LE GOELO**
4, quai Duguay-Trouin ☎ 02 96 20 82 74
www.legoelo.com
Accueil jusqu'à 22h30. 32 chambres. Chambre simple de 50 € à 55 € ; chambre double de 55 € à 72 € ; chambre triple de 82 € à 92 €. Petit déjeuner buffet : 8,50 €. Animaux acceptés. Wifi gratuit. Tv satellite.
Quand on décide de séjourner à Paimpol, il serait particulièrement déplacé de séjourner loin du port, alors que l'hôtel Goelo vous accueille au bord des quais, au fond des bassins. Vous pouvez à partir de là, aller à pied manger dans une des petites rues de la vieille ville ou vous attarder sur une grande terrasse voisine, contemplant sans fin les mouvements du port au soleil couchant. Vous séjournerez dans une des 32 chambres très bien équipées en télévision et wifi vous vous y passerez des nuits très calmes, la décoration étant agréable et le mobilier confortable. L'avantage de cette situation réside dans le fait que vous êtes tout près de l'embarcadère de Bréhat mais aussi de l'abbaye de Beauport. Ne manquez pas non plus de visiter les cités de caractère sur la côte ou l'arrière-pays, comme Tréguier, Pontrieux ou Quintin et Moncontour. De plus, c'est un endroit sympathique et le personnel est aux petits soins.

■ HÔTEL RESTAURANT LE TERRE-NEUVAS**
16, quai Duguay Trouin
☎ 02 96 55 14 14 / .06 60 70 29 59
Fax : 02 96 20 47 66
www.le-terre-neuvas.com
Ouvert toute l'année. 10 chambres. Chambre double de 46 € à 56 € ; chambre triple de 60 € à 67 €. Demi-pension : 49,50 €. Petit déjeuner : 7 €. Animaux acceptés (5 €). Restauration (voir rubrique « Le couvert »).
Il trône sur le port, dans un fier bâtiment, flanqué de la vaste terrasse, face aux navires de pêche. Si le restaurant en impose, l'hôtel, lui est sans façons, mais il vous offre les principales prestations que vous êtes en droit d'attendre d'un hôtel : un repos calme dans des chambres bien décorées et aménagées, mais également bien équipées, en particulier en literie et télévision. Mais ici, le plaisir est ailleurs, vous êtes ici au cœur de la vie du port, du va-et-vient des bateaux dans les bassins et du bruissement des quais. Et si vous avez faim ou soif, vous n'avez qu'à descendre pour vous mettre à table.

Chambres d'hôtes

■ L'ABRI DES ILES
4, rue Pierre Loti ☎ 02 96 55 12 71
www.labridesiles.fr
Accès par la Rue Poulgoïc

Clévacances (3 clés). Ouvert toute l'année. 4 chambres (dont 1 chambre familiale pour 4 personnes). Chambre double de 58 € à 60 € ; chambre triple à partir de 85 €. Petit déjeuner inclus. Lit supplémentaire : 20 € (10 € si enfant – 2 ans). Parking fermé. Chèque Vacances. Animaux acceptés.
Tout près de l'entrée du port d'où on voyait partir les goélettes vers Terre-Neuve, à l'embouchure du ruisseau du Traou, l'Abri des îles est la maison d'hôtes où il faut être allé. Si vous avez des amis qui ont passé un ou plusieurs jours dans ce merveilleux environnement, tous vous le diront, c'est exceptionnel. Après un accueil chaleureux de la maîtresse de maison, vous gagnerez les chambres tout confort, très claires, décorées dans un style moderne en rapport avec cette maison d'architecte, d'un calme rare. Vous y dormirez comme un bébé sur une literie très confortable. Au matin, un petit tour sur le balcon ou sur la terrasse dans le jardin, et le petit déjeuner copieux vous sera servi avec pâtisseries, crêpes et yaourts maison. En suite, cap sur la ville, l'île de Bréhat, l'abbaye de Beauport ou la côte de Granit rose pour une journée de visite à moins que l'attirance pour la mer et la plage toute proche ne soit plus forte. Et si vous n'avez pas d'idée, demandez à Nathalie, votre hôte, elle est de très bon conseil.

Loisirs

■ LE GR34 - SENTIER DES DOUANIERS
Parcourir la côte de Goélo par le GR34 de la pointe du Roselier à Loguivy-de-la-Mer vous prendra environ trois jours à un rythme tranquille – deux jours en fonçant et en faisant peu de pauses baignades. Surplombant la côte de Saint-Quay-Portrieux, le sentier des Douaniers offre une belle promenade accessible à tous. Les promeneurs du dimanche peuvent se balader sur ce petit segment et les courageux désirant le suivre découvriront ainsi toute la baie de Saint-Brieuc et même plus si affinité, ce sentier longeant l'ensemble de la côte du département. Le GR34 est le meilleur moyen de découvrir les falaises de Plouha, les plus hautes de Bretagne – 104 mètres – et les grandes plages plouhatines. En suivant ce chemin des Douaniers, on peut faire un petit saut à l'église de Lanloup du XIIIe siècle et les statues des douze apôtres. Puis on continue vers Plouézec jusqu'à la pointe de Minard.

Emplettes

■ **LE COMPTOIR IRLANDAIS**
8, rue des Huit Patriotes
☎ 02 96 20 79 18
Ouvert le lundi de 14h à 19h ; du mardi au samedi de 10h à 12h30 et de 14h à 19h.
Le Comptoir Irlandais, une enseigne incontournable dans le paysage breton qui a été fondée il y a 25 ans ! Une petite ambassade de la verte Erin, où les amateurs de culture irlandaise seront ravis... Dans cette boutique, on se sent comme là-bas grâce à l'ambiance et aux nombreux produits proposés, tous issus de la culture irlandaise. On y trouve, entre autres, des articles pour la cuisine (mugs, tasses, tabliers, gants...), mais aussi des vêtements (pulls en laine vierge, gilets, duffle coats, polos, maillots et accessoires de rugby, grosses chaussettes en laine, écharpes, bonnets, et même des kilts pour vous messieurs...). Sans oublier l'impressionnant rayon whisky et bien sûr les bières... Les amateurs vous le diront : la boutique cache quelques petites merveilles. Elle propose également de nombreuses sortes de thé qui occupent un autre rayon tout aussi important. Des gâteaux, de la marmelade, du caramel, des peluches, des affiches, un grand choix de bières, des bijoux, du chocolat, c'est aussi tout cela que vous pourrez trouver dans ce magasin.

■ **Dans les environs**

Lézardrieux

Lez ar Treon, en vieux breton, doit son nom à sa position géographique. Situé sur les bords du Trieux, le site fut occupé très tôt, comme le laisse supposer les vestiges gallo-romains de Castel ar Hoc. Afin de protéger ce site stratégique, un château est édifié au Moyen Âge sur le lieu. Il n'en reste que des ruines aujourd'hui. En 1840 est construit le premier pont suspendu, haut de 30 mètres.

■ **CHAPELLE DE KERMOUSTER**
Visite guidée (en juillet et août, sauf le lundi, de 15h à 19h. Renseignements à l'office du tourisme).
Située au cœur du village de Kermouster, la chapelle domine l'archipel de Bréhat. La construction de l'édifice religieux débuta en 1740, pour s'achever en 1763. La chapelle de Kermouster fut fondée par les prémontrés de l'abbaye de Beauport, sur les vestiges d'un édifice datant du XIIᵉ siècle. À l'intérieur, vous pourrez admirer le plus ancien ex-voto répertorié de France, datant de 1651, en forme de bateau.

■ **AUBERGE DU TRIEUX**
Impasse du Four-Neuf
☎ 02 96 20 10 70
auberge-du-trieux.com
Ouvert du jeudi au mardi le soir ; du jeudi au mardi le midi. Menus de 19,50 € à 49 €. Menu enfant : 8,70 €. Formule du midi : 13 € (et 16 € pour 3 plats). Plateau de fruits de mer : 37 € par pers. Ormeaux : 29 € les deux. Homard : prix selon les cours. Accueil des groupes.
Lorsqu'on passe le viaduc lorsqu'on vient de Paimpol pour aller vers le port de plaisance, on passe tout près de l'Auberge du Trieux. Dans cette très belle longère dans le style du pays, pierres apparentes et toit en ardoise, se niche une des places fortes de la gastronomie de la région. Ici le chef Maudez, labellisé Maître Restaurateur, travaille les produits du terroir dans le respect de la tradition tout en cultivant originalité et parfois exotisme. La mousseline de volaille au foie gras et sa gelée de cidre ou les croquants de légumes glacés, saveurs marines et carppaccio de Saint-Jacques sont des entrées dont l'intensité des saveurs vous surprendra. Le retour de pêche au coulis de crustacés ou les ris d'agneau en selle aux lentins de Saint-Pol confirmeront cette impression, et après une sucette de chèvre aux éclats de caramel épicé, vous vous en retournerez tout à fait enchanté.

■ **CRÊPERIE DU MOULIN À MER**
1, rue du Moulin à Mer
Route de Lanmodez ☎ 02 96 20 19 49
Basse saison : ouvert le week-end le soir ; le dimanche midi. Haute saison : tous les jours le midi et le soir. Haute saison : du 1ᵉʳ au 15 septembre et vacances scolaires. Carte : 15 € environ.
Vous aurez beau avoir dégusté un repas gastronomique de crêpes et de galettes dans le cadre d'un authentique et majestueux manoir XVIIᵉ, vous n'en sortirez pas pour autant ruiné. Vous ne regretterez pas de vous êtes lancé sur la D 20 qui court de Lézardrieux à Lanmodez pour trouver sur votre droite cette crêperie qui se remarque aisément. Que dire d'autre ? Tout est quasiment parfait. La décoration et l'agencement intérieur est en parfaite cohérence avec le style du bâtiment et avec crêpes et galettes authentiques qu'on vous sert ici d'une manière si aimable. Vous dégusterez ici des galettes simples, aux préparations maison, campagnardes ou super complètes. Vous fondrez en savourant la Chèvre chaud et lard fumé ou la Super Moulin à Mer (œuf, jambon, fromage, courgettes, poivrons, aubergines, tomates, oignons). Après une crêpe de même facture, c'est rasséréné par ce si bon moment que vous continuerez votre route.

■ **CRÊPERIE LE MOULIN DE LA GALETTE**
2, allée des Marronniers
☎ 02 96 20 18 36
Basse saison : ouvert du mardi au dimanche le midi et le soir. Haute saison : tous les jours le midi et le soir. Menus de 18 € à 24 €. Formule : 11,90 €. Accueil des groupes. Terrasse.
On trouve facilement ce sympathique établissement lorsqu'on descend du bourg vers le port de plaisance. Chez Monsieur et Madame Julien, c'est la bonne auberge à l'ambiance détendue où chacun pourra trouver cuisine à son gosier. Voyez plutôt. Les très régionales crêpes et galettes voisinent avec de savoureuses et abondantes salades, mais également avec des plats comme les gambas grillées, sauce tartares, la brochette de Saint-Jacques ou l'authentique potée bretonne ou le feuilleté de moules au curry. Si vous êtes venu pour les mets locaux, commandez les galettes de spécialité. La Bréhatine (sardines piquantes, oignon et œuf) ou la Périgourdine (œufs brouillés, gésiers confits) sauront vous contenter pleinement, avant qu'une crêpe Normande (pomme et calvados) ne vienne conclure ce délicieux intermède au milieu de vos activités.

Vue de Lézardrieux

■ **PIZZERIA SAN ANGELO**
6, rue du 8-Mai-1945
✆ **02 96 22 17 13**

Ouvert du mardi au dimanche le midi et le soir. Carte : 20 € environ.

C'est en arrivant depuis Paimpol au centre de Lézardrieux, que vous apercevez sur votre gauche l'élégante enseigne verte de l'établissement, suspendue sur un mur en pierre apparente. Entrez sans hésiter, car vous n'êtes pas ici dans une pizzeria ordinaire. Au San Angelo, c'est la qualité qui prime, d'abord parce que vous avez affaire à un authentique cuisinier, Nicolas, et à Angélique, une professionnelle, qui vous accueille en salle ou à la terrasse. Ensuite, la carte annonce la couleur, pizzas à la pâte fraîche maison, véritable mozzarella et produits ultra-frais. Si vous n'êtes pas fan de la cuisine italienne, vous commanderez l'escalope de veau à la normande, flambée au calvados ou les noix de Saint-Jacques flambées au Ricard ou encore des pâtes. Mais ce serait dommage de ne pas goûter à ces délicieuses spécialités transalpines. Des grands classiques comme la Régina ou la Calzone, ou des plus originales comme la Norvégienne au saumon fumé, vous contenteront évidemment. Et vous vous en retournerez, chantant (intérieurement) les louanges de cet établissement.

■ **LA MARINA DU PORT**
33, rue du Port
✆ **02 96 16 43 34 / 06 61 26 46 07**
www.lamarinaduport.com

13 chambres. Chambre double de 40 € à 45 €. Pension complète : 32 € (en sus du prix de la chambre). Demi-pension : 20 € (en sus du prix de la chambre). Petit déjeuner : 6 €. Wifi à l'accueil.

En descendant depuis le viaduc vers l'embouchure de la rivière, on trouve cet hôtel, longère bien assise au bord de la voie et équipé de stores bleus à une centaine de mètres du port de plaisance, d'où son nom. Les 13 chambres offrent un repos tranquille au voyageur qui désire visiter la région de Paimpol et de Tréguier et les majestueux estuaires encaissés du Trieux et du Jaudy. Situé aux abords du GR 34, il peut constituer une base d'excursion idéale pour visiter les richesses touristiques de la contrée, qui sont nombreuses. Et le soir, après bains de mer et visite,

manger au restaurant de l'établissement en salle ou à la terrasse est bien pratique, avant de gagner sa chambre pour dormir d'un sommeil réparateur.

Minihy-Tréguier

■ **HÔTEL KASTELL DINEC'H**
Lieu-dit « Le Castel »
Route de Lannion
✆ **02 96 92 92 92**
Fax : 02 96 92 34 03
www.kastelldinech.com

Fermé du 20 décembre au 1er mars. 15 chambres (dont deux suites et une chambre pour personne handicapée). Chambre double de 60 € à 110 € ; chambre triple de 100 € à 120 € ; suite de 110 € à 200 €. Petit déjeuner buffet ou en chambre : 13 € (10 € pour enfants – 10 ans). Parking fermé inclus. Animaux acceptés (8 € par jour). Wifi gratuit. Restauration (dîner « Table gourmande » sur réservation préalable la veille uniquement pour les clients de l'hôtel : menu unique à 30 €, 1/2 bouteille de vin et café inclus).

Dans une ambiance de verdure, le manoir de Kastell Dinec'h vous accueille pour un séjour de détente dont vous vous souviendrez. La nature, partout présente, génère une ambiance exceptionnelle de calme et les chambres d'un confort sans pareil, dont la décoration est subtilement personnalisée, accueilleront votre sommeil réparateur seulement troublé par le chant des oiseaux. Au réveil, la journée s'annonce superbe, avec ce copieux et délicieux petit-déjeuner sucré-salé où fromage et miel, charcuteries et confitures s'assemblent pour un moment de pur bonheur. Et il faut bien une telle entrée en matière pour une journée de riche visite dans ce pays où nature et patrimoine sont d'une exceptionnelle générosité. De retour, c'est sans hésiter que vous gagnerez la table gourmande qui vous servira des plats composés avec les produits de la mer et du riche terroir local, tous adhérents ainsi que l'établissement à la Charte des saveurs, démarche d'excellence des professionnels du Trégor-Goeleo, ce beau pays où vous avez décidé de vous arrêter.

Pleubian

■ **BIGOUDEN BLUES**
57, rue Sillon-du-Talbert ✆ **02 96 22 94 97**
bigouden.blues.free.fr
Haute saison : ouvert tous les jours le midi et le soir. Menu unique à 1 €. Carte : 15 € environ. Menu enfant : 7 €. Formule : 13,90 €. Accueil des groupes.
Près du très majestueux et très curieux Sillon de Talbert, un établissement donne également dans l'insolite. Bigouden Blues, c'est le nom de ce drôle mais excessivement sympathique restaurant. La moulerie pataterie, concept plutôt étrange, est déclinée ici avec humour, puisqu'on vous invite sur le web à rejoindre l'établissement de la manière suivante : « Décollez de Mars, contournez Jupiter et revenez sur la planète Terre. » La salle ressemble à un bateau, comporte une coursive et un phare. Mais l'air de rien creuse et, après un moment de perplexité devant le nom du plat qui ressemble à de l'esperanto, vous allez vous jeter sur une des Breizh Patatas. La Patata Océane (filet de dorade, crevettes, moules et saumon au beurre blanc sur une énorme pomme de terre) ou la Patata Bergère (gratinée au fromage à raclette, fromage de chèvre et roquefort, jambon cru, salade verte et tomate sur maxi-tubercule) combleront les faims les plus tenaces. Cependant, moules grillées, galettes ou crêpes sont aussi à la disposition du convive. Après un dessert, une petite balade sur le rivage ne sera pas superflue.

Pleudaniel

■ **EGLISE DE PLEUDANIEL**
La chapelle peut être visitée, et laisse entrevoir une chaire à prêcher du XVIIIe siècle, ainsi que des fonts baptismaux du XVe siècle. Dédié à saint Pierre, la majorité de l'édifice date du XVIIe siècle. Certains éléments de sa structure sont plus anciens et remontent au XVe siècle. Son portail ouest est de 1688 et son porche midi, daté de 1705, est restaurée à la fin du XVIIIe siècle. L'église était à l'origine dédiée à saint Guinien ou Vinien, frère de Judicaël, venu

d'Irlande pour évangéliser l'Armorique. Saint Arnec lui aurait cédé son petit évêché d'Illy. L'église a été plusieurs fois remaniée aux XVIIe et XVIIIe siècles. La porte aurait été sculptée par un moine de l'abbaye de Beauport en 1688. Y figurent la Sainte-Vierge et saint Pierre. Le clocher, de 1692, a été détruit par la foudre à plusieurs reprises. La sacristie date de 1785. La tourelle nord date de 1782. Le retable du maître-autel en bois polychrome est datée de 1716. Le Christ, de 1785, en bois polychrome également, apparaît entouré de Madeleine et d'un soldat romain.

Ploubazlanec

■ **VEDETTES DE BREHAT**
6, route de l'embarcadère ✆ **02 96 55 79 50**
Fax : 02 96 55 79 55
www.vedettesdebrehat.com
Départ pour Bréhat toutes les heures d'avril à septembre. Hors saison, 5 départs par jour. Ouvert tous les jours. Horaires sur répondeur 02 96 55 73 47. Gratuit jusqu'à 4 ans. Adulte : 9 €. Enfant (de 4 à 11 ans) : 7,50 €. Vélo : 15 €. Tour de l'île, adultes : 14 €. Remontée de la Rivière du Trieux, Adultes : 21 €. Grand parking (gardé jour et nuit de Pâques à septembre) de 250 places, gratuit hors saison et payant en saison.
C'est une toute petite traversée qui vous attend à partir de la Pointe de l'Arcouest en Ploubazlannec. Environ un quart d'heure après avoir embarqué, vous voilà prenant pied, ou roue, si vous avez emmené votre vélo, sur Bréhat, surnommée affectueusement l'île aux fleurs, à Port-Clos. N'en restez pas là. Optez sans hésiter pour le très spectaculaire tour de l'île sur ces vedettes pilotées par des marins très expérimentés, et il faut l'être lorsqu'on voit le tas de cailloux que constitue l'Archipel. Pour ceux qui sont plus rivière, voguez par le même moyen vers le très spectaculaire estuaire du Trieux

■ **TOUR DE KERROC'H**
Emblème insolite de la commune, la Tour de Kerroc'h fut édifiée en 1873. Située au sommet de la butte Krec'h Mahaf ou Mazé (Mathieu), elle offre un panorama

L'église de Loguivy-de-la-Mer

Loguivy-de-la-Mer

d'exception sur la baie de Paimpol, Pors-Even et l'île Saint-Riom. Une tour de granit rose fut érigée sur le monticule, surmontée dans un premier temps de la statue de Sainte Anne et plus tard de celle de la Vierge et de Saint Joseph avec l'Enfant Jésus. Un petit parking gratuit est disponible à proximité. Les lieux sont accessibles par un sentier escarpé.

■ HÔTEL RESTAURANT BOCHER
44, rue Pierre Loti
℡ 02 96 55 84 16
Fax : 02 96 55 78 34
hotel-bocher@wanadoo.fr
Ouvert toute l'année. Tous les jours et les jours fériés le midi et le soir. Menus de 18 € à 33 €. Menu enfant : 10 €. Formule du midi : 12 € (sauf we). Accueil des groupes. Terrasse.
Pourquoi ne pas aller se faire un petit plaisir vers la pointe de l'Arcouest, avant d'embarquer vers Bréhat ? Le restaurant de l'hôtel Bocher vous accueille pour un grand moment de gastronomie régionale grâce à une cuisine qui ne ment pas, à base de produits du terroir, mais, situation oblige, à forts relents marins. L'air du large donnant faim, il est tout indiqué de commencer par un pressé de crabe à l'aneth ou d'excellents œufs en meurette à la bretonne. Quelques instants de calme, avant de déguster une dorade rôtie au Martini ou, si la viande vous tente, un carré d'agneau en croûte de pistou. Quelque douceur du même acabit et vous voilà ragaillardi, prêt à entamer une traversée ou à randonner sur le sentier des douaniers.

■ LE RELAIS DE LAUNAY
18, route de l'Arcouest
℡ 02 96 55 86 30
www.relaisdelaunay.com
Haute saison : ouvert tous les jours le soir. Carte : 15 € environ. Formule : 9,80 €.
C'est bien une particularité bretonne, d'avoir ouvert un hôtel-crêperie. Ces anciens navigateurs ont posé leur sac à terre en adoptant les us et coutumes du Goelo. Ils

vous serviront donc les spécialités locales, galettes de blé noir ou crêpes de froment. Mais ici, la carte est aussi appétissante que fournie, car les garnitures sont à base de produits frais. Parmi les galettes, la Montagnarde (raclette, pomme de terre, œuf, lardons ou jambon cru) ou la Nordique (saumon fumée, crème fraîche) raviront votre palais et apaiseront votre faim, à moins que vous ne préfériez des plats de restaurant classiques. Car ici, il est également possible de commander salades, moules ou grillades. Mais on peut aussi déguster avec bonheur une marinière de lieu aux fruits de mer ou un suprême de poulet à la brésilienne. Une bonne adresse pour apaiser sa faim sur la route de Bréhat.

■ CITOTEL LES AGAPANTHES
1, rue Adrien Rebours ℡ 02 96 55 89 06
Fax : 02 96 55 79 79
www.hotel-les-agapanthes.com

Qualité Tourisme. Fermé du 2 au 31 janvier. 21 chambres. Chambre double de 45 € à 99 € ; chambre triple de 89 € à 99 €. Petit déjeuner : 8,50 €. Lit enfant 5 €. Animaux acceptés (8 €). Connexion Internet. Wifi. Tv satellite. Jardin et terrasse.
Dans le pays historique des pêcheurs d'Islande, célébrés par Pierre Loti, arrêtez-vous au Citotel les Agapanthes, dans le bourg de Ploubazlanec. Vous aurez vite oublié l'aspect un peu sévère de la place du bourg où se tient l'établissement, car vous serez séduit par le look général très moderne de cet Hôtel de charme de Bretagne et de ses vingt et une chambres. Chacune, en effet, bénéficie d'une décoration personnalisée à l'élégance fonctionnelle. Munies d'un double vitrage, d'une connexion Internet et d'une télévision, elles vous accueillent pour un repos paisible, avant une excursion à Bréhat, ou au Sillon de Talbert. Notez que pour un moment de détente l'hôtel comporte terrasse et jardin et qu'il est labellisé Etape rando Bretagne car situé non loin du GR 34. Accueil groupe et soirée étape pour une personne en déplacement professionnel.

CÔTES-D'ARMOR

■ **AU GRAND LARGE**
Le port
Loguivy-de-la-Mer
© 02 96 20 90 18
Fax : 02 96 20 87 10
augrandlarge@wanadoo.fr
🍷

Fermé du 11 novembre au 10 février. Ouvert les trois dernières semaines de décembre. 8 chambres. Chambre double de 48 € à 75 €. Petit déjeuner : 8 €. Animaux acceptés. Wifi. Restauration.

Il serait vraiment dommage de ne pas s'arrêter sur un des sites bretons les plus typiques et élégants : le port de Loguivy-de-la-Mer. Ici vous gagnerez l'hôtel-restaurant Au Grand Large, dont le bâtiment et la terrasse dominent le plan d'eau, offrant au voyageur une vue exceptionnelle. Ses huit chambres bien agencées et d'une esthétique étudiée vous offrent un confort en rapport avec les standards, dont une télévision et la wifi. L'environnement à la fois exceptionnel et calme vous incite au repos, à moins que vous ne soyez tenté par les activités de la base nautique sous proche, un embarquement vers Bréhat, à seulement 5 km, ou une promenade sur le GR 34 qui passe devant. Quoiqu'il en soit, vous prendrez place le soir au restaurant, sur la terrasse si le vent le permet pour de délicieux moments, seul ou en amoureux.

■ **LE RELAIS DE LAUNAY****
18, route de l'Arcouest
© 02 96 55 86 30
www.relaisdelaunay.com
🌳

Qualité Tourisme. 10 chambres (vue mer ou sur le jardin). Chambre double de 38 € à 53 € ; chambre triple à partir de 64 € ; suite à partir de 53 €. Demi-pension. Petit déjeuner : 6,50 €. Chèque Vacances. Animaux acceptés (uniquement dans les chambres du cottage en rez-de-jardin). Wifi gratuit. Restauration (labellisée « Crêperie gourmande »). Tv satellite.

Voulez-vous un séjour différent au borde de la mer dans les environs de Paimpol ? Choisissez sans hésiter le Relais de Launay. Accueilli dans une ambiance familiale, vous passerez un séjour des plus agréables dans un établissement respectueux de la nature, possédant des chambres avec vue sur mer, et dont les prix sont très étudiés. Inutile de dire qu'il est prudent de réserver, d'autant plus que la famille propriétaire du Relais de Launay vous sert dans la Crêperie Gourmande (label) des spécialités locales et maison. Toutes les chambres de cette ancienne ferme qui fut également une pension de famille, sont bien sûr très confortables tout en respectant le caractère des lieux. C'est le lieu idéal si vous avez décidé de randonner sur le GR ou de visiter le pays à vélo.

■ **CAMPING PANORAMA DU ROHOU****
5, chemin du Rohou
Pointe de l'Arcouest © 02 96 55 87 22
Fax : 02 96 55 74 34
www.campingpanorama.com

Ouvert toute l'année. Vue sur mer. Emplacement + véhicule + 1 personne à partir de 10,80 €. Emplacement + véhicule + 1 personne (avec 6 A) à partir de 14,60 €. Personne supplémentaire à partir de 4 €. Mobile homes pour 4 à 5 personnes de 280 € à 580 € la semaine ; chalets jusqu'à 5 personnes de 380 € à 610 €. 1 logement et 2 maisons de 1 à 4 chambres : de 295 € à 1000 €. Chèque Vacances. Animaux acceptés (1,60 €/jour, tenu en laisse).

Ce camping, c'est un peu le rêve. Sur les hauteurs de la pointe de l'Arcouest, à moins de cent mètres de l'embarcadère des vedettes de Bréhat, vous jouissez ici d'un confort et d'un calme, propice au repos. L'établissement n'organise pas d'animations bruyantes et se consacre à soigner des clients amoureux de la nature, venus pour faire ici une cure de grand air. En effet, hormis la visite de l'archipel et les bains de mer que l'on pratique naturellement à partir d'ici, on peut aussi aller faire du rase-cailloux en kayak dans un univers rocheux d'une exceptionnelle beauté.

■ **HÔTEL RESTAURANT BOCHER**
44, rue Pierre Loti © 02 96 55 84 16
Fax : 02 96 55 78 34
hotel-bocher@wanadoo.fr
🍷

Chambre double de 42 € à 61 € ; chambre triple de 59 € à 64 €. Pension complète : 80 € (jusqu'à 106 € selon chambre). Demi-pension : 71 € (jusqu'à 90 € selon chambre). Petit déjeuner : 8 €. Parking. Animaux acceptés (8 €). Réceptions et mariages. Restauration (restaurant de l'Hôtel). Bibliothèque, terrasse et solarium.

Si vous ne trouvez pas la Bretagne typique et éternelle à cet endroit, c'est que vous ne la trouverez jamais. Situé aux abords de la Pointe de l'Arcouest et à 600 mètres de l'embarcadère vers Bréhat, l'hôtel Bocher vous accueille pour un séjour inoubliable à Ploubazlanec, contrée qui a fourni le plus fort contingent d'Islandais, pêcheurs de morue célébrés par Pierre Loti, dont plus de 2 000 ne revinrent pas des bancs. Vous trouverez ici une détente dans une atmosphère familiale, mais néanmoins très professionnelle. Vous séjournerez dans des chambres à la literie confortable et aux tons calmes et reposants, dont certaines ont vue sur la mer et l'archipel. Une détente maximale ponctuée par des marches sur le sentier des douaniers, sur l'île de Bréhat ou vers le port de Loguivy-de-la-Mer achèveront de vous ressourcer, surtout que l'établissement possède un restaurant breton de grande qualité.

■ **CAFÉ DU PORT – CHEZ GAUD**
16, rue du Port
Loguivy-de-la-Mer
© 02 96 22 02 25
Ouvert tous les jours.

La mer, c'est salé et ça donne soif ! Tous les marins vous le diront, en particulier ceux du port de Loguivy-de-la-Mer, qui aiment à se retrouver dans ce lieu, pour discuter du temps qu'il fait ou qu'il fera, et boire un coup avec les collègues. Mais ce bistrot, tables en formica, bar en bois sculpté, peintures aux murs et poêle à bois au fond, est aussi une institution et de nombreux chants de marins évoquent ce haut lieu de la culture maritime. Attention, vous êtes le bienvenu, mais il faut respecter certains usages. Ne tentez pas de demander un café après l'heure du petit déjeuner, vous vous exposerez alors à des réflexions sarcastiques de la part d'Alain, le patron, sous l'œil goguenard de l'assemblée.

Pontrieux

Cité de caractère, située sur les rives du Trieux, son nom vient d'un mot latin signifiant pont de fond d'estuaire. On y admire de nombreuses maisons anciennes, demeures à pans de bois des XVIe et XVIIe siècles, maisons de pierre du XVIIe siècle et une fontaine en granit du XVIIIe siècle. Vous remarquerez, place Le Trocquer, la plus belle maison de la ville, dont les colombages bleus en croisillons à chaque étage lui valent le surnom de « maison tour Eiffel ». L'église de 1838, de style néoclassique, comporte un orgue du XIXe siècle classé. Ville aux cinquante lavoirs en pierre et aux toits en ardoise. Ils sont fleuris, décorés et restaurés depuis 1991 par l'association Nos Lavoirs. Ville fleurie le jour, elle offre la nuit un parcours lumière qui révèle lavoirs, ponts, églises, fontaines et ruelles avec une intensité chargée d'histoire. Le pont Saint-Yves fut emporté deux fois par des crues mémorables aux XVIIe et XIXe siècles et fut reconstruit sans ses piliers d'origine. Dans la rue Saint-Yves sont désormais installés de nombreux artisans d'art, amenant à la ville le label Pôle d'artisans d'Art. Après avoir visité la ville et ses ruelles, une visite au port de plaisance s'impose. Vous y découvrirez une zone de quiétude bordée de jolies maisons et accueillant de nombreux bateaux. Chaque été a lieu le marché d'antan où de nombreux bénévoles reconstituent les décors d'autrefois, on peut y trouver la fermière, le maréchal-ferrant, le marchand d'animaux… et y voir traire les vaches et faire du beurre.

■ **OFFICE DE TOURISME DE PONTRIEUX**
Place Yves-Le-Trocquer
Maison de la Tour Eiffel
© 02 96 95 14 03 / 02 96 95 60 31
Fax : 02 96 95 69 29
www.pontrieux.com
Basse saison : ouvert le lundi et du mercredi au vendredi de 10h30 à 12h30 et de 14h à 18h30 ; le samedi de 10h30 à 12h30 et de 13h30 à 18h. Haute saison : du lundi au vendredi de 10h30 à 12h30 et de 14h à 18h30 ; le samedi de 10h30 à 12h30 et de 13h30 à 18h.
Vous ne pouvez manquez l'office de tourisme de Pontrieux, on ne voit que lui sur la très belle place Yves-le-Trocquer. Il prend place en effet au rez-de-chaussée de la Maison Tour Eiffel, du XVe siècle dont l'architecture à pans de bois est vraiment très spectaculaire. Le personnel, compétent et accueillant vous renseignera, non seulement sur les visites à ne pas manquer, les balades à faire, par exemple, le long du Trieux, les événements et fêtes qui sont nombreux en saison ou les bonnes tables du coin.

■ **PROMENADE EN BARQUE À LA DÉCOUVERTE DES LAVOIRS**
En ville près de la passerelle piétonne
© 02 96 95 60 31
Du 15 juin au 30 septembre. Haute saison : ouvert tous les jours et les jours fériés de 11h30 à 18h. Juillet et août : nocturnes tous les mercredis, vendredis et dimanches. Adulte : 4 €. Enfant : 2,50 €.
Voilà une très détendante manière de visiter Pontrieux, côté rivière. Au cours de cette promenade qui vous conduira du centre-ville vers le port, vous admirerez du côté de sa face cachée, le patrimoine bâti exceptionnel de ce port, autrefois très riche, considérablement actif jusqu'au XIXe siècle. On y exportait de la toile de lin, produite dans le pays, dont on se servait presque exclusivement pour fabriquer les voiles des bateaux d'Europe. Vous admirerez, à cette occasion, la cinquantaine de lavoirs récemment restaurés. Chaque maison bourgeoise en possédait un.

■ **HÔTEL – RESTAURANT LE PONTREV**
3, rue de l'Eperonnerie
© 02 96 95 60 22
Fax : 02 96 95 68 94
www.pontrev-hotel.com
Ouvert tous les jours le midi et le soir. Menus de 15 € à 22 €. Formule : 10,80 €.
Nelly et Hubert Cadoret vous accueillent depuis le 16 mars 2006, au centre d'une petite cité de caractère, sur les rives verdoyantes du Trieux, entre mer et campagne. Ils vous proposent une cuisine traditionnelle où tout est fait maison. Feuilleté de Saint-Jacques, filet de saumon à la crème de poireaux, pavé de bœuf et frites maison vous régaleront. Parmi les desserts maison, la mousseline glacée au Grand Marnier vaut vraiment le détour. L'endroit est agréable, avec jardin en bordure de rivière et terrasse fleurie.

■ **LES JARDINS DU TRIEUX**
22, rue Saint-Yves
© 02 96 95 06 07
creperie-pontrieux.com
Haute saison : ouvert tous les jours le midi et le soir. Menus de 14,70 € à 17,20 €. Menu enfant : 6,20 €. Formule : 9,20 €. Terrasse.
Au détour de vos pérégrination dans les Côtes-d'Armor, n'oubliez pas de visiter Pontrieux, un des plus jolis bourgs labellisé Petite Cité de Caractère. Au cours de votre visite vous remarquerez certainement cette crêperie grill. Ici, tout est tradition, la salle est garnie de meubles de familles et la terrasse, une des plus agréables du département, donne directement sur le Trieux et ses fameux lavoirs. Vous pouvez, bien sûr, commander une grillade, excellente au demeurant comme le reste de ce que la carte propose, mais vous manqueriez quelque chose en négligeant les spécialités régionales. Les spécialités méritent vraiment le détour. La galette (blé noir) Loenned Fall (rillette d'espadon, emmenthal, tomate, crème fraîche ou la crêpe (froment) Bréhatine (pomme caramélisée, amandes, crème fraîche, le tout flambé au calvados) méritent vraiment le détour ? Qu'on se le dise !

■ **LE SCHOONER PUB**
44, rue du Port ℭ **02 96 11 06 29**
Ouvert du mardi au dimanche de 17h à 1h. Menus de 10,80 € à 11,80 €. Carte : 15 € environ. Menu enfant : 5,90 €. Terrasse. Animation.
Voilà une adresse que personne ne peut éviter ou ignorer tant tout est ici original, sympathique et chaleureux. Pauline et Yann débarquent ici après une navigation vers la Casamance. A leur retour, ils reprennent cet établissement, superbement situé du bord du quai du port. Ici, pas de cuisine compliquée, mais des produits la plupart du temps bio, et surtout provenant de producteurs les plus locaux possibles, donnant des plats simples mais exquis. Jamais vous ne mangerez des frites comme celles servies ici, élaborées avec une variété délicieusement sucrée. Vous goûterez évidemment la charcuterie, en particulier les merguez. Le professionnel qui ravitaille la maison est un des tenants d'une pratique traditionnelle aujourd'hui quasiment disparue. La salade de chèvre chaud au miel est un vrai délice, quant à la soupe de poisson, elle est inévitable. Vous finirez forcément par une glace Jampi, traditionnelle et bio, en buvant une bière traditionnelle Philomenn brassée dans le coin. On va aussi au Schooner pour les nombreuses animations, musicales ou autres et pour y sentir le parfum d'aventures des circumnavigateurs. Pontrieux est une de leurs escales et le dernier port d'attache de la très regrettée Annie Van de Kerchove.

■ **HÔTEL – RESTAURANT LE PONTREV**
3, rue de l'Eperonnerie
ℭ **02 96 95 60 22**
Fax : 02 96 95 68 94
www.pontrev-hotel.com
11 chambres. Chambre simple de 43 € à 45 € ; chambre double de 45 € à 46 € ; chambre triple de 53 € à 56 €. Pension complète : 61 € (62 € en saison). Demi-pension : 51 € (54 € en saison). Petit déjeuner : 8 €. Lit supplémentaire. Animaux acceptés (4 €). Restauration. Wifi au rez de chaussée.

Pontrieux fut par le passé un centre important lorsque les bateaux de charge remontaient le fleuve jusque là. Prenez donc le temps de vous arrêter dans cette petite cité de caractère. Vous y trouverez au centre du bourg le Pontrev, dans une jolie longère aux pierres apparentes, un coquet hôtel-restaurant tenu par Nelly et Hubert Cadoret dans une ambiance décontractée et familiale. Vous pourrez vous reposer dans une des onze chambres spacieuses, confortables et bien équipées, disposant de la télévision et de la Wifi. Lorsque vous ne serez pas en balade dans cette magnifique contrée ou en train de pratiquer la rando en canoë kayak sur le Trieux, vous pourrez vous prélasser dans le jardin au bord de l'eau, avant de vous mettre les pieds sous la table dans le restaurant de l'établissement qui ne sert que des produits frais.

■ **CAMPING TRAOU MELEDERN****
Traou meledern
ℭ **02 96 95 68 72 / 02 96 95 69 27**
camping-pontrieux.com

Ouvert toute l'année. Accueil de 8h30 à 12h et de 18h à 20h. 50 emplacements. Emplacement + véhicule + 1 personne à partir de 3,50 €. Emplacement + véhicule + 1 personne à partir de 5 €. Mobile homes pour 2 à 4 personnes de 260 € à 360 € la semaine ; caravanes pour 2 à 4 personnes à partir de 200 €. 2 € pour les enfants – 7 ans. Gîtes de 2 à 5 personnes : de 250 € à 380 €. Jeux pour enfants. Animaux acceptés (chien : 1 €).
Situé à 500 mètres du centre de Pontrieux et de ses commerces, du port et de la gare, ce camping en bordure de rivière est fleuri et ombragé, et dispose de 50 emplacements délimités, un gîte, un studio, une caravane et un mobil home. Le camping de Traou Meledern est équipé de douches chaudes, sanitaires pour handicapés, point phone, barbecue, machine à laver, allée de boules, jeux pour enfants – balançoires, toboggan, filet de volley, panier de basket.

Camping Traou Meledern

■ CLUB NAUTIQUE PONTRIVIEN
rue du Port
✆ 02 96 95 17 20 / 06 83 17 34 68
canoe-kayak-pontrieux.fr
Haute saison : ouvert tous les jours de 9h à 12h et de 14h à 18h. Hors saison, prendre rendez-vous avec le responsable. Location kayak, 1 h : 7,50 €. Cours particulier, 1 h : 17,50 €. Stage 5 jours : 62 €. Rando estuaire du Trieux : 25 €. Kayak de mer, rando de 2 à 5 jour, de 170 à 495 €. Sorties à la journée : 42 €. Balades, randonnées : estuaire du Trieux, archipel de Bréhat, circuit des deux estuaires, côte des ajoncs, sept îles, circuit des falaises.
Le kayak de rivière ou de mer dans l'embouchure du Trieux et l'archipel de Bréhat, c'est le must du genre en Bretagne avec les randos dans le golfe du Morbihan. Que vous soyez expérimenté ou béotien, un moniteur diplômé d'Etat vous accompagnera si vous n'êtes pas amariné et vous pilotera lors des sorties en mer, surtout si vous n'avez pas l'habitude des courants de Manche. Descendre l'estuaire du Trieux, un des plus beaux de l'Ouest, silencieusement, au fil de l'eau, en observant les oiseaux est une expérience unique, tandis que la balade jusqu'à Loguivy-de-la-Mer en passant entre les cailloux de l'archipel de Bréhat vous en mettra plein la vue. A ne pas manquer.

Quemper-Guézennec

■ MANOIR DE KERMODEST
1, lieu-dit Kermodest
✆ 02 96 95 30 73
www.kermodest.com
Ouvert du lundi au samedi le midi et le soir. Menus de 25 € à 40 € (menu réception 48 €).15 €.
En remontant le Trieux depuis Pontrieux vers l'embouchure du Leff, vous trouverez une grille donnant sur un joli parc de type jardin anglais. Franchissez cette entrée, le manoir de Kermodest vous tend les bras au bord de la rivière. Dans ce bâtiment XIVᵉ sur cour fermée, typique des Côtes-d'Armor, se tient un restaurant gastronomique mené par le chef, Yann Couzigou. On ne cuisine ici, bien sûr, que du frais, dont les fruits de mer et coquillages arrivent directement de viviers. Les plats s'inspirent largement de la tradition régionale, comme par exemple le feuilleté de Saint-Jacques aux champignons, le bar au bacon et ses légumes de saison, la terrine de foie gras du manoir au cognac ou le lieu en croûte viennoise. Et après une petite douceur, pourquoi ne pas profiter des chambres et de la piscine ?

■ MANOIR DE KERMODEST
1, lieu-dit Kermodest
✆ 02 96 95 30 73
www.kermodest.com
Ouvert toute l'année. 16 chambres. Chambre double de 75 € à 150 €. Demi-pension (ajouter 32 € par personne). Petit déjeuner en chambre : 9 €. Lit supplémentaire : 15 €. Parking fermé. Animaux acceptés (10 €). Wifi. Restauration.
Et si pour une fois, vous aviez décidé de quitter la côte, de visiter la Bretagne intérieure et de vous reposer

vraiment ? Sans hésiter, réservez au splendide Manoir de Kermodest, dont les majestueux bâtiments XVIᵉ, typiques de la région dominent un parc – jardin à l'anglaise d'une vingtaine d'hectares. Imaginez déjà les chambres splendides, certaines mansardées où vous dormirez sans un bruit. Elles sont très agréablement meublées ancien et moderne et la détente y est maximale. Mais la campagne ne condamne pas les bains de mer, les plages ne sont en effet qu'à un quart d'heures, à moins que vous ne préfériez la piscine et les longues promenades au sein de cet univers si agréablement irréel.

■ CHEZ JEANNE ET JOSEPH
Kerpuns
✆ 02 96 95 66 47
Fax : 02 96 95 66 47
www.kerpuns.com
Ouvert toute l'année. 5 chambres. Chambre simple à partir de 38 € ; chambre double à partir de 45 € ; chambre triple à partir de 55 €. Petit déjeuner inclus. Lit supplémentaire : 10 €.
C'est drôlement sympa d'être accueillis chez Jeanne et Joseph plutôt qu'à une adresse anonyme. Ici c'est personnalisé, on est chez quelqu'un et en plus un couple des plus sympathiques. Ils vous offrent le logis dans une de leur chambres, très jolie, confortables et toutes équipées de salles de bains et sanitaires indépendants. A un peu plus de deux kilomètres de la Petite Cité de Caractère de Pontrieux, vous rejoindrez à pied le port de plaisance où des terrasses agréables vous attendent. Ne manquez pas la visite en canot des lavoirs du Trieux, charmant ! Par ailleurs vous êtes tout près de Paimpol, de Bréhat, de Tréguier et de la Côte de Granit rose. Que de visites en perspective ! Pour le retour, vous aurez commandé un délicieux repas à vos hôtes, qui sera, à n'en point douter, à la hauteur du petit déjeuner.

Perros-Guirec

Station climatique et touristique, comparable à Saint-Tropez par sa fréquentation en été, son port et ses nombreux restaurants et commerces sur le port et en centre-ville. Perros-Guirec bénéficia du label Station nautique, fait partie des Stations Nouvelle-Vague regroupées autour d'une charte d'accueil et d'animations, et a obtenu le label Kid, décerné pour la qualité de l'accueil qu'elle réserve aux enfants.
Son nom vient de Pen-Ros – le sommet du tertre -, car la ville est bâtie sur un promontoire rocheux, et de Guirec, un abbé gallois qui évangélisa le pays, sans doute au VIIᵉ siècle. Perros-Guirec possède un des plus grands ports de plaisance de la côte nord et est devenue une station balnéaire haut de gamme. La ville se décompose en deux quartiers distants, le port et le centre-ville. L'un comme l'autre méritent une visite pour leur ambiance et leurs particularités. C'est avant tout une très jolie petite ville à l'intérieur plaisant, très nette et aux environs majestueux, dans quelque direction que ce soit. Pour qui apprécient les routes et chemins côtiers, les abords de Perros-Guirec, avec la corniche bretonne, vers Trégastel et Trébeurden, sont splendides.

Les premières traces d'occupation humaine sur le site de Perros remontent au paléolithique moyen. Plus tard, au IIIe siècle, les Romains y édifient quelques fortins. Perros-Guirec devient une paroisse au XIIe siècle, lorsque Pleumeur-Bodou est démembrée du fait de la forte croissance démographique. A partir de 1885, le tourisme commence à se développer. La station voit d'ailleurs la visite d'Anatole Lebraz, Charles Le Goffic, Mathurin Méheut, Maxime Maufra.

■ **OFFICE DE TOURISME DE PERROS-GUIREC**
21, place de l'Hôtel-de-Ville
℡ **02 96 23 21 15**
Fax : 02 96 23 04 72
www.perros-guirec.com
Basse saison : ouvert du lundi au samedi de 9h à 12h30 et de 14h à 18h30. Haute saison : tous les jours de 9h à 19h30 ; le dimanche et les jours fériés de 10h à 12h30 et de 16h à 19h.

Pour pouvoir idéalement profiter des richesses de Perros-Guirec, vous serez bien inspiré de vous rendre, dès votre arrivée à l'office de tourisme, place de l'Hôtel-de-Ville. Labellisée Station Kid, cette destination permet aux enfants de pratiquer des activités calibrées pour leur âge, tandis que les parents s'adonnent aux leurs. Un séjour remise en forme à la thalasso pourra par exemple être couplé avec un stage de dériveur et de catamaran pour les plus jeunes. Vous pourrez aussi y chercher des cartes de randonnées à effectuer, le sentier des douaniers étant époustouflant au hasard de Ploumanac'h. Agence réceptive, vous pouvez acheter à l'office un package week-end sur un thème donné.

■ **ARMOR NAVIGATION – LES SEPT-ÎLES**
Plage de Trestraou
℡ **02 96 91 10 00 / 06 63 76 18 08**
Fax : 02 96 91 04 78
www.armor-decouverte.fr
Fermé d'octobre au 1er avril. Du 1er avril au 30 septembre, les visites sont quotidiennes. Départs aux vacances de Noël si météo favorable. Quelques départs ponctuels peuvent être programmés sur les mois de mars et octobre. Ouvert tous les jours. Les sorties en groupe (20 personnes minimum) sont possibles toute l'année. Les horaires de départs peuvent varier en fonction des marées. Départ de la gare maritime. Gratuit jusqu'à 3 ans. Adulte : 19,50 €. Enfant (de 3 à 12 ans) : 13,50 €.

Embarquez à la plage de Trestraou à Perros-Guirec vers les Sept-Îles, c'est une traversée sympathique et enrichissante sur les vedettes d'Armor-Navigation menées par des marins-guides soigneusement sélectionnés, qui connaissent leur affaire sur le bout des doigts, tant dans le domaine de la navigation, que dans celui de la faune. La Ligue de Protection des Oiseaux (LPO) est en effet un partenaire de l'entreprise. Classées réserve naturelle nationale depuis 1976, cet archipel au large de Ploumanac'h et ses eaux abrite 25 000 oiseaux marins dont le spectaculaire fou de Bassan, à l'envergure étonnante et le joli macareux au bec caractéristique. Un groupe d'une trentaine de phoques gris vit également en permanence sur cette réserve naturelle. Excepté sur l'île aux Moines, le débarquement est interdit. La seule façon d'approcher ces oiseaux est donc d'emprunter les vedettes. Hormis cette excursion, celles-ci organisent également des promenades en mer vers Bréhat. Elles vous embarquent également pour des parties de pêche en mer et peuvent aussi organiser des événements pour réceptions et mariages.

Points d'intérêt

■ **L'ARCHIPEL DES SEPT-ÎLES**
℡ **02 96 23 21 15 (informations et réservations : office de tourisme)**
Excursions aux Sept-Îles de février à novembre, en vedettes ou en vieux gréements.

Les Sept-Îles est la plus importante réserve ornithologique de France. Rouzic, Malban, Bono, l'île Plate, l'île aux Moines, l'îlot du Cerf, le plateau rocheux des

Le sentier des douaniers

Phare de Ploumanac'h sur le sentier des douaniers

Costans abritent plus de vingt mille couples d'oiseaux, de 27 espèces différentes dont 13 espèces marines (macareux moines, fous de Bassan, cormorans huppés…). Les îles sont accessibles de Perros-Guirec en bateau. Elles s'étalent sur 40 hectares de terrain et représentent un véritable royaume des oiseaux. Le site est protégé et l'accès aux îles est très réglementé. Toutefois, la découverte en bateau est idéale, permettant de voir les îles dans leur totalité, de découvrir de multiples sortes d'oiseaux marins ainsi qu'une douzaine de phoques gris qui vivent en permanence sur l'île.

■ CHAPELLE NOTRE-DAME-DE-LA-CLARTE
Ouvert toute l'année.
La chapelle doit son nom à Notre Dame de la Clarté, patronne des marins. L'édifice, de style ogival flamboyant, est en granit rose, et a été construit en 1445. A l'intérieur, vous découvrirez un étrange bénitier datant du XVe siècle, sculpté de visages mauresques. Le chemin de croix, de style moderne, est l'œuvre de Maurice Denis, peintre initiateur du mouvement symboliste, qui séjourna à Perros-Guirec.

■ LA CHAPELLE SAINT-GUIREC
Cette chapelle qui s'élève, semble-t-il, sur un très ancien lieu de culte, date des XIVe-XVIIIe-XIXe et XXe siècles. Les moines de l'abbaye de Bégard y font construire un sanctuaire au XIVe siècle. Le transept nord date du XIVe siècle, la nef du XVIe siècle et l'aile sud, conçue par l'architecte James Bouillé, du XXe siècle. Restaurée au XVIIIe et au XIXe siècles, elle est agrandie au début du XXe siècle, et en 1948, deux transepts sont ajoutés à la nef d'origine. A l'intérieur de la chapelle : un christ en croix, un saint Julien en tenue de soldat romain du XVe siècle, une Pièta et un saint Sébastien du XVIe siècle, un saint Yves, une peinture à l'huile d'Albert Clouard qui date de 1903-1905 intitulée « comment saint Guirec vint en Bretagne », une statue de saint Guirec du XIVe

siècle et une statue de Notre-Dame des Marins des XVe et XVIe siècles.

■ EGLISE
Construite en granite rose, son clocher est composé d'un dôme et d'une flèche pyramidale, datant du XVIIe siècle. A l'intérieur, on peut admirer une nef romane, du XIIe siècle, aux superbes arcades. Des chapiteaux historiés illustrent des scènes de l'Ancien Testament, dans lesquelles Adam et Eve sont présents. La seconde partie de l'église a été édifiée au XIVe siècle, puis a été agrandie en 1951.

■ MOULIN A MAREE
Le Moulin à Marée, cadeau que Charles V fit à Briant de Lannion pour le récompenser de ses services durant la guerre de Succession, date du XIVe siècle et est situé sur la digue reliant les communes de Perros-Guirec à Trégastel. En 1888, le moulin est agrandi par Pierre Geoffroy, et il est couvert de tuiles rouges, d'où son nom de « milin ruz », littéralement le « moulin rouge ». En 1892, le châtelain Abdank de Costaérès l'utilise pour fabriquer de la glace, à l'aide d'une machine Pictet. Il pouvait produire, a priori, 450 kilogrammes de glace par heure. Très utile pour la conservation du poisson des pêcheurs de Ploumanac'h ! Cette activité cesse lors de la Première Guerre mondiale.

■ LE SENTIER DES DOUANIERS
Il permet de rejoindre la petite anse de Saint-Guirec et de découvrir le sublime paysage graniteux qu'offre la région. Le sentier vous mènera jusqu'à la plage Saint-Guirec de Ploumanac'h, où vous découvrirez l'oratoire de Saint-Guirec, construit au XIIe siècle, sur un amas de rochers submergé par les flots à marée haute. La légende raconte que si les jeunes filles parvenaient à planter une aiguille dans le nez du saint, elles seraient mariées dans l'année…

CÔTES-D'ARMOR

■ VILLA SILENCIO

C'était la résidence d'été du peintre Maurice Denis (1870-1943),. Cette maison de villégiature dite « Silencio y Descanso » (« silence et repos », en espagnol), a été construite vers 1894, par les architectes parisiens Pierre-Henri Gélis-Didot et Théodore Lambert, pour Marcelle Josset, comédienne demeurant à Paris. La propriétaire, d'origine espagnole, s'est produite à la Comédie-Française, à Saint-Petersbourg et en Amérique du Sud. Elle fut à l'origine du premier casino de Perros-Guirec, installé en 1899 dans une maison de notable perrosienne. En 1908, l'artiste peintre Maurice Denis (théoricien du mouvement Nabi) acquiert la maison, où il vient en villégiature jusqu'en 1943. La parcelle d'origine était plus vaste, plantée de pins, et comportait des communs avec garage, transformés en atelier par le peintre. Occupée par l'armée allemande pendant la Seconde Guerre mondiale, la villa voit ses planchers détruits, mais ni le gros-oeuvre, ni les décors peints au pochoir n'ont été touchés. Les peintures de Maurice Denis destinées à la décoration intérieure de la villa sont actuellement conservées au musée des Jacobins de Morlaix.

Le couvert

■ LA CLARTÉ
24, rue Gabriel-Vicaire
℃ **02 96 49 05 96**
Fax : 02 96 91 41 36
www.la-clarte.com
Fermé du 13 décembre au 5 février. Ouvert le mardi et du jeudi au samedi le soir de 19h30 à 21h ; le mardi et du jeudi au dimanche le midi de 12h à 13h30. Menus de 43 € à 75 €. Carte : 70 € environ. Menu enfant : 11 € (et 16 €). Formule : 34 € (et 38 €). Vin au verre. Terrasse.
Si vous vous reportez à la page des restaurants de Lannion, vous noterez que l'on parle d'un restaurant La Ville Blanche tenu par Jean-Yves Jaguin. A la Clarté, le chef se nomme Daniel Jaguin et c'est le frère de Jean-Yves. Ils ont d'ailleurs longtemps travaillé ensemble à La Ville Blanche. Mais après 19 années de bons et loyaux services, Daniel a quitté la maison de famille pour ouvrir son propre restaurant. Et c'est une vraie réussite. Il s'appuie toujours sur les beaux produits que lui fournissent la terre et la mer. En résumé, cela donne dans votre assiette, de la lotte au cidre et aux légumes du pays, des Saint-Jacques à la crème de caviar d'Aquitaine sans oublier les fraises de Plougastel et autres trésors des Côtes-d'Armor et d'ailleurs.

■ DIGOR KALON
89, rue du Maréchal-Joffre ℃ **02 96 49 03 63**
www.digorkalon.com
Ouvert toute l'année. Basse saison : du mardi au dimanche le soir à partir de 17h. Haute saison : tous les jours le soir à partir de 17h. Menus de 17,50 € à 25,50 €. Accueil des groupes (possibilité d'accueil de groupes le midi).
Ce sympathique établissement de la station, vous le trouverez à quelques pas de la place de l'Eglise dans la

rue des Antiquaires qui monte du port de plaisance vers le centre-ville. Ici, tout est possible, prendre un verre, des tapas, des assiettes, les partager avec les amis, c'est le contraire du style guindé. Sublimement décoré avec un incroyable bric-à-brac d'objets hétéroclites derrière une devanture flashy, vous vous y installerez pour y déguster des bières locales ou bretonnes en assistant à des concerts le vendredi ou mieux pour y déguster quelques plats bien sentis. Une assiette de tapas « l'Irlandais » composée d'*irish stew*, de pain irlandais et de salade façon Dublin devrait vous couper une petite faim, mais si vous êtes plutôt mer, les calamars à la romaine les *fish and patatas* maison, ou le ragoût de fruits de mer sauront vous contenter. Bien entendu, si vous êtes très moules, il y en a ici de toutes sortes. Et ensuite, place à la musique.

■ HÔTEL LES COSTANS
14, rue Rouzic
℃ **02 96 23 20 27**
www.hotel-les-costans.fr
Fermé du 12 novembre au 12 février. Ouvert tous les jours le midi et le soir. Menus de 22 € à 55 €. Formule du midi : 15,50 € (du lundi au vendredi).
Le Costans prend place dans un grand bâtiment hôtelier datant des années trente, dans un endroit légèrement surélevé. Dans la salle à manger très spacieuse, impeccablement meublée et dressée, la mer et les Sept-Iles vous font de l'œil, dressant un cadre idéal pour un déjeuner de rêve. Un jeune chef plein de talents développe en effet pour votre plus grand plaisir une cuisine raffinée et inventive solidement ancrée sur les richesses locales dans leur version ultra fraîche. Un personnel attentif vous présente une carte au sein de laquelle vous avisez les macarons à la cannelle au cœur de foie gras, glace foie gras et tuile sésame. Belle inventivité, vous direz-vous ! Continuez donc à l'unisson par le bar de ligne rôti cuit à l'unilatérale, pêches poêlées au basilic, sorbet pêche de vigne. L'appétit venant en mangeant, surtout quand les plats sont d'une telle qualité, continuez par exemple par un plat terrien comme l'agneau en écrin d'herbes, mille-feuille de courgettes et cerises à l'aigre-douce. Vous ne partirez pas sans un dessert tout aussi succulent que les plats précédents, avant d'aller faire quelques pas sur le chemin des douaniers, les yeux perdus dans l'océan.

■ LE KER BLEU
17, boulevard Joseph Le Bihan
Plage de Trestraou
℃ **02 96 91 14 69**
www.kerbleu.fr
Ouvert toute l'année. Tous les jours le midi et le soir. Menus de 14,50 € à 29,90 €. Menu enfant : 9,50 €. Formule du midi : 13 €. Chèques non acceptés. American Express, Chèque Vacances, Chèque Restaurant. Accueil des groupes. Terrasse.
Cet établissement, véritable institution, rue Joseph le Bihan sur le front de mer, est tenu par un couple de restaurateurs d'expérience. Mais il a été refondu en 2011 et vous accueille aujourd'hui dans une salle très ouverte et claire avec vue sur le large et les Sept-

Iles. Ici, on vous prépare une cuisine de terre et mer qui satisfera les plus difficiles. Les risottos et pizzas côtoient plateaux de fruits de mer et moules, viandes et les poissons. Tentez par exemple en entrée l'émincé de saumon mi-cuit à la japonaise, gingembre confit si vous êtes plutôt mer. Et pour les terriens, le foie gras de canard maison et sa compotée d'oignons fera merveille. Idéalement, un plat, comme la plancha de Saint-Jacques, wok de légumes et sa vinaigrette de mangue ou la souris d'agneau confite au thym et son écrasé de pomme de terre suivra pour confirmer cette première impression si favorable. Et pour finir sur une note régionale, le délicieux kouing amann et sa glace pomme cuite, vous ravira, les yeux fixés sur l'horizon.

■ LE MANOIR DU SPHINX
67, chemin de la Messe
✆ 02 96 23 25 42
Fax : 09 71 70 45 02
www.lemanoirdusphinx.com
Fermé du 14 janvier au 22 février et du 12 au 30 novembre. Ouvert tous les jours le midi et le soir. Menus de 30 € à 50 €. Formule du midi : 23 €.
Quand on flâne dans les parages de la plage de Trestignel, à Perros-Guirec, on repère facilement le Manoir du Sphinx, bâtiment de style Belle Epoque tout en hauteur, campé face à la mer et aux Sept-Îles. De loin, sa silhouette extrême semble tout droit sortie d'un dessin animé, mais lorsqu'on s'approche et que l'on passe la porte du restaurant, tout cela devient bien réel, en particulier la vue exceptionnelle depuis la salle sur la Grande Bleue. Ici, les chefs Christophe Lenfant-Gallard et Sylvain Dupré préparent une cuisine centrée sur les produits du terroir et ceux de la mer, d'une manière personnelle, traditionnelle avec une touche d'originalité. La royale d'asperges et langoustines rôties commencera idéalement votre déjeuner, avant que les yeux fixés à l'horizon, vous goûtiez benoîtement la selle d'agneau rôtie, tomates confites et dragées d'ail. N'omettez surtout pas les douceurs maison. Le sablé breton pommes caramel achèvera de donner une touche régionale à ce festin.

■ RESTAURANT LE BELOUGA
12, rue des Bons Enfants
✆ 02 96 49 01 10
www.lagapa.com
Ouvert tous les jours le midi et le soir. Menus de 48 € à 87 €. Menu enfant : 17 €. Formule du midi : 25 €.
On n'a qu'une seule vie et la création de souvenirs exceptionnels aide à surmonter la grisaille du quotidien. Si vous êtes dans cet état d'esprit et que vos pas vous emmènent sur la côte de Granit Rose, arrêtez-vous au Bélouga qui se tient sur une hauteur, surplombant la mer. Assis confortablement face à une table élégante, vous vous apprêtez à faire un choix. La carte révèle une cuisine savoureuse, et inventive traduisant à la fois l'âge et l'expérience du chef. Ici, on prépare entièrement sur place tout ce qui est servi, pâtisseries et pain compris. Honorez la mer avec une entrée telle que l'émincé d'ormeaux du Trégor juste saisi à la laitue de mer, risotto de céleri et crémeux de citron au caviar d'Aquitaine. Puis regardez ensuite vers la terre avec

un plat tel que le médaillon de veau de lait à l'ail des ours, croustillant d'avocat à la feuille de moutarde, pieds bleus et écrevisses. N'êtes-vous pas en plein rêve gastronomique ? Le temps d'un dessert tel qu'un kouign amann glacé au praliné, fraises de Plougastel à la marjolaine et vous voilà désolé que ce moment exceptionnel soit déjà fini.

■ RESTAURANT LE LEVANT
91, rue Ernest Renan
Le Port
✆ 02 96 23 20 15
www.hotel-le-levant.com
Basse saison : ouvert du dimanche au vendredi le midi ; du lundi au samedi le soir. Haute saison : tous les jours le midi et le soir. Menus de 21 € à 55 €. Menu enfant : 9,50 €. Formule du midi : 14,50 €.
En face du port de plaisance, de retour de mer ou en promenade, on a la merveilleuse opportunité de remarquer le Levant, un hôtel-restaurant moderne. Il est muni, pour le plus grand bonheur des yeux, d'une salle panoramique à l'étage, d'où le regard embrasse le port de plaisance et, plus loin, la grande bleue. La carte est ainsi faite que vous avez le choix entre plusieurs menus en fonction de votre appétit. Mais le point commun des préparations de l'établissement réside dans la fraîcheur des produits, à la base d'une cuisine succulente. En entrée, vous serez certainement charmé par le très original pot-au-feu d'huîtres de Lanmodez et foie gras, tarte fine de langoustines et Saint-Jacques au jus de crustacés. Lorsque se posera la question du plat, optez sans hésiter pour le duo de joue de bœuf et rognons flambés au cognac, version terre, ou pour le dos de lieu jaune rôti au chorizo et son gratin de chou-fleur au velouté de poissons, version mer. Le succulent dessert achèvera ce grand moment de plaisir, avant de reprendre la mer ou votre promenade.

■ LE SUROIT
81, rue Ernest Renan
Le Port ✆ 02 96 23 23 83
www.lesuroitperros.com
Fermé du 15 novembre au 1er décembre. Ouvert du mardi au samedi le midi et le soir ; le dimanche midi. Réservation recommandée. Menus de 17,90 € à 39,90 €. Carte : 30 € environ. Menu enfant : 8,50 €.
Quoi de plus naturel de chercher à manger poissons et fruits de mer au bord de l'eau ? Mais il y a qualité et qualité. Le Suroît est réputé pour la fraîcheur de ses produits de la mer cuisinés de manière experte par le chef et maître des lieux Henri Guégou. Bien que l'établissement soit très tourné vers la mer, les spécialités qui regardent côté terre ne sont pas pour autant laissées de côté. L'entrée constituée par la salade de Saint-Jacques et sa tranche de foie gras est une parfaite illustration de cette symbiose. Sur la carte, le filet de lieu grillé sauce béarnaise, alterne avec traditionnel le rognon de veau à l'ancienne et le délicieux blanc de barbue poêlé aux asperges, avec le roboratif filet de bœuf grillé sauce béarnaise. Une gourmandise plus tard, vous voilà rassasié et content, regrettant d'avoir omis de réserver une chambre au premier étage.

CÔTES-D'ARMOR

Le gîte

■ **HOTEL LES COSTANS (EX HOTEL DE FRANCE)*****
14, rue Rouzic
℃ **02 96 23 20 27**
Fax : 02 96 91 19 57
www.hotel-les-costans.fr
Fermé du 12 novembre au 10 février. 27 chambres (vue sur mer ou sur jardin). Chambre double de 85 € à 175 € ; suite de 175 € à 245 €. Pension complète : 70 € (par personne et par jour). Demi-pension : 42 € (par personne et par jour). Petit déjeuner buffet : 13 € (15 € en chambre). Lit supplémentaire : 25 €. Lit bébé : 8 €. Animaux acceptés (9 €). Wifi. Restauration (voir la rubrique le couvert).
Labellisé Relais du Silence, venez faire un break sur la côte Granit Rose, à l'hôtel Les Costans à Perros-Guirec. Il se dresse face à la mer et sa situation exceptionnelle en fait une base idéale pour bains de mer et séjours à la plage ou grande balade sur le chemin des douaniers à la découverte de paysages marins à vous couper le souffle. Dans un silence absolu, vous vous reposez dans des chambres modernes, à la décoration relaxante, confortables, munies de la wifi et de la télévision en ponctuant ces périodes de sommeil profond par des sorties dans le parc. A partir de l'établissement, vous avez tout loisir de visiter de fond en comble les parages. Les jours de beau temps poussez vers Paimpol, port des Islandais ou Tréguier, ancien évêché français, son vieux quartier et sa cathédrale, avant de revenir goûter à l'excellente cuisine de l'établissement.

■ **HÔTEL-RESTAURANT AU BON ACCUEIL**
11, rue Landerval
℃ **02 96 23 25 77**
Fax : 02 96 23 12 66
www.aubonaccueil-perros.com
Fermé du 4 janvier au 24 décembre. 21 chambres. Chambre double de 60 € à 64 €. Demi-pension : 70 € (jusqu'à 75 €). Petit déjeuner : 8,40 €. Wifi. Restauration (restaurant fermé le dimanche et le lundi, menus à 18,50 €, 28 € et 43,50 €).
Tenu par la même famille depuis le début des années 1960, le Bon Accueil vous accueille à deux pas du port de plaisance. Des chambres joliment décorées aux tons pastel, où vous disposez de la télévision et de la wifi vous accueillent pour des nuits calmes, l'établissement se tenant dans un secteur où la circulation est des plus calmes. La vue sur la mer est des plus agréables et, pour les moments de détente vous pouvez aussi aller vous prélasser dans le jardin. A partir de là, vous pouvez rayonner tant vers les plages que vers le port de Ploumanac'h, randonner sur le sentier des douaniers et le GR 34 ou suivre une session de remise en forme aux Thermes marins de Perros-Guirec à cinq minutes de voiture. Et au retour de vos balades, randos et excursions où après un bon bain de mer, attablez-vous au restaurant

maison, ou mieux, sur la terrasse en bois qui domine si agréablement le port. Et, confortablement attablé, vous dégusterez des mets préparés avec des produits de la mer juste sortis de l'eau ainsi que d'autres plus terrestres.

■ **HÔTEL-RESTAURANT LE LEVANT**
91, rue Ernest-Renan
℃ **02 96 23 20 15**
Fax : 02 96 23 36 31
www.hotel-le-levant.com
Ouvert toute l'année. 19 chambres (dont 3 chambres familaile pour 4 personnes). Chambre double de 59 € à 69 € ; chambre triple de 71 € à 85 €. Pension complète (de 113 € à 347 €). Demi-pension (tarif de la chambre + 28 € par repas + 7 € par petit dejeuner). Petit déjeuner buffet : 7 € (9 € en chambre). Soirée étape : de 67 € à 75 €. Wifi. Restauration.
Vous trouverez facilement l'hôtel-restaurant du Levant, qui prend place dans un grand immeuble moderne des années 1970, sur le quai du port de plaisance de Perros-Guirec. La maison, tenue très professionnellement, est une adresse idéale pour passer quelque temps sur la superbe côte de Granit Rose. Dans les chambres spacieuses et confortables, possédant toutes balcon, vue sur mer, télévision et wifi, vous vous reposez au calme. Au retour de la plage ou des balades sur le port ou sur le chemin côtier vers Trégastel et Ploumanac'h, d'où la vue sur les îles et les chaos rocheux est impressionnante, attablez-vous au restaurant dans la salle panoramique pour déguster une savoureuse cuisine (rubrique « Le couvert »).

Campings

■ **CAMPING LE RANOLIEN**
Ploumanac'h
℃ **02 96 91 65 65**
Fax : 02 96 91 41 90
www.leranolien.fr
Qualité Tourisme. Fermé du 23 septembre au 5 avril. Terrain de 15 ha. 524 emplacements. Emplacement + véhicule + 1 personne (avec 10 A) de 19 € à 44 €. Personne supplémentaire de 6 € à 9 €. Chalets pour 210 à 1596 personnes. Club enfants. Animaux acceptés (5 €). Aire pour camping-cars. Wifi payant. Restauration (« Chez Prosper »). Hammam, bain bouillonnant, sauna.
Camping ou village vacances ? La réponse vous appartiendra quand vous viendrez séjourner dans ce vaste camping qui vous offre toutes sortes de possibilités. Hébergés dans votre tente, caravane ou camping-car ou dans des cottages ou plus exotiques de véritables roulottes de gitans, vous passerez à proximité immédiate des plages un séjour parfaitement organisé. En effet, la piscine couverte palliera à toutes les intempéries et températures inadéquate de la Manche et vous pourrez donc profiter du bain tous les jours. Mais pour une détente plus complète usez sans modération du spa, avec piscine

Retrouvez le sommaire en début de guide

bouillonnante, sauna, hammam et salle de remise en forme. Malgré cette organisation sans faille, pas question d'éviter les promenades le long des nombreux sites côtiers de Ploumanac'h ou de Trégastel par le GR 34, et une visite à la Cité des Télécom à Pleumeur-Bodou vous laissera un souvenir inoubliable. Au retour, vous êtes attendu Chez Prosper, le restaurant du camping ou à la crêperie, avant de dormir du sommeil du juste.

■ **CAMPING WEST***
105, rue Gabriel-Vicaire
℡ 02 96 91 43 82
Fax : 02 96 91 43 82
www.westcamping.com

Fermé du 1er octobre au 6 avril. 50 emplacements. Exposition : ombragé / mi-ombragé. Emplacement + véhicule + 1 personne (avec 6 A) de 17 € à 23 €. Emplacement + véhicule + 1 personne de 14 € à 20 €. Mobile homes pour 2 à 5 personnes de 205 € à 610 € la semaine ; chalets jusqu´à 2 personnes de 180 € à 355 €. Tarif de base : emplacement + 2 personnes + 1 véhicule. Jeux pour enfants. Salle de bain pour bébés.

Tout près de la plage de Saint-Guirec et de la magnifique pointe de Ploumanac'h, venez faire un break à Perros-Guirec en toute simplicité dans le calme. Vous avez un grand choix d'hébergement, soit des cottages et mobil-homes de grande qualité comprenant chambres et kitchenette, ce qui vous permet de préparer vos repas sur place pour un séjour plus économique. Les chalets pour deux personnes en comprennent également, mais vous pouvez aussi parfaitement choisir de venir passer un séjour ici en caravane ou avec votre tente, de beaux emplacements vous sont réservés. Si pour une raison ou une autre, vous n'êtes pas tenté par les bains de mer, rabattez-vous sur la piscine chauffée. Hormis la farniente, les activités à pratiquer sont nombreuses, ping-pong ou jeu de boule au camping ou navigation au centre nautique situé plage de Trestraou. Et bien sûr, inoubliable, le tour de la pointe de Ploumanac'h par le chemin des douaniers pour le coup d'œil.

Loisirs

■ **CENTRE NAUTIQUE DE PERROS-GUIREC**
Plage Trestraou
℡ 02 96 49 81 21
Fax : 02 96 23 37 16
centrenautique@perros-guirec.com
Ouvert toute l'année. A partir de 4 ans. Stages de 5 jours, 3 heures par jour : 95 à 190 € selon public, niveau et embarcation.

Profitez de votre séjour à Perros-Guirec pour débuter ou vous améliorer en pratique nautique. Quels que soient votre âge et votre niveau, vous trouverez ici une activité à pratiquer. Les stages d'Optimist, dériveur, Hobbiecat ou kayak sont encadrés par un moniteur diplômé d'Etat, le club étant affilié à la Fédération Français de voile. Vous pouvez aussi choisir d'aller en balade le long de la côte ou vers les Sept-Iles grâce à la goélette non pontée Fillao ou à bord d'Ar Jentilez, un vieux gréement en bois dans lequel vous approcherez les conditions de navigation des

pêcheurs avant l'apparition des machines sur les bateaux. Le club organise par ailleurs des sessions toute l'année sur commande pour certains groupes et entreprises, et des entraînements de voile sportive pour les licenciés.

■ **Dans les environs** ■

Louannec

■ **CAMPING MUNICIPAL ERNEST-RENAN**
66, route de Perros ℡ 02 96 23 11 78
Fax : 02 96 49 04 47
www.louannec.com/camping-louannec.html

Fermé d´octobre à mai. Ouvert à partir de début avril pour les mobil-homes. 294 emplacements. Personne supplémentaire de 2,70 € à 3,60 €. Mobile homes de 260 € à 603,20 € la semaine ; caravanes de 186,20 € à 404,60 €. Les forfaits s'entendent pour 2 personnes. Forfait Emplacement : de 10,45 à 13,80 €. Forfait Emplacement + Électricité : de 13,45 € à 17,40 €. Animaux acceptés (de 1,05 € à 1,15 €). Aire pour camping-cars. Wifi. Restauration. Vente (alimentation). Animation.

A moins de trois kilomètres du centre de Perros-Guirec vous trouverez ce grand camping bien équipé, en immédiat bord de la mer. Il dispose en effet d'une épicerie et d'un dépôt de pain, et vous aurez donc le plaisir d'avoir des viennoiseries le matin avant d'aller piquer une tête dans la Manche, immédiatement après, puisque le camping possède un accès directe à la plage. Venez avec votre tente ou votre caravane et, si vous n'en possédez pas ou si vous voulez plus de confort, un hébergement en mobil-home avec kitchenette est possible. À partir d'ici, se profilent de grandes balades et randonnées sur le chemin des douaniers vers les chaos rocheux de Ploumanac'h.

Pleumeur-Bodou

■ **OFFICE DE TOURISME**
11, rue des Chardons ℡ 02 96 23 91 47
Fax : 02 96 23 91 48
www.pleumeur-bodou.com
Basse saison : ouvert du lundi au vendredi de 9h30 à 12h15 et de 14h15 à 17h15 ; le samedi de 9h30 à 12h30. Haute saison : tous les jours de 9h30 à 12h30 et de 14h30 à 18h30. Ouvert toute l'année.

Situé entre terre et mer, la commune de Pleumeur-Bodou est une terre authentique et contrastée. Bien sûr on vient ici pour profiter du littoral et de ses magnifiques paysages, jamais les mêmes en raison de l'amplitude des marées. Mais on aurait tort de négliger l'intérieur qui comprend de nombreux sentiers de randonnée dont vous trouverez ici les cartes et descriptifs ainsi que châteaux et chapelles. Demandez où se trouvent les divines landes littorales de Bringillier, vous irez y faire un tour avant de visiter le Radôme, monument historique, première antenne destinée aux liaisons intercontinentales via le satellite Telstar en 1962. Vous serez toujours bien reçu ici par un personnel souriant et compétent qui vous renseignera sur toutes les richesses de la commune.

■ BOIS DE LANN AR WARENN

Il s'étend sur 280 hectares, et on peut y apercevoir des biches le long des sentiers forestiers. Des sentiers pédestres et des visites guidées permettent sa découverte. Un sentier d'interprétation de 2,5 kilomètres propose également de sillonner l'endroit, tout en se cultivant. Au détour de vos pérégrinations, vous aurez peut-être la chance de fouler la terre qui accueille l'allée couverte de « Prat Ar Minhir », qui peut se traduire en français par « pré de la pierre levée »...

■ CHAPELLE DE SAINT-SAMSON
Route de Saint-Samson

Chapelle du XVIe siècle, certainement la plus belle du village ! Sa taille et son architecture lui confèrent des allures d'église perdue au beau milieu de la campagne. Edifié entre 1575 et 1631, l'édifice a été construit à quelques pas d'un menhir (qui sera planté plus tard dans l'axe de la nef). Culte païen christianisé, on venait soulager ses douleurs en frottant ses membres contre le petit menhir, devant la chapelle. Certains voyaient leurs maux de dos ou de reins disparaître comme par enchantement en se frottant à la pierre magique. Les épouses en mal de progéniture, à son contact, devenaient miraculeusement fécondes. Les vertus légendaires n'ont disparu de l'imaginaire populaire que progressivement, à partir du milieu du XXe siècle. Peut-être y-a-t-il un fond de vérité ?

■ CHATEAU DE KERDUEL

Visite extérieure selon fléchage, de Pâques au 15 septembre.
Il date des XVIe et XVIIIe siècles. Selon la légende, il aurait été l'un des lieux de séjour du roi Arthur et de sa cour, les chevaliers de la Table ronde. Le nom de ce château s'apparente d'ailleurs au nom du palais du roi Arthur situé en Grande-Bretagne : Carduel. L'édifice est entouré d'un parc, bordé par un étang et protégé par

des bois. Il subsiste une tour ronde de l'ancien château, qui a été intégrée à la chapelle. Le grand corps de logis central date du XVIIe siècle. La tour carrée située à l'ouest a été édifiée en 1890, par la famille de Champagny. Le château de Kerduel est situé à environ 3 kilomètres au nord-ouest de Lannion, en bordure de la route reliant Lannion à Pleumeur-Bodou.

■ CITÉ DES TELECOMS
Parc du Radôme
✆ **02 96 46 63 81 (réservations) /**
02 96 46 63 80 (informations 24/24h)
Fax : 02 96 23 98 90
www.cite-telecoms.com
Fermé du 1er au 31 janvier. Ouvert tous les jours d'avril à septembre et pendant les vacances scolaires d'hiver, de la Toussaint et de Noël. En dehors de ces périodes, la Cité des Télécoms est ouverte uniquement pour les groupes sur réservation. Gratuit jusqu'à 5 ans. Adulte : 7 € (supplément 2e spectacle : 3 €). Enfant (de 5 à 17 ans) : 5,60 € (supplément 2e spectacle : 3 €). Forfait famille (2adultes + 1 ou 2 enfants) : 19,60 €. Enfant supplémentaire : 2,80 €. Supplément 2e spectacle : 9 €. Accueil enfants.

Fleuron des télécommunications dans les années soixante, le Radôme, grâce à son antenne, a permis la première liaison tv entre les Etats-Unis et la France. Aujourd'hui, il n'est plus utilisé mais abrite un spectacle son et lumière retraçant cette aventure. Les télécommunications sont une histoire de satellites et de câbles, c'est pourquoi la Cité des Télécoms nous invite à bord d'un des premiers navires câbliers et nous emmène dans les fonds marins avec son robot. Elle nous donne ensuite rendez-vous avec l'espace et les satellites. Et la visite continue jusqu'aux nouvelles technologies de l'information. Le Radôme a été récemment classé Monument historique.

© S.NICOLAS – ICONOTEC

Chapelle Saint-Samson

■ **LIGUE DE PROTECTION DES OISEAUX – STATION ORNITHOLOGIQUE DE L'ILE-GRANDE**
✆ **02 96 91 91 40**
Fax : 02 96 91 91 05
Basse saison : ouvert tous les jours et les jours fériés de 14h à 18h. Haute saison : du vendredi au mercredi et les jours fériés de 10h à 13h et de 14h30 à 19h. Hors saison et vacances scolaires : samedi et dimanche de 14 h à 18 h. Gratuit jusqu'à 3 ans. Adulte : 4 €. Enfant (de 3 à 18 ans) : 3 €. Sur rendez-vous. Groupe (minimum 25 personnes) : Adulte : 3,50 € – Moins de 18 ans : 1,70 €. Visite commentée des expositions, conférences, projections, sorties d'initiation, sorties en bateaux à la réserve des Sept-Iles.

Depuis cinquante ans, la Bretagne subit des marées noires. Le pétrole des Torrey Canyon, Amoco Cadiz, Tanio, Olympic Bravery et autres Erika, est venu engluer à mort des centaines d'oiseaux marins dont certains appartenaient à des espèces en danger comme le macareux moine. La station de l'Ile Grande a recueilli les oiseaux en détresse de la région et continue de soigner ceux qui en ont besoin. Vous visiterez ici un espace exposition très instructif sur la réserve des Sept-Iles et sa richesse biologique. Plus largement, c'est un ensemble muséographique qui aborde d'une manière interactive et ludique les problématiques environnementales et d'écosystèmes.

■ **MENHIR DE SAINT-UZEC**
C'est l'un des plus grands menhirs du Trégor. Il mesure environ 8 mètres et a probablement été christianisé lors de la seconde moitié du XVII° siècle. La croix fut sculptée au sommet du menhir. On peut également découvrir les motifs de la Passion inscrits dans la pierre. Les sculptures étaient autrefois peintes. La masse du menhir, sa taille, son dos sillonné de traits verticaux (n'étant pas sans rappeler une mante de deuil), en font un monument unique à découvrir absolument.

■ **PLANETARIUM DE BRETAGNE**
Parc du Radôme
✆ **02 96 15 80 32 / info 24h/24 02 96 15 80 32**
Fax : 02 96 15 80 31
www.planetarium-bretagne.fr
Ouvert toute l'année. Horaires et animations : se renseigner. Gratuit jusqu'à 5 ans. Adulte : 7,50 €. Enfant (de 5 à 18 ans) : 6 €. Famille : 20,90 €. Accueil enfants. Visite guidée. Boutique. Animation.

Depuis début 2011, un nouveau système de projection, qui projette le plus beau ciel étoilé numérique d'Europe, d'une qualité exceptionnelle, a été installé ici. Le Planétarium de Bretagne, aujourd'hui à la pointe de la technologie existante a fait beaucoup de chemin depuis que le Palais de la Découverte de Paris en faisait don en 1983 à la commune de Trégastel. Elle réalisa cet équipement avec nuit communes dont Pleumeur-Bodou, site d'implantation logique. En effet, dans les années soixante avait été construit ici le radôme, grande antenne de télécommunications satellitaires intercontinentales. Divers thèmes sont abordés au cours de séances où on vous expliquera par le menu le fonctionnement du système solaire, des galaxies et tout ce qui a trait aux planètes et aux étoiles.

■ **GOLF HOTEL DE SAINT-SAMSON*****
Route de Kerenoc ✆ **02 96 23 87 34**
Fax : 02 96 23 84 59
www.golfhotel-saint-samson.com
Ouvert toute l'année. 50 chambres (30 neuves). Chambre simple 80 € ; chambre double 95 € ; chambre triple 110 €. Demi-pension. Petit déjeuner buffet ou en chambre : 8,50 €. Promotions selon période, séjours hôtel et golf. Animaux acceptés (8 €). Wifi. Restauration. Tv satellite, Canal +.

Autour des greens d'un magnifique golf de 18 trous, à quelques encablures de la mer, on trouve ce superbe établissement. Que vous soyez golfeur ou simplement randonneur, c'est l'endroit idéal pour se reposer, se détendre et prendre un bon bol d'air. Dans une des cinquante chambres dont la plupart sont rénovées, vous passez des nuits réparatrices à l'abri du bruit, tout en restant branché grâce à la wifi et à la télévision toutes chaînes. Le GR 34 est à moins de deux kilomètres et vous êtes également proche des plages. En rentrant, attablez-vous à l'excellent restaurant de l'établissement.

■ **GOLF DE SAINT-SAMSON**
Route de Kérénoc ✆ **02 96 23 87 34**
www.golf-saint-samson.com
Ouvert tous les jours. Greenfee 18 trous. Basse saison : individuel, 35 €, couple 60 €. Haute saison : individuel : 49 €, couple 90 €. Restauration. Hôtel.

Près des plages de la célèbre côte de Granit rose, vous viendrez ici pour la qualité des greens, mais aussi pour la somptueuse vue panoramique sur la mer. Et pour le charme de son tracé au cœur de la lande bretonne. Dessiné par un maître architecte anglais, vous y rencontrez une grande diversité de configurations permettant de jouer des coups variés. Long de 5 743 mètres pour un par de 71. Après la partie, le club-house vous attend et vous pouvez aussi dormir à l'hôtel.

■ **PARCOURS AVENTURE VIVONS PERCHÉS**
Crec'h Ar Beg
✆ **06 22 53 46 45**
www.vivons-perches.com
Fermé de novembre à avril. Basse saison : ouvert le mercredi, le samedi et le dimanche. Haute saison : tous les jours et les jours fériés de 9h30 à 20h. Ouvert pendant les vacances scolaires et toute l'année pour les groupes d'au moins 20 personnes. Enfant de 2 à 17 ans : 5 € à 17 €. Adulte de 11 € à 20 €. Location Sumo : 5 €. Chèque Vacances.

Après une séance au Planétarium, il est temps pour toute la famille d'aller prendre l'air. Au sens figuré, mais aussi au sens propre, puisqu'il s'agit de déambuler à plusieurs mètres du sol entre les arbres d'un sympathique petit bois, à l'aide de ponts de singe et de filets, en toute sécurité. Vous êtes ici aux mains de professionnels, les équipements, certifiés par un bureau de contrôle et installations sont bien entendu vérifiés chaque soir et un briefing sécurité est organisé avant tout démarrage d'activité. Si vous n'êtes pas d'humeur aérienne, enfilez un costume de sumo. Ainsi transformé en homme-bulle, vous pourrez vous livrer à des combats homériques, sans aucun danger.

Le rocher de la sorcière à Ploumanach

Ploumanach

■ HÔTEL RESTAURANT DES ROCHERS
70, chemin de la Pointe
Port de Ploumanac'h
✆ **02 96 46 50 08**
www.hotel-desrochers-perros.com
Basse saison : ouvert du mardi au dimanche et les jours fériés le soir ; du mercredi au dimanche et les jours fériés le midi. Haute saison : tous les jours et les jours fériés le midi et le soir. Haute saison : du 10 février au 11 novembre 2012. Réservation impérative. Menus de 26 € à 56 €. Formule : 21 €.
Pour dîner en amoureux devant un des cadres les plus somptueux de la côte de Granit Rose, pourquoi ne pas choisir de se rendre au port de Ploumanac'h ? Dans ce restaurant, dont les spécialités maritimes semblent évidentes vu l'endroit, la dégustation de la cuisine de qualité du chef, Paul Gandillon, sera constamment distraite par la vue superbe sur le plan d'eau que l'on a à partir de la salle jolie et simple de l'établissement. Un coup d'œil sur la carte, pour passer aux choses sérieuses et vous apercevez des entrées telles que le filet de rouget snack, tatin de fenouil, sauce curry ou les langoustines poêlées, fine de brocolis, tomates cocktail sauce orange. Passez ensuite selon vos goûts au filet de bœuf à la plancha, pommes grenaille au thym ou au bar de ligne, artichauts « poivrade » et mousseline. Après une petite douceur, digne du reste du repas, un bon bol d'air sur le port vous permettra d'atterrir en douceur.

■ HÔTEL RESTAURANT DES ROCHERS
70, chemin de la Pointe
Port de Ploumanac'h
✆ **02 96 46 50 08**
www.hotel-desrochers-perros.com
Fermé du 12 novembre au 14 décembre et du 31 décembre au 10 février. 11 chambres. Basse saison : chambre double de 55 € à 70 €. Haute saison : chambre double de 75 € à 90 €. Pension complète : 52 € (petit-déj, déjeuner 3 plats et dîner 3 plats). Demi-pension : 32 € (petit-déjeuner et dîner 3 plat). Petit déjeuner : 9 €. Soirée étape : 75 €. Wifi. Restauration.

Ceux qui ont décidé de passer des journées au grand air, sans cependant sacrifier leur confort, trouveront à cette adresse une excellente base pour visiter la côte de Granit Rose, ses sites exceptionnels, son riche patrimoine et ses équipements. Le ravissement vous saisit lorsque vous vous éveillez dans une chambre dont la fenêtre donne sur un des plus beaux ports bretons : celui de Ploumanac'h. Celles-ci aux tons clairs et dotées de literies confortables et d'un mobilier moderne, sont toutes dotées de télévisions écran plat et de la wifi. Et après une journée de mer ou de randonnée sur le GR 34, vous n'avez plus qu'à vous mettre les pieds sous la table au restaurant de l'hôtel.

■ HOTEL-RESTAURANT LE PHARE
39, rue Saint-Guirec
✆ **02 96 91 41 19**
Fax : 02 96 91 42 68
www.hotel-le-phare.fr
Logis. Ouvert toute l'année. 24 chambres. Chambre double de 47 € à 59 € ; chambre triple de 53 € à 64 € ; studio / appartement de 58 € à 70 €. Pension complète : 81 € (par personne. Haute saison : 98 €). Demi-pension : 69 € (par personne. Haute saison : 81 €). Petit déjeuner buffet : 7,50 €. Parking inclus. Soirée étape : 59 €. Forfaits groupes. Animaux acceptés (6 € par jour et par animal). Restauration (formules de 12 € à 20,50 €. Menu enfant : 5,50 €).
Idéal pour passer un week-end ou plus, le Phare se trouve au cœur d'un des endroits les plus spectaculaires de la côte de Granit Rose. Sur trois étages, les chambres vous attendent pour un sommeil réparateur et un séjour basé sur le signe de la pure détente. Très confortables, décorées de tons clairs et apaisants, vous y disposez d'une télévision écran plat LCD et de la wifi. Mais gageons que vous aurez autre chose à faire, une fois le copieux petit-déjeuner buffet avalé. Les sympathiques propriétaires des lieux vous suggéreront un certain nombre d'idées de visites et d'activités. Mais quoiqu'il arrive, une promenade ou mieux, une rando sur le chemin des douaniers laissera vos yeux tout éblouis par tant de beauté. Au retour des vos pérégrinations, le chef saura vous faire apprécier sa cuisine de la mer qui n'oublie pas le terroir.

■ **HÔTEL SAINT-GUIREC**
162, rue Saint Guirec
✆ **02 96 91 40 89**
Fax : 02 96 91 49 27
www.hotelsaint-guirec.com

🍸

Basse saison : chambre double de 120 € à 140 € ; studio / appartement de 130 € à 150 €. Haute saison : chambre double de 125 € à 155 € ; studio / appartement de 140 € à 160 €. Demi-pension : 95,50 € (jusqu'à 117,50 €). Animaux acceptés (sauf au restaurant). Wifi. Restauration (cuisine de la terre et de lamer). Tv satellite.
Si vous êtes sevré de la mer depuis trop longtemps, cette adresse est faite pour vous. Vous avez accès à la plage de Saint-Guirec qui se trouve juste devant l'hôtel et les salles où l'on prend le petit déjeûner et les autres repas donne sur la Manche. L'hôtel a été récemment refondu et vous trouverez là-bas une décoration design, contrastant avec l'aspect extérieur de l'établissement au look traditionne. Les chambres sont également décorées et meublées dans le même style et disposent toutes d'une télévision, de la wifi et d'un coffre-fort, pour une meilleure sûreté. Le restaurant de l'établissement, le Coste Mor, saura également pleinement vous contenter au retour des balades, visites et baignades sur cette superbe côte de Granit Rose.

Trébeurden

Treb, en vieux breton signifie village. Le suffixe viendrait d'un moine gallois du nom de Preden. La devise de la ville est « Neb am stok, nem stag » – « qui m'aborde, s'attache ». Habité dès la Préhistoire comme en témoignent les divers sites mégalithiques découverts sur les lieux, son paysage varié laisse découvrir une lande clairsemée de granit et de roches aux formes suggestives. La cité s'est développée au XIXᵉ siècle, et s'est peu à peu transformée en station balnéaire. C'est Aristide Briand qui lança la station au début du siècle, en séjournant sur l'île Milliau à diverses reprises. Trébeurden fut classée Station touristique en 1921.

■ **MARAIS DU QUELLEN**
Visite guidée (selon les thématiques).
Derrière la plage du Goas-Trez, un marais d'une grande richesse, avec tous les oiseaux d'eau, fauvettes des marais, grèbes, foulques, sarcelles, de belles fougères et autres plantes. Sur une partie du site, pâturent des chevaux camarguais. Visites guidées à thèmes. Le marais du Quellen s'est formé dans un vallon descendant vers la mer au cours des deux derniers millénaires. La limite des rivages avait été repoussée dans les anses à la dernière glaciation, lesquelles se sont comblées progressivement grâce au sable arraché des îlots voisins. Deux épis se sont alors formés, que le ruisseau du vallon franchissait, et que les tempêtes rompaient régulièrement. La baie de Goas Trez s'est refermée au cours du XVIIIᵉ siècle pour former un marais d'eau douce en arrière de la dune, avec un plan d'eau de près de 7 ha. En 1978, le naufrage du pétrolier Amoco Cadiz provoque une forte marée noire dans le marais et une prise de conscience de l'intérêt écologique du site. Le marais a repris vie et offre un parcours de découverte avec des stations d'observation de la vie animale et végétale du site, témoin de sa riche biodiversité.

■ **LA CHAPELLE DE CHRIST**
La chapelle a été bâtie vers le XIVᵉ siècle, sur un tertre offrant un paysage rare et merveilleux sur la mer et ses îlots, la chapelle a été remaniée au XVIIIᵉ siècle, comme le laisse à penser la date 1770 inscrite sur sa façade. A l'intérieur, vous pourrez admirer quelques statues : la Vierge, Saint-Jean, le Christ en Croix… Egalement nommée Notre-Dame de la Pitié, la chapelle est classée Monument historique.

OR

La plage et les véliplanchistes

© TONY CARDWELL – ICONOTEC

Allée couverte néolithique sur l'île Millau

■ LA CHAPELLE DE PENVERN

D'après la légende, la chapelle de Penvern remonterait en 1300 et serait l'œuvre des cisterciens de Bégard et des seigneurs de Penvern et de Kaeraziou. Elle est l'une des plus anciennes de la région. Au XVIIe siècle, elle fut totalement reconstruite, puis restaurée en 1822. Elle renferme un superbe retable et de très anciennes statues de la Vierge, saint Yves, saint Joseph et saint Jean. Dédiée à Notre-Dame de Citeaux, elle est inscrite aux Monuments historiques.

■ LA CHAPELLE NOTRE-DAME DE BONNE NOUVELLE

Pour certains, Jean IV, duc de Bretagne, en serait le fondateur. Pour d'autres, elle serait l'œuvre des moines de Bégard. La Chapelle Notre-Dame de Bonne Nouvelle, aussi appelée Notre-Dame de Kergonan, en raison du nom du vallon où elle a été érigée, elle a été rebâtie en grande partie en 1670 et 1687, et a subi quelques réparations en 1827. Elle abrite un somptueux autel au retable surmonté de colonnes torsadées où figure la Sainte Vierge sur un paysage marin, entouré de deux statues de saint Joseph et de la Sainte Vierge. En novembre 1952, elle a été classée Monument historique.

■ L'EGLISE DE LA SAINTE-TRINITE

L'église de la Saint-Trinité (An drinded en breton) de Trébeurden a été presque un chantier permanent depuis le début de son histoire connue, au début du XIXe siècle. D'autres sanctuaires auraient existé avant cette période. Au vu de l'influence des moines cisterciens de Bégard, sa fondation pourrait remonter au XIIIe siècle ! Le pavé de l'église est formé de pierres tombales. Elle renferme des ex voto de marins, sous forme de maquettes de bateaux suspendues.

■ ILE MILLIAU

Sa position stratégique en fit rapidement un lieu privilégié pour les populations primitives. L'allée couverte est un monument funéraire. La tradition, le culte de la Terre mère exigeait que les morts soient enterrés en position fœtale. Une cellule monastique a également été retrouvée sur les lieux, elle daterait du VIe ou VIIe

siècle. Des fermes s'établirent également sur le site au Moyen Age. Au début de 1900, saint John Perse et Aristide Briand y séjournèrent. On peut s'y rendre à pied après s'être informé des horaires des marées.

■ ÎLE MOLÈNE

Plus discrète et moins célèbre que son homonyme finistérienne, l'île Molène costarmoricaine est située à deux kilomètres de la côte, à dix minutes en bateau de Trébeurden. Longue de 300 mètres pour 100 mètres de large, Molène offre de belles plages de sable bien exposées, d'où une importante fréquentation en été. Le Conservatoire du Littoral, propriétaire de l'île depuis 1991, a donc aménagé des protections destinées à éviter le piétinement et la détérioration des oyas. Cette végétation, qui s'étend sur une bande de 120 mètres sur 80, s'avère en effet vitale pour l'existence de l'île, car elle fixe le sable. Il existe par ailleurs quelques sites servant de refuge à une vingtaine d'huitriers-pies, qu'il faut éviter de déranger en période de reproduction (juste avant la saison estivale). Le problème souligné par le Conservatoire du Littoral est le débarquement de piétons accompagnés de chiens. Les visiteurs peuvent observer les goélands argentés, bruns ou marins, résidents de l'île, ainsi que de splendides cormorans huppés qui occupent les îlots environnants.

■ MENHIR DE BONNE NOUVELLE

Cette sépulture mégalithique serait datée d'environ 3 000 ans avant Jésus-Christ. Le menhir atteint 3,70 mètres de hauteur. Il était autrefois relié au dolmen de Lan-Kerellec par des alignements aujourd'hui disparus. Il est aujourd'hui au centre du mini-golf, à deux pas du centre-ville. De nombreux autres monuments mégalithiques sont présents sur le territoire de la commune. Les dolmens ou allées couvertes furent parfois détournés de leur fonction funéraire d'origine, et reconverties en abri de fortune, ou en lieu de rangement pour les outils, comme pour celle de Milliau, qui a servi au fermier de l'île, à la fin du XIXe siècle. Certains monuments ont été appropriés par des privés ou déplacés, comme le dolmen de Lan-Kerellec, au lieu-dit Ti-Lia.

■ MENHIR DE VEADES

Derrière la maison située 62, rue de Kerrariou, après le sous-bois, se trouve le menhir couché de Veades, également surnommé Bonne Femme. A l'instar de ce menhir, une forte densité de monuments mégalithiques érigés au néolithique (vers 7 000 - 2 000 avant Jésus-Christ), atteste l'ancienneté de l'implantation humaine sur cette partie du littoral costarmoricain. Certains de ces monuments ont vu changer leur destination, voire leur lieu d'implantation !

■ LE MANOIR DE LAN KERELLEC
Allée Centrale de Lan Kerellec
℡ **02 96 15 00 00**
Fax : 02 96 23 66 88
www.lankerellec.com
Ouvert tous les jours le soir ; du jeudi au dimanche le midi. Menus de 42 € à 83 €. Menu enfant : 19 €. Formule du midi : 27 € (du mercredi au samedi).
Au milieu d'un jardin arboré se tient ce très beau bâtiment, sur les hauteurs de Trébeurden. L'accès à ce merveilleux endroit vous met déjà dans l'ambiance, mais vous n'avez rien vu. Sous l'imposante charpente, travail d'orfèvre d'un charpentier de marine, assis au bord d'une table évidemment parfaitement dressée, vous découvrez des plats tels que le tartare de lieu jaune fumé et mangue pour quelques coquillages, entrée caractéristique de la cuisine du talentueux chef Guillaume Kergourlay. La carte courte révèle une cuisine autour du produit frais, qui ne dédaigne pas l'innovation. Le homard rôti au beurre demi-sel, girolles et crémeux de potimarron vous laissera un souvenir inoubliable, comme d'ailleurs, la feuillantine pralinée tube choco-framboise.

■ TI AL LANNEC
14, allée de Mézo-Guen ℡ **02 96 15 01 01**
Fax : 02 96 23 62 14
www.tiallannec.com

Fermé du 5 décembre au 3 mars. Ouvert tous les jours le midi de 12h30 à 13h45 et le soir de 19h30 à 21h15. Menus de 42 € à 83 €. Carte : 60 € environ. Menu enfant : 16 €. Formule du midi : 27 € (en-cas du midi du mardi au samedi). Vin au verre. Accueil des groupes. Terrasse.
On vient de loin au Ti Al Lannec, tant la conjonction d'offres de l'établissement relève de l'exceptionnel. Inutile d'avoir fait de longues promenades pour avoir faim, car la simple vue de la carte réveillerait l'appétit de n'importe quel anorexique. Au cœur de la côte de Granit Rose, les yeux se mirant dans l'océan, attablé à une table parfaite, on vous proposera avec beaucoup d'amabilité une cuisine finement élaboré où le savoir-faire se concentre sur l'authenticité et l'opportunité saisonnière et où le produit local, terre ou mer est roi. Le foie gras de canard confit au vin rouge épicé, chutney de figues et arlette aux fruits sec en entrée, les noix de Saint-Jacques dorées, crémeux de potimarrons aux truffes et feuilles d'endives sautées pour suivre, vos papilles en redemanderaient, mais il est temps de conclure avec les macarons tout citron, coulis de pamplemousse et son sorbet.

Trégastel

Trégastel vient du vieux breton *treb* – village – et de *kastell* – château -, signifiant ainsi la trêve du château. Le site est habité dès la Préhistoire. Les Romains, aux environs du IIIe siècle, y font construire deux ouvrages fortifiés. Au XIIe siècle, Trégastel devient une paroisse, ainsi qu'en témoigne une partie de l'église. Elle va rester longtemps sous la domination des comtes de Lannion. Au début du XXe siècle, les touristes commencent à affluer et à bâtir de somptueuses villas. C'est en 1936 que la cité prend son essor grâce à l'affluence des touristes. Aujourd'hui, Trégastel est une station balnéaire reconnue et appréciée.

■ OFFICE DU TOURISME
Place Sainte-Anne
℡ **02 96 15 38 38**
Fax : 02 96 23 85 97
www.ville-tregastel.fr
Basse saison : ouvert du lundi au vendredi de 9h30 à 12h et de 14h à 17h30 ; le samedi de 9h30 à 12h. Haute saison : du lundi au samedi de 9h30 à 13h et de 14h à 19h ; le dimanche et les jours fériés de 10h à 12h30. D'avril à juin et en septembre, ouvert du lundi au samedi de 9h30 à 12h et de 14h à 18h.
La côte de Granit Rose, vous en rêviez depuis toujours et vous voilà à Trégastel. Pour ne rien rater de cette magnifique destination, allez directement à l'office de tourisme, car le pays est riche, mais il n'est pas toujours aisé de s'y retrouver dans le dédale de la commune. Occupée depuis la préhistoire, la ville compte plusieurs monuments mégalithiques ainsi qu'un certain nombre de chapelles et calvaires d'un grand intérêt. Mais ce sont bien sûr les sites naturels d'une grande beauté qui ont forgé la renommée de la station, en particulier les spectaculaires chaos rocheux de l'île Renote.

Trégastel-plage

■ AQUARIUM MARIN DE TREGASTEL
Boulevard du Coz-Pors
℡ 02 96 15 38 38 / 02 96 23 48 58
www.aquarium-tregastel.com
Ouvert tous les jours. Ouvert d'avril à octobre et pendant les vacances scolaires. Gratuit jusqu'à 4 ans. Adulte : 7,50 €. Enfant (de 4 à 18 ans) : 5 €. Forfait 2 adultes + 2 enfants : 21 € (enfant supplémentaire : 3 €). Tarifs groupes. Visite guidée (uniquement sur réservation, le mardi et le jeudi à 10h30 en juillet et août ; 1 € supplémentaire par personne).

Pour les jours de mauvais temps, mais aussi les jours où l'on n'a rien de décidé de particulier, rendez-vous à l'Aquarium marin de Trégastel. Dans un site spectaculaire, vous plongerez au cœur de l'univers des mers bretonnes et des animaux de leur côte. Dans la zone des Embruns, qui concerne l'espace supra littoral, puis dans la zone des Marées qui concerne les espaces entre marées hautes et basses, puis enfin dans la zone des Profondeurs, vous comprendrez comment fonctionne vraiment les espaces côtiers, quels végétaux y croissent et quels animaux les habitent. Fascinant ! Dans cette ambiance mystérieuse, féerique et poétique, vous vous sentirez comme un poisson dans l'eau !

■ ILE RENOTE
Cette île est reliée au continent par un fin cordon de dunes qui divise la baie en deux. On peut suivre les chemins des Douaniers, qui permettent de découvrir une végétation de pins maritimes, probablement importés du Canada à la fin du siècle dernier. Une allée couverte est également là pour rappeler que le site était déjà investi deux millénaires plus tôt. Quant aux chaos granitiques, ils guident le promeneur du gouffre jusqu'au château de Costaérès.

■ MOULIN A MAREE
Port de Ploumanac'h
Route de Perros-Guirec ℡ 02 96 23 47 48
Erigé au XVIIIᵉ siècle, ce moulin tirait son énergie de la mer au rythme des marées. Il servait à moudre du grain, mais aussi à teiller du lin et à écraser du sel. Son activité s'arrêta en 1932, à la mort du dernier meunier. Afin de découvrir l'activité de ces moulins à marée, une exposition retrace à l'intérieur cette histoire de l'utilisation par l'homme de l'énergie marémotrice. La forge dévoile les techniques anciennes et les outils des meuniers.

■ LATITUDE GRÈVE BLANCHE
23, avenue d'Ys ℡ 02 96 15 33 88
Basse saison : ouvert du mardi au samedi le midi et le soir. Haute saison : tous les jours et les jours fériés le soir ; du mardi au dimanche et les jours fériés le midi. Menu unique à 25 €. Carte : 25 € environ. Menu enfant : 10 €. Formule du midi : 15 €.

Tout près du Centre Nautique de Trégastel, après une bonne journée sur la plage, vous serez accueillis comme des rois chez Janik et Jean-Louis qui ont récemment repris l'établissement. Face à la plage, on y mange dans un décor et une ambiance très zen et où on peut se laisser aller à la rêverie en dégustant une cuisine appétissante et décontractée faisant largement appel aux plats d'antan.. Vous pouvez au beau temps déguster à la terrasse un excellent gaspacho tomates maison, si rafraîchissant avant d'attaquer un plat roboratif. Pourquoi pas un filet de cabillaud et sa croûte au chorizo ou un jarreton grillé sauce aïoli ? Vous pouvez aussi opter pour des salades, des assiettes ou des bocaux maison avant de vous repaître d'une pêche pochée et son palet breton.

■ LES TRIAGOZ
Plage du Coz-Pors ℡ 02 96 15 34 10
Fermé en janvier. Ouvert du jeudi au lundi de 12h à 14h30 et de 19h à 22h. Menus de 26 € à 42 € (menu pleine mer : 98 €). Menu enfant : 12 €. Formule du midi : 16 € (sauf dimanche). Accueil des groupes. Terrasse.

D'abord, il y a le site. Depuis la plage de Coz Pors, on évolue entre les chaos rocheux devant une plage magnifique. Dans cette brasserie-bar lounge, disposant d'une vaste terrasse, vous êtes vraiment en vacances, ce qui ne signifie pas que question nourriture, il faut se laisser aller. Vous êtes donc à la bonne adresse, car on mange ici une cuisine de bon aloi, où chacun s'y retrouvera qu'il soit enraciné dans le terroir ou plutôt attiré par ce qui provient d'en face la Manche. Le gratin de macaronis et langoustines, saveur homard la tarte fine de boudin au pommes, les Saint-Jacques de nos côtes aux agrumes et endives braisées ou le paleron de bœuf de six heures confit dans son jus, voilà de quoi contenter toutes les tablées avant que d'autres plaisirs de la côte ne viennent remplacer celui-là, la vie est si courte.

■ HÔTEL DE LA MER***
Plage du Coz Pors ℡ 02 96 15 60 00
Fax : 02 96 15 31 11
www.hoteldelamer-tregastel.com/
19 chambres. Chambre triple de 115 € à 130 €. Basse saison : chambre double de 58 € à 100 €. Haute saison : chambre double de 65 € à 110 €. Petit déjeuner : 9 €. Wifi. Tv satellite, Canal +.

Vous voulez passer du temps sur la côte de Granit Rose, dans un hôtel original avec vue sur la Grande Bleue sans vous ruiner ? Choisissez l'hôtel de la Mer qui donne directement sur la grande plage de la petite station balnéaire de Trégastel. Dans une des 19 chambres dont certaines donnent sur la mer, vous pourrez vous adonner à un sommeil réparateur tout en profitant de la télévision et en disposant de la wifi pendant vos périodes d'éveil. Récemment refaites, avec une déco à la fois marine et design elles comportent également un coffre individuel pour vos valeurs. Cerise sur le gâteau, vous prendrez votre petit déjeuner dans une salle exquise, face à la mer. Bref, tout ce qu'il faut pour être d'attaque avant une journée de détente !

■ PARK HOTEL BELLEVUE***
20, rue des Calculots ℡ 02 96 23 88 18
Fax : 02 96 23 89 91
www.hotelbellevuetregastel.com

Fermé du 15 novembre au 14 mars. Restaurant ouvert du 1ᵉʳ mai au 30 septembre. 31 chambres. Chambre simple de 72 € à 92 € ; chambre double de 82 € à 162 €. Pension complète. Demi-pension : 44 € (par personne et par jour). Petit déjeuner : 14 €. Animaux acceptés (8 € par jour). Wifi. Restauration (au Triagoz).

C'est un peu le rêve, cette belle et grande maison du début du siècle dernier, qui domine de toute sa hauteur un joli parc arboré. Les 31 chambres spacieuses et confortables, toutes décorées de manière différentes donnent tantôt sur la mer, tantôt sur le parc et la tranquillité du lieu assure au voyageur le repos nécessaire à ses pérégrinations diurnes. Equipées de télévision Canal + et satellite et de wifi, vous y trouverez un sommeil paisible avant de descendre pour un copieux petit déjeuner dans une belle salle à manger pleine de lumière. Vous voilà paré pour la plage ou pour une balade vers Ploumanac'h par le chemin des douaniers.

■ CAMPING DE TOURONY***
105, rue de Poul-Palud
℘ **02 96 23 86 61**
Fax : 02 96 15 97 84
www.camping-tourony.com

Fermé du 23 septembre au 4 avril. Terrain de 2 ha. 100 emplacements. Sol : herbeux. Relief : plat. Emplacement + véhicule + 1 personne. Emplacement + véhicule + 1 personne de 17,50 € à 22,20 €. Emplacement + véhicule + 1 personne de 14,20 € à 18,70 €. Mobile homes pour 2 à 6 personnes de 225 € à 580 € la semaine ; chalets de 275 € à 510 €. Chèque Vacances. Jeux pour enfants. Salle de bains pour bébés. Animaux acceptés (de 1 € à 1,50 €). Aire pour camping-cars. Wifi. Restauration (snack friterie en juillet – août). Animation.

Quel rêve d'être dans un tel décor ! Face au port de Ploumanac'h, tout à côté du moulin à marée, vous avez le choix entre séjourner dans votre tente ou caravane, ou venir les mains dans les poches et profiter des chalets et cottages très confortables de l'établissement. Ces derniers sont équipés de kitchenettes ce qui vous permet plus d'intimité au cours des repas ainsi que de substantielles économies. Et pour la baignade, c'est royal ! A quatre cents mètres de la plage, les longues journées à lézarder sont possibles. Mais vous ne manquerez pas non plus les activités de randonnées de sports nautiques, ou de découverte de la richesse du patrimoine local. Une aire de stationnement camping-cars (10 emplacements de 35m^2) et une aire de services ont été aménagées à l'entrée du camping.

Trélévern

■ CAMPING RCN PORT L'EPINE***
10, Venelle de Pors Garo
℘ **02 96 23 71 94**
Fax : 02 96 23 77 83
www.rcn.fr

Fermé d´octobre à avril. Terrain de 3 ha. Emplacement + véhicule + 1 personne de 5 € à 7 €. Emplacement + véhicule + 1 personne de 2,50 € à 3,50 €. Emplacement + véhicule + 1 personne (avec 6 A) de 10 € à 30 €. Chalets de 224 € à 721 € la semaine ; mobile homes de 182 € à 770 € ; mobiles homes sans sanitaire de 154 € à 455 € ; bungalows de 154 € à 455 €. Animaux acceptés (1 €).

Envie de calme et de tranquillité en bord de mer ? C'est ici qu'il faut poser vos bagages ! Laissez-vous séduire par la côte de Granit Rose : dans un parc de 3 hectares, bordé par la mer, le camping est situé face à la baie de Perros-Guirec et de l'archipel des Sept Iles. Bénéficiant d'un site naturel privilégié, il est idéal pour les jeunes enfants, leurs parents et grands-parents. Aucune activité pour adolescents n'est proposée. Pour les sportifs, sachez que le camping est situé sur le GR 34, un bon plan pour les randonnées. L'occasion de découvrir l'aquarium marin, le musée de cire ou la cathédrale Saint-Tugdual. En 2010 le camping de Port l'Epine fête ses 10 ans. Pour l'occasion, l'emplacement camping est à 10 € en basse saison. Côté locations : – 10 % pour 2 semaines, – 17 % pour 3 semaines et – 25 % pour 4 semaines en basse saison.

CÔTES-D'ARMOR

© TOURONY CAMPING

Camping de Tourony

Trévou Tréguignec

■ **LE BREIZH'ILIEN**
Plage de Trestel – 16, rue de Trestel
✆ **02 96 91 78 13 – breizh-ilien@wanadoo.fr**
♿

Qualité Tourisme. Fermé de la Toussaint aux vacances de février. Basse saison : ouvert le lundi et du mercredi au samedi de 11h45 à 14h15 et de 18h30 à 22h ; le samedi de 11h45 à 22h. Haute saison : tous les jours le midi et le soir. Réservation recommandée. Carte : 20 € environ. Les marches qui accèdent au restaurant sont compensées par les bras du personnel qui vous hissent à la salle si vous êtes à mobilité réduite. Accueil des groupes. Chaises bébé. Multi labellisée, elle fait partie des meilleures crêperies des secteurs de la Côte d'Ajoncs et de la Côte de Granit rose. Son appartenance à la Fédération de la Crêperie vous garantit des crêpes et des galettes entièrement élaborées sur place, et dans une grande majorité grâce à des produits frais, bio pour beaucoup d'entre eux et provenant de producteurs locaux. Située face à la plage de Trestel, idéale pour bains de mer et bronzette, vous viendrez ici pour combler la faim qui vous tenaille en fin d'après-midi. Pas de discussion possible, il vous faudra absolument essayer les spécialités maison. La galette Campagnarde à la poitrine fumée, oignons, reblochon et pommes de terre vous en bouchera un coin, tandis que la Trestel aux moules, sauce au cidre, fondue de poireaux et crevette flambée enchantera votre palais. Si vous n'êtes pas trop crêperie, rabattez-vous sur les excellentes moules frites aux sauces maison ou sur une entrecôte grillée. Ne partez pas sans déguster l'exceptionnelle crêpe Suzette ou une glace de fabrication artisanale.

Rostrenen

Capitale du pays Fisel sur le territoire du Kreiz-Breizh. Le Kreiz-Breizh, un goût d'Irlande au cœur de la Bretagne. Rostrenen contient des termes bretons roz et draenen signifiant colline et ronce. Si vous n'êtes pas breton et que vous vouliez éviter de passer pour un plouc – mot d'origine bretonne –, ne prononcez pas rostrenène, mais rostrenain en français et rostrenn en breton. Mis à part cette considération linguistique, la ville vaut un petit arrêt, voire un arrêt prolongé. Une cité animée, sur l'axe Rennes-Brest qui visite toute la Bretagne intérieure. Le site fut occupé par les Romains jusqu'au IIIe siècle, mais la ville ne fut fondée qu'au IXe siècle, lorsque fut édifié le château de Rostrenen. Les guerres de la Ligue seront fatales pour la forteresse. Assiégée par les troupes du duc de Mercœur, elle est incendiée et détruite. Il n'en reste que des ruines que Henri IV ordonne de démolir en 1604.

■ **OFFICE DU TOURISME KREIZ-BREIZH**
6, rue de l'Abbé-Gilbert ✆ **02 96 29 02 72**
Fax : 02 96 29 02 72
www.tourismekreizbreizh.com
Basse saison : ouvert du mardi au samedi de 10h à 12h30. Haute saison : du lundi au samedi de 9h30 à 12h30 et de 14h à 18h ; le dimanche de 9h30 à 12h30. De Pâques à fin juin et en septembre, ouvert de 10h à 12h30 et de 14h à 17h30.

S'il y a un endroit que l'on ne peut laisser de côté, lorsqu'on visite le Kreiz-Breizh, c'est son office du tourisme. En effet nombreuses sont les richesses touristiques du pays, encore faut-il les identifier, et encore mieux pouvoir les trouver. Un certain nombre de points d'intérêts concernent le canal de Nantes à Brest, mais beaucoup d'autres sites naturels comme les landes de Locarn, les gorges du Corong et du Toul Goulic méritent une visite. Pour les pêcheurs, les étangs sont nombreux et c'est avec amabilité, technicité et diligence qu'un personnel qualifié vous renseignera sur ce qu'il ne faut pas manquer, dans cette contrée qui ne se dévoile pas spontanément.

Points d'intérêt

■ **EGLISE SAINT-CLAUDE DE BONEN**
Dédiée à saint Claude, l'église de Bonen (« Iliz Bonen ») a été édifiée entre le XVIe et le XVIIe siècle. L'aile sud remonte au XVIe siècle, ainsi que le bénitier. Le reste de l'édifice date de 1671. Un ossuaire a été édifié en 1736. Sur le clocher de l'église, vous pourrez apercevoir les armes de la famille de Bouteville, propriétaire du château de Coatgouraval, en Glomel. A noter, l'édifice accueille une statue de « Dieu le Père ».

■ **LE MANOIR**
Cité du Manoir
Il date du XVIe siècle et possède une cheminée monumentale, et a conservé une tour polygonale couverte d'un dôme. Il abrite un collège et servait, au moment de la Révolution de prison, puis au début du XXe siècle de petit séminaire. L'église contient la statue de Notre-Dame-du-Roncier, découverte au début du XIVe siècle, près de la citadelle, sous un rosier qui fleurissait par n'importe quel temps. On creusa et on découvrit la statue, objet dorénavant d'un pèlerinage assidu. Voir le porche de l'église, les statues et les vitraux, notamment celui évoquant la découverte de la statue de Notre-Dame.

Le couvert

■ **CÔTÉ MER**
7, rue René Rolland
✆ **02 96 24 65 58**
Basse saison : ouvert tous les jours le midi ; du vendredi au dimanche. Haute saison : du lundi au samedi le midi et le soir. Menus de 28 € à 38 €. Moules de bouchot frites : 12 €.
C'est assez interpelant de rencontrer un restaurant ultra-spécialisé en fruits de mer et poissons au cœur de la Bretagne. Mais à la réflexion la mer n'est qu'à trois quarts d'heure de Rostrenen et l'ultra-frais, base des produits travaillés ici, est simple à obtenir. Alors haro sur les produits de la mer, préparés très simplement, et qui vous montreront le vrai goût des choses. Un bar grillé aux herbes de Provence vous laissera rassasié et épaté par la finesse de sa chair. Les noix de Saint-Jacques à la persillade vous laisseront pantois, tandis que les filets de rougets à la persillade vous laisseront sans voix. Vous avez aussi le choix de commencer par une gratinée de langoustines et moules et de finir par une douceur. Côté mer : aussi intéressant qu'inattendu !

CRÊPERIE LE CŒUR DE BREIZH
12, rue Abbé Gibert
✆ **02 96 29 05 88**

Basse saison : ouvert du lundi au samedi le midi ; le mardi et du jeudi au samedi le soir. Haute saison : du lundi au samedi le midi ; tous les jours le soir. Carte : 15 € environ. Menu enfant : 6,80 €. Formule : 8,50 € (et 10,90 et 12,90 €).

Tout le monde dans la région connaît la crêperie Le Cœur de Breizh. C'est là que tout le monde se retrouve pour calmer une petite faim ou se donne rendez-vous pour échanger au cours du repas de midi. Ici, tous les choix s'offrent, aux gros mangeurs, comme à ceux qui surveillent leur ligne. Les salades composées, à base de saumon, de chèvre ou de gésiers cohabitent sur la carte avec la poêlée bretonne à l'andouille de Guémené, la grillade de bœuf ou l'escalope de veau. Mais, bien sûr, en Bretagne, vous êtes peut-être venu dans cet établissement pour les spécialités locales. Alors, la Bretonne aux noix de Saint-Jacques ou une simple galette à l'andouille de Guémené s'impose. Et pour finir, la crêpe au caramel beurre salé maison ou la très classique, mais excellente miel citron, contribueront à vous laisser le meilleur souvenir du lieu.

HOTEL-RESTAURANT LE HENRI-IV
Kerbanel
Entrée Ouest de Rostrenen
✆ **02 96 29 15 17**
Fax : 02 96 29 26 67
www.henri4-medicis.com

Ouvert toute l'année. Tous les jours le midi et le soir. Menus de 17,80 € à 29,80 €.

Lorsque vous arrivez de Carhaix, le restaurant se trouve sur votre gauche à l'entrée du bourg de Rostrenen. Ici, après une journée fatigante, vous pourrez apaiser votre faim de la manière la plus agréable qui soit, dans une salle agréable et aérée. La cuisine y est traditionnelle et les plats, exécutés avec soin et professionnalisme, sont agréablement présentés. En entrée, le choix entre Saint-Jacques de la baie juste poêlées et un coulis d'étrille, et le nénuphar de gambas sauvages à la noix de coco se révélera difficile. Ensuite, il faudra également se décider entre la joue de lotte et Saint-Jacques en surprise ou le pigeonneau rôti farci aux morilles. Quel dilemme ! Après votre dessert, pourquoi ne pas demander une chambre pour vous reposer ici même ? Inutile de galoper, prenez le temps de vivre !

L'EVENTAIL DES SAVEURS
3, place du Bourg-Coz
✆ **02 96 29 10 71**
leventail-des-saveurs@wanadoo.fr

Fermé du 7 au 21 juillet. Ouvert du mardi au samedi le midi ; du jeudi au samedi le soir. Menus de 38 € à 58 €. Formule du midi : 13,90 € (14,90 € pour trois plats). Chèque Vacances, Chèque Restaurant. Accueil des groupes. Terrasse.

Voilà une petite perle inattendue à Rostrenen, capitale du Pays Fisel, du nom d'une danse énergique de Haute Bretagne. On y trouve un chef non conformiste qui imprime sa marque à sa cuisine. Plein d'inventivité, il mélange les saveurs, joue sur les cuissons, les réductions et les assemblages de produits bien sûr ultra-frais. Ah ! on ne s'ennuie pas lorsqu'on consulte carte et menus. Il y en a pour tous les goûts, chacun, du plus classique au plus moderne pouvant y trouver son compte. En entrée, l'huître tiède en sabayon d'aubance et cappuccino d'échalote voisine avec la langoustine en nems de sarrasin et viennois de kasha, fine andouille et chou confit à l'orange. Pour le plat, même surprise. Le demi-pigeonneau en deux cuissons, petits pois, jus réduit au Tio Pepe vous fera hésiter, alors que le lieu de ligne comme une dieppoise, crustacés et jus de poulet au gingembre attirera également votre attention. Que choisir ? tout est tellement tentant ! Le même problème se posera pour le dessert mais comme on ne peut tout essayer en une seule fois, il faudra revenir. Un tel restaurant dans un pays si beau, les habitants ont de la chance !

Le gîte

HOTEL-RESTAURANT LE HENRI-IV**
Kerbanel
Entrée Ouest de Rostrenen
✆ **02 96 29 15 17**
Fax : 02 96 29 26 67
www.henri4-medicis.com

Chambre simple 33 € ; chambre double de 38 € à 42 € ; bungalow 56,50 €. Petit déjeuner : 6 € (en chambre : 7 €). Wifi. Restauration (menus de 17,80 € à 29,80 €).

Heureusement, il y a le Henri IV ! Voilà ce que peut s'écrier le voyageur qui se rend dans le Centre-Bretagne, tant les hôtels sont rares dans le pays. A l'entrée Ouest de Rostrenen, vous trouvez ce petit établissement muni de chambres simples, mais confortables et silencieuses. Ne cherchez pas ici un luxe qui n'aurait pas de sens dans ce contexte, mais cette hôtellerie de bon aloi vous permettra d'effectuer ici un séjour sans souci. Après une balade dans les alentours, riches en patrimoine naturel ou bâti, vous pourrez vous attabler en rentrant au rez-de chaussée, avant de regagner votre chambre pour un calme sommeil.

Emplettes

CHOUCHEN D'ARMOR
Patrick Gouedard
15, rue Marcel-Sanguy
✆ **02 96 29 30 16**
✆ **06 82 02 64 12**
Fax : 02 96 29 82 43
www.chouchenn-d-armor.fr

Apiculteur, M. Gouédard ne se contente pas de récolter du miel. Il fabrique aussi du chouchen, nom breton donné à une boisson alcoolisée proche de l'hydromel. Cet alcool est obtenu à partir de la fermentation de miel dans l'eau. Il s'agit d'une boisson liquoreuse, qui se consomme bien frais, généralement en apéritif. La fabrique est installée dans un bâtiment traditionnel construit en 1919, ancien chai d'un négociant en vins. Il subsiste, dans la cour, deux cuves de 70 hectolitres chacune. Possibilité de visite guidée des chais.

■ **Dans les environs**

Callac

Plus on se rapproche de la mer, plus on trouve ces villes et villages de type mouette, maisons blanches à toits d'ardoise grise. Callac, pourtant bien enfoncé dans les terres, est un village mouette dans son abord, mais bien typiquement breton à l'intérieur. C'est aussi la capitale de l'épagneul breton. Faire la balade à pied jusqu'au site de Bot-Mel. Ne pas manquer de visiter la tannerie de Callac. A proximité, Pont-Melvez et sa remarquable vieille église. Bulat-Pestivien, un petit village tout simple dont l'église, une nouvelle fois, est superbe, et où la mairie semble être une maison particulière. Le chêne de Tronjoly et le manoir du Clos Bras méritent un petit détour. Au lieu-dit Pestivien, une jolie petite chapelle. Vers Rostrenen, une autre chapelle à voir, celle de Burthulet. Une dernière église à visiter dans le coin, celle de Mael-Pestivien, avec, en prime, la vue sur les environs. Jolie route de plateau de Callac à La Chapelle-Neuve, pour des photos de panorama. Arrivé à La Chapelle-Neuve, instructive visite du Centre de découverte de la forêt et du bocage, qui organise des sorties découverte d'avril à décembre au 02 96 21 60 31.

■ **PLAN D'EAU DE LA VERTE VALLEE**
Le plan d'eau de la Verte vallée s'étend sur une dizaine d'hectares. Pour vos instants détente, il est possible de pratiquer une multitude d'activités nautiques comme terrestres, pour toute la famille : voile, planche à voile, canoë-kayak, pêche, golf miniature, bateau à pédales... Tout autour du plan d'eau, un sentier de 3,5 kilomètres permet de réaliser de surprenantes et belles découvertes botaniques.

■ **PIERRE CAZOULAT**
2, rue des Portes ✆ **02 96 45 51 06**
pierre-cazoulat.com/
Basse saison : ouvert le mardi, le mercredi, le vendredi et le samedi de 9h30 à 12h et de 14h30 à 19h ; le jeudi de 14h30 à 19h. Haute saison : du mardi au samedi de 9h30 à 12h et de 14h30 à 19h. Expédition sur demande. Bon de commande sur le site.
Vous aimez les couteaux, les haches, les arcs et les flèches, le tir de loisir, les cannes à pêche, les moulinets et les leurres, faites un détour pour venir chez un des grands spécialistes régionaux, à Callac. Le propriétaire, Pierre Cazoulat, le propriétaire est l'héritier de la maison qui existe depuis des générations. Mais si la notoriété de celui-ci aujourd'hui mondiale, c'est parce qu'il est champion de France et champion du monde du lancer de couteaux et de hache. C'est dire s'il saura vous conseiller habilement si vous voulez vous mettre à expédier des lames sur des cibles d'autant plus qu'il fait réaliser des couteaux de lancer en exclusivité. Mais il est également de très bon conseil pour toutes les activités liées au matériel qu'il vous fournira. A visiter absolument.

■ **TANNERIE DE CALLAC**
ZA Kerguiniou ✆ **02 96 45 50 68**
www.tannerie-de-callac.fr
Ouvert au public les après-midi de lundi et mardi.

Comme toutes les tanneries, celle-ci tanne des peaux et des cuirs de bêtes : vaches, veaux... et aussi des peaux de poissons issus de la pisciculture. Elle confectionne des vêtements et des articles de maroquinerie avec toutes ces peaux. Le cuir de poisson c'est chic ! Alors pour trouver un sac original en écailles de poissons, vous savez où aller... La tannerie de Callac travaille également en collaboration avec la tannerie du Frémur, à Ploubalay.

Canihuel

■ **ÉGLISE NOTRE-DAME DE CANIHUEL**
Rue des Sabotiers
Ouverture : se renseigner.
Construite au XVe siècle, l'église de Canihuel a conservé des éléments d'un premier édifice du XIVe siècle, d'autres de 1474, d'autres encore des XVIe et XIXe siècles. Typiquement bretonne, elle est placée sous le patronage de Notre-Dame. Les sablières ont été sculptées par Olivier de Loërgan. Côté « déco », le vitrail du chevet représente la vie de la Vierge Marie. Egalement à voir un tabernacle en bois mouluré, polychrome et doré. Sa porte en plein cintre est ornée d'un calice.

■ **LE PETIT MOULIN DE KERSIGALEC**
Kersigalec
Auguste de Méauté ✆ **02 96 29 04 21**
Fax : 02 96 29 12 24
petit-moulin.chez-alice.fr

Pour 6 personnes (3 chambres). De 300 € à 490 € la semaine selon saison. Animaux acceptés (10 €).
Fuyez les hébergements bondés et insipides de la côte pour venir vous réfugier au sein de la Bretagne traditionnelle et parfois mystérieuse. Entre Corlay et Saint-Nicolas-du-Pélem, vous trouverez à Kersigalec un endroit pour héberger un de vos séjours les plus reposants. Cette coquette demeure, au sein d'un parc de 5 000 m² arboré et fleuri, vous accueille pour y passer un temps d'une détente réparatrice. Lecture et farniente alterneront avec la visite du riche patrimoine religieux ou des espaces naturels remarquables, et, le soir au week-end, fest-noz avec Dans Plinn et Dans Fisel seront au programme. Bien sûr, comme partout sur le territoire régional, la mer n'est guère éloignée. Il vous faudra en effet moins de trois quarts d'heure pour gagner les premières plages, vers Etables-sur-Mer ou Binic.

Glomel

■ **CHATEAU DE KER SAINT-ELOI**
Ce manoir de la fin du XVIIIe siècle comprend une partie plus ancienne qui date du XIIIe siècle. L'édifice appartient à cette époque à la famille de Saisy, qui a fait souche dans la région depuis l'an 1215. Cette famille prend part aux croisades. L'un des Saisy est compagnon de Bertrand Duguesclin. Le manoir a appartenu par la suite à Jeanne Meslou, épouse de Jean Le Rouge, seigneur de Penanjun en Motreff. Leur fille Marie

Ursule Le Rouge le vendit, le 30 septembre 1689, à Joseph de Rison, écuyer originaire d'Armagnac. Sylvie de Rison, leur fille, le porta en dot, au comte Charles René de Saisy de Kerampuil, qu'elle avait épousé dans la chapelle de ce manoir, le 12 octobre 1711. En 1854, le comte De Saisy fait défricher 36 hectares de terre sur la lande. Cent attelages de huit bœufs et deux chevaux chacun, conduits par six hommes, participent à ce grand défrichement. Il faut deux ans pour convertir la lande en prairies et en cultures céréalières. Il appartient, à partir de 1889, à Mme la baronne Cazin d'Honinctun, née de Saisy de Kerampuil. Les devises de la Maison de Saisy sont « Qui est Saisy est fort » et « Mitis ut Columba » (Doux comme la Colombe).

■ **ÉGLISE SAINT-CORENTIN**
Trégornan
Ouvert pendant les journées du patrimoine et sur demande. Se renseigner à la mairie : 02 96 29 60 51.
Très ancienne, sa construction primitive date du XVe siècle, la nef le porche sud et le transept du XVIe. Reconstruite au XVIIe, elle abrite un retable organisé symétriquement autour d'un tableau de la Sainte Famille et d'une statue du Christ, ainsi que six panneaux comportant onze des douze apôtres. Il constitue l'un des éléments majeurs du patrimoine centre-breton. Au sud de l'édifice, face au porche, se dresse un calvaire début XVIIe comportant une mise au tombeau et une pietá. Côté ouest, un ossuaire ajouré de trois arcades en plein cintre abrite encore des ossements.

■ **ÉTANG DU CORONG**
Il s'étend sur soixante-quinze hectares à moins d'un kilomètre du centre du bourg. Créé dès le Moyen Age, son barrage est rehaussé eu XIXe siècle pour permettre de disposer d'une masse d'eau suffisante afin de permettre, quelle que soit la saison, le fonctionnement du canal de Nantes à Brest. Situé sur la commune, son point culminant, le bief de partage des eaux entre le bassin versant du Blavet et celui de l'Aulne, constitue toujours la partie plus délicate de l'ouvrage à alimenter lors de la saison sèche. Très agréable site arboré, il permet l'été la baignade ainsi que nombres d'activités nautiques comme le dériveur ou le kayak et diverses activités de plein air idéales pour des vacances familiales.

■ **LA TRANCHÉE DES BAGNARDS**
Canal de Nantes à Brest
Accès par le halage.
La Tranchée des Bagnards ou tranchée de Glomel constitue la partie culminante du canal de Nantes à Brest. A 180 mètres d'altitude, elle est tracée sur la ligne de partage des eaux entre le bassin versant du Blavet et celui de l'Aulne. Sa mise en œuvre constitue un épisode tragique de la Bretagne du siècle dernier. Creusée au début du XIXe siècle par les déserteurs de l'armée qui saignèrent la colline, transportant la terre le plus souvent dans des hottes à dos d'homme pour un volume total supérieur à celui de la pyramide de Khéops. La maladie et la mort frappèrent une très grande partie des 700 forçats sous-alimentés et hébergés dans les conditions déplorables et précaires.

■ **AUBERGE MANOIR DE SAINT-PERAN**
Route de Paule
☎ 02 96 29 60 04
Fax : 02 96 29 86 34
www.suivezletrefle.com
Ouvert toute l'année. Sur rendez-vous. 3 salles de 25, 50 et 70 couverts. 10 chambres. Chambre double à partir de 40 €. Demi-pension : 40 € (à partir de 3 nuits). Petit déjeuner : 6,50 €. Wifi payant. Restauration (menus de 16 € à 22 €).
Médaille de bronze du tourisme et labellisé rando-accueil, le manoir de Saint-Péran est situé en bordure du canal de Nantes à Brest. Côté spécialités culinaires, l'établissement est réputé pour son jambon à l'os à l'ananas, ses poulets fermiers et sa charcuterie artisanale. Un point de vente de produits régionaux est également à votre disposition. A proximité, une base de loisirs aménagée près d'un lac de 72 hectares vous propose des animations bateau à pédales, planche à voile et tennis. Des circuits de randonnées et de découverte sillonnent également la région. Pour la plage, il faudra compter 1 heure de route, que ce soit côte nord ou côte sud.

Gouarec

■ **EGLISE NOTRE-DAME DE LA FOSSE**
Consacrée le 22 mai 1835, cette église fut édifiée à l'emplacement d'une ancienne chapelle. Le culte a été transféré de l'église Saint-Gilles à l'église Notre-Dame de la Fosse. La statue Notre-Dame de la Fosse date du XVIIe siècle. L'église a été réalisée en 1826 par le maître d'œuvre Joseph Le Clair. La tour et le porche ont quant à eux été construits en 1892, selon les plans de l'architecte Théodore Maignan.

■ **BISCUITERIE DU PAYS DE GUERLEDAN**
☎ 02 96 24 92 90
Ouvert du lundi au vendredi. Vente et dégustation.
La biscuiterie du pays de Guerlédan est une adresse réservée aux amateurs de galettes bretonnes pures beurre. Attention à la méprise ! Rien à voir avec les galettes que l'on vous sert en crêperie, avec garnitures. Il s'agit ici d'une sorte de biscuit, spécialité régionale à découvrir absolument, qui trouve toute sa place à l'heure du café. Vous avez même la possibilité de déguster sur place, avant de faire votre choix d'achat.

Locarn

■ **LANDES DE LOCARN**
Elles s'étendent sur 350 hectares et constitue un des plus vastes landiers bretons. Huit kilomètres de sentier y ont été aménagés pour vous permettre de découvrir la riche palette de couleurs et les senteurs exceptionnelles qui s'en dégagent, tout en protégeant le site. Le paysage est modelé par les ajoncs et les bruyères qui alternent avec les sphaignes des tourbières. Ça et là, quelques menhirs, témoins éternels d'une très ancienne occupation du lieu, sont survolés par le busard Saint-Martin. A la tombée de la nuit, gare aux korrigans !

■ **MAISON DU PATRIMOINE**
Place du centre ✆ 02 96 36 66 11
Fax : 02 96 36 61 54
www.patrimoine-locarn.org
Ouvert toute l'année. Ouvert du 15 janvier au 15 décembre.
Du mardi au samedi de 14h à 17h30. Haute saison : tous
les jours de 14h à 19h. Adulte : 4,50 € (réduit : 3 €).
Tarif groupe (visite guidée) : de 4,80 €/pers. (groupe de
14 personnes) à 3,50 €/pers. (groupe de 70 personnes).
Accueil enfants (groupes : tous les jours toute l'année,
sur réservation). Visite guidée. Depuis 2000, la Maison
du Patrimoine œuvre à faire découvrir au public ces
richesses, naturelles et humaines de ce pays de granit et
de schiste, grâce à des expositions, des animations, des
sentiers d'interprétation et des visites guidées. Locarn a
été par le passé un centre important d'extraction d'une
ardoise qui comptait parmi les plus belles d'Europe. Une
exposition est consacrée à la mine de Moulin-Lande qui
a fermé ses portes au début de ce siècle et un film retrace
son fonctionnement. On peut aussi voir ici le fameux trésor
de Locarn, très remarquable travail d'orfèvrerie composé
de cinq éléments datant des XIVe et XVe siècles. Une partie
de l'exposition permanente est également consacrée aux
landes et tourbières de Locarn, remarquables en matière
de faune et de flore et dont l'écosystème fut une ressource
indispensable pour les agriculteurs de jadis.

Maël-Pestivien

■ **CHAIRE DES DRUIDES KEROHOU**
Kerrohou
La chaire des druides Kerohou est un ensemble de blocs
granitiques où ont pu s'effectuer des immolations.
L'atmosphère qui règne autour de la chaire est propre
à réveiller les légendes et les divers mythes nés dans
ce lieu. La pierre du soleil et la pierre des sacrifices
suggèrent encore les pratiques ancestrales. On peut
distinguer, sur l'une des roches, la forme d'une tête,
d'un corps et des jambes…

Mellionnec

■ **DOUBLE ÉCLUSE DE COAT NATOUS**
Coat Natous
Accès libre par le halage côté Plouguernevel.
Que vous vous intéressiez ou non aux ouvrages d'art
des canaux, vous ne manquerez pas de visiter le site
de Coat Natous, lieu impressionnant à quelques pas
de la chapelle Notre-Dame-de-la-Pitié. Une véritable
curiosité a été érigée sur le canal de Nantes à Brest à
cet endroit, où sur le site d'un antique gué, existe une
dénivellation importante que la voie d'eau franchit grâce
à une double écluse, soit deux ouvrages imbriqués ne
comprenant que trois portes. C'est la seule de ce type
existant sur cette voie fluviale, la porte centrale est la
porte basse de l'écluse et la porte haute de l'écluse avale.

■ **NOTRE-DAME-DE-LA-PITIÉ**
La Pitié
Ouverture : se renseigner à la mairie.
Prenez la route de Plélauff à partir du bourg de
Mellionnec et tournez à gauche à trois kilomètres et

demi, vous arriverez à la Pitié. Au bord du canal de
Nantes à Brest, sur le site unique, d'un ancien pont
romain et d'un camp préhistorique, cette chapelle,
entièrement construite en pierre de taille domine la voie
d'eau de tout son charme, son arrière enchâssée dans
le bas d'un coteau. Datant du XVIe siècle, elle est très
caractéristique de la construction de ce type d'édifice
dans le Centre Bretagne, en particulier avec quatre
contreforts en bois massif aux quatre angles et deux qui
soutiennent le mur du chevet. A l'intérieur, on remarquera
la voûte en berceau en bois à entraits moulurés. Inscrite
à l'inventaire des Monuments Historiques, elle n'a pas
subi de modification depuis son édification.

■ **KOHZKER BOULOU**
Cosquer Boulou ✆ 02 96 24 29 63
kozhker-boulou.fr

Chambre simple à partir de 40 € ; chambre double à
partir de 45 € ; chambre triple à partir de 60 €. Demi-
pension : 55 € (pour une personne. Une semaine : 330 €).
Demi-pension, une semaine pour 2 personnes : 450 €.
Wifi. Restauration.
Trop peu connu à notre goût, le Centre-Bretagne recèle
des trésors en matière de tourisme et de visite. Si vous
passez par là, arrêtez-vous à Kohzker Boulou, non
seulement vous y serez superbement accueillis par
des hôtes qui connaissent le pays comme leur poche,
mais vous passerez des journées de rêve face à une nature
encore sauvage. Très confortables et comportant salles de
bains, sanitaires et wifi, les chambres vous procureront
détente et calme sensuel comme nulle part ailleurs, dans
un silence impressionnant, que seul vient briser le chant des
oiseaux. De là, vous pouvez rayonner sur tout le pays,
les plages ne sont qu'à une heure et la base de loisirs de
Guerlédan à seulement un quart d'heure. Tout près du
canal de Nantes à Brest, ces chambres d'hôtes sont aussi
la solution couchage optimale pour les randonneurs.

■ **LE BOIS DU BARDE**
Coat an Bars ✆ 02 96 24 29 13
✆ 09 72 25 57 92 – www.leboisdubarde.fr
12 emplacements. Emplacement + véhicule + 1 personne
à partir de 14 €. Caravanes à partir de 250 € la semaine.
Tarif camping pour 2 personnes. Yourte ou roulotte : même
tarif que caravane.
Vous apprécierez le vrai camping, sous des toiles de tente
ou sous des yourtes, au contact de la nature et des
animaux ? Vous avez ici de quoi contenter toutes vos
envies. Accueillis sur les terres d'une ferme biologique,
vous êtes au cœur d'un pays complètement préservé qui
saura satisfaire les promeneurs et randonneurs, à pied
ou à vélo. Le canal de Nantes à Brest est à proximité et de
nombreux itinéraires ainsi que des routes pratiquement
sans voiture, permettant des promenades détendantes
à la découverte des sites préservés. La récupération est
assurée par un sommeil dans un silence rare. Notez que
ce camping est géré de manière durable et écologique.

Saint-Nicolas-du-Pélem

5 000 ans avant Jésus-Christ, le territoire de Saint-
Nicolas-du-Pelem était occupé par des populations

primitives. Avant l'arrivée des Romains, c'est l'un des points que traverse la grande voie armoricaine reliant Corseul à Quimper. C'est à partir du XVe siècle que la ville a commencé à se développer autour du château du Pélem.

■ CHAPELLE NOTRE-DAME-DU-RUELLOU

La chapelle date des XVe et XVIe siècles. Le nom de Ruellou viendrait d'un mot gaulois signifiant « gué », en lien avec la rivière Sulon. Dans la chapelle, on voit l'une des quatre roues de la Fortune encore présentes en Bretagne. Il s'agit d'une roue à carillon, douze rayons unissant le moyeu à la jante de douze clochettes. Il s'agirait des copies de roues solaires attribuées au culte de Bélen. La roue de cette chapelle est ornée d'une robe de taffetas blanc bordée de velours bleu, aux couleurs de la Vierge. Elle était actionnée par un clerc ou un notable au moment de l'élévation, lorsque le prêtre présentait l'hostie aux fidèles. Elle était aussi utilisée dans les célébrations collectives : baptêmes, mariages et pardons. La roue est également liée à des pratiques plus superstitieuses... Le 4 octobre 1964, vers 21 heures, plusieurs personnes auraient demandé la clé de la chapelle. Pendant cinq heures, un vacarme effroyable emplit la chapelle, plongée dans une lumière « plus forte que l'électricité ». Vers deux heures du matin, plus aucun bruit, l'obscurité. Personne n'osa demander ce qui s'était passé...

■ EGLISE SAINT-PIERRE

Cet édifice est l'ancienne chapelle Saint-Nicolas du château du Pelem. Située place Kreisker (qui signifie centre-ville en breton), elle fut édifiée aux XVe et XVIe siècles et possède une architecture massive. A l'intérieur, vous apprécierez tout particulièrement les sablières sculptées, qui sont l'œuvre d'Olivier de Loërgan, maître d'œuvre du jubé du Faouët. Une verrière de 1470 illustre les vingt-quatre scènes de la Passion.

■ VILLAGE DE SAINT-ANTOINE

A quelques kilomètres des gorges de Toul Goulic, subsiste le plus ancien village des Côtes-d'Armor, à l'habitat traditionnel préservé. Encore habité il y a moins d'un an, il fut construit au XVIIe siècle. Placées sur un affleurement granitique, les habitations sont réalisées dans le même granit que le mobilier, la vaisselle et les murs. La présence d'orthostats – pierre debout – est une particularité architecturale qui consistait à élever des murs en dalles de granit, jointes par un mortier de pisé et recouvertes d'un toit de chaume. A noter que l'association Mired Sant Anton – Sauvegarder Saint-Antoine – envisage le maintien des maisons dans l'état autour d'un projet redonnant vie au village.

■ MUSEE DE L'ECOLE DE BOTHOA
Bothoa ✆ **02 96 29 73 95**
Fax : 02 96 29 73 95
www.musee-ecole-bothoa.com
Du 1er juillet au 15 septembre, pendant les vacances de la Toussaint et de Pâques, ouvert tous les jours sauf le lundi, de 14h à 18h. En mai et juin, le dimanche après-midi de 14h à 18h. Pour les groupes, ouvert toute l'année sur réservation. Gratuit jusqu'à 6 ans. Adulte : 4 €. Enfant (de 6 à 14 ans) : 2 €.
C'est dans l'ancienne école de Bothoa, ancien bourg principal de la commune de Saint-Nicolas-du-Pélem,

que vous avez rendez-vous pour vous replonger dans l'école de votre enfance (si vous avez déjà un certain âge). Pour les plus jeunes, c'est un moment encore plus exotique, puisqu'on touche ici, par les objets exposés, mais aussi par le mobilier et les animations proposées, la vie des enfants en culotte courte des années 1950, soit ceux du film *La guerre des boutons*. Au fond de la cour, le logement des maîtres vous montrera pratiquement l'intérieur spartiate dans lequel la première institutrice logea de 1931 à 1947. Les 3es jeudis de juillet et d'août, vous pourrez vivre la journée d'un écolier de 1930 : classe (morale, écriture, dictée...), soupe au pain au café du bourg, plume d'oie et stylo à bille.

Saint-Brieuc

Ville natale de Villiers de l'Isle-Adam et de Louis Guilloux, écrivains qui font la fierté des Costarmoricains. On y trouve également la tombe de Lucien Camus, père d'Albert. La préfecture des Côtes-d'Armor doit son charme à ses nombreuses maisons à pans de bois, aux vieilles demeures bourgeoises en granit, aux maisons à colombages érigées le long de vieilles ruelles étroites. La baie de Saint-Brieuc est la cinquième au monde pour l'amplitude de ses marées. La mer peut descendre à plus de 7 km. Le paysage est exceptionnel : à chaque marée, le milieu a été remodelé et modifié. Le fond de la baie se scinde en deux anses (l'anse d'Yffiniac et l'anse de Morieux) qui ont été classées en réserve naturelle depuis 1988. Haut lieu ornithologique, cette réserve assure la protection de quelque 200 espèces. A voir : la cathédrale aux allures de forteresse, le musée d'Art et d'Histoire.

■ OFFICE DE TOURISME DE LA BAIE DE SAINT-BRIEUC
7, rue Saint-Gouéno ✆ **08 25 00 22 22**
Fax : 02 96 33 32 50
www.baiedesaintbrieuc.com
Ouvert du lundi au samedi de 9h30 à 12h30 et de 13h30 à 18h ; les jours fériés de 10h à 13h. Haute saison : du lundi au samedi de 9h30 à 19h ; le dimanche de 10h à 13h. Fermé les 25 décembre, 1er janvier et 1er mai. Située entre l'Armor et l'Argoat, Saint-Brieuc, ville préfecture des Côtes-d'Armor, compte près de 50 000 habitants. Ville administrative, universitaire (4 000 étudiants), elle est aussi un pôle économique dynamique du nord de la région (quatrième bassin d'emploi breton). Stalaven et Néolait (agroalimentaire), le Joint Français (caoutchouc de précision), Raphaël (premier fabricant de matériel de Beaux-Arts en Europe) ou Léonard (fabricant de pinceaux depuis 1840) constituent les enseignes de grande renommée du tissu industriel. Ville centre d'une agglomération dynamique de 110 000 habitants, Saint-Brieuc est le principal pôle d'attraction des Côtes-d'Armor ; c'est le « plus grand magasin du département » avec un centre piétonnier de près de 300 commerces. Elle bénéficie d'un environnement privilégié : ville moyenne, rythmée par trois vallées (Gouédic, Gouët et Douvenant), elle regorge de lieux de balades en cœur de ville. Avec la mer pour horizon, la cité est aussi très verte avec 300 ha d'espaces verts.

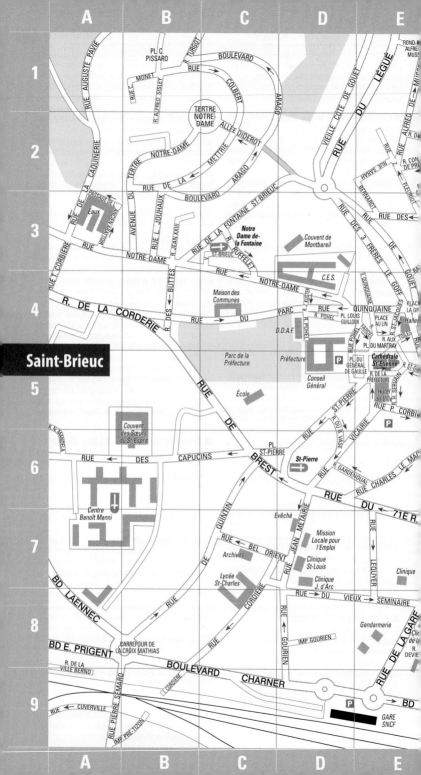

Saint-Brieuc

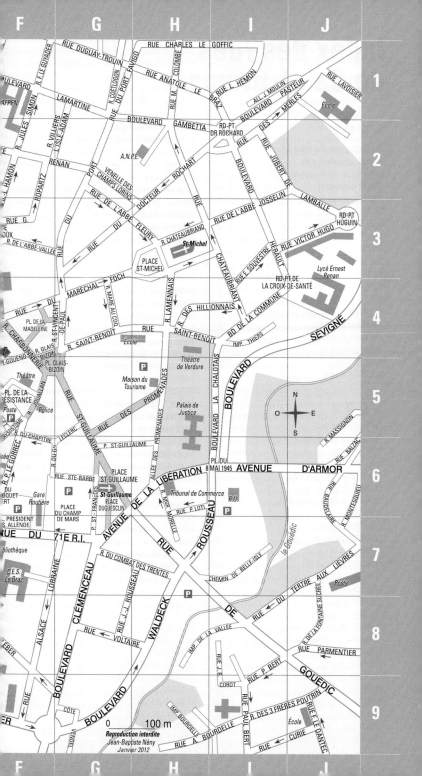

Index des rues de Saint-Brieuc

Points d'intérêt

Monuments

■ CATHEDRALE SAINT-ETIENNE
Rue de la Préfecture
En été, visites guidées pour les individuels.
Les premières constructions de la cathédrale de Saint-Brieuc dateraient du IXe ou Xe siècle. En bois, elles ont subi plusieurs incendies ; seules les fondations ont survécu. Commencée au XIIe siècle, la cathédrale située sur d'anciens marécages a été construite sur pilotis. Le monument actuel est un mélange de styles. Construit au fil du temps et de l'histoire, il a été achevé au XVIIIe siècle. La cathédrale connaîtra bien des avatars au cours du XIVe siècle pendant les guerres de succession qui frappent la Bretagne. Sa remise en état et son extension s'étalent tout le long du XVe. La cathédrale est à nouveau pillée pendant les guerres religieuses de la Ligue (1589-1598) et il faudra tout le XVIIe siècle pour que l'on puisse reconstruire son mobilier et la chaire en bois de la nef. Les derniers gros travaux ont été entrepris par les Beaux-Arts en 1954 avec le souci de mettre en valeur les parties les plus anciennes. Ces travaux ont réussi à redonner à ce bâtiment son équilibre et son harmonie d'origine. Le visiteur s'attardera sur le bassin des fonts baptismaux (XVe), le retable-autel de l'Annonciation dans la chapelle du Saint-Sacrement, chef-d'œuvre d'Yves Corlay, le chœur avec ses vitraux modernes. Sans oublier le grand orgue (2 500 tuyaux, réalisé par Cavaillé en 1848, restauré en 1987) et son buffet, belle menuiserie Renaissance avec des panneaux datant de 1540.

■ CROIX MATHIAS
Inscrite aux Monuments historiques depuis 1964, la croix était appelée « croix Sansonnet » du temps où elle se situait dans le hameau du Pré-Tizon, sur l'ancienne route de Quintin. Elle devient « croix Mathias » lorsque l'évêque Mathias Le Groing La Romagère la restaure vers 1825. Lors des travaux du chemin de fer, le Pré-Tizon est transformé en impasse. La croix est déplacée au carrefour

où se tiennent l'octroi et la place, qui constitue l'une des entrées de la ville.

■ HOTEL DES DUCS DE BRETAGNE
L'hôtel des Ducs de Bretagne ou la Maison du Chapeau Rouge (1572) borde la place Louis Guilloux (au 15 rue Fardel). Cette ancienne auberge Renaissance est composée de murs pare-feu et de colombages sculptés en frises : têtes de lions et de reîtres casqués, oves et godrons. D'après la légende, il aurait abrité des voyageurs célèbres et royaux, comme Jacques II Stuart en 1689 ou le grand duc et la grande duchesse de Russie, en 1782. Il est la propriété d'un particulier.

■ MAISON EN ECAILLES
La maison en mosaïques d'écailles située au 20 rue de la Corderie, et la maison à la devanture recouverte de carreaux cassés en pâte de verre située au 24 furent réalisées selon les plans du mosaïste Odorico, dans les années trente. C'est à Rennes, en 1882 que naît l'entreprise familiale. Pour la première génération, la technicité du travail prime sur le côté artistique de l'exercice. La prise de fonction d'Isidore, le fils, marque un réel tournant dans l'histoire du style de la maison Odorico. Ce sont certainement ses études aux Beaux-Arts de Rennes qui lui donnent plus le goût de l'esthétique que de l'exploit technique. Il peaufine l'identité de l'entreprise pour la rendre profondément Art déco. A Saint-Brieuc, la pâtisserie Gilbert est également marquée du sceau Odorico.

■ PAVILLON DE BELLESCIZE
Situé rue Henri Servain, le pavillon de Bellescize s'apparente à un rêve inachevé de la fin du XVIIIe siècle. Demeure des évêques de Saint-Brieuc, il sera reconstruit en 1663 par Mgr Denis de la Barde, selon le style classique de l'époque. Il sera modifié en 1780 selon les souhaits de Mgr Hugues-François Regnault de Bellescize. Ce volume oblong est remarquable par sa construction. Le bâtiment d'accueil est entièrement occupé par un escalier de pierre monolithique en colonnes doriques. Classé monument historique en 1970, il accueille désormais les services sociaux de la Ville.

La cathédrale

■ LE PETIT THÉÂTRE À L'ITALIENNE

Le théâtre municipal situé place de la Résistance est l'œuvre de l'architecte Alexandre Angier et du sculpteur Paul Guibé. L'édifice actuel a été construit en remplacement de l'ancien théâtre situé jadis dans l'hôtel de ville et incendié en 1875. Inaugurée en 1884, la salle est éclairé par un lustre immense et la fresque du plafond représente les quatre muses : la musique, la tragédie, la comédie et la danse. Le théâtre a cessé de dépendre administrativement de la mairie depuis 1970. Aujourd'hui, le petit théâtre à l'italienne, inscrit à l'inventaire supplémentaire des monuments historiques, cohabite avec une salle plus moderne de près de 1 000 places.

Musées

■ MUSEE D'ART ET D'HISTOIRE
Cour Francis-Renaud
Rue des Lycéens-Martyrs
© 02 96 62 55 20
www.mairie-saint-brieuc.fr

Ouvert toute l'année. À l'exception des 1er janvier, 1er mai, 1er novembre et du 25 décembre. Du mercredi au samedi à partir de 10h et jusqu`à 18h ; le dimanche de 14h à 18h. Gratuit. Label Tourisme & Handicap. Visites spécifiques pour les personnes sourdes et malentendantes (en langue des signes et boucles magnétiques) pour les personnes aveugles et malvoyantes (visites tactiles).

Faire connaître les Côtes-d'Armor ou plutôt les Côtes-du-Nord et les activités traditionnelles de ce département, tel est l'objectif du musée d'Art et d'Histoire de Saint-Brieuc et ses deux pavillons. Le premier présente des expositions temporaires ; le second, les galeries permanentes, traite de l'histoire, des arts traditionnels populaires et des principaux caractères du département. L'archéologie sous-marine s'est installée dans les deux galeries de ce pavillon, entièrement réaménagées. Elles permettent de découvrir des collections souvent exceptionnelles provenant de navires naufragés au large dont un rare astrolabe de mer du XVIe, de nombreuses pièces de vaisselle et plus particulièrement une chaudière d'équipage de la fin du XVIIe siècle remarquablement conservée.

Le couvert

■ LE BISTROT DU PORT
15, rue des Trois-Frères-Le-Goff
© 02 96 33 83 03
Ouvert du lundi au samedi le midi et le soir. Service tardif le week-end. Menus de 21 € à 41 €. Carte : 16 € environ (le midi en semaine). Carte. Accueil des groupes (jusqu'à 25 personnes sur réservation).

Depuis près de 25 ans, la maison est le rendez-vous de ceux qui aiment les beaux produits. Maître restaurateur depuis 2010, Jean-Michel Bourges mitonne l'accueil avec le même soin que les ris de veau, les Saint-Jacques ou le foie gras qu'il convie avec le rang de VIP dans sa cuisine. Les fidèles ont fait la réputation de l'établissement qui travaille à merveille les poissons et les crustacés. Conseils avisés pour les vins. Accueil agréable, service efficace.

■ CRÊPERIE DES PROMENADES
18, rue des Promenades
© 02 96 33 23 65
www.creperie-des-promenades.com
Ouvert du lundi au vendredi de 9h à 14h ; le vendredi de 19h à 22h. Réservation recommandée.

Loin des « usines à bouffe » annoncent Christophe (en salle) et Léna (en cuisine). C'est dit ! Et cela se voit et/ou se compte : 28 couverts, pas plus ! A midi, deux plats du jour dont un végétarien. La plupart des produits sont issus de l'agriculture biologique. Les produits locaux sont privilégiés. Evidemment, tout est maison. A commencer par le caramel au beurre salé. Au rayon à emporter, on peut aussi faire quelques courses de produits biologiques ou issus du commerce éthique (thés, miel, vins, cafés, cidres...). Bref, « manger c'est agir » (voire militer) prend tout son sens à cette table en marge des modes.

■ LA CROIX BLANCHE
61, rue de Genève
Quartier de Cesson © 02 96 33 16 97
Fax : 02 96 62 03 50
www.restaurant-lacroixblanche.fr
Fermé du 1er au 8 janvier. Ouvert du mardi au samedi le midi et le soir ; le dimanche midi. Menus de 24 € à 90 €. Carte : 55 € environ. Formules pour les repas de groupes, réunions, séminaires ; vins compris. American Express. Accueil des groupes. Jardin.

Michel Mahé met son art au service des saveurs et des couleurs, pour donner le meilleur aux produits de sa région. Le chef de cuisine conjugue quatre verbes à tous les temps, tous les modes : renouveler, rechercher, associer, décorer. Les cartes et menus proposent un large choix qui séduit les amateurs de cuisine de la mer essentiellement : cabillaud aux raves et salsifis en vinaigrette d'agrumes, risotto de barbue et carottes au râpé de citron. Revenons sur terre avec un veau de lait aux vitelottes persillées, chips de pain au chèvre frais et jambon speck aux herbes fraîches. Innovant. La cave est intéressante. Et l'addition sait rester raisonnable.

■ L'EPICERIE
7, place du chai © 02 96 60 48 51
Fax : 02 96 60 48 51
www.lepicerie.fr
Ouvert le lundi midi ; du mardi au vendredi de 12h à 14h15 et de 19h à 22h15 ; le samedi midi de 12h à 14h15 et de 19h30 à 22h45. Menu enfant : 7,50 €. Formule du midi : 12,50 € (entrée + plat ou plat + dessert). Ou 15,50 € (entrée + plat + dessert). Chèque Restaurant. Accueil des groupes (sur réservation). Terrasse.

Situé à côté de l'office du tourisme, en plein centre-ville. Décor cantine bistro et ambiance conviviale. L'adresse s'est imposée comme simple et sûre. La carte est très diversifiée et permet de trouver – sans le goût répétitif des cantines d'habitués – un plat du jour (8,50 € en semaine, le midi), une grillade (entrecôte XXL, 16,50 €), une des nombreuses assiettes de Léon (avec ou sans dessert sur ardoises), du saumon ou des Saint-Jacques, un dessert classique (mousse au chocolat ou crème brûlée, fromage blanc au coulis de fruits rouges). Aux beaux jours, l'agréable terrasse ensoleillée peut accueillir jusqu'à 50 personnes.

■ **ESPRIT DE FAMILLE**
21, rue des Promenades
✆ 02 96 61 93 18
www.esprit-de-famille.fr
Ouvert le lundi et le mardi de 9h à 14h30 ; du mercredi au samedi de 9h à 18h. Carte : 20 € environ. Formule du midi : 13,50 €. Chèque Restaurant. Accueil des groupes (soirées privées de 20 à 60 personnes). Chaises bébé. Vente à emporter.
Ici, on mitonne. Pas de la gastronomie. Mais une tambouille généreuse, précise. De la « popote des potes ». D'époque, aussi. Car c'est dans une ancienne mercerie que l'on peut se percher sur des mange-debout ou se caler dans des fauteuils confortables. La déco de la salle – avec sa table d'hôtes – est pour le moins inattendue. Esprit de famille est à la fois un restaurant du midi et un salon de thé où il est possible de goûter, de petit-déjeuner, de déguster l'un des 26 thés proposés à la carte (tous artisanaux). À midi, deux plats pour 13,90 € ou trois plats (17,90 €) lorsqu'on ne veut pas se priver de dessert : crumble aux pommes, brownies, tarte du jour, café gourmand. Une jolie adresse où l'on se sent (très) bien. La maison propose également des pâtisseries à emporter.

■ **LE FARFADET**
29, rue des Trois-Frères-Le-Goff
✆ 02 96 33 21 18
le-farfadet@wanadoo.fr
Ouvert du mardi au dimanche le soir. Accueil tardif jusqu'à minuit.
Bienvenus au royaume des lutins et des fées ! Cette adresse vaut le détour, pour sa décoration, son ambiance unique et ses spécialités à forte identité. Vous serez accueillis par Sarah et Jean-Jacques, farfadets en chef depuis 2011. Découvrez un lieu magique, plein de mystères, où les « marmites d'Alice » vous attendent, et notamment la « Brocéliande » (pommes de terre rissolées, lardons, patates douces, Saint-Jacques, gambas, piment d'Espelette), ainsi que le « chapeau de Merlin » (viande cuite sur un chapeau en toile émaillée). Les « potences » de viande et de Saint-Jacques sont servies sur des supports en fer forgé, accompagnées de sauce et de riz pilaf. Le restaurant propose également des fondues et pierres chaudes sur le thème de la forêt de Brocéliande. Lieu envoûtant à découvrir ou redécouvrir !

 L'AIR DU TEMPS
4, rue du Gouët
✆ 02 96 68 58 40
www.airdutemps.fr
Fermé du 1er au 15 février. Ouvert du mardi au samedi le midi de 12h à 13h30 et le soir de 19h30 à 21h30. Carte : 30 € environ. Formule du midi : 12 €. Accueil des groupes.
Nouveau décor depuis novembre 2012. Ouvert depuis 2006, L'Air du temps s'est inscrit dans le paysage des très bons restaurants briochins. Les clés de la réussite ? Un astucieux dosage entre simplicité et convivialité, modernité et tradition. En plein centre-ville, à deux pas des hôtels, l'établissement propose une cuisine de produits frais et affiche sa volonté de travailler avec les producteurs locaux. Au menu : des cocottes (qui sont la marque de la maison) de Saint-Jacques, de porc ibérique, de rognons de veau ; une Tatin de pommes et boudin noir ; un carpaccio ananas zeste citron vert, gateau amandine et sorbet citron vert. La carte des vins (120 références) vaut le détour. Excellent rapport qualité/prix. Un vrai coup de cœur.

■ **O SAVEURS**
10, rue Jules-Ferry
✆ 02 96 94 05 34
lavigne@osaveurs-restaurant.com
Ouvert du mardi au samedi le midi de 12h à 13h30 et le soir de 19h30 à 21h30. Menus de 28 € à 51 €. Carte : 45 € environ. Menu enfant : 10,50 €. Formule du midi : 15 € (du mardi au vendredi). Menu « spécial entreprise », 40 €, vins compris. Accueil des groupes (deux salles pouvant accueillir 30 personnes).
Un cadre contemporain et sobre pour une cuisine épurée et subtile. Le chef, Gwenaël Lavigne, travaille – avec une certaine créativité audacieuse – des produits locaux jusqu'au bout du terroir. En mélangeant les registres : le saumon est préparé en wrap, la caille en strudel, le potimarron joue entre la vanille et la châtaigne pour accompagner les Saint-Jacques. C'est joli, bon et plein d'astuces. Le service est très agréable. Beaux fromages pour les amateurs.

■ **LA TAVERNE DES HALLES**
1, place de la Grille
✆ 02 96 61 97 70
http://brasserie-des-halles.fr
Ouvert toute l'année. Tous les jours de 12h à 14h30 et de 19h à 23h. Menus de 19,90 € à 29,90 € (menus duo, trio et tout compris). Formule du midi : 9 € (plat du jour, plat+dessert 11,50 €, entrée+plat+dessert 13,50 €). Chèque Vacances, Chèque Restaurant. Accueil des groupes.
Située en centre ville, au cœur des halles, l'ancienne taverne de Maître Kanter s'est offert un nouveau look. Cette brasserie propose une cuisine française conviviale et de qualité, à base de produits frais. Décor brocante, ambiance unique pour ce restaurant à l'ancienne. Il ne vous en coûtera que 29,90 € pour l'entrée, le plat et le dessert au choix à la carte, servis accompagnés d'un kir pétillant, d'un café et d'une boisson au choix. Profitez d'une pause repas pour déguster quelques spécialités : tête de veau « roulée » et sa purée maison, confit de canard doré au miel, pommes sautées maison et le fameux steak des halles (200 g). Sans oublier le carpaccio de bœuf à volonté et ses frites, à 16,50 €, l'assiette du pêcheur et la fondue bourguignonne, à volonté tous les vendredis soirs (hors juillet et août), à 20,90 €.

 **AUX PESKED**
59, rue du Légué
✆ 02 96 33 34 65
www.auxpesked.com
Fermé du 1er au 15 janvier et du 23 août au 15 septembre. Plus d'infos sur le site. Ouvert du lundi au samedi le soir de 19h30 à 21h30 ; du mardi au vendredi et le

dimanche le midi de 12h30 à 13h30. Le restaurant est ouvert du mardi au vendredi midi et soir, le samedi soir, et le dimanche midi. Menus de 45 € à 85 €. Carte : 70 € environ. Formule du midi : 28 € (du mardi au vendredi). Accueil des groupes. Terrasse.

Etonnante maison ! Moderne. Dans l'esprit, dans le détail, dans l'intention, dans l'attention. Les baies vitrées offrent une vue imprenable sur la vallée du Gouët. La salle est raffinée, paisible. Il y a une atmosphère dans ce restaurant qui — comme son nom l'indique (poisson se dit *pesked*s en breton) — travaille avec précision les richesses de la mer : huîtres, langoustines, coquilles Saint-Jacques, araignées, bar de ligne, Saint-Pierre. Le chef, un autodidacte (qu'on se le dise), signe une cuisine subtile mais pas chichiteuse, en phase avec l'air du temps. Avec sa touche d'humour émicée : pop corn dans les Saint-Jacques ; jus d'orange, carotte et citronnelle avec les ormeaux ; la carotte confite au dessert. Pour conclure, la curiosité du chef, le tiramisu ! Il est sans sucre. En cave, 1 500 bouteilles attendent l'accord parfait. Et ce, à partir de 28 €. A midi, le rapport qualité/prix est bluffant (30 €, entrée, plat, dessert). Et le sourire de Sophie est compris.

❧ YOUPALA BISTROT
5, rue Palasne-de-Champeaux
✆ **02 96 94 50 74**
Fax : 02 96 75 46 50
www.youpala-bistrot.com
Fermé du 15 au 30 janvier, du 1er au 15 juillet, du 1er au 7 novembre et du 15 au 24 décembre. Ouverture quelques dimanches sur demande. Ouvert du mardi au samedi de 12h30 à 13h30 et de 19h30 à 21h30. Réservation recommandée. Menus de 53 € à 78 €. Menu enfant : 14 €. Formule du midi : 23 € (entrée et plat ou plat et dessert). Vin au verre.

Situé derrière le lycée Marie Balavenne, l'établissement est la table la plus conviviale de Saint-Brieuc. A condition d'aimer les surprises. C'est le cas ? Alors, vous allez adorer le Youpala ! Formule bistrot, à midi. Menu gastro, le soir. Unique. A tous les sens du terme. Le seul choix qui vous appartient, c'est le vin. Pour le reste, le chef impose son inspiration, sa créativité, les associations qui décoiffent. Les codes explosent, les saveurs aussi. Après avoir officié comme chef chez Hélène Darroze et fait les beaux jours des Pesked, Jean-Marie Baudic joue avec les goûts et les textures, les couleurs et les saisons. Une cuisine unique, instinctive, ludique et audacieuse. Service décontracté mais attentif.

Le gîte

■ HOTEL AU CHAMP DE MARS**
13, rue Général-Leclerc
✆ **02 96 33 60 99**
Fax : 02 96 33 60 05
www.hotel-saint-brieuc.fr
Qualité Tourisme. Fermé du 18 décembre au 2 janvier. Accueil jusqu'à 21h30 (après 21h30 l'accès de l'hôtel est contrôlé par digicode). 21 chambres (dont 2 accessibles aux personnes à mobilité réduite). Chambre simple de 52 € à 55 € ; chambre double de 58 € à 61 €.

Soirée étape 69 €. Petit déjeuner buffet : 7,50 €. Lit supplémentaire : 12 €. American Express, Chèque Vacances. Animaux acceptés (5 €). Wifi gratuit. Tv satellite, Canal +.

Hôtel calme et confortable, situé est en plein cœur de Saint-Brieuc, à proximité de toutes les commodités : gare SNCF (8 minutes à pied), gare routière (5 minutes à pied), administrations (hôtel de ville, préfecture, conseil général, palais de justice...), restaurants, cathédrale, rues piétonnes et boutiques, théâtre et musée. L'hôtel bénéficie du label Qualité Tourisme qui fédère sous un même symbole les démarches qualité engagées pour la satisfaction de la clientèle. Un « signe extérieur de confiance ». Les chambres sont disponibles à partir de 12h30. La réception ferme à 21h30, mais vous pouvez arriver à toute heure, il suffit de prévenir.. Après 21h30 l'accès de l'hôtel est contrôlé par digicode. Les chambres doivent être libérées à 11h, mais vous pourrez laisser vos bagages jusqu'au soir. Service oblige.

■ HOTEL DE CLISSON***
36-38, rue du Gouët ✆ **02 96 62 19 29**
Fax : 02 96 61 06 95
www.hoteldeclisson.com
Ouvert toute l'année. 25 chambres. Chambre simple à partir de 62 € ; chambre double à partir de 79 € ; chambre triple à partir de 125 €. Petit déjeuner : 8 €. Lit supplémentaire : 20 €. Parking (12 places réservées à la clientèle). Garage fermé 10 €, soirée étape à partir de 79 €. American Express. Deux chambres pour personnes à mobilité réduite. Animaux acceptés (10 €). Poste Internet. Connexion Internet. Wifi.

Situé à proximité d'une zone piétonne au cœur historique de la ville, proche des magasins et restaurants, cet hôtel calme propose 25 chambres élégantes avec écran plat (satellite). Le grand jardin arboré contribue au charme des lieux. Les chambres sont dotées d'un bureau. Certaines offrent une vue sur le jardin. Une connexion wifi est disponible gratuitement dans l'ensemble de l'établissement. Des journaux sont également proposés tous les jours. Les plages les plus proches ne sont qu'à dix minutes en voiture et un parking privé gratuit est disponible sur place. Idéal pour un séjour actif.

■ HÔTEL DE L'ARRIVÉE
35, rue de la Gare ✆ **02 96 94 05 30**
Fax : 02 96 94 03 75
hotelarrivee@orange.fr
Accueil jusqu'à 22h30. 9 chambres. Chambre simple à partir de 47 € ; chambre double à partir de 50 €. Petit déjeuner : 6 €. Lit bébé 10 €. Twin 2 personnes 59 € et 3 personnes 61 €. Wifi.

Cet hôtel est situé à seulement 200 m de la gare, à deux pas d'un parking public. Toutes les chambres (9) disposent d'une salle de bains privative et d'une télévision à écran plat. A moins de quinze minutes en voiture du bord de mer, cet hôtel simple mais de bon confort, permet de randonner et de profiter du GR 34. A noter : vous pourrez ranger vos vélos en toute sécurité à l'hôtel. Un bon rapport qualité/prix. Accueil adorable.

HÔTEL EDGAR*
15, rue Jouallan
© 02 96 60 27 27
saint-brieuc-hotel.fr
Ouvert toute l'année. 28 chambres. Chambre simple à partir de 61 € ; suite à partir de 111 €. Demi-pension : 103 € (du lundi au vendredi). Petit déjeuner : 10 €. Lit supplémentaire : 2 €. Tous les enfants de moins de 2 ans séjournent à titre gracieux pour l'utilisation des lits bébés. Taxe de séjour 0,76 €. American Express. Animaux acceptés (10 €). Wifi gratuit. Restauration (fermé le week-end).
Joli design et emplacement exceptionnel ! Doté de 28 chambres et d'un restaurant, l'Hôtel Edgar est situé à deux pas des commerces, de la scène nationale culturelle de La Passerelle, du musée et de la place du marché. Idéal pour le tourisme urbain ou la clientèle d'affaires et de congrès qui recherche une atmosphère particulière plutôt que les standards conventionnels. La décoration dans l'air du temps ne sacrifie pas l'équipement : bureau, écran plat, Canal +/satellite, accès wifi gratuit. Belles salles de bains. Le restaurant accueille du lundi au vendredi pour des tarifs à la carte très raisonnables (à partir de 20 €, formule midi à 14,50 €) et une cuisine bistrotière bretonnante : croustillant d'andouille aux pommes, poule au pot, moelleux au caramel beurre salé, blanquette de homard !

■ **HOTEL KER IZEL**
20, rue de Gouët
© 02 96 33 46 29
Fax : 02 96 61 86 12
www.hotel-kerizel.com

Ouvert toute l'année. De 7h à 12h30 et de 14h30 à 21h30 la semaine. De septembre a juin : le week-end de 8h30 a 12h30 et de 17h30 a 21h30. En juillet et août : le week-end de 8h30 a 12h30 et de 15h30 a 21h30. 22 chambres. Chambre simple de 43 € à 49 € ; chambre double de 57 € à 64 €. Soirée étape 69 €. Petit déjeuner : 7,50 €. Lit supplémentaire : 12 €. Taxe de séjour 0,46 €. Animaux acceptés (7 €). Connexion Internet. Wifi.
Nouveau propriétaire depuis le 1er janvier 2010. Au cœur de la zone piétonnière, à seulement dix minutes à pied de la gare, l'hôtel possède le charme particulier des vieilles maisons de caractère. Il est idéalement situé dans le centre historique de Saint-Brieuc à deux pas des restaurants, commerces, cinéma et théâtre et à quelques minutes en voiture des plages. L'hôtel, très propre, propose des chambres d'une décoration très sobre. Elles sont toutes non-fumeur, équipées de douche ou bain, literie neuve, WC, sèche-cheveux, écrans plats (25 chaînes) et Internet haut débit. Si la présence de la piscine est à noter, elle est extérieure et non couverte. Donc réservée aux beaux jours.

Emplettes

■ **LE COMPTOIR IRLANDAIS**
18, rue Saint-Gouéno
© 02 96 33 89 49
Ouvert du lundi au vendredi de 9h30 à 13h et de 14h15 à 19h30 ; le samedi de 9h30 à 19h30.

Le Comptoir Irlandais, une enseigne incontournable dans le paysage breton qui a été fondée il y a 25 ans ! Une petite ambassade de la verte Erin, où les amateurs de culture irlandaise seront ravis... Dans cette boutique, on se sent comme là-bas grâce à l'ambiance et aux nombreux produits proposés, tous issus de la culture irlandaise. On y trouve, entre autres, des articles pour la cuisine (mugs, tasses, tabliers, gants...), mais aussi des vêtements (pulls en laine vierge, gilets, duffle coats, polos, maillots et accessoires de rugby, grosses chaussettes en laine, écharpes, bonnets, et même des kilts pour vous messieurs...). Sans oublier l'impressionnant rayon whisky et bien sûr les bières... Les amateurs vous le diront : la boutique cache quelques petites merveilles. Elle propose également de nombreuses sortes de thé qui occupent un autre rayon tout aussi important. Des gâteaux, de la marmelade, du caramel, des peluches, des affiches, un grand choix de bières, des bijoux, du chocolat, c'est aussi tout cela que vous pourrez trouver dans ce magasin.

▶ **Autre adresse :** 8, rue des Patriotes – 22500 Paimpol Tel 02 96 20 79 18. Ouvert le lundi de 14 h à 19h et du mardi au samedi de 10h à 12h30 et de 14h à 19h. 5, rue Emile-le-Taillandier – 22300 Lannion Tel 02 96 37 52 20. Ouvert le lundi de 14h à 19h, du mardi au mercredi de 9h30 à 12h30 et de 14h à 19h. Le jeudi jusqu'au samedi, de 9h30 à 19h, en continu.

Panier gourmand

■ **LUZERNE ET PÂQUERETTE**
5, rue Saint-Gilles
© 02 96 33 02 01
Ouvert du mardi au samedi de 9h à 13h et de 15h à 19h30 ; le dimanche de 9h à 13h.
Luzerne et Pâquerette (joli nom, non ?) ou l'art du plateau de fromage. Tout un programme proposé par Véronique Oger-Guillo dans cette boutique très élégante qui propose un tour de France des pâtes pressées (cuite et non cuite), à pâtes molles à croûte fleurie, lavée et des pâtes persillées. Un authentique bonheur pour mieux conclure avant le dessert. Au rayon des tentations gourmandes, on trouve aussi des charcuteries crues. Notamment des saucissons. Une miche de pain et à vos couteaux !

■ **PATISSIER-CHOCOLATIER-SALON DE THE**
4, place de la Cité
© 02 96 33 13 75
www.maison-diener.com
Ouvert tous les jours de 6h à 20h.
La Maison a pignon sur rue depuis 1947. Fière du titre de maître artisan pâtissier-chocolatier, elle propose des classiques (trois chocolats, charlotte aux poires, royal...) et des créations originales (le Saint-Brieuc ou le Ker Océane).La boulangerie qui propose une dizaine de pains différents) fait également salon de thé et chocolaterie où il est difficile de résister à quelques gourmandises (chardons, croustillant du Tro-Breiz, cabosses caramel au beurre salé, ganache à la framboise). L'établissement peut – à la demande – organiser une réception, un mariage, un buffet.

▶ **Autre adresse :** 11, rue Saint-François – SAINT-BRIEUC (tél.) 02 96 33 36 95

■ Dans les environs ▬▬▬

Hillion

■ L'EGLISE SAINT-JEAN-BAPTISTE

L'église Saint-Jean-Baptiste est un édifice roman en forme de croix latine, auquel une sacristie est ajoutée. Au XVᵉ siècle, a été édifiée la chapelle seigneuriale de la famille Gueguen qui possédait jadis des prééminences supérieures dans l'église : elle possédait un droit d'enfeu et d'escabeau. La tour date de 1619. La sacristie, qui date de 1684, a été restaurée au XIXᵉ siècle. L'église abrite une statue en bois polychrome de saint Brieuc qui date du début du XVIᵉ siècle.

■ CHATEAU DE BONABRY
Bon Abri
℡ 02 96 32 21 06
Fax : 02 96 32 21 06
www.bonabry.fr
Gîte de France (3 épis). Fermé de décembre à mars. 4 chambres (2 suites et 2 chambres). 80 €. Petit déjeuner inclus. Lit supplémentaire : 20 €. Parking inclus. Cottage ouvert à l'année, de 400 € à 900 € la semaine. Garde d'enfants. Animaux acceptés.
Dans un parc à l'anglaise d'une surface de 25 hectares, un château en pierre du XVIᵉ siècle et ses dépendances vous charmeront. Les suites possèdent des meubles d'époque et la chambre a des accents provençaux. La baie de Saint-Brieuc et le cap Fréhel dans les environs vous promettent de magnifiques balades. Pour les cavaliers, possibilité de recevoir leurs chevaux dans des boxes et paddocks ombragés.

Langueux

■ CHEMIN DE FER DES CÔTES DU NORD
Parc de Boutdeville
1, promenade Harel de la Noë
℡ 02 96 72 75 88
http://chemin-fer-baie-saint-brieuc.fr
Ouvert toute l'année. Le mercredi et le samedi de 14h30 à 18h. Du 1ᵉʳ juin au 30 octobre, les mercredis, samedis et dimanches de 15 h à 19 h (atelier, boutique et trains en circulation). Les visites de groupes peuvent être organisées en dehors des heures d'ouverture sur demande et en fonction des disponibilités des bénévoles.
L'Association des Chemins de Fer des Côtes-du-Nord s'est donné pour objectif de faire revivre l'ambiance si particulière du petit train départemental qui fut, avec 452 km de voies ferrées, un réseau parmi les plus importants de France. Elle possède la plus grande collection de matériel historique de Bretagne. Les engins utilisés pour les circulations ont été entièrement restaurés par les bénévoles. Les trains circulent chaque année tous les mercredis, samedis et dimanches après-midi de juin à fin octobre. Le Tramway de Boutdeville est un petit train qui circule tout autour du site (800 m en quinze minutes). La ligne touristique, pour le moment limitée à quelques centaines de mètres, permet d'utiliser le matériel historique préservé par l'association. Le parcours dure quinze minutes. Pour voyager, vous devez acheter un ticket à la boutique de l'association. Le ticket est valable pour un des deux circuits.

Plédran

■ CAROTTE ET CHOCOLAT
11, rue du Centre
℡ 02 96 64 32 52
Ouvert du dimanche au mercredi le midi ; le jeudi et le vendredi le midi et le soir ; le samedi soir. Réservation recommandée. Formule du midi : 12,90 €.
Carotte et chocolat, c'est le dessert inattendu et fétiche du restaurant tenu par Yannick et Caroline Calvier. Le chef est un baroudeur, bricoleur, touche-à-tout. Il a été sommelier en Grande-Bretagne, décorateur à New York, et même DJ ! Sur un coup de tête et coup de cœur, l'une (lilloise) et l'autre (avignonnais) ont choisi la cuisine et Plédran. Tant mieux ! Le cadre fait écho à la table. Simple sur un zeste de jazz, leur autre passion. Ici, le produit est roi. Le geste est droit. Comme l'intention affirmée du chef : « Un beau produit n'a besoin ni d'audace ni de complication. » Incontournable sauf à détester l'inattendu et les convenances un peu amidonnées.

Plélo

■ AU CHAR À BANCS
Moulin de la Ville Geffroy
℡ 02 96 74 13 63
http://aucharabanc.com
♿
Ouvert toute l'année. Fermeture annuelle en janvier. Basse saison : le samedi soir ; le dimanche midi. Haute saison : du mercredi au lundi. Carte : 25 € environ. Terrasse.
Une institution – depuis quarante ans – à Plélo ! Qui dans les environs n'a pas une fois mangé à la ferme-auberge « Au Char à Bancs » tenue par la famille Lamour ? Les années passent le plaisir reste le même. Dans un joli décor de brocante, on vient pour les spécialités de la maison. A commencer par la potée mijotée à la cheminée, concoctée avec les produits de la ferme. Un grand choix de galettes de blé noir et crêpes au froment sont également au rendez-vous gourmand. de cette adresse indémodable. La famille Lamour propose aussi un gîte et des chambres d'hôtes.

CÔTES-D'ARMOR

■ **FERME-AUBERGE DE LA VILLE-ANDON**
La Ville-Andon
© 02 96 74 21 77
www.ferme-auberge-bretagne.com
Basse saison : ouvert le samedi midi et soir ; le dimanche midi. Haute saison : le lundi soir ; du mardi au dimanche ; le jeudi soir. Ouvert tous les jours sur réservation pour les groupes. Réservation recommandée. Menu unique à 19 €. Menu enfant : 8,50 €. Plat du jour : 12,50 €. Accueil des groupes.
La ferme-auberge existe depuis plus de trente ans ! Marie-Claire et Hervé Caillebot vous accueillent dans un manoir XVe siècle typiquement breton... On y vient manger, en groupe ou en famille principalement des plats cuisinés avec des produits transformés dans la ferme familiale. Poutres à ogives, pierres et grande cheminée où l'andouille, spécialité de la maison est fumée. A déguster froide ou chaude avec de la purée. Rustique ? Pas tant que cela... Le poulet de la ferme, lui, se parfume au cidre avec des pommes de terre au four. C'est le plat fétiche de la maison. Un dernier point : le potager fournit (majoritairement) les légumes et les fruits (les pommes ou la rhubarbe des tartes sont du jardin). A ne pas manquer.

Plérin

■ **RESTAURANT LA BALNEA**
2, avenue du Trégor
© 02 96 74 43 57
www.restaurant-la-balnea.fr
Ouvert le mardi, le jeudi, le vendredi et le dimanche de 12 h à 14 h et de 19h30 à 22h ; le mercredi et le dimanche de 12h à 14h ; le samedi de 12h à 14h et de 18h30 à 22h. Menus à partir de 13,50 €. Menu enfant : 8 €. Chèque Vacances, Chèque Restaurant. Chaises bébé. Vente à emporter. Parking privé.
Situé à Plérin avec vue panoramique sur Saint-Brieuc, le restaurant est essentiellement tournée vers les produits de la mer, poissons et coquilles Saint-Jacques. Les formules et menus proposés laissent un choix très vaste (de 13,50 à 36 €) : langoustines, Saint-Jacques, huîtres, rouget, lieu, turbot... Plateaux de fruits de mer (langoustines, crevettes roses et grises, huîtres, bulots, bigorneaux, rillettes de maqueraux, tourteau ou homard par personne) sur commande ou à emporter. A noter : le chef dispense des cours de cuisine l'hiver.

■ **LA VIEILLE TOUR**
75, rue de la Tour
© 02 96 33 10 30
Fax : 02 96 33 38 76
www.la-vieille-tour.com
Fermé du 15 août au 8 septembre. Également fermé pendant les vacances scolaires de février. Ouvert du mardi au vendredi le midi ; du mardi au samedi le soir. Menus de 40 € à 70 €. Menu enfant : 14 €. Formule du midi : 20 € (sauf week-end). Vin au verre. American Express.
Un vent inspiré souffle l'audace dans la cuisine de Nicolas Adam qui tient une maison dont la décoration affirme un modernisme où Solange Adam – toujours aussi souriante et accueillante – met son grain de sel. Si le chef est un fin technicien, il est animé par une créativité décomplexée eet un goût esthétique très sûr. Dans le registre de la terre (agneau du Quercy en deux cuissons, raviole de courge, noix de beurre & tomates confites) ou de la mer (barbue rôtie, mousseline de panais à la vanille, chorizo et cerfeuil). La signature de la maison est la légèreté. Jusqu'aux desserts toujours dans la séduction. Une adresse incontournable.

Ploufragan

Ploufragan vient de *plou* (préfixe) qui indique une organisation paroissiale réalisée peu après l'immigration des Bretons de Grande-Bretagne ; et de Fracan qui aurait été l'un des premiers chefs bretons à traverser la Manche et à aborder en Armorique vers 460 avec sa femme Gwen (Blanche), ses fils, Guéthenoc et Jacut. Il aurait planté ses tentes près du centre-ville actuel (La Vallée), précédant de vingt-cinq ans le fondateur de sa voisine Saint-Brieuc.
Quelques lieux-dits en conservent la mémoire : Coatquen (bois blanc), La Couette (de *coat*, bois), le Rocher Huellan (devenu le Rocher Goëland). Deux enfants de Fracan sont nés à Ploufragan : Clérie et Guénolé (à l'origine du lieu-dit Grimolet). Guénolé aurait fondé la célèbre abbaye de Landévennec dans le Finistère.

■ **LE PLAN D'EAU DU PONT-NOIR**
Le plan d'eau du Pont-Noir constitue un site privilégié à 3 km de Saint-Brieuc : le Gouët avec son plan d'eau intérieur de 81 ha et le barrage de Saint-Barthélémy, réserve d'eau potable de la région briochine. Le barrage mesure 200 m de large et 45 m de haut. Mise en eau en janvier 1978, la retenue a un volume de 7,9 millions de m^3 pour une superficie de 81 ha, une longueur de 7 km et une profondeur de 33 m au niveau du milieu du barrage. La ligne de chemin de fer Paris-Brest franchit la vallée sur un élégant viaduc. Le plan d'eau est bordé de rives boisées et d'un sentier piétonnier pour les promeneurs et sportifs.

■ **RESTAURANT LE BREZOUNE**
15, rue de la Poste
© 02 96 01 59 37
lebrezoune@live.fr
Ouvert du mardi au samedi le midi et le soir ; le dimanche midi. Menus de 19 € à 35 €. Formule du midi : 12,50 € (entrée-plat-dessert). Vin au verre.
Après avoir fait ses classes dans un établissement étoilé du guide Michelin près de Rennes, Jonathan Leroy a repris « Le Brezoune », en janvier 2012, avec son épouse. Trois formules à midi, trois menus le soir : terroir, tradition et découverte qui est la surprise chef. Le chef travaille les produits frais du marché. Ici le kouign amann est aux pommes de terre au lard, le tournedos est à l'andouille sauce miel chouchen et le tiramisu est breton préparé avec un palet de sablé et de la pomme poélée. La formule « mets & vins » sélectionne de bons crus dénichés par le chef.

■ **HOTEL LE RELAIS DE BEAUCEMAINE****
33, rue de Beaucemaine
✆ **02 96 78 05 60**
Fax : 02 96 78 08 33
www.hotel-beaucemaine.com
A 6 km au sud-ouest du centre ville de Saint-Brieuc.

Logis. 24 chambres (dont 2 chambres familiales pour 5 à 6 personnes avec douche + wc). Chambre double de 42 € à 60 € ; chambre triple de 60 € à 75 €. Demi-pension : 60 € (à 96 €). Petit déjeuner : 6 €. Lit supplémentaire : 5 €. Parking inclus. 2 chambres adaptées (téléphoner pour réserver selon vos besoins spécifiques). Animaux acceptés (5 €). Connexion Internet. Wifi.

Cette ancienne ferme rénovée, située en pleine campagne bretonne, accueille ses hotes dans un cadre simple, harmonieux et plein de charmes. Les 24 chambres, de 1 à 6 personnes, sont soigneusement décorées. Toutes sont équipées de la télévision et du wifi, certaines possèdent une terrasse aménagée. Deux sont accessibles aux personnes à mobilité réduite. Pour le petit-déjeuner, un buffet à volonté est servi. Au dîner, la cuisine est traditionnelle et de qualité. Un relais au cœur de la nature idéal pour un séjour calme et reposant. Espace détente au spa.

Quintin

Le site de Quintin était déjà habité il y a 2 000 ans avant Jésus-Christ, le menhir de la Roche Longue est là pour en témoigner. Quintin devient ensuite un camp romain qui se trouve au carrefour de deux voies. En 1202, un premier château y est édifié à l'instigation d'Alain de Penthièvre. Un second est construit au XVe siècle, qui se trouve plus à l'ouest. La ville fortifiée fut pillée et incendiée à deux reprises. Détruit en 1487 à la suite de la guerre de Succession, et durant les troubles de la Ligue, le château ne sera pas reconstruit. Un nouveau château est édifié en 1640 par le marquis de La Moussaye et son épouse Henriette de La Tour d'Auvergne. Quatre bâtiments sont prévus, un seul sera achevé. Aux XVIIe et XVIIIe siècles, la ville, réputée pour la finesse de ses toiles de lin les Quintins, se mue en une cité de tisserands. C'est également un grand centre judiciaire, où se traitent les affaires concernant la haute, la moyenne et la basse justice. Aujourd'hui, les demeures quintinoises, les rues, évoquent le passé de ville close de Quintin. Quelques pans de murailles, vestiges médiévaux, maisons à encorbellement sont là pour en témoigner. Les parcs et jardins invitent à de délicieuses promenades. Notamment l'arboretum de la vallée et le jardin des Carmes. Chaque mois de novembre, le festival des Chanteurs de rue anime la ville.

 HOTEL RESTAURANT DU COMMERCE
2, rue Rochonen
✆ **02 96 74 94 67**
Fax : 02 96 74 00 94
www.hotelducommerce-quintin.com
Ouvert du lundi au vendredi le midi et le soir. Menus de 17 € à 21 €. Accueil des groupes (à partir de 20 personnes, au week-end).

Si vous ne trouvez pas l'hôtel du Commerce à Quintin, il suffit de demander à un habitant. Cette vénérable institution existait déjà en 1960 et peut-être bien avant. La salle est tout à fait étonnante, type lambris sombre et bois sculptés, blason breton au-dessus de la cheminée, plaque foyère ornée d'hermines. C'est très agréable de manger dans cette salle d'où se dégage une ambiance assez intime, éclairée par le sourire de la maîtresse du lieu. Et faites confiance à son mari. Il prépare tous les jours un menu différent, en fonction de la disponibilité des produits frais au marché. C'est inventif, sympathique, très bien présenté et pas sottement prétentieux : on est ici chez des professionnels et ça se voit. Commencez par exemple par une verrine de betterave au thon ou une salade de haricots beurre au magret fumé. Continuez par un dos de cabillaud au basilic ou un cœur de rumstek aux girolles et finissez par un des délicieux desserts maison. Il est temps, après un si bon repas d'aller faire une promenade au milieu des vieilles maisons ou, pourquoi pas, de gagner votre chambre à l'étage de l'établissement.

Promenade dans la forêt

Trégomeur

■ **ZOO-PARC DE TREGOMEUR**
Le Moulin Richard
℗ **02 96 79 01 07**
Fax : 02 96 79 13 00
www.zoo-tregomeur.com
D'avril à septembre, ouvert de 10h à 19h en continu. Fermeture de la billetterie à 17h30. Fermé le 25 décembre et le 1er janvier. D'octobre à mars, ouvert de 13h30 à 17h30 le mercredi, week-end, jours fériés et tous les jours pendant les vacances de Noël. Ouvert de 10h30 à 17h30 tous les jours pendant les vacances scolaires de la Toussaint et de février. Adultes : de 12 € à 13,50 €. Enfants (de 3 à 12 ans) : de 8 € à 9,50 €. Groupe (20 personnes) : 11 € (enfants : 7 €). Sur présentation de la carte Famille nombreuse, réduction de 10 %. Abonnement (libre accès pendant 1 an) adulte : 33 €, enfant : 23 €. Fermeture de la billetterie 1h avant la fermeture définitive du parc. Boutique. Aires de jeux.
Créé en 1960, le parc a été repris en 2003 par le Conseil Général. D'énormes travaux (qui ont duré 2 ans) ont été nécessaires pour métamorphoser le zoo. Il a fallu aménager 13 km de réseau enterré, 6 km de sentiers de découverte et voiries, 300 m de passerelles de bois suspendues, plus de 10 ponts ; construire 1 station d'épuration, 1 bâtiment d'accueil, 1 restaurant, 2 salles pour l'accueil des groupes, 3 bâtiments techniques, 33 abris pour les animaux ; planter 2500 arbres, 500 arbustes, 2000 bambous, 2500 plantes grimpantes, 3000 plantes aquatiques et enfin semer 3 ha de pelouse et d'espaces fleuris ! Vous découvrirez plus d'une vingtaine d'espèces d'animaux rares (panthères des neiges, tigres de Sibérie, ours malais...) protégés par des conventions internationales ; traverserez une rizière ; flânerez au cœur d'une bambouseraie et parmi les bananiers de l'Himalaya ; pénétrerez dans une « mini-ferme vietnamienne » et déjeunerez dans un restaurant à l'architecture indonésienne. Dépaysement total. Au détour d'un chemin, derrière une haie de bambous, vous pourrez découvrir un animal emblématique de l'Asie, le petit panda de Chine. Le parc se concentre, en effet, sur la présentation d'espèces asiatiques à une exception près : les lémuriens, endémiques d'une autre partie du globe.

■ **CREPERIE LE GOELIC**
Le Bourg
℗ **02 96 79 01 01**
legoelic@orange.fr
Ouvert toute l'année. Basse saison : du mardi au dimanche le midi et le soir. Carte : 15 € environ. Formule du midi : 10,70 € (3 plats).
Si vous êtes venu pour visiter la Bretagne et que vous n'êtes pas passionné par les restaurants attrape-touristes factices, la crêperie Le Goelo est incontournable. Dans cette grande maison de maître, se tient ce commerce tenu par la même famille depuis des générations. L'âme bretonne règne dans la salle avec cette vieille armoire de mariage en fruitier. Que peut-on manger dans une telle maison ? Des crêpes et galettes, bien sûr, et c'est ici qu'il faut en déguster. Avec les

traditionnelles complètes et galettes-saucisse, vous constaterez déjà la différence. Et lorsque vous attaquerez les spécialités, vous serez sûr d'être à la bonne adresse. Testez l'Iroise au beurre de sardine, la Grand Léjon (coquilles Saint-Jacques, lardons champignons et crème fraîche), ou la Pellière (andouille, pomme, crème fraîche) et appréciez la différence. Mais on peut aussi manger des salades, des coquilles Saint-Jacques et de la soupe de poisson, et tout est à base de produits locaux et frais. Une merveille !

Yffiniac

■ **LE GRENIER**
Le Grenier
℗ **02 96 72 64 55 / 06 62 16 84 71**
www.domainedugrenier.fr
Du centre d'Yffiniac prendre la direction Plédran, faire 3,5 km et vous arrivez au panneau Domaine du Grenier
Gîte de France (3 épis). Ouvert toute l'année. 3 chambres. Chambre double 46 €. Petit déjeuner inclus. 10 gîtes de 2 à 6 personnes. Tarifs à la semaine (selon saison) : 2 personnes de 205 € à 338 €, 4 personnes de 235 € à 450 €, 6 personnes de 310 € à 899 €. CB non acceptée. Wifi gratuit.
Depuis 1986, Marie-Reine et Fernand Loquin accueillent leurs hôtes dans un cadre calme et verdoyant. Situés sur une ancienne exploitation agricole, les gîtes sont aménagés avec le plus grand confort. Le domaine propose un parc, des jeux pour enfants, des vélos... Ce joli écrin de verdure fleuri est particulièrement reposant : jardin, fauteuils bain de soleil, salon de jardin et barbecue. Chambres d'hôtes et gîtes de France, le domaine est classé 3 épis.

■ **LE GRENIER**
Le Grenier ℗ **02 96 72 64 55**
Voir page 236.

■ **HÔTEL DE TOURISME – GÎTES ET CHAMBRES DE LA FONTAINE MENARD**
13, route de La Fontaine-Ménard
℗ **02 96 72 66 68**
www.la-fontaine-menard.com
Chambre double à partir de 65 € la nuit, à partir de 210 € le week-end, à partir de 360 € la semaine ; chambre triple à partir de 80 €. Petit déjeuner inclus. Chèque Vacances.
Dans un bel environnement, le manoir – proche de la baie de Saint-Brieuc (3 km) – est bâti sur une exploitation agricole. Les chambres d'hôtes se trouvent dans une maison de pierre qui peut aussi être louée en formule gîte (capacité de 8 à 11 personnes). Quatre chambres, décoration bretonne et cuisine à disposition, lave-vaisselle, salon, salle de bains et WC privés. Sont également disponibles 3 gîtes (capacité de 4 à 5 personnes), tout confort avec cuisine tout équipée, 2 chambres, salle de bains et WC, 2 terrasses privées. Les lits sont faits et le linge de toilette et de maison fourni. Les propriétaires sont membres de l'association Accueil paysan.

Saint-Cast-le-Guildo

Saint-Cast tire son nom de la présence d'une chapelle consacrée à un personnage nommé Cast ou Cado venu fonder son monastère ici. Le Guildo a reçu son nom de deux mots bretons : *goez ledou*, qui se traduisent par « les élargissements de la rivière », c'est-à-dire « embouchure ». La station balnéaire se construit étape par étape dans la deuxième moitié du XIXᵉ siècle, après la construction de la ligne du chemin de fer Paris-Brest (1858) quand Lamballe est à... dix heures de Paris ! Quand même ! Quelques cabanes et tentes de bains sont alors installées dans les Mielles. Alfred Marinier, artiste peintre frappé par la beauté de Saint-Cast, achète tous les terrains disponibles à la pointe de la Garde et fait construire l'hôtel de la Plage. Il incite ses amis à construire. Entre les deux guerres, la station se modernise pour accueillir près de 15 000 estivants par an, dans 25 hôtels et 11 pensions de familles. Classée station balnéaire en 1969, Saint-Cast s'est uni – trois ans plus tard – au bourg de Notre-Dame du Guildo, situé sur la rive de l'Arguenon, devenant ainsi la commune de Saint-Cast-le-Guildo.

■ **OFFICE DU TOURISME**
Place Charles de Gaulle
℃ **02 96 41 81 52**
Fax : 02 96 41 76 19
www.saintcastleguildo.fr
Basse saison : ouvert du lundi au samedi de 9h à 12h et de 14h à 18h. Haute saison : du lundi au samedi de 9h à 19h ; le dimanche et les jours fériés de 10h à 12h30 et de 15h à 18h30. Moyens de baignade pour personnes handicapées (Tiralo) disponibles au local SNSM.

Points d'intérêt

■ CHAPELLE SAINT-BLANCHE-SAINTE-GWENN

Edifiée en 1905 sur les ruines d'une ancienne chapelle, l'édifice religieux devait abriter la statue de sainte Gwenn (Blanche en breton). Elle fut achevée en 1920 par le chanoine Ribault. Outre la statue, il est intéressant de voir le confessionnal, anciennement lit clos, et le maître-autel. Ne pas oublier de prêter une attention toute particulière à l'autel latéral en bois naturel sculpté avec sa niche en rouets bretons. Sainte Blanche était autrefois invoquée pour soulager l'eczéma des enfants, mais aussi pour protéger les marins en péril lors des tempêtes.

■ L'ILOT DE LA COLOMBIERE

De 1984 à 1986, des fouilles ont permis de mettre au jour un village gaulois du Iᵉʳ siècle avant Jésus-Christ, ainsi qu'un atelier de brouilleurs de sel. Des monnaies coriosolites ont également été retrouvées sur ce site. Une tour fortifiée de 1697 signale l'îlot. La légende raconte qu'elle est hantée la nuit par une ancienne châtelaine qui reprend la forme d'une mouette dès le lever du jour. L'îlot est accessible à pied à marée basse mais son accès est réglementé depuis les années 1980, une colonie de sternes ayant motivé la création d'une réserve ornithologique.

CÔTES-D'ARMOR

Saint-Cast-le-Guildo : son port, le château de Gilles de Bretagne et ses Pierres Sonnantes

Le couvert

■ LE BINIOU
35, avenue de Pen-Guen ✆ **02 96 41 94 53**
www.restaurant-le-biniou.fr
Fermé de novembre à janvier. Ouvert pendant les vacances scolaires de Noël. Ouvert tous les jours à partir de 12h et à partir de 19h. Fermé le mercredi en basse saison. Formule bistro le midi et le soir. Chèque Vacances, Chèque Restaurant. Accueil des groupes (sur réservation). Chaises bébé.

Gilles, Stéphanie et leur équipe vous accueillent dans ce restaurant traditionnel, situé en face de la plage de Pen-Guen, à deux pas du golf. Le cadre est convivial. La cuisine du marché met l'accent – selon les arrivages – sur les fruits de mer (de l'assiette au plateau à emporter sur commande), des crustacés, des poissons. L'établissement propose également une cuisine de brasserie avec des grillades, pizzas, salades. On se sent bien dans cet établissement qui ne propose que des produits de qualité, cuisinés maison. L'accueil est irréprochable et la grande terrasse (40 couverts) ensoleillée.

■ CHEZ JULES
10, boulevard Duponchel ✆ **02 96 41 83 05**
chezjules22@wanadoo.fr
Fermé du 1er au 31 janvier. Basse saison : ouvert du lundi au samedi. Haute saison : tous les jours à partir de 12h et jusqu'à 0h. Service continu en été. Menus de 8 € à 13 €. Menu enfant : 6 €. Terrasse.

Crêperie proposant des produits locaux, notamment des moules de bouchots de la baie de l'Arguenon et du cidre bio de la ferme Beausoleil (Matignon). Parmi les spécialités, osez une galette kebab de Bretagne (viande et sauce kebab, oignons), servie avec des frites ! Côté sucré, le caramel et le chocolat sont faits maison. L'établissement propose également une vingtaine de confitures bio pour garnir vos crêpes. Accueil chaleureux. Prix raisonnables.

■ LE JARDIN DES DÉLICES
23, boulevard Duponchel ✆ **02 96 81 05 27**
Fermé du 15 mars au 15 décembre. Ouvert tous les jours à partir de 12h et à partir de 19h. Suggestion du midi à partir de 9,50 €. Chèque Restaurant. Terrasse.

Le cadre est chaleureux, convivial, cosy. On cultive ici l'esprit lounge. Aux fourneaux, le chef innove et propose une cuisine de saison alliant traditions (presque classiques) et épices du monde à partir de produits frais et régionaux. Un exemple ? Le riz au lait au caramel (beurre salé, évidemment) et aux poires. Terrasse et petit jardin. Le rapport qualité/prix n'est pas étranger au succès que rencontre l'établissement. L'accueil est sympathique, attentionné.

■ LA PETITE BREIZH
11, rue de la Mer ✆ **02 96 41 91 24**
lapetitebreizhstk@hotmail.fr
Ouvert de Paques à la Toussaint et pendant les vacances scolaires tous les jours midi et soir. Uniquement le soir hors saison. Anglais parlé.

A 100 m de la mer, dans la zone piétonne « Les Mielles », dans une petite rue perpendiculaire au boulevard de la mer, ce restaurant (avec une terrasse très agréable) fait le bonheur des inconditionnels de la cuisine au feu de bois, d'où son nom. De l'entrecôte à la côte de bœuf en passant par les brochettes (agneau et bœuf), les viandes bovines d'origine française, grillées devant le client, sont copieusement servies avec des pommes de terre à la cendre, une petite salade aux noix, des tomates à la provençale (pommes de terre et sauce à volonté...). Le plus : ouvert même hors saison. Un excellent rapport qualité/prix.

■ RESTAURANT LES HALLES
Rue du Duc-d'Aiguillon
✆ **02 96 41 65 01**
Fermé de novembre à mars. Ouverture d'avril à la Toussaint. Ouvert de 12h à 14h30 et de 19h à 22h. Fermé les jeudi et vendredi en basse saison. Menus de 16 € à 28 €. Chaises bébé. Terrasse.

Que l'on aime venir dans ce restaurant à la décoration contemporaine, très chaleureuse et dans l'esprit du voyage... Située dans la rue piétonne à 50 m de la plage, cet établissement avec terrasse et véranda travaille la coquille Saint-Jacques de la baie de Saint-Brieuc : en salade ou brochettes géantes et surtout à la plancha. Vous pourrez également opter pour des brochettes de viande et de poisson servies dans une potence, des moules et des huîtres, de belles et copieuses salades

La plage de Saint-Cast-le-Guildo

repas et toujours des suggestions à l'ardoise. Il y a de l'audace dans la cuisine du chef. Le design inspiré par l'Asie est la seconde nature des plats. Ne pas rater le bouillon thaï et sa brochette de homard.

Le gîte

HOTEL LES ARCADES*
15, rue du Duc-d'Aiguillon
☏ **02 96 41 80 50**
Fax : 02 96 41 77 34
www.hotels-saint-cast.com
Ouvert toute l'année. 32 chambres. Chambre double de 45 € à 75 € ; chambre triple de 50 € à 60 €. Pension complète. Demi-pension. Petit déjeuner : 8 €. Lit supplémentaire : 13 €. Offre spéciale pour les golfeurs de Pen Guen. Chèque Vacances. Animaux acceptés (chats ou chiens de petite taille, 5 € la nuit). Wifi gratuit. Restauration (2 salles). Terrasse. Ascenseur. Tv satellite.
Idéalement situé au cœur de la station balnéaire classée, à 100 m de la plage (dans une rue piétonne), cet hôtel accueille toute la clientèle ses clients dans une ambiance familiale avec la garantie d'un excellent déroulement de votre séjour. Quelques chambres ont vue sur mer. Saint-Cast propose par ailleurs de nombreux loisirs : golf 18 trous, tennis, piscine d'eau de mer chauffée, plongée sous-marine...

■ **HOTEL L'ESPERANCE***
6, rue Jacques-Cartier
☏ **02 96 41 81 13**
Fax : 02 96 41 75 91
www.hotel-de-lesperance.com

Ouvert toute l'année. 5 chambres. Chambre double de 45 € à 52 € ; chambre triple 60 €. Demi-pension : 50 € (en chambre individuelle : 69 €). Petit déjeuner : 7,50 €. Lit supplémentaire : 9 €. Wifi gratuit.
Ouvert toute l'année, l'hôtel de l'Espérance, entièrement rénové, offre un cadre familial et reposant. A 50 mètres de la plage, l'hôtel est harmonieux avec ses chambres parfaitement équipées : wifi gratuit, double vitrage, téléviseur ! Le tarif hiver est particulièrement attractif avec la nuit à partir de 45 € et la demi-pension à partir de 50 €. Notez que l'hôtel n'est (malheusement) pas accessible aux personnes handicapées.

■ **HOTEL-RESTAURANT PORT-JACQUET***
32, rue du Port
☏ **02 96 41 97 18**
Fax : 02 96 41 74 82
www.port-jacquet.com
Ouvert toute l'année. Chambre double de 39 € à 60 € ; chambre triple de 53 € à 73 €. Demi-pension : 42 € (jusqu'à 57 €). Petit déjeuner buffet : 8 € (de 7h30 à 10h). Chambre 4 personnes côté cour et rez de jardin : de 69 € à 84 €. Supplément chambre simple : 20 €. Restaurant fermé le midi. Animaux acceptés (6 €). Wifi gratuit.
Situé sur les hauteurs de Saint-Cast, entre la grande plage et le port, l'hôtel offre une vue exceptionnelle. Dans cette ancienne bâtisse, l'esprit authentique d'une pension de famille des stations balnéaires d'antan a été préservé,

voire cultivé. L'ambiance est chaleureuse et conviviale. L'accueil est attentif. Les chambres, petites mais bien équipées (écran plat 22 chaînes, wifi, double vitrage et volets roulants), sont toutes différentes. Certaines sont en rez-de-jardin, avec accès à la terrasse. Le restaurant est réservé aux clients de l'hôtel.

Campings

■ **CAMPING DE LA CRIQUE***
Plage de la Mare
☏ **02 96 41 89 19**
Fax : 02 96 81 04 77
www.campings-vert-bleu.com

Fermé du 16 novembre au 14 mars. Réception ouverte 7j/7, de 17h à 19h. Terrain de 2,8 ha. 106 emplacements. Emplacement de 4 € à 7,05 €. Véhicule de 1,95 € à 2,75 €. Personne supplémentaire de 3,25 € à 5,20 €. (avec 6 A) de 4 € à 4,85 €. 58 mobile homes de 345 € à 765 € la semaine. Frais de dossier : 17.00 € par séjour. Animaux acceptés (de 1,45 € à 2,50 €). Wifi gratuit.
En camping ou en location de mobile homes, l'air du large éveillera vos sens au rythme des marées. Vous serez charmés par ce camping (label Camping de Qualité) implanté à flanc de coteau, et sa vue exceptionnelle sur la mer d'Emeraude, dominée par le Fort La Latte. Etape idéale pour les amoureux de la randonnée pédestre (GR 34). Le snack propose au quotidien une petite restauration et – sur commande – des repas pour les sportifs, durant toute la saison d'été. Situation de choix avec accès direct à la plage. Equipement correct et animations régulières. Commerces et marché à 500 m. Centre piétonnier à 1 km.

■ **CAMPING DU CHATEAU DE GALINEE*****
Rue de Galinée
☏ **02 96 41 10 56**
Fax : 02 96 41 03 72
www.chateaudegalinee.com

Fermé du 12 septembre au 10 avril. Terrain de 14 ha. Exposition : ombragé. Emplacement + véhicule de 8,62 € à 22,82 €. Personne supplémentaire de 4,06 € à 6,90 €. Mobile homes pour 4 à 6 personnes de 38 € à 165 € la semaine. Emplacement Castel Premium 1 véhicule de 28,40 € à 43,41 € par jour. Chèque Vacances. Club enfants. Jeux pour enfants. Animaux acceptés. Animation.
Le château de Galinée, transformé en hôtellerie de plein air, est désormais classé 5 étoiles (label Camping Qualité). C'est un lieu privilégié, destiné aux amoureux de la Bretagne pour passer des vacances familiales relaxantes et toniques. A 3 km des plages, le camping propose « la campagne à la mer » sur un vaste domaine de 14 ha avec une piscine couverte, un parc aquatique avec tobboggans, tennis, minigolf, étangs pour la pêche, bar et restaurant. Le camping dispose aussi à la location de mobil-homes, bungalows toilés et cottages. Ils sont situés sur des emplacements dont les parcelles (de 100 à 120 m^2) sont délimitées par des haies afin de préserver votre intimité. Mini-club le matin à partir de 5 ans. Tournois sportifs pour les enfants l'après-midi.

■ **CAMPING LES BLES D'OR****
La Chapelle
☎ **02 96 41 99 93**
Fax : **02 96 81 04 63**
www.campinglesblesdor.fr

🗑 📷 🎣 🍸

Fermé d´avril à octobre. 167 emplacements. Exposition : mi-ombragé. Terrain fermé la nuit. Emplacement + véhicule + 1 personne de 10 € à 29 €. (avec 10 A) de 2,70 € à 3 €. Chalets pour 2 à 6 personnes de 190 € à 600 € la semaine ; mobile homes pour 4 à 6 personnes de 259 € à 650 €. Chèque Vacances. Animaux acceptés. Wifi.
C'est au cœur de la station balnéaire de Saint-Cast que le camping Les Blés d'Or (167 emplacements) vous accueille, dans un cadre de verdure reposant et convivial. A 700 m de la plage, 900 m d'un supermarché, vous serez conquis par les emplacements avec sanitaires individuels, la piscine chauffée (avec bassin pour enfants), sa balnéo, son bar et ses nombreuses animations. Tous les ingrédients sont réunis pour satisfaire petits et grands. Hébergements proposés : chalets (8) et mobil-homes (7).

Loisirs

■ **CENTRE NAUTIQUE DE SAINT-CAST**
☎ **02 96 41 86 42 (le port) /**
02 96 41 71 71 (Point plage : juillet et août)
Fax : **02 96 41 86 42**
www.cnautique-saintcast.com
Le centre natique au port d'Armor est ouvert toute l'année. Le point « passion plage » est ouvert sur la grande plage de Saint-Cast en juillet et août. Basse saison : ouvert le week-end et les jours fériés de 10h à 12h et de 14h à 18h. Haute saison : de 10h à 19h. Pendant les vacances de Pâques et de la Toussaint, tous les jours de 14h à 18h sur réservation. De 22 € à 540 € (de la séance enfant au forfait adulte illimité pour un an).
Pendant les vacances scolaires, le centre propose des stages de planche à voile, catamaran, dériveur, kayak et habitable. Des séances d'initiation et de perfectionnement sont organisées à l'année et des cours particuliers, de Pâques à la Toussaint. Le centre propose un forfait illimité qui permet de participer aux stages et à toutes les activités du club toute l'année ! La baie de Saint-Cast, relativement protégée, est un espace idéal pour l'apprentissage de la voile. L'initiation peut commencer dès 5 ans au jardin des mers et à partir de 7 ans sur Optimist. Le matériel du centre est diversifié :

monotype J80, dériveur double 420, catamaran Hobie cat 16. Bien entendu, le centre est labellisé par la Fédération Française de Voile.

Détente, forme

■ **CYBÈLE UN TEMPS POUR SOI**
25, rue du Duc d'Aiguillon
☎ **02 96 41 87 61**
www.cybele-saint-cast.com
Epilation : 29 € (jambes entières + maillot normal). Tarif selon soins. Promotions.
Vous vous sentez mal dans votre peau, vous avez besoin de vous rassurer, de vous détendre, d'évacuer le stress, et de vous sentir mieux dans votre corps, rendez-vous chez Cybèle Un Temps pour Soi où l'on peut faire que vous des miracles, dans le domaine du bien-être, de la beauté ou de l'esthétique. On vous propose du « gommage enveloppe », du « soin ventre plat » ou « jambes légères ». Pour un relâchement maximal on vous proposera divers soins dont le massage californien ou balinais. A la suite de ceux-ci, pourquoi ne pas profiter du bain hydromassant et du sauna infrarouge. Quel que soit le choix on sort de chez Cybèle régénéré et avec un moral d'acier.

Emplettes

Marchés

Toute l'année : place de l'église Notre-Dame du Guildo, le mardi ; place Anatole le Braz, le vendredi.
En saison (du 15 juin au 15 septembre) : place du marché des Mielles, le lundi ; rue Jacques Cartier (artisanat, terroir, produits bio) en nocturne le jeudi (17h à 23h30) ; nocturne le vendredi (17h à 20h30) à la Ferme des Landes.

■ **Dans les environs** ■

Matignon

Matignon doit son existence aux seigneurs du même nom qui érigent un château sur la Butte au Coq vers le XIe siècle.
Les versions sont nombreuses sur l'origine du nom. L'hypothèse la plus probable n'est ni celtique ni bretonne mais latine (Matinnhum). La dernière descendante des seigneurs de Matignon, Luce, épousa Etienne Gouyon vers 1180. Les Gouyon firent construire vers le XIIIe siècle

---

Matignon, 57 rue de Varenne

Qui sait que l'hôtel de Matignon, la résidence officielle et le lieu de travail du Premier ministre à Paris, doit son nom à Jacques Gouyon, seigneur de Matignon ? Au XVIIIe, le prince de Tingry, maréchal de France, propriétaire de l'hôtel Matignon a vu un peu grand. Il doit vendre le domaine à Jacques Gouyon qui achève les travaux en 1725, offre l'hôtel à son fils et sa belle-fille comme résidence parisienne. Elle a appartenu plus tard à plusieurs familles aristocratiques, dont les Montmorency, à une danseuse et un banquier. Au cours des siècles, Matignon a été « échangé » deux fois avant d'être mis sous séquestre pendant la Première Guerre (comme bien ennemi), Matignon a été racheté par l'Etat en 1922. Il a toujours gardé ce nom.

une collégiale et un manoir près du château. Matignon se développa aux alentours. Qui sait que la famille princière de Monaco est de descendance bretonne ? Le 20 octobre 1715, Jacques-François-Léonor Gouyon de Matignon épouse Louise Grimaldi, fille aînée d'Antoine Grimaldi, prince de Monaco, avec une condition : prendre le nom et les armes des Grimaldi n'ayant pas d'enfant mâle. Il devint prince de Monaco le 26 février 1731 sous le nom de Jacques Ier. Les Matignonnais sont donc un peu les « Monégasques » des Côtes-d'Armor. Et pour l'anecdote : lors d'un événement survenant dans la famille princière de Monaco, ils font sonner les cloches de l'église.

■ **OFFICE DE TOURISME**
Place Général-de-Gaulle
℗ **02 96 41 12 53**
Fax : 02 96 41 29 70
www.pays-de-matignon.net
Basse saison : ouvert du lundi au samedi de 10h à 12h30 et de 15h à 17h30. Haute saison : tous les jours. Ouvert le dimanche (en été, de 10h à 12h30).

■ **L'ANGELOT**
15, place du Général-De-Gaulle
℗ **02 96 41 06 18**
Ouvert toute l'année. Du mardi au samedi de 12h à 14h30 et de 19h à 21h ; le dimanche de 12h à 14h30. De 10 à 15 €. Chèque Vacances, Chèque Restaurant. Chaises bébé. Terrasse.
Ici, les crêpes et les galettes sont synonymes de fête, de rencontres, de fous rires et de plaisir. Le choix est multiple et les prix très modérés. La galette angelot composée de Saint-Jacques ou saumon, la côtière ou saumon, la gargantua à base de viande ou la galette à l'andouille de Guéméné avec moutarde sont les spécialités de cet établissement. Vous avez également un choix de salades gourmandes. Un accueil sympathique et souriant.

■ **LA FERMETTE**
Lieu-dit « L'Hôpital »
℗ **02 96 41 00 95**
www.restaurant-la-fermette.fr
Ouvert toute l'année. Basse saison : du jeudi au mardi. Haute saison : tous les jours. Menus de 28,50 € à 48 €. Formule du midi : 16 € (du lundi au vendredi hors jours fériés). Accueil des groupes (séminaires, banquets, mariages). Parking.
Aurore et Thierry Blandin vous accueillent à la Fermette, un charmant restaurant situé à la sortie de Matignon en direction de Dinard. Tous les produits sont frais et préparés maison. Ici, viandes et poissons sont délicieusement cuisinés au feu de bois. Au menu, Saint-Jacques et langoustines en tartare relevés d'une vinaigrette celtique ; un tournedos original de Saint-Jacques façon Rossini ; un plat canaille intemporel (tête de veau, sauce gribiche) ; un magret de canard judicieusement parfumé au cidre. Bref, les accents du terroir sont mitonnés par un chef qui a fait ses classes à Paris (au Jules Verne, le restaurant de la Tour Eiffel, ou chez Le Divellec aux Invalides), inspiré par les produits locaux qu'il déniche entre Saint-Malo et Erquy. On s'en réjouit. Sur commande, le chef prépare également des plats à emporter.

CÔTES-D'ARMOR

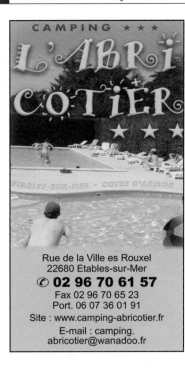

CAMPING ★ ★ ★

L'ABRI COTIER

ETABLES-SUR-MER - COTES D'ARMOR

Rue de la Ville es Rouxel
22680 Etables-sur-Mer

☎ **02 96 70 61 57**
Fax 02 96 70 65 23
Port. 06 07 36 01 91
Site : www.camping-abricotier.fr
E-mail : camping.
abricotier@wanadoo.fr

■ **L'ABRI COTIER**
11, rue Saint-Jean
Route de Dinan
☎ 02 96 41 02 25
www.abricotier.pays-de-matignon.net
Basse saison : ouvert du lundi au vendredi le midi. Haute saison : du dimanche au mardi, le jeudi et le vendredi le midi et le soir ; le mercredi midi. Menus de 15 € à 20 €. Carte. Menu enfant : 7,50 €. Formule du midi : 11,50 € (en semaine). Chèque Restaurant. Jardin. Terrasse.
Formés l'un et l'autre au lycée hôtelier de Dinard, Sophie et Didier Rescan sont heureux de faire le métier qu'ils aiment et qu'ils exercent avec talent accompagnés de leurs deux filles, Céline en salle, Marie-Line en cuisine. La cuisine est à leur image, sans chichi, chaleureuse et traditionnelle, avec le petit zeste personnel du chef comme un clin d'œil amical. A déguster sans modération dans ce sympathique restaurant ouvert en 1996, en plein centre bourg sur la route de Plancoët et de Dinan. Deux salles, deux ambiances. Au menu : rillettes de saumon, salade bretonne, chèvre chaud, pavé de saumon, aile de raie, blanquette de la mer, gigot. Et les desserts sont maison. A noter, la véranda (récemment agrandie) est chaleureuse avec sa vue sur le jardin. On peut déjeuner en terrasse l'été.

■ **RESTAURANT LE CAP**
13, rue Saint-Germain
☎ 02 96 41 02 21
www.restaurant-lecap.com

Fermé le mercredi et le dimanche soir. Réservation recommandée. Menus de 27 € à 33 €. Formule du midi : 13,50 €. Accueil des groupes (salle particulière jusqu'à 50 couverts).
Une envie irrésistible d'un repas sous le signe d'un excellent rapport qualité/prix ? Cap sur… Le Cap ! Ce restaurant, calme et agréable, propose une cuisine qui risque d'affoler bien des papilles… Car ici, tout est maison (excepté les glaces) et uniquement élaboré avec des produits frais. Avec passion, Christophe Porcher œuvre en cuisine. Son épouse donne le rythme du service. Spécialités de la maison ? Ravioles à la truffe blanche, sauce au porto, magret fumé et copeaux de foie gras de canard. Salade de gambas à la plancha, pamplemousse et caramel au whisky breton. Duo de queues de langoustines et filets de rouget aux couleurs de saison, sauce sauterne. Suprême de carrelet poché, sur une fondue de poireaux, sauce au cidre bouché et pommes caramélisées. Quant aux desserts, ils multiplient les références régionales : feuilleté de poires, caramel au beurre salé et blé noir. Déclinaison de fraises de Saint-Potan. En saison, évidemment.

■ **HOTEL DE LA POSTE****
11, place Gouyon
☎ 02 96 41 02 20
hoteldelaposte@pays-de-matignon.net
Ouvert toute l'année. 15 chambres ; chambre double de 34 € à 49 € ; chambre triple 55 €. Pension complète (demi-pension majorée de 12 € par personne). Demi-pension (de 25 € pour les enfants de moins de 10 ans à 46 € par jour et par personne sur la base de 2 personnes dans la chambre). Petit déjeuner : 8 €. Séminaires. Réceptions et mariages. Wifi. Restauration (tous les midis du lundi au vendredi, formule du jour 12 €. Crêperie tous les soirs).
Un hôtel simple mais très propre dont le rapport qualité/prix est assez imbattable. L'ambiance est familiale, la cuisine aussi. Le restaurant est ouvert tous les midis avec une formule du jour à 12 €. Le soir, l'établissement fait crêperie. La taille de la maison permet d'accueillir des groupes (de 20 à 80 personnes) avec des menus à proposés à un prix forfaitaire (repas et boissons). Un grand parking public (face à l'hôtel) permet un stationnement aisé.

Saint-Quay-Portrieux

Apparu avec le développement des bains de mer au début du XXe siècle, le tourisme, tirant profit d'un littoral pittoresque et de la présence de plusieurs plages, une activité importante. Dès le XVIIIe siècle, Saint-Quay-Portrieux est le point de départ de goélettes pour la grande pêche. La création d'un port en 1990 a fait de cette station balnéaire un lieu privilégié de la pêche et de la plaisance. Le comité des pêches de Saint-Quay organise – en avril – une fête de la Coquille Saint-Jacques. Saint-Quay-Portrieux est le sixième port de pêche français, composé d'un port d'échouage et d'un port en eau profonde. Le plan d'eau (17 ha) offre 950 anneaux de plaisance, 70 anneaux « visiteurs » et 120 anneaux pour la pêche.

■ **OFFICE DE TOURISME**
17 bis, rue Jeanne-d'Arc ✆ **02 96 70 40 64**
Fax : 02 96 70 39 99
www.saintquayportrieux.com
*Basse saison : ouvert du lundi au samedi de 9h à 12h30 et
de 14h à 18h30. Haute saison : du lundi au samedi de 9h
à 19h ; le dimanche et les jours fériés de 10h30 à 12h30 et
de 15h30 à 18h.*

Points d'intérêt

■ CALVAIRE DE LA RUE LOUAIS

Classé Monument historique, il date du XVe siècle.
Pendant la Terreur, les habitants du quartier le démon-
tèrent de peur que les révolutionnaires ne le détruisent.
Situé au milieu du carrefour sur une petite butte, il a été
démonté en 1986 et reconstruit dans l'angle du carrefour
sur la commune d'Etables. Il représente le Christ en croix
entouré de la Vierge et de saint Jean avec, sur le socle,
les statues de Notre-Dame de Pitié et de sainte Barbe.

■ LA CHAPELLE SAINTE-ANNE

Dès le milieu du XIIIe siècle, il y avait un édifice religieux
à l'emplacement de la chapelle Sainte-Anne. Un nouvel
édifice fut bâti entre 1450 et 1475, lui-même remplacé
en 1729 puis encore en 1770. Une complète restauration
intérieure fut effectuée en 1962, date à laquelle fut remis
en pratique le Pardon de Sainte-Anne, qui a lieu, chaque
année, le 26 juillet. Son architecture est très simple :
18,40 mètres de longueur et 6,20 mètres de large, une
porte principale en plein cintre et une autre latérale,
carrée, six fenêtres également en plein cintre et un toit
plus solide qu'élégant. Intérieurement, l'ouvrage est plus
recherché : superbe autel de marbre d'Italie, statuaires
dont l'un des tableaux représente le port en 1777 ou la
jetée de la Priauté, quelques goélettes pour Terre-Neuve.

■ LA FONTAINE MIRACULEUSE DE SAINT-QUAY

Située boulevard du Littoral, à l'angle du chemin qui
mène à la grève où débarqua saint Quay, un petit édifice
en granit de forme pyramidale abrite la Fontaine « miraculeuse » de Saint-Quay. Depuis toujours, l'eau de cette
source a été considérée comme miraculeuse possédant
une vertu spéciale pour la guérison des blessures. Une
première construction fut réalisée en 1580, elle fut
remplacée, en 1862, par l'édifice actuel construit avec les
propres moyens du recteur de Saint-Quay qui organisa
dans ce but une grande loterie ! Sur l'une de ses faces
est gravée l'histoire de la naissance de cette fontaine.

■ LAVOIRS

La commune peut se targuer de détenir de beaux
spécimens de petit patrimoine, notamment des lavoirs
en eau. Certains ont été récemment restaurés, tel le
lavoir de la Barrique. Mais il en est un moins connu, situé
entre les numéros 20 et le 22 de la rue des Dolmens, à
Kertugal. Il s'agit du lavoir de Porcuro. On y accédait jadis
par un petit chemin, à présent envahi par la végétation.
Il est néanmoins toujours possible de l'emprunter, et de
découvrir ce fameux lavoir, dans lequel l'eau semble
perdue. Des poissons rouges y ont établi refuge, sans
que l'on sache véritablement quel courant les a portés
jusque là...

■ MOULIN SAINT-MICHEL

Sur ce tertre s'élevait autrefois une petite chapelle, située
en face de l'emplacement actuel du moulin, dédiée à
l'Archange du même nom. Tombant en ruines vers 1800,
il fut décidé de la démolir en 1806 et ses pierres servirent
à la construction du cimetière des Sablons. Ce moulin à
vent construit une première fois vers 1822 était l'un
des trois moulins à vent de la commune — moulin de
Malgré-Tout, moulin des Fontaines. Le moulin actuel
date de 1875 et fonctionna jusqu'en 1910, il fut construit
pour pallier le manque de débit des rivières locales. Il
est propriété de la commune depuis 1971.

■ LA STELE DU VIKING
17 bis, rue Jeanne-d'Arc

Face à l'île de la Comtesse et près de la table d'orientation,
une plaque commémore le drame du Viking. Le 5 avril
1943, un équipage de 19 jeunes gens tenta de rejoindre
les Forces françaises libres en Angleterre à bord du Viking,
l'un des plus grands bateaux du port, alors désarmé,
long de 8 à 9 mètres et équipé d'un moteur de 40 CV.
Cependant, après une défection de dernière minute,
aucun d'eux n'avait une connaissance suffisante dans
l'art de la navigation. Les conditions étaient précaires,
le temps se gâtait, l'état de la mer ne cessait d'empirer,
quand le Viking longea la côte de Guernesey occupée
par les nazis qui, bien vite, arraisonnèrent un équipage
découragé, transi et affamé. Emprisonnés dans l'île, ils
furent transférés dans la prison de Saint-Brieuc, puis
dans celle de Fresnes, avant de rejoindre les camps de
déportation d'où quinze d'entre eux ne revinrent pas.
Une autre stèle située sur sur le GR34, à proximité du
sémaphore, rend hommage au commandant Malbert,
célèbre Quinocéen, qui, avec son remorqueur L'Iroise,
sauva plus de cinquante navires et deux mille vies
humaines. Son histoire inspira Roger Vercel pour son
livre *Remorques* duquel fut tiré le film avec Jean Gabin.

*Moulin Saint-Michel
à Saint-Quay-Portrieux*

■ LA VILLE-MARIO
Rue de la Ville Mario
La Ville-Mario est une ancienne place forte bâtie sur des marécages. Le château primitif a disparu, pour être remplacé par des bâtiments de ferme. Le mur d'enceinte subsistant, mesure encore, par endroits, 4 mètres de hauteur et est percé de trois portes. Le nom de la Ville-Mario apparaît pour la première fois dans les documents en 1380. Le lieu se rendit célèbre pendant la Révolution. En 1795, un combat y opposa chouans et émigrés contre les soldats républicains du cantonnement du Portrieux. Rassemblés pour aider au débarquement d'une importante quantité de munitions, les royalistes ont été surpris par les républicains. Le conflit s'achève par la dispersion ou l'emprisonnement des deux cents chouans par les « bleus ».

Le couvert

■ HOTEL-RESTAURANT LE GERBOT D'AVOINE
NN
2, boulevard du Littoral
✆ **02 96 70 40 09 / 02 96 70 34 06**
www.gerbotdavoine.com
Ouvert tous les jours le midi et le soir. Menus de 18 € à 39 €. Menu enfant : 8,50 €. Formule du midi : 12,90 € (et 15 € pour 3 plats). Terrasse. Extrayez-vous de la zone du port et de se restaurants bondés pour trouver une gastronomie différente. En suivant la côte vers le nord, par le sentier des douaniers, vous tombez sur Le Gerbot d'Avoine, au nom qui fleure bon le terroir. Effectivement, dans ce domaine, vous êtes à la bonne adresse dans cette grande maison de famille du début du siècle, vous dégusterez une cuisine du marché, à base de produits frais. Des entrées comme le buisson de langoustines et crevettes vous rappelleront que vous êtes au bord de la mer. Des plats comme la selle d'agneau farcie aux herbes, pommes ratte et pleurotes vous rappelleront que vous avez les pieds sur la terre de Bretagne. La tartelette gourmande au citron et fruits frais, tellement succulente, n'est-elle pas de trop ? Ne vous posez pas la question, vous êtes au bord d'un chemin de grande randonnée où quelques pas vous feront reprendre vos esprits.

■ MILLE SABORDS
Esplanade du Port ✆ **02 96 70 49 21**
frederic.maillard1@club-internet.fr
Ouvert toute l'année. Basse saison : tous les jours le midi. Haute saison : tous les jours de 6h à 22h30. Formule : 8 € (et 10,50 €). Accueil des groupes (le soir et le week-end sur réservation). Vente à emporter.
Située sur l'esplanade du nouveau port de plaisance, cette agréable brasserie, avec son immense et plaisante terrasse face au port, propose moules, assiettes de fruits de mer, aile de raie aux câpres, mousse au chocolat maison, grillades (à toute heure). A souligner : une belle carte de glaces. Mais si Mille Sabords rassasie les faims, il épanche aussi les soifs avec un excellent café. Enfin, l'établissement fait également de la vente à emporter avec des repas complets sous forme de plateaux-repas froids de 15 € à 25 €. Bon rapport qualité/prix. Ambiance aussi dynamique que sympathique.

■ QUAY 911
(à l'étage)
Esplanade du Port d'Armor ✆ **02 96 65 23 60**
Basse saison : ouvert le lundi, le mardi et du jeudi au samedi ; le dimanche midi. Haute saison : tous les jours. Formule à partir de 19 €. Entre 20 et 40 € par personne à la carte.
Située au-dessus de la capitainerie du port, la terrasse contemporaine offre une vue imprenable sur le port. Olivier Goujon, le patron, passionné par les belles automobiles, a concocté une atmosphère dynamique et chaleureuse pour les amateurs de cuisine classique aux présentations soignées, dans l'air du temps. Les produits sont frais (plateau de fruits de mer sur commande) et les prix sont sages. La formule est d'un excellent rapport qualité/prix.

■ RESTAURANT SIGNATURES
72, boulevard Foch ✆ **02 96 72 70 48**
Basse saison : ouvert du mardi au samedi le soir ; du mardi au dimanche le midi. Haute saison : tous les jours le midi et le soir. Réservation recommandée. Menus de 25 € à 45 €. Formule du midi : 23 €.
Il faut parfois quitter le strict littoral et ses établissements pour touristes, afin de trouver la quintessence du savoir culinaire local. Signatures, c'est ici le restaurant du petit hôtel Saint-Quay décoré vintage. Vous trouverez ici une cuisine gourmande, préparée de manière experte, à la fois traditionnelle et moderne et faisant largement place à la richesse des produits locaux. La tarte fine aux langoustine poêlées et foie gras chaud, illustre par exemple le savoir-faire du lieu. Le dos de cabillaud à l'andouille de Guémené, écrasé de pommes de terre et sa crème de cidre allie élégance savoureusement la terre et la mer, dans une belle inventivité. Le sablé breton et ses fruits rouges, sorbet orange cannelle finifa idéalement votre repas sur une note régionale et gourmande.

■ LE TARTAN
3, place Saint-Roch ✆ **02 96 65 29 72**
www.letartan.com
Basse saison : ouvert du mercredi au dimanche le midi ; du mercredi au samedi le soir. Haute saison : tous les jours le midi et le soir. Carte : 20 € environ. Terrasse.
Quittez donc les abords immédiats du port et du casino pour vous diriger vers Paimpol, vous tomberez sur la petite place Saint-Roch où se tient ce coquet petit établissement. C'est dans une maison en pierre de taille que vous vous installez confortablement dans une jolie salle dégageant une ambiance d'intimité et de convivialité, d'autant plus que vous êtes accueilli d'une manière particulièrement aimable. On vous propose ici une cuisine entièrement élaborée grâce à des produits frais, bref, de la cuisine maison et moderne. Une assiette de foie gras maison si vous êtes terroir ou une assiette de crevettes roses en entrée, puis la brochette de poulet aux pommes sauce cidre et pommes ou la poêlée de Saint-Jacques au beurre blanc, devraient largement vous contenter. Mais vous pouvez aussi opter pour un carpaccio de bœuf, de thon ou de Saint-Jacques. Les desserts sont à l'image du reste de la carte, simples et efficaces. La tarte fine aux pommes et son caramel au

beurre salé vous ravira et vous vous féliciterez que des établissements de ce type, moderne, sympa, offrent des plats pas compliqués et excellents, tout en regrettant qu'ils ne soient pas plus répandus au pays de la bouffe.

Le gîte

■ **HOTEL KER MOOR NN**
13, rue du Président-Le-Sénécal
© 02 96 70 52 22 – Fax : 02 96 70 50 49
www.ker-moor.com

27 chambres (dont certaines avec vue sur mer). Basse saison : chambre double de 75 € à 139 €. Haute saison : chambre double de 95 € à 169 €. Petit déjeuner : 19 € (à partir de 15 ans). Lit supplémentaire : 19 € (enfant de – 12 ans : lit gratuit). Animaux acceptés (12 € par jour). Connexion Internet. Wifi. Excursions (départ croisière vers l'île de Bréhat).
Dominant l'île de la Comtesse, longé par le sentier des Douaniers, cet hôtel offre une vue incomparable sur la baie, les plages et les ports de Saint-Quay-Portrieux, pays de la coquille Saint-Jacques. Vous aimerez profiter des différentes activités nautiques, du chemin des douaniers à perte de vue (GR 34), du riche patrimoine de ce pays Goëlo. Le Ker Moor dispose de 27 chambres avec terrasses orientées sud-est et vue panoramique sur la mer. Toutes les chambres disposent d'un bon confort (salle de bains, télévision, Canal +, Wifi).

■ **HÔTEL SAINT-QUAY****
72, boulevard Foch © 02 96 72 70 48
8 chambres. Chambre double à partir de 69 €. Petit déjeuner : 9 €. Wifi. Tv satellite.
L'établissement a rouvert ses portes en mars dernier au croisement du boulevard Foch et de la rue Paul-Déroulède, dans cette élégante maison balnéaire. Le bâtiment, de taille relativement modeste garantit au passant une chaleureuse tranquillité, dans un univers meublé d'une manière charmante avec une tendance art moderne. On se repose ici dans des chambres très confortables et de bonne taille, meublées style vintage, à l'unisson avec le reste de l'hôtel. Dans celles-ci vous bénéficiez de la wifi et de la télévision. Entre deux heures de repos, les balades au port ou sur le GR 34 vous permettront de respirer à fond, avant de reprendre des forces à la table de l'établissement.

Campings

■ **CAMPING BELLEVUE**
68, boulevard du Littoral © 02 96 70 41 84
Fax : 02 96 70 55 46
www.campingbellevue.net

Fermé du 17 septembre au 27 avril. Terrain de 5 ha. 170 emplacements. Sol : herbeux. Emplacement + véhicule + 1 personne (avec 6 A) de 13,80 € à 16,80 €. Emplacement + véhicule + 1 personne de 10,80 € à 13,80 €. Personne supplémentaire de 3 € à 3,50 €. Mobile homes pour 4 à 5 personnes de 260 € à 600 €

la semaine. Acompte de réservation : 25 % du séjour. Jeux pour enfants. Animaux acceptés. Connexion Internet.
Sur un promontoire surplombant la mer au nord du bourg, ce camping bien équipé vous accueille pour des vacances marines. Si vous n'avez amené votre caravane ou votre tente, la solution mobil-home est ici possible. Ces derniers sont confortables et bien équipés et comportent bien sûr sanitaires et salle de bains. La cuisine pourvue d'accessoires et de vaisselle vous permet de préparer vos repas sur place, source d'économie. Tout près des plages, bains de mer et de soleil sont au programme et le soir, une balade sur les quais animés du port clôturera votre très agréable journée.

Emplettes

Marchés

Marchés tous les lundis matin quai Robert Richet ; tous les vendredis matin près de l'église.

■ **Dans les environs** ■

Binic

À l'entrée de la côte de Goëlo, cet endroit offre aux touristes, et aux autres, ses quais, sa jetée sur le port et ses plages de sable fin pour des petites promenades digestives ou d'agrément. Son héros s'appelle François Le Saulnier Saint-Jouan, cousin de Surcouf. C'est lui qui obtint, en 1821, l'indépendance de Binic, qui était auparavant rattaché au canton d'Etables-sur-Mer. Binic – de ben, estuaire et de ic embouchure – est, dès le néolithique, investi par les populations primitives. Petit village au Moyen Age, Binic devient rapidement un lieu réputé pour ses foires et ses marchés. C'est en 1821 que se développent ses activités portuaires, et en 1845, Binic est à la tête des grands ports de pêche français. Tous les ans, plus d'une centaine de bâtiments embarquent jusqu'à mille huit cents marins. La pêche à la morue assure la prospérité à la ville. Au début du XXe siècle, les bateaux se raréfient. Le port devient un lieu touristique et ses pêcheurs se sont tournés vers la production de coquilles Saint-Jacques. La ville rend hommage à sa tradition de pêche chaque année, au début de l'été, avec la fête de la Morue. Sorties en mer, carrousel nautique en saison, feu d'artifice, font partie des animations régulières. Un marché coloré, aux stands bigarrés avec des personnages pittoresques. En saison, près de deux cents commerçants s'y installent chaque jeudi matin, proposant des produits régionaux, des produits frais. Au-delà du caractère pittoresque, le marché constitue le cadre ancestral d'échanges commerciaux. Ainsi, depuis le XVIe siècle, sa situation géographique privilégiée et sa vocation maritime ont inscrit Binic dans l'histoire des foires et marchés. A l'époque, toutes sortes de produits y trouvaient leur place : produits de la mer, de la terre, du négoce et de l'armement de navires. Plusieurs foires se déroulaient à date fixe chaque année. Déjà sous la Révolution, le marché de Binic avait lieu le jeudi matin. Parallèlement, Binic devenait l'un des premiers ports de pêche français.

■ **OFFICE DE TOURISME**
Avenue du Général-De-Gaulle
✆ **02 96 73 60 12**
www.ville-binic.fr
Basse saison : ouvert du lundi au vendredi de 9h30 à 12h et de 14h à 17h30 ; le samedi de 10h à 12h et de 14h à 17h. Haute saison : du lundi au samedi de 9h30 à 13h30 et de 13h30 à 19h ; le dimanche et les jours fériés de 10h à 12h30 et de 14h à 18h. Point Wifi. Billetterie pour Bréhat et les îles anglo-normandes.

Les portes vous sont largement ouvertes dans cet office de tourisme. Vous trouverez ici une documentation très complète sur toutes les opportunités qui se présentent à vous pour effectuer un séjour des plus profitables. Nautisme, balades en mer, équitation ou golf, activités pour les enfants n'auront plus des secret pour vous. Le personnel d'accueil très qualifié vous renseignera également sur les fêtes et manifestations locales, dont la fameuse Morue en fête qui se tient tous les ans au mois de mai. L'office organise également en saison des visites guidées.

■ **AN ARVOR**
Quai de Courcy ✆ **02 96 73 37 98**
Fermé en janvier. Basse saison : ouvert du jeudi au dimanche le midi et le soir. Haute saison : tous les jours le midi et le soir. Ouvert 7j/7 pendant les vacances scolaires. Réservation recommandée. Menu unique à 24 € (apéritif+potée+dessert). Terrasse.

Sur le quai de Courcy, au bord du port, entrez ici sans hésiter. Lorsque vous passez la porte du restaurant, l'ambiance vous suggère que vous vous trouvez dans le haut de gamme, ce que la suite va évidemment vous prouver. La maison d'ailleurs ne se cantonne pas qu'aux crêpes ou galettes. Dans un décor traditionnel et chaleureux, vous craquerez certainement en entrée sur la morue et andouille de Guéméné cuisinées au cidre de Paimpol et accompagnée de pommes de terre sautées et de compote de pommes. Il faut être insensible à la tradition pour ne pas se jeter sur une potée bretonne, le lard rôti façon Grand-Mère ou les Saint-Jacques au beurre blanc ou la morue crème au cidre. Finissez dignement par une crêpe de froment caramel beurre salé, glace vanille. L'établissement est labellisé Crêperie gourmande.

■ **AUBERGE DES PRÉS CALANS**
7, chemin des Prés Calans ✆ **02 96 73 78 07**
Fax : 09 82 62 10 48
www.aubergedesprescalans.com
Haute saison : ouvert tous les jours. De septembre à juin : ouvert du mardi midi au samedi soir inclus (samedi midi sur réservation). Congés hebdomadaires le dimanche soir et lundi. Accueil des groupes.

A 1 500 m du port de Binic, l'auberge propose une table traditionnellle qui fait la part belle aux plats régionaux. Le jardin est arboré avec une terrasse très agréable. Il est d'ailleurs possible d'y dîner. La salle à manger, avec sa cheminée, est plutôt rustique. Au menu : grillades au feu de bois, crêpes et galettes, salades, pierres chaudes ou fondues. L'établissement dispose également de chambres sont la décoration est contemporaine, sobre et agréable. Chaque chambre dispose d'un accès direct au parking privé (fourni gratuitement). Un très bon rapport qualité/prix puisque la chambre double s'affiche à partir de 49 €.

■ **LE FACE A LA MER**
Plage de la Banche
8, boulevard Clemenceau
✆ **02 56 44 28 42**
christophelandier@hotmail.fr
Ouvert toute l'année. Basse saison : du mardi au dimanche le midi ; du jeudi au samedi le soir. Haute saison : du jeudi au mardi le soir ; du vendredi au mardi le midi. Menus de 28 € à 48 €. Carte : 45 € environ. Formule du midi : 16 € (et 20 € pour 3 plats). Accueil des groupes.

Même en vacances on ne vit pas que de sandwichs et l'amour de la vraie gastronomie finira toujours par triompher. Justement, à Binic, cet établissement bien nommé organise à longueur d'année des fêtes pour palais exigeants. Les amoureux du poisson historique local, la morue, se repaîtront de ce fameux pot-au-feu des Terre-Neuvas. Parce qu'il y a de l'à-propos dans la cuisine gourmande et inventive de Christophe Landier qui n'est pas ici à son coup d'essai, son pedigree étant long comme le bras. Ici, les Saint-Jacques voisinent avec les cacahuètes et la vinaigrette de moule avec le thon et la mozarella. Impossible en entrée de résister au foie gras de canard mi-cuit, gelée de rhubarbe, de même qu'ensuite à la daurade royale au laurier et à l'ail rose, pommes grenailles. Quant à l'omelette norvégienne revisitée à l'ananas, au dessert, elle se dégusterait, recueilli et émerveillé les yeux fermés, si vous n'étiez pas, au premier étage captivé également par le spectacle apaisant de la mer.

■ **LE GRAND LARGE**
1, quai Jean-Bart
✆ **02 96 73 67 61 / 06 83 09 45 34**
Fax : 02 96 73 67 61
www.restaurant-le-grand-large.fr
Ouvert toute l'année. Tous les jours le midi et le soir. Menus de 22 € à 33 €. Carte : 18 € environ. Formule du midi : 14,50 €. Accueil des groupes (jusqu'à 50 personnes sur réservation).

Le Grand Large propose une cuisine traditionnelle qui sait aussi mettre l'accent sur l'innovation. Situé en bord de mer, de plain pied donc accessible par tous, l'établissement soigné – qui propose une vaste carte – accorde une large place aux spécialités de la mer : plateaux de fruits de mer, poissons d'une fraîcheur irréprochable. Le cadre est très agréable et la terrasse (à l'ombre d'un palmier) offre une jolie vue pour oublier le stress. D'autant que l'accueil de Corinne Coulibaly, tout en discrétion, est plus qu'agréable.

■ **A LA TABLE DE MARGOT**
7, place de l'Eglise ✆ **02 96 73 35 56**
www.alatabledemargot.com
Ouvert le mardi et du jeudi au samedi le soir de 19h à 21h ; le mardi et du jeudi au dimanche le midi de 12h à 13h30. Menus de 24 € à 38 €. Menu enfant : 7,50 €. Vin au verre. American Express.

Après une sortie en mer ou une grande balade sur le GR 34, de retour sur Binic, pas d'hésitation, rendez-vous à La Table de Margot, pour apaiser sa faim, se refaire des forces de la manière la plus agréable qui soit. Sur la place de l'Eglise, tout près du quai, on entre dans une salle, sol en dalles de granit, poutres anciennes en chêne et porte au linteau en anse de panier. Le décor est planté et confortablement installé, la carte révèle une cuisine fine et généreuse et inventive, basée sur des produits frais du terroir et de la mer, dont la provenance la plus lointaine n'est que de quelques kilomètres. Les plats vous parlent Pays, vous racontent la Bretagne, et vous êtes là pour ça. En entrée, le crumble de boudin bio çà la pomme coiffé à l'andouille de Guéméné dispute votre attention avec le tartare d'huîtres à la pomme Granny. L'entrée étant prometteuse, vite, un plat ! Le filet de saint-pierre, céleri en croûte de sel, salicornes et légumes primeur est par exemple un bon choix. Et pour finir, la brunoise de fraises de Plougastel, glace au blé noir finira de vous prouver qu'il y a bien une gastronomie bretonne.

■ LA MAISON DE LÉA
15, rue Joffre
© 02 96 73 61 91
Ouvert tous les jours de 12h à 14h et de 19h à 21h30. Carte : 25 € environ. Vin au verre. Terrasse.
A deux pas du port de plaisance, la terrasse en bois précède la cour intérieure, joli patio abrité. Cette agréable maison en U dispose de deux salles : bistrot au rez-de-chaussée et à l'étage, un peu plus cosy. On s'y sent comme chez soi. Deux autres terrasses panoramiques à l'étage offrent un bol d'air. La cuisine est simple et traditionnelle, d'une fraîcheur absolue. Les plats mijotés par la maison rappellent pour la cuisine d'antan, celle de nos grands-mères. A l'ardoise : civet de lotte, poêlée de Saint-Jacques sur julienne de légumes en aumônière… La maison fait aussi d'excellentes galettes, moules au cidre.

■ RESTAURANT NORD-SUD
Quai de Courcy © 02 96 73 30 77
www.brasserie-nord-sud.com
Ouvert toute l'année. Du jeudi au mardi le midi et le soir. Haute saison : tous les jours le midi et le soir. Service continu en saison. Menus de 235 € à 34,,5 €. Formule du midi : 12 € (15,5 pour 3 plats).
Le long du quai de Courcy à Binic, lorsque le port était littéralement rempli de goélette morutière, l'animation était à son comble et les estaminets du port bondés. Les touristes et promeneurs ont remplacé les marins, mais les restaurants sont heureusement toujours là. Le Nord-Sud est un fleuron de ceux-ci, et vous ne pouvez manquer sa longue et élégante façade munie d'une terrasse pour votre plus grand bonheur. Sur la carte, le filet mignon porc braisé au cidre voisine avec le duo de Saint-Jacques en carpaccio et saumon fumé, la terrine de foie gras de canard « maison » copine avec le pavé de morue à l'aïoli pommes de terre sautées. Vous êtes bien ici entre terre et mer et entre fruits de mer, moules ou grillades, vous avez tous les choix.

■ LE TRANSAT
Quai Surcouf © 02 96 69 26 59
www.letransat.commerces-binic.fr
Ouvert toute l'année. Fermeture annuelle en janvier. Basse saison : du mardi au dimanche le midi et le soir. Haute saison : tous les jours et les jours fériés le midi et le soir. Chèque Vacances, Chèque Restaurant.
Si vous flânez le long du quai Surcouf, au port de Binic, arrêtez-vous au Transat. L'ambiance est chaleureuse. Le décor en bois rappelle l'intérieur d'un bateau. On y déguste des brochettes et des glaces originales ; la carte variée propose des salades, moules, viandes, poissons, pizzas et crêpes. Un choix large, donc. La terrasse en bois est abritée. Avec une vue sur le port et la jetée. Accueil sympathique même pendant la saison. A découvrir.

■ HÔTEL CLUB VACANCIEL
Avenue de Bernains
© 02 96 73 61 04
Fax : 02 96 73 34 21
binic@vacanciel.com
39 chambres. Demi-pension (à partir de 47 € selon la saison).
A une quinzaine de kilomètres de la gare de Saint-Brieuc, le Club Vacanciel dont l'édifice date du début du siècle dernier (il était alors « l'hôtel de la Plage »), est situé sur le sentier des douaniers (GR34), juste en face de la plage. Il offre une vue panoramique sur la mer. Il est très proche du centre-ville et du port. Toutes les chambres sont équipées d'une télévision et accessibles par un ascenseur. L'hôtel est doté du wifi gratuit dans les parties communes. Le restaurant, La Banche, sert une cuisine variée.

■ CAMPING DES PALMIERS
3, rue du Ménic
Ker Viarc'h
© 02 96 73 72 59 / 06 67 32 78 66
Fax : 02 96 73 72 59
www.campingpalmiers.com
Fermé d´avril à octobre. Terrain de 2 ha. 46 emplacements. Exposition : ombragé. Relief : plat / vallonné. Emplacement + véhicule + 1 personne (avec 6 A) de 16 € à 27 €. Emplacement + véhicule + 1 personne de 12 € à 23 €. Personne supplémentaire à partir de 5 €. Mobile homes pour 4 personnes de 230 € à 490 € la semaine. Les forfais sont établis pour 2 personnes, 3 personnes ou 4 personnes avec progressivité des prix. Chèque Vacances. Jeux pour enfants. Animaux acceptés (2 €). Bain bouillonnant. Animation.
Pourquoi ce magnifique camping est-il dénommé ainsi ? Tout simplement parce qu'il vous accueille dans un parc-jardin où les plantes exotiques, palmiers ou cactus agrémentent joliment l'endroit. Les mobiles homes sont mis en scène au milieu de la luxuriance de cette végétation, favorisée par un climat tempéré par le va-et-vient permanent des fortes marées de la Manche. Si vous n'avez pas choisi ce mode d'hébergement, vous pouvez venir avec votre tente ou votre caravane et vous bénéficierez également d'un emplacement de rêve, environné par un univers végétal peu habituel. A un kilomètre des principaux commerces et des quais animés du port de Binic et de ses plages, vous aurez également à cœur d'aller visiter Paimpol, Bréhat et les jolies villes historiques de Moncontour, Quintin Pontrieux ou Tréguier, toutes situées à une trentaine de kilomètres.

■ **CAMPING LE PANORAMIC*****
Rue Gasselin
℃ 02 96 73 60 43
www.lepanoramic.net

Emplacement + véhicule + 1 personne de 9,80 € à 15,65 €. Emplacement + véhicule + 1 personne (avec 10 A) de 12,90 € à 20,80 €. Véhicule jusqu'à 2,10 €. Personne supplémentaire de 4,20 € à 5,45 €. Chalets jusqu´à 5 personnes de 240 € à 609 € la semaine ; mobile homes pour 4 à 8 personnes de 215 € à 833 € ; mobiles homes sans sanitaire jusqu´à 4 personnes de 170 € à 413 € ; caravanes jusqu´à 4 personnes de 226 € à 360 €. Animaux acceptés (exceptées chiens de catégories 1 et 2 : jusqu'à 2,60 €).
Situé dans un cadre boisé, à 500 mètres de la plage de sable fin et du centre-ville, ce camping propose un large panel d'animations et de loisirs : piscine chauffée, bains pour enfants, ateliers enfants, aire de jeux, baptêmes de plongée, soirées dansantes, soirées à thèmes, loto, karaoké, pétanque, baby-foot, billard, jeux d'enfants, ping-pong, bibliothèque. A votre disposition, douches chaudes (2 blocs sanitaires neufs en 2007), laverie, snack, bar épicerie.

Etables-sur-Mer

■ **L'ÎLE AUX PIRATES**
Plage du Moulin ℃ 02 96 70 76 89
www.lileauxpirates.com
Ouverture 7/7 de Pâques à la Toussaint. Basse saison : ouvert le week-end et les jours fériés le midi et le soir. Haute saison : tous les jours et les jours fériés le midi et le soir. Service continu. Carte : 20 € environ. Menu enfant : 9,50 €.
C'est les vacances, il fait beau et la vie est belle ! Après les bains de mer, allez directement en haut de la plage du Moulin à l'Île aux Trésors, vous y trouverez de quoi combler la grosse faim qui vous tenaille, de la manière la plus agréable qui soit. Ici, c'est à la bonne franquette, mais la sympathie et la décontraction n'empêchent pas le professionnalisme du service et la qualité des plats qui tournent autour des huîtres, des moules, des salades et des crêpes et des galettes. Parmi ces dernières, le must est constitué par la Malouine garnie de Saint-Jacques rôties au cidre, aux pommes et à la crème fraîche. Mais si votre humeur penche vers la mer, des moules à la moutarde à l'ancienne vous combleront, avant qu'un petit palet breton au caramel salé ne soit le prélude à une bonne sieste sur le sable.

■ **HOTEL HEOD****
Allée Paul-Vatine ℃ 02 96 70 82 82
Fax : 02 96 70 82 70
www.heodhotel.com
Distributeur de clés par carte bancaire 24h/24. Accueil jusqu'à 22h. 28 chambres. Chambre double de 54 € à 62 € ; chambre triple de 63 € à 71 €. Petit déjeuner : 9,50 € (à volonté, en semaine de 7h à 10h, le week-end de 7h30 à 10h30). Parking inclus (abris motos, local vélos). Séminaires. Wifi.

Vous cherchez un hôtel abordable sur le littoral ? Vous avez trouvé. L'hôtel Heod vous offre des prestations de qualité et des chambres confortables, propres et fonctionnelles, équipées de télévisions et de wifi à un prix très doux. L'accueil et l'ambiance n'ont rien à voir avec un hôtel de chaîne, les patrons sont prévenants et les petits déjeuners buffets copieux, parfaits pour entamer une journée de détente. La plage du Moulin est à dix minutes à pied en coupant par les petits chemins pour le bain du matin, et l'après-midi, comptez une vingtaine de minutes pour vous rendre sur les quais de Paimpol et à l'abbaye de Beauport.

■ **DOMAINE DE LA GARENNE**
3, la Ville Jacob
℃ 02 96 69 26 02
℃ 06 08 57 28 18
www.lagarenne22.fr
Gîte de France (3 épis). Pour 5 personnes. A partir de 280 € la semaine. Wifi.
A la Ville Jacob, vous serez accueilli dans une maison bretonne indépendante bien aménagée, hébergeant une cuisine bien équipée et munie d'une connexion wifi. C'est le lieu idéal pour passer des vacances en famille ou entre amis au calme, sans casser définitivement votre porte-monnaie. Base idéale pour pratiquer la randonnée pédestre, nous sommes ici tout près du GR 34, vous pouvez également amener votre cheval qui sera hébergé et chouchouté dans un box prévu pour cela. A deux kilomètres des plages tout près de Saint-Quay-Portrieux, ce gîte est aussi parfaitement situé pour rayonner vers les villes historiques du centre-Bretagne, Quintin ou Moncontour.

■ **DOMAINE DE LA GARENNE**
3, la Ville Jacob
℃ 02 96 69 26 02 / 06 08 57 28 18
www.lagarenne22.fr
Gîte de France (3 épis). Ouvert toute l'année. Chambre double 44 €. Demi-pension : 80 € (pour 2 personnes). Petit déjeuner inclus. Lit supplémentaire : 16 €. Paiement possible par Paypal. Chèque Vacances. Wifi gratuit. Restauration (table d'hôtes : 18 €. Panier pique-nique : 8 € par personnne).
C'est dans la partie rurale de la commune balnéaire d'Etables-sur-Mer que vous séjournerez au Domaine de la Garenne. Les très confortables chambres d'hôtes vous accueillent dans une grande maison de maître de style breton fin du XIXᵉ siècle. Les petits déjeuners copieux et savoureux vous permettront de démarrer des journées de farniente et de bains, sur les plages du Moulin ou des Godelins. Ils seront aussi précieux si vous pratiquez la randonnée. Ici, on accueille non seulement les personnes à pied, mais aussi les cavaliers et leur monture dans des locaux de l'exploitation. Les cyclistes trouveront également de quoi garer leur destrier. Pour le midi, vous pouvez demander un panier pique-nique composés de délicieux produits locaux frais du terroir. Sur commande, on vous préparera sur le même principe un délicieux dîner. A partir du Domaine de la Garenne, vous pouvez facilement rayonner vers les lieux touristiques proches, comme Paimpol, Bréhat, La Côte de Granit Rose et les villes patrimoniales de Tréguier et de Pontrieux,

© PIERRE DE LAGUÉRARD – ICONOTEC

Port de Bréhec

la ville aux lavoirs. Notez également qu'ici on peut accueillir votre cheval en pension et vous pouvez aussi louer un gîte indépendant.

Lanvollon

■ **HOTEL AD NEVEZ LUCOTEL****
37, Rue des Fontaines
✆ **02 96 70 01 17**
www.lucotel.com

🌳 🍷 📺 🔍 🎿

30 chambres (tout confort). Chambre double de 55 € à 78 €. Parking fermé inclus. Gratuit pour les enfants (-12 ans). Animaux acceptés (sans supplément). Séminaires. Réceptions et mariages. Wifi gratuit. Restauration (menus de 13 € à 35 €). Tv satellite, Canal +.
Au cœur d'un parc de 2 ha, cette affaire familiale, très bien située, à 5 km du golf des Ajoncs, offre un accueil chaleureux. La décoration est simple mais beaucoup de soin est apporté à l'équipement et à la tenue des chambres (isolation phonique, télévision satellite). Le restaurant offre une cuisine traditionnelle du terroir, joliment composée avec des produits frais et de saison, principalement des produits régionaux. L'hôtel met à votre disposition gracieusement cours de tennis, mini-golf ainsi qu'une aire pour les enfants. Une halte idéale entre Bréhat, Paimpol et Saint-Quay-Portrieux. La majorité des chambres sont de plain-pied.

Plouha

Plouha doit son nom à un saint breton Aza, Ada ou Adam, du VIe ou du VIIe siècle, plou signifiant peuple. Durant la Seconde Guerre mondiale, la commune s'est distinguée par ses activités de résistance. L'une des plages est au centre de l'opération « Bonaparte ».

■ **OFFICE DE TOURISME**
5, avenue Laënnec ✆ **02 96 20 24 73**
Fax : 02 96 22 57 05
www.tourisme-lanvollon-plouha.fr
Ouvert du mardi au samedi de 9h à 12h et de 13h30 à 17h30. Haute saison : du lundi au samedi de 9h à 13h et de 14h30 à 19h ; le dimanche et les jours fériés de 9h30 à 12h30.

■ **LE CAPPUCCINO**
32, place Foch ✆ **02 96 22 49 10**
Basse saison : ouvert le mardi et du jeudi au samedi de 12h à 14h et de 19h à 23h ; le mercredi et le dimanche le midi. Haute saison : tous les jours. De Pâques à juin, fermé le lundi. Accueil tardif. Fermeture annuelle fin septembre, début octobre. Accueil des groupes (jusqu'à 40 personnes, sur réservation).
Située en plein centre ville, à côté de l'église, cette pizzeria est tenue par Corinne et Nicole près de dix ans. L'accueil est chaleureux et la terrrasse très agréable d'avril à septembre. La carte fait classiquement le tour des régions pour décliner la pizza en 28 versions (martiniquaise, montagnarde, maraîchère). Difficile de ne pas en trouver une à son goût. Dans ce cas, on peut aussi choisir une salade, des moules marinières, des pâtes fraîches. Le dessert est gourmand. Pratique, le Cappuccino propose le midi à partir de 11h et le soir à partir de 18h, des pizzas et des plats à emporter. Une bonne adresse – sans chichis – avec un excellent rapport qualité/prix.

■ **CENTRE DE VOILE DE BREHEC**
58, route de la Corniche
✆ 02 96 22 62 66
http://canga2.wix.com/cnbrehec
Ouvert toute l'année.
Pour les plus petits, c'est coques de noix et rigolades assurées ! En Optimists, seul ou à deux. Pour les « pré-ados » qui débutent, c'est plutôt le Funboat, mi-catamaran et mi-dériveur ! Pour les « pré-ados » expérimentés et jusqu'à 94 ans, c'est catamaran, dériveur ou planche à voile... On peut aussi s'initier au kayak ! Vous l'avez compris, quels que soient votre âge ou votre niveau, le centre propose tout un panel d'activités. Pour les dates de stages, mieux vaut se renseigner par mail.

■ **LE VARQUEZ SUR MER*****
5, route de la Corniche-Brehec
✆ 02 96 22 34 43
www.camping-le-varquez.com
🛒 🏕 🏊 🍴 ⛳

Fermé du 2 octobre au 2 avril. Accueil de 8h à 12h et de 14h à 19h. Terrain de 2 ha. 73 emplacements. Exposition : mi-ombragé. Relief : plat. Emplacement + véhicule + 1 personne de 4,20 € à 5,50 €. Emplacement + véhicule + 1 personne de 2,10 € à 3 €. Emplacement + véhicule + 1 personne de 6,50 € à 8,70 €. Caravanes jusqu´à 4 personnes de 190 € à 380 € la semaine ; mobile homes pour 2 à 6 personnes de 210 € à 690 € ; chalets jusqu´à 5 personnes de 280 € à 650 €. Animaux acceptés (en laisse 2 €). Wifi payant. Animation.
Le camping Le Varquez-sur-Mer (labellisé Camping Qualité) est le point de départ idéal sur le chemin de grande randonnée GR 34. Le cadre est particulièrement propice aux activités maritimes : voile, plongée, kayac de mer, selon vos envies. Proche de l'île de Bréhat, vous pourrez partir à la découverte de la côte du Goëlo, célèbre pour ses falaises, les plus hautes de Bretagne. Au calme sur 2 ha, et 73 emplacements, le camping est bien équipé avec tabac, minigolf, pêche, magasin d'alimentation, bar, snack, soirées à thèmes (cochon grillé, paella, crêpes et galettes), terrain de pétanque, Internet, aire de jeux pour les enfants. En accès libre mais non surveillée, la piscine – couverte et chauffée – est ouverte toute la saison (de mars à septembre). A noter : prêt gratuit de barbecue.

Tréguier

Le val Trécor entre dans l'histoire en 535 avec le moine galois Tugdual qui y fonde un monastère. C'est ainsi que Tréguier sera une étape obligée du Tro Breiz : pèlerinage aux sept saints fondateurs bretons. Lorsque saint Tugdual, moine irlandais, s'installe en Bretagne, il décide, à l'instar des six autres moines fondateurs de la Bretagne de bâtir un monastère. C'était au VIe siècle. Le monastère fut tout d'abord nommé Langreder. Le moine investi de fonctions épiscopales par le roi Childebert – aux environs de 540 – est à l'origine de l'évêché de Tréguier. L'agglomération va rapidement se développer autour de ce cœur religieux. En 880, la ville est détruite par les Normands. Elle ne se relèvera de ses ruines qu'un siècle plus tard, à l'instigation de Gratias, successeur de Tugdual qui fera reconstruire la cathédrale. Puis la guerre de Succession vient également frapper Tréguier. Seule la cathédrale sera épargnée par les rudes batailles. Dès le XIVe siècle, Tréguier devient une ville hautement culturelle. De nombreux artistes, sculpteurs, verriers, peintres et autres sont attirés par l'édification du sanctuaire. Tréguier devient, en 1485, la première ville de France à imprimer des livres, après l'invention de Gutenberg. Au XVIe siècle, la cité subit les affres de la guerre de la Ligue. Elle est incendiée en 1592. La cathédrale va ensuite subir les conséquences de la Révolution au XVIIIe siècle, suite à la persécution des religieuses et à la mise à sac des monuments religieux en 1794. Le XIXe siècle voit le retour de la prospérité dans la cité. Les cultures de primeurs, l'activité portuaire y seront pour beaucoup. Aujourd'hui, la cathédrale que l'on considère comme l'une des plus belles de Bretagne se dresse, comme pour rappeler le poids des années et de l'histoire au cœur de la cité de Tréguier. La capitale du Trégor a su conserver intacte son architecture de ville médiévale. Les façades de ses maisons sont le témoin du temps et suggèrent au promeneur de s'attarder dans ses ruelles. Patrie de saint Yves, patron des avocats, un pardon réputé est organisé chaque troisième dimanche de mai.

Points d'intérêt

■ **MUSEE ERNEST RENAN**
20, rue Ernest-Renan
✆ 02 96 92 45 63
Fax : 02 96 92 13 50
Ouvert toute l'année. Fermé le 1er janvier, 1er mai, 1er et 11 novembre, 25 décembre. Haute saison : tous les jours de 10h à 12h et de 14h à 18h. En avril, mai, juin et septembre, fermé le lundi et mardi. D'octobre à mars, sur rendez-vous pour les groupes. Gratuit jusqu'à 18 ans. Adulte : 3 € (réduit 2,50 €). Groupe (20 personnes) : 2,80 €. En juillet et août, sur réservation, visites commentées en français et en anglais de 45 minutes.
Ernest Renan – 1823-1892 –, auteur de *La Vie de Jésus* – œuvre la plus connue car polémique – naquit à Tréguier et étudia les premières années de sa vie dans la belle demeure familiale – XVIe-XVIIe siècle – avant de rejoindre le séminaire parisien. Le musée lui rendant hommage installé dans cette maison – classée Monument historique depuis 1944 – nous fait découvrir la chambre du petit Ernest et son mobilier, et surtout son œuvre littéraire et sa vie. Une exposition temporaire s'y tient également.

Le couvert

■ **CRÊPERIE DES HALLES**
16, rue Ernest Renan
✆ 02 96 92 39 15
Haute saison : ouvert du mardi au dimanche et les jours fériés de 12h à 14h et de 19h à 21h. En saison, deuxième service à 21 h. Carte : 15 € environ. Terrasse.
En saison et en Bretagne, il est toujours compliqué de choisir entre crêperie et crêperie, car celles-ci sont

si nombreuses dans les cités patrimoniales telles que Tréguier que l'on pourrait y perdre son latin, ou plutôt son breton. Alors, pas d'hésitation, vous trouverez aux abords immédiats de la cathédrale la fameuse crêperie des Halles, ou les modestes spécialités bretonnes sont traitées avec tant de doigté que l'on tangente la gastronomie. Ici, les galettes de spécialités élaborées avec des produits frais vous tendent les bras. Vous prendrez donc une andouille de Guémené pommes ou une poitrine fumée, pomme chèvre et miel ou une délicieuse Prince des Rivières (saumon fumé, glace pamplemousse et crème aux herbes) ou encore une Saint-Jacques aux légumes (poireaux carottes crèmes, noix de Saint-Jacques). Evidemment il est toujours possible d'ajouter dans ces galettes des ingrédients supplémentaires. Après une telle dégustation il vous restera toujours une place pour une glace ou mieux, une crêpe de spécialité. Optez sans hésiter pour une Ile Saint Gildas, aux pommes flambées au calvados avant de continuer votre balade dans la vieille ville.

■ CRÊPERIE LA KRAMPOUZERIE
7, place du Général de Gaulle
☎ **02 96 92 35 09**
Basse saison : ouvert du mardi au dimanche le midi et le soir. Haute saison : tous les jours le midi et le soir. Carte : 15 € environ. Menu enfant : 8 €. Formule du midi : 8,80 €.
On va à la Krampouzerie pour des tas de raisons. D'abord, le nom, crêperie en breton, sonne bizarrement et attire l'attention. Ensuite la situation de l'établissement sur les quais le rend très agréable et accessible. Et enfin, le plus important, vous êtes ici chez un authentique artisan crêpier qui ne travaille qu'avec des produits bio et frais de la terre ou de la mer. N'hésitez pas commandez directement la galette de blé noir Filles de la Baie garnie de Saint-Jacques poêlées et déglacées au cognac, sauce à la crème ou la Périgord au magret de canard, au fromage et à la crème de pruneaux. Vous pouvez bien sûr demander simplement une délicieuse complète avant d'attaquer les crêpes telles que la tentante Île aux Femmes (pomme poêlées, caramel beurre salé, glace vanille, amandes grillées, Chantilly). Le problème avec les crêpes étant qu'on en voudrait toujours une autre, comme une petite miel amandes grillées par exemple, il faut cependant, un jour, quitter la Krampouzerie pour aller se balader sur le port.

■ LA DÎNETTE
30, rue Saint-André
☎ **02 96 92 93 22**
www.creperie-treguier.com
Ouvert tous les jours le midi et le soir. Carte : 15 € environ.
Lorsqu'on est à la cathédrale, la rue Saint-André descend vers les quais et c'est à la proximité de ceux-ci que l'on trouve cette petite devanture verte. A cette adresse, l'enseigne la Dînette vous fait de l'œil. Entrez avec confiance et attablez-vous dans la salle décorée vieux temps, ou mieux dans le jardin s'il fait du soleil. On est ici dans une vraie crêperie qui sert des spécialités, entièrement concoctée à base de produits de la région. Les moules viennent de la côte près de Bréhat, les farines de Séglien en Centre-Bretagne et le cidre de Merdrignac,

dans le Méné. Craquez donc sur la Gargantua, galette garnie d'emmental, de champignons, de steack haché crémé avec un jaune d'œuf ou les Breizh tagliatelles, constituées d'un petit poêlon garni de lardons, champignons et d'oignons crémés le tout accompagné de tagliatelles de galette de blé noir. Vous n'en mangerez qu'ici. Encore une petite crêpe comme la Talbert, crêpe garnie de chocolat et de caramel maison, et vous serez convaincu de la justesse de votre choix

■ L'AUBERGE DU TREGOR
3, rue Saint-Yves
☎ **02 96 92 32 34**
Fax : 02 96 92 32 34
laurence.turpault@wanadoo.fr
Ouvert du mardi au samedi de 12h à 14h et de 19h à 21h ; le dimanche de 12h à 13h30. Menus de 19 € à 27 €. Formule du midi : 8,50 € (et 12 € pour 3 plats plus un café).
Sur la côte Nord de la Bretagne, il serait maladroit de ne pas visiter Tréguier, haut lieu historique et évêché de Bretagne, avec sa cathédrale Saint-Tugdual. Tout près de celle-ci, ce serait une faute de ne pas s'arrêter rue Saint-Yves à l'auberge du Trégor. En effet, un cadre aussi parfait, un accueil aussi attentif et une cuisine pareille à un prix aussi modique, cela vous laisse pantois. Un velouté de crevettes et pistils de safran ou des Saint-Jacques et queues de crevettes, il vous faudra choisir parmi toutes ces délicieuses entrées. Et pour le plat, serez-vous plutôt côté mer avec le pavé de thon mi-cuit au chorizo et sauce café ou plutôt côté terre avec les grenadins de veau au raisin et chouchenn. Ici, on cuisine de l'ultra-frais et il vous reste donc une place pour le dessert. Mousse chocolat à la faisselle, crème anglaise ou un farz buan aux pommes servi tiède, sauce caramel ? Encore une fois il vous faudra choisir. Et comme on ne peut tout goûter et que la carte change régulièrement, vous songerez en sortant qu'il vous faudra revenir régulièrement.

■ RESTAURANT DES TROIS RIVIÈRES
5, rue Marcelin Bethelot
☎ **02 96 92 97 00**
Qualité Tourisme. Fermé de janvier à mars. Basse saison : ouvert du mardi au samedi le soir ; du mardi au vendredi et le dimanche le midi. Haute saison : du mardi au dimanche le midi et le soir. Menus de 39,50 € à 71 €. Menu enfant : 11 €. Formule du midi : 21 €.
Face aux quais et à deux pas du port de plaisance, on trouve ce restaurant qui prend place au sein de l'Hôtel Aigue Marine. Le bâtiment moderne bénéficiant de larges ouvertures, offre aux convives une salle très claire et dont l'ordonnancement traduit la qualité extrême de ce restaurant étoilé où rien n'est laissé au hasard. Le classique plateau de fruit de mer est ici d'une fraîcheur et d'une qualité irréprochable et constitue une entrée classique, mais tellement savoureuse. Pour continuer, mettez votre sac à terre et commandez donc le filet de bœuf de nos campagnes cuit comme un rôti, nems croustillant de joue de bœuf aux tomates confites et vin de chinon, véritable petit jus très réduit. Le dessert vous laissera également la même émotion avant d'aller faire une petite promenade au bord de l'eau.

■ **LE TABLIER**
33, rue Saint-André ✆ **02 96 92 25 69**

Basse saison : ouvert tous les jours le soir ; du lundi au mercredi, le vendredi et le samedi le midi. Haute saison : du lundi au mercredi et le vendredi le midi ; du vendredi au mercredi le soir. Carte : 15 € environ.

On trouve facilement cette pizzeria-épicerie dans l'une des deux rues qui montent depuis les quais vers la cathédrale. Les pizzas sont maison et réalisées au feu de bois. La carte est très distrayante, l'établissement ayant pris place dans une ancienne banque, toutes les préparations ont soit un nom rappelant l'ancien établissement, soit un nom de pilleur de banque. Ainsi, vous pourrez déguster la Taux d'intérêt ou la Billy the Kid, la R.I.B. ou la Al Capone, toutes garnies avec des produits frais. Et pour terminer, une des délicieuses glaces maison conclura ce repas dans la bonne humeur. N'oubliez pas non plus en partant de parcourir ce que propose l'établissement en matière de produits italiens, de bonnes surprises vous attendent.

■ **LES VIEILLES POUTRES**
21, place du Martray ✆ **02 96 12 10 61**

Ouvert du lundi au samedi le midi et le soir. Service jusqu'à 23 heures. Menus de 19 € à 26 €. Menu enfant : 6,90 €. Formule du midi : 9,50 € (et 11,50 € pour 3 plats). Terrasse.

On ne peut pas ignorer cet établissement qui trône en haut de la place du Martray. Assis au beau temps à la terrasse sur le terre-plein en face, vous profiterez ici d'une cuisine qui fait belle place aux pizzas, tout en ne négligeant pas les plats de bistrot traditionnels avec terroir et produits de la mer. Fabien, aux fourneaux et Virginie en salle, vous proposent par exemple les coquilles Saint-Jacques à la dieppoise en entrée. Ensuite, le pavé de bœuf sauce forestière ou le filet de cabillaud aux champignons contenteront les convives les plus difficiles, tandis qu'une salade de fruits frais conclura le repas avec délice. Bien entendu, les amoureux de la cuisine italienne trouveront ici toutes sortes de pizzas et de pâtes. Et, pour une petite faim, les maxi-salades feront parfaitement l'affaire.

Le gîte

■ **HÔTEL DE L'ESTUAIRE**
Les Quais – 5, place du Général-De-Gaulle
✆ **02 96 92 30 25**
www.hotel-estuaire-treguier.fr

🍸

Ouvert toute l'année. 9 chambres. Chambre simple à partir de 35 € ; chambre double de 42 € à 47 € ; chambre triple à partir de 60 €. Petit déjeuner : 6 €. Parking (privé). Wifi. Restauration.

Et si vous décidiez d'aller vous reposer à Tréguier ? Cette charmante ville historique, une des plus jolies et emblématiques de Bretagne vous accueille dans une sorte de décor de théâtre. Riches maisons en pierre de taille ou à pans de bois sont réparties dans le centre autour de la cathédrale Saint-Tugdual. Mai allez plutôt vous reposer au bord du Jaudy qui irrigue la cité en contrebas de la ville. Vous y trouverez l'hôtel l'Estuaire, qui vous offre des chambres très confortables, où vous ne serez pas débranché de la vie moderne, télévision et wifi faisant partie de la prestation, à moins que vous ne préfériez contempler le port depuis votre fenêtre. A partir de là, la côte d'Ajonc, la côte de Granit rose, mais aussi les jolies cités historiques de l'intérieur vous attendent. En rentrant, allez donc au restaurant de l'hôtel avant de regagner votre chambre.

■ **LE SAINT-YVES**
4, rue Colvestre ✆ **02 96 92 33 49**

Chambre simple jusqu'à 25 € ; chambre double de 32 € à 44 € ; chambre triple de 38 € à 40 €.

Situé à 6 km de la mer, au confluent du Jaudy et du Guindy, la ville de Tréguier recueille des trésors patrimoniaux. Niché dans une grande maison de granit, au cœur de la cité et tout près de la cathédrale, le Saint-Yves vous accueille pour un séjour reposant dans cet univers plein de charme. Pour un prix modique, vous êtes hébergé dans cet établissement tenu par les mêmes propriétaires depuis vingt ans et qui compte de nombreux inconditionnels. A partir de cette délicieuse adresse, rayonnez sans retenue vers le littoral ou ses plages, mais aussi le célèbre port de Paimpol ou la côte de Granit rose.

▪ Dans les environs ▬▬▬

Camlez

■ **GÎTES DE LA FERME DE TROSTANG**
2, Trostang
✆ **02 96 92 60 01 / 06 04 43 55 88**
location-camlez.monsite-orange.fr
🌳

Gîte de France (3 épis). Pour 4 personnes (67 m², 2 chambres). De 260 € à 510 € la semaine selon saison. Chèque Vacances. Wifi gratuit. Salon de jardin, location de draps, lave-linge, sèche-linge, lave-vaisselle.

Vous adorez les longues balades au bord de la mer, mais vous redoutez la foule et la circulation, pas de problème. Contactez immédiatement Alain et Liliane Parmentier, ils vous proposeront un des trois gîtes parfaitement équipés, en pleine campagne dans la charmante petite commune de Camlez. Comme vous disposez d'une vraie cuisine, vous pourrez faire vos courses au bourg, où deux commerces vous attendent. Une fois les valises défaites et restaurés comme il se doit, vous êtes prêts pour aller visiter la région. Les Gîtes de la Ferme de Trostang ont une localisation idéale pour visiter les villes historiques comme Tréguier, Lannion, Pontrieux ou La Roche-Derrien. Quant aux bains de mer, vous y accédez sur la commune de Penvénan en moins de dix minutes et après une petite séance de bronzage, rien ne vous empêche de parcourir le majestueux GR 34, le chemin des douaniers qui ceinture la Bretagne.

La Roche-Derrien

La Roche-Derrien, qui a été consacrée « petite cité de caractère », est sise au creux d'un estuaire, fréquenté deux fois par jour par la mer aux battements de ses marées, et surplombée par une éminence rocheuse qui intime le passage entre l'Armor « pays de la mer » et l'Argoat « pays des bois ». La place du Martray, parée de jolies maisons à colombages qui vous ramènent à l'époque médiévale, et le charme indéfinissable de ses artères resserrées qui mènent à la rivière, vous enchanteront.

■ OFFICE DE TOURISME
10, place du Martray © **02 96 91 59 40**
Fax : 02 96 91 39 03
www.larochederrien.com
Au cœur de cette Petite Cité de Caractère, sur la très belle place du Martray où sont encore présentes plusieurs maisons à pans de bois, vous trouvez cet office du tourisme. Y faire un détour est souhaitable, voire indispensable, pour y collecter l'ensemble des renseignements pouvant intéresser le passant. Entre Armor et Argoat, (pays de la terre et pays de la mer en breton), les richesses touristiques et patrimoniales sont nombreuses, encore faut-il pouvoir les trouver, au détour des villages et des chemins, sans se perdre. Un personnel très compétent est à votre disposition pour vous indiquer également les réjouissances et festivités qui foisonnent en saison dans la région.

■ EGLISE SAINTE-CATHERINE D'ALEXANDRIE
© **02 96 91 36 31**
Erigée aux XIIIe et XIVe siècles par les chanoines augustins du prieuré de Sainte-Croix à Guingamp. L'église se distingue des traditionnelles églises bretonnes par sa haute tour carrée coiffée d'une flèche en pierre, ainsi que par ses voûtes ogivales. Cette église romane et gothique, fortifiée pendant la guerre de Succession, est le refuge de nombreux trésors tels qu'un extraordinaire buffet d'orgues de l'abbaye de Westminster, un retable du XVIIe siècle ou encore un vitrail de 1928 reflétant la bataille de 1347.

■ CHEZ RICO
4, place du Martray © **02 96 15 83 62**
Ouvert tous les jours le midi et le soir. Carte : 10 € environ (pour une complète et une crêpe). Menu enfant : 8,50 €. Galettes et crêpes beurre : 2,50 €. Saucisse frites : 6 €. On pourrait résumer l'établissement en quelques mots : sympa, bon et pas cher. Arrêtez de payer des sommes folles dans les établissements de la côte. Depuis cette année, Rico et Tina vous accueillent dans un intérieur détendant et agréable. Pas de mystère, vous êtes ici pour manger des galettes de blé noir et des crêpes de froment. Cependant, on peut vous préparer aussi des salades composées ou une grillade. Dégustez donc une complète (galette œuf, jambon et fromage) pourquoi pas agrémentée de champignons ou une Guémené à la fameuse andouille en finissant par une crêpe caramel beurre salé. Chez Rico, c'est vraiment la bonne idée.

■ CLUB DE CANOE-KAYAK
Les Prajou © **02 96 91 51 48**
© **06 86 15 29 44 / 02 96 92 01 48 (base de Plougrescant)**
Fax : 02 96 91 51 48
www.kayak-roche-derrien.fr
Ouvert toute l'année. En juillet et août, possibilité de réserver les balades à l'avance.

Voilà plus de vingt ans que le club de canoë-kayak de La Roche Derrien propose un large choix d'activités, tant en loisirs qu'en compétition. Selon votre niveau et vos envies du moment, vous aurez ainsi le choix entre balades en estuaire, en rivières ou en mer, mais également pour les sportifs descente, slalom, marathon… Son école de pagaie, composée de deux titulaires du brevet d'Etat canoë-kayak ainsi que de moniteurs expérimentés, accueille dès 7 ans.

Minihy-Tréguier

■ HÔTEL KASTELL DINEC'H
Lieu-dit « Le Castel » Route de Lannion
© **02 96 92 92 92**
Voir page 197.

Penvénan

C'est là, avec Port-Blanc, que vous trouverez peut-être la côte bretonne la plus belle, parsemée d'îlots innombrables. Encore sauvage, mais déjà plus civilisée, c'est un havre de choix pour le vacancier. En balade, le sentier des Douaniers qui joint Port-Blanc à Buguélès permet de suivre et d'apprécier la côte des Ajoncs. Vers l'intérieur des terres, des circuits balisés vont à la rencontre des chapelles et calvaires de la région. Pique-nique sur le site de l'île aux Femmes, ou au rocher du Voleur, à Port-Blanc.

■ OFFICE DE TOURISME DU TRÉGOR – CÔTE D'AJONCS
13, place de l'Eglise © **02 96 92 81 09**
Fax : 02 96 92 95 11
www.ot-cotedesajoncs.com
Basse saison : ouvert du lundi au samedi de 10h à 12h30 et de 14h à 18h ; le dimanche et les jours fériés de 10h à 13h. Haute saison : du lundi au samedi de 9h30 à 19h30 ; le dimanche et les jours fériés de 10h à 13h et de 14h à 17h. La Côte d'Ajoncs s'étend entre l'est de Perros-Guirec et Tréguier. Sans être aussi connue que la Côte de Granit Rose, sa voisine, elle recèle pourtant des trésors, comme la ville patrimoniale de Tréguier, ancien évêché de la Bretagne historique ou Port-Blanc-en-Penvénan dont Anatole le Braz, auteur des *Légendes de la Mort*, qu'il avait recueillies aux alentours. Pour profiter de ce pays sublime, encore faut-il être guidé, tant en matière de plages et de baignades qu'en matière de restaurants et d'hébergements dont certains sont enclavés à l'intérieur du territoire. Vous serez accueillis aimablement et avec expertise par un personnel pour qui la contrée n'a pas de secret.

■ CHAPELLE NOTRE DAME DE PORT-BLANC
Anciennement dédiée à saint Pierre, cette chapelle rend maintenant hommage à Notre-Dame depuis un vœu fait sous le joug d'une invasion anglaise. Suite à un ouragan qui renversa la tour et la toiture de l'église le 28 mars 1836, elle fut reconstruite sur les plans de Lopes, un architecte de Lannion, en 1837 puis consacrée le 12 août 1838. Le 8 décembre 1932, l'ancienne chapelle est érigée en église paroissiale. La sacristie date du XIIe siècle, la mise en tombeau, en bois polychrome, date du XVIIIe siècle et la chaire à prêcher, en bois polychrome également, est de 1634.

CÔTES-D'ARMOR

■ LE ROCHER DE LA SENTINELLE
7, Rue de la Sentinelle
Une guérite a donné son nom au rocher qui la porte, la Sentinelle, aux pieds duquel on retrouve une poudrière. Ce site était utilisé pour surveiller les incursions ennemies en provenance des petites îles de la baie de Port-Blanc. Détruite, la guérite a été reconstruite au début du XXe siècle, à l'initiative du folkloriste Théodore Botrel. Deux statues ont alors été ajoutées : celle de Saint-Tugdual et celle de Notre-Dame-de-la-mer.

■ LE ROCHER DU VOLEUR
Le Rocher du voleur, ('Karreg la laer' en breton), complétait le système de défense mis en place par Vauban (maréchal de France sous Louis XIV). Un mur fut ainsi construit sur le rocher en 1694, pour protéger la côte des attaques maritimes. Jusqu'à la Révolution, une batterie de canons y était placée. On peut y observer les bases d'un ancien fortin, surplombant majestueusement de ravissantes petites criques.

■ CAMPING DES DUNES*
Port-Blanc
Rue des Dunes
**✆ 02 96 92 63 42 (hors saison) /
02 96 92 67 59**
Fax : 02 96 92 74 64
mairie@ville-penvenan.fr

Ouvert de mi-mai à mi-septembre. Accueil 24h/24. 86 emplacements. Emplacement + véhicule + 1 personne de 9,70 € à 9,90 €. Emplacement + véhicule + 1 personne (avec 6 A) de 12,45 € à 12,55 €. Personne supplémentaire de 2,80 € à 2,85 €. Les tarif s'entendent pour 2 personnes. Chèque Vacances. Jeux pour enfants. Animaux acceptés (de 1,30 à 1,35 €). Aire pour camping-cars.
A trois kilomètres du bourg de Penvénan, vous viendrez vous reposer au Camping Municipal des Dunes, un établissement confortable d'une grande simplicité. A trois cents mètres de la plage, vous pourrez passer, à des conditions économiques, un séjour de rêve. Au saut du lit, le petit déjeuner avalé, vous irez piquer une tête avant de vous préparer à une journée bien occupée, les randonnées sur le GR 34 étant une des manières les plus agréables de visiter le littoral. A dix minutes de Tréguier et de la Côte de Granit Rose, vous irez également visiter Paimpol ou l'île de Bréhat, situées non loin de votre lieu de villégiature.

■ LE GRAND HOTEL DU PORT BLANC
1, boulevard de la Mer ✆ 02 96 92 66 52
Fax : 02 96 92 81 57
www.hotel-port-blanc.com

Fermé du 5 octobre au 5 avril. 20 chambres (vue sur mer). Chambre simple de 55 € à 70 € ; chambre double de 55 € à 86 €. Pension complète : 87 € (per personne en sus du prix de la chambre). Demi-pension : 51 € (par personne en sus du prix de la chambre). Petit déjeuner : 8 €. Parking (parking privé). Soirée étape : 70 €. Chèque Vacances. Animaux acceptés. Wifi. Restauration.

Port-Blanc-en-Penvénan, c'est un des plus beaux endroits de la côte bretonne et ce fut à ce titre la résidence favorite d'Anatole Le Braz et celle, occasionnelle de Charles Lindbergh et Aldous Huxley. Opportunément, le Grand Hôtel de Port-Blanc vous accueille dans une de ses vingt-deux chambres au charme suranné, mais confortables et charmantes. Vous en choisirez idéalement une face mer d'où le coup d'œil sur l'île Saint-Gildas et l'immensité de la Manche vous remplira d'aise. Dans la journée, après un solide petit déjeuner, vous ne manquerez pas de gagner à pied la plage des dunes située à moins d'un kilomètre à l'ouest, et y effectuer quelques plongeons. Les jours de visite, vous gagnerez la ville historique de Tréguier où les restaurants sont nombreux et la côte de Granit Rose et Lannion où de fabuleuses promenades sur le GR 34 vous emmènerez face au spectacle étonnant des chaos rocheux.

Plouguiel

■ JARDIN EXOTIQUE DU KESTELLIC
Le Kestellic ✆ 06 73 84 00 15
www.kestellic.fr
Fermé du 16 septembre au 15 avril. Basse saison : ouvert le lundi, le mercredi et le vendredi de 14h à 17h. Haute saison : tous les jours de 14h à 18h. Sur rendez-vous pour les groupes. Adulte : 7 €. Enfant (jusqu'à 12 ans) : 3 €. Chiens non admis. Label Jardin remarquable.
Qui a dit qu'il faisait froid au Nord de la Bretagne ? Lorsqu'on visite ce parc où pousse une végétation méditerranéenne, on peut carrément en douter. Acquis au XIXe siècle par un navigateur qui construisit le manoir, ainsi que des chemins taillés dans le roc et des plans d'eau. A partir de 1965, le propriétaire actuel y a introduit de nombreuses espèces exotiques provenant de l'hémisphère sud et des zones tropicales. Le Ginko Bilboa côtoie l'eucalyptus et le rhododendron le palmier. Une promenade dans cet univers, parmi vos frères végétaux, vous laissera à la fois émerveillé et parfaitement détendu.

■ CAFÉ PESKED
21, rue du Port
Port de la Roche Jaune
✆ 02 96 92 01 82
Fermé du 4 janvier au 11 février. Basse saison : ouvert du vendredi au lundi. Haute saison : tous les jours de 10h à 1h. Réservation recommandée. Carte : 20 € environ. Vin au verre. Terrasse.
C'est un petit coin de paradis niché en bas d'une côte que parfois en hiver le verglas empêche de rejoindre mais rassurez-vous, en Bretagne, le verglas reste relativement rare. Bienvenue au port de la Roche Jaune et à ce café... Les pieds dans l'eau, ou presque. Un petit havre de paix et de gourmandises où l'on aime prendre son temps pour se régaler d'une cuisine sans prétention orchestrée, évidemment, autour des produits de la mer, qu'ils soient poissons, coquillages ou crustacés. L'été pour accueillir tout le monde, il y a même deux services. C'est la rançon du succès d'un lieu qui nous tient à cœur.

Baie d'Audierne
© THÉOS – FOTOLIA

Finistère

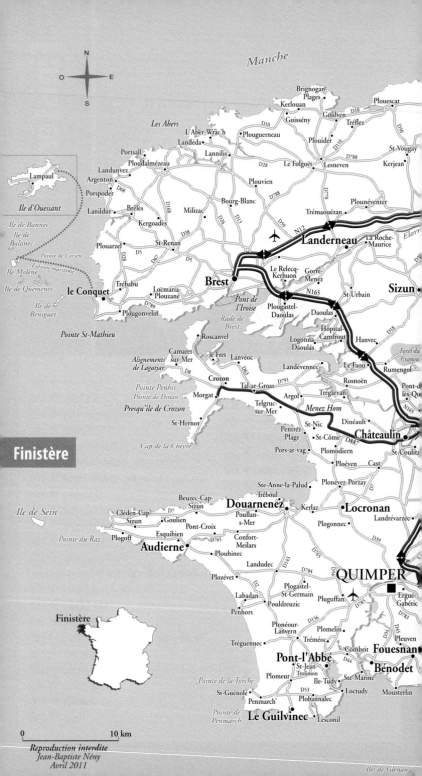

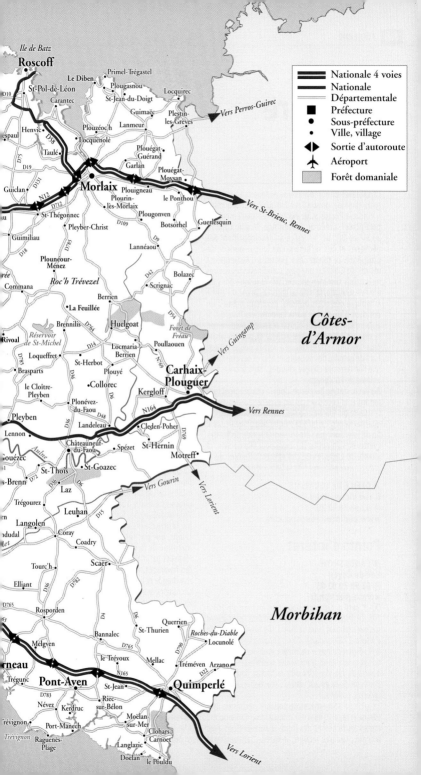

Finistère

Audierne

La naissance du port d'Audierne remonterait à l'époque gallo-romaine, puisqu'il semble qu'un port dénommé « Vindana Portus » ait existé à l'emplacement du port actuel. Créée au Moyen Age, la ville connaît au XVe et XVIe siècles, grâce au développement des pêcheries et des sècheries, une longue période de prospérité. Le talent des « pilotes » d'Audierne est réputé, de Gibraltar aux pays scandinaves les navires marchands commercent. Du XIXe et jusque dans les années soixante, la ville se densifie, prenant l'allure si typique des ports bretons, devenant même l'un des deux plus grands ports langoustiers français. Si aujourd'hui l'activité de plaisance semble prédominer, la ville a su maintenir une activité de port de pêche plus spécifiquement tournée vers la pêche côtière haut de gamme des poissons nobles et des crustacés, que l'on retrouve chaque jour dès 16h à la criée, fort animée de Poulgoazec.

Agréable station balnéaire, dont le charme tient tout autant à sa construction en escalier au-dessus de l'estuaire du Goyen et à ses ruelles étroites dans le quartier de l'église qu'à sa magnifique plage de sable fin de Trescadec qui s'étend jusqu'à la cale de Sainte-Evette, où l'on embarque aussi pour l'île de Sein, la « belle du Cap », entre ciel et mer, s'illumine de la lumière exceptionnelle de la baie éponyme...

■ **OFFICE DE TOURISME**
8, rue Victor-Hugo
✆ **02 98 70 12 20**
www.audierne-tourisme.com

Points d'intérêt

■ **L'AQUASHOW**
Rue du Goyen
✆ **02 98 70 03 03**
www.aquarium.fr
Du 1er avril au 30 septembre, tous les jours de 10h à 19h. Le reste de l'année, ouvert pendant les vacances scolaires tous les jours de 14h à 18h (avec 1 spectacle d'oiseau à 16h). Adulte : 12 €. Enfant (de 4 à 12 ans) : 8 €. Tarif réduit pour chômeurs, étudiants, personnes handicapées (10 €), tarif famille nombreuse (demi tarif à partir du 3e enfant de moins de 12 ans). Restauration. Boutique. Salle de 200 places : séminaires, mariages, concerts, goûters...
Ici, plus de 150 espèces de poissons pêchés en mer d'Iroise et répartis dans une cinquantaine d'aquariums ; toutes les richesses des fonds marins bretons avec homards, congres, requins, pieuvres... Sans oublier le

bassin tactile où l'on peut caresser raies, roussettes, étoiles de mer, poissons plats qui viennent sans crainte se frotter aux mains des petits et des grands. Il y a également le bac des seiches qui a été récemment installé. Le Goyen, de sa source à son estuaire, abrite de nombreux habitants d'eau douce et d'eau salée : truites, carpes, saumons, anguilles, brochets... Un monde du silence qui partage la vedette avec le fabuleux spectacle des oiseaux marins et des rapaces (diurnes et nocturnes) en vol libre. Ceux-ci effectuent alors un survol à quelques centimètres au-dessus des têtes. Et, pour clore en beauté le spectacle, la chasse sous-marine du Grand Cormoran.

■ **ÉGLISE SAN-RUMON – SAINT-RAYMOND**
Cette église, édifiée en granit, aurait été, semble-t-il, construite sur les douves de l'ancien château. Son clocher, reconstruit au XVIIIe siècle, porte tout de même la date de 1631 ! Il fait d'ailleurs partie des nombreux clochers baroques du diocèse. La nef, quant à elle, est composée d'un chœur polygonal datant de 1607 et des piliers octogonaux soutiennent des arcades du XVIe siècle. Sur la façade sud de l'église, et sur le porche ouest, on peut voir trois bateaux sculptés (un langoustier, une barque de pêcheurs et un bâtiment à hune).

■ **MUSÉE MARITIME DU CAP SIZUN**
Rue Lesné
✆ **02 98 70 27 49**
Ouvert tous les jours en saison (juin à septembre) de 10h à 12h et de 14h30 à 18h30. Le reste de l'année, ouvert aux groupes sur rendez-vous. Adulte : 3 €. Etudiants : 2 €.
Voilà un petit musée fort étonnant et passionnant, tant par la richesse et la variété d'objets témoins d'autres temps, que par ses collections retraçant l'histoire maritime de la région. Outils anciens, maquettes réalisées par d'anciens marins, documents à propos des naufrages, vie sociale des siècles passés, marine marchande et nationale... Voilà tout ce que l'on peut découvrir dans le musée maritime du Cap Sizun. Tous les ans, une exposition temporaire vient compléter les expositions permanentes du musée. En 2012, il s'agira d'une exposition sur l'archéologie sous-marine. Une visite à ne pas manquer !

Le couvert

■ **CRÊPERIE AN TEUZAR**
6, quai Camille Pelletan
✆ **02 98 70 00 46**
Ouvert toute l'année. Du lundi au samedi ; le dimanche soir. Pas de réservation possible le soir en juillet et en août.

An teuzar, peut se traduire par délicieux ou plus justement sans doute, fondant en bouche. Et rien n'est plus vrai, tant les crêpes que l'on déguste ici sont excellentes ! Au bilig comme au service la jeunesse prime, masculine en cuisine, féminine en salle, le cadre est à leur image, une Bretagne bien dans ses boutoù-koad, connaissant ses racines et ancrée dans son époque. De la couleur, du bois une grande toile de Pierre De Belay, sur fond de musique jazzy et du monde, les crêpes sont préparées à base de farine biologique, l'omelette sur bilig s'accompagne de pommes de terres sautées et de salade verte. Soupe de poisson et belles salades composées permettent de varier les plaisirs... Coups de cœur de ce jour là, l'Iroise, noix de Saint-Jacques flambées et sauce aux algues et la Salipomme, de la pomme nappée de caramel et flambée au lambig. Petite terrasse en bois avec vue sur le port. On en redemande !

■ **L'ENTRE-COTES**
1, rue Amiral-Guépratte
✆ **02 98 70 35 68**
entre-cotes@orange.fr
Ouvert toute l'année. Du mardi au samedi ; le dimanche midi. Menus de 25,50 € à 41,50 €. Menu enfant : 6,90 €. Accueil des groupes (banquets, mariages et séminaires). Terrasse.
C'est dans un décor somptueux que vous accueille cet établissement qui surplombe la baie d'Audierne. La vue sur l'océan, que ce soit depuis la salle ou depuis la terrasse orientée plein sud, est incroyable... Et on se doute bien que dans pareil décor, les produits de la mer sont à l'honneur ! On se laisse alors facilement tenter par une assiette ou un plateau de fruits de mer, produits frais et de qualité avec les arrivages du jour. Sans oublier le homard breton...

■ **LE GOYEN**
Place Jean-Simon
✆ **02 98 70 08 88**
Fax : 02 98 70 18 77
www.le-goyen.com
Ouvert tous les jours de 12h à 14h et de 19h à 21h. Menus de 29 € à 83 €. Formule du midi : 22,50 € (du lundi au samedi). Terrasse.
Si L'Iroise est assurément la table qui monte à Audierne, Le Goyen est le vaisseau amiral de la ville. Cette imposante demeure donnant sur le port est l'adresse rassurante pour son accueil, son confort, sa tranquilité et évidement pour sa cuisine marine comme on s'y attend. Cependant, les menus laissent le choix à chacun de passer de la terre à la mer et inversement à moins que vous ne préfériez une balade 100 % iodée. Dans la salle cossue, on hésite donc entre un marbré de foie gras aux figues, réduction de coings au banyuls et des langoustines pochées, bouillon parfumé aux champignons sauvages. Même dilemme pour la suite, noix de Saint-Jacques snackées et panaché de carottes en trois façons ou tournedos de bœuf et moelleux de pommes de terre aux herbes ? On vous laisse choisir. Pour ce qui est du dessert, on ne peut en revanche que vous conseiller les bonbons croustillants aux fruits exotiques, tartare de mangue et ananas au citron vert.

Le gîte

■ LE GOYEN***
Place Jean-Simon
℡ 02 98 70 08 88
Fax : 02 98 70 18 77
www.le-goyen.com

« Châteaux et Hôtels de Collection », « Restaurateur de France ». 26 chambres. Chambre double de 88 € à 193 €; studio / appartement de 175 € à 220 €. Petit déjeuner : 12 € (6 € pour enfant de 3 à 12 ans). Lit supplémentaire : 20 € (10 € pour enfant de 3 à 12 ans). Animaux acceptés (10 €). Réceptions et mariages. Restauration.

Ce superbe hôtel est situé sur les quais. 22 chambres ouvrent même leurs balcons sur la grande bleue. Certaines, les plus spacieuses, sont même dotées d'un salon de détente, vue sur mer bien entendu... Et, pour le plus grand confort de ses clients, le Goyen propose de nombreux services : terrasse, salon, bar, wifi, baby-sitting sur réservation, ainsi qu'un restaurant gastronomique. La table, avec ses senteurs marines subtilement combinées par Arnaud Guillou, jeune chef breton, bénéficie d'ailleurs d'une renommée justifiée. Pour le petit déjeuner, très gourmand, on le prend dans la véranda, avec vue panoramique sur la mer...

Emplettes

■ COMPTOIR DE LA MER
Quai Jean-Jaurès
℡ 02 98 70 05 37
www.comptoirdelamer.fr

Basse saison : ouvert du lundi au samedi de 9h30 à 12h et de 14h30 à 18h45. Haute saison : du lundi au samedi de 9h15 à 12h et de 14h15 à 18h45. Haute saison d'avril à septembre.

Ce magasin, que l'on peut à coup sûr trouver dans tous les ports, propose tout le nécessaire en relation avec la mer. On y trouve aussi bien des articles de nautisme que de loisirs, de déco marine, de culture, de cosmétique, ou encore de mode avec des marques telles que Saint-James, Armor-Lux (Bermudes), Guy Cotten, et même TBS depuis peu. Des vêtements marins prêts à toute épreuve sans oublier d'être élégants et pratiques... Pour les gourmands, on retrouve également un tas de produits alimentaires. Quant à l'étage du magasin, il est entièrement consacré à la pêche. On n'hésite pas alors à passer au Comptoir de la Mer et demander conseil si besoin est.

▪ Dans les environs ▪

Cleden-Cap-Sizun

Pointes du Van, de Brezellec, de Castel Meur, de Penharn... Dans ces lieux chargés de légendes, l'océan creuse sans cesse la roche et à chaque grande marée l'eau bouillonne au pied de falaises vertigineuses. Ici le vent et la mer sont presque toujours débridés et les courants atteignent des vitesses impressionnantes. Une atmosphère de fin (point de vue français) ou de début (point de vue breton) du monde, dans laquelle se nichent

entre les pointes, de petites criques de sable fin bordées d'eau turquoise, certaines abritant de minuscules ports, le Vorlen, Brezellec, Heign-Hass, indifférents aux remous voisins. Au bourg l'église Saint-Clet du XVIe siècle est célèbre pour son porche et son clocher tandis qu'au gré de promenades dans cette nature d'une sauvage beauté, se découvrent de nombreuses chapelles dont celle de Saint-They à la pointe du Van.

■ TIEZ AN EOL
Lannuet
℡ 02 98 70 30 62 / 06 76 93 04 64
www.gites-lenaour.com

Ouvert toute l'année. 4 chambres (dont une familiale). Chambre double jusqu'à 49 €. Petit déjeuner inclus. Lit supplémentaire : 15 €. Wifi. Restauration (table d'hôte sur réservation). Bain bouillonnant.

Situés dans des anciens corps de ferme entièrement rénovés, les 2 gîtes et les 4 chambres d'hôtes de cet endroit vous apporteront tout le calme et le repos nécessaire pour se ressourcer. Surtout que le lieu dispose également d'un spa extérieur, idéal pour la détente et le bien-être après une bonne journée de promenade. Mais ce n'est pas tout puisque Marcel et Odile Le Naour vous invite aussi à leur table d'hôtes (sur réservation). Côté décoration, celle-ci est tendance. Et pour les enfants en bas âge, ils sont aussi les bienvenus avec du matériel adapté à leur bien-être (petit lit, chaise haute, baignoire, table à langer). Une jolie attention que les parents apprécient tout particulièrement ! L'accueil est charmant et l'adresse n'en devient qu'encore plus recommandable...

Esquibien

Petite commune située tout proche de la pointe du Raz, Esquibien recèle de nombreux attraits. On peut alors se promener sur les plages de sable blanc, mais aussi sur les dunes de Trez Goarem. On pourra s'essayer aux sports nautiques sur le magnifique plan d'eau de Saint-Evette qui abrite un petit port de plaisance toujours à flot. On peut aussi, d'ici, embarquer pour l'île de Sein (Enez-Sun en breton). Entre terre et mer, Esquibien nous laisse également découvrir un véritable patrimoine historique et culturel avec ses chapelles, ses manoirs, ses calvaires, ses fontaines, son église paroissiale, ses vieilles fermes bretonnes, ses murs de pierres sèches du XIIe siècle...

■ COMPAGNIE PENN AR BED
Embarcadère de Saint-Evette
℡ 02 98 80 80 80
www.pennarbed.fr

Ouvert toute l'année.

Quelle idée géniale cette idée de croisière vers les îles... C'est sans doute ce que vous vous direz une fois à bord de l'un des bateaux de la Penn Ar Bed. Au départ de l'embarcadère de Saint Evette, sur la commune d'Esquibien, une heure de traversée suffit pour atteindre l'île de Sein et ses petites maisons, mais aussi ses superbes plages et ses promenades que l'on apprécie toujours. Avant d'arriver, on profite de la croisière, que ce soit sur le pont ou dans les salons du bateau. Surtout que l'Enez Sun commence la traversée en longeant les côtes du Cap Sizun jusqu'à la pointe du Raz... que l'on passe

© PHOVOIR

Chapelle Saint-They à la pointe du Van

avec ou sans remous selon les conditions. Puis on se met à guetter les abords de l'île qui foisonnent d'épaves et de récifs. Une croisière qui s'annonce forte en émotion...

AQUACAP
ESPACE AQUATIQUE DU CAP-SIZUN
Route de la Pointe du Raz ✆ **02 98 70 07 74**
www.aquacap.fr
Ouvert toute l'année. Ouvert tous les jours. Entrée : 5,30 €. Enfant : 4,20 €. Entrée espace aquatique + balnéo : 9 €.
Ouvert depuis 2007, l'espace aquatique du Cap-Sizun permet à tous de profiter des 2 bassins, le sportif avec une eau chauffée à 28°C, ou le ludique avec une eau à 30°C. Pour s'amuser, on trouve alors un toboggan de 50 mètres, une pataugeoire avec jets, des banquettes massantes et des geysers... Sans oublier l'espace détente et bien-être avec sauna et jacuzzi ! L'Aquacap propose également un espace extérieur avec terrasse solarium ainsi qu'un jardin avec un espace aménagé pour pique-nique. Un véritable petit coin de paradis... Ouvert tous les jours, on n'hésite donc pas à venir faire quelques longueurs ou s'amuser. Côté activités, on a le choix : aquafitness, aquaphobie, bébés nageurs, jardin aquatique, cours de natation (enfants et adultes tous niveaux avec stages durant les vacances scolaires), mais aussi aquabiking (des séances de cardiotraining sur un vélo immergé avec des mouvements plus doux que sur la terre ferme et des résultats concluants), qui plait beaucoup...

Goulien

Une petite commune détentrice de multiples richesses naturelles et au centre du bourg la charmante église de Saint-Goulven, dont le porche du XVIᵉ siècle a été récemment restauré. Et puis pour tous les passionnés, la réserve ornithologique, sur la baie de Douarnenez, regorge d'espèces protégées et offre une grande partie de l'année des animations et des sorties naturalistes. Sans compter que Goulien fut la première commune de Bretagne à accueillir une ferme de huit éoliennes, c'était en 2003...

■ LA MAISON DU VENT
Bourg de Goulien
✆ **02 98 70 04 09**
Situées tout près de la réserve naturelle du Cap Sizun, dans le paysage de Goulien, les éoliennes, depuis leur installation il y a maintenant une dizaine d'années, fascinent toujours autant petits et grands. La Maison du Vent, installée dans l'ancienne école du bourg, est un centre d'interprétation aussi bien ludique que scientifique. Ce centre invite les visiteurs à découvrir le vent sous tous ses aspects (de la musique à la technique et de la poésie à la science) à travers un parcours muséographique qui s'intitule « A l'école du Vent ». Pour comprendre comment fonctionne le vent, les milieux ventés et la production d'énergie, la Maison du Vent présente girouette, anémomètre, drapeau, dessins, courants d'air, diffusion d'odeurs d'embruns et montages sonores. Le lieu a d'ailleurs pour perspective de devenir l'une des étapes d'un circuit dont le thème sera porté sur les énergies renouvelables.

■ RÉSERVE DU CAP SIZUN
Kerisit
✆ **02 98 70 13 53**
www.bretagne-vivante.org
Lieu incontournable pour tous les passionnés de nature et d'ornithologie, la réserve du Cap Sizun accueille les oiseaux marins du grand large (mouettes tridactyles, guillemots de Troïl, fulmars boréals) mais aussi du bord de côte (cormorans huppés, goélands argentés, bruns, marins...). Ceux-ci viennent par centaine nicher ici chaque printemps. Et dans cette réserve qui s'étend sur une quarantaine d'hectares de landes, de falaises et d'îlots, et sur 3 km de côtes, d'autres oiseaux devenus rarissimes en Bretagne (grand corbeau ou crave à bec rouge) vivent ici toute l'année. Une visite passionnante dans ce haut-lieu de l'ornithologie, qui a déjà fêté ses 50 ans en 2009 ! Sachez tout de même que la meilleure période pour observer les oiseaux se trouve entre avril et mi-juillet. Des visites guidées sont également organisées pendant les vacances de printemps et d'été.

FINISTÈRE

Pont-Croix

Née d'une motte féodale, puis d'un château implanté sur un promontoire rocheux dominant la ria du Goyen, Pont-Croix, capitale du Cap-Sizun et labellisée Petite Cité de Caractère, possède un charme incontestable qui séduisit de nombreux artistes, Matisse, Flaubert ou Maupassant. Bâtie en forme d'amphithéâtre ses rues médiévales pavées, bordées d'anciennes maisons groupées autour de la très belle église romane, sont chargées d'histoire. Les pittoresques ruelles les « rues Chères » – La Petite et La Grande – dévalent à pic vers le Goyen ou partent à l'assaut du promontoire rocheux. Des rues et ruelles qui tous les 2 ans, le temps d'un week-end, renoue avec l'esprit médiéval, grâce à une fête qui voit troubadours, chevaliers, damoiseaux et damoiselles, échoppes et campements prendre possession de la cité, pour le plus grand plaisir du public. Prochaine fête médiévale au printemps 2011. A voir absolument, les restes d'un moulin à eau et d'un autre moulin mer au milieu du pont. Ils se trouvent au bout des 100 mètres de la grande rue Chère.

■ **OFFICE DE TOURISME DE PONT CROIX**
Rue Laënnec
✆ **02 98 70 40 38**
www.pont-croix.fr

■ **COLLEGIALE NOTRE-DAME DE ROSCUDON**
Construite dès le XIIIe siècle, cette superbe église paroissiale est une véritable dentelle de pierre. On y trouve d'abord la nef, bâtie en 1260, puis le carré du transept datant du XIVe, et enfin, au XVe ou XVIe siècle, une dernière travée et un chevet flamboyant. Quelques autres magnifiques éléments de l'église Notre Dame de Roscudon : le porche de la fin du XIVe siècle (surmonté d'un gâble élevé et finement sculpté), mais aussi la flèche qui date du milieu du XVe siècle. A l'intérieur, les piliers sont alternativement entourés de quatre ou huit colonnettes. L'église abrite également un riche mobilier telle cette remarquable statuaire – dont une étonnante Cène – ainsi que des vitraux datant du XVe au XXe siècle (dont deux de Grüber). Sans oublier cette émouvante sculpture de René Quillivic se dressant dans le jardin...

■ **LE MARQUISAT**
Rue de la Prison
✆ **02 98 70 51 86 (en été) / 02 98 70 40 38 (hors saison)**
http://pontcroix.chez.com
Ouvert toute l'année. Basse saison : le dimanche et les jours fériés de 15h à 18h. Haute saison : tous les jours. Ouvert tous les jours de 15h à 18h en juin et septembre. Ouvert tous les jours de 10h30 à 12h30 et de 15h30 à 18h30 en juillet et en août. Gratuit jusqu'à 12 ans. Adulte : 2 €.
Cette ancienne maison noble datant du XVe siècle, et bâtie par les seigneurs de Pont-Croix, abrite un véritable musée du Patrimoine. Le Marquisat, comme on la nomme, présente différentes pièces : bistrot-épicerie, pièce bretonne (ou pièce de vie) et écurie (pavée de galet de mer) au rez-de-chaussée, chambre 1900, chambre des « kiz » (avec costumes et coiffes de Cap Sizun), chambre de la mémoire (avec photos), pièce des expositions (photos, maquettes, peintures) au premier étage, mais également la chambre de la tour qui offre une superbe vue sur la rivière. Sans oublier un magnifique escalier en pierres. Le décor étant fidèlement reconstitué, on se retrouve pour un temps, comme dans le temps... Plusieurs pièces sont récemment venues enrichir le fond : tabliers brodés, vieux métier à broder, chaufferette... ainsi qu'un superbe reliquaire d'amour (globe de mariage orné de décors particuliers et symboliques). L'émotion est au rendez-vous.

■ **CRÊPERIE L'EPOKE**
1, rue des Partisans
✆ **02 98 70 58 39**
creperie-epoke@wanadoo.fr
Basse saison : ouvert du jeudi au lundi le midi et le soir. Haute saison : tous les jours le midi et le soir. Vacances scolaires 7j/7. Terrasse.
C'est dans un cadre typiquement breton (maison en pierres, poutres, grosse cheminée, tables et bancs bretons), que vous accueille cette charmante et excellente petite crêperie de Pont-Croix, située face à la Collégiale. Ici, les crêpes sont originales et savoureuses. L'Epoke propose également de la petite restauration ainsi que des salades composées. Une table à découvrir.

Bénodet

Mélange savoureux d'authenticité et de charme, Bénodet se trouve à l'entrée de l'estuaire de l'Odet. Cette ville est vite devenue l'une des plus attachantes stations balnéaires du Finistère sud. Entre les plages blanches, le site verdoyant, et un arrière pays des plus riants, nombreux sont les vacanciers qui ont été séduits. Sans oublier tous les artistes et écrivains qui y sont passés : Sarah Bernhard, André Suares, Proust, Guillaume Apollinaire... Le port de plaisance, le casino et quelques élégants établissements hôteliers confèrent également à ce haut-lieu du tourisme balnéaire un côté très chic. Et puis, si on a envie d'encore un peu plus d'exotisme, les îles de Glénan et ses plages de sable fin sont juste à portée de voiles.

■ **OFFICE DE TOURISME**
29, avenue de la Mer
✆ **02 98 57 00 14**
Fax : 02 98 57 23 00
www.benodet.fr

🏅 **LES VEDETTES DE L'ODET**
2, avenue de l'Odet
Vieux Port
✆ **02 98 57 00 58 (réservations)**
www.vedettes-odet.com
Croisière sur l'Odet et les îles de Glénan, départs réguliers de début avril à fin septembre.
Rien de tel que de prendre l'air du large à bord de l'une des Vedettes de l'Odet. Croisières promenade, restaurant, découverte ou encore vision sous-marine, de nombreuses propositions s'offrent à vous. Vous pourrez alors vérifier par vous-même que l'Odet est bien « la plus jolie rivière de France »... Mais on n'hésite pas non plus

© TONY CARDWELL – ICONOTEC

Vue de Bénodet

à profiter des nombreux départs réguliers vers les îles de Glénan, situées à une dizaine de milles du continent et véritable havre de paix conciliant à merveille une eau vert émeraude avec les plages de sable fin et blanc et le soleil... D'autres départs sont également prévus depuis Quimper, Beg-Meil, la Forêt-Fouesnant, Loctudy et Concarneau. De la découverte de l'archipel (avec possibilité de louer des kayaks de mer pour naviguer à son rythme entre les îles) à l'exploration sous-marine, quatre formules de croisières vous sont proposées pour profiter pleinement des Glénan. A savoir : à l'occasion des grands événements maritimes, les Vedettes de l'Odet peuvent également louer des navires avec équipage.

▶ **Autre adresse :** Départ également de Quimper, Loctudy, Beg Meil, La Forêt-Fouesnant et Concarneau.

Points d'intérêt

■ MUSÉE DU BORD DE MER – MAISON DU TOURISME
31, avenue de la Mer
☎ **02 98 57 00 14**
www.benodet.fr

Ouvert toute l'année. Basse saison : du jeudi au lundi de 10h à 13h et de 14h à 18h. Haute saison : tous les jours et les jours fériés de 10h à 13h et de 14h à 18h. Gratuit jusqu'à 18 ans. Adulte : 2 €. Groupe (10 personnes) : 1,80 € (réservation obligatoire).
C'est une exposition permanente et inédite que présente, à travers plusieurs salles d'exposition, le musée du Bord de Mer. Il s'agit de l'exposition intitulée « Les petits bateaux qui vont sur l'eau », dont le parcours retrace l'ambiance des bains de mer et de la plaisance sur les bords de l'Odet. De nombreux objets insolites, maquettes navigantes et jouets de plage racontent ainsi l'histoire des régates de bateaux modèles sur les côtes locales.

Tous les ans, une exposition temporaire vient compléter le musée. Pour 2012-2013, il s'agira des « loisirs et arts de vivre à bord de la French Line ». Une exposition qui en dira long sur les paquebots... Pratique : l'office de tourisme vous propose, sur réservation, des visites guidées. Et, pour les enfants de 5 à 10 ans, un jeu de piste est organisé dans le musée. Un enchantement pour petits et grands pour découvrir les plaisirs de la mer à Bénodet au XXe siècle.

■ CHAPELLE DU PERGUET
En bord de route entre Bénodet et Fouesnant
Visites en juillet et en août. Ouvert du dimanche au vendredi de 10h30 à 12h30 et de 15h à 19h.
Ancienne église paroissiale de la ville jusqu'en 1878, la chapelle du Perguet est située au bord de la route entre Bénodet et Fouesnant. La partie romane a été édifiée au XIe siècle et la nef, datant de la même époque, est ornée de statues anciennes. Le retable et le porche, quant à eux, sont du XVe siècle. Le calvaire de la chapelle a été restauré en 1989 et représente saint Laurent et sainte Brigitte. A l'origine, l'enclos qui entoure cette église était un ancien cimetière.

■ L'ODET
Si on apprenait à l'école communale que « l'Odet est la plus jolie rivière de France », c'est parce qu'avec les nombreux châteaux et manoirs cossus qui bordent les rives boisées de celle-ci, on a du mal à croire le contraire ! Elle fut d'ailleurs le lieu de résidence d'illustres auteurs comme Emile Zola qui occupa pendant quelques temps le château rose de Kerbirinic. Jean de la Fontaine ou Mme de Sévigné vinrent également s'imprégner des merveilleux paysages qui jalonnent les bords de l'Odet. Ici la nature est reine et l'influence de l'Océan se fait sentir tout au long du parcours. On peut aussi, sans hésitation, traverser à pied le pont de Cornouaille reliant le pays de l'Odet au pays Bigouden (Bénodet à Sainte-Marine) et profiter ainsi du magnifique panorama...

FINISTÈRE

Le couvert

■ CREPERIE DE BENODET
8, avenue de l'Odet
✆ 02 29 40 29 26

Fermé en janvier. Juillet-août et toutes les vacances scolaires, ouvert tous les jours. Hors saison ouvert vendredi, samedi et dimanche. Service tardif. Réservation recommandée. Chaises bébé.

Ici, le cadre est rustique, avec du bois et de la pierre, quelques tableaux marins, et, sur les tables, des bougeoirs angelots. Sans compter les figurines ou objets humoristiques, presque enfantins, disposés un peu partout. C'est charmant et familial. Quant aux assiettes et aux bols, de facture traditionnelle, ils portent, dessiné à la main, le nom de l'enseigne. Côté cuisine, la pâte, travaillée à la main et à base de farine provenant du Moulin de l'Ecluse à Pont-l'Abbé, est sublimée en des crêpes légères et fines comme de la dentelle. Kraz (croustillantes) ou plus moelleuses si on le souhaite, elles sont délicieuses. La blé noir nature au beurre en est la preuve incontestable ! Sans compter que les garnitures sont cuisinées maison à base de produits frais... Le caramel et le chocolat sont bien sûr maison, les bières et la musique bretonnes, la crêperie de Bénodet est à classer dans son carnet d'adresses gourmandes !

■ ESCAPADES
37, rue du Poulquer
✆ 02 98 66 27 97
www.escapades-benodet.com

Ouvert toute l'année. Du mardi au samedi le midi et le soir ; le dimanche midi. Menu enfant : 10,20 €. Formule du midi : 12,10 €. Formule plaisir à l'ardoise à 17,20 €. Accueil des groupes. Chaises bébé. Terrasse. Vente à emporter.

Situé au bout de la plage du Trez, ce restaurant est un incontournable de Bénodet. Mais, en plus de sa situation exceptionnelle, il fait également partie des adresses gourmandes à ne pas rater. Le cadre mêle avec bonheur les styles plage et bistrot, avec des murs en bois clair, réhaussé d'un parquet du plus bel effet. Et pour orner les murs et parfaire cette harmonie : quelques notes de couleurs avec des toiles de peintures subtilement exposées. Sinon, on peut aussi opter pour la très belle terrasse chauffée avec sa vue sur la mer... Côté cuisine, on pourra découvrir les plats à la carte, ou préférer les menus à l'ardoise. Restaurant de spécialités de fruits de mer, Escapades propose, par exemple, une plancha de langoustines aux épices douces. Et, en dessert, on se régale de la Tatin de banane accompagnée de sa glace vanille. Avec, en plus, une présentation soignée sur tous les plats.

Le gîte

■ ARMORIC HÔTEL***
3, rue de Penfoul ✆ 02 98 57 04 03
Fax : 02 98 57 21 28
www.armoric-benodet.com

30 chambres. Chambre double de 79 € à 166 €. Demi-pension : 145 € (à 232 € pour 2 personnes, selon saison et type de chambre). Petit déjeuner buffet : 10 €. Lit supplémentaire : 16 €. Garage : 5 € (ou 25 € la semaine ; monospace et 4x4 exclus). American Express, Chèque Vacances. Animaux acceptés (8 € par jour ou 40 € la semaine). Wifi. Restauration (menus de 26 € à 39 €). Tv satellite, Canal +.

Situé au cœur de la station balnéaire, cet hôtel propose à sa clientèle un parc ombragé, une piscine extérieure chauffée de mai à septembre, une terrasse, un salon bar avec piano... Au programme, repos, dépaysement, délassement et plaisir. Chaque chambre dispose de sa propre décoration qui est toujours cossue et confortable, de la Bihan à la Suite qui donne sur le parc. Cette enseigne propose donc des prestations de qualité alliant confort aux équipements haut de gamme. Pour le petit déjeuner : gâteaux maison et viennoiseries raviront les plus gourmands. Côté restauration, notons que la cuisine traditionnelle de la maison a reçu le titre de Maître Restaurateur en 2009. Futé : l'hôtel propose régulièrement des promotions et des forfaits avec la thalasso, le golf, les vedettes de l'Odet ou Haliothika.

■ RESIDENCE HOTELIERE TI AN AMIRAL
23, rue de Kerguelen
✆ 02 98 66 29 80
Fax : 02 98 66 29 81
www.tianamiral-benodet.com

Ouvert toute l'année. 7 appartements. De 70 € à 170 €. Lit supplémentaire : 15 €. La suite de 120 € à 200 €. Connexion Internet gratuite. Service de ménage. Bain bouillonnant, sauna.

Cette grande maison de maître typiquement bretonne du XIXe siècle dispose, en plus d'un magnifique jardin arboré et fleuri, une piscine ouverte et chauffée d'avril à octobre et cernée par des terrasses. Une demeure de charme récemment rénovée avec des prestations haut de gamme telles que massages, spa et sauna... Chaque appartement est baptisé du nom d'un des navires placés sous le commandement d'Yves de Kerguelen parmi lesquels découvrir les îles éponymes : la Fortune, la Dauphine... La décoration est ici soignée et l'espace spa et sauna vous offre un coin bien-être en plein cœur de Bénodet. Du haut de gamme donc pour cette résidence aucunement guindé, avec des services qui suivent sans mal et le tout à des prix qui savent finalement rester mesurés.

Loisirs

■ UCPA
Le Letty
✆ 02 98 57 03 26
benodet.ucpa.com

Ouvert de mi-avril à début octobre. En juillet et en août, site du Fort du Coq pour la location et les stages en externat au 02 98 57 16 09.

Faut-il encore vous présenter l'UCPA ? Les deux moteurs de ce centre de vacances pour jeunes, ce sont les sports de mer et la convivialité. Avec des moniteurs compétents et forts sympathiques, l'ambiance est au rendez-vous... Pour venir en internat, ça se passe au Letty dans un cadre splendide avec accès direct à la mer, en bordure de la mer blanche. Le centre ville se trouve, quant à lui, à seulement 15 minutes à pied ! L'externat, quant à lui, s'adresse aux vacanciers qui souhaitent participer aux stages de cinq demi-journées proposés en juillet et en août sur le site du Fort du Coq, autrement dit la plage du Trez. Savoir nager 50 mètres sans couler est une condition sine qua non de l'inscription pour pratiquer les diverses activités nautiques telles que le catamaran, le dériveur et la planche à voile. Il est également possible de louer planches à voiles et dériveurs ici l'été. A noter : il existe également un centre équestre UCPA à seulement 7 km du centre UCPA de Bénodet et de Quimper.

Détente, forme

■ THALASSO BENODET
Corniche de la Plage
€ **02 98 66 27 00**
http://benodet.relaisthalasso.com
Fermeture 2 semaines en décembre. Cure post-natale 799 € (6 jours hors hébergement), cure thalasso essentielle 729 € (6 jours hors hébergement), 1 journée forme essentielle à partir de 139 €.
Dans ce centre de thalassothérapie, on se remet en forme, on se détend, on se ressource... Les bienfaits : d'abord ceux de la mer qui se situe à quelques pas, l'espace hydromarin et son eau de mer à 32°, ses jets sous-marins, sa cascade ou encore son Jacuzzi. Ils offrent tous un havre de plénitude, sans oublier la rivière de marche, ou encore la salle d'aromathérapie... Et les offres sont nombreuses. Pour faire une pause, on s'arrête à la Tisanerie qui est en accès libre et gratuit et qui offre un agréable coin détente avec ses mélanges relaxants et amicissants. Et pour se restaurer, il y a Le Kastell, à deux pas, qui propose un Pass'A Table.

Sorties

■ CASINO BARRIÈRE DE BENODET
Corniche de la Plage
€ **02 98 66 27 27**
www.lucienbarriere.com
Ouvert toute l'année. Restauration.
Idéalement situé, face à la plage, le casino vous permettra de tenter votre chance aux jeux. Machines à sous ou jeux sur table, tout le monde y trouvera son compte. Le Casino propose ainsi des jeux comme le black jack, la roulette anglaise, ou encore le fameux Texas Holdem Poker... Mais inutile de tous les citer, il ne vous reste plus qu'une chose à faire : aller essayer ! Et même si vous n'êtes pas un joueur invétéré, vous pourrez toujours gagner. Il suffit d'une fois... Sinon, on peut également profiter du bar ou du restaurant, le soir jusqu'à 23h, si une soif ou une faim se fait sentir pendant la mise. Sans oublier qu'un samedi soir par mois, une session-jazz live gratuite s'organise au bar du Casino !

Emplettes

■ L'ATELIER DES SAVEURS
5, route du Letty
€ **02 98 57 01 27**
Fax : 02 98 57 25 29
www.atelierdessaveurs.com
Ouvert pendant les vacances de noël, de pâques et du 15 juin au 15 septembre du lundi au vendredi de 15h à 18h.
Ancien chef de belle renommée qui avait fait de sa table une des belles adressers finistériennes, Jean-Marie Guilbault s'est, depuis quelques années déjà, reconverti dans la confection artisanale de superbes confitures mais aussi de chutneys et de confits. On notera d'ailleurs qu'il a été élu meilleur confiturier de France en 2011 ! Que vous décidiez alors d'acheter directement en ligne ou de profiter de la petite boutique qui se situe juste à côté de l'atelier, n'hésitez pas à découvrir les saveurs fines et les compositions originales des différents produits : confit de chou-rouge à la cerise, Ar Ro Mad le confit de légume « à la bretonne », confit de pomme au pommeau de Bretagne, confit de pommes et noix au Lambig, confit de poire et mangue au vin moelleux, ou encore confiture de fraise et céleri au poire sauvage, gelée de cidre de Bretagne, confiture d'ananas à la vanille... Sans oublier le Kéramel, crème à tartiner à base de chocolat et de sarrasin grillé, à goûter impérativement. Si vous y passer, vous aurez en plus de judicieux conseils. Le plus : quelques petites recettes en direct sur le site Internet de l'Atelier des Saveurs !

■ BISCUITERIE DU MOUSTOIR FRANCOIS GARREC
Route de Fouesnant *€* **02 98 57 17 17**
www.garrec.fr
Basse saison : ouvert du lundi au samedi de 9h à 18h30. Haute saison : tous les jours de 10h à 19h. Haute saison en juillet et août. Visite libre du lundi au vendredi de 9h à 16h. Visite commentée gratuite les jeudis et vendredis à 11h. Visites supplémentaires durant les vacances scolaires.
Tout débuta dans les années 1890 avec Primel Garrec qui ne faisait alors que de la boulangerie. C'est à la fin des années 1960 que le fils délaissa la boulangerie au profit du biscuit. C'est ensuite en 1999 que l'atelier se retrouve dans les locaux actuels sous l'impulsion de Gildas Garrec. On retrouve ainsi dans cette entreprise quatre générations de Garrec qui ont su préserver des recettes familiales et une fabrication qui est toujours restée artisanale (pesée des pâtes, pliage des crêpes, façonnage des gâteaux...) Une fabication que l'on pourra d'ailleurs découvrir à travers un couloir de visite entièrement vitré. Le geste est précis : palets bretons, galettes fines au beurre, gâteaux bretons nature ou fourrés, crêpes bretonnes sont élaborés en transparence et en un tour de main devant les visiteurs. Il ne vous reste plus qu'à musarder dans la boutique pour faire le plein de douceurs et élaborer à votre convenance un panier gourmand.

▶ **Autre adresse :** Rond point de la Baie – La Forêt-Fouesnant (tel) 02 98 56 98 53

■ **Dans les environs**

Clohars-Fouesnant

■ **GOLF DE L'ODET**
☎ 02 98 54 87 88 – www.bluegreen.com/odet
Ouvert toute l'année. Boutique. Restauration uniquement le midi.

C'est dans un superbe environnement avec 130 ha d'espace boisé, des talus bretons préservés ainsi que de paisibles étangs, que se trouve le golf de l'Odet. Celui-ci s'est parfaitement intégré à la douceur de l'arrière-pays bénodétois. Que du plaisir donc pour les adeptes du club et de la petite balle blanche puisque le golf propose des parcours à la hauteur de ce cadre (un parcours de 18 trous et un compact 9 trous). Pour le confort de jeu de chacun, les greens sont tondus tous les jours, et même plus durant la saison estivale ! Et, pour s'initier ou perfectionner son swing, seul ou entre amis : practice, putting green et aire de petit jeu. Il existe également une école de golf ouverte toute l'année hors vacances scolaires pour les plus jeunes de 6 à 17 ans (cours une fois par semaine). A noter : plusieurs formules sont proposées pour contenter chacun.

Brest métropole océane

Quand on goûte à la vie brestoise, on se rend vite compte que cette ville est attractive, attachante et dynamique. Deuxième agglomération de Bretagne rayonnant sur un bassin de 400 000 habitants et bordée par une rade exceptionnelle connue des marins du monde entier, Brest est une ville où on vit bien. Idéalement située sur la façade atlantique, cette cité maritime façonne son histoire au cours des siècles. De nombreux personnages illustres y ont laissé leur empreinte. Richelieu jette les bases du futur port militaire avec le début des constructions navales sur les rives de la Penfeld. Sous Colbert, la ville se développe et bénéficie des travaux de l'ingénieux Vauban. Quelques vestiges sont encore là pour témoigner de cette époque. C'est du port de Brest que de grands explorateurs comme La Pérouse, Kerguelen, Bougainville sont partis pour découvrir de nouveaux mondes. Ces noms évoquent les voyages et préfigurent les missions scientifiques toujours réalisées actuellement par les navires d'Ifremer, de l'Institut polaire ou de la Marine nationale fortement présente ici. En effet, Brest abrite dans son château la préfecture maritime de l'atlantique et se positionne incontestablement comme la première base navale de défense en France. Le sanctuaire ultra-protégé des sous-marins à propulsion nucléaire de la Force Océanique Stratégique y est établi. Un important port militaire donc, un port scientifique, les ports de commerce et de réparation navale, sans oublier les ports de plaisance et le port de pêche, voilà qui autorise légitimement la métropole de l'ouest breton à se revendiquer comme la seule ville française aux six ports. Sans aucun doute, Brest, c'est la mer par excellence. Ce n'est pas un slogan, c'est une réalité avec cette rade magnifique, véritable mer intérieure, qui est devenue au fil des ans un des plus beaux stades nautiques d'Europe. Ce site exceptionnel invite à la navigation et au voyage vers les îles de la mer d'Iroise, et permet de se perfectionner dans le domaine de la voile et de s'adonner aux plaisirs de la plaisance. C'est ici que sont organisées de grandes régates mais également des fêtes maritimes tous les 4 ans depuis 1992 et dont les 20 ans ont été célébrées juillet 2012 sous l'appellation « Les Tonnerres de Brest 2012 ». Avec ses 2200 places réparties entre le mythique port du Moulin Blanc et la

Le Tram, nouvelle fierté de Brest

© FORTUNÉE PELLICANO

Allée sous voiles

récente marina du Château située au pied du centre-ville, Brest s'est imposé comme le premier espace nautique de Bretagne. Port de départ et d'arrivée des grandes compétitions à la voile, et au regard des exploits réalisés par les plus grands navigateurs dans des courses transatlantiques ou autour du monde, cette ville est connue et reconnue comme « le port des records ».

Le dernier exploit en date a été réalisé par Loïck Peyron et les 13 hommes d'équipage du Banque Populaire V. Après être partis de Brest le 22 novembre 2011, ces marins chevronnés ont regagné les pontons de la Marina du Château le samedi 7 janvier 2012. A bord du plus grand trimaran du monde (40 mètres de coque centrale et un mât culminant à 47 mètres de hauteur), cet équipage a remporté le trophée Jules Verne, record du tour du monde à la voile en équipage et sans escale en 45 jours, 13 heures, 42 minutes et 53 secondes. Et pulvérisé ainsi tous les records établis précédemment sur le même parcours par des skippers prestigieux comme Cammas, Coville, Joyon, Blake, Kersauson...

Ville jeune, elle accueille plus de vingt-trois mille étudiants répartis dans son université pluridisciplinaire et ses grandes écoles. Autre atout, la métropole océane concentre près de 60 % de la recherche française des sciences et techniques de la mer sur le site du technopôle Brest Iroise, site de renommée internationale. C'est aussi une ville soucieuse de son environnement. La circulation automobile en centre-ville sera sérieusement diminué avec la mise en service d'un tramway ultramoderne sur les 14,3 km d'une 1re ligne inaugurée en juin de cette année. C'est ici aussi que le siège national des Aires Marines s'est installé, aussitôt après la création du premier Parc naturel marin français. Celui-ci, inauguré en 2007, sert désormais de modèle pour les futurs projets en métropole et dans l'Outre-mer. Et puis, comment parler de cette ville sans évoquer le Conservatoire Botanique

National, une structure de renommée internationale où se retrouvent des dizaines d'espèces de plantes protégées uniques au monde ? Ou même, comment passer sous silence Océanopolis, un parc de découverte des océans unique en Europe proposant depuis plus de 20 ans aux 500 000 visiteurs annuels, environ 10 000 animaux marins dans des pavillons polaire, tropical et tempéré. Mais Brest c'est aussi son parler particulier (le Brestôa, quoi !), bien retranscrit par les chansonniers locaux, comme par exemple Les Goristes, mais aussi par le talentueux Steven Le Roy, journaliste du Télégramme qui présente une chronique hebdomadaire sur la télévision locale Tébéo, des moments savoureux repris sur le web. Cette ville et son architecture si particulière, héritage de la reconstruction d'après-guerre, possède un charme particulier avec ses quartiers : Recouvrance, Saint-Marc, Kerinou, Saint-Pierre, Lambézellec, Saint-Martin...

Enfin, cette grande agglomération affiche fièrement ses réussites sur le plan culturel. Le Quartz détient le statut de première scène nationale et propose toute l'année des spectacles variés et très appréciés. Des manifestations reconnues comme Astropolis, festival de musique électro devenu une référence internationale, et le festival européen du film court s'y déroulent chaque année. Le Théâtre de L'Instant programme des représentations qui remplissent sa salle mythique. Et pour compléter l'offre, Le Stella, véritable Maison du Théâtre en Finistère. Côté musique, Brest possède avec La Carène, une salle de musiques actuelles faisant référence en France et qui offre une large programmation de concerts. De nombreux musiciens et artistes réputés sont originaires d'ici. En particulier Christophe Miossec. D'autres s'y installent comme Jean-Christophe Spinosi et son ensemble Matheus. En juillet et août, les quais du port de commerce sont rythmés par les concerts et spectacles musicaux gratuits des Jeudis du port.

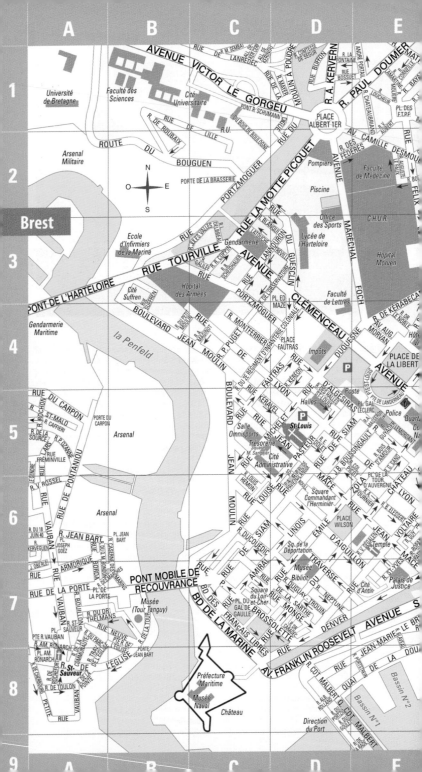

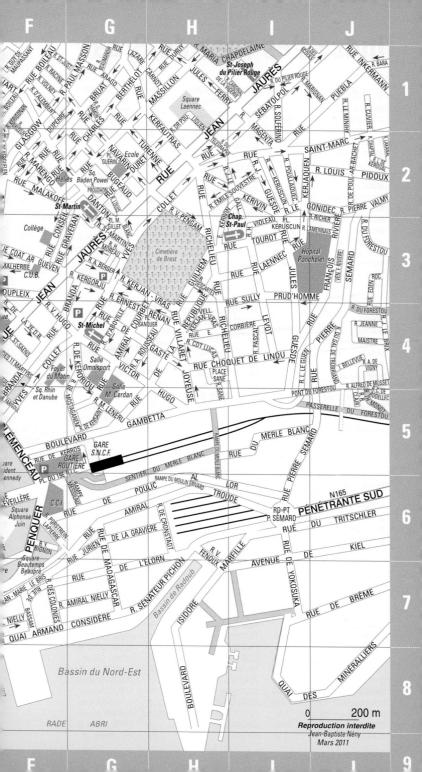

Index des rues de Brest

■ **OFFICE DE TOURISME DE BREST METROPOLE OCEANE**
Place de la Liberté ✆ **02 98 44 24 96**
Fax : 02 98 44 53 73
www.brest-metropole-tourisme.fr
Basse saison : ouvert du lundi au samedi de 9h30 à 18h.
Haute saison : du lundi au samedi de 9h30 à 19h ; le dimanche de 10h à 13h ; les jours fériés de 10h à 18h.
La cité du Ponant recèle nombre de recoins étonnants et possède quelques bonnes adresses. Alors, quand on vient à Brest, une fois que le Petit Futé que vous avez entre les mains vous aura donné toutes les informations et les meilleurs plans, une petite visite s'impose du côté de l'Office du tourisme. En plein cœur de la ville à quelques pas de la place de la Liberté, les hôtesses d'accueil de cet office sauront répondre avec le sourire et beaucoup de professionnalisme à toutes les interrogations du visiteur. Ici, vous pourrez également réserver un hébergement (hôtel, gîte ou chambre d'hôte), et même acheter des billets pour différents spectacles. Outre le coin boutique où vous trouverez souvenirs et spécialités du coin, une large palette d'idées sorties et de cartes sont également à votre disposition. À moins que vous ne préfériez vous balader par vous-même, on vous propose également des visites guidées. Petit plus, depuis 2010, Brest métropole océane a adopté une nouveauté tout droit venue d'outre-Atlantique : le système des « Greeters ». Ces locaux bénévoles décident de travailler sous l'égide de l'Office de tourisme, mais offrent des promenades originales ou qui leur tiennent à cœur. Ni historiens, ni professionnels du tourisme, cette petite dizaine de Greeters brestois accueillent volontiers les curieux le temps d'une sympathique balade, le plus souvent en petit comité. Les portraits de ces drôles de guides peuvent être consultés sur le site de Brest métropole tourisme.

 LA RECOUVRANCE
✆ **02 98 33 95 40**
www.larecouvrance.com
Saison de fin mars à novembre. Adulte : 98 € (la journée – déjeuner compris). Enfant (jusqu'à 12 ans) : 50 € (la journée). Sortie journée groupe (25 personnes) croisière groupe (12 personnes) incluant vivres et couchage, événement, soirée à quai. Boutique.
Construite en 1990, la goélette *La Recouvrance* porte le nom du plus vieux et emblématique quartier de Brest. A l'image de sa cité navale d'origine, ce bateau s'est retrouvé le symbole et l'égérie de la première grande fête maritime de la cité du Ponant, en 1992, durant laquelle la mise à l'eau a été fêtée en grande pompe. Réplique d'un aviso de 1817, dont le rôle était l'acheminement rapide de courrier, puis la surveillance du commerce sur les côtes africaines et antillaises, cette embarcation longue de 41,20 mètres et dont la figure de proue représente un buste de femme, peut accueillir à son bord des groupes de 25 personnes. Destinée à naviguer lors de nombreuses fêtes maritimes (Douarnenez, Morlaix, Dunkerque, etc.), *La Recouvrance* est ouverte au public pour une journée ou tout un week-end en mer, mais s'apprécie également le temps d'une croisière en compagnie d'un équipage complet (tous marins professionnels). Propriété de la Ville de Brest, cette goélette témoigne de la vocation maritime propre à la pointe Bretagne. Monter à bord de cet atout du patrimoine local, c'est s'initier à la manœuvre et revivre la grande époque de la marine à voile à la façon des grandes expéditions qui ont marqué l'histoire... avec le confort en plus ! Pratique : les tarifs des croisières varient selon les sorties proposés par l'équipage. Pour les groupes de 25, par exemple, une journée (déjeuner compris) en semaine est à 2 305 €, contre 2 420 € le week-end complet (plus d'infos sur le site Web).

Gœlette La Recouvrance

Gare SNCF de Brest

FINISTÈRE

 **VEDETTES AZENOR**
Face à l'entrée d'Océanopolis
Port du Moulin-Blanc
✆ **02 98 41 46 23**
www.azenor.fr
Ouvert tous les jours d'avril à octobre. Sur demande les autres mois.
Avec les Vedettes Azenor, laissez-vous donc aller au fil de l'eau. A bord de l'une des trois vedettes (Azenor, Alizé et le petit dernier, Zohar, sorti de chantier en novembre 2012), vous pourrez ainsi découvrir plusieurs promenades en mer mais aussi partir en croisière-restaurant le midi ou le soir. Choisissez alors parmi les deux circuits proposés (celui des îles ou celui de Landévennec) et les quatre menus (Trinquette, Brigantine, Fortune, Hunier). Sans oublier le menu enfant... Sinon, vous pouvez également découvrir l'animation scientifique de la société, Iroise Explorer. Partez alors à la découverte sous-marine de la rade de Brest grâce à un plongeur muni d'une caméra et de son émetteur... Pour les promenades en mer, venez découvrir le pont de Térenez, l'île de Trébéron, l'île des Morts, la baie de Roscanvel, l'île Ronde, le Tas de Pois en mer d'Iroise, le port de réparation, la pointe des Espagnols, mais aussi l'île Longue et sa base sous-marine, les presqu'îles de Crozon et de Plougastel... La société assure également des liaisons régulières, de mars à octobre toujours, entre Brest et Le Fret d'avril à septembre pendant les vacances scolaires toutes zones. Pour les autres mois de l'année, consultez le site Internet. Et pour ceux qui souhaitent en profiter pour visiter le superbe parc d'Océanopolis, les Vedettes Azenor propose un forfait journée Océanopolis + Iroise Explorer. L'idéal pour découvrir un maximum de choses en une journée et, en même temps, se faire plaisir.

▶ **Autre adresse :** Port de commerce (1er bassin près de la criée)

Pour s'y rendre

En avion

■ **AÉROPORT BREST BRETAGNE**
✆ **02 98 32 86 00 – www.brest.aeroport.fr**
L'aéroport est situé à 9 kms du centre de Brest. Cet équipement géré par la CCI, satisfaisant près d'un million de passagers par an, propose de nombreuses destinations directes mais également des vols pour les vacances. Un grand choix de vols nationaux réguliers et une trentaine de destinations vacances sont proposées. N'oubliez pas la consigne : pas de liquide ni d'objets tranchants dans votre bagage à main...

En train

■ **GARE SNCF DE BREST**
8, place du 19e-R.-I ✆ **36 35 (0,34 €/min)**
La gare de Brest se trouve à deux pas du centre-ville. De là partent des trains directs vers Quimper, Morlaix, Rennes, Nantes, Paris (en moins de 4h30 pour le plus rapide)... Et dans quelques années, si les engagements pris par l'Etat sont tenus, le nouveau TGV, encore plus rapide, fera son apparition... Mais quand ? Ce qui sera vraiment profitable à tous, du particulier qui part en vacances au professionnel qui va travailler. En sortant de la gare SNCF vous pourrez trouver la gare routière qui dessert tout le Finistère, ainsi que des bus qui pourront vous amener directement à l'embarcadère, direction les îles d'Ouessant ou de Molène...

©CALI – ICONOTEC

Bateau à quai dans le port de Brest

En car

■ **BIBUS ACCUEIL**
33, avenue Clemenceau ✆ 02 98 80 30 30
www.bibus.fr
♿

Ouvert du lundi au vendredi de 7h30 à 19h ; le samedi de 8h30 à 18h.
Quand on souhaite éviter les problèmes de stationnement et se déplacer plus facilement en ville, on n'hésite pas à emprunter l'une des nombreuses lignes du réseau Bibus (une ligne de tram et 14 lignes de bus à l'heure actuelle). Difficile alors de ne pas trouver la ligne qui dessert l'ensemble de l'agglomération brestoise. Pour tout savoir, n'hésitez pas à vous rendre à la Boutique Bibus située en centre-ville, ou à consulter le site Internet, afin de connaître les tarifs des titres (tickets, forfaits sur carte KorriGo), les itinéraires, les horaires. Sans oublier le service Inimo qui permet de recevoir directement les informations sur le trafic par SMS. Pour cela, il vous suffit simplement de vous inscrire à ce service. Côté pratique : on peut combiner les tickets Bibus avec ceux du réseau départemental Penn-Ar-Bed, ainsi que ceux du réseau régional Ter Bretagne. Pour les personnes qui se déplacent en fauteuils roulants, la plupart des lignes de bus sont équipées de plate-formes rétractables pour permettre une plus grande facilité d'accès. Dans le tramway et en station, tout est conçu pour améliorer l'accès pour tous et informer les usagers. Par ailleurs, le service Accemo propose le transport par minibus spécialement équipés (un service spécifique pour les personnes à mobilité réduite qui ne peuvent ni prendre le bus ou le tram seules ni accompagnées). Pour pouvoir en bénéficier, il suffit simplement de s'inscrire au service puis de réserver par téléphone au 02 98 34 42 46.

En bateau

🚢 **COMPAGNIE MARITIME PENN AR BED**
Port de commerce
1er éperon pour Ouessant et Molène
✆ 02 98 80 80 80 / 02 98 70 70 70 (pour Sein)
www.pennarbed.fr

Ouvert tous les jours et les jours fériés. Toute l'année, départ de Brest et du Conquet vers Ouessant et Molène, et départ d'Audierne vers Sein. D'avril à septembre, départ de Camaret vers Ouessant, Molène et Sein. La compagnie emblématique du voyage vers les îles du Finistère, c'est Penn-ar-Bed. La compagnie maritime offre, en effet, tous les jours de l'année, la possibilité de partir découvrir ou redécouvrir Sein, Molène ou les légendaires terres ouessantines. La traversée peut prendre un peu de temps en partance de Brest, puisque le bateau fait d'abord escale au port du Conquet avant de s'avancer plus loin en mer d'Iroise, mais le jeu en vaut la chandelle. A bord de l'un des sept navires de la compagnie, pouvant accueillir de 200 à 365 passagers, la vue sur la côte est imprenable et les embruns pour le moins vivifiants ! Une fois sur place, vous pouvez louer un vélo (conseillé à Ouessant) ou partir pour une petite randonnée pédestre et ainsi profiter au maximum de ces paysages et patrimoines uniques. La compagnie propose d'ailleurs des journées organisées à un tarif spécial pour les groupes de 15 personnes ou plus. A noter qu'hors-saison, les prix vers les îles sont réduits. Idée cadeau : Penn-ar-Bed vous propose les « Pass'Ports », une offre qui permet à un proche une traversée aller-retour vers l'île de son choix, quelle que soit la saison. Pratique : les réservations en ligne...

■ **LE PORT DE COMMERCE**
Rue de Bassan
Créé en 1859, le port de commerce est un lieu d'activité intense qui prête ses cales à la réparation navale et sert également au transit des marchandises agricoles. Sans compter que depuis 1631, il abrite un célèbre arsenal dans lequel on construit des armes et répare encore quelques navires. A l'Ouest, ses 3 grands bassins, bordés tout du long par des cafés et des restaurants, sont les plus fréquentés des Brestois et des touristes. On se retrouve donc dans un lieu principalement de rencontres, et ce dans un cadre plaisant pour une balade le long des quais. Vous aurez alors peut-être l'occasion de voir le célèbre remorqueur *L'Abeille Bourbon*. Mais vous pourrez également admirer les vieux gréements et petits canots de pêche lors de leurs moments à quais. Depuis mars 2009, le 2e port de plaisance de la ville, dit Marina du Château, est venu compléter ce lieu agréable à découvrir.

■ **VEDETTES AZENOR**
Face à l'entrée d'Océanopolis
Port du Moulin-Blanc ✆ **02 98 41 46 23**
www.azenor.fr
Ouvert tous les jours de mars à octobre, sur demande les autres mois.

En saison, de mars à octobre, venez profiter tous les jours des liaisons régulières Brest – Le Fret et Le Fret – Brest pour aller vous détendre d'un bord à l'autre. L'embarquement se fait soit au port de commerce (au niveau du 1er bassin), soit au port de plaisance du Moulin Blanc. Il est alors possible d'acheter des billets en trajet simple, en aller/retour ou en carnet de plusieurs passages. Et, pour aller plus loin, les Vedettes Azenor propose également des forfaits Océanopolis comprenant un aller/retour et une entrée au parc. Une belle opportunité...

▶ **Autre adresse :** Port de commerce (1er bassin près de la criée)

Pour y circuler

■ **STATIONNER À BREST**
53, rue Branda ✆ **02 98 00 96 23**
www.stationner-a-brest.com
Ouvert du lundi au vendredi de 8h30 à 12h et de 13h30 à 18h.
Que vous soyez résident brestois, ou non, et que vous utilisez une voiture, vous ne pourrez pas éviter le stationnement payant. Mais, pour vous faciliter la vie, l'agence de Brest a trouvé des solutions pour vous éviter les PV ! En étant résident du centre-ville, il est facile d'opter pour la vignette « résident » (jusqu'à 25 € par mois pour un stationnement permanent en zone verte dans votre secteur de résidence). En revanche, si vous travaillez dans le centre-ville, d'autres solutions s'offrent à vous : possibilité de stationner en zone verte toute la journée pour 3,50 € ou toute la semaine pour 16 €. Sinon, l'agence propose aussi un petit horodateur individuel, le Piaf, qui s'achète et se recharge dans la boutique « Stationner à Brest », ou plus simplement, directement sur le site Internet (www.monpiaf.fr). Ce dernier, disponible pour tous, permet de stationner partout, zone verte ou orange, sans contrainte (pas besoin de monnaie, ni de carte, ni d'aller jusqu'à l'horodateur !). Les unités sont débitées à la minute près dès le Piaf enclenché. C'est pas beau ça ? Pour ceux qui

sont juste de passage en ville, les horodateurs fonctionnent du lundi au samedi de 9h à 12h30 et de 14h à 18h30. N'hésitez pas à demander à l'agence de vous indiquer les différentes zones de stationnement et les 7 parkings de la ville. Sachez également que la durée limitée sur une zone orange est de 2h et de 7 jours sur une zone verte.

Points d'intérêt

■ **MARINA DU CHÂTEAU**
Quai Eric Tabarly ✆ **02 98 33 12 50**
chateau@marinasbrest.fr
Basse saison : ouvert tous les jours de 8h30 à 12h30 et de 14h à 18h30. Haute saison : tous les jours de 8h à 22h. Haute saison : juillet et août. Ouvert de 8h à 20h en juin et septembre. Fermé le 25 décembre, le 1er janvier et le 1er mai. Eau, électricité, sanitaires, carburant, eaux usées, laverie, wifi.
Deuxième port de plaisance de la cité du Ponant, après celui du Moulin Blanc, cette Marina compte aujourd'hui 600 places pouvant accueillir des bateaux de toutes tailles. 160 places sont également réservées au centre nautique de la Marine. Équipé de pontons flottants et de sanitaires, pour les plaisanciers, ce port est également doté d'un équipement complet pour le retraitement des eaux usées mais aussi pour les vidanges et les huiles de moteur. C'est ainsi qu'avec sa situation idéale (près du goulet) et ses larges pontons linéaires (de 300 à 400 m environ), le port du château réconcilie la ville avec la mer. Cette marina est gérée par Brest'Aim, la société d'économie mixte de la ville et de BMO. Une nouvelle capitainerie, dans l'ensemble baptisé Espace Bernard Giraudeau, a été mise en fonction en 2012. Avec le port du Moulin Blanc, la ville de Brest, qui compte pas loin de 2 200 points d'amarrage, se retrouve troisième place forte de plaisance sur la façade Atlantique. Cette marina est le théâtre des animations maritimes de l'aglomération, comme les fêtes maritimes Tonnerres de Brest dont la dernière édition a attiré 750 000 visiteurs en juillet 2012. Bien d'autres événements rythment l'endroit, comme par exemple le point de départ et d'arrivée du trophée Jules Verne. La ville s'affirme sans complexe comme lieu de référence pour les grandes courses au large, parmi lesquelles la transatlantique New-York / Brest dont l'arrivée de la première édition a eu lieu en juillet 2012.

La tour Tanguy offre un panorama unique sur le château de Brest

FINISTÈRE

■ MARINA DU MOULIN-BLANC
Port du Moulin-Blanc
℡ 02 98 02 20 02
www.portmoulinblanc.com
Basse saison : ouvert tous les jours de 8h30 à 12h30 et de 14h à 18h. Haute saison : tous les jours de 8h à 20h.
Accueillant pas loin de 1.500 bateaux, et situé au fond d'une des plus belles rades du monde, le port du Moulin Blanc est le premier port de plaisance de Bretagne. Egalement port d'attache de grands navigateurs, il est devenu un lieu incontournable de la ville avec, en prime, de nombreux pontons, des chantiers, des parcs d'hivernage, un centre nautique, des magasins d'accastillage... Mais pas seulement. De nombreux bars et restaurants s'y sont également implantés... Et une belle promenade vous donnera peut-être l'occasion d'apercevoir au loin un superbe ballet de kayaks, voiliers ou navires en tout genre rythmé par le vent et les vagues. Considéré comme l'un des plus beaux et des plus attractifs ports de France, il est « le plus bel endroit pour revenir et pour repartir d'un tour du monde », comme l'a si bien dit Olivier de Kerzauson.

■ RUE DE SIAM
www.brestruedesiam.com
La rue de Siam est incontestablement l'artère emblématique de la cité du Ponant. Elle s'étire de la place de la Liberté jusqu'au pont de Recouvrance et doit son nom à la venue du roi de Siam, Naraï, le 18 juin 1686. Ayant accosté au port, le souverain, accompagné de ses interprètes et mandarins, emprunta cette voie, les bras chargés de présents, afin de se mettre en route pour Versailles et rencontrer Louis XIV. Les Brestois, éblouis par l'exotisme du spectacle et l'opulence qui s'en dégageait, rebaptisèrent ainsi la rue Saint-Pierre, qui devint très vite la rue de Siam. Magnifiée par Prévert dans le poème « Barbara », ou encore sublimée par Miossec dans la chanson « Brest », elle est encore aujourd'hui, l'un des lieux de rencontre, de dégustation et de shopping les plus importants de la ville. Les fontaines en granite noir, création originale de l'artiste internationale Marta Pan, sont devenues

célèbres bien au delà des limites de la ville. Avec l'arrivée du tram, l'espace a été totalement transformé pour être désormais piéton. Plus facile pour profiter très librement des très nombreuses boutiques. Le bas de la rue, bordé de restaurants, bars, pubs et terrasses, est également très animé, tant le midi qu'en soirée. Au même endroit, la splendide vue sur la Penfeld et son arsenal, sans oublier le château et la Tour Tanguy, vaut vraiment le détour. D'ailleurs, c'est à cet emplacement qu'un belvédère a été aménagé pour profiter d'une vue splendide.

■ RUE JEAN-JAURÈS
D'abord appelée le Grand Chemin puis la rue de Paris, la rue Jean-Jaurès est, avec la rue de Siam, l'une des artères les plus commerçantes de la ville de Brest. Reliant la place de la Liberté à la place de Strasbourg, elle laisse place à de nombreux magasins ainsi qu'à deux centres commerciaux, l'espace Jaurès et l'espace Coat ar Gueven, tous deux abritant également de nombreuses boutiques. De la mode à la restauration en passant par les banques, les coiffeurs et les bars, votre journée shopping sera certainement bien remplie ! Sans oublier de passer par la place Guérin et l'église Saint-Martin avec son marché. Un conseil : utilisez vos jambes et profitez de l'arrivée du tram pour vous déplacer...

Monuments

■ CHATEAU DE BREST
℡ 02 98 22 12 39 – **www.musee-marine.fr**
Fermé du 1er au 31 janvier. Fermetures annuelles exceptionnelles les 1er mai et 25 décembre. Basse saison : ouvert tous les jours de 13h30 à 18h30. Haute saison : tous les jours de 10h à 18h30. Visite nocturne le mercredi soir en été sur réservation. Gratuit jusqu'à 26 ans (audio-guide : 2 €). Adulte : 5,50 € (audio-guide inclus). Tarif réduit : 4 €. Visite guidée.
C'est l'un des derniers châteaux forts au monde encore en activité. Cette forteresse qui dompte l'embouchure de la Penfeld après dix-sept siècles d'histoire est sans doute le plus vieux témoin de l'édification de la ville

Le port de plaisance de Brest

© FORTUNE PELLICANO

Le pont de l'Iroise

de Brest. Castellum romain à l'origine, il est achevé par Vauban au XVIIᵉ siècle. Ayant survécu aux tempêtes comme aux affres du temps, il est classé Monument historique en 1923. Aujourd'hui, il abrite en son sein la préfecture maritime, le commandement de la force océanique stratégique, ainsi que l'un des établissements du Musée national de la Marine. Outre les visites de ses murs, des visites guidées ont lieu ponctuellement sur ses remparts, de la tour Madeleine au Donjon, en passant par les tours Paradis... d'où la vue sur la rade est imprenable.

◼ EGLISE SAINT-LOUIS
Rue Jean-Macé
Détruite pendant les bombardements de 1944 et reconstruite en 5 ans de 1953 à 1958, l'église Saint-Louis est un monument important de la ville de Brest. D'ailleurs, elle est le plus grand édifice sacré français rebâti après guerre. Son architecture résolument moderne, qui ne s'apparente pas au style des églises bretonnes, a été une volonté partagée du clergé et de la municipalité de l'époque. L'intérieur, très sobre, comporte 11 verrières, toutes imposantes, qui représentent des personnages bibliques et qui laissent ainsi passer la lumière. A l'extérieur, le béton recouvert par des pierres ocres de Logonna-Daoulas donne une teinte dorée à l'église. Véritable originalité de cette œuvre d'art parfois mal comprise des Brestois et des visiteurs mais qui interpelle pourtant sur l'histoire de la ville et les choix effectués lors de sa reconstruction...

◼ EGLISE SAINT-MARTIN
Place Maurice-Gillet
C'est l'architecte Boucher de Perthes (à qui l'on doit la conception de la basilique de Sainte-Anne d'Auray dans le Morbihan et la reconstruction de l'Hôtel de Ville de Paris après la défaite de 1870) qui a établi le plan initial de cet édifice. Le patronage de l'église, quant à lui, provient du deuxième prénom du maire en mandat lors de la décision de la création de cette nouvelle paroisse de Brest en 1861. Pour les travaux, ils commencèrent

en 1869 et s'achevèrent en 1877 avec l'édification du clocher. Mais l'église Saint-Martin, comme la plupart des églises brestoises, n'a pas été épargnée lors de la libération de la ville : son clocher-porche a effectivement été fortement endommagé tout comme sa toiture qui a subi des incendies dévastateurs. Après cela, elle aura tout de même pu être restaurée à l'identique et retrouver son style néo-roman et gothique.

◼ EGLISE SAINT-SAUVEUR
Rue de l'Eglise
Pour voir la plus ancienne église de la ville, il suffit d'aller sur la rive droite de la Penfeld, dans le quartier historique de Recouvrance, c'est là qu'elle se situe : l'église Saint-Sauveur ! Marquée par une construction anecdotique, elle est devenue un élément important du patrimoine architectural religieux et se trouve intégrée dans des circuits de visites touristiques de Brest. Pour tout dire, en 1740, l'entrepreneur qui supervisait alors les travaux avait embauché des « ouvriers du port » spécialisés dans la construction navale et non dans la maçonnerie. Il fallut donc refaire entièrement l'édifice qui garda pendant de longues années le surnom de « l'église du temps perdu ». Mais heureusement, par on ne sait quel aléa de l'histoire et contrairement à d'autres édifices brestois, l'église ne subit que très peu de dommages pendant la Seconde Guerre mondiale.

◼ PONT DE L'IROISE
C'est entre 1991 et 1994 que le pont de l'Iroise a été construit dans le but d'améliorer les conditions de circulation devenues difficiles sur le pont Albert-Louppe. Avec ses 800 mètres de long, il est le troisième plus grand pont à haubans de France derrière le pont de Normandie et le pont de saint-Nazaire. Et il se trouve juste devant le Viaduc de Millau. Pour contempler cette construction, il suffit d'aller sur le pont Albert-Louppe réservé aux piétons, aux deux-roues et aux véhicules lents. Petit conseil futé : attention à la vitesse qui est limitée à 90 km/h (il y a un radar fixe qui se trouve au bout du pont dans le sens Quimper-Brest) !

Evénements nautiques 2013

En dehors des fêtes maritimes qui ont lieu tous les 4 ans (les prochaines en 2016), Brest reste une ville très attachée au nautisme, en témoignent les quelques 77 événements prévus pour l'année 2013. Une année exceptionnellement riche avec, dès le printemps, la Transat Bretagne Martinique, nouvelle course transatlantique en solitaire de la classe Figaro Bénéteau. Départ de Brest le 17 mars pour une arrivée à Fort-de-France vers le 5 avril (les 20 à 25 bateaux en compétition sont visibles la Marina du Château dès le 8 mars). En avril, du 19 au 27, c'est la 45e édition de la course-croisière de l'Edhec, avec des équipages venus d'écoles et d'universités du monde entier. La semaine de la glisse, du 5 au 12 mai, réunit plusieurs événements, notamment la coupe nationale F18 organisée par l'USAM Brest Voile. Les Formules 18 sont des catamarans qui peuvent naviguer à plus de 20 nœuds... spectacle garanti ! Dans la même période, le Grand prix de l'École navale réunit près de 1000 concurrents dans la rade avec notamment un rendez-vous désormais incontournable, la Penn Ar Bed Paddle Race (le 10 mai). Et, comme tous les ans, la fête du nautisme, les 25 et 26 mai, permet au public de découvrir de nombreuses disciplines et peut-être, de susciter des vocations...Les 15 et 16 juin se tient la Coupe des Quatre-vents organisée par le bar du même nom, en collaboration avec le Centre nautique de Roscanvel et la Société des régates brestoises (SRB). Toujours en juin, le challenge interentreprises organisé par le Yacht Club de la Rade de Brest, réunit des entreprises de la région dans une régate ouverte aux équipages amateurs et chevronnés. La planche à voile ouvre la saison estivale avec, du 1er au 7 juillet, le championnat d'Europe RSX et RSOne.Brest est également port d'escale du Tour de France à la voile (parti de Deauville) les 11 et 12 juillet et accueille, du 16 au 20 juillet, le championnat de classe Europe (épreuves jeunes et master) organisé par la SRB,qui organise également le Championnat national de classe Cormoran du 23 au 25 août. Le Tour de Bretagne se déroule du 1er au 7 septembre de Paimpol à Piriac-sur-mer et fait escale à Brest : après un parcours en rade le 4 septembre, départ des concurrents pour Lorient le 5.A l'automne, la 12e édition de l'Open Miniji ERDF (handivoile) les 28 et 29 septembre, l'incontournable Transrade organisée par les crocodiles de l'Elorn et une épreuve de la Coupe du monde de kayak en octobre.L'USAM Voile organise du 4 au 5 octobre le Trophée Manche Atlantique Laser 2013. Ces rendez-vous font partie des nombreux événements attendus en 2013 à Brest, première base nautique de Bretagne.

■ PONT ALBERT-LOUPPE

Reliant les communes de Plougastel-Daoulas et du Relecq-Kerhuon, c'est entre 1926 et 1930 que le pont Albert-Louppe, d'abord appelé pont de Plougastel, fut construit. Et, à l'époque, il détint le record mondial de portée avec ses trois arches faisant plus de 186 mètres. Il était alors considéré comme l'un des plus grands ponts du monde. Depuis quelques années, il est réservé aux piétons, deux-roues et véhicules lents, puisque le pont de l'Iroise a été construit en 1994 pour remédier à un trafic trop dense. Sur les 888 mètres de long du pont Albert-Louppe, le piéton peut alors profiter pleinement de la vue sur la rade...

■ PONT DE RECOUVRANCE

Achevé en 1954, en remplacement du pont tournant dit « National », qui fut détruit pendant la Seconde guerre mondiale, cette construction longue de 88 mètres, et dont chaque pylône mesure 70 mètres de haut, fut longtemps le plus grand pont levant d'Europe. C'est l'un des plus vieux symboles brestois, sujet préféré de tous les photographes, amateurs et professionnels. Ce pont levant, qui domine l'arsenal et le port militaire et relie la rue de Siam et le quartier de Recouvrance, sépare les deux rives de la ville ainsi que leurs habitants : les « Yannicks », rive droite, et les « Ti-Zefs », rive gauche. Aujourd'hui, il représente encore toute l'histoire de la construction de la ville, qui, à l'origine, s'était établie autour de la Penfeld. En 2011, grace aux travaux rendus nécessaires par le passage du tramway, une seconde jeunesse

lui a été redonnée. Après une fermeture nécessaire de plus de quatre mois, une nouvelle travée, flambant neuve et plus longue de cinq mètres, a été posée. Des encorbellements permettent également aux piétons de bénéficier d'un espace de promenade plus large et sécurisé. Cerise sur le gâteau lorsque vous traversez à pied ce pont : une conception plutôt orignale de cet ouvrage permet à l'immense structure métallique de résonner d'une étrange mélodie quand le vent souffle...

Musées

■ ARSENAL ET PORT MILITAIRE
Bureau des visites organisées
Service de communication Amirauté
✆ 02 98 22 11 78
Visites uniquement l'été pour les personnes de nationalité française, pièce d'identité exigée. L'arsenal est un ensemble d'installations militaires et navales situées dans la rivière Penfeld. C'est aujourd'hui l'une des plus anciennes places fortes d'Europe. La plupart de ses constructions ont survécu aux bombardements de 1944, et notamment l'ancienne base sous-marine. Mais également les ateliers du Plateau des Capucins, désormais désert, qui s'apprête à accueillir bientôt un quartier tout entier sorti de terre, après la rétrocession de ces 12 hectares par la Marine à la Communauté Urbaine. Les amoureux de la mer, de navigation et de construction navale sauront apprécier cette visite estivale exceptionnelle, qui dévoilera, entre autres, les formes de radoub dans lesquelles ont été

construit les plus beaux fleurons de la Royale, comme par exemple le porte-avions Charles-de-Gaulle. Organisée par la Préfecture maritime, cette visite est l'occasion rêvée de pouvoir visiter la base navale de la cité du Ponant, et, pourquoi pas, de monter à bord d'un navire de guerre français en escale ! Pour les groupes, nécessité de se renseigner d'abord auprès de l'office de tourisme au 02 98 44 24 96.

■ **MUSEE DE LA TOUR TANGUY**
Square Pierre-Péron
✆ **02 98 45 05 31 / 02 98 00 87 93 (Groupes – rendez-vous impératif) / 02 98 00 88 60**
Fermé le 1er janvier, le 1er mai et le 25 décembre. Basse saison : ouvert le mercredi et le jeudi de 14h à 17h ; le week-end de 14h à 18h. Haute saison : tous les jours de 10h à 12h et de 14h à 19h. Ouvert en période de vacances scolaires (zone A) ; en automne, hiver, printemps : tous les jours, de 14 h à 18 h. Gratuit.
Bâtie sur un bloc de granit, celle que l'on appelle la « Bastille de Quilbignon » ou la « Tour de la Motte Tanguy » occupe une place de choix dans la ville et contraste efficacement avec le paysage moderne et industriel bordant la Penfeld. Située face au château, cette jolie bâtisse, dont l'origine est encore assez trouble, maintient le souvenir ému d'un temps révolu. Et ainsi entretient l'affection que les Brestois portent à leur ville. En son sein se tient un musée, dont l'entrée est ouverte à tous. On y trouve des maquettes, d'immenses dioramas et maquettes, des documents officiels de plusieurs époques, des photos et des cartes postales rares, une collection d'armoiries, ou encore les plans du vieux Brest avec les fortifications Vauban. Tous ces documents arrivent presque à donner au visiteur l'impression d'avoir fait un véritable bond dans le passé. La visite, gratuite, en vaut la chandelle.

■ **CONSERVATOIRE BOTANIQUE NATIONAL DE BREST**
52, allée du Bot ✆ **02 98 41 88 95**
Fax : 02 98 41 57 21 – www.cbnbrest.fr
♿
Basse saison : ouvert le mercredi et le dimanche de 14h à 17h30. Haute saison : du dimanche au vendredi de 14h à 17h30. Les billets pour la visite des serres sont à prendre au Pavillon d'accueil jusqu'à 17h. Pour les visites guidées individuelles, les billets sont à prendre au pavillon d'accueil de 10 h à 10h30. Adulte : 4,50 €. Enfant (de 10 à 16 ans) : 3 €. Groupe (25 personnes) : 7 €. Groupe scolaire : 3,5 €. Visite guidée (en semaine, sur rendez-vous. Parcours bilingue : français – anglais).
Fondé en 1975 par Jean-Yves Lesouëf, le Conservatoire botanique national de Brest fut le premier établissement au monde entièrement consacré à la préservation des espèces menacées. Situé dans la partie sud du vallon du Stang-Alar, il s'étend sur 31 hectares. Sur toute cette surface, on pourra ainsi découvrir 4 000 espèces différentes de plantes venues du monde entier, dont près de la moitié, qu'elles soient abritées par des serres ou en pleine nature, se trouvent désormais en voie d'extinction. En groupe ou individuellement, le temps d'une visite guidée ou d'une flânerie parmi les différentes cultures salvatrice du conservatoire, la découverte des serres s'effectue

souvent en complément d'une promenade dans le jardin du Stang-Alar, où les plantes s'épanouissent dans un havre naturel parfaitement aménagé. Aujourd'hui, Brest assure la gestion et l'entretien de l'une des collections de plantes en danger les plus importantes au monde. Une vingtaine d'espèces végétales a d'ailleurs survécu grâce au travail des chercheurs Brestois.

■ **MUSEE DES BEAUX-ARTS**
24, rue Traverse
✆ **02 98 00 87 96**
Fax : 02 98 00 87 78
Entrée gratuite les premiers dimanches de chaque mois. Ouvert du mardi au samedi de 10h à 12h et de 14h à 18h ; le dimanche de 14h à 18h. Ouvert le lundi pour les groupes, sur rendez-vous. Adulte : 4 €. Groupe (10 personnes) : 2,50 €. Étudiants extérieurs à Brest et enseignants : 2,50 € ; gratuit pour les moins de 18 ans, les étudiants de moins de 26 ans, les demandeurs d'emploi et les bénéficiaires du RSA.
Véritable point d'ancrage dans la cité du Ponant, ce musée, détruit en 1941, est une reconstruction des années 60. Aujourd'hui, il porte en son sein des collections offrant un large panorama de la peinture européenne, de la fin du XVIe siècle à nos jours. On y retrouve des courants majeurs et des artistes reconnus (et d'autres moins), de peintres des XVII et XVIIIe siècles italiens et français aux artistes des années 50. La qualité de certaines de ces œuvres a d'ailleurs permis une exposition au Musée du Louvre en 1973 : « Renaissance du musée de Brest ». Une large place est restituée à la peinture de marine, à la peinture bretonne et notamment au mouvement majeur de l'école de Pont-Aven (1886-1895).

La tour Tanguy à Brest

■ **MUSEE NATIONAL DE LA MARINE DE BREST**
Château de Brest
✆ **02 98 22 12 39**
www.musee-marine.fr
Fermé en janvier, le 1ᵉʳ mai et le 25 décembre. Ouvert tous les jours de 10h à 18h30. D'octobre à mars : de 13h30 à 18h30. Adulte : 5,50 €. Tarif réduit : 4 €. Gratuit pour les moins de 26 ans, les demandeurs d'emploi, les handicapés. Visite guidée. Boutique. Animation.
Au cœur même du château de Brest se trouve le musée de la Marine qui a réouvert en 2012 après plusieurs mois de travaux. Celui-ci abrite un patrimoine unique témoignant de la grande aventure navale de l'arsenal de Brest. Associant découvertes en intérieur et en extérieur, la visite du musée permet d'apprécier, outre l'impressionnante architecture des lieux, toute la richesse des collections maritimes. Dans la Tour Madeleine, le visiteur pourra comprendre l'histoire et l'évolution du site. Dans le Donjon, on pourra découvrir des chefs d'œuvre de la décoration navale et les grandes heures de la construction navale. Les passionnés d'histoire s'arrêteront sans doute dans l'oratoire qui vit prier Anne de Bretagne, et dans lequel sont aujourd'hui présentés quelques documents graphiques à portée religieuse. Quant aux tours Paradis, elles contiennent des ouvrages racontant l'arsenal brestois de la fin du XIXᵉ siècle, à l'heure du premier pont enjambant la Penfeld : le Pont National. La visite est, bien entendu, complétée par un espace dédié à la marine contemporaine. Tableaux, maquettes, miniatures, documents officiels, descriptifs passionnants... le musée de la Marine est aujourd'hui une escale essentielle pour tous les curieux.

Balades, flâneries

■ **JARDIN DE L'ACADEMIE**
Situé entre le port de commerce et le château, et surplombant la rade de Brest ainsi que son domaine militaire, il fait bon flâner et prendre un bon bol d'air marin sur la pelouse de ce jardin. Surtout quand les rayons du soleil réchauffent l'air... Et sa situation est idéale pour se rappeler que l'histoire de Brest est liée à celle de la mer car il donne l'occasion de voir quelques éléments et vestiges de la ville. On ne se lasse pas de pouvoir contempler la vue sur le port et sur les voiliers et autres bateaux de pêche qui offrent, au large, un superbe ballet rythmé par le vent et les marées. Ca vaut le détour...

■ **JARDIN DES EXPLORATEURS**
Rue de la Pointe
Quartier de Recouvrance
Basse saison : ouvert tous les jours de 9h à 18h. Haute saison : tous les jours de 9h à 22h.
Depuis mars 2002, on peut venir se promener dans le jardin des explorateurs qui abrite une multitude d'espèces botaniques rapportées des quatre coins du monde par des explorateurs et des botanistes partis de Brest. Situé en plein quartier de Recouvrance, ce jardin offre également une vue imprenable sur le château, le port militaire, l'embouchure de la Penfeld et, plus largement, la Rade de Brest. Pour en profiter, il suffit d'emprunter la passerelle en belvédère qui surplombe tout cet ensemble. Et ça vaut le coup d'œil ! Pour ce qui est des espèces botaniques, comme la signalétique l'indique, elles sont regroupées dans le jardin en creux, dans la partie basse, selon leur zone géographique d'origine (Japon, Afrique du Sud, Nouvelle-Zélande, Australie, ou encore Amérique du Sud). La partie haute du jardin, quant à elle, présente toutes ces espèces mises en scène dans des caisses de bois semblables à celles utilisées sur les caravelles.

■ **MAISON DE LA FONTAINE**
18, rue de l'Eglise
✆ **02 98 00 88 51 / 02 98 00 82 48 (service culturel de l'hôtel de ville)**
culture@mairie-brest.fr
Ouvert du lundi au samedi de 14h30 à 17h30. Le matin sur rendez-vous pour les groupes. Gratuit.

Entrée du musée de la Marine

© FORTUNÉE PELLICANO

Rives de Penfeld

Épargnée par les bombes alliées en 1944, la maison de la Fontaine est l'une des plus vieilles bâtisses de la cité du Ponant. Située en plein cœur de Recouvrance, elle surplombe la Penfeld aux côtés du jardin des Explorateurs, faisant face au château de Brest. Achetée par la municipalité en 1980, elle accueille aujourd'hui de nombreuses animations et expositions gratuites, portées par le service culturel de la ville, ou encore l'association des Amis de Recouvrance, à l'origine de sa réhabilitation, en 1992. Quant à son appellation, rien àvoir avec un certain poète du XVIIe. Serge Aubrée et Cécile Bramé, du bureau des Amis, l'expliquent à chaque visite : la maison tient son nom de la fontaine qui lui a été accolée, en 1760. Pour anecdote, elle devint par la suite la demeure du plus prestigieux sculpteur que l'arsenal ait connu : Yves Collet. Une exposition permanente lui est d'ailleurs consacrée au sous-sol, entre les murs de la fontaine d'origine. A noter que la croix située sur son pignon provient du cimetière des Noyés, qui se trouvait à cette même place jusqu'au XVIIe siècle.

OCEANOPOLIS
Port de plaisance du Moulin-Blanc
℡ 02 98 34 40 40 – www.oceanopolis.com

Fermé du 7 au 28 janvier. Basse saison : ouvert du mardi au dimanche de 10h à 17h. Haute saison : tous les jours de 9h30 à 18h. Ouvert jusqu'à 19h du 06/07 au 30/08. Basse saison (du 17/01 au 06/04 et du 18/09 au 31/12) : fermé le lundi sauf pendant vacances scolaires toutes zones. Gratuit jusqu'à 3 ans. Adulte : 17,75 €. Enfant (de 3 à 17 ans) : 12,10 €. Étudiants : 12,10 €. Chèque Vacances. Accueil enfants. Visite guidée. Restauration. Boutique.
Depuis son lancement en 1990, Océanopolis n'a toujours pas son pareil en Europe ! Son ambition et sa réussite : emmener les visiteurs à la découverte des océans au travers de trois pavillons thématiques consacrés aux écosystèmes marins (polaire, tropical, et tempéré). Ce sont alors pas moins de 1 000 espèces et 10 000 animaux marins à découvrir. Parmi eux, on note la présence impressionnante des requins, que l'on peut d'ailleurs observer depuis l'ascenseur panoramique. Un spectacle époustouflant... Découvrez également la plus grande colonie de manchots en Europe. En 2011, quatre poussins papous sont d'ailleurs nés dans la manchotière. A travers les 55 aquariums du parc, vous pourrez alors voyager

au cœur du monde marin. Petits et grands pourront apprendre de manière ludique l'histoire naturelle des océans (films, animations...). A noter qu'à compter de ce printemps 2013, Océanopolis propose un bassin à loutres dans les jardins extérieurs, lieux qui accueilleront également des expositions. N'oublions pas de le dire, l'une des missions du parc, qui n'a de cesse d'innover, est de protéger et de sauvegarder certaines espèces marines. Futé : prévoyez de venir les beaux jours (il y a moins de monde) et au moins une demi-journée. Pour les à-côté du parc, boutiques et restaurants sont à votre disposition. Une visite exceptionnelle à faire absolument. Petit conseil : pour éviter les files d'attente, pensez à acheter votre billet à l'avance. Toutes les infos sur www.oceanopolis.com

■ PARC EOLE
Souvent peu connu des Brestois, le parc Eole fait pourtant partie de l'un des parcs les plus particuliers de la ville de Brest. Pour le trouver, il est situé sur les hauteurs de Recouvrance, tout près d'une maison de retraite et du centre commercial de l'Iroise qui camouflent le parking permettant d'y accéder. On le trouve caché au bout d'un petit chemin. Œuvre du peintre Nils Udo et du paysagiste Louis Maunoury, le site est très agréable à visiter. Les deux artistes s'étaient mis d'accord pour y créer une ambiance naturelle qui trancherait complètement avec l'industrialisation de son cadre. Un petit conseil : n'oubliez pas votre cerf-volant !

■ RIVES DE PENFELD
C'est à seulement deux pas du centre-ville, et tout près de la mer puisque la rivière y termine sa course, que se trouve l'un des poumons verts de Brest. En se promenant sur les rives de la Penfeld, on retrouve réunies ici toutes les conditions pour que la balade au bord de l'eau, ou pourquoi pas un jogging, soit des plus agréables : des pelouses verdoyantes, des petits sentiers aménagés ou plus sinueux, sans oublier un plan d'eau de 15 ha qui, dans le temps, abritait les pièces de chêne qui servaient aux constructions de navires. Autant d'éléments qui font de cet endroit un cadre idyllique... Et, en face du bassin de Kervallon, le Clos de la Recouvrance, qui existe en mémoire des pièces de chêne qui s'y reposaient afin de libérer leur sève (et devenir un jour la goélette la Recouvrance), s'est formé par la plantation de 400 chênes, châtaigniers, frênes et sapins.

■ VALLON DU STANG-ALAR – CONSERVATOIRE BOTANIQUE NATIONAL DE BREST
52, allée du Bot
Le spot préféré des joggeurs et des adeptes de promenades, en famille ou en amoureux ! Cette ancienne carrière, devenu vallon du Stang-Alar, est un parc public reconnu, et notamment pour abriter en son sein le conservatoire botanique de Brest, qui fut le premier établissement au monde, au début des années 80, voué à protéger les espèces végétales en voie de disparition. Incroyable trou de verdure, fort de près de 20 hectares, il permet aux visiteurs une escapade bucolique en bordure de ville, et offre la contemplation des prémices comme du déclin des saisons. La balade est parcourue par un ruisseau et divers plans d'eau, près desquels de nombreuses espèces d'oiseaux aquatiques viennent nicher. Outre la présence de diverses colonies de canard et de poules d'eau, les enfants apprécieront tout autant les aires de jeux et de pique-nique ! Quant aux amateurs de course de fond, ils pourront se mesurer au trois parcours de 850, 1 350 et 2 000 mètres suggérés par le site.

Le couvert

■ L'ADAGIO
8, rue de Siam
☎ **02 98 80 64 70**
www.ladagio.com
Ouvert tous les jours le midi et le soir. Service continu le dimanche de 12 h à 23 h. Menus de 9,90 € à 23 €. Menu enfant : 7,50 €. Plat du jour : 7,90 €. Vin au verre. Chaises bébé. Terrasse.
Situé tout en bas de la rue de Siam, ce restaurant à la déco originale propose une carte variée et une cuisine aux saveurs méditerranéennes. L'Adagio, dont la direction est assurée depuis quelques semaines par Karine et Georges de Almeida, est ouvert sept jours sur sept. En entrant, vous êtes séduit par un cadre élégant et chaleureux. Vous pourrez alors vous régaler avec des antipastis, un poisson, une viande, une salade, du carpaccio, un tartare, des pastas et risottos de Saint-Jacques ou de homard, ou encore des pizzas (dont le choix s'étend à une quinzaine sur la carte). Et, si vous venez le soir, vous pourrez goûter au menu unique à 23 € avec entrée, plat et dessert selon les idées du nouveau chef, qui a racheté l'établissement en juin 2012. Côté desserts, on a le choix entre le pain perdu au caramel laitier, la farandole des crèmes brûlées, le gros baba bouchon, le café gourmand avec panna cotta fruits rouges, crème brûlée à la pistache et glace framboise. Le service est très agréable et l'on apprécie de pouvoir être servi jusqu'à 23 heures. Toutefois, il est recommandé de réserver une table à l'avance. En été comme en hiver, n'hésitez pas à profiter de la terrasse, chauffée, du restaurant. D'ailleurs, dès cet été 2013, le restaurant fonctionnera en service continu les mois de juillet et août. Conseil futé : L'Adagio propose aussi des pizzas à emporter.

■ ARENA CAFE
Port du Château
195, quai Eric Tabarly
☎ **02 98 03 18 26**
www.arena-cafe.com
Ouvert tous les jours de 10h à 1h. Carte : 12,50 € environ. Menu enfant : 6,50 €. Vin au verre. Terrasse. Animation.
Au bout de la Marina du château se trouve un bar-restaurant ouvert l'été 2012 et déjà très prisé des Brestois aimant allier le sport et la convivialité. L'Arena retransmet en effet tous les matchs de tous les sports, que ce soit les exploits des hockeyeurs brestois les Albatros, les grands tournois de tennis, la ligue 1 de football ou le rugby. Des écrans géants situés un peu partout permettent de suivre les matchs sans avoir à se contorsionner.

Vallon du Stangalard

Pratique, le programme des retransmissions des grandes manifestations sportives est en ligne sur le site Internet du bar. L'Arena café dispose d'une grande terrasse où il est agréable de profiter du soleil et de la vue unique sur les voiliers et la rade. A l'étage, plus cosi, on peut s'installer confortablement sur un fauteuil club pour profiter encore mieux de la vue… ou des écrans. La carte propose de belles planches de tapas à partager entre amis, salades et hamburgers (à partir de 9,90 €) dont le « Breizh » cuisiné à partir de produits locaux. Que les non-sportifs se rassurent, l'ambiance musicale et l'accueil rendent très agréable une pause à l'Arena. Et puis on peut assister à des concerts tous les dimanches de 16 à 18 heures. En semaine, les « After Works » de 18 à 20 heures permettent de passer un agréable début de soirée en buvant un verre tout en grignotant des wings à prix sympa. Ce sympathique bar-resto est très animé le week-end et la jeunesse brestoise l'a rapidement adopté.

ATIPIK
28, quai de la Douane
℡ 02 98 44 44 45

Basse saison : ouvert du lundi au mercredi le midi ; du jeudi au samedi le midi et le soir. Haute saison : du lundi au samedi le midi et le soir. Menus de 22 € à 30 €. Menu enfant : 7 €. Formule du midi : 11,50 € (à 14 €).
Pour profiter au maximum du port de commerce, rien de tel que de s'installer sur la terrasse de ce restaurant qui a su se constituer une clientèle fidèle d'habitués. Sans compter les nombreux clients de passage qui seront également ravis de découvrir ici une cuisine aux saveurs originales et créatives. L'accueil y est très agréable même lorsque l'établissement est bien rempli le midi. Côté cuisine, le chef vous concocte des formules pour les déjeuners express en semaine (plat seul à 8,50 €, entrée + plat ou plat + dessert à 11,50 €, ou encore entrée + plat + dessert à 14 €). Lors de sa visite en octobre, le Petit Futé a opté pour une formule du midi à 14 €, avec une salade de crudités en entrée, suivie d'un excellent pavé de lieu jaune, pour terminer par un crumble de poire au sarrasin. Malgré la simplicité de toutes ces appellations, on a été séduit par la qualité des plats, tant au niveau de la présentation que du goût… De plus, pour le prix, on s'y retrouve largement avec des plats copieux. Le soir, on retrouve une belle carte avec des plats aux saveurs inventives : carpaccio de saumon à l'huile de langoustine, hamburger au foie gras, dos de cabillaud façon tartiflette, fondant pomme caramel, crumble de poire au sarrasin et bonbon daim… Vous avez le choix entre menus à 22 € ou 30 €, avec dans les deux cas entrée + plat + dessert, mais des choix de plats différents. Bref, on vous conseille de découvrir ce restaurant qui mérite le détour.

LA BASE
Port du Château
85, quai Eric Tabarly
℡ 02 29 05 19 00
Fax : 02 29 05 72 36

Ouvert tous les jours de 10h à 1h. Carte : 15 € environ. Menu enfant : 7,50 €. Vin au verre. Terrasse.

Parmi les enseignes récemment installées sur la Marina du château, il existe un bar-restaurant pas comme les autres. La Base tire son nom de son homonyme situé sur l'ancienne base sous-marine de Lorient. L'équipe du Tour du Monde, « institution » festive brestoise installée depuis 20 ans au port de plaisance du Moulin-Blanc, propose désormais aux Brestois un nouveau lieu pour manger ou boire un verre dans un cadre original et une atmosphère musicale, décontractée et conviviale. La Base occupe un ancien entrepôt de la marine nationale dont il conserve l'aspect brut et industriel. Le Futé a apprécié l'ambiance chaleureuse et l'équipe qui vous accueille avec sourire, bonne humeur et efficacité. Côté assiette, vous pourrez notamment déguster, midi et soir, diverses spécialités de brochettes de poissons ou de viandes et, selon votre humeur et votre appétit, en commander une (« monocoque », à partir de 9,50 €), deux (« catamaran », à partir de 13 €) ou trois (« trimaran », ajouter 3 à 5 €), port de plaisance oblige… Ne manquez d'ailleurs pas de profiter de l'immense terrasse avec vue imprenable sur les voiliers et la rade ! D'autres plats composent la carte, dont de belles salades copieuses ainsi qu'une sélection de tapas maison qu'on dégustera avec plaisir avec un verre de vin à l'heure de l'apéritif. Depuis son ouverture en novembre 2012, La Base, ouvert tous les jours, ne désemplit pas mais « ce soir c'était calme » nous dira-t-on en sortant…

AU BUREAU
10, rue de Siam
℡ 02 98 43 55 53
www.au-bureau.fr

Ouvert toute l'année. Tous les jours le midi et le soir. Menu enfant : 7,50 €. Formule du midi : 12,50 € (entrée, plat, dessert).
Située au bas de la rue de Siam, cette brasserie-restaurant, dirigée par Christophe et Malou Chabot, est fréquentée par une clientèle très large à l'heure du déjeuner. Mais c'est également un bar idéal pour se retrouver à la carte de cocktails, bières et whiskies est idéale pour passer un bon moment entre amis. Voilà une enseigne qui sait s'adapter aux besoins de ses clients tout au long de la journée… et de ses soirées. Dans un décor authentique, vous pourrez y déguster une belle sélection de planches pour l'apéritif, mais aussi des burgers maison (Original Au Bureau burger, BBQ burger, chicken burger, ou encore Blue cheese-burger…), des salades, des pâtes, quelques pizzas (quatre fromages, reine…). Sans oublier, bien sûr, le coin du boucher avec, au choix, tartare, mixte grill, andouillette grillée… Pour la garniture et les sauces, c'est comme vous le souhaitez : frites, légumes frais du jour, pâtes, salade verte… Si vous êtes plutôt poisson, le restaurant propose également pavé de saumon, fish and chips, cabillaud. Côté spécialités : camembert rôti, croque au bureau, flammekueche… Notre passage en octobre nous a permis de nous régaler avec une entrecôte accompagnée de pâtes, suivi d'une poire belle-hélène. Pratique à midi, vous pourrez choisir le plat du jour pour 8,50 € ou la formule entrée-plat ou plat- dessert pour 10,50 €. Et si vous avez plus d'appétit, prenez alors la formule entrée, plat, dessert à 12,50 €. Bref, le choix est vaste et tout le monde peut y trouver son compte.

■ LE CRABE MARTEAU
8, quai de la Douane
✆ 02 98 33 38 57
Fax : 02 98 46 51 85
www.crabemarteau.fr
Ouvert du lundi au samedi de 12h à 14h30 et de 19h30 à 22h30. Carte : 30 € environ. Vin au verre. Terrasse.
Au Crabe marteau, convivialité et gastronomie, bonne humeur et bonne table font bon ménage. On aime venir au port s'y retrouver pour manger les spécialités de la mer d'Iroise dans une ambiance particulière. La carte, ou plutôt l'ardoise, dépendante de la marée et de la saison, change régulièrement. Mais vous aurez toujours l'occasion de frapper les fameux tourteaux et araignées qui ont fait le nom… et la réputation de ce restaurant. On vous apportera votre crabe sur une planche munie d'un maillet en bois. Pour vos déchets, un seau se trouve sous la table. Pas de chichis donc, on frappe son crabe, on jette les déchets dans le seau, on s'essuie dans son bavoir et peu importe si des miettes tombent sur la nappe puisqu'il n'y en a pas, les tables étant recouvertes par des pages du quotidien Ouest-France ! Mais n'hésitez pas à goûter aux autres spécialités de la maison, comme les exceptionnels ormeaux de Molène préparés par Martine Podeur, les langoustines dénommées « demoiselles de Loctudy », les pétoncles noires de la rade de Brest, les huîtres de Plougastel… Et bien sûr du poisson (bar, lotte, daurade, lieu, sole...), le tout accompagné de pommes de terre bio et de sauces maison, sans oublier un pain spécialement fabriqué pour le restaurant. L'ambiance marine est garantie par le cadre et le contenu de l'assiette, mais aussi par Pierrot Cosmao et Martine, les sympathiques patrons des lieux. Et si vous quittez Brest pour la capitale, ne soyez pas triste, vous pourrez y retrouver un peu de la ville dans le restaurant implanté rue des Acacias…

■ CRÊPERIE BLÉ NOIR
Vallon du Stang-Alar
✆ 02 98 41 84 66
www.blenoir.com
Ouvert toute l'année. Tous les jours de 12h à 22h. Menu enfant : 7,40 €. Formule du midi : 10 €. Accueil des groupes. Chaises bébé. Terrasse. Vente à emporter.
Au cœur de l'enchanteur vallon du Stang-Alar ou du paisible bois de Keroual se dressent les deux petites chaumières de la crêperie Blé Noir. Entrant dans sa vingt-septième année de service, la maison, dirigée conjointement par Brigitte Pronost et Maryse Le Merrer, offre un accueil très cosy en hiver, auprès d'un feu de bois orné d'une décoration traditionnelle, ou encore une dégustation en plein air pendant les beaux jours d'été, sur une terrasse entourée de la verdure. En plus du cadre exceptionnel, les gourmands pourront profiter d'un service rapide et d'une cuisine on ne peut plus bretonne. Sarrasin ou froment, sucrée ou salée, il est toujours possible de composer soi-même sa crêpe en choisissant divers ingrédients sur le menu. Les crêpes du chef sont un vrai régal : pourquoi pas la Rustique, au fromage de chèvre et au confit d'échalotes, ou alors la classique Forestière, aux lardons, à la crème et aux champignons. En dessert, la caramel au beurre salé

a un très grand succès. Pour les amateurs, d'octobre à avril, un Kig ha farz figurera au menu le jeudi et le dimanche midi (le reste de la semaine, pour les groupes à partir de 10 personnes, il faudra réserver pour choisir votre jour, cela pouvant être le midi ou le soir). Conseil futé : Blé Noir propose désormais des chèques cadeau Restaurant sous forme de bon pour un repas au Vallon ou à Keroual.

▶ **Autre adresse :** Bois de Kéroual (tel : 02 98 07 57 40)

■ CREPERIE DU ROI GRADLON
19, rue Fautras
✆ 02 98 80 17 28
Ouvert du mardi au samedi de 10h à 15h et de 18h15 à 22h15. Menu enfant : 7,50 €. Formule du midi : 10 € (à 15 €). Vente à emporter.
A la Crêperie du Roi Gradlon (légendaire roi de Cornouaille), l'accueil de Isabelle et Charlène est un parfait mélange de bonne humeur, de gentillesse et d'excellents conseils. Dans un décor rappelant la mer avec une rame et quelques filets de pêche accrochés çà et là, les boiseries aux couleurs bleu et beige sont en totale harmonie avec un mobilier entièrement changé fin 2012. Ici, la clientèle bénéficie de calme et de confort. Dans ce qui est, incontestablement, l'une des toutes meilleures crêperies de la ville. Dans les assiettes, ce sont des bonnes crêpes bien bretonnes et de qualité que l'on peut déguster. Le choix est particulièrement large et l'on en est à peu près sûr de trouver de quoi rassasier son appétit. Deux menus sont proposés le midi. Lors de sa visite en novembre, le futé brestois a jeté son dévolu sur un menu à 15 € avec une galette de blé noir puis une crêpe dessert. Evidemment, rien de tel qu'une bolée de cidre pour accompagner ce copieux déjeuner ! Sinon, dans ce même menu, d'autres choix s'offrent à vous comme la Gradlon, spécialité de la maison composée de pomme de terre, de chèvre, de lardons et de crème fraîche. En dessert, c'est pareil, la crêperie vous laisse le choix entre quatre crêpes. En dehors des menus, la carte révèle d'autres saveurs qui ont toutes l'air aussi délicieuses. On pense ainsi aux mélange sucré-salé qui pourra intriguer les plus curieux. Et si ça ne vous convient toujours pas, il est possible de composer soi-même sa crêpe !

■ DEL ARTE
14, place de la Liberté
✆ 02 98 20 10 20
www.delarte.fr
Ouvert tous les jours de 11h30 à 15h et de 18h30 à 22h30. Jusqu'à 23h les vendredis et samedis. Menus de 9,70 € à 18,90 €. Menu enfant : 6,20 € (jusqu'à 10 ans). Chèque Vacances, Chèque Restaurant. Chaises bébé. Vente à emporter.
Le restaurant Del Arte est idéalement situé sur la place de la Liberté, en plein centre-ville de Brest. On peut venir y déjeuner ou dîner tous les jours jusqu'à 22h30 (23h les vendredis et samedis), avant ou après une séance de cinéma au Multiplexe Liberté situé juste en face, pendant son shopping ou pour faire une pause déjeuner ensoleillée au milieu de sa journée de travail…

Côté cuisine, on retrouve bien sûr toutes les spécialités italiennes : pizzas, pâtes, grandes salades, antipasti, mais également des viandes et poissons. On apprécie de trouver des prix attractifs avec les menus proposés midi et soir : Presto (un plat et une boisson), Del Arte (une entrée ou un dessert, un plat et une boisson) et Piacere (entrée, plat et café gourmand) que l'on peut composer soi-même parmi un choix d'entrées, de plats et de desserts. Sans oublier le menu Angelo pour les enfants jusqu'à 10 ans (avec une surprise !) A savoir : le restaurant propose également une carte de pates et pizzas à emporter (pour deux pizzas achetées, la troisième est seulement à 1,50 €). Futé : si on vient avec son ticket de cinéma, le restaurant offre une remise de 20 % (hors menu). Le cadre est chaleureux et sent bon l'Italie, que ce soit face à la grande place, sur la terrasse plein sud et sans vis-à-vis, ou au niveau inférieur où le soleil italien brille toute la journée... Une salle privative peut également être mise à disposition gracieusement sur simple demande. Alors vivez l'Italie place de la Liberté !

LATITUDE CRÊPE
Port de Commerce
4, quai de la Douane
✆ 02 98 33 10 70
www.blenoir.com
Ouvert toute l'année. Tous les jours de 12h à 22h. Réservation recommandée. Formule du midi : 11 €. Accueil des groupes. Chaises bébé. Terrasse. Vente à emporter.
Installé sur le quai, tournée vers la mer et faisant souvent face à quelques goëlettes prestigieuses comme la Recouvrance ou Notre-Dame-de-Rumengol, cette crêperie représente bien tout l'esprit brestois mitonné dans une cuisine traditionnelle bretonne. Au menu, des spécialités maison autour des fruits de mer (Saint-Jacques, sardines, haddock,...) ou des salades composées comme, notamment, la Belle Poule (rouleaux de sarrazin, saumon, crevettes et légumes frais). Quant aux crêpes, blé noir ou froment, elles peuvent être à composer soi-même, ou servies selon les recettes du chef. On notera également un bon choix de cidres, en bouteille ou pression. Le plat du jour est modifié chaque midi en semaine. Latitude Crêpe propose également son Kig ha Farz tous les jeudis et dimanches midi, d'octobre à avril (et tous les jours midi et soir à partir de dix personnes, mais uniquement sur réservation).

LES FRÈRES DE LA CÔTE
40, quai de la Douane ✆ 02 98 46 70 14
www.breiz-ile.fr
lesfreresdelacote@orange.fr
Ouvert le dimanche et le lundi le midi ; du mardi au samedi le midi et le soir. Carte : 40 € environ (entrée, plat, dessert).
Les Frères de la côte, c'est d'abord l'aventure des frères Philip (Ronan, Olivier et Christophe) qui ouvrent leur premier restaurant en Guadeloupe en 1997. C'est sous le soleil des Antilles que Ronan, le chef, découvre les épices et apprend à les cuisiner. De retour en Bretagne

en 2001, les frères Philip ouvrent un restaurant à Camaret. Fort de ce succès, ils débarquent à Brest en 2011. Les Brestois n'ont plus besoin de traverser la rade pour se régaler ! A l'étroit rue d'Aboville, un deuxième restaurant est ouvert au printemps 2012, au port de commerce dans un espace à la mesure du talent du chef et de l'attente des clients. En cuisine, Ronan aime travailler les produits frais selon ses envies, et bien sûr selon les prises de mer et les saisons. «Ici, c'est la terre et la mer qui commandent», explique-t-il. Dans l'assiette, quelques plats emblématiques comme la farandole de poissons grillés à la plancha change 5 ou 6 fois par an, il faut donc venir régulièrement la découvrir. Les recettes, à base de produits locaux, sont cuisinées «à la mode voyage», et pas seulement un voyage aux Antilles. On vous proposera ainsi, par exemple, un beau choix de tapas. Les Caraïbes, on les retrouve également dans leurs rhums arrangés Breizh'île que l'on peut se procurer dans de nombreux commerces et, bien sûr, apprécier dans leurs restaurants. Epices, rhum... laissez-vous tenter par un voyage exotique, cette sympathique fratrie vous attend au port pour un embarquement immédiat.

▶ **Autres adresses :** 13 rue d'Aboville (tél.) 02 98 80 13 79 • 11 quai Toudouze - 29570 Camaret-sur-Mer (tél.) 02 98 27 95 42

L'AMIRAUTÉ
41, rue Branda
✆ 02 98 80 84 00
www.oceaniahotels.com/brest.php
Ouvert du lundi au vendredi le midi et le soir. Menus de 27 € à 37 €. Formule du midi : 19,50 € (entrée, plat, dessert).
Enguerrand Mahé, jeune chef de ce restaurant et incontestablement l'un des tous meilleurs dans le pays de Brest, confectionne une cuisine moderne avec des produits frais et régionaux : poissons, fruits de mer et spécialités bretonnes. Dans un décor raffiné, et avec une équipe assurant un service impeccable, vous pourrez découvrir le menu Escale à 19,50 €, uniquement le midi, avec, par exemple, moelleux de Saint-Maure de Touraine aux noix et aux tomates confites, suivi par une aile de raie pochée et son jus de crevettes roses et, pour finir, une crème brûlée à la lavande. Le soir, place aux menus Découverte (27 €) et L'Amirauté (37 €). On se laisse alors tenter par les cannellonis de foie gras au blé noir. Ensuite, les noix de Saint-Jacques de la rade de Brest à la fleur de sel ou le homard breton grillé au blé noir et ses pinces au naturel ne vous laisseront pas indifférent... En dessert, n'hésitez pas à goûter le kouign amann tiède et compotée de pommes acidulées ou une dégustation autour de la poire avec sa ganache au chocolat noir et chips croustillantes. Mais il y en a d'autres... Si vous êtes de passage à Brest, on ne saura donc que vous conseiller ce restaurant qui a, en plus d'un excellent rapport qualité-prix, une situation idéale à quelques mètres à peine de la rue Jean-Jaurès, près de l'Espace Jaurès. Et pour vos repas d'affaires, l'Amirauté met à votre disposition quatre salons dans lesquels vous pourrez déjeuner ou dîner en privé. Voilà donc un incontournable...

288 BREST MÉTROPOLE OCÉANE - Le couvert

■ LE M

22, rue Commandant-Drogou
✆ 02 98 47 90 00
Fax : 02 98 47 90 00
www.le-m.fr

Fermé du 6 au 23 janvier, du 1er au 10 mai et du 11 août au 1er septembre. Ouvert du lundi au samedi de 12h à 13h30 et de 19h30 à 21h30. Menus de 58 € à 78 € (midi et soir, semaine et week-end). Formule du midi : 29 € (1 plat, 36 € les 2 plats, 42 € les 3 plats). Accueil des groupes. Jardin. Terrasse.

Aurélolé d'une étoile au guide Michelin en 2012, ce restaurant est réputé pour sa cuisine raffinée et inventive. Incontestablement, l'endroit est l'un des plus fréquentés de la ville. L'établissement est situé dans une magnifique demeure en pierres nichée dans la verdure. Vous pourrez profiter du jardin avec sa terrasse et ses tonnelles ou découvrir une décoration soignée et contemporaine à l'intérieur de la maison. En cuisine, Philippe Le Bigot, un chef créatif et inventif, qui change sa carte selon les saisons en privilégiant les produits essentiellement locaux et d'une qualité irréprochable... C'est un artiste qui est en cuisine, toujours à la recherche d'une nouvelle saveur, qui excelle dans l'accompagnement, et qui sait sublimer la cuisson et la présentation pour mettre en valeur une viande ou un poisson. L'adresse est incontournable, alors laissez-vous tenter par cette grande table brestoise.

■ LE NAUTILUS

82, rue de Siam
✆ 02 98 80 66 66
www.oceaniahotels.com

Ouvert du dimanche au jeudi de 12h à 14h et de 19h à 22h30 ; le vendredi et le samedi de 12h à 14h et de 19h à 23h. Menus de 17 € à 23 €. Carte : 30 € environ. Plat du jour : 13 €.

Comme son nom l'indique, le Nautilus fait honneur au monde de la mer. Avec un cadre contemporain, un décor marin composé d'un énorme aquarium rempli de poissons très colorés, et une cuisine pleine de saveurs, Le Nautilus, qui dépend de l'hôtel Océania, est un restaurant à découvrir. Dans cet établissement situé idéalement en haut de la rue de Siam, le chef propose une carte haute en couleurs avec des produits de la mer (forcément !), mais aussi des viandes et des poissons cuits à la plancha. Pour l'apéro, si vous avez trop faim pour attendre vos plats, découvrez l'assiette du monde à partager. Pour le plat, rien ne vaux un bon filet de bar ou un steak de thon à la plancha. Et si vous êtes plutôt viande, le magret de canard en croûte d'épices, toujours à la plancha, saura vous satisfaire. En accompagnement, vous aurez le choix entre nouilles chinoises, wok de légumes Thaï, purée de patates douces... De quoi ravir tous les palais ! Pour la touche sucrée, le philadelphia cheese-cake, goyave et thé vert, vous invite au voyage. En novembre dernier, le Futé s'est laissé tenter par les suggestions du maître d'hôtel et n'a pas été déçu par une excellente entrecôte, concluant son déjeuner par un moelleux au chocolat en guise de dessert. Bref, une adresse que l'on vous conseille sans hésiter.

■ LES RELAIS D'ALSACE

15, avenue Clemenceau
✆ 02 98 80 25 73
www.lesrelaisdalsace.com

Ouvert tous les jours le midi et le soir (dernier service à 0h). En service continu. Menus de 13,80 € à 27,50 €. Formule du midi : 10,30 €.

Situé juste en face de l'entrée du Quartz, la taverne Les Relais d'Alsace, enseigne héritière de la Taverne de Maître Kanter, est un établissement qui a bien changé depuis quelques mois avec l'arrivée d'une nouvelle direction. Avec un nouveau chef talentueux en cuisine et une nouvelle équipe efficace pour le service en salle, nous ne nous trouvons plus ici dans une simple brasserie de centre-ville : c'est désormais devenu l'un des restaurants les plus fréquentés de Brest. Dans un décor très agréable, où l'ardoise se mêle au bois tout en harmonie, nous sommes attablés ici dans un ensemble fort sympathique et ouvert tous les jours de midi à minuit en service continu (et même une heure du matin le vendredi et le samedi). Une fringale en plein après-midi peut être satisfaite car rares sont les établissements qui offrent une telle disponibilité dans ses horaires d'ouverture, que ce soit pour des repas en tête à tête ou pour des groupes. Les plats authentiques, variés et copieux comme la choucroute classique ou de la mer, et les flammeküches remportent un vif succès. L'établissement se distingue également par une belle carte boucherie. Les desserts sont confectionnés sur place. L'assiette gourmande est une palette de desserts. Dès les beaux jours arrivés, on peut profiter de la terrasse très accueillante pour déjeuner, prendre des glaces ou des rafraîchissements, voire manger à l'extérieur à l'heure qui nous convient. Futé : un téléviseur grand écran en fond du restaurant.

■ LE SAINT-EX

4, rue de Siam ✆ 02 98 46 33 53
www.le-st-ex.com

Ouvert du dimanche au jeudi de 12h à 14h30 et de 19h à 22h30 ; le vendredi et le samedi jusqu´à 23h. Menus de 24 € à 34 €. Menu enfant : 8,20 €. Plat du jour : 8,80 €. Formules du midi en semaine : 11,90 € et 15 €. Accueil des groupes. Chaises bébé. Terrasse.

Situé tout en bas de la rue de Siam, à quelques pas à peine du château et du pont de recouvrance, avec une superbe vue sur ceux-ci, le restaurant de Marc Loaëc propose aussi bien de la cuisine traditionnelle que des crêpes. C'est dans un cadre chaleureux et agréable que vous pourrez choisir entre le simple plat du jour, la carte, très variée, ou un menu parmi les différents proposés. Lors de sa visite en novembre, le renard a opté pour la formule aéropostale. Vous craquerez certainement avec une cuisse de canard et sa sauce aux fruits rouges et en dessert, un café gourmand avec brownie, crème brûlée, mousse au chocolat et financier... Un délice ! Si vous êtes plus traditionnel, laissez-vous tenter par les spécialités du chef, Jean-Claude Quesnel. Par exemple : bonbons de foie gras chaud au chutney de figues et caramel au cidre, puis Saint Jacques poêlées au beurre de vanille ou filet de bœuf Wellington... En tout cas, quel que soit votre décision, vous ne serez pas déçu. Pour les plus classiques, vous pourrez vous régaler d'une crêpe au choix parmi les différentes spécialités ou à composer vous-même avec les ingrédients proposés. Côté desserts, on salive devant le tiramisu au caramel au beurre salé ou le cheese cake vanille et spéculos. A noter que le service est rapide et discret. Un établissement idéal aussi bien pour les repas d'affaires que pour les tête-à-tête. Sans oublier la terrasse, toujours très agréable dès que les premiers rayons de soleil font leur apparition...

■ LA SCALA
30, rue Algésiras ✆ **02 98 43 11 43**
www.lascalabrest.fr
*Ouvert tous les jours le midi et le soir. Menus de 16,50 €
à 27 €. Menu enfant : 7 €. Formule du midi : 7 €
(à 14,50 €). Chèque Vacances, Chèque Restaurant.
Vente à emporter.*
Ce restaurant-pizzeria du centre-ville est l'une des meilleures adresses de Brest. Idéalement situé dans le quartier Saint-Louis, à quelques pas de la rue de Siam et de la place de la Liberté, mais aussi du cinéma Multiplexe Liberté, on se sent en Italie à peine les portes franchies... Installés dans les superbes banquettes à velours rouge et, sous la lumière des lustres en cristal, contemplant les portraits du XVIIIe siècle qui ornent les murs, laissez-vous donc aller au voyage. Au menu : pâtes (spaghettis, tagliatelles ou pennes) et une vingtaine de pizzas artisanales. Mais pas que... Vous pourrez aussi déguster viandes et poissons tels que tartare italien, carpaccios, escalope milanaise, souris d'agneau, poêlée de saint-jacques à l'estragon accompagnée de son risotto ou encore tartare de saumon et saumon fumé. Pour les desserts, maison, ou les gélatissima, on n'est pas non plus déçu du voyage. Plusieurs formules sont proposées et les enfants ne sont pas oubliés. Un menu leur est spécialement réservé avec 4 plats et 4 desserts au choix. Ouverte tous les jours de la semaine, La Scala est un établissement où on est sûr de passer un agréable moment, qu'on soit seul, en famille ou entre amis. A signaler que l'équipe d'Annaïs Berrouc vous assure avec beaucoup de compétence un service rapide le midi et tardif le soir. Futé : pour les gourmands préférant rester à la maison, La Scala propose un service de vente à emporter 7j/7 ! Une invitation qu'on ne peut décidément pas refuser.

■ AUX TOURS DU CHÂTEAU
3, boulevard des Français-Libres
✆ **02 98 80 43 47**
*Ouvert du lundi au jeudi de 12h à 14h et de 19h à 21h30
; le vendredi et le samedi de 12h à 14h et de 19h à 22h30.
3 menus : 19,90€, 24,50€, 29,80€. Carte : 28 € environ.
Menu enfant : 10,50 €. Vin au verre. Accueil des groupes.*
Dans ce restaurant, on retrouve toutes les saveurs qui rappelleront la cuisine des grands parents. Eric Cartigny et son équipe ne manqueront pas de vous faire apprécier une vraie cuisine authentique. Mitonnés, braisés, rôtis, pochés, marinés, les plats de saison

côtoient les plats de tradition dans un cadre dédié à la ville de Brest et à son histoire. Ici, le mot plaisir se retrouve de l'apéritif au digestif, de l'entrée au dessert. Le futé brestois a littéralement craqué pour la selle d'agneau en croûte de basilic accompagnée de frites maison et le moelleux au chocolat fondant et cœur de chocolat blanc. A signaler que le poisson proposé à la carte et dans les menus change selon l'arrivage. Les abats sont toujours présents dans la carte concoctée par le chef de ce restaurant. Pour le plaisir de vos papilles, on vous suggère le ris de veau et noix de Saint-Jacques accompagnées d'une sauce à la morille. Ici, la convivialité n'est pas un vain mot et les produits maison sont à l'honneur. Dans cet établissement situé juste en face du Château, avec vue imprenale sur la Tour Tanguy, dès les beaux jours vous profiterez de la terrasse installée sur la zone piétonne. On s'y retrouve pour déguster un des vins au verre devant une Ardoise du Terroir proposant des cuisses de grenouilles, des escargots et brochette de rognon. On trouve facilement son bonheur parmi les produits de la carte ou avec l'un des trois menus. Le restaurant reçoit les groupes jusqu'à 50 couverts.

■ VINOMANIA
34, quai Malbert ✆ **02 98 44 00 33**
www.vinomania-brest.fr
*Ouvert du lundi au vendredi de 11h à 15h et le soir
de 18h30 à 23h ; le samedi de 11h à 23h30. Menu
enfant : 7,50 €. Formule du midi : 12,50 €. Vin au
verre. Terrasse. Boutique.*
A deux pas de la Marina du château, Vinomania propose une approche originale en matière de restauration, bar à vin et cave. Le concept de l'enseigne est de proposer à l'achat le ou les vins goûtés par les clients lors de leur déjeuner, dîner ou dégustation au bar. C'est le principe du « Dégustez-Emportez ». Côté restaurant, le midi, différentes formules comme la salée (entrée-plat) ou la sucrée (plat-dessert) ainsi qu'une formule express (une brochette et un café) sont proposées à partir de 12,50 €. Pour ceux qui prennent leur pause déjeuner bien après l'heure de midi, des plats chauds sont disponibles à toute heure de la journée. A l'heure de l'apéritif, une belle ardoise de charcuterie et de fromages Vino toast peut être partagée entre amis, collègues de travail, ou encore en duo. Le soir, un choix varié de brochettes, plat et assiettes gourmandes permettra de satisfaire tous les goûts. Côté cave, après dégustation au bar à vin ou au cours du repas, il est donc possible de repartir avec une bouteille ou un BIB (Bag-in-box), choisis parmi une gamme de 60 vins dans des cépages rouges, blancs et rosés. Des soirées privées peuvent également être organisées et des cours d'œnologie y sont dispensés tous les samedis (sur réservation). L'endroit est agréable, le décor élégant et design, de couleur bordeaux (comme le vin…) et l'accueil sympathique. En sortant, il est plaisant d'aller admirer la goélette la Recouvrance si elle est à quai ou de faire une petite promenade sur le port.

Retrouvez l'index en fin de guide

FINISTÈRE

Le gîte

■ HÔTEL DE LA GARE
2, boulevard Gambetta ✆ **02 98 44 47 01**
Fax : 02 98 43 34 07 – www.hotelgare.com
Ouvert toute l'année. 36 chambres. Chambre double de 64 € à 87 €. Petit déjeuner buffet : 8 €. Animaux acceptés. Connexion Internet gratuite.
Surplombant la gare de Brest et ses voiles blanches, l'hôtel de la Gare ne pouvait pas mieux porter son nom. Idéal pour les voyageurs tiraillés par la fatigue et en quête d'un pied à terre, cet établissement dirigé par André Pertron est le lieu idéal pour poser ses valises pour la nuit. A proximité de l'avenue Clemenceau et de l'office de tourisme, à quelques dizaines de mètres de la place de la Liberté et des deux rues principales de la cité du Ponant, et à dix minutes à pied du port de commerce et des embarcadères pour les îles d'Ouessant et Molène, cette escale est aussi pratique que « cosy ». A noter que votre petit déjeuner sera un véritable voyage gustatif avec des produits locaux. En plus d'un accès gratuit à internet ainsi qu'à un espace fumeur, l'hôtel de la gare vous propose un large choix de chambres, simples ou doubles, avec vue sur mer. Une des adresses chaudement recommandées par le Futé.

■ HOTEL LE CONTINENTAL****
Square de La Tour d'Auvergne ✆ **02 98 80 50 40**
www.oceaniahotels.com
Ouvert toute l'année. Accueil 24h/24. 73 chambres. Chambre double 130 € ; suite 175 €. Petit déjeuner : 14 €. American Express, Diners Club, Chèque Vacances. Animaux acceptés (15 €). Séminaires. Réceptions et mariages. Wifi. Tv satellite.
Les portes de son hall spacieux sont contamment ouvertes et ne voient pas toujours passer que des voyageurs. Son rez-de-chaussée, pouvant souvent accueillir quelque congrès ou cocktail, le Continental, n'est jamais à l'abandon. C'est l'hôtel qui ne dort jamais. Son bar, également situé au salon, près de l'accueil, propose régulièrement aux visiteurs, qu'ils restent dormir ou non, un moment de détente assurée. Simple et élégant, le charme Art Déco du « Conti », comme l'appellent les Brestois, est une véritable institution dans la cité du Ponant. Construit en 1913 et réédifié à l'identique après la guerre, en 1948, celui-ci a reçu en son sein plus d'un mythe, de Jean Gabin à Michèle Morgan, en passant par Claude Nougaro. A noter, également, que le Continental offre deux salles de séminaire pouvant recevoir jusqu'à 180 personnes.

■ HOTEL-RESTAURANT LES GENS DE MER
44, quai de la Douane ✆ **02 98 46 07 40**
Fax : 02 98 46 14 14
www.lesgensdemer.fr
Ouvert toute l'année. Accueil 24h/24. 51 chambres (chambres pour 4 à partir de 80 €). Chambre double de 55 € à 60 € ; chambre triple à partir de 73 €. Pension complète : 88 €. Demi-pension : 75 €. Petit déjeuner : 8 €. Parking. Animaux acceptés (5 €). Séminaires. Wifi payant. Restauration. Tv satellite.
Entièrement refait en 2008, cet établissement est situé sur les quais du vieux port de commerce. A quelques enjambées du centre ville, cet hôtel propose 51 chambres, dont 10 avec une vue sur mer permettant d'apprécier les bateaux du port de pêche et quelques vieux gréements. Dans un cadre sympathique et accueillant, des tarifs très intéressants permettront de bénéficier de chambres tout confort, équipées Wifi. Ceux qui voudront profiter d'une escapade sur l'eau n'auront que quelques pas à faire puisque cet hôtel se trouve à quelques mètres des embarcadères pour les îles.

■ HOTEL-RESTAURANT OCEANIA-BREST-AEROPORT
Escale Océania
32, avenue Baron-Lacrosse ✆ **02 98 02 32 83**
Fax : 02 98 41 69 27 – www.oceaniahotels.com
Ouvert toute l'année. Accueil 24h/24. 82 chambres. Chambre double de 59 € à 139 €. Petit déjeuner : 14 € (inclus au prix de la chambre le week-end). Parking inclus. Animaux acceptés (15 €). Connexion Internet gratuite. Wifi gratuit. Restauration (sauf le week-end). Tv satellite, Canal +. Idéalement situé, comme l'indique son nom, près de l'aéroport Brest-Bretagne, cet hôtel-restaurant est incontournable pour une escale en famille ou pour toute personne en voyage d'affaires. À l'entrée de Brest et au carrefour de diverses routes, l'établissement est très facile d'accès. Les chambres doubles, équipées et climatisées, offrent un cadre de détente design et moderne. En plus de ses six salons de conférence, pouvant accueillir au maximum 180 personnes, l'hôtel propose un parking gratuit, une salle de fitness, une terrasse ainsi qu'un restaurant avec vue sur la piscine extérieure. Des cocktails, buffets ou réceptions d'ordre privé ou professionnel peuvent également être organisés au sein de l'établissement.

■ L'AMIRAUTÉ***
41, rue Branda ✆ **02 98 80 84 00**
www.oceaniahotels.com/brest.php
Ouvert toute l'année. Accueil 24h/24. 84 chambres. Chambre double de 115 € à 135 € la nuit, de 79 € à 99 € le week-end. Petit déjeuner : 14 €. Parking : 9 €. Taxe de séjour : 1 €. American Express, Diners Club, Chèque Vacances. Wifi gratuit. Restauration (du lundi au vendredi). Tv satellite, Canal +. Situé en plein cœur de la cité du Ponant, l'Amirauté porte bien son nom. Alliant élégance et majesté, le lieu impose un classicisme des plus agréable. Idéal pour un séjour touristique à la pointe du Finistère ou pour un congrès, cet hôtel-restaurant ravira ses visiteurs. Les amateurs de shopping pourront également profiter du large choix de boutiques proposées par les principaux centres commerciaux comme l'Espace Jaurès, le Printemps, ou encore Coat-ar-guéven. Les chambres, décorées de façon sobre et chic, sont toutes climatisées, câblées et insonorisées. Au rez-de-chaussée, le restaurant, ouvert en semaine, fait honneur aux produits locaux : poissons, fruits de mer et spécialités de la région. Les gourmets pourront déguster les nombreux plats du chef, qui varient admirablement selon les saisons.

OCEANIA HOTEL**
82, rue de Siam
☎ 02 98 80 66 66 / 02 98 80 90 67 (pour le restaurant)
Fax : 02 98 80 65 50
www.oceaniahotels.com

Ouvert toute l'année. Accueil 24h/24. 82 chambres. Chambre double de 90 € à 190 €. Petit déjeuner buffet : 15 € (inclus dans le prix de la chambre le week-end). American Express, Diners Club, Chèque Vacances. Animaux acceptés (supplément de 15 € par nuit). Réceptions et mariages. Connexion Internet gratuite. Wifi gratuit. Restauration (midi et soir). Tv satellite, Canal +.
Impossible de manquer le plus bel hôtel de la rue de Siam. Cet établissement, entièrement rénové en 2007, est une véritable institution sur Brest. Situé à quelques pas de la place de la Liberté, à quelques dizaines de mètres du château et de son musée de la Marine, il permet un accès rapide à tous les lieux de culture et de détente, des nombreuses boutiques du coin à la scène nationale du Quartz, en passant par le multiplexe Liberté. On retrouve 82 chambres, stylées et modernes sous deux catégories distinctes. La chambre « Escale », composée d'un grand lit ou de deux petits lits, ou bien la chambre « Océane », plus spacieuse, comportant un lit double. Le room-service y est excellent, et permet, tous les jours de la semaine, même le week-end, un petit-déjeuner en toute tranquilité.

Loisirs

■ **RINKLA STADIUM**
Place Napoléon-III
☎ 02 98 03 01 30
www.rinkla-stadium.com
Ouvert le mercredi de 14h30 à 17h30 ; le jeudi et le vendredi de 20h30 à 23h30 ; le samedi de 14h30 à 17h30 et de 21h à 23h30 ; le dimanche de 10h à 12h30 et de 15h à 18h. Entrée : 8 €. Enfant : 6,90 €. Tarifs réduits moins de 18 ans, étudiants, chômeurs, carte CE, carte CEZAM, familles nombreuses.
Plusieurs possibilités existent pour venir s'éclater sur la glace entre amis ou en famille : entrée avec ou sans location de patins, carte fun mais aussi le Pass Famille (qui équivaut à une entrée, uniquement une demi-journée le dimanche, pour une famille avec les patins fournis). Alors, autant en profiter... Le dimanche, des luges sont mises à disposition des enfants de moins de 3 ans ! Sinon, le Rinkla Stadium propose également des cours individuels et collectifs ainsi que, toute l'année, des animations sur glace qui ont lieu lors de séances publiques (soirées à thème, jardin enfants, maquillage, sculptures de ballons, concerts...) Il y a aussi, sur demande, une formule de découverte et d'initiation au patinage, pour apprendre à glisser en toute liberté (sous la houlette d'un professeur diplômé d'Etat). Futé : possibilité de vous restaurer, puisqu'on y trouve confiseries, boissons chaudes et fraîches, ainsi que des frites, burgers, hot dogs ou sandwiches les soirs de matchs du club de hockey Les Albatros.

SPADIUMPARC
Plage du Moulin-Blanc
☎ 02 98 34 34 34 – www.spadium.fr
Ouvert le lundi de 17h à 19h ; le mardi de 12h à 13h30 et de 18h à 23h ; le mercredi et le samedi de 14h30 à 19h ; le jeudi de 17h à 19h30 ; le vendredi de 12h à 13h30 et de 17h30 à 23h ; le dimanche de 10h à 19h. Entrée : 5,30 €. Abonnement : 205,50 € (pour 1 semestre pour 1 adulte). Enfant : 4,30 €. Entrée détente à l'unité (accès aux bassins et à l'espace détente pour les plus de 16 ans) : 13 €. Carnet de 10 entrées : 36,40 € (enfant) et 45 € (adulte). Gratuit pour les moins de 3 ans. Vestiaire gardé.
C'est une situation rêvée que vous offre le Spadiumparc : une superbe vue sur la plage du Moulin Blanc et une eau à 30°. Que demander de plus ? Et, avec une température de l'air qui approche les 29 °C, vous ne risquez pas d'attraper froid en passant d'un bassin à l'autre... Il ne faut surtout pas hésiter à venir profiter des bienfaits de la piscine, que ce soit pour le seul plaisir de nager, pour vous détendre, pour vous entraîner, pour jouer avec vos enfants ou, simplement, pour faire un peu d'exercices... Le Spadiumparc est composé de plusieurs bassins afin de contenter tout le monde : un bassin petite enfance (pataugeoire et lagune de jeux), un bassin sportif, et un bassin de loisirs avec rivière à courants rapides. Il y a également un pentagliss (le premier couvert en France). Sans oublier les jacuzzis et un espace bien-être dans lequel on trouve sauna, hammam de 20 m² et douche scandinave. Dans cet espace de plus de 800 m² de bassins on trouve aussi bains à remous, espace hydromassages et solarium intérieur et extérieur. Ici, on vient profiter de tous les bienfaits de l'eau, oublier le stress de la journée, et se détendre... Pour ceux qui souhaitent prendre des cours, la piscine propose diverses activités : aquagym, initiation palmes, apprentissage et perfectionnement de la natation pour tout âge, bébés nageurs (de 6 mois à 3 ans)... Il existe plusieurs types d'abonnements alors n'hésitez pas à vous informer. Un conseil : évitez les heures d'affluence...

Sorties

■ **BREIZH PARADISE**
50, rue Charles Nungesser – GUIPAVAS
☎ 02 98 38 10 00
www.breizh-paradise.fr
A proximité de l'aéroport, dans ce bâtiment d'environ 600 m², Breizh Paradise ouvre ses portes pour une soirée cabaret dîner-spectacle dansant tous les vendredis soir et samedis soir. Au programme : champagne, dîner, spectacle d'environ 2 heures 30 et, enfin, soirée dansante jusqu'à 3h du matin... Voilà une soirée où tout est regroupé. L'idée, c'est de proposer des artistes reconnus de la scène et des nuits parisiennes, mais aussi des nouveaux talents qu'ils soient humoristes, magiciens... Pour la clientèle, l'établissement mise sur ceux qui veulent passer une soirée cabaret, qu'ils soient Brestois ou d'ailleurs en Bretagne puisqu'il n'existe pas encore de concepts de ce genre dans la région... Breizh Paradise propose des soirées avec comme seul credo : « Ici, c'est fait pour faire la fête. » A découvrir.

FINISTÈRE

Salons de thés

■ SALON SYMPHONIES
26, rue de Siam ✆ **02 98 46 36 28**
www.symphoniesbrest.fr
Ouvert du mardi au samedi de 8h à 19h. Formules : traiteur (9,50 €), salade (10,80 €), chef (12,60 €). Terrasse.
Avant de commencer sa journée de travail, pour déjeuner, pour faire une pause durant son shopping... Symphonies vous ouvre ses portes. Le futé vous recommande vivement ce salon de thé ouvert toute la journée en continu. Hervé Floc'h et sa sympathique équipe vous accueillent dès le matin pour un petit café ou une formule petit déjeuner, à midi, pour déguster une cuisine du marché avec différentes formules à base d'un plat du jour, d'une salade, d'une quiche... ou pour un sandwich à manger sur place ou à emporter, mais toujours à base de produits frais. Le chef pâtissier vous ne résisterez pas aux desserts : Le Bleu d'Iroise, l'Ecume des abers, le Sirocco... tout un voyage ! A moins que vous ne craquiez pour le Diabolique ? Quant aux macarons, il y en a pour tous les goûts, saveurs classiques ou plus originales (fleur d'oranger, violette, pain d'épice, crème brûlée...) à accompagner d'un café ou d'un des nombreux thés parfumés servis dans de jolies théières en fonte. Le cadre est agréable, on choisit son ambiance et on s'installe volontiers à l'étage ou, si le temps le permet, sur la terrasse installée sur une rue de Siam nouvellement aménagée grâce au tramway. A toute heure de la journée, le salon Symphonies vous invite pour une petite parenthèse. Et si vous êtes au port de commerce, n'hésitez pas non plus à faire une pause dans l'autre salon Symphonies situé tout près de La Carène. A savoir : Symphonies propose également la livraison de plateaux repas sur Brest.

▶ **Autre adresse :** 15, rue Jurien-de-La-Gravière (tél.) 02 98 46 81 45

Bars, pubs

■ AUX QUATRE VENTS
18, quai de la Douane ✆ **02 98 44 42 84**
www.les-4-vents.com
Ouvert tous les jours de 9h à 1h. Terrasse.
Entrer aux Quatre vents, c'est entrer dans un bateau, celui de Fifi, le sympathique maître des lieux ! A bord de ce bateau-bar, on peut, à toute heure de la journée, siroter un café, un apéro, une bière (avec modération bien sûr...) et, le midi manger un plat du jour (9 €) dans le bar ou son annexe située juste à côté, ouverte en 2012. Pour sa décoration, pour son ambiance, ou pour la terrasse sur le port, on passe toujours un bon moment aux Quatre vents.

■ BAR LE HEMINGWAY
11, avenue Georges-Clemenceau
✆ **02 98 46 98 06 – hemingway.bar@free.fr**
♿
Ouvert du lundi au samedi de 17h à 1h. Wifi. Animation. Concerts (langues parlées : anglais, espagnol).
Plus grand chose à voir avec un dénommé Ernest. Aujourd'hui, l'Hemingway est un lieu très huppé. Situé à deux pas du Quartz et du parc Kennedy, ce bar lounge est l'endroit désigné pour sortir « habillé » et déguster l'un des fameux cocktails de la maison, le tout dans une ambiance jazzy ou électro. Côté bar ou salon chic, l'accueil de Daniel et son équipe est chaleureux, et le service impeccable. De nombreuses expositions se tiennent et viennent pimenter la décoration toute l'année. Des rendez-vous réguliers sont également donnés autour d'une soirée à thème.

■ CASA HAVANA
Place des Français Libres – 2, rue de Siam
✆ **02 98 80 42 87 – www.casa-havana.fr**
Ouvert tous les jours de 15h à 1h. Terrasse.
Casa Havana, premier bar latino américain dans cette ville, est un incontournable ! Avec une déco aux couleurs chaudes mais aussi, et surtout, une ambiance chaleureuse, conviviale et festive, Casa Havana a su se faire connaître. Les habitués n'hésitent pas à venir profiter de la terrasse avec un bon cocktail cubain ou du rhum... Et pourquoi pas accompagné son verre de quelques tapas aux saveurs multiples servis jusqu'à 23h30. Le week-end, soirées à thème avec des DJ's connus dans la région mais aussi, régulièrement, des concerts.

■ LES FAUVETTES
27, rue Conseil ✆ **02 98 44 46 67**
♿
Ouvert toute l'année. Tous les jours de 17h à 1h. Wifi gratuit. Animation. Jeu de fléchette et table de billard à disposition.
On trouverait des traces des Fauvettes dès le... XVIIe siècle, quand des fauvettes gazouillaient dans les arbres du petit bois de Saint-Martin. Une chose est sûre, ce bar à bières est une institution brestoise depuis des décennies. Le futé a compté : le long des 14 mètres du comptoir, pas moins de 12 pompes à pression et de 100 bières bouteille (attention, la carte des bières sur le plafond est un peu vieillotte, mieux vaut demander conseil à Yann ou à ses sympathiques serveurs et serveuses). L'ambiance, selon les jours, rassemble, généralement, autour d'une pinte brune, blonde ou ambrée, toutes les générations dès 20 ans, et varie selon les évènements : quizz thématiques (souvent musicaux) hebdomadaire à l'anglo-saxonne, matchs de football ou de rugby, ou simples soirées entre copains. Assurément, un lieu à fréquenter dès que possible pour un apéritif « à la brestôase ».

■ MCGUIGAN'S
9, rue Jean-Marie-Le-Bris ✆ **02 98 44 41 69**
Ouvert du lundi au vendredi de 6h45 à 1h ; le samedi de 15h à 1h. Restauration du lundi au jeudi midi et soir ; vendredi midi. Terrasse. Restauration. Animation. Concerts.
Chez Dan, tout le monde est bienvenu. L'Irlande au sein de la cité du Ponant, de toute façon, c'est chez lui. Situé sur le port de commerce, mais de l'autre côté des quais, en face du Parc à chaînes rénové en 2013, cet établissement typiquement anglo-saxon fait aussi Bed & Breakfast (même si le patron préférera parler de « couette et café ») et restaurant. Le midi ou le soir, les cuisines du McGuigan's proposent un repas façon « pub » avec entrée, plat, dessert. Les vendredis et samedis soir, on peut même y goûter le fameux Irish stew ! Dans une ambiance sympathique et conviviale, côté restauration ou côté bar, en intérieur ou en terrasse (couverte), les amateurs de Guinness, de cidre fermier ou de divers

cocktails proposés par la maison pourront se retrouver chez le plus Brestois des Irlandais, parfois même autour d'un concert de musique traditionnelle celte.

■ PUB LE TARA INN
1, rue Blaveau ✆ **02 98 80 36 07**
www.tarainnbrest.com
Ouvert du lundi au vendredi de 11h à 1h ; le week-end de 15h à 1h. Terrasse. Restauration.
Pour se retrouver plongé dans l'ambiance irlandaise, n'hésitez pas à franchir les portes du Tara Inn. Ce véritable Irish pub du port de commerce, est une adresse incontournable. Autour d'une pinte de Guinness, O'Hara, ou Hermine, le Tara vous invite à ses sessions irlandaises le premier vendredi du mois, à des fest deiz les premiers dimanches du mois à partir de 15h et des fest noz tous les lundis à partir de 21h. A moins que vous n'ayez la chance de venir par hasard pendant un concert improvisé ! Mais tous les jours, à l'intérieur ou en terrasse, l'ambiance chaleureuse et amicale est garantie, et le dépaysement total. A noter aussi que le Tara Inn propose un plat du jour à 8 € et quelques plats le midi en semaine.

■ LE TOUR DU MONDE
Port de plaisance du Moulin-Blanc
✆ **02 98 41 93 65 – www.tourdum.fr**
♿

Ouvert toute l'année. Tous les jours de 10h à 1h. Le demi de « Tour Du M' » : 2,50 €. Terrasse.
Créé il y a 20 ans par le navigateur Olivier de Kersauson, le Tour du Monde est un restaurant-bar qui est rapidement devenu une institution brestoise, un lieu où jeunes et moins jeunes aiment se retrouver pour boire une bière (dont la « Tour Du M », spécialement brassée à Concarneau) ou pour manger un morceau. Le restaurant est connu pour ses différentes recettes de moules frites (appréciable, elles restent bien chaudes dans leurs cocottes !) mais on peut aussi y grignoter plus rapidement un club sandwich. Idéalement situé au port de plaisance du Moulin-Blanc, on y admire, à travers les baies vitrées, ou sur la grande terrasse si le temps le permet, les voiliers, la plage et la rade… Autour de l'immense bar éclairé par de drôles de bonbonnes multicolores, les grandes tablées faciliteront les rencontres tandis que les petites tables seront préférées par ceux recherchant un peu d'intimité. A chaque heure de la journée l'atmosphère est différente. Si les vendredis et samedis soir, l'ambiance est à la musique et à fête, le dimanche midi les Brestois viennent facilement y déjeuner en famille. Ouvert tous les jours et « par tous les temps », l'accueil y est sympathique et l'équipe est efficace. Un mur végétal et une immense carte du monde tapissent le fond du restaurant, apportant une touche d'exotisme à ce lieu qui appelle au voyage… Alors, n'hésitez pas et embarquez pour un tour du monde au port du Moulin-Blanc !

Emplettes

■ ARMOR LUX
51, rue de Siam ✆ **02 98 44 68 11**
www.armorlux.com
Ouvert du lundi au samedi de 9h30 à 19h.

Celà fait 75 ans que la marque quimpéroise à renommée internationale Armor Lux nous habille ! Appréciée pour la qualité irréprochable de ses vêtements, mais aussi pour son savoir-faire et pour le caractère marin qu'elle exprime, elle fait partie de l'identité et du patrimoine bretons (on la retrouve d'ailleurs, grâce à ses différents partenariats, sur quelques-uns des plus grands événements nautiques organisés dans la région). Deux boutiques Armor Lux sont implantées à Brest, l'une dans la rue de Siam, en plein cœur de la ville, l'autre dans le centre commercial Le phare de l'Europe. Toutes deux proposent les différentes collections de vêtements de l'enseigne, pour hommes, femmes et enfants : les fameuses marinières, mais aussi des cirés, cabans, robes, écharpes, pantalons, bonnets, pulls ou gilets rayés… On y trouve également une gamme de sous-vêtements et de linge de nuit pour notre plus grand confort, sans oublier la collection en coton équitable. Les vêtements, d'inspiration marine, conviennent aussi bien aux vies citadines, qu'aux escapades en bord de mer… La qualité est toujours là, les tissus sont beaux, les matières nobles et la fabrication impeccable. Pour ce qui est de l'accueil, les sympathiques vendeuses sauront vous conseiller, elles vous attendent dans ces deux boutiques qui vous ouvrent leurs portes toute l'année, pour vous habiller contre vents et marées.

▶ **Autres adresses :** 5 Rue Gaston Planté (tél.) 02 98 38 06 74 • C.Cial Le phare de l'Europe – 29, route de Gouesnou (tél.) 02 98 41 56 50 • Espace commercial Les Rives du Lac – 29290 Saint-Renan (tél.) 02 98 84 33 47

■ LE COMPTOIR IRLANDAIS
32, quai de la Douane
✆ **02 98 43 15 15**
www.comptoir-irlandais.com
Ouvert du lundi au samedi de 9h à 19h.
En vous baladant sur le port de commerce de Brest, vous apercevrez certainement un magasin à la devanture verte qui rappelle sans conteste l'Irlande. C'est le Comptoir Irlandais, une enseigne immanquable qui a été fondée à Brest même il y a 25 ans ! Dans cette boutique, on se sent comme là-bas grâce à l'ambiance et aux nombreux produits proposés, tous issus de la culture irlandaise. On y trouve, entre autres, des articles pour la cuisine (mugs, tasses, tabliers, gants...), mais aussi des vêtements (pulls en laine vierge, gilets, duffle coats, polos, maillots et accessoires de rugby, grosses chaussettes en laine, écharpes, bonnets, et même des kilts pour vous messieurs...). Sans oublier l'impressionnant rayon whisky et bien sûr les bières... Les amateurs vous le diront : la boutique cache quelques petites merveilles. Elle propose également de nombreuses sortes de thé qui occupent un autre rayon tout aussi important. Des gâteaux, de la marmelade, du caramel, des peluches, des affiches, un grand choix de bières, des bijoux, du chocolat, c'est aussi tout cela que nous pouvons trouver dans ce magasin qui n'attend plus que vous. Car n'oublions pas que c'est Brest qui a vu naître le concept du Comptoir Irlandais et que ce magasin, en dehors d'être historique, est un incontournable de la ville... On ne peut donc que vous le conseiller, que ce soit pour trouver un cadeau original ou bien, tout simplement, pour vous faire plaisir.

■ **DIALOGUES**
Square Monseigneur Roull ✆ **02 98 44 88 68**
www.librairiedialogues.fr
Ouvert du lundi au samedi de 9h30 à 19h30.
C'est l'une des premières grandes librairies indépendantes de toute la France. Au sein de ses 1 800 m², Dialogues propose à tous les passionnés du sixième art un voyage sur deux étages où ils peuvent feuilleter, s'asseoir confortablement dans un canapé et lire, ou encore recevoir des conseils sur tous les types de littératures possibles et imaginables. Romans français, étrangers, fantastique, de science-fiction, polars, bande-dessinées, mangas, guides touristiques, ouvrages spécialisés (art, décoration, cuisine, etc.) : tout y est pour satisfaire la curiosité de chacun. Enseigne de référence pour les Brestois et les nord-Finistériens de manière plus générale, Dialogues reçoit également tous les ans près de 200 auteurs dans son café et propose de nombreuses séances de dédicaces. Enki Bilal, Eric Fottorino, Amélie Nothomb, François Morel et Olivier Saladin, Erik Orsenna, Raphael Enthoven, Wajdi Mouawad, Kris, Gally et Obion… Auteurs et artistes venus de toute la France, et parfois même de plus loin, n'hésitent pas à se déplacer « au bout de la terre » le temps d'une interview. À noter que les libraires proposent, au-delà de conseils personnalisés, leurs propres coups de cœur dans chaque rayon du magasin. Conseil Futé : La librairie propose une carte de fidélité (valable également dans ses autres magasins, Dialogues Musiques et Dialogues Enfants), qui permet de nombreux avantages (réductions en caisse, deuxième café gratuit, - 5% pour tous les étudiants et lycéens, etc.).

■ **ROI DE BRETAGNE**
12, quai de la Douane
✆ **02 98 46 09 00**
www.roidebretagne.com
Ouvert du lundi au samedi de 9h30 à 19h.
Roi de Bretagne est implanté sur le port de commerce depuis plus de 20 ans. Pourquoi le port ? Parce que ce lieu de départs et d'arrivées, de rencontres et d'échanges correspond à l'esprit des lieux, au carrefour de ces brassages planétaires, explique Per-Iann Fournier, le propriétaire des lieux. On trouve certes dans cette grande boutique de nombreux produits bretons mais aussi beaucoup d'autres en provenance du monde entier. Dès l'entrée, pour nous accueillir, les arts de la table (vaisselle bretonne, anglaise ou polonaise et linge de table), des bijoux celtes, des cosmétiques élaborés à partir d'algues… Côté papilles, face au rayon alcools proposant whiskies du monde entier, bières et cidres bretons, l'épicerie offre une sélection des plus grandes marques bretonnes (galettes dans leurs jolies boîtes, spécialités salées à tartiner…), des produits grecs, italiens, des thés et épices… Partenaire exclusif de Fauchon en Bretagne, la boutique propose les produits de l'épicier parisien, dont des macarons frais. Et tout au bout du magasin Le Piment bleu, petite boutique dans la boutique, avec sa sélection de spécialités antillaises et son impressionnant choix de rhums, constitue à elle seule une invitation au voyage (une Route du rhum ?). À l'étage, le rayon vêtements propose des marques évoquant la mer et l'évasion mais également des accessoires, foulards ou sacs. A Brest, les

voyages (quels qu'ils soient !) commencent souvent au port… pourquoi pas chez Roi de Bretagne ?

■ **SIAM CADEAUX**
40, rue de Siam ✆ **02 98 43 42 20**
Fax : 02 98 43 33 81
Ouvert du lundi au vendredi de 9h30 à 19h ; le samedi de 9h30 à 12h et de 14h15 à 19h.
En plein cœur de la rue de Siam, Patricia Mahé et Alain Jacquemin ont reconverti leur maison de la presse en boutique de cadeaux, souvenirs et cartes postales. Du magnet breton au couteau suisse multifonctions, il y en a pour tous les goûts et tous les budgets. Dans l'espace coutellerie, les amateurs de belles lames trouveront des modèles Victorinox, Opinel, Laguiole… Des articles pour fumeurs tels que briquets et pipes, sont également proposés tandis que l'espace carterie offre un choix impressionnant de cartes thématiques ou vues de Brest et sa région. Pratique, la boutique vend des tickets pour le bus et le tram. On peut même y valider ses grilles de loto et autres jeux de hasard.

Panier gourmand

🏆 **BREST MARÉE**
13, premier Eperon – Port de Commerce
✆ **02 98 44 00 12 – Fax : 02 98 44 72 05**
www.brest-maree.fr
Ouvert le lundi de 9h à 12h et de 16h à 18h ; du mardi au samedi de 9h à 12h30 et de 16h à 18h30.
C'est incontestablement le mareyeur incontournable à Brest. Idéalement situé sur le port, l'établissement de Jean-René Cadalen vous garantit la fraîcheur de tous ses produits (poissons, coquillages, crustacés). Ainsi, selon les saisons et l'arrivage, vous pourrez trouver homards européens (bretons), langoustes rouges royales mais aussi coquilles Saint-Jacques, praires, palourdes, ormeaux, pétoncles… Les crustacés vivants et les produits frais de la mer sont présentés dans des viviers ouverts au public alors qu'ils ont été achetés le matin même aux criées de Brest ou de Roscoff, ou directement aux bateaux. Pour les poissons entiers, vous aurez le choix entre bar, lotte, turbot, lieu jaune, dorade… Mais également mourette, julienne, saumon, merlan en filets. L'établissement propose aussi une gamme « autour de la mer » (vin, rillettes et terrines à base de poissons, crustacés et coquillages ainsi que soupes ou bisques). A noter aussi qu'il est possible de commander des plateaux de fruits de mer (allant de 15 € à 55 € par personne) composés de tourteaux ou araignées, langoustines, huîtres, bigorneaux, crevettes, palourdes, et homard breton pour les plus gourmands… Conseil futé : branchez-vous sur le site Internet pour bénéficier des conseils de cuisson, conservation, transport et les fameuses recettes de Ghislaine.

🏆 **HISTOIRE DE CHOCOLAT**
60, rue de Siam
✆ **02 98 44 66 09**
Fax : 02 98 80 30 20
www.histoiredechocolat.com
Ouvert le lundi de 14h à 19h ; du mardi au samedi de 9h30 à 19h.

Une enseigne chocolat très complète. On y découvre de nombreux chocolats fins dont certains rendent hommage à Brest : le Recouvrance (trio de pralinés enrobés de pur Caraïbes), le Bijou de Siam (ganache noire fruits de la passion enrobée de blanc), le Brest ou l'Océanopolis, le Diamant Noir, le Mille Sabords ou encore le Littoral… Pour découvrir les coulisses de ces chocolats rendez-vous rue Duquesne, dans la boutique/showroom. Dans cet atelier-boutique officient Jean-Yves Kermarec et son équipe, aux vues des clients, derrière les vitres ! Vous pouvez aussi vous rendre dans la nouvelle boutique rue de Siam face à la rue Jean-Jaurès, ouverte en 2011, juste en face de l'Espace Jaurès. Sachez aussi que des ateliers chocolat, pâtisserie ou macarons, sont proposés aux petits et aux grands. Egalement pour les petits une délicieuse pâte à tartiner si bonne qu'on en oublie une certaine autre…

▶ **Autres adresses :** 13, rue Duquesne • 70, rue Jean-Jaurès

Marchés

■ MARCHÉ SIAM SAINT-LOUIS
Autour des halles Saint-Louis
Rue de Lyon
Le dimanche de 8h30 à 12h30. Pas de répit pour les arpenteurs de marchés, celui-ci traverse la rue de Siam et occupe une partie de la rue de Lyon : c'est le marché du centre-ville et il a ses inconditionnels.

▪ Dans les environs

Daoulas
Abritée au fond de la rade de Brest, Daoulas est une petite cité de caractère. Dotée d'un riche patrimoine architectural, il ne faut pas hésiter à emprunter la rue de l'Église qui mène à l'abbaye. On longe de belles demeures en pierres jaunes de Logonna avant d'atteindre l'église abbatiale Notre-Dame et son ensemble (porche, ossuaire, chapelles). Des sentiers de randonnée ont été aménagés : des balades autour du viaduc et des sentiers le long des rivières daoulasiennes permettent de goûter à la quiétude de la campagne des alentours. Lieu important de foires autrefois, un marché hebdomadaire se tient toujours le dimanche matin. Très apprécié et réputé, ses étals proposent de nombreux produits bios et locaux.

■ ABBATIALE
21, rue de l'Eglise
Cette église romane bâtie entre 1167 et 1173 en pierre de Logonna garderait des traces de la construction primitive du VIIIe siècle. Le magnifique porche gothique construit en 1560 a été démonté et transplanté à la fin du XIXe siècle à l'entrée du cimetière qui jouxte l'abbatiale.

■ ABBAYE DE DAOULAS
21, rue de l'Eglise ✆ **02 98 25 84 39**
Fax : 02 98 25 89 25
www.cdp29.fr
&

Fermé en janvier. Basse saison : ouvert du mardi au dimanche à partir de 13h30 et jusqu´à 18h30. Haute saison : tous les jours et les jours fériés à partir de 10h30 et jusqu´à 18h30. Gratuit jusqu'à 7 ans. Adulte : 7 € (5 € hors période exposition). Enfant (de 7 à 17 ans) : 1 €. Passeport Finistère et 18/25 ans : 4 € (3 € hors période exposition). Tarif réduit (RSA, demandeurs d'emploi, minima sociaux, handicapés et accompagnateur) : 1 €. Chèque Vacances. Label jardin remarquable. Visite guidée. Restauration (cafétéria). Boutique. Animation.
Le centre culturel de l'abbaye de Daoulas est un site à découvrir absolument. Il ravit à la fois les amateurs de vieilles pierres, les amoureux des jardins et des plantes ainsi que les passionnés d'art et d'expositions. Une fois l'accueil franchi, nos pas nous dirigent vers le cloître, un des derniers vestiges de style roman en Bretagne, plus loin ils nous promènent dans le parc et les allées du jardin des plantes médicinales (250 espèces végétales). Les jardins de l'abbaye ont été labellisés Jardin remarquable en 2012. Ces magnifiques jardins à découvrir à partir du mois d'avril mènent vers l'entrée des salles d'exposition. En effet, depuis 1986, cet endroit est devenu un important lieu d'expositions de grande renommée. Avec une approche ethnographique, de nombreuses sociétés du monde ont ainsi été visitées : les Dogons, les Inuits, les Vikings, les Maoris… L'exposition de l'année 2013, intitulée « Tous des sauvages ! Regards sur la différence » du 27 avril au 11 novembre nous permettra de réfléchir plus généralement sur l'« autre »…

FINISTÈRE

© CDP29

Jardins de l'Abbaye

Milizac

Milizac est une commune appréciée pour sa qualité de vie. Cadre verdoyant et champêtre, la ville est située à proximité de l'agglomération brestoise. D'ailleurs, depuis la rentrée 2011, une nouvelle ligne de transport régulière vers Brest est disponible. De nombreux chemins de randonnée permettent de découvrir quelques éléments de son histoire comme le manoir de Keranflec'h, un des derniers manoirs existant avec celui du Curu. Moulins et souterrains sont d'autres traces du passé de Milizac. Ville de plus de 3 000 habitants au dernier recensement et en plein développement, elle compte de nombreux sportifs : les amateurs de foot et de vélo restent parmi les plus représentés mais les équipements sportifs et de loisirs font de nouveaux adeptes.

■ **LA RÉCRÉ DES TROIS CURÉS**
Parc de Loisirs – Les Trois Curés
✆ **02 98 07 95 59 – Fax : 02 98 07 21 04**
www.larecredes3cures.fr
Ouvert toute l'année. Adulte : 15,50 €. Enfant (jusqu'à 12 ans) : 13,50 €. Gratuit pour les moins d'un mètre. Carte cezam 12 ans et plus : 14,50 €. Carte cezam moins de 12 ans : 12,5€, handicapé 13 €, supplément notamment le karting : 10 € les 8 min. Chèque Vacances. Accueil enfants. Restauration.
Crée en 1989, le parc de loisirs La Récré des Trois-Curés est devenu une référence en la matière. On y vient de partout du Finistère, de Bretagne et même de plus loin. Accueillant plus de 230 000 visiteurs par an, il est devenu le deuxième équipement privé de loisirs le plus important de la région bretonne. Arboré, le parc s'étend sur 17 ha et comprend un magnifique plan d'eau aménagé pour recevoir des activités nautiques (pédalo, « bateau » bumper). Une quarantaine d'attractions dont sept à sensations fortes attendent petits et grands pour des moments inoubliables et de frissons garantis. Trampoline, grande roue, galion des pirates, grand huit, rivers's splash... ou encore l'Aquatico, etc.... il y en a pour tous les goûts. En cas de mauvais temps, 3000 m² de jeux en intérieur avec notamment des structures gonflables sont une solution pratique de repli. Pour prolonger le plaisir et bien profiter de la journée, un espace restauration permet de faire une pause déjeuner bien appréciée avant de retourner sur les jeux. Plusieurs coins pique-nique sont installés sur l'ensemble du parc. Le parc crée régulièrement la surprise en ouvrant une nouvelle attraction comme la Pieuvre en 2012.

Plougastel-Daoulas

Comme 7 autres communes, Plougastel-Daoulas est membre de la communauté urbaine de Brest depuis la création de celle-ci en 1974. Disposant de 37 km de littoral, du fait de sa côté très découpée, la presqu'île de Plougastel se caractérise aussi par un habitat dispersé. Hérité de son passé, les 157 villages ou hameaux parsèment sa population. Plougastel dispose de plusieurs ports tels ceux du Caro, du Tinduff ou celui de l'Auberlac'h. Il existe toujours une activité maritime avec notamment des espaces dédiés à la coquille Saint-Jacques (nurserie du Tinduff) et à l'ostréiculture. Ah... Les huîtres de Plougastel sont très réputées et sont un véritable délice. Toutefois, la pêche côtière a quasiment disparu au profit de la plaisance. En effet, avec tous ses ports communaux et les points de mouillages divers, Plougastel a une capacité d'accueil de 1 000 embarcations. Plougastel, c'est aussi dans l'imaginaire de beaucoup la « capitale » de la fraise, avec en particulier les fameuses gariguettes. C'est ici qu'elles auraient débarqué pour la première fois au retour d'une expédition au Chili au XVIIIe siècle. Certes, la culture des fraises a fait la renommée de Plougastel mais rappelons que ce n'est pas l'unique culture qui fait la renommée de cette commune littorale. La production de tomates lui donne la position de leader en France. Enfin, Plougastel bénéficie de bien d'autres éléments culturels détonants. Son célèbre calvaire, composé de 180 statues représentant la vie de Jésus, en est un (sa colorisation et sa mise en lumière durant l'été 2012 a fait sensation !). L'histoire est là pour rappeler que ce monument a été édifié pour conjurer le sort après l'épidémie de peste de 1598. Toute la population s'y mit, pauvres et nantis, et il ne fallut que 6 ans pour élever ce qui est encore aujourd'hui considéré comme un chef-d'œuvre en Bretagne. Des matériaux nobles et des pierres d'extraction locale furent utilisés : comme la pierre jaune de Logonna pour le soubassement, et le kersanton, granit gris, pour les sculptures. Plougastel-Daoulas, c'est aussi un costume folklorique très identifiable, que l'on peut observer lors des fêtes dites celtiques. C'est l'une des fiertés de la commune. Il est très coloré, ce qui le différencie de celui des autres costumes de la région.

■ **MUSÉE DE LA FRAISE ET DU PATRIMOINE DE PLOUGASTEL**
Rue Louis-Nicolle
✆ **02 98 40 21 18 – Fax : 02 98 37 83 31**
www.musee-fraise.net
♿
Fermé en janvier. Basse saison : ouvert du mercredi au dimanche de 14h à 17h30. Haute saison : du lundi au vendredi de 10h à 19h ; le week-end de 14h à 19h. Ouvert toute l'année sur réservation pour les groupes. Gratuit jusqu'à 7 ans. Adulte : 5 €. Enfant (de 7 à 11 ans) : 2 €. Tarif réduit : 4 €. Passeport Finistère : 3,50 €. Chèque Vacances. Ascenseur. Visite guidée. Boutique.
Inauguré en 1992, ce musée est le seul en France à retracer l'histoire de ce fruit. De l'arrivée d'une nouvelle variété de fraises au XVIIIe siècle provenant du Chili jusqu'à sa culture : tout est expliqué dans les 9 salles d'exposition. L'exposition temporaire offre une scénographie variée (vidéos, reconstitutions et maquettes) permettant d'appréhender également le patrimoine plougastelen. Des expositions temporaires et de nombreuses animations pour tous les âges viennent étoffer le programme du musée. En 2012, le musée ouvre sa saison à partir du 15 février après de nouveaux travaux.

■ **LE CHEVALIER DE L'AUBERLAC'H**
5, rue Mathurin Thomas
✆ **02 98 40 54 56 – Fax : 02 98 40 65 16**
www.chevalier-auberlach.com
Ouvert toute l'année. Le mardi midi ; du mercredi au samedi le midi et le soir ; le dimanche midi. Réservation

recommandée. Menus de 28 € à 46 €. Menu enfant : 11 €. Formule du midi : 13,50 € (entrée, plat ou plat, dessert). Entrée, plat, dessert et boissons : 29,50 €. Accueil des groupes (2 salles). Terrasse.

Installé à quelques mètres à peine du célèbre calvaire de Plougastel, le Chevalier de L'Auberlac'h est une des bonnes tables des environs de Brest. L'établissement de Marc Gilot est effectivement une étape culinaire de qualité... La cuisine, élégante et raffinée, s'annonce comme un agréable moment de détente à partager entre amis ou en famille. Un moment où le plaisir et la gourmandise sont au rendez-vous avec des plats à base de produits du terroir et des spécialités maison qui changent en fonction des saisons. Tout comme les fruits de mer qui varient selon les arrivages. Mais, une chose est sûre, le chef Cyril Herrou les prépare avec talent : poêlée de Saint-Jacques sur lit d'endives, sauce potimarron, tête de veau sauce ravigote (que le restaurant sert en hiver), marmite du pêcheur... Sans oublier la tarte Tatin, les brochettes d'ananas caramélisé ou bien encore le fondant aux deux chocolats accompagné de sa crème anglaise pour les gourmands... C'est ainsi qu'à l'ombre du chevalier, dans un cadre médiéval, on se laisse facilement tenter par cette cuisine de qualité. Un restaurant à ne pas manquer. A savoir : le restaurant vous accueille également pour tous types de réceptions, repas de groupe, de famille, mariage, banquet...

■ **MARCHÉ**
9, place du Calvaire
Le jeudi matin.

Saint-Renan

Au fil des années, Saint-Renan est devenue une commune péri-urbaine de Brest. Pourtant, aux siècles passés, la ville de Saint-Renan avait plus d'importance que sa voisine brestoise. Jusqu'en 1681, Saint-Renan est le siège d'une sénéchaussée, cela lui a conféré une solide notoriété. A cette date, la juridiction est transférée à Brest et c'est le moment où Saint-Renan perd progressivement son poids économique. Néanmoins, de nombreuses foires de chevaux et de bétail continuent d'en faire une bourgade prospère. Ses marchés sont très réputés et son vaste réseau de commerces se perpétue encore aujourd'hui. Son marché, le samedi matin, attire toujours autant de monde. Tous les deux ans, il prend un aspect médiéval le temps d'un week-end de juillet, la prochaine édition est pour 2013. La ville est entourée de cinq lacs artificiels qui ont servi à une compagnie minière. En effet, en 1957, un gisement d'étain a été découvert et a été exploité jusqu'à son épuisement à la fin des années 70. Désormais, les rives des lacs ont été aménagés en espaces verts et en lieu de promenade. Dotée d'équipements sportifs et culturels conséquents, la ville de Saint-Renan accueille de nouveaux habitants appréciant son cadre de vie et sa proximité avec Brest et la côte.

■ **OFFICE MUNICIPAL DE TOURISME**
B.P. 70 – Place du Vieux-Marché
✆ **02 98 84 23 78**
Fax : 02 98 32 60 18
www.saint-renan.com

Basse saison : ouvert du mardi au vendredi de 9h à 12h30 et de 14h à 17h30. Haute saison : du lundi au samedi de 9h à 12h et de 14h à 18h30. Ouvert le samedi matin en basse saison de 9h30 à 12h15.

Animations, sites touristiques, manifestations culturelles, expositions, loisirs, hébergements : on trouve tout naturellement ces informations auprès de l'équipe de l'office de tourisme. On y glane aussi de la documentation concernant le Pays d'Iroise ainsi que sur le Pays de Brest dans son ensemble. Le parcours de ville démarre ici afin de découvrir le patrimoine architectural rénanais avec la possibilité soit de suivre les 13 plaques émaillées soit de suivre les visites guidées à la belle saison.

■ **LA MAISON DU PATRIMOINE ET D'HISTOIRE LOCALE**
16, rue Saint-Mathieu ✆ **02 98 32 44 94**
www.musee-saint-renan.net
Ouvert toute l'année. Basse saison : le samedi de 10h30 à 12h. Haute saison : tous les jours de 15h à 18h. Gratuit jusqu'à 12 ans. Adulte : 2 €. Enfant (de 12 à 18 ans) : 1 €. Groupe : 1,50 €. Réduction avec billet château de Kergroadez 1,50 €. Accueil enfants. Visite guidée (sur rendez-vous toute l'année).

Depuis quelques années maintenant, de nombreuses réflexions ont porté sur des travaux de réhabilitation du bâtiment. Mais pour l'heure, on peut déjà visiter les 300 m² que constituent le musée. De nombreux objets (costumes, mobiliers, outils, ustensiles, coiffes, cartes postales) plongent le visiteur dans le passé rénanais et léonard. Le visiteur découvre aussi l'histoire de la ville avec ses transformations engendrées par la découverte du gisement d'étain en 1957. Géré par des bénévoles, ces derniers réalisent plusieurs expositions temporaires sur des thèmes locaux chaque année. Des visites guidées sont aussi organisées pour les groupes sur réservation.

🦅 **ARMOR LUX**
Rue Pont-de-Bois ✆ **02 98 84 38 56**
Fax : 02 98 84 33 47 – www.armorlux.com
Ouvert du lundi au samedi de 9h30 à 19h.

Est-il encore utile de présenter cette enseigne spécialisée dans le textile et connue dans le monde entier ? Pour plus de proximité, un magasin s'est installé depuis maintenant deux ans à Saint-Renan, dans la zone commerciale des Rives du lac. On y retrouve un beau panel de la gamme vestimentaire qui a fait la réputation de la marque : la marinière classique ou colorée, l'indémodable kabig, le fameux caban... pour les femmes (Terre et mer) et les enfants d'abord (Armor kids et Armor baby) et pour les hommes aussi (Bermude) bien évidemment. Les vêtements sont appréciés pour leur qualité et leur aspect confortable. Une fois portés : on arbore un look marin ou décontracté. Ce style renvoie à un art de vivre et perpétue la démarche citoyenne de l'entreprise qui s'est engagée dans le développement durable et le commerce équitable. A côté des nouvelles collections, on y trouve aussi des vêtements à des prix réduits (jusqu'à moins 30 % selon les articles). Un conseil futé, avoir un œil sur les dates des braderies annuelles pour ressortir habillé à moindre coût de pied en cap. Enfin, comme dans la plupart des autres boutiques, des produits régionaux culinaires et culturels sont en vente.

FINISTÈRE

■ MARCHÉ DE SAINT-RENAN

Le samedi matin.

Le marché de Saint R'nan, ne pas prononcer le « e » comme on dit ici, est incontestablement le plus typique du département. Animaux à poils et à plumes côtoient les étals de fruits et légumes des producteurs locaux. Les crémiers et les poissonniers ont leurs emplacements réservés et sont connus de tous. On y trouve aussi de quoi se chausser et se vêtir. Tout ce petit monde, environ trois cents exposants, s'installe dès 5 heures du matin sur la place du Vieux-Marché. Vivant et animé : c'est une véritable institution appréciée tout autant par les touristes que la population locale.

Camaret-sur-Mer

Nom breton : Kamered

Cette commune du Parc Naturel Régional d'Armorique doit son existence à Saint Riok – Saint Rémy – qui installa son ermitage dans une grotte du Toulinguet, au IVe siècle. Par sa situation géographique, dès 1335, Camaret devint une escale appréciée avant le franchissement du goulet de Brest. Et au XVIIe siècle, Louis XIV honora la ville du titre de gardienne du littoral de l'Armorique car, grâce à sa tour et ses 9 canons, elle put rapidement vaincre la flotte Anglo-hollandaise qui tentait alors de se frayer un chemin en vue de bombarder Brest. Au XVIIIe siècle, l'activité principale était la pêche à la sardine, à l'instar des ports de Concarneau et de Douarnenez. Mais après la crise sardinière, les pêcheurs s'orientèrent vers la langouste. Camaret porta d'ailleurs fièrement le titre de premier port langoustier d'Europe, mais de 1955 à 1981, la flottille langoustière est passée de 42 à 5 unités. A la fin du XIXe et au début du XXe, ce port de pêche a été fréquenté par de nombreux artistes comme Eugène Boudin ou André Antoine. Mais aussi les Brestois Jim Sévellec ou Pierre Péron. Et c'est ici, dans un manoir, dont on peut voir les vestiges sur la route de la pointe de Pen-Hir, que le Provençal Saint-Pol-Roux passa la dernière partie de sa vie... La ville reste d'ailleurs un lieu de grande inspiration où de nombreux artistes (acteurs, musiciens, poètes) viennent se ressourcer. Le quartier Saint Thomas fait trace de cette activité artistique avec un bon nombre d'ateliers et de galeries. Située sur la pointe de la presqu'île de Crozon et sur 25 kilomètres de côtes, Camaret offre de superbes paysages entre les pointes, le port, les plages et les falaises...

■ OFFICE DE TOURISME DE CAMARET-SUR-MER

15, quai Kléber ✆ **02 98 27 93 60**
www.camaretsurmer-tourisme.fr
Ouvert du lundi au samedi de 9h à 12h et de 14h à 18h.

■ COMPAGNIE PENN AR BED

Quai Téphany
✆ **02 98 27 88 22**
www.penn-ar-bed.com
Ouvert en saison uniquement. Hors saison, les départs se font de Brest et du Conquet pour Ouessant et Molène et d'Audierne pour Sein.

Que vous souhaitiez vous évader à Ouessant, Sein ou Molène, la compagnie Penn Ar Bed vous offre cette possibilité. Découvrez alors les galets de terre sur la mer d'Iroise à Ouessant (une île parfois chahutée d'embruns et de vent par grandes tempêtes mais sa découverte est un voyage dans l'ailleurs). Sinon, choisissez Molène, un petit bout de terre de quelques hectares balayés par le vent et habité par à peine 200 personnes. On la surnomme « l'île chauve ». Pour la dernière, et non la moins attirante, Sein propose de nombreuses balades. Cette pelletée de terre, de sable et de pierres, jetée dédaigneusement au large de la pointe du Raz, à 1,50 m au-dessus de l'océan, n'excède pas 57 hectares de superficie (un peu plus à marée basse) avec un point culminant s'élevant à 9 mètres seulement. Pour profiter du paysage pendant la traversée, le pont promenade est idéal, histoire de ne rien perdre du spectacle. Sinon, laissez-vous aller dans le salon intérieur du bateau.

Points d'intérêt

■ ALIGNEMENTS DE LAGATJAR

Ces grands alignements, situés sur la route qui mène à la pointe de Pen-Hir et semblables à ceux de Carnac, datent, semble-t-il, de 2 500 ans avant Jésus-Christ et comportaient près de 600 menhirs en 1776. Malheureusement, avec le temps et les destructions successives, bon nombre d'entre eux sont tombés et, déjà en 1883, il n'en restait qu'une centaine ! C'est à ce moment là que le site fut classé monument historique. Aujourd'hui, les alignements de Lagatjar restent l'un des sites les plus importants de Bretagne avec son nombre élevé de menhirs relevés grâce à une restauration commencée en 1928.

■ LA CHAPELLE NOTRE-DAME-DE-ROCAMADOUR

Cette chapelle, construite en pierre jaune de Logonna et très vénérée des marins, a connu une existence mouvementée. Effectivement, après avoir été construite en plusieurs étapes de 1610 à 1683, un boulet anglais décapita son clocher en 1694, pendant la bataille de Trez Rouz. Il ne sera jamais reconstruit en souvenir de ce jour car la légende dit que Notre Dame de Rocamadour se vengea en renvoyant le boulet sur le navire coupable, qui coula ! Cette chapelle, avec la tour Vauban, est une véritable figure emblématique du port de Camaret.

■ LA MAISON DU PATRIMOINE

15, quai Kléber
✆ **02 98 27 82 60**
Accueil des groupes (à partir de 10 personnes) toute l'année.

La maison du patrimoine expose un siècle de vie maritime à Camaret illustré par des cartes postales, de nombreuses photographies inédites, des maquettes de bateaux ainsi que des objets de marine. Une exposition qui lève un voile sur le passé de cette ville. Il y a également des espaces thématiques comme la construction navale, la pêche à la sardine et à la langouste, l'évolution du port, le mareyage, les conserveries... De plus, une visite guidée de Camaret est possible toute l'année sur réservation pour les groupes. Celle-ci est axée sur le patrimoine

© FORTUNÉ PELLICANO

Vieux bateaux, port de plaisance et quais de Camaret

FINISTÈRE

maritime et militaire de la commune et sur les artistes tels que Saint-Pol-Roux, Toudouze, Cottet ou Boudin.

■ MUSEE MEMORIAL DE LA BATAILLE DE L'ATLANTIQUE
Fort de Kerbonn
✆ 02 98 27 92 58
Ouvert tous les jours de 10h à 19h durant les vacances scolaires. Sinon sur demande pour les groupes. Adulte : 4 €. Enfant : 2 €. Groupe : 2 €. Gratuit pour les militaires, les anciens combattants, les handicapés, les groupes d'enfants.
C'est le seul musée en France continentale à traiter de la bataille de l'Atlantique ! Implanté depuis 1990 sur le lieu où se déroulèrent des évènements historiques et installé dans les bunkers de la batterie de Kerbonn sur le site grandiose de la pointe de Pen Hir, ce mémorial, abrité sous les bétons massifs d'une casemate allemande, offre dans un espace réduit une vision complète de ce que fut cette bataille. Il rend hommage à tous les marins, dont la moyenne d'âge était de 20 ans, disparus en mer, avec une attention particulière portée aux équipages des navires marchands qui sont les grands oubliés de la victoire. Le souvenir des Forces Navales Françaises Libres (F.N.F.L.), dont les hommes venaient pour la plupart de Bretagne, y est également célébré et leur drapeau exposé. Photos, cartes, maquettes permettent de rappeler aux peuples libres du monde le sacrifice de ceux qui périrent en mer durant cette gigantesque bataille pour la liberté et pour ne jamais oublier. A l'extrême ouest de la pointe de Pen Hir, se dresse le monument érigé à la demande du Général de Gaulle en commémoration des marins bretons, premiers compagnons ralliés à la France Libre...

■ LA POINTE DE PEN-HIR
D'en haut de la pointe de Pen-Hir, on surplombe des falaises déchiquetées de plus de 70 mètres. Véritable site touristique, de nombreux visiteurs y viennent chaque année. Mais les locaux préfèrent s'y promener hors période saisonnière... Surtout par gros temps lorsque la mer se déchaîne sur les falaises. Et si, par bonheur, vous pouvez assister au coucher de soleil, n'hésitez pas une seconde à rester, il y est splendide. Par beau temps, le panorama permet d'embrasser d'un regard la pointe du Raz, le Ménez-Hom, la pointe Saint-Mathieu et même les îles de Sein, Molène et Ouessant ! Une merveille qui révèle également les fameux « Tas de Pois ». Chacun d'entre eux porte un nom : le plus au large s'appelle Bern Id (tas de céréales), le plus élevé est Pen-Glas (tête verte) et le plus petit, c'est Ar-Forc'h (la fourche). Ces rochers abritent une réserve ornithologique où goélands, cormorans, pétrels et guillemots nichent au printemps. La pointe de Pen-Hir est aussi l'un des meilleurs sites d'escalade de Bretagne avec environ 150 voies aménagées, ou pas. Un vrai plaisir pour les grimpeurs...

■ LA TOUR VAUBAN
✆ 02 98 27 94 22
www.tour-vauban.e-monsite.com
Gratuit jusqu'à 12 ans. Adulte : 3 €. Tarif réduit pour chômeurs et étudiants (2 €).
Classée au Patrimoine mondial de l'Unesco depuis juillet 2008, la tour Vauban, encore appelée la « tour dorée » (nom donné à cause de la couleur de son enduit fait de brique pilée, couleur qu'elle a d'ailleurs aujourd'hui retrouvée grâce aux travaux de rénovation qu'elle a subit), est située à la pointe d'un sillon naturel. C'est à la suite d'une demande de Louis XIV qui craignait une offensive ennemie sur Brest que la tour fut construite entre 1693 et 1696. Mais ce qui était craint arriva plus tôt que prévu puisque la construction de la tour n'était pas encore terminée lorsqu'une flotte ennemie attaqua. C'était le 18 juin 1694. Heureusement, grâce à sa batterie basse semi-circulaire dans laquelle se trouve imbriquées des meutrières, Vauban écrasa la flotte Anglo-hollandaise qui tentait alors de se frayer un chemin pour aller bombarder Brest. Ce fut une belle victoire que Louis XIV honora en donnant à Camaret le titre de « gardienne des côtes d'Armorique ». Il fit également frappé une médaille. Chaque année, un grand nombre d'animations et d'expositions permanentes et/ou ponctuelles sont proposées.

Le couvert

■ CHEZ PHILIPPE
22, quai Thoudouze
℡ 02 98 27 90 41
Juillet et août ouvert 7 jours sur 7. Ouvert du mardi au dimanche de 10h à 1h. Fermé le jeudi soir. Menus de 15 € à 23 €. Formule du midi : 11,50 € (en semaine). Terrasse.
La terrasse face à la mer connaît un vif succès à toute heure et encore plus à l'heure de l'apéritif ! Quasi-institution camarétoise, ce bar-restaurant a su conserver son authenticité, la convivialité, en un mot le côté bonne franquette ! On s'attable ici devant des plats de saison, des fruits de mer, de copieuses salades, des desserts gourmands. Endroit sympathique…

 ## ■ CRÊPERIE LES EMBRUNS
Quai Toudouze
3, rue des Langoustiers
℡ 02 98 27 90 39
www.creperielesembruns.fr
Ouvert toute l'année. Basse saison : du jeudi au lundi. Haute saison : tous les jours. En saison, service en continu et tardif. Carte : 14 € environ (ticket moyen). Terrasse.
De la terrasse, et même de l'intérieur de cette crêperie à la façade récemment rénovée, la vue sur le port de Camaret est imprenable. Depuis plus de 20 ans, la crêperie les Embruns offre aux visiteurs de véritables plaisirs gustatifs, que ce soit avec ses spécialités blé noir et froment ou ses crêpes plus traditionnelles. Préparées avec de la farine de blé noir de Bretagne, les crêpes de M. Kermel sont extra… Pour le côté salé, on retrouve, en spécialités, la Ouessantine (saucisse fumée à la tourbe, pommes de terre et emmental), mais aussi la Térénez (truite fumée de Bretagne et crème fraîche), ou encore la Penn Sardine, la Saint-Jacques et la poire-camembert ! Si vous êtes plutôt sucré, vos papilles frémiront sûrement devant la Salidou (caramel au beurre salé fait maison), ou la crêpe Tatin (pommes, salidou et glace vanille). Pour les gourmands, il y a aussi les crêpes flambées (au rhum, au Grand Marnier, à la Poire William ou au Calvados) ! A savoir : la maison propose également des glaces artisanales. Une chose est sûre, ici, les crêpes ont du goût… Une petite crêperie incontournable du port de Camaret.

■ HÔTEL DE FRANCE
Quai Toudouze
℡ 02 98 27 93 06
www.hotel-france-camaret.com
Ouvert du 2 avril au 1er novembre. Menus de 22 € à 50 €. Menu enfant : 10 €. Formule du midi : 14,50 €. Accueil des groupes. Terrasse.
Deux salles, deux ambiances, contemporain chic et vue sur la mer au rez-de-chaussée, classique de bon ton au premier étage avec vision panoramique sur le port. A la terrasse ensoleillée délimitée par des cordages de bateaux, succède la salle du bas, cadre de brasserie élégante, contraste de noir et de gris, touches de marron glacé, vivier d'eau de mer, des cloisons de verre gravées de poissons séparent certaines tables, créant des zones d'intimité.

Le gîte

■ HOTEL VAUBAN
4, quai du Styvel
℡ 02 98 27 91 36
www.hotelvauban-camaret.fr

Ouvert toute l'année. Fermeture aux vacances de février (académie de Rennes) et aux vacances de Noël. 16 chambres (dont 8 avec vue mer). Chambre double de 35 € à 56 €. Petit déjeuner : 6,50 €. Lit supplémentaire : 15 €. Parking (couvert pour les motos). Chèque Vacances. Séminaires. Wifi gratuit. Restauration.
Ce petit hôtel possède 16 chambres simples mais tout confort, avec une vue imprenable sur la mer et le port de Camaret, ou sur le jardin intérieur. On apprécie de pouvoir se détendre dans le jardin ou en terrasse, sur les transats mis à disposition. L'ambiance est conviviale et on peut même se servir du barbecue pour griller la pêche du jour ! Côté bar, un piano attend ceux qui souhaitent laisser courir leurs doigts sur les touches… L'établissement propose également un service restauration.

Emplettes

■ LA BISCUITERIE DE CAMARET
Route de Crozon
℡ 02 98 27 88 08
www.biscuiteriedecamaret.com
Ouvert tous les jours de 9h à 18h30. En janvier-février, de 9h à 12h30 et de 14h30 à 18h30, en juillet-août, de 9h à 19h30.
Envie d'une petite gourmandise ? Arrêtez-vous donc à cette adresse gourmande. Vous y trouverez alors de superbes pâtisseries de fabrication artisanale : Kouign-amman (qu'il soit nature, à la pomme ou à la poire), gâteaux bretons aux diverses saveurs (nature, pommes, pruneaux, framboises, poires) et palets bretons au beurre de baratte, madeleines artisanales, fars bretons (aux pruneaux)… La biscuiterie de Camaret dispose également d'une cave avec des alcools régionaux tels que bières, cidres, pommeau de Camaret et autres liqueurs, mais également eau-de-vie de Bretagne… Sans oublier les conserves artisanales et les confiseries. On en salive d'avance…

■ QUARTIER DES ARTISTES
Quartier Saint-Thomas
℡ 02 98 27 89 22 (Claude Leberre)
Ouvert tous les jours de mi-juin à fin septembre et sur rendez-vous le reste de l'année.
Le quartier des artistes : un quartier telle une galerie d'art, rayonnant dans les ruelles situées autour de la place Saint-Thomas, à l'arrière du quai Toudouze. C'est un quartier né sous l'impulsion du sculpteur Jean-Claude Le Roux qui posa gouges et autres nérons en 1992 à Camaret. Depuis, un certain nombre de petits commerces ont définitivement baissé leurs rideaux (cessation d'activité ou retraite peu importe). Mais derrière toutes ces portes closes, l'artiste imagine une renaissance par l'art. Il invite alors ses amis artistes qui investissent les

lieux petit à petit, redonnant ainsi vie à une ancienne poste, à une mercerie, à une quincaillerie ou encore à une poissonnerie... Ateliers ou galeries, la petite colonie d'artistes a fait souche en un peu moins d'une vingtaine de lieux. Ce qu'on note surtout, c'est qu'ici, tous les styles se côtoient, de la figuration à l'abstraction. A ne pas manquer : un vernissage collectif a lieu le dernier dimanche de juin. Un événement festif et convivial...

Carhaix-Plouguer

Nom breton : Karaez-Plouger

Ville carrefour du centre-ouest Bretagne, Carhaix comptait déjà sept voies à l'époque romaine et montrait ainsi son importance. Avec une situation géographique telle que la sienne, entre les monts d'Arrée et les Montagnes noires, elle est un véritable croisement de trois des départements bretons (Finistère, Côtes-d'Armor et Morbihan). C'est un point de départ idéal pour se lancer à la découverte de la Bretagne. Carhaix-Plouguer, qui s'appelait Vorgium, était déjà l'une des plus importantes cités de l'Ouest armoricain à l'époque gallo-romaine. En témoigne d'ailleurs le tronçon d'un aqueduc romain ainsi que les nombreux vestiges actuellement mis à jour. Capitale du Poher depuis le Xe siècle, la ville devient un centre économique et commercial important aux XVIIe et XVIIIe siècles. Un phénomène renforcé à la fin du XIXe siècle grâce à l'installation du Réseau Breton (chemin de fer). Une locomotive Mallet est également installée sur la place de la gare pour se souvenir d'un passé prestigieux. Aujourd'hui Carhaix-Plouguer est une ville dynamique qui a su lier les avantages de la ville avec les agréments de la vie à la campagne. N'oublions pas d'ailleurs que c'est ici qu'a lieu chaque année le célèbre festival des Vieilles Charrues. Parmi les artistes qui se sont produits sur scène, Miossec, Bruce Springsteen, Pixies, Bashung, Sting, Morcheeba, Bob Dylan et tellement d'autres, connus et moins connus... Des milliers de festivaliers se retrouvent donc à Carhaix pour l'occasion. En 2012, ils étaient près de 250 000 ! Le prochain rendez-vous est donné du 18 au 21 juillet 2013 pour la 22e édition. Alors, si ça vous tente, n'hésitez pas à prendre vos places assez tôt...

■ OFFICE DE TOURISME
Rue Brizeux
✆ **02 98 93 04 42**
www.poher.com

■ LES ÂNES SONT DANS LE PRÉ
Le Pellem
✆ **02 98 99 44 21**
www.lasdlp.com
Si vous rêvez de monter à dos d'âne le temps d'une balade, vous êtes ici au bon endroit. De son pas tranquille, l'animal porte les affaires durant la randonnée ou la promenade le long du canal de Nantes à Brest, dans les Montagnes Noires ou les Monts d'Arrée... Voilà un agréable moment partagé avec cet animal doux, serviable et attachant. L'association propose également des visites guidées de l'asinerie, l'animation

des kermesses et des fêtes, ainsi que la location d'âne de bât. Nul doute que l'on soit conquis. Et, pour prolonger le plaisir, une grande chambre d'hôtes est proposée avec entrée indépendante. Sans compter que vous pouvez y venir avec vos ânes ou vos chevaux qui y seront aussi hébergés ! Le tout à des prix tout doux. « Les ânes sont dans le pré » : une idée vraiment sympa...

■ BRASSERIE COREFF
2, place de la Gare
✆ **02 98 93 00 70**
www.coreff.com
Lorsque Coreff naît en 1985 sur les bords de la rivière de Morlaix, elle est la première brasserie créée en France depuis 1945. Les créateurs ne se doutaient certainement pas que leur bière allait, en Bretagne, devenir une quasi-institution. D'aucuns affirment même qu'elle est devenue au fil des temps un véritable produit identitaire breton. Même si ce mot « produit » n'est pas des plus élégants, il n'en demeure pas moins que les bières Coreff connaissent en Bretagne un incontestable succès...

Points d'intérêt

■ L'AQUEDUC GALLO-ROMAIN DE VORGIUM
Circuit de Carhaix
Station n°11
Rue de l'Aqueduc-Romain
✆ **02 98 93 04 42**
http://vorgium.pagesperso-orange.fr
Renseignements auprès de l'office de tourisme de Carhaix et du Poher.
Long de 27 km, cet aqueduc est considéré comme l'un des plus grands de Gaule. Pourtant, à vol d'oiseau, la distance entre la ville et le captage n'était que de 12 km ! Mais des obstacles se mirent en travers de la construction de cet aqueduc qui dut alors les contourner... Le but de cet ouvrage : amener suffisamment d'eau à Carhaix pour alimenter les thermes et les bassins agrémentant les grands monuments, mais aussi les fontaines publiques et les puits. Elle assurait également la salubrité de l'eau par un réseau d'égouts qu'elle assainissait. Protégé par un coffre en ciment, le vestige a gardé son état d'origine. Avant le milieu du IVe siècle, l'aqueduc sera abandonné et il faudra alors attendre le début du XXe pour que l'eau courante revienne à Carhaix !

■ ÉGLISE SAINT-PIERRE DE PLOUGUER
D'origine romane, l'église de Plouguer est classée Monument Historique depuis 1914. La partie occidentale intérieure de la nef possède de belles arcades outrepassées qui datent du XIe siècle. Plusieurs fois remaniée par la suite, elle sera également dotée d'un clocher-porte, comme Saint-Trémeur, dans la première moitié du XVIe. Son décor de transition, inspiré du style guingampais, mêle le gothique flamboyant et l'influence Renaissance. Le porche méridional, de style flamboyant, possède une arcade très particulière en fer à cheval qui remonterait vraisemblablement au XVIIIe. La nef romane, quant à elle, est prolongée par des travées gothiques au XVIe. La sacristie est reconduite en 1514 et le chevet remanié à trois pans en 1746.

■ **ÉGLISE SAINT-TREMEUR**
Rue de l'Eglise
Cette église paroissiale, et ancienne collégiale Saint-Tremeur, s'élevait vers 1370 à l'emplacement d'un prieuré bénédictin fondé au XIIᵉ siècle. Le saint auquel est dédiée cette église figure en bonne place sur le tympan du portail. Un clocher-porte est apposé vers 1530 sur la façade occidentale de la collégiale. Celui-ci sera d'ailleurs classé Monument historique en 1921. Le portail d'entrée et la baie de la tribune sont surmontés d'un arc en accolade de style gothique flamboyant, sa partie haute étant par contre influencée par l'art renaissant. A l'époque, une flèche en granit surmontait la tour de Saint-Trémeur, l'ensemble atteignant alors 75 m de haut ! Malheureusement, elle fut foudroyée en 1575... C'est au début des années 1880 que les autres parties de l'église sont reconstruites dans un style néogothique, et ce sur les plans de l'architecte diocésain Le Guerranic, originaire de Saint-Brieuc.

■ **LA MAISON DU SÉNÉCHAL**
Rue Auguste-Brizeux
Abritant aujourd'hui l'office de tourisme, la maison du Sénéchal fut classée Monument Historique, d'abord en 1922 en ce qui concerne la façade qui donne sur la rue Auguste Brizeux, puis en 1976 pour celle de la rue Félix Faure. Cette maison d'angle fut édifiée dans le deuxième tiers du XVIᵉ siècle et restaurée en 1606. Située au carrefour de deux axes majeurs de la ville, la richesse de son décor lui donne l'allure d'une maison de notable. Ce qui l'amène d'ailleurs à être considérée comme la demeure du sénéchal, officier de justice du roi. En 1565, le pouvoir de ce magistrat de la cour royale de Carhaix s'étendait sur une soixantaine de paroisses alentours ! Sur l'extérieur, on peut découvrir, côté pignon, les deux étages carrés de la maison qui sont en pan de bois couvert d'ardoise, et les motifs géométriques du rez-de-chaussée (plus particulièrement les losanges de style Renaissance).

■ **LE QUARTIER DE PETIT-CARHAIX**
C'est autour de la chapelle du Frout, en contrebas de Carhaix et au bord de l'Hyères, que se trouve le hameau de Petit-Carhaix. Celui-ci comporte des maisons typiquement bretonnes des XVIIᵉ et XVIIIᵉ siècles, et, parmi elles, l'une est datée de 1652, tandis qu'une autre porte la marque professionnelle d'un savetier. A l'origine, le village accueillait les activités artisanales traditionnellement reléguées à la périphérie des villes du fait de conséquences désagréables liées à leur activité comme les odeurs nauséabondes. Par exemple, on pouvait y trouver les tanneries, qui, sans pour leur déplaire, trouvaient de l'eau en abondance dans le faubourg de Petit-Carhaix (élément indispensable à l'exercice de leur profession). Celles-ci sont restées en activité jusque dans les années 60 et on peut encore voir aujourd'hui les différents bâtiments en bois qui servaient à entreposer les peaux.

■ **LE SITE DES FOUILLES ARCHÉOLOGIQUES DE LA CITÉ GALLO-ROMAINE DE VORGIUM**
Rue du Docteur-Menguy
C'est à la suite d'une série de sondages réalisés dans le cadre d'un projet de centre culturel que cette réserve, située au sud-ouest du centre-ville, a été mise en place. La densité et la qualité des vestiges mis en lumière ont alors entraîné le déplacement du projet et la conservation des découvertes. Confiées à l'INRAP (Institut National de Recherches Archéologiques Préventives), les fouilles s'y déroulent ainsi depuis l'an 2000. Et les premiers résultats montrent que le quartier, s'organisant autour d'un axe majeur orienté est-ouest, était très urbanisé à l'époque romaine.

Le gîte

HÔTEL NOZ VAD**
12, boulevard République
℡ 02 98 99 12 12 – Fax : 02 98 99 44 32
www.nozvad.com

Fermé fin décembre-début janvier. Accueil jusqu'à 23h. 44 chambres. Chambre double de 49 € à 100 € ; chambre triple à partir de 85 €. Petit déjeuner : 8,50 € (11 € en chambre). Lit supplémentaire : 10 €. Chèque Vacances. Chambres adaptées. (Surtout téléphoner pour réserver selon vos besoins spécifiques). Animaux acceptés (10 € par jour sauf en catégorie privilège). Séminaires. Réceptions et mariages. Wifi gratuit. Vente (textiles bretons, bière Coreff). Canal +. Voilà un hôtel qui a bien choisi son nom puisqu'en breton Noz Vad signifie « bonne nuit » et, effectivement, ici on passe une nuit excellente dans le calme et la tradition bretonne. Pour la décoration, c'est le concept Celtia qui a été adopté jouant ainsi avec goût entre musique, danse et langue de notre pays breton. On retrouve d'ailleurs ce style dans la plupart des 44 chambres proposées qui se répartissent en différentes catégories : prestige (chambres redécorées dans un style contemporain avec du mobilier en bois wengé offrant une nouvelle ambiance et plus d'espace), confort (dont 2 sont d'ailleurs accessibles aux personnes à mobilité réduite), et privilège. Sinon, pour les familles, l'hôtel dispose également de duplex. Futé : toutes les chambres sont équipées de la Wifi gratuite ! L'établissement nous charme aussi avec son bar, un salon ainsi qu'un mignon petit jardin. N'oublions pas non plus de préciser que la maison est un bouillonnant lieu de culture (expositions, soirées musique ou contes, conférences...). Idéalement situé dans le quartier des restaurants et à deux pas du centre-ville, c'est un incontournable de Carhaix. Le petit futé n'a plus qu'une chose à dire : Noz Vad !

Emplettes

■ **MARCHÉ**
Le samedi matin.

Châteaulin

Nom breton : Kastellin
Ville centrale du Finistère, Châteaulin est situé dans une vallée verdoyante, sur les bords du canal de Nantes à Brest. Son nom viendrait du breton castel (le château)

et de l'ancien nom de la localité, appelée Nin. Cette commune du parc d'Armorique, qui se développa au fil des siècles grâce aux ardoisières, aux activités agricoles et, surtout, à une importante pêcherie de saumons, est encore aujourd'hui très active. Pour la petite anecdote, l'activité saumonière de Châteaulin valut longtemps à ses habitants d'être surnommés les « têtes de saumons » ou Pen eok ! Puis vint le percement du canal, puisqu'ici l'Aulne emprunte le canal de Nantes à Brest, devenu un espace de loisirs pour la pêche, le canotage et la promenade sur le chemin de halage. La commune dévoile également un patrimoine riche comme la chapelle Notre-Dame, ou encore le viaduc... Sans oublier les fameux fonds d'archives photograhiques de la maison d'édition Jos Le Doaré et dont les cartes postales ont fait la renommée. Pour les amateurs de vélo, la ville est aussi synonyme de course cycliste de renommée internationale avec le fameux Circuit de l'Aulne aujourd'hui rebaptisé : les Boucles de l'Aulne.

■ **OFFICE DE TOURISME**
Quai Amiral-Cosmao
✆ **02 98 86 02 11**

Points d'intérêt

■ **CANAL**
Réalisé entre 1811 et 1836 pour pallier le blocus de Brest par ces enfiévrés d'Anglais, le canal de Nantes à Brest est long de 360 km ! Napoléon voulait ainsi assurer les arrières de la cité du Ponant en cas de nouveau conflit. C'est ainsi qu'il traverse la Bretagne intérieure. Pour y accéder, il suffit d'emprunter la voie verte en direction de Gourin. Et pour en profiter, n'hésitez pas à vous promener sur le chemin de halage qui borde le canal sur toute la longueur...

■ **ÉGLISE SAINT-IDUNET**
Entièrement reconstruite en 1869, cette église paroissiale, qui se situe à la place de l'ancienne église du prieuré, est de style néogothique. On y trouve, notamment, plusieurs vitraux réalisés par différents ateliers entre 1873 et 1930. Ceux-ci témoignent alors d'une certaine recherche de l'identité bretonne. A noter également : l'orgue de l'église de Saint-Idunet est classé aux Monuments Historiques.

■ **OBSERVATOIRE AQUATIQUE**
Quai Charles-de-Gaulle
✆ **02 98 86 30 68**
www.smatah.fr
Installé en plein cœur de Châteaulin depuis 1995, cet équipement unique dans le Finistère permet d'observer les poissons migrateurs mais aussi d'expliquer aux visiteurs leurs cycles de vie. Vous pourrez alors accéder à la salle située dans le lit de la rivière et, grâce à des baies vitrées, être en contact direct avec les poissons ! Au-delà de l'aspect pédagogique de cet observatoire aquatique, cette passe fournit aux spécialistes des informations sur les flux migratoires des saumons et donc de leur santé. Très bonne idée qui permet de jeter un coup œil sous le niveau de la rivière. Une caméra enregistre ainsi tous les passages de poissons...

A noter : le matériel de vidéocomptage a été changé en 2010 pour une plus grande précision.

Châteauneuf-du-Faou

Nom breton : Kastell-Nevez-ar-Faou
Située le long de la voie romaine qui reliait Carhaix-Plouguer à Châteaulin, la ville doit son nom au château construit en surplomb de l'Aulne. Un château dont il ne reste d'ailleurs que quelques ruines. Les hêtres qui poussent le long du cours d'eau sont sans doute à l'origine du mot faou, puisqu'en breton, cette essence d'arbre se dit fhao. En toile de fond, on découvre les monts d'Arrée au nord et les Montagnes noires au sud, un paysage que l'on peut d'ailleurs voir depuis la rue Roz-Aon. Une rue depuis laquelle on peut également voir le château de Trévarez. Vallons verdoyants, collines mystérieuses et omniprésence de l'eau, les rives calmes de la rivière sont un paradis pour les pêcheurs et les marcheurs. Pour dire, ces paysages ont même inspiré Paul Sérusier, célèbre peintre, disciple de Gauguin, venu s'établir dans la ville au début du siècle. La ville a d'ailleurs mis en place un circuit permanent « Sur les pas de Paul Sérusier ». L'église paroissiale est décorée de ses peintures murales tandis que le centre-ville abrite plusieurs calvaires, croix et fontaines qui soulignent l'importance de la foi bretonne.

■ **OFFICE DE TOURISME DE CHÂTEAUNEUF-DU-FAOU**
Place Ar-Ségal
✆ **02 98 81 83 90**
www.chateauneuf-du-faou.com

Points d'intérêt

■ **LA CHAPELLE DU MOUSTOIR**
C'est à 3 km environ de Châteauneuf-du-Faou, en direction de Carhaix puis de Spézet, que l'on peut découvrir la chapelle du Moustoir. Entourée d'une quantité impressionnante de fleurs et d'arbustes, elle date de 1575 - 1628. A l'intérieur, on découvre des statues polychromes ainsi qu'un sacraire, alors qu'à l'extérieur se trouve le calvaire de la chapelle qui, à lui seul, vaut le détour...

Emplettes

■ **MARCHÉ**
Place du Marché
Le 1er, 3e et 5e mercredi de chaque mois.

■ **Dans les environs**

Saint-Goazec

Nom breton : Sant-Wazeg
Sur le chemin de la crête des Montagnes Noires, le pays des sabotiers, arrosé par l'Aulne et l'Odet, abrite de bien beaux paysages que l'on pourra découvrir au gré des balades le long de son relief accidenté...

FINISTÈRE

■ DOMAINE DE TREVAREZ
Chemins du Patrimoine en Finistère
Ⓒ 02 98 26 82 79
www.cdp29.fr
Fermé en janvier et février. Haute saison : ouvert tous les jours de 10h à 18h30. En mars et du 15 octobre au 23 novembre, ouvert les mercredis, samedis et dimanches de 14h à 17h30. Du 1ᵉʳ avril au 30 juin et du 24 novembre au 6 janvier, tous les jours de 13h à 18h30. Adulte : 6 €. Enfant (de 7 à 17 ans) : 1 €. De 18 à 25 ans : 3,50 €. Tarif passeport Finistère : 3,50 €. Label Jardin remarquable.
Cet élégant château de la Belle Epoque offre de sa terrasse un panorama magnifique sur la vallée de l'Aulne et les monts d'Arrée. Seules deux salles non meublées sont actuellement ouvertes au public : la salle à manger et la bibliothèque. Un jardin régulier à la française occupe l'esplanade. Au travers du parc de 85 hectares, le visiteur découvre une multitude de plantes, quelque 300 variétés de camélias, plus de 1 000 de rhododendrons, des fuchsias, des azalées, des hortensias, des bruyères, etc. Le parcours de l'eau entraîne vers des cascades, des fontaines et des jardins d'eau, ainsi que vers quatre nouveaux jardins dessinés par des stylistes. Les anciennes écuries, aujourd'hui restaurées, accueillent des expositions artistiques et l'on y fête les saisons lors des manifestations florales organisées sur les pelouses voisines et au Village des Fleurs. Le goûter breton autour de gourmandises du terroir et un passage par la boutique concluent une visite en tous points passionnante. Toute l'année, la vie au domaine de Trévarez est rythmée par les nombreuses expositions et animations, avec en point d'orgue de très belles animations sur le thème de Noël, en fin d'année.

Clohars-Carnoët – Le Pouldu

Nom breton : Kloar-Karnoed
Avec ses trois entités bien distinctes, la commune dispose de très jolis attraits. On retrouve d'abord le bourg de Clohars-Carnoët, puis Doëlan, magnifique petit port breton, et Le Pouldu, station balnéaire qui connut une grande notoriété dans les années 30. Elle est encore aujourd'hui une destination très prisée des touristes. La commune organise d'ailleurs chaque année en juillet et août depuis 2009 un parcours artistique et culturel « les Arts en balades » qui permet de mettre en valeur le patrimoine local de Clohars-Carnoët et d'organiser des expositions d'art sur son territoire. Les visiteurs auront alors tout loisir de se promener à pied, en vélo ou en voiture au travers du bourg, du Pouldu et de Doëlan. Idéal pour découvrir cette belle commune... Sans oublier le Chemin des Peintres qui propose de concilier connaissance et plaisir de randonner, un parcours qui conduit sur les sites peints par de grands artistes ayant séjourné ici (Paul Gauguin, Sérusier, Meyer, Maxime Maufrat...) Ces derniers contribuèrent ainsi à la renommée de la ville et de ses environs. Comme le peintre Tal-Coat, décédé en 1985, qui est né à Clohars-Carnoët. Grand lieu d'inspiration aussi puisque c'est à Doëlan qu'est tournée la série Doc Martin avec Thierry Lhermitte ! A voir également, tout proche, un calvaire élevé en 1879 sur l'ancien cimetière tandis que les reliques de saint Maurice reposent dans l'église de la ville.

■ OFFICE DE TOURISME DE CLOHARS-CARNOET – LE POULDU – DOELAN
Place de l'Océan
Ⓒ 02 98 39 93 42
Fax : 02 98 39 92 29
www.quimperle-terreoceane.com

Points d'intérêt

■ LA FORÊT DOMANIALE DE CARNOËT
Pour aller ramasser des champignons, courir, ou simplement se promener, la forêt de Carnoët offre de nombreuses balades. Traversée par la Laïta et s'étendant jusqu'à Quimperlé, elle est riche d'histoires et de légendes et propose des dizaines de chemins aménagés autant pour les randonneurs que pour les cavaliers. Quelques mètres après avoir passé Toulfouën, le rocher royal domine la rivière et les ruines du château de Carnoët. Un lieu magique pour les amoureux de la nature...

© S. NICOLAS – ICONOTEC

Port de Doëlan

© AUTHOR'S IMAGE – PHILIPPE GUERSAN

Sainte-Marine

■ **PARC ANIMALIER DU QUINQUIS**
℃ 02 98 39 94 13
www.parcanimalierduquinquis.com
Fermé de novembre à mars. Ouvert en avril, mai et aux vacances de la Toussaint, tous les jours de 14h à 18h30. Du 1er juin au 15 septembre, ouvert tous les jours de 10h30 à 19h30. Du 15 septembre au 22 octobre, ouvert le mercredi et le dimanche de 14h à 18h30. Gratuit jusqu'à 4 ans. Adulte : 9 €. Enfant (de 5 à 12 ans) : 5 €. CB non acceptée. Chèque Vacances. Restauration (petite). Boutique. Aire de repos et de pique-nique.
Pouvoir s'approcher au plus près des animaux tels que daims, cerfs, biches, lémuriens, mais aussi, plus récemment, alpagas… le parc animalier du Quinquis offre cette opportunité. Et, ici, il est également possible de caresser et de nourrir les « bêtes ». Une sortie vraiment sympa en famille où les enfants pourront voir lapins, cochons d'inde, chèvres, moutons se déplacer autour d'eux sans appréhension. Une belle promenade au cœur de la nature dans une vallée d'environ 10 hectares comprenant étangs, bocages…, des animaux en liberté, un parc botanique préservé dans son écosystème, c'est ça le Quinquis. Le parc offre également la possibilité à ses visiteurs de découvrir une stèle de l'Age de fer ainsi qu'une motte féodale. Un lieu ludique pour petits et grands.

■ **SITE ABBATIAL DE SAINT-MAURICE**
℃ 02 98 71 65 51
www.saintmaurice.clohars-carnoet.fr
Ouvert d'avril à novembre les dimanches, jours fériés et vacances scolaires (sauf samedi) de 14h à 18h. Ouvert tous les jours du 15 juin au 15 septembre de 11h à 19h. Gratuit jusqu'à 12 ans. Adulte : 4,10 €. Enfant (de 12 à 16 ans) : 2,60 €. Tarif réduit pour chômeurs, étudiants, personnes handicapées, passeport Finistère) : 2,50 €. Visite guidée (visite du logis et du parc avec audioguide).
Au bord de la forêt de Carnoët et de ses nombreux arbres centenaires, sur la rive droite de la Laïta, se trouvent les ruines de l'abbaye cistercienne de Saint-Maurice. C'est en 1177 qu'elle fut fondée par l'abbé Maurice Duault de l'abbaye de Langonnet alors que la terre sur laquelle elle se situe a été offerte par le duc de Bretagne Conan

IV. Une exposition permanente permet de découvrir l'histoire des bâtiments, dont les plus anciens datent du XIIIe siècle, ainsi que la vie des moines cisterciens. Sur ce site naturel protégé se trouve également des sequoias centenaires. Les visites sont libres ou guidées. Ne ratez pas non plus l'observation d'une colonie protégée de chauve-souris ayant élu domicile dans les combles du logis de l'abbé. Cette observation se faisant au moyen d'une caméra infra-rouge. Et, en été, d'autres expositions temporaires ainsi que des contes et des spectacles sont proposés, tout comme une visite audioguidée du site.

Emplettes

■ **MARCHÉ**
A l'année le samedi matin dans le bourg de Clohars-Carnoët, le mercredi matin au Pouldu.

Combrit-Sainte-Marine

La commune, qui s'étend de Pluguffan (pays de Quimper) à Lambour (rattachée à Pont l'Abbé) est une verte oasis née des douces noces de la rivière de l'Odet et de l'Océan. Par sa proximité avec des centres d'activités et de loisirs (Quimper à 18 km et Pont l'Abbé à 6 km), Combrit-Sainte-Marine est un petit coin bien sympathique qui mêle les bois et la mer dans un environnement naturel et protégé. Et nombreux sont ses atouts : une grande plage de sable fin de 4 km, une église et des chapelles, un port de plaisance, un centre nautique, une rivière, des bois, un polder, des lavoirs et des fontaines, mais aussi des sentiers de randonnées… On peut également découvrir, du bourg de Combrit au village de Sainte-Marine, de nombreuses belles demeures qui jalonnent la flânerie. Pour relier le petit port de Sainte-Marine à Bénodet, autrefois existait un petit bac à chaînes. Aujourd'hui, c'est le pont de Cornouaille (long de 610 mètres) qui permet de franchir l'Odet et qui relie les deux stations. De celui-ci, haut de 30 mètres, on découvre une vue panoramique sur Sainte-Marine mais aussi sur le port de Bénodet.

FINISTÈRE

■ **OFFICE DE TOURISME**
Place Grafenhausen
© **02 98 56 48 41**
www.combrit-saintemarine.fr

Points d'intérêt

■ **PARC BOTANIQUE DE CORNOUAILLE ET**
MUSEE DES MINERAUX
Kerlever © **02 98 56 44 93**
www.parcbotanique.com
Fermé du 20 septembre au 15 octobre. Labellisé jardin remarquable. De mars à mi-novembre, ouvert tous les jours de 10h à 12h et de 14h à 19h. Ouverture en continue en juillet et août. Adulte : 6,80 €. Enfant : 3,50 €. Groupe (20 personnes) : 6 €. Boutique (vente de plantes et de minéraux).
Créé en 1981, le parc botanique de Cornouaille présente une des collections de plantes parmi les plus riches de Bretagne. Sur 45 000 m² de végétation, il révèle ainsi aux visiteurs près de 3 500 espèces et variétés de plantes venues du monde entier (environ 25 000 plantes). Celles-ci composent à merveille ce magnifique parc à l'anglaise. Sans oublier le superbe jardin aquatique et ses 6 000 m² qui nous laissent découvrir certaines plantes subtropicales. Quelle que soit la saison, ce parc botanique révèle ses merveilles à qui veut bien venir les découvrir... Mais, bien que toute l'année la balade vaut le détour, on vous conseille tout de même de préférer la période des floraisons de mars à octobre. Au printemps, ce sont les rhododendrons, les camélias, les magnolias ou encore les azalées qui sont superbes, tandis qu'en été, les hortensias se laissent apprécier, tout comme les plantes subtropicales du jardin aquatique... C'est une véritable explosion de formes, de senteurs et de couleurs. Et arbres et arbustes ne manquent pas moins d'intérêt. Oui, ce n'est pas pour rien que le parc a été labellisé Jardin Remarquable en 2005 ! Pour finir, n'hésitez pas à passer par le musée des Minéraux.

Le couvert

■ **HÔTEL ET BISTROT DU BAC**
19, rue du Bac – Sainte-Marine
© **02 98 51 33 33**
Fax : 02 98 51 95 50
www.hoteldubac.fr
Ouvert toute l'année. Tous les jours le midi et le soir. Menus de 26 € à 36 €. Carte : 30 € environ. Formule du midi : 14 € (à 17 €). Plat du jour : 11 €. Terrasse.
Situés dans le village de Sainte-Marine, on peut découvrir, d'un côté, le restaurant gastronomique Les Trois Rochers dans la Villa Tri Men et, de l'autre côté, l'hôtel du Bac et son bistrot, que l'on pourrait d'ailleurs définir comme l'annexe bistrotière quand le gastro est fermé ou quand le porte-monnaie ne le permet pas... Mais ce n'est pas seulement pour ses prix modérés que ce bistrot a nos faveurs. C'est également pour sa belle situation à deux enjambées des premiers bateaux et pour la carte proposée et régulièrement renouvelée ! Ici, les produits sont pêchés sur place et servis simplement

dans des assiettes gourmandes et généreuses : langoustines, coquilles Saint-Jacques, sole meunière « tout simplement », salade de homard juste poêlé, dos de cabillaud au wasabi... Sans oublier, tout de même, quelques viandes telles que le filet de bœuf poêlé ou le parmentier d'agneau confit... Pour les desserts, on vous laisse apprécier le chocolat blanc saveur des îles, l'île flottante caramel au beurre salé mais également le paris-brest à notre façon. Le choix risque d'être difficile ! Décor marin, ambiance conviviale et terrasse finiront de vous charmer...

■ **LES TROIS ROCHERS – VILLA TRI MEN**
16, rue du Phare
Sainte-Marine
© **02 98 51 94 94**
Fax : 02 98 51 95 50
www.trimen.fr
♿
Ouvert du 1er avril au 1er novembre (le lundi également du 15 juin au 15 septembre). Ouvert du mardi au samedi le soir. Ouvert également le lundi soir du 15 juin au 15 septembre. Menus de 37 € à 77 €. Accueil des groupes. Terrasse.
Magnifique demeure de 1913 revisitée en hôtel de charme, La Villa Tri Men vous laisse également découvrir son restaurant ouvert le soir pendant toute la saison estivale. Un établissement qui saura vous séduire tant par sa situation exceptionnelle, notamment avec sa vue et sa superbe terrasse, que par sa cuisine de la mer. Dans le restaurant Les Trois Rochers, le chef distingué par de grandes institutions, Frédéric Claquin, s'attèle à vous concocter une sublime carte mettant en avant les produits de la mer et du terroir. Au fil des saison, vous pourrez ainsi découvrir des mets de qualité tels que les ravioles de langoustines et son bouillon de topinambour ou encore les ormeaux poêlés... Frédéric n'a qu'à se pencher pour faire son marché dans la belle bleue ! Sachez également qu'il est possible de commander 24 heures à l'avance des plateaux de fruits de mer avec langoustines, palourdes, crabe, huîtres, bigorneaux et, bien entendu, homard. Sinon, pour les desserts, ce sera nem au riz et litchi, soufflé au chocolat ou encore le 100 % mandarine. Des desserts que vous pourrez déguster au travers des trois menus proposés. Voilà donc un établissement de qualité à découvrir sans hésitation.

Le gîte

■ **HÔTEL ET BISTROT DU BAC****
19, rue du Bac
Sainte-Marine
© **02 98 51 33 33**
Fax : 02 98 51 95 50
www.hoteldubac.fr
11 chambres. Chambre double de 90 € à 145 €. Petit déjeuner : 10 €. Lit supplémentaire : 21 €. Supplément demi-pension : 32 € par personne. Animaux acceptés (10 €). Wifi. Restauration.
Avec ses 11 chambres entièrement rénovées en 2009 et son restaurant, l'hôtel et bistrot du Bac a de nombreux atouts pour vous charmer. Sans compter la vue impre-

nable sur les eaux vertes du port et de l'Odet que propose chacune des chambres... Situé sur le port de Sainte-Marine, l'établissement vit au rythme des activités de son environnement. Une ambiance que l'on retrouve d'ailleurs dans la décoration des chambres, une décoration à l'esprit marin qui donne la part belle au bois et aux couleurs du ciel. Mais le charme du bistrot du Bac se retrouve également dans son bar et sa terrasse qui vous accueille pour le petit déjeuner que vous pourrez déguster en face du phare de Bénodet ou pour l'apéritif. Sans oublier le restaurant qui propose une cuisine de la mer simple et généreuse avec des produits de qualité tels que des langoustines, de la sole meunière ou encore un parmentier de canard pour les repas sur le pouce. Un établissement agréable à l'ambiance chaleureuse et conviviale qu'il fait bon de découvrir en toutes saisons...

VILLA TRI MEN****
16, rue du Phare
Sainte-Marine ✆ **02 98 51 94 94**
Fax : 02 98 51 95 50
www.trimen.fr

Ouvert toute l'année. 20 chambres. Chambre double de 120 € à 295 €. Petit déjeuner : 15 € (16 € en chambre). Cottages de 185 à 310 €, Espace famille de 230 € à 480 €. Animaux acceptés (15 €). Séminaires. Wifi gratuit. Restauration (menus : 37 € à 77 €). Tv satellite, Canal +.
Membre des chaînes Château et Hôtel Collection et Hôtels de charme et de caractère en Bretagne, dans cette belle maison de famille construite en 1913 (qui fête donc ses 100 ans cette année !) tout a été pensé pour préserver le caractère des grandes demeures de l'Atlantique. Le panorama est somptueux, quel que soit l'endroit où l'on se trouve et le jardin enchanteur est parfait pour des petits déjeuners très privés. Du ravissant salon qui s'offre la plus belle vue sur la mer, à la décoration sobrement élégante des chambres, tout n'est que classe et raffinement. La cuisine est naturellement à l'aulne de ce lieu d'exception. Produits de la mer et du marché élaborent une cuisine en parfaite harmonie avec l'ensemble. Le poisson y règne en maître et selon les saisons, ormeau poêlé, saint-pierre et patates douces, langoustines du Guilvinec, poissons et crustacés des côtes de Bretagne se dégustent sans modération, le soir, sur la grande terrasse ou dans la lumineuse salle à manger décorée de tableaux de maître.

Chambres d'hôtes

LA FERME DE KERSCUNTEC
Route de Kermor
✆ **02 98 51 90 90**
✆ **06 86 99 78 28 / 06 80 72 31 68**
www.lafermedekerscuntec.fr
2e à gauche au sortir du pont de Bénodet.

Ouvert toute l'année. 6 chambres. Chambre double 85 €. Lit supplémentaire : 15 €.
Anne et Bruno ont réussi haut la main le pari de faire de cette ancienne cidrerie du XVIIe siècle une maison d'hôtes

chaleureuse et harmonieuse. A croire que l'expression « maison d'hôte de charme » est née ici ! Au cœur d'un site naturel protégé, rien de tapageur ou de grandiloquent mais la certitude d'être dans l'authentique, le naturel. Sise au creux d'un luxuriant jardin où abondent hortensias et glycines, cette demeure au beau confort raffiné est un lieu de villégiature parfait pour se ressourcer. Sur la table du petit déjeuner des confitures maison, dans les chambres des bocaux de verre avec des caramels au beurre salé, le maître et la maîtresse de maison donnent au mot accueil ses lettres de noblesse. Chemin de randonnée et plage de Kermor à proximité, La Ferme de Kerscuntec est un écrin de romantique sérénité.

Loisirs

■ CENTRE NAUTIQUE DE SAINTE-MARINE
Parc de Kerobistin
5, rue Ar Pussou
Sainte-Marine
✆ **02 98 56 48 64**
www.cnsm.fr/
Fermé de janvier à mars. Ouvert de 9h à 12h et de 14h à 17h.
Ce centre qui accueille les stagiaires à partir de 5 ans est agréé Jeunesse et Sports et par l'Ecole française de Voile. Situé à l'embouchure de l'Odet, on peut y pratiquer diverses activités selon les saisons. En haute saison avec le club des Moussaillons : Optimistes, catamarans, planches à voile, kayaks et croisières côtières. En basse saison avec les classes de mer : préparation au permis moteur, école de sport et de voile loisirs, tous les samedis.

Concarneau

Nom breton : Konk-Kerne

Troisième ville du Finistère après Brest et Quimper, et troisième port de l'Hexagone, Concarneau voit débarquer chaque année quelques 160 000 tonnes de poissons grâce aux navires qui composent la flottille de pêche. Mais Concarneau est également une ville qui se trouve être un haut lieu de l'histoire bretonne. En témoigne d'ailleurs cette étonnante Ville-close qui abrite de nombreux commerces dans d'étroites ruelles ! Une cité fortifiée du XVe et XVIe siècles et remaniée au XIXe siècle, construite sur un îlot et offrant ainsi une vue magnifique sur le port de pêche, le port de plaisance et la baie de Concarneau. Avec plusieurs milliers de touristes venant du monde entier qui la visitent chaque année, elle est même devenue l'un des monuments historiques les plus visités de Bretagne... Et Concarneau est, en ce troisième millénaire, l'une des destinations les plus prisées de Bretagne.

Avec ses plages, ses sentiers côtiers, son patrimoine architectural et culturel mais aussi son port de plaisance situé en plein cœur de la ville, Concarneau est un véritable attrait touristique. Une ville incontournable dans le paysage breton... Au passage, on n'oublie pas non plus de rapporter quelques produits des conserveries.

■ **OFFICE DE TOURISME**
Quai d'Aiguillon ✆ **02 98 97 01 44**
www.tourismeconcarneau.fr

■ **CELTIC TRAIN**
6, rue Alfred-Leray
✆ **06 80 70 58 89 / 02 98 97 25 82**
www.celtictrain.com
Tous les jours du 5 avril au 5 octobre. Gratuit jusqu'à 5 ans.
Adulte : 5,50 €. Enfant (de 5 à 18 ans) : 4 €.
Pour une visite de la ville en 40 minutes environ, le Celtic Train fait voyager le visiteur dans l'histoire de Concarneau. Visite commentée sur l'histoire des pêcheurs, des conserveries ou encore des peintres… Tout au long de la corniche, Gauguin et Flaubert racontent leur Concarneau… En conservant son ticket Concarneau, le voyageur pourra profiter d'un petit train semblable sur Bénodet ou Quimper, histoire de découvrir aussi ces deux autres grandes villes du Finistère.

■ **MARINARIUM**
Place de la Croix ✆ **02 98 50 81 64**
www.concarneau.mnhn.fr
Fermé en janvier. Ouvert tous les jours de 10h à 12h et de 14h à 18h en avril, mai, juin et septembre. Ouvert tous les jours de 10h à 19h en juillet et août. Ouvert tous les jours de 14h à 18h le reste du temps. Gratuit jusqu'à 6 ans. Adulte : 5 €. Enfant (de 6 à 16 ans) : 3 €.
La station de biologie marine de Concarneau, fondée par Victor Coste, Professeur au Collège de France en 1859, est la plus ancienne du monde. Elle est une invitation passionnante à « Connaître, comprendre, gérer la mer… et mieux la respecter. » Tout y est expliqué simplement, à la portée de tous et de façon ludique, grâce à des animations dans l'espace pédagogique et à des sorties découvertes du littoral régulièrement proposées. L'importance des océans et leur extraordinaire biodiversité, l'univers du plancton, l'immense richesse du littoral, ou encore la gestion des ressources marines sont illustrés par des murs d'images et des aquariums. Espace retraçant l'historique de la station, salle de conférence et boutique, il s'agit là d'une visite en tout point captivante. Après l'exposition de 2012 « Poisson, quel est ton nom ? », une nouvelle exposition temporaire tout aussi passionnante est prévue à partir d'avril 2013, « A la rencontre du mystérieux requin pèlerin ».

■ **LES VEDETTES DE L'ODET**
Ponton du port de plaisance
✆ **02 98 57 00 58 (Renseignements et réservations)**
www.vedettes-odet.com
Du 10 juillet au 28 août, départ pour les Glénan à 11h et à 14h tous les jours. Parking gratuit à la gare, parking payant à la criée.
De juillet à août, depuis Concarneau, il y a deux départs quotidiens pour les îles Glénan. Si cela vous intéresse, il suffit d'aller dans le bureau de vente qui se situe au port de plaisance pour acheter vos tickets d'embarquement. Ensuite, la traversée dure environ 1h15 avant d'arrivée à bon port. Mais les Vedettes de l'Odet proposent également plusieurs formules pour découvrir l'archipel mythique aux superbes plages de

sable blanc et aux eaux vert-émeraude. On peut ainsi choisir entre l'exploration et la vision sous-marine, la découverte de l'archipel, l'évasion aux îles Glénan (avec possibilité de louer des kayaks de mer, qu'il faudra réserver en même temps que son billet) et, enfin, la traversée à bord d'un voilier traditionnel. Une virée exceptionnelle à bord d'un vieux gréement qu'il serait bien dommage de ne pas découvrir… A vous de voir, à vous de rêver…

▶ **Autre adresse :** Départ également de Bénodet, Quimper, Loctudy, Beg Meil et La Forêt-Fouesnant.

■ **VEDETTES GLENN**
17, avenue du Docteur-Nicolas ✆ **02 98 97 10 31**
www.vedettes-glenn.fr
Les Glénan d'avril à septembre ; l'Odet de juin à septembre ; Beg-meil en juillet et en août. Adulte : 26 € (mais 27 € pour la croisière sur l'Odet et 13 € A/R pour Beg Meil). Enfant (de 4 à 12 ans) : 13 € (moins de 4 ans 5 € pour les Glénan et l'Odet ; Beg-Meil 9 € A/R pour les moins de 9 ans). Chien 5 €.
Venez embarquer à bord de l'un des navires Glenn. Glenn 1 ou Glenn 2, un nom qui, en breton, veut dire « terre ». On apprécie le jeu de mot qui évoque, en quelque sorte, le mariage de la terre et de la mer. Deux entités qui s'épousent très bien en Bretagne… Avec les Vedettes Glen, vous avez la possibilité de partir en mini croisières vers les îles Glénan mais aussi, pour les amateurs de navigation fluviale, partir en balade sur la plus belle rivière de France, l'Odet. Mer et rivière, 70 kilomètres aller-retour de voyage commenté sans escale… Sans oublier qu'on peut aussi rallier Beg-Meil en aller simple pour ceux qui souhaitent revenir à pied ou en vélo (ces derniers peuvent s'emporter sur le bateau !) Les départs se font du port de pêche de Concarneau. A noter : les bateaux peuvent également se louer pour quelque événement qu'il soit d'ordre privé ou professionnel.

Points d'intérêt

■ **CHÂTEAU DE KERIOLET**
Beuzec Conq ✆ **02 98 97 36 50**
www.chateaudekeriolet.com
D'architecture néogothique, ce très élégant château fut la propriété de la comtesse de Chauveau (qui fut une authentique princesse russe, la princesse Narischkine, puisque veuve en première noce du prince Youssoupoff, assassin de Raspoutine). Œuvre de l'architecte Joseph Bigot, vers 1870, il mérite vraiment le détour. Surtout quand on sait que sa construction aura demandé 20 ans alors qu'il reproduit le maniérisme joyeux de plusieurs édifices bretons de la Renaissance. Après le décès de la princesse, cette dernière en fit don au département en gage d'amitié franco-russe. Depuis ce temps, il a été maintes fois vendu et revendu, risquant alors de devenir tantôt un hôtel, tantôt une maison de retraite, et même un hôtel de luxe… A savoir : pendant la saison, différentes animations et expositions habitent le château de Keriolet.

■ **MARINARIUM**
Place de la Croix ✆ **02 98 50 81 64**
Voir page 308.

■ MUSÉE DE LA PÊCHE
3, rue Vauban
✆ **02 98 97 10 20**
Fax : 02 98 50 79 78
www.musee-peche.fr

Ouvert tous les jours des vacances de février aux vacances de la Toussaint. Basse saison : ouvert tous les jours de 10h à 12h et de 14h à 18h. Haute saison : tous les jours de 10h à 18h. Basse saison (février, mars, octobre), haute saison (avril, mai, jui et septembre). Ouvert tous les jours de 9h30 à 20h en juillet et août. Gratuit jusqu'à 5 ans. Adulte : 6,50 €. Enfant : 4 €. Groupe : 5,50 € (enfant : 3,50 €). Tarif famille (2 adultes, 3 enfants) : 21 €, tarif réduit (étudiant, handicapé) : 5,50 €. Accueil enfants (atelier pour enfant 7 €). Visite guidée (20 €). Boutique.

Installé depuis 1961 dans cet ancien arsenal situé dans l'enceinte de la ville-close, le musée de la Pêche propose la découverte, à travers maquettes, photos et documents, des traditions maritimes. L'histoire et les techniques des pêches maritimes du monde entier ainsi que toutes les méthodes de conservation du poisson vous seront expliquées. Pour les enfants de 4 à 8 ans et de 8 à 12 ans, un livret découverte est disponible gratuitement à l'accueil. Sachez aussi qu'un espace dédié aux enfants, le quai des petits mousses, se trouve sur le parcours. Pour les visites guidées de groupes d'adultes, qui dure environ 1h30, il s'agit de visites « privilèges » car les visiteurs pourront accéder à une partie du musée habituellement cachée aux visiteurs venus seuls ! Sinon, l'un des points forts de la visite reste l'accès libre à l'Hémérica, de la cale à la timonerie (un chalutier de 34 mètres ancré au quai du musée). Et, jusqu'en septembre 2012, venez visiter l'exposition temporaire « Gyotaku » (l'art de l'empreinte du poisson). Des événements culturels seront proposés autour de cette exposition (cérémonie du thé...) A l'intérieur du musée, on trouve aussi la chapelle du Rosaire du XIVe siècle.

■ LA VILLE CLOSE
Centre historique de Concarneau, la Ville-close est la grande attraction touristique de la ville. Avec ses ruelles étroites, ses nombreux jardins et ses remparts qui offrent une vue imprenable sur la baie de Concarneau, le port de pêche et le port de plaisance, le charme opère à coup sûr... Située sur un petit îlot en plein cœur de Concarneau, la Ville-close est reliée à la terre par deux petits ponts qui débouchent sur une impressionnante porte datant de Vauban. Et elle doit son nom aux remparts qui l'entourent. Cette enclave fut d'ailleurs une place forte de la Cornouaille. Occupée en 1342 par les Anglais, Du Guesclin parvint environ 30 ans après, en 1373, à chasser les occupants étrangers. Ses remparts, quant à eux, furent élevés au début du XVe siècle et ses tours furent alors transformées en plate-formes de tir. Le site, classé, offre donc une très jolie balade dans les ruelles longues de plus de 350 mètres. Sans oublier de passer par la porte aux Vins qui, ouverte sur les remparts, présente une superbe point de vue. Et, si vous êtes dans le coin, n'hésitez pas à emprunter le petit bac qui permet de rejoindre la Ville-close depuis le passage Lanriec. Une visite incontournable.

Le couvert

■ L'AMIRAL
1, avenue Pierre-Guéguin
✆ **02 98 60 55 23**
www.restaurant-lamiral-concarneau.com

Maître Restaurateur. Ouvert toute l'année. Ouvert tous les jours d'avril à août, du mardi au dimanche midi de septembre à mars. Menus de 19 € à 40 € (menu Homard à 36,5 €). Menu enfant : 8 € (jusqu'à 12 ans). Formule du midi : 16 € (à 23 € (sauf dimanche et jours ferriés)). Terrasse.

Situé juste en face des remparts de la Ville Close et du port de pêche, L'Amiral est l'une des tables qui compte au sein de Concarneau. Au restaurant, l'ambiance contemporaine marine est sobrement chic et vous pourrez y découvrir la cuisine d'Arnaud Lebossé, aux saveurs bien troussées, légère et raffinée, élaborée à partir de produits frais en provenance directe des étals des marchés et de la criée. Différents menus vous sont proposés tels le menu Homard « bleu » ou encore le menu Plaisir. Sans oublier les formules du midi qui vous laissent également le choix avec une viande ou un poisson (et même un dessert) « du retour du marché »... Et pour les vins, vous ne serez pas non plus déçus à la vue d'une carte serpentant au travers des régions de France. L'Amiral c'est aussi une grande brasserie avec sa belle terrasse sur le port et une grande salle avec vue panoramique à disposition pour les groupes.

FINISTÈRE

La Ville-close

■ **LE BELEM**
15, avenue Docteur Nicolas © **02 98 97 02 78**
kerirzinthierry@wanadoo.fr
Basse saison : ouvert le lundi, le mardi, le vendredi et le samedi ; le jeudi et le dimanche le midi. Haute saison : tous les jours. Menus de 18,90 € à 60 €. Formule du midi : 9,50 € (plat du jour et café). Fin 2011, le Belem a déménagé pour se retrouver encore plus près de la mer, avec une salle à l'étage d'une vingtaine de places et une vue exceptionnelle sur le port de plaisance et les remparts de la ville close. Au programme, différents menus : du pêcheur, du corsaire, ou encore du capitaine. Sans oublier le « petit » dernier, le menu homard, qui dévoile un superbe demi-homard bleu. Ici, c'est une cuisine maison qui sent bon les embruns. Eh oui, on ne choisit pas pareil nom juste pour faire joli mais plutôt pour montrer son attachement à la mer... Au commande, on retrouve Thierry Kérirzin, « Maître-restaurateur », titre d'état certifié et attribué aux restaurateurs après une enquête minutieuse portant sur de nombreux critères. Du côté des assiettes, les produits de la mer sont évidemment mis à l'honneur avec des plateaux de fruits de mer ou encore, en nouveauté, le ragoût de homard qui est un vrai délice. Sinon, pour les entrées, on se laisse envahir par la bonne odeur des coquilles Saint Jacques à la Bretonne ou des sardines au basilic. Et, en dessert, notre choix se dirige verts la mousse au chocolat maison ou le délicieux far aux pommes avec sa sauce au caramel au beurre salé...

■ **CRÊPERIE LA VOILE BLEUE**
13 bis, avenue Docteur-Nicolas
© **02 98 50 51 71 – Fax : 02 98 50 51 71**
Ouvert toute l'année. Tous les jours. Menus de 11,50 € à 15,50 €. Menu enfant : 8,50 € (jusqu'à 12 ans). Accueil des groupes (jusqu'à 35 personnes). Terrasse.
Cette sympathique petite crêperie est à découvrir ! Située sur les quais, juste en face de la Ville-close, on prend beaucoup de plaisir à venir en ces lieux. A l'intérieur, on se retrouve dans un cadre d'inspiration marine tout de blanc et de bleu. Et, dehors, une terrasse couverte nous attend. En quelques années, Cathie Houche, très aimable propriétaire des lieux, a su asseoir la réputation de sa crêperie. Et on le comprend sans mal. Toujours avec le sourire, Cathy vous tourne ses petites spécialités blé noir ou froment. On pourra alors goûter, bien sûr, la Voile bleue (jambon, fromage blanc, tomate, ciboulette), la Cabellou (andouille, pomme) ou encore la Saint-Jacques... Mais il faut bien se garder une place pour le dessert : la Croquante (caramel au beurre salé, glace vanille, éclats de noisette, chantilly) ou la Spécial Cathy (on vous laisse la surprise !) sauront certainement vous séduire. Les produits sont frais et les crêpes croustillantes et légères. On n'hésite pas non plus à choisir parmi l'un des menus. Sinon, la crêperie propose également des plats tels que faux-filet, entrecôte, moules ou encore assiette du pêcheur... On est comblé et on reviendra sans hésitation.

■ **CRÊPERIE LE CHAT BOTTÉ**
18, rue Dumont d'Urville © **02 98 50 89 82**
www.creperie-chatbotte.com
Ouvert toute l'année. Du lundi au samedi le midi et le soir ; le dimanche soir. Fermé le jeudi hors vacances scolaires. Chaises bébé. Terrasse. Vente à emporter.

Voilà une agréable crêperie dans laquelle on prend plaisir à venir déjeuner ou dîner tant pour l'accueil de Valérie et Stéphane que pour les crêpes elles-mêmes, des crêpes savoureuses et vraiment gourmandes, comme on les aime. Le Chat Botté propose aussi bien ses recettes classiques que ses spécialités blé noir et froment. Vous pourrez notamment découvrir, côté salé, la Breakfast (oeuf, bacon, confit d'oignons), l'Antartica (saumon fumé, crème fraîche, citron, ciboulette), la Pen Ar Bed (jambon, chèvre, fondue de poireaux) ou encore la Concarnoise (thon, béchamel, fromage)... Côté sucré, on vous conseille la Fouesnantaise (pomme, confit de framboise, Chantilly), l'After Eight (chocolat, alcool de menthe) ou l'Exquise (chocolat, amandes, raisins macérés au rhum, Chantilly)... Les crêpes sont à la fois croustillantes et moelleuses, élaborées avec une farine provenant de Bubry dans le Morbihan. Un régal. Et dès le mois d'avril, on apprécie de pouvoir déguster ses galettes sur la petite terrasse de la crêperie ou de les acheter à emporter.

■ **LE COMPTOIR**
1, avenue du Docteur-Pierre-Nicolas
© **02 98 97 40 79**
www.lecomptoirconcarneau.com
Ouvert tous les jours de 10h à 1h. Menus de 16 € à 31 €. Menu enfant : 8,20 €. Formule du midi : 9,50 € (à 16,60 €). Terrasse. Idéalement situé sur les quais de Concarneau, avec vue sur la Ville Close et le port, cette grande brasserie propose aussi une superbe salle de restaurant panoramique au 1er étage. Le cadre est design et contemporain, et l'accueil chaleureux. Côté cuisine, le Comptoir vous laisse découvrir une carte riche et variée avec, entre autres, des salades et des moules-frites pour la partie brasserie, mais aussi des pizzas, des viandes, des poissons, ainsi que quelques plats du monde tels que fajitas, woks ou encore tajine de poissons. Pour les desserts, ce sera crème brûlée, île flottante, mi-cuit au chocolat, glaces... Les pizzas, comme le reste des plats préparés dans les cuisines du restaurant, sont extras. N'hésitez pas par exemple à tester la Comptoir avec sauce tomate, mozzarella, poitrine fumée, chèvre, tomate fraîche, crème fraîche, origan et olives. Un délice. Mais il y a aussi la Concarnoise ou la Gourmande... Et si vous venez juste pour un apéritif entre amis ou en famille, l'établissement propose également des assiettes de tapas. Futé : pour faire de votre soirée un évènement extraordinaire, sachez que le Comptoir propose la location d'une limousine. Non, vous ne rêvez pas...

■ **LE NAUTILE – HÔTEL LES SABLES BLANCS**
Plage des Sables Blancs
© **02 98 50 10 12**
Fax : 02 98 97 20 92
www.hotel-les-sables-blancs.com
♿

Ouvert toute l'année. Tous les jours de 12h à 13h30 et de 19h à 21h. Menus de 32 € à 85 €. Vin au verre. American Express. Accueil des groupes. Terrasse.
Les pieds dans l'eau... ou presque. Quelle situation pour cet hôtel qui offre une vue somptueuse sur le sable fin et la mer ! Mais ce n'est pas là le seul point fort de cet établissement. Le restaurant orchestré par le chef

Stéphane David, a aussi son mot à dire et gageons que dans les années à venir, on parlera beaucoup plus de ce restaurant car il le mérite et ce n'est pas le contenu du menu à 47 € qui va nous contredire : soupe onctueuse de langoustines et quenelle de crème truffée, dos de bar frotté au poivre de Chiloé et copeaux de jambon et crème de poireau et pour finir, un duo marron et praliné, amande, noisette, croustillant spéculoos et crème glacée au caramel d'oranges. Le café était comme une invitation à prolonger l'instant... Ce que nous avons fait !

■ **LE PENFRET – RESTAURANT ET CRÊPERIE**
40, rue Vauban
Ville Close
© 02 98 50 70 55
Fermé d'octobre à janvier. Ouvert pendant les vacances de février. Ouvert tous les jours midi et soir de Pâques à fin septembre. Réservation recommandée. Menus de 19,50 € à 24,90 €. Menu enfant : 8,90 €. Formule : 13,90 € (entrée, plat). Accueil des groupes (50 personnes maximum). Terrasse.

C'est dans un cadre sympathique avec, notamment, une belle cheminée imposante, des pierres apparentes, des meubles bretons... que vous serez chaleureusement accueillis dans ce restaurant qui propose également un service crêperie en continu. Situé en plein cœur de la Ville Close, vous pourrez y déguster les spécialités de la maison telles que la fameuse blanquette de noix de Saint-Jacques mais aussi le pot au feu de la mer. Sans oublier les superbes plateaux de fruits de mer et la formule servie le midi et le soir ! Le Penfret, c'est donc une partie restaurant avec une partie belle aux produits de la mer avec une carte et différents menus mais également une partie crêperie avec de savoureuses galettes faites maison. Pour la fin du repas, n'hésitez pas à découvrir les desserts maison... Un agréable restaurant où il fait bon de profiter de la terrasse dès l'arrivée des premiers rayons de soleil. L'accueil est charmant et le cadre superbe... A découvrir.

Le gîte

🦢 **HÔTEL LES SABLES BLANCS**
– RESTAURANT LE NAUTILE**
45, rue des Sables-Blancs
© 02 98 50 10 12
Fax : 02 98 97 20 92
www.hotel-les-sables-blancs.com
❄ 🍽
Ouvert toute l'année. 16 chambres (et 5 suites). Chambre double de 110 € à 230 €. Demi-pension : 120 € (par jour et par personne sur base double). Petit déjeuner : 14,50 € (supplément 2 € pour service en chambre/personne). Lit supplémentaire : 28 €. Suites de 210 à 390 €. Animaux acceptés (12 € par jour). Séminaires. Réceptions et mariages. Wifi. Restauration (formules midi en semaine 22 € et 28 € ; menus de 43 € à 90 €, carte). Tv satellite.

Voilà un établissement à la situation exceptionnelle. Et c'est le cas de le dire. Ses 16 chambres, aménagées avec du mobilier contemporain, bénéficient d'un panorama maritime unique. Sans parler des 5 suites qui ont une vue exquise sur l'océan. Car l'hôtel des Sables Blancs a bel et bien les pieds dans l'eau... Vous serez donc les grands privilégiés avec un accès direct à la plage ! Pour l'intérieur des chambres, elles sont toutes spacieuses, lumineuses et chaleureuses. Et les suites disposent toutes d'une terrasse que l'on pourrait facilement, vu le contexte, confondre avec le pont d'un bateau. L'hôtel propose également son restaurant avec différentes formules et des menus. Une table raffinée dans une ambiance lounge qui donne la touche finale à cet établissement de qualité alliant élégance et sobriété dans un cadre unique. A ne pas rater.

Campings

🦢 **CAMPING LE CABELLOU PLAGE****
Avenue du Cabellou
© 02 98 97 37 41
Fax : 02 98 60 78 57
www.le-cabellou-plage.com
🛒 ♨ 🛎 📷 🏊 🍽 📺
Ouvert du 7 avril au 15 septembre 2012. 150 emplacements (32 cottages sur zone pietonne). Exposition : mi-ombragé. Sol : herbeux. Relief : vallonné. Jeux pour enfants. Wifi gratuit.

C'est sur la presqu'île du Cabellou, face à Concarneau, que se trouve ce camping, les pieds dans l'eau ! Il n'y a qu'à traverser une petite route avant d'atteindre la plage de sable fin de la belle étoile et de pouvoir enfin se retrouver les doigts de pied en éventail... Repris en 2007 par les actuels propriétaires, le site bénéficie d'équipements et d'installations récentes puisque ceux-ci veulent mettre un point d'honneur à vous faire passer des vacances de rêve. C'est dans cette intention, et avec toutes les restructurations effectuées, qu'ils souhaitent obtenir 4 étoiles en 2012, au lieu de 2 actuellement. On se retrouve donc dans un camping flambant neuf qui fait déjà partie de la chaîne Flower Campings ! A disposition : piscine de 350 m chauffée, aire de jeux, bar-snack, location de vélos, dépôt de pain, service de bus qui dessert la ville et, petite nouveauté, location de canoës.

Loisirs

■ **CENTRE NAUTIQUE DES GLÉNAN**
Place Philippe-Vianney
© 02 98 97 14 84
www.glenans.asso.fr
Ce sont de nombreux stages pour tous (de l'initiation aux formations de moniteurs) qu'organise ce mythique club de voile. Et l'école de voile occupe aujourd'hui les quatre îles de l'archipel des Glénan (Penfret, Drenec, Bananec et Fort-Cigogne) ! Avec un enseignement de qualité et une renommée internationale, vous aurez de quoi progresser. Le club a d'ailleurs vu sortir des champions nationaux ! Que vous soyez alors plutôt voiles légères (catamaran, dériveur, planche à voile) ou plutôt croisières, vous êtes ici à bonne école, sur un site unique et exceptionnel... apprécié également pour son plan d'eau semi-fermé (plus de sécurité), ses eaux translucides et ses paysages sauvages et préservés. Des stages réservés aux passionnés de la mer et de la voile !

Sorties

■ L'ÎLE AUX MÔMES
15, rue Aimé-Césaire
ZAC de Colguen
℡ 02 98 97 10 28
www.lileauxmomes.fr
Ouvert toute l'année. Ouvert tous les jours pendant les vacances scolaires de 10h30 à 19h et de 14h à 19h le dimanche. Hors vacances scolaires, le mercredi et samedi de 10h à 19h et le dimanche de 14h à 19h. Enfant (de 1 à 3 ans) : 6,20 €. Enfant de 3 à 12 ans : 7,2 €. Gratuit pour les accompagnants. Wifi gratuit. Accueil enfants. Location de la salle pour arbre de Noël, baptême... (500 €).
Structures gonflables gigantesques, parcours d'obstacles, grands toboggans, piscines à balles, trampolines... Voilà tout ce que propose l'Ile aux Mômes dans un immense hangar de 800 m² couvert. Alors, c'est sûr, ici, on entend beaucoup de cris. Mais, parents, rassurez-vous, il s'agit bien de cris de joie et d'amusement... Car tout a été prévu pour que les enfants s'éclatent dans un environnement ludique et coloré. Et les tarifs étant compris pour la journée, pas de risque d'ennui. La recette idéale pour des heures de jeux, au chaud et au sec. Le plus : les tout-petits, âgés de un à trois ans, ont un espace spécialement aménagé pour eux, loin de l'agitation des plus grands, avec des jeux adaptés. Quant aux jeux extérieurs, ils ouvrent à partir de mai, quand les beaux jours reviennent. Pour les parents, d'une part, l'entrée est gratuite et, d'autre part, un espace est mis à disposition avec wifi, lecture et tables, en attendant... Comme ça, on peut quand même garder un œil sur nos petits ! Futé : les enfants de 9 à 12 ans peuvent venir ici organiser leur boum. Sinon, il existe également des formules anniversaires et la possibilité de louer la salle pour faire un baptême...

Emplettes

■ LE COMPTOIR DU MATELOT – L'HERMINE
22, rue Vauban
Ville Close
℡ 02 98 97 80 88
www.comptoirdumatelot.com
Ouvert tous les jours de 10h à 18h.
Du souvenir « Bretagne » aux vêtements traditionnels bretons, point ici de prix assassins, mais de vraies bonnes affaires dans tous les rayons. Côté mode, en exclusivité, on trouve la marque déposée Mer et Océan, mais également de nombreuses autres griffes. Vareuses enfants et adultes, authentiques pulls bretons, polaires, cirés, marinières, petits ensembles, tee-shirts, mais aussi bonnets, gants, écharpes... Tout l'équipement du marin se trouve ici, de la taille 3 mois au 4XL pour les adultes. Les matelots ainsi vêtus pourront, sans peine, affronter le vent de noroît. Agréable, tonique, pleine d'entrain, Sophie Troussier insuffle à ce comptoir et cette Hermine un souffle d'air bien vivifiant ! En plus des vêtements, elle propose de nombreux articles de décoration marine (bibelots divers, figurines, horloges...) ainsi que des bols de

Pornic, peint à la main, avec une sélection d'environ 2 500 prénoms (difficile alors de ne pas trouver le sien !) L'indispensable et le petit plus pour vivre toute l'année sous le signe de la Breizh sont sur les étagères ! A savoir : la maison peut livrer sur toute la France, et même plus loin, via son site Internet.

■ CONSERVERIE COURTIN
3, quai du Moros ℡ 02 98 97 01 80
www.conserverie-courtin.com
Ouvert du lundi au vendredi de 9h à 13h et de 14h à 18h ; le samedi de 9h30 à 12h30 et de 14h à 18h. Ouvert jusqu'à 19h à partir de Pâques et jusqu'à fin septembre.
Fondée en 1893, il s'agit de la plus ancienne conserverie de Concarneau. Et, depuis cette date, sa réputation s'est faite avec le confit de noix de Saint-Jacques, sa spécialité. D'ailleurs, depuis cinq générations, la recette est restée inchangée... Au fil des années, la maison s'est également spécialisée dans d'autres produits tels que le thon, les maquereaux, les soupes ainsi que les rillettes de poisson de fabrication artisanale : plats cuisinés, conserves, et même une sélection à base de produits bio. Ici : pas de colorant, farine ou autres conservateurs. Juste l'excellent savoir-faire de cette maison artisanale... La Conserverie Courtin se visite gratuitement à 10h et à 11h à partir de Pâques. Sans oublier la gourmandise de fin de parcours : une petite dégustation de soupe et de rillettes... Vente à la boutique et sur le site Internet.

■ CONSERVERIE GONIDEC – LES MOUETTES D'ARVOR
2, rue Henri-Fabre
℡ 02 98 97 07 09
www.gonidec.com
Ouvert du lundi au vendredi de 9h à 12h et de 13h30 à 18h. Horaires du magasin d'usine. Visite pour les groupes sur réservation. Pour les individuels : pendant les vacances scolaires, tous les jours à 10h15. Groupes : 3 € par personnes. Individuels : 4 €.
Chez Gonidec, la sardine est reine depuis 1959 : millésimes, œuvres d'art... pas de méprise, on parle bien ici de ce poisson. Un poisson travaillé à la main et, bien sûr, pendant sa période de pêche de mai à septembre. La marque de la maison, Les Mouettes d'Arvor, a depuis sa création, fait décoller la sardine dans les hautes sphères des mets les plus fins en se déclinant aux truffes noires, aux tomates séchées ou encore au piment d'Espelette. Et, si le contenu est un délice, le contenant est aussi un régal pour les yeux. Les boîtes qui sortent en séries limitées aux couleurs des Filets Bleus ou des signes du zodiaque sont superbes. A la conserverie, on travaille aussi le maquereau, le thon et d'autres produits de la mer qui ne manquent pas de se faire mettre en boîte... La maison s'est aussi mise au bio et a démarré une nouvelle gamme « santé ». En plein développement, cette entreprise familiale s'est d'ailleurs agrandie sur son site de Kerampoint. Futé : possibilité de commander en ligne. Et petite mention spéciale pour cette année : la conserverie Gonidec va sortir une série limitée sur les Tonnerres de Brest 2012, grande fête maritime qui a lieu tous les 4 ans à Brest bien sûr.

MAISON LARNICOL
Rue Vauban
Ville-Close
© 02 98 60 46 87
www.chocolatierlarnicol.fr
Ouvert tous les jours de 9h30 à 19h. Nocturnes en été.
La réputation de Georges Larnicol n'est plus à faire. Chocolatier donc, mais également pâtissier de haut vol. Une qualité que l'on peut apprécier en dégustant ses superbes macarons au goût frais et délicat fabriqués sans conservateur, sans matière grasse animale et sans renforçateur de goût. Un bonheur gustatif et visuel qui se prolonge avec les kouignettes (16 goûts), extrapolation originale et diaboliquement bonne du kouign-amann, elles sont à chavirer de plaisir... Difficile d'en dire plus. Mais la Maison Larnicol c'est aussi des galettes (palets, cookies...) des caramels au beurre salé, des sucettes qui se déclinent désormais à la guimauve.

■ **TI AR SONERIEN**
Rond-point de Keramporiel
© 02 98 50 82 82
www.sonerien.com
Ouvert le lundi de 14h à 18h30 ; du mardi au samedi de 9h30 à 12h30 et de 14h à 18h30.
Située à l'entrée de Concarneau depuis 1997, sur un rond-point, difficile de passer à côté de cette boutique et de sa grande façade jaune ! Derrière sa petite porte d'entrée bleue, se dévoile toute la Celtie et sa fameuse musique. Quoi de plus normal lorsque l'on s'appelle, « la maison des Sonneurs » ! CD, DVD, partitions, mais également une petite pièce entièrement consacrée aux instruments de musique tels que cornemuses, bodhrans, binious, et d'autres encore. Sans oublier, évidemment, les nombreux livres (contes, légendes, cuisine, voile...), quelques bijoux, drapeaux, etc. Une adresse incontournable pour les passionnés de cette culture !

■ **TRI MARTOLOD**
ZA de Colguen
© 02 98 66 20 22
www.trimartolod.fr
Basse saison : du lundi au samedi de 9h30 à 12h et de 14h à 18h30. Haute saison : du lundi au samedi de 9h30 à 12h30 et de 14h à 19h. Visite libre de la brasserie sur demande ou guidée chaque jeudi à 11h de juin à septembre.
Voilà une brasserie artisanale qui ne cesse de se développer. Dans son bâtiment de 1 000 m² à l'entrée de la ville, la bière rousse en 2009, et la blanche en 2010, sont sorties pour la première fois des cuves de cette coopérative. Elles rejoignaient alors la blonde et la brune sur les étagères de la boutique. Notons que toutes ces bières sont réalisées sans colorant, sans conservateur et à basse fermentation. D'autres produits, également issus de productions artisanales ou du commerce équitable, voisinent avec les productions maison. Des produits que l'on peut aussi commander via le site Internet. Dans le prolongement de la boutique, on trouve le bar qui s'anime régulièrement lors de soirées concerts. Sur simple demande, il est possible d'aller observer de plus près le processus de fabrication, les grandes cuves étant ouvertes pendant la fermentation.

■ Dans les environs

Rosporden

■ **ALGUES DE BRETAGNE**
Le Tennier Christine
16, ZI Dioulan
© 02 98 66 90 84
Fax : 02 98 66 90 89
www.algues.fr
Algues de Bretagne est spécialisée depuis 1986 dans la production et transformation d'algues alimentaires et de produits cuisinés à base d'algues. Sont proposés, dans divers points de ventes et par commande sur Internet, une large gamme destinée aux professionnels de la restauration et au commerce de détail. En plus de la gamme « Algues », découvrez une gamme de pâtes aux algues ainsi qu'une gamme de « perles de saveurs » issue des récents développements liés à la gastronomie moléculaire. Parmi les produits phares (c'est le cas de le dire), coup de cœur futé pour « Les Perles de l'Océan® » destinées aux huîtres. Quelques perles suffisent, elles croquent en bouche et libèrent la sauce ! 3 parfums : vinaigre/échalotes, citron/poivre et eau de mer. Ceux qui ne sont pas amateurs de fruits de mer ne sont pas en reste : « Les Perles de Saveurs® » sont toutes aussi délicieuses avec une large palette de parfums : mangue, fraise, figue, framboise, rose et or, pêche, *hot spicy*, truffe, soja, etc. Rien que pour le plaisir des papilles !

Trégunc

S'étendant sur près de 5 000 hectares, Trégunc offre aux promeneurs une grande diversité de paysages : plages de sable fin, dunes mais aussi de nombreuses pointes rocheuses cachant de jolies petites criques... On prendra donc plaisir à se promener le long de ses 23 kilomètres de littoral. Sans oublier de découvrir la richesse de son patrimoine avec menhirs, maisons en pierre debout (datant du XVIIe et XIXe siècle, ces maisons sont une spécificité architecturale unique en France), chapelles ainsi que l'église. A mi-chemin entre Pont-Aven et Concarneau, la ville accueille chaque année de nombreux visiteurs.

■ **OFFICE DE TOURISME**
Kerambourg
© 02 98 50 22 05
www.tregunctourisme.com

■ **POINTE DE TRÉVIGNON**
Trévignon, ses dunes et ses étangs... Mais aussi ses nombreuses et non moins superbes plages à l'eau parfois turquoise... Sans oublier le charmant petit port surveillé par une station de sauvetage imposante. Tout au bout de la pointe de Trévignon s'élève également la Villa Château, une drôle de bâtisse dont les fondations pourraient bien dater de Vauban mais qui prend aussi et surtout entièrement part à la beauté du paysage. Le panorama sur la baie de la forêt et Beg-Meil est magnifique et on peut même apercevoir les îles Glénan, les îles Vertes ainsi que Raguénès. Un site incontournable de la région !

FINISTÈRE

■ **BRASSERIE BRITT**
Kerouel
✆ 02 98 50 25 97
www.brasseriedebretagne.com
Basse saison : ouvert du lundi au samedi de 10h30 à 12h30 et de 14h à 17h. Haute saison : tous les jours jusqu´à 19h. Visite possible de l'usine en juillet et août du lundi au samedi à 11h, 14h et 16h. Egalement le dimanche du 15 juillet au 15 août.
Dans cet immense espace, on peut aussi bien visiter l'usine que profiter du bar ou du magasin. La Brasserie de Bretagne fait ici couler sa blonde généreuse, la Britt, depuis 1998, année durant laquelle elle s'est installée à Trégunc. En été, plusieurs visites sont régulièrement organisées. A la fin de celle-ci, on passe par le bar-dégustation à l'esprit cosy qui offre une vue directe sur les cuves ! La brasserie dispose également d'un magasin d'usine dans lequel on peut trouver, en dehors de la fameuse bière produite sur place, les bières Dremmwel, Ar-Men, Sant Erwann, Gwiniz Du et Celtika. Sans oublier les nombreux produits bretons (biscuits, conserves...), les autres bières bretonnes, les cidres, les whiskies... Le magasin propose aussi des verres et des tee-shirts. De quoi trouver quelques petites idées cadeaux.

■ **MARCHÉ**
Place de l'église
Le mercredi matin. Marché bio le mardi dès 16h. Du 15 juin au 15 septembre : marché saisonnier le dimanche matin à la Pointe de Trévignon et le vendredi de 16h30 à 20h à Saint-Philibert.

Le Conquet

Le Conquet est un petit port pittoresque et est toujours considéré comme l'un des ports du bout du monde. De la période romaine jusque l'époque moderne, il a connu une période faste avec le commerce maritime. Lieu d'échanges entre les marins d'ici et les provinces du nord de l'Europe : de nombreuses denrées y étaient déchargées (sel, vins). A partir du XIXe siècle, la pêche côtière se développe et subsiste encore actuellement tout en se diversifiant. Les crabes dormeurs, plus connus sous le nom de tourteaux par les gastronomes, sont ramenés par les caseyeurs au port. Une filière de fileyeurs s'est spécialisée dans le poisson de pêche du jour et de poissons plus nobles comme le barbu et la lotte. Une esplanade offre une vue imprenable sur l'arrivée des bateaux et les activités maritimes. A l'intérieur du bourg et à l'abri vent dans les ruelles, on découvre de belles demeures en pierre ayant appartenu à de riches armateurs. Le manoir du Cosquier et la maison dite des Seigneurs flanquée d'une échauguette et deux tourelles attestent de l'aspect défensif de la ville et de son importance ancienne. Aujourd'hui, c'est aussi une cité tournée vers le tourisme balnéaire et elle accueille les voyageurs en partance pour les îles du Ponant.

■ **OFFICE MUNICIPAL DE TOURISME**
Parc Beauséjour ✆ 02 98 89 11 31
www.tourismeleconquet.fr
Basse saison : ouvert du mardi au samedi de 10h à 12h30 et de 14h30 à 18h. Haute saison : du lundi au samedi de 9h30 à 13h et de 15h à 19h ; le dimanche et les jours fériés de 10h à 13h. Basse saison : d'octobre à fin mars (hors vacances scolaires) : 10h00-12h30 du mardi au samedi.

Points d'intérêt

■ **ÉGLISE SAINTE-CROIX**
Après une polémique de cinq années entre le bourg du Conquet et de Lochrist, c'est finalement au Conquet que l'église est reconstruite. Œuvre dessinée par l'architecte Joseph Bigot, grand bâtisseur du XIXe siècle a qui l'on doit notamment les flèches de la cathédrale de Quimper, l'église est de style néo-gothique. Des pierres de l'ancien monument sont réutilisées et on en extrait également des carrières des Blancs Sabloncs et de l'aber Ildut. Lors de son inauguration, le sarcophage de Michel de Nobletz, missionnaire breton du XVIIe siècle, est transféré dans la nouvelle église.

© PHOVOIR

Aux environs du Conquet

■ **PARC NATUREL MARIN D'IROISE**
Pointe des Renards
℅ 02 98 44 17 00
Voir page 21.

Le couvert

 LE RELAIS DU VIEUX PORT
1, quai du Drellac'h
℅ 02 98 89 15 91
www.lerelaisduvieuxport.com
Ouvert toute l'année. Le midi et le soir. Service en continu. Carte : 18 € environ. Menu enfant : 10 €. Terrasse.
Installé au Conquet, le Relais du Vieux Port est une adresse très appréciée dans le pays de Brest. Le chef de cet établissement très réputé propose une belle carte dans laquelle les crustacés sont à l'honneur avec notamment la spécialité de parmentier de crabe, de même les coquillages avec la délicieuse poêlée d'ormeaux de la mer d'Iroise en provenance directe de Molène, la très belle assiette de fruits de mer ou les classiques moules-frites. La carte des crêpes, blé noir et froment, est également très variée. Le cadre est chaleureux et l'équipe de Jacques est sympathique et efficace. Deux grandes salles sont disponibles pour les repas familiaux ou les séminaires, elles ont un charme certain avec leurs vieilles pierres et leurs poutres apparentes. La terrasse, quant à elle, donne sur le vieux port et la presqu'île de Kermorvan, le spectacle est magique au coucher du soleil... Le service en continu toute l'année est un autre atout de ce restaurant convivial et de qualité. Que ce soit pour y déguster les spécialités du chef ou pour manger rapidement une ou deux crêpes, une escale au Relais du vieux port est toujours un moment agréable.

Le gîte

 LE RELAIS DU VIEUX PORT**
1, quai du Drellac'h
℅ 02 98 89 15 91
www.lerelaisduvieuxport.com
Ouvert toute l'année. Chambre double de 49 € à 68 € ; chambre triple à partir de 75 €. Demi-pension (+ 31 €). Petit déjeuner : 7,50 €. Animaux acceptés (chiens). Wifi. Restauration (crêperie, fruits de mer et poissons).
C'est une adresse à retenir pour une étape nocturne dans la cité conquétoise. Ouvert toute l'année, l'hôtel-restaurant est agréable et idéalement situé sur le quai du Drellac'h. Le personnel est prévenant et l'accueil de Jacques Queguiner et son équipe est très sympathique. Dans la rue, on ne peut rater cette belle bâtisse avec une façade en pierre et ses volets bleus. Les chambres sont modernes, claires et bien agencées avec une décoration d'ambiance marine jouant sur le bleu et le blanc. Elles disposent d'un grand lit confortable et certaines d'entre elles ont une vue sur la mer. C'est l'endroit idéal pour passer une bonne nuit au calme en étant bercé ou non par le bruit de l'océan. Le Relais du vieux port c'est également un restaurant avec de belles spécialités de la mer et de bonnes crêpes !

■ **AU BOUT DU MONDE****
Place de Llandeilo
℅ 02 98 89 07 22
www.hotel-le-conquet.fr
Ouvert toute l'année. 20 chambres. Basse saison : de 50 € à 75 €. Haute saison : de 60 € à 85 €. Petit déjeuner : 7,20 € (de 7h30 à 10h). Lit supplémentaire : 10 €. American Express, Chèque Vacances. Animaux acceptés (5 € par jour). Wifi gratuit.
Pour le voyageur de passage, cet établissement est une étape appréciée. Calme, il est idéalement situé au centre du Conquet. L'ambiance est familiale et l'accueil sympathique. La décoration joue quant à elle sur un style contemporain. Le mobilier des chambres est en teck et les teintes chaudes et colorées procurent une atmosphère chaleureuse. Certaines chambres disposent d'un balcon ou d'une terrasse avec une vue sur la mer d'Iroise.

■ **LA VINOTIERE**
1, rue du Lieutenant-Jourden
℅ 02 98 89 17 79
Fax : 02 98 89 08 99
www.lavinotiere.fr
Ouvert toute l'année. 10 chambres. Basse saison : de 65 € à 100 €. Haute saison : de 85 € à 130 €. Petit déjeuner : 10 €. Lit supplémentaire : 10 €. Animaux acceptés (10 €). Wifi gratuit. Bain bouillonnant.
Lorsque l'on entre dans cette belle maison du XVIe siècle, sur la route de l'embarcadère vers Ouessant et Molène, c'est le calme et une sensation de sérénité qui prédominent. Pour accéder à l'étage, on emprunte un magnifique escalier en pierre. Les chambres ont chacune un nom et une ambiance particulière. Elles sont très bien agencées, mêlant vieilles pierres et décoration contemporaine. L'atmosphère se veut chaleureuse et décontractée. Cette impression se retrouve également dans la salle du bas quand on s'y attarde pour une pause gourmande.

Emplettes

■ **GALERIE DU BOUT DU MONDE**
Le Vieux port
Quai du Drellac'h
℅ 02 98 89 09 07
℅ 02 98 06 18 04
www.morinay.com
Ouvert le week-end de 14h30 à 18h30.
Bernard Morinay est un artiste-peintre qui partage son temps entre les ateliers du nord Finistère au Conquet et ceux du sud Finistère à Pont-Aven. D'inspiration bretonne, saharienne ou d'ailleurs, ses œuvres sont une invitation aux voyages. Ses toiles prennent ainsi des couleurs bleutées et lumineuses quand elles reflètent sa vision de sa Bretagne natale. À l'inverse, les tons chauds et les teintes ocrées illuminent ses tableaux réalisés à Essaouira au Maroc.

▶ **Autre adresse :** Galerie Morinay – 14, place de l'Hôtel de Ville -29930 PONT-AVEN

FINISTÈRE

■ **Dans les environs**

Plouarzel

Plouarzel est une commune rurale qui dispose d'une importante façade maritime. Criques et plages de sables blanc comme celles de Ruscumunoc ou celle de Portsévigné font la joie des vacanciers. Au total, 12 plages sont dispersées sur la côte plouarzéliste. C'est ici aussi, à la pointe Corsen, que se trouve le point le plus occidental de France. A cet endroit, le C.R.O.S.S. (Centre Régional Opérationnel de Surveillance et de Sauvetage) du même nom a été installé et surveille jours et nuits le rail d'Ouessant depuis le naufrage de l'Amoco Cadiz en 1978. La commune possède 3 monuments historiques intéressants : le château de Kervéatoux, la chapelle-ossuaire du XVIIᵉ siècle et le menhir de Kerloas haut de 9,50m. Dans la campagne, on dénombre une soixantaine de croix et plusieurs stèles. Enfin, de nombreuses manifestations sont organisées toute l'année. La plus fameuse est la conviviale *Fête du crabe* qui se déroule le premier dimanche d'août. Avis aux amateurs du crustacés pour la 24ᵉ édition.

■ **OFFICE MUNICIPAL DE TOURISME**
Place Saint-Arzel ✆ **02 98 89 69 46**
Fax : 02 98 89 69 22
www.tourismeplouarzel.fr
Basse saison : ouvert du lundi au vendredi de 9h30 à 12h et de 14h à 17h30 ; le samedi de 9h30 à 12h. Haute saison : du lundi au samedi de 9h30 à 12h30 et de 14h à 19h ; le dimanche et les jours fériés de 10h à 12h30. Ouvert toute l'année.

■ **PHARE DE TREZIEN**
Trezien
Route du phare
✆ **02 98 89 69 46**
www.tourismeplouarzel.fr
Fermé de septembre à juin. Visite possible pour les groupes pendant la basse saison (se renseigner auprès de l'office de tourisme). Haute saison : ouvert tous les jours de 14h30 à 18h. Ouvert le dimanche matin en haute saison. Gratuit jusqu'à 4 ans. Adulte : 2 €. Enfant (de 4 à 10 ans) : 1 €. Visite gratuite au musée si visite du phare sinon 1 € par personne.
A 500 mètres du rivage, le phare directionnel de Trezien est aligné sur celui de Kermorvan situé à l'entrée du Conquet. Il sert à guider les bateaux qui empruntent le chenal du Four. Pour atteindre la lanterne du phare, il suffit de grimper 182 marches. Toutefois, cet exercice sportif en « vaut la chandelle ». Le panorama est splendide et offre une vue magnifique sur la mer d'Iroise, les îles de l'archipel de Molène (les principales étant Balanec, Bannec, Beniget, Litiry, Trielen et Quéménes) ainsi que l'île d'Ouessant. Quand le temps est clair et bien dégagé avec un œil exercé ou mieux encore avec une paire de jumelles adaptée, on peut même voir l'île de Sein... Au pied du phare, la maison du gardien a été aménagée et présente une exposition sur le thème *Le balisage dans le chenal du Four* : panneaux explicatifs, objets et maquettes expliquant le fonctionnement des phares et des lentilles de Fresnel.

■ **LE GOLF DES ABERS**
Kerhoaden
✆ **02 98 89 68 33**
Fax : 02 98 89 39 87
www.golf-armorique.com
Ouvert toute l'année. Restauration. Boutique.
Suite à d'importants travaux d'amélioration et d'embellissement en 2011, le golf des Abers offre désormais deux parcours. Le 18 trous est destiné aux joueurs expérimentés tandis que le 3 trous école permet de s'améliorer. Un practice couvert avec 6 postes et un putting green permettent de s'entraîner. Toute l'année des journées de découverte et des stages de perfectionnement sont programmés pour s'initier ou parfaire sa technique de ce sport. Une brasserie est ouverte toute l'année pour la pause-déjeuner. Une salle est également disponible pour les séminaires ou les réunions d'affaires. Une boutique Pro Shop propose du matériel et toute une gamme de produits avec le logo du club. Certes, le golf des Abers est complétement à l'ouest mais on apprécie son parcours attrayant et son cadre très agréable.

Plougonvelin

A proximité de la célèbre pointe Saint-Mathieu et abritée dans l'anse de Berthaume, Plougonvelin est une agréable station balnéaire. Longtemps endroit stratégique du fait de sa position à l'entrée de la rade de Brest, cette commune du littoral est devenue un lieu de villégiature apprécié. 4 belles plages de sable fin dont la plus courue est celle du Trez-Hir font la joie des vacanciers. Les adeptes de la farniente et des sports nautiques sont ravis car de nombreuses activités sont au programme. Les sentiers de randonnée longeant la côte offrent de beaux points de vue sur les falaises.

■ **OFFICE DE TOURISME**
Boulevard de la Mer ✆ **02 98 48 30 18**
Fax : 02 98 48 25 94
www.plougonvelin.fr
Basse saison : ouvert du lundi au samedi de 9h30 à 12h30 et de 14h à 18h. Haute saison : du lundi au samedi de 9h à 13h et de 14h à 19h ; le dimanche de 10h à 13h.

■ **FORT DE BERTHEAUME**
✆ **02 98 48 30 18 / 02 98 48 35 19**
www.plougonvelin.fr
Fermé de septembre à juin. Ouvert tous les jours de 11h à 18h. Visite possible en basse saison pour les groupes et sur réservation. Gratuit jusqu'à 11 ans. Adulte : 2 € (et 3 € hors saison). Visite guidée. Animation.
En période estivale, il y a de l'animation au fort de Bertheaume. Des parcours nocturnes « Si Berthaume m'était conté » se déroulent tous les mercredis du 4 juillet au 22 août. En journée, des visites théâtralisées, « Laissez-vous conter Berthaume », ont lieu les lundi, mardi et mercredi à 14h30 et 16h30 du 2 juillet au 23 août. Autant d'occasions originales pour découvrir l'histoire mouvementée de ce fort. En effet, les premières mentions d'un fort datent du XVᵉ siècle. Reconstruit sous l'impulsion de Vauban, il devient un lieu privilégié de défense et de surveillance de l'entrée de la rade de Brest. Ce n'est qu'au XIXᵉ siècle qu'une passerelle est

construite pour faciliter le passage de la terre ferme vers l'îlot, auparavant une nacelle permettait l'accès. Les Allemands occupent le site durant la Seconde Guerre Mondiale et sa libération fut difficile. Désormais, le fort de Berthaume est devenu un site touristique apprécié. Du fait de sa situation, il offre une vue splendide sur l'entrée de la rade de Brest.

■ L'ABBAYE SAINT-MATHIEU
Pointe Saint-Mathieu
Ouvert toute l'année. Gratuit.
Bâtie sur un site exceptionnel, l'histoire de la fondation de l'abbaye est entourée de récits légendaires. Néanmoins, on sait qu'elle a subi plusieurs attaques qui ont occasionné de nombreuses transformations. Au cours des siècles, son architecture évolue en fonction des modes : d'un style roman initial elle passe à un aspect gothique. Servant de refuge pour les pèlerins, elle est occupée par des moines qui surveillent la côte. Suite à la période révolutionnaire, les derniers moines s'en vont et les bâtiments conventuels sont détruits progressivement. Au XIXᵉ siècle, en partie en ruine, elle retrouve sa notoriété d'antan et est classée aux Monuments Historiques en 1875. Désormais, une association « Les amis de Saint-Mathieu » veille sur la promotion de ce lieu chargé d'histoires en rédigeant des études historiques, en organisant des fêtes religieuses et artistiques et en proposant des visites commentées du lieu.

■ MEMORIAL NATIONAL AUX MARINS MORTS POUR LA FRANCE
Pointe Saint-Mathieu
✆ **02 98 38 07 79 / 09 75 85 52 59**
www.auxmarins.com
Ouvert de 10h à 18h. Tous les jours de mai à septembre. Sinon le week-end et durant les vacances scolaires (se renseigner). Gratuit.
Dès 1927, un monument national réalisé par le sculpteur Guillevic avait été érigé en l'honneur des marins « Morts pour la France ». Depuis 2005, le cénotaphe complète ce territoire cérémoniel. Lieu du souvenir et de recueillement pour les familles qui ont perdu un proche pendant un conflit, il se veut aussi comme un espace de transmis-sion et un lieu de mémoire pour les générations futures. Pour ne pas les oublier, de nombreuses photographies de disparus parsèment les parois du cénotaphe et sur les clichés leurs visages et leurs regards interpellent le visiteur.

■ LE PHARE ET LE MUSÉE DE SAINT-MATHIEU
Pointe Saint-Mathieu
Ouvert pendant les vacances scolaires et les week-ends de mai et juin. Gratuit jusqu'à 4 ans. Adulte : 3 €. Enfant (de 4 à 9 ans) : 1 €.
Arrivé sur le tour de ronde du phare à 58,80 mètres au-dessus de la mer et après avoir gravi les 126 marches, on apprécie le magnifique panorama. On y découvre une vue imprenable sur l'archipel de Molène, la presqu'île de Crozon, la pointe du Raz et la campagne environnante. Tour à feu sous le roi Soleil, le phare actuel a été construit en 1835 et il vient de faire l'objet d'un classement aux Monuments Historiques en 2011. Certes, le phare n'est plus gardienné depuis 2006 mais il sert toujours de repère pour les marins qui empruntent le chenal du Four ou bien pour ceux qui accèdent dans le goulet de Brest. La partie basse, servant anciennement de logements aux gardiens, a été réhabilitée en salle d'accueil et d'exposition.

■ POINTE SAINT-MATHIEU
www.pointe-saint-mathieu.com
La pointe Saint-Mathieu est un lieu de passage incontournable du Finistère. Le phare blanc à la lanterne rouge a acquis au fil des siècles une belle notoriété. Installé sur une falaise à une vingtaine de mètres au-dessus du niveau de la mer, il fait partie d'un ensemble comprenant une ancienne abbaye actuellement en rénovation, un sémaphore et à proximité une chapelle et un mémorial aux marins morts en mer pour la France. Le circuit de l'abbaye, faisant partie du GR34, démarre au pied du phare. Du sentier de randonnée, on remarque aussi un autre élément de l'histoire du site : les bunkers installés par les Allemands durant la Seconde Guerre Mondiale. Bref, l'endroit est à découvrir absolument en oubliant le temps et en contemplant les mouvements et le bruit incessants de l'océan.

FINISTÈRE

Phare et abbaye de la pointe Saint-Mathieu à Plougonvelin

■ **HOSTELLERIE DE LA POINTE SAINT-MATHIEU**
Pointe Saint-Mathieu
℡ **02 98 89 00 19**
Fax : 02 98 89 15 68
www.pointe-saint-mathieu.com
♿

Fermé du 17 février au 20 mars. Ouvert du lundi au samedi de 19h à 21h ; tous les jours de 12h à 13h30. Menus de 31 € à 88 €. Formule du midi : 24 €. American Express. Accueil des groupes.
Cet établissement de bonne renommée est situé à deux pas du site magnifique de la pointe Saint-Mathieu. Dans le cadre plaisant et chaleureux de la salle de restaurant, on savoure la cuisine raffinée du chef Philippe Corre qui marie avec classe produits de la mer et de la terre. Plusieurs menus sont au choix pour une cuisine inspirée et pour le plus grand plaisir des gourmets. Le carpaccio de lotte, le homard bleu au porto, le filet de rouget rôti au basilic ou les viandes agrémentées de légumes léonards sont des invitations à la dégustation. Le chariot de desserts maison reste un incontournable.

Crozon-Morgat

Nom breton : Kraozon

Commune du parc d'Armorique : les 87 hectares offrent leur tranquillité aux hérons cendrés, canards, busards et autres oiseaux des marais. Sur les bords de l'étang se dressent les ruines d'un four à chaux. Une construction étonnante d'aspect dont la partie principale est constituée d'une grande cheminée de plusieurs mètres de hauteur et de diamètre. Ce four a été bâti en 1840, à proximité de gisements calcaires. On y cuisait des carbonates de chaux destinés à la construction des forts de la rade de Brest. Aujourd'hui encore, on vit au rythme des militaires, l'île Longue lance les sous-marins nucléaires, les Super Frelons décollent de Lanvéoc où est installée l'Ecole navale. Au-delà des dunes s'étend la très belle plage de l'aber, fermée au sud par une presqu'île séparée de la terre à marée haute. Au sommet, les ruines d'une ancienne batterie de défense – 1862 - trônent toujours. La vue est superbe sur l'anse de Morgat et bien au-delà, sur la baie de Douarnenez. Morgat est la station balnéaire de Crozon, très fréquentée l'été, en particulier par les plaisanciers qui y trouvent un port bien abrité. Son origine remonte au début du siècle, lorsque Armand Peugeot tomba amoureux du site. Il fit construire des hôtels, comme le Grand Hôtel de la Mer, qui a été entièrement refait avec beaucoup d'élégance. Ces villas prennent vie dès les beaux jours. La plage exposée sud plaît particulièrement. Quant au port, très actif au début du siècle grâce à la pêche à la sardine puis au thon, il s'est mû en infrastructure de plaisance dans les années soixante. Rien ne manque non plus pour les distractions nautiques – label Station Voile.

Points d'intérêt

■ **CAP DE LA CHEVRE – BEG AR C'HAOR**
C'est l'un des sites majeurs de la presqu'île. Facile d'accès par la route ou par le sentier côtier, les falaises dominent la mer à 100 mètres d'altitude. Grandiose. En haut des falaises, le regard se perd sur des étendues de landes couvertes d'ajoncs et de bruyères. Au sud, il se porte sur la pointe du Raz, toute proche finalement. La remontée du sentier vers l'anse de Dinan est l'une des plus belles balades du secteur. On domine d'abord la plage de La Palue, ou Palud. Les rouleaux y sont encore plus ronflants qu'à l'anse de Dinan. Un paradis pour les surfeurs, mais un véritable danger pour les nageurs qui s'aventurent trop loin : les courants y sont violents, surprenants – les baignades sont d'ailleurs interdites à La Palue et à Losmarc'h : arrêté municipal du 10 décembre 1975. C'est ensuite la plage de Lostmarc'h – la queue du cheval. Le nudisme est toléré sur la partie sud. N'hésitez pas à faire un détour vers le village de Lostmarc'h. D'accord,

Maisons bretonnes

il faut grimper au creux d'un vallon, mais le village a son charme, avec les petites maisons serrées côte à côte. Les amateurs de mégalithes pourront y chercher leur bonheur, ainsi qu'à Kerdreux et Kéravel.

Le couvert

■ LE BISTROT DU MUTIN
Place de l'Eglise ✆ **02 98 27 06 51**
Fermé en octobre. Basse saison : ouvert du mardi au samedi le midi. Haute saison : tous les jours le midi. Carte : 20 € environ. Formule du midi : 15 € (et 18 €). Terrasse.
Le Bistrot du Mutin, entre pierres blondes et murs blancs rehaussés de peintures colorées ou de photos, mitonne une cuisine où la qualité et la fraîcheur des produits sont irréprochables. Parquet blond et tables en bois plus sombre, la décoration sobre de la salle est propice à la détente. Sur la place, dès que les beaux jours pointent le bout de leur nez, la petite terrasse du Bistrot est bien attirante. Légumes frais, viandes, volailles et poissons choisis avec intransigeance, chaque semaine un plat différent est proposé – paella, couscous, kig ha farz – en plus de la formule et d'une courte et réjouissante carte. Pêche du jour ou viande de bœuf, assiette de fromages et un bon dessert pour terminer... Le chef propose une cuisine simple faisant chanter les saveurs.

■ LE MUTIN GOURMAND
Place de l'Eglise
✆ **02 98 27 06 51**
http://lemutingourmand.fr/
Fermé en octobre. Ouvert du mardi soir au dimanche midi. En saison, tous les jours sauf le dimanche soir et le lundi midi. Menus de 27 à 65 €. Carte : 40 € environ. Menu enfant : 10 € (entrée-plat ou plat-dessert, 15 € les 3). American Express, Chèque Vacances.
En 30 années d'existence, cette maison a acquis une notoriété des plus justifiées. Menu du terroir, menu Armor-Argoat ou menu dégustation Plijadur, tout n'est qu'enchantement des sens. La salle a manger nouvellement rénovée, chaleureusement intimiste, est un parfait écrin pour apprécier ce feu d'artifice de saveurs. Carte d'été, carte d'hiver... les plats proposés, viandes et poissons, varient au gré du marché et de l'inspiration des chefs... Equilibre, raffinement, harmonie, les desserts terminent en apothéose : un repas confinant, en toute simplicité, à l'œuvre artistique.

■ SAVEURS ET MAREE
52, boulevard de la Plage
Port de Morgat
✆ **02 98 26 23 18**
www.saveurs-et-maree.com
Fermé du 15 janvier au 28 février. Ouvert tous les jours de 12 h à 14 h et de 19 h à 22 h. Menu unique à 28 €. Carte : 30 € environ. Formule : 17 € (sauf dimanche). Terrasse.
Face à la mer, cette table célèbre avec brio les producteurs locaux de fruits et de légumes ainsi que les pêcheurs côtiers. Si la marmite de homard à la bigoudène, le plateau de fruits de mer et la cassolette de Saint-Jacques font tout simplement figures d'incontournables, il est

bien d'autres réjouissances gourmandes à découvrir, notamment les poissons des pêcheurs côtiers et bien d'autres spécialités de la mer. Des desserts clôtureront avec brio un repas aussi simple que savoureux. Si l'hiver les plats mijotés sont à l'honneur, c'est toute l'année que la convivialité de l'équipe du « restau jaune » est servie sans supplément ! Le tout à apprécier sans modération dans une salle gaie et confortable où le jaune joue donc les vedettes.

Le gîte

■ HOSTELLERIE DE LA MER
11, Quai Le Fret ✆ **02 98 27 61 90**
Fax : 02 98 27 65 89
www.hostelleriedelamer.com
Logis (2 cheminées). Ouvert toute l'année. Fermé en janvier. 24 chambres (dont trois suites). Chambre double de 49 € à 85 €. Pension complète : 55 €. Demi-pension : 35 €. Petit déjeuner : 11 €. Lit supplémentaire : 13 €. Suite avec vue sur mer de 89 à 130 €, chambre familiale de 95 à 180 €. Séminaires. Réceptions et mariages. Wifi gratuit. Restauration (formule du midi 19 €, menus de 27 à 75 €).
Ah l'heureuse maison que celle-ci ! Accueil d'une parfaite courtoisie, chambres de bon confort, joliment décorées – à découvrir un surprenant papier peint à l'envers avec chacune ses couleurs, très design ! – et confitures maison sur la table du petit déjeuner, salle à manger meublée de beaux meubles bretons et la mer... Toutes les fenêtres ouvrent sur la rade, offrant une vue absolument splendide. Chaque jour de l'année est une royale journée gastronomique avec cette somptueuse marmite de homard à la bigoudène – Chef bigouden oblige ! –, la blanquette de lotte et saucisse de Molène aux petits légumes du moment, une de ces révélations gustatives qui comblent le gourmet ou encore le duo de cochon du pays de l'Aulne braisé aux oignons et sa poitrine au cidre. Le restaurant reçoit également les groupes de 10 à 100 personnes, qu'ils soient privés ou professionnels.

■ HÔTEL DE LA BAIE**
46, boulevard de la Plage
Morgat ✆ **02 98 27 07 51**
Fax : 02 98 26 29 65
www.hoteldelabaie-crozon-morgat.com
Ouvert toute l'année. 27 chambres. De 48 € à 85 €. Petit déjeuner : 5,80 € (8 et 11,50 €). Wifi. Salon de thé.
L'hôtel de la Baie, petit immeuble de 3 étages fraîchement rénové, présente le double avantage d'une situation face à la plage de sable fin au cœur de Morgat et d'une vue magnifique sur la mer. Cadre clair et moderne, constitué d'un mobilier simple, confortable et actuel, de couleurs douces et acidulées bien en harmonie avec la luminosité si particulière de la baie de Douarnenez. Télévision dans toutes les chambres, belles salles de bains ou salles de douche, WC : confort et propreté sont au rendez-vous. Le petit déjeuner se prend face à la mer, chic, et l'on ne boudera pas une consommation, un goûter, une glace au « Salon de Thé de la Baie » (activité saisonnière) de cette aimable maison où l'accueil est à l'aulne de l'ensemble : chaleureux.

■ **HÔTEL DE LA PRESQU'ÎLE***
Place de l'Eglise
℡ **02 98 27 29 29**
Fax : 02 98 26 11 97
www.hotel-lapresquile.fr
Logis (3 cheminées). Fermé en octobre. 13 chambres (1 chambre pour PMR). Chambre double de 54 € à 86 €. Demi-pension : 135 € (à 166 € pour 2 personnes). Petit déjeuner buffet ou en chambre : 11 €. Lit supplémentaire : 15 €. American Express, Chèque Vacances. Séminaires. Réceptions et mariages. Wifi gratuit. Restauration (le Bistrot du Mutin et Le Mutin Gourmand).
Ce qui fut l'ancienne mairie de Crozon est, en dix années devenue, par la volonté de Jocelyne et Joël Euzen, un ravissant petit hôtel de charme doublé d'une table de fort belle facture « Le Mutin Gourmand ». Du jaune, du bleu, la décoration griffée Celtia s'inspire des couleurs des costumes bretons, des faïences de Quimper et de la mer. Entre les murs de pierres apparentes, c'est l'âme de la Bretagne qui palpite, identité contemporaine d'un pays authentique fort de ses traditions vivantes. Les chambres sont délicieuses, équipées de télévision à écran plat (TNT) elles allient quiétude et caractère. Le petit déjeuner à l'aulne, la salle qui lui est consacrée est un ravissement des yeux, douceur des teintes et des matières, la journée débute en beauté. Sur la table et selon le jour, crêpes, gâteau breton, miel de bruyère, confiture de fraises de Plougastel, en compagnie d'autres lichouseries bretonnes maison, enchantent matinalement les papilles. Une très belle adresse.

Emplettes

🦅 **ARMOR LUX**
190, rue Croas-An-Doffen
℡ **02 98 26 27 90 – Fax : 02 98 27 13 38**
www.armorlux.com
♿

Basse saison : ouvert du lundi au samedi de 10h à 12h30 et de 14h à 19h. Haute saison : du lundi au samedi de 10h à 19h30.

Si le tricot rayé et le pull marin ont fait le succès de la marque, aujourd'hui l'entreprise produit et commercialise quatre marques, « Armor-Lux » pour les sous-vêtements et lignes de style marin, « Terre et Mer » dédiée aux femmes plutôt « branchées », « Bermudes » pour les vêtements de protection et sportwear et « Armor kids » pour les enfants. Identité et qualité, la marque n'a jamais dérogé à ces deux spécificités, le souci du développement durable rejoignant les deux autres, au point de lancer en 2005 une ligne en coton équitable labellisé Max Havellaar. Auprès de ces propres créations, le magasin propose aussi d'autres sélections – produits régionaux, décoration, arts de la table – élues à partir de quatre critères : bretons, qualitatifs, haut de gamme, à prix abordables : bref un résumé de l'esprit maison, qui propose désormais un espace consacré aux textiles, arts de la table et accessoires François Le Villec ! Plus mode que jamais, le tricot rayé bleu marine et blanc s'affirme très tendance cet été encore, une bonne raison de plus de musarder dans les rayons de ce magasin ancré dans son territoire.

■ **Dans les environs**

Landévennec

Nom breton : Landevenneg
Un vrai doux paradis. Ce bout de terre bénéficie d'un climat particulièrement clément, propice aux mimosas, camélias, palmiers et autres lauriers. Les fleurs abondent, les arbres frémissent sous l'effet du vent, et les senteurs enveloppent un village qui sait prendre le temps de vivre. L'éperon rocheux domine un méandre de l'Aulne, à son embouchure.
Plus à l'est, c'est la rade de Brest et ses eaux calmes. Landévennec s'étire de l'église à l'abbaye, parallèlement à la rive, comme pour mieux profiter d'une vue apaisante.

■ **SYNDICAT D'INITIATIVE**
Mairie
Place Mairie
℡ **02 98 27 72 65**

Pont de Térénez sur l'Aulne près de Landévennec.
© FORTUNE PELLICANO

■ **L'ABBAYE SAINT-GUENOLE**
Rue Gorrequer ✆ 02 98 27 37 53
http://abaye-landevennec.cef.fr
Monument Historique. La communauté dispose de deux pavillons pour accueillir toute personne désirant vivre un moment de paix et de silence, le penity étant réservé aux familles et groupes d'adultes et de jeunes.
Fondé par saint Gwennole à la fin du Ve siècle – selon les chroniques du moine Gurdisten, au IXe siècle – c'est le plus ancien et l'un des plus célèbres sanctuaires de Bretagne. La légende rapporte que Gradlon, roi de la cité d'Ys, ville engloutie par les flots, fut inhumé ici. Son tombeau est daté du XIIe siècle. En 913, le monastère primitif fut détruit par les Normands. Puis, ce fut le tour des Anglais, et des Ligueurs. Pendant la Révolution, la bibliothèque partit en fumée et les moines furent expulsés. En 1792, les bâtiments furent vendus pour le prix d'une paire de bœufs et servirent de carrière à la ville de Brest. Mais en 1950, les moines bénédictins revinrent à Landévennec pour y construire la nouvelle abbaye – inaugurée en 1958 - et l'église achevée en 1965, à proximité des ruines de l'Abbaye, perpétuant la tradition d'un site voué au recueillement. Au débouché de l'Aulne, ce paradis magnifiquement tourné vers le soleil levant est un site exceptionnel, par les vestiges du cloître carolingien, le site archéologique et le musée de l'ancienne abbaye, qui conte l'évolution d'un ensemble monastique ancré dans l'histoire bretonne depuis le VIe siècle jusqu'au XVIIIe siècle.

■ **MUSÉE DE L'ANCIENNE ABBAYE DE LANDEVENNEC**
Route de l'Anse-du-Bourg ✆ 02 98 27 35 90
www.musee-abbaye-landevennec.fr
Fermé du 1er décembre au 31 janvier. Avril, mai : tous les jours 10h-18h30 (sauf le samedi). De juin à septembre : tous les jours 10h30-19h. Vacances Toussaint et Hiver : tous les jours 10h-17h (sauf le samedi). Du 24 février au 31 mars et 1er octobre au 11 novembre : tous les jours 14h-17h. Adulte : 5 €. Groupe (10 personnes) : 4 € (forfait visite guidée : 60 €). Forfait famille nombreuse : 12 €.
Le musée, conçu comme la partie explicative du site, retrace l'histoire du monastère depuis sa fondation. Objets issus de fouilles, maquettes illustrant les étapes de construction du monastère, reconstitution d'un scriptorium rythment cette exposition. Exceptionnel par les vestiges carolingiens – cloître, sarcophage et l'abondance des témoignages d'une vie monastique sur plusieurs siècles – le site archéologique et le musée de l'ancienne abbaye content une évolution ancrée dans l'Histoire de la Bretagne depuis plus de quinze siècles. Tout au long de l'année, ateliers pédagogiques, concerts, expositions et de nombreuses manifestations animent les ruines de ce lieu majeur of l'archéologie médiévale en Europe. L'été, on peut ainsi devenir apprenti archéologue ou participer à un atelier copiste. Un jardin des simples fleurit à nouveau, rappelant l'intérêt que les moines herboristes portaient aux plantes.

Telgruc-sur-Mer

Nom breton : Terrug
Porte de la presqu'île de Crozon, dominée par les sommets du Menez Luz et du Menez Caon, entre falaises et grèves, la plage de Trez Bellec s'étend sur plus de 1,5 km son sable blanc. Plus secrète, la petite crique de Trez Bihan (petite plage en breton) est un joyau enchâssé dans un écrin de hautes falaises dominées par les pins et les bruyères roses. Les grèves de Pors Lous et Pors ar Vag feront le bonheur des pêcheurs à pied tandis que le site de Coat at Moign et sa forêt surplombant la plage de Trez Bihan et les falaises du Guern celui des promeneurs.

Douarnenez

Pour décrire Douarnenez, on dirait facilement que c'est une ville à part du Finistère, méridionale de tempérament, avec un accent coloré, un parler farouche, un réservoir d'anecdotes. Une ville accueillante et rude entre les Tas de Pois et la pointe du Raz, la légende et l'épopée... Douarnenez est bien une de ces villes où la légende rejoint l'histoire. La tradition fait alors remonter la cité au temps du roi Gradlon, lorsqu'elle se nommait Ys. A l'origine, il s'agissait de Douar an Enez, qui signifiait terre de l'île, et fut ensuite francisé en Douarnenez (qui a donné son nom à la grande baie sur laquelle elle est située). Lovée dans celle-ci, et parée de ses plages de sable blanc, Douarnenez est également connue pour ses quatre ports : celui de Rosmeur (« Le Vieux Port », idéal pour les promenades et les superbes paysages), le port de pêche (encore très actif), le port Rhu (qui accueille les bateaux locaux et internationaux) et, enfin, le port de plaisance situé à Tréboul (d'où partent de nombreuses régates et où se trouve le centre nautique). Ici, la sardine a profondément imprimé sa marque la ville au XIXe siècle, et aujourd'hui les conservateurs sont toujours bien présents.
On connaît aussi « Douarnenez la rouge », cette ville avant-gardiste qui a élu le premier maire communiste de France en 1921. Son successeur, élu en 1924, soutient quant à lui la cause des femmes (notamment la grève des ouvrières d'usine). Joséphine Pencalet est alors élue première femme conseillère municipale mais son élection est invalidée et elle est éliminée par le règlement car les femmes, à l'époque, n'avaient pas encore le droit de vote... Aujourd'hui, on sent toujours une ville engagée, une ville active. Et Douarnenez a le sens de la fête avec quelques rendez-vous comme les Gras (carnaval qui a lieu en février) mais aussi, tous les deux ans, les grands rassemblements de vieux gréements.

■ **OFFICE DE TOURISME DE DOUARNENEZ**
1, rue du Dr Mével
✆ **02 98 92 13 35**
Fax : 02 98 92 70 47
www.douarnenez-tourisme.com

FINISTÈRE

Mouillages dans la baie de Douarnenez

■ L'ILE TRISTAN

Ouvert toute l'année. Inscription obligatoire et calendrier des dates auprès de l'office de tourisme (02 98 92 13 35). Gratuit jusqu'à 10 ans. Adulte : 5,50 €. Enfant : 3,50 €. Groupe (15 personnes) : 4,50 € (adulte et 3,00 € enfant). Pas de poussette pour les enfants en bas âge.

Petite île mystérieuse et sauvage, l'île Tristan dévoile quelques croustillantes anecdotes historiques : les amours de Tristan et Iseult, le trésor du brigand La Fontenelle, la ville d'Is, la maison des Douaniers... Terre de rêve et de légende, elle offre des vues magnifiques sur Douarnenez et la baie. Il ne faut alors pas hésiter à arpenter cette île enchanteresse aux multiples visages, véritable mosaïque paysagère. Pour y accéder, il suffit d'attendre que la mer soit basse (attention, l'accès est interdit si non accompagné) et c'est seulement à ce moment là que l'on peut la traverser, à pied. Propriété du conservatoire du littoral, l'île est classée et abrite Fort Napoléon III, anciennes conserveries, maison de maître de la famille Richepin... mais aussi des vergers et des bois. Et, pour s'évader, les côtes rocheuses, les falaises et les grèves s'ouvrent à l'infini... A noter : depuis fin 2011, l'île Tristan est autonome en électricité grâce à l'énergie solaire. Elle rentre même dans la catégorie des « structures à énergie positive ». Un véritable petit joyau à découvrir.

Points d'intérêt

■ LES PLOMARC'H
✆ 02 98 92 75 41
www.mairie-douarnenez.fr

C'est sur plus de 16 hectares, sur les hauteurs de Douarnenez et autour de l'ancien village de pêcheurs, que s'étend le site naturel protégé des Plomarc'h. Situé à quelques pas du centre-ville, c'est un lieu de promenade privilégié des Douarnenistes, apprécié pour sa tranquillité et la richesse de son patrimoine naturel et archéologique. La ferme municipale possède des animaux issus d'espèces bretonnes à petits effectifs tels les vaches pie noire et froment du Léon, les chèvres des fossés, les porcs blancs de l'Ouest, les moutons lande de Bretagne. Et, à quelques pas de là, on retrouve des cuves à salaisons datant de

l'époque gallo-romaine. Aujourd'hui restaurées, elles sont les témoins qu'à Douarnenez l'activité économique a toujours été liée au poisson d'argent : la sardine. Les promenades et bains de mer sont également propices ici où le bord de mer se découpe en petites grèves. Sans compter la vue imprenable sur le port du Rosmeur...

■ LE PORT-MUSÉE
Place de l'Enfer
✆ 02 98 92 65 20
Fax : 02 98 92 05 41
www.port-musee.org

Par mesure de sécurité, les bateaux à flot sont fermés en période hivernale. Basse saison : ouvert du mardi au dimanche de 10h à 12h30 et de 14h à 18h. Haute saison : tous les jours et les jours fériés de 10h à 19h. Adulte : 7,50 € (musée et bateaux). Enfant : 4,50 € (musée et bateaux). Musée seul : 5,50 €, enfant : 3,50 €.

Qui a dit que les musées étaient ennuyeux ? Certainement pas ceux qui ont visité le Port-Musée ! Jeux d'ombre et de lumière, agencement moderne, bande-sonore plus vraie que nature... la scénographie est parfaite et invite au voyage... en mer bien sûr et même jusque dans une boîte de conserve – de sardines évidemment ! Abordant les aspects de la vie maritime d'hier et d'aujourd'hui, la collection rassemble pas moins de 5 000 objets et 200 embarcations tel ce superbe bateau de pêche à la langouste de l'île de Sein. La visite transcende les cultures et les pays, nous plongeant dans l'incroyable richesse du monde marin. Pour les enfants, des questionnaires ludiques sont proposés durant les vacances scolaires.

Loisirs

■ THALASSO DOUARNENEZ
Tréboul
Rue des Professeurs-Curie
✆ 02 98 75 55 55
www.thalasso.com

Cure beauté zen à partir de 1 224 € 6 jrs/6 nuits 1/2 pension, cure Wu Xing à partir de 1 224 € 7 jrs/6 nuits 1/2 pension, Séjour forme 3 jrs/3 nuits à partir de 540 € avec hébergement 1/2 pension.

Avec sa vue imprenable sur la baie, ce centre de thalasso-thérapie offre un véritable éventail de soins, aussi riche que varié. A chacun la cure qui lui convient. Difficile en effet de choisir entre un gommage corps au lotus et à la fleur de frangipanier et un modelage sérénité aux pierres chaudes ! Sans oublier l'espace Aqua Détente avec eau à 31 °C et sa rivière de marche en eau chaude et froide...

Emplettes

■ COBRECO – CONSERVERIE EN BRETAGNE
ZI de Lannugat
© 02 98 92 32 08
Fax : 02 98 92 13 03
www.cobreco.com

■ POINTE DE PENMARC'H
15, boulevard de la France-Libre
© 02 98 11 07 07
Fax : 02 98 11 07 00
www.pointedepenmarch.com
Basse saison : ouvert du lundi au vendredi de 10h à 12h30 et de 14h à 18h. Haute saison : du lundi au samedi de 10h à 12h30 et de 14h à 18h30.
Ouverte depuis 1920, cette conserverie artisanale traite une grande variété de poissons. La sardine, bien entendu, reste son produit phare, qu'elle soit à l'huile d'olive ou à l'ancienne, c'est-à-dire frites après un étêtage soigneux. Parfaitement égouttées, elles sont ensuite disposées manuellement dans leurs petites boîtes métalliques. Dans la boutique, on retrouve également de nombreux autres poissons en conserve comme le thon, le saumon ou le maquereau. Des recettes cuisinées aussi et bien des nouveautés comme le lottiavig, une mousse de foie de morue, les sardines à poêler, le confit de noix de Saint-Jacques ou encore les raviolis de poissons. Vaisselle bretonne à caractère maritime ou encore linge de maison Sophie C complètent cet ensemble de produits de la mer plus qu'appétissants ! Pratique aussi la boutique en ligne avec tous les produits référencés...

■ **Dans les environs** ■

Kerlaz

Le littoral qui s'étale sur 3 km est bordé de sentiers côtiers, de hautes falaises, de plages et de nombreuses grottes marines (visibles à marée basse) offre de bien belles promenades aux visiteurs. On peut y respirer l'air iodé sur la plage de sable fin de Treiz-Malaouen mais aussi à la pointe du Ty qui offre une belle vue vers Douarnenez.

GÎTES ET CHAMBRES D'HÔTES DE CHARME DE LANÉVRY
Lanévry © 02 98 92 14 87_ 06 75 79 63 63
www.lanevry.com

Gîte de France (3 épis). Ouvert toute l'année. Fermé aux vacances de la Toussaint. Chambre double 63 €. Hammam, bain bouillonnant, sauna.
On découvre ici cinq superbes chambres d'hôtes (Iseult, Tristan, Ville d'Is, Gradlon, Korrigan) classées « Chambres de charme » trois et quatre épis par les gîtes de France, une distinction nullement usurpée tant la décoration est réussie. Chacune d'elle possède sa personnalité propre, l'esprit du temps passé se mariant à merveille à celui d'aujourd'hui en des ambiances élégantes et très cosy. Mais Lanévry c'est également quatre gîtes entièrement restaurés en 2010 : Ty an Aod, Penty, les Hortensias ou les Géraniums. L'un se trouve dans une ancienne ferme rénovée, l'autre dans un penty et pour les deux derniers, ils sont enfouis sous les hortensias et la vigne vierge ! Les maisons, toutes en pierre, sont solides et accueillantes avec un aménagement et une décoration particulièrement soignés. Les gîtes de Lanévry disposent également d'un jardin privatif, d'un grand terrain de jeux pour les enfants, d'un espace détente avec bain bouillonnant, hammam, sauna, solarium et transats, billard et bibliothèque... Autant dire qu'il est doté de beaucoup d'atouts. D'ailleurs, le parc a été distingué en 2010 par un 1er prix départemental du jardin !

FINISTÈRE

Gîtes et chambres d'hôtes de charme de Lanévry

■ **BISCUITERIE DU KOUIGN AMANN DU PAYS DE DOUARNENEZ**
Rond-Point de Keranna
✆ **02 98 91 09 00**
Fax : 02 98 91 13 04
www.kouignamann-artisanal.com
Fermé en janvier. Ouvert de 9h à 12h et de 14h à 19h du 1er avril au 30 novembre et de 10h à 12h et de 14h à 18h30 du 1er décembre au 31 mars.
Quand on dit Kouign Amann, on pense obligatoirement à Douarnenez. Et tout aussi naturellement à la spécialité de la biscuiterie dont il est ici question. Un gâteau au beurre, blond et fondant avec une croûte dorée... Il n'est pas question de résister au fameux kouign amann breton du Pays de Douarnenez, une des nombreuses spécialités de la biscuiterie bretonne Marin Coathalem. D'autant plus qu'ici, il est toujours fabriqué de manière traditionnelle, à la main. Mais la biscuiterie du kouign amann propose également de délicieux autres produits tels que les Croquants d'Armorique, les ronds palets de Kerlaz ou encore les fines galettes bretonnes, le quatre-quatre pur beurre fondant à cœur mais aussi l'incontournable et savoureux gâteau breton (qu'il soit nature, aux pruneaux, à la framboise ou au caramel au beurre salé)... Un vrai régal ! Sans oublier, bien entendu, les caramels au beurre salé et au sel de Guérande ou encore le caramel liquide au beurre salé (aussi délicieux à tartiner que pour faire la cuisine !). La Biscuiterie du Kouign Amann n'oublie pas les gourmands de chocolat en leur proposant, par exemple, ses œufs de mouettes (une confiserie de chocolat fourrée au praliné).

Le Faou

De tradition artisanale et commerçante, le Faou a su garder quelques unes de ses caractéristiques. Contrairement à d'autres communes avoisinantes, on y trouve encore de petits commerces de proximité. La plupart donne d'ailleurs sur la rue principale, anciennement dénommée la Grand-Rue puis rebaptisée rue Général-de-Gaulle. A défaut d'y faire son marché, on peut aussi apprécier le patrimoine architectural faouiste. En effet, plusieurs maisons à pans de bois et à encorbellement sont visibles sur l'ensemble de la commune. Le Faou profite de sa situation géographique : c'est la porte d'entrée de la presqu'île de Crozon et elle se trouve à quasi égale distance de Brest et de Quimper. Dans le passé, l'exploitation de la forêt du Cranou pour la construction navale de Brest a eu un impact important dans son économie. D'ailleurs, l'origine de son nom viendrait du mot latin *fagus* qui signifie l'hêtre. A noter, on ne prononce pas le « a » et on dit « Le fou ». Encore terre agricole comptant plusieurs exploitations, le tourisme a néanmoins pris une place privilégiée dans son développement.

■ **OFFICE DE TOURISME DE L'AULNE MARITIME**
39, rue Général-de-Gaulle ✆ **02 98 81 06 85**
contact@cc-aulne-maritime.fr
Basse saison : ouvert du lundi au vendredi de 10h à 12h30 et de 13h30 à 18h. Haute saison : du lundi au samedi de 10h à 12h30 et de 13h30 à 18h. Ouvert au public de mai à septembre.

■ **Dans les environs**

Hanvec

■ **LE DOMAINE DE MENEZ MEUR**
✆ **02 98 68 81 71**
Fax : 02 98 68 84 95
domaine.menez.meur@pnr-armorique.fr
Ouvert toute l'année. Le dimanche et les jours fériés. Basse saison : tous les jours de 12h à 17h30. Haute saison : tous les jours de 10h à 19h. Novembre, décembre, janvier et février : tous les jours de 13h à 17h lors des vacances de la zone A. Adulte : 3,50 € (tarif réduit : 2,8 €). Enfant (de 4 à 12 ans) : 2,20 €. 1,80 € pour les groupes enfants. Accueil enfants. Visite guidée. Animation. Aire de pique-nique.
En 1969, le Conseil général du Finistère acquiert cet espace de plus de 500 ha (140 ha à l'origine). Il le transforme en conservatoire de races régionales d'animaux domestiques à faible effectif tel le porc blanc de l'Ouest ou la vache bretonne pie noire... Le site est aussi un lieu de découvertes. 4 parcours de découverte thématiques permettent de sensibiliser les publics à la protection de l'environnement et aux différents aspects du paysage. Au hasard des sentiers, on observe : sangliers, loups, cerfs, une faune et une flore caractéristiques du milieu forestier et de splendides panoramas et des landes... Les circuits d'interprétation balisés, les animations pédagogiques, les visites guidées thématiques et les expositions permettent à chacun d'apprécier les lieux à son rythme.

La Forêt-Fouesnant

Nom breton : Ar Forst Fouen

Ce petit village marin de caractère, qui s'étend sur 18 km², est un véritable havre de paix et de convivialité. Il y a quelques années, c'est ici que fut construit en partie le gigantesque catamaran de course d'Alain Gautier, Brocéliande. Effectivement, la commune, autrefois agricole, s'est progressivement tournée vers le tourisme et le nautisme. Aujourd'hui, cette station balnéaire attractive possède l'un des plus importants ports de plaisance de Bretagne avec pas moins de 1 100 bateaux qu'il peut accueillir... D'ailleurs, de nombreux marins célèbres comme Michel Desjoyeaux, Roland Jourdain ou encore Jean Le Cam s'y sont amarrés... Plaisanciers, skippers professionnels et pêcheurs s'y côtoient. Et, si vous n'avez pas vraiment le pied marin, vous pourrez toujours emprunter les sentiers pédestres, à pied, à vélo et même à cheval, qui s'étendent sur plus de 30 km. Ceux-ci sont jalonnés et agréablement aménagés. Sans oublier les nombreux vestiges de la Forêt-Fouesnant qui témoignent d'une occupation séculaire.

◼ OFFICE DE TOURISME
2, rue du Vieux-Port ✆ **02 98 51 42 07**
www.foret-fouesnant-tourisme.com

◼ VEDETTES DE L'ODET
îlot Skoher
Port-la-Forêt
✆ **02 98 57 00 58 (renseignements et réservations)**
www.vedettes-odet.com
Deux départs quotidiens en juillet et août. Nombreux départs de Bénodet de début avril à fin septembre. 4 formules de croisières.
Situé à une dizaine de miles du continent, l'archipel des Glénan se compose de sept îles principales enserrant le lagon aux eaux vert-émeraude d'une limpidité inégalée. Embarquement immédiat depuis Port-la-Forêt vers une destination au goût de paradis, dont les paysages idylliques ne sont pas sans évoquer l'exotisme des îles lointaines. Croisière commentée avec escale libre sur l'île de Saint-Nicolas pour profiter des étendues de plages ou exploration de la faune et de la flore aquatiques à bord du catamaran Capitaine Némo avec deux salons panoramiques immergés, la beauté de l'archipel fascine.

▶ **Autre adresse :** Départs également de Bénodet, Loctudy, Beg Meil et Concarneau.

Points d'intérêt

◼ ANSE DE SAINT-LAURENT
Promeneurs, ne cherchez plus... Voilà l'une des plus belles promenades de la station. Quelle que soit la saison, venez ici découvrir les cygnes, les grands cormorans ou encore les martins-pêcheurs qui se cachent à l'abri des criques paisibles le long des rives boisées. Une superbe balade pendant laquelle les gourmands pourront s'adonner à la pêche à pied, la cueillette de champignons ou le ramassage de châtaignes selon les goûts et les saisons...

◼ CHAPELLE DE PENITI
Construite au XVIIIe siècle, la chapelle de Peniti est encore appelée chapelle de Saint-Maudez. De construction rectangulaire, elle a été bâtie au sommet d'un escarpement, comme beaucoup d'autres chapelles de la région. A l'extérieur, on peut découvrir une fontaine. A noter : des spectacles de musique et de danses bretonnes et celtiques avec dégustation de crêpes et de cidre sont organisés sur le théâtre de verdure de Peniti les mercredis soir en été.

◼ ÉGLISE NOTRE-DAME-D'IZEL-VOR
Impasse Baie
Véritable petite cathédrale de campagne, l'église Notre-Dame-d'Izel Vor a été construite, en grande partie, pendant la première moitié du XVIe siècle. Elle possède un élégant clocher considéré comme l'un des plus représentatifs de l'architecture du XVIe siècle en Cornouaille. A l'intérieur, on peut trouver un tableau du Rosaire, toile d'inspiration flamande dédiée à la paroisse en 1680, qui est classé Monument Historique. On peut également découvrir les fonds baptismaux datant du XVIIe siècle ainsi que le retable à pavillon du maître autel rehaussé, entre autres, de deux médaillons (fruits du maître sculpteur Jean Rufflay). Des visites guidées gratuites sont organisées en juillet et en août.

Le couvert

◼ LE KINAWA
Port la Forêt ✆ **09 81 92 40 92**
Ouvert du lundi au vendredi le midi de 12h à 14h ; le vendredi et le samedi le soir de 19h à 22h. En saison, ouvert tous les jours de 9h à 22h sauf le samedi midi et le dimanche. Carte : 18 € environ (entrées de 3,50 € à 6 €, plats de 8,5 à 15 €). Terrasse.
Anne Le Cam a su faire de son petit « resto frais » un charmant cocon empli de bois clair et joliment égayé de petites touches de couleurs vitaminées, à l'image de sa cuisine. Car la maîtresse des lieux est aussi et surtout un sacré cordon bleu. Dans sa cuisine, ouverte sur la salle derrière le comptoir, elle concocte des plats simples, frais et surtout très bons. Soupe du jour, assiettes d'huîtres, carpaccios ou tartare, brunch le matin... Ici, pas de carte, mais une ardoise sans cesse renouvelée mettant à l'honneur des produits frais de saison. Sans oublier une belle proposition de vins. La maison est aussi un bar, une épicerie et met à disposition, charmante attention, des couvertures pour profiter, par un beau temps d'hiver, de la belle terrasse en bois et de son mobilier coloré... ou du pavillon en bois récemment monté (et qui permet notamment de recevoir des groupes).

🏅 LE PETIT COMPTOIR
4, corniche de la Cale
✆ **02 98 56 97 33**
Fermé du 15 novembre à mars. Haute saison : ouvert du mardi au dimanche le soir. En basse saison, seule la boutique est ouverte du mardi au dimanche. Carte : 12 € environ. Terrasse. Wifi.
Prolongement de l'hôtel du port, le Petit comptoir est un original et délicieux café-boutique-table bistrot ! Sa mutation de restaurant vers cette nouvelle formule n'a en rien changé la qualité des plats servis au plus haut de la saison. S'attabler à nouveau devant une cotriade – de belle mémoire – d'une rare finesse, se goberger de fruits de mer ou de moules frites, s'adonner au péché de gourmandise, avec délectation, au moment du dessert, ne peut que ravir les habitués du Petit Comptoir d'avant et ravir ceux qui le deviendront, tant la cuisine, après avoir mis l'eau à la bouche, laisse le temps de délicates saveurs. Il ne reste plus, juste avant, juste après ou indépendamment du repas, à faire emplette de produits régionaux gourmands – galettes, caramels, confitures, miels, cidres...- et de petits objets de décoration ainsi que de vaisselle. Le tout à l'aulne de la maison, sans faute de goût aucune. En vérité sur les bords d'un aven, une adresse absolument charmante.

Le gîte

■ **HOTEL DE L'ESPERANCE****
6, rue Charles-de-Gaulle
℡ 02 98 56 96 58
Fax : 02 98 51 42 25
www.hotel-esperance.org

Ouvert toute l'année. 9 chambres (et 5 appartements meublés). Chambre double de 56 € à 65 € ; studio / appartement de 360 € à 770 € la semaine. Petit déjeuner buffet : 8,50 € (4 € pour les enfants de -10 ans). Lit supplémentaire : 10 €. Animaux acceptés (6 € / jour). Wifi gratuit.
C'est un véritable havre de paix que cette maison de charme située au cœur du village et nichée dans un écrin de fleurs et de verdure avec seringas et rosiers grimpants, glycine ou encore cerisier japonais pour le jardin intérieur. Sans oublier la terrasse qui se trouve à l'ombre du marronnier... Ici, toutes les chambres sont spacieuses et ouvrent en grande partie sur le délicieux jardin ou sur la baie. Futé pour les familles : certaines chambres sont communicantes et permettent ainsi d'accueillir trois à quatre personnes. Pour le petit déjeuner servi tardivement, il permet de profiter d'un maximum du repos matinal. Et si vous louez un appartement, à la semaine ou pour deux nuits, sachez que la décoration et le confort sont d'aussi bon goût et d'aussi bonne qualité que dans les chambres. À noter que l'un d'entre eux est accessible aux personnes à mobilité réduite.

■ **HOTEL-RESTAURANT DU PORT**
4, corniche de la Cale
℡ 02 98 56 97 33
Fax : 02 98 56 93 95
www.hotelduport.fr

Logis (2 cheminées). 9 chambres. Chambre double de 55 € à 75 €. Demi-pension : 130 € (à 140 € par jour pour 2 personnes). American Express, Chèque Vacances. Animaux acceptés (3 €/jour). Séminaires. Wifi gratuit. Restauration. Vente (produits régionaux).
On se retrouve ici dans une ravissante maison au décor soigné, à quelques pas seulement du Vieux Port. Pour les chambres, celles-ci sont coquettement décorées, courtepointe blanche, petites tables japonnées, et dans la salle à manger, les tonalités sont plutôt chaudes avec vue sur le jardin. Des atouts propices à la détente... Dans le restaurant, les tables sont joliment dressées, les

assiettes hautes en couleur et la présentation soignée mettant ainsi en valeur une cuisine du terroir largement inspirée de la mer. L'ambiance est chaleureusement familiale et on a envie de revenir...

■ **MANOIR DU STANG – HÔTEL DU GOLF*****
Le Stang
℡ 02 98 56 96 38
℡ 06 73 81 48 52
Fax : 02 22 44 21 49
www.manoirdustang.com

Fermé du 1er octobre au 30 avril. Pour les mariages, séminaires et groupes ouvert de mars à novembre. 19 chambres. Chambre double de 61 € à 146 €. Petit déjeuner : 13 €. Chèque Vacances. Séminaires. Réceptions et mariages. Wifi gratuit.
Propriété de la même famille depuis plus de 200 ans, cette magnifique gentilhommière vous accueille le temps d'un séjour et ainsi plongé dans la vie de château, vous n'aurez peut-être plus envie de repartir ! Pour la déco : meubles et boiseries anciennes, chargés d'histoire, se partagent les différentes pièces (19 chambres et des salons). Des chambres dans lesquelles on peut admirer, au choix, le jardin ou les étangs. Car ce manoir du XVIe-XVIIIe siècles se situe sur un superbe domaine agricole de 40 hectares composé de bois, d'une roseraie, de prairies, d'étangs et de jardins à la Française. L'amateur de pêche pourra d'ailleurs s'adonner à son loisir dans les étangs du manoir ! Mitoyen au golf de Cornouaille et à seulement 1 km de la mer et de Port-la-Forêt, les promenades et les activités ne manquent pas au manoir du Stang...

Campings

■ **CAMPING LES FALAISES*****
Goulet Ar Len
Plage de Kerleven
℡ 02 98 56 91 26 / 06 37 57 53 58
Fax : 02 98 56 91 26
www.camping-les-falaises.com

Ouvert du 1er avril au 30 septembre. Terrain de 2,2 ha. 120 emplacements. Exposition : mi-ombragé / ensoleillé. Sol : herbeux. Emplacement + véhicule + 1 personne à partir de 12,10 €. Bungalows jusqu'à 4 personnes de 180 € à 320 € la semaine ; mobile homes pour 4 à 6 personnes de 250 € à 600 €. Jeux pour enfants. Animaux acceptés (1,30 €).

Facile à trouver, le camping Les Falaises dispose de nombreux atouts : un point de vue remarquable sur l'océan qu'il surplombe, un accès direct à la plage qui se trouve à seulement 100 mètres et au sentier de randonnée (GR 34). La sympathique équipe du camping propose de nombreuses animations (karaoké, soirées dansantes...) et des activités diverses (concours de pétanque, tennis de table, football...). Dans ce camping 3 étoiles, on trouve de beaux emplacements herbeux et fleuris suffisamment larges et bien délimités ainsi qu'un panel d'équipements tant ludiques que pratiques. Les attentes estivales des uns et des autres seront certainement satisfaites. A savoir : le camping dispose également d'une salle avec télévision, baby-foot et autres équipements pour passer agréablement vos soirées en compagnie d'autres estivants. Et, pour le plus grand plaisir de tous, sachez que le Futé a été séduit par les mobile-homes bien agencés (avec deux ou trois chambres). Dès le mois de juin, le camping propose également des bungalows à la location, à la semaine ou même à la nuitée. Un établissement sympathique, chaleureux et convivial où il fait bon passer un séjour en famille ou entre amis.

Loisirs

■ GOLF DE CORNOUAILLE
Manoir de Mesmeur
✆ 02 98 56 97 09
www.golfdecornouaille.com
Ouvert toute l'année. Restauration. Boutique.
Situé dans un superbe cadre à 15 km au sud de Quimper, ce golf 18 trous, du fait de son vallonnement, est un parcours à la fois sportif et technique. Plus ancien golf de la côte sud de la Bretagne, il a été ouvert en 1959 et est particulièrement apprécié des joueurs français et étrangers de part la qualité architecturale et la beauté de son paysage. Un golf convivial qui permet au nouveau venu de s'intégrer rapidement. Après une agréable partie, on peut se retrouver pour un déjeuner ou un verre entre amis dans le magnifique manoir du XVIII° siècle à la chaleur feutrée des anciens clubhouses. Ici vous sont proposées différentes formules de stages, des leçons collectives ou individuelles tous niveaux, du prêt de matériel sur demande, des golf pass, ou encore des tarifs préférentiels pour les green fees « jeunes »...

Emplettes

■ BISCUITERIE FRANCOIS GARREC
Place de la Baie
✆ 02 98 56 98 53
www.garrec.com
Basse saison : ouvert du lundi au samedi de 9h à 18h30. Haute saison : tous les jours de 9h à 19h. Haute saison en juillet et août.
Dans cette belle et spacieuse boutique, vous trouverez tous les produits de la gamme de spécialités artisanales du fameux biscuitier installé à Bénodet. Galettes fines au beurre, palets bretons, gâteaux bretons nature ou fourrés, crêpes, kouign amann... Tous les grands clas-

siques réalisés dans la pure tradition familiale sont ici présents. A leurs côtés, vous trouverez également un large choix d'autres spécialités régionales du terroir telles que des confitures... Sans oublier une large sélection de boissons bretonnes : pommeau, bière, chouchen, cidre, jus de pommes pour accompagner comme il se doit toutes les spécialités qui précèdent. Et si c'est pour offrir, vous découvrirez également de superbes boîtes métalliques, ainsi que de la vaisselle et un tas d'objets déco du plus bel effet. Idéal aussi pour se faire plaisir...

▶ **Autre adresse :** Route de Fouesnant à Bénodet (tél.) 02 98 57 17 17

■ HUÎTRES ET COQUILLAGES ÉRIC OLIVIER
Pointe de Beg-an-Aer
✆ 02 98 56 83 89
C'est au creux de l'anse des étangs de Penfoulic que se trouve cette entreprise qui exploite les parcs depuis 1955. Eric Olivier, ostréiculteur passionné et réputé, produit ici des huîtres, aussi bien creuses que plates, d'une exceptionnelle qualité, pleine de la fraîcheur tonique de la mer dont elles ont en leur sein concentré les vertus ! Se situant au-dessous des cerisiers et des vergers de pommiers, l'huître se gorge aussi des arômes de cidre des pommes en se développant... Des huîtres certes, mais également des coques, des bigorneaux, des palourdes et des moules en vente directe.

Marchés

■ MARCHÉ
Le dimanche matin et en juillet et en août, chaque mardi à partir de 19h, marché nocturne à Port-La-Forêt.

Fouesnant – Les Glénan

Fouesnant : une commune qui se fait insulaire avec un archipel, celui des mythiques îles Glénan, véritable lagon et site naturel classé. En tout, ce sont trois stations balnéaires : Beg-Meil, Cap Coz et Mousterlin avec des kilomètres de plages de sable blanc, presque toutes orientées plein sud, mais aussi des petites criques surplombées de falaises, des dunes, des pointes rocheuses, des polders... Sans compter l'histoire de la commune qui inspire les diverses fêtes traditionnelles qui rythment l'été. Fouesnant est une véritable terre de tradition et de culture. Sans oublier le cidre qui est l'un des meilleurs, et ce grâce au terroir et aux variétés de pommes utilisées mais également au savoir-faire des producteurs qui ont apporté au cidre de Fouesnant un grand renom basé sur une réelle spécificité.

■ OFFICE DE TOURISME
4, espace Kernévéleck
✆ 02 98 51 18 88
www.tourisme-fouesnant.fr

■ POINT INFOS
Place Saint-Guénolé
Beg-Meil
✆ 02 98 94 97 47

VEDETTES DE L'ODET
La Cale – Beg Meil
℃ **02 98 57 00 58 – www.vedettes-odet.com**
Embarquement à Beg Meil pour les îles Glénan en avril à 14h tous les jeudis, en juillet à 10h30 et 13h30 tous les jours, en août à 10h30 tous les jours, à 13h30 les samedis et dimanches, à 14h du lundi au vendredi.
Pour rejoindre les îles Glénan, rien de tel que de prendre les Vedettes de l'Odet... L'équipage largue les amarres de la cale et vous emmène à la découverte de l'île. Au programme, plusieurs formules possibles : évasion et escapades en kayak de mer (location sur réservation à l'achat des billets) pour sillonner les îles à son rythme, découverte de l'archipel grâce aux commentaires passionnés du guide nature (faune, flore, navigation, pêche, anecdotes historiques...), vision sous-marine à bord du catamaran « Capitaine Némo ». Sans oublier que vous pouvez aussi faire la traversée à bord d'un voilier traditionnel, une traversée exceptionnelle ! Pour profiter de l'île, plusieurs départs sont proposés de début avril à fin août. Il y a également de nombreux autres départs de Bénodet ainsi que, en été, de Concarneau, Port-la-Forêt, et Loctudy.

▶ **Autre adresse :** Départs également de Bénodet, Quimper, Loctudy, la Forêt-Fouesnant et Concarneau.

Points d'intérêt

■ **BEG MEIL**
www.begmeil.fr
Au début de ce siècle, Beg-Meil connaissait les fastes de la station balnéaire dans le vent. Proust, Sarah Bernhardt, le roi d'Egypte et bien d'autres y séjournaient. Plus récemment, Georges Pompidou aimait y passer ses vacances. Fabrice Luchini passe chaque année quelques jours dans une maison de famille autour du mois d'août,

© GILLES COHEN - FOTOLIA

Mouillages aux Glénan

et Jacques Weber s'est marié à la chapelle Sainte-Anne, à Fouesnant, en août 1991. Après la guerre de 1914-1918, il fallait presque trois jours de Paris à Beg-Meil par chemin de fer : Paris – Rosporden, puis Rosporden – Concarneau puis le bateau Concarneau – Beg-Meil, bref une épopée ! La voiture de 1925 a réduit la durée du voyage à deux jours. Aujourd'hui, cette station garde quelques vestiges de cette époque, qui lui prêtent un charme certain, tandis que ses belles plages de sable fin et ses nombreuses criques attirent des milliers de visiteurs en pleine saison. La baie, dite de la Forêt ou de Concarneau, selon le côté où l'on se place, lui ouvre un énorme potentiel d'activités nautiques. Ses plages, intimes et abritées, font la joie des familles, sans oublier qu'à Beg-Meil, si ce n'est aux plages, toutes les routes mènent à la cale !

■ **LES GLENAN**
Rue Kerneveleck – www.glenan.fr
Sous ce nom sans « s » sont regroupées neuf petites îles qui jouissent d'une réputation mondiale pour leur école de plongée et de voile. Déjà au XVIIe siècle on y apprenait la voile. L'archipel était une base avancée de pirates, corsaires et flibustiers de la pire espèce. Les Glénan évoquent l'exotisme des îles lointaines et offrent un spectacle féerique. L'île Saint-Nicolas est le siège du centre international de plongée et abrite un énorme vivier. Les îles Brunec et du Loc'h sont aujourd'hui des propriétés privées. L'île Penfret est reconnaissable pour le phare du même nom. L'île Cigogne, qui abritait au XVIIIe siècle un fort dont il reste encore des vestiges, est aujourd'hui occupée par les élèves de l'école de voile. L'île Bannanec, qui relie Saint-Nicolas à marée basse, et l'île Drénec doivent avant tout leur notoriété à leur célèbre école de voile, la première d'Europe. L'île Giautec et ses îlots sont des réserves protégées où les oiseaux viennent trouver refuge et s'y reproduire. Site classé, l'archipel abrite une réserve ornithologique, ainsi qu'une espèce botanique unique au monde, le narcisse des Glenan, découvert en 1803.

■ **MOUSTERLIN**
www.mousterlinhotel.com
La pointe de Mousterlin est une rareté géographique avec deux cordons de dunes qui produisent deux sites différents : l'un, envahi régulièrement par la mer, et qu'on appelle la mer Blanche, l'autre, le polder, à l'abri des flots marins depuis plus de 60 ans, un but de balade particulièrement enrichissant. Dans les marais de la mer Blanche, la dune, la vasière, le pré-salé, partie haute des vasières, où moutons et agneaux trouvent une herbe particulièrement bénéfique, pour eux comme pour nous. Cette zone est d'une grande richesse botanique. Le polder de Mousterlin est un but de balade. On pique-nique sur les dunes de Trégonnour.

■ **VASIÈRE DU CAP-COZ**
De passage à Fouesnant, on ne manquera pas d'aller à la vasière du Cap-Coz. Un endroit merveilleux dans lequel on peut observer, selon les saisons, de nombreux oiseaux tels que des tournepierres à collier, des sternes, des hérons cendrés, mais aussi des bernaches cravants. C'est un lieu rêvé pour les ornithologues... A l'origine : ce

ruban de sable fut rompu transformant alors le cap en une île au milieu du XIXe siècle. Grâce aux digues élevées en 1840 et 1871, la bande sablonneuse se reforma et un abri favorisant un dépôt de vase se constitua au nord de cette bande.

Le couvert

BISTROT CHEZ HUBERT
16, rue des Glénan – Beg Meil
℃ **02 98 94 98 04**
www.bistrotchezhubert.fr
Ouvert toute l'année. Haute saison : tous les jours le midi et le soir. Fermé lundi et mardi hors saison. Formule du midi : 17 € (entrée, plat, dessert). Formule du midi à 15 € : entrée, plat ou plat, dessert. Plat du jour : 10,50 €. Terrasse. À la tête de cet établissement bien connu dans le secteur, on retrouve Hubert Jan, chef et arrière-petit-fils de celle qui créa en 1903 la maison. Le cadre est ici classique et confortable, et les assiettes H.B. Henriot aux armes de la maison trônent sur des tables elles-mêmes habillées de nappes damassées. Un beau décor donc pour célébrer une cuisine de bistrot gourmand, proche du produit, simple et inventive. Ici, pas de carte mais une ardoise sur laquelle sont proposés six ou sept entrées et autant de plats et desserts. Et régulièrement, en fonction du marché et de l'inspiration du chef, ce choix est renouvelé ! De véritables rendez-vous avec les plaisirs visuel et gustatif. Autant l'avouer, le futé a craqué pour le pied de cochon et le mille-feuille au caramel au beurre salé. Mais Chez Hubert, c'est aussi un bistrot dans lequel on peut tout simplement déguster un verre accompagné de quelques tapas. Eu égard à la situation idéale de l'établissement, tout juste à 200 mètres de la plage, on n'hésite pas non plus à profiter de la belle terrasse en bois. Ce restaurant est une adresse incontournable, tant pour le service impeccable que pour la cuisine d'une très grande qualité...

■ CRÊPERIE DE KERVASTARD
22, rue des Glénan
℃ **02 98 94 96 16**
www.kervastard.com
Maître Restaurateur. Ouvert tous les jours de début avril à fin septembre. Ouvert tous les jours à 18h et le dimanche midi pendant les vacances de février et de la Toussaint. Terrasse. Cette crêperie, la plus ancienne de Fouesnant, vous accueille pendant la saison estivale, les vacances de février et celles de la Toussaint. Idéalement située en plein centre de Beg Meil, vous pourrez alors déguster dans un cadre chaleureux, l'une des très nombreuses crêpes, traditionnelles ou plus originales. Pour les salées, le futé s'est laissé tenter par la crêpe andouille. Mais le bonheur s'appelle aussi crêpe lard et pomme ou encore crêpe saumon fumé... Sinon, pour rester classique, mais se régaler en même temps, rien de tel qu'une bonne complète. Côté salé, on se dirige facilement vers une pomme, caramel, une spéciale kervastard (chut, on ne dira rien !), ou une flambée telle que miel, amandes, Grand Marnier. Les enfants ont également un menu qui leur est réservé ! Futé : s'il fait beau, n'hésitez pas à profiter de la terrasse, la cale se trouve à seulement quelques pas.

HOTEL-RESTAURANT DE LA POINTE DE CAP-COZ
153, avenue de la Pointe du Cap-Coz
℃ **02 98 56 01 63 – Fax : 02 98 56 53 20**
www.hotel-capcoz.com

Le restaurant est fermé du dimanche soir au mardi midi inclus hors saison, et le lundi et mardi à déjeuner ainsi que le mercredi toute la journée, en saison. Menus de 30 € à 63 €. Terrasse.
Si vous avez envie de découvrir et déguster de fameux plats, on ne saura que vous conseiller cette table car, avec les talents de Ludovic Le Torc'h, maître cuisinier de France, tout n'est que délice et subtilité. Dans ce restaurant qui offre une superbe vue panoramique sur Port-la-Forêt, vous mettrez le cap sur les saveurs... Homard cuisiné à la façon du chef, cannelloni de crêpes de blé noir et langoustines avec courgettes au jus de viande et tuiles au parmesan, brochettes de Saint-Jacques et ris de veau sauce caviar Avruga... Une véritable inventivité au service de nos papilles. Pour profiter au mieux de cette superbe cuisine, on vous conseille de prendre l'un des trois menus : du Terroir, Découverte ou Terre et Mer. Ils vous laisseront pantois ! De même que le menu du petit gourmet pour les enfants. Et pour les amateurs, le restaurant propose une sélection de fromages affinés de la Cave Gourmande de Concarneau. Un vrai régal. On apprécie l'amabilité et le professionnalisme de toute l'équipe. Et on comprend vite pourquoi c'est l'une des meilleures adresses du Sud Finistère.

FINISTÈRE

Vue sur mer

Jardin terrasse ombragés

Hôtel de la Cale

Restaurant - Bar
34, rue des Glénan - 29170 Beg-Meil
Tél. 02 98 94 97 18

Le gîte

 HÔTEL-RESTAURANT DE LA CALE
34, rue des Glénan
Beg Meil
℡ **02 98 94 97 18**
www.hoteldelacale.fr

Fermé en novembre. 11 chambres. Basse saison : chambre double de 55 € à 65 €. Haute saison : chambre double de 68 € à 78 €. Pension complète : 68 € (à 78 € selon la saison). Demi-pension : 58 € (à 68 € selon la saison). Petit déjeuner : 7,50 €. Parking inclus. Restauration (formule à 11 € ; menus de 17 € à 38 €).
Cette grande maison bretonne propose 11 chambres, dont 8 bénéficiant d'une vue imprenable sur la mer. C'est à seulement quelques pas des plages et du centre-ville que se trouve l'Hôtel-Restaurant de la Cale. Et diverses activités sont accessibles aux environs : pêche, voile, plongée... Autre atout de cette charmante maison de vacances : on se trouve à peine à 100 mètres de la cale d'où partent les bateaux pour les Glénan, une petite île paradisiaque de la Bretagne. Côté chambres, elles sont toutes équipées d'une TV à écran plat avec la TNT intégrée, d'une ligne téléphonique directe et du double vitrage. Les couleurs sont gaies et le mobilier moderne, ce qui ajoute au confort de ces chambres, en harmonie avec l'ambiance familiale de cet établissement qui propose également un service restauration et bar. Aux fourneaux, donc, c'est Thierry Rousseau qui aime travailler des produits frais de la région. Il élabore ainsi une cuisine traditionnelle qui laisse une grande place aux fruits de mer et aux poissons. Alors, vu la situation, profitez-en, que ce soit dans la salle de restaurant ou sur la terrasse ombragée. Un hôtel charmant et familial qu'il serait dommage de ne pas découvrir !

HÔTEL-RESTAURANT DE LA POINTE DE CAP-COZ
153, avenue de la Pointe du Cap-Coz
℡ **02 98 56 01 63**
Fax : 02 98 56 53 20
www.hotel-capcoz.com

Logis (3 cheminées). Fermé du 1er janvier au 11 février. Chambre double de 74 € à 105 €. Demi-pension : 82 € (à 100 €). Petit déjeuner buffet ou en chambre : 11,70 €. American Express, Chèque Vacances. Séminaires. Wifi gratuit. Restauration (menus à 30 €, à 45 €, à 53 €, le restaurant est fermé du dimanche soir au mardi midi inclus hors saison, et le lundi et mardi à déjeuner ainsi que le mercredi toute la journée, en saison). Tv satellite.
Qui ne rêve pas d'un petit séjour à la fois reposant, tonique et gourmand dans un cadre parfaitement idyllique tel que celui-ci ? Car, avec sa situation exceptionnelle, l'hôtel-restaurant de la pointe du Cap-Coz nous emmène dans un océan de douceurs et de bien-être. On prend le large pour une nuit ou plutôt quelques jours puisque, une fois installé, on ne veut plus s'en aller ! Entre l'hôtel et la plage : une minuscule petite route. C'est peu dire... Les chambres sont très agréables : lumineuses, confortables et reposantes, avec une vue imprenable sur la plage bordée de pins ou bien sur l'anse verdoyante de Port-La-Forêt. La décoration est chic et contemporaine, en harmonie avec l'environnement extérieur et l'océan, comme le lieu le suggère. On peut le dire sans hésiter : cette magnifique demeure, délicatement posée au bout d'une lagune, est un lieu magique que la famille Le Torc'h, propriétaire depuis trois générations, conserve et garde au goût du jour pour le plaisir de tout ceux qui y séjournent. Et c'est avec regret qu'on se voit déjà repartir ! Mais, une chose est sûre, on y reviendra très vite... L'hôtel-restaurant de la pointe du Cap-Coz est un superbe établissement, à recommander les yeux fermés...

Gîtes

■ **LE LOGIS DE MOUSTERLIN**
175, route de la Pointe-de-Mousterlin
℡ **02 98 51 14 04 / 06 30 33 44 10**
www.logis-de-mousterlin.com
Ouvert toute l'année. Chambre double 59 € la nuit, 350 € la semaine. De 340 € à 860 € la semaine selon saison. Chambre dans un gîte de 69 € à 79 €.
C'est dans un cadre exceptionnel que Nicole et Pierre vous recevront en gîte ou chambre d'hôtes en bord de mer. Cet ancien corps de ferme rénové, ouvre ses portes sur la mer en face des îles Glénan. Placé entre Concarneau et Bénodet, sur la pointe de

Mousterlin, profitez des plages pour vous promenez ou vous baignez. Le sentier côtier GR 34 passe devant la maison : randonneurs, à vous la liberté !

Campings

■ **CAMPING DE PENHOAT CÔTÉ PLAGE***
15, route du Grand large
Mousterlin
☎ **02 98 56 51 89 / 06 88 601 602**
www.camping-penhoat.com

Fermé du 15 septembre au 31 mars. Adhérent FFCC, Famille plus et VACAF. Accueil jusqu'à 18h. Gardé 24h/24. 145 emplacements. Exposition : mi-ombragé. Sol : herbeux. Relief : plat. Forfait pour 2 adultes avec emplacement et électricité : 16 €. American Express, Chèque Vacances. Jeux pour enfants. Animaux acceptés (1,90 €/jour). Aire pour camping-cars. Wifi. Animation.

Dans ce camping à la situation exceptionnelle, nombreuses sont les possibilités d'hébergement : emplacements spacieux (délimitation avec arbres et haies pour plus d'intimité), mobile homes (dont certains sont spécifiquement adaptés aux personnes à mobilité réduite), gîtes (très bien équipés et aménagés avec goût, ils sont installés dans un beau corps de maisons bretonnes en pierre) et chalets. De nombreux services sont proposés à tous : épicerie, plats à emporter, snack, restaurant, boutique... Sans oublier la petite nouveauté de l'année, et non la moindre, un chalet pour les soins esthétiques. N'hésitez pas à venir en profiter (épilation, soins du corps et du visage, maquillage, modelages, manucures...) Et, pour les activités et les loisirs, il y a un espace fitness, possibilité de louer des vélos et de faire des balades à cheval... Situé en face de la grande plage de Mousterlin, on n'hésite plus un instant à rejoindre ce camping dont l'accueil, déjà, est charmant et très professionnel. Il est d'ailleurs l'un des plus réputés de tout le secteur ! Elisabeth Caradec peut en être fière. Depuis 2012, le camping propose même des stages de crêpes et la demi-pension (uniquement sur réservation).

■ **Dans les environs**

Pleuven

CRÊPERIE L'ÉPI D'OR
19, route de Quimper
☎ **02 98 54 88 32**
www.creperielepidor.fr
Ouvert toute l'année. Fermé le lundi soir et le mercredi toute la journée hors vacances scolaires.

Impossible de la manquer, toit de chaume et crépi jaune, depuis la route la chaumière s'impose au regard ! Et c'est tant mieux, car il ne faut pas hésiter un instant à se garer sur le parking privé. Salle rustique et feux de cheminée en hiver, c'est autour de tables en bois que l'on s'installe. Crêperie traditionnelle à la carte, toutes les préparations sont cuisinées maison. Les propriétaires, Véronique au bilig et Xavier au service, par leur savoir-faire et leur cordialité, font de l'Epi d'or une adresse que les amateurs

de crêpes ne sauraient ignorer. Du côté des spécialités maison, un coup de cœur pour la Saint-Jacques flambée au cognac et crème au blanc de poireaux, le Galet de l'Epi d'or une crêpe de froment plus épaisse garnie de pommes, sans oublier la pomme au caramel au beurre salé, un régal ! Agréable terrasse et terrain de jeux pour enfant, une crêperie à découvrir... Si ce n'est déjà fait !

■ **CANOE-KAYAK LES TROIS GRENOUILLES**
Le Moulin du Pont
☎ **06 64 88 00 88 / 06 87 80 71 86**
www.lestroisgrenouilles.fr
Fermé d'octobre à avril. Sur réservation. Kayak à partir de 7 € pour 1h (1 place).

Un circuit sans difficulté, donc accessible à tous, et 18 km au fil de l'Odet qui ne se découvrent que par bateau. Ni route, ni chemin le long de la rivière, mais une faune et une flore triomphantes, la beauté des châteaux qui se reflètent dans l'onde et une rivière qui change de visage des vire-courts à l'anse de Saint-Cadou. Les kayaks sont insubmersibles, équipés de bidons étanches pour ses affaires et son pique-nique. Et si l'on choisit de descendre seul, l'association s'occupe de ramener les kayakistes à leur point de départ. Une promenade romantique à souhaits... Et, en nouveauté 2012, l'association propose d'explorer l'anse sauvage du Moulin du Pont (4 circuits de randonnées kayak avec des niveaux de difficulté différents).

Le Guilvinec

Avec Léchiagat de l'autre côté de l'estuaire, le Guilvinec est un ensemble pittoresque et attachant. Il est devenu un site incontournable du tourisme de la pêche en mer. Né il y a plus d'un siècle d'une petite colonie de pêcheurs, Le Guilvinec est le premier port de pêche fraîche. Il est d'ailleurs identifié comme « cœur de la pêche française ». Avec une flottille d'une centaine de bateaux, dont une cinquantaine de hauturiers, c'est le premier quartier maritime français (en valeur) et il contribue pour 12 % de la production nationale en frais. La baudroie, la raie et la langoustine fraîche en sont les fers de lance. Autour des activités de la pêche, c'est toute une vie à terre qui s'organise : chantiers navals, forges marines, filatures, conserveries, point de criée de 6 200 m², algoculture, viviers de crustacés, l'Ifremer... Toutes ces activités en font un quartier maritime fort animé, avec, en point d'orgue, le retour des chalutiers côtiers dans l'après-midi escortés par des nuées de goélands... Surprenant ! Grâce à son dynamisme, Le Guilvinec est aussi la capitale administrative du quartier bigouden qui regroupe les ports de Guilvinec-Lechiagat, Loctudy, Lesconil et Saint-Guénolé. Notons également que, pour assurer la relève, le lycée professionnel maritime prépare les jeunes aux métiers de la mer (plus d'infos sur le site Internet www. lycée-maritime-guilvinec.com)

■ **OFFICE DE TOURISME**
62, rue de la Marine ☎ **02 98 58 29 29**
Fax : 02 98 58 34 05
www.leguilvinec.com

Retour au port du Guilvinec

■ **HALIOTIKA – LA CITE DE LA PECHE**
Le Port
☎ 02 98 58 28 38
www.haliotika.com
Basse saison : ouvert du lundi au vendredi de 10h à 12h30 et de 14h30 à 18h30. Haute saison : du lundi au vendredi de 9h30 à 19h ; le week-end de 15h à 18h30. Ouvert en continu des vacances d'avril à la Toussaint et ouvert pendant les vacances de Noël et février. Toute l'année sur réservation pour les groupes. Possibilité d'embarquer sur un chalutier toute l'année du mardi au vendredi. Adulte : 5,90 €. Enfant : 3,90 €. Comptez 1 € de plus pour les visites guidées (1h).
Tout l'univers de la pêche en mer se dévoile ici. Un univers méconnu, remarquable et tellement passionnant... Situé au-dessus de la criée, ce centre se propose de faire découvrir en profondeur le monde de la pêche et le travail des marins à bord. L'originalité de cette cité de la pêche : se trouver au sein de l'activité portuaire et du retour des bateaux ! 730 m² d'espace interactif et ludique qui permettent de plonger au cœur du défi des pêcheurs : préserver leur environnement et leur outil de travail. On n'hésite pas un instant à embarquer ! A savoir : Haliotika propose également des expositions temporaires, des visites de la criée (côtière et hauturière), des sorties iodées (embarquement à bord d'un chalutier, sortie pêche de 3 heures...), de nombreux ateliers dont les nouveaux ateliers Marin pêcheur et Cuisine créative, mais aussi Petits chefs, ou Sushi Breizh. La pêche de A à Z, une visite incontournable au pays bigouden et un souvenir inoubliable pour tous...

■ **VISITES DE LA CRIÉE**
☎ 02 98 58 28 38
www.haliotika.com
Adulte : 5,10 € (6,9 pour la visite de la criée côtière). Enfant : 3,60 € (4,9 pour la visite de la criée côtière). Forfait spécial à 11,50 € (9,50 € pour les enfants) : criée + expo guidée + soupe de poissons. Visite guidée (assurée par le centre Haliotika pendant les vacances scolaires).
La criée du Guilvinec est bel et bien l'une des plus grandes criées de France ! En plus de l'arrivée des bateaux de pêche côtière que l'on peut admirer d'une terrasse construite à cet effet, la criée peut aussi se visiter. Haliotika propose plusieurs visites. Visite de la criée hauturière de 5h30 à

9h pour les lèves-tôt. Ici, plusieurs tonnes de poissons (espèces connues ou pas) sont débarquées la veille pour être ensuite vendues dans cet espace. Une chose est sûre, il y a de quoi être impressionné par la quantité et la tailles de ces poissons ! Il est également possible de visiter les Coulisses de la Criée : unité de pesage, zone de tri, espaces frigorifiques, machine de lavage des caisses, ateliers de marée en pleine effervescence après la vente du matin. Sans compter que l'on peut, ensuite, profiter d'une dégustation de langoustines (3,90 € en plus). La criée côtière, quant à elle, se visite du lundi au vendredi à 16h30 pour 30 minutes environ. Là c'est vente aux enchères en présence des acheteurs bretons. Ambiance assurée !

Points d'intérêt

■ **SITE DE SAINT-TREMEUR**
Ce site présente à lui seul trois pôles d'intérêt. On y trouve, entre autre, une petite chapelle datant de la fin du XVᵉ siècle, de style flamboyant, fondée par le seigneur de Kergoz et dépendante, autrefois, de la commune de Plomeur. Après un an de lourds travaux, la chapelle a été entièrement restaurée pour réouvrir ses portes en 2011. Murs, charpente et toiture ont tous été refait à l'ancienne. Comme la cloche qui se trouve être la quatrième depuis l'origine de la chapelle ! Une véritable merveille qui abrite dorénavant deux superbes grands vitraux dessinés par Jérôme Tisserand et réalisés par le maître vitrier finistérien Charles Robert. Il y a également une statue polychrome de Saint-Trémeur qui tient sa tête coupée, ainsi qu'un four à pain de Prat an Ilis (la prairie de l'église), datant du XVIᵉ siècle.

Le couvert

 CRÊPERIE AR VAG
17, rue Jean-Baudry
☎ 02 98 58 15 48
www.arvag-gv.com
Fermé 4 semaines en janvier après les vacances scolaires et 10 jours début décembre. Basse saison : ouvert le mardi et du jeudi au dimanche le midi et le soir ; le mercredi soir. Haute saison : tous les jours le midi et le soir. Terrasse.

Dans cette belle crêperie du Guilvinec, c'est un véritable plaisir de tous les sens car avec Dominique en cuisine et Emmanuel au service, on est sûr d'apprécier le repas. Surtout que de nombreuses idées et créations ornent la salle selon les fêtes et les saisons, ce qui rend ce lieu unique. Côté crêpes : on se régale aussi bien des spéciales « Bord de Mer » comme la Ouessant ou la Molène, que des gourmandes telles que la Lucette (chèvre, camembert, reblochon et salade), ou l'Ar Vag (noix de Saint-Jacques, andouille, fondue de poireaux, pommes fruit). Pour les crêpes sucrées : gourmandes et flambées n'en finissent pas non plus de nous surprendre (Chococo, Glénan, Créole, Monique...) Et, en saison, on se laisse tenter par les recettes à base de fraises. Un régal... Mais la crêperie Ar Vag, c'est aussi des omelettes, des salades variées, des entrecôtes accompagnées d'une sauce maison au choix, ainsi que des moules dont les spéciales façon Jean-Claude avec piments (une délicieuse petite recette familiale...). Sans oublier le célèbre Kig Ha Farz les 3e samedis soirs du mois (d'octobre à avril). Mais, attention, il faut le réserver... Une adresse fort sympathique et conseillée par le Futé.

Le gîte

■ **HOTEL-RESTAURANT – LE POISSON D'AVRIL**
19-21, rue de Men-Meur
✆ **02 98 58 23 83**
www.lepoissondavril.fr
Ouvert toute l'année. 4 chambres. Chambre double de 85 € à 105 € ; suite de 125 € à 145 €. Restauration (fermé le lundi, le mardi soir et le dimanche soir. Formules du midi à 15 € et 17,50 €. Menus à 28,50 € et 38,50 €). Situé face à l'entrée du port du Guilvinec, tous les amoureux de la mer prendront un véritable plaisir à se réveiller devant la danse des bateaux débarquant la pêche du jour. Cet hôtel-restaurant, dirigé depuis l'été 2011 par Pierre et Anne-Solène de Parscau, propose 4 chambres, dont une suite familiale composée de deux chambres, toutes dotée d'une belle et grande terrasse vue sur l'océan. Une exquise adresse d'une sobre élégance, une fine maison, et pour sûr, Le Poisson d'Avril est une étape de charme à découvrir au Guilvinec. L'établissement propose également une table raffinée entre terre et mer avec, entre autres, des poissons en provenance directe des pêcheurs locaux. Le menu change tous les midis avec une proposition de un à trois plats et deux menus sont proposés le soir. Quel plaisir pour les amateurs de produits de la mer que de pouvoir goûter à cette cuisine subtile, avec par exemple ces aiguillettes de saint-pierre ou la ballottine de raie. Sans compter que la carte des vins est telle qu'on la souhaitait, à la hauteur de l'ensemble. Incontestablement, une adresse à retenir !

Emplettes

■ **COMPTOIR BLEU**
Avenue de la République
✆ **02 98 58 91 91**
g.v@cambuse.com
Ouvert du lundi au vendredi de 8h30 à 12h et de 14h à 18h.

Si cette maison reste surtout un comptoir d'avitaillement à la pêche dans lequel les équipages des chalutiers viennent faire leurs emplettes lorsqu'ils s'en vont pour 3 à 15 jours en Mer d'Irlande, il n'en demeure pas moins que c'est également ici que l'amateur pourra trouver quelques rares whiskys écossais ou irlandais et surtout introuvables ailleurs. L'établissement est bien entendu ouvert à tous !

Huelgoat

Huelgoat est une commune située dans le centre Finistère. C'est au début du XXe siècle que naît sa vocation touristique. En effet, à cette date, on voit débarquer de nombreux touristes. Les Britanniques sont les premiers à l'apprécier et à s'y établir. En France, elle est présentée sur les affiches touristiques sous les traits de la Bretagne pittoresque. Sa forêt, ses vestiges d'un autre temps, son chaos de rochers alimentent sa légende. Des artistes comme le peintre Paul Sérusier ou l'écrivain Victor Segalen viennent y trouver de l'inspiration. Aujourd'hui, le charme continue d'opérer : la forêt a toujours quelque chose de magique et le chaos granitique où serpente la Rivière d'Argent garde son caractère impressionnant.

■ **OFFICE DE TOURISME D'HUELGOAT**
18, place Aristide-Briand ✆ **02 98 99 72 32**
www.tourismehuelgoat.fr
Bien installé sur la place du bourg, l'office de tourisme de Huelgoat met à la disposition des touristes et des locaux de nombreuses informations utiles. On y glane des renseignements sur les hébergements, les établissements pour se restaurer, les horaires de visites guidées des sites, les structures de loisirs mais aussi les dates des animations et des manifestations organisées durant l'année. Pour les amateurs de marche, le *Guide des circuits de petites randonnées – Huelgoat et ses environs* y est vendu pour le prix de 2 €.

Points d'intérêt

■ **LA FORET ET LE CHAOS**
Comme sa fameuse voisine le forêt de Paimpont, la forêt de Huelgoet est entourée de légendes et de mystères. Elle s'étend sur près de 1000 ha et est composée principalement de chênes et de hêtres. De nombreux sentiers balisés aident à se repérer dans cet enchevêtrement d'arbres et de roches. En effet, l'originalité de cette forêt domaniale est qu'elle est parsemée d'énormes blocs granitiques parmi lesquels coule la Rivière d'Argent. C'est ici, parmi le dédale de pierres et de végétaux, que l'on peut venir tenter le diable dans sa grotte ou bien plonger dans le chaos. Quelques mètres plus loin, on atteint un lieu de passage obligé : la Roche tremblante. Une fois initié, d'un seul mouvement d'épaule, on fait bouger cet énorme bloc de pierre de plus de 100 tonnes. Magique ! Si l'on continue la balade, on atteint le camp d'Arthus, la mare aux fées, le champignon... Arrivé au gouffre de Dahut, ne pas hésiter à emprunter le chemin escarpé pour atteindre un splendide belvédère sur la forêt.

■ L'ÉCOLE DES FILLES
25, rue du Pouly
℡ **02 98 99 75 41**
www.ecoledesfilles.org
Ouvert de mi-juin à mi-septembre. Haute saison : ouvert tous les jours de 11h à 19h. Gratuit jusqu'à 12 ans. Adulte : 3 €. Enfant : 1,50 €. Tarif réduit : 1,50 €.
A l'approche des grandes vacances scolaires, l'école de filles de Huelgoat – Espace d'art moderne et contemporain rouvre à nouveau ses portes. Lieu unique et original, la galeriste Françoise Livinec et son équipe y accueillent amateurs et collectionneurs d'art dans l'ancienne école communale des filles. Près de 2 000 m² comprenant les anciennes salles de cours, les sanitaires et les dortoirs ont été réaménagés en espace d'exposition. Des visites commentées sont proposées ainsi que des ateliers de découverte et de sensibilisation à l'art. L'exposition de l'année 2013, intitulée « Quel temps fait-il ? « aura lieu du 22 juin au 22 septembre. Ne manquez pas non plus d'aller faire un tour à La maison du lac où d'autres expositions se tiennent durant la période estivale.

▶ **Autres adresses :** Galerie Françoise Livinec 29/33, avenue Matignon 75008 Paris Tél : 01 40 07 58 09 • La Maison du Lac 11, rue du Général-De-Gaulle 29690 Huelgoat Tél : 02 98 99 75 41

Landéda

Installé sur une presqu'île de 1 100 ha bordée par la Manche, le bourg de Landéda se situe à moins d'un kilomètre de la mer. Du fait de sa position géographique entre l'aber Wrac'h et l'aber Benoît, elle est dotée de paysages marins variés. Son littoral se compose de nombreuses îles telles Tariec, Cézon et Garo et d'autres plus anciennement exploitées, de fonds d'estuaires, de dunes notamment celle de Sainte-Marguerite et de chaos rocheux. Elle dispose aussi d'un riche patrimoine culturel religieux. On pense aux chapelles de Saint-Laurent, de Tromenec, de Sainte-Marguerite et du Broënnou ainsi que l'ancien couvent de la Baie des anges. Au siècle passé, l'activité liée au ramassage du goémon et à la transformation des algues marines a eu un rôle économique important pour la commune. A l'heure actuelle, le port de l'aber Wrac'h est toujours une escale prisée et fréquentée par plus de 5 000 bateaux par an. On y croise les va-et-vient des mareyeurs, des goémoniers, des ostréiculteurs et des plaisanciers.

■ ABER WRAC'H
L'aber Wrac'h est le plus long des 3 abers du Finistère Nord. L'étymologie de son nom est contestée et plusieurs significations sont avancées. Mais ce qui est sûr c'est qu'il prend sa source à une trentaine de kilomètres en amont avant de se jeter dans la mer. Son estuaire a été façonné par une élévation du niveau de la mer et offre des paysages différents en fonction du temps et des marées. La navigation est possible jusqu'au pont du Paluden située à 4 kilomètres à l'intérieur des terres. Le port de l'Aber Wrac'h, proche de l'embouchure, est toujours un lieu stratégique à l'entrée de la Manche. Il est fréquenté par près de 5 000 bateaux par an. Disposant

de 270 pontons et d'infrastructures portuaires récentes, il peut accueillir 320 bateaux. Géré par la C.C.I. de Brest, on y trouve plusieurs activités professionnelles liées au monde de la mer : ostréiculture, halieuculture, carénage et avitaillement de bateaux de pêche. Le port est enfin une base importante pour les sports nautiques et la plaisance.

Landerneau

Landerneau est une ville qui fait parler d'elle. Ville dynamique, elle a su garder un dense tissu commerçant tout en mettant en valeur son riche patrimoine culturel. Situé au fond de l'estuaire de l'Elorn, elle a développé au cours des siècles de nombreuses activités marchandes. Le lin et l'industrie toilière ont eu un rôle important dans son histoire et ce jusqu'au début du XIXe siècle. Les élégantes demeures en granite et en pierre de Logonna en sont quelques témoignages. De nombreux bâtiments sont inscrits aux Monuments Historiques ou sur l'Inventaire et rivalisent avec les beaux édifices religieux présents dans la commune. Après le négoce linier, l'agroalimentaire a pris la relève et est devenue l'un des piliers économiques de Landerneau. Dans le même temps, l'Office Central des œuvres mutuelles agricoles du Finistère est crée et le siège est installé à Landerneau.
Aujourd'hui, les Landernéens disposent d'un cadre de vie agréable où les multiples activités ne manquent pas. La culture tient aussi le haut du pavé. Des manifestations culturelles ponctuent les saisons. Et quand vient l'été, le bruit se fait entendre du côté de Landerneau.

■ MAISON DU TOURISME DU PAYS DE LANDERNEAU-DAOULAS
9, place Général-de-Gaulle
℡ **02 98 85 13 09**
Fax : 02 98 21 46 41
www.rives-armorique.fr
Basse saison : ouvert du lundi au samedi de 10h à 13h et de 14h à 17h30. Haute saison : tous les jours de 10h à 19h.

Points d'intérêt

■ LE PONT DE ROHAN
Entre Léon et Cornouaille...
Le pont de Rohan est l'image d'Epinal de Landerneau. Ce pont, sous lequel coule l'Elorn, fleuve qui se jette dans la rade de Brest, a servi de limite entre les anciens comtés du Léon et de Cornouaille. Un vieux dicton rappelle d'ailleurs : « *Quand je suis sur le pont de Landerneau, j'ai un pied en Léon et l'autre en Cornouaille* ». Avant la construction d'un pont en pierre en 1510, il existait un pont en bois. Toutefois, son originalité n'est ni son architecture ni ses matériaux mais le fait qu'il soit habité. C'est une particularité qu'il partage avec quelques ponts européens et il demeure le seul pont habité de France. Un moulin, des geôles insalubres ont été détruits lors d'un incendie au XIXe siècle mais de belles habitations subsistent encore. Côté Léon, la pierre de fondation gravée en lettres gothiques est toujours visible.

Le couvert

🏅 LES CAP-HORNIERS
13, rue du Commerce
📞 02 98 21 32 38
Fax : 02 98 21 32 38
sabine.poulizac@orange.fr
Ouvert toute l'année. Du lundi au samedi le midi ; du jeudi au samedi le soir. Réservation recommandée. Menus de 15,50 € à 29 €. Plat du jour : 9,50 €. Accueil des groupes (tous les jours).

Cette enseigne est l'un des restaurants les plus fréquentés du pays de Landerneau. La cuisine est l'univers de Didier, un spécialiste dans la préparation des poissons et des crustacés, toujours à la recherche de nouveaux plats pour ravir toutes les papilles. Dans une ambiance conviviale, le chef propose une cuisine maison aux saveurs originales. La carte est renouvelée très régulièrement. Parmi les classiques incontournables de ce restaurant spécialisé dans la cuisine traditionnelle et tenu par le couple Didier et Sabine Poulizac, il n'y a que l'embarras du choix. Selon les menus, pour les entrées, feuilleté de la mer (feuilleté maison composé d'un cocktail de fruits de mer, moules, crevettes, palourdes, poisson blanc avec sauce au curry). Dans le menu à 23 €, on se régale les papilles avec une aumônière de pétoncles au beurre blanc. Dans le menu à 29 €, le futé s'est fait plaisir avec un blinis tiède de crabe à la dijonaise, suivi d'une queue de langouste au beurre blanc. Mais comment ne pas craquer non plus pour les gambas flambées au whisky ou le filet de dorade royale poêlé au beurre blanc ! En dessert, un excellent tiramisu aux fraises ou le moelleux au caramel au beurre salé. Un large choix de salades vient compléter la carte. Lors de sa visite en avril, le renard a rencontré un habitué surnommé Pierrot, celui-là même qui est à l'origine de la salade préférée des inconditionnels de cet établissement. Demandez donc à Sabine de vous raconter l'histoire de cette salade...

■ CREPERIE DU PONT
12, rue du Pont Habité
📞 02 98 21 40 20
www.creperie-landerneau.com
Ouvert toute l'année. Tous les jours le midi (dernier service à 22h) ; du mardi au dimanche. Haute saison : tous les jours le midi et le soir (dernier service à 22h). Fermé le mercredi soir en basse saison. Menu enfant : 7,10 €. Formule du midi : 8,60 €.

Ah... Quel bonheur de pouvoir manger une bonne crêpe sur un des derniers ponts habité d'Europe... Car voilà une enseigne qui ne trompera pas son monde : la Crêperie du Pont se situe en plein milieu... d'un pont. Et pas n'importe lequel : il s'agit du fameux Pont de Rohan. Dans cette ville pleine dynamique, c'est un endroit où on y danse parfois, mais surtout, on y mange. Dans une ambiance colorée et rustique, cet établissement dirigé par Stéphane Le Fur propose une carte très complète, avec un large choix de crêpes sucrées et salées. Imaginez-vous devant une crêpe comme l'Elorn (normal de la trouver là puisque ce fleuve

passe juste sous la bâtisse), la tartiflette ou même la St Jacques. Pour les crêpes au froment, on vous conseillera la tatin ou même la normande flambée au Calvados. Mais on peut également se régaler avec des salades et des viandes. Si vous venez par beau temps, n'hésitez surtout à vous installer sur la magnifique terrasse en bois et à profiter, à quelques mètres au-dessus de l'eau, d'une vue exceptionnelle sur l'Elorn. Pour une crêpe (ou plusieurs) ou une bonne glace, à tout moment de l'après-midi, voici une étape gourmande et originale entre Léon et Cornouaille.

🏅 PAR FAIM DU QUAI
23, quai de Cornouaille
📞 02 98 21 62 82
Ouvert toute l'année. Du lundi au samedi le midi et le soir. Fermé le mercredi soir. Menus de 22 € à 35 €. Menu enfant : 9,80 €. Plat du jour : 9,80 €. Vin au verre. Formules du midi : 12,30 € et 14,30 €.

De passage en avril, le renard a pu constater que cette table est de qualité. Karine Milin officie derrière les fourneaux, et Patrick Le Gall assure le service avec une équipe très professionnelle. Le chef aime la mer, cela se voit avec la brochette de St Jacques et son andouille ou la papillote de duo de poissons. Mais la viande n'est pas absente des suggestions : suprême de poulet à l'indienne ou un mignon de porc lardé avec sauce au cidre. En ce qui concerne les salades, le choix est adapté à tous les appétits. Et en dessert, on se laisse aller facilement avec un fondant chococaramel.

Emplettes

■ COMPTOIR DES PRODUITS BRETONS
3, quai de Cornouaille
📞 02 98 21 35 93
Fax : 02 98 21 37 42
www.comptoir-produits-bretons.com
Ouvert du lundi au vendredi de 9h à 12h et de 14h à 19h ; le samedi de 9h30 à 12h30 et de 19h à 19h ; le dimanche de 14h à 18h30.

Ici, à quelques mètres du célèbre Pont de Rohan, on trouve de quoi voir la vie en Breizh, être à la mode Breizh ou tout simplement avoir la Breizh attitude. Implantée depuis 1992, cette enseigne présente une large gamme de produits bretons, tout ce qui se fait en productions ou créations artisanales. On y trouve un condensé des spécialités gourmandes et alcoolisantes, un panel de vêtements de marques reconnues (Armor Lux, Saint-James...), une sélection d'ouvrages culturels (livres, C.D.) et des bijoux. Le choix est vaste pour un cadeau souvenir ou une idée cadeau. Un espace est aussi dédié aux produits cosmétiques à base d'algues pour apprécier un moment de massage à domicile. On trouve ainsi tout un éventail de produits de bien-être et de soin du corps de la marque Alguena à base d'algue forcément. A noter, la maison propose aussi un service d'encadrement et une galerie attenante permet de découvrir les œuvres picturales d'artistes professionnels locaux. Une des bonnes adresses de la cité où il fait bon se rendre, ne serait-ce que pour s'imprégner de toute la culture made in Breizh.

Dans les environs

Saint-Urbain

Commune rurale, Saint-Urbain est surtout connue pour son golf très apprécié des spécialistes du drive et fréquenté par de nombreux amoureux du put. Mais ce petit bourg détient également un patrimoine religieux conséquent, au même titre que les autres communes qu'il surplombe. Ainsi, la chapelle de Trevarn a été remise en valeur et se visite l'été. Cela démontre encore la richesse qu'a engendrée la culture du lin dans le pays de Landerneau.

■ **GOLF DE BREST IROISE**
Parc de loisirs de Lann Rohou
✆ 02 98 85 16 17
Fax : 02 98 85 19 39
www.brest-iroise.com
Restauration. Boutique.
Situé dans un parc boisé de 220 hectares et dans un cadre paysager exceptionnel, ce parcours est un des plus appréciés de la région. 2 parcours sont au programme : un 18 trous et un 9 trous appréciés autant par le joueurs amateurs que confirmés. Un practice de 22 postes dont 10 couverts permet de se perfectionner. Les cours individuels et collectifs pour jeunes et adultes sont dispensés par un excellent professionnel ayant formé des joueurs sur le circuit professionnel. A noter, le club house a entièrement été rénové et inauguré fin 2010 pour un meilleur confort.

Landivisiau

Landivisiau est une ville commerçante et bénéficie d'une position géographique privilégiée. Carrefour du Léon, elle se situe sur les grands axes routiers Brest-Paris et et Roscoff-Lorient. Avec la construction de la base aéronavale en 1965 pour les avions opérant sur le porte-avions *Charles de Gaulle*, la ville s'est agrandie et a accueilli de nouveaux habitants. Aux siècles passés, elle a acquis sa réputation avec ses foires aux chevaux. Des éleveurs d'autres régions de France et d'Europe n'hésitaient pas à venir y acheter des chevaux de trait et des postiers. C'est ainsi qu'elle fut surnommée à partir du XIXe siècle « la capitale du cheval ». Plus tard, la mécanisation de l'agriculture a eu un impact sur le déclin de ses foires. Néanmoins, la tradition et le savoir-faire équestre est toujours vivace. Il existe ainsi de nombreux centres équestres et un groupement de producteurs. La société des Courses hippiques organise également plusieurs concours durant l'année à l'hippodrome de Croas Al Leuriou.

■ **OFFICE DE TOURISME DU PAYS DE LANDIVISIAU DES ENCLOS ET DES MONTS D'ARRÉE**
Zone de Kervern
✆ 02 98 68 33 33
www.ot-paysdelandivisiau.com
Ouvert du lundi au vendredi de 9h à 12h et de 14h à 17h.

Points d'intérêt

■ **ÉGLISE SAINT-THURIAU**
Place de l'Église
L'église actuelle date du XIXe siècle. Elle a été consacrée le 21 février 1865 très exactement. Le magnifique porche sud et le clocher-porche sont les seuls vestiges de l'ancien édifice qui menaçait de s'écrouler. Le porche aurait été sculpté par des artistes de l'atelier landernéen de Roland Doré. On y retrouve le style des édifices de Pencran et de Guimiliau. En l'observant de plus près, on distingue des sculptures rappelant à la fois les thèmes chrétiens et profanes ciselés dans le kersanton. Quand on pénètre dans l'église, un autre monument nous attend. C'est ainsi que l'on découvre de majestueux orgues, datant eux aussi du XIXe siècle et qui sont l'œuvre des ateliers de la maison Clauss de Rennes.

Dans les environs

Saint-Thégonnec

Saint-Thégonnec est redevenue une commune attractive du fait de sa proximité avec les villes de Morlaix et de Landivisiau. Ses habitants profitent d'un cadre de vie au calme et proche de la nature. Ici, l'agriculture tient toujours une place importante. L'élevage porcin et bovin ainsi que les cultures céréalières de blé et de maïs sont les plus représentés. En effet, la terre n'est pas très fertile et propice à la culture légumière. À l'époque moderne du XVIe au XVIIe siècles, la culture linière était prépondérante. Ses retombées économiques ont permis de bâtir de magnifiques édifices religieux. Il s'agit des enclos paroissiaux qui comprennent généralement au moins une église, un calvaire, une porte triomphale et un ossuaire. L'ensemble architectural de Saint-Thégonnec est un des plus imposants du pays léonard. Dans la campagne environnante, on découvre au gré des sentiers de randonnée d'autres traces de ce passé lié au travail du lin.

■ **OFFICE DE TOURISME**
Park an iliz ✆ 02 98 79 67 80
www.tourisme.morlaix.fr
Ouvert de juin à septembre.

■ **L'ENCLOS PAROISSIAL**
Les enclos paroissiaux sont une spécificité architecturale de la Basse-Bretagne. On les trouve essentiellement dans des communes rurales. Ils sont le témoignage de la richesse d'une époque et le symbole d'une forte piété religieuse. L'édification de tels monuments a été réalisée par l'apport financier de la population locale et par de riches paysans marchands. Construits entre le XVIe et le XVIIe siècles par des artisans de la région, ils résultent du commerce florissant des toiles de lin. Plusieurs éléments les caractérisent : l'église, l'ossuaire, la porte triomphale, le calvaire et la sacristie avec parfois des ajouts. L'ensemble de l'édifice de Saint-Thégonnec a été bâti en près de deux siècles. Son calvaire monumental est un des derniers à avoir été réalisé : il a été achevé en 1610. Le style baroque

© S. NICOLAS – ICONOTEC

Calvaire de Saint-Thégonnec

domine à l'intérieur de l'église. On peut y admirer sa majestueuse chaire à prêcher sculptée dans le chêne (1683). La particularité de la sacristie est d'être à double étage. L'ossuaire est aussi un édifice remarquable car on peut quasiment l'assimiler à seconde église. Dedans, des personnages grandeur nature en bois polychrome représentent une mise en tombeau.

Saint-Vougay

Saint-Vougay est une petite commune du pays de Landivisiau. Elle se trouve à proximité des axes routiers Landivisiau-Plouescat d'un côté et de l'autre Saint-Pol-de-Léon-Lesneven. Le château de Kerjean, classé aux Monuments Historiques depuis 1911, est assurément son plus grand atout touristique. Surnommé le « Versailles breton », il accueille chaque année plus de 50 000 visiteurs. Face à ce monument, d'autres activités sont possibles, notamment la visite de la Ferme d'Eden qui regroupent plus de 80 espèces d'animaux provenant du monde entier.

■ **CHÂTEAU DE KERJEAN**
℃ **02 98 69 93 69**
Fax : 02 98 29 50 17
www.cdp29.fr
♿

Fermé en janvier. Basse saison : ouvert du mercredi au lundi de 13h30 à 18h. Haute saison : tous les jours de 10h à 19h. Fermeture de la billetterie 1h avant la fermeture du château. Gratuit jusqu'à 7 ans. Adulte : 6 € (tarif réduit : 1€). Enfant (de 7 à 17 ans) : 1 €. Tarifs Passeport Finistère et 18-25 ans : 3,5 €. Accessibilité au parc et à l'enceinte du château. Accessibilité partielle au rez-de-chaussée du château. Visite guidée. Boutique. Accès au parc gratuit toute l'année.
Érigé à partir de la fin du XVIe siècle, le château de Kerjean est un magnifique témoignage de l'archi-tecture bretonne de l'époque de la Renaissance. Site d'agrément, résidence-forteresse, on découvre au gré des visites guidées ses divers recoins : salles d'apparat, cuisines semi-enterrées, sous-sol, appartements des maîtres des lieux, écuries... Le parc de vingt hectares qui l'entoure se prête également à la promenade. De nombreuses animations (visites insolites, mois du film documentaire, noël des créateurs...) ponctuent les saisons. Des visites insolites et des activités pour les enfants (ateliers de création, chasses aux trésors) permettent à chacun de se laisser séduire par l'histoire mouvementée et les curiosités de ce château. A cela s'ajoute, une riche exposition temporaire qui débute annuellement à la belle saison. En 2013, elle a pour titre : « La bourse ou la vie » et se déroule du 1er mars au 11 novembre. Le cadre du château est particulière-ment adapté pour cette analyse de la criminalité en Bretagne sous l'Ancien Régime... Et toujours l'exposition permanente sur « Les riches heures de Kerjean » avec une scénographie particulièrement réussie qui nous fait voyager au XVIe siècle !

Landudec

Nom breton : Landudeg

Cité carrefour entre le Pays Glazik et le Cap-Sizun, entre le Pays Bigouden et le Pen Sardinn, Landudec tiendrait son nom d'un certain Tudec, prétendument « saint », qui aurait été moine à Landevenec au VIe siècle. Selon la légende, ce personnage aurait été passé au fil de l'épée par le Comte du Faou ! Les deux lieux qui ont beaucoup marqué la commune sont le château fort de Ty-Varlen, détruit vers 1767, et le château du Guilguiffin qui date du XVIIIe siècle. Petite originalité de Landudec : de part sa situation géographique, la commune est également à la charnière de plusieurs modes vestimentaires (pays bigouden, glazik et capiste) !

FINISTÈRE

Sorties

■ PARC DE LOISIRS DE BEL AIR
Route Audierne-Quimper
℡ 02 98 91 50 27
www.parc-loisirs-belair.com
Ouvert du 14 avril au 30 septembre 2013. Adulte : 8 €. Groupe (15 personnes) : 6,50 €. Gratuit pour les enfants de moins d'un mètre.
Paradis des enfants et bonheur des parents, les nombreuses animations proposées emportent tous les suffrages ! Il est vrai que le site, vraiment agréable, propose un panel d'animations toutes plus attrayantes les unes que les autres, dont le complexe aquatique. Pour passer un bon moment, on peut aussi compter sur la berceuse (bateau à bascule) et la grande roue à pédales, sensations garanties ! Rire et détente, à savourer sans modération aucune. Futé : le parc de loisirs fait partie du Domaine de Bel Air qui comprend également un camping.

Emplettes

■ LES DELICES BIGOUDENS
37, rue André-Foy ℡ 02 98 91 51 08
www.delices-bigoudens.fr
Ouvert du lundi au samedi de 9h à 12h30 et de 14h à 19h.
C'est sur la route de la pointe du Raz que vous pourrez venir découvrir cette boutique, idéal pour se faire plaisir ou ramener quelques souvenirs, surtout que le grand parking permet de stationner sans problème. Vous y trouverez des produits gourmands de Bretagne comme ces crêpes faites à la main ou à la machine (avec possibilité de visite commentée par les charmants propriétaires des lieux), sans oublier les autres productions de la maison telles que les palets, le kouign-amann, les sablés au sarrasin, la crème de caramel... Et côté boissons, on y retrouve du cidre Kerné, des bières Britt et Ar Men, ou encore des liqueurs de la distillerie du Plessis. Sinon, vous pourrez toujours prendre quelques idées cadeaux avec les paniers garnis qui se trouvent au rayon épicerie fine, mais également la faïence de Pornic avec, entre autres, les célèbres bols à prénoms...

Lesconil-Plobannalec

Nom breton : Pornaleg
Ces deux petits bourgs bigoudens, qui sont pourtant distants de 3 kilomètres, constituent une seule et unique commune : Lesconil pour la mer et Plobannalec pour la campagne. Ici, les pêcheurs sont heureux de pouvoir se livrer à leur passe-temps favori grâce à la côte rocheuse escarpée... Pour ceux qui préfèrent se prélasser sur les plages de sable fin et se baigner, pas de problème puisque la commune en compte 4 ! Mais Lesconil-Plobannalec est aussi, et surtout, un port de pêche artisanale qui a su conserver tout son charme. On ne manquera pas à l'occasion le retour des langoustiers dans l'après-midi. A noter : ceux-ci vendent le fruit de leur pêche directement à quai ! Tout comme les canots qui débarquent coquillages, poissons et crustacés le matin vers 10h30. Ambiance bon enfant et familiale, surtout le jour de la fête de la langoustine... Sur la commune, il y a également des sentiers de randonnée ainsi que deux sites mégalithiques.

■ OFFICE DU TOURISME
Le sémaphore
4, rue Pierre Loti ℡ 02 98 82 37 99
www.ot-pontlabbe29.fr
 Autre adresse : 11 place Gambetta – 29120 Pont-l'Abbé

Le gîte

■ CAMPING DES DUNES***
67, rue Paul-Langevin ℡ 02 98 87 81 78
www.camping-desdunes.com
Fermé d´octobre à mars. 150 emplacements. Exposition : ombragé. Emplacement + véhicule + 1 personne. 4 mobile homes pour 4 à 8 personnes. Forfait emplacement + véhicule + 2 personnes : 20,80 €. Sauna. Spa.
Un camping familial en toute simplicité où la nature est reine, faisant de ce camping un vaste et beau jardin, où

© AUTHOR'S IMAGE – PHILIPPE GUERSAN

Lesconil

les fleurs sont partout, avec en prime un accès direct à la plage (à 100 m). Côté équipement, des sanitaires modernes, 2 trampolines. Nouveauté cette année : la location de 4 mobile homes neufs, une nouvelle aire de jeu pour les enfants (400 m²) et un nouveau directeur Guillaume Lucas qui reprend le flambeau familial.

Loisirs

■ CENTRE NAUTIQUE
Terre-plein du Port de Lesconil
✆ 02 98 87 89 43
www.centrenautiquelesconil.com
Ouvert toute l'année.
Idéalement situé entre la plage et le port de pêche, le centre nautique permet de découvrir le milieu marin, la voile et le kayak sur un plan d'eau surveillé par des moniteurs diplômés. On peut également y pratiquer la pêche. Labellisé école française de voile, le centre organise de nombreux stages d'été pour découvrir ou se perfectionner en planche à voile, kayak, optimist et catamaran. Les tout-petits ne sont pas non plus oubliés avec le jardin des mers pour les 4 à 6 ans. Celui-ci leur permet notamment d'explorer le monde marin à bord d'un bateau à moteur, mais également de pratiquer la pêche à pied, constituer un aquarium et plein d'autres activités pour des vacances bien iodées. Une bonne adresse pour pratiquer les sports nautiques...

Emplettes

■ MARCHÉ
Le mercredi matin (sur le port en été et sur la place de la Résistance en hiver).

Lesneven

■ OFFICE DE TOURISME
Place des 3-Piliers
✆ 02 98 83 01 47
tourisme@lesneven-cotedeslegendes.fr
Ouvert du lundi au samedi de 9h30 à 12h et de 14h à 17h30 ; le dimanche de 9h30 à 12h. Ouvert tous les jours jusqu'à 18 heures en été (dimanche inclus). Fermé le samedi après-midi en hiver.
En complément des informations touristiques classiques (sentiers de randonnées, gîtes et couverts, loisirs), l'office de tourisme dispose d'une billetterie pour des manifestations culturelles (concerts, spectacles...). On peut aussi y acheter des tickets pour le site d'Océanopolis à Brest ainsi que pour le transport en car pour les lignes en direction de Brest, Landerneau et Roscoff. Enfin, des disques de stationnement réglementés « zone bleue » sont en vente.

■ Dans les environs

Le Folgoët

■ BASILIQUE NOTRE-DAME-DU-FOLGOET
✆ 02 98 83 00 61
notre-dame-folgoet.cef.fr
Ouvert tous les jours de 9h à 19h. Messes le dimanche à 11h, en semaine à 18h30, sauf le jeudi et le samedi à 9h.
Au cours des siècles, la basilique du Folgoët a acquis une grande renommée en Bretagne. Son pardon accueille encore aujourd'hui de nombreux pèlerins. La construction du sanctuaire démarre au XIVᵉ siècle sous le règne du duc de Bretagne Jean IV. L'édifice est terminé au siècle suivant. Il subit un incendie au début du XVIIIᵉ mais il est restauré rapidement. En 1829, il devient église paroissiale. Pour ce qui est de son architecture c'est un parfait exemple de style gothique flamboyant. Deux clochers de formes différentes coiffent la basilique avec un culminant à 54 mètres. Son jubé, tout en pierre de kersanton, est un des plus beaux de France. Son porche comportant les apôtres et son tympan révèlent la virtuosité des sculpteurs locaux. Des visites gratuites sont organisées par la S.P.R.E.V. durant la période estivale. Sinon, le musée de la basilique et de la piété populaire, rénové récemment, permet d'approfondir ses connaissances sur le contexte historique de la construction de ce magnifique ensemble architectural ainsi que sur les pratiques cultuelles de la population locale.

■ LE PARDON DU FOLGOET
Le premier week-end de septembre.
Le pardon du Folgoët est un des principaux pardons de Bretagne. Il se déroule tous les ans le premier week-end de septembre, du samedi soir au dimanche après-midi. Il attire toujours autant de monde (près de 20 000 participants l'année dernière). Chaque année, le Pardon est dirigé par un évêque extérieur au diocèse. Les pèlerins viennent y rendre hommage à Notre-Dame du Folgoët sur le parterre de verdure de la chapelle des Pardons. Désormais, fidèles et curieux assistent à la fois aux offices religieux (messes en breton) et à la grande procession où défilent les porteurs de bannières.

Locronan

500 ans avant Jésus-Christ, les Celtes avaient choisi ce site pour y célébrer leur culte druidique le Nemeton (un parcours initiatique au cœur de la forêt de Névet). Plus tard, c'est Ronan, un ermite irlandais, qui parvint à christianiser ce rite en lui substituant un autre à la place sous le nom de Troménie. Procession longue de 12 kilomètres, la dernière grande Troménie s'est déroulée en 2007 et a lieu tous les six ans. Il faudra donc attendre 2013 pour la prochaine !

FINISTÈRE

C'est au VIIe siècle, à la mort de l'évêque, que le site devint un lieu de pèlerinage. Les gens affluaient alors de partout pour venir autour de son ermitage en dévotion à saint Ronan. Les pèlerins venaient ainsi célébrer le culte de la fécondité, d'origine païenne. Bien sûr, c'était l'église qui chapeautait tout cela. Au cours du XIIe siècle, les bénédictins de l'abbaye de Quimperlé vinrent s'installer dans l'église prieurale. Locronan reçut alors plusieurs ducs de Bretagne (soucieux de garantir leur lignée) en pèlerinage. Ces derniers firent de nombreuses offrandes au prieuré qui ne cessa de s'enrichir. C'est au XVe siècle que l'église se voit élever en forme de cathédrale, conformément au souhait de François II, le père d'Anne de Bretagne. Parallèlement, l'industrie de la toile de la voile se développe. Les toiles de la ville sont alors mondialement connues. Le terme Lokram, dérivé de Locronan, est même utilisé par Shakespeare dans son œuvre pour désigner une toile de lin ! Pendant plus de deux cents ans, la ville va ainsi prospérer et des fortunes vont s'élever en même temps que de très belles maisons qui font aujourd'hui la fierté de la commune. L'architecture de Locronan, avec ses riches demeures en pierres de taille des XVIe et XVIIe siècles qui rayonnent à partir de la Grande-Place, est unique en Bretagne. Et donc à découvrir...

■ **OFFICE DE TOURISME**
Place de la Mairie
☎ 02 98 91 70 14
www.locronan-tourisme.com

Points d'intérêt

■ **ÉGLISE SAINT-RONAN ET CHAPELLE DU PENITY**
Grand'Place
Construite en 1420 grâce aux dons des ducs de Bretagne, l'église abrite en son sein un superbe vitrail du XVe siècle qui retrace les scènes de la Passion en 18 panneaux. On y trouve également une chaire décorée évoquant la vie de saint Ronan en dix médaillons. Accolée à cette église, la chapelle du Pénity, qui date du XVIe siècle, abrite la dalle funéraire de saint Ronan. Une dalle en pierre de kersanton. Cette chapelle fut élevée à la place de l'église primitive. On découvre alors, grâce à ces deux édifices accolés, un bel ensemble architectural.

■ **MUSÉE DE LOCRONAN**
Place de la Mairie
☎ 02 98 91 70 14
Ouvert d'avril à mi-septembre et pendant les vacances scolaires. Ouvert tous les jours de mi-juin à mi-septembre. Fermé le week-end pendant les autres périodes.
C'est toute l'histoire de cette petite cité de caractère que retrace le musée créé en 1934 par Charles Danielou, alors maire de la ville. Au rez-de-chaussée, on peut ainsi découvrir un véritable atelier de tissage (étape de la Route des Toiles de Bretagne). Un métier à tisser du XVIIIe siècle s'y trouve présenté ainsi que de nombreux outils nécessaires au travail textile du chanvre et du lin. Au XVIe siècle, c'est ce qui fit la richesse de Locronan. Dans cet espace, on découvre également le secret de

confection des costumes bretons et l'exposition de quelques costumes traditionnels. Quant au premier étage, près d'une centaine de toiles (œuvres d'artistes présents dans la région dans les années 30) y sont exposées à côté de quelques costumes du Porzay. Les toiles représentent l'attachement de certains hommes à cette cité et constituent ainsi le témoignage d'une vie artistique en Bretagne au début du XXe siècle. Par les hommes qui l'ont fréquenté mais aussi son histoire et son architecture, le musée de Locronan est un site exceptionnel à découvrir...

Le couvert

■ **COMPTOIR DES VOYAGEURS**
Place de l'Eglise
☎ 02 98 91 70 74
www.restaurant-auferacheval.fr
Ouvert toute l'année. Basse saison : le lundi, le mercredi et le jeudi le midi ; du vendredi au dimanche le midi et le soir. Haute saison : le lundi midi ; du mercredi au dimanche le midi et le soir. Vin au verre. Chèque Vacances, Chèque Restaurant. Accueil des groupes. Chaises bébé. Terrasse. Borne internet à disposition des clients.
Situé en plein cœur de la cité médiéval de Locronan, le Comptoir des Voyageurs vous invite à découvrir sa cuisine créative et basée sur des produits de saison. Une cuisine actuelle où l'originalité est de mise. On apprécie également les menus à thème du mercredi midi qui sont un véritable voyage gustatif en des contrées voisines ou plus lointaines, véritable invitation à la découverte avec des parfums d'ailleurs. Pour le cadre, il n'a pas changé, bois et teintes saumon continuent de composer un ensemble plaisant avec une borne Internet toujours à la disposition de la clientèle. L'accueil est agréable, tout comme le service. Une petite adresse bien sympathique.

🖤 **CRÊPERIE LES TROIS FÉES**
3, rue des Charrettes
☎ 02 98 91 70 23
Fermé en janvier. Ouvert d'avril à septembre et pendant les vacances scolaires. Fermé le mercredi en basse saison. Ouvert 7j/7 pendant la haute saison. Accueil des groupes. Chaises bébé. Terrasse.
La crêperie de Johanne Bigoin, avec sa décoration chaleureuse et ses vieilles pierres, est tout à fait charmante. Disposant d'une grande salle au rez-de-chaussée, avec ses deux belles cheminées, ainsi que d'une seconde salle à l'étage, l'espace mezzanine, la crêperie peut proposer environ 70 couverts. Sans oublier la petite terrasse que vous pourrez apprécier dès l'arrivée des beaux jours... Autant dire qu'il y a de la place et c'est tant mieux car les crêpes, qu'elles soient de compositions classiques ou plus originales, sont vraiment gourmandes. Située à quelques mètres à peine de la place centrale de Locronan, c'est un véritable plaisir de venir déjeuner dans la crêperie des Trois Fées... Un plaisir qui se retrouve aussi bien dans l'assiette que dans le cadre de cet établissement. Une chose est sûre, Johanne Bigoin a su donner ses trois petits coups de baguettes magiques à nous en couper le souffle ! Mais attention, la fée Carabosse n'est pas la bienvenue...

■ **CREPERIE TY COZ**
Place de l'Eglise ✆ **02 98 91 70 79**
www.creperietycoz.com
Fermé de décembre à mars. Sauf vacances Noël. Basse saison : ouvert du mardi au dimanche le midi et le soir. Haute saison : tous les jours le midi et le soir. Terrasse.
Ty Coz en breton signifie vieille demeure. Et pour cause c'est une magnifique maison bâtisse du XVIIe siècle qui abrite cette délicieuse adresse ! Des poutres apparentes, de belles tomettes, de la pierre, une magnifique cheminée, du mobilier breton... un charme rustique qui a autrefois séduit plus d'une star de cinéma – pour l'anecdote, Simone Signoret ou encore Jean-Pierre Jeunet y prirent leurs habitudes le temps de quelques tournages cinématographiques. Cette belle maison est aussi une affaire de famille, près de 60 ans qu'elle passe de génération en génération, la troisième depuis 1952 ! Alors chez les Le Jollec, les crêpes n'ont plus de secrets pour personne et la qualité et le savoir-faire sont naturellement au rendez-vous. Sucrées ou salées, elles sont tout simplement excellentes. La carte est des plus fournies et s'enrichit régulièrement de nouveautés.

■ **LE PRIEURÉ**
11, rue du Prieuré ✆ **02 98 91 70 89**
Fax : 02 98 91 77 60
www.hotel-le-prieure.com
Basse saison : ouvert tous les jours le midi. Ouvert le soir sur réservation. Ouvert tous les jours midi et soir en saison. Menus de 25 € à 38 €. Formule du midi : 14 € (entrée, plat ou plat, dessert). Vin au verre. Plateau de fruits de mer pour une personne : 30 €. Chaises bébé. Jardin. Terrasse.
Situé dans l'un des plus beaux villages de France, à Locronan, l'Hôtel Restaurant Le Prieuré vous accueille dans le cadre charmant de cette maison authentique et dans une ambiance tout à fait familiale puisque l'établissement est tenu par trois générations de femmes depuis son ouverture en 1934... On ressent d'ailleurs cette atmosphère jusque dans la partie restaurant du Prieuré qui peut recevoir une centaine de couverts. Idéal pour les repas de groupes ou les repas de famille. Sans compter la belle véranda et la terrasse donnant sur le jardin. Côté cuisine, on retrouve les fruits de mer (grande spécialité de la maison) mais aussi choucroute et pot au feu de la mer, sans oublier les coquilles St Jacques à la Bretonne à l'ancienne, la poêlée de St Jacques à l'andouille et au lard, la darne de bar sauvage grillé à l'aneth... Et ce n'est pas pour nous déplaire que les spécialités de la mer sont à l'honneur... Si vous êtes plutôt amateur de viande rouge, le chef propose également quelques délicieuses compositions : souris d'agneau, magret de canard, entrecôte... Le petit futé ne peut que vous recommander cet établissement au charme d'antan, un établissement plein de belles surprises !

Le gîte

■ **LE PRIEURÉ**
11, rue du Prieuré ✆ **02 98 91 70 89**
Fax : 02 98 91 77 60
www.hotel-le-prieure.com
Ouvert du 15 mars au 11 novembre. 12 chambres (et 3 duplex pour famille). Chambre double de 67 € à 76 €. Demi-pension : 63 € (à 70 € par personne). De 87 € à 97 € pour un duplex (63 € à 66 € en demi-pension). American Express, Chèque Vacances. Séminaires. Réceptions et mariages. Wifi gratuit. Restauration.
C'est dans l'un des plus beaux villages de France, à Locronan, que se trouve ce petit hôtel familial au charme d'antan. Tenu de mère en fille depuis maintenant trois générations, Le Prieuré vous séduira certainement. Et tout ici est imprégné de cette âme féminine : murs de granit, beaux meubles régionaux qui en témoignent... Ce Prieuré a une âme... Dans cette demeure, on vient se reposer dans l'une des 12 chambres (ou l'un des trois duplex si l'on vient en famille) dont certaines donnent même sur le charmant jardin et son puits ancien. Pour les repas, on peut s'installer dans la salle à manger (ambiance rustique et confortable). Sinon, on peut aussi choisir de manger sous la véranda ou sous le kiosque dans le jardin (vue sur l'église de la ville à l'horizon). Sans compter que le restaurant peut accueillir les repas de famille, les groupes... puisque la salle dispose d'une centaine de couverts. Pour ce qui est des plats, on découvre une cuisine du terroir sans oublier les fruits de mer et les poissons du jour. On s'en régale. En tout cas, c'est sûr, au Prieuré le charme opère. Un petit hôtel romantique à souhait ! A noter également le garage pour vélos et le parking privé gratuit...

Campings

■ **CAMPING LOCRONAN★★★**
Rue de la Troménie
✆ **02 98 91 87 76**
www.camping-locronan.fr
Gare routière et aéroport à Quimper à 15 km
Fermé de décembre à mars. Terrain de 2,8 ha. 103 emplacements. Exposition : ombragé / mi-ombragé / ensoleillé. Sol : herbeux. Relief : en terrasse. Mobile homes de 215 € à 695 € la semaine. Possibilité de location aux petites vacances. Forfait emplacement + voiture + 2 personnes : 19 € du 13 juillet au 16 août. Wifi.
Un camping pour lequel le cœur s'emballe tant il est enthousiasmant ! Situé sur la route de la montagne de Locronan il offre une vue splendide sur la baie de Douarnenez, la presqu'île de Crozon, le regard portant même jusqu'au cap de la Chèvre ! Il s'intègre parfaitement dans un superbe site boisé d'essences multiples, classé et protégé, très nature mais dont le paysager fait l'objet de soins attentifs. A 500 m à pied de la cité, il est une parfaite base de départ pour rayonner dans le sud de la Cornouaille. Les plages – Kervel, Sainte-Anne – sont à 6 km, du camping partent les sentiers de randonnée dont celui de la montagne. Tous les amateurs de calme seront ici contentés, pas d'animation en soirée, on écoute le silence... Les mobil-homes sont du plus bel effet, avec leur bardage de bois ils se fondent dans le décor. De belle qualité, fort bien équipés, ils sont de plus très coquets. La piscine vitrée et chauffée à 28° permet de se baigner d'avril à novembre, les yeux rivés sur le panorama... L'accès aux 2 terrains de tennis situé à 300 m est gratuit, quant à Fabien et Soline Lefrançois, ils sont tout simplement délicieux. Coup de cœur !

Emplettes

■ BRIC À BREIZH
Rue du Prieuré
© 02 98 51 82 21
www.bricabreizh.fr
Ouvert tous les jours de 10h à 12h et de 14h à 18h. Ouvert uniquement le week-end en janvier.
Si vous cherchez une boutique pour ramener un petit souvenir de Bretagne, vous avez trouvé... Dans ce magasin où humour et sérieux font bon ménage, on trouve aussi bien des petites babioles que des objets plus volumineux et conséquents. Impossible alors de ne pas dégoter un petit quelque chose qui saura faire plaisir à chacun, même si on est entré sans idée... Au royaume de la Bretagne et de la Celtie réunies : cartes postales, textile, vaisselle bretonne, savons aux algues, drapeaux, autocollants identitaires, gadgets... Mais aussi le bol à oreilles avec son prénom dessus, le parapluie drapeau breton (version golf ou poche), la graine de menhir à planter (eh oui, ça existe !), sans oublier les gammes « Mam Goudig », « A l'Aise Breizh » ou encore « Bécassine ». Le monde du petit peuple des fées et autres korrigans a lui aussi élu domicile au Bric à Breizh... Un peu de magie et de légende, ça vous tente ? Futé : si vous regrettez, une fois rentré chez vous, de ne pas avoir craqué pour un petit souvenir, la boutique en ligne est là...

 MAISON LARNICOL
Place de l'Eglise
© 02 98 91 74 47
www.larnicol.com
Ouvert tous les jours de 9h30 à 19h. Nocturnes en été.
Cette magnifique maison du XVe siècle abrite des trésors de gourmandise signés Georges Larnicol dont les boutiques ont largement essaimé depuis Quimper. Ce fabuleux pâtissier-chocolatier travaille sept grands crus de chocolat sous diverses formes dont les rochers des

Glénan entre autres bonbons chocolatés. Région oblige on trouve aussi chez Larnicol des kouignettes fameuses (16 parfums pour cette déclinaison de kouign-amann), des torchettes et des galettes, des caramels au beurre salé et des sucettes...

▶ **Autre adresse :** Quimper, Concarneau, Pont Aven, Guérande, Nantes, Auray, Saint-Malo, Bordeaux, Menton et Paris.

■ Dans les environs

Plonévez-Porzay

Ce sont pas moins de 25 hectares de dunes dressées face à la mer que compte Plonévez-Porzay. Ce qui permet d'avoir une vue magnifique sur la baie de Douarnenez... Dunes certes, mais également des côtes sauvages et de longues plages de sable fin, véritable paradis pour les cerf-volantistes, les plagistes, les rêveurs ou les marcheurs... On peut aussi se promener sur le circuit des calvaires sur lequel on trouvera manoirs, fontaines et moulins.

■ CHAPELLE SAINTE-ANNE-LA-PALUD
La chapelle de Saint-Anne-La-Palud, qui se situe en pleine campagne, est un haut lieu du culte catholique en Bretagne. Et pour preuve : des milliers de personnes se retrouvent pour le grand pardon qui est célébré le dernier dimanche du mois d'août (un petit pardon a lieu fin juillet). Il faut dire que la procession, avec bannières et costumes traditionnels, ne manque pas d'allure ! N'oublions pas non plus de préciser que la Bretagne a toujours eu un petit faible pour Sainte Anne, mère de la Vierge Marie car, en plus d'être la patronne des mères de famille, elle est aussi invoquée pour la récolte des foins. En dehors de toute considération religieuse, le site est formidable de par ses dimensions. Et le massif dunaire

Chars à voile sur la plage de Sainte-Anne-la-Palud

a également fait l'objet de quelques restaurations : la flore naturelle est ainsi préservée.

■ JAIN BISCUITERIE
1, rue Clarté
📞 02 98 92 50 63
www.saveurs-en-cornouaille.fr
Basse saison : ouvert du mardi au samedi de 9h30 à 12h15 et de 14h30 à 18h30. Haute saison : du lundi au samedi de 9h à 12h30 et de 14h à 19h. En juillet et août, ouvert aussi le dimanche de 9h30 à 12h30.
Petites gourmandises en breton se dit « lichouzic ». En 1998 la biscuiterie créa « Les Lichouzic », galette très fine et croustillante, nature ou aux pépites de chocolat et depuis cette date bénie, gourmands et gourmandes s'en régalent... Mais les rayons regorgent aussi d'autres douceurs tout aussi avenantes telles que palets, galettes et gâteaux bretons maison, crème de caramel, madeleines au beurre frais, sans oublier de nombreux produits régionaux bien tentant également.

▶ **Autre adresse :** Tal ar Groas – Crozon

Loctudy

Nom breton : Loktudi
C'est un moine venu de Grande-Bretagne qui donna son nom à la ville et qui fonda ici un ermitage au Vᵉ siècle. L'Abbaye sera malheureusement détruite en 913, mais sera remplacée en 1032 par l'édification de l'Eglise Abbatiale, véritable joyau de l'Art roman. Dans cette ville du pays bigouden, on n'oublie surtout pas de présenter la demoiselle de Loctudy. Qui est-elle ? En breton, elle s'appelle grilh-sabl, en scientifique, on la nomme plutôt nephrops norvegicus et en gourmand, elle se présente sous la forme de la langoustine. Eh oui... Car, créé en 1847 à l'embouchure de Pont-l'Abbé, le port de Loctudy est le plus important port producteur de langoustines en France. Tous les jours aux alentours de 17h du lundi au vendredi, le port s'anime, rythmé par l'arrivée de bateaux multicolores et le déchargement de leur pêche : langoustines, mais aussi merlans, lottes et soles... Plus loin, le sentier de halage qui rejoint Loctudy à Pont-l'Abbé constitue une superbe promenade.

■ OFFICE DE TOURISME DE LOCTUDY
Place des Anciens Combattants
📞 02 98 87 53 78
www.loctudy.fr

 LES VEDETTES DE L'ODET
Port de Pêche
📞 02 98 57 00 58 (Renseignements et réservations)
www.vedettes-odet.com
Deux départs quotidiens de Loctudy vers les îles Glénan en juillet et août (matin et après-midi).
Avant de remonter la rivière de l'Odet, on longe les plages de l'île Tudy et de Sainte-Marine, passage par l'estuaire de l'Odet entre Bénodet et Sainte-Marine. Rives boisées, criques oubliées, mouillages silencieux, grandes demeures de charme... Le paysage est sublime. Histoires

et légendes jalonnent ainsi le parcours pendant lequel le guide raconte les traces du passé de ce lieu mythique qui sépare le Pays bigouden du pays fouesnantais. Les départs de Loctudy se font de fin juin à début septembre. A savoir : il existe également de nombreux départs depuis Bénodet. Les îles Glénan ne se trouvent plus qu'à une heure de traversée à bord de l'un des bateaux des Vedettes de l'Odet alors autant en profiter... Sept îles et un chapelet d'îlots, sable blanc et fin, eaux transparentes, le paysage se donne des allures exotiques.

▶ **Autre adresse :** Départs également de Bénodet, Quimper, Beg Meil, La Forêt-Fouesnant et Concarneau

Points d'intérêt

■ MANOIR DE KERAZAN
Route de Pont-l'Abbé
📞 02 98 87 50 10
www.kerazan.fr
Ouvert d'avril à septembre (de 10h30 à 19h de mi-juin à mi-septembre). Ouvert toute l'année sur réservation pour les groupes d'au moins 10 personnes. Adulte : 6 €. Enfant (de 7 à 15 ans) : 4 €.
Ce vaste manoir des XVIᵉ (dont il reste une aile) et XVIIIᵉ siècles fut légué à l'Institut de France (toujours propriétaire) par Joseph Astor qui était le descendant d'une illustre famille du Quercy. Situé dans un parc aménagé à l'anglaise, il laisse découvrir au visiteur de bien belles surprises. Une grande exposition de peintures du XVᵉ au XXᵉ siècles (écoles françaises, écoles flamandes, Pont-Aven...) se découvre ainsi dans les immenses pièces de réception du manoir. On y trouve également l'exceptionnelle collection de faïences d'Alfred Beau, le grand peintre céramiste de Quimper. L'apothéose de son œuvre étant, par ailleurs, le violoncelle grandeur nature, polychrome, unique au monde. Sa fabrication nécessita une quinzaine d'essais de cuisson ! Le manoir de Kerazan est le seul manoir véritable meublé du Finistère. Petits et grands pourront également y découvrir l'ancienne métairie, ferme authentique avec ses animaux de ferme et de basse-cour. Sans oublier, avant de repartir, la boutique-librairie ainsi que la crêperie qui est ouverte tous les jours de mi-juin à mi-septembre.

Moëlan-sur-Mer

Sur mer et sans mer si ce n'est les petits ports de Brigneau et de Merrien blottis au fond de leur aber ! La municipalité a entrepris de développer un tourisme vert axé sur la randonnée en balisant 120 kilomètres de sentiers pour les randonneurs ainsi qu'un tracé de 90 kilomètres de circuits de découverte pour les amateurs de VTT. Si l'église principale de Moëlan-sur-Mer n'offre pas d'intérêt architectural, elle abrite néanmoins quatre splendides confessionnaux d'influence italienne du XVIIIᵉ siècle. On ne manquera pas non plus de visiter la chapelle Saint-Philibert qui se trouve à 300 mètres environ du centre de la cité. A voir : les belles allées couvertes sur toute la commune et les nombreux menhirs, leur taille allant de un à six mètres de hauteur !

FINISTÈRE

■ **OFFICE DE TOURISME**
20, place de l'Eglise
℡ **02 98 39 67 28**
Fax : 02 98 39 63 93
www.quimperle-terreoceane.com

Points d'intérêt

■ CHAPELLE SAINT-PHILIBERT

Érigée au XVIe siècle, la chapelle Saint-Philibert a été habilement restaurée en 1975. A l'intérieur, on peut découvrir de belles statues en bois polychrome. Avoir également : une Vierge à l'Enfant, Notre-Dame de Bonne Nouvelle et une pietà du XVIe siècle. A l'extérieur, sur une fontaine rectangulaire garnie de bancs de pierre, on découvre que la chapelle est aussi dédiée à saint Roch qui est représenté dans une niche par une statue de granit. Un calvaire, dont les fûts portent des croix, s'élève dans l'enclos.

Le couvert

■ CREPERIE DU PUITS GOURMAND
13, rue de Pont ar Laër
℡ **02 98 39 65 70**

Ouvert toute l'année. Fermé le mardi. Parking à proximité. Menu enfant : 7,50 €. Formule du midi : 11 €. Vin au verre. Chèque Vacances, Chèque Restaurant. Accueil des groupes. Chaises bébé.
La cuisine s'avère tout aussi réjouissante que le cadre, farine bio et sel de Guérande pour des crêpes qui ne boudent pas une certaine originalité telle cette Bayonnaise – jambon de Bayonne, œuf, fromage et oignons – ou cette crêpe de marron – marron, chocolat (maison, de même que le caramel) chaud et chantilly – qui frisèrent de plaisir les moustaches du Futé Goupil. Pour accompagner le tout, les cidres fermier des vergers de Pen ar Ster ou du Pressoir du Belon relèvent d'un choix judicieux. Outre les crêpes, la carte s'étoffe de viandes grillées – entrecôte frites, steak frites... et de salades composées.

■ LA P'TITE GARGOTTE
12, rue de Brasparts
℡ **02 98 39 77 01**

Ouvert toute l'année. Du mardi au samedi le midi et le soir. Menu unique à 15 € (le midi en semaine avec entrée, plat, dessert). Plat du jour : 9,50 €.
Gargotte sans doute, mais gargote, sûrement pas ! Le décor de bois et métal est très réussi, les fans de décoration insolite apprécieront certainement... A la P'tite Gargotte, la cuisine traditionnelle côtoie celle du monde. Produits frais de saison et pommes de terre de culture biologique (très bien que tout cela) deviendront, sous la patte du Chef, Rougail saucisse, gambas et salade de poivrons, millefeuille de saumon ou lasagnes de légumes pour les végétariens, et les autres aussi d'ailleurs ! Quant aux desserts, ils sont maison, exclusivement maison... Sans oublier la terrasse et le jardin qui attendent le convive. Des P'tites Gargottes comme ça ? On en redemande...

Morlaix

Morlaix est une ville avec de nombreux attraits. La devise de la ville est originale car elle dit : « S'ils te mordent, mords-les ». Adoptée au XIXe siècle, cette devise rappellerait les incursions anglaises des siècles passés. En effet, sa position géographique en a fait longtemps un site convoité et prisé par les voisins d'outre-Manche. Les derniers assauts remontent au XVIe siècle et sont une des raisons de la construction du fort du Taureau en baie de Morlaix. La ville peut se targuer aussi d'un riche passé commerçant. D'élégantes demeures et de beaux édifices religieux en sont quelques preuves. Les maisons à lanterne, anciennes maisons de marchands de toiles, sont aussi des constructions inédites à découvrir. À l'heure actuelle, un dense réseau de boutiques occupent encore les ruelles et les venelles morlaisiennes.
Pour apprécier l'architecture morlaisienne, rien de tel qu'un peu d'exercice afin de prendre de la hauteur. Divers points de vue sur les toits de Morlaix sont à apprécier notamment celui se situant à proximité des ruines de l'ancien château. Mais le plus impressionnant reste incontestablement celui du viaduc. De plus, il est à noter que le premier étage est ouvert aux piétons. Ce fameux ouvrage a été construit au XIXe siècle pour le passage des trains et il traverse de part en part la ville en faisant la jonction entre les rives du Léon et de la Cornouaille. Disposant d'un port de plaisance, la ville de Morlaix dispose donc de nombreux atouts et fait parler d'elle. Ainsi, de nombreuses manifestations culturelles s'y déroulent chaque année comme le festival Panorama, qui se tient du 29 au 31 mars 2013 et qui attire les fans de musiques actuelles (électro, hip hop).

■ **MAISON DU TOURISME BAIE DE MORLAIX MONTS D'ARRÉE**
Place des Otages
℡ **02 98 62 14 94**
www.tourisme.morlaix.fr

Points d'intérêt

■ MUSÉE LES JACOBINS
Place des Jacobins
℡ **02 98 88 68 88**
www.musee.ville.morlaix.fr

Ouvert toute l'année. Fermé le 1er janvier, le 1er mai, les 1er et 11 novembre, le 25 décembre. Basse saison : du mardi au samedi de 10h à 12h et de 14h à 17h. Haute saison : tous les jours de 10h à 12h30 et de 14h à 18h. En basse saison, ouvert le premier dimanche du mois de 14h à 17h. Gratuit jusqu'à 12 ans. Adulte : 4,10 € (tarif unique pour les deux sites : Les Jacobins et la Maison à Pondalez (le billet est valable dans le deuxième site visité pendant un an à partir de la date d'achat). Tarif réduit 2,55 €, Tarif famille 6,60 €. Visite guidée (se renseigner à l'accueil). Ancien couvent, son nom peut aussi évoquer la période révolutionnaire mais dans les faits, c'est là qu'est installé le Musée de Morlaix. La bâtiment importe peu, car ici, ce qui compte c'est la collection. Peintures anciennes, modernes, art contemporain, sculptures religieuses,

© STÉPHANE SAVIGNARD

Jour de marché sur la place des Otages à Morlaix

pièces d'orfèvrerie, quelques exemples de la riche collection dont dispose le musée. On découvre des éléments du fond au gré des expositions temporaires car actuellement le musée est en plein remaniement. Du coup, le musée propose deux grandes expositions temporaires dans l'année.

Le couvert

■ ATIPIK BILIG
1, rue Ange-de-Guernissac
✆ 02 98 63 38 63
Ouvert toute l'année. Basse saison : du mardi au samedi. Haute saison : tous les jours.
Dans une maison atypique, l'une des maisons spécifiques morlaisiennes dites « à lanterne », bénéficiant d'un accueil sympathique pour manger un repas typique, c'est cela l'esprit Atipik Bilig. Lise et Manu tiennent la boutique et le bilig et proposent des crêpes, mais aussi des tartines et des salades de qualité. On mange vite et bien et si l'on souhaite, en prime, on profite d'une terrasse bien ensoleillée le midi.

■ BRASSERIE DE L'EUROPE
Place Emile-Souvestre
✆ 02 98 88 81 15
Fax : 02 98 63 47 24
www.brasseriedeleurope.com
Ouvert toute l'année. Tous les jours de 12h à 14h et de 19h à 21h30. Carte : 30 € environ. Menu enfant : 8 €. Formule du midi : 15 €. Vin au verre. Accueil des groupes. Terrasse.
Un grand escalier, une ambiance marine : jusque là, rien d'original... Puis on atteint l'étage ou, devrait-on dire, le ponton supérieur, car une fois dans la salle de restaurant, on se rend compte que l'on est dans un véritable décor de paquebot de croisière. Après l'étonnement de cette agréable découverte, c'est l'heure de l'embarquement vers de nouveaux horizons. Suivant l'heure où l'on arrive, diverses formules sont proposées : petit déjeuner, brunch, déjeuner, pause gourmande. Selon les envies et les appétits de chacun, on trouve des grands classiques : de la soupe de poisson à la crème brûlée en passant par les brochettes de Saint-Jacques au lard, la tartare de bœuf

ou l'entrecôte marchand de vin. Mais, si on veut rester dans l'originalité, on peut se décider pour un plat à la carte en l'accompagnant par un verre de vin choisi parmi les nombreuses références du bar à vin.

■ LA TERRASSE
31, place des Otages
✆ 02 98 88 20 25
Fax : 02 98 62 21 25
Ouvert toute l'année. Accueil des groupes (90 places). 1 salon privé de 49 places.
C'est un endroit convivial et emblématique de la ville de Morlaix. L'intérieur rappelle tout à fait l'ambiance des brasseries parisiennes avec en son centre un imposant escalier en colimaçon, surmonté d'une horloge. Habitué ou visiteur d'un jour ou d'un soir, on apprécie d'y siroter une boisson chaude ou froide selon la saison et l'occasion. Les deux terrasses, l'une en extérieur et l'autre dotée de grandes baies vitrées sont également l'endroit idéal pour la pause déjeuner. En effet, une cuisine traditionnelle et faite maison sont au programme pour ceux qui souhaiterait profiter d'un peu plus de temps en terrasse.

Le gîte

■ L'HOTEL DU PORT**
3, quai de Léon
✆ 02 98 88 07 54
Fax : 02 98 88 43 80
www.lhotelduport.com
Ouvert toute l'année. Accueil jusqu'à 21h. 25 chambres. Chambre simple de 52 € à 74 € ; chambre double de 60 € à 82 €. Petit déjeuner : 8,50 € (à volonté). Lit bébé sur demande. Animaux acceptés (10 €). Wifi gratuit. Tv satellite, Canal +.
Etablissement simple et pratique pour une étape morlaisienne d'une nuit ou plus, il est situé près du port de plaisance et près de l'ancienne manufacture des tabacs. Dans une demeure construite au XIXe siècle, on apprécie les chambres agréables, joliment décorées et bien insonorisées. Elles sont toutes sont équipées en Internet haut débit. En vacances ou pour affaires, c'est un endroit calme et convivial.

FINISTÈRE

■ **HOTEL L'EUROPE***
1, rue d'Aiguillon
✆ **02 98 62 11 99**
Fax : 02 98 88 83 38
www.hotel-europe-com.fr
Ouvert toute l'année. Accueil 24h/24. 60 chambres. De
66 € à 150 €. Petit déjeuner : 8,50 €. Séminaires. Wifi.
Un bel hôtel au charme certes un peu suranné mais un
vrai coup de cœur pour cette adresse de caractère. On
aime l'arrivée à la réception, l'escalier en bois sculpté qui
rappelle le passé de l'établissement. Les chambres sont
très confortables et ont été toutes rénovées. Elles sont
insonorisées et équipées de télévision et de la chaîne
Canal +. Tout a été pensé pour le confort du client avec
un accueil charmant.

Emplettes

■ **LE COMPTOIR IRLANDAIS**
10, place des Otages
✆ **02 98 88 46 30**
www.comptoir-irlandais.com
Ouvert le lundi de 14h à 19h ; du mardi au vendredi de
10h à 12h et de 14h à 19h ; le samedi de 10h à 19h.
Le Comptoir Irlandais, une enseigne incontournable
dans le paysage breton qui a été fondée il y a 25 ans !
Une petite ambassade de la verte Erin, où les amateurs
de culture irlandaise seront ravis... Dans cette boutique,
on se sent comme là-bas grâce à l'ambiance et aux
nombreux produits proposés, tous issus de la culture
irlandaise. On y trouve, entre autres, des articles pour
la cuisine (mugs, tasses, tabliers, gants...), mais aussi
des vêtements (pulls en laine vierge, gilets, duffle coats,
polos, maillots et accessoires de rugby, grosses chaussettes en laine, écharpes, bonnets, et même des kilts

pour vous messieurs...). Sans oublier l'impressionnant
rayon whisky et bien sûr les bières... Les amateurs vous
le diront : la boutique cache quelques petites merveilles.
Elle propose également de nombreuses sortes de thé
qui occupent un autre rayon tout aussi important. Des
gâteaux, de la marmelade, du caramel, des peluches,
des affiches, un grand choix de bières, des bijoux, du
chocolat, c'est aussi tout cela que nous pouvons trouver
dans ce magasin qui n'attend plus que vous.

■ **Dans les environs** ■

Carantec

Commune de plus de 3 000 habitants, Carantec est
devenue au début du XIXe siècle une station balnéaire
appréciée et prisée. Abritée des vents du noroît et
bénéficiant d'un microclimat, elle dispose d'une côte
découpée sur une dizaine de kilomètres. Ses deux belles
plages, la grève blanche et celle du Kéllen, sont pour
beaucoup pour sa renommée. La pointe de Pen-al-Lann
offre, quant à elle, un magnifique panorama sur la baie
de Morlaix. Divers points de vue permettent d'observer
le château du Taureau et l'île Louët. Pour les amateurs de
randonnée et les amoureux de la nature, l'île Callot est
accessible par une chaussé submersible et aux heures
des marées. On apprécie les petites criques et le mélange
de dunes et de granite.

■ **OFFICE DE TOURISME**
4, rue Pasteur ✆ **02 98 67 00 43**
www.tourisme.morlaix.fr
♿

Ouvert du lundi au samedi de 9h à 19h ; le dimanche et
les jours fériés de 10h à 12h30 et de 14h à 17h.

© STÉPHANE SAVIGNARD

Chapelle Notre-Dame, située au sommet de l'île Callot, à Carantec

■ LE CHÂTEAU DU TAUREAU
© 02 98 62 29 73
www.chateaudutaureau.com
Fermé d'octobre à mars. Réservation obligatoire.
Gratuit jusqu'à 4 ans. Adulte : 13,50 €. Enfant (de 4 à
12 ans) : 6,50 €. Groupe (15 personnes) : 10,50 €.
Supplément pour les visites animées. Visite guidée. Ports
d'embarquement : Plage du Kélenn en Carantec, port du
Diben en Plougasnou.
Le château du Taureau est l'unique fort de Bretagne
en mer. Il a été construit au XVIᵉ siècle pour parer aux
invasions ennemies, essentiellement anglaises. Cette
imposante forteresse maritime devait servir à la défense
et à la surveillance de la baie de Morlaix. À la demande
de Louis XIV, Vauban y entame de notables travaux de
restauration. D'autres chantiers se poursuivent aux siècles
suivants et il est équipé de pièces d'artillerie. Il devient,
un temps, prison d'état, accueillant des prisonniers
illustres dont le plus célèbre est le Communard Louis
Auguste Blanqui. Le fort est classé aux Monuments
Historiques au début du XIXᵉ siècle. Il sert de base
pour une école de voile entre 1960 et 1982, puis il est
laissé à l'abandon. Les années 2000 sont les années
de son renouveau. Désormais, à la belle saison, il est
pris d'assaut par des visiteurs curieux de connaître
son histoire. Les traversées se font à partir des cales
d'embarquement de Carantec et de Plougasnou : il faut
compter respectivement environ 15 et 45 minutes pour
atteindre le château.

■ ÎLE CALLOT
L'île Callot se situe en face du port de Carantec. Elle est
composée de plusieurs petits îlots et comprend un banc
de sable et des pointes rocheuses. Ces amas rocheux
constitués de granit ont servi pour la construction de
divers édifices locaux dont le plus fameux est le viaduc
de Morlaix. Longue de 3 kilomètres, elle est encore
habitée par quelques familles. Le point culminant de
l'île s'élève à 22 mètres au-dessus de la mer. Pour y
accéder, on emprunte une route submersible mais
attention aux marées !

Névez – Kerdruc – Port-Manech

Névéz, pays du granit et des « pierres debout »... En 1900,
cet agréable petit bourg constitué d'une trentaine de
hameaux authentiques comptait encore une centaine
de tailleurs de pierres. Ceux-ci travaillaient sur la place
de l'église. Le long de l'Aven, de nombreuses carrières
étaient alors en activité et le granit façonné était chargé
sur des bateaux qui remontaient la rivière. La commune
possède de nombreux édifices en granit mais les plus
particuliers sont les clôtures et les maisons en pierres
debout. Des constructions uniques en France. Ces pierres
debout, taillées dans un même bloc, mesuraient plus
de 2 mètres de haut. Elles étaient ajustées les unes
aux autres pour former la façade des maisons tandis
que le toit était recouvert de chaume. Au détour des
chemins creux, nombreuses sont les maisons témoins

de cette spécificité architecturale de la fin du XVIIIᵉ
siècle, les deux villages les plus typiques étant Kerascoët
et Kercanic. Mais la plus belle et la plus ancienne des
clôtures en pierres debout se situe à côté de l'office de
tourisme dans le bourg de Névez, rue des Mein-Zao.
Au détour des balades, on peut également découvrir
des chapelles, des calvaires, des moulins, des fours
à pains, des puits, des chaumières, des villas et des
cabines datant de la Belle Epoque. Autant de témoins
des siècles passés... Et de nombreuses personnalités
artistiques telles que Gauguin, Jourdan, ou encore Scott,
se sont laissées séduire par les lumières et les contrastes
de ce petit coin en Finistère sud. Un lieu qui regorge de
petits ports pittoresques, de maisons de pêcheurs aux
volets bleus mais aussi de grandes plages de sable fin
et de superbes étendues sauvages...

■ OFFICE DE TOURISME
18, place de l'Eglise © 02 98 06 87 90
www.nevez.com
Ouvert du lundi au samedi. Ouvert toute l'année.

Points d'intérêt

■ ANSE DE ROSPICO ET RAGUENEZ-PLAGE
Le superbe paysage, boisé de pins, qui se découvre ici
est tout en contraste selon les marées. S'étendant sur
plusieurs kilomètres, on admire cette magnifique plage
de sable fin et ses eaux turquoises qui évoquent souvent
les paysages des mers du Sud. Sublime ! D'ailleurs, les
gens de la région nomment cet endroit Tahiti car, au
siècle dernier, un homme avait construit une hutte
polynésienne au bord de la plage. Pour les amateurs de
randonnées, c'est ici le point de départ pour découvrir
le sentier côtier. Quant aux peintres, ils viennent ici
apprécier la palette de couleurs que le lieu offre à toute
heure de la journée. A savoir : même si l'île Raguenez
est aujourd'hui propriété privée, il suffit de s'acquitter
d'une servitude de passage pour y effectuer une belle
balade. Attention tout de même, l'île n'est accessible
que durant les trois heures précédant ou succédant
la marée basse...

■ JARDINS DE ROSPICO
Kerangall © 02 98 06 71 29
www.jardins-rospico.com
Ouvert de fin mars à début novembre. Basse saison : ouvert
du dimanche au vendredi de 14h à 18h. Haute saison :
du dimanche au vendredi de 11h à 19h. Gratuit jusqu'à
5 ans. Adulte : 6,50 €. Enfant (de 6 à 16 ans) : 2,50 €
(tarif réduit : 2 €). Groupe (15 personnes) : 5 €. Tarif
réduit : 5,50 €. Espace vente de plantes.
Immense toile fleurie dont le fil bleu est l'hortensia et la
mer qui se place en perspective : les Jardins de Rospico
se situent à quelques kilomètres d'ailes seulement de
Pont-Aven. Dans ce parc d'inspiration anglaise doucement
vallonné, les jardins offrent différents paysages : méditerranéen, anglais, au fil de l'eau, mais aussi d'inspiration
japonaise. Epoustouflant ! Des expositions temporaires,
la présentation d'œuvres d'artistes ainsi que des animations ponctuent l'année de temps forts. Le site propose
également une terrasse couverte, un espace détente et
rafraîchissement ainsi qu'une boutique.

FINISTÈRE

■ PORT DE KERDRUC

Certains connaissent peut-être le port de Kerdruc sous le vers du poète Xavier Grall : « *Les soirs sont bleus sur les ardoises de Kerdruc, O pays du sel et du lait, Allez dire à la ville Que c'en est fini, je ne reviendrai pas* » (tiré de son poème « Allez dire à la ville »). Oui, il aimait ce petit port blotti sur la rive ouest de l'Aven... Pour de nombreux peintres de Pont-Aven, le paysage et la luminosité, hors du commun surtout au lever du soleil, ont été une véritable source d'inspiration. Et ils continuent de l'être encore aujourd'hui. Tous ces artistes, connus ou inconnus, ont immortalisé cet endroit magnifique sur leurs toiles. Mais ce petit port de rêve est également celui de la plaisance avec possibilité de mouillage.

■ PORT-MANECH

Au début du siècle, cette station balnéaire au charme désuet située à l'embouchure de l'Avenfut un lieu de villégiature privilégié pour certaines personnalités politiques et artistiques (les cabines de plage en témoignent encore !) Ici, les petites rues sont pittoresques et on voit les belles propriétés côtoyer les maisons de pêcheurs d'autrefois. On trouve également un très joli sentier piétonnier qui permet de rejoindre la plage au port avec l'île de Groix en point d'horizon, ainsi que les deux estuaires de l'Aven et du Bélon. Au pied du phare, il y a aussi le départ du chemin de randonnée qui suit la falaise jusqu'à Raguénez. La situation privilégiée de Port-Manech, entre mer et rivière, en fait un endroit très prisé pour les activités nautiques.

Le gîte

■ AR MEN DU***
47, rue des Iles
Raguenez Plage
✆ 02 98 06 84 22
Fax : 02 98 06 76 69
www.men-du.com

Fermé du 7 janvier au 8 mars et du 6 novembre au 13 décembre. Label Relais du Silence et membre des Hôtels de Charme en Bretagne. Parking. 14 chambres. Chambre double de 87 € à 204 €. Petit déjeuner buffet : 13 €. Lit supplémentaire : 32 €. Animaux acceptés (10 €). Séminaires. Wifi gratuit. Restauration (menus de 39 € à 80 €, formule déjeuner à 29 €). Vente. Tv satellite, Canal +.
Avec l'océan à perte de vue et la superbe île de Raguenez pour horizon, la situation de cet établissement est exceptionnelle. Un site classé d'un romantisme achevé et un bonheur des yeux dont on ne se lasse pas... Cet hôtel est plein de charme avec ses vastes chambres aux tonalités marine tout confort dont les fenêtres ouvrent toutes vers la mer. Il y a également un bar chaleureux avec son sol bleu ainsi qu'une belle terrasse. Sans oublier, pour se prélasser au soleil, les hamacs disposés dans le parc ombragé de l'Ar Men Du. Et, depuis l'hôtel, on apprécie de pouvoir emprunter l'un des nombreux sentiers côtiers,

histoire de profiter de l'environnement dans lequel on se trouve... L'établissement propose également son restaurant mettant à l'honneur les produits locaux. Une excellente table à recommander.

■ HOTEL DU PORT ET DE L'AVEN**
Rue de l'Aven
Port Manec'h ✆ 02 98 06 82 17
Fax : 02 98 06 62 70
www.hotelduport.com

Logis (2 cheminées). Ouvert du 1er avril au 1er octobre. 31 chambres (et suite familiale). Chambre double de 49 € à 75 € ; suite de 72 € à 105 €. Demi-pension : 50 € (à 90 € par personne). Petit déjeuner buffet : 9 €. American Express, Chèque Vacances. Wifi gratuit. Restauration.
C'est un double plaisir que propose cette maison familiale qui, depuis quatre générations et sous la double appellation du Port et de l'Aven, offre le charme incomparable de sa situation de « bout du monde » dans un cadre de carte postale. Au Port, on découvre le restaurant ainsi que dix chambres réservées à la demi-pension. Chacune d'entre elles dévoile une ambiance personnalisée et ouvre sur la mer. A quelques pas du Port, c'est l'hôtel de l'Aven que l'on trouve, tout aussi délicieux. Lui aussi donne sur la mer bien entendu mais également sur un jardin privatif. Toujours le double plaisir... Décoration joyeuse faite de tissus colorés, de murs blancs et de bois clair, la luminosité de l'ensemble est en adéquation avec celle de l'estuaire de l'Aven et du Belon. Et si l'adresse est recommandable pour y passer la nuit, elle l'est tout autant pour sa cuisine privilégiant les beaux produits locaux comme le homard breton, les fruits de mer, le poisson... Pour ajouter au charme, on découvre une terrasse qui surplombe le port, idéal pour prendre le petit déjeuner ou pour s'attabler.

Loisirs

■ CARDINALE SUD
ZA de Kervic
Route de Pont-Aven
✆ 02 98 06 71 98 / 02 98 06 63 54
www.cardinalesud.net
Ouvert toute l'année.
Cette école de voile ouverte toute l'année propose des stages, des cours particuliers mais aussi la location de matériel. Vous pourrez ainsi partir découvrir l'Aven et le Belon au fil de l'eau... Même les enfants dès trois ans pourront découvrir les joies des activités nautiques sur caravelle ! Locations de canoës et de kayaks de mer, de bateaux à moteur avec ou sans permis, de planches à voile, de dériveurs, ou encore de catamarans. Cardinale Sud propose également des balades nautiques et vous pourrez aussi, si vous le souhaitez, passer votre permis bateau avec cette école. Il y a deux point de location, l'un au départ de la plage de Port Manec'h toute l'année pour la découverte de l'Aven et du Belon, l'autre au départ de la plage de Kersidan (Trégunc) uniquement en juillet et en août pour une découverte de l'île verte et de la pointe de Trévignon.

Penmarch – Saint-Guénolé

Nom breton : Penmarc'h

Premier port sardinier de France, Penmarc'h est composé de quatre bourgs : Saint-Guénolé, Kérity, Tréoultré et Saint-Pierre. Que ce soient les côtiers qui rentrent dans l'après-midi ou les hauturiers qui arrivent au port plus tard dans la soirée, tous les marins se retrouvent ici. Mais Penmarc'h est également une commune sauvage et cernée par les récifs qui révèle aux promeneurs ses 12 km de côtes, dont 7 km de plages. Magnifique ! La légende veut même que ce fut sur la pointe de la péninsule que moururent Tristan et Iseult... Pour Saint-Guénolé, il s'agit du deuxième port du Pays bigouden et sa criée informatisée est la plus moderne de France ! Toujours est-il que, de par la beauté et le mystère de son paysage, certains portent des noms légendaires à la pointe de Penmarc'h : roches des Victimes, bénitier du Diable, trou de l'Enfer... D'autres noms sont plus figuratifs tels que le tire-bouchon ou les oreilles de lapin... Selon les lumières et l'endroit où l'on est, une image naît ainsi, éphémère. Une merveille de la nature...

■ **OFFICE DE TOURISME**
Place Davout ✆ **02 98 58 81 44**
www.penmarch.fr

Points d'intérêt

■ **ÉGLISE SAINT-NONNA**
Passage incontournable de Saint-Guénolé, l'église Saint-Nonna, de style gothique flamboyant, fut construite en 1508 grâce aux dons des armateurs. C'est d'ailleurs pour les remercier qu'on peut voir des navires sculptés, en bas ou en haut relief, sur cette église, tout comme sur la tour carrée de Saint-Guénolé. Sur le côté sud, le porche est également décoré de poissons, signe de remerciements aux pêcheurs qui ont aussi participé à sa construction. A l'intérieur, on pourra découvrir un bénitier original (ce dernier étant soutenu par une sirène !)

■ **MUSEE DE LA PREHISTOIRE**
Pors-Carn
Saint-Guenolé ✆ **02 98 58 60 35**
Ouvert du 1er juin au 30 septembre, du lundi au vendredi de 10h30 à 12h30 et de 14h à 18h, le dimanche de 14h30 à 17h30. Ouvert pendant les vacances scolaires de Pâques et de la Toussaint de 14h à 18h tous les jours sauf le samedi. Ouvert d'octobre à mai sur demande à partir de 6 personnes, pour les groupes, les scolaires et les associations. Gratuit jusqu'à 7 ans. Adulte : 3,50 €. Enfant (de 8 à 15 ans) : 2,50 €. Visite guidée (durée : 1h30, tarif : 4,50 € par personne, gratuit jusqu'à 8 ans). C'est dans un cadre exceptionnel, en face de la mer et non loin de la plage de Pors-Carn, que se trouve le musée de la Préhistoire, propriété de l'Université de Rennes 1. Celui-ci révèle aux visiteurs une impressionnante collection de près de 3 000 pièces archéologiques du Finistère couvrant les périodes allant du Paléolithique au Haut Moyen Age. Vous pourrez découvrir ici 300 m² d'exposition consacrés aux origines de l'homme éclairant ainsi sur l'histoire du département et du peuplement de l'ouest armoricain. A l'intérieur, outils en pierre taillée ou polie, céramiques, armes (poignards, haches, épées...), mais aussi une série de crânes (des trépanés, des déformés pathologiques, des fracturés, celui d'un Bigouden...). Sans oublier les deux reconstitutions de nécropoles, une du Haut Moyen Age et l'autre de la période gauloise de la Tène. A l'extérieur du Musée : dolmens, stèles gauloises, caveaux de l'âge du bronze, coffres, tumulus... A savoir : plusieurs ateliers de fonte de bronze sont organisés en été.

FINISTÈRE

© BENJAMIN ROYER

Eglise Saint-Nonna à Penmarc'h

■ LA TOUR SAINT-GUÉNOLÉ
Saint-Guénolé

Mieux connue sous le nom de Tour Carrée, elle est le vestige d'une église du XVe siècle. Sur la base de cette tour, tout comme sur l'église de Saint-Nonna, on peut remarquer des navires sculptés. Ceux-ci reflétant alors la dévotion des navigateurs de la commune du XVe siècle au XVIIe siècle. Tout près de cette tour, on retrouve l'église paroissiale dédiée à Saint Guénolé et construite en 1953. Cette dernière abrite de belles statues anciennes.

Le couvert

■ LE DORIS
Port de Kérity
55, quai du Général-de-Gaulle
Pointe de Penmarc'h
℃ 02 98 58 60 92
www.ledoris.com
Ouvert de Pâques au 11 novembre 2013. Bar ouvert toute l'année. Ouvert tous les jours de 12h à 14h et de 19h à 22h. Pendant la saison. Menus de 21 € à 70 €.
Pour trouver le restaurant, il suffit d'aller à l'étage de cette maison, au-dessus du bar où il fait bon également de prendre un verre, surtout sur la terrasse... C'est là que vous pourrez à la fois contempler la belle vue mer que propose la salle et aussi déguster de délicieux fruits de mer et des poissons aussi bons. Ragoût de homard aux pommes de terre, marmite de trois poissons aux légumes, sole de petits bateaux façon meunière, magret de canard Marco Polo... sont également cuisinés dans cette maison. Et côté décor, on se retrouve plongé dans l'univers marin avec le grand aquarium qui trône au milieu de la pièce...

Le gîte

■ HOTEL-RESTAURANT LES ONDINES**
90, rue Pasteur – Saint-Guénolé
℃ 02 98 58 74 95
www.lesondines.com
Ouvert de début avril à mi-novembre. 15 chambres. Chambre double de 58 € à 73 € ; chambre triple de 67 € à 84 €. Pension complète : 77 € (à 89 €). Demi-pension : 57 € (à 69 €). Petit déjeuner : 9 €. Chambres duplex de 100 à 120 €. Animaux acceptés. Wifi gratuit. Restauration (menus à partir de 16,50 € (menu fruits de mer à partir de 35 €)).
Situé à quelques pas du phare, du port de pêche et de la plage, cela fait 20 ans que Sylvie et Michel Hocquard s'attachent à faire vivre la devise maison « les Ondines, le calme, la cuisine et la mer » ! Alliant charme et confort à un cadre moderne, les chambres simples, colorées et gaies évoquent l'univers maritime au travers des objets de décoration et la couleur acajou du bois. C'est dans une ambiance conviviale et familiale que vacanciers et locaux se retrouvent attablés dans la salle à manger baignée de clarté, au coin salon, véritable invitation à la détente ou dans la salle de billard. Côté restaurant, le chef propose une cuisine traditionnelle et néanmoins créative à partir de poissons, fruits de mer et homards qui chaque soir arrivent au port. Une adresse chaleureuse et agréable.

Emplettes

■ LA COMPAGNIE BRETONNE DU POISSON
Rue des Conserveries – Port de Saint-Guénolé
℃ 0 811 111 840 (prix d'un appel local)
www.lacompagniebretonnedupoisson.fr
Basse saison : ouvert du lundi au vendredi de 9h à 12h30 et de 14h à 18h30. Haute saison : du lundi au vendredi de 8h30 à 13h et de 13h30 à 19h ; le samedi de 10h à 12h30 et de 14h30 à 18h30. Véritable aventure industrielle, La Compagnie Bretonne du Poisson est également l'histoire d'une famille, celle des Furic. Une famille bigoudène fière de ses origines et amoureuse de la mer. Conserveur de père en fils, mais également de mère en fille depuis trois générations, il est inutile de douter du savoir-faire de cette famille... Des conserveurs de poisson qui ne travaillent que des produits frais dans des ateliers qui se situent à deux pas du port de Saint-Guénolé (premier port sardinier de l'hexagone). C'est là où Jean-François et Sten, les Furic père et fils, se trouvent au petit matin dès l'arrivée des bolincheurs pour choisir sur les quais les plus beaux poissons. Thons, maquereaux, sardines, lottes sont ensuite cuisinés avec amour et talent pour se transformer avec bonheur en sardines à l'ancienne, rillettes de la mer, filets de maquereaux en sauce, émietté de thon à l'algue wakamé ou encore en foie de lotte (nommé par de nombreux amateurs « foie gras de la mer »...). A noter : l'usine se visite gratuitement en été et une boutique se trouve sur place. L'entreprise possède également d'autres magasins au Guilvinec, à Bénodet, à Guérande, à Pont l'Abbé et à Quiberon.

Pentrez – Saint-Nic – Saint-Côme

Nom Breton : Sant-Vig

Pentrez, l'une des plus grandes et plus belles plage de sable fin de la baie de Douarnenez, se situe sur la commune de Saint-Nic. Ici, les amateurs de glisse sont au rendez-vous : char à voile, kite-surf, planche à voile... Mais si la mer la joue façon cinémascope, la campagne n'en est pas moins pauvre. Effectivement, la commune est le point de départ de nombreuses excursions. Avis aux randonneurs à pied ou en vélo. A quelques encablures de là, depuis le sommet du Menez Hom, s'envolent deltaplanes, parapentes et aéromodélismes.

■ OFFICE DE TOURISME
Plage de Pentrez **℃ 02 98 26 55 15**
www.tourisme-porzay.com

▶ **Autre adresse :** 4 place Saint-Yves – 29550 Plomodiern (tél.) 02 98 81 27 37

Points d'intérêt

■ CHAPELLE DE SAINT-CÔME ET SAINT-DAMIEN
Saint-Nic
www.saint-come.com

Véritable joyau patrimonial, cette chapelle est nichée au flanc d'une colline dans un site magnifique qui domine la baie. Réalisée en plusieurs étapes, elle témoigne de l'entrée du style classique venu du Léon aux limites de la Cornouaille. Dédiée à Saint Côme et Saint Damien, patrons des médecins et des apothicaires, un christ en métal et quelques autres œuvres du sculpteur Jean-Claude Le Roux ornent les murs. On découvre également une charpente spectaculaire faite de toute une forêt de poutres ouvragées et sculptées. Pour les amateurs, le Pardon se déroule en juin.

Le couvert

■ CRÊPERIE DE SAINT-CÔME
Saint-Côme
℅ 02 98 26 55 86 / 06 13 98 68 33
www.creperie-stcome.com
Ouvert du 15 février au 10 novembre. Basse saison : ouvert du mercredi au dimanche. Haute saison : tous les jours de 12h à 22h. Crêpes de 1,70 € a 22,50 €. Menu enfant : 7,50 €. Parking privé.
Blottie contre la chapelle éponyme, à moins d'un kilomètre de la plage de Pentrez, la maison, ouverte en 1974 par Marie-Christine Le Droff, a du chien ! Pierres, poutres apparentes et table d'origine, le cadre affirme ses racines bretonnes. Cela fait maintenant 15 ans que Pierre Le Droff, dorénavant aidé de Mathieu et Pierre, a succédé à sa mère, perpétuant la tradition du gâteau de crêpes agrémenté de diverses manières. Une recette sucrée créée par Marie-Christine sa maman, grâce lui soit rendue tant c'est bon ! Il faudra se résoudre à choisir parmi les 500 crêpes de la carte, toutes différentes, inventives et excellentes. Somptueuse, celle au foie gras sur lit de salade, purée de figues et pignon de pin. Bien ancrée son terroir, celle au chèvre du Menez Hom, miel de sarrasin et pignons de pin. Le chocolat comme le caramel et le cidre sont maison et les farines de froment et blé noir sont bio et spécialement faites par un agriculteur du coin pour la crêperie... Un sacré coup de cœur !

■ Dans les environs

Plomodiern
Nom breton : Ploudiern
Voilà un charmant petit bourg blotti au pied du Ménez-Hom. Un bourg actif avec son festival annuel dédié à la culture bretonne. Mais Plomodiern est également apprécié pour sa situation idéale à côté de la mer. Les plages de Pentrez et de Sainte-Anne sont toutes proches. Et on voit donc les infrastructures touristiques se déployer tout comme l'animation. Pour admirer la baie de Douarnenez, rien de tel que de se rendre à la pointe de Talagrip. On retrouve tout à fait l'ambiance qui règne en presqu'île de Crozon : ce vent qui effleure une végétation rase et multicolore, cette douceur des lumières, ces humeurs de la mer... Sans oublier de regarder, au loin, la côte du cap Sizun qui se découpe. Une merveille !

■ OFFICE DE TOURISME
Place Saint-Yves ℅ 02 98 81 27 37
www.tourisme-aulne-porzay.com

■ CHAPELLE DE SAINTE-MARIE-DU-MENEZ-HOM
Dernière étape avant l'ascension finale, cette petite chapelle a vécu grassement des taxes perçues lors des marchés très fréquentés qui se tenaient le jour de la saint Hervé. La chapelle de Sainte-Marie-du-Menez-Hom présente, en son intérieur, un retable de belle allure datant de 1715, des poutres de gloire ainsi que des sablières intéressantes. A l'extérieur, on découvre le calvaire qui met en scène des personnages finement sculptés. L'arc de triomphe, qui date de 1739, supporte quant à lui une statue de sainte Marie.

FINISTÈRE

© S. NICOLAS – ICONOTEC

Joueurs de biniou au festival du Ménez-Hom

AUBERGE DES GLAZICKS
7, rue de la Plage ✆ **02 98 81 52 32**
www.aubergedesglazick.com

Maître Restaurateur. Ouvert du mercredi au dimanche le midi de 12h à 13h30 et le soir de 19h30 à 22h. Menus de 75 € à 155 €. Menu enfant : 35 €. Formule du midi : 55 € (sauf le week-end). Deux étoiles au Michelin (2010). Attention table exceptionnelle et Chef avec un C majuscule ! C'est au pied du Menez-Hom, dans une ancienne maréchalerie qu'Olivier Bellin, enfant du pays et surdoué du piano, donne la mesure de son talent. Il fit ses classes auprès de Joël Robuchon et c'est en l'auberge familiale – après son arrière-grand-mère, sa grand-mère et sa mère – que sa créativité explosa. Cuisine d'auteur, cuisine d'alchimie, cuisine d'excellence, ce breton au caractère trempé et ardent aime à innover, à assembler les saveurs de produits du jour et de saison. Le blé noir l'enthousiasme, il aime à le décliner, en desserts, en chapelure, en gros lait... Dentelle de pommes douze heures et sa glace au lait paysan, étuvée de homard et sa frite XL fourrée à la sauce cardinale, il faut ici oublier tous repères en matière de goûts, bienvenue dans un univers unique, étonnant, bouleversant, émotions garantie ! La vue sur la mer et la campagne est à l'aulne de la table, à tomber... Les amoureux de la table d'Olivier Bellin n'hésiteront pas à séjourner quelques jours à Plomodiern au sein de la Maison des Glaziks.

■ **CAMPING L'IROISE****
Plage de Pors Ar Vag ✆ **02 98 81 52 72**
Fax : 02 98 81 26 10
www.camping-iroise.fr
A 18 km de Châteaulin. A 25 km de Quimper

Fermé d´octobre à mars. Locatif ouvert à l'année. Terrain de 2,5 ha. Emplacements caravanes : 92. Emplacement + véhicule + 1 personne de 4,50 € à 6,50 €. Emplacement + véhicule + 1 personne de 7,90 € à 11,90 €. Jeux pour enfants. Animaux acceptés. Connexion Internet. Dans un cadre naturel, en pleine campagne, venez admirer la vue imprenable sur la mer que vous offre le camping l'Iroise. Membre du réseau Camping Qualité, ce lieu de villégiature en bordure de la baie de Douarnenez met à votre disposition nombre d'activités et équipements pour votre confort. Vous pourrez ainsi vous adonner à de nombreux loisirs ludiques, comme glisser sur les toboggans aquatiques ou vous défouler sur le terrain multisports.

Pleyben

Nom breton : Pleiben

Située au cœur du Finistère, entre Monts d'Arrée au nord et Montagnes noires au sud, Pleyben une commune du parc d'Armorique. Ville d'Art et d'Histoire, on y découvre, notamment, son enclos paroissial et sa renommée. Une renommée également attribuée à ses galettes... Au départ du bourg, de jolies promenades mènent à des chapelles disséminées dans la campagne et jusqu'au canal de Nantes à Brest situé à quelques encablures de là, à Pont-Coblan.

■ **OFFICE DE TOURISME**
11, place Charles-de-Gaulle ✆ **02 98 26 71 05**
www.tourismepleyben.fr

Points d'intérêt

■ **ENCLOS PAROISSIAL**
Rue de l'Eglise ✆ **02 98 26 68 11 (Mairie)**

Eglise ouverte de 9h à 12h et de 14h à 18h. Enclos ouvert sans interruption. Visite guidée (gratuites en juillet-août – renseignements à la mairie). Sans doute l'un des plus intéressants de Bretagne, il est classé Monument historique. Il réunit dans un même espace, église, calvaire, ossuaire et une porte monumentale, dite « Porte de la Mort » qui date de 1725. L'enclos fut construit entre le XVe et le XVIIe siècles. L'imposant calvaire est composé de personnages de granit qui retracent l'enfance et la Passion du Christ en 30 tableaux. A l'intérieur de l'église mi-gothique, mi-Renaissance bâtie autour d'une tour majestueuse surmontée de clochetons et d'un dôme à lanternes, un rare retable à médaillon, mais aussi le grand orgue de Thomas Sallam, datant de 1688.

Le couvert

 LA BLANCHE HERMINE
1, place Charles-de-Gaulle
✆ **02 98 26 61 29**
www.la-blanche-hermine.com

Fermé en janvier. De septembre à Pâques, fermé les lundi et mardi soir et le mercredi toute la journée. Basse saison : ouvert du jeudi au mardi le midi et le soir. Haute saison : tous les jours le midi et le soir. Terrasse. En face de l'enclos paroissial, cette taverne typique s'est imposée au fil des ans ! D'ailleurs, rares sont ceux qui n'y reviennent pas... On y apprécie toujours les savoureuses et copieuses recettes concoctées principalement à partir de produits locaux. Pour une mise en bouche, on peut goûter à l'assiette Boued Polikan (amuse-gueules bretons). En entrée, on note, par exemple, la soupe aux oignons de Roscoff ou la poêlée de gambas à l'ail et aux algues... Pour la suite, on est tenté par la potée quimpéroise, la choucroute bretonne mais aussi par la Pothouarn Menez Du, à comprendre la potée des montagnes noires. Mais il y a également le pavé de bœuf au cidre de Fouesnant... Enfin, s'il reste un peu de place, les profiteroles au blé noir fourrées à la glace vanille sont un régal ! A découvrir si l'on est de passage à Pleyben.

Emplettes

■ **CHATILLON CHOCOLATIER**
46, place Charles-De-Gaulle
✆ **02 98 26 63 77**
www.chatillon-chocolat.com

La spécialité de la maison, ce sont les Amours-Florentins qui se déclinent au chocolat noir ou au chocolat au lait et se marient à l'orange, au citron, à la menthe ou encore aux pommes et au thé. On aime aussi les Granits de Bretagne, rose ou gris ! Mais aussi tous les bonbons de chocolat maison. Vous pouvez aussi vous fournir en galettes et palets bretons au beurre salé… Et si vous souhaitez visiter l'atelier de production, c'est possible et gratuit, avec une petite dégustation en prime…

Plogoff – Pointe du Raz

A l'extrême pointe du Cap-Sizun, la commune s'étire depuis la plage du Loc'h jusqu'à la célèbre Pointe du raz. Pays de tempérament, de caractère, d'énergie quasi originelle, ses petits ports sont surmontés par d'impressionnantes falaises découpées. Les embruns sont présents partout, l'odeur du goémon prédomine, s'unissant alors à celle de la bruyère et des ajoncs… Le label Grand site de France a d'ailleurs été accordé en décembre 2012 à une grande partie du littoral du Cap Sizun, et plus seulement à la Pointe du Raz. Un coin de port (Le Vorlen), une vallée qui se noie dans la mer après l'étang de Laoual, mais aussi une plage qui connaît, par les courants, le retour des trépassés de l'Océan sur le continent. Début novembre (qui en breton miz du signifie le mois noir), les Celtes vouaient quelques jours au culte des trépassés. L'étang est l'un des sites légendaires de la ville d'Ys, extraordinairement calme et protégé par ces deux éperons fantastiques du Van et du Raz. La plage est superbe mais relativement dangereuse selon la marée… Durant 7 ans, de 1975 à 1981, lorsque toute la population se mobilisa contre l'implantation d'une centrale atomique, Plogoff défraya la chronique… Symbole de la résistance populaire, la commune fit alors la Une des journaux nationaux et internationaux. François Mitterrand s'engagea même à annuler le projet s'il était élu président. En 1981, il tint

donc parole et tout rentra dans l'ordre. Mais au Trogor, à l'entrée du bourg, on découvre tout de même une statue représentant un manifestant anti-nucléaire armé d'un lance-pierre. Une œuvre de Robert Vaillant veille…

Points d'intérêt

■ **MAISON DE LA POINTE DU RAZ ET DU CAP SIZUN**
Pointe du Raz ✆ **02 98 70 67 18**
www.pointeduraz.com
Accès par la D784, à l'ouest de Plogoff.
Ouvert en haute saison uniquement. Vérifier les horaires avant de vous y rendre. Parking payant : 4 € par moto, 6 € par voiture, 12 € pour les abonnés à l'année.
Une maison de site qui a pour vocation d'informer et de sensibiliser les visiteurs sur la richesse du milieu naturel et les charmes du cap Sizun. Elle possède une salle de projection et un hall d'expositions. Il aura fallu dix années d'un dur labeur pour rendre à l'un des plus beaux sites naturels d'Europe sa beauté originelle tout en conservant un accès facile au plus grand nombre. Les visiteurs ont désormais à leur disposition un nouvel espace d'accueil alliant tradition et modernité : la réhabilitation de la pointe du Raz est un succès. Un service de guide est proposé pour mieux apprécier le site. Aujourd'hui, près d'un million de visiteurs redécouvrent ce lieu mythique où la terre et la mer, cet éternel vieux couple, s'aiment ou se haïssent par beau temps ou par tempête, au rythme de leur cœur. Le captivant raz de Sein, passage tortueux et tourbillonnant entre la pointe et l'île, inquiète par sa sauvagerie. La maison fournit une multitude d'informations touristiques qu'il serait dommage de ne pas se procurer.

FINISTÈRE

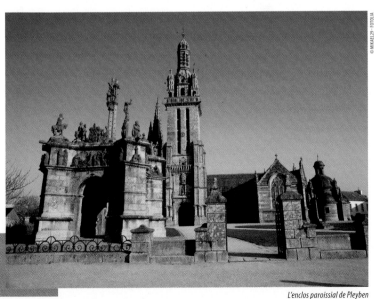

© MIKAEL29 - FOTOLIA

L'enclos paroissial de Pleyben

La pointe du Raz

© S. NICOLAS – ICOMOTEC

■ POINTE DU RAZ – BEG AR C'HAZ

Seul site de Bretagne classé « Grand Site de France » (cette labellisation a été élargie, en décembre 2012, à la Pointe du Van et sa chapelle, la côte sud-ouest du Cap Sizun et toute la côte nord, un territoire dix fois plus vaste que le site initial, labellisé en 2004), la Pointe du Raz a inspiré, par sa beauté sauvage, de grands écrivains, Victor Hugo, Gustave Flaubert et tant d'autres... Lieu d'exception et chef-d'œuvre de la nature, l'un des points les plus à l'Ouest de l'Europe offre au visiteur un panorama grandiose, l'un des plus beaux du monde. Face à l'impétueux Raz de Sein, sa pointe déchiquetée est souvent battue par une mer furieuse qui vient rugir contre les trois côtés de ce promontoire sauvage, éperon de granite vu comme le bout, ou le début du monde... N'hésitez pas à emprunter librement les 7 km de sentiers de randonnées aménagés dans la lande ou à profiter des visites guidées thématiques payantes. Pour les plus sportifs, des randonnées guidées sont aussi organisées (« Les trésors de la Baie » ou « Le sentier des deux Baies »). A noter : un parking aménagé se trouve au départ des sentiers. Un site incontournable du patrimoine naturel... A faire absolument.

Le couvert

■ CREPERIE DU LOCH
2, route du Loch
✆ **02 98 70 36 26**
www.creperieduloch.com
Fermé du 12 novembre au 25 mars. Ouvert du mercredi au lundi le midi et le soir. Fermé le mardi sauf pendant les vacances scolaires, ouvert 7j/7. Service continu. Terrasse. Située devant la dernière plage accessible par la route avant la Pointe du Raz, on pourrait sans doute en déduire qu'elle est la dernière crêperie avant le bout du monde... Un bout du monde que l'on regarde, depuis la salle à manger et la terrasse toutes deux plein sud, droit dans les yeux et qui nous en met plein les mirettes ! Si les sens sont en émoi à l'extérieur, ils le sont aussi à l'intérieur car les crêpes de Jean-Claude et Monique Léon, préparées à base de farine produite en Bretagne, tournées au fur et à mesure des commandes et garnies de préparations

cuisinées maison, sont extra. Crêpes mais pas seulement, de l'omelette sur billig à la carte de moules ou l'assiette de poissons fumés par exemple, la maison a du répondant en matière de choix ! Sans compter la nouveauté 2011 : les patates garnies. De la crêperie, on prend le sentier côtier jusqu'à la pointe du Raz, une petite balade que l'on glisse après ou avant de pousser la porte de cette sympathique maison avec son bar en forme de bateau...

Le gîte

■ HÔTEL-RESTAURANT DE LA BAIE DES TRÉPASSÉS
Plage de la Baie
✆ **02 98 70 61 34**
Fax : 02 98 70 35 20
www.hotelfinistere.com
25 chambres. Chambre double de 50 € à 80 €. Demi-pension : 140 € (à 170 € pour 2 personnes). Petit déjeuner buffet : 12 € (10 € pour enfant jusqu'à 10 ans). Lit supplémentaire : 9 € (même tarif pour lit bébé). Chambre prestige : 170 € (260 € en demi pension pour 2 personnes). Restauration.
Cet hôtel, comme son compère l'hôtel de la Pointe du Van appartenant aux mêmes propriétaires, a vraiment une situation idyllique. Effectivement, il est situé sur la plage, au milieu d'un environnement grandiose et d'une nature préservée. Sensation de fin ou de début du monde, tout est affaire de point de vue. Mais, quel qu'il soit, le cadre interpelle toujours et, quand certains viennent profiter de la belle saison, d'autres préfèrent venir voir les vagues se déchaîner sur les falaises pendant les tempêtes majestueuses. Côté chambres, l'hôtel propose aussi bien des doubles que des twins, des triples ou des quadruples. Sans oublier les chambres prestiges avec un lit double « Queen Size », salon et écran LCD. Récemment rénovées, elles offrent tout le confort nécessaire (sauf quelques chambres doubles, à un prix moindre, qui ont les toilettes et la douche sur le palier.) Le restaurant de l'hôtel, quant à lui, propose plateau de fruits de mer ou brochette de coquille Saint-Jacques dans sa salle à manger panoramique offrant une vue époustouflante sur l'océan.

Emplettes

■ **BISCUITERIE DE LA POINTE DU RAZ**
Triguen
✆ 02 98 70 60 73
Fax : 02 98 70 69 41
www.biscuiteriedelapointeduraz.com
Ouvert tous les jours. Fermé le 25 décembre et le 1er janvier. Visite gratuite.
Tous les jours, on peut venir ici découvrir les différentes étapes de fabrication des spécialités de la maison : galettes, palets, madeleines et crakous. La visite guidée est gratuite et on apprécie la petite dégustation pour terminer. Celle-ci nous permet de goûter les produits fabriqués ainsi que du kouign amann et du gâteau breton, avec une bolée de cidre et une liqueur locale pour faire glisser... La fabrication se fait, bien sûr, sur des machines traditionnelles. Une fois terminé, il ne reste plus qu'à faire le choix des produits que l'on veut acheter. La Biscuiterie de la Pointe du Raz propose également sa boutique en ligne avec biscuits et pâtisseries, une sélection de produits du terroir, la cave, des articles de culture Bretonne, du Bric à Breizh et le coin des enfants. De quoi contenter tout le monde à la maison...

Ploudalmézeau

Ploudalmézeau a comme caractéristique d'avoir deux parties, bien distinctes et aussi différentes l'une de l'autre. Une partie est rurale et c'est là que se trouve le bourg de Ploudalmézeau. L'autre partie est côtière, sur le littoral à Portsall. Ce découpage résulte de la création d'une paroisse en 1951, et il est de temps à autre remis en question. Cette commune est en pleine expansion démographique. En effet, ses habitants profitent d'un cadre de vie agréable proche de la mer avec des infrastructures culturelles récentes tout en étant à une vingtaine de kilomètres de la ville de Brest. La côte se caractérise par de petites criques et par de grandes plages de sable comme celle de Treompan.

■ **OFFICE MUNICIPAL DE TOURISME**
1, rue François-Squiban
✆ 02 98 48 73 19
accueil.tourisme@ploudalmezeau.fr
Ouvert du mardi au vendredi de 10h à 12h30 et de 15h à 19h ; le samedi de 10h à 12h30.

▶ **Autre adresse :** Point Touristique de l'Ancre An Eor à Portsall : 02 98 48 76 12

Dans les environs

Brélès

■ **CHATEAU DE KERGROADEZ**
✆ 02 98 32 43 93
www.kergroadez.fr
Ouvert de début avril à fin octobre. Basse saison : ouvert le jeudi et le dimanche à partir de 15h30. Haute saison : du mardi au dimanche. Fermé le dimanche matin. Gratuit jusqu'à 5 ans. Adulte : 4,50 €. Enfant : 2,50 €. Visite du parc, 1,50 € pour les adultes et 1 € pour les enfants de plus de 5 ans. Accueil enfants. Visite guidée (juillet et août : tous les jours à 11h, 14h, 15h, 16h et 17h). Animation.
Un peu à l'écart de la route principale, ce château mérite le détour. Deux accès bordés de chênes tordus et centenaires mènent au portail du château. Au loin, on distingue l'imposante et élégante silhouette d'une magnifique demeure, construite au début du XVIIe siècle... Classé aux Monuments Historiques, le château a retrouvé sa splendeur passée grâce à des rénovations importantes engagées par ses propriétaires successifs. Les derniers en date l'ont également ouvert au public et ont décidé d'en faire un lieu de vie tout en continuant les rénovations. Les jardins ont été aménagés en agréable lieu de promenade et de découverte de la botanique. Une programmation culturelle riche et variée satisfait petits et grands toute l'année. De la classique visite commentée, aux concerts, aux chasses aux trésors, aux veillées hivernales contées ou les soirées estivales au château : toutes les occasions sont bonnes pour venir à Kergroadez.

Lanildut

L'aber Ildut, du nom d'un moine gallois, est le plus petit des trois rias du Léon. L'Ildut est aussi un cours d'eau côtier long de 24 kilomètres qui se jette dans la mer à son embouchure à Lanildut. Cette commune s'est développée sur la rive droite de l'aber. De belles demeures en granit datant des XVIIe et XVIIIe siècles soulignent la prospérité des capitaines marchands de cette époque. Le port, le seul en eaux profondes du secteur, accueille les plaisanciers et la flottille de goémoniers.
En effet, Lanildut fournit presque la moitié de la production nationale en goémon soit près de 45 000 tonnes par an. Les algues récoltées sont les laminaires et sont arrachées au moyen de scoubidous. La Maison de l'algue, entièrement rénovée depuis 2011, permet de revivre cette aventure et de discerner ses débouchés économiques et écologiques. Lanildut profite aussi de sa situation géographique : des sentiers de randonnée ont été aménagés le long de l'aber et durant la période estivale c'est un port d'embarquement pour les îles de Molène et d'Ouessant.

■ **L'AUBERGE DE LA MER**
28, route de l'Aber-Ildut
✆ 02 98 04 43 90
www.auberge-delamer.com
Ouvert toute l'année. Basse saison : du lundi au vendredi le midi ; le samedi soir. Haute saison : tous les jours le midi et le soir. Menu groupe à partir de 20 personnes. Accueil des groupes (130 couverts).
L'auberge de la mer est un restaurant convivial. C'est l'endroit est idéal pour organiser un repas de famille ou une fête en tout genre. Les fruits de mer tiennent une place de choix dans les menus. Le chef prépare des plats traditionnels comme la cotriade, le ragoût de homard ou le pot-au-feu de la mer. Le restaurant est ouvert en semaine tous les midis. Le mercredi : le copieux kig-ha-farz est à l'honneur. La salle de restaurant donne sur une belle vue sur l'aber Ildut.

Porspoder

Aux siècles passés, Porspoder vivait beaucoup de la pêche et du cabotage. Avec l'arrivée des bateaux à vapeur, le commerce maritime a diminué. Dès lors, ses habitants se sont tournés vers les travaux des champs et la récolte du goémon. Au début du XXᵉ siècle avec le début du tourisme, des familles ont construit des maisons de vacances au bord de la mer. Depuis, Porspoder est restée une petite station balnéaire familiale appréciée. Plages de sable fin, sports nautiques, randonnées sur la côte ou à l'intérieur des terres avec à la clé la découverte du patrimoine naturel et historique, il y en a pour tous les goûts pour ceux qui prennent le temps de découvrir.

■ PRESQU'ILE SAINT-LAURENT

Belle balade en perspective à ne pas rater. Le sentier mène à des panoramas superbes par tout temps et par toute saison. Quand le vent se lève et que la mer se déchaîne, c'est le lieu rêvé pour observer les vagues passer au-dessus de la lanterne du phare du Four. Au gré du chemin, on y découvre également un four à goémon restauré et témoin de l'activité goémonière de la région. En résumé, c'est un lieu de promenade agréable d'une heure environ et facile d'accès.

Portsall

Portsall est le port tristement rendu célèbre par le naufrage de l'Amoco Cadiz en 1978. L'ancre de ce « supertanker », responsable d'une des marées noires des plus dramatiques du point de vue écologique, est désormais visible sur le port de Portsall. Plus de 30 ans après, le souvenir de cette catastrophe est toujours présent mais Portsall a de nombreux atouts. Un petit port animé, de belles plages avec notamment la grande plage de Treompan et des sites archéologiques : l'île Cairn et l'allée couverte du Guiliguy d'où l'on découvre un magnifique panorama.

Plouescat

Plouescat présente deux aspects : elle est à la fois terrienne et maritime. C'est une commune qui dispose d'un patrimoine civil et religieux intéressant et varié. Le bourg s'est établi autour des halles et comprend de belles demeures en pierre et quelques manoirs. Sa situation géographique est favorable à la culture des primeurs. La production d'artichauts et de choux-fleurs est devenue emblématique dans cette riche zone agricole du Finistère Nord que l'on a appelée « la ceinture dorée ». À l'heure actuelle, les cultures se diversifient mais le nombre des exploitations, certes plus grandes, diminue. Toutefois, Plouescat a une autre carte à jouer. En effet, dès les années 1930, elle devient une station balnéaire renommée. Dotée d'une frange littorale longue de près de 13 kilomètres, elle attire désormais les amoureux de la mer mais aussi de la nature.

■ OFFICE DE TOURISME
8, rue de la Mairie ✆ **02 98 69 62 18**
Fax : 02 98 61 98 92
www.tourisme-plouescat.com
Basse saison : ouvert du mardi au samedi. Haute saison : tous les jours.

Points d'intérêt

■ LES MÉGALITHES ET LES STÈLES GAULOISES

Plouescat a sur son territoire de nombreux vestiges de l'ère préhistorique. L'allée couverte du Kernic ou de Guernivit en est un bon exemple. Désormais en partie en ruines, elle est située sur l'estran et servait de tombe collective. Les menhirs, ou « peulvans » en breton, sont d'autres témoins de cette époque. On distingue de loin celui de Cam Louis avec ses 7 mètres de hauteur. Quant à celui de Cougn An Dre, on le découvre près de l'allée couverte de Creac'h Ar Vren. Quelques stèles gauloises

Le port de Porspoder

(celles du lieu-dit de Roc'h ar Fa ou celui de La Croix ou de Lanrial) sont encore visibles malgré leur réutilisation aux siècles suivants.

▪ Dans les environs

Cléder

Comme Plouescat, un des atouts de Cléder est sa façade maritime. On apprécie l'alternance de plages et de criques, de dunes et de rochers grandioses, curieux ou inquiétants. La balade peut commencer à Kerfissien, un petit port discret. En longeant le sentier d'ouest en est, on aperçoit le corps de garde de Lavillo. Construit vers 1630, il aidait à la surveillance du trafic maritime pour le commerce. À certaines marées, les vestiges d'une ancienne jetée se découvrent au pied du corps de garde. Un peu plus loin, de longues tranchées d'une soixantaine de centimètres de profondeur tapissées de pierres plates et divisées en plusieurs sections attirent l'attention : ce sont des fours à goémons. An-Amied, ancien hameau disparu, offre un beau point de vue.

▪ OFFICE DE TOURISME
Place du Général-de-Gaulle ✆ 02 98 69 43 01
Fax : 02 98 69 43 01
www.cleder-tourisme.com
Basse saison : ouvert du lundi au vendredi de 9h30 à 12h30 et de 13h45 à 17h30. Haute saison : du lundi au samedi de 9h à 12h30 et de 14h à 18h ; le dimanche de 10h à 12h.

Plouguerneau

Bordée par 45 kilomètres de côtes entre l'aber Wrac'h et la pointe de Kastell Ac'h et de la Grève Blanche à l'anse du Koréjou, Plouguerneau est disséminée en plusieurs sites et autant de lieux-dits. Plouguerneau, commune de plus de 7 000 habitants, englobe 2 autres bourgs : Lilia qui est tournée vers la mer et Le Grouanec vers la terre. Surnommée la *Terre des prêtres* du fait d'un regain d'évangélisation au XVIIe siècle par le missionnaire Michel Nobletz et par l'importance que prit ensuite le clergé sur ce territoire. Son littoral, quant à lui, présente presque tout l'éventail de paysages côtiers de la région : plages de sable fin (la Grève Blanche et Porz Gwenn), écueils rocheux, pointes escarpées... Au cours des siècles, des postes de garde, des sémaphores et des phares (notamment celui de l'île Vierge) ont été installés tout le long de la côte. Considérée comme faisant partie du Pays pagan, le pays des pilleurs d'épaves, Plouguerneau est avant tout le pays des goémoniers. Aux siècles passés, les algues étaient utilisées pour l'agriculture mais désormais le pioka est récolté pour l'industrie cosmétique. Plouguerneau est devenue un lieu de villégiature apprécié car il présente de nombreux atouts : un front de mer exceptionnel et un patrimoine culturel intéressant.

▪ OFFICE DE TOURISME
Place de l'Europe
✆ 02 98 04 70 93
www.abers-tourisme.com

Basse saison : ouvert du lundi au samedi de 9h30 à 12h et de 14h à 17h ; le dimanche et les jours fériés de 10h30 à 12h30. Haute saison : du lundi au samedi de 9h30 à 12h et de 14h30 à 17h30. Horaires complémentaires des deux offices.

▸ **Autre adresse :** Abers tourisme – 1, place de l'Eglise – LannilisTél/Fax : 02 98 04 05 43

Points d'intérêt

▪ ÉCOMUSÉE DES GOÉMONIERS
Route de Kerveogan
✆ 02 98 37 13 35
✆ 06 85 56 63 11
Fax : 02 98 04 75 35
www.ecomusee-plouguerneau.com
Ouvert tout l'année pour les groupes sur réservation et pendant les vacances pour le public individuel. Haute saison : ouvert du mercredi au lundi de 14h à 18h. Adulte : 4 €. Enfant (de 7 à 12 ans) : 2,50 €. 3 € tarif Passeport Finistère. Tarif famille 10 €. Accueil enfants. Visite guidée. Animation.

À l'aide de maquettes, de photographies, de films et divers objets, on plonge dans l'univers du métier de goémonier. La récolte des algues est une pratique ancienne dans le pays pagan et elle se poursuit à l'heure actuelle. L'objectif de l'écomusée est donc de montrer l'évolution de cette profession avec toutes ses mutations technologiques ainsi que sociologiques. On y apprend aussi l'utilisation actuelle des algues dans les filières agroalimentaires, cosmétiques, pharmaceutiques et paramédicales. Enfin, de nombreuses animations (stages culinaires, chasses au trésor, balades, fêtes des goémoniers...) en font un lieu vivant et de transmission de savoir-faire et des connaissances. En automne, le festival *Arvoriz* propose une programmation culturelle variant entre films documentaires, conférences et veillées festives sur les communautés du littoral.

▪ ILIZ COZ
✆ 02 98 04 71 84 / 02 98 04 70 93
www.iliz-koz.fr
Fermé de 'octobre à mai. Ouvert pour les groupes sur rendez-vous en basse saison. Basse saison : ouvert le dimanche de 14h30 à 17h. Haute saison : tous les jours. Adulte : 3 €.
Découvert au début des années 1970, le site d'Iliz Koz, en Trémenac'h, est un remarquable témoignage de l'art funéraire en Bretagne du Moyen Age et du début de l'époque moderne. Ensablé pendant de longues années, le site d'Iliz Koz (signifiant « vieille église » en français) a été entièrement aménagé. Des visites organisées par des bénévoles de l'association Iliz Koz permettent aux visiteurs de se promener parmi les vestiges de ce site exceptionnel. On y découvre des dizaines de pierres tombales avec des sculptures représentant les symboles de la profession des défunts (ciseaux, ancres) ou encore des éléments rappelant leurs origines sociales (épées, blason). Un autre point d'intérêt de la visite sont les ruines de l'église et de la chapelle qui rendent compte du caractère exceptionnel de cette nécropole médiévale. Un Pardon, une fête religieuse, a lieu tous les ans le 15 août à cet endroit.

Le couvert

■ **LE CASTEL AC'H**
Plage de Lilia
℡ 02 98 37 16 16
www.castelach.fr
*Ouvert tous les jours le midi et le soir. Menus de 18,90 €
à 31,50 €.*
Idéalement situé sur la plage de Lilia, les pieds dans
l'eau, ce restaurant a été repris en avril 2011 par de
nouveaux propriétaires, Névine et Yves Rallon. Pour le
coup, la décoration a entièrement été revue et offre une
ambiance agréable. Au niveau de la grande terrasse, elle
donne toujours sur cette vue exceptionnelle sur l'océan,
à quelques encablures du célèbre phare de l'île Vierge.
Ouvert tous les jours de l'année (excepté le soir de Noël),
l'endroit se prête à toutes sortes d'événements... Et
pour ce qui est de la carte, elle a bien sûr changé avec
les nouveaux propriétaires. Désormais, vous pourrez
découvrir une cuisine variée dans laquelle les fruits de
mer sont évidemment à l'honneur. Pour les spécialités,
le chef vous cuisine le homard breton décliné de six
manières différentes. On le retrouve en ragoût (un vrai
plaisir testé et recommandé par le futé), mais aussi en
choucroute ou en risotto avec Saint-Jacques. Sinon,
laissez-vous tenter par une préparation maison originale :
grillé, flambé, poêlé. Un régal ! Vous pourrez également
déguster un superbe plateau de fruits de mer. Sans
oublier les plats plus classiques avec quelques viandes
et poissons. Une adresse à retenir.

Le gîte

■ **LE CASTEL AC'H*****
Plage de Lilia
℡ 02 98 37 16 16
www.castelach.fr
*Accueil 24h/24. 21 chambres (dont 18 avec vue sur mer).
Chambre double de 75 € à 120 € ; chambre triple de
105 € à 145 €. Petit déjeuner : 9 € (12 € en chambre).
Lit supplémentaire : 15 €. Possibilité de demi-pension
ou de pension.*
Cet hôtel-restaurant ne passe pas inaperçu sur la route du
fameux phare de l'île Vierge. L'établissement se situe dans
un cadre enchanteur, sur la côte nord. Il est recommandé
à ceux qui cherchent le calme et veulent s'enivrer de la
nature environnante et d'une vue imprenable sur la
mer. On peut également profiter du restaurant et se
régaler de fruits de mer, de crustacés, de homard, de
soupes de poissons et autres délices iodés.

Emplettes

■ **MARCHÉ**
Le jeudi matin.

▪ Dans les environs

Lannilis

Lannilis est comme sa voisine Landeda coincée entre
l'aber Wrac'h et l'aber Benoît, mais elle se situe plus à
l'intérieur des terres. De nombreux édifices religieux sont
encore visibles sur son territoire (chapelles, fontaines,
croix), de beaux manoirs des XVe, XVIe et XVIIe siècles
(mais qui pour la plupart ne se visitent pas) sont des
témoignages de l'importance d'anciennes familles nobles
des environs. Landeda est aussi le plus petit port de
transport de bois d'Europe. En effet, une fois par mois
depuis 1834, le port du Paluden s'anime avec la venue
de caboteurs venant du Nord de l'Europe (Scandinavie,
Pays baltes). Ce transport spécifique du bois représente
près de 50 000 m³ de bois. Il y a quelques années, le
port a été réaménagé pour accueillir les plaisanciers
(120 mouillages dans un port à l'abri et en eau pleine).
Enfin, le premier samedi d'août, sur la place du village,
4 tonnes de moules sont préparées accompagnées de
2 tonnes de frites : avis aux amateurs !

■ **EMBARQUEMENT SUR L'ABER WRAC'H**
℡ 02 98 04 05 43
L'office du tourisme organise, lors de la saison estivale
des visites guidées à bord d'un bateau. Elles durent un
peu plus d'une heure et consistent en une promenade
près des îlots, au plus près d'une nature à l'écosystème
complexe. On découvre aussi les activités économiques
de l'aber, l'ostréiculture, ses fameuses huîtres plates et
la salmoniculture, et enfin, la plus connue, celle des
goémoniers.

■ **AUBERGE DU PONT**
Pont-de-Paluden ℡ 02 98 04 16 69
www.aubergedupont.com
*Ouvert toute l'année. Fermé le lundi soir en basse saison.
Du mardi au dimanche de 12h à 14h et de 19h à 21h.
Menus de 17 € à 56 €. Carte : 22 € environ. Menu
enfant : 10 €.*
Cette sympathique auberge est installée à deux pas du
pont métallique reliant les communes de Lannilis et de
Plouguerneau. La table de Frédéric Giraud est un lieu
apprécié. La cuisine servie est de belle tenue et l'on y
déguste des saveurs multiples. Plats de viandes ou à
base de fruits de mer c'est selon ce que l'on préfère.
Côté mer, le restaurant dispose de son propre vivier,
c'est dire si les crustacés sont frais ! Bar, ragoût de la
mer, blanquette de Saint-Jacques, sauté de lotte au
lard ou les indémodables moules-frites... Côté terre,
tournedos de canard, pintade gourmande, confit de
porc au cidre... Les poêlées des pêcheurs ou paysanne
font également souvent l'unanimité. Enfin, des spécialités comme le foie gras des abers parfumé aux algues
complètent le choix. Dans les murs d'un ancien moulin à

Retrouvez l'index en fin de guide

marée, le cadre est teinté d'une ambiance marine. La belle terrasse, au bord de l'eau, promet des moments agréables. Musiciens, conteurs et artistes locaux viennent de temps en temps égayer les soirées de cette auberge pour des soirées chaleureuses et conviviales. A savoir : l'Auberge du Pont propose également des prestations de traiteur, n'hésitez pas à contacter l'équipe pour vos réceptions privées ou professionnelles, quel que soit le nombre de convives...

■ **CREPERIE DU PONT**
Paluden
✆ **02 98 04 01 21**
www.creperiedupont.com
Ouvert toute l'année. Du mercredi au dimanche. Terrasse. Animation.
À proximité du port du Paluden, les pieds quasi dans l'aber, le cadre de la crêperie est vraiment magnifique. L'intérieur de la maison aux volets rouges présente une touche traditionnelle et une décoration sobre. Les crêpes au froment ou au blé noir sont de belle facture en proposant des produits locaux de qualité. Les garnitures sont classiques mais ne laissent pas les gourmands indifférents. Des salades, des pommes de terre cuisinées et des omelettes complètent les pages du menu. Côté animations, la Crêperie du Pont n'est pas en reste avec un Fest Diez prévu chaque dernier dimanche du mois. À noter enfin que depuis la rentrée 2011, comme à l'auberge du pont et à celle de Meneham, les équipes de Frédéric Giraud sont prêtes à accueillir ses convives dès 10h le dimanche matin.

■ **VIVIERS DE PRAT AR COUM**
✆ **02 98 04 00 12**
www.prat-ar-coum.fr
Ouvert de 8h à 12h et de 13h30 à 18h. Ouvert le dimanche (matin).
Les coquillages d'Yvon Madec sont réputés pour la finesse de leur goût et leur croquant. Il n'est pas rare de voir qu'ils figurent parfois sur les cartes de tables françaises bien connues. Ces viviers ont d'ailleurs plusieurs fois reçus des récompenses pour leurs produits. On peut aussi goûter aux crustacés et aux coquillages, mais aussi faire des commandes car la maison expédie dans toute la France.

Pointe de la Torche, Saint-Jean-Trolimon, Tronoën, Treguennec

Pour découvrir une vue remarquable sur la baie d'Audierne, rien de tel que cet éperon rocheux qui s'avance dans une mer à la houle déferlante et aux courants violents, surtout les jours de tempête... S'il est également un site archéologique d'importance qui recèle en son centre un tumulus surmonté d'un dolmen, c'est aussi un espace idéal pour les sports nautiques, le char à voile et le cerf volant, très pratiqués sur l'interminable plage de Tréguennec. On peut ici aussi s'adonner aux randonnées à cheval ou à pieds dans un environnement

naturel préservé de plus de 600 ha, baigné d'une lumière exceptionnelle et constitué de biotopes différents. Les cavaliers raffolent de ces petits galops sur cette magnifique plage interminable... Mais c'est aussi un spot de renommée internationale qui accueille à plusieurs reprises des manches du championnat du monde de surf ainsi que la coupe d'Europe. Tous les sportifs adeptes de la glisse trouvent ici des vagues et des vents souvent furieux. Un pur bonheur... Au printemps, les tulipes cultivées dans les champs sablonneux, situés à l'arrière des dunes, forment des mosaïques colorées qui attirent de nombreux visiteurs.

Points d'intérêt

■ **CALVAIRE DE SAINT-JEAN-TROLIMON**
Installé sur l'emplacement d'un oppidum gaulois en face de la chapelle Notre-Dame de Tronoën, ce calvaire est le plus ancien de Bretagne. Isolé près de la chapelle, dans un décor austère, il daterait alors du début du XVIᵉ siècle. Sur sa base rectangulaire on découvre trois croix sur lesquelles sont rassemblés six personnages. Deux frises font également le tour du calvaire de Saint Jean trolimon et représentent l'enfance et la Passion du Christ. Ces différentes scènes sont ainsi décrites à travers une centaine de personnages. Du côté sud, le monument est rongé par les vents salins, tandis que du côté nord, moins exposé aux intempéries, une nativité est encore visible : la Vierge est couchée nue dans un lit, les draps la recouvrant jusqu'à la ceinture. A ses pieds, l'enfant Jésus, bien grand pour un nouveau-né ! Les rois mages, quant à eux, sont costumés en habit du XVᵉ siècle.

Calvaire de Saint-Jean-Trolimon situé face à la chapelle Notre-Dame-de-Tronoën

FINISTÈRE

CHAPELLE NOTRE-DAME-DE-TREMINIOU

Construite aux XIVe et XVIe siècles, cette charmante chapelle a été remaniée par la suite et est aujourd'hui un haut lieu historique. Effectivement, c'est à cet endroit précis que se réunissaient, à l'époque, les paysans révoltés contre l'autorité royale... Le 2 juillet 1675, 14 représentants des paroisses avoisinantes, dits les Bonnets rouges, votèrent le « Code paysan ». ils étaient bien décidés à défendre leurs droits et leurs libertés, armes à la main. Cette audace fut sévèrement réprimée par l'armée du roi qui, en représailles, détruirent de nombreux clochers d'églises. Un regard vers Saint-Urnel où furent découvertes plus de 5 000 sépultures...

MAISON DE LA BAIE D'AUDIERNE
Saint-Vio ✆ **02 98 87 65 07 / 06 69 94 01 48**
sivubaiedaudierne@wanadoo.fr
Ouvert de mai à octobre. Basse saison : ouvert le mercredi de 14h à 18h. Haute saison : du lundi au vendredi de 14h à 18h. Ouvert pendant les vacances scolaires (zone A) les mercredis et jeudis de 14h à 18h. Gratuit jusqu'à 7 ans. Adulte : 4 € (balades natures). Enfant (de 7 à 16 ans) : 2 €. Tarif réduit à 2 € pour les demandeurs d'emploi. Entrée gratuite à la Maison de la Baie d'Audierne. Public scolaire sur réservation, animations nature à la carte possible. C'est dans un vaste espace de 625 hectares, au bord de l'étang de Saint-Vio, que vous pourrez venir découvrir la Maison de la Baie d'Audierne et toutes ses ressources. Une maison qui est, en fait, un centre de documentation et d'exposition sur le littoral, l'art et la région sous toutes ses formes. Pour préserver cet espace, le Conservatoire du littoral et l'Association de promotion du Pays bigouden se sont réunis pour être les gardiens de ce milieu écologique tout en conservant et en accroissant les intérêts biologiques du site naturel. A travers une randonnée naturaliste, accessible à tous, les richesses de ce milieu mosaïque protégé se dévoilent à vous. N'hésitez pas à prévoir des jumelles... La Maison de la Baie d'Audierne propose également des expositions permanentes et temporaires ainsi que des vidéos. Sans compter que des balades natures et des randonnées sur des ânes bâtés sont organisées ! Pour aller plus loin, vous pourrez également profiter de l'observatoire pour tenter de voir l'une des 300 espèces d'oiseaux recensés sur le site...

Le gîte

CAMPING DE LA TORCHE***
Roz-an-Tremen
✆ **02 98 58 62 82 / 06 14 79 96 14**
www.campingdelatorche.fr

🏕️ 🍴 🚲

Ouvert d'avril à septembre pour les emplacements et jusqu'en octobre pour les chalets et mobil-homes. 155 emplacements. Emplacement + véhicule + 1 personne. Club enfants. Jeux pour enfants. Animation. Situé à seulement 1,5 kilomètre des plages de sable du site de la Torche (paradis des sports de glisse), le camping a un emplacement privilégié dans un cadre calme et arboré. En été, on apprécie de pouvoir profiter de la piscine et de la pataugeoire chauffées, surtout

quand la mer est trop agitée pour les baigneurs... Des démonstrations de modélisme sont également organisées. Sinon, de nombreuses randonnées et circuit VTT sont à découvrir au départ du camping. Sans oublier les animations qui ponctuent les journées. Autre atout du camping de la Torche : un accès direct à la plage par un sentier pédestre. A savoir : les animaux sont acceptés, à condition d'être vaccinés et tenus en laisse.

Loisirs

CENTRE DE GLISSE DE LA TORCHE TWENTY NINE
Pointe de La Torche ✆ **02 98 58 53 80**
www.twenty-nine.com
S'il y a bien un spot de surf que tout le monde connait en Bretagne, c'est bien celui de La Torche. Eté comme hiver, les vagues peuvent parfois atteindre plusieurs mètres de haut et nombreux sont les surfeurs qui y viennent trouver des sensations fortes. Idéal donc pour pratiquer les sports de glisse, c'est également l'un des endroits privilégiés pour le déroulement de compétitions nationales et internationales. On y trouve l'école de sports de glisse Twenty Nine qui propose de nombreux stages de surf, kitesurf, stand-up paddle et char à voile sous le contrôle des premiers moniteurs bretons diplômés d'Etat par la Fédération française de surf. Sur le site web, on peut trouver des infos sur le spot, l'école et le surf shop.

Dans les environs

Plomeur

La commune, qui compte parmi les premières paroisses bretonnes avec l'arrivée des Bretons sur la péninsule entre le Ve et le VIIe siècle, recèle de nombreux vestiges qui attestent ainsi de la présence humaine sur le site, et ce dès la préhistoire. Aujourd'hui, Plomeur, qui prolonge la baie d'Audierne jusqu'à la pointe de la Torche, bénéficie de plusieurs attraits et ses principales activités économiques sont le tourisme, l'agriculture et la bulbiculture.

OFFICE DE TOURISME
Hall de la mairie ✆ **02 98 82 09 05**
www.plomeur.com

▶ **Autre adresse :** Pointe de la Torche en juillet et en août (tél. 02 98 58 86 65)

LE CHAMP DES SIRENES
Route de la Torche ✆ **02 98 82 09 31**
Fax : 02 98 58 82 68
http://champ.des.sirenes.free.fr
Ouvert toute l'année. Basse saison : du jeudi au lundi le midi et le soir. Haute saison : tous les jours le midi et le soir. Formule du midi : 20 € (entrée-plat-dessert, apéritif et vin compris). Formules à 6,90 € et 7,80 €. Chèque Vacances, Chèque Restaurant. Accueil des groupes. Chaises bébé. Grand parking privé. Côté face, c'est un beau pen-ti à la façade jaune précédé d'un espace jardin et d'une terrasse, tous deux bien agréables. Côté pile, ne se devinant pas de prime abord, une pergola climatisée ouvre ses grandes

baies vitrées sur une roselière sauvage, espace naturel et protégé offrant le spectacle parfois d'une envolée d'oiseaux sauvages. Dans la prairie jeux et balançoires font le bonheur des plus jeunes qui disposent également d'un coin doté de livres et de jeux à l'intérieur du restaurant. Au Champ des Sirènes, la couleur est chez elle. Poutres teintées framboise, murs jaunes, véranda vert tendre, la vieille maison respire la joie de vivre ! L'accueil est en harmonie où sourire et bonne humeur ne sont point comptés. Plats mitonnés et carte d'encas, le chef propose une cuisine aussi chaleureuse que la maison. Et, bien entendu, les produits locaux, et de saison, sont ici à l'honneur.

■ LE JARDIN DE LA TULIPE
8, rue Louis-Mehu © **02 98 82 04 13**
Fax : 02 98 82 03 18
www.lejardindelatulipe.com
Ouvert tous les jours le midi de 12h à 14h ; du mardi au dimanche le soir de 19h à 22h. Menus de 15 € à 42 €. Menu enfant : 8 €. Formule : 12,50 € (sauf le dimanche). Chaises bébé.
En plein centre de Plomeur, c'est pourtant dans un beau et grand jardin que vous pourrez ici vous attabler. Depuis les trois grandes salles, la vue est plongeante vers le charmant kiosque et l'écrin de verdure qui l'entoure, dont on peut toujours profiter grâce aux grandes baies vitrées, qui n'hésitent pas à s'ouvrir les beaux jours venus. Dans l'assiette, les saveurs terre et mer se bousculent telle cette brochette aux noix de Saint-Jacques vanillées, cet exquis filet de barbue et sa crémée de chorizo pour terminer en beauté sur un mi-cuit chocolat et sa glace, tout simplement délicieux. Un agréable coin salon avec ses grands fauteuils et canapés en cuir aux accents anglais invite à prendre un verre parmi la belle sélection de whiskies et liqueurs présentés dans une belle vitrine. A noter également une très belle carte des vins.

Pont-l'Abbé

Nom breton : Pont N'Abad
Vous cherchez le cœur du Pays Bigouden ? Alors, le voici. Pont l'Abbé, qui s'étend entre le Gwaïen (au nord) et l'estuaire de l'Odet (à l'est), est, avec sa culture et ses mœurs, une région à part entière. Ici, les habitants se considèrent Bigoudens et sont fiers de l'être. Ils ne veulent d'ailleurs surtout pas être comparés aux Bretons en général... Les Pont l'Abbistes revendiquent et affirment leur entité et leur personnalité. Ce qui leur a d'ailleurs souvent valu de se quereller avec leurs voisins ! A moins que ce ne soit le contraire... Longtemps terre du passé par excellence, la Bigoudénie est aussi celle des audaces novatrices. Bourlingueurs du Moyen Age, révolte des Bonnets Rouges... le pays est imprégné d'un caractère aventureux, jusque dans l'intérieur des terres. Du Moyen Age jusqu'au début du XXe siècle, grâce à sa rivière, la cité était un port au trafic prospère. Son déclin s'amorce durant l'entre deux guerres et, aujourd'hui, ce sont les bateaux de plaisance qui le fréquentent. Rendez-vous incontournables de Pont l'Abbé : la fête des Brodeuses (du 11 au 15 juillet 2013) et la fête de la Langoustine sur le port de Lesconil le 10 août 2013.

■ OFFICE DE TOURISME DE PONT-L'ABBÉ
11, place Gambetta © **02 98 82 37 99**
www.ot-pontlabbe29.fr

Points d'intérêt

■ CHÂTEAU DES BARONS DU PONT
Actuellement, le corps de logis abrite la mairie et le musée bigouden siège dans le donjon de ce château qui n'a pas été épargné par de multiples transformations. Pourtant, il garde encore aujourd'hui une certaine allure. A l'origine, il s'agissait d'une motte féodale devenue forteresse, dévastée par les Bonnets rouges, prison sous la Révolution, puis propriété de la ville en 1836. En été, on n'hésite surtout pas à profiter des expositions temporaires pour en visiter les caves médiévales. Attention : entrée dérobée, il faut être futé et attentif aux panneaux pour une découverte surprenant...

■ EGLISE DE LAMBOUR
Rue de Lambour
Datant du XIIIe et XVIe siècle, l'église de Lambourg, dont il reste aujourd'hui de belles ruines, fut décapitée (clocher détruit) en 1675 par les armées royales en répression à la révolte des Bonnets Rouges. Aujourd'hui, elle est classée Monument historique, à juste titre. On peut toujours admirer les travées de la nef qui datent du XIIIe siècle ainsi que sa très belle façade de style flamboyant qui, elle, date du XVIe siècle.

■ ÉGLISE NOTRE-DAME-DES-CARMES
Place des Carmes
Construite entre 1383 et 1420, l'église Notre Dame des Carmes est de style gothique. En son sein, on découvre de nombreuses statues anciennes ainsi qu'une belle rosace de pierre de 6 mètres de large finement sculptée et datant du XVe siècle (l'une des plus imposantes du Finistère !) On y découvre aussi un orgue exceptionnel... Ancienne chapelle du couvent des Carmes, cette église se singularise également par son clocher à dômes construit en 1603.

■ LE MUSÉE BIGOUDEN
Château des Barons du Pont
© **02 98 66 09 03 / 02 98 66 00 40**
www.museebigouden.fr
Haute saison : ouvert tous les jours de 10h à 12h30 et de 14h à 18h. Ouvert jusqu'à 18h30 en juillet et août. Ouvert du mardi au dimanche de 14h à 18h pendant les vacances scolaires. Gratuit jusqu'à 12 ans. Adulte : 3,50 €. Tarif réduit : 2,50 €. Visite guidée (toute l'année sur réservation).
Situé dans le château de Pont-l'Abbé, le Musée bigouden, récemment rénové, propose un parcours pour comprendre la société traditionnelle du pays bigouden. Pièces quotidiennes ou plus exceptionnelles, souvenirs de la vie quotidienne des paysans et des pêcheurs, collection de coiffes et de costumes richement brodés, des outils, du mobilier du XIXe siècle et des objets de la vie quotidienne donnent un aperçu des mœurs d'antan des Bigoudens. Un touchant témoignage, apprécié tout autant par les adultes que par les plus jeunes. L'exposition temporaire de mai à novembre 2013 a pour thème « La mode citadine d'inspiration bigoudène (de la Belle Epoque aux créations contemporaines) ».

Le couvert

■ CRÊPERIE BIGOUDENE
33, rue Général-de-Gaulle
℘ 02 98 87 20 41
agnes.ferry2@orange.fr
Ouvert toute l'année. Basse saison : du mercredi au dimanche. Haute saison : tous les jours. Formule du midi : 9,10 € (crêpe complète et dessert au choix). Chaises bébé.
Créée en 1962 avec ses pierres ancestrales et sa cheminée en adéquation, on se trouve ici dans une maison de caractère. Agnès Ferry est aux commandes et derrière les billigs de sa crêperie ! On entre alors dans une salle conviviale ornée d'une décoration soignée avec, entre autres, ustensiles de cuisine du XXᵉ siècle, bouilloire, moulin à café qui trônent, non pas dans la cuisine, mais dans cette salle à manger... Effet déco réussi. Chaque semaine, en plus de la carte de crêpes proprement dite, l'ardoise met à l'honneur une crêpe salée, comme celle au chèvre et confit de figues, et une sucrée, pourquoi pas celle au caramel au beurre salé... Vous aurez également le choix entre des spécialités sucrées (banane-caramel, poire-caramel, mais aussi les flambées telles que la Paillette ou la Bilig) ou salées (spéciale andouille...), et des classiques à composer vous-même avec un ou plusieurs ingrédients. Deux salades complètent l'offre : la paysanne et celle au thon. Pour les desserts, n'hésitez pas à goûter le far et le riz au lait, mais aussi les profiteroles de crêpes au chocolat ou caramel au beurre salé, le tout étant maison bien entendu ! Une bonne adresse où la qualité est de mise.

■ L'ENTRE-METS
58, rue du Général-De-Gaulle
℘ 02 98 66 55 32
Ouvert du lundi au samedi de 12h à 13h30 et de 19h à 21h. Fermé le jeudi soir. Menus de 20 € à 27 €. Formule du midi : 15 € (entrée, plat, dessert, café offert). Vin au verre. Chèque Restaurant.
Au comptoir de l'entre-mets, on peut s'asseoir sur des sièges de balançoires suspendus ! Une originalité qui s'intègre parfaitement dans cette vieille bâtisse toute de pierres et de poutres vêtue. La maison de Mickael Dubois et Lucie Berger est un restaurant qui comporte trois salles à la décoration chaleureuse et agréable, notamment grâce aux différentes notes de bois, créant un cadre intimiste. Une grande cheminée, dans laquelle a été installé un poêle, termine ce tableau sympathique. Côté cuisine, pas de chichis, tant dans les plats proposés que dans la présentation des assiettes, mais simplement un bon repas à l'arrivée. La maison propose une formule du jour, mettant toujours à l'honneur viandes et poissons et changeant quotidiennement. Une petite adresse simple où il fait bon boire un verre ou se sustenter.

■ LA PLANCHA
15, place de la République
℘ 02 98 82 30 54
www.laplancha-brasserie.fr
Ouvert toute l'année. Le lundi midi ; du mardi au samedi le midi et le soir. Carte : 30 € environ. Menu enfant : 12 €. Formule du midi : 14,90 € (entrée, plat le midi du mardi au samedi). Suggestions à l'ardoise. Chaises bébé.
Ouvert en 2009 par deux amis au parcours complémentaire (l'un, cuisinier, l'autre, serveur), la Plancha propose une cuisine maison, simple, fraîche, créative et abordable. Dans un cadre contemporain aux tonalités chaudes et vivantes, vous pourrez découvrir ici la formule du midi ou, si vous venez le soir, les suggestions à l'ardoise avec des plats plus qui ne se trouve jamais à court d'idées ! L'accueil est charmant, le rapport qualité-prix doux, un restaurant séduisant.

Le gîte

■ HÔTEL DE BRETAGNE**
24, place de la République
℘ 02 98 87 17 22
www.hoteldebretagne29.com
Logis (2 cheminées). Ouvert toute l'année. 18 chambres. Chambre double de 51 € à 67 € ; studio / appartement 130 €. Pension complète (de 88 € à 95 € par personne). Demi-pension (de 63 € à 70 € par personne). Petit déjeuner : 8 €. Lit supplémentaire : 7 €. Restauration (fermé le lundi midi. Le midi, du mardi au vendredi, plat du jour à 8,40 €, formules à 11,50 € et 15 €. Menus de 24,50 € à 39,50 €).
Cette belle et grande maison bourgeoise sur la grand-place c'est celle de Evelyne Bourcier, charmante hôtesse des lieux. Deux terrasses, l'une s'ouvre sur la place ; la seconde, côté jardin – tout en bois, pierres, plantes et fleurs – est intime et ravissante. Les chambres coquettes, aux courtepointes blanches et rideaux bordeaux, sont équipées de télévision et du téléphone. Cuisine traditionnelle et de terroir, le jeune chef, Arnaud Bourcier, a une prédilection pour le foie gras – maison – et les poissons nobles. L'été, une carte brasserie vient compléter l'offre. Le tout est à déguster dans le cadre chaleureux d'une paisible salle à manger bourgeoise : tables nappées de blanc, lumières douces et tableaux sur les murs, la vue sur le jardin ajoutant au charme de l'ensemble. Intemporel.

Emplettes

■ BISCUITERIE DE PONT-L'ABBÉ
1, quai Saint-Laurent
℘ 02 98 87 17 90
www.biscuiteriedepontlabbe.com
Ouvert du lundi au samedi de 9h à 12h30 et de 14h à 18h30 ; le dimanche de 9h30 à 12h30 et de 14h à 18h30. Jusqu'à 19h à partir d'avril et parfois 20h en été.
On trouve ici un condensé de notre Bretagne gourmande : galettes, palets, kouign amann, gâteaux bretons, crêpes dentelles, caramel au beurre salé... Ça sent bon le beurre et le savoir-faire ! Située dans un ancien moulin à eau du XVIIIᵉ siècle, la biscuiterie de Pont l'Abbé vous propose également de découvrir ses autres « secrets ». Au gré des rayons se découvrent ainsi des produits du terroir mais aussi un vaste choix de boissons, de la vaisselle, des cd, du textile pour la cuisine... Que ce soit alors pour rapporter un petit souvenir de vacances ou pour faire un cadeau, le magasin regorge d'idées en tout genre.

■ **LIBRAIRIE GUILLEMOT**
42, place de la République
℗ **02 98 82 30 95**
Fax : 02 98 82 31 14
Ouvert de 9h30 à 12h30 et de 14h à 19h.
Cette grande librairie de 380 m² ouverte en avril 2011 est devenue une adresse incontournable pour les lecteurs de Pont-l'Abbé et des environs. Thierry et Chantal Guillemot sont des libraires dynamiques et passionnés qui aiment partager leur goût pour la lecture... les lectures (romans, essais, jeunesse, BD...). Ils organisent très régulièrement des rencontres dédicaces avec des auteurs bretons... ou de plus loin ! Avec le label LIR (librairie indépendante de référence) obtenu en 2012, cette belle librairie n'a pas fini de faire parler d'elle.

■ **LE MINOR**
5, quai Saint-Laurent
℗ **02 98 87 07 22**
www.leminorboutique.com
Ouvert du mardi au samedi de 9h à 12h et de 14h à 19h.
Créée en 1936 par Mme Le Minor, cette véritable institution familiale n'a pas vu moins de trois générations se succéder à sa tête. Des générations qui, chaque fois, s'emploient à renouveler les Arts Populaires bretons par la broderie. Le Minor, nom synonyme de culture et de tradition dans cet art de la broderie, a su, par ses collaborations avec des artistes de talent – Toulhoat, René-Yves Creston, Mathurin Méheut, Nelly Rodi, Gwen le Gac... – créer des nouveautés intemporelles déclinées en arts de la table et prêt à porter. Vous trouverez dans la boutique toute une gamme de linge de maison d'inspiration bigoudène et raffinée, des nappes, des chemins de table, des sets et serviettes de table, des tabliers... Sans oublier les vêtements Le Minor, Royal Mer et Mât de Misaine. Autrement dit, que du beau linge !

■ **ROSA CHOCOLATIER**
17, avenue du Général-De-Gaulle
℗ **02 98 87 37 40**
www.chocolats-rosa.fr

Pont-Aven

Nom Breton : Pont Aven
Pont-Aven : Cité des Peintres, ville où naquit l'École de Pont-Aven créée par Paul Gauguin. Mais c'est aussi un lieu où les gourmands ne pourront oublier le goût incomparable et inégalé des fameuses galettes au beurre. C'est à la rivière qui la traverse, l'Aven, que la ville doit son nom. Une rivière avec des allures de petit torrent capricieux (des eaux qui serpentent au travers de gros rochers plantés çà et là) et qui donne un cachet particulier à la cité. De nombreux artistes, poètes, et surtout peintres, sont attirés par les mille et une couleurs chatoyantes du paysage environnant, le doux climat et la luminosité exceptionnelle du site. C'est là qu'ils trouvent leur source d'inspiration, qui sera peut-être aussi la vôtre... Et c'est chaque année pendant la période estivale qu'un grand nombre de visiteurs viennent découvrir la Cité des Peintres.

■ **OFFICE DE TOURISME**
5, place de l'Hôtel-de-Ville
℗ **02 98 06 04 70**
Fax : 02 98 06 17 25
www.pontaven.com

Points d'intérêt

■ **CHAPELLE DE TRÉMALO**
Sur les hauteurs boisées de Pont-Aven.
Si vous aimez le célèbre peintre Paul Gauguin, il serait dommage de ne pas passer à la chapelle de Trémalo... Construite au XVIe siècle à l'orée du bois d'Amour, elle a été restaurée en 1973. Une petite particularité de cette chapelle : son toit touche presque le sol ! À l'intérieur, on découvre des statues de bois polychrome. La plus prisée est celle d'un crucifix du XVIIe siècle qui a servi de modèle à Gauguin. Mais la chapelle a également conservé ses trois autels en bois, le principal étant encadré par deux statues dont une Vierge à l'Enfant du XVe siècle.

FINISTÈRE

© HUGUES FOLLIOT – FOTOLIA

Vieux gréement à Pont-Aven

■ MENHIRS ET DOLMENS PROCHES DE PONT-AVEN

Les menhirs de Kerangosquer regroupent le long de la route du Hénan Kerdruc dans le bois, deux belles pierres. La première de 5,50 mètres est connue sous le nom de Pierre le Coq. La légende rapporte qu'un coq encourage le promeneur à se saisir du trésor qui est enfoui sous le menhir lorsqu'il se soulève à minuit à Pâques et à Noël. Le deuxième menhir de Kerangosquer situé à 100 mètres du précédent est haut de 3,30 mètres. Sur la route de Nizon, en direction de Kergoadic, on peut apprécier le dolmen de Saint-Maudé, une table de 3,80 mètres de large sur 4 mètres de profondeur et supportée par quatre piliers. Enfin, l'allée couverte de Coat-Luzuen comprend deux dolmens. Le plus grand avec sa table de 6,60 mètres de long sur 3,40 mètres de large supportée par huit piliers, l'autre, plus petit, est formé de quatre piliers et d'une table de 3,60 mètres sur 2,60 mètres.

■ PROMENADE DE XAVIER-GRALL ET BOIS D'AMOUR

La renommée de Pont-Aven est dû aux nombreuses déambulations « buco-romantiques » de peintres en mal d'amour... Sur leurs traces, aidé d'un peu d'imagination, on reconnaît plus ou moins aisément certains paysages peints. La promenade dite Xavier-Grall, journaliste et poète (1930-1981), aménagée le long de l'Aven, permet de découvrir les biefs et les vannes qui assuraient la distribution de l'eau aux moulins ainsi que plusieurs légères passerelles qui enjambent la rivière. Magnifiquement fleuri pendant toutes les saisons, voilà un endroit calme en plein cœur de la ville...

Le couvert

■ LA CAMPAGNA
40, rue du Général-De-Gaulle
© 02 98 06 03 35
Ouvert toute l'année. Le mardi, le mercredi et du vendredi au dimanche le midi et le soir ; le jeudi midi. En juillet/août, fermé uniquement le lundi. Menu unique à 20 €. Menu enfant : 8,50 €. Terrasse.
Restaurant ouvert depuis maintenant de nombreuses années à Pont-Aven, la Campagna compte dans le paysage gourmand de la ville et s'attèle à proposer une cuisine simple mais toujours de belle qualité. Vous pourrez alors y déjeuner ou dîner, au choix, des pizzas préparées à la pelle et cuitent au feu de bois, des salades ou encore des pâtes (carbonara, forestière, bolognaise, gorgonzola, lasagnes...). Sans oublier la lotte au Kari Gosse... Pour les sauces, elles sont, pour notre plus grand plaisir gustatif, maison. Tandis que le café gourmand est servi avec fondant au chocolat, fondant aux pommes, tiramisu et crème brûlée ! Côté vins, chaque cru de la carte relève d'un choix personnel de l'aimable Marie-Claire Bocher. Les amateurs se réjouissent alors de sa lecture tant elle est pertinente dans sa sélection... Et dès les beaux jours venus, n'hésitez pas à profiter de la terrasse côté jardin. C'est très agréable. Une excellente petite table, conviviale et goûteuse, à l'accueil tout à fait charmant.

■ LE MOULIN DU GRAND POULGUIN
2, quai Théodore-Botrel *© 02 98 06 02 67*
www.moulin-pontaven.com
Fermé en novembre. Ouvert tous les jours. Service continu pour la crêperie. Pour la brasserie et la pizzeria service continu en saison. Terrasse.
Pour le plus grand plaisir de tous, le Moulin du Grand Poulguin dispose de deux terrasses vue sur la rivière et d'une troisième en saison sur la façade du restaurant. Avec ses pierres et son charme naturel, on apprécie tout autant l'intérieur de l'établissement. Côté cuisine, on a le choix entre crêpes, plats de brasserie ou pizzas. On ne manquera alors pas de goûter la galette du Poulguin et la crêpe de la Ria, les joues de porc aux olives, le kig ha farz ou le pescate ha farz. L'établissement est ouvert toute la journée pour profiter de l'espace bar.

■ SUR LE PONT
11, place Paul-Gauguin *© 02 98 06 16 16*
www.surlepont-pontaven.fr
Fermé du 1er au 21 janvier et du 4 au 19 octobre. Ouvert du jeudi au mardi le midi de 12h30 à 14h ; le lundi et du jeudi au samedi le soir de 19h30 à 21h. Menus de 29 € à 35 €. Formule du midi : 18 € (du lundi au samedi). Accueil des groupes.
Dans un cadre lumineux, sobre et contemporain, on peut venir y déguster une cuisine fine et savoureuse à prix accessibles : langoustines en raviolis, noix de cajou et gingembre, lieu jaune de ligne, mousseline de céleri, canard grillé au cassis, gratin dauphinois, millefeuille chocolat pommes caramélisées... Tous les plats enchantent nos sens. L'accueil et le service sont à la hauteur de la cuisine raffinée.

■ LA TAUPINIERE
Croissant Saint-André – Route de Concarneau
© 02 98 06 03 12 – Fax : 02 98 06 16 46
www.la-taupiniere.fr
Fermé du 23 septembre au 18 octobre. Ouvert du mercredi au dimanche de 12h30 à 14h et de 19h30 à 21h. Menus de 53 € à 88 €. Carte : 70 € environ. American Express, Chèque Restaurant. Accueil des groupes.
Un peu à l'écart du centre historique de Pont-Aven, la Taupinière est l'une des deux tables gastronomique de la ville. En prenant la route de Concarneau, vous ne pouvez pas manquer cette belle chaumière à la façade bleue turquoise où Guy Guilloux officie depuis un certain temps. Le temps justement, il semble ne pas avoir de prise sur ce chef qui ne se lasse pas mais qui surtout ne faiblit pas. Il prend toujours autant de plaisir à travailler les beaux produits que la terre et la mer lui offrent qu'il s'agisse de homard, de turbot ou de la langoustine dont il est un grand spécialiste et qu'il propose grillée dans la grande cheminée, ou de tas d'autres façons toutes aussi délicieuses les unes que les autres. Et puis, pourquoi ne pas succomber à la crêpenette de tourteau et d'araignée de mer dans sa sauce truffée. Guy Guilloux est un chef généreux. Il se considère, à raison et avec talent, comme un aubergiste d'autrefois. Il est là pour « donner » à manger dans le sens noble du terme et franchement. A signaler tout de même que les prix des menus sont, à notre goût, assez élevés.

Bio nat', c'est toute une gamme de produits laitiers biologiques savoureux : yaourts, desserts, fromages blancs et crème fraîche.

Membre de

Bio nat' est membre de l'Association "Produit en Bretagne"

Riec-sur-Belon

Bio nat', source naturelle de saveurs
www.bionat.eu

Le gîte

■ HOTEL LA CHAUMIERE ROZ AVEN***
11, quai Théodore-Botrel ✆ **02 98 06 13 06**
www.hotelpontaven.com
Fermé du 3 janvier au 5 février. 14 chambres. Chambre double de 67 € à 104 €. Petit déjeuner : 13 €. Lit supplémentaire : 16 € (jusqu'à 10 ans). Garage : 8 € (5 € pour les motos). Wifi gratuit. C'est peut-être dans l'une des plus anciennes maisons de Pont-Aven que vous aurez le privilège de passer votre séjour à l'hôtel La Chaumière Roz Aven. Cette chaumière en toit de chaume datant du XVIᵉ siècle dispose de 4 authentiques chambres, remises au goût du jour, dont l'une se trouve au rez-de-chaussée pour les personnes à mobilité réduite. Et s'il n'y a plus de place dans la chaumière, vous pourrez toujours allez dans l'extension, qui a été construite sur le port de plaisance, qui dispose, quant à elle, de 10 chambres décorées avec goût. Toutes ont soit vue sur la rivière, soit sur le jardin... Un charmant petit hôtel dans la cité des peintres. Et pour la détente, n'hésitez pas à vous diriger dans le salon.

HÔTEL-RESTAURANT DES MIMOSAS
22, square Botrel
✆ **02 98 06 00 30**
Fax : 02 98 06 01 54
www.hotels-pont-aven.com

Ouvert toute l'année. 7j/7. Fermé de mi-novembre à mi-décembre. 10 chambres. De 55 € à 82 €. Petit déjeuner : 8 €. Ascenseur – Terrasse. Restauration (formule du midi 14,50 €, menus de 21 € à 39 €, menu enfant 7,50 €).
Plus que centenaire, cet hôtel de charme cultive avec art un certain esprit cosy propre aux cottages anglais. C'est aussi une table agréable. Les chambres et les salles de bains ont été récemment rénovées. Des chambres en ambiance fleurie dont les fenêtres ouvrent toutes sur le port de Pont-Aven. Deux d'entre elles offrent même, suprême félicité, la volupté d'un petit déjeuner pris, à l'ombre des glycines, sur la terrasse dominant le port ! Quant à celles situées sous les combles, communicantes et permettant d'embrasser Pont-Aven du regard, elles offrent l'avantageuse combinaison des parents dans l'une et des enfants dans l'autre.

Emplettes

■ BISCUITERIE TRAOU MAD DE PONT AVEN
10, place Gauguin ✆ **02 98 06 01 94**
www.traoumad.com
Ouvert du lundi au samedi de 9h15 à 12h15 et de 14h à 19h ; le dimanche de 10h à 12h15 et de 14h30 à 19h. Ouvert toute l'année.
L'histoire de Traou Mad débuta en 1920 lorsque Alexis Le Villain, boulanger de Pont-Aven, inventa un sablé épais qu'il baptisa de ce nom, signifiant « choses bonnes » en breton. Dans les années 50, c'est la fille de ce boulanger, Marguerite, qui continue l'aventure gourmande en créant la fameuse galette de Pont-Aven. Aujourd'hui, la recette originelle est toujours respectée au gramme près, pour le plus grand bonheur de tous. Et, comme il y a 80 ans, l'emmoulage et le ramassage se font encore à la main, ce qui rend chaque produit unique. Alors, pour accompagner le petit déjeuner, ou pendant une pause séminaire, on n'hésite pas à sortir la Traou Mad, la galette de Pont-Aven ou le cake aux fruits. Sans oublier les délicates et craquantes mini galettes et crêpes dentelles, idéales pour un instant thé, café ou dessert.

▶ **Autre adresse :** 28, rue du Port (tél.) 02 98 06 18 18

■ CHOCOLATERIE DE PONT-AVEN
1, place Henri-Delavallée
✆ **02 98 09 10 47**
www.lachocolateriedepontaven.com
Basse saison : ouvert le mardi et du jeudi au dimanche de 10h à 19h30. Haute saison : tous les jours de 10h à 19h30.
Comme son nom l'indique, c'est la chocolaterie de Pont Aven. Celle-ci est installée dans une très belle bâtisse de pierre datant du début du XVIIᵉ siècle. Ici le chocolat se décline de multiples façons : tableaux en chocolat, bougie parfumée au chocolat, pâte à tartiner à 70 % de chocolat, et, bien entendu, la collection des chocolats, mendiants, grignotines, florentins, carrés de Pont Aven, amandes, noisettes ou *casthanas* enrobées... Et à déguster sur place, un véritable chocolat chaud à l'ancienne. Un salon et une pâtisserie à croquer.

MAISON LARNICOL
4, place Paul-Gauguin
✆ **02 98 09 15 06**
www.larnicol.com
Basse saison : ouvert le lundi, le mardi et le vendredi de 9h30 à 13h et de 14h à 19h ; le mercredi, le jeudi, le samedi et le dimanche de 9h30 à 19h. Haute saison : tous les jours de 9h30 à 20h.
Georges Larnicol, meilleur ouvrier de France, est un pâtissier fabuleux doublé d'un maître ès chocolat. Il aime à magnifier la fève sous diverses formes – rochers, galets – et à la présenter, outre à l'unité, en boîtes ou en bourriches. Dans le sud-ouest finistérien et même au-delà, les délices de maître Larnicol ne sont ignorés par aucun amateur de douceurs chocolatières. Auprès de celles-ci, dont la finesse des arômes ne peut que rendre extatique le plus exigeant des palais, les kouignettes tiennent la vedette. Originale extrapolation du kouign-amann, elles se déclinent en 16 saveurs à se damner et ont fait chavirer de plaisir le futé... Difficile d'en dire plus. Mais la Maison Larnicol c'est aussi des galettes (palets, cookies...) des caramels au beurre salé, des sucettes qui se déclinent désormais à la guimauve et de multiples parfums...

▶ **Autre adresse :** Quimper, Concarneau, Locronan, Guérande, Nantes, Auray, Saint-Malo, Bordeaux, Menton et Paris.

■ **Dans les environs** ■

Bannalec

Nom Breton : Banaleg
Grâce à ses rivières très poissonneuses (l'Aven, l'Isole, le Bélon et le Ster-Goz), Bannalec est une bourgade

de campagne bien connue des pêcheurs d'eau douce. Cernée de bois, son nom signifie le genêt ! Carrefour du pays des Avens, le bourg se trouve bien en plein cœur du pays des portes de Cornouailles. Apprécié par sa situation géographique, en campagne et à proximité de la mer, Bannalec peut aussi bien être visité à pied, en vélo ou même à cheval. Et, en périphérie, les amateurs de vieilles pierres se feront un plaisir de suivre le circuit des six chapelles.

■ **OFFICE DE TOURISME**
Place de la Libération
✆ 02 98 39 43 34
www.quimperle-terreoceane.com

■ **CHAPELLE DE LA VÉRONIQUE**
Dédiée à Véronique, celle qui offrit son voile au Christ, la chapelle, élevée en son hommage au XVIIe siècle, fut réalisée en 1605, en granit. En 1610, la chapelle fut également consacrée à la Vierge Marie. La sacristie, quant à elle, a été ajoutée au sud du chevet en 1662. Située au-dessus d'un affluent de l'Aven, la chapelle Sainte-Véronique, aussi appelée « La Véronique », est aujourd'hui un monument classé. Il s'agit de l'une des 6 chapelles de Bannalec.

■ **ÉGLISE PAROISSIALE**
Ce qui singularise cette église, c'est son clocher à double balustrade coiffé d'une flèche en granit. Pour l'abside et les transepts, ils datent du XVIe siècle et sont inscrits aux Monuments historiques. Les bas-côtés sont, quant à eux, un exemple typique de l'architecture du XVIIIe siècle dans le Finistère. L'église paroissiale révèle également un très élégant retable de style Louis XIV et une Vierge ouvrante, hélas partiellement détruite par un incendie en 1940. Il n'en reste que trois en Bretagne.

Pouldreuzic – Labadan – Penhors

Nom en breton : *Pouldreuzig*
Une école, un centre culturel, un nom qui fleurit les lieux publics : Per Jakès Hélias. Serait-ce le berceau du célèbre Cheval d'orgueil, de celui qui pense que l'histoire – l'officielle – ne s'occupe que des choses sans importance ? Ce Breton bigouden jusqu'au bout des orages est né dans cette commune, où la mer est noyée d'avance aux ports et plages de Penhors contre laquelle viennent s'écraser d'interminables rouleaux blanchâtres, éblouies par une lumière exceptionnelle. Autour de Pouldreuzic, la nature, succession de vallons et de bois, se livre à ceux qui savent l'appréhender avec patience.

■ **OFFICE DE TOURISME**
Place Corentin Henaff
Salle Pierre-Jakez-Hélias
✆ 02 98 54 49 90
www.othpb.com
Basse saison : ouvert le mercredi. Haute saison : du lundi au vendredi. Ouvert les samedis et jours fériés le matin en juillet et août.

Points d'intérêt

■ **LA MAISON DU PATE HENAFF**
Pendreff Izella ✆ 02 98 54 36 59
www.henaff.fr
Basse saison : ouvert du mardi au vendredi de 14h à 17h. Haute saison : du lundi au samedi de 10h à 12h et de 14h à 18h30. Basse saison : avril, mai, juin, septembre, vacances scolaires de février et la Toussaint. Le reste de l'année : se renseigner. Gratuit jusqu'à 12 ans. Adulte : 5,20 €. Enfant (de 12 à 16 ans) : 2 €. Groupe (10 personnes) : 4,20 €. Visite guidée (sur rendez-vous). En Bretagne, le nom de Hénaff est synonyme de pâté... En Bretagne, mais également ailleurs, un peu partout dans l'Hexagone et même au-delà ! Hénaff, le pâté ; Hénaff, la Bretagne ; Hénaff, la bigoudennie et Pouldreuzic au cœur de celle-ci et, comme un aboutissement d'un siècle d'histoire industrielle et humaine, Hénaff, le musée ! Un musée qui a pris ses quartiers dans l'ancienne ferme de Jean Hénaff. C'est en 1915 qu'apparaît la petite boîte bleue, véritable écrin pour ce fameux pâté dont la recette est restée quasiment la même depuis l'origine. Le musée raconte cette saga industrielle et familiale, raconte comment on transformait, dans les années cinquante, des bus réformés pour en faire des batteuses à petits pois, raconte également l'histoire d'un canton et d'un gros bourg breton que rien ne destinait, quoique Jakez Helias, mais ce ne fut que bien plus tard, à être renommé dans le monde entier... ou presque ! Histoire et émotion dans un musée à découvrir sans attendre. Sans oublier de faire un petit tour par la délicieuse boutique située à deux pas.

■ **MUSÉE DE L'AMIRAL**
Plage de Penhors ✆ 02 98 51 52 52
Fax : 02 98 51 52 30
www.museedelamiral.com
Fermé en janvier. Basse saison : ouvert du mardi au vendredi de 10h à 12h et de 14h à 18h ; le week-end de 14h à 18h. Haute saison : tous les jours de 10h à 20h. Haute saison : juillet et août. En juin et septembre ouvert jusqu'à 19h. Gratuit jusqu'à 5 ans. Adulte : 5,80 € (plus de 16 ans). Enfant (de 5 à 15 ans) : 3 €. Groupe (10 personnes) : 4,40 €. Boutique. On peut le visiter en 10 minutes ou en trois jours ! Mais vous surprendrez sans difficultés un juste milieu pour apprécier comme il se doit ce petit musée certes, mais qui renferme plusieurs milliers de trésors marins : au total plus de 10 000 coquillages en provenance du monde entier répartis dans plusieurs dizaines de vitrines, sans oublier les quelques 200 oiseaux marins naturalisés, requins, minéraux, coraux et fossiles. Le tout est mis en valeur par des films, panneaux explicatifs et autres bornes interactives – succès garanti auprès des enfants ! On s'émerveille, on apprend, on découvre cet univers de la mer que l'on connaît souvent trop peu. Une importante partie de la collection de coquillages provient de Guy Segalen, aventurier d'hier qui a ramené ces trésors du monde entier. L'homme n'en n'oublie pas de dispenser un message indispensable de protection de la nature et expose une sélection d'espèces protégées offerte par les douanes à valeur d'exemple... à ne pas suivre ! Car à l'heure du tourisme de masse plus question de prélever des coquillages en souvenir et risquer de détruire des écosystèmes. Pour les admirer, rendez-vous chez l'amiral.

Emplettes

■ BOUTIQUE HÉNAFF
4, route de Plozevet ✆ **02 98 54 36 59**
www.henaff.fr
Basse saison : ouvert du lundi au samedi de 10h à 12h30 et de 14h à 18h30. Haute saison : du lundi au samedi de 10h à 19h.
La boutique Hénaff est située dans un bâtiment récent juste avant l'usine et la Maison du pâté Hénaff. Les inconditionnels de la marque – qui a fêté ses 100 ans en 2007 - ont de quoi s'y réjouir car outre les traditionnelles boîtes de pâté, on y retrouve de nombreuses autres spécialités de la maison comme les terrines ou encore les saucisses fraîches. En panne d'inspiration culinaire ? Des ouvrages de recettes sont là pour vous aider. Et si le célèbre petit cochon vous fait craquer, de nombreux articles de décoration et d'art culinaire ainsi que des vêtements et autres objets siglés vous attendent... Sans oublier les nombreuses autres spécialités locales à découvrir ou à accommoder avec le pâté Hénaff pour des repas 100 % Bretagne !

■ CIDRERIE KERNE
Mesmeur
✆ **02 98 54 41 86**
www.cidre-kerne.fr
Basse saison : ouvert du lundi au samedi de 9h30 à 12h et de 14h à 18h30. Haute saison : du lundi au samedi de 9h30 à 12h30 et de 14h à 19h.
C'est la plus ancienne cidrerie artisanale du Finistère, fondée en 1947 par Pierre Bosser. Ses petits enfants perpétuent aujourd'hui la tradition familiale en élaborant un breuvage récompensé par de nombreuses médailles obtenues au concours général agricole de Paris tandis qu'en 2006, c'est même un prix d'excellence qui avait récompensé le demi-sec, distinction rare venant saluer le travail accompli. Les récoltes suivantes ont également reçu des récompenses, à Paris et en Bretagne (notamment au concours Terralies en 2012). Kerné produit également un cidre bio, Keltys, et un excelent jus de pommes. Une sympathique entreprise familiale et des cidres au bon goût de pomme.

Quimper

En breton, Quimper se dit Kemper et signifie confluent. Une ville qui porte bien son nom puisqu'elle est située au confluent des deux rivières, le Steir et l'Odet, lesquelles sont rejointes par le Jet. A l'époque des Gaulois, ceux-ci avaient remarqué la situation géographique de la ville, véritable carrefour des voies maritimes et terrestres. Ils décidèrent donc de s'installer d'abord sur la rive gauche, sur les rebords du mont Frugy. Mais ils furent chassés par les Celtes venus de Grande-Bretagne et qui donnèrent à la région le nom actuel de Cornouaille. C'est le roi Gradlon, fondateur de la ville mythique d'Ys, qui en fit la capitale. Il nomma également Corentin, l'ermite magicien de la forêt sacrée, premier titulaire épiscopal de la ville. Ce sont ensuite les Romains qui développèrent les activités commerciales, dont la principale fut la poterie. Occupant le site pendant de nombreuses années, ils s'établirent essentiellement sur l'emplacement actuel de Locmaria. C'est au XIIIe siècle que la ville se fortifia d'une enceinte de pierres. Celle-ci perdurera jusqu'au XVIe siècle alors que c'est à partir de 1230 que la vie commence à s'organiser autour de deux axes de circulation (actuellement rue Elie-Fréron et rue Kéréon) qui aboutissent à la cathédrale alors en construction. Il faudra attendre 1532 pour que la Bretagne soit définitivement rattachée à la France par le pacte d'union. Le roi de France, qui ne veut pas perdre cette région, envoie alors une noblesse de robe et fait de Quimper le siège d'un présidial (tribunal d'instance). De nombreux hôtels, dont certains sont encore debout, furent construit par ces riches nouveaux émissaires du roi. Quimper devient alors une ville française à part entière. Au XVIIe siècle, pour des raisons de sécurité, les couvents et les monastères liés à la contre-Réforme viennent s'implanter en ville : école et collèges de jésuites, dames de la Retraite (actuellement occupée par la gendarmerie), séminaire mais aussi ursulines (emplacement du centre d'Art contemporain). Mais, même si Quimper s'agrandit et prospère, son véritable développement ne viendra qu'à la Révolution. La ville est ainsi choisie comme chef-lieu du département en 1790, ce qui en fit un centre administratif important. Et, le 1er janvier 1960, Quimper s'étend en incorporant trois autres communes : Ergué Armel, Kerfeunteun et Penhars. La population passe alors de dix-sept mille à soixante mille habitants. Quimper est toujours une ville active et a plusieurs projets en cours (réhabilitation du parc des expos, création d'un centre de congrès au centre-ville, nouveau pôle artistique et culturel...) C'est également la première ville bretonne a avoir obtenu, en 2011, l'écolabel EVE. (Espaces Verts Ecologiques) pour le vallon Saint-Laurent et la plaine du Moulin Vert. L'agglomération quimpéroise n'a jamais manqué de rappeler sa volonté de continuer à valoriser son patrimoine architectural, gastronomique et environnemental. Pour parfaire son image de ville dynamique, Quimper se lance dans le tourisme d'affaires par la rénovation de deux équipements majeurs le Parc Expo de Penvillers et le centre des congrès du Chapeau Rouge. Une ville où il fait bon vivre.

■ OFFICE DE TOURISME
Place de la Résistance
✆ **02 98 53 04 05**
Fax : 02 98 53 31 33
www.quimper-tourisme.com

■ HB-HENRIOT
Rue Haute
Locmaria
✆ **02 98 90 09 36 / 02 98 52 22 52 (boutique)**
www.hb-henriot.com
Gratuit jusqu'à 7 ans. Adulte : 5 €. Enfant (de 7 à 17 ans) : 2,50 € (18-25 ans : 4 €). Groupe (15 personnes) : 5 € (sur réservation uniquement 02 98 90 09 36). Boutique. Visite en français et en anglais, livret disponible en allemand et en espagnol.
La manufacture HB-Henriot, fondée en 1690, est l'une des plus anciennes entreprises françaises. C'est également

la seule faïencerie quimpéroise à fabriquer et décorer entièrement ses pièces à la main. Les ateliers de la faïencerie, ouverts au public depuis plus de 100 ans, sont donc devenus une étape incontournable de toute visite en Cornouaille. Un guide pourra vous expliquer l'ensemble des métiers de faïencier et le travail quotidien des créateurs. Riche en anecdotes et en informations, cette passionnante visite d'une heure permet au visiteur d'assister à la naissance d'une pièce, de la création de la forme à la décoration à main levée en passant par la cuisson.

 VEDETTES DE L'ODET
2, avenue de l'Odet
Vieux-Port
✆ **02 98 57 00 58**
www.vedettes-odet.com
Croisières sur l'Odet d'avril à fin septembre. Plusieurs départs par jour, se renseigner pour les horaires. Adulte : 27 €. Enfant (de 4 à 12 ans) : 16 €. 6 € pour les enfants de moins de 4 ans. Chiens acceptés (7 €).
De Quimper, l'Odet se jette 15 km plus loin dans l'océan, à l'embouchure du port de Bénodet. Les Vedettes de l'Odet vous propose une paisible promenade, le temps de savourer la richesse d'une rivière contrastée que, jadis, les bateaux marchands encombraient. Longue de 80 km, cette rivière prend sa source dans les Montagnes noires. Sur le sol de Cornouaille, elle relie, par ses rives majestueuses, le Pays bigouden (rive droite) au Pays fouesnantais (rive gauche). Parcourir l'Odet, c'est alors feuilleter un livre d'histoire, de faune et de flore, illustré de quelques légendes distillées au fil de l'eau. Et, le long du parcours, fleurissent manoirs, châteaux et végétation abondante. A savoir : la croisière promenade dure environ 2h15. Et, si vous en voulez plus, pourquoi ne pas choisir une croisière gourmande pendant laquelle vous pourrez découvrir l'Odet tout en dégustant un délicieux repas (à partir de 66 €, croisière comprise). Pas mal non plus, n'est-ce pas ?

▶ **Autre adresse :** Départs également de Bénodet, Loctudy, Beg Meil, La Forêt-Fouesnant et Concarneau.

Pour s'y rendre

En avion

■ **AÉROPORT DE QUIMPER-CORNOUAILLE**
Pluguffan
✆ **02 98 94 30 30**
Fax : 02 98 94 30 14
www.quimper.aeroport.fr
L'aéroport de Quimper-Cornouaille se trouve à 10 km du centre-ville. Du lundi au vendredi, 4 allers-retours en direction de Paris-Orly-Ouest en 1 heure 10. En fin de semaine 2 allers-retours seulement le samedi et le dimanche.

En train

■ **GARE SNCF**
Place Louis-Armand
✆ **3635 (0,34 € la min)**

En car

■ **GARE ROUTIÈRE**
2, place Louis-Armand
✆ **0 810 810 029**
Située à quelques pas de l'Odet et du centre-ville mais aussi à deux pas de sa grande homologue, la SNCF, la gare routière de Quimper met de nombreuses lignes régulières à disposition de ses voyageurs. Et cela grâce au réseau départemental Penn ar Bed. Ces différentes lignes desservent l'ensemble du département et sont au prix unique de 2 € seulement, hormis la ligne Quimper-Brest, qui, elle, est à 6 €...

Faïence Henriot

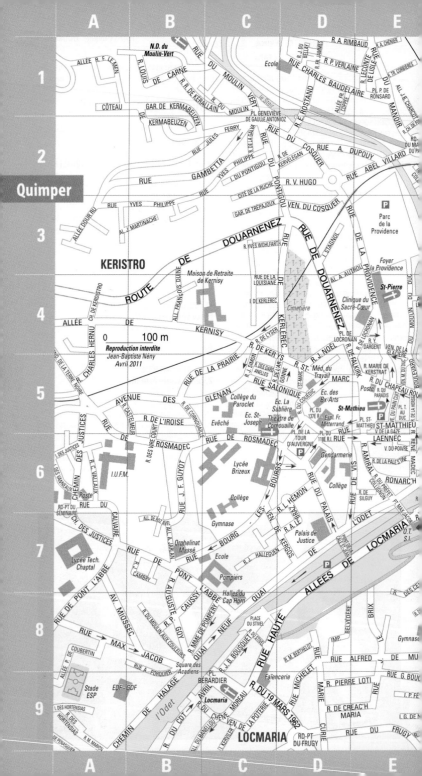

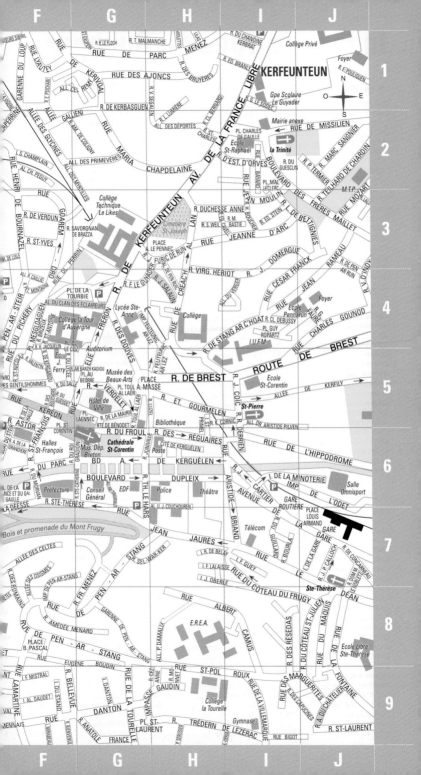

Index des rues de Quimper

Bon plan stationnement

Actuellement, le plan de stationnement est en refonte. Néanmoins, le centre-ville est doté de 6 300 places de parking dont la moitié sont pour l'instant en stationnement gratuit. 17 parkings et quatre zones de stationnement sont à la disposition des automobilistes. Comme dans la plupart des villes françaises, on peut payer son stationnement avec Monéo. Pour l'utiliser, il suffit de le charger dans la plupart des agences bancaires, bureaux de poste et 24h/24 dans les cabines téléphoniques ainsi que dans les distributeurs automatiques de billets affichant le logo. Cartes Moneo en vente sur www.moneo.net.

Pour y circuler

Stationnement

Points d'intérêt

■ LES PASSERELLES

C'est sur l'Odet que quelques dizaines de passerelles, toutes plus fleuries les unes que les autres, permettent au piéton le passage d'une rive à l'autre. D'abord propriétés des résidents de la rive gauche de l'Odet, celles-ci n'ont plus le rôle utilitaire qu'elles avaient avant 1965, date à laquelle fut percé le boulevard Dupleix. Mais les passerelles de Quimper ont tout de même préservé leur caractère d'entrée de jardins privés et elles contribuent toutes aux charmes de la capitale de Cornouaille.

Monuments

■ LA CATHÉDRALE SAINT-CORENTIN
Place Saint-Corentin
✆ **02 98 53 04 05 (Office de Tourisme)**
Ouvert de 9h45 à 12h et de 13h30 à 18h30 de septembre à juin et de 9h45 à 18h30 en juillet et en août. Ouvert dimanche et jours fériés de 14h à 18h30. Visite guidée (en juillet et août : 5,20 € ; tarif réduit : 2,60 ; tarif famille : 10,40 € ; toute l'année pour les groupes sur réservation).
Après 20 ans de travaux, la 8e merveille du monde (considérée comme telle par les Quimpérois !) a ré-ouvert son portail. C'était le 12 décembre 2008. Véritable joyau de l'art gothique breton, les Quimpérois n'ont peut-être pas tout à fait tort à fait tort d'éprouver ce sentiment envers leur cathédrale. Sa construction s'est étalée sur près de six siècles, avec une pause sérieuse de presque 400 ans. Commencée en 1239, c'est au milieu du XIXe qu'elle sera définitivement achevée par la réalisation des deux saisissantes flèches. L'une des particularités de la cathédrale Saint-Corentin, c'est la différence d'orientation entre la nef et le chœur. Pour l'expliquer, deux hypothèses sont avancées : la première fait que le chœur suit l'inclinaison de la tête du Christ sur la croix et l'autre, plus prosaïque, fait état des difficultés rencontrées pendant les travaux (la cathédrale étant construite sur les fondations d'une ancienne cathédrale romane et le sol, en cet endroit, est marécageux du fait de la proximité de l'Odet). Les verrières, quant à elles, furent mises en place entre 1417 et 1419. Un véritable édifice qui vaut le coup d'être vu.

■ HALLES SAINT-FRANÇOIS

Entièrement détruites après le grand incendie de 1976, les Halles Saint-François furent reconstruites pour devenir, à l'heure actuelle, un marché plein de saveurs et de modernité, notamment avec ses échoppes de restauration rapide. Lieu prisé des Quimpérois, on y trouve de superbes étales de poissonniers, mais aussi boulangeries, charcuteries, boucheries, fromageries, fruits et légumes... L'ambiance est sympa et c'est un vrai plaisir d'y faire ses courses...

■ TY KODAK

Quel Quimpérois ne connait pas l'élégante silhouette de cet immeuble aux lignes épurées, sans nul doute le plus original de la ville, et pour certains le plus beau ? Situé à l'angle de la Cité Kerguelen et du boulevard éponyme, le bâtiment, construit en 1933 par l'architecte Olivier Mordrelle pour le fils du photographe Joseph Villard, ne passe pas inaperçu. Considéré comme l'œuvre la plus accomplie de l'architecte, l'immeuble dit « Ty Kodak » est classé Monument Historique depuis 1983.

Musées

■ DISTILLERIE ARTISANALE DU PLESSIS – MUSÉE DE L'ALAMBIC
77, chemin du Quinquis
✆ **02 98 90 75 64**
www.kinkiz-terroir.com
Fléché à partir du rond-point d'Ergué-Armel (2 km)
Ouvert toute l'année. Du lundi au samedi de 9h30 à 12h30 et de 14h à 18h30. Groupe (10 personnes) : 2,50 € (visite guidée sur réservation). Visite libre et gratuite pour les individuels.
Dans ce petit musée chargé d'histoire, c'est toute la tradition des bouilleurs de crus, aujourd'hui en voie de disparition, qui s'expose du fruit à la bouteille. Attenante à la distillerie, une vaste pièce présente d'immenses et curieuses machines (alambics ancestraux ou pressoirs d'un autre âge) qui interpellent le regard et témoignent de ces savoir-faire du passé, les empêchant ainsi de disparaître. A l'extérieur du bâtiment, on trouve également d'anciens pressoirs en granit et en pierre qui témoignent encore d'un temps révolu. Un temps où l'homme (ou le cheval) faisait tourner une lourde roue pour écraser les pommes et en récolter le précieux nectar. Digne héritière de ces savoir-faire ancestraux, la distillerie produit toujours son lambig dans des alambics en cuivre. Mais ce n'est pas tout. La famille Seznec, où l'on

se définit comme artisan liquoriste, s'attèle également à produire du pommeau AOC (qui est souvent récompensé par le concours général agricole de Paris, la dernière fois étant en 2010 avec une médaille d'or), le pastis marin, l'Algane d'océan et bien d'autres créations qui sont d'ailleurs à découvrir et à déguster à la suite de la visite de cet étonnant musée.

■ MUSÉE DÉPARTEMENTAL BRETON
1, rue du Roi-Gradlon
© 02 98 95 21 60
www.museedepartementalbreton.fr

Ouvert toute l'année. Basse saison : du mardi au samedi de 10h à 13h et de 14h à 18h ; le dimanche de 14h à 18h. Haute saison : tous les jours et les jours fériés de 10h à 19h. Haute saison : de juin à septembre. Gratuit jusqu'à 18 ans. Adulte : 4 € (tarif réduit : 2,50 €).

Le Musée départemental Breton propose une véritable immersion dans la Bretagne d'autrefois. Depuis 1846, le musée a pris place dans l'ancien, et non moins remarquable, palais des évêques de Cornouaille. Introduction indispensable à la découverte du Finistère, il présente, à travers ses collections permanentes, l'archéologie, les arts populaires mais aussi les arts décoratifs du département. Après les salles dédiées aux costumes du Finistère, en 2008, ce fut au tour des salles d'exposition permanentes de l'archéologie et de l'art ancien de faire peau neuve en 2010 mettant ainsi en valeur de nouvelles découvertes et acquisitions récentes comme ces urnes funéraires. Au premier étage, quatre magnifiques salles présentent ensuite des costumes traditionnels avant que l'on puisse découvrir de nombreuses mises en scène de mobilier ancien ainsi que de l'orfèvrerie et, pour finir la visite, une rétrospective de la faïence quimpéroise. Depuis 2011, les salles d'archéologie permettent d'apprécier de merveilleux trésors : bijoux d'or de l'âge du bronze et de l'âge de fer, vaisselles d'argent d'un temple romain, monnaies d'or des Gaulois et monnaies d'or de France et d'Angleterre. Celle-ci mène ensuite aux salles d'expositions temporaires. Des expositions temporaires viennent compléter les expositions permanentes du musée.

■ MUSÉE DES BEAUX-ARTS DE QUIMPER
40, place Saint-Corentin
© 02 98 95 45 20
www.musee-beauxarts.quimper.fr

Haute saison : ouvert du mercredi au lundi de 10h à 19h. Adulte : 5 €. Tarif réduit : 3 €. Gratuit pour les moins de 12 ans, les demandeurs d'emploi, les titulaires de la carte d'invalidité, les étudiants en art ; pour tous le dimanche après-midi de novembre à mars. Rampe d'accès sur l'intérieur du musée, 2 ascenseurs, toilettes adaptées. Visite guidée. Boutique. Animation.

C'est dans un petit palais à l'italienne construit en 1867 que se trouve le musée des Beaux-Arts, classé parmi les plus riches musées de Bretagne et de France, grâce à ses collections. Les peintures d'inspiration bretonne, qui s'échelonnent de 1875 à 1905, racontent alors les traditions vivantes et originales de la Bretagne tandis qu'une salle entière est consacrée au poète et peintre Max Jacob, enfant chéri de Quimper. Au premier étage, on peut découvrir le fonds ancien donné, pour l'essentiel, par Jean-Marie Silguy, le fondateur du musée. Cette collection est répartie entre les écoles du Nord (XVIIe siècle), l'école italienne (fin XIVe au XVIIe siècles), et l'école française (XVIIe siècle au XIXe siècle), mais également la collection consacrée aux peintres de l'école de Pont-Aven. A savoir : tous les ans, le musée participe aux journées européennes du patrimoine, à la nuit des musées ou au week-end musées Télérama. Un musée à ne pas rater...

Pont sur l'Odet et cathédrale à Quimper

Balades, flâneries

■ JARDIN DU PRIEURÉ LOCMARIA
Place Bérardier ✆ **02 98 98 88 87**
www.quimper.fr
Accès par la place Bérardier.
Basse saison : ouvert tous les jours de 9h à 17h. Haute saison : tous les jours de 9h à 19h30. Gratuit. Label Jardin remarquable.
Situé le long de l'Odet, le jardin du Prieuré abrite des plantes aromatiques et médiévales dans l'esprit des jardins de monastères. Au milieu de ce superbe jardin de 1 700 m² de surface, on découvre une petite fontaine abritée par un kiosque. A savoir : le jardin du Prieuré ferme ses portes la nuit.

■ LES JARDINS PUBLICS
Les différents jardins publics de Quimper, bichonnés par les services espaces verts de la ville, offrent leurs sièges aux promeneurs qui souhaitent profiter d'un petit moment de détente, pourquoi pas pour déjeuner sur le pouce dès les beaux jours revenus. Que ce soit le Jardin médiéval de Locmaria (accès par la place Bérardier), le Jardin des Remparts (tout près de la cathédrale), le Jardin du Théâtre de style anglais (à deux pas du Théâtre), ou encore le Jardin de la Retraite (accès par la rue Elie-Fréron) qui abrite de nombreuses espèces exotiques, les promenades sont toutes très agréables.

■ LE MONT FRUGY
Après un ouragan survenu dans la nuit du 15 au 16 octobre 1987, les six hectares de hêtres plantés sur cette colline emblématique furent dévastés. Mais, grâce à un élan de solidarité, le Mont Frugy a aujourd'hui retrouvé ses arbres. Et c'est avec plaisir et contentement que les promeneurs pourront s'arrêter et profiter de la superbe vue qu'offre cette colline quimpéroise. Une vue qui embrasse la ville et ses environs...

■ L'ODET
L'Odet, longtemps considérée comme la plus belle rivière de France, doit ce surnom à son cours. Mais, en plus de sa beauté et de son mystère, elle prend, grâce à la marée et à ses berges boisées qui tantôt se resserrent et tantôt s'écartent, des airs de fleuve. Suivant les gorges des Vire-Court, méandres encaissés dans une très belle vallée boisée, bordée çà et là de châteaux, de manoirs et de parcs, chacune de ses rives découvrent alors une suite continue de nobles domaines. On se ravit de suivre une promenade touristique réputée et on admire le vert sylvestre des arbres, quelquefois centenaires, qui se reflète dans l'eau salée, mêlant des voix dodonéennes aux murmures du flot...

■ PARC DU CHATEAU DE LANNIRON
Creac'h Gwen
✆ **02 98 90 62 02**
Ouvert du 15 mai au 15 septembre tous les jours de 9h à 12h et de 14h à 18h. Adulte : 5 €. Enfant (jusqu'à 12 ans) : 2,50 €. Tarif famille (2 adultes et 3 enfants) : 15 €. 1/2 tarif pour les Quimpérois.
Ancienne résidence des évêques de Quimper pendant plus de six siècles, le domaine de Lanniron fut transformé en demeure palladienne au XIXᵉ siècle. Situé sur les rives de l'Odet, le château surplombe de superbes jardins à la française créés au XVIIᵉ siècle. Ceux-ci descendent d'ailleurs en terrasses sur l'Odet. Les jardins, aujourd'hui restaurés, abritent une magnifique collection botanique (implantée par les ancêtres des actuels propriétaires au XIXᵉ siècle). Une promenade délicieuse et romantique, qui peut se conclure par un savoureux repas au restaurant Le Potager de Lanniron situé à l'entrée du domaine. Un endroit tout à fait charmant.

Le couvert

■ CRÊPERIE AN DISKUIZ
12, rue Elie-Fréron ✆ **02 98 95 55 70**
chamburynatalie@gmail.com
Fermé du 29 mai au 6 juin. Fermé pendant 15 jours fin novembre. Ouvert du jeudi au lundi le midi et le soir. Haute saison : le lundi, le mardi et du jeudi au samedi le midi et le soir. Ouvert également le mardi midi et le mercredi midi pendant les vacances scolaires. Réservation recommandée. Carte : 15 € environ. Terrasse.
Poussant sur la rue piétonne sa mini terrasse, la crêperie An diskuiz, signifiant « défatigué » en breton, est une belle adresse tant sur le plan gustatif que décoratif ! Nathalie, la propriétaire férue de décoration, a fait de son établissement un véritable nid douillet et intime, serti entre d'authentiques murs de pierre. Côté cuisine, elle travaille avec des fournisseurs régionaux : le miel de blé noir vient de chez André Créoff, le jus de pomme pétillant vient de chez Paul Coïc et le pommeau arrive tout droit de la distillerie des Menhirs de Plomelin... Quant aux savoureuses garnitures, il s'agit de produits locaux et de légumes frais. Ce ne sont alors pas moins d'une trentaine de crêpes dessert et la même quantité de crêpes au blé noir que propose Nathalie dans sa petite cuisine ouverte sur l'entrée. N'hésitez pas, notamment, à découvrir quelques spécialités de la maison telles que la Braspart en blé noir (chèvre, miel de blé noir et poitrine fumée) ou encore la Tout Karamel en froment.

■ CRÊPERIE DU FRUGY
9, rue Sainte-Thérèse ✆ **02 98 90 32 49**
Ouvert du mardi au samedi de 12h à 14h et de 19h à 22h ; le dimanche soir. Ouvert également le lundi pendant les vacances scolaires.
Au pied du Mont Frugy et à quelques pas de l'office de tourisme mais aussi du centre-ville, on trouve cette petite crêperie de caractère. L'accueil est agréable, tout en gentillesse. Voilà donc une crêperie dans laquelle on se voit bien revenir, quelle que soit l'occasion... On peut y déguster des crêpes salées et sucrées, des spécialités de la maison ou plus classiques, et même gourmandes. Pour vous donner quelques exemple et vous faire saliver en attendant votre venue : galette copieuse, galette Saint-Jacques, complète andouille, mais aussi chèvre et salicorne ou encore lard, chèvre et miel pour le salé. Côté sucré, on trouve les classiques banane, fraise ou chocolat, noix de coco, les spécialités crème de pralin maison, cidrée ou orientale (confiture d'orange, cannelle et miel), mais aussi les gourmandes chocolat blanc, noix de coco ou framboisine. Sans oublier les flambées... Nous voilà, entre tradition et originalité, au royaume des crêpes ! A l'ha

savoir : si vous préférez composer vous-même vos crêpes selon vos goûts et vos envies, c'est également possible, alors n'hésitez pas et laissez faire votre créativité... Et pour accompagner le tout, rien de tel qu'une bolée de cidre.

■ **L'OCÉAN DES SAVEURS**
3, route du Lendu
Moulin du Pont ✆ **02 98 54 74 24**
www.ocean-des-saveurs.net
Sur la route de Bénodet
Ouvert toute l'année. Basse saison : du mardi au dimanche le midi ; du jeudi au dimanche le soir. Haute saison : du mardi au dimanche le midi et le soir. Menus de 19,90 € à 31,90 €. Menu enfant : 8,90 €. Formule du midi : 11,90 € (à 14,9 €). Vin au verre. American Express, Chèque Vacances, Chèque Restaurant. Accueil des groupes (50 personnes maximum). Chaises bébé. Terrasse.
C'est sur la route des plages que cette agréable bâtisse en pierre vous accueille, que ce soit dans l'une des deux salles à manger ou bien sur la superbe terrasse en bois orientée plein sud. Côté cuisine, le chef Alain Renaudin vous confectionne de bons petits plats cuisinés avec des produits frais et de saison. Sans compter bien sûr que, pour ses poissons, il s'approvisionne dans les petits ports de pêche locaux... En entrée, on pourra par exemple déguster la cassolette de noix de Saint-Jacques aux poireaux ou le filet de lieu jaune au jus d'agrumes. Les plats sont tout aussi bons, comme la poêlée de noix de Saint-Jacques aux pleurotes. Mais garder aussi une petite place pour le dessert, au moins pour la verrine de fraise mentholée et son sorbet melon... Un vrai régal. L'Océan des Saveurs propose également des pizzas (sur place et à emporter), des plateaux de fruits de mer sur commande ainsi qu'une formule dégustation apéro-dinatoire. Les prix sont loin d'être excessifs et les plats sont plein de saveurs : une invitation à rester et, surtout, à revenir... A noter : le restaurant dispose désormais d'une troisième salle d'une capacité de 30 places, idéale pour les repas de groupe.

■ **L'AMBROISIE**
49, rue Elie-Fréron ✆ **02 98 95 00 02**
www.ambroisie-quimper.com
Ouvert du mardi au dimanche de 12h à 13h30 ; du mardi au samedi de 19h30 à 21h30. Menus de 24 € à 48 €. Accueil des groupes.
A 200 mètres de la cathédrale, l'Ambroisie est sans conteste la table gastronomique de Quimper, et ce depuis un peu plus d'une vingtaine d'années. Comment pourrait-il en être autrement ? Le chef est talentueux et sait se renouveler pour offrir de nouvelles créations aux palais de ses clients. Notre dernier passage a été à la hauteur de nos attentes et nous a convaincus que l'Ambroisie avait encore de belles années devant elle.

■ **LE NOVA**
33, rue Aristide Briand ✆ **02 98 64 42 58**
www.nova29.com
Ouvert toute l'année. Le lundi, le mardi, le jeudi et le vendredi le midi et le soir ; le mercredi midi ; le samedi soir. Menu unique à 18 € (le soir). Plat du jour : 10 €. Vin au verre. Formules midi de 13 € à 16 €. Chèque Vacances, Chèque Restaurant. Accueil des groupes. Terrasse.

Ce restaurant au cadre élégant a un intérieur blanc, chic et sobre. Chaises confortables, nappes blanches, belle vaisselle... Côté cuisine, on retrouve des plats subtils avec des produits frais et de saison. Pour les plats, on a le choix entre viandes et poissons (papillotte de la criée du jour avec son riz, brochette de Saint-Jacques et chorizo...) ainsi qu'à quelques mélanges sympathiques... Pour les desserts, on se laisse facilement tenter par le gateau au chocolat ou la tarte aux pommes. Le Nova propose des formules rapides pour le midi ainsi qu'une formule du soir.

■ **LE GLOBE**
9, boulevard Amiral-Kerguelen
✆ **02 98 95 09 10**
Ouvert toute l'année. Du lundi au vendredi le midi et le soir ; le samedi soir. Réservation recommandée. Menus de 19,90 € à 31 €. Menu enfant : 9 €. Plat du jour : 11 €. Formules du midi : 15 € (entrée, plat ou plat, dessert) et 18,50 € (entrée, plat, dessert). Accueil des groupes.
C'est dans un cadre agréable que vous serez accueillis et servis par une équipe toujours souriante et prévenante. Côté cuisine, le chef concocte des plats aux multiples saveurs qui nous invitent aux voyages. Vous aurez alors le choix entre la carte, l'un des menus ou bien une formule (uniquement le midi). A la carte, l'assiette du globe nous a fait saliver. Sans oublier la délicate attention de ce restaurant pour nous faire patienter avant l'entrée, ou le plat : quelques petits toasts de tapenade (avec ou sans apéritif)... La table de Laurent est l'une des bonnes adresses de la ville de Quimper.

FINISTÈRE

■ **LE PETIT GAVEAU**
16, rue des Boucheries
✆ **02 98 64 29 86**
Ouvert toute l'année. Le lundi et le mardi le midi ; du mercredi au samedi le midi et le soir. Terrasse.
Restaurant situé tout près de la cahédrale Saint Corentin, Le Petit Gaveau vous réserve quelques belles suprises. Que diriez-vous, dans un premier temps, d'entrer dans un univers cosy et musical, un univers dans lequel on peut manger sur un piano (un Gaveau de 1930, d'où le nom du restaurant). Accrochées au mur de pierre, plusieurs photos en noir et blanc de musiciens. Ca donne le ton. Alors, attention, pensez à réserver car le restaurant affiche souvent complet, surtout le midi, car c'est une table très prisée des Quimpérois. Côté cuisine, la carte est assez simple mais suffisante pour déjeuner rapidement : burger, ribbs barbecue, magret grillé, quelques suggestions du jour tel que le parmentier de canard, ou encore salade ou pomme de terre farcie que l'on peut garnir à notre guise avec les ingrédients choisis parmi une longue liste. Et on n'oublie pas de garder une petite place pour le dessert car le restaurant n'est autre que celui de Georges Larnicol, célèbre chocolatier-pâtissier ! On pourra alors déguster les kouignettes en chaud-froid, les tartes larnicol ou encore la meringue boule de neige...

Le gîte

🦢 **BEST WESTERN – HÔTEL KREGENN****
13, rue des Réguaires
✆ **02 98 95 08 70**
Fax : 02 98 53 85 12
www.hotel-kregenn.fr
△ ❄ 🌳 🍸

Ouvert toute l'année. Accueil 24h/24. 32 chambres. Basse saison : chambre double de 85 € à 150 €. Haute saison : chambre double de 105 € à 220 €. Petit déjeuner buffet : 13 €. Lit supplémentaire : 15 €. Parking : 7 €. Animaux acceptés (15 €). Séminaires. Connexion Internet gratuite. Tv satellite, Canal +.
Idéalement situé en plein cœur de Quimper, à quelques pas seulement de la cathédrale Saint-Corentin et des magasins, cet hôtel a su jouer la carte du charme et de l'élégance. Le Best Western Hôtel Kregenn est un lieu accueillant et reposant. Sa décoration contemporaine, élégante et soignée, mêle harmonieusement le verre et la pierre. Côté chambres, on est rapidement séduit par des ambiances chics, des bains balnéo pour certaines, l'accès à la Wifi, des écrans LCD, Canal +... Autant dire que le charme opère... Sans oublier le magnifique petit jardin avec son mur végétal où l'on apprécie de pouvoir prendre son petit déjeuner (pains et viennoiseries Lenôtre, fruits frais, produits locaux...). Ceux qui préfèrent rester à l'intérieur pourront profiter de la salle réservée à cet

effet. En attendant, on n'hésite pas à se prélasser dans l'un des fauteuils du salon. Rien à dire : Madame Lesage nous a conquis avec son établissement moderne, chic et confortable. Et il nous tarde de revenir pour l'accueil et le professionnalisme de l'équipe. On ne saura donc que vous conseiller d'y faire une halte pendant votre séjour. Une adresse vraiment futée...

■ **HÔTEL ESCALE OCÉANIA****
6, rue Théodore-Le-Hars
Centre Ville
✆ **02 98 53 37 37**
Fax : 02 98 90 31 51
www.oceaniahotels.com
△ 🍸

Ouvert toute l'année. 63 chambres. Chambre double de 100 € à 115 €. Petit déjeuner buffet : 11 €. Parking. Tarif week-end à partir de 69 € pour 2 personnes (petit déjeuner inclus), suites à partir de 135 € (tarif week end à partir de 104 €). American Express, Chèque Vacances. Séminaires. Réceptions et mariages. Connexion Internet gratuite. Wifi gratuit. Restauration (ouvert le soir, du lundi au jeudi et tous les soirs en période estivale. Ouvert le midi sur réservation à partir de 10 personnes). Tv satellite, Canal +.
L'hôtel Escale Océania a rouvert mars 2012 après d'importants travaux de rénovation le rendant encore plus chaleureux et cosy. Bénéficiant d'un emplacement idéal en plein cœur du centre-ville, à quelques pas seulement des quais de l'Odet, du Mont Frugy et de la gare, l'hôtel propose des chambres tout confort au design contemporain avec de larges douches à l'italienne, un espace bar lounge... Chaque chambre dispose de la Wifi, de la télévision satellite et de Canal +, sans oublier que l'hôtel dispose également d'un service pressing.

■ **HÔTEL OCÉANIA QUIMPER****
17, rue du Poher-Kerdrézec
✆ **02 98 90 46 26**
Fax : 02 98 53 01 96
www.oceaniahotels.com
△ ❄ 🍴 🍷 🍸

92 chambres. De 111 € à 141 €. Petit déjeuner buffet : 15 €. Tarif week-end à partir de 80 € pour 2 personnes (petit déjeuner inclus), suites à partir de 151 €. American Express, Chèque Vacances. Séminaires. Wifi gratuit. Restauration (plat du jour : 13,50 €, menu du jour 3 plats : 21,50 €). Le restaurant est ouvert midi et soir du lundi au vendredi, également les samedis et dimanches soir durant la période estivale.
Cet hôtel entièrement rénové vous séduira par ses chambres spacieuses au confort ultra moderne, son restaurant, son bar cosy et sa terrasse sur laquelle on peut profiter également d'une piscine chauffée en saison. A noter également que trois chambres sont accessibles aux

© FORTUNE PELLICANO

Quais devant la Préfecture de Quimper

personnes à mobilité réduite. Au niveau du restaurant, on apprécie la cuisine gourmande du chef qui aime associer les produits bretons aux saveurs d'ailleurs. Le décor est chaleureux, avec vue sur la terrasse et la piscine... Sinon, pendant la journée, vous pouvez aussi profiter du bar qui est ouvert tous les jours de 10h à 23h30.

Gîtes

■ GÎTES DE FRANCE DU FINISTÈRE
5, allée Sully ✆ **02 98 64 20 20**
www.gites-finistere.com
Depuis sa création en 1950, la fédération des Gîtes de France a su développer un savoir-faire et une excellence reconnus. C'est d'ailleurs devenu le premier réseau en Europe d'hébergement chez l'habitant ! Implanté sur tout le territoire français, et donc en Finistère, le label de qualité Gîtes de France garantit des normes de confort précises et le respect d'une charte nationale. Plusieurs possibilités s'offrent à vous : gîtes ruraux, chambres d'hôtes (avec ou sans tables d'hôtes), gîtes d'étape-séjour, camping-chalets... Sans oublier les séjours à thème pour une plus grande facilité de recherche : cabane dans un arbre, écogîte, commerces à proximité, gîtes de mer, locations avec piscine, locations de roulotte, tourisme et handicap, accueil bébé... Difficile alors de ne pas trouver vos vacances de rêves dans un gîte qui vous correspond... Dans tous les cas, quelle que soit la formule retenue, réserver un séjour de courte ou longue durée est toujours source de rencontres sous le signe de l'authenticité car les hommes et les femmes qui ouvrent

leur maison sont attachés à leur région et désireux de partager avec vous une certaine idée de l'accueil. Bravo !

Sorties

Enfants

■ BONOBO PARC
45, rue du Président-Sadate ✆ **02 98 53 09 59**
www.bonoboparc.com
Ouvert toute l'année. Basse saison : le mercredi, le samedi, le dimanche et les jours fériés de 13h30 à 17h30. Haute saison : tous les jours de 10h30 à 18h30. Ouvert tous les jours de 13h30 à 17h30 pendant les vacances scolaires. Selon le parcours, à partir de 7,50 €.
L'Accrobranche ! Cette activité garantie 100 % adrénaline procure son lot d'émotions fortes ! Avec environ 70 ateliers, dont certains atteignent les 15 mètres de hauteur, sur 2 000 m² on a plus qu'à choisir sa formule parmi les nombreuses proposées (parcours Bleu, Choupinet, Sympathique, Sportif ou Extrême). Tout n'est qu'affaire d'âge, de condition physique et de sensations désirées ! Et, ne vous inquiétez pas, des nouveaux parcours seront ajoutés cette année... Comme le vert pour les 7-9 ans et le noir encore plus extrême récemment installés. Saut de Tarzan, tyrolienne, pont de singe, échelle népalaise, rondins suspendus permettent de découvrir l'environnement sous d'autres perspectives. Frissons et plaisirs garantis ! Sans oublier la sécurité toujours, et plus que jamais, assurée...

Bars, pubs

■ **AN POINTIN STILL**
2, avenue de la Libération
© 02 98 90 02 77
Ouvert toute l'année. Du lundi au samedi de 15h à 1h ; le dimanche de 17h à 1h.
C'est le plus irlandais des pubs irlandais ! Ici on rencontre bien des amis dans le tintement des chopes et, au fur et à mesure des heures, l'ambiance se délie progressivement jusqu'à plus soif dans la nuit en écoutant de la musique qui dynamise la bonne humeur... Sans compter que tous les vendredis, la musique irlandaise fait son show avec des sessions de musique spécialement proposées dans le style, tandis que chaque 1er samedi du mois, c'est le rock qui s'affiche le temps d'un concert. Au fait, pour info, An Pointin Still est une eau-de-vie irlandaise distillée clandestinement dont une simple gorgée suffirait, dit-on, à faire décoller un Airbus 380 ! Mais de nos jours, il n'est guère aisé d'en dénicher une bouteille...

LE CEILI
4, rue Aristide-Briand © 02 98 95 17 61
Ouvert toute l'année. Du lundi au samedi de 10h à 1h ; le dimanche et les jours fériés de 17h à 1h. Terrasse. Restauration. Concerts. En un peu plus de 30 ans d'existence, le Ceili s'est imposé comme une véritable institution quimpéroise. C'est l'un des hauts lieux de la celtitude conviviale haute en couleur, où l'on échange dans un réjouissant brouhaha en français, en breton, en gallois parfois, en gaélique même, autour de bières bretonnes et irlandaises, de whisky, de whiskey et d'excellents petits vins de propriétaires. Sans oublier aux frimas le vin chaud maison que les amateurs s'accordent à qualifier d'exceptionnel ! Les assoiffés de rencontres, de cultures celtiques – ou assoiffés tout court ! – aiment à se retrouver en ce lieu atypique. Concerts improvisés, la musique et la danse n'ont jamais déserté les lieux, avec en apogée, l'épilogue du triomphe des sonneurs lors du Festival de Cornouaille devant les pompes à bière trônant alors sur le trottoir.

■ **LE SAINT-ANDREWS**
11, place du Styvel © 02 98 53 34 49
Ouvert tous les jours de 11h à 1h. Terrasse.
Installé rive gauche, ce pub est décoré avec ce qui se fait de mieux outre-Manche, notamment l'impressionnante caisse enregistreuse. Sans heurt et vulgarité d'aucune sorte, que ce soit pour quelques rafraîchissements et une petite restauration de qualité en salle ou en terrasse, il reste très british. Grand choix de bières, très belle sélection de whiskies majoritairement venus d'Ecosse, autant d'appréciables stimulants pour d'agréables soirées !

Emplettes

ARMOR LUX
ZI de Kerdroniou
21, 23, rue Louison Bobet © 02 98 90 05 29
Fax : 02 98 90 66 21
www.armorlux.com
Ouvert du lundi au samedi de 9h30 à 19h.

C'est en 1938 que les Bonneteries d'Armor furent créées pour connaître, par la suite, un grand succès depuis la fin des années 50 avec le célèbre pull marin et le tricot rayé. Aujourd'hui ce sont quatre marques que l'entreprise produit et commercialise : « Armor-Lux » pour tous les vêtements de style marin et les sous-vêtements, « Terre et Mer » dédiée aux femmes plutôt « branchées », « Bermudes » pour les vêtements inspirés par l'univers du nautisme et « Armor kids » pour les enfants. Avec ses valeurs (qualité, innovation et éthique), la marque a fait de nombreux adeptes. Et, en 2005, soucieuse du développement durable, la ligne en coton équitable labellisée Max Havelaar est créée. A côté de l'usine se trouve une boutique de 1 500 m^2, dans laquelle sont également exposées quelques machines de fabrication. Ce magasin propose, en dehors des nouvelles collections de vêtements, des produits régionaux, des objets déco, des articles textiles et accessoires François Le Villec. En ressortant sur le parking se trouve l'espace braderie d'Armor Lux, situé dans un grand entrepôt, et dans lequel sont proposées des affaires à prix cassés. Sans oublier les deux braderies de fin novembre et début mai...

■ **LE COMPTOIR IRLANDAIS**
8, quai de l'Odet © 02 98 64 21 21
www.comptoir-irlandais.com
Ouvert le lundi de 14h à 19h ; du mardi au samedi de 10h à 13h et de 14h à 19h. Le Comptoir Irlandais est une enseigne incontournable dans le paysage breton. Elle a été fondée il y a déjà 25 ans ! Une véritable petite ambassade de la verte Erin, où les amateurs de culture irlandaise seront ravis... Dans cette boutique, on se sent comme là-bas grâce à l'ambiance et aux nombreux produits proposés, tous issus de la culture irlandaise. On y trouve, entre autres, des articles pour la cuisine (mugs, tasses, tabliers, gants...), mais aussi des vêtements (pulls en laine vierge, gilets, duffle coats, polos, maillots et accessoires de rugby, grosses chaussettes en laine, écharpes, bonnets, et même des kilts pour vous messieurs...). Sans oublier l'impressionnant rayon whisky et bien sûr les bières... Les amateurs vous le diront : la boutique cache quelques petites merveilles. Elle propose également de nombreuses sortes de thé qui occupent un autre rayon tout aussi important. Des gâteaux, de la marmelade, du caramel, des peluches, des affiches, un grand choix de bières, des bijoux, du chocolat, c'est aussi tout cela que nous pouvons trouver dans ce magasin qui n'attend plus que vous.

HB-HENRIOT
Rue Haute – Locmaria
© 02 98 90 09 36 / 02 98 52 22 52 (boutique)
www.hb-henriot.com
Ouvert du mardi au samedi de 10h à 12h45 et de 13h45 à 18h30. Tarifs pour les visites : adultes : 5 €, enfants : 2,50 €. Gratuit pour les moins de 8 ans. Groupes à partir de 15 personnes : 5 €.
Seule faïencerie quimpéroise à fabriquer et décorer entièrement ses pièces à la main, la manufacture HB Henriot a été fondée en 1690. Dans son magasin d'usine, c'est toute la magie de la faïence de Quimper en 1er et 2e choix, du traditionnel au plus contemporain, qui s'expose au gré de la mise en espace. Arts de la table déclinés sur une vingtaine de décors des plus traditionnels aux plus récents,

célèbre bol à oreilles et à prénom, objets de décoration pour égayer son intérieur et faire des cadeaux originaux, nouvelle collection de bijoux en faïence, art religieux, réédition de pièces d'artistes en émail monochrome et séries limitées... de nombreux trésors de la plus ancienne faïencerie de Bretagne s'offrent à vous.

Panier gourmand

■ BISCUITERIE DE QUIMPER STYVELL
8, rue Chanoine-Moreau ℰ **02 98 53 10 13**
www.biscuiteriedequimper.com
Ouvert du lundi au samedi de 9h30 à 12h30 et de 14h à 18h30. Voilà une biscuiterie qui fabrique de délicieuses galettes et palets bretons sentant bon le beurre frais de baratte. On en salive déjà... Pour les connaisseurs, les curieux, ou les gourmands, on y trouve également ces délicates crêpes dentelles qui laissent un fin arôme de beurre caramélisée sur les papilles ainsi que du très bon kouign amann, des gâteaux bretons... Outre cette délicieuse entrée en matière, la biscuiterie de Quimper propose un vaste choix de conserves artisanales, diverses boissons bretonnes, de la vaisselle et du linge de maison... Le tout agréablement agencé dans un magasin spacieux.

CIDRERIE MANOIR DU KINKIZ
75, chemin du Quinquis
Ergue-Armel ℰ **02 98 90 20 57**
www.kinkiz-terroir.com
Ouvert du lundi au samedi de 9h30 à 12h30 et de 14h à 18h30. Dégustation et vente.
De passage à Quimper, il serait dommage de ne pas visiter la cidrerie du Kinkiz. Dans ce manoir, on peut suivre toutes les étapes de la fabrication du cidre et du pommeau. Des vergers au superbe chai du Manoir, les cidres élevés en fûts de chêne s'affirment alors comme les fleurons de l'artisanat cidricole. Mais avant d'en arriver là, plusieurs étapes sont donc nécessaires : ramassage à la main, broyage, filtration, assemblage et vieillissement. C'est seulement après tout cela que le cidre peut être mis en bouteille. On découvre alors les plus belles réussites de la cidrerie : le cidre Cornouaille AOC (médaille d'Argent en 2008) et le pommeau de Bretagne AOC (médaille d'Or en 2009 et en 2010). Des récompenses gagnées au Concours Général Agricole de Paris... On n'oublie pas non plus le lambig et la fine de Bretagne (médaille d'Or en 2008). En 2007, Hervé Seznec a même reçu le prix d'excellence pour l'ensemble de ses productions récompensées ! Récemment sortie des alambics du Kinkiz : une nouvelle eau-de-vie provenant de la distillation d'un cidre frais joliment nommée Gwen Blanche. Héritier d'un véritable savoir-faire, Hervé Seznec perpétue ici, dans l'excellence, la longue tradition familiale.

■ LES MACARONS DE PHILOMÈNE
13, rue Kéréon ℰ **02 98 95 21 40**
www.macaron-quimper.com
Ouvert du mardi au samedi de 9h à 19h.
Cette institution quimpéroise, dirigée par M. et Mme Michélis, est spécialisée dans les macarons. Ces petites douceurs rondes aux couleurs acidulées sont déclinées en de multiples parfums. On peut en déguster à la vanille, au chocolat, au caramel au beurre salé, à la fraise de Plougastel, à la noisette... Sans oublier les goûts tels que badiane, Grand Marnier ou Violette Impériale. Ici, les macarons se font en deux tailles : moyens et grands. Et on peut les emporter dans de belles boîtes de 6, 12 ou 24. Malheureusement, la maison ne livre pas car ces merveilleux petits macarons ne le supporteraient pas...

■ MAISON LARNICOL
14, rue des Boucheries ℰ **02 98 64 29 86**
www.chocolaterielarnicol.fr
Dans le sud-ouest finistérien et même au-delà des frontières du département, les délices de Georges Larnicol ne sont ignorés par aucun amateur de douceurs. Si vous ne connaissez pas encore les kouignettes (déclinaisons du kouign amann, au caramel au beurre salé ou à un autre parfum), n'hésitez pas à franchir le seuil de cette maison. On y trouve également la surprenante torchette (une galette sans beurre, sans jaune d'œuf, mais aux algues de Bretagne et aux fruits secs) ou encore les incomparables macarons, travaillés avec des fruits frais et sans matière grasse animale... La maison Larnicol, c'est aussi des galettes blé noir et froment, des palets, des cookies, des caramels au beurre salé, sans oublier les superbes spécialités au chocolat : rochers, galets, fritures, enrobés, « boules à jojo » (praliné et crêpe dentelle...). A offrir dans de beaux coffrets cadeau ou à s'offrir, tout simplement. N'hésitez pas à rentrer dans la boutique pour vous faire plaisir et pour y admirer les superbes créations en chocolat, de véritables œuvres d'art !

Vins et alcools

■ DISTILLERIE ARTISANALE DU PLESSIS – MUSÉE DE L'ALAMBIC
77, chemin du Quinquis
ℰ **02 98 90 75 64**
www.kinkiz-terroir.com
Fléché à partir du rond-point d'Ergué-Armel (2 km)
Ouvert du lundi au samedi de 9h30 à 12h30 et de 14h à 18h30.
Fondée en 1980 par Pierre Seznec, la Distillerie du Plessis, même si elle est toujours très attachée aux méthodes traditionnelles, n'en reste pas là. Elle fait montre également de créativité et d'innovation. D'ailleurs, l'artisan liquoriste, comme on aime à se définir chez les Seznec, n'en finit pas de glaner des récompenses, preuve de son souci de l'excellence. En dernier lieu, c'est une nouvelle médaille d'or qui a été décernée à Paris en 2010 pour le pommeau de Bretagne AOC. De nombreuses autres boissons sont sorties de cet amour des produits authentiques : Lambig de haute volée, liqueurs et apéritifs aux multiples parfums de fruits... Sans oublier le Kremmig, une crème d'eau de vie de cidre subtilement parfumée. Et, toujours dans cette même démarche de qualité, la distillerie a élargi sa gamme à d'autres productions du terroir comme le jus de pomme, le vinaigre de cidre, mais également les confitures artisanales et les confiseries (au caramel au beurre salé et à la pomme...). Pour découvrir les secrets de cette distillerie d'exception, n'hésitez pas à profiter de la visite guidée et commentée de la cidrerie. Une visite passionnante qui se termine par une succulente dégustation.

▪ Dans les environs

Plomelin

Nom breton : Ploveilh

D'ici démarrent de superbes promenades le lond de l'Odet. La commune, qui dispose d'un beau patrimoine culturel, propose d'ailleurs trois circuits pédestres thématiques. Lors de vos balades, vous pourrez découvrir la cale de Rosulien et son superbe moulin à marée, le colombier de Lestremeur, la chapelle Saint-Philibert restaurée il y a peu de temps, mais aussi les vire-courts de la « plus jolie rivière de France »... Ce sont plus de 20 kilomètres de sentiers qui parcourent cette douce campagne à proximité de la mer.

■ GOLF DE KERBERNEZ
Route des Châteaux
✆ **02 98 94 28 31**
Fax : 02 98 94 42 22
www.golfdekerbernez.com
Ouvert toute l'année. Restauration. Boutique.
Situé sur la route des Châteaux et bordant l'Odet, à seulement quelques minutes de Quimper, on peut découvrir le golf de Kerbernez au cœur d'un domaine naturel et boisé de 123 hectares. Celui-ci vous offre alors un grand parcours de 9 trous qui allie la simplicité avec la technicité. Mais attention, il demande tout de même du calme et de la concentration du premier jusqu'au dernier trou ! Pour les débutants, ils ont à leur disposition un parcours compact de 9 trous plus petit, idéal pour commencer. A savoir : les golfeurs disposent également d'un putting green et d'un trou d'entraînement. Vous pourrez alors venir vous entraîner seul ou prendre des cours d'initiation pour adultes et enfants ainsi que des cours de perfectionnement individuels ou collectifs et des stages à la semaine. Et s'il vous manque du matériel, sachez que le golf dispose d'un chalet d'accueil et d'un manoir dans lequel vous pourrez achetez divers articles pour parfaire la panoplie du bon golfeur (balles, gants, tees et location de clubs et de sacs 1/2 série...)

 **DISTILLERIE DES MENHIRS**
Pont-Menhir
✆ **02 98 94 23 68**
www.distillerie.fr
Ouvert toute l'année. Visites guidée gratuites organisées en juillet et en août, du lundi au jeudi à 10h30, 15h et 16h30 ; le vendredi à 10h30 et 15h. Les autres mois de l'année, visite sur rendez-vous.
Guy Le Lay est un sorcier ! Mais il a de qui tenir, il est le représentant, digne et talentueux d'une longue lignée de distillateurs. Il faut découvrir sa dernière splendeur, « Eddu Silver », un whisky original uniquement élaboré à partir de blé noir breton, et uniquement de blé noir, ce qui est une grande première mondiale. La divine boisson exhale un arôme de bois vanillé. En bouche c'est un florilège de goûts fruités, des notes de miel et d'épices. Vient s'ajouter à la gamme un petit frère, le blended whisky « Eddu Grey Rock » et le prestigieux « Eddu Gold ». Également du cidre, du lambig A.O.R., produit ici depuis 1921 est il est proposée en deux versions, classique (3 ans d'âge) et vieille réserve (7 ans d'âge).

Du pommeau de Bretagne A.O.C. décliné lui aussi en deux versions, classique (2 ans d'âge) ou vieux (4 à 5 ans d'âge). Pommeau et lambig ont régulièrement été primés au concours Général Agricole de Paris. Une grande maison.

Pluguffan

Nom breton : Pluguen

Avec ses 18 km de sentiers de randonnée, son église de 1916, édifice classé, ainsi qu'un riche patrimoine, la commune de Pluguffan est à visiter. On pourra y découvrir la chapelle Notre-Dame-de-Grâce datant de 1685 et agrandie en 1867, seule chapelle subsistant sur la commune, mais aussi des calvaires et croix de chemins ainsi que fontaines, lavoirs et fours à pain. Sans oublier le dolmen de Menez Liaven et un patrimoine privé avec le Manoir de Kerfeneg, celui de Keriner ou encore de Keraskoed... C'est également à Pluguffan que se trouve l'aéroport de Quimper.

■ CHAPELLE NOTRE-DAME-DE-GRÂCE
Érigée en 1685, la chapelle Notre-Dame de Grâce a été agrandie en 1867 par l'architecte Joseph Bigot. C'est aujourd'hui la seule chapelle subsistant sur la commune. A l'intérieur, on peut retrouver un beau transept et un chœur datant de la fin du siècle dernier. Une fresque mise au jour en 1978 et plusieurs éléments décoratifs sont également inscrits à l'Inventaire supplémentaire des Monuments historiques. Aux alentours, le calvaire et la fontaine du XVIIe siècle ne sont pas non plus dénués de charme... Pour le pardon, il s'y déroule chaque année le 1er dimanche de septembre.

■ ÉGLISE SAINT-CUFFAN
Reconstruite et agrandie au XVe siècle, cette église paroissiale, relativement ancienne puisque certains éléments dont le chœur, datent du XIIIe siècle, attire l'attention par son chevet plat et son porche gothique, sans oublier la voûte de la nef romane. A côté d'elle, un arc de triomphe mène à l'enclos. Et si on cherche bien, on peut découvrir de nombreux signes et inscriptions gravés dans la pierre, tant à l'extérieur qu'à l'intérieur...

Quimperlé

Quimperlé doit son nom au fait qu'elle est au confluent de deux rivières l'Isole et l'Ellé qui se joignent pour faire la Laïta et sertissent dans leurs griffes ce pur joyau, cette ville millénaire pleine d'une joie bucolique et pacifique. Quimperlé, celle qu'on appelle aussi parfois le mont Saint-Michel de la terre, possède également de prestigieux monuments religieux : en particulier l'église Notre-Dame, l'église Sainte-Croix – l'un des plus beaux vestiges de l'art roman – et les ruines classées de l'église Saint-Colomban. De la haute ville au quartier historique de la basse ville, ce ne sont que pittoresques ruelles, escaliers pavés, ponts et passerelles. Quartier aristocratique, sorte de « petit Marais », dans la rue Bremont-d'Ars les belles demeures en pierre, à colombages et les hôtels particuliers du XVIe au XIXe étendent leurs jardins jusqu'aux rivières

Costumes traditionnels

de l'Isole ou de l'Ellé. Rue Dom-Morice, les magnifiques maisons à encorbellements et à colombages de cette petite voie pavée,, témoignent de l'architecture du XVᵉ au XVIIᵉ et notamment, jouxtant la Maison des Archers (1550, classée), une ancienne échoppe ayant conservé son étal en pierre. Anciennement « Pen-Pont-Elle », le pont fleuri a conservé de l'époque médiévale son aspect en dos d'âne, ses puissants éperons et deux de ses six arches. Pour les amoureux du fil de l'eau, les rivières sont une occasion de faire des parcours de kayak inoubliables le long des ruines de l'abbaye de Saint-Maurice. Quimperlé est un des centres de la culture bretonne, et aime à rappeler qu'elle a eu comme enfants le sonneur le plus illustre de tous les temps, Matilin an Dall, le fameux historien de la Bretagne Dom Morice, le père de la littérature bretonne Théodore Hersart de la Villemarqué et le docteur Cotonnec restaurateur du Gouren vers 1930.

■ **OFFICE DE TOURISME**
3, place Charles-de-Gaulle
℡ **02 98 96 04 32**
Fax : 02 98 96 16 12
www.quimperle-terreoceane.com

Points d'intérêt

■ **COUVENT DES URSULINES**
Rue Jules-Ferry
Haute ville
Édifié au XVIIᵉ siècle, le couvent des Ursulines était un lieu réputé pour les jeunes filles de milieux favorisés. Puis en 1907, après l'expulsion des religieuses, l'établissement s'est mis à accueillir des écoles publiques de filles. D'un abord assez austère, situé dans un magnifique jardin, le visiteur peut découvrir des inscriptions sculptées dans le granit et, à l'intérieur, un plafond décoré à la feuille d'or, significatif du style baroque. C'est en 2007 que le Département a pris en charge la rénovation des bâtiments tandis que la Ville expose déjà de l'Art Contemporain depuis 1996 dans la chapelle des Ursulines.

■ **ÉGLISE SAINTE-CROIX**
Rue de la Paix – Basse ville
Érigé à la fin du XIᵉ siècle par les bénédictins, le monument a vu son clocher, datant du XVIIᵉ siècle, s'écrouler le 21 mars 1862 et entraîner avec lui la destruction d'une partie de l'église. Heureusement, le chœur des moines – un sommet de l'art roman – ainsi que la crypte, l'une des plus belles de Bretagne, sont restés intacts. Exacte réplique de l'église du Saint-Sépulcre de Jérusalem, elle a été classée aux Monuments Historiques. Sainte-Croix, remarquable par l'ampleur de ses volumes et son plan cruciforme, est l'unique église romane bretonne de plan circulaire. Elle est également dotée d'un riche mobilier dont une mise au tombeau (vers 1500) et un retable Renaissance (1541).

■ **HÔPITAL FREMEUR ET CHAPELLE SAINT-EUTROPE**
Rue de l'Hôpital-Frémeur – Haute ville
Sans connaître la date exacte de la fondation de cet hôpital, un premier bâtiment de soins remonterait tout de même au XIVᵉ siècle alors que plusieurs léproseries et « maladreries » sont attestées dans les environs de la ville dès le XIIIᵉ siècle. Au sein de l'hôpital se trouve la chapelle Saint-Eutrope, datant du XVIᵉ siècle, qui communique directement avec les salles des malades. Ces derniers pouvaient alors entendre ou assister à la messe. Cette curiosité architecturale ne fait que confirmer un ensemble unique dans l'Ouest et typique d'un hôpital médiéval.

■ **LA MAISON DES ARCHERS**
Rue Dom-Morice – Basse ville
Demeure de notable datant du XVᵉ siècle, cette maison fait partie du témoignage de l'habitat urbain. D'abord transformée en école privée au début du XXᵉ siècle, elle est ensuite léguée à la ville. Aujourd'hui, cette belle maison bourgeoise accueille de nombreuses troupes de théâtres, danseurs, conteurs... Elle est consacrée aux spectacles vivants et à la création contemporaine. Durant l'été, une exposition sur le patrimoine y est généralement présentée.

FINISTÈRE

© STÉPHANE SAVIGNARD

■ NOTRE-DAME DE L'ASSOMPTION
Haute ville

Avec sa grosse tour carrée, l'église, facilement reconnaissable, est un bel exemple d'architecture Renaissance bretonne. Aujourd'hui plus connue sous le nom d'église Saint-Michel, nom qui lui fut donné au XVIIe siècle, elle a été bâtie en deux phases : d'abord la nef, qui date de la fin du XIIIe siècle, puis le chœur, le clocher et les porches qui ont été reconstruits au début du XVe en gothique flamboyant. Dominant la Haute Ville, l'église Notre-Dame de l'Assomption est classée aux Monuments Historiques et conserve, notamment, un riche statuaire ainsi que l'une des plus anciennes sablières de Bretagne (1430).

■ PONT FLEURI
Basse ville

C'est pour franchir l'Ellé, sur la voie Quimper-Nantes, que ce pont a été construit probablement au XVe siècle. Il donnait alors accès, à partir du Vannetais, à l'une des trois portes fortifiées de la ville. Pour la petite anecdote, la duchesse Anne y passa en 1505. Malgré la destruction de ses quatre arches gothiques à cause d'une crue très puissante en 1746, celles-ci furent remplacées par deux grandes arches en anse de panier. Le pont fleuri de Quimperlé a donc pu conserver tout son aspect médiéval...

■ LE PRÉSIDIAL
Rue Brémond-d'Ars
Basse ville
☎ 02 98 39 14 60

Construit en 1683 pour remplacer les halles médiévales, le Présidial est, dans la région, l'un des rares monuments historiques à vocation judiciaire. A l'époque, le premier étage était dévolu au tribunal et au siège de la municipalité tandis que le rez-de-chaussée était occupé par des commerçants ambulants. Et, alors que les halles furent détruites en 1829, le seul vestige conservé du bâtiment d'origine est le superbe escalier avec montées convergentes et rampes à balustres. A l'heure actuelle, le Présidial, fortement diminué en surface, accueille chaque année des expositions d'art contemporain de pratiques artistiques diverses (peinture, sculpture, photos...).

■ RUE BRÉMOND-D'ARS
Basse ville

Ce joli quartier aristocratique, sorte de petit « Marais » quimperlois, révèle les belles demeures en pierres, à colombages, mais aussi les hôtels particuliers du XVIe siècle, voire du XVe siècle et leurs superbes jardins qui s'étendent parfois jusqu'aux rivières de l'Isole ou de l'Ellé. On pourra également passer devant les ruines classées de l'ancienne église Saint-Colomban datant du XIe-XVIe siècles.

■ RUE DOM-MORICE
Basse ville

Cette petite voie pavée est bordée de magnifiques maisons à encorbellements et à colombages qui témoignent de l'architecture du XVe siècle et du XVIIe siècle.

Le couvert

■ LE SAINT-MICHEL
22, place Saint-Michel
Haute ville *☎ 02 98 39 16 81*
le_saintmichel_brasserie@sfr.fr
Ouvert toute l'année. Du lundi au samedi le midi et le soir. Menu unique à 28 €. Menu enfant : 8,20 €. Formule du midi : 12,80 € (à 16,50 € avec entrée, plat et dessert). Terrasse.

Situé dans le quartier historique de Quimperlé, le quartier Saint-Michel, cet établissement sympathique propose une cuisine simple et agréable. Installé en terrasse pour profiter des premiers rayons de soleil, dans la première salle en entrant dans le restaurant ou à l'étage du dessous, vous pourrez y découvrir une carte variée avec, au choix, pâtes, pizzas, viandes et poissons. De quoi satisfaire tout un chacun. Mais déjà pour les entrées, vous pourrez choisir, pourquoi pas, un croustillant de chèvre chaud aux pommes caramélisées ou une salade océane avec gambas et saumon grillés... Pour les pâtes, le Saint-Michel reste dans les valeurs sûres avec les carbonara, les bolognaises ou encore les lasagnes. Sinon, vous pourrez toujours opter pour un confit de canard maison, une escalope de veau, ou des gambas et Saint-Jacques... Sans oublier les pizzas telles que Reine, Royale, Fromagère, Nordique, Parmesane, Quatre Saisons, Hawaïenne, Océane... De quoi se régaler. Côté desserts, le Saint-Michel propose des crèmes brûlées, des tiramisus, des mousses au chocolat ou encore des cafés ou thés gourmands. Et après le déjeuner, une belle promenade dans le quartier historique, ça vous tente ?

Le gîte

 DOMAINE DE KERVAIL
10, rue de Kervail *☎ 02 98 35 06 47*
www.domaine-de-kervail.com

Ouvert toute l'année. 4 chambres. Chambre double €. Petit déjeuner inclus. Animaux acceptés. Wifi gratuit. Restauration.

D'abord relais de diligence en 1911, ce domaine est devenu en 2004 une superbe longère de caractère. On y trouve alors quatre chambres d'hôtes déclinées en quatre ambiances différentes. Ce qu'on peut dire, c'est qu'elles sont décorées avec goût. Le soir, la table d'hôtes permet de savourer une cuisine régionale. On se sent ici comme à la table familiale. Au petit déjeuner, des gourmandises bretonnes garnissent la table.

Loisirs

■ CANOE-KAYAK CLUB
Base de St Nicolas *☎ 02 98 39 24 17*
http://kayak-quimperle.org
Ouvert toute l'année. Réservation obligatoire hors saison. Stages durant les vacances scolaires.

Ouvert toute l'année et accessible à tous, le club de kayak de Quimperlé propose diverses activités pour petits et grands : école de pagaie à partir de 7 ans, école de sport, loisirs adultes avec randonnées en kayak de mer ou en rivière tous les samedis, mais aussi groupe de compétition. A savoir : le club propose également la location de canoë et de kayak en juillet et en août sur la Laïta pour une heure, à la descente ou à la journée au choix. Pour pratiquer cette activité, il faut juste savoir nager... Des stages sont aussi organisés pour les individuels ou pour les groupes.

▪ Dans les environs

Mellac

■ MANOIR DE KERNAULT
✆ 02 98 71 90 60
www.manoir-de-kernault.com
Fermé en janvier. Basse saison : ouvert de 14h à 18h. Haute saison : tous les jours de 10h à 12h30 et de 14h à 19h. Gratuit jusqu'à 7 ans. Adulte : 5 €. Enfant (de 7 à 17 ans) : 1 €. Tarif réduit : 2,50 € pour les 18-25 ans.
Le manoir de Kernault, construit au XVe siècle et classé Monument historique, témoigne de l'architecture des manoirs bretons depuis le Moyen Age. Situé dans un parc de 30 ha au caractère champêtre, on découvre au gré de sa promenade, chevaux de trait breton, moutons d'Ouessant, vaches et poneys écossais. Le Manoir présente des particularités remarquables, entre autre de superbes tapisseries de Bruxelles et de Flandres ou encore ces pots à oiseaux insérés dans la façade du logis. Lieu de promenade mais aussi espace culturel vivant, des expositions temporaires et des animations sont régulièrement organisées, goûter breton – juillet et août –, fête d'automne et veillées, Des Mots des Mômes en avril. . . Fidèle à sa programmation culturelle axée sur la parole et la transmission orale, le Manoir propose, pour 2013, un parcours expo (du 23 mars au 11 novembre) avec pour thème « Chantons toujours (Kanomp Bepred) « . Et à partir de l'automne, ce sont les confidences des visiteurs que l'on pourra entendre en se promenant dans le parc... des « confidences sonores » à aller écouter dès que possible !

Riec-sur-Belon

C'est située entre les rivières de l'Aven et du Belon que se trouve Riec, très réputée pour ses huîtres... Contrairement à certaines idées reçues, les huîtres ne naissent ni ne grandissent dans les eaux de l'Aven, mais viennent seulement y terminer leur maturité. C'est le mélange d'eau salée et d'eau douce qui leur donne ainsi ce goût unique de noisette.
Un coquillage à déguster simplement. Un délice pour le palais mais aussi pour le corps. Si vous êtes plutôt amateur de vieilles pierres chargées d'histoire, vous serez également ici dans un petit coin de paradis. N'hésitez pas alors à aller faire une petite escapade à la pointe de Penquerneo. Un passage obligé... Là, vous pourrez découvrir les ruines de l'ancien fort de Belon qui était à l'époque chargé de garder l'entrée des deux rivières. Cet endroit plein de charme inspira même les maîtres de l'Ecole de Pont-Aven. Et, pour compléter ce splendide tableau, les deux jolis petits ports de Rosbras et du Belon s'ouvrent sur l'Océan...

■ OFFICE DE TOURISME
2, rue des Gentilshommes
✆ 02 98 06 97 65
Fax : 02 98 06 93 73
www.quimperle-terreoceane.com

Points d'intérêt

■ MENHIRS ET DOLMENS
On ne s'étonne plus de voir des menhirs (« pierres longues ») et des dolmens (« pierres basses ») en Bretagne... Et voilà que le menhir de Kerfany, qui mesure plus de six mètres, est un menhir renversé ! Pour y accéder, il suffit d'emprunter la route de Quimperlé en direction de Lescoat. D'autres vestiges de la Préhistoire sont également intéressants comme l'allée couverte de Kerantiec mais aussi la stèle de Penlan. Car il est vrai que la commune de Riec-sur-Belon, n'oublions pas de le dire, est particulièrement riche en la matière...

FINISTÈRE

Les coques sont des fruits de mers très appréciés

Le couvert

CREPERIE CHEZ ANGELE
18, rue des Voiliers
Route du Port de Rosbras
© 02 98 06 58 28
www.creperie-chezangele.fr
Ouvert toute l'année. Basse saison : du mercredi au dimanche le midi et le soir. Haute saison : du mardi au dimanche le midi et le soir. En juillet et août, tous les jours sauf le lundi midi. Accueil des groupes. Chaises bébé. Jardin. Terrasse.

Quel endroit charmant que cette crêperie qui se trouve dans une superbe chaumière de caractère, avec pierres et toit de chaume, à seulement 900 mètres du petit port de Rosbras... Sans compter l'agréable jardin à l'arrière du restaurant où il fait bon manger, surtout l'été. L'intérieur est tout aussi sympathique avec une décoration qui met en valeur cette adorable et authentique bâtisse bretonne : vaste cheminée, pièce d'entrée cosy... Côté crêpes, celles-ci sont de très bonne qualité, que ce soit les classiques ou les spécialités (Rosbras, Baltique, Baye, Tartare, Super-complète...). Et pour accompagner le tout, on n'hésite pas à découvrir les cidres locaux, artisanaux, bios ou fermiers ! Une adresse à découvrir.

■ **CHEZ JACKY**
Port de Belon
Rive Droite
© 02 98 06 90 32
Fax : 02 98 06 49 72
www.chez-jacky.com
Fermé du 1er septembre au 5 avril. Ouvert du mardi au samedi de 19h à 21h ; du mardi au dimanche de 12h à 13h30. Menus de 25 € à 87 €. Carte : 45 € environ. Menu enfant : 8 €. American Express. Terrasse. Boutique.
Une véritable institution ! Sorte de table d'hôtes ostréicole comme posée au dessus des flots dans un environnement magique. Au coude à coude, gens d'ici et d'ailleurs, touristes et indigènes qui dans la salle ou la terrasse couverte surplombant l'embouchure du Bélon, se gobergent d'huîtres, d'une terrine de crustacés, de soupe de poisson, de gambas, de homard grillé, de plateau de fruits de mer ! Ah, que c'est bon ! Tant pour le bedon que pour les mirettes... Il y a même un petit foie gras maison... L'accueil est comme la maison et le service, convivial, simple et chaleureux. Bien agréable, le service traiteur et celui de vente à emporter, histoire de se mettre les pieds sous la table à la maison sans passer par la case préparation.

Emplettes

■ **HUÎTRES CADORET**
La Porte-Neuve
© 02 98 06 91 22
Fax : 02 98 06 49 90
www.huitres-cadoret.com
Possibilité de commander toute l'année.
C'est depuis cinq générations que se perpétuent la tradition et le savoir-faire de la famille Cadoret. Autant dire qu'en commandant ses huîtres ici, on est garanti de la qualité. Un savoir-faire donc et une telle qualité d'élevage et d'affinage que son patronyme s'avère fort réputé tant parmi les professionnels que parmi les amateurs de l'« Ostréa Edulis », autrement dite, l'huître plate ! Huîtres fines, spéciales Cadoret ou encore plates du Bélon, toutes raviront certainement vos papilles. Un enchantement à l'état naturel ! Sans compter que les expéditions sont possibles toute l'année...

■ **CHEZ JACKY**
Port de Belon
Rive Droite
© 02 98 06 90 32
Fax : 02 98 06 49 72
www.chez-jacky.com
Ouvert de pâques à fin septembre. Expédition sur la France de septembre à avril.
De passage dans le coin, n'hésitez pas un instant à aller faire un tour dans cette ferme ostréicole et « table d'hôte ostréicole ». Sans compter que Chez Jacky est également un restaurant qui propose, on s'en doute, ses délicieuses huîtres, mais pas seulement... Depuis 1969, les bassins d'affinage de la Maison Noblet surplombent les eaux et méandres de la rivière. Bassins et viviers offrent alors leurs petits bijoux : plates et creuses de Bélon, coquillages divers, homards, araignées, tourteaux, en vente sur place à emporter. Un service d'expédition sur toute la France est également possible de septembre à avril. Et puis s'adonner au plaisir de la dégustation dans cette espèce de guinguette posée sur pilotis avec la sensation, une fois attablé, de planer au-dessus de la rivière... Irremplaçable !

Roscoff

Ancienne cité corsaire, Roscoff connut d'abord la prospérité en tant que port d'échange de marchandises avec une apogée au XVIIIe siècle. Pendant que des chantiers navals battaient leur plein, des négociants commerçaient des toiles de lin et du sel contre du vin d'Espagne et d'autres denrées alimentaires. De belles maisons du XVIe et du XVIIe en granit et dotées d'originales lucarnes et gargouilles rappellent ce passé florissant. L'économie de Roscoff s'est aussi tournée vers le domaine agricole. Elle fait partie de la zone légumière du Nord-Finistère communément appelée « la ceinture dorée du Léon ». La culture de l'oignon a eu un impact déterminant dans l'histoire de la ville et de ses habitants. La Maison des Johnnies retrace d'ailleurs cette aventure. L'oignon rosé si apprécié avec son goût particulier a obtenu en 2009 une reconnaissance A.O.C. D'autres primeurs représentatifs de la production léonarde tels que les artichauts et les choux-fleurs sont cultivés dans les champs autour de Roscoff. Les influences du courant du Gulf Stream ont eu d'autres influences bénéfiques. Son microclimat est une des raisons de son attrait touristique. Au XIXe siècle, Roscoff devient une station balnéaire très fréquentée et prisée. Au même moment, l'Institut marin Rockroum est construit et la cité roscovite devient ainsi le premier centre de thalassothérapie de France. Les recherches en halieutique et en biologie marine occupent toujours des chercheurs

Le Vieux-Port à marée haute, à Roscoff

à Roscoff. Les belles plages, sauvages et abritées, sont toujours autant appréciées par les vacanciers. Enfin, Roscoff reste un port de pêche actif où l'on peut visiter sa criée. C'est aussi un port de plaisance et un lieu d'embarquement pour les îles britannique et irlandaise.

■ OFFICE MUNICIPAL DE TOURISME
Quai d'Auxerre ✆ **02 98 61 12 13**
Fax : 02 98 69 75 75
www.roscoff-tourisme.com
Basse saison : ouvert du lundi au samedi de 9h15 à 12h et de 14h à 18h. Haute saison : du lundi au samedi de 9h à 12h30 et de 13h30 à 19h ; le dimanche de 10h à 12h30 et de 14h30 à 19h ; les jours fériés de 10h à 12h30 et de 14h à 17h30.

Points d'intérêt

■ CHAPELLE SAINTE-BARBE
Sur un promontoire et dominant le port du Bloscon, la chapelle Sainte-Barbe édifiée en 1619 fut dédiée à la sainte pour préserver Roscoff de l'invasion des pirates et des ennemis de l'Eglise. Le 3e dimanche de juillet, un pardon s'y déroule. Des visites commentées y sont proposées à la belle saison. Située au milieu d'un ravissant petit jardin, elle offre un point de vue remarquable sur les environs.

■ JARDIN EXOTIQUE DE ROSCOFF
Roc'h Hievec
✆ **02 98 61 29 19 / 02 98 61 16 28**
www.jardinexotiqueroscoff.com
Fermé de décembre à février. Basse saison : ouvert tous les jours de 14h à 17h. Haute saison : tous les jours de 10h à 19h. Gratuit jusqu'à 9 ans. Adulte : 5 €. Enfant (de 10 à 17 ans) : 2 € (tarif réduit 4 €). Groupe (15 personnes) : 7,50 € (par personne avec visite commentée de 1 heure à 1 heure 30, sur réservation uniquement). Carte à l'année : 15 € / personne, 25 € pour un couple. Label Jardin remarquable.

Créé il y a une vingtaine d'années par une équipe de passionnés, le jardin exotique de Roscoff est une curiosité. Situé au bord de la mer, il s'étend sur 1,6 ha et possèdent plus de 3 500 plantes différentes auxquelles se joignent tous les ans de nouvelles espèces. Au hasard des allées, on découvre des plantes exotiques subtropicales et de l'hémisphère nord. Palmiers, fougères arborescentes, succulentes, aloès, agave, cactus, passiflora apprécient le microclimat roscovite. La fontaine et les bassins peuplés de tortues et de poissons plaisent aussi aux enfants. Sans oublier le belvédère d'où la vue sur les environs est splendide. Enfin, pour les spécialistes de la botanique ou les amateurs, des commandes de graines sont disponibles à partir du site Internet depuis septembre 2011.

■ LA MAISON DES JOHNNIES ET DE L'OIGNON DE ROSCOFF
48, rue Brizeux
✆ **02 98 61 25 48**
Fax : 02 98 61 19 38
maisondesjohnnies@wanadoo.fr
Fermé en janvier. Basse saison : ouvert du mercredi au vendredi. Haute saison : du lundi au vendredi. Ouvert toute l'année pour les groupes sur réservation. Gratuit jusqu'à 10 ans. Adulte : 4 €. Enfant (de 10 à 18 ans) : 2,50 €. 2,5 €/adulte, 2 €/enfant. Pass famille : 10 € (6 personnes maximum). Visite guidée (le lundi, mardi, jeudi et vendredi à 15h). Animation.

La maison des Johnnies retrace le périple de jeunes marchands bretons qui ont traversé la Manche pour vendre leurs oignons en terre britannique. Cette aventure a démarré au XIXe siècle et encore d'actualité car l'oignon de Roscoff est toujours très demandé pour son goût et ses vertus médicinales. Cette structure de type muséal, ouverte en 2004, propose donc par le biais d'objets, de photos, de témoignages sonores et vidéos... de revivre cette histoire peu connue et singulière. Entre souvenirs et évocation du présent, on découvre toute la richesse de cette filière qui a fait une partie de la renommée de Roscoff.

■ NOTRE-DAME-DE-KROAS-BATZ

Visite guidée (en juillet et en août).

Sur la place centrale, cette église achevée en 1545, impose son style gothique flamboyant. Le clocher renaissance à lanternons est sans doute l'un des plus remarquables du Finistère. Comme souvent en Bretagne, la voûte rappelle la carène d'un navire renversé. Des bateaux sculptés en haut relief sur les murs de l'église rappellent la vocation maritime de Roscoff.

Le couvert

■ LE BRITTANY – LE YACHTMAN
Boulevard Sainte-Barbe ✆ **02 98 69 70 78**
Fax : 02 98 61 13 29
www.hotel-brittany.com

♿

Fermé du 15 novembre au 15 mars. Ouvert du mardi au dimanche le soir de 19h à 21h30. Menus de 48 € à 82 €. Carte : 85 € environ. Menu enfant : 19,50 €. American Express.

Profitez d'une journée ensoleillée pour réserver votre table dans cette table prestigieuse de Roscoff. Pourquoi ensoleillée ? Parce que le restaurant n'est pas ouvert à l'heure du déjeuner. Il ne vous reste donc que le soir pour le découvrir mais surtout apprécier la vue sur la baie et ce n'est malheureusement pas en hiver que vous pourriez en profiter quand on sait que le soleil se couche vers 18h. Mais en même temps, nous ne sommes pas là que pour le spectacle. Ce qui nous amène ici, c'est la qualité des assiettes pensées par Loïc Le Bail, chef étoilé au guide Michelin. Des assiettes essentiellement tournées vers la mer mais dans lesquelles viennent se glisser subrepticement de beaux produits de la terre. Les prix sont élevés, certes, mais l'addition vaut le détour.

■ L'ÉCUME DES JOURS
Quai d'Auxerre
✆ **02 98 61 22 83**
Fax : 02 98 61 22 83
www.ecume-roscoff.fr

Ouvert toute l'année. Menus de 31 € à 54 €. Formule du midi : 15 €. Plat du jour : 13 €. 2 salles.

Dans ce restaurant au bord de la mer, la cuisine proposée par le chef est raffinée, faite à partir de produits locaux provenant de la terre et de la mer. La cave abrite une importante sélection de vins. L'accueil ainsi que l'endroit sont très agréables. Un escalier à vis, deux salles à manger, dont l'une dotée d'une immense cheminée monumentale, donnent une ambiance particulière entre design et passé. Cette ancienne maison d'armateur typique du XVIe siècle dispose aussi de deux terrasses, deux raisons de plus d'apprécier cet endroit. A ne pas négliger lors d'un passage dans le secteur.

■ LA MOUSSAILLONNE
38, rue Amiral Réveillère
✆ **02 98 69 70 50**
www.lamoussaillonne.com

Ouvert du mardi au vendredi de 12h à 14h et de 19h à 21h ; le week-end de 12h à 14h et de 19h à 22h. Ouvert jusqu'à 22h30 en été. Menus de 17 € à 27 €.

En plein centre-ville de Roscoff, cet établissement est très prisé des touristes comme des locaux. Servie par un décor original et un accueil sympathique, le tout dans une ambiance musicale, La Moussaillonne et ses 90 couverts peuvent en outre se targuer de proposer un repas en terrasse au rez-de-chaussée, ou une vue panoramique sur le port pour ceux qui choisissent de s'installer à l'étage. Si l'enseigne de Jérôme Carpentier fait la part belle aux poissons et fruits de mer (soupe de poissons, carpaccio ou rillettes de saumon, moules frites...), la carte se distingue également par sa diversité : vous pouvez tout aussi bien opter pour ses nombreuses pizzas, ses crêpes blé noir ou froment, ou encore sa partie brasserie. Cerise sur le gâteau, le choix des desserts est très large, avec notamment beaucoup de desserts maison. Le tout pour un très bon rapport qualité-prix ! À savoir : durant les vacances, la crêperie fonctionne en service continu. N'hésitez pas à vous rendre sur le site internet du restaurant, la carte y est régulièrement mise à jour, ainsi que d'autres informations pratiques comme les dates de fermeture occasionnelle en hiver.

■ Dans les environs

Saint-Pol-de-Léon

Saint-Pol-de-Léon tire son nom de Pol Aurélien, l'un des sept saints fondateurs légendaires de la Bretagne. Elle fut longtemps le siège d'un évêché avant qu'il ne soit rattaché à celui de Quimper. Le mot Léon aurait une origine latine soit il proviendrait de legio ou de Lug, le nom latinisé d'un dieu gaulois. En tous les cas, ce nom a été adopté pour toute la partie nord du Finistère. Cette ancienne cité épiscopale est dotée d'un riche patrimoine architectural religieux et profane. Le circuit des ruelles permet d'en avoir un bel aperçu. La ville possède d'autres attraits. Sa frange littorale, longue de 13 km, offrant de beaux paysages en est un. Mais l'atout incontestable de Saint-Pol et qui lui apporté une richesse économique c'est sa terre. En effet, c'est la première maraîchère de France et tient sa place à l'échelle européenne. Choux-fleurs, artichauts, pommes de terre, oignons sont des exemples bien connus des légumes primeurs cultivés dans la capitale de la « ceinture dorée ».

■ OFFICE DE TOURISME DE SAINT-POL-DE-LÉON
Place de l'Evêché
✆ **02 98 69 05 69**
Fax : 02 98 69 01 20
www.saintpoldeleon.fr

Basse saison : ouvert du lundi au samedi de 9h à 12h et de 14h à 17h30. Haute saison : du lundi au samedi de 9h à 12h et de 14h à 19h ; le dimanche de 10h à 12h.

■ BAIE DE PEMPOUL

Endroit rêvé des pêcheurs de coques, c'est aussi un lieu de balade agréable dont le but pourra être l'îlot Sainte-Anne, la partie balnéaire de la ville, avec la plage, le centre nautique, le parc de Kernévez avec son château privé. Un rocher domine l'îlot, on le nomme Couëtte de Plume (officiellement, c'est Roc'h ar Ged, le rocher du Guet). Le port connut une activité importante dès le

© F. REN & C. PINHEIRA – AUTHOR'S IMAGE

Récolte d'artichauts

Moyen Age : exportation de blé, importation des vins de Bordeaux et de Loire, mais aussi départ des pêcheurs vers Terre-Neuve ou des corsaires de Coatenlem vers Bristol. L'ensablement du port causa son déclin au profit de Roscoff et de Morlaix.

■ CATHÉDRALE
Rue de l'Evêché
Ouvert toute l'année. Visite guidée en période estivale sinon se renseigner auprès de l'office de tourisme.
Bâtie entre les XIIIe et XVIe siècles sur les ruines d'une église romane, elle est dédiée à Pol Aurélien, le premier évêque du Léon. Elle a des airs gothiques tout en étant influencée par le style normand. Son architecture rappelle justement celle de la cathédrale de Coutances. Ses deux clochers dissemblables culminent à 55 mètres de hauteur. Parmi les éléments remarquables que renferment la cathédrale, il y a le chœur construit au XVe siècle dans un pur style gothique et dans lequel trône une soixantaine de stalles sculptées dans du chêne avec des motifs différents. L'orgue et les buffets d'orgue sont les œuvres de Robert et Thomas Dallam et leur plan rappellent ceux de King's College de Cambridge. Une autre curiosité à découvrir dans le déambulatoire : les étagères de la nuit. Leur appellation plus commune, les « boîtes à crânes », est plus explicite. Enfin, l'observation de plusieurs tombeaux et des vitraux complètent la visite de ce bel édifice léonard.

■ CHAPELLE NOTRE-DAME-DU-KREISKER
Fermé de novembre à mars. Ouvert tous les jours de 10h à 12h et de 14h à 18h. Montée du clocher possible en juillet-août.
On ne connaît pas grand chose de l'histoire de l'édification de ce monument car il ne subsiste que très peu d'archives. Mais cela n'empêche nullement d'avoir été l'objet

d'éloges. Vauban, qui passa à Saint-Pol-de-Léon, fut impressionné. Il faut dire qu'avec son clocher culminant à 78 mètres, il a la particularité et le privilège d'être le plus haut de la région. Détruit à plusieurs reprises par les Normands, puis par les Anglais et par la foudre, il fut réparé à chaque fois. Jusqu'au règne de Louis XIV, les assemblées des ordres de la ville s'y tenaient. Et chacun avait sa place : le clergé dans la sacristie, la noblesse dans le chœur et le Tiers Etat dans la nef ! Sa flèche fut sauvée de la démolition par un décret de Napoléon I du fait de son utilité pour la navigation maritime. L'été, la ballustrade est accessible après une ascension de 163 marches mais qui mérite l'effort : la vue est splendide !

■ HÔTEL DU CHEVAL BLANC**
6, rue au Lin
℃ 02 98 69 01 00
Fax : 02 98 69 27 75
www.hotelchevalblanc.com

Qualité Tourisme. Ouvert toute l'année. 19 chambres. Chambre simple de 45 € à 65 € ; chambre double de 63 € à 73 € ; chambre triple de 76 € à 115 €. Lit supplémentaire : 13 €. Label Tourisme & Handicap. Chambres adaptées (surtout téléphoner pour réserver selon vos besoins spécifiques). Animaux acceptés (7 €).
Rénové et agencé avec une décoration soignée, cet établissement se trouve au centre de la ville. Ancien relais de poste, c'est désormais un hôtel chaleureux et familial. La location de vélos et les séjours de thassalo sont des plus appréciables pour venir faire une escale saint-politaine. Le petit déjeuner est copieux et on a le choix entre un de type continental ou à l'anglaise. Proche des commerces, c'est une étape plaisante pour les visiteurs ou ceux qui veulent découvrir les environs.

FINISTÈRE

Scaër

Nom breton : Skaer

Entre Armor et Argoat, au pays des lutteurs, des sabotiers, des tailleurs de pierre, traversée par trois rivières, Isole, Aven, Ster Goz et au cœur de la campagne bretonne, Scaër a traversé l'histoire en gardant une identité forte. Station verte de vacances, l'environnement verdoyant est une invitation à cheminer au long des 170 kilomètres de sentiers de randonnées balisés – pédestres, équestres et VTT – à la découverte d'un riche patrimoine naturel avec 600 hectares de forêt dont 350 hectares aménagés et protégés. Sans oublier la voie piétonne, ancien tracé du chemin de fer breton traversant la commune d'ouest en est et reliant Rosporden à Carhaix. De son passé historique et préhistorique, Scaër la « fleurie » a conservé des édifices porteurs de mémoire, huit chapelles, des calvaires, vieux fours, moulins et lavoirs, menhirs, stèles mégalithiques. Le poète Auguste Brizeux qui partageait sa vie vagabonde entre Paris, Rome et Scaër, venait ici puiser sa source première d'inspiration, dans son œuvre il a d'ailleurs magnifié les célèbres lutteurs de la ville. Tous les deux ans – années impaires – lors du week-end de la Pentecôte (19 et 20 mai 2013), la fièvre s'empare de la ville qui devient l'espace de quelques heures la troisième ville du Finistère ! Tout du moins, en ce qui concerne sa population. C'est la Cavalcade, premier carnaval de Bretagne et troisième de France par son importance dans son genre. Deux jours de liesse qui embrase la petite commune, une fête pleine de couleur, d'humour, de musique due à l'ingéniosité et à l'enthousiasme de toute une population. Chapeau !

■ **OFFICE DE TOURISME**
6, rue Emile-Zola ✆ **02 98 59 49 37**
Fax : 02 98 59 03 72
www.quimperle-terreoceane.com
Ouvert le mardi, le mercredi et le vendredi de 9h30 à 12h30 et de 14h à 18h ; le jeudi de 13h30 à 18h ; le samedi de 9h30 à 12h30.

Points d'intérêt

■ **CHAPELLE DE COADRY**
A 5 kilomètres au nord de Scaër, D50.
Cette superbe petite chapelle est classée aux Monuments historiques. Elle est également l'une des étapes incontournables de la route des peintres en Cornouaille. On peut effectivement voir, en son sein, plusieurs fresques qui ont été peintes en 1870 par le peintre Georges-Alexandre Fischer. Ces fresques ont récemment été restaurées... A noter : le placître de la chapelle de Coadry est également classé.

■ **FORÊT DOMANIALE DE COATLOC'H**
Autrefois berceau des sabotiers et des carriers tailleurs de pierres, la forêt domaniale de Coatloc'h abrite de nombreuses essences d'arbres. Les sabots étaient alors confectionnés dans le bois de hêtre tandis que les tailleurs de pierres avaient découvert des carrières de granit tendre. Au cœur de la forêt se trouvent la maison forestière (bâtit après l'ouragan de 1838) ainsi qu'une reconstruction d'une hutte de sabotiers.

■ **PIERRES DE COADRY OU STAURODITES**
Eparpillées çà et là dans les champs ou dans les lits de rivières, elles sont en forme de croix, d'où leur nom : « croisettes de Bretagne ». On prétend que ces pierres étaient efficaces contre les naufrages, les chiens enragés et les maux d'yeux. On les plaçait aussi au pied de la maison pour se protéger de la foudre, ce qui leur valut également le nom de « pierre de tonnerre ». En exposition au musée de la chapelle de Coadry, musée ouvert les jours de pardon – voir avec l'office de tourisme.

Loisirs

■ **ESPACE AQUALUDIQUE**
Rue Ambroise-Crozat ✆ **02 98 66 45 45**
www.cocopaq.com
Ouvert toute l'année. Adulte : 4,40 € ; 4 à 18 ans : 3,90 € ; Moins de 4 ans : gratuit ; Sauna + hammam : 5,60 €.
Cet espace aqualudique dispose de plusieurs bassins pour le plus grand plaisir des petits et des grands : une pataugeoire avec champignon et jets d'eau pour les tout-petits, un bassin de loisirs pour les jeunes, mais aussi un bassin sportif de cinq couloirs et un toboggan avec son propre bassin pour la réception ! La piscine propose également jacuzzi, bain bouillonnant ainsi qu'un espace forme à l'étage avec sauna et hammam. C'est dans un lieu baigné de lumière et agrémenté de bois et de plantes vertes que tous pourront goûter aux plaisirs de l'eau. Diverses activités sont proposées tout au long de l'année alors n'hésitez pas à vous renseigner.

Emplettes

■ **MARCHÉ**
Le samedi matin au centre-ville. Egalement marché bio le mercredi à partir de 17h à la ferme de Ty Allain (route de Rosporden).

s laveuses d'huîtres, sculpture de Jean Fréour
PHILIPPE GUERSAN – AUTHOR'S IMAGE

Ille-et-Vilaine

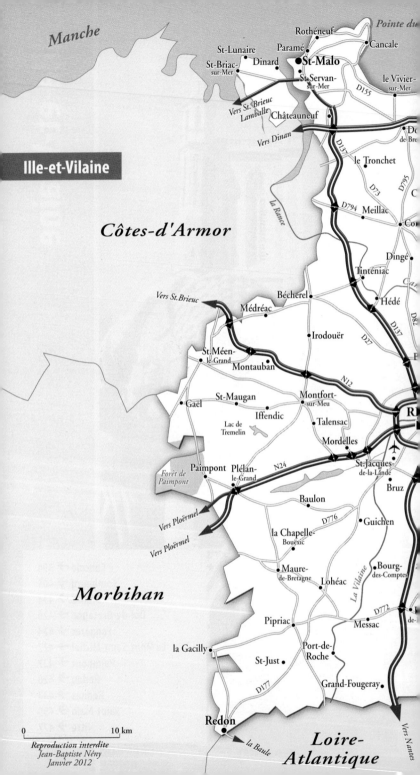

Manche

Pointe du

Rothéneuf

St-Lunaire
Paramé
Cancale

St-Briac-
sur-Mer
Dinard
St-Malo

St-Servan-
sur-Mer
le Vivier-
sur-Mer

Vers St. Brieuc
Lamballe
Châteauneuf
D155

Vers Dinan
Do
de Br

Ille-et-Vilaine

le Tronchet

D137
D795

la Rance
D73
C

D794
Meillac

Côtes-d'Armor
Cor

Dingé

Tinténiac

Vers St.Brieuc
Béchérel
Hédé
D8z

Médréac
D137

Irodouër
D27

St.Méen-
le-Grand

Montauban
N12
P

St-Maugan
Montfort-
sur-Meu

Gaël
Ifendic
Talensac
R

Lac de
Tremelin
Mordelles

Paimpont
Plélan-
le-Grand
N24
St-Jacques-
de-la-Lande

*Forêt de
Paimpont*

Bruz

Baulon

Vers Ploërmel
la Chapelle-
Bouëxic
D776
Guichen

Vers Ploërmel
Maure-
de-Bretagne
Lohéac
Bourg-
des-Comptes

Morbihan
La Vilaine

D772
Pipriac
Messac
de

la Gacilly
Port-de-
Roche

St-Just
D177
Grand-Fougeray

0   10 km

*Reproduction interdite
Jean-Baptiste Nény
Janvier 2012*

Redon
la Baule
Loire-
Atlantique
Vers Nantes

Ille-et-Vilaine

Cancale

Cancale est un joli port conjuguant tous les plaisirs de la côte : promenades sur le sentier des Douaniers, baignades, visite de malouinières et restauration gastronomique de coquillages dans des restaurants réputés. A proximité, la pointe du Grouin, où le panorama s'étire du cap Fréhel à Granville, avec, au large, les îles Chausey. En face, l'île des Landes, réserve ornithologique où l'on admire cormorans, goélands et autres oiseaux de mer. Eté comme hiver, Cancale demeure une cité particulièrement agréable à vivre. Un charme indéniable se dégage de ce joli port de pêche réputé depuis longtemps pour ses huîtres. Déjà, au temps de l'occupation romaine, ces derniers en étaient friands ! Depuis plus de vingt ans, Cancale est ainsi reconnue comme « Site remarquable du goût » par le Conseil national des Arts culinaires. Ici, plus de 50 restaurants proposent leurs spécialités. Mais si la restauration gastronomique est un des atouts de la ville, de nombreux autres plaisirs vous y attendent : baignades, promenades sur les 11 kilomètres de sentier des Douaniers, visites culturelles... Du haut du bourg ou par la petite route en corniche, la plongée vers le port de la Houle est un véritable enchantement. Très joli à marée haute, le port l'est tout autant quand la marée basse découvre ses parcs à huîtres et laisse échouer les bateaux très spéciaux qu'il abrite. Le petit centre-ville mérite aussi un arrêt, avec sa charmante place centrale et ses quelques rues piétonnières et commerçantes. Le dimanche matin, le grand marché attire les foules. Un lieu que l'on n'oublie pas !

■ **OFFICE MUNICIPAL DE TOURISME DE CANCALE**
44, rue du Port
✆ **02 99 89 63 72**
Fax : 02 99 89 75 08
www.ville-cancale.fr
Basse saison : ouvert du lundi au samedi de 9h30 à 13h et de 14h30 à 18h. Haute saison : du lundi au samedi de 9h30 à 13h et de 14h à 19h. En juillet et août, ouvert du lundi au dimanche de 9h30 à 13h et de 14h à 19h.

■ **LA FERME MARINE**
L'Aurore
✆ **02 99 89 69 99**
www.ferme-marine.com
Fermé de fin octobre à mi-février. Basse saison : ouvert du lundi au vendredi. Haute saison : tous les jours. Adulte : 7 €. Enfant : 3,70 €. Visite guidée (14h anglais – 16h allemand). Boutique.
Musée de l'huître et du coquillage, la ferme marine intègre une superbe exposition de plus de 1 500 espèces de coquillages, au cœur d'une entreprise ostréicole. Au cours de visites guidées et d'un film retraçant leur histoire, vous découvrirez la vie des professionnels et des mollusques. Une boutique « cadeaux » permet de repartir avec des bijoux, de la vaisselle, des coquillages ou encore une gamme complète de produits régionaux.

© PHILIPPE GUERSAN – AUTHOR'S IMAGE

Vue sur les tables ostréicoles

Points d'intérêt

■ MUSÉE DES ARTS ET TRADITIONS POPULAIRES
Place Saint-Méen
✆ 02 99 89 79 32 / 02 99 89 71 26
www.museedecancale.fr
Haute saison : ouvert du mardi au dimanche de 10h à 12h et de 14h30 à 18h30. Gratuit jusqu'à 12 ans (accompagné d'un adulte). Adulte : 3,50 €.
Installé dans une partie de l'ancienne église de Cancale érigée au XVIIIᵉ, le musée nous propose de découvrir l'histoire de Cancale, à travers ses vieux métiers, sa vie maritime, son mobilier, ses costumes, des maquettes ou encore des peintures… Chaque année, en juillet et en août, des conférences gratuites sont organisées le jeudi. En prime, des vidéos et des diaporamas animent la visite (d'une durée d'1h30 environ).

■ LA TOUR DE L'ÉGLISE
La tour de l'église, fière de ses 37 mètres de hauteur et de ses 189 marches pour y accéder, culmine à 60 mètres au dessus du niveau de la mer, et offre une vue panoramique exceptionnelle sur les 27 clochers aux alentours. Une table d'orientation, à son bord, vous permettra de situer les îles Chausey, le pays de Saint-Malo, le Mont-Saint-Michel et sa baie… Et, pour la petite anecdote, si le Mont apparaît brumeux, cela signifie qu'il fera beau le lendemain mais, si au contraire, le Mont est très distinct, gare au mauvais temps !

Le couvert

■ AU ROCHER DE CANCALE
Quai de l'Administrateur-Thomas
✆ 02 99 89 85 32
Ouvert toute l'année. Basse saison : du samedi au jeudi. Haute saison : tous les jours. Accueil des groupes (sur réservation).
Si vous avez envie de déguster des fruits de mer, tout en le contemplant de la salle panoramique à l'étage (qui offre une vue imprenable sur la baie), le Rocher de Cancale risque alors de vous plaire. Ce bar-restaurant, spécialisé dans les trésors de l'Océan, ouvre ses portes dès 9h. Vous pourrez y déguster, par exemple, des plateaux de fruits de mer, des formules plateaux de fruits de mer pour deux personnes avec dessert et bouteille de vin, des choucroutes de la mer, des huîtres de la maison Goudé ou, encore, de juin à octobre, des moules de bouchot de la baie du Mont-Saint-Michel, accompagnées de différentes sauces. Aux beaux jours, profitez de la terrasse ensoleillée de 26 couverts.

■ CRÊPERIE DU PORT
La Houle
✆ 02 99 89 60 66
Fermé du 15 novembre au 15 décembre. Ouvert tous les jours le midi et le soir.
Installée sur le port de la houle, parmi les nombreux restaurants de fruits de mer, cette crêperie, qui bénéficie d'une décoration marine et chaleureuse, est ouverte depuis plus de vingt ans. L'établissement offre un beau choix de spécialités de galettes et de crêpes, réalisées à partir de produits frais et de qualité, et plusieurs variétés de cidres. Une agréable terrasse couverte permet de prendre son repas dehors tout en contemplant le magnifique paysage qui l'entoure.

■ CRÊPES ET COQUILLAGES
21, quai Gambetta
✆ 02 90 10 26 33
Ouvert toute l'année. Basse saison : du mercredi au dimanche. D'avril à septembre et pendant les vacances scolaires, ouvert tous les jours. Service continu d'avril en septembre. Menu enfant : 7,50 €. Formule : 12,90 €. 30 couverts en terrasse. Wifi gratuit.
Situé sur le port, ce nouveau restaurant qui bénéficie d'une belle terrasse et dans lequel vous accueille chaleureusement Denis depuis mai 2010, conjugue tous les plaisirs de la gastronomie bretonne. Que vous ayez envie d'une galette (la « Cancalaise » composée de noix de Saint-Jacques, poitrine fumée et champignons à la crème est un vrai régal…), d'une crêpe comme la délicieuse « Bzh » au caramel au beurre salé maison, crumble maison et amandes grillées – à noter que ces spécialités sont réalisées à partir de farine biologique de Bretagne –, de fruits de mer (assiettes et plateaux), de grill à la plancha comme l'andouillette artisanale sauce moutarde à l'ancienne ou encore de salades repas, alors cette adresse est faite pour vous. D'avril à septembre, l'enseigne propose des glaces artisanales en continu. Bon appétit !

CRÊPES
COQUILLAGES
CRÊPERIE - GLACIER
dégustation de coquillages

21, quai Gambetta
Port de Cancale
02 90 10 26 33

ILLE-ET-VILAINE

9 Place du Calvaire
«Le Port»

35260 CANCALE
Tel : 02 99 89 82 15

■ **L'AVIRON**
9, place du Calvaire
Le Port
✆ **02 99 89 82 15**
Ouvert à l'année. Ouvert 7j/7 en juillet et août avec service continu. Menu unique à 12,50 € (midi et soir). Menu enfant : 7,50 €. Accueil des groupes (jusqu'à 25 personnes sur réservation). Terrasse abritée de 25 couverts.

Zaia et David vous accueillent depuis le 15 juin 2012 à l'Aviron, bar-restaurant situé sur le port. A la carte, vous aurez le choix entre des hamburgers – servis avec frites et salade – comme par exemple le Classic (pain, steak haché VBF 150 g, salade, tomate, oignons, cheddar, mayonnaise, ketchup), des fish and chips, des marmites de moules, des fruits de mer, le poisson du jour selon arrivage sans oublier les desserts maison comme le far breton ou la mousse au chocolat. L'accueil est particulièrement charmant.

■ **LA MÈRE CHAMPLAIN**
1, quai Administrateur-en-Chef-Thomas
✆ **02 99 89 60 04**
Fax : 02 99 89 71 07
www.lamerechamplain.com

Ouvert tous les jours. Menus à partir de 15,90 € + carte. Accueil des groupes (sur réservation).

Dans cet établissement, poissons, coquillages et crustacés, se volent la vedette pour satisfaire nos papilles émoustillées. Parmi les grandes spécialités de la maison, on notera par exemple les fruits de mer – à l'assiette ou en plateau – où paradent entre autres les fameuses huîtres de Cancale, le homard breton grillé à la façon de la Mère Champlain, les cocottes de moules, les belles soles dorées et citronnées ou encore la poêlée de Saint-Jacques à la bretonne. Et pour ceux qui préfèrent la viande, le filet de bœuf et ses petits légumes ou purée de panais ou pommes de terre douces saura charmer les gourmets. Enfin, pour achever ce défilé de plaisirs, dans de belles assiettes

décorées, laissez-vous surprendre par les desserts maison comme le dessert de la Mère Champlain : pomme tiède caramélisée accompagnée de sa glace tatin sur son dôme de nougatine... Un coup de cœur particulier pour le menu Hippolyte à consommer sans modération. Enfin, vous apprécierez les délicates petites attentions de la maison qui offre en début de repas une dégustation de rillettes de poissons et de soupe de poissons et crustacés et entre l'entrée et le plat, un gratiné au cidre. Vue mer panoramique et service de qualité viennent parachever le tout. Très bonne adresse qui fait également hôtel !

■ **LE PHARE**
6, Quai Administrateur Thomas
✆ **02 99 89 60 24**
www.lephare-cancale.com

Ouvert du mardi au jeudi et le samedi le midi et le soir ; le vendredi et le dimanche le midi. Ouvert tous les jours pendant les vacances scolaires et d'avril à fin septembre. Ouvert tous les midis hors saison. Menus de 15,90 € à 37 €. Menu enfant : 9 €. Chèque Vacances, Chèque Restaurant. Jusqu'à 90 personnes sur réservation. 2 salles dont 1 à l'étage. 26 couverts en terrasse (couverte l'hiver). Carte bilingue. Animaux acceptés.

Dans ce restaurant à la décoration joliment contemporaine et chaleureuse, on déguste une belle cuisine traditionnelle, articulée autour de produits frais et réalisée maison. Caroline Guérrault, à la tête de l'établissement depuis juin 2011, et toute son équipe réservent à la clientèle un accueil sympathique avant de vous inviter à découvrir les spécialités des lieux. Assiette du pêcheur (huîtres, langoustines, crevettes, bulots, bigorneaux), dos de cabillaud aux fruits de la passion, marmite feuilletée aux poissons et mini légumes confits, tournedos de volaille aux pommes et champignons, kouign amann et sa glace en sont quelques exemples. A découvrir.

■ **LA POINTE DU GROUIN**
Pointe Grouin
✆ **02 99 89 60 55**
Fax : 02 99 89 92 22
www.hotelpointedugrouin.com

Menus de 22,50 € à 79,50 €. Menu enfant : 12 €. Accueil des groupes.

Emplacement unique pour ce restaurant au décor nouveau, dont les grandes baies vitrées de la salle à manger cossue, offrent une vue superbe sur la mer. Vous serez sous le charme d'une bonne cuisine traditionnelle d'essence maritime, qui fait la part belle aux produits locaux : duo de crabe et avocat au vinaigre de framboise, poêlée de Saint-Jacques et asperges au vinaigre balsamique, homard grillé, plateaux de fruits de mer, sole meunière de petit bateau cuite au beurre... Côté terroir, là aussi, la maison flatte les papilles : escalope de foie gras poêlée aux pommes, fricassée de ris de veau sauce champagne, bavette au poivre... Une bonne table.

■ LES P'TITES CROIX
20, boulevard d'Armor
Place du Marché
℡ 02 99 40 37 60

Ouvert du lundi au vendredi le midi ; de 9h à 15h. Ouvert le week-end sur réservation. Formule du midi : 11 € (buffet d'entrées-2 plats au choix-buffet de desserts-café et vin compris). Accueil des groupes.
Ce nouveau restaurant dans lequel vous accueillent Mathilde et Stéphane depuis le 7 novembre 2011 est situé entre le Brit'hôtel et le Super U. La cuisine y est traditionnelle, les produits frais et cuisinés maison. Tous les midis, une formule à 11 € d'un bon rapport qualité-prix est proposée : buffet d'entrées, 2 plats au choix (parmentier de canard confit, osso buco de dinde, coq au vin, langue de bœuf...), buffet de desserts maison (mousse au chocolat, crème renversée...), café et vin compris. Le service est rapide, l'accueil excellent. Une bonne adresse pour bien manger à moindre coût.

■ LE QUERRIEN
7, quai Duguay-Trouin
℡ 02 99 89 64 56
Fax : 02 99 89 79 35
www.le-querrien.com
Ouvert toute l'année. Tous les jours. Menus de 19,80 € à 32 €. Menu enfant : 10 €. Formule du midi : 12 € (entrée-plat ou plat-dessert et formule entrée-plat-dessert à 15 €). Anglais parlé.
Située dans un magnifique cadre reproduisant l'intérieur d'un bateau, cette brasserie marine à l'ambiance décontractée et conviviale, offre à sa clientèle une belle vue sur mer de sa salle comme de sa terrasse chauffée. Entre autres spécialités, de superbes plateaux de fruits de mer, la cassolette de Saint-Jacques à la provençale, le foie gras de canard maison et son chutney de figues, la grillade de turbot à l'andouille de Guéméné, la choucroute de la mer braisée à la crème, la belle sole meunière et ses pommes vapeur persillées, la côte d'agneau rôtie à la fleur de thym et son jus demi-glace ou encore le Rossini de bœuf, un classique... Et pour ceux qui raffolent du homard, vous aurez l'honneur de le choisir vous-même dans son vivier d'eau de mer. Pour accompagner tous ces mets, une très belle carte de vins propose des vins de pays, des vins du monde ainsi que des grands crus classés. Côté desserts, ce

serait péché que de ne pas goûter à la crème brûlée ou à la tarte du moment. Enfin, une cave à alcools offre un grand choix d'armagnacs (jusqu'en 1931) et cognac Louis XIII pour les connaisseurs.

■ TY BREIZ
13, quai Gambetta ℡ 02 99 89 60 26
Basse saison : ouvert du vendredi au mercredi. Ouvert 7j/7 du 1er juillet au 25 septembre. Accueil des groupes.
Toute l'équipe du Ty Breiz, restaurant spécialisé dans les fruits de mer, vous accueille chaleureusement et dans la bonne humeur dans un joli cadre avec ses poutres apparentes. Le regard tourné vers la mer dont la vue est des plus plaisantes, vous découvrirez leurs spécialités comme la choucroute de la mer, le bar au beurre blanc, les sardines grillées ou encore les homards sortis directement du vivier de la maison. Médaillé du tourisme en 1998, finaliste au concours annuel de la maison de Normandie et de la confrérie des vickings du bocage normand : une halte gourmande d'un excellent rapport qualité/prix. Bon appétit !

Le gîte

■ LA MÈRE CHAMPLAIN
1, quai Administrateur-en-Chef-Thomas
℡ 02 99 89 60 04
Fax : 02 99 89 71 07
www.lamerechamplain.com
&

Ouvert toute l'année. Une chambre pour personne handicapée, ascenseur. De 69 € à 169 €. Pension complète. Demi-pension. Petit déjeuner buffet : 10 €. Chambres adaptées. (Surtout téléphoner pour réserver selon vos besoins spécifiques). Animaux acceptés (10 €). Wifi gratuit. Restauration.
Face à la mer, bienvenue dans cet hôtel 3 étoiles avec ascenseur, qui offre des chambres entièrement refaites à neuf, tout confort, avec vue sur mer ou vue port, toutes équipées d'écran plasma 51 cm avec câble et satellite, d'une salle de bains privée et de l'accès Internet gratuit. Côté cour ou côté mer, en mezzanine ou avec balcon, double ou familiale, chacune est prévue pour répondre à vos attentes ou à vos besoins. La Mère Champlain est également un restaurant.

ILLE-ET-VILAINE

■ **LA POINTE DU GROUIN**
Pointe Grouin ✆ **02 99 89 60 55**
Fax : 02 99 89 92 22
www.hotelpointedugrouin.com
Fermé du 15 novembre à Pâques. Chambre double de 88 €
à 120 € ; suite de 160 € à 185 €. Demi-pension (de
86,50 € à 122,50 €). Petit déjeuner : 8,50 €. Parking.
Animaux acceptés (10 €). Wifi.
Merveilleusement ancrée au cœur d'un site exceptionnel,
l'hôtel de la Pointe du Grouin est une belle demeure
de caractère qui offre des chambres de style de bon
confort, élégantes et colorées, équipées de douche ou
de baignoire, de la télévision, du téléphone, avec vue
panoramique sur la baie du Mont-Saint-Michel. Son
isolement, avec la mer pour seule compagnie, vous
assure un séjour de tout repos.

■ **LE QUERRIEN*****
7, quai Duguay-Trouin
✆ **02 99 89 64 56**
Fax : 02 99 89 79 35
www.le-querrien.com
Ouvert toute l'année. Ouvert tous les jours. 15 chambres.
De 59 € à 189 €. Demi-pension : 25 €. Petit déjeuner :
9,90 €. Lit supplémentaire : 15,50 €. Animaux acceptés
(8 €). Restauration.
Situé sur le port, avec vue sur mer, ce bel établissement a
réuni tous les ingrédients nécessaires à un séjour réussi.
Toutes les chambres, à la décoration soignée et raffinée,
sont équipées pour votre plus grand confort : salle de
bains privée avec séchoir, télévision écran plasma,
mini-bar, satellite et téléphone ou encore Wifi. Face à la
mer ou côté cour, certaines chambres en duplex peuvent
accueillir jusqu'à 5 personnes. Une adresse très agréable.

Loisirs

■ **ÉCOLE DE VOILE**
Plage de Port-Mer
✆ **02 99 89 90 22**
ecoledevoileportmer@wanadoo.fr
Pour les cours de planche à voile, de kayak de mer,
d'optimist... Vous êtes à la bonne adresse. On peut s'y
inscrire dès 6 ans, en fonction de l'activité retenue. L'école
est référencée « Point Passion Plage », ce qui signifie que
vous bénéficiez d'un enseignement personnalisé, de
location conseil à l'heure ou par abonnement. Les cours
particuliers sont « à la carte », pour une heure ou plus,
c'est vous qui voyez. Il est également possible d'allier
plaisir de la voile et plaisir gustatif grâce aux balades
gourmandes. Enfin, en juillet et août, des stages de
voiles d'une semaine sont organisés, à raison de trois
heures par jour.

Sorties

■ **LE TAPE-CUL**
10, place du Calvaire ✆ **02 99 89 80 83**
Ouvert toute l'année. Haute saison : tous les jours.
Quand un bateau vient à échouer jusque dans un bar, c'est
pour entamer une seconde vie, en forme de comptoir. Si
la décoration – particulièrement réussie – de ce bistrot

situé en plein cœur de la Houle vous attire, l'accueil
chaleureux et souriant de Chantal et Jean-Loup vous
y fera rester. Le Tape-Cul propose des soirées concerts
ainsi que des retransmissions sportives et bénéficie de
l'accès wifi. A l'heure du café, de l'apéro ou du digeo,
l'adresse est incontournable !

Emplettes

■ **LA CANCALAISE**
8, rue de l'Industrie ✆ **02 23 15 13 93**
Fax : 02 23 15 13 61
www.la-cancalaise.com

■ **ÉPICES ROELLINGER**
1, rue Duguesclin ✆ **02 99 89 64 76**
Fax : 02 99 89 88 47
www.epices-roellinger.com
Ouvert du jeudi au lundi de 10h à 12h30 et de 14h30 à
18h30.
Olivier Roellinger, chef généreux et talentueux, et tout
aussi gentil, a créé à deux pas de la maison de son
enfance, un lieu de recherche et de fabrication de poudres
d'épices, d'herbes et d'aromates. Issues des meilleures
origines, ces épices sont séchées, étuvées, torréfiées,
broyées, moulues, mélangées... pour obtenir des poudres
d'épices qui confèrent un supplément d'âme et de
caractère à bien des plats ! Ces poudres sont baptisées
de noms qui évoquent l'ailleurs, l'exotisme (Poudre
du Vent, de Neptune, Grande Caravane, des Fées...)
et ont été conçues pour se marier à des préparations
bien spécifiques. La boutique propose aussi infusions
d'épices, huiles parfumées, chutney, poivres, fleur de sel
parfumée, mélanges d'algues... Pour commander : www.
maisons-de-bricourt.com. Lors de votre première visite
sur le site Internet, inscrivez-vous donc à la newsletter,
qui vous avertira des nouvelles créations ! Tout un monde
de saveurs, à essayer d'urgence !

■ **FLEUR DE CIEL**
36, rue des Tintiaux
✆ **06 89 18 43 36**
charlesjulien@free.fr
Charles Julien, 3e génération d'apiculteurs, est un vrai
professionnel et un véritable amoureux des abeillles.
Son exploitation artisanale – qui compte 800 ruches –
bénéficie d'un site d'exception, le littoral, pour un miel
d'exception. Les emplacements des ruchers sont choisis
avec la plus grande attention (exposition, environnement
floral...). Chaque rucher est composé d'une dizaine de
ruches qui sont visitées régulièrement et qui bénéficient
d'un suivi sanitaire rigoureux. Entre mai et octobre, le
miel est récolté après chaque floraison afin de pouvoir
vous proposer des crus spécifiques. A la miellerie, le miel
est extrait à froid selon l'ancestrale tradition apicole.
Après une filtration soigneuse, il est conservé jusqu'à
sa mise en pot finale, toujours à froid au fur et à mesure
des besoins. L'exploitation assure la vente en directe de
miels (miel d'acacia, de châtaignier, de colza, de lierre,
de sarrasin, de tournesol...), gelée royale, propolis et
pollen, produits que vous retrouverez également dans
différents points de vente. Sentinelle de l'environnement,
l'abeille est en grand danger. Pour la sauver, soutenez les

apiculteurs en mangeant et en offrant du miel, d'autant plus que le miel est reconnu pour ses nombreuses vertus et est très apprécié en cuisine.

■ **LE FOURNIL DE CYRILLE**
2, rue Jean-Marc-Savatte © **02 99 89 60 96**
www.lefournildecyrille.com
Ouvert de 7h à 19h30. De 9h à 20h pour le magasin de la Madeleine. Voilà trois adresses animées par la même passion : celle du métier, de la qualité des produits et du savoir-faire. Installé depuis plus de 10 ans sur la région, le dernier magasin (situé avenue Pasteur) a ouvert ses portes le 1er juin 2007. Venez découvrir la grande spécialité de la maison : la Fieurinette, le pain sans faim ! Cyrille, votre artisan boulanger, s'engage à toujours respecter la recette de la Fieurinette, qui demande beaucoup de temps et de métier : une préparation du levain, un pétrissage ancestral, un long temps de repos, un façonnage manuel et une cuisson dans un four à pavé permettant d'obtenir un pain croustillant, digeste, délicieux et d'une grande qualité gustative. Et avec ces trois magasins, vous êtes sûrs de pouvoir manger tous les jours de la Fieurinette, car une fois qu'on y a goûté, difficile de s'en passer... Le Fournil de Cyrille propose, également, d'autres spécialités : gâteaux bretons (sablés malouins, fars bretons, kouign amann...), macarons (petits gâteaux ronds au cœur fondant, tendres et croquants, à découvrir ou à redécouvrir...), chocolats, verrines, glaces, entremets ou, encore, pièces montées (en macaron, en chocolat...). Une très bonne adresse.

▶ **Autres adresses :** 61, avenue Pasteur – SAINT-MALO (tél) 02 99 56 17 72 • Centre commercial la Madeleine/Carrefour – SAINT-MALO (tél) 02 99 82 42 05

■ **GRAIN DE VANILLE**
12, place de la Victoire © **02 23 15 12 70**
Tout près de l'ancienne église, au cœur du vieux bourg, les gourmandises du four et de la sorbetière de Grain de Vanille attendent tous les gourmands gourmets...
Le salon de thé permet de déguster un chocolat chaud Bernachon ou un thé Mariage frères (également en vente à emporter) accompagné, pourquoi pas, d'un petit gâteau ; côté douceurs, les galettes cancalaises d'Olivier Roellinger, les galettes malouines, les cakes et autres kouign amann. Les glaces et sorbets sont maison, en demi-litre et en cornet, et la pâtisserie propose, entre

autres, de superbes mille-feuilles vanille ou de grands babas au rhum de Marie-Galante, ainsi que des pièces montées, sur commande. N'omettons pas de parler des pains des Maisons de Bricourt, cuits dans le four à bois de Château Richeux. Bref que du haut de gamme !

■ **LES VIVIERS DE LA HOULE CHEZ MAZO**
37, quai Kennedy © **02 99 89 62 66**
www.viviersdelahoule-cancale.com
Ouvert tous les jours de 8h30 à 19h.
Tous les excellents produits de Cancale : huîtres plates ou creuses ainsi que moules de bouchot, crustacés vivants (araignées, tourteaux, langoustines, homards...) et coquillages (Saint-Jacques, bulots, bigorneaux...), plateaux de fruits de mer, d'une fraîcheur exemplaire et d'une qualité rare. Leur production située à Cancale est renommée dans toute la France, et elle est expédiée dans les meilleurs restaurants de la région (Tirel-Guérin, Château Richeux...). Possibilité également d'expédition en 24h dans toute la France directement chez le particulier. La maison dispose également d'un rayon épicerie fine qui propose soupes, rillettes, miel, sel, cidres et autres produits artisanaux ainsi que des vins en direct du producteur.

■ **Dans les environs** ■

Cherrueix

Nichée en plein cœur de la baie du Mont-Saint-Michel, terre de toutes les légendes, Cherrueix (qui, pour la petite anecdote tire son nom du mot « charrue » parce qu'il fut le premier village du marais de Dol à être labouré) est une petite commune de 1 000 habitants dont le fabuleux passé de pêche à pied, à l'origine de sa notoriété, est encore bien présent dans les cœurs et dans les esprits. Tant et si bien que la pêche à la crevette fait toujours partie des loisirs les plus appréciés des habitants du littoral. En hommage et en souvenir de tous ses pêcheurs, l'intérieur de l'église (XIVe – XVIIe), située au cœur du bourg, a d'ailleurs été édifié d'après la forme d'une barque. Protégée des attaques de la mer grâce à la Digue de la Duchesse Anne (XIIe), l'agriculture, qui de ce fait a pu trouver la possibilité de se développer, tient également une place importante dans ce village côtier, en attestent ses nombreux moulins, témoins d'une grande activité céréalière dans le marais de Dol.

ILLE-ET-VILAINE

© PHILIPPE GUERSAN – AUTHOR'S IMAGE

Moulin à vent du XVIIIe

Aujourd'hui, Cherrueix est reconnu pour ses légumes cultivés dans le sable (le long des routes, des maraîchers proposent ail, échalotes, pommes de terre, carottes, poireaux, potirons…) et sa mytiliculture, principale activité économique du village. Mais la grande spécialité de Cherrueix, qui lui vaut une réputation au rang international, c'est la pratique du char à voile où de grands champions toutes catégories proposent des cours d'initiation. Les prochains championnats du monde de char à voile auront lieu du 8 au 15 juillet 2012.

■ **LE TRAIN MARIN**
Centre-Bourg
✆ 02 99 48 84 88
www.decouvrirlabaie.com
Adulte : 13 €. Enfant (de 4 à 11 ans) : 9 €. Chèque Vacances. Visite guidée.
Ce petit train très particulier, vous permet d'explorer jusqu'au lit de la mer, un espace maritime unique au monde. Il vous invite à une promenade commentée de deux heures, jusqu'à 5 kilomètres du rivage, grâce à laquelle vous découvrirez les pêcheries en bois, la pêche à pied avec démonstration de pêche à la crevette, le métier de mytiliculteur et le plus grand centre d'élevage de moules en France ainsi que des paysages uniques et insolites. Départ programmé en fonction des heures de marée. Réservation obligatoire

■ **LA MAISON DES PRODUITS DU TERROIR ET DE LA GASTRONOMIE**
11, La Saline
✆ 02 99 80 84 79
www.lamaisonduterroir.fr
Fermé de novembre à mars. Basse saison : ouvert tous les jours de 10h à 13h et de 14h à 18h. Haute saison : tous les jours de 10h à 13h et de 14h à 18h30. Adulte : 6 € (tarif comprenant une visite à la ferme + une entrée à la Maison des Produits du Terroir). Enfant : 5 € (tarif comprenant une visite à la ferme + une entrée à la Maison des Produits du Terroir). Visite guidée. Boutique. Animation.

Gourmets, gourmands ou tout simplement amoureux du bon, soyez les bienvenus à la Maison des Produits du Terroir, véritable petit musée de la gastronomie artisanale, nichée au cœur du moulin de la Saline, dans la baie du Mont-Saint-Michel. Par le biais de supports interactifs (buffets à ouvrir, bornes à odeurs, films…), vous partirez à la découverte des productions locales (moules de Bouchots, ail de Cherrueix, pommes de rouget de Dol…) et apprendrez l'histoire et la fabrication du cidre et des spécialités à base de farine grâce à des panneaux d'exposition très bien expliqués. Sur des écrans menus, le chef vous dévoilera également de nombreuses recettes. Pendant la saison, des animations sont organisées sur le site. Avant de partir, faites un petit tour par la boutique, vous y trouverez une sélection des produits évoqués (rillettes de poissons, pâté de canard, caramel au beurre salé…) lors de votre visite ainsi qu'un livre des recettes de la visite.

■ **CAMPING LE TENZOR DE LA BAIE**
10, rue Théophile-Blin
✆ 02 99 48 98 13
www.le-tenzor-de-la-baie.com
Fermé du 1er septembre au 1er avril. Terrain de 2 ha. 79 emplacements. Emplacement de 5 € à 5,50 €. Personne supplémentaire de 4,75 € à 5,20 €. Mobile homes de 250 € à 570 € la semaine. Salle de bain pour bébés. Animaux acceptés (1,50 €). Animation.
Merveilleusement situé entre le Mont-Saint-Michel et Saint-Malo, à 300 m des plages de Cherrueix et de ses nombreuses activités (char à voile, pêche à pied, randonnées…). Dans son écrin de verdure, le Tenzor de la Baie vous offre des emplacements de camping et des mobil-homes de grand confort (compteurs privatifs pour l'eau et l'électricité, possibilité de se connecter à la TNT, réseau téléphonique et adsl sur demande), une yourte mongole pour des nuitées atypiques, de nombreux loisirs qui satisferont petits et grands (espace jeux

pour les enfants, mini-golf, piscine chauffée...), ainsi qu'un espace lave-linge et sèche-linge. Les sanitaires hommes et femmes (avec un accès pour touristes à mobilité réduite) se composent de douches, toilettes, lavabos, ainsi que d'une baignoire pour les enfants de 0 à 4 ans côté maman.

■ ÉCOLE FRANÇAISE DE CHAR À VOILE – NOROIT CLUB
1, rue de la Plage ✆ **02 99 48 83 01**
Fax : 02 99 48 99 45
www.noroitclub.free.fr
Ouvert toute l'année. Du lundi au vendredi de 9h à 12h et de 14h à 18h ; le samedi de 14h à 18h.
Le Noroit-Club, grâce à ses deux Brevets d'états permanents toute l'année et grâce à son cadre de roulage unique propose des locations de char toute l'année, tous les jours, sauf le dimanche pour des balades inoubliables dans la baie du Mont-Saint-Michel. Mais le Noroit Club c'est aussi une école fédérale de char à voile pour les plus jeunes. On y apprend la maîtrise des éléments, l'entretien et l'amélioration du matériel et on y pratique l'entraînement et la compétition. Enfin, grâce à son matériel adapté et à ses moniteurs qualifiés Handisport, toute personne atteinte d'un handicap peut s'adonner aux joies du char à voile.

Saint-Benoît-des-Ondes

Terre de marins et de paysans, cette petite commune occupe un territoire de 292 hectares à une altitude moyenne de 2 mètres au dessus de la mer. Elle est protégée des assauts de la mer par la digue de la Duchesse Anne, datant du XIe siècle. Bien que la culture céréalière est bien présente ici, l'activité principale de Saint-Benoit des Ondes est sans conteste la culture des huîtres et des moules.

■ HOTEL-RESTAURANT DE LA BAIE
6, rue du Bord-de-Mer ✆ **02 99 58 67 64**
www.hoteldelabaie.eu
Menus de 17,90 € à 24,90 €. Menu enfant : 7 € (jusqu'à 12 ans).
En salle ou sur la plaisante terrasse, vous apprécierez ici une bonne cuisine traditionnelle française et locale : Plateaux et assiettes de fruits de mer, homard breton grillé (sur commande), coquille Saint-Jacques ou soupe de poissons maison, choucroute de la mer, pôelée de Saint-Jacques et écrasé de pommes de terre à la fondue de poireaux, l'agneau de Pré-Salé ou encore des moules marinières à la normande (en saison) accompagnées de frites maison, sont parmi les spécialités de la carte, qui peut varier 3 à 4 fois par an. Un petit dessert maison avant de partir (far breton, moelleux au chocolat), et l'on en ressort repu.

■ LA GRANDE MARE – CHAMBRES D'HOTES
46, rue du Bord-de-Mer
✆ **02 99 19 77 92**
www.lagrandemare.fr
Ouvert toute l'année. 5 chambres. Chambre simple 58 € ; chambre double 68 €. Petit déjeuner inclus. Lit supplémentaire : 20 €.

Située dans la baie du Mont Saint-Michel, à 5 km de Cancale et 10 km de Saint-Malo, cette superbe demeure, classée Maison de Charme en 2006, dispose de 5 chambres d'hôtes à thème (comme par exemple la chambre marine Saint-Guénolé), grand confort, équipées de salle de bains, WC privés et d'un plateau de courtoisie. Les chambres bénéficient toutes d'une très belle vue mer. Salon terrasse, salon de jardin, piscine et baby foot sauront vous détendre et vous divertir. Un coin « petite cuisine » est également mis à votre disposition pour satisfaire les petites faims...

■ BOULANGERIE LA BAGUETTE BÉNÉDICTINE
29, rue du Bord-de-Mer
Route de Saint-Malo
✆ **02 99 58 78 80**
Ouvert du vendredi au mercredi de 7h à 13h30 et de 15h30 à 19h45.
La famille Feret est experte des produits de tradition. Monsieur Feret père parti en retraite, la relève est dignement assurée par son fils, Vincent, qui reprend le flambeau. Pain de campagne, pain au levain, pain aux céréales et leur fameuse baguette bénédictine en font de beaux exemples. Outre les produits bretons, vous adorerez leurs desserts chocolatés (mousses aux 3 chocolats) et craquerez devant les variétés de pains au sarrazin et tourtes de meule proposées. Sans oublier le kouign amann et le far breton. Rien qu'à les regarder, vous serez tenté de les croquer.

■ LE JARDIN DU FRUIT DE MER
7, rue du Bord-de-Mer ✆ **02 99 58 62 15**
Fax : 09 58 33 08 96
www.jardindufruitdemer.com
Basse saison : ouvert tous les jours de 9h à 19h. Haute saison : tous les jours de 9h à 22h. 15 couverts en terrasse face aux parcs à huîtres et 50 couverts en salle. Animaux acceptés. Accès wifi.
Producteur d'huîtres installé sur la route du Mont-Saint-Michel, recommandé chaque année par le petit futé, le « Jardin du Fruit de Mer » vous invite à découvrir des produits d'une fraîcheur et d'une qualité irréprochables, et nul doute que pour vous les amoureux des produits océanes, le « Jardin du Fruit du Mer » aura des allures de paradis sur terre ! Au détail, le magasin offre tous les jours coquillages (huîtres bien sûr, mais aussi moules, palourdes, Saint-Jacques, bulots, bigorneaux...) et crustacés (tourteaux, araignées, homards, bouquets, langoustines...), crus ou cuits, ainsi que des plateaux de fruits de mer. Toute l'année, la maison vous accueille pour emporter ou déguster sur place des plateaux de fruits de mer – que vous pourrez composer vous-même -, du homard grillé, des langoustines grillées, des moules frites ou encore bien entendu des huîtres (à noter que Serge Ruffel, producteur d'huîtres et frère d'Yves Ruffel le chef, a été médaillé d'or en 2012 au Concours Général Agricole des huîtres de Cancale « Creuses de Cancale » et autres fruits de mer. Nouveau, la maison propose à présent également des épices du monde entier : sel, poivres, baies, piments, huiles... A découvrir au rythme des saisons.

■ **LA PERLE DES GRÈVES**
51, rue du Bord-de-Mer ✆ **02 99 58 66 32**
Ouvert tous les jours. Toute l'année.
La Perle des Grèves est, depuis plus de trente ans, producteur de moules de bouchot de la baie du Mont-Saint-Michel et d'huîtres plates et creuses de Cancale. Tous les produits sont stockés en bassin d'eau de mer réfrigéré et filtré. Vous y trouverez tous coquillages et crustacés – cuits sur place et vivants : du crabe (tourteau, araignée...), de la langoustine, de la coquille Saint-Jacques, du homard breton, de la praire, de la palourde et de l'ormeau pour les connaisseurs ainsi que des plateaux de fruits de mer à emporter. Ce magasin situé sur la route de la côte entre Cancale et le Mont-Saint-Michel AOP vous propose également une expédition sur toute la France, directement chez le particulier.

Saint-Coulomb

Entre terre et mer, cette petite commune très prisée des touristes peut se targuer d'offrir 4 plages de sable fin bordées de dunes de sable et encadrées de pointes rocheuses de toute beauté. Sa campagne est parsemée ici et là de « malouinières » et autres gentilhommières érigées par de riches armateurs malouins du XVIe au XVIIIe siècle. Son patrimoine et ses paysages exceptionnels ont souvent été le théâtre de productions cinématographiques comme « La Cérémonie » de Claude Chabrol, le feuilleton télévisé « Entre Terre et Mer » d'Hervé Baslé, enfant du pays, ou encore « Selon Charlie » de Nicole Garcia. Le chanteur Léo Ferré ou encore l'écrivain Colette y ont élu domicile pendant des années.

■ **SYNDICAT D'INITIATIVE**
Le Bourg
✆ **02 99 89 09 00**
Ouvert de mai à septembre.

Situé au cœur du bourg, le Syndicat d'initiative, qui est ouvert de mai à septembre, accueille dans ses trois salles (la Salle Colette, la Salle Léo Ferré et la salle Tania Balachova) des expositions renouvelées chaque semaine de peintres, sculpteurs et autres artistes locaux. Vous y trouverez tous les renseignements sur Saint-Coulomb : son histoire, ses sites, ses manifestations... ainsi que de la documentation sur les communes voisines.

■ **PLAGE DE LA GUIMORAIS**
Cette magnifique plage familiale s'étend le long des dunes des Chevrets, cordon littoral qui relie la Pointe du Meinga à l'Île Besnard. Cette flèche sableuse façonnée par le vent et les courants est la seule du littoral d'Ille-et-Vilaine. A l'ouest de la plage, les îlots des Petits et Grands Chevrets (Réserve naturelle), accessibles à marée basse, hébergent une population de lézards des murailles, de cormorans huppés, de sternes et de goélands. Très fréquentée, la plage bénéficie pendant la haute saison d'un poste de secours équipé d'un fauteuil « Hippocampe » pour les personnes handicapées.

■ **LA PLAGE DE L'ANSE DU GUESCLIN**
Entre la Pointe du Nid et la Pointe des Grands Nez, cette superbe plage borde le fond de l'Anse du Guesclin, berceau historique de Saint-Coulomb car c'est en effet sur cette plage que débarqua vers 580, Colomban, moine irlandais qui donna son nom à la commune. Vers l'an 800, les ancêtres de Bertrand du Guesclin édifièrent sur l'îlot une forteresse qui fut transformée en fort au XVIIIe siècle, dans le but d'assurer la défense du littoral contre les débarquements ennemis et les attaques corsaires. Léo Ferré habita cet îlot dans les années 60 avec sa guenon Pépé. Par marée basse, on peut faire le tour de l'îlot qui demeure toujours une propriété privée. La plage est équipée d'un fauteuil « Hippocampe » qui facilite l'accès à la mer aux personnes à mobilité réduite.

Le fort du Guesclin à Saint-Coulomb

■ **LA PLAGE DE LA TOUESSE**

On accède à cette plage par le GR 34 ou par la D 201 qui longe la côte de Cancale à Saint-Malo. Le chemin qui y mène, dit « du Blé en Herbe », rappelle à notre souvenir que l'écrivain Colette séjourna régulièrement dans la maison Roz Ven de 1911 à 1926, demeure située directement sur la plage de la Touesse et dans laquelle elle écrivit son roman « Le Blé en Herbe ». Les plantations qui entourent encore aujourd'hui la maison, ont été réalisées par ses soins. Cette plage abritée est particulièrement appréciée des touristes et des locaux.

■ **LE HINDRE**
☎ **02 99 89 08 25**
www.lehindre.com
De Saint-Coulomb, direction Cancale (D355) après 1,5 km, tourner à droite
Ouvert toute l'année. 5 chambres. Chambre simple de 45 € à 50 € ; chambre double de 52 € à 55 € ; chambre triple de 64 € à 72 €. Petit déjeuner inclus. Parking inclus (privé). Chambre quadruple de 76 € à 81 €. Chèque Vacances. Wifi.

Bienvenue entre terre et mer, chez Catherine, qui se fera un plaisir de vous accueillir dans sa merveilleuse demeure, une ancienne longère rénovée avec goût, idéalement située à 3 km de Cancale, 7 km de Saint-Malo et à 2,5 km des plages. Son grand jardin (avec salon de jardin à disposition), fleuri et arboré, en fait un véritable havre de paix, et la convivialité qui règne en ces lieux fait qu'on s'y sent bien. La maison offre 5 chambres (dont deux au rez-de-chaussée) avec sanitaires privés, 4 doubles et une familiale de 4 personnes, et met gratuitement à votre disposition une kitchenette équipée d'un frigo, de deux plaques, d'un micro-ondes et d'un évier. Pour vous détendre, un salon avec cheminée, une télévision, une bibliothèque ou encore des jeux de société. Bon à savoir, possibilité d'hébergement en boxes pour chevaux. L'adresse idéale pour un séjour agréable et calme.

■ **CAMPING DUGUESCLIN**
Rue de Tannée
☎ **02 99 89 03 24**
☎ **06 16 86 85 83**
www.camping-duguesclin.com
A Cancale suivre la direction St Malo par la côte et face à l'île du Guesclin prendre à gauche, c'est juste à la sortie du hameau de Tannée, face à la mer.

Ouvert toute l'année. Ouvert du 1ᵉʳ avril au 31 octobre. Labellisé Camping Qualité et LPO. 43 emplacements. Exposition : ombragé / ensoleillé. Emplacement + véhicule + 1 personne de 3,90 € à 4,50 €. Emplacement + véhicule + 1 personne de 6 € à 7 €. Mobile homes de 250 € à 560 € la semaine. Chèque Vacances. Jeux pour enfants. Connexion Internet. Wifi.

Labellisé Camping Qualité et label LPO, ce camping vous accueille entre Saint Malo et Cancale, dans un cadre préservé au bord de l'Anse du Guesclin, site protégé et classé. Certains emplacements de ce lieu de villégiature offre une vue imprenable sur la plage

et le fort du Guesclin, que vous pourrez découvrir de plus près en sillonnant en randonnée sur le fameux GR 34. Vos promenades vous feront découvrir une côte sauvage parsemée de plages de sable fin. La plage et ses loisirs se trouvent à 800 mètres. Accueil chaleureux et personnalisé, les camping-caristes sont les bienvenus ainsi que les amoureux de la nature et du calme.

■ **LES CHEVRETS*****
La Guimorais
☎ **02 99 89 01 90**
www.campingdeschevrets.fr
*Labellisé « les pieds dans l'eau », Qualité Tourisme, Clé Verte et Tourisme Handicap. Pictos : magasin d'alimentation ; plats cuisinés à emporter ; lave-linge, laverie ; accès direct à la plage ; bar ; location de vélos.
 600 emplacements (emplacements caravanes et camping-cars : 254). Emplacement + véhicule + 1 personne de 12 € à 19 €. Emplacement + véhicule + 1 personne à partir de 15 €. Mobile homes de 270 € à 800 € la semaine. 4 yourtes à partir de 60 € la nuit en basse saison et 250 € la semaine en basse saison. Cabane dans les arbres 140 € la nuit petit déjeuner compris. Jeux pour enfants. Animaux acceptés (1 €).*

Depuis 1947, ce camping merveilleusement situé sur un site naturel protégé face à la mer, est un paradis pour les campeurs, l'endroit idéal pour des vacances de rêve placées sous le signe de la bonne humeur. Il est le plus grand camping de la Côte d'Emeraude, avec ses 600 emplacements, dont certains avec la vue mer, des emplacements délimités et de belle envergure (environ 100 m² chacun). Que vous choisissiez de passer votre séjour sous la tente, en mobil-home ou dans des yourtes traditionnelles d'environ 30 m², ce camping avec accès direct sur la plage vous promet un confort sans failles. Parc animalier, espace enfants (structure gonflable, toboggan et divers manèges), animations (enfants et adultes), pétanque, ping-pong et aire multisports… Les Chevrets est un petit havre de détente. Et question services, vous ne serez pas déçus : location de vélos, parc pour emplacement de bateaux, supérette (aliments, dépôt de pain, croissanterie, articles de plages…), espace change-bébé, lave-linge et sèche-linge, borne camping-car… L'assurance de vacances réussies. Nouveauté 2011 : une cabane dans les arbres avec vue mer.

■ **LES CIRCUITS DE RANDONNÉES**

La découverte du littoral se fait par le GR 34 qui longe les chemins de douaniers de Saint-Nazaire au mont Saint-Michel. Ce circuit est balisé par bandes horizontales blanches et rouges. Accessible à tous, il permet de découvrir en 1 ou plusieurs étapes, les 12 km du littoral colombanais qui relient le fort du Guesclin au Havre de Rothéneuf. 5 circuits fléchés vous permettront également de découvrir l'intérieur des terres, ses hameaux, ses malouinières et ses paysages. Départ de l'Office de tourisme.

■ **LES COMPTOIRS DE SAINT-MALO**
La Croix Blanche
☎ **06 13 74 81 73**
www.comptoirs-saint-malo.com

ILLE-ET-VILAINE

Huîtres de Cancale Denys Maisons

Saint-Méloir-des-Ondes

Dans les terres, Saint-Méloir-des-Ondes, dont la vocation touristique s'affirme d'année en année, est un petit village d'environ 3500 habitants tout à fait typique avec ses différents artisans (souffleuse de verres, ferronnier, vannier...). La région de Saint-Méloir-des-Ondes et de la Gouesnière produit une grande variété de légumes et produits maraîchers : choux-fleurs, pommes de terre, brocolis, artichauts… Un marché au Cadran y est d'ailleurs installé, où transitent 80 % de la production légumière de la Côte d'Émeraude. En juillet et en août, tous les lundis de 17h à 20h, vous pourrez allez faire un tour au marché à la Ferme des Petits Fruits de la Baie et découvrir, dans une ambiance festive et musicale, les nombreux artisans et producteurs. Début août, le salon des Antiquaires, de plus en plus coté, pourra être une bonne occasion de flânerie. Riche d'un patrimoine qui relate son passé, Saint-Méloir ne compte plus les nombreuses chapelles, manoirs, malouinières et moulins qui égrènent son paysage.

■ LE BISTROT DE LA PLACE
4, Place du Souvenir ℰ **02 99 89 10 21**
Ouvert du lundi au samedi le midi. Formule du midi : 9 € (entrée-plat-café ou plat-dessert-café. Formule entrée-plat-fromage ou dessert-café-boisson à 11 €). Accueil des groupes. Salle de 30 couverts. Parking.
Marc et Pascale sont à la tête de cet établissement situé face à la poste depuis le 12 septembre 2011. Dans une ambiance conviviale, ils vous invitent chaque midi à vous asseoir à leur table pour déguster leurs spécialités issues de la cuisine traditionnelle : buffet d'entrées, bœuf bourguignon, blanquette de veau, saumon et sa crème d'aneth ou encore flan de noix de coco et île flottante, les desserts maison, font partie des incontournables.

■ LE COQUILLAGE
Le Point du Jour
ℰ **02 99 89 25 25**
www.maisons-de-bricourt.com
Fermé du 27 janvier au 13 mars. Ouvert tous les jours le midi de 12h à 13h30 et le soir de 19h30 à 21h. Menus de 58 € à 135 €. Formule du midi : 27 € (du lundi au vendredi). Terrasse.

Olivier Roellinger a, comme vous le savez, abandonné son restaurant gastronomique triplement étoilé pour se consacrer à ses autres activités que sont les cottages, les gîtes, l'épicerie et ce Coquillage et sa vue sur la belle bleue. La cuisine est comme on peut s'en douter axée autour de la mer et s'il faut de la patience pour décrocher une table, elle est largement récompensée par des mets exquis. Comme tout le monde, surtout le week-end, nous avons attendu notre tour pour apprécier. Et ce fut un enchantement du début à la fin. Service irréprochable, une carte des vins en adéquation avec les mets et des assiettes de toute beauté comme les Saint-Jacques (de plongée) marinées « fleur du soleil » et jeunes pousses du chemin des douaniers, le filet de bœuf « normande » aux huîtres et « poivre Jeerakarimumdi », la table des fromages de Bretagne et de Normandie chutneys et condiments et la roulante des gourmandises toutes aussi attirantes les unes que les autres.

■ MAISON TIREL-GUERIN
Gare de la Gouesnière ℰ **02 99 89 10 46**
Fax : 02 99 89 12 62
www.tirelguerin.com
♿
Fermé du 22 décembre au 31 janvier. Basse saison : ouvert du mardi au samedi le midi et le soir ; le dimanche midi. Haute saison : le lundi soir ; du mardi au dimanche le midi et le soir. Menus de 39 € à 108 €. Menu enfant : 13 €. Formule : 28 € (sauf le week-end). Accueil des groupes.
Cet établissement est un endroit très agréable où les clients aiment venir se reposer car il est situé dans la campagne de Saint-Méloir des Ondes. Le restaurant a très bonne réputation car la carte est variée et raffinée. Ravioles de homard et d'artichaut, bouillon mousseux de crustacés ; escalopes de foie gras poêlées, oeuf cocotte, sauce aux truffes ; tronçon de turbot, fondue de poivrons, velouté d'huître et langoustine ; carré d'agneau « des prés salés », crème de cocos et jeunes pousses sont quelques ensorcellantes tentations qui retourneront vos papilles. Les desserts comme l'évanescence de rose, nuage pistache ou le croustillant au pralin, fondant, caramel beurre salé, espuma chocolat sont également de pures merveilles. Adresse incontournable.

■ **LA FERME DES NIELLES**
Les Nielles ✆ 02 99 89 12 21
www.bretagne-coquillages.com
♿

Basse saison : ouvert du mardi au vendredi de 8h30 à 12h30 et de 14h à 20h30 ; le week-end de 8h30 à 20h30. Haute saison : tous les jours de 8h30 à 21h. Très grand parking. Accueil de groupes possible jusqu'à 100 personnes sur réservation avec menus à partir de 15 €.
Huîtres creuses, plates, moules, homards, araignées, tourteaux, crevettes, langoustines, bigorneaux, praires... fraîchement pêchés ou déjà cuits par la maison sont proposés dans ce magasin où l'on apprécie la bonne humeur des commerçants. Ici, c'est la liberté car chacun fait ce qui lui plaît ! Les plateaux de fruits de mer sont à déguster sur place ou à emporter, et on pratique un nouveau concept, celui du principe self : c'est à dire que le client choisit ce qu'il veut manger, il paie et il revient quelques minutes plus tard chercher son plateau ! Vous pourrez également, et c'est la nouveauté, y déguster des poissons grillés à la plancha ou encore du homard grillé au feu de bois, autre spécialité de la maison. Autre originalité de la maison, on y mange au milieu du chantier ostréicole ! Le magasin propose également des spécialités régionales comme des biscuits, du caramel, de la fleur de sel... Bon accueil et bons produits. Vraiment rien à redire.

■ **LES HUITRES DE CELINE**
Les Nielles
✆ 02 99 89 16 93
Fax : 02 99 89 22 44
www.leshuitresceline.com

Combourg

« Berceau du romantisme », Combourg est la patrie de Chateaubriand. La ville se présente dans un décor demeuré pratiquement inchangé au cours des siècles : dans son écrin de verdure, superbe au-dessus du lac Tranquille qu'il domine de son imposante stature, le château capte le regard dès que l'on arrive sur Combourg. Les tours féodales à poivrière ont succédé au premier château bâti pour assurer la défense des frontières de la Bretagne. Siège, avec Dol-de-Bretagne, d'une puissante seigneurie, la châtellenie de Combourg se distingua aux XIe et XIIe siècles par son esprit d'indépendance à l'égard des ducs de Bretagne et de Normandie. La ville participa activement à la guerre de Succession de Bretagne – XIVe siècle –, et aux combats contre la Ligue – XVIe siècle. Combourg prospéra ensuite grâce au tissage de la toile et au tannage du cuir – XVIIIe siècle. Lors de l'arrivée du chemin de fer, la ville fut profondément remaniée mais elle conserve encore quelques maisons anciennes – pas toujours dans un excellent état. La ville moderne a misé sur son dynamisme commercial pour retrouver une animation en toutes saisons. En dehors de la ville, on découvre une campagne entrecoupée de bois et d'étangs dont nombre de sites à l'atmosphère bucolique rappellent que c'est en ces lieux qu'est né un mouvement littéraire dont l'ineffable François-René est l'un des plus illustres représentants. Les références à l'œuvre de Chateaubriand y sont bien sûr nombreuses : le bois, le lac et le château, lieu de villégiature du petit François-René sont autant d'invitations à (re) découvrir le maître du romantisme pour y trouver des descriptions de ce petit village entré dans l'histoire en 1037.

La Bretagne romantique, sur les traces de Chateaubriand, de Saint-Malo à Combourg

« La chambre où ma mère accoucha domine une partie déserte des murs de la ville, et à travers les murs de cette chambre on aperçoit une mer qui s'étend à perte de vue, en se brisant sur des écueils ». François-René de Chateaubriand naquit à Saint-Malo intra-muros, le 4 septembre 1768, rue des juifs. S'il est vrai que la présence spirituelle de Chateaubriand plane sur tout le pays malouin, elle se fait encore plus envoûtante à Combourg, au pied du château où l'illustre écrivain a passé son enfance, façonnant son âme tourmentée et romantique. Il se promène dans les landes qui jouxtent le château et le lac, apprenant à en apprécier le caractère sauvage et désolé. Dans son écrin de verdure, superbe au-dessus de l'étang reflétant ses hautes tours en poivrière, l'imposant bâtiment capte l'attention dès que l'on arrive. « C'est dans les bois de Combourg que je suis devenu ce que je suis ». Le vent qui passe dans les arbres sous lesquels le poète a rêvé, répète inlassablement les pages immortelles des Mémoires d'outre-tombe ; tout fait ici référence à l'œuvre de Chateaubriand, invitation à partir à la rencontre du père du romantisme français qui a pétri de son génie le pays malouin. La visite du château, parfaitement conservé depuis sa restauration en 1875, permet à chacun de se plonger dans l'atmosphère qui insuffla au Grand Homme une inspiration passée à la postérité. La chambre de l'écrivain, très dépouillée, se trouve au sommet de la tour du Chat, tandis que dans la salle des archives se découvrent ses objets personnels et le petit lit de fer où il mourut, rue du Bac à Paris en 1848. Mais c'est la cité corsaire que Chateaubriand choisit pour y reposer à jamais, inhumé sur le rocher du Grand Bé, face à l'océan qui le vit naître, « pour n'entendre que la mer et le vent ». Et lorsque l'on fait le tour des remparts de Saint-Malo, on a longtemps sous les yeux le « Grand Tombeau » de celui dont Victor Hugo disait « je veux être Chateaubriand ou rien ».

■ OFFICE DE TOURISME
Maison de la Lanterne
Place Albert-Parent
✆ 02 99 73 13 93
www.combourg.org
Basse saison : ouvert du lundi au samedi de 10h à 13h et de 14h à 18h. Haute saison : du lundi au samedi de 9h30 à 13h et de 14h à 18h30 ; le dimanche de 10h30 à 12h30. Ouvert toute l'année. Visites guidées pour les goupes à partir de 10 personnes toute l'année.

Points d'intérêt

■ CHÂTEAU DE COMBOURG
23, rue Princes
✆ 02 99 73 22 95
Fermé de novembre à mars. Ouvert en mars et en novembre, pour les groupes, sur demande. Basse saison : ouvert du lundi au vendredi de 14h à 17h30. Haute saison : du lundi au samedi de 10h30 à 17h30. D'avril à septembre, le parc est ouvert de 9h30 à 12h30 et de 14h à 18h. En octobre, de 14h à 17h. Adulte : 7,50 €. Enfant (de 5 à 10 ans) : 3,50 €. Visite guidée (45 minutes).

L'édifice, parfaitement conservé depuis sa restauration en 1875, permet de se plonger dans l'atmosphère qui façonna l'esprit de François-René de Chateaubriand au cours de ses jeunes années. L'histoire de la forteresse remonte au XIe siècle. En 1037, l'évêque de Dol Guinguené donne à son frère Rivallon, vicomte de Dinan, les fonds nécessaires à l'édification des premières tours de l'actuel château. De cette première construction subsiste la tour du Maure, la plus grosse des quatre. Le château est refait aux XIVe et XVe siècles, puis au XIXe. A cette époque, douves et pont-levis laissent place au perron. Comme un « char à quatre roues », le château, de plan carré, dresse ses tours à mâchicoulis aux angles d'épais bâtiments aux ouvertures étroites. La chambre du poète, très dépouillée, se trouve au sommet de la tour du Chat, qui doit son nom à une épouvantable histoire de félin emmuré vivant pour assurer la protection des nouveau-nés. Avis aux amateurs : il y a aussi un fantôme traînant sa jambe de bois. La salle des archives conserve les objets personnels de l'écrivain et le petit lit de fer où il mourut, rue du Bac à Paris en 1848.

Le couvert

■ LA COUR DU TEMPLE
5, rue Chateaubriand
✆ 02 99 73 10 71
Ouvert du mercredi au lundi. Service continu et tardif jusqu'à 22h. Formule du midi : 8,20 € (entrée-plat ou plat-dessert et 9,20 € entrée-plat-dessert. En semaine). Accueil des groupes (jusqu'à 15 personnes sur réservation). Anglais parlé.
Sonia et Anthony, dont l'accueil est des plus charmants, sont, depuis le 14 mars 2012, à la tête de cette crêperie restaurant située après la statue de Chateaubriand en remontant vers le centre ville sur la gauche. La carte du restaurant affiche quelques viandes (andouillette, entrecôte...) et omelettes, tandis que celle de la

crêperie propose des classiques comme les galettes Julie (fromage, lardons, pomme de terre, tomate, champignons, crème) et Terre et Mer (fondue de poireaux et noix de Saint-Jacques) ou encore la crêpe Gourmande (caramel au beurre salé, chantilly, glace vanille).

■ HOTEL DU CHATEAU
1, place Chateaubriand
✆ 02 99 73 00 38
Fax : 02 99 73 25 79
www.hotelduchateau.com
Menus de 26 € à 55 €.
Tout est mis en œuvre pour que pour l'heure du déjeuner et du dîner soit un souvenir inoubliable : un cadre chaleureux, une terrasse fermée avec une vue imprenable sur le lac et le château, une cheminée, un service dans le jardin (de juin à septembre selon la météo), des dîners romantiques dans la tourelle située à l'angle du restaurant... bref, ici on sort le grand jeu ! Et la cuisine du chef, une cuisine traditionnelle et de qualité qui oscille entre spécialités de la mer et du terroir, incite à la gourmandise : ravioles d'huîtres, consommé de crevettes et brunoise de pommes ; ormeaux cuits à l'ail et persil, purée maison, feuillantines au lard et jus de bœuf ; saint-pierre rôti au beurre de champignons, viennoise de chorizo, riz aux saveurs bretonnes, ail et chips au lard ; ris de veau nappé au cidre, salsifis lardés, poêlée de champignons ou encore le véritable chateaubriand sauce chateaubriand, belle pomme croquette, pleurotes au vin rouge, grande spécialité de la maison... On en salive encore !

■ HÔTEL LE LOGIS DU LAC – RESTAURANT LES TERRASSES
2, place Chateaubriand
✆ 02 99 73 05 65
www.hotel-restaurant-du-lac.com
Ouvert du lundi au jeudi et le samedi. Menus de 19 € à 36 €.14,50 € (en semaine). Accueil des groupes.
Niché au pied du château de Combourg, sur les berges du « Lac tranquille », dont il offre une vue des plus agréables, ce restaurant saura combler les papilles les plus exigeantes grâce à une cuisine de saison, créative et raffinée, celle de Marc Leroux, le chef et propriétaire des lieux, qui allie parfaitement tradition du terroir et qualité. Ravioles de noix de Saint-Jacques sauce safranée, foie gras de canard maison cuit au torchon, filet de bar de ligne au beurre d'algues et flan de topinambour, selle d'agneau rôtie, persillade et poêlée de légumes ou encore croustillant aux pommes caramel au beurre salé sont parmi ses réussites.

Le gîte

■ HOTEL DU CHATEAU***
1, place Chateaubriand
✆ 02 99 73 00 38
Fax : 02 99 73 25 79
www.hotelduchateau.com
Logis. Fermé de mi-décembre à fin janvier. 33 chambres. De 59 € à 175 €. Petit déjeuner buffet : 11 €. Animaux acceptés (9 €).

Combourg et son château

Bien placé face au lac, cet établissement bourgeois jouit d'une solide réputation. Il offre 33 chambres, agréables et tranquilles, chaleureusement décorées dans un style cosy et confortablement équipées (salle de bains ou douche, WC, télévision avec canal + et satellite, téléphone, accès Wifi, mini-bar...) qui bénéficient d'une vue dégagée sur le parc, le château ou le lac. Le salon-bar et son piano, les salles de séminaire, le jardin avec jeux pour enfants et le parc propice aux flâneries sont autant d'atouts qui font le charme des lieux.

 HÔTEL LE LOGIS DU LAC – RESTAURANT LES TERRASSES**
2, place Chateaubriand
✆ **02 99 73 05 65**
www.hotel-restaurant-du-lac.com
Ouvert toute l'année. 28 chambres. De 51 € à 103 €. Demi-pension : 29 €. Petit déjeuner buffet : 8,50 €. Garage et parking privés. Garage fermé pour les motos. Séminaires. Réceptions et mariages. Wifi gratuit. Restauration (formule déjeuner du lundi au vendredi midi, sauf fériés, à 14,50 € – entrée-plat-dessert – et menus à 19 €, 26,50 € et 36 €).
Un cadre d'exception pour ce bel hôtel-restaurant situé au pied du château et face au lac Tranquille. Dans un accueil des plus chaleureux Mme et M. Leroux, les propriétaires, vous proposent des chambres tout confort, équipées avec bain ou douche, sèche-cheveux, WC, téléphone, tv écran plat avec tnt, Canal +, et chaînes anglaises. L'hôtel ne dispose pas de chambres pouvant recevoir des personnes handicapées.

Campings

■ **CAMPING MUNICIPAL DU VIEUX CHATEL****
Avenue de Waldmünchen
✆ **02 99 73 07 03 / 02 99 73 13 93**
www.camping-combourg.com
Fermé du 19 septembre au 31 mai. 101 emplacements. Emplacement à partir de 2,07 €. Véhicule à partir de 2,67 €. Personne supplémentaire à partir de 3,47 €. Enfant : 2,07 €. Chèque Vacances. Jeux pour enfants. Animaux acceptés (1,08 €).

Situé à deux pas du lac Tranquille, ce camping municipal très calme dispose d'emplacements ombragés et délimités par des haies. Il offre des sanitaires bien équipés (douches, eau chaude à volonté, prises électriques, bacs à laver et sanitaires pour handicapés), une salle de jeux ainsi que des jeux pour enfants, et propose différentes animations pour petits et grands telles que tournois de pétanque, de palets, de foot... A proximité, tennis, piscine, golf...

Emplettes

■ **LE CHAT BIOTTÉ**
ZA moulin Madame
Allée des Ecotays
✆ **02 23 16 40 97**
www.lechatbiotte.com
Ouvert du lundi au jeudi de 9h à 13h et de 14h30 à 19h ; le vendredi et le samedi de 9h à 19h.
Implanté dans la Zone Artisanale du Moulin Madame, ce magasin d'alimentation biologique et d'écoproduits appartient au réseau Biocoop. Vous trouverez ici plus de 1600 références de produits bio (alimentation, hygiène, cosmétiques, écoproduits...) sans produits chimiques, sans OGM, sans arôme ni colorant artificiel... bref le goût du bon, du vrai et de la qualité. Accueil très sympathique et personnel de bons conseils.

■ **Dans les environs** ■

Antrain

Jusque dans les années 20, ce gros bourg a joué un rôle économique important, ses marchés et ses foires déplaçaient des foules considérables. Mais aujourd'hui à l'écart de la route de Rennes, le bourg a considérablement perdu de son entrain. A découvrir parmi les éléments les plus remarquables de la cité : l'église romane construite au XIe siècle et sa porte sud appelée « Porte des Femmes », le quartier Loysance avec son lavoir, la fontaine de l'An II, le pont de granit ainsi que la ruelle des Bras- de-l'Enfer où les forgerons battaient le fer

ILLE-ET-VILAINE

© JEAN-PHILIPPE DELISLE – FOTOLIA

■ **PARC DU CHATEAU DE BONNEFONTAINE**
℡ 02 99 98 31 13
www.bonnefontaine.com
Ouvert de Pâques à la Toussaint. Ouvert de 9h à 18h.
Adulte : 5 €.
Ce parc à l'anglaise de 25 hectares fut imaginé par D. Bülher (par ailleurs responsable du magnifique jardin du Thabor à Rennes) et E. André. Classé jardin remarquable, il mérite une petite visite. Passé les grilles d'entrées dessinées par Martenot, vous constaterez qu'il comporte de nombreuses essences datant de sa création comme des cyprès chauves, des ifs de Chine, des cèdres ou encore des palmiers et plus particulièrement le chêne sous lequel la duchesse Anne de Bretagne s'est assise. Celui-ci fut arraché du sol par une violente tempête en 1987 mais vous pourrez le voir car il demeure tel quel, couché sur le sol. Le château quant à lui est classé monument historique. Il fût édifié par le chancelier de la duchesse Anne de Bretagne à la fin du XVe siècle. Vous remarquerez sur sa façade une statue représentant l'Archange Saint-Michel.

■ **LA MAISON DE CLAIRE**
2, rue du Couesnon
℡ 02 99 98 43 76
www.lamaisondeclaire.fr
Ouvert toute l'année. 3 chambres. Chambre double de 45 € à 53 €. Petit déjeuner inclus. Chèque Vacances. Restauration (table d'hôte sur réservation : 23 €).
Charme et authenticité sont les maîtres mots de cet ancien presbytère du XVIIe siècle niché en plein cœur d'Antrain, point de départ stratégique de nombreux sites touristiques et autres sentiers de randonnée. Avec un goût certain, celui de Claire l'agréable maîtresse des lieux, le presbytère s'est transformé en une étape de charme, romantique et emprunte de caractère (vieux parquet en chêne, cheminées en marbre, mobilier de famille ou de brocante, tapisseries vichy, tissus fleuris...). A votre disposition, trois chambres de bon confort et à la décoration bien choisie, tantôt cosy, paysanne ou colorée, avec salle d'eau privative ; un ravissant salon d'été qui a pris ses quartiers dans une ancienne étude notariale, un coin salon ainsi qu'un jardinet. Le soir, table d'hôte sur réservation.

La Baussaine

■ **LE TICIA**
15, rue de la Libération
℡ 09 51 83 88 53
http://le.ticia.free.fr
Situé à 4 km de Bécherel, entre Rennes et Saint-Malo, sortie Tinténiac
Ouvert du lundi au vendredi le midi ; le samedi midi et soir. Le soir et le week-end sur réservation. Bar-tabac ouvert de 7h à 19h30. Formule du midi : 8,80 € (10,50 € et 12,80 €). Wifi gratuit. Parking privé. Petite terrasse.
Eric Delagrée est aux commandes de cet établissement, restaurant-bar-tabac, depuis septembre 2008. Il vous accueille tout au long de la journée autour d'un verre ou d'un café, et mitonne, quand vient l'heure du déjeuner, de bons petits plats traditionnels et familiaux à prix tout doux. Tout est cuisiné maison, des légumes à la purée, en passant par les frites ou les desserts (crème brûlée, glaces de la ferme, crumble, mousse au chocolat...). En plat de résistance, vous avez par exemple de la joue de porc au cidre et au miel, un faux-filet sauce roquefort, un poisson du jour le jeudi et certains vendredis une spécialité différente est proposée (choucroute, paella, couscous...). Pour accompagner le tout, une sélection de vins en bouteille et en pichet d'un excellent rapport qualité-prix. Une adresse bien sympathique.

Bazouges-la-Pérouse

Bazouges vient du latin basilica, église des moines et de Pérouse petrosus, pierreux, rocheux. Bazouges, sa forêt, son pommé, et... ses artistes ! Dominant le bocage, le village de Bazouges est également, depuis 2006, labellisé petite cité de caractère de Bretagne. Quatre bonnes raisons d'y faire une escale. La commune s'est transformée en un village d'artistes qui, du plus traditionnel au plus contemporain, accueillent les visiteurs et leur font découvrir leurs œuvres : peinture, sculpture, artisanat d'art, photographies. Le village d'artistes est ouvert toute l'année et comporte à présent trois galeries d'art. Et le succès est au rendez-vous ! Cette initiative permet de restaurer un patrimoine médiéval et de mettre en valeur les maisons de granit aux façades patinées

Les Mystères de la Ballue

Entre ombre et lumière, les jardins de la Ballue offrent des tableaux de verdure magnifiques. Au jardin classique, figures géométriques et sculptures végétales prolongent les sobres lignes du château. Séparé du jardin classique par une allée de glycines appuyées sur une colonne d'ifs, le jardin maniériste a été conçu comme un parcours initiatique où énigmes, complexités et surprises dévoilent au visiteur l'évolution de l'esprit. Ce parcours qui ne peut se comprendre qu'une fois qu'on l'a parcouru, afin d'en avoir une vision d'ensemble, offre successivement treize pièces de verdure associées à une statue. On passe ainsi du bosquet attrappe à celui des senteurs, au bosquet de musique à celui des roses et des camélias. Puis on découvre l'arboretum, le théâtre de verdure, le temple de Diane... pour enfin se perdre dans le labyrinthe. Dans ce dédale de 1500 ifs taillés qui représente le cœur même du jardin maniériste, on entre et on sort par la même porte, sans jamais trouvé de centre. Les statues, dont la diversité reste troublante, symbolise la beauté et le mystère de la Ballue. Ici, un homme se contemple dans un miroir d'eau, là une femme se tient bras tendu vers le ciel tandis qu'une autre médite en contemplant le beau paysage de la vallée du Couesnon.

par le temps. Des artistes sont arrivés à Bazouges : des potiers-céramistes, des sculpteurs, des plasticiens de Bretagne, de Paris, mais aussi d'Irlande ou des Etats-Unis comme le peintre et sculpteur Ken Gill, installé en 2002 dans le magasin du tailleur Aubré. L'atelier multimédia du Centre de création a pour objectif de présenter les nouvelles technologies et leur usage, et propose des expositions sur ce thème.

■ OFFICE DE TOURISME
2, place de l'Hôtel-de-Ville
✆ **02 99 97 40 94**
www.bazouges.com
Basse saison : ouvert du mardi au vendredi de 9h à 18h ; le samedi de 9h30 à 12h30. Haute saison : le mardi de 13h30 à 18h ; du mercredi au samedi de 10h à 18h ; le dimanche de 10h à 12h30.
L'office du tourisme vous propose toutes les informations nécessaires en termes d'hébergement ou de restauration et sur les activités de loisirs. Des visites guidées sont réalisables à la demande, que ce soit pour les groupes ou non ou plus particulièrement pour les enfants. Vous pourrez aussi vous procurer un guide de randonnée comportant une dizaine de balades à effectuer dans le secteur (2 €) et surtout le fameux pommé qui fait la réputation de Bazouges.

■ CHATEAU DE LA BALLUE
Château de la Ballue
✆ **02 99 97 47 86**
www.la-ballue.com
Ouvert tous les jours du 15 mars au 1er novembre de 10h30 à 18h30. Adulte : 9 €. Enfant (de 10 à 18 ans) : 7 €. Enfants de moins de 10 ans : gratuit. Etudiants et groupes : 7 €. Abonnement 1 an : 24 €.
La Ballue, lieu inspiré par les écrivains et les artistes qui le fréquentèrent, est idéalement situé entre Saint-Malo et le Mont-Saint-Michel. Ce château Louis XIII en granit doré a su préserver sa pureté architecturale. Dominant la vallée du Couesnon, il a remplacé l'ancienne forteresse des Marches de Bretagne. Aujourd'hui il ajoute au confort de ses chambres lumineuses, d'une décoration sobre et raffinée, le charme de ses salons XVIIe et la poésie de ses célèbres jardins, redessinés en un jeu savant et baroque avec la nature. Art topiaire et sculptures contemporaines

s'y conjuguent en parfaite harmonie. Château et jardins sont Monuments Historiques et le jardin a reçu le label jardin remarquable. Des concerts estivaux de musique classique sont régulièrement programmés.

■ LE CHATEAU DE LA BALLUE
la Ballue
✆ **02 99 97 47 86**
Fax : 02 99 97 47 70
www.la-ballue.com
Par la route en venant de Paris, prendre l'A13 direction Caen, puis l'A84 direction Rennes ; Sortie 30 ou 31 direction Saint-Malo, Antrain ; fléché à hauteur d'Antrain (le château est situé entre Antrain et Bazouges la Pérouse). Par la route en venant de Rennes, prendre périphérique nord, sortie route historique du Mont-Saint-Michel (D175). A hauteur d'Antrain, suivre la signalétique château de la Ballue.
Ouvert toute l'année. Label Qualité Tourisme. 4 chambres. Chambre double de 190 € à 210 € ; suite de 240 € à 295 €. Petit déjeuner : 18 € (brunch avec produits régionaux et maison servi dans la salle des buffets aux boiseries du XVIIe siècle). Lit supplémentaire : 40 €.
Dans cette demeure privée, les hôtes sont accueillis par les propriétaires. Quatre chambres haut de gamme et une suite de 3 pièces sont à votre disposition. Toutes les chambres, spacieuses et lumineuses, avec une belle hauteur sous plafond, sont décorées de boiseries d'époque et cheminées, et disposent d'un lit double à baldaquin et de confortables salles de bains et WC privatifs. Le château de la Ballue est un lieu de grand calme et de sérénité, romantique et situé à seulement 18 km du Mont-Saint-Michel, un lieu idéal pour un séjour en amoureux même si les enfants qui accompagnent leurs parents sont également les bienvenus. Des concerts de musique classique y sont régulièrement organisés. Les hôtes qui séjournent en chambres y sont gracieusement conviés, ainsi qu'au cocktail qui suit le concert en compagnie des musiciens (programme sur le : www.laballuejardin.com rubrique événements). A visiter aux alentours de la Ballue : le Mont-Saint-Michel à 15 minutes, la Côte d'Emeraude (Cancale, Saint-Malo, Dinard), les villes médiévales de Dinan, Fougères et Vitré !

ILLE-ET-VILAINE

■ **RÉCRÉ'NATURE**
Forêt de Villecartier
Haute saison : ouvert tous les jours de 11h à 19h. D'avril à septembre, le week-end et les jours, ouvert de 14h à 18h.
En direction de Saint-Malo, l'étang de Villecartier est situé au milieu de la forêt. A côté de la base nautique du lac, le port miniature comporte une flotte de bateaux électriques – pouvant accueillir chacun de deux à quatre personnes –, véritables reproductions de ferries, de chalutiers, de remorqueurs ou de bateaux à vapeur style Mississipi. Vous naviguerez en toute autonomie, le maniement de ces bateaux étant très simple, et sans bruit de moteur intempestif : merci l'électricité ! La base de loisirs vous permet de pratiquer d'autres activités sur place : faire du bateau à pédales, arpenter les sentiers et découvrir les monuments historiques ou le sentier botanique, emprunter les circuits pédagogiques d'orientation, profiter de l'aire de pique-nique ou de pêcher.

Bécherel

Petite cité de caractère de Bretagne, rien, a priori, ne prédisposait Bécherel à devenir la capitale du livre. Au XVIIIe siècle, la place était connue pour sa production de toile de lin et de chanvre et son marché était très fréquenté pour ses étoffes. En témoignent encore aujourd'hui les noms des rues de la vieille ville telles la rue de la Filanderie ou celle de la Chanvrerie. Les difficultés rencontrées par l'industrie textile inciteront la région à rechercher d'autres ressources et centres d'intérêt. Cette petite ville possédait un patrimoine historique et, une association, Savenn Douar, trouva une bonne idée pour le mettre en valeur : Depuis 1989, Bécherel est la première Cité du livre en France et la troisième d'Europe. Depuis l'office du tourisme, le tour des remparts vous offre un très vaste panorama, et pour cause, Bécherel se situe à 176 mètres d'altitude. Avec ses vieilles maisons et la tour massive et trapue de son église, vous passerez un agréable moment dans cette Cité du Livre. Une quinzaine de libraires et de bouquinistes vous proposent de fouiller parmi leurs rayons plus ou moins spécialisés mais non exclusifs, dans la littérature régionale et bretonne. On peut y trouver toutes sortes de trésors : gravures, livres de poche un peu écornés mais aussi des éditions rares ou un original du XVIIIe siècle. A ces libraires se sont joints plusieurs artisans d'art et des peintres. La cité célèbre son art tout au long de l'année et propose différentes animations à ce sujet. Citons la fête du livre organisée pendant le week-end de Pâques et ponctuée par des rencontres, expositions ou encore des conférences débats, le printemps des poètes, le festival européen de latin et de grec mais aussi un marché aux livres tous les premiers dimanches de chaque mois ou la nuit du livre organisée au début du mois d'août.

■ **MAISON DU LIVRE ET DU TOURISME**
4, route de Montfort
✆ **02 99 66 65 65**
www.becherel.com
Haute saison : ouvert tous les jours de 10h à 12h30 et de 13h30 à 18h30. D'octobre à mars, ouvert du mardi

au vendredi de 9h30 à 12h30 et de 13h30 à 17h30. Le 1er dimanche du mois de 9h30 à 12h30 et de 13h30 à 17h30 et le w-e pendant les vacances scolaires de 9h30 à 12h30 et de 13h30 à 17h30.
La Maison du Livre et du Tourisme organise, pour tous publics, des visites guidées à thèmes (histoire, patrimoine, science des jardins, botanique). Des ateliers et des démonstrations de métiers d'art sont également proposées. Ainsi, vous pourrez vous initier à la calligraphie, la reliure, la bibliophilie, l'illustration, au métier de costumier ancien, découvrir les contes de Haute-Bretagne et rencontrer les libraires professionnels de la Cité du Livre.

■ **CHÂTEAU DE CARADEUC**
✆ **02 99 66 81 10**
www.caradeuc.com
Ouvert tous les jours en juillet et en août de 12h à 18h. Se renseigner pour les autres mois. Gratuit jusqu'à 15 ans. Adulte : 6 €.
Le « Versailles breton » de style Régence domine au nord une grande terrasse d'où se déploie un très large horizon vers Dinan et la Rance. Cet imposant édifice fut édifié vers 1720 par Anne-Nicolas de Caradeuc, père de Louis-René de Caradeuc, procureur général du roi au Parlement de Bretagne et défenseur invétéré des libertés de sa région. La visite vaut surtout pour le vaste parc de style classique du XVIIIe siècle. On y trouve divers portiques et motifs architecturaux du XVIe siècle, bustes et statues.

Cardroc

■ **AUBERGE LUCAS**
Le Bourg
✆ **02 99 45 88 51**
www.aubergelucas.com
Fermé du 24 au 30 décembre. Ouvert du mardi au dimanche le midi de 12h à 13h30 ; du vendredi au dimanche le soir de 19h à 21h. Menus de 18,20 € à 33,90 €. Carte : 25 € environ. Accueil des groupes. Jardin.
Soyons honnêtes avec vous, nous étions complètement passé à côté de cette adresse. Et puis, un jour nous avons décidé de suivre les conseils de quelques gourmets avisés du département qui n'arrêtaient pas de nous en parler. Direction Cardroc, village aussi charmant que minuscule. Et là, coup de cœur ! Ce qui fut un débit de boissons dans les années 40 et une boucherie puis un restaurant est aujourd'hui une superbe auberge labellisée « restaurant du terroir » ce qui signifie qu'elle s'engage notamment à mettre en valeur les productions régionales. Un menu est d'ailleurs consacré à cette thématique. Au programme, escargots de M. Bizette aux topinambours et cèpes et leur sauce, duo de filet de caille et magret fumé vinaigrette aux raisins et petite salade de saison, filet de colin aux fettucine au blé tendre de M. Le Ruyet, chausson du gourmet (foie gras, cèpes, pommes, ris de veau et farce, cuits dans une crépine) ou encore crème brûlée à la vanille bourbon.

La Chapelle-aux-Filtzméens

■ **DOMAINE DU LOGIS*******
Lieu-dit Le Logis ✆ 02 99 45 25 45
Fax : 02 99 45 30 40
www.domainedulogis.com
À 5 km de Combourg.

Fermé du 7 novembre au 31 mars. Labellisé Camping Qualité. Terrain de 6 ha. 188 emplacements. Exposition : ombragé. Sol : herbeux. Emplacement + véhicule de 9 € à 15 €. Personne supplémentaire de 5 € à 5,50 €. Mobile homes pour 2 à 8 personnes de 300 € à 700 € la semaine. Tarifs emplacement : Enfant 2-12 ans 2,50 € en basse saison et 3 € en haute saison – gratuit pour les moins de 2 ans – électricité 4 €. Club enfants. Animaux acceptés (2 €). Wifi. Restauration. Animation.

Venez profiter d'un séjour de charme dans les dépendances d'un magnifique château XV-XVIIe siècles, véritable havre de paix et de quiétude, cadre original et atypique pour des vacances en famille, entre amis ou en amoureux. C'est dans ce site authentique et chargé d'histoire, que vous accueillent le plus sympathiquement du monde Delphine et Miguel, les maîtres des lieux. Sur 6 hectares de verdure, le domaine offre des emplacements délimités, privatifs et arborés ainsi que des mobile homes tout confort avec terrasse – dont un pour les personnes à mobilité réduite. Et côté activités, vous n'aurez ici pas le temps de vous ennuyer : espace aquatique, salle de fitness, sauna, piste BMX, pêche, aires de jeux, terrain multi-sports, terrain de boules, palet, mini-golf, échiquier géant, tennis de table, salle de jeux... sans oublier les nombreuses animations estivales, sont au programme. Sur place également un bar-restaurant et un snack. Situé en plein cœur de la Bretagne romantique, le Domaine du Logis bénéficie d'une situation géographique parfaite pour découvrir la région.

Dingé

■ **PAINTBALL AVENTURES**
La Basse Forêt ✆ 02 99 68 17 44
✆ 06 68 53 17 44 – www.paintballbretagne.com
A 10 min de Rennes et 20 min de Saint-Malo. Situé sur l'axe Rennes-Saint-Malo, sortie Combourg

Ouvert toute l'année. Du mercredi au dimanche de 10h à 18h30. Sur réservation préalable. Forfait classique : 25 € (150 billes). Forfait – 16 ans : 15 € les 100 billes. Forfait étudiant : 18 € les 100 billes.

Accueil, convivialité, bonne humeur et amour du jeu sont les maîtres mots de Naïs et David qui vous invitent à vous éclater sur 8 hectares de terrains à thèmes (le Western, l'Île de la Tortue avec un vrai bateau pirate, le P'tit Vietnam, la Forêt, la Bute ou encore le labyrinthe). Encadrées par un animateur professionnel, les deux équipes devront s'affronter sur chacun des terrains au scénario unique (avec bizutage pour les enterrements de vie de célibataire). Un joueur est éliminé lorsqu'il est touché par une bille laissant une trace de peinture sur son corps ou son équipement. Sur place, structures gonflables, terrasse, aire de pique-nique, bar, boutique... Paintball Aventures est idéal pour passer un excellent moment entre amis et en toutes occasions : enterrement de vie de célibataire, anniversaire, challenges entreprise, jeux nocturnes...

Hédé

Hazhoù en breton, le bourg a conservé ses vieilles ruelles et ses maisons bourgeoises tel l'hôtel de l'Ecu. En dehors de cette « ville close », vous ne manquerez pas le superbe panorama qui s'offre à vous depuis les ruines du château – XIe siècle – sur toute la plaine de Tinténiac. Si vous êtes en veine de bénédictions célestes, vous visiterez successivement les églises de Hédé – XIe siècle –, d'aspect roman avec sa porte en plein cintre, celle de Bazouges-sous-Hédé – XVIe siècle – avec ses portes flamboyantes et celle de Saint-Symphorien – XVIe siècle. Hédé est la patrie du sculpteur sur pierre et sur bronze, Jean Boucher, de l'école Boule. Plusieurs de ses œuvres sont exposées en ville. A partir du bourg, vous pourrez vous détendre les jambes en suivant le chemin de ronde, 500 mètres au grand maximum, les Roquets – 1 km – et pour les plus motivés : la fontaine de l'Eculée – comptez 1 heure 30 – et la balade aux onze écluses, le site de la Madeleine depuis Bazouge-sous-Hédé jusqu'à Tinténiac.

■ **MUSÉE DE LA MAISON DU CANAL**
Maison-éclusière-de-la-Madeleine
Bazouges-Sous-Hédé
✆ 02 99 45 48 90
www.maisonducanal.free.fr

Ouvert toute l'année. Haute saison : de 10h30 à 12h30 et de 13h30 à 18h. En mai, juin, septembre et octobre, ouvert tous les jours sauf le mardi de 14h à 18h. De novembre à avril, ouvert mercredi et dimanche de 14h à 17h. Adulte : 2,50 €. Enfant (de 8 à 12 ans) : 1,70 €.

Située au cœur du site aux onze écluses, cette ancienne maison éclusière de style napoléonien retrace deux siècles d'histoire dans laquelle vous pourrez admirer la construction et la vie du canal à travers une collection de photos, modèles et documents d'archives. Des animations pédagogiques et des sorties nature sont régulièrement organisées. La promenade le long du canal est très agréable, quoique très fréquentée le week-end.

ILLE-ET-VILAINE

La Charmille

Restaurant - Bar

Cuisine traditionnelle

Site des Onzes Méduses
35630 Hédé
02 99 45 47 67

■ **LA CHARMILLE**
La Madeleine
Les 11 Ecluses
✆ **02 99 45 47 67**
www.restaurant-lacharmille.com
Ouvert tous les jours le midi de 12h à 14h30. Fermé le mercredi après-midi. Formule du midi : 10,50 € (entrée-plat-dessert-1/4 boisson. En semaine). Formule à 13,90 € le samedi et 15,90 € le dimanche. Chèque Restaurant. Accueil des groupes (jusqu'à 30 à 40 personnes sur réservation). 2 terrasses dont une couverte. Parking de 150 places.
Très bon rapport qualité-prix pour cet établissement situé sur le site des Onze Ecluses. Depuis le 3 janvier 2001, Ludovic Lerable est aux commandes de ce bar-restaurant qui ouvre ses portes tous les jours dès 9h30 le matin, et qui propose le midi une cuisine traditionnelle de bon aloi à travers un menu ouvrier bon marché pouvant offrir par exemple un meli-mélo de crudités, de la saucisse au vin blanc, un pavé de Vire, de la macreuse en steak... à consommer sur l'une des deux terrasses – dont une couverte – ou dans la salle colorée et lumineuse de 30 couverts. Bon marché également, les menus du week-end.

■ **LE COL VERT**
Rue de l'Etang ✆ **02 99 45 44 48**
Fax : 02 99 45 49 50 – www.lecolvert.com
Fermé du 25 décembre au 25 janvier. Basse saison : ouvert du mardi au dimanche de 11h à 15h et de 18h à 0h. Haute saison : du mardi au dimanche de 12h à 0h. Menus de 10 € à 32 €. Carte : 17 € environ (formule complète). Menu enfant : 10 €. Plat du jour : 7 €. Formule du midi : 10 €.
Terrasse. Raconter en dix lignes le Col Vert, peut-être la meilleure adresse que nous ayons testée cette année, c'est court. Cela va au-delà du simple restaurant et de la guinguette le dimanche. Un coup de cœur donc, pour cette belle maison de pierre bâtie au bord de l'étang d'Hédé, à 20 minutes de Rennes et de Saint-Malo ; pour son tenancier aussi, Bruno, un personnage. Autrefois patron du Jardins des plantes, il a connu les Tryo et Louise Attaque à leurs débuts. L'homme tient à la fois du bon vivant et de l'infatigable baroudeur. Il prend plaisir à vous narrer ses voyages au long cours, photos à l'appui, de l'Argentine au Cambodge, en passant par le Sénégal, où il a vécu. Le téléphone sonne. Bruno : « Ah non Monsieur, l'établissement n'est pas à vendre ! » Les importants travaux d'agrandissement prévus font des envieux. L'extension sera élevée sur pilotis, et les convives auront les pieds sur l'eau ! Si les jeunes mariés veulent convoler en justes noces par le lac en pleine nuit, ce sera possible, via une trappe qui donne accès à une barque sous la maison ! Mais parlons gourmet : une vraie carte tour du monde. En vrac, voici ce qui se démarque : en Thaïlande, goûtez au matsaman (émincés de volailles au lait de coco) ; dégustez le poulet yassa à la sénégalaise ; laissez-vous tenter par les planchas mexicaines, les hamburgers maison, les brochettes de gambas ou la côte bœuf de 800 g ; décortiquez sur sa broche un coquelet de 500 g. Bref, passez au Col Vert, vous en verrez peut-être un.

■ **LES FÉES GOURMANDES**
✆ **02 99 45 42 77**
www.lesfeesgourmandes.com
De mai à octobre, fermé mardi soir et mercredi et de novembre à avril, fermé le mardi et le mercredi. Menus de 9,50 € à 11 € (midi et soir). Formule du midi : 9,20 € (menu galette, sauf le dimanche). Chèque Vacances, Chèque Restaurant. Terrasse. Carte bilingue.

LE COL VERT : Déjeuner... Dîner... Célébrer... AUTREMENT !
Guinguette le dimanche   02 99 45 44 48   www.lecolvert.com

Depuis le 9 avril 2011, Nina et Evelyne, la fille en cuisine et la mère en salle, sont les adorables Fées Gourmandes qui hantent les lieux de cette charmante crêperie, labellisée Crêperie Gourmande depuis novembre 2012, on ne plus chaleureuse avec ses belles pierres apparentes. Ici, tout est frais (œufs, crème fraîche, fromage et lait viennent directement de la ferme) et cuisiné maison, et les spécialités affichées à la carte sont toutes plus appétissantes les unes que les autres. Côté galettes, notre cœur a penché pour la Reine d'Erquy (Saint-Jacques de la baie de Saint-Brieuc marinées à l'échalote, poêlées et crémées, salade), la Saumonée (saumon fumé, fromage frais à l'aneth, salade) et la Périgourdine (cuisse de canard confite émiettée, champignons de Paris poêlés, sauce au bleu) ; tandis que nos papilles n'ont pas résisté à la délicieuse crêpe Titiana (pomme au cidre rôtie, caramel au beurre salé maison, glace au pain d'épices) en dessert... Pour accompagner le tout, une belle carte de cidres fermiers et bio. Aux beaux jours, la petite terrasse de 15 couverts est très prisée. Bref, une belle adresse dans laquelle on est si bien que l'on s'y sent un peu comme chez soi.

■ **LA VIEILLE AUBERGE**
Route de Saint-Malo
℮ **02 99 45 46 25**
Fax : 02 99 45 51 35
www.lavieilleauberge35.fr
Ouvert du mardi au dimanche le midi de 12h15 à 13h30 ; du mardi au samedi le soir de 19h30 à 21h30. Menus de 26 € à 78 €. Formule du midi : 17 € (et 20 €. En semaine). American Express, Chèque Vacances, Chèque Restaurant. Accueil des groupes. Terrasse.
Une maison de caractère du XVIIe siècle à dix minutes de Rennes, calme et confortable, ancien moulin au charme délicieusement romantique et à l'atmosphère chaleureuse, lové au bord d'un étang privé... le décor est planté pour cette belle étape gastronomique qui invite les papilles à partir à la découverte d'une remarquable cuisine du marché - celle d'Eric et Jean-Marc Leffondré. Une cuisine d'artisan haute en saveurs, composée généreusement et uniquement de produits frais entre terre et mer : Foie gras cuit au torchon, chutney de poire, toast de pain de mie et pain d'épices maison ; noix de Saint-Jacques poêlées aux moules de bouchot, mousseline de

chou-fleur ; magret de canard rôti au chou et foie gras ; ris de veau aux morilles à la crème, baba du vieux garçon... Et comme dans cette maison on ne badine ni avec la qualité ni avec le savoir-faire, sachez qu'ici, on élève ses agneaux, on fait son pain et on fume son saumon ! Autant de trésors à déguster au chaud de la cheminée en hiver ou sur la terrasse ombragée aux beaux jours.

Lanhelin

La commune est célèbre pour son granit, utilisé, par exemple, pour la Cité des Sciences de la Villette ou la banque de Chine de Hong Kong, mais on appréciera surtout l'atmosphère unique dégagée par les sous-bois des forêts de Coëtquen et du Mesnil d'où émergent de façon fantasmagorique de larges terrasses de granit bleu, univers captivant au sein duquel le temps semble suspendu.

Marcillé-Raoul

La commune de Marcillé-Raoul fait partie du canton d'Antrain. Elle dépend de l'arrondissement de Fougères et se situe à 35 km de Dinan, 10 km de Combourg, 35 km de Vitré et du Mont-Saint-Michel et à 40 km de Rennes et de Saint-Malo. Marcillé-Raoul vient du Gallo-Romain « Marcilius » et du nom de Raoul III de Fougères. A voir, son église paroissiale Saint-Pierre (œuvre de l'architecte Jean-Marie Anger édifiée en 1867, dédiée à Saint-Pierre apôtre, en remplacement d'une ancienne église détruite au XIXe siècle. L'ancien édifice datait en partie du Xe siècle), son cimetière classé (dans le cimetière, porte romane de l'ancienne église du XIIe siècle) et l'étang du Boulet, merveilleux lieu de promenade.

Médréac

La commune est située à 35 km de Rennes et à 25 km de Dinan. Elle fait partie du canton de Montauban de Bretagne et du Pays de Brocéliande. D'une superficie de 3 501 ha pour environ 1800 habitants, cette ancienne paroisse de l'évêché de Saint-Malo, possède un patrimoine historique reconnu : les alignements mégalithiques de Lampouy, la croix du cimetière, la croix des sept loups...

⚓	accès direct à la plage	♿	handicap malvoyant	♨	plats cuisinés à emporter
🍸	bar		handicap mental	△	room service
	blanchisserie	♿	handicap moteur		salle de remise en forme
❋	climatisation	🌳	jardin ou parc	📺	salle de jeux / tv
♫	discothèque		jeux		sanitaires modernes
€	distributeur d'argent		lave-linge / laverie		sports nautiques
	eau potable	♿	location de vélos		tennis
	équitation		magasin d'alimentation	◎	tir à l'arc
	espace fumeurs	✈	navette aéroport		toboggan aquatique
	établissement non-fumeurs		pêche	❀	ventilateur
	fitness		piscine intérieure		vidange wc
⚓	golf miniature		piscine extérieure chauffée	⚓	voile
	handicap malentendant		piscine extérieure		

RESTAURANT - TRAITEUR

39, rue de Rennes
35720 Pleugueneuc
02 99 45 38 72

www.restaurant-traiteur-antre-terre-mer.com

Pleugueneuc

■ **ANTRE TERRE ET MER**
39, rue de Rennes
℡ **02 99 45 38 72**
Ouvert tous les jours le midi ; le vendredi et le samedi le soir. Menus de 17 € à 30 €. Formule du midi : 10 € (en semaine). Accueil des groupes (jusqu'à 110 personnes). Terrasse. Carte de fidélité pour repas du soir et le week-end. Grand parking privé. Connexion wifi.
A mi-chemin de Saint-Malo et de Rennes, Nelly et Laurent vous accueillent dans leur antre, entre terre et mer, un restaurant traditionnel qui propose également un service traiteur sur place et à l'extérieur. Salade géante, foie gras maison et sa confiture de figues, millefeuille de mignon de cochon et Saint-Jacques en persillade, crevettes flambées au pastis, choucroute de la mer, moules en saison ou encore tête de veau tous les 1er vendredis du mois enchanteront vos papilles. Pour accompagner le tout, on vous proposera de découvrir la belle de carte de vins de producteurs en adéquation parfaite avec les mets proposés. Très sympa, les soirées à thèmes régulièrement organisées, comme les repas grignotage le temps d'un concert ; et très pratique, un espace jeux pour les enfants. Une bonne adresse.

Tinténiac

Pour construire l'église actuelle de style romano-byzantin, l'architecte Regnault a pioché dans l'ancien édifice : portes des XVe et XVIe siècles, vantaux de la porte des Morts – don de l'amiral Gaspard de Coligny. Le jardin de l'Esplanade, contigu, conserve les arcades du chapiteau – XVe siècle – et une ancienne chapelle de la même époque. A l'intérieur, vous remarquerez les anciens fonts baptismaux, une cuve romane dite « Le beau diable de Tinténiac » et les statues polychromes. Le centre-bourg compte plusieurs maisons

des XVe-XVIIIe siècles dont certaines s'enrichissent d'une façade en « grand appareil », de corniches à modillons, de gerbières à frontons sculptés. Pour vous aider à vous y retrouver, le syndicat d'initiative tient à votre disposition un parcours architectural qui permet de découvrir les témoins de ce qui fut un bourg rural florissant du XVe siècle au passé récent. A proximité, vous pourrez profiter des ombrages des bords du canal. Son quai planté d'arbres est un relais nautique ouvert aux plaisanciers entre Rennes et Dinan. Pêche et randonnées peuvent s'y pratiquer aisément. Tinténiac est le point de départ du circuit touristique de Tinténiac-Montmuran qui, sur 70 kilomètres fléchés, présente un large éventail architectural en églises et châteaux des XIIe au XVIIIe siècle. Reconnaissable par ses panneaux marron, ce circuit vous entraîne à travers les âges, de l'époque romane à la période classique. C'est très bien fait, vous ne risquez pas l'indigestion. Brochure disponible dans les offices du tourisme et auprès du Groupement d'intérêt touristique à Dol-de-Bretagne.

Dinard

L'étymologie de Dinard n'est pas certaine. Elle provient vraisemblablement de l'ancien breton din – colline – et arh – ours. Jadis, en effet les Celtes portaient un véritable culte à cet animal. Face à Saint-Malo, la cité balnéaire ne fut pendant longtemps qu'un petit village de pêcheurs rattaché au bourg de Saint-Enogat. A partir de la seconde moitié du XIXe siècle, la douceur de son climat et ses nombreuses plages bien abritées ont su attirer les aristocrates anglais qui prirent l'habitude de s'y installer en villégiature d'été et d'y pratiquer les bains de mer et le tennis. La station balnéaire prit son essor à cause de la toquade d'un riche Américain, du nom de Coppinger, qui y fit bâtir un château. A sa suite, de nombreuses villas furent construites autour des palmiers, des tamaris et des camélias, faisant de Dinard une petite Riviera, la station la plus huppée de la Côte d'Emeraude. Desservie par le train dès 1887 et dotée de tous les équipements de loisirs : salle de bal, Grand Café avec terrasse et orchestre, salle de jeu et billard, un casino construit en 1866, Dinard permettait aux élégantes et aux dandys d'y mener une épuisante vie de fêtes et de mondanités. Aujourd'hui avec une clientèle calme de retraités et de familles, Dinard reste une station prisée pour de classiques vacances au bord de la mer. La visite de Dinard vaut pour ses magnifiques panoramas mais vous aimerez la station balnéaire et apprécierez son charme Belle Epoque, ses plages magnifiques, ses promenades le long de la mer, ses somptueuses villas classées, ses jardins plantés d'une végétation méditerranéenne.

■ **OFFICE DE TOURISME**
2, boulevard Féart
℡ **02 99 46 94 12**
Voir page 15.

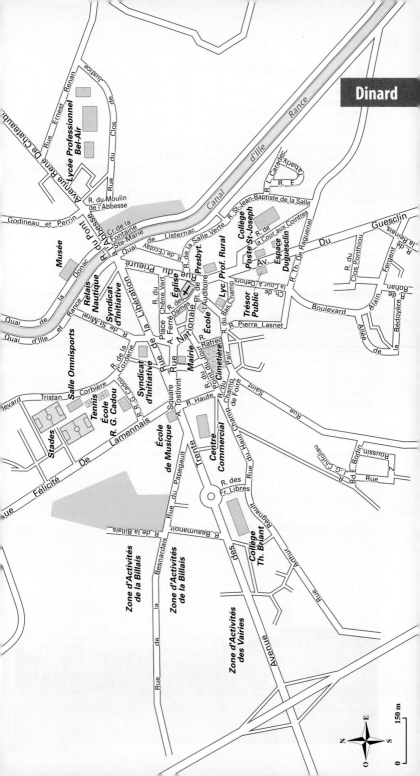

Dinard

DINARD

CROISIÈRES CHATEAUBRIAND
Barrage de la Rance
☎ **02 99 46 44 40**
www.chateaubriand.com
*Croisière 1 heure 30 : 17 €. Croisière 3 heures : 26 €.
Enfant de 5 à 15 ans : croisière 1 heure 30 5 € et croisière
3 heures : 10 €. Chèque Vacances. Parking gratuit.*
Embarquez à bord du Chateaubriand, très beau bateau de
croisière à l'intérieur de bois chaleureux, dont l'équipage
est des plus charmants. Des croisières commentées vous
proposent de découvrir villages, îles (comme l'île aux
Moines, site ornithologique), malouinières ou encore
la faune et la flore de la Vallée de la Rance. Le bateau
panoramique et le pont supérieur offrent un paysage
exceptionnel et envoûtant. Les déjeuners et dîners
croisières, de grande qualité, sont des plus romantiques.
Un bar vous permettra également de vous désaltérer en
profitant de sites de toute beauté. Il est préférable de
réserver à l'avance.

Points d'intérêt

■ LE PARC DE PORT BRETON
Ouvert toute l'année. Tous les jours. Gratuit.
Ce beau parc municipal arboré et fleuri de 5ha, avec plan
d'eau, est situé à l'entrée de Dinard, face à la Plage du
Prieuré. En y flânant, vous y rencontrerez une quarantaine
d'animaux (biches, daims, ânes, chevrettes, wallabies,
faisans, canards, lamas...) et une vingtaine d'espèces
en volière, et pourrez admirer une roseraie de plus de
2 000 plants dont la rose Picasso, à laquelle s'ajoutent,
en automne 1 200 bulbes, plantes de bruyère, 5 topiaires,
2 000 arbres. Dans le parc également, des jeux pour
enfants et un parcours sportif. Pour toute la famille.

■ PROMENADE DU CLAIR DE LUNE
Elle est à Dinard ce que la promenade des Anglais est
à Nice. Des quatre promenades autour de Dinard, celle
du Clair de Lune est sans doute la plus appréciée. Les
amateurs de romantisme seront comblés, puisque de
juillet à octobre, la promenade est illuminée et mise
en musique, avec une ambiance différente chaque soir.
On accède à cette promenade de la place du Général
de Gaulle. Passant devant la piscine découverte, vous
longerez la digue, puis arrivant au quai de la Perle, vous
découvrirez le Grand Hôtel. C'est de là que l'on a la plus
jolie vue sur la plage du Prieuré. Vous déboucherez sur le
Bec de la Vallée, avec son embarcadère à l'abri d'un petit
môle. De là, vous rejoindrez la plage de l'Écluse par une
trouée ou bien vous contournerez la pointe du Moulinet.

Le couvert

■ BEAUSEJOUR
2, place du Calvaire
☎ **02 99 40 46 21**
www.dinard-beausejour.fr
*Ouvert tous les jours. Plat du jour : 9 €. Accueil des
groupes (jusqu'à 100 personnes sur réservation). Terrasse
de 50 couverts. Wifi.*
Le Beauséjour est situé à Saint-Enogat, à côté de la
boulangerie Renault et près de la petite fontaine.
Christelle, qui a repris les lieux en mai 2011, et son
équipe, sont heureux de vous y accueillir pour partager,
le temps d'une pause gourmande, de bons petits
plats maison. Carpaccio de bœuf coupé au couteau,
entrecôte grillée VBF ou encore fondant au chocolat font
partie des spécialités. A la carte également, neuf pizzas
comme l'incontournable campagnarde. L'établissement
dispose d'une belle terrasse de 50 couverts et bénéficie
de l'accès wifi.

■ CHEZ MA POMME
6, rue Yves-Verney
☎ **02 99 46 81 90**
www.chezmapomme.com
*Basse saison : ouvert le mardi, le mercredi, le vendredi et
le samedi le midi et le soir ; le jeudi et le dimanche le midi.
Haute saison : tous les jours. Menus de 22,50 € à 29,50 €.
Formule du midi : 12,50 € (et 17 €, en semaine).*

Coucher de soleil sur Dinard

Toute l'équipe vous accueille Chez Ma Pomme, beau restaurant à la décoration très tendance, fraîche, chatoyante et colorée, merveilleusement situé à proximité de la grande plage, du centre-ville et du casino. Vous serez séduit par une cuisine inventive, subtil mélange sucré/salé, plus particulièrement axée sur les poissons et les fruits de mer. Au programme : pressé de tourteau au citron vert, mille-feuille craquant d'avocat et saumon fumé, filet de bar grillé à la tapenade d'olive, dos de cabillaud rôti au lard et sauce parmesan, croustillant aux pommes caramel au beurre salé et boule de glace... Chez ma Pomme dispose d'une salle à l'étage pour accueillir les groupes sur réservation – jusqu'à 40 personnes – ainsi qu'une belle terrasse ensoleillée et chauffée en hiver.

■ **CREPERIE COTE & PLAGE**
6, rue Gardiner
Saint-Enogat
℃ **02 99 46 95 33**
Ouvert tous les jours pendant les vacances scolaires. Basse saison : ouvert du mardi au samedi le midi et le soir ; le dimanche midi. Service tardif le week-end et en saison. Formule du midi : 7,30 € (8,10 € et 9,30 €. En semaine). Chèque Vacances, Chèque Restaurant. Accueil des groupes (jusqu'à 60 personnes sur réservation). Vente à emporter. Carte de fidélité.
C'est avec beaucoup de gentillesse qu'Anaïs et Stéphane, les maîtres des lieux depuis février 2011, vous accueillent dans leur crêperie – restaurant d'un excellent rapport qualité-prix. Tous les produits qu'ils vous proposent, des produits du terroir, sont d'une fraîcheur irréprochable et cuisinés maison. La carte est large et saura donc satisfaire tous les goûts et tous les appétits. Au menu, des galettes comme l'« Océane » (poêlée de Saint-Jacques de la baie de Saint-Brieuc, fondue de poireaux à la crème), des crêpes comme la « Quimpéroise » (crêpe façon kouign aman et son caramel au beurre salé), des salades repas, des pâtes fraîches ou encore 19 pizzas fines et croustillantes – que vous pourrez également emporter – comme par exemple la « Marsala » (tomate, poivrons, chorizo, merguez, crème, oeuf). Les petits plus de la maison : la cheminée l'hiver et les soirées à thèmes. Nouveauté : devenez crêpier ! Avec une invitation de 2 heures le mercredi après-midi qui comprend un atelier pour faire le caramel au beurre salé maison, apprenez à faire la pâte à crêpe et à galette et à l'étaler sur le bilig. Adresse à découvrir.

■ **LE HAUTECLOQUE**
3, rue du Maréchal Leclerc
℃ **02 99 48 31 35**
Fermé mardi soir et mercredi hors vacances scolaires.
Laurent et François vous accueillent depuis le 4 juin 2012 dans leur « crêperie gastronomique » située à côté de la Cantina, sur la gauche en remontant le casino. « Crêperie gastronomique » oui, car ici on privilégie la qualité des produits et l'art de la présentation. Parmi les spécialités de la maison, laissez-vous séduire par exemple par la délicieuse noix de Saint-Jacques et poireaux sauce au beurre blanc ou encore la copieuse Rustique » (saucisse artisanale, confit d'oignons, salade verte et sauce blanche) côté galettes, avant de finir sur

Chez ma pomme
Restaurant
6, rue Yves Verney
35800 DINARD
Tél. **02 99 46 81 90**

une note sucrée avec la crêpe Gourmande aux pommes caramélisées, caramel au beurre salé et glace caramel. A la carte également, une entrecôte frites sauce béarnaise maison ou encore une salade César. La grande particularité des lieux, vous pouvez manger à la fois à l'intérieur et à l'extérieur grâce aux tables ouvertes de quatre places. A découvrir.

■ **LE MARÉGRAPHE**
8, place du Calvaire
℃ **02 99 46 94 92**
www.maregraphedinard.fr
♿
Ouvert du mercredi au lundi. Service continu de 9h à 23h en saison et pendant les vacances scolaires. 60 places en terrasse.
Le Marégraphe a changé de main et c'est une nouvelle équipe qui vous accueille depuis le 10 février 2011 dans cette crêperie-bar, à la décoration moderne et chaleureuse avec ses pierres apparentes, située dans le quartier de Saint-Enogat. Parmi les spécialités de galettes vous avez par exemple la Bretonne (andouille de Guemené, fondue d'oignons et sauce moutarde à l'ancienne) ou la Marégraphe (noix de Saint-Jacques poêlées et champignons et beurre persillé) et l'incontournable William (poire, frangipane maison, chocolat maison, flambée au Grand Marnier) côté crêpes. La maison propose également des viandes et des omelettes et assure un service continu en saison et pendant les vacances scolaires.

VENTS ET MAREES
66, boulevard Albert-Lacroix
✆ 02 99 16 48 74
www.restaurant-ventsetmarees.com
Basse saison : Ouvert tous les jours sauf le mercredi soir le jeudi et le dimanche soir. Ouvert tous les jours en continu en juillet et en août. Menus de 14,50 € à 26,90 €. Accueil des groupes. Terrasse de 35 couverts.

Karine et Didier vous accueillent depuis le 9 décembre 2011 dans leur restaurant situé en plein cœur de Saint-Enogat, face à la plage et à la fontaine Jules Verne. Le chef, qui n'utilise que des produits frais, mitonne avec brio une cuisine d'instinc, et aime également à revisiter des incontournables (brandade de morue, choucroute de la mer Vents et Marées, terrine de lapin maison façon grand-mère...). A la carte, foie gras mi-cuit du chef et sa confiture maison au coulis d'hibiscus, mousseline tiède de Saint-Jacques sauce au piment doux et gingembre, magret de canard à la plancha au poivre et gratin dauphinois ou encore baba au rhum traditionnel ont attiré notre attention et comblé nos papilles ! A découvrir.

Loisirs

■ **CENTRE HIPPIQUE DE DINARD EMERAUDE JUMP**
Le Val-Porée ✆ 02 99 46 23 57
Fax : 02 99 46 89 38
www.emeraude-jump.com
Ouvert tous les jours de 9h à 21h.

Le centre hippique de Dinard propose l'équitation sur chevaux pour cavaliers débutants ou confirmés à partir de 12 ans (initiation de l'équitation, perfectionnement du cavalier, préparation et présentation aux examens fédéraux, instruction théorique et hippologie, promenades à l'extérieur et stages pendant les vacances scolaires) et l'équitation sur poneys pour débutants et confirmés de 4 à 12 ans (découverte du poney, initiation par le jeu et les animations, préparation et présentation aux examens fédéraux, promenade dans le parc et sur la plage, initiation à la compétition, stages pendant les vacances scolaires, promenade accompagnée des parents pour les enfants de 3 à 6 ans). Pensions pour chevaux et poneys.

■ **CLUB SUBAQUATIQUE DINARDAIS**
25, rue Barbine
✆ 02 99 46 25 97
c.s.d@voila.fr
Basse saison : ouvert le lundi à partir de 20h ; le samedi à partir de 12h15. À la piscine de Dinard d'octobre à juin. Plongeurs tiers équipés : 22 €. Membres adhérents CSD : 12 €.

Enseignement des différents niveaux et passages de brevets. Du baptême au perfectionnement, de la plongée découverte à la plongée bio, une équipe d'encadrants diplomée (FFESSM et DRDJS.) et passionnée vous invite à découvrir le monde féérique des fonds marins dans les meilleures conditions. Les baptêmes se font en piscine couverte ou découverte. De nombreuses épaves sont accessibles dès le niveau 1. Un vrai bonheur !

Sorties

■ **LE CASINO BARRIÈRE DE DINARD**
4, boulevard Wilson
✆ 02 99 16 30 30
Fax : 02 99 16 04 29
www.lucienbarriere.com

Ouvert toute l'année. Jeux de table de 21h à 3h les dimanches, mercredis et jeudis et de 21h à 4h le vendredi, samedi et veilles de fériés. Fermé lundi et mardi. Machines à sous ouvertes de 11h à 2h du dimanche au jeudi et de 11h à 3h le vendredi, samedi et veilles de fériés. Machines à sous de 10h à 3h en semaine, de 10h à 4h le week-end. Jeux de table de 21h à 3h en semaine, de 21h à 4h le week-end (sauf lundi et mardi hors saison).

Face à la plage, vous pénétrerez dans une ambiance feutrée, au décor luxueux. Ici, chacun peut venir tenter sa chance car l'entrée est gratuite. Les adeptes des machines à sous seront ravis le casino offre pas moins 130 machines à rouleaux et vidéo poker de 1 centime à 5 €. Pour ceux qui préfèrent les tables de jeux, vous pourrez jouer à la roulette anglaise, au black-jack ou encore au poker. Rien ne va plus, faites vos jeux ! Le tout restant ensuite de ne pas se laisser aller à la folie du jeu, car la caisse a toute capacité pour avaler votre carte de crédit.

Emplettes

■ **MARCHÉS**
La place Crolard, très bien aménagée, est le théâtre d'un des plus beaux marchés de la région. En saison, trois par semaine : le mardi, le jeudi et le samedi. Autour des halles de nombreux marchands viennent vendre vêtements, épicerie, artisanat, fruits et légumes, viandes et fruits de mer... Le samedi, le marché dinardais prend encore plus d'importance, accroissant du même coup le nombre de marchands et de visiteurs. Une bonne façon de commencer le week-end, en faisant le plein de courses et de bonne humeur, avant de filer à la plage. Beaucoup de nos références en matière d'alimentation sont rattachées au marché ou aux halles, car les prix n'y sont pas si prohibitifs, que la qualité des produits est remarquable, et que cela reste quand même la manière la plus agréable de faire ses emplettes.

■ **Dans les environs**

La Richardais

A quelques kilomètres de Saint-Malo, Dinard et Dinan, cette charmante cité touristique bénéficie d'une intimité toute particulière avec la Rance, la mer, les plages et la campagne...
Ses pittoresques sentiers de randonnées, ses petites criques, sa nature luxuriante et ses paysages variés en font un endroit privilégié pour s'y séjourner. A découvrir, l'Anse des Grandes Rivières, la Pointe du Grognet, le jardin Manoli, le vieux bourgou encore l'Etang de la Garde entre autres.

Pleurtuit

Pleurtuit est bordé par deux fleuves côtiers : le Frémur et la Rance. Cette spécificité apporte à la commune des paysages riches et variés. Avec environ 3 000 hectares de superficie, elle est la commune la plus étendue des bords de Rance. Pleurtuit a la particularité d'abriter le seul aéroport du pays de Saint-Malo. A voir, la chapelle Saint-Antoine (XVIe-XVIIe siècles), le château de Montmarin et ses jardins classés monuments historiques, la pointe de Cancaval qui offre une vue exceptionnelle sur l'estuaire et le barrage de la Rance, le moulin Neuf un ancien moulin à marée ou encore la merveilleuse cale de Jouvente, un petit paradis.

■ DOMAINE DE MONTMARIN
Le Montmarin ℰ **02 99 88 58 79**
www.domaine-du-montmarin.com
Parc ouvert de fin mars à début novembre. Ouvert du dimanche au vendredi de 14h à 19h. Adulte : 6,50 €. Enfant (de 7 à 14 ans) : 4 €. Etudiants (de 14 à 18 ans) : 5 €.
Seule malouinière sur la rive gauche de la Rance construite en 1760 pour Aaron Magon, Seigneur du Bosq, c'est l'un des fleurons de l'architecture malouine du XVIIIe siècle. Le parc et la malouinière sont classés monuments historiques. Six hectares de jardin à la française, inchangé depuis le XVIIIe siècle, parc à l'anglaise avec pelouses, créé en 1855, bosquets et massifs floraux. La malouinière s'ouvre sur un plan d'eau de plus d'un kilomètre de large. Au centre de la cour d'honneur, se trouve un très beau bassin du XVIIIe siècle en marbre blanc de Carrare. Son contenu botanique s'enrichit chaque année. Il est le lieu de manifestations consacrées aux plantes. L'été le parc, plus fleuri encore, accueille les rares agapanthes, une liliacée d'Afrique et d'Australie, aux belles fleurs blanches panachées de bleu. Toute l'année et sur demande, le Château de Montmarin accueille réceptions, mariages, séminaires...

Saint-Briac-sur-Mer

Berceau des capitaines au long cours, cet ancien village de pêcheurs a conservé autour de son clocher du XVIIe siècle des rues sinueuses et étroites au charme particulier. Ce lieu prédestiné des vacances familiales fut aimé des peintres : Henri Rivière, Renoir, Emile Bernard, Paul Signac y séjournèrent, même si la station fut snobée par Picasso qui vint en vacances à Dinard dans les années vingt et y réalisa de nombreux dessins à la plume. Si l'on mentionne son port de mouillage de 640 anneaux et son festival des Mouettes, un festival folklorique qui a lieu le deuxième dimanche d'août, Saint-Briac devrait bien vous séduire.

■ OFFICE DE TOURISME
49, Grande-Rue
ℰ **02 99 88 32 47**
www.tourisme-saint-briac.fr
Basse saison : ouvert du lundi au samedi de 9h30 à 13h et de 14h à 17h30. Haute saison : du lundi au samedi de 9h30 à 13h et de 14h à 18h30 ; le dimanche de 10h à 13h et de 14h à 17h ; les jours fériés de 9h30 à 13h et de 14h à 18h. Du 1er avril au 30 octobre, ouvert le dimanche de 10h à 13h.
Découvrez le patrimoine briacin par le biais d'une visite guidée du centre historique : les origines de Saint-Briac, sa vocation maritime et ses capitaines au long cours, la balnéaire... sont autant de thèmes qui seront abordés lors de votre visite. Deux marchés d'été nocturnes (l'un en juillet et l'autre en août) où produits d'art, d'artisanat et du terroir sont mis à l'honneur, sont également organisés.

■ DINARD GOLF-CLUB
ℰ **02 99 88 32 07**
Fax : 02 99 88 04 53
www.dinardgolf.com
Ouvert toute l'année. Restauration. Boutique. Hôtel.
Ce très ancien link, le plus ancien de France après Pau, suggère un magnifique parcours avec une vue sur la mer quasi permanente de ses dix-huit trous, qui portent tous un nom (la patte de chien, la bérézina...). Il offre un sol sablonneux, des fairways ondulés, des petits greens surélevés et très rapides, de nombreux bunkers, très peu d'arbres mais beaucoup de genêts et d'ajoncs. Autre bel atout, son club-house qui allie tradition et confort font partie de ses beaux atouts. Les passionnés de golf l'affectionnent tout particulièrement...

Saint-Briac-sur-Mer

Chevaux sur la plage

Saint-Lunaire

Ce bourg, qui inspira à Claude Debussy son poème symphonique La Mer, devint une station à l'initiative d'un banquier qui fit construire à la fin du siècle dernier le Grand Hôtel, face à la grande plage. La station bénéficie d'une grande diversité de plages et de panoramas. Ne manquez pas de découvrir la pointe du Décollé.

■ **OFFICE DE TOURISME**
Boulevard du Général-De-Gaulle
✆ **02 99 46 31 09**
www.saint-lunaire.com
Haute saison : ouvert tous les jours de 9h30 à 19h.

Dol-de-Bretagne

Paul Féval ne l'aimait guère : « Dol est cette cité druidique où les épiciers raisonnables ont chassé les bardes fous ». Votre jugement sera-t-il plus clément ? Dol est d'abord une ville frontière, où la sévère Bretagne se mâtine de douceur normande. C'est une zone charnière, à la fois entre les deux grandes régions, mais aussi entre la baie du Mont-Saint-Michel et les premiers vallonnements verdoyants des pays de Combourg et d'Antrain, porte d'entrée dans la Bretagne romantique. C'est au VIe siècle que Samson, un moine évangélisateur venu d'Angleterre, vint y fonder un monastère. A cette époque, les flots arrivaient jusqu'aux pieds de la cité. Lorsque le moine débarqua à l'embouchure du Guioult, la légende raconte qu'il fut accueilli par un homme désespéré qui semblait guetter un improbable secours venu de la mer. Cet homme était le Seigneur du lieu. Il implora le moine de soigner sa femme et sa fille, toutes deux mourantes. En récompense de ses soins éclairés, le saint obtint la permission de construire son monastère. En 848, Nominoë, Duc de Bretagne, y fut couronné. Il donna aux évêques de Dol la dignité d'archevêques et de primats de Bretagne. A l'époque des invasions normandes, la ville dut soutenir de nombreux sièges et n'échappa pas aux pillages. Florissante, Dol attirait les convoitises et fut maintes fois conquise et reconquise au gré des alliances politiques et militaires. Après une vaine tentative de Guillaume le Conquérant, la ville succomba en 1203 à l'assaut de Jean sans Terre qui s'y fortifia et brûla la cathédrale. Pris de remords, il en subventionna la reconstruction. Celle-ci se poursuivra au cours des trois siècles suivants et fera de l'édifice l'un des plus beaux monuments de l'architecture religieuse bretonne. Chateaubriand et Victor Hugo séjournèrent à Dol à plusieurs reprises.

■ **OFFICE DE TOURISME**
5, place de la Cathédrale
✆ **02 99 48 15 37**
Voir page 14.

Points d'intérêt

■ **CATHÉDRALE SAINT-SAMSON**
Place de la Cathédrale
Construite une première fois au XIIIe siècle, elle fut reconstruite, sur ses bases romanes, dans le style gothique dit anglo-normand. C'est un des monuments les plus remarquables du patrimoine religieux de la Bretagne. La façade ouest, avec sa porte rectangulaire du XIIe siècle, est encadrée de deux tours. Celle de gauche est toujours restée inachevée. L'autre date du XVe siècle et son campanile du XVIIe siècle. Selon une légende locale, elle serait reliée au mont Dol par un passage souterrain. Au sud, remarquez le petit porche ou porte de l'Evêque – XIIIe-XVe siècle – qui s'ouvre sur deux arcades ogivales. La colonnette du milieu, octogonale, est ornée de cœurs. Le grand porche – XIVe et XVe siècle – présente une voûte à croisée d'ogives et de larges fenêtres latérales. A l'intérieur, le grand vitrail, une remarquable verrière, montre des scènes de l'histoire de sainte Marguerite, d'Abraham, du Christ, de saint Samson et des premiers évêques de Dol.

■ **LE MENHIR DU CHAMP-DOLENT**
Route de Combourg
À deux kilomètres de Dol-de-Bretagne, ce menhir de plus de 9,30 mètres de hauteur est le plus haut de Bretagne. On dit que cette pierre, plantée en terre par volonté céleste pour séparer les guerriers, serait déjà enfoncée de 5 mètres dans le sol et que son ensevelissement continuerait au rythme d'un pouce par siècle. Paraîtrait-il que la fin du monde interviendra quand elle aura totalement disparu…

Le couvert

■ **CAFÉ BRASSERIE DES DOUVES**
14, place Chateaubriand ✆ **02 99 48 52 64**
Ouvert du lundi au samedi. Ouvert tous les jours de juin à septembre. Plat du jour : 8 € (formule entrée-plat ou plat-dessert + 1/4 de vin et un café : 11 €. Formule entrée-plat-dessert + 1/4 de vin et un café : 13 € Le midi). Accueil des groupes (jusqu'à 25 personnes sur réservation). Terrasse de 12 couverts. Wifi gratuit.
Monsieur et Madame Pambrun ont ouvert le café-brasserie des Douves le 17 décembre 2011. Le restaurant propose des formules midi et des plats du jour traditionnels comme par exemple du bœuf en sauce, une bavette à l'échalote ou encore du saumon sauce hollandaise ; quant à la carte, elle affiche également des incontournables de la cuisine française tels que l'andouillette sauce moutarde ou encore la poêlée de Saint-Jacques. Des retransmissions sportives sont assurées côté bar.

■ **LE CARRÉ ROUGE**
43, Grande Rue des Stuarts
✆ **02 99 48 92 64**
Ouvert du mardi au samedi le midi et le soir ; le dimanche soir. Service jusqu'à 22h. Menu enfant : 6,90 €. Formule du midi : 10,50 € (une pizza + un verre de vin + un café. Le midi en semaine). Accueil des groupes (jusqu'à 14 personnes sur réservation). Pizzas à emporter. Terrasse de 12 couverts côté jardin.
Au Carré Rouge, le restaurant-pizzeria d'Alvina et Jonathan, maîtres des lieux depuis le 9 juin 2012, il y en a pour tous les goûts. Pizzas (13 à la carte) comme l'éponyme Carré Rouge (tomate, mozzarella, merguez, steak haché, volaille, sauce barbecue), pâtes (carbonara, bolognaise ou saumon), mais aussi des salades repas ou encore de délicieux et copieux hamburgers maison réalisés avec des steaks charolais de 180 g. D'un très bon rapport qualité-prix, l'adresse est à découvrir.

■ **BISTROT DE L'UNIVERS – CHEZ BORIS**
6, rue Lejamptel ✆ **02 99 80 91 36**
Ouvert tous les jours de 10h à 1h. Service continu en juillet et en août. Plat du jour : 7,50 €.
C'est un endroit à visiter en plus d'y manger. Boris, qui a travaillé avec Olivier Roellinger, adore les bars à l'ancienne et c'est naturellement qu'il a modifié ce lieu à son arrivée. Des billets du monde entier des gens de passage collés au plafond, des photos des années 1940, des publicités de Picon, des photos de cinéma ou d'anciennes revues font que l'on se sent ici comme

chez soi dans ce véritable bistrot. Sa cuisine, préparée avec des produits frais cuisinés maison et délicieusement mijotée par Pierre, est très conviviale. Une table unique attend les clients autour du plat du jour, qui évolue au fil des saisons, comme le bœuf aux carottes, les sardines grillées et ses pommes de terre à la crème (8 €) ou encore une assiette de fromages servie avec un verre de côtes-du-rhône, sans oublier les moules/frites l'été, à déguster sur la belle terrasse ensoleillée. La mascotte, Jacquot le perroquet, annonce le menu quand il le veut bien sinon c'est un écran qui le fait. La salle à l'étage a été transformée en salle de réception avec une ambiance cosy, un brin baroque avec des sièges de Napoléon III. Allez au bistrot de l'Univers, vous ne serez pas déçus, avec en prime, toujours la gentillesse et la convivialité de Boris !

Le gîte

■ **DOMAINE DES ORMES**★★★★★
Epiniac ✆ **02 99 73 53 00**
www.lesormes.com
Ouvert toute l'année.
Idéalement situé entre Saint-Malo et le mont Saint-Michel, le Domaine des Ormes vous propose un large choix d'hébergements et d'activités au cœur du parc du château du XVIIe siècle (200 ha). Vous aurez le plaisir de sélectionner votre hébergement parmi des lieux cosy et originaux. Sur place, le Castels Camping (5 étoiles), le Golf hôtel (3 étoiles), la résidence hôtelière (3 étoiles), 4 gîtes dans des maisons traditionnelles bretonnes, des cottages huttes en bois, et les fameuses cabanes dans les arbres ou sur l'eau. Egalement un golf 18 trous avec son club house (membre de la chaîne Golfy), une infrastructure spécifique à l'organisation de séminaires et événements, et un centre équestre. Le Domaine des Ormes est un lieu unique pour tout type de clientèle sachant apprécier ce savant mélange de nature, d'activités sportives et d'animations. Vous pourrez vous détendre dans le complexe aquatique (parc aquatique couvert et chauffé à 28 °C, piscine à vagues, aquaparc) ou vous dépenser lors d'une partie de golf, du parcours aventure dans les arbres, du Paintball, d'une balade à cheval, ou encore improviser une partie de tennis ou de cricket ou vous initier à la pêche ou à l'escalade. Le Kids Club accueillera vos enfants gratuitement en juillet-août. Commencez votre journée par des croissants chauds disponibles au Spar, ou encore flânez dans les boutiques souvenirs. Côté restauration, choisissez votre menu au gré de vos envies : « Chez Madeleine », retrouvez des pizzas à emporter ou sur place et un large choix de pâtes et de salades croquantes. Profitez de la terrasse du club house avec sa vue imprenable sur le château et une carte brasserie. ' « Le Bœuf et la Grenouille » vous proposera des grillades au feu de bois ou encore les célèbres crêpes et galettes bretonnes. Enfin, L'Oie Gourmande à l'hôtel vous proposera une carte raffinée. Pour terminer votre soirée, profitez des bars et de la discothèque ou d'un concert ou spectacle concocté par l'équipe d'animation. Tous les éléments sont réunis pour réinventer vos vacances en famille, organiser des courts séjours avec votre tribu ou encore des week-ends en amoureux.

Loisirs

■ **CENTRE AQUATIQUE DOLIBULLE**
Rue de l'Abbaye ✆ **02 99 80 71 75**
www.piscine-dolibulle.com
Entrée : 5,80 €. Enfant : 5,20 €. Tarifs Communauté de Communes : adultes 5,20 € et enfants 4,40 €.
Sur une superficie de 2000 m² entièrement couverte, le centre aquatique Dolibulle offre bassins sportif et ludique (canon à eau, champignon, jets hydromassants) ainsi qu'un hammam et un sauna pour les plus grands, une pataugeoire ludique et un toboggan pour les plus petits. On peut y pratiquer de nombreuses activités : gym aquatique, aquastep, gym loisir, apprentissage… pour les adultes ; jardin aquatique, bébés à l'eau, apprentissage et pré-apprentissage… pour les enfants.

Emplettes

■ **CÔTÉ VIGNOBLE**
22, place Toullier
✆ **02 99 48 19 72**
www.cotevignoble.com
Voici 12 ans maintenant que la Cave Côté Vignoble met un point d'honneur à promouvoir des produits de haute qualité. Depuis 2010 Côté Vignoble c'est aussi côté Fromage avec une large sélection d'AOP affinée par la célèbre Maison Bordier. Dans un cadre mêlant modernisme et tradition, la maison ouvre ses portes aux hédonistes exigeants et aux épicuriens les plus scrupuleux. En entrant sur la droite, le client ira piocher dans les rayons de la partie épicerie haut de gamme : beurres Bordier bien sûr, mais aussi thés et infusions, chocolats, biscuits, confitures et confiseries, fruits secs et moelleux ; charcuteries Espagnoles et Italiennes, épices du monde, condiments, antipastis, caviar, foie gras, sans oublier les huiles d'olive et les vinaigres en vrac. Au rayon vins et alcools : le spectre est large adapté à tous les palais et à tous les portefeuilles. Les vignerons les plus célèbres côtoient également les dernières découvertes du vignoble… Côté spiritueux, au delà d'une très belle sélection en bouteille ; l'originalité du magasin tient dans la mise à disposition de whiskies et de rhums en vrac dont les couleurs d'ambre jaillissent des bonbonnes en verres transparentes. Bref, vous l'aurez compris, si vous êtes de passage dans la région, courez-y pour rassasier votre curiosité gourmande, plus de 3 500 références vous attendent. Accueil sympa, et pour les passionnés ou débutants soirées dégustations sur réservation une fois par mois !

■ **Dans les environs**

Epiniac

Reconstruite au début du siècle, l'église renferme un très beau retable du XVIIᵉ siècle et un curieux bas-relief de bois peint figurant la mort de la Vierge. On pourra aussi apercevoir sur la route de Saint-Léonard les ruines de l'abbaye de la Vieux-Ville – XIIᵉ siècle. A proximité, le parc de la Higourdais, un agréable lieu de promenades et de randonnées en bordure d'étang, et le château des Ormes ayant servi de résidence secondaire – aux XVIᵉ-XVIIᵉ-XVIIIᵉ siècles – aux évêques de Dol. Parcours de golf.

■ **CASTEL CAMPING DOMAINE DES ORMES**
Les Ormes ✆ **02 99 73 53 00**
Fax : 02 99 73 53 55
www.lesormes.com
Ouvert de mi-mai à mi-septembre. Terrain de 30 ha. 800 emplacements (dont 500 mobil-homes). Emplacement + véhicule + 1 personne de 4,20 € à 7,50 €. Emplacement classique de 18,60 € à 29,60 €. Emplacement confort de 23,60 € à 34,60 €. Emplacement Castel Premium de 29,50 € à 39,50 €. Animaux acceptés. Aire pour camping-cars. Wifi. Animation. Parcours aventure dans les arbres, tyroliennes.
A l'ombre ou au soleil, calme ou animé, tous sont à proximité d'un point d'eau et d'une installation sanitaire. 3 piscines, un parc aquatique, un espace aqualudique couvert et une fantastique piscine à vague, un centre équestre, un golf 18 trous, un parcours aventure dans les arbres, un mur d'escalade, 3 restaurants, supérette, bars, discothèque ouverts en saison, animations… un luxueux paradis.

■ **GOLF DES ORMES**
Château-des-Ormes ✆ **02 99 73 54 44**
Ouvert toute l'année. Restauration. Boutique. Hôtel.
Dans un merveilleux écrin de verdure, sur une propriété de caractère – château du XVIᵉ siècle –, parcours de 18 trous, 6 013 mètres par 72, parcours 5 trous par 3, un practice plein air et 10 bureaux de postes couverts, un putting green, un practice green, location de matériel et de golfettes – petites voitures électriques –, club-house. Des passionnés vous initieront ou vous perfectionneront. Un lieu incontournable.

Hirel – Vildé-la-Marine

Située sur la route de la baie du mont Saint-Michel et construite sur un banc de sable coquillier (classé patrimoine mondial protégé) cette charmante commune (rattachée à Vildé-la-Marine, propriété templière au XIᵉ siècle de La Guerche-de-Bretagne), qui est la seule du littoral à porter un nom celte « le long sillon », (d'ailleurs certains auteurs d'histoire contemporains pensent que saint Patrick serait né à Hirel), compte 1 500 habitants. Elle bénéficie d'un riche patrimoine bâti (moult moulins, digues, églises) qu'elle n'a de cesse que de préserver, comme par exemple le vieux moulin de Ville Es Brune qui a été réaménagé en un espace culturel (expositions permanentes d'artistes, manifestations, table d'orientation tout en haut du moulin avec une magnifique vue sur la baie…). Cette petite commune culturelle devrait également construire une maison des Arts et de la Culture (avec expositions de peintures, photographies, sculptures, concerts, équipement multimédia…) qui sera associée au moulin de Ville Es Brune. Si Hirel est depuis 2002, devenue une des communes ostréicoles les plus importantes de la région (à elle seule, elle représente plus de la moitié de la production d'huîtres de la baie du mont Saint-Michel (70 % à 80 %), sa grève est aussi un haut lieu très apprécié l'été, des amateurs de cerf-volant, chars à voile, randonneurs à pied (ou à cheval) ou tout simplement des amoureux de la nature, car elle regorge d'une multitude d'oiseaux et d'une flore étonnante (pied d'orchidée en baie...).

Mont Dol

Culminant à 65 m d'altitude, ce rocher granitique qui domine le marais, offre à ses visiteurs émerveillés une vue panoramique exceptionnelle de la baie du Mont Saint-Michel, et ce jusqu'à Granville. Site archéologique et préhistorique riche en vestiges, mammouths, éléphants, rennes, loups, rhinocéros, ou encore outils et silex, y ont laissé des traces de leur passé. Lieu de culte et de légendes, l'Archange Saint-Michel, aurait dit-on, du Mont-Dol qui en porte encore l'empreinte, rejoint d'un pas le fameux Mont Saint-Michel auquel il aurait donné son nom, lors de son légendaire combat avec Satan. Le long du chemin qui mène au sommet, dont le point de départ, une charmante petite église romane du XVᵉ siècle est à ne pas manquer, vous découvrirez la chapelle de l'Espérance, construite sur l'emplacement d'un télégraphe de Chappe qui reliait entre 1834 et 1857, les communications entre Brest et Paris. Moulins à vent, calvaire, fontaine, étang, entre autres, régaleront également vos yeux ébahis. Depuis quelques années, le Mont Dol est devenu un centre de varappe très fréquenté, quelle que soit la saison.

Plerguer

■ LA ROSIÈRE
Z.A. Ouest
Le Mesnil-des-Aulnays ✆ 02 99 58 90 03
Ouvert du lundi au vendredi le midi ; du lundi au jeudi le soir. Menu unique à 11,70 € (le soir). Suggestion du jour : 10,70 € (buffet d'entrées-plat-fromage-dessert-1/4 boisson). Accueil des groupes. Salle de 40 couverts. Grand parking voitures et poids lourds.
Située sortie de Plerguer direction Saint-Guinoux, à 5 minutes de Dol et 5 minutes de Saint-Malo, la Rosière d'Anne et Anthony est un établissement convivial qui ouvre ses portes dès 6h30, en raison de son bar. La carte du restaurant affiche des plats traditionnels comme par exemple des travers de porc laqués, un tajine de poulet au citron, des joues de bœuf, du thon grillé à la tapenade, une spécialité tous les vendredis (couscous, choucroute de la mer, tête de veau à l'ancienne...) ou encore l'incontournable far breton. La maison assure un service traiteur le week-end sur place ou à l'extérieur (sur réservation).

Roz-sur-Couesnon

Située en plein cœur de la Baie du Mont-Saint-Michel, la commune de Roz-sur-Couesnon est surtout réputée pour ses herbus sur lesquels sont élevés les fameux – dans tous les sens du terme ! – agneaux pré-salés (têtes et pattes noires). Pas moins de 3600 têtes, le plus grand cheptel de Bretagne, broutent sur les 800 ha d'herbus de la commune dont la végétation confère à leur viande un goût à nul autre pareil.

Saint-Broladre

⚐ LE POINT G
Route de la Baie
✆ 02 99 80 30 41
www.restaurant-lepointg.com
Ouvert toute l'année. Du mardi au dimanche. Menus de 22 € à 69 €. Menu enfant : 12,90 €. Formule du midi : 14 € (du mardi au vendredi). Accueil des groupes (jusqu'à 90 personnes sur réservation).
Sur la route de la Baie D797, à mi-chemin entre Saint-Malo et le Mont-Saint-Michel, Christophe Gestin, ancien chef de cuisine à Monsieur Roellinger, vous accueille depuis le 1ᵉʳ février 2007 dans son bel établissement aéré (au concept design de par son volume et ses luminaires), qui abrite des expositions permanentes d'artistes locaux et dans lequel on peut manger en toute intimité. C'est une cuisine novatrice de qualité, merveilleusement mitonnée avec de beaux produits du terroir issus directement des petits producteurs, que vous propose de découvrir ce marchand de bonheur. A la carte, qui varie tous les 2 mois et demi, emplie d'une poésie culinaire irrésistible, vous pourrez par exemple déguster un cigare de foie gras et magret fumé maison chutney de fruits au gingembre confit, des noix de Saint-Jacques marinées et œufs de hareng vinaigrette aux agrumes acidulés, un homard de nos côtes flambé au knockando, un pavé de veau grillé sauce au cidre ou encore un chou farci à la vanille caramel au beurre salé... Une excellente adresse à découvrir.

Le Vivier-sur-Mer

C'est en 1954, au Vivier-sur-Mer, qu'est née la mytiliculture en baie du Mont-Saint-Michel. Cette nouvelle activité s'est rapidement développée grâce à la technique d'élevage sur bouchots et à des conditions de milieu tout à fait favorables. Aujourd'hui, le port intercommunal le Vivier-Cherrueix est le premier port mytilicole de France.

■ MAISON DE LA BAIE
Port Le Vivier-Cherrueix
✆ 02 99 48 84 38
Fax : 02 99 48 84 67
www.maison-baie.com
Ouvert toute l'année. Fermé le week-end en hiver. Basse saison : du lundi au vendredi de 9h à 12h30 et de 14h à 17h30. Haute saison : tous les jours de 9h à 12h30 et de 14h à 18h30. Visite libre. Mytili – Découverte 1 heure : 8 € et enfant : 5 €. Mytili – Bouchots 2 heures ou Pêcheries : 13 € et enfant : 9 €. Balades pédestres 4 à 7 heures : 13 € et enfant : 9 €.
La Maison de la Baie se propose de vous faire découvrir un site original, la baie du Mont-Saint-Michel, son écosystème et son activité très particulière, par un train marin qui vous fera découvrir la mytiliculture sur bouchot. Pour cela, elle organise des randonnées découvertes, effectuées sur réservation. Des guides professionnels se chargeront de commenter et de sécuriser la sortie. Equipez-vous d'une tenue adéquate, et renseignez-vous sur les différentes randonnées : vous choisirez alors une sortie adaptée à vos centres d'intérêts et vos qualités de marcheurs (parcours de 8 à 25 km).

Fougères

Ouvert en juillet-août du lundi au samedi de 9h à 19h et les dimanches et jours fériés de 10h à 12h et de 14h à 18h. De Pâques à la Toussaint ouvert du lundi au samedi de 9h30 à 12h30 et de 14h à 18h. Les jours fériés et les dimanches de Pâques à mi-sept. 14h à 18h. De la Toussaint à Pâques, ouvert le lundi de 14h à 18h, du mardi au samedi de 10h à 12h30 et de 14h à 18h. Des expositions sont présentées tout au long de l'année. Connexion à internet (wifi et ordinateurs). Accueil en français, allemand, espagnol et italien. Label Tourisme & Handicap.

Les 35 000 visiteurs annuels de l'Office du Tourisme et son classement 3 étoiles font de ce bureau une valeur sûre pour tout renseignement attenant aux activités disponibles à Fougères et ses alentours. La « Carte Passe Portes » proposée de la mi-juin à la mi-septembre a été modifiée. Elle s'appelle maintenant la « Carte Passe Portes des marches de Fougères ». C'est à dire que cette carte vous permet aussi de visiter des lieux à l'extérieur de la ville féodale comme le château de Vitré ou la cathédrale de Dol de Bretagne et de découvrir le pays dans toute sa splendeur.

Points d'intérêt

Fermé du 1er au 30 janvier. Fermeture le 25 décembre et le 1er janvier, et les lundis non fériés d'octobre à avril. Basse saison : ouvert tous les jours et les jours fériés de 10h à 13h et de 14h à 19h ; du mardi au dimanche et les jours fériés de 10h à 12h30 et de 14h à 17h30. Haute saison : tous les jours et les jours fériés de 10h à 19h. Gratuit jusqu'à 6 ans. Adulte : 7,50 € (tarif réduit : 4,50 €). Groupe (15 personnes) : 5,50 € (visite conférence). Pass famille : 19,50 € ; Carte Ambassadeur : 15 €. Visite guidée / audioguidée : 4,50 €.

Bâti sur un promontoire dominant la vallée du Nançon, petit affluent du Couesnon, le très beau château féodal donne à Fougères tout son cachet. Il protégeait la frontière avec la Normandie. C'est la plus grande forteresse médiévale d'Europe. La première forteresse, œuvre du premier baron de la maison de Fougère, remonte aux Xe-XIe siècles. En 1166, il est détruit par le roi anglais Henri II Plantagenêt. Raoul II reconstruit aussitôt une forteresse de pierre, sur le même site et en fit l'une des plus imposantes places fortes d'Europe. Au Moyen Age, la forteresse fut successivement abattue et reconstruite par les Anglais et les Bretons. En 1793, le château est enlevé par les chouans, menés par le marquis Armand de La Rouërie. Propriété de la ville au XIXe siècle, le château demeure, malgré les épreuves du temps, un bel exemple de l'architecture militaire médiévale, ave ses treize tours, reliées par des courtines crénelées, délimitant une enceinte de près de 2 hectares. Le monument a subi d'importantes rénovations, et les visites se font désormais le long d'un imposant parcours scénographie. La visiste peut s'agrémenter d'audioguides, dont certains ont été conçus spécialement pour les enfants. Des conférences sont également organisées régulièrement autour de thématiques liées au Moyen Age. On peut consulter le site, très riche en information.

Les remparts du château de Fougères

Le Mont-Saint-Michel

© BEBOY – FOTOLIA

Le Mont-Saint-Michel

Points d'intérêt

■ **ABBAYE DU MONT SAINT-MICHEL**
℃ 02 33 89 80 00
Ouvert toute l'année. Basse saison : de 9h30 à 18h (dernière visite à 17h). Haute saison : de 9h à 19h (dernière visite à 18h). Gratuit jusqu'à 18 ans. Adulte : 8,50 €. Groupe (20 personnes) : 6,50 €. Tarif réduit (18-25 ans) hors résidents de l'union européenne : 5 €. Parcours nocturne en visite libre en juillet et août tous les soirs sauf le dimanche. Visite guidée. Au sommet du rocher du Mont-Saint-Michel, l'ancienne abbaye bénédictine élève à plus de 150 m d'altitude la flèche de son église abbatiale. Elle fut fondée dans le haut Moyen Age quand l'évêque Aubert eut trois apparitions de l'archange. D'une richesse architecturale incomparable, elle présente un panorama complet du Xe au XVe siècle car les bâtisseurs n'ont pas cessé de construire, de modifier et d'ajouter des édifices de style carolingien, roman, gothique et flamboyant. Elle comprend tout un ensemble de cryptes, d'églises et de bâtiments exceptionnels. A signaler la mise en lumière qui permet aux visiteurs nocturnes de voir le Mont-Saint-Michel illuminé.

■ **MUSEE DE LA MER ET DE L'ECOLOGIE**
Grande-Rue
BP 18
℃ 02 33 60 85 12
www.lemontsaintmichel.info
Ouvert toute l'année. De 9h à 18h.
Découvrez la baie du Mont-Saint-Michel et des plus grandes marées du monde. Le musée de la mer et de l'écologie vous présentera le phénomène des grandes marées ainsi que les dangers de cette nature belle et sauvage. Vous comprendrez également le phénomène d'ensablement qui menace le Mont-Saint-Michel ainsi que le Grand Projet envisagé pour y remédier qui constitue le plus grand chantier écologique du monde. Vous admirerez enfin une magnifique collection de 250 maquettes anciennes de bateaux de guerre, de commerce, de pêche et de plaisance qui illustrent les principales activités des habitants de la baie du Moyen Age jusqu'à nos jours.

Pontorson

■ **CHAMBRES D'HÔTES ENTRE MONT ET MERVEILLE**
3, boulevard Patton ℃ 06 21 23 80 99
jo_nath@orange.fr

Ouvert toute l'année. à partir de 49 €. Petit déjeuner inclus. Lit supplémentaire : 14 €. Chambre familiale pour 4 personnes. Wifi. Restauration (à proximité. Cuisine indépendante sur place). Excursions (à côté du Mont-Saint-Michel).

Bienvenue dans les chambres d'hôtes de Stéphane et Nathalie, situées entre Mont et merveille... L'accueil est aussi chaleureux que les lieux où vous profiterez de chambres spacieuses et cosy. Telle un prince et sa princesse au cœur d'un conte, la décoration féerique vous transportera au-delà de la magie des lieux. De la salle de bains à la chambre, vous jouirez de tout le confort nécessaire, comme par enchantement ! Laissez-vous donc porter vers la magnifique Baie...

Tanis

 LE SILLON DE BRETAGNE
14, route Nationale
Lieu-dit Village Brée
℃ 02 33 60 13 04
http://sillondebretagne.free.fr
Fermé du 1ᵉʳ au 30 janvier et du 15 novembre au 15 décembre. Ouvert le lundi et du jeudi au samedi le midi et le soir ; le mardi et le dimanche le midi. Réservation recommandée. Menus de 19,50 € à 27,50 €. Menu enfant : 8,50 €. Plat du jour : 10 €. Vin au verre. Chèque Restaurant. Accueil des groupes (25 personnes). Vente à emporter.
Elle cuisine et il accorde les vins. L'histoire du Sillon n'est pas banale. Virginie, qui n'est pas encore Xerri, met parfois la main à la pâte au restaurant des parents de Charles, son futur mari. Quelques années plus tard, sa toute jeune passion, son art et sa créativité lui valent une toque au guide gastronomique Gault Millau ! Le Sillon de Bretagne vous accueille dans un cadre authentique aux murs séculaires. Dans l'assiette, une cuisine pleine d'idées et de talent. Découvrez l'agneau de pré-salé, les recettes de foie gras de canard... Futé : Le Sillon de Bretagne s'engage pour l'environnement ! Le menu « Envie d'agir » a été créé et élaboré maison, afin de mitonner des produits locaux, générant cinq fois moins de gaz à effet de serre qu'un menu classique. Soupe de lentilles à la truite fumée, variation de légumes croquants à la polenta, Saint-Jacques et concassée de noisettes pour terminer sur une douceur de manioc au lait de coco sur son lit de pommes Tatin, le tout accompagnés des meilleurs crus ! Charles Xerri vous fait découvrir ses talents de sommelier qualifié au fil de sa carte des vins, tous AOC, des cidres, des poirés... La passion est au rendez-vous !

Paimpont

Points d'intérêt

■ **LA FORÊT DE BROCÉLIANDE ET LE VAL SANS RETOUR**
Voir page 15.

Redon

Le couvert

■ LA BOGUE
3, rue des Etats ✆ **02 99 71 12 95**

Ouvert du mardi au samedi le midi et le soir ; le dimanche midi. Réservation recommandée. Menus de 23 € à 62 €. Formule du midi : 17 € (plat-dessert-café. En semaine). Salle de 30 couverts.

Venez découvrir la nouvelle décoration – depuis novembre 2011 – de la Bogue, le restaurant de Stéphanie et Ludovic Honnet, maîtres des lieux depuis juin 2006. A la carte, qui change quatre fois par an, vous aurez par exemple le choix entre une fricassée de coquilles Saint-Jacques, un enrubanné d'aiglefin au saumon fumé, un filet de bœuf Rossini, une côte de veau aux champignons des bois ou encore le Boguennais, un Petit Beurre salé et sa compote de marrons confiturés au chocolat laitier. L'établissement étant réputé, il est fortement conseillé de réserver.

ÎLE AUX GRILLADES

Grillades
sur feu de bois

Fermé le lundi et mardi

15, rue d'Enfer
35600 REDON
Tél. / Fax 02 99 72 20 40

■ BRASSERIE DES HALLES
14, rue des Douves
✆ **02 99 71 29 26**

Ouvert du mardi au samedi de 12h à 14h30 et de 19h à 23h. Menus de 15 € à 24 €. Formule du midi : 11,80 € (en semaine).

Ambiance des plus conviviales dans cet établissement à l'esprit bistrot situé face au marché des Halles et au théâtre, dans lequel Jean-Luc et toute son équipe vous accueillent chaleureusement depuis août 2010. On y retrouve les classiques d'une cuisine traditionnelle que sont par exemple la terrine de canard maison, le pavé de bœuf (VBF) aux morilles, la tête de veau sauce ravigote, le filet de bar des Halles et ses petits légumes sans oublier les desserts maison comme les incontournables « œufs au lait ».

■ L'ÎLE AUX GRILLADES
15, rue d'Enfer ✆ **02 99 72 20 40**

Ouvert du mercredi au dimanche. Menus de 17 € à 25 €. Formule du midi : 9 € (entrée-plat ou plat-dessert et formule entrée-plat-dessert à 13,20 €. En semaine). Chèque Vacances, Chèque Restaurant. Accueil des groupes (jusqu'à 40 personnes sur réservation). Terrasse.

Charme et authenticité sont les maîtres mots de ce restaurant situé en centre-ville, face au théâtre et parallèle à la Grande Rue, et dont la décoration, un harmonieux mélange de moderne et d'ancien, est des plus réussies. Chez Hervé et Christophe, propriétaires des lieux depuis le 1er avril 2009, on aime faire tourbillonner les papilles des convives avec des spécialités savoureuses comme par exemple un mi-cuit de foie gras de canard, une assiette de gambas à l'aigre-douce, un suprême de volaille à l'indienne sauce curry et sa brochette de salade, un magret de canard et sa pomme de terre cuite à la cheminée et sa brochette de légumes ou encore un kouign amann et sa glace vanille en dessert. La petite terrasse plein sud de 20 couverts est très prisée aux beaux jours.

■ LE CLOS SAINT-MARTIN
47, boulevard de la Liberté
✆ **02 99 71 03 02**
cyrildelice@hotmail.fr

Ouvert le lundi midi ; du mercredi au dimanche le midi et le soir. Suggestion du jour : 11 € (et formules galette à 10,50 €. Le midi). Accueil des groupes (jusqu'à 25 personnes sur réservation avec menus adaptés). 2 salles et terrasse de 16 couverts.

Mélanie et Cyril vous accueillent depuis le 18 août 2010 au Clos Saint-Martin, leur crêperie-restaurant, et vous proposent, midi et soir, de déguster une cuisine traditionnelle. La carte du restaurant offre des incontournables plutôt bien exécutés, comme par exemple les Saint-Jacques à la fondue de poireaux et crème de bacon, le filet de bœuf Rossini ou encore le dos de cabillaud en croûte de persillade et crème basilic. Côté crêperie, essayez par exemple les galettes Entre terre et mer et Redonnaise, ou encore les salades repas avant de vous laisser tenter par la crêpe Breizh en dessert.

■ L'ASPHODÈLE
4, rue Duguesclin
📞 **02 99 72 91 61**

Ouvert le lundi de 12h à 14h30 ; du mardi au vendredi de 12h à 18h30 ; le samedi de 15h à 18h30. Formule tarte salée + dessert : 7,60 €. Formule plat mijoté + dessert : 9,15 €. Vente à emporter.

L'Asphodèle, dans lequel vous accueille Cécile Bourré depuis le 18 octobre 2011, est situé dans une rue parallèle à la Grand Rue. L'établissement, qui tient son nom d'une plante commune dans le pays de Redon (famille des liliacées), a une double fonction. Le midi, il régale les papilles de tartes salées — comme par exemple la poireaux-chèvre ou la brocolis-saumon fumé — et de plats revisités (pot-au-feu de poissons, poulet mijoté à la crème ancienne...), le tout cuisiné maison et à partir de produits frais ; l'après-midi, c'est un salon de thé qui offre toute une gamme de thés et de chocolats aromatisés, ainsi que des douceurs maison (tarte à l'ananas et noix de coco, tarte pomme-citron, crumble, fondant au chocolat...). A noter qu'il est également possible d'emporter les plats et que la vente de thés au détail est assurée.

🍴 PATATES ET COMPAGNIE
5, quai Jean-Bart
📞 **02 99 72 28 83**

Ouvert du mardi au samedi le midi et le soir ; le dimanche midi. Accueil tardif le week-end. Réservation recommandée. Formule du midi : 11,80 € (mousseline de bienvenue – un plat du jour – un café gourmand. En semaine). Carte. Accueil des groupes (jusqu'à 22 personnes sur réservation). Terrasse de 32 couverts en juillet et en août.

Un cadre chaleureux dans lequel on se sent bien, un accueil irréprochable qui met tout de suite à l'aise, des produits frais et cuisinés maison, tels sont les ingrédients qui font le succès de cette bonne table qui se situe face au port de plaisance et à 100 m du cinéma. La nouvelle équipe qui vous accueille depuis février 2009 vous invite à découvrir – ou à redécouvrir – des plats traditionnels tels que des rognons de veau poêlés à la bière bretonne, du jarret de porc braisé sauce moutarde à l'ancienne ou encore une aumônière croustillante de Saint-Jacques sur fondue de poireaux et son beurre blanc. Mais comme son nom le laisse à penser, l'établissement est également spécialisé dans les pommes de terre au four comme par exemple la « Montagnarde » aux lardons, crème, oignons, fromage à raclette et reblochon. Bon rapport qualité-prix.

■ LE PILI PILI
11, rue Victor Hugo
📞 **02 99 72 38 66**

Ouvert du lundi au samedi le midi et le soir. Accueil tardif jusqu'à 22h. Formule : 8,95 € (midi et soir sauf vendredi soir et samedi soir). Accueil des groupes (jusqu'à 25 personnes sur réservation). Vente à emporter. Stationnement gratuit.

Marie-Claire et Michel vous accueillent depuis le 1er mai 2008 au Pili-Pili, leur pizzeria située face aux Halles. A la carte, vous aurez le choix entre 22 pizzas préparées à la demande et cuites au feu de bois, comme par exemple la Pili-Pili (sauce tomate, oignons, merguez, chorizo, mozzarella, origan) ou encore la sucrée-salée Dolce Vita à la sauce tomate, chèvre, magret de canard fumé, miel et origan. La maison propose également des pâtes comme les copieuses tagliatelles aux noix de Saint-Jacques flambées au cognac. A noter que les pizzas sont également disponibles à emporter avec carte de fidélité. Accueil des plus charmants.

ILLE-ET-VILAINE

■ **LE POSEÏDON**
12, rue Notre Dame
✆ 02 99 08 05 76 / 06 62 28 82 50
Ouvert du lundi au samedi. Accueil tardif en saison. Menu unique à 16 €. Formule du midi : 10,20 € (entrée-plat ou plat-dessert, formule entrée-plat-dessert à 12 € et plat du jour à 8,50 €. En semaine). Accueil des groupes (jusqu'à 30 personnes sur réservation). Anglais parlé.
Madame Proust et son fils Ludovic en cuisine vous accueillent depuis juin 2010, dans leur restaurant situé dans une rue semi-piétonne à 50 m du bar la Belle Epoque. On sert ici une cuisine traditionnelle, avec quelques plats phares comme par exemple le croustillant à la normande, la choucroute de la mer, la paella, le couscous ou encore la blanquette de veau à l'ancienne. La carte affiche également des salades repas ainsi que 10 galettes comme la copieuse Savoyarde au fromage à raclette, pomme de terre, oignons, lardons et crème fraîche. Très bon rapport qualité-prix.

■ **QUAI OUEST**
25, quai Surcouf
✆ 02 99 71 01 01
♿

Ouvert tous les jours le midi ; du vendredi au dimanche le soir. Menus de 17 € à 22 €. Formule du midi : 10,95 € (du lundi au samedi). + carte. Accueil des groupes (sur réservation. Menu spécial groupe à 17 €). Salle de 80 couverts.

Stéphanie et Sébastien vous accueillent depuis mai 2006 dans leur restaurant-pizzeria situé sur le port, route de Vannes. A la carte, vous aurez le choix entre des pizzas (18 au total), des plats traditionnels ainsi que de savoureuses spécialités issues de la cuisine du monde comme par exemple l'Ethiope (poulet mariné au curry et abricots), le Cambodge (brochette d'onglet au saté), le Maroc (filet de merlu aux épices) ou encore l'Inde (tandoori de poulet). La maison propose une carte de fidélité pour les pizzas ainsi que pour les plats, et accueille les groupes sur réservation. A découvrir.

Sorties

■ **LE CORROSOL**
7, place de la Duchesse Anne ✆ 02 99 72 24 43
Ouvert du lundi au samedi de 10h à 23h. Fermeture à 1h le week-end. Terrasse.
Café à la décoration colorée, chaleureuse et conviviale, le Corrosol est situé à côté de la mairie et de l'église. L'endroit est idéal pour venir y boire tranquille dans la journée, tandis que le soir, l'ambiance monte au son de la programmation musicale très éclectique qui passe du son pop rock életro à la variété. La carte propose une belle gamme de cocktails, rhums arrangés, shooters ou encore Mojito, la grande spécialité de la maison, à consommer avec modération. L'accueil de Sébastien, le patron, est à l'image des lieux.

Emplettes

■ **MARCHÉ DE LA PLACE DE LA RÉPUBLIQUE ET DE LA PLACE SAINT-SAUVEUR**
Place de la République et place Saint-Sauveur
Ouvert le lundi de 9h à 16h. Le marché a des horaires de fermeture variable selon les saisons.
Le lundi, c'est jour de marché à Redon. Ce qui explique une particularité propre au jour de fermeture des commerces redonnais, dont les portes restent closes le mardi... et non le lundi, comme dans de nombreuses villes de France. Et l'on vient de tout le pays de Redon, autant dire que la ville est plus animée qu'à l'accoutumée ! Le marché du lundi ne possède aucun caractère particulier. De la rue Notre-Dame à la place Saint-Sauveur, devant le magnifique hôtel de ville, c'est une succession d'étal de camelots et badauds venus faire de bonnes affaires. Il a ce petit charme un peu vieillot d'un marché d'un pays de terroir. Et pour ceux qui font une halte dans le centre ce jour-là, on recommande le camion

de « galettes de bonne maman » pour sa galette-saucisse, incontournable spécialité du pays gallo. L'artisan a été récompensé en septembre 2009 d'un prix au concours Piperia-la-galette, dans le village voisin de Pipriac, une référence dans le Pays de Redon.

■ Dans les environs

Bains-sur-Oust

■ O' CARPE DIEM
15, Grande Rue
✆ 02 99 91 72 65
Ouvert du lundi au vendredi le midi. Ouvert le soir et le week-end sur réservation. Formule du midi : 8,40 € (entrée-plat ou plat-fromage ou dessert. Formule entrée-plat-fromage ou dessert à 10,40 €). Accueil des groupes (jusqu'à 30 personnes sur réservation). Salle de 30 couverts.
Le restaurant de Soazig, maîtresse des lieux depuis le 2 septembre 2011, est ouvert tous les midis du lundi au vendredi. On y mitonne une cuisine traditionnelle et l'on peut par exemple y déguster du lapin à la moutarde, un bœuf bourguignon, des paupiettes de veau, de la choucroute (le mercredi tous les 15 jours), du poisson (le jeudi tous les 15 jours) ou encore du couscous chaque vendredi. L'établissement est ouvert le soir et le week-end sur réservation.

Pipriac

■ LE SABOT GOURMAND
7, rue Avenir
✆ 02 99 34 41 34
Situé à 8 km de Lohéac et 15 min de Redon. A découvrir à Pipriac, le musée Jan Brito.
Ouvert du mardi au dimanche le midi ; le vendredi et le samedi le soir. Menus de 19 € à 40 €. Formules le midi en semaine à 13 € et 16 €. Chèque Vacances. Accueil des groupes (jusqu'à 50 personnes sur réservation). Parking privé de 25 places. Wifi gratuit.
Gourmets, précipitez-vous les yeux fermés au Sabot Gourmand – qui porte très bien son nom – l'hôtel-restaurant de Mélanie et Christophe, installé dans un ancien relais de Poste. Les yeux fermés oui, car ici on œuvre avec brio - comme en attestent les 1er prix obtenus en 2010 et 2011 au concours national de la meilleure terrine de volailles aux marrons -, pour faire frissonner de plaisir les papilles d'une clientèle à chaque fois conquise. La cuisine est créative et de saison, ce qui explique que la carte change en moyenne tous les deux mois. Foie gras

de canard mi-cuit, tomates séchées, paletta et cives ; sole homardine cousue mains ; ris de veau habillés en viennoise de truffes ou encore « Sab'Twix » en dessert, quelque soit votre choix, vous ne serez pas déçus... Il faut souligner également que le pain est maison. Une excellente adresse à consommer sans modération. Nous n'avons plus qu'à vous souhaiter un bon appétit !

Renac

■ LE TIRBOUCHON
1, rue de la Libération
✆ 02 99 72 09 87
letirbouchon.renac@gmail.com
Ouvert tous les jours. Menus de 14 € à 27 €. Formule du midi : 9,90 € (buffet d'entrées-plat-fromage-dessert-boisson). Accueil des groupes (jusqu'à 80 personnes sur réservation). Salle de restaurant climatisée. Carte de fidélité. Wifi gratuit. Service traiteur de 10 à 200 personnes.
Situé dans le bourg, au pied de l'église, ce bar-restaurant dans lequel vous accueille Amel depuis août 2008, ouvre ses portes dès 8h le matin. On y sert une cuisine traditionnelle et un menu ouvrier d'un bon rapport qualité-prix. Tête de veau, langue de bœuf sauce madère, rosbeef et ses légumes, couscous maison (un jeudi par mois), poisson tous les vendredis (aile de raie, filet de limande), sans oublier les desserts maison comme les incontournables crème brûlée et moelleux au chocolat, sont parmi les classiques de la maison. L'établissement propose également un service traiteur de 10 à 200 personnes.

ILLE-ET-VILAINE

L'Éolienne
Restaurant

Sortie Redon, direction Rennes
35600 SAINTE-MARIE
Tél. 02 99 72 18 24

Sainte Marie

■ L'EOLIENNE
5, rue des lotiers des Marais ✆ **02 99 72 18 24**
*Ouvert du lundi au vendredi le midi de 11h45 à 14h30.
Ouvert le week-end pour les groupes sur réservation. Plat
du jour : 7,80 € (et menu ouvrier à 10,90 € : entrées en
buffet, 4 plats au choix, fromage et dessert). Accueil des
groupes (de 30 à 80 personnes sur réservation). Grande
terrasse de 45 couverts. Grand parking privé avec accès
facile aux poids lourds.*

Magali, François et leur équipe vous accueillent chaleureusement depuis le 03 janvier 2011 à l'Eolienne,
restaurant situé à 1km de Redon, sur l'axe Rennes/
Redon. L'établissement est ouvert le midi du lundi
au vendredi et accueille les groupes sur réservation
le week-end. Une formule ouvrière à 10,90 € est
proposée tous les midis de la semaine. La cuisine y est
traditionnelle et propose les incontournables couscous
royal (tous les jeudis), pintade rôtie aux deux choux,
paleron de beouf braisé à la bière ou encore choucroute
de la mer.

Rennes

■ OFFICE DE TOURISME DE RENNES
11, rue Saint-Yves
✆ **02 99 67 11 11**
Fax : 02 99 67 11 10
www.tourisme-rennes.com
**Bus n°2 & n°16 arrêt Place-de-Bretagne
– Métro République**

*Basse saison : ouvert le lundi de 13h à 18h ; du mardi
au samedi de 10h à 18h ; le dimanche de 11h à 13h et
de 14h à 18h. Haute saison : du lundi au samedi de 9h
à 19h ; le dimanche et les jours fériés de 11h à 13h et
de 14h à 18h.*

Le seul office de tourisme en Bretagne à être classé
quatre étoiles ! Sa localisation joue pour lui : il se situe
au cœur la vieille ville. Attenant à une chapelle Saint-
Yves magnifiquement restaurée, l'office de tourisme
est incontournable pour découvrir les richesses de la
métropole. Visites guidées, ateliers, stages ludiques
pour les enfants, il offre de nombreuses prestations,
conçues pour les touristes, mais dont le contenu pourra
aussi étonner les Rennais. Un conseil : passer par la
chapelle, pour découvrir l'exposition permanente sur

la ville et son patrimoine. Vous y trouverez également
toute la documentation sur la vie touristique et culturelle, des livres, des guides, des affiches et des cartes
postales, sans oublier le service billetterie. L'office
sait aussi s'adapter aux nouvelles technologies, en
permettant de découvrir soi-même la ville, comme
cette visite interactive par téléphone portable, créée en
2009, qui ravira les « geeks » amateurs de smartphones.
Comment ça marche ? On vous donne un numéro à
l'office, à appeler selon les indications fournies sur un
plan. Au menu : des descriptions et des reconstitutions
sonores des grands événements de l'histoire rennaise.
Ces saynètes sonores permettent de revivre le grand
incendie de 1720 comme si on y était en se promenant
dans le Vieux Rennes, les premières Transmusicales en
passant à côté du Liberté, ou encore de se mettre dans
la peau de Salomon de la Brosse en visitant la place
du Parlement. Original et lumineux.

Pour s'y rendre

■ RENNES AEROPORT
BP 29155
✆ **02 99 29 60 00 / 02 99 67 61 61 (fret) /
0 820 820 820 (réservation)**
www.rennes.aeroport.fr
Rocade sud-ouest, sortie n°8 (Saint-Nazaire)
Ouvert tous les jours et les jours fériés.

Troisième aéroport de l'ouest pour les passagers et
huitième au niveau national pour le fret, au sud-ouest
de Rennes. Des bémols cependant : le nombre de
passagers est en baisse depuis 2007 (passant de
536 000 à 434 000 en 2011) et le projet d'aéroport
entre Nantes et Rennes, à l'horizon 2017, n'arrangerait
pas ce constat. L'aéroport offre des vols nationaux (Paris,
Lyon, Bordeaux, Toulouse, Montpellier, Marseille, Nice,
Bale-Mulhouse, Strasbourg) et six autres vers Belfast,
Dublin, Edimbourg, Manchester, Southampton et
Exeter. Les fréquences sont intéressantes (trois vols
par jour vers Paris ou Lyon, deux vers Marseille ou
Bordeaux), comme les offres spéciales (43 € vers
Southampton par exemple). Des vols avec correspondances desservent les villes de France et du monde :
New York, Rome, Séville, Lisbonne ou encore Vienne
et Oslo. L'aéroport totalise ainsi 120 destinations
régulières, parmi lesquelles les « vols vacances », aux
destinations étoffées (Maroc, Tunisie, Grèce, etc.). Enfin,
plusieurs vols sont des low-cost. Une autre manière
d'envisager vos déplacements !

Pour y circuler

■ **PARKING CITEDIA**
6, place des Colombes ✆ **02 99 65 01 11**
www.citedia.com
Plusieurs tarifs et abonnements selon les parking. Compter de 0,80 € à 1,60 € de l'heure.
Onze parkings payants sont à votre disposition partout dans la ville. Notez que leurs horaires et tarifs varient (les informations détaillées sont disponibles sur le site de la mairie) et qu'ils pratiquent aussi les tarifs résidents (voir article). Pour mieux choisir, notez que les stationnements les moins chers sont ceux de l'Arsenal et de Kléber (0,80 €/h), les plus chers ceux de la Vilaine (1,40 €/h) et des Halles centrales (1,60 €/h). Les abonnements trimestriels quant eux, vont de 40 € à 70 € pour les nuits (de 18h à 10h), week-ends et jours fériés, et de 155 € à 250 € pour un stationnement 24h/24.
Liste des parkings : – Vilaine, quai Duguay-Trouin : 252 places– Kléber : 386 places– Colombier : 1 159 places– Arsenal : 605 places– Nord-Gare (ex-Parcotrain), boulevard Solférino : 328 places (gestion par la SCETA) – Gare-Sud : 718 places– Dinan-Chézy : 403 places– Lices : 424 places– Halles centrales : 40 places– Hoche : 777 places– Charles-de-Gaulle : 798 places

▶ **Autre adresse :** Pour le parking SNCF, gestion par la SCETA (tél.) 02 99 30 57 26

Points d'intérêt

■ **MUSÉE DE BRETAGNE**
Les Champs Libres
10, cours des Alliés ✆ **02 23 40 66 00**
www.musee-bretagne.fr
Métro Charles-de-Gaulle-Gares
♿ ☀

Ouvert toute l'année. Basse saison : le mardi de 12h à 21h ; du mercredi au vendredi de 12h à 19h ; le week-end de 14h à 19h. Haute saison : du mardi au vendredi de 12h à 19h ; le week-end de 14h à 19h. Groupes (sur réservation) du mardi au vendredi de 9h à 15h30. Adulte : 4 € (réduit : 3 €). Pass découverte 5 personnes : 14 €. Handistar. Boucles magnétiques. Accueil enfants.
Le musée de Bretagne, ce sont d'abord trois expositions permanentes aux Champs Libres. Commençons la visite par le rez-de-chaussée, avec 1 001 images. Le millier de photos, de gravures et de peintures exposées donne un aperçu de la variété naturelle de la région, entre terre et mer. Une pluralité rendue poétiquement en évocations sonores, dûes à Caroline Cartier. La sorcière de sons, bien connue des auditeurs de France Inter, restitue tout un univers de sensations. « Bretagne est univers » retrace l'histoire bretonne avec des objets du paléolitique à nos jours : fossiles, sarcophages, coiffes bigoudennes, sans oublier le traditionnel lit clos. On y voit aussi la mutation récente d'une région en territoire innovant. En témoigne ce presque antique Minitel... Un troisième espace est consacré à un épisode peu glorieux de l'histoire française : l'affaire Dreyfus. C'est en effet dans la capitale bretonne que le procès en révision du capitaine s'était ouvert, en 1894. Mais le musée accueille

régulièrement des expositions temporaires. Après les succès, en 2009, des thématiques sur les chevaliers de la Table ronde et les mosaïstes Odorico, 2010 a connu deux temps forts. L'un évoquant la vie des femmes au Mali, l'autre le cauchemar des boat-people vietnamiens. Pour l'occasion, le sampan qui a permis à une centaine de personnes de fuir un pays ravagé par la guerre était exposé en plein musée ! Chapeau, car à chaque fois, ces expos se distinguent par leur scénographie originale.

Le couvert

🏅 **LE 203**
117, rue de Nantes ✆ **02 99 65 44 08**
Ouvert du lundi au samedi de 10h à 14h30 et de 19h à 1h (dernier service à 22h30). Menus de 8,50 € à 23 €. Carte : 14 € environ. Plat du jour : 7,90 €. Chèque Restaurant. Accueil des groupes (environ 30 personnes). Chaises bébé.
Puisque le nom de l'établissement sonne comme un appel au proverbe, on est tenté de dire que l'habit ne fait pas le moine. Ou plutôt que la devanture ne fait pas la prestation. Le 203 semble en effet être un bar de quartier typique. Que nenni ! Il s'agit d'une véritable enseigne de restauration, dans un cadre un peu old-school, qui propose une vaste gamme de galettes et crêpes tout en s'attachant à offrir des plats « classiques » et faits maison, fréquemment renouvelés selon l'envie du jour : cassolette de la mer au beurre blanc, filet de poulet à la mexicaine, tarte pomme-rhubarbe... Le 203 fait donc également dans la spécialité régionale, à ce détail près que l'on parle ici de galette-repas. Autrement dit, une suffira aux appétits modestes : tendance montagnarde avec la « Raclette » ou de la mer avec la « Saint-Jacques » : on parie que vous trouverez celle qui vous enchantera. Autrement, vous composerez avec quatre ingrédients pour 6,50 €. La fin de repas sera l'occasion de déguster une glace artisanale, seule ou servie dans une galette-dessert. On notera également le café à 1 €, qui parlera forcément aux futés cherchant des lieux qui leur ressemblent !

© STÉPHANE SAVIGNARD

Le Musée de Bretagne et l'Espace des Sciences – Les Champs Libres

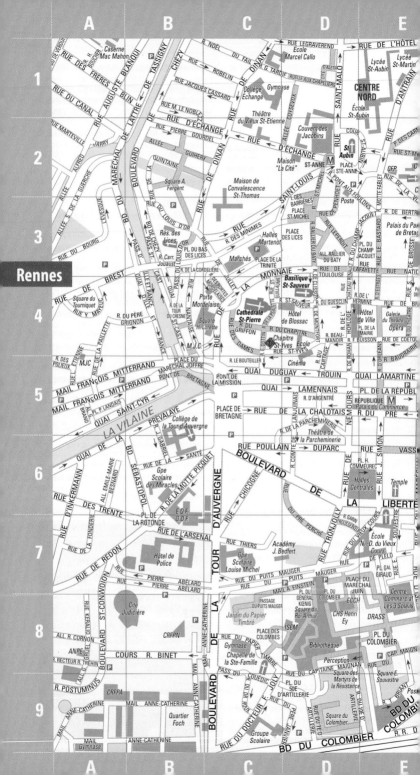

Rennes

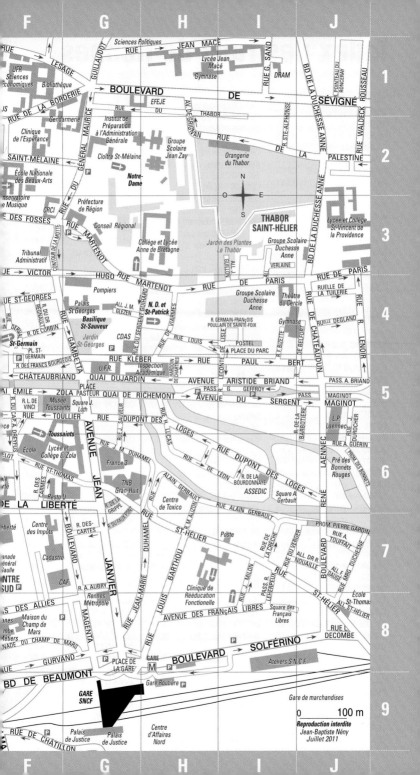

Index des rues de Rennes

LE 31
31, rue Saint-Georges
☎ 02 99 36 71 02
Ouvert le mercredi et le jeudi de 12h à 14h30 et de 19h à 22h30 ; du vendredi au dimanche de 12h à 14h30 et de 19h à 23h. Carte : 22 € environ. Formule du midi : 8,90 €. Chèque Vacances, Chèque Restaurant. Accueil des groupes (de 6 à 15 personnes sur réservation). Terrasse. Vente à emporter.

Le 31 s'est fait sa part belle au cœur de la rue Saint-Georges, envahies de restaurants. C'est une preuve de sa qualité. Voilà une crêperie élégante où le moderne se fait discret et côtoie les poutres apparentes et les tableaux à craie. L'accueil dynamique et décontracté n'enlève rien au charme du lieu. Côté assiette, c'est surtout pour ça qu'on est là, les garnitures sont toutes aussi alléchantes les unes que les autres. La mijorée, la baba coool, mais aussi la rustique proposent de savantes associations, cuisinées avec douceur. La frangipane maison est exquise, la chantilly abondante ! Sans oublier la Typique (poire, caramel au beure salé, glace et chantilly) ou même la crêpe Kinder pour les plus jeunes. Difficile de résister. Un petit coin bar permet même de déguster un thé gourmand ou même des gaufres. Et tout ça n'est pas plus cher qu'ailleurs, alors avouons-le, Le 31 nous a pris dans ses filets !

■ L'AMBASSADE
12, rue de la Parcheminerie
☎ 02 99 78 34 01 / 06 85 74 55 06
www.lambassade-rennes.fr
M° République
Ouvert du lundi au samedi de 9h à 0h. Réservation recommandée. Menus de 10,50 € à 17,80 €. Carte : 10 € environ. Happy hour de 18h à 21h. Chèque Restaurant. Terrasse.

Avec un sens de l'humour et une ouverture au monde uniques, Pierre (qui tenait Le Candoïa, rue de Paris) et son équipe vous reçoivent à L'Ambassade, sans vous demander vos papiers ! Français, Hongrois, Australiens, Marocains, Maliens... vous êtes ici chez vous dans un décor international : un crocodile, un totem, une vertèbre de baleine, des pendules du bout du monde... dans des tons doux, clairs et boisés ! Après les travaux de janvier 2012, l'intérieur est encore plus beau. Au mur sont encadrées des îles du monde avec un descriptif tiré de l'Atlas des îles abandonnées, que l'on peut consulter en patientant. Ici, du café du matin au repas du soir en passant par des formules très intéressantes le midi (10,50 €) et un happy-hour en fin de journée, tout le monde devrait y trouver son compte. Une cuisine de bistrot simple et créative, savoureuse et économique (tajines, woks, poissons épicés...), renouvelée en début d'année. Votre porte-monnaie s'en trouvera ravi notamment au regard du prix des vins (14 € à 25 €) qui viennent du Chili, d'Uruguay, du Maroc... Vous n'avez jamais mangé de kangourou ? A l'Ambassade, c'est possible et c'est succulent. L'endroit est frais, l'équipe très sympa et le concept tout simplement original. La terrasse, face au Théâtre de la Parcheminerie vous accueille les bras ouverts avec pour l'apéro une assiette de charcuterie ou de fromage... Préparez vos valises, l'Ambassade est une invitation au voyage.

■ AN'CHANTEUR
2, rue des Dames
☎ 02 99 30 78 18
Ouvert du mardi au samedi à partir de 12h et à partir de 19h30. Menu unique à 12,90 €. Carte : 15 € environ. Formule du midi : 9,90 €. Chèque Restaurant.

Installé dans l'un des plus beau coin du vieux Rennes, l'An'Chanteur séduit avant tout pour son décor : des rues piétonnes, un quartier calme et une toute petite terrasse ensoleillée. Un coup d'œil à l'enseigne, un sourire pour le jeu de mot et on entre ! À l'intérieur : même ambiance cosy. La grande cheminée rappelle

La place du Champ-Jacquet à Rennes

l'âge des lieux, actualisés tout autant par la clientèle jeune que par la déco en lambris blancs alterné de murs orangés. Petit plus, plein de lectures sont disséminées, regorgeant d'idées de visite culturelles à Rennes. Côté carte, on retrouve les facéties et l'inventivité du chef dans le choix des noms donnés aux plats tout autant que dans celui des assortiments. Pêle-mêle, on a la Cochon dingue (à l'andouille) ou encore la Compose-t-elle ? (aux Saint-Jacques, bien entendu !). Celle au poulet, raisins secs, banane et curry est surprenante et succulente ; la Tart-Tart steak (cuit !) oignons, champignons, sauce roquefort, plus classique, ne démérite pas. Cerise sur le gâteau, outre les prix corrects (comme toutes les crêperies) et l'amabilité du service, les galettes sont ici composées avec des farines bios et les fruits et légumes du marché ! On en sort... En-chan-té !

■ AR PILLIG
10, rue d'Argentré © **02 99 79 53 89**
Métro République
Ouvert du lundi au samedi de 12h à 14h et de 19h à 22h30. Carte : 12 € environ. Formule du midi : 8,90 € (à 12,80 €). Chèque Restaurant. Chaises bébé.
Au bout de la rue d'Argentré, côté parcheminerie, l'Ar Pillig surprend avant tout par son décor : un petit espace où les tables, dressées avec un goût tout actuel, jouxtent des murs foisonnant de bas-relief en bois, sculptés en 1943 par le mouvement breton Seiz Breur dans un style primitif. Vous avez d'un coup l'impression de siéger dans une toile du douanier Rousseau... Tout un monde, dont la lecture remplacera celle du quotidien traditionnel ! Et l'assiette saura tout autant vous contenter. Élaborée à partir de farines bio par Marie-Thérèse et sa nièce Vanessa, la carte traditionnelle s'agrémente de quelques spécialités aux tonalités « exotiques », dont celle au poulet fermier mariné à l'huile d'olive, graines de moutarde et gingembre, ou encore, côté sucré, celle au chocolat et glace au spéculoos. Une crêperie dépaysante, à découvrir, et donc aussi à redécouvrir !

🏆 BACK TO THE 60'S
5 bis, rue de Saint-Malo
© **09 81 95 11 41**
www.restaurant-backtothe60s.com
Ouvert du dimanche au vendredi le midi de 12h à 15h et le soir de 19h à 23h ; le samedi midi de 12h à 15h et le soir de 19h à 0h. Carte : 10 € environ. Menu enfant : 8,50 €. Comptez 10 € pour un cheeseburger-frites, 16 € avec un dessert, 19 € avec un dessert et une boisson. Chèque Restaurant.
Des sièges en sky rouge, un sol au carrelage noir et blanc, et en fond sonore : un bon vieux rock des années 1960... Pas de doute, vous êtes bien à Back to the 60's, l'unique *diner* (prononcer daïneur : restaurant américain) de la ville. Pour un peu, on verrait Fonzie passer la porte et donner un coup de pied dans le juke-box pour mettre « Happy Days ». La déco vous met dans l'ambiance et le contenu de votre assiette aussi. Les hamburgers sont énormes et délicieux, les frites dorées et croquantes. On vous les sert même avec un peu de *coleslow* : une salade à base de carottes et chou. Comme dans les *diners made in USA* ! La carte propose pas moins de 14 hamburgers : du classique cheeseburger au plus franchouillard Country

Burger avec du fromage à raclette. Lors de notre passage, le burger du jour était le Red Hot Chili Burger avec... du chili ! Délicieux et copieux. Le plus du restaurant ? Leur carte de sodas, puisqu'on peut avoir du Dr Pepper, Root Beer ou Mountain Dew, plutôt difficiles à trouver en France. Dommage qu'ils ne proposent pas les boissons en *free refill* (à volonté) comme dans tous les restaurants américains !

■ AU BOULINGRAIN
25, rue Saint-Melaine
© **02 99 38 75 11**
Fax : 02 99 63 25 92
Ouvert toute l'année. Tous les jours de 12h à 14h30 et de 19h à 23h. Carte : 7 € environ. Formule du midi : 9,80 €. Chèque Vacances, Chèque Restaurant. Chaises bébé. Terrasse.
Nouveau cadre au Boulingrain, avec poutres apparentes repeintes en gris, couleur parme, pierres au mur et cheminée vous enchantera et vous plongera à la fois dans une ambiance moderne et pleine de charme. Dans cette crêperie, on y vient pour goûter à une cuisine inventive et pleine de surprises. Voilà planté le décor de la crêperie Boulingrain et quel décor fait d'originalité et de très bonnes galettes et crêpes. Quelques exemples pour vous mettre l'eau à la bouche : la Boulingrain au foie gras, pain d'épice et chèvre, la Délicieuse, aux noix de Saint-Jacques avec fondue de poireaux et, côté sucré, la pomme, caramel et amandes effilées. Une audace qui met à l'honneur les produits frais et de terroir. Tout est cuisiné sur place, cela ne fait pas de doute. Le tout pour un rapport qualité-prix plus que raisonnable. Une valeur sûre que ne dément pas sa longévité !

■ LE BARON ROUGE
15, rue du Chapitre
© **02 99 79 08 09**
www.lebaronrouge.fr
Ouvert du mardi au samedi de 12h à 14h et de 19h à 22h30. Menus de 22 € à 30 €. Carte : 32 € environ. Menu enfant : 9 €. Formule du midi : 15 €. Vin au verre. American Express, Chèque Vacances, Chèque Restaurant. Terrasse.
La Baron rouge n'a de rouge que le nom. La déco intérieure est très sobre : tout en blanc, gris et noir. C'est chic et moderne tout en restant simple. On peut se concentrer à loisir au contenu de notre assiette. C'est un festival pour les papilles. Le crumble chèvre-épinard était vraiment délicieux, délicatement épicé sans être trop relevé. Même régal pour le plat principal : pièce de bœuf sauce au poivre accompagnée de pommes de terre grenaille. Et pour le dessert, on ne saurait trop vous recommander le cheese-cake. Absolument divin. Pour ceux qui voudraient un dessert plus léger, le chef vous propose une coupe glacée. A vous de choisir parmi les parfums assez originaux : lichi, fromage blanc, mandarine, cidre, noix de coco ou framboise. Mention spéciale pour la présentation des plats : goutelettes de basalmique, coup de pinceau d'huile d'olive et voilà que l'assiette devient une œuvre ! Félicitations au chef, Guillaume Delaunay, mais aussi à toute l'équipe du restaurant qui fait de ce lieu chic un endroit convivial loin du snobisme des grandes tables.

ILLE-ET-VILAINE

■ **A BREIZH KITCHEN**
6, rue Derval ✆ **02 99 38 88 87**
www.abreizhkitchen.com
Ouvert du mardi au samedi le midi de 12h à 14h ; du mardi au dimanche le soir de 19h à 23h. Menu unique à 16,50 €. Carte : 20 € environ. Menu enfant : 6 €. Formule : 9 €. Vin au verre. Chèque Restaurant. Accueil des groupes.
L'originalité et les qualités de cet établissement ne laisseront aucun breton indifférent. « A Breizh Kitchen » est un nouveau souffle sur le paysage de la crêpe et de la galette. Dans un style moderne subtilement mêlé aux poutres de la vieille bâtisse, le restaurant a fait peau neuve. La salle du bas est maintenant réservée à l'accueil, soyez alors assez curieux pour prendre place à l'étage et découvrir la carte. On relève immédiatement la qualité des produits proposés, leur origine est mis en avant (nombre d'entre eux provient d'une ferme de Montauban-de-Bretagne à 30 km de Rennes) et le choix est très intéressant pour qui aime la nouveauté. La carte des alcools est elle aussi minutieuse et riche : vins, rhums vieux, champagnes et digestifs de première qualité viendront accompagner ces saveurs que vous devriez déjà être en train de découvrir notamment la galette complète du marché ou l'originale camembert et caramel au beurre salé. La crêpe Suzette est la bienvenue pour conclure.

■ **LE CAFE DES BAINS**
36, rue Saint-Georges ✆ **02 23 20 35 64**
Ouvert du lundi au jeudi de 12h à 14h et de 19h30 à 22h30 ; le vendredi et le samedi de 12h à 14h et de 19h30 à 23h30. Réservation recommandée. Menus de 10 € à 16 €. Vin au verre. American Express, Chèque Restaurant. Terrasse.
Ce restaurant est bien connu à Rennes : il est simple et vous propose quelques plats aux touches biens françaises. En fin de semaine, Le Café des Bains ne désemplit pas. La grande salle à la déco soignée et l'agréable terrasse sur rue piétonne n'y sont sans doute pas pour rien. Quant à la carte, elle est aussi longue que variée : c'est pourquoi les copains en bande, les amoureux, ou les travailleurs entre deux rendez-vous se retrouvent ici. Elle offre quelques surprises. Il n'y a sans doute qu'ici que vous pourriez manger de l'autruche ou du kangourou ! Que les sceptiques se rassurent, un large choix de plats plus traditionnels est aussi proposé. Pièces de boucher, tartares, confits de canard, pavé de cabillaud devraient satisfaire toutes les envies. Le tout préparé simplement et quelques touches d'originaté. Un petit bémol tout de même sur le service qui peut s'avérer impersonnel voire peu agréable selon les jours et sur la note, qui, une fois quelques suppléments ajoutés ici et là peut sembler gonflée.

■ **LE CHAT QUI PECHE**
2, rue des Francs-Bourgeois
✆ **02 99 79 30 04**
Ouvert du mardi au vendredi de 9h à 1h ; le samedi de 17h à 1h. Carte : 10 € environ. Plat du jour : 8,50 €. Tartine, planche apéritif, douceurs pour le goûter. Chèques non acceptés. Terrasse.
Le Chat qui Pêche vous propose une ambiance calme l'après-midi, parfaite pour le tea time. Le soir, laissez-vous embarquer pour une bonne soirée entre amis. La

bonne ambiance est présente et le public varié. C'est que Gilles, le patron, a le sens de l'accueil. Ce lieu, tout en longueur est situé entre la place Saint-Germain et les quais. Un petit coin à découvrir ! Beaucoup se sont amusés à traverser le bar, ne serait-ce que pour goûter à la déco cosy et au grand canapé. En somme un endroit multiple, à la fois parfait pour une pause intimiste après le travail tout comme pour une soirée bien enlevée à 10 personnes. La déco est foisonnante de chats : vous ne saurez plus où donner de la tête. L'ensemble vous fait entrer dans une atmosphère agréable et chaleureuse : vous vous sentirez comme chez vous. Au Chat qui Pêche, vous pourrez déguster à toutes heures de la journée les plats du jour, des gratins, des tartes salées ou sucrées, des douceurs pour le *tea time*, mais aussi des salades maison. Le soir, à l'heure où le café se remplit, un bon apéro vous tend les bras. Le chef propose alors des planchettes de charcuterie parfaites pour accompagner votre breuvage... Le lieu se transforme aussi en boîte de jazz et quelques concerts peuvent venir chatouiller vos oreilles de bons accords jazzy. Une adresse où on aime se retrouver. C'est tout simplement évident pour tous.

 DU COMPTOIR À MA TABLE
24, rue de la Chalotais ✆ **02 99 30 06 36**
www.bistro-resto-rennes.fr
Ouvert le lundi de 12h à 14h ; du mardi au vendredi de 8h30 à 22h ; le samedi soir. Menu unique à 19 €. Carte : 26 € environ. Formule du midi : 15 € (du lundi au vendredi). Chèque Restaurant. Accueil des groupes. Terrasse.
Décor classe et cuisine raffinée ont fait la réputation de ce restaurant inspiré des bouchons lyonnais. On y revient aussi pour l'accueil soigné et l'humour pince-sans-rire du patron. D'inspiration traditionnelle, les plats sur la carte ont ce petit truc en plus qui ravit l'œil et les papilles des amateurs de gastronomie. Les cuisiniers, deux frères passionnés de gastronomie, concoctent des petits plats à base de produits de saison. On pourra craquer les yeux fermés pour l'agneau de sept heures, délicieusement fondant, ou les saveurs subtiles du saumon fumé maison. Toujours de bon conseil, le patron saura aussi trouver dans sa cave LA bouteille qui se mariera avec les différents plats choisis par une table. Pour un repas d'affaires ou un dîner en amoureux, l'endroit est idéal.

■ **LE COURS DES LICES**
18, place des Lices
✆ **02 99 30 25 25**
www.lecoursdeslices.fr
Métro Sainte-Anne
Ouvert du mardi au samedi de 12h à 14h et de 19h30 à 22h. Menus de 28 € à 39 €. Carte : 45 € environ. Formule du midi : 16 €. Vin au verre. American Express. Vente à emporter.
Nous les avions connu et apprécié au Four à Ban, les Faby ont rebondi sur la place des Lices et sans vouloir faire de jeu de mots hasardeux, les délices sont de retour. Comment pourrait-il en être autrement ? Jacques a en face de chez lui, l'un des plus beaux et des plus garnis marchés de France. C'est là au cœur des étals qu'il pioche son inspiration – démonstration en vidéo sur le site Internet – pour le travailler et la rendre présentable et

appétissante dans nos assiettes. Le résultat ? Des ravioles d'escargots, émulsion légère à l'ail puis un désossé de lapin farci, petits légumes et champignons, jus réduit au romarin et une tarte fine aux figues fraîches et glace verveine à moins que vous ne préfériez le Paris-Brest revisité. Si vous souhaitez en savoir un peu plus sur la cuisine que vous dégustez, sur la variété des poissons et des viandes, réservez une place à la table de maître Jacques, il vous communiquera sa passion. L'intérieur moderne a été rénové il y a trois ans, mais la bâtisse, elle, date du XVIIe siècle. A noter que le chef prépare aussi des plats à emporter (17 € par personne) de même qualité que ceux qu'ils sert chez lui. C'est quand même bien plus goûteux que des pizzas…

■ CRÊPERIE DES PORTES MORDELAISES
6, rue des Portes-Mordelaises
℃ 02 99 30 57 40

Fermé du 1er au 31 janvier. Ouvert du jeudi au lundi et les jours fériés de 12h à 14h et de 19h à 23h. Réservation recommandée. Carte : 16 € environ. Vin au verre. American Express, Chèque Vacances, Chèque Restaurant. Terrasse.
Cette crêperie borde les derniers vestiges des remparts de Rennes, aujourd'hui presque totalement disparus. Les Portes Mordelaises s'élèvent ici. Construites au XVe siècle, elles furent autrefois l'entrée principale de la ville. Certains découvrent la crêperie au hasard de leur déambulation historique, tandis que d'autres ont entendu parler des compositions créatives et entièrement biologiques réalisées ici, comme par exemple la trans-algues, aux sardines bretonnes, sauce aux algues et crème fraîche citronnée. Beaux produits, belles associations en perspective, et une galette beurre sucre qui a valu à Jean-Gabriel Dumait de remporter la distinction spéciale du jury au festival gourmand 2009. La Crêperie des Portes Mordelaises brasse aussi sa propre bière, à l'arrière-goût subtil de whisky et de blé noir. Si la carte des desserts et des crêpes ne réserve aucune surprise, tout est de qualité et fait maison. Nous conseillons cette bonne adresse plutôt le midi. Avec les formules et le menu enfant, c'est le moyen de profiter de la qualité des ingrédients au meilleur prix. Nous pensons là à ceux qui en soirée pourraient trouver l'ambiance un peu terne, l'éclairage n'étant pas travaillé. Et les sets de table bardés de publicité ne sont pas ce qu'il y a de plus romantique ! Mais pour les raisons évoquées plus haut, cet endroit qui se faufile vite de bouche à oreille reste essentiel et n'a pas son pareil dans tout Rennes. Et on apprécie l'accueil chaleureux réservé à tous.

★ CREPERIE SAINT-GEORGES
11, rue du Chapitre
℃ 02 99 38 87 04
www.creperie-saintgeorges.com

Ouvert du mardi au samedi de 11h45 à 14h30 et de 19h à 23h. Deuxième service à 21h45. Réservation recommandée. Carte : 17 € environ. Formule du midi : 7 € (à 11 €). American Express, Chèque Restaurant. Terrasse. Menu en anglais.
Lustre brillant, moquette soyeuse, éclairage tamisé, mobilier design : voilà un décor soigné pour une crêperie qui ne manque pas de surprises. Des pointes d'humour et de rocambolesque constituent aussi sa marque de

fabrique. Le décor est donc planté : vous serez plongé au cœur de l'originalité. Le nouveau cadre est constitué de trois salles sur deux étages et d'une terrasse aux allures contemporaines. La carte relève aussi le défi de l'inventivité ! Pascale et Olivier Kozyk osent des associations surprenantes. Parmi les 33 Georges proposés, citons la Georges Clooney au chèvre, épinard, tomate et glace au concombre et basilic (un régal !), la Georges Chelon à la ratatouille, poitrine fumée, œuf sur le plat, la Georges Benson à la ratatouille, magret de canard, miel, amandes effilées ou encore la Giorgio Armani au foie gras, magret de canard, pomme de terre et émulsion de basalmique. Pour les inconditionnels des galettes classiques, vous trouverez tous les éléments traditionnels pour composer votre galette. Côté dessert, on craque pour les crêpes de notre enfance à la fraise Tagada, au Carambar ou aux Smarties. C'est délicieux et la galette craquante se marie tout en finesse avec les saveurs et la galette se métamorphose alors en plat inimitable. On aime encore la découverte des Georges sous forme de jeu où les questions à se poser en attendant les plats, les suggestions en matière de vin sur la carte et le voyage original qui accompagne le dîner. N'oubliez pas de réserver !

■ DOZO
8, rue de Saint-Malo
℃ 02 99 78 35 04
www.dozo.fr
Métro Sainte-Anne

Ouvert tous les jours de 11h30 à 14h et de 18h30 à 23h30. Menus de 18,80 € à 21,80 €. Carte : 18 € environ. Formule du midi : 11,80 € (à 14,80 €). Vin au verre. Menu étudiant : 9 €. Menu à volonté : 16 € les midis, 25 € les soirs, 28 € les week-ends. Chèque Restaurant. Vente à emporter.
Ouvert en 2009, Dozo a enrichi d'un mot le vocabulaire des nipponophiles rennais : kaiten. C'est le nom de ce tapis mécanique qui serpente à l'intérieur de ce joli petit restaurant et sur lequel on choisi ses assiettes. Le Dozo se distingue par son côté cantine franchement sympathique : on mange bien et à un très bon prix. La déco est simple, des couleurs pastels réhaussent le charme des vieilles pierres, l'atout majeur étant le kaiten, qui fait tout le spectacle. Et c'est très amusant, vous voyez se matérialiser devant vous les spécialités sur les petites assiettes de couleur : sushi, maki, tempura, yakitori, californian rolls, beignets. Tout au long de votre repas, les plats passent et repassent, à vous de choisir. C'est servi en petites portions, mais nous avons opté pour le menu Dozo 10 (soit dix plats pour 18,80 €), et c'était pourtant suffisant. Nous étions repus ! Un plan futé : la formule à volonté, à 28 € mais à condition d'y passer des heures et d'avoir un appétit d'ogre ! Rien à redire sur la qualité des produits, c'est frais, et on apprécie également de pouvoir commander le vin au verre. Il faut goûter impérativement cet umeshu, un cru nippon délicieusement sucré. A noter, une énorme variété de menus à emporter (possibilité de livraison), de 4,90 € à 55 €. Bref, Dozo est un restaurant japonais dans lequel les prix restent raisonnables et le repas agréable ! Un bon plan d'autant plus que la gentillesse de l'accueil mérite d'être saluée.

■ **LA FONTAINE AUX PERLES**
Manoir de la Poterie
96, rue de la Poterie
© **02 99 53 90 90**
www.lafontaineauxperles.com
*Ouvert du mardi au dimanche le midi de 12h à 13h30 ;
du mardi au samedi le soir de 19h à 21h. Menus de 39 €
à 90 €. Formule du midi : 25 € (du mardi au vendredi).
American Express. Chaises bébé. Jardin. Terrasse.*
Une fontaine de saveurs, de plaisir et de professionnalisme. L'établissement de Rachel Gesbert est vraiment une perle rare. Cet enfant du pays a grandi avec la passion héréditaire de la cuisine distillée au fil des ans comme de l'eau de vie. Installé dans une vieille bâtisse, le restaurant est entouré d'un parc ombragé et bien entretenu. Aux beaux jours d'ailleurs, nous vous recommandons la terrasse, sa vue sur le jardin et la lumière qui l'enveloppe vous mettent dans les meilleures dispositions pour déguster ce qui va suivre. L'accueil très retenu et l'excellent service annoncent un repas sans faille. L'atmosphère est très feutrée. Dans le vestibule, le coulis de l'eau fait écho à celui du champagne de grand cru versé avec élégance dans la flûte. Les salles, grandes ou confidentielles, sont illuminées, bien décorées sans tomber dans un baroque alourdissant. Une fois installé sur la banquette de cuir blanc, le choix des menus n'est pas évident tant les saveurs s'expriment à la lecture de la carte : menus perles de cristal, de nacre ou d'akoya. Parmi les saveurs à cueillir dans les trois menus, citons le canard mi-sauvage, le filet de saint-pierre à la sauce moutarde, le désossé de pigeonneau au foie gras, ou encore le mimosa d'ormeaux, langoustines et Saint-Jacques. Une cascade de parfums aux sensations gustatives uniques. Malgré son étoile perdue en mars 2011, Rachel Gesbert reste une star et la Fontaine aux Perles demeure l'une des meilleures tables de la ville.

🏆 **LA GAVOTTE**
41, rue Saint-Georges
© **02 99 36 29 38**
www.lagavotte.biz
*Ouvert tous les jours de 12h à 14h30 et de 19h à 22h30.
Réservation recommandée. Carte : 20 € environ. Formule
du midi : 10 €. Galettes à partir de 5,50 €. Chèques
non acceptés. Chèque Restaurant. Terrasse.*
La Gavotte, c'est tout d'abord l'accueil volubile et la bonne humeur légendaires de Sylvie, la maîtresse des lieux. Elle vous détaillera par le menu une carte originale et un esprit maison : ici, la spécialité, c'est le mélange de saveurs sucrées et salées. On peut y manger des galettes « simples », certes, mais il serait dommage de passer sans goûter les « originales », qui valent depuis 1994 à cet établissement sa réputation d'inventivité. Sur l'ardoise figurent des galettes savamment composées à base de produits du terroir, de Bretagne et d'ailleurs, comme cette typique campagnarde (andouille de Guémené, camembert, pommes) ou le chef-d'œuvre maison que Sylvie ne manquera pas de recommander : la basque, soit le mariage du magret de canard, du chèvre, du miel, de figues et d'abricot. Les galettes sont croustillantes (farine du Moulin de la Fatigue, à Vitré), les ingré-

dients d'une indiscutable fraîcheur. Les crêpes aussi sont recherchées, on recommandera la fondante, au chocolat, salidou, poire et glace (artisanale) dont les saveurs sont renforcées par la fève de Tonka. Un pur moment de suavité crêpière ! N'oublions pas le vin chaud et le jus de pomme chaud. Quant au cadre, il est chaleureux et cosy, typique des vieilles bâtisses de la rue Saint-Georges. Il est repeint couleur crème et décoré style Bretagne années trente, avec des étagères proposant des produits artisanaux. On en ressort en ayant envie de la danser, cette fameuse gavotte. une belle adresse, pleine d'envies !

■ **LA HARPE NOIRE**
13, place du Champ-Jacquet
© **02 99 79 15 29**
*Ouvert du dimanche au vendredi de 12h à 14h30 et de
19h à 22h30 ; le samedi de 12h à 22h30. Réservation
recommandée. Carte : 20 € environ. Formule du midi :
9 €. Chèque Restaurant. Chaises bébé. Terrasse.*
Comment dire... Vous jouez aux sept familles, on vous demande le père, mais vous avez la mère : ça ne colle pas, d'accord ? A la Harpe noire, vous pouvez demander une galette jambon fermier-fondue d'oignons, vous aurez peut-être une jambon-poireaux. Même famille, mais bon ! Signalez-le et on vous rapportera la galette demandée, mais sans excuse ni jambon. Circonstance atténuante : c'était le premier jour du serveur. Trois atouts pour la Harpe : sa formule du midi à 9 €, ses colombages dominant une place du Champ-Jacquet ensoleillée à midi, et ses produits frais-fermiers-locaux-bio, issus d'une quinzaine de fermes des environs : jambon, œufs, poireaux (encore eux), magret... qui se répercutent forcément sur l'addition. Comptez entre 8,30 € et 15 € pour les spécialités (gloups !), il est vrai originales (reblochon, poireaux, lieu noir mariné aux herbes de provence, boudin fermier, pomme de terre, magret fermier, confiture d'oignons, foie gras, gelée de cidre...). Pour ceux qui veulent changer un peu de la beurre-sucre, les coupes de glace sont alléchantes. Pour preuve la Villeblanche : glace caramel au beurre salé, biscuit sablé breton, caramel au beurre salé chaud et chantilly. La Harpe noire est ouverte tous les jours, et ça, c'est un gros plus.

■ **L'HOMME QUI MARCHE**
16, rue Victor-Hugo
© **02 23 21 58 16**
*Ouvert du lundi au mercredi le midi ; le jeudi et le vendredi
le midi et le soir. Carte : 15 € environ. Plat du jour : 8 €.
Chèque Restaurant.*
Un peu brasserie, un peu cantine, L'Homme qui Marche est l'endroit idéal pour faire une pause au milieu d'une journée de travail. La clientèle d'habitués qui y déjeune régulièrement ne s'y est pas trompée. Oubliés, le temps d'un repas, dossiers et réunions, pour se plonger dans l'univers littéraire et bon enfant de cette bonne adresse du centre de Rennes. Des magazines, des sculptures élancées que ne renierait pas Giacometti, des toiles contemporaines posent le décor. Le propriétaire, Jean-Marie, est une figure bien connue, qui a officié au Café Méliès puis aux Tontons Voyageurs avant de se lancer dans cette aventure. Mais c'est aussi pour la cuisine

qu'on revient, simple et fine. Le midi, on a le choix entre deux plats. La pintade à la vanille dégustée lors de notre passage était délicieuse. Une petite salade en entrée, du bon pain pour accompagner, mais surtout, un dessert pour terminer : tartes, fondants et autres moelleux au chocolat font partie des incontournable du lieu. Le soir, ne pas passer à côté de l'entrecôte, qui fait encore saliver ceux qui y ont goûté. Ceux qui n'ont pas l'appétit d'un lion pourront opter pour une grande salade ou une tartine, toujours préparées selon les saisons et les arrivages sur le marché. Soirées spectacles, point où déposer ses derniers romans coups de cœur : l'ambiance est conviviale et décontractée. Chez Jean-Marie, c'est l'homme qui rit et le resto qui marche !

■ HOT BRASIL
27, rue de Penhoët
℃ **02 99 78 17 81**
www.bresil-gourmet.fr
Métro Sainte-Anne
Ouvert du lundi au samedi de 19h à 23h. Réservation recommandée. Menus de 25 € à 36 €. Carte : 30 € environ. American Express, Chèque Restaurant. Vente à emporter.

Dans ce restaurant chaleureux se niche un petit bout de « Breizh-Il ». Seul à Rennes à proposer les délices de la gastronomie brésilienne, le Hot Brazil a aussi importé l'ambiance décontractée et la samba des rues de Rio de Janeiro. Commencer, évidemment, par une caïpirinha, l'apéritif typique, pour se mettre dans le bain. La déco verte et jaune et les photos de paysages aux murs complètent le tableau. Les entrées et les plats qui figurent à la carte permettent de goûter aux spécialités des différentes régions de ce pays, presque quatorze fois plus grand que la France. Le « Peixe ao leite de coco », littéralement « Poisson au lait de coco », typique de Bahia, est finement relevé. Les plats de crevettes font danser les papilles. La feijoada, le plat national à base de poitrine de porc fumée et de haricots noirs, est (hélas) économe en farofa, la farine de manioc à la base de nombreux plats, mais reste une bonne entrée en matière pour les non-initiés.

■ LE KERLOUAN
17, rue Saint-Georges
℃ **02 99 36 83 02**
Ouvert du lundi au jeudi de 12h à 14h et de 19h à 22h30 ; le vendredi et le samedi de 12h à 14h et de 19h à 23h. Réservation recommandée. Carte : 13 € environ. Menu enfant : 7,90 €. Formule du midi : 9 €. Chèque Vacances, Chèque Restaurant. Terrasse.

L'une des crêperies les plus traditionnelles de Rennes, dans l'une de ses plus vieilles ruelles. La petite pièce, basse de plafond et toute en longueur, est chaleureuse, comme le service. Les petites tables sont couvertes d'une simple nappe de carrés blancs et rouges. Les murs célèbrent la mer et le vent du large souffle jusque dans l'assiette. Laquelle est bien garnie, vite servie et aussi vite engloutie ! Les spécialités (de 7,80 € à 10 €) font saliver. La Ty Gwen par exemple, côté terre : roquefort fondu sur pomme de terre et oignons, poitrine fumée, œuf, salade. Côté mer, l'Alvaror en impose : moules, crevettes, Saint-Jacques cuisinées au

fumet, crème, fines herbes, vin blanc. Gardez une place pour les crêpes de froment – pour la Québec à base de sirop d'érable, la Route du Rhum ou la Banquise –, elles sont souvent accompagnées d'une boule de glace. La formule du midi comprend une Complète (avec salade), une crêpe (la chocolat est délicieuse), une bolée de cidre et un café. S'il était un homme, le Kerlouan en serait un bon ! Le moment passé ici ne peut qu'être agréable.

■ L'AMIRAL
2, boulevard de La Tour-d'Auvergne
℃ **02 99 35 03 91**
Fax : 02 99 30 36 53
www.restaurantlamiral.fr
Ouvert tous les jours de 12h à 14h et de 19h à 23h. Menus de 22,80 € à 130 €. Carte : 40 € environ. Chèque Restaurant. Accueil des groupes. Terrasse.

Impossible de passer à côté de la proue de L'Amiral quand on traverse la place de Bretagne. Comme un bateau qui aurait jeté l'ancre en pleine ville, ce restaurant de qualité invite à une croisière gustative entre terre et mer. La carte est renouvelée régulièrement, en fonction des saisons et des arrivages. C'est la garantie de ne déguster que du frais. Les plats font la part belle aux produits de la mer. Ainsi dès les entrées, difficile de résister aux ravioles de fruits de mer. ou au pressé de chair de tourteaux et Saint-Jacques marinées. On ne résiste pas non plus aux profiteroles de foie gras. Pour les plats, la carte a deux chapitres : poisson et viande. Côté marin, lors de notre passage, le filet de saint-pierre et ses légumes confits a ravi nos papilles. Et pour les amateurs de produits carnés, le tournedos façon Rossini est incontournable. Il faut ajouter à ces délices un service poli et rapide et un cadre des plus agréables. Une valeur sûre.

■ L'ARSOUILLE
17, rue Paul-Bert
℃ **02 99 38 11 10**
Ouvert du mardi au vendredi le midi de 12h à 14h ; du mardi au samedi le soir de 20h à 22h30. Menus de 16 € à 35 €. Carte : 25 € environ. Vin au verre.

Un bar à vin comme on les aime, avec une ambiance et du caractère. Celui-ci a l'originalité de ne pas montrer de carte des vins, mais les expose sur une étagère où sont présentées les bouteilles à vendre sur place ou bien à emporter, une cinquantaine de vins de toute la France principalement, plus rouges que blancs. Chaque bouteille est soigneusement décantée dans une carafe qu'on vous porte à table. Côté cuisine, une carte variée et de belle qualité qui propose de jolis plats. On aime les ravioles du chef qui fondent en bouche, le sauté de gigot d'agneau, le foie gras, les terrines, une assiette de fromages qui varient selon l'humeur du patron et enfin une mousse au chocolat. L'endroit se laisse déguster et même lorsqu'on dîne au comptoir, on passe une bonne soirée. Question vin, le patron s'y connaît, et vous conseillera volontiers sur la bouteille à choisir selon que vous l'aimez doux, clair ou fort en tanin : tous ses vins ont bien des raisons d'être dégustés. Une belle adresse !

■ L'ENTONNOIR
4, rue Saint-Guillaume
✆ 02 99 78 21 91
http://entonnoir.bistrot.free.fr
Ouvert le mardi et le mercredi de 12h15 à 14h et de 19h30 à 22h45 ; le jeudi et le vendredi de 12h15 à 14h et de 20h à 22h45 ; le samedi de 20h à 22h45. Menus de 15 € à 18 € (au déjeuner). Carte : 30 € environ. Formule du midi : 15 €. Vin au verre. Accueil des groupes. Terrasse.

Installé à deux pas de la place des Lices, L'Entonnoir s'est forgé une belle réputation. Elle est d'ailleurs bien méritée, car elle repose sur des plats qui savent allier de multiples saveurs : une cuisine de qualité qui se laisse déguster. Une reconnaissance qui a même franchi les portes de la capitale bretonne. À l'intérieur des lieux, vous vous installerez dans une mezzanine qui vous fera découvrir les lignes biscornues et surprenantes du Ty coz. Vous profiterez aussi de l'accueil sympathique de l'équipe. Dans ce lieu, on cultive l'art du *carpe diem* comme le célèbrent si bien ces quelques mots écrits par Pagnol : « Quand le vin est tiré, il le faut le boire surtout s'il est bon. » Un programme que vous pourrez aisément respecter en appréciant leur fantastique cave. L'Entonnoir propose donc une cuisine épicurienne de saison inventive accompagnée de vins naturels. Sa déco bric-à-brac et ses tables bien espacées vous rappelera la cuisine de votre grand-mère tout comme celle de votre plus vieil ami : vous vous sentirez bien. La terrasse du restaurant est tout aussi agréable quand arrivent les beaux jours. D'ailleurs le midi, l'Entonnoir propose des menus d'un excellent rapport qualité-prix. Les plats ne manquent pas d'inventivité, grâce au savoir-faire de Mickael Gloaguen, le chef et de Sébastien Le Blay, le sommelier. En salle on retrouve des serveurs à l'écoute et très souriants. L'Entonnoir cultive un réel amour pour la cuisine et c'est contagieux !

■ L'INDIA
41, rue Saint-Georges
✆ 02 99 87 09 01
Ouvert tous les jours de 12h à 14h et de 19h à 23h. Menus de 14 € à 18 €. Carte : 11 € environ. Formule du midi : 8 €.

Le restaurant India est ouvert rue Saint-Georges depuis de nombreuses années. Et à chaque fois que l'on y va, on a l'impression que rien n'a changé, sauf les prix qui ont un peu augmenté. L'équipe reste la même, pleine de courtoisie et d'attention, la décoration aussi, avec ses dorures et ses couleurs chaudes. L'India propose les grands classiques de la cuisine indienne, bien cuisinés, bien préparés : des plats de viande, volaille ou poisson accommodés aux sauces tandoori, byriani et curry. Dommage qu'il n'y en ait pas un peu plus dans la gamelle. En entrée, l'assortiment de beignets, accompagné des différents « chutneys » à la mangue ou à la menthe vaut le détour, tout comme les galettes au fromage ! Amateurs de sensations fortes, ne pas hésiter à le signaler au serveur, les cuisiniers se feront un plaisir de relever votre plat ! A noter que l'India sert tous les soirs jusqu'à 23h, ce qui laisse la place aux fêtards de terminer l'apéro avant de s'installer à table et que le restaurant est l'un des rares ouvert le dimanche.

■ LUCKY BAMBOO
34, rue de Nemours
✆ 02 99 79 27 60
Ouvert du lundi au samedi de 10h à 15h et de 16h30 à 19h30. Carte : 11 € environ. Chèques non acceptés. Vente à emporter.

Le couple charmant qui gère Lucky Bamboo a déménagé leur restaurant de la rue du Penhouet pour s'installer rue de Nemours. La salle est plus petite, mais l'enseigne mérite sa place juste en face les Halles. Dans un intérieur agréable aux couleurs verte et gris sombre, la vitrine est alléchante. On a craqué pour des nems au poulet pour se mettre en bouche, des délicieux beignets de crevette et de porc cuits à la vapeur, puis pour un porc au caramel accompagné de riz cantonais, mais il y a une dizaine de plats au choix : bœuf sauté, poulet au gingembre, porc aux épices, etc. En accompagnement, riz cantonnais ou nature, ou plusieurs variétés de vermicelles. Et en entrée, un bel assortiment de nems, beignets de crabes ou de crevettes, feuilletés et autres acras. Le tout est très frais et élégamment présenté. Une petite barquette de viande et la même quantité de riz ou de pâtes devraient satisfaire l'appétit des dîneurs solitaires. Et surtout, ne partez pas sans un rouleau de printemps : le meilleur de la ville !

■ LE NABUCHODONOSOR
12, rue Hoche
✆ 02 99 27 07 58
Fax : 02 23 20 39 55
naburennes@wanadoo.fr
Ouvert du mardi au samedi de 12h à 23h. Carte : 25 € environ. American Express, Chèque Vacances, Chèque Restaurant. Terrasse.

Bar à vins fameux depuis plus de vingt ans, Le Nabu affiche de plus en plus souvent complet pour le déjeuner et le dîner. À côté de la carte des vins toujours aussi bien fournie, une ardoise de plats vient titiller l'envie des gourmands. Planches de fromages et de charcuterie à partager pour se mettre en jambes, grosses salades et tartines ne piquent pas la vedette aux rillons, magrets de canards ou boudin aux pommes servis dans de copieuses assiettes, accompagnés de pommes de terre sautées. Le midi, le plat du jour est d'un bon rapport qualité-prix. Les soirs de week-end, les petites tables en bois sont vite pleines. Le service est parfois un peu lent pour contenter la salle comble, et comme l'espace est un peu restreint, il vaut mieux garder cette adresse pour un bon repas entre copains que pour une soirée romantique. A noter, la cuisine ferme à 23h : sympa pour dîner après un apéro qui a traîné.

■ PARIS NEW-YORK
276, rue de Fougères
✆ 02 23 21 15 71
www.paris-ny-restaurant.com
Ouvert du lundi au vendredi le midi de 12h à 14h ; du lundi au samedi le soir de 19h30 à 22h. Fermé le samedi soir en été. Menus de 24,50 € à 32 €. Formule du midi : 17,50 €. Vin au verre. Chèque Restaurant.

D'une renommée de plus en plus assise, le Paris-New York a su créer une ambiance contemporaine raffinée.

Les plats proposés par le chef Frédéric Barbier sont à l'image de l'ameublement et de la décoration, sobres mais très recherchés. Les émulsions, betteraves, avocats… accompagnent volontiers les entrées, les poissons, lotte, raie, thon suivant la saison, comme les viandes, veau, magret, porc, qui trouvent une place d'honneur sur la carte. Celle-ci change tous les trois mois et n'offre pas une addition trop salée avec le menu du marché, servi le midi. L'accueil du restaurant est particulièrement chaleureux et le service irréprochable. Si l'établissement est quelque peu excentré, sa facilité d'accès et de stationnement ne vous autorisent aucune mauvaise excuse pour ne pas vous y rendre.

■ LE PIANO BLANC
Route de Sainte-Foix
☎ **02 99 31 20 21**
Fax : 02 99 31 87 58
www.lepianoblanc.fr
Ouvert du lundi au vendredi de 12h à 14h ; du lundi au samedi de 19h à 21h. Menus de 29 € à 39 €. Formule : 19 €. Accueil des groupes. Terrasse.
Ce restaurant en lisière de la ville de Rennes vous accueille dans un cadre charmant et spacieux. Vous pourrez bénéficier soit d'une terrasse à l'abri du vent pour un dîner au grand air ou bien de salons design et très confortables : le tout dans une ambiance feutrée avec un service impeccable. La cuisine est délicieuse : ici, c'est le règne de la fraîcheur et du goût. La cuisine du Piano Blanc dévoile des plats avec les saveurs les plus fines et des variations les plus audacieuses. Les viandes grillées au feu de bois ou encore les entrées de poissons à tartiner sur du pain lui aussi fait maison sont un délice. Les suggestions du jour sont à base de poissons du marché, langoustines ou homards. Les viandes sont savoureuses et cuites comme il faut. Les desserts constituent un ravissement pour le palais. La carte des vins est excellente et exhaustive, vous pouvez même vous laisser conseiller par le personnel très professionnel, lequel, très attentionné vous servira dans la bonne humeur et avec le sourire. On aime plus particulièrement l'escalope de foie gras poêlée et ses Saint-Jacques au balsamique réduit.

 LES P'TITS CLOUS
49, rue de Châteaugiron
☎ **02 99 50 51 05**
Ouvert du mardi au samedi le midi. Réservation recommandée. Menu unique à 12,50 €. Carte : 17 € environ. Chèque Restaurant. Accueil des groupes (le soir sur réservation). Terrasse.
Entrez dans ce lieu et laissez-vous happer par une ambiance comme à la maison. Voilà un restaurant où on vous accueille avec le sourire et où on prend le temps de vous faire passer un agréable midi. La discussion s'engage facilement et vous vous retrouvez bercés dans une ambiance conviviale et légère. Vous ne regretterez pas votre venue ! Le cadre est fort sympathique à la fois légèrement rétro et un brin atypique ! On aime les petites touches de la maison et le nombre des habitués qui atteste aussi de la qualité de l'endroit. La formule à 12,50 € comprend une entrée, un plat, un dessert et un verre de vin. Deux plats vous sont proposés et vous ne manquerez pas de les apprécier. Tous les jours, vous pourrez découvrir de nouveaux plats et on vous les propose avec bonhommie et enthousiasme lors de la commande. La cuisine est savoureuse et généreuse. Les desserts sont délicieux et joliment réalisés. Les belles assiettes à carreaux rouges et blancs et la bonne ambiance générale vous donnent envie de vous attarder et de refaire le monde. En plus d'un ventre repus et de papilles chatouillées par des plats simples et bien réalisés, vous repartirez le sourire aux lèvres… Pour les groupes d'amis ou leur association sportive, le restaurant ouvre ses portes le soir sur réservation : ne manquez pas de vous y rendre, car vos amis vous en seront reconnaissants. Une adresse qui vaut le déplacement et qui ajoutera à de bons plats, un beau moment ! Alors, dirigez-vous donc vers Saint-Hélier…

■ LE QUATRE B
4, place de Bretagne
☎ **02 99 30 42 01**
www.quatreb.fr
Ouvert du lundi au vendredi de 12h à 14h et de 19h30 à 22h30 ; le samedi de 19h30 à 23h. Menus de 22 € à 27 €. Carte : 28 € environ. Formule du midi : 16 €. American Express, Chèque Restaurant. Accueil des groupes. Chaises bébé.
Pourquoi 4B ? Pour 4, place de Bretagne ! C'est facile à retenir, vous n'aurez pas d'excuses ! A l'arrivée, c'est Angéline Anfray qui vous accueille courtoisement. Fille des anciens propriétaires du Gourmandin, situé à cette même adresse, la jeune femme prend le temps de saluer chaque nouvel entrant. On sent que la restauration n'a pas de secret pour elle. Elle a ajouté au lieu familial une touche de modernité : une décoration design aux dominantes rouges et une carte résolument branchée nouvelle cuisine signée Alan Bernard. Par exemple, nous avons eu, en entrée, un mélange pommes-poires caramélisées accompagné d'une émulsion au camembert (moderne on vous l'avait dit !). Le mélange des saveurs est audacieux ! A noter que l'établissement s'est agrandi et a dorénavant une capacité d'accueil accrue. D'autres surprises à venir au niveau de la décoration…

ILLE-ET-VILAINE

LA RÉSERVE
36, rue de la Visitation
✆ 02 99 84 02 02
www.lareserve-rennes.fr
Ouvert du lundi au samedi de 12h à 14h et de 19h30 à 22h30. Menus de 23 € à 43 €. Menu enfant : 9,50 €. Formule du midi : 19 €. Chèque Restaurant. Accueil des groupes. Terrasse.

Une très bonne table vous attend à la Réserve. Ce qu'on y trouve : des produits frais, soigneusement préparés, une cuisine audacieuse, des goûts savoureux, un accueil agréable, une décoration raffinée et un bon rapport qualité-prix. La Réserve, c'est un repas de qualité à coup sûr ! C'est sans nul doute l'une des meilleures adresses de la ville dans sa catégorie : les Rennais s'accordent sur ce point. Une cuisine du marché avec une pointe de modernité : voilà ce qui enchante nos palais. Le patron, Sébastien Blot, qui a notamment secondé Rachel Gesbert à la Fontaine aux perles, privilégie les produits locaux. Parmi les fournisseurs, une dizaine d'artisans reconnus comme des références : Sébastien Balé pour les fromages, Ame Haslé pour les poissons... L'accent est mis sur la culture du terroir, on y goûtera des déclinaisons imaginatives et toutes en subtilités de saumon, de lapin, de dorade... Pour nous ravir encore, la carte des vins est pléthorique et bien vue : elle vous amusera. La décoration, entièrement refaite en 2011, participe au charme des lieux : de beaux tronçons de bois pour table, des lustres de perles, des chapeaux melon en guise de luminaires... Il y a des signes qui ne trompent pas. À voir le gérant discuter avec les attablés on saisit que c'est une clientèle d'habitués. Et, on les comprend, l'adresse a un goût de « reviens-y ». On l'a dit, on le re-dit : c'est sans réserve que l'on recommande cette table.

■ SAINT CORNELY
Place de Bretagne
53, boulevard de la Liberté
✆ 02 99 30 61 21
Bus 2 arrêt Place-de-Bretagne
Ouvert tous les jours de 11h45 à 14h30 et de 18h45 à 23h. Carte : 21 € environ. Menu enfant : 7,50 €. Formule du midi : 7,90 €. American Express, Chèque Vacances, Chèque Restaurant.

Madame, monsieur, foulez le plancher du Saint Cornely, suivez l'homme au tablier, vous allez décompresser ! Malgré le vacarme qui monopolise la place de Bretagne, vous trouverez du calme dans cet établissement que nous recommandons depuis 2006, sans hésitation. Galettes classiques, fromagères, aux fruits de mer. On pourrait se dire que c'est du déjà vu. Mais des choix d'ingrédients judicieux (mettant largement à contribution le terroir breton, comme pour la « ker aval », à l'émincé de poulet au cidre), une ambiance boisée où les vins s'affichent sans complexe, et un livre d'or bien rempli posé en évidence, font indéniablement du lieu un repaire de bons vivants ! Côté desserts on est un peu moins dans l'idée de local (même si les glaces sont artisanales), contrairement aux cidres qui eux suivent la tendance. Le jus de pomme artisanal est savoureux. La coupure du midi est donc digne de ce nom pour les futés qui optent pour la formule (une galette

complète, une froment et un café), quant aux autres, ils se rabattront sur un choix quasi encyclopédique qui ne laissera personne sur la touche, pas même les végétariens. En plus, la bonne humeur est à emporter.

■ LA SARRASINE
30, rue Saint-Georges
✆ 02 99 38 87 54
Fermé en août. Ouvert du lundi au vendredi de 12h à 14h et de 19h à 22h30 ; le samedi de 12h à 14h30 et de 19h à 23h30. Carte : 14 € environ. Formule du midi : 9,50 €. Chèque Vacances, Chèque Restaurant. Chaises bébé. Terrasse.

La Sarrasine est l'une des très bonnes crêperies rennaises : une excellente galette et des recettes réalisées avec art. L'intérieur est typique des bâtisses du XVIIe siècle de la rue Saint-Georges, mais ici on a eu le bon goût de ne pas faire dans le folklorique. La déco est sobre et discrètement traditionnelle. Service efficace et très courtois, crêpes et galettes d'excellente facture, on comprend que cet établissement soit souvent bondé. Pour la pause déjeuner, la formule complète, crêpe, cidre et café est d'un bon rapport qualité prix. Les spécialités maison font partie des meilleures galettes que l'on ait mangées à Rennes. On a goûté la Bretonne, avec ses tranches de boudin blanc et noir frits, servie avec une sauce au cidre et cela a été un vrai plaisir ! On a aussi adoré la Rennaise, à base de volaille et on a raffolé la galette à la morue et patate. Ici, les crêpes se distinguent par leurs sauces, et des mélanges de saveurs du terroir et de la mer imaginatifs. Et on ne dit rien des crêpes... Un petit coup de cuillère pour voir si la Katell, à base de pralines, vaut le coup, et hop, encore une bonne surprise ! Sans oublier une bonne dose de cognac flambé sur la crêpe à la frangipane. La carte des cidres mérite une mention spéciale. C'est bon, beau et tout simplement délicieux !

■ LA TAVERNE DE LA MARINE
2, place de Bretagne
✆ 02 99 31 53 84
www.tavernedelamarine.com
Ouvert du samedi au mardi de 12h à 14h30 et de 19h à 23h ; du mercredi au vendredi de 12h à 14h30 et de 19h à 0h. Menus de 23,50 € à 32 €. Carte : 30 € environ. Vin au verre. American Express, Chèque Vacances, Chèque Restaurant. Accueil des groupes. Voiturier. Vente à emporter.

Dans la catégorie des institutions rennaises, l'établissement est aux fruits de mer ce que la place de Bretagne, sur laquelle il est situé, est au patrimoine de la ville. La force de la Taverne, c'est avant tout ses plateaux, qui font la part belle à la variété tout en assurant un choix pour tous les appétits, de la dégustation à la faim gargantuesque. Huîtres de Cancale ou belons, homard grillé au cognac, tourteaux, araignées, bulots, langoustines ou crevettes... A partir de 19 € pour une personne et jusqu'à 99 € pour un plateau royal marine en duo : tout y est, ne reste qu'à choisir. N'oublions pas non plus de mentionner la choucroute aux quatre poissons, autre classique de l'enseigne. Si la carte des poissons et fruits de mer est évidemment bien fournie et variée, celle destinée aux irréductibles carnivores est vraiment honorable. Les indécis auront un compromis : à côté du traditionnel tartare de bœuf, on trouvera un ris de veau braisé aux queues de langoustine. Nous recommandons le menu Goëlette, accessible et délicieux : un tartare de crabe au guacamole, le filet de daurade à la plancha avec ses légumes au coriandre, complété d'un moelleux au chocolat au cœur coulant qui vaut à lui seul le déplacement. Mention spéciale au service, motivé et attentif sans jamais surjouer. Un chef de salle vous accueille dans la vaste salle lumineuse. On appréciera bien entendu le service de vente à emporter. Un petit clic de souris d'agneau sur le site web pour consulter la carte !

🏅 LA TOMATE
18, rue Saint-Georges
☎ **02 99 87 06 06**

Ouvert tous les jours de 12h à 14h et de 19h à 23h (dernier service à 22h30). Réservation recommandée. 9 € environ pour une pizza ou un plat de pâtes. Chèque Vacances, Chèque Restaurant. Terrasse. Vente à emporter. Une toute petite mais ingénieuse pizzeria, à vous faire monter de plaisir aux joues le rouge du fruit de la plante solanacée en question. Le rez-de-chaussée de cette vieille bâtisse a été repeint tout simplement en rouge et blanc, éclatant comme la Gran Torino de David Starsky. C'est stylé, chaleureux, la quinzaine de petites tables modernes étant parfaites pour un repas entre amoureux. Accueil irréprochable de gentillesse, on regrettera juste une musique peu recherchée – le lieu en vaudrait la peine. La Tomate est comme la petite sœur de la Casa Pepe (même propriétaire), à savoir une des meilleures adresses pour ceux qui aiment les pizzas façon nord-transalpine, à pâte fine. Légères, larges, croustillantes. Un pur régal. Pour ceux qui aiment la créativité pizzaoïlesque, le coup de cœur va à cette Mi Amor, où de la vraie pancetta remplace le jambon, et où la violence du gorgonzola s'allie à la douceur des poires. Les variantes les plus classiques figurent bien sûr au menu (avec un choix de charcuterie allant de la coppa à la saucisse épicée), et l'on peut savourer à La Tomate – paradoxalement - des pizzas blanches... sans tomate, mais à la crème fraîche, la « bianca », autre classique transalpin. On conclura le repas par un inévitable Tiramisu à se damner, ou mieux : un panna cotta aussi léger que savoureux, au coulis de fruits rouges ou caramel. Une excellente pizzeria, dont la fréquentation est vivement recommandée. Elle deviendra vite un « au-Tomate-isme »...

■ LA VILLA D'ESTE
1, rue de la Psalette ☎ **02 99 30 42 07**

Fermé du 25 décembre au 1er janvier. Ouvert du lundi au jeudi de 12h à 14h et de 19h à 22h30 ; le vendredi et le samedi de 12h à 14h et de 19h à 23h. Carte : 25 € environ. Menu enfant : 8,80 €. Plat du jour : 7,60 €. Vin au verre. Pizzas à partir de 8,80 €. Formule du midi : 10,60 €. Chèque Vacances, Chèque Restaurant. Chaises bébé. Terrasse. Vente à emporter. Matériel de projection : accueil de groupes jusqu'à 50 personnes.

Commençons par le must, la Villa elle-même, toute de colombages et de pierre bâtie, dans le coin le plus pittoresque de la vieille ville. Idéal de se réjouir d'un dîner en battant le pavé des ruelles moyen-âgeuses entourant la cathédrale. L'intérieur est décoré à l'italienne, les masques vénitiens accrochés sur la hotte d'une énorme cheminée qui grimacent à votre arrivée. La Villa d'Este présente un bon rapport qualité-prix. Si la carte est assez fournie, allant bien au-delà des pizzas (les pennes sont goûteuses), on portera tout de même l'attention sur ces dernières. Grandes, rondes, cuites au feu de bois et finalement réussies, elles n'excèdent pas les 12,80 euros, mais ne sont pas non plus d'une originalité remarquable. Un joli choix de vins italiens à votre disposition pour arroser le tout. On prévoira également une réserve de sujets de discussion car, avouons-le, le service peut constituer un certain temps d'attente. Les salles affichent souvent complet, mais l'ambiance reste feutrée. On sera plus tranquille cependant à l'étage. A savoir aussi, l'établissement s'est équipé de matériel de projection, pour les séminaires et la diffusion de certains événements sportifs.

Le gîte

■ ANNE DE BRETAGNE***
12, rue Tronjolly
☎ **02 99 31 49 49**
Fax : 02 99 30 53 48
www.hotel-rennes.com
❄

Ouvert toute l'année. Accueil 24h/24. 42 chambres. Chambre simple de 89 € à 115 € ; chambre double de 99 € à 135 € ; chambre triple de 114 € à 150 €. Petit déjeuner buffet ou en chambre : 9,50 €. Lit supplémentaire : 6,50 € (lit bébé). Garage : 8,50 €. American Express, Diners Club, Chèque Vacances. Animaux acceptés (8,50 €). Wifi gratuit. Restauration. Tv satellite. En plein centre-ville, Gilles et Cécile Legendre vous accueillent au Anne de Bretagne 24h/24 et 7j/7. On trouve ici un beau confort 3 étoiles, dans un cadre agréable aux couleurs chaudes. Les chambres y sont propres et bien équipées (wifi, écrans plats, téléphone, coffre-fort etc.). L'avantage de cet hôtel, c'est de bénéficier d'une très belle situation tout comme de belles prestations : tout ou presque vous sera accessible à pied. Un plus fort agréable pour découvrir les rues rennaises et profiter des plaisirs de la ville. Vous pouvez même bénéficier d'un service touristique et d'une aide bienveillante pour acquérir des billets de spectacle. Côté aspect professionnel, l'hôtel dispose aussi de deux salles pouvant accueillir réunions et séminaires. Un bar lounge et une laverie viennent compléter l'ensemble et rendent encore plus agréable le séjour. Seul point négatif, il n'y a malheureusement pas de facilités prévues pour l'accès des handicapés.

ILLE-ET-VILAINE

Retrouvez le sommaire en début de guide

■ **ATLANTIC HÔTEL****
31, boulevard Beaumont
✆ 02 99 30 36 19
Fax : 02 99 65 10 17
hotel.atlantic@free.fr
Bus n°2, n°7 et n°11 ou métro arrêt Gares
Fermé du 27 juillet au 3 août et du 25 décembre au 2 janvier. 24 chambres. Chambre simple de 47 € à 57 € ; chambre double de 52 € à 64 € ; chambre triple de 65 € à 72 €. Petit déjeuner : 7,50 €. Soirée étape : 75,50 €. American Express, Chèque Vacances. Wifi. Tv satellite, Canal +.
A deux pas de la gare SNCF, M. Gransart tient cet hôtel familial et accueillant depuis 2003. 24 chambres refaites à neuf qui accueillent autant des habitués (liés aux activités des entreprises voisines) qu'une clientèle de passage. Très souvent complet en semaine, Atlantic Hôtel doit son succès à un accueil personnalisé et une prestation adaptée à chacun. Loin des grands groupes hôteliers, le personnel adapte la prestation en fonction de vos besoins et sait vous considérer comme il se doit. Un autre plus, le rapport qualité-prix avec les promotions le week-end : la seconde nuit offerte en fonction des disponibilités, l'hôtel étant sans doute le dernier établissement à Rennes à offrir cette prestation, ou encore la salle de petit dej' : une jolie véranda fleurie et calme pour un réveil en douceur (le petit déjeuner peut aussi vous être servi en chambre). Sa présence dans un guide japonais « Globe Travel » lui fait l'honneur de recevoir une clientèle du pays du soleil levant. Le personnel parle anglais et sera vous informer sur les différentes activités touristiques et culturelles de la ville, Atlantic Hôtel étant situé tout près des Champs Libres, du Liberté et du TNB. Une étape chaleureuse, humaine et encore une fois dans un rapport qualité-prix rare.

■ **AUBERGE DE JEUNESSE CENTRE INTERNATIONAL DE SEJOURS**
10-12, canal Saint-Martin
✆ 02 99 33 22 33
Fax : 02 99 59 06 21
www.fuaj.org
Bus 18 arrêt Auberge de Jeunesse
Fermé du 15 décembre au 2 janvier. Accueil jusqu'à 23h. Chambres de 3 à 6 lits. Chambre simple à partir de 19 €. Petit déjeuner inclus. Séminaires. Connexion Internet. Restauration (repas pour les groupes).
De très bons souvenirs pour les uns, de bons moments à venir pour les autres ou à l'inverse des passages difficiles : les anecdotes ne manquent pas sur les auberges de jeunesse. Au bord du canal Saint-Martin au pied du centre historique, l'AJ de Rennes est très calme et très agréable. Tout est disponible à quelques minutes : le centre, les transports, les centres commerciaux, les promenades... Dans un bâtiment large et haut de deux étages avec des chambres allant jusqu'à 4 lits, vous avez à disposition un bar, une cafétéria, une connexion Internet, une salle télévision... Pour les groupes, des salles de réunion de 20 à 25 places sont disponibles, paper board en place ! Votre séjour ne doit pas dépasser 6 jours, ainsi vous reprendrez votre sac pour de nouvelles aventures. Randonneurs, plaisanciers, back-packers vous trouverez

ici un lieu de repos très agréable, les pieds dans l'eau et tout pour sortir à côté ! Une belle auberge !

■ **HÔTEL ANGELINA**
1, quai Lamennais
✆ 02 99 79 29 66
Fax : 02 99 79 61 01
www.angelina-hotel.com
Ouvert toute l'année. Accueil jusqu'à 22h. Chambre double de 50 € à 62 €. Petit déjeuner buffet : 7,50 €. Lit bébé à disposition. Connexion Internet. Wifi. Tv satellite, Canal +.
Très clairement, l'un des hôtels les mieux situés de la ville : c'est idéal pour sortir le soir, avec les restaurants, cafés, cinémas et toute l'offre de loisirs rennaise à deux pas. Et cet emplacement privilégié vaut aussi pour les déplacements, avec le métro et les principales lignes de bus s'arrêtant juste à côté – un plus très appréciable, car l'Angelina ne dispose pas de parking. Mais cette situation est loin d'être le seul charme de l'hôtel. Les chambres – une quarantaine au total – sont agréables et confortables, avec un petit côté cosy, une déco qui séduira une clientèle familiale. Celles situées sur les quais sont équipées de doubles vitrages, donc pas de souci côté nuisances sonores. Avec une gamme de prix aux alentours de 50 € (on peut aussi demander la chambre quatre personnes, à 90 €), c'est une prestation d'un excellent rapport qualité-prix. Sanitaires petits mais fonctionnels, tv avec satellite et Canal+, accès wifi gratuit, personnel qui sait aller au devant des besoins de la clientèle... On ne voit pas quoi rajouter. Ah si ! Les déjeuners sont très copieux. A noter, la réception est située au troisième étage, juste au dessus du Quick, c'est surprenant au départ, mais cela donne un je-ne-sais-quoi d'original à l'Angelina, un établissement que l'on recommande à ceux qui veulent profiter de la ville les mains dans les poches.

■ **HÔTEL ASTRID**
32, avenue Louis-Barthou
✆ 02 99 30 82 38
Fax : 02 99 31 88 55
www.hotel-astrid-rennes.eu
▬
Ouvert toute l'année. Accueil 24h/24. 30 chambres. Chambre simple à partir de 65 € ; chambre double à partir de 75 €. Petit déjeuner : 7 €. Parking. Animaux de compagnie non autorisés. Wifi gratuit.
À 50 m de la gare SNCF, l'hôtel Astrid est une possibilité parmi d'autres dans le parc hôtelier rennais. Les 30 chambres (pouvant accueillir de 1 à 3 personnes) au confort traditionnel (télévision, wi-fi, etc.) ont été rénovées ou sont en train de l'être à l'heure où nous imprimons. Malgré cela, la décoration reste franchement de mauvais goût, à commencer par les sièges et les chandeliers de la réception. Les chambres restent très sombres et le choix hasardeux de la peinture noire pour les murs confère une atmosphère presque étouffante, rajoutant à l'étroitesse des pièces. Les matelas sont mous – attention au dos ! – et le mobilier en plastique – noir toujours. L'accueil est correct. Une adresse pas vraiment bon marché, juste pratique pour une nuit et pour être sûr d'avoir son train.

HÔTEL DE NEMOURS*
5, rue de Nemours ✆ **02 99 78 26 26**
Fax : 02 99 78 25 40
www.hotelnemours.com
Métro République

Ouvert toute l'année. Accueil 24h/24. Chambre simple à partir de 69 € ; chambre double de 82 € à 89 € ; suite à partir de 99 €. Petit déjeuner buffet : 9,50 € (10 € en chambre). Lit supplémentaire : 10 €. Taxe de séjour : 0,55 €. Chèques non acceptés. Animaux acceptés (6 €). Wifi.

Dans la gamme des hôtels deux étoiles, le Nemours offre sans aucun doute l'une des meilleures prestations dans le centre de Rennes. Et on peut le voir dès l'accueil avec sa petite salle moderne, boisée, et dépouillée. Comme dans le reste de l'hôtel, les tons pastel, anthracite, camel, aubergine et ivoire créent une atmosphère cosy et tendance, l'ensemble restant simple, lumineux et aéré. Et cette première impression se confirme, en empruntant l'escalier qui mène aux chambres, un vrai voyage dans l'histoire de ce quartier huppé de Rennes, avec des photos remontant jusqu'au début du siècle dernier. En quelques mots : c'est de bon goût. Et le constat vaut pour les chambres. Là encore, c'est une affaire de sobriété, les tons choisins donnent une ambiance intimiste et de chic discret. Bref, pas le deux étoiles passe-partout... Autre plus, une équipe jeune et aux petits soins, un copieux déjeuner en buffet avec des viennoiseries venues de chez un artisan boulanger voisin, et un emplacement stratégique, on ne peut plus central, à deux pas de tout. Certes, la rue est passante, mais le double vitrage est de rigueur, et les chambres sont très calmes. En conclusion, un hôtel accessible où on cultive un certain art de vivre.

■ **HÔTEL IBIS STYLES***
15, place de la Gare ✆ **02 99 67 31 12**
Fax : 02 99 30 41 24
http://ibisstyleshotel.ibis.com
Métro Gares

Ouvert toute l'année. 99 chambres. Chambre double 70 € ; suite 99 €. Petit déjeuner buffet. Animaux acceptés. Séminaires. Connexion Internet gratuite. Wifi gratuit. Tv satellite.

L'IBIS STYLES (ex all Seasons) est avant tout pratique pour les voyageurs, situé entre les gares SNCF et routière, à deux minutes à pied des Champs Libres, et à deux stations de métro du centre. L'établissement tenu par Agnès Juhel offre des services et des prestations de qualité. Accès wifi dans les chambres, télé, on apprécie le petit déjeuner en buffet à volonté inclus dans le prix de la nuitée, des salles de bains très modernes, bien équipées (avec des sèche-cheveux à disposition !). Quant aux chambres, elles ont été entièrement rénovées, avec une literie de très bonne qualité...et des oreillers anti-stress. Elles sont modernes, claires : murs et moquettes blanc crème, mobilier noir ébène, et des couleurs reposantes, vert d'eau et lilas. Un petit détail qui fait la différence, un bouquet de fleur changé chaque jour, sur la table. Et que la proximité de la gare n'effraie pas, les chambres sont entièrement insonorisées. L'établissement est 100 % non-fumeur.

■ **HÔTEL DES LICES***
7, place des Lices ✆ **02 99 79 14 81**
Fax : 02 99 79 35 44
www.hotel-des-lices.com
Métro Sainte-Anne
❄

Ouvert toute l'année. Accueil 24h/24. 48 chambres (de 1 à 4 personnes). Chambre double de 60 € à 93 €. Connexion Internet. Wifi. Tv satellite, Canal +.

Vous cherchez un hôtel central ? L'hôtel des Lices devrait convenir à vos souhaits ! Face à la fameuse horloge de la ville et tout en haut du marché si vous y venez un samedi matin. Vous profiterez donc ici de tous les charmes de la ville : vieilles pierres, lieux remarquables et animations festives, puisque vous êtes à deux pas de la rue Saint-Michel (un monument à sa manière). Mais soyez rassurés, l'hôtel est insonorisé : les avantages de la ville sans les inconvénients donc ! Côté pratique justement, les chambres sont climatisées et desservies par un ascenseur (très, très étroit !), la réception étant assurée 24h/24, notez que des chambres sont réservées aux handicapés. Enfin, toutes sont décorées dans un style contemporain, élégant, moderne, pour le plus grand bonheur de leurs visiteurs.

■ **HÔTEL KYRIAD RENNES NORD**
Rue André-Meynier ✆ **02 99 54 12 03**
Fax : 02 99 69 59 22
www.kyriadrennes.fr

Ouvert toute l'année. Accueil 24h/24 (7j/7). 58 chambres. Chambre double de 50 € à 98 € ; chambre triple de 55 € à 76 € ; suite de 85 € à 165 €. Petit déjeuner buffet : 8,50 € (à volonté). Parking inclus. Wifi. Restauration (formules : 12 € et 14,90 € ; menus : 17 € et 21 €). Tv satellite, Canal +.

Le Kyriad, c'est un peu la campagne à la ville. Idéalement situé à proximité de la rocade, et des axes routiers majeurs, l'hôtel a l'allure d'un grand pavillon niché dans un coin de verdure. On est au calme, tout en pouvant facilement circuler en ville ou visiter le département. L'établissement compte 58 chambres, récemment rénovées. Murs et parures blancs, mobilier en pin foncé, c'est sobre, moderne et lumineux. Et surtout, spacieux, ce qui en fait une bonne adresse en famille. Côté équipements, rien à redire non plus, toutes possèdent des écrans plats, avec satellite, Canal+, vidéo à la demande (payant) et sèche-cheveux dans la salle de bains. Une excellente prestation pour cette gamme de prix, d'autant que les promotions sont imbattables. Autre plus, le Kyriad dispose de son propre restaurant, Le Délice, avec un service midi et soir. Le chef y concocte une cuisine traditionnelle à base de produits régionaux. Les plats changent selon les saisons, mais le magret de canard au genièvre et fruits rouges ou le cabillaud à la sauce safran figurent parmi les classiques maison. La carte comporte également un choix de recettes diététiques. Le tout à petits prix, les formules du midi, en semaine, à partir de 12 € (vin, plat, dessert). Cadre moderne, service rapide, Le Délice est une adresse prisée par les hommes d'affaires, l'hôtel accueillant régulièrement des séminaires. Une excellente adresse pour un séjour tranquille aux portes de Rennes.

■ **HÔTEL LECOQ-GADBY******
156, rue d'Antrain ✆ **02 99 38 05 55**
Fax : 02 99 38 53 40
www.lecoq-gadby.com
Métro Sainte-Anne – Bus n° 15 arrêt Jules-Ferry
Ouvert toute l'année. 25 chambres. Chambre simple de 130 € à 180 € ; chambre double de 150 € à 200 € ; studio / appartement de 420 € à 480 € ; suite de 250 € à 430 €. Petit déjeuner buffet ou en chambre : 16 €. Lit supplémentaire : 15 €. Réceptions et mariages. Wifi gratuit. Restauration (du mardi au samedi). Vente.

Seul 4 étoiles du bassin rennais, Lecoq-Gadby est bien plus qu'un hôtel : une institution que se transmet de filles en filles depuis quatre générations ; un havre de paix en centre-ville et à l'accueil irréprochable. Luxe, calme et volupté : tout est pensé pour un séjour de complète félicité. En premier lieu le restaurant gastronomique la Coquerie, où vous pourrez vous régaler des délices concoctés par le chef. Pour varier les plaisirs, vous pourrez y suivre des cours et ateliers thématiques (histoire de l'art notamment), ou encore, depuis peu, profiter du Spa répondant à la norme HQE ou de la piscine privative. Dans la partie traditionnelle, toutes les chambres ont été décorées de pièces anciennes pour donner à chacune un caractère propre. À vous donc de choisir entre le style romantique, Louis XV ou encore anglais. Si vous êtes plutôt adepte d'un style contemporain, optez pour l'hôtel Spa, vous ne serez pas déçus par la superbe inventivité et le bon goût de la décoration. Pour ceux qui souhaiteraient un peu d'indépendance, il existe une belle et vaste chambre dans un pavillon un peu à l'écart. Enfin, et puisque vous aurez envie de prolonger votre séjour, notez dès à présent qu'il existe plusieurs forfaits combinant notamment l'hôtel, le restaurant et les soins du Spa. Les curieux consulteront le livre d'or, signé notamment par quasiment tous les présidents de la République, de Raymond Poincaré à Jacques Chirac, depuis l'ouverture de l'établissement, en 1902.

Gîtes

■ **GÎTES DE FRANCE**
101, avenue Henri-Fréville
✆ **02 99 22 68 68 / 0 891 16 22 22**
Fax : 02 99 22 68 69
www.gitesdefrance35.com
Métro Henri Fréville
Ouverture des bureaux : du lundi au vendredi de 9h à 18h. Accueil téléphonique : du lundi au vendredi de 9h à 18h et le samedi de 10h à 12h30 et de 14h à 17h.

Une référence incontournable qui vous assure une prestation et des lieux de qualité. Les bureaux de Rennes possèdent tout le catalogue de l'Ille-et-Vilaine dite « Haute-Bretagne ». Il existe plusieurs types d'hébergements sous le label « Gîtes de France » : les gîtes ruraux pour les groupes, les individuels peuvent trouver des chambres d'hôtes, et il existe aussi le camping à la ferme, les gîtes d'enfants ou encore les roulottes ou les bateaux habitables. Ce label est très exigeant. Les personnes voulant ouvrir un gîte sous cette appellation devront faire preuve de sérieux et cela pour vous assurer confort, calme et sécurité. En campagne, en ville ou en bord de mer, accès handicapé ou non, la possibilité d'amener votre animal de compagnie, avec ou sans piscine... Le choix est vraiment très large et d'un standing qui assurera la réussite de votre passage. Vous pouvez donc organiser votre séjour en fonction de thèmes ou de lieux qui vous font rêver ou tout simplement où vous vous sentez bien, détendu loin des désagréments des pôles touristiques. Prenez contact avec les bureaux de Rennes et si vous voulez sortir du département, vous serez y trouver tous les renseignements utiles et un accueil très agréable. Le site Internet, un peu chargé et fouilli, propose des bons plans, des idées cadeaux et les nouveautés. Enfin, si vous voulez devenir propriétaire d'un Gîte de France cette adresse est également pour vous.

Chambres d'hôtes

■ **SEJOUR CHEZ L'HABITANT**
21, square Charles-Dullin
✆ **02 23 30 49 16 / 06 67 07 55 54**
www.20six.fr/sejour
Chambre double de 20 € à 55 €. Petit déjeuner inclus.

Le SCH est une association qui vous propose tout simplement de vous mettre en contact avec des familles rennaises et de toute la région bretonne pour vous héberger. C'est une activité non-professionnelle qui s'inscrit dans une démarche associative. Une charte de qualité doit être respectée par les hébergeurs, ce qui vous garantit un certain confort : une chambre individuelle, le linge de maison, le petit déjeuner à la française, etc. Chaque famille est sélectionnée avec minutie, elle doit obligatoirement se situer dans un quartier desservi par les transports en communs. Le séjour chez l'habitant s'adresse aussi bien aux étudiants en stage dans la région, qu'aux hommes d'affaires en séminaire et aux touristes. Les tarifs correspondent à ces catégories. À la nuit ou au mois, les étudiants débourseront 20 €, les salariés 25 €, les hommes d'affaires paieront la nuit 38 € comme les touristes. Les couples bénéficient de tarifs avantageux : 35 € la nuit pour des salariés et 55 € pour les couples « affaires » et touristes.

Campings

■ **CAMPING MUNICIPAL DES GAYEULLES**
Rue Professeur-Maurice-Audin
✆ **02 99 36 91 22 – Fax : 02 23 20 06 34**
www.camping-rennes.com
sortie n° 14 sur la rocade de Rennes – Bus ligne n° 3

Ouvert toute l'année. Haute saison : 15 juin – 15 septembre, 7h30-13h et 14h-20h. Réservation recommandée. 178 emplacements. Emplacement + véhicule + 1 personne de 8,45 € à 11,50 €. Chèque Vacances. Connexion Internet payante.

L'unique camping de Rennes est situé dans le grand parc arboré des Gayeulles, où se trouvent une piscine, une patinoire, un parcours accrobranche et une ferme éducative, en plus de nombreux sentiers, d'un stand de tir et de terrains de sport. Le camping dispose de 30 emplacements « grand confort », raccordés au tout-à-l'égout, auxquels s'ajoutent 98 emplacements 3-étoiles d'avril à octobre et un camp de tourisme saisonnier de

50 places en juillet-août. Il n'y a pas de piscine dans le camping, mais au bout du parc se situe la grande piscine des Gayeulles, rénovée en juin 2010. Familial, propre et très bien entretenu, ce camping est plus tranquille que ceux du littoral breton, et pour un service confortable, propose des prix tout à fait raisonnables. Les parents en vacances apprécieront notamment la buanderie et les consignes. Les groupes de jeunes pourront installer leur tente sur le terrain de rugby voisin pour éviter tout tapage nocturne. A portée de budget des étudiants et des routards, ceux-ci devront cependant prendre garde à s'y rendre en voiture : une seule ligne de bus passe à proximité du camping, et à pied, le centre est à 45 minutes.

Loisirs

■ BASE DE LOISIRS, PARC DES GAYEULLES
Avenues des Gayeulles
Bus 3

Ouvert toute l'année. Tous les jours de 8h à 20h30. Gratuit.
Trois plans d'eau, dont un équipé de pédalos, un parc animalier, un camping, des aires de jeux et des jardinets, un mini-golf, une ferme pédagogique, des parcours pour le footing de 3 km et de 5 km, c'est assurément l'endroit de détente qui vante au mieux les maints avantages de la ceinture verte qui borde la cité rennaise. Accessible pour tous, il offre un bon bol d'air en famille ou entre amis, pour un pique-nique ou une sortie plus sportive. Soulignons que des bornes d'eau potable y sont présentes.

■ LES ETANGS D'APIGNE
℡ 02 99 67 11 11 (office de tourisme)
En voiture, suivre la RD 129, direction Moulin d'Apigné
La plage des Rennais ! Les accros de Titine y trouveront un parking (vite bondé). Mais à choisir, allez-y à vélo, en longeant la Vilaine, vous y serez en moins de 20 minutes ! Très pratique aussi : la ligne Apibus, qui permet d'y arriver en une petite demi-heure (puisqu'on vous dit que le vélo c'est mieux !). Plan d'eau de 30 ha, cet espace naturel très bien aménagé est un lieu de balade et de loisirs très populaire, qui illustre bien la ritournelle qui veut que Rennes soit une grande ville à la campagne. On peut y faire le tour des étangs à son rythme, à pied ou en courant. Une petite zone sableuse sert d'espace de baignade autant que de bac à sable. La plage est surveillée en période estivale. L'endroit est vite bondé, mais l'on peut poser sa serviette et se mettre en maillot de bain le long des berges des étangs, sans être tassés comme des sardines. La base de loisirs de la Prevalaye offre près de 200 ha pour vous adonner aux joies des activités de plein air, du jardinage avec 226 parcelles de jardins familiaux, etc. C'est aussi l'adresse du Club Nautique Rennais, qui y propose des locations et des cours de planche à voile et de catamaran, pour les amateurs d'activités nautiques. Pour ceux qui veulent profiter de la nature sans être assommés par la chaleur, de vastes zones boisées permettent de se détendre à l'ombre. L'endroit est parfait pour les pique-niques, et pour ceux qui arriveraient la musette vide, un stand de rafraîchissements est installé près de la plage, et un bar-restaurant de l'autre côté : « Les Terrasses d'Apigné ».

La maison ouvre aussi un stand de... galette-saucisse, évidemment ! Bref, l'endroit idéal pour passer un dimanche en famille ou entre amis. Notez que le lieu est entièrement accessible aux personnes handicapées.

Sorties

■ LE BISTROT DE LA CITE
7, rue Saint-Louis ℡ 02 99 79 24 34
Ouvert du lundi au samedi de 15h à 1h.
Un des derniers lieux qui respire encore les années rock du centre-ville de Rennes. Bar situé juste en face de la salle de concert mythique la Cité qui accueillait, en 1977, la première édition des désormais célèbres Transmusicales. La place en elle-même ne brille pas par ses sols limpides et son zinc reluisant, ni par ses toilettes briquées. Cependant, elle a gardé l'atmosphère si particulière aux bars les plus fameux de la rue Saint-Michel à la grande époque de la rue de la soif. Un bar une âme, un vrai repère de trublions et d'agités des tympans. Ici, crêtes de punk et blousons de cuir se mêlent au *dreadlocks* et autres gavroches de « zikos ». Toutes les têtes n'ont pas l'air commode. Et la bière mousse beaucoup. D'ailleurs, on n'y vient pas pour faire sa fine bouche, mais plutôt pour sa fine oreille ! Enfin la programmation musicale se situe loin du flot *mainstream* des établissements fluos et sans âme. Si le Bistrot de la Cité a su capter la belle époque de Rennes dans les années 1990, l'arrogance de certains serveurs vous font vite regretter d'être rentrés...

■ LE CAFE LAVERIE – LES CHAUSSETTES DE L'ARCHIDUCHESSE
18, rue de Robien ℡ 02 99 38 86 62
www.lecafelaverie.fr
Ouvert du mardi au vendredi de 14h à 1h ; le week-end de 15h à 1h. Wifi gratuit. Terrasse. Concerts.
Tout droit sorti d'un déliré à la Almodovar, le café-laverie est un lieu unique à Rennes. On peut y boire un verre, y casser la croûte, surfer sur Internet et y laver son linge. Le Café-Laverie ouvert par l'archiduchesse en 2006 est une adresse délirante, où l'on pratique un humour volontiers potache, et qui a mis fin à un grand moment de morosité de la vie d'étudiant ou de célibataire : la corvée de lessive. Chez l'Archiduchesse, on peut venir laver son linge en se distrayant, grâces soient rendues à l'hispanophile Céline, qui a donné à ce café un cachet unique. A la fois kitsch et plein de goût, imaginez la rencontre entre la cuisine des Deschiens et une échoppe branchée du marché de Camden Town. Le tout s'ouvrant sur un joli patio décoré de faïences à la Catalane. On peut y venir juste pour prendre un verre, car l'endroit est gentiment branché (attention, ne dites pas cela à la noble maîtresse des lieux, elle vous décrocherait son regard le plus noir !), avec des soirées batailles d'I-pod, slam, salsa, et de nombreux concerts, dans tous les genres. Un service de petite restauration propose aussi de bonnes petites choses à petit prix, des bruschettas (7 €) aux tartines méditerranéennes en passant par un bout de saucisson. A chacune de nos visites, nous avons eu un gros coup de cœur pour ce lieu rétro-futuriste, convivial à l'extrême et rigolo comme tout. Un lieu ouvert à tous, de 7 à 77 ans et ce n'est pas que pour l'expression, nous l'avons vérifié.

■ **LE CHANTIER**
18, carrefour Jouault
© 02 99 31 58 18
www.rennet.org/chantier/index.html
Ouvert du lundi au samedi de 11h à 1h. Terrasse.
Restauration.
C'est le bar incontournable pour les amateurs de techno et de musique électronique. Depuis plus de seize ans, le lieu est devenu la plaque tournante de la scène électro rennaise : découvrez chaque semaine des DJ's, mix ou laptop sessions. Les patrons n'étant pas sectaires, on peut venir y écouter un choix éclectique de différents genres et écoles techno : electronica, jungle, trans, dubstep... Comme il se doit, le lieu est un vrai chantier, avec plots de circulation, panneaux indicateurs et casques de protection de rigueur accrochés çà et là. Ambiance BTP, donc, mais la déco est à la fois moderne et chaleureuse avec des toiles contemporaines accrochées aux murs. L'équipe s'est efforcée de faire du bar un endroit tout sauf élitiste : le midi et l'après-midi, c'est une clientèle de tous les âges et de tous les milieux qui vient boire un café ou casser la graine, à l'ombre de la grande tour des Horizons, vestige architectural du Rennes des Trente Glorieuses. Le soir, le Chantier est un haut-lieu de la fête dans la capitale bretonne, et − que l'on aime la techno ou pas − il faut avouer qu'il y a de l'ambiance ! Attention au shooters et aux rhums préparés, ils sont traîtres, surtout après des mix un peu hardcore. Bondé et très actif pendant les bars en Trans, le Chantier demeure LE lieu de passage incontournable des DJ's à Rennes, et l'on mentionnera aussi que les membres d'Asian Dub Foundation viennent saluer Karlo, Nono et Bébert à chacun de leurs passages à Rennes.

■ **LA COUR DES MIRACLES**
18, rue de Penhoët © 02 99 79 55 87
www.courdesmiracles.org
Métro Sainte-Anne
Ouvert du lundi au samedi de 11h à 1h. Terrasse.
Restauration. Animation.
Appeler son bistrot par un terme qui signifie « lieu mal fréquenté » ou encore « lieu inquiétant par ce que l'on y trouve », il faut le faire ! De l'humour et de l'ironie, les gérants de cette petite perle rennaise n'en manquent pas. Ici, c'est curiosité et culture à tous les étages. Café-librairie, café-jeux, café-concerts, café-citoyen, café tout court... La Cour des Miracles fait partie de ces endroits où il se passe toujours quelque chose. Allez-y seul ou entre amis, dans les deux cas il y a de grandes chances que vous soyez entraînés dans un débat, qu'il concerne les paysans sans terre, le bénévolat ou les OGM. Créé en 2006 par un groupe de cinq Rennais d'adoption, dont plusieurs sont issus du monde de l'édition, La Cour des Miracles propose un grand nombre de livres à feuilleter et à acheter sur place. Poésie, bande-dessinée, polars, pamphlets, livres sur l'économie, la société ou la politique : tous sont pour point commun d'être des livres militants et édités (pour la plupart) par de petites maisons d'édition. Le café organise régulièrement des « speed booking » où chacun peut venir présenter ses coups de cœur littéraires ainsi que des ateliers « Création de livres » destinés aux 5-10 ans. Le midi La Cour des Miracles propose également des plats élaborés à base de produits bio, issus du commerce équitable et solidaires. Bref, un endroit plein de charme et de vie, un lieu citoyen et intelligent !

■ **OAN'S PUB**
1, rue Georges-Dottin © 02 99 31 07 51
Ouvert tous les jours de 15h à 1h. Terrasse.
Un de nos pubs préférés. D'abord parce que sa terrasse en cœur du vieux Rennes, est suffisamment à l'écart des quais pour être un havre de paix, et qu'ensuite elle donne sur la superbe chapelle Saint-Yves, à côté de l'office du tourisme. Comme dans tout pub qui se respecte, on se sert au comptoir, où est proposé un vaste choix de bières bretonnes (Coreff, Duchesse Anne, Lancelot). L'intérieur est joli, tout en pierre avec çà et là des tubulures en cuivre et des vieilles plaques de noms de rues (ce qui nous a permis d'apprendre que Georges-Dottin était un philologue). Les murs sont ornés de cadres avec de très belles photos de grandes villes du monde entier (New York, Tokyo, Bratislava). Une ambiance décontractée et volontiers potache règne au Oan's Pub, on y passe de la musique « atmosphérique » (Yann Tiersen, notamment), idéale pour un pot entre amis le dimanche soir quand on a le blues de fin de week-end. Quant au vendredi, c'est plutôt l'heure de la fête, le fameux syndrome anglo-saxon TGIF (« Thank God, It's Friday ») aidant aux libations débridées la clientèle mêlant étudiants et cadres bobo. On aime aussi le vaste choix de rhums arrangés, les huîtres à déguster à l'heure de l'apéro, et les planchettes (nordique et paysanne) qui calent bien pour 9 euros. Une adresse résolument sympathique.

■ **O'CONNELL'S IRISH-BAR**
6-7, place du Parlement-de-Bretagne
© 02 99 79 38 76
Ouvert du lundi au samedi de 11h à 1h ; le dimanche de 17h à 1h. Happy hours. Terrasse. Un petit bout de Temple Bar (le quartier des pubs de la capitale irlandaise) téléporté place du Parlement. Certes, on est loin des public houses centenaires de Saint-Stephen's Street, mais le O'Connel's a réussi à recréer l'atmosphère festive des nuits dublinoises. Trois vastes salles, décorées de panneaux de signalisation, de reproductions d'affiches vantant les mérites des bières irlandaises et de portraits des monuments littéraires que sont James Joyce, George Bernard Shaw, Samuel Beckett et Jonathan Swift. Mais c'est surtout le sport qui anime les discussions. Ambiance garantie et maillots de sortie les soirs de match de foot ou de retransmission du Tournoi des Six Nations ! La Guinness coule à flots, on se surprend à faire la fête avec des inconnus. Une fois par semaine, des discussions organisées permettent également de découvrir l'Autre via la langue de Shakespeare. Pas sectaire, le propriétaire (un vrai Irlandais d'Irlande) ne sert pas uniquement les bières brassées sur l'île verte mais aussi la très bonne Newcastle Brown Ale de chez l'ancien ennemi anglais. « En demi ou en pinte ? », vous demande-t-on alors en mettant bien l' »accent » sur la deuxième solution... La terrasse, donnant sur cette magnifique place pleine d'histoire, est aussi l'une des mieux orientées à Rennes en début de soirée, mais les places y sont chères. Alors, « céad mile failte », comme dit l'un des maîtres des lieux, le sympathique Eoghan Hunt, et bienvenue dans ce pub toujours animé !

■ **LE SCOOP**
1, place des Lices ✆ **02 99 79 10 39**
contact@barlescoop.com
Ouvert du lundi au samedi de 8h à 1h ; le dimanche de 11h à 1h. Terrasse. Restauration.
Le Scoop domine la place Saint-Michel. Sa vaste terrasse chauffée est parfaite pour se poser le samedi après le marché des Lices. Prisé en journée par les lycéens et étudiants, le bar est un lieu de rendez-vous à l'heure de l'apéro, et en soirée s'y côtoient bobos, cadres sup' et noctambules. L'intérieur ne se distingue pas par sa déco peu harmonieuse : linteaux en acajou, sol dallé, musique un peu passe-partout, l'ensemble est assez impersonnel. Les boules à facettes et le son techno le week-end sont franchement too much, mais un peu à l'image du virage de la modernité que prend la rue de la soif et les environs. Dernier bémol, son étroitesse : établi tout en longueur, on reste souvent coincé entre le bar, imposant, et les tables rondes. Le gros point fort du Scoop (où il y a une presse conséquente à disposition), c'est un bon choix de thés, cafés, chocolats, et de bières (belges, inévitablement : Bels, Steerdonk, Maredsous, et, selon les mois, La Chouffe ou la Charles Quint), et surtout un service très aimable, efficace et professionnel. Le bar est devenu une telle institution qu'il se décline en marque : on peut y acheter son T-shirt « Le Scoop », le profit est reversé aux Restos du Cœur. Les plus culotté(e) s y achèteront un string griffé aux armes du bistrot. Le Scoop est un « hub » de la vie rennaise, et le personnel fait tout pour qu'il le reste ! A fréquenter épisodiquement ou régulièrement, selon les affinités. Mais sans réserve, recommandable.

■ **LA VIE ENCHANTIÉE**
18, quai Emile-Zola ✆ **02 99 79 49 12**
www.la-vie-enchantiee.coop
Métro République
Ouvert du lundi au samedi de 11h à 1h.
« Boire-manger-partager », telle est la devise de ce bar coopératif ouvert en septembre 2008 par quatre copains désireux de créer un lieu de rencontre et de partage pour ceux qui aiment consommer et penser librement. Aurélien, Lulu l'Huluberlu, Olivier et le gigantesque Yoann (ou alors, comme certaines personnalités, il a installé un petit tabouret derrière le comptoir pour se rehausser...) ont créé un lieu unique, à vocation alter mondialiste, et pratiquant le commerce équitable. On y boit un café Chiapas, des bières bretonnes artisanales, et l'on y mange bio. Car le lieu fait restauration et épicerie, et vous pourrez y trouver du pain, du lait, du fromage, des fruits et légumes et de la charcuterie en provenance de petits producteurs de l'est de la Bretagne, dans le style des AMAP. Tout est fait pour qu'on s'y sente chez soi, il y a un salon de lecture, des jeux, le tout dans un cadre de bric-et-de-broc plein vieilleries rigolotes et d'œuvres de jeunes artistes. On peut y manger le midi, avec une formule tartines-pâtisserie-café pour 12 €. La Vie Enchantiée est aussi un lieu très actif, avec de nombreux ateliers (danse, initiation à la langue des signes, cours de gallo, contes), des débats, des expos et des concerts hebdomadaires. A l'image de ses fondateurs, le lieu est convivial, chaleureux, on conseille vivement de faire « les trois pas de korrigans » qui séparent la place de la République de ce bar post-hippy, atypique et intergénérationnel.

Emplettes

■ **A L'AISE BREIZH**
3, rue Edith-Cavell ✆ **02 99 78 35 55**
www.alaisebreizh.com
Ouvert du mardi au samedi de 10h30 à 12h30 et de 14h à 19h.
Il suffit de voir sur les routes bretonnes le nombre de voitures arborant un autocollant « A l'Aise Breizh » pour se convaincre que cette marque est une vraie success story made in Morlaix. Car c'est dans la sous-préfecture finistérienne que son créateur a ouvert, en 1996, sa première boutique, et l'enseigne compte désormais une dizaine de boutiques en Bretagne. « ALB » est présent à Rennes depuis 2003, et le magasin a bien grandi depuis ! Vous trouverez dans cet espace tout en écru et bois, les T-shirts qui ont fait le succès de la marque, détournant slogans et effigies de célébrités en les accommodant à la sauce bretonne : « Che Guevarrec », « Menhirblac », « Maryvonne Manson », les collections ne cessent de s'agrandir et de se renouveler. La marque a diversifié sa gamme de produits humoristiques et sa ligne de vêtements pour les gwaz (hommes), les wreg (femmes), les bugels (enfants), et propose même des layettes... Côté art de la table, on trouvera le fameux mug représentant la bigoudène fantasque, ainsi que des services de table complets, des tasses à café, etc. Il y a aussi des accessoires pour la salle de bain et bien sûr, les fameux stickers de différentes tailles et couleurs. Bref, de quoi passer une journée entière à l'heure breizhou. Voilà une adresse riche en imagination, crée par deux bretons qui sont fiers de l'être. Au moment de notre visite, les rumeurs d'un A l'aise Breizh café circulait bon train. A surveiller donc !

■ **ARCA MAISON FRIN**
9, rue Emile Souvestre ✆ **02 99 30 75 32**
Fax : 02 99 65 58 83
www.arcafrin.fr
Ouvert du mardi au vendredi de 9h à 12h30 et de 14h à 19h ; le samedi de 9h à 12h30 et de 14h à 18h.
D'emblée, on aime cette boutique rien que pour sa devanture, tout droit sortie d'un film de Jacques Tati. Une vénérable institution, cette Maison Frin, qui est la référence des amateurs de vin depuis 65 ans ! A l'intérieur, vous trouverez tout ce qui tourne autour de la boisson prisée par Bacchus. Si vous voulez faire un cadeau à un oenophile, ou si vous êtes vous-même, c'est l'adresse où vous équiper en articles de verre, de caves et objets décoratifs : tire-bouchons, laveuses, carafes à décanter, armoires... La surface de la boutique est aussi grande que le choix, vous y trouverez tout ce qui permet de servir le vin avec élégance, et de le conserver dans les meilleures conditions. Bruno Frin conseille la clientèle d'amateurs désireux de se constituer une vraie cave, pour les petits et gros budgets : des casiers à ranger dans la cuisine à la cave enterrée climatisée, c'est ici qu'il faut s'équiper si l'on est décidé à investir. La sélection propose des articles haut de gamme, des célèbres tire-bouchons Screwpull aux carafes L'Atelier du Vin, les marques les plus prestigieuses en oenologie figurent au catalogue. Et bien sûr, il faut aller jeter un coup d'œil au rayon « bouchons », puisque c'est la spécialité maison depuis son ouverture !

■ **ARMOR-LUX**
7, rue Nationale
© 02 99 79 61 65
Fax : 02 99 79 61 65
www.armorlux.com
Ouvert le lundi de 14h à 19h ; le mardi et le mercredi de 10h à 13h et de 14h à 19h ; du jeudi au samedi de 10h à 19h.
Ce n'est pas uniquement parce que c'est une marque 100 % pur beurre que nous en parlons ! Armor Lux, qui habillait déjà nos grands-parents et vêt aujourd'hui –entre autre– le personnel de la SNCF et de la poste, a pris un grand coup de jeune depuis quelques temps. Synonyme de grande qualité, les collections aux airs marins se déclinent en lignes sobres et actuelles tout en étant indémodables (on aime particulièrement leurs tuniques). En somme, une adresse à noter pour refaire la base de sa garde robe. Avantage, la boutique s'adresse autant aux hommes qu'aux femmes et aux enfants. Notez aussi qu'elle dispose d'un rayon lingerie pour toute la famille et d'une collection équitable. Toujours pratique !

■ **BOULANGERIE COZIC**
10, rue Saint-Hélier
© 02 99 31 08 15
www.boulangerie-cozic.com
Ouvert du lundi au samedi de 7h à 20h.
Avec Cozic, découvrez une boulangerie audacieuse et inventive. Le décor de la boutique est moderne et épuré avec des murs blancs et un comptoir lumineux. On aime la disposition de la boutique avec ses bacs en Plexiglas dans lesquels sont rangées les nombreuses gourmandises. Les produits proposés ici sont alléchants. On entre et on ne sait plus où donner de la tête. Que choisir ! Doit-on goûter toute la boutique ? Car si le décor est moderne, l'équipe de boulangers préfère les méthodes traditionnelles de fabrication du pain et utilise la mécanisation le moins possible. Les farines utilisées sont de grande qualité et l'équipe part d'un principe : le pain doit fondre dans la bouche. Et c'est le cas ! Comptez 1,20 € pour la spécialité de la maison : la baguette le Cozic. Les pâtisseries comme les viennoiseries sont savoureuses. Croûte à thé délicieuse, tarte aux pommes succulente, scones savoureux, sablé au chocolat et à la fleur de sel excellent, cakes variés, cheesecakes, sans oublier l'exquise tarte au caramel... A tester ! A l'heure du midi, la boutique ne désemplit pas, les nombreuses formules déjeuners et le large choix de sandwiches réalisés à base de produits frais attirent de nombreux salariés du secteur.

▶ **Autre adresse :** Les Halles centrales (Boulevard de la Liberté)

 COMME UNE FEE
19, rue Salomon-de-Brosse
© 02 99 36 58 75
www.commeunefee.fr
Ouvert du lundi au samedi de 10h30 à 19h.
Même si elle est discrètement nichée derrière le Parlement de Bretagne, dans une rue peu pourvue en commerces, vous ne risquez pas de manquer cette boutique. Un vélo mauve au porte-bagages fleuri,

attaché rue Hoche, en face du Nabuchodonosor, vous en indique la direction. Et le biclou est à l'image de Comme une Fée : coloré, un rien exubérant. La façade mauve donne le ton de ce que vous trouverez dans le magasin de Florence Leroux : un festival de couleurs acidulées et de gadgets et vêtements à la fois design, un peu glamour, et très tendance. Bijoux fantaisie, services à café, robes et jupes, tout est ici paré de mauve, orange, vert pomme, avec un charme excentrique à l'anglaise. Ceux qui font le marché des Lices le samedi reconnaîtront les cabas rigolos qui figurent à l'entrée de Comme une Fée. On y trouve de tout pour décorer son intérieur avec goût et fantaisie, pour tous les budgets. La propriétaire se fournit chez des artisans et stylistes rennais ou étrangers. La fiancée du Mekong, Oililly ou Derrière la Porte sont des marques qui se sentent comme chez elles dans cette boutique. La réputation de la boutique a franchi les limites de la capitale bretonne, nombreux sont les Nantais ou les Angevins qui viennent dénicher des accessoires fantasques pour faire un cadeau à leur dulcinée ou à leur maman. Une boutique anti-morosité.

■ **LE COMPTOIR IRLANDAIS**
6, rue de Dinan © 02 99 31 65 09
Fax : 02 99 30 28 84
www.comptoir-irlandais.com
Ouvert le lundi de 14h30 à 19h ; du mardi au samedi de 10h à 13h30 et de 14h30 à 19h.
La boutique rennaise de la franchise au trèfle est tenue par un connaisseur : il a lui-même vécu en Irlande. Dans cet espace tout entier consacré aux produits de l'île verte, on trouvera un large choix de pulls en laine, de polos de rugby, de T-shirts originaux et de bonnets en lambswool doublés. Ces derniers ont été testés et approuvés par les oreilles frileuses de Petit Futé. Pour les amoureux de la culture d'outre-manche, cette adresse est une aubaine. Que l'on cherche un nouveau tea-cosy (sorte de petit manteau à théière fort utile pour garder le breuvage chaud), un pack de Guiness, un joli mug à fleurs, du vrai thé en vrac, un oven-glove (manique unique et bien plus longue que les nôtres), c'est ici qu'il faut se rendre. Et pour les gourmands, un rayon épicerie dispose d'une petite sélection de chocolats Cadbury, de biscuits au gingembre et de marmelade d'orange... Les puristes (ou les téméraires) pourront même se réapprovisionner en Marmite, une pâte à tartiner au goût indescriptible. Bref, un petit coin de douceur so Irish, qui plaira aux curieux comme aux nostalgiques.

■ **DURAND CHOCOLATIER**
5, quai Chateaubriand © 02 99 78 10 00
Fax : 02 99 78 37 97
www.durandchocolatier.fr
Métro République
Ouvert le lundi de 15h à 19h ; du mardi au samedi de 10h à 19h. Commandes possibles par téléphone ou e-mail.
La nouvelle série de chocolats consacrée à la Bretagne tout comme le gâteau d'Hélène Jegado (Quel personnage !) sont les grandes nouveautés de cette année. Nos papilles sont encore sous le charme de ces deux belles trouvailles. Durand, qui figurait en 2009 parmi les

100 meilleurs artisans de France d'après le club des Croqueurs de Chocolat, n'a pas lésiné sur la recherche une fois de plus pour nous offrir cette nouvelle gamme toute en subtilité. Ces petits concentrés de notre terroir constituent le cadeau hors du commun à offrir pour qui veut faire des heureux. A vous de tirer le bon numéro. Tous rivalisant de qualité et de finesse, tel ce « Compagnie des Indes » (n° 35) dont l'alliance boisée d'épices est purement saisissante. Le plus océanique de tous, celui aux algues (n° 36) est un véritable clin d'œil iodé et imite à merveille les embruns. Profitez donc de la boîte découverte à 12,50 € (16 chocolats) ou craquez pour toutes les autres belles surprises qui ont fait la réputation de cette adresse. Tablettes, caramels à tartiner, macarons, chocolats d'été vous feront aussi de l'œil si vous passez dans la boutique. La ronde des délices est également assurée par la maison en pain d'épice, les bouquets de table (Oh ! Merveille !) les sels du monde, le coffret renaissance... Des trésors mis à votre portée. Durand, présent sur les quais depuis plus de 20 ans, fait vivre le paysage artisanal local et est assurément l'un de nos chocolatiers préférés, si ce n'est notre préféré.

■ **GALERIE DU PARLEMENT**
1, place du Parlement ℰ **02 99 22 25 22**
www.galerieduparlement.com
Métro République
Ouvert du mardi au vendredi de 10h à 12h15 et de 14h15 à 19h15 ; le samedi de 10h à 12h et de 15h à 19h.
Une galerie gérée par Yves Halter, amoureux de l'art depuis plus de trente ans, qui a longtemps officié rue de la Monnaie. Située en face du parlement de Bretagne en plein centre-ville, à deux pas de la place de la Mairie, cette galerie est chaleureuse et bien agencée. Yves Halter y présente des créations d'artistes contemporains de toute la France, souvent des noms établis, même s'il défend bec et ongles les talents émergents. On peut voir et acheter dans ce nouvel espace des peintures et sculptures essentiellement

figuratives, mais le maître des lieux ne s'interdit aucune piste. Ainsi, citons entre autres artistes ayant exposé à la Galerie du parlement, Julia Legoux, Isabeau Jousse, Didier Caudron ou Jean Arcelin. N'hésitez pas à parler à Yves Halter, ce sympathique galeriste moustachu à l'enthousiasme communicatif saura vous conseiller en fonction de vos goûts et de votre budget.

AU MARCHÉ SAINT-GERMAIN
6, rue du Vau-Saint-Germain
ℰ **02 99 79 12 26**
Bus 18 arrêt Mairie, bus 3 arrêt Pont-Pasteur – Franc-Bourgeois, métro République
Ouvert le lundi de 11h à 20h ; du mardi au samedi de 9h à 20h.
Proche de la place Saint-Germain, promenez-vous dans Rennes et attardez-vous dans cette boutique du centre-ville. Une épicerie comme on en fait plus et qui fait le bonheur des Rennais. Dans le quartier, on aime commander ses produits ou encore choisir cette bouteille qui emportera l'adhésion de ses amis. L'accueil est sympathique et vous serez facilement bercé par une conversation pleine d'épices, de saveurs et de découvertes. Un accueil bien sympathique qui fait de cette adresse un endroit accueillant. Si vous visitez la ville ou si vous cherchez un produit atypique déniché chez un petit producteur bien connu de l'épicerie Saint-Germain, vous ne serez pas déçus. Entre ses mille et un produits venus de toute la France et du monde, la maîtresse de maison sera ravie de vous consacrer un moment. Elle sera franche et vous conseillera avec soin. Soyez donc bavard et vous repartirez avec ce qu'il vous faut. La diversité des produits proposés tout comme leur originalité sont destinés aux plaisirs de la table : épices, confits de fruits, huiles de pistache, vins de petits producteurs, idées pour l'apéritif, liqueurs, huile de pamplemousse, chutneys, chocolats, de bien belles confitures et aussi quelques produits frais. On sent ici l'appel du goût. Tout est fait pour faire frétiller vos papilles.

ILLE-ET-VILAINE

© MANOU PROD - FOTOLIA

Les quais de la Vilaine

■ **POMMEAU DE BRETAGNE – ASSOCIATION CIDRICOLE BRETONNE**
Maison de l'Agriculture Atalante-Champeaux
Rond-point Maurice Le Lannou
✆ **02 23 48 27 73**
Fax : 02 23 48 27 48
www.lescidresbretons.com
Au début était la pomme, puisque, mais est-il besoin de le rappeler, le pommier est indissociable du paysage breton. À la saison des récoltes, les jus de pommes à cidre les plus fruités étaient mêlés à l'eau-de-vie de cidre, le fameux lambig breton, une opération nommée mutage. Et le mutage permettant de conserver tout au long de l'année les saveurs des jus de pommes était un secret bien gardé au sein des fermes familiales. Mais alléluia ! En 1973 la divine boisson est autorisée à la vente ! Elle obtient même en 1997 la suprême récompense AOC. Seulement, il ne s'agit pas d'élaborer le pommeau de Bretagne à partir de la première pomme venue ! Sur les 325 variétés de pommes recensées depuis le XIXᵉ siècle, seuls quelques fleurons, issus de vergers sélectionnés se trouvant sur des zones côtières au sous-sol à dominante granitique et schisteuse, peuvent prétendre aux épousailles avec le lambig ! Vieilli en fûts de chêne pendant au moins quatorze mois, le pommeau développe alors une palette aromatique très riche, variant selon le terroir, les tanins, son âge. Brillant, limpide, de belle couleur ambrée, rond, authentique, c'est l'apéritif régional par excellence tout en arômes subtils, qui se marient à merveille avec une entrée de foie gras ou le cœur d'un melon. Au dessert, ses notes légèrement sucrées subliment les entremets au chocolat, aux pommes et les salades de fruits. Sans oublier qu'en cuisine, il parfume subtilement les sauces. Loin donc de n'être qu'un apéritif...

■ **Dans les environs** ▬▬▬▬▬

Bruz

■ **PARC ORNITHOLOGIQUE DE BRETAGNE**
53, boulevard Pasteur
✆ **02 99 52 68 57**
www.parc-ornithologique.com
Pendant les vacances d'avril et de la Toussaint, ouvert tous les jours de 14h à 18h. Du 15 avril au 15 septembre, ouvert tous les jours de 14h à 19h. En juillet et en août, ouvert tous les jours de 10h à 12h30 et de 14h à 19h. Gratuit jusqu'à 3 ans. Adulte : 6,90 €. Enfant (de 3 à 12 ans) : 4,30 €.
Paradis des oiseaux, le parc ornithologique de Bretagne présente une superbe collection d'oiseaux exotiques (250 espèces et plus de 1 000 oiseaux) qui vivent en semi-liberté dans un magnifique parc botanique et floral. Une grande variété de perruches et perroquets aux couleurs chatoyantes, des faisans multicolores, de nombreux canards, des bernaches, des cygnes, des rapaces aux yeux fascinants, des touracos, des émeus, des ibis et tant d'autres émerveilleront petits et grands. Venus des cinq continents, ces oiseaux évoluent dans un superbe parc arboré et fleuri. Une véritable féerie pour les yeux !

■ **LA POMMERAIE*****
Manoir de La Pommeraie
✆ **02 99 52 60 51**
Fax : 02 23 50 31 17
www.residence-lapommeraie.com
Ouvert du lundi au vendredi de 8h à 12h et de 15h à 19h30 ; le samedi de 8h à 12h. Petit déjeuner buffet : 10 € (enfants : 7 €). Appartements de 70 € (T1, 35 m2) à 115 € (T3, 55 m²) par jour. Séminaires. Réceptions et mariages. Connexion Internet.
Du manoir construit en 1630, il n'en reste que la forme et le style. Hospice jusqu'en 1989, la bâtisse, en déliquescence, est finalement rachetée. Carole Roulleau, fille des premiers propriétaires, souhaite lui redonner une seconde vie, mais impossible d'en garder les vieilles pierres et la structure en bois d'antan, dommage. Qu'importe, après 15 mois de travaux et un ravalement intégral à la chaux, la Pommeraie peut accueillir 110 résidents dans les 30 appartements, qui ont conservé leur forme d'origine. Ce qui explique la présence des piliers de l'ancienne chapelle dans deux d'entre eux, et du lit disposé en son chœur. Spacieux et cosy à la fois, entièrement équipé, l'intérieur des chambres est aménagé avec sobriété et modernité. Notre coup de cœur va cependant au cadre, champêtre et propice à une totale sérénité. Les traces du passé religieux des lieux sont discrètes : ici une statue de la Vierge, là un Christ en croix, la cloche sonnant l'Angélus et, au fond du sous-bois, une minuscule chapelle. Le lavoir a été retapé, et une cascade artificielle achève de conférer à ce paisible environnement de 4 hectares son charme bucolique. Avec le chant des oiseaux pour réveil-matin !

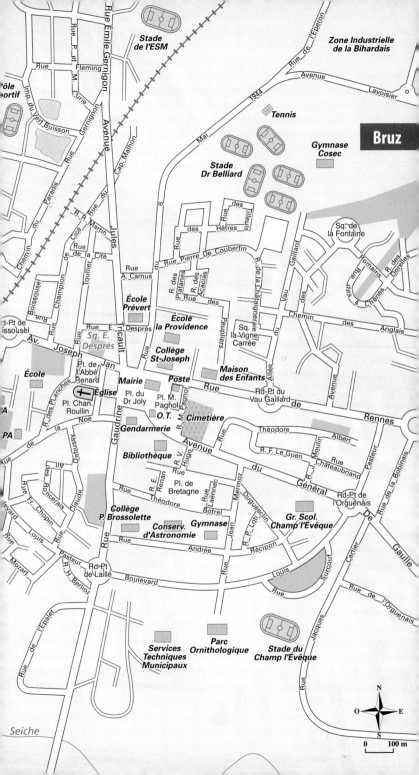

Bruz

Zone Industrielle de la Bihardais

Stade de l'ESM

Pôle Sportif

Tennis

Gymnase Cosec

Stade Dr Belliard

Sq. de la Fontaine

Rue Emile Gernigon

Rue P. et M. Curie

Fleming

Imp. du Vert Buisson

Avenue

Cap. Maihon

Avenue Lavoisier

Rue de l'Éperon

Mai 1944

des Hêtres

Rue des Tilleuls

Rue Gaillard

Sq. de la Fontaine

Rue des Chênes

Rue des Romains

R. des Doreltes

Chemin des Anglais

Rue P. H. Martin

Jules

Rue R. H. Martin

Crée

Rue de la Cité

Rue Touillier

Rue du Champion

Rue A. Camus

Rue Pierre De Coubertin

R. des Platanes

R. des Acacias

Rue des Peupliers

École Prévert

École la Providence

Collège St-Joseph

R. de la Châtaigneraie

Sq. la Vigne Carrée

Chemin du Vau

Rue Despré

Rue E. Despré

Sq. E. Despré

Despré

Rue E. Tricault

École

PA

Av. Joseph

Rue des Planches

Rue Jan

Gaudrine

Pl. de l'Abbé Renard

Mairie

Église

Pl. du Dr Joly

Pl. Chan. Roullin

Noé

Poste

Pl. M. Pagnol

Rue Pagnol

Rue

Maison des Enfants

Rd-Pt du Vau Gaillard

Allée

de

Rennes

Avenue

O.T.

Cimetière

Gendarmerie

Avenue

R. V. Hugo

Théodore

R. F. Le Guen

Albert

Moulin

Rue Châteaubriand

Pasteur

Rd-Pt de l'Orguénais

Rue de la Botinais

De Gaulle

Bibliothèque

Rue R. E. Renan

Rue Théodore

Pl. de Bretagne

Rue Laënnec

Rue Botrel

Rue Mermoz

Rue Jean

Duguesclin

R. P. Loti

Rue Récipon

du

Général

Gr. Scol. Champ l'Évêque

Rd-Pt de l'Orguénais

Collège P. Brossolette

Conserv. d'Astronomie

Gymnase

Avenue Andrée

Rue

Louis

Surcout

Cartier

Rue de l'Orguénais

Rd-Pt de Laillé

Boulevard

Rue Fr. Chopin

Rue Louis

Rue Mozart

Pasteur

R. H. Berlioz

Rue de l'Ephet

Services Techniques Municipaux

Parc Ornithologique

Stade du Champ l'Évêque

Rue Jacques

Seiche

N O E

0   100 m

Saint-Malo

© NABISSO – FOTOLIA

Saint-Malo

La cité corsaire où naquirent Chateaubriand, Jacques Cartier, Robert Surcouf est sans conteste la perle de la Côte d'Émeraude. Juchée sur un rocher granitique, à l'embouchure de la Rance, la ville enserrée dans ses remparts dresse fièrement sa haute silhouette de granit et d'ardoise. A l'origine, Saint-Malo est une île, reliée à la terre par l'isthme étroit du Sillon. Le rocher ne sera rattaché à Paramé qu'au XVIIIe siècle. Cette position en a fait un bastion naturel qui décida sans doute d'un destin marqué par des luttes incessantes et une farouche prétention à l'indépendance. Il existe sans conteste une âme malouine, façonnée par des siècles de luttes sur terre et sur mer. Les Malouins voudront toujours prendre en mains leur propre destin, forgeant très tôt une devise qui clame haut et fort leur belle indépendance : « Malouin d'abord, Breton peut-être, Français, s'il en reste... ».

■ **OFFICE DU TOURISME**
Esplanade Saint-Vincent ℂ 0825 135 200
Fax : 02 99 56 67 00
www.saint-malo-tourisme.com
Haute saison : ouvert du lundi au samedi de 9h à 19h30 ; le dimanche et les jours fériés de 10h à 18h. D'octobre à mars, ouvert du lundi au samedi de 9h à 13h et de 14h à 18h. D'avril à juin et en septembre, ouvert du lundi au samedi de 9h à 13h et de 14h à 18h30, le dimanche et jours fériés de 10h à 12h30 et de 14h30 à 18h.

■ **PETIT TRAIN DE SAINT-MALO**
Porte Saint-Vincent
ℂ 02 99 40 49 49
www.lepetittrain-saintmalo.com
Fermé de janvier à mars. Adulte : 6 €. Enfant (jusqu'à 10 ans) : 4 €. Chèque Vacances.
Venez prendre place à bord du Petit Train et laissez-vous conter la fabuleuse histoire de Saint-Malo, au fil de ses rues. A travers une visite touristique commentée de 30 minutes dans l'intra-muros et ses alentours, vous découvrirez les petites anecdotes et les grandes histoires

de la cité corsaire. Les départs et les arrivées se font à la porte Saint-Vincent, au pied des remparts et du château, à 50 mètres de l'office du tourisme.

Points d'intérêt

■ **CATHÉDRALE SAINT-VINCENT**
12, rue Saint-Benoist
Une première église, érigée au VIIe siècle sur le rocher d'Aaron (cité d'Aleth), fut détruite en 811 par un incendie provoqué par les lieutenants de Charlemagne. Au XIIe siècle, l'évêque Jean de Châtillon la reconstruit ; elle devient cathédrale en 1146. Puisqu'édifiée sur un rocher, il a fallu niveler le sol par d'importants travaux. Des travaux qui durèrent d'ailleurs plusieurs siècles, puisqu'on en date la fin qu'en 1987... avec la pose de la flèche de granit. Le chœur (fin XIIIe siècle) se distingue du reste de l'édifice par son élégance et ses 28 mètres d'élévation. On doit les peintures remarquables des verrières à Jean Le Moal et Bernard Allain.

■ **CITÉ D'ALET**
Allée Gaston-Buy
C'est sur cette presqu'île que s'installèrent les premiers Malouins. Elle représente à ce titre le berceau antique de la cité actuelle. La ville fortifiée de l'époque romaine n'existe plus aujourd'hui, hormis quelques vestiges. A la fin du XVIIe siècle, Vauban conseille de fortifier davantage ce point avancé, en vain. Au milieu du XVIIIe siècle, après plusieurs incursions anglaises, l'ingénieur Mazin y fait bâtir un vaste fort d'artillerie capable de protéger la ville, le port, l'estuaire de la Rance et l'arrière-pays. Pendant la Seconde Guerre mondiale, le lieu devient le pivot central de l'armée allemande. De 1942 à 1944, 32 blockhaus et 8 cloches blindées y sont aménagés, et plus de 1 300 mètres de galeries souterraines sont creusés. Le fort d'Alet est libéré par les Alliés le 17 août 1944. Très vite, un musée y est créé (voir article sur le Mémorial 39-45). Le site accueille un très beau camping qui offre sans aucun doute une des plus belles vues sur la baie.

Vue aérienne de Saint-Malo

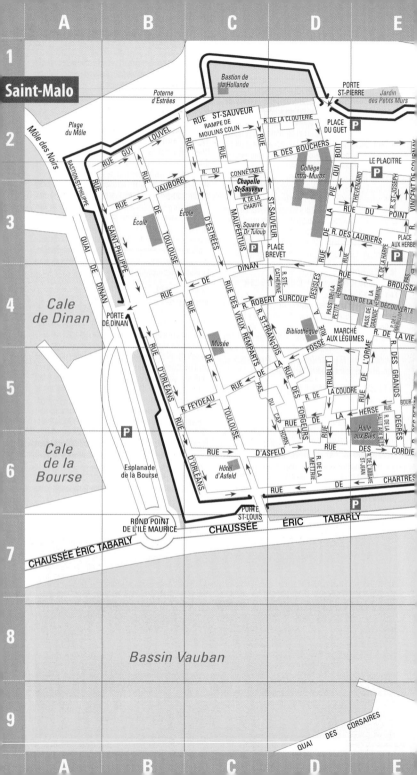

Saint-Malo

A B C D E

1
2
3
4
5
6
7
8
9

Bastion de la Hollande

Poterne d'Estrées

PORTE ST-PIERRE

Jardin des Petits Murs

PLACE DU GUET

Plage du Môle

RUE ST-SAUVEUR

RAMPE DE MOULINS COLIN

R. DE LA CLOUTERIE

R. DES BOUCHERS

LE PLACITRE

RUE GUY LOUVEL

RUE

RUE DU

VAUBOREL

R. DU

CHAPELLE St-Sauveur

CONNÉTABLE

Collège Intra-Muros

LA PIE QUI BOIT

THÉVENARD

R. ST-JOSEPH

VINCENT DE GOURNAY

Môle des Noirs

BASTION ST-PHILIPPE

RUE

RUE

DE

TOULOUSE

RUE

D'ESTRÉES

École

École

R. DE LA CHARITÉ

ST-SAUVEUR

MAUPERTUIS

Square du Dr Tuloup

RUE

RUE DU POINT

R. DE R. DES LAURIERS

RUE DE LA HARPE

PLACE AUX HERBES

QUAI DE DINAN

SAINT-PHILIPPE

RUE

DE

DINAN

PLACE BREVET

RUE

DESSILES

RUE

BROUSSA

PAS. DE

Cale de Dinan

PORTE DE DINAN

RUE DES VIEUX REMPARTS

DE

RUE

DE

R. STE. CATHERINE

R. ROBERT SURCOUF

R. ST-FRANÇOIS

Bibliothèque

PASS. DE LA PETITE HERMINE

COUR DE LA GRANDE HERMINE

PASS. DE LA GRANDE HERMINE

DÉCOUVERTE

R. DE LA VIE

Musée

FOSSE

MARCHÉ AUX LÉGUMES

R. DE L'ORME

R. DES GRANDS

RUE D'ORLÉANS

RUE

DE

RUE FEYDEAU

RUE TOULOUSE

PAS. DU CAP HORN

RUE DES FORGEURS

R. DE LA COUDRE

RUE DE LA HERSE

RUE DE LA HALLE AUX BLÉS

Halle aux Blés

TRUBLET

DEGRÉS

BOUR-

RUE

RUE

Cale de la Bourse

P

Esplanade de la Bourse

RUE D'ORLÉANS

DE

Hôtel d'Asfeld

D'ASFELD

RUE DE LA MÉTRIE

RUE

DES

R. DE L'ABBAYE

ST-JEAN

CORDIE

CHARTRES

DE

RUE

PORTE ST-LOUIS

ROND POINT DE L'ÎLE MAURICE

CHAUSSÉE

ÉRIC TABARLY

P

CHAUSSÉE ÉRIC TABARLY

Bassin Vauban

QUAI DES CORSAIRES

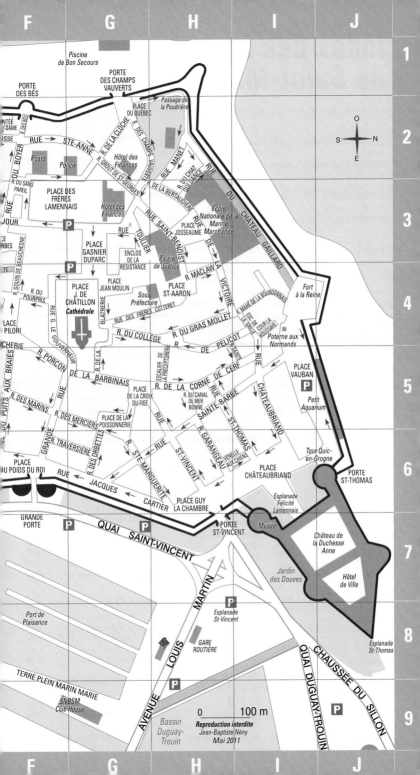

Index des rues de Saint-Malo

© DELPHIMAGES – FOTOLIA

Le fort national à Saint-Malo

■ **FORT DU PETIT BÉ**
Promenade des Bés ✆ 06 08 27 51 20
www.petit-be.com
Ouvert aux visites guidées entre 11h et 18h lorsque la
météo le permet et que l'accès est possible à pied ou en
bateau passeur. Les visites sur rendez-vous sont possibles
à tous moments, tant que la météo le permet. Un drapeau
est hissé pour indiqué que le fort est ouvert au public. En
cas de mauvais temps, les visites peuvent être annulées.
Gratuit jusqu'à 7 ans. Adulte : 5 €. Demi-tarif : 3 €.
Passe annuel nominatif qui donne droit à un accès illimité
pendant un an : 20 €.
Accessible à pied à marée basse ou en bateau passeur
gratuit qui permet de découvrir Saint-Malo depuis une
île. Visites guidées. Situé après le Grand Bé, petite île qui
abrite le tombeau de l'illustre écrivain malouin François-
René de Chateaubriand, le Fort du Petit Bé, qui offre une
magnifique et exceptionnelle vue panoramique à 360°,
fut construit par Vauban et Garangeau à la fin du XVIIe
siècle. « Le meilleur et le plus beau de tous nos forts »,
d'après Vauban. Sur trois niveaux de visite historique,
vous pourrez découvrir de nombreux plans des XVIIe et
XVIIIe siècles des fortifications de la baie, des maquettes
de forts, une exposition sur le mécanisme des marées ou
encore 3 canons du XVIIe et du XVIIIe siècle, récemment
installés sur la plate-forme. Le Petit-Bé peut être mis à
votre disposition dans le cadre de réceptions, mariages
ou encore réunions de travail… pour des moments
inoubliables.

■ **LE FORT NATIONAL**
✆ 06 72 46 66 26 / 02 99 85 34 33
www.fortnational.com
Face au château de la Duchesse Anne, sur la
plage de l'Eventail (300 mètres à pied)
Fermé le 1er mai. Ouvert tous les jours de juin à septembre.
Sinon durant les vacances et lors de grands week-ends.
Horaires très variables selon les jours : se renseigner. Gratuit
jusqu'à 6 ans. Adulte : 5 €. Enfant (de 6 à 16 ans) : 3 €.
Groupe (10 personnes) : 4 €. Visite guidée.

Lorsque le drapeau français est hissé, le fort est ouvert
à la visite. L'accès s'effectue à marée basse. Jours et
horaires consultables sur le site Internet et à l'office
du tourisme. Situé sur la plage de l'Eventail, face au
château de Saint-Malo, le Fort National, ancien fort
royal érigé en 1689 par Garangeau sur les plans de
Vauban et sur les ordres du Roi Soleil, est accessible
à marée basse depuis la cale Saint-Vincent au pied du
château de Saint-Malo. Un drapeau français est hissé
pour indiquer que le Fort est ouvert. Sa situation exceptionnelle vous promet des purs moments d'éternité.
Un livre sur l'histoire du Fort national a été récemment
écrit par Alain Rondeau. Très bien illustré et documenté,
ce livre retrace l'histoire du fort dans la défense de
Saint-Malo. Vous le trouverez au prix de 16 € dans
les librairies malouines.

■ **MUSÉE D'HISTOIRE DE LA VILLE ET DU**
PAYS MALOUIN
Hôtel-de-Ville ✆ 02 99 40 71 57
Basse saison : ouvert du mardi au dimanche de 10h à 12h
(dernière visite à 14h) et à partir de 18h. Haute saison :
tous les jours et les jours fériés de 10h à 12h30 (dernière
visite à 14h) et à partir de 18h. Gratuit jusqu'à 8 ans.
Adulte : 6 €. Enfant (de 8 à 18 ans) : 3 €. Groupe
(10 personnes) : 4,80 €. Billets groupés 2 musées (Musée
d'histoire – Musée Long Cours Cap Hornier – Mémorial) :
11 €. Installé dans le grand donjon du château, le
musée retrace la vie de la cité à travers les siècles et
part à la découverte des grands hommes qui ont fait
son histoire. On y découvre des pièces somptueuses
qui mettent en avant les maquettes, tableaux et autres
ouvrages. Une nouvelle organisation devrait être mise
en œuvre, afin de mieux valoriser les collections. Ainsi
les 650 m² de surface devraient s'agrandir de
450 m² supplémentaires, répartis entre la tour Quic-
en-Groigne et le petit donjon. En attendant, il expose
depuis le printemps des œuvres très rares récemment
acquises : trois dessins originaux du XVIIIe siècle, réalisés
par Louis-François Cassas.

■ **LE GRAND AQUARIUM**
Avenue du Général-Patton ✆ **02 99 21 19 00**
www.aquarium-st-malo.com
♿

Fermé en novembre. Pendant la fermeture de novembre, accueil de groupes possible en visite guidée uniquement sur réservation. Octobre à mars : de 10h à 18h. Avril à juin et en septembre : de 10h à 19h. Juillet et aout : de 9h30 à 20h avec nocturnes jusqu'a 22h du 14 juillet au 15 août. Gratuit jusqu'à 4 ans. Adulte : 16 €. Enfant (de 4 à 14 ans) : 12 €. Famille nombreuse -10 %. Possibilité d'acheter ses billets sur le site Internet. Abonnements à l'année : adulte 35 € et enfant 23 €. Chèque Vacances. Restauration (option « Dîner avec Plateau de fruits de mer » 25 € par personne). Boutique. Animation. Aire de pique-nique et jeux pour enfants. Parking gratuit de 500 places. Cet endroit est destiné aux passionnés de la mer comme aux amoureux de la nature. Une collection unique de plus de 600 espèces, évolue dans des eaux de mer, tantôt froides pour certaines, celles où crabes géants et barracudas paradent, tantôt chaudes pour d'autres, et aussi en eau douce. Parmi la magnifique faune (et flore) marine que vous découvrirez ici, laissez vous submerger par l'incroyable bassin à 360 °, où 8 requins de 3 m de long et 4 tortues marines dansent tout autour de vous dans 600 000 litres d'eau. Un bassin tactile vous donnera la possibilité de toucher raies ou encore turbots. Le galion englouti et ses mystères ou encore le Nautibus, un sous-marin qui vous fera plonger sous les mers avec l'attraction sonore « Dans le bleu », sont des merveilleux voyages dans le monde aquatique. Le laboratoire de la mer répondra à toutes vos questions : qu'est ce que le plancton, où vivent les requins… et des visites guidées d'une demi-heure sont organisées pendant les vacances scolaires avec le biologiste de l'Aquarium pour découvrir l'envers du décor. Les amateurs de squales seront comblés car il est possible de passer une nuit inoubliable dans l'anneau des requins (dès mars 2011). Le restaurant de l'Aquarium offre une cuisine régionale et sa boutique est incontournable pour ramener un petit souvenir ! Le Grand Aquarium a créé l'association « Attention Mer Fragile » dans le but de sensibiliser la population à la protection des océans et de ses habitants (www.merfragile.com).

■ **MUSÉE JACQUES CARTIER**
Limoëlou
Rue David-Mc-Donald
✆ **02 99 40 97 73**
Fax : 02 99 40 82 63
www.musee-jacques-cartier.com

Ouvert toute l'année. Haute saison : tous les jours. Accueil de groupes sur réservation. Gratuit jusqu'à 5 ans. Adulte : 5 €. Enfant (de 6 à 12 ans) : 2 € (4 € pour les + de 12 ans). Groupe (10 personnes) : 4 €. Étudiant : 4 €. Accueil enfants. Visite guidée (en français). Ce manoir, ancêtre des malouinières, est le seul lieu qui témoigne de Jacques Cartier à Saint-Malo. Restauré et aménagé, il permet de présenter au public le quotidien et les voyages de celui qui a découvert le Canada en 1534. Des expositions temporaires y sont régulièrement organisées. Une librairie vous propose des éditions françaises et canadiennes. Vous y trouverez des ouvrages consacrés à Jacques Cartier, au XVIe siècle, aux Grandes Découvertes, aux Amérindiens, à la Nouvelle France et l'histoire du Canada ou encore aux produits canadiens. En été, des animations sont organisées.

■ **ROCHERS SCULPTÉS DE ROTHENEUF**
Chemin des Rochers
✆ **02 99 56 23 95**

Ouvert toute l'année. Basse saison : tous les jours de 10h à 17h30. Haute saison : tous les jours de 9h à 20h. Gratuit jusqu'à 8 ans. Adulte : 2,50 €. Rothéneuf offre à ses visiteurs une œuvre de taille ! Celle d'un homme, l'abbé Fouré (1839-1910), qui s'exila à Rothéneuf suite à une maladie qui l'emprisonna dans un mutisme. Comme un exutoire, il s'adonna 25 années de sa vie à marteler, façonner et sculpter les rochers, créant ainsi un chef-d'œuvre unique, réparti sur 500 m² et ancré dans le granit de la plage du Val. Près de 300 sculptures magistrales et magiques, inspirées des légendes des Rothéneuf (famille de redoutables et redoutés corsaires), happent le regard subjugué par ces personnages fantastiques aux rictus effrayants, ces monstres marins extraordinaires et fabuleux. Un incroyable paysage dessiné et gravé dans la pierre, un ouvrage admirable qui restera gravé dans vos mémoires.

Rochers sculptés de Rotheneuf

la mer, les yeux dans les yeux

Grand
Aquarium
Saint-Malo

Tél. 02 99 21 19 00   aquarium-st-malo.com

Le couvert

■ **AN DELENN**
4, rue de la Harpe ✆ **02 99 40 16 53**
www.andelenn.com
Ouvert du lundi au samedi. Fermé dimanche hors vacances scolaires et fermé dimanche soir pendant les vacances scolaires.
Ambiance familiale et chaleureuse dans cet établissement 100 % crêperie, situé sur le haut de la ville, première rue à droite de la rue Broussais. Parmi les spécialités de galettes, essayez par exemple l'An Delenn – noix de Saint-Jacques, emmental, fondue de poireaux –, la Baltique – filet de harengs et pomme de terre à l'huile – ou la Galinette – aiguillettes de poulet marinés au cidre – et côté crêpes, laissez-vous tenter par la Québécoise – glace érable, noix, noisette, sirop d'érable – ou la Route du Rhum composée d'une boule de glace à la banane et une au rhum raisin avec une sauce caramel beurre salé. A noter que les crêpes et les galettes sont faites et tournées devant le client. An Delenn propose également des salades repas et dispose d'une petite terrasse en été.

■ **L'ARTIMON**
61, chaussée du Sillon ✆ **02 99 56 11 98**
hotel.artimon@orange.fr
Ouvert toute l'année. Tous les jours de 12h à 14h et de 18h30 à 21h30. Menus de 9,50 € à 36 €. Menu enfant : 7 €. Formule : 12 € (entrée plat ou plat dessert + formule à 13,50 € entrée, plat, dessert ou café. Midi et soir en semaine). Chèque Vacances, Chèque Restaurant. Accueil

Crêperie
Saladerie
Grill
Glaces

02 99 56 47 57

3, place Croix du Fief
35400 St Malo (Intra-Muros)

des groupes (jusqu'à 45 personnes sur réservation). Stationnement gratuit sur l'avenue et bus à 20 mètres. Proche des thermes et de l'intra-muros, à 30 m de l'entrée de la plage du Sillon, l'établissement propose une cuisine maison délicieuse, dans un intérieur typiquement breton avec des faïences de Quimper et du mobilier régional. Attention délicate à l'égard des touristes, les menus sont traduits en anglais et en allemand. Dans une ambiance très familiale, on vous proposera des spécialités de fruits de mer, des homards du vivier et des poissons, comme la marmite du pêcheur ou le cabillaud à l'aïoli. Mais aussi une belle carte de galettes confectionnées avec de la farine artisanale authentique, faite à la meule de pierre. La maison propose également des produits bretons ainsi que les desserts sur commande, le salidou maison et les bières bretonnes. Venez découvrir sa nouvelle déco et son nouveau mobilier changés en décembre 2010.

■ **LE BINIOU**
3, place de la Croix-du-Fief
✆ **02 99 56 47 57**
Ouvert toute l'année. Basse saison : du vendredi au mercredi. Haute saison : tous les jours. Service jusqu'à 22h le week-end et en saison. Formule : 9,50 €. Terrasse.
Chez Patricia et Philippe, vous serez étonnés par le choix impressionnant de crêpes et de galettes, qui satisferont les goûts de chacun. Classiques ou élaborées, quoi que vous choisissiez, vous n'en ressortirez pas déçus ! Les galettes et les crêpes sont faites à la demande et les préparations sont faites maison à partir de produits frais. Galette complète et même super complète, galette Biniou (Saint-Jacques poêlées, julienne de légumes et crème) la spécialité de la maison ou encore galette fermière (saucisse, pomme de terre, oignons, salade), elles mériteraient toutes d'être goûtées. Pour ce qui est des crêpes, ne passez pas à côté de la Malouine, crêpe au caramel au beurre salé maison, poire et glace vanille ce serait dommage... Salades variées, viandes grillées, moules ou encore carte de snack sont également au menu. L'été, si vous avez de la chance (beaucoup de monde oblige), demandez une table sur la petite terrasse où vous profiterez du spectacle permanent de la rue.

■ **LE BÉNÉTIN**
Les Rochers Sculptés
Rothéneuf
✆ **02 99 56 97 64**
Fax : 02 99 40 05 52
www.restaurant-lebenetin.com
♿

Fermé du 1er janvier au 13 février. Du 1er avril au 30 septembre ouvert 7j/7 ; du 1er octobre au 1er janvier fermé dimanche soir, lundi et mardi ; du 15 février au 1er avril, fermé lundi, mardi et mercredi. Menus de 39 € à 65 €. Formule du midi : 20 € (entrée-plat ou plat-dessert et entrée-plat-dessert à 25 €). Accueil des groupes (jusqu'à 140 personnes sur réservation). Wifi gratuit.
Ambiance chaleureuse, décor moderne et cuisine raffinée, sont les maîtres mots de ce magnifique restaurant à l'architecture contemporaine – mélange de bois et de verre – situé entre Saint-Malo et Cancale, un lieu unique entre ciel et mer. Arnaud Beruel, jeune chef talentueux

et breton d'origine, vous invite à découvrir une cuisine bistrotière séduisante et inventive, simple et sincère, rythmée par les saisons. Ormeaux en coques, beurre aux algues Bordier ; plancha de gambas et encornets, riz vénéré au Tosazu ; blanquette de ris de veau aux morilles et petits légumes ou encore gratin de pamplemousse à la pistache feront tourbillonner de plaisir vos papilles ! Enfin, la vaste terrasse qui domine la mer est un véritable petit coin de paradis... A ne pas manquer !

■ LE BISTROT DES HALLES
70, rue Georges Clemenceau
☎ 02 99 81 37 59
♿

Ouvert du lundi au samedi de 7h30 à 20h. Salle de 20 couverts. Petite terrasse à l'abri du vent. Connexion wifi.
Jocelyne et Julien vous accueillent dès 7h30 au Bistrot des Halles, bar-tabac-brasserie situé entre la place Bouvet et la Droguerie Marine. D'un excellent rapport qualité-prix, l'établissement propose différents plats chauds servis avec des frites et de la salade, comme du jambon grillé, de la poitrine de porc, des omelettes ou encore des croque-monsieur, ainsi que des salades repas. A la carte également, des sandwiches que vous pourrez consommer ou à emporter

■ LE BISTROT DE SOLIDOR
1, place Saint-Pierre ☎ 02 99 21 04 87
www.bistrotdesolidor.com
Ouvert du lundi au vendredi le midi et le soir. Formule du midi : 15 € (entrée-plat-dessert).
Ancré sur la plaisante place saint-pierre, à deux pas de la cité d'Aleth, l'établissement qui bénéficie d'une nouvelle décoration du meilleur goût et d'une agréable terrasse plein sud offrant une vue des plus magnifiques, dispense une remarquable cuisine de tradition préparée à partir de produits frais et locaux. L'équipe quand à elle est très attentive à la qualité du service avec un accueil des plus chaleureux et attentionné, tandis qu'au fourneau se concocte une généreuse cuisine, faite de passion pour vous offrir de délicieuses gorgées de saveurs qui feront vibrer vos papilles...

■ LA BOÎTE À FROMAGES
18, rue de Toulouse
☎ 02 99 58 28 22
Fermé lundi et mardi du 1er mars au 11 novembre. Ouvert du jeudi soir au dimanche soir l'hiver. Ouvert tous les jours pendant les vacances scolaires. Service tardif. Chèque Vacances, Chèque Restaurant. Accueil des groupes (jusqu'à 20 personnes sur réservation).
Ouvert depuis le 9 juin 2012, ce restaurant savoyard est le premier établissement situé à gauche de la porte Saint-Louis. Martial et Myriam vous accueillent chaleureusement et vous invitent à prendre place dans l'une des deux salles de l'établissement, l'une à la décoration montagnarde, l'autre campagnarde et équestre. A la carte, on retrouve les incontournables de la restauration savoyarde : gratins comme le Savoyard (crozets, oignons, lardons, charcuterie, crème, reblochon, salade), raclettes avec fromage au lait cru en provenance directe de Savoie, brasérades (petit barbecue de table pour grillades au charbon de

bois), fondues comme la fondue des Saisies (vin blanc, crème, fromage, lardons, oignons, charcuterie, pommes de terre, salade) sans oublier la boîte à fromages en dessert (une boule reblochon, une boule roquefort, une boule chèvre et une boule camembert). Bon et copieux.

■ LE BOUJARON
1, rue Saint-Philippe
☎ 02 99 56 87 73
www.leboujaron.com
Basse saison : ouvert tous les jours le midi ; le vendredi et le samedi le soir. Haute saison : tous les jours le midi et le soir. Suggestion du jour : 12 € (entrée-plat ou plat-dessert et formule entrée-plat-dessert : 15 €). Le soir, formule entrée-plat-dessert à 18 €. Chèque Restaurant.
Situé porte de Dinan intra-muros, ce restaurant spécialisé dans la rôtisserie remporte tous les suffrages ! On s'y sent bien et on y mange bien ! L'accueil de Nolwenn et Hubert David, les maîtres des lieux depuis le 7 avril 2011, est particulièrement sympathique et la cuisine qu'ils vous réservent, délicieusement fine et authentique, généreuse et savoureuse. Carré de porcelet au caramel au beurre salé, travers de porc caramélisés au miel et épices, carré d'agneau, cocotte de retour de pêche avec trois poissons, steak de lotte au poivre, cabillaud pôché, brochette de crevettes, tarte de thon et ses frites maison... rien que d'y repenser, on en salive encore ! Excellent rapport qualité-prix.

■ BRASSERIE ARMORICAINE
6, rue du Boyer ☎ 02 99 40 89 13
www.hotel-armoricaine.com
Ouvert le dimanche midi. Basse saison : du mardi au samedi le midi et le soir. Fermé le lundi en juillet et en août. Menus de 15 € à 30 €.
Vous serez très bien accueillis dans ce restaurant à la décoration personnalisée, qui propose à ses clients satisfaits une cuisine familiale et traditionnelle de qualité. Chaque jour vous pourrez y déguster une spécialité différente, parmi lesquelles navarin d'agneau, raie beurre noisette, gigot... sans oublier la fameuse tête de veau dont la réputation n'est plus à faire. L'établissement fait aussi la part belle aux fruits de mer qui sont d'une fraîcheur exquise.

BRASSERIE DU CAFÉ DE L'OUEST – MAISON HECTOR
4, place Chateaubriand
☎ 02 99 56 63 49
www.maisonhector.com
Ouvert tous les jours de 7h à 1h. Formule : 18,90 €.
Situé à l'orée de la cité corsaire, face au château, le Café de l'Ouest vous accueille sur sa belle terrasse ensoleillée. Anti-mode de la restauration, nous cultivons ici l'esprit d'une vraie brasserie. Du petit déjeuner tonique au dîner, une équipe dynamique vous assure un service précis et attentionné. La cuisine, fondée sur des valeurs d'authenticité, est orientée vers la mer : huîtres de Cancale, moules de bouchot, plateau de fruits de mer ou poêlée de Saint-Jacques sont quelques invariables d'une carte revisitée à chaque saison. Une sélection de vins intelligemment proposés au verre est en cohérence avec l'esprit d'un lieu ouvert au plus grand nombre.

■ BRASSERIE DU CASINO
2, chaussée du Sillon
✆ **02 99 40 64 00**
www.lucienbarriere.com
Ouvert toute l'année. Basse saison : le dimanche, le lundi et le jeudi de 19h à 22h ; du jeudi au lundi de 9h à 12h ; le week-end de 19h à 22h30. Ouvert tous les jours en période scolaire. Formule du midi : 9,50 €. Chèque Restaurant.
Face à la plage du Sillon, à 2 minutes à pied d'intra-muros, ce grand restaurant de style marin, avec sa vue panoramique sur la mer, offre un large choix de spécialités que vous pourrez savourer en profitant de la permanente féerie de l'océan. Huîtres, foie gras, rôti de lotte avec son Parmentier d'andouille, côte de bœuf, un beau choix de viandes, poissons et autres spécialités comme des pizzas sont au menu. Le service est souriant et efficace, et l'ambiance tranquille et conviviale.

■ BRASSERIE DU SILLON
3, chaussée du Sillon
✆ **02 99 56 10 74**
www.labrasseriedusillon.com
Ouvert toute l'année. Menus de 26 € à 39 €. Menu enfant : 9 € (jusqu'à 12 ans). (17,50 € entrée-plat-dessert, formules hors week-end et fériés).
Les pieds sur la plage du Sillon et les yeux plongés dans l'océan, voilà ce que vous propose ce beau restaurant, à la décoration classique et cossue, qui, de par ses grandes vitres, offre une vue imprenable sur la mer. A la carte s'affichent par exemple plateaux et assiettes de fruits de mer, une rosace de noix de Saint-Jacques marinées au gingembre frais sauce soja et huile de noisette, des ravioles chaudes de Cantal et chèvre frais sur nid de salade croquante, de gourmandes salades comme la Déclinaison Gourmande cu chef (salade, foie gras de canard, saumon Gravelax, brochettes de noix de Saint-Jacques et langoustines) ou encore des spécialités de viandes (carré d'agneau rôti sur écrasé de pommes de terre de Noirmoutier à l'ail et son jus au pistou, filet de bœuf moutardier sauce au poivre et pommes frites) et de poissons (saint-pierre rôti sur peau tomates acidulées et beurre d'huître, cassolette de homard et légumes sautés à l'ail frais)... Un plateau, très complet, de fromages frais et fermiers offre un panel de saveurs tendres et relevées, sauvages et fruitées. S'il vous reste encore une petite place, ne manquez pas les desserts maison tels que la symphonie de caramel au chocolat particulièrement exquise. Amis épicuriens, le bonheur est à portée de main !

■ BUVEURS DE LUNE
8, avenue du Révérend Père Umbricht
✆ **02 99 40 82 33**
Ouvert du mardi au samedi. Service tardif le week-end. Suggestion du jour : 15 € (entrée-plat ou plat-dessert et formule entrée-plat-dessert-1 verre de vin à 18 €. Du mardi au samedi). Carte. Connexion wifi.
Une belle adresse que le restaurant de Karine Garnier situé dans le quartier de Courtoisville, à côté du fromager Jean-Yves Bordier et à deux pas des Thermes Marins. Dans une décoration chaleureuse (couleur taupe, murs végétal...) à l'esprit ferme et laiterie, ou dans l'adorable patio avec palmier et vignes, la maîtresse des lieux

vous invite à découvrir une cuisine saine, savoureuse et généreuse, préparée exclusivement avec des produits frais. Gravlax de saumon, joues de bœuf confites 7 heures, saumon en croûte de sésame, lieu jaune nacré au sel norvégien de Maître Bordier ou encore tarte mousseuse au caramel font partie des délices à découvrir.

■ CAFÉ LA P'TITE
7, place Saint-Pierre
✆ **02 99 81 60 34**
Ouvert tous les jours de 9h à 23h. Fermé le lundi matin. Ouvert jusqu'à 2h de juillet à septembre. Terrasse. Parking gratuit.
Ce bar-snack-tabac, dans lequel vous accueille Sylvaine avec beaucoup de gentillesse depuis juin 2010, bénéficie d'un emplacement privilégié en haut de la cité d'Aleth qui offre une belle vue mer de sa terrasse. Côté restauration, vous aurez le choix entre des salades repas comme la Méridionale (jambon de Bayonne, chorizo, chèvre, tomates et poivrons confits, pesto), la Landaise » ou la Saumon », de la soupe de poissons, une tartiflette salade ou encore des tartines chaudes comme la Provençale ou la Périgourdine. A noter que de mai à fin septembre, des concerts sont organisés tous les 15 jours. Accueil des plus charmants, adresse bien sympathique.

■ CAMBUSIER
6, rue des Cordiers
✆ **02 99 20 18 42**
www.cambusier.fr
Basse saison : ouvert le lundi, le mardi et du jeudi au samedi le midi et le soir ; le dimanche midi. Ouvert tous les jours en juillet et en août. Formule : 16 € (entrée-plat ou plat-dessert et 22 € entrée-plat-dessert. Midi et soir). Chèque Vacances, Chèque Restaurant. Accueil des groupes (jusqu'à 50 personnes sur réservation).
Olivier et Marie-Eve Hubert vous accueillent depuis le 6 décembre 2011 au Cambusier, leur restaurant situé à deux pas de la Halle aux Blés. En ces lieux, tout est fait maison, avec des produits frais et de saison. Oeuf de poule poché, crémeux de langoustines ; pavé de bar, shiitaké et petits oignons, jus à la réglisse ; épaule d'agneau rôtie au cumin, hoummous et dote, thym et citron ou encore tarte au citron et sa vinaigrette sucrée citron-vanille sont à ne pas manquer. L'établissement accueille les groupes jusqu'à 50 personnes sur réservation et dispose de l'accès wifi.

■ LE CAP HORN – GRAND HÔTEL DES THERMES
100, boulevard Hébert
Grande Plage du Sillon
✆ **02 99 40 75 40**
www.restaurant-caphorn.fr
Fermé du 2 au 15 janvier. Ouvert tous les jours de 12h30 à 14h et de 19h30 à 21h30. Menus de 32 € à 59 €. Carte : 55 € environ. American Express. Terrasse.
Cet établissement, qui a été récemment rénové dans une décoration tendance, est le restaurant gastronomique du Grand Hôtel des Thermes. La vue panoramique sur la mer en est un sérieux atout, mais la cuisine y est surtout divine. Dans les trois menus, vous avez le choix entre trois entrées, quatre plats et deux desserts. La carte

propose des plats raffinés comme la ballottine de foie gras de canard à la pomme et caramel de cidre, la terrine de courgettes et aubergines en salade de jambon sec italien, le rôti de lotte au lard fumé sur confit d'oignons rouges sauce piment fumé, l'aiguillette de saint-pierre grillée en duo de champignons au beurre blanc, les escalopes de foie gras de canard poêlées au poireau et pamplemousse réduction de Banyuls, les fromages de France affinés de Jean-Yves Bordier ou encore la crêpe soufflée à l'orange flambée au Grand Marnier et ses suprêmes d'oranges. Tout un programme !

■ LE CLEMENCEAU
71, rue Georges-Clemenceau
℃ 02 99 82 30 38
Basse saison : ouvert du lundi au vendredi de 8h à 20h. Haute saison : du lundi au samedi. Plat du jour : 8,50 €. Menu du jour : 11 €. Anglais parlé.
Sarah et Patricia vous accueillent depuis le 1er juillet 2009 au Clemenceau, leur bar-restaurant situé à Saint-Servan, à deux pas de la place du marché et du théâtre. Sa décoration très féminine et son ambiance conviviale font que l'on s'y sent tout de suite très bien. Au déjeuner, le menu du jour se compose de 2 entrées au choix, un plat et 2 desserts au choix ou un café. La cuisine y est traditionnelle : pot-au-feu, bœuf bourguignon, poisson une fois par semaine, couscous une fois par mois l'hiver, tarte sucrée maison chaque jour... Une carte brasserie propose également différentes spécialités de moules AOC en saison (marinière, à la crème, au roquefort...) ainsi que des incontournables comme l'escalope normande frites. Accueil très sympathique dans établissement qui est le seul endroit à Saint-Malo à proposer le café à 1 €.

■ LA CONCHÉE
1, rue des Orbettes ℃ **02 99 80 61 66**
Ouvert du mercredi au lundi le midi ; du jeudi au lundi le soir. Service en continu toute l'année. Service tardif jusqu'à 23h. Menu unique à 12,90 € (tous les jours midi et soir). Chèque Vacances, Chèque Restaurant. Petite terrasse à l'année. Carte bilingue. Allemand, polonais et russe parlés.
Régina Prudent vous accueille avec beaucoup de gentillesse dans son petit restaurant convivial, composé de deux salles dont une à l'étage, situé sur la droite en rentrant intra-muros par la Grand-Porte. La cuisine y est traditionnelle, réalisée à partir de produits frais et cuisinés maison, et compte parmi ses incontournables, assiette de charcuterie et salade, andouille grillée, beignets de calamars, goulash et ses légumes variés, filet de sole et riz, fish and chips, moelleux au chocolat ou encore tarte Tatin.

■ COSA NOSTRA
56, chaussée du Sillon
℃ 02 99 40 21 29
cosanostra.saintmalo@free.fr
Ouvert du vendredi au mardi le midi et le soir ; le jeudi soir. Accueil des groupes (jusqu'à 15 personnes sur réservation). Vente à emporter. Anglais et italien parlés.
Morgane et Lionel vous accueillent depuis le 5 avril 2012 dans leur restaurant italien situé face à la mer et à 300 m d'Intra-Muros. Dans une décoration particulièrement réussie, toute à la fois baroque, moderne

et cosy, vos hôtes vous invitent à découvrir des recettes originales au rythme des saisons, car ici tout est frais, cuisiné maison, et il est bon de signaler que toute la charcuterie, le fromage et les vins, proviennnent directement d'Italie. Assiette la Piovra (assortiment de charcuterie et fromage italien), osso bucco maison, risotto du jour comme par exemple le risotto de Saint-Jacques et courgettes safranées, parmigiana de légumes à la napolitaine ou encore l'incontournable tiramisu sont à découvrir absolument. A ne pas manquer non plus, les pizzas (20 à la carte) comme la déclicieuse Toto Riina (Bresoalo, tomates cerise, roquette). Accueil des plus charmants. Buon appetito !

■ CREPERIE DES BES
4, rue Thévenard
www.creperiedesbes.fr
Fermé en janvier et en février. Ouvert du jeudi au lundi le midi et le soir ; le mardi midi. Ouvert 7j/7 d'avril à fin septembre. Menu enfant : 6,80 €.10 € (et 12 €). Chèque Vacances, Chèque Restaurant. Petite terrasse de 12 couverts. Carte bilingue.
100 % crêperie, l'établissement de Peggy et Vincent, propriétaires des lieux depuis le 23 avril 2011, est situé intra-muros, dans une petite rue perpendiculaire au magasin La Trinitaine. Ici, les amoureux de crêpes et galettes vont être comblés car il n'y a rien d'autre à commander que ces divines spécialités réalisées par la maison à partir de produits frais, et, très appréciable, devant le client grâce à la cuisine ouverte. Lors de notre visite, nous avons tout particulièrement apprécié les galettes Terre et Mer (fondue de poireaux, noix de Saint-Jacques) et Guéméné (andouille de Guemené, oeuf, oignons frits), incontournables mais tellement bonnes, avant de nous laisser séduire par la gourmande crêpe des Bés aux pommes et caramel au beurre salé maison. A ne pas manquer également, la galette du jour en suggestion à découvrir sur place. L'accueil y est des plus charmants.

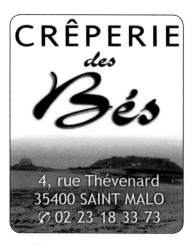

CRÊPERIE
des
Bés

4, rue Thévenard
35400 SAINT MALO
℃ 02 23 18 33 73

21, rue de Dinan - 35400 Saint-Malo
Tél. 02 99 40 84 17 - www.creperie-gallo.com

371557

■ CRÊPERIE L'ÉQUIPAGE
6, rue Jacques Cartier ✆ **02 99 40 61 92**
*Ouvert d'avril à fin décembre. Ouvert tous les jours.
Service continu. Service jusqu'à 22h en saison. Formule :
10 € (fmoules marinière + crêpe beurre sucre ou galette
complète + salade verte + crêpe beurre sucre). Formule
tarte salée maison au choix + 1 far breton maison à
11,50 €. Chèque Vacances, Chèque Restaurant. 22 couverts
en terrasse. Carte bilingue.* Située Intra-Muros, dans la
rue Jacques Cartier, l'Equipage vous propose différentes
spécialités à la carte : des galettes telles que la Bosco
(pomme de terre, lardons, reblochon, oignons, crème),
des moules de bouchot en direct du producteur, des
salades repas mais aussi des tartes salées maison comme
par exemple la Seguin (œuf, chèvre, courgettes, tomate,
crème) ainsi que des crêpes comme l'incontournable
Tintiaux (pommes poêlées, glace vanille, sauce caramel
au beurre salé maison).

■ CRÊPERIE GALLO
21, rue de Dinan ✆ **02 99 40 84 17**
www.creperie-gallo.com
*Ouvert tous les jours le soir. En continu le week-
end et pendant les vacances scolaires. Accueil des groupes
(jusqu'à 40 personnes sur réservation).*
Toute l'équipe du Gallo vous accueille chaleureusement
et dans la bonne humeur, et vous invite à découvrir
les spécialités de leur établissement 100 % crêperie,
mitonnées uniquement avec des produits frais et particulièrement bien cuisinés par la maison. Côté galettes,
laissez-vous séduire, entre autres, par la campagnarde
oeuf fromage ou la Saint-Jacques, oeuf, pomme de
terre, chorizo et beurre persillé. Parmi les spécialités
de crêpes, gourmands comme nous sommes, inutile de
vous dire combien le choix a été difficile... Mais on peut
vous recommander tout de même la trinitaine (caramel
au beurre salé maison, glace vanille, chantilly maison,
pomme fruit), la gourmande (frangipane maison, glace
vanille et chantilly) ou encore la chocolat maison... A
découvrir également, les glaces et les cidres artisanaux.
Une belle adresse.

■ L'ENTRE DEUX VERRES
7, rue des Grands-Degrés ✆ **02 99 40 18 91**
www.restaurant-lentredeuxverres.com
*Ouvert tous les jours le soir. Service tardif jusqu'à minuit.
Ouvert le midi sur réservation. Réservation recommandée.*

*Carte : 35 € environ. Accueil des groupes (jusqu'à
38 personnes). Traiteur extérieur et cours de cuisine
spécifique sur réservation.*
A deux pas de la Halle aux blés, ce charmant restaurant
dans lequel vous accueillent Isabelle et Nadège, va flatter
vos papilles d'une cuisine maison intuitive, originale et
gourmande, un délicieux mélange des saveurs. On aime
l'ambiance malouine et chaleureuse des lieux avec ses
belles pierres apparentes, son plancher ou encore sa
cheminée ; sa décoration design avec ses ravissantes
tables « ardoisées » et ses magnifiques chaises orange.
Sur les ardoises, s'affichent quelques spécialités maison,
toutes plus appétissantes les unes que les autres, comme
la créative de Saint-Jacques, le filet de bar en croûte de
Ty Pavez et fromage bio breton aux algues ou encore le
triffle breton, caramel au beurre salé, gavotte et palet
breton... Une belle table.

■ L'ENTRACT
25, rue Ange Fontan ✆ **09 82 27 38 26**
*Ouvert du mardi au dimanche. Ouvert 7j/7 d'avril à
septembre. Service tardif midi et soir. Formule du midi :
10,50 € (une galette ou un plat du jour + un verre de
vin ou une bolée de cidre). Accueil des groupes (jusqu'à
38 personnes sur réservation). Vente à emporter.*
Accueil des plus charmants dans ce restaurant-crêperie,
celui de Dominique et Dominique, situé dans le quartier
de Paramé. La maison ne travaille que des produits frais
et la carte offre le choix entre un plat du jour différent
chaque jour (escalope à la normande, brandade de
morue, bœuf bourguignon...), des galettes comme
l'Entract (saumon rôti sur lit de fine ratatouille et saumon
fumé) ou la Surprenante, des crêpes telles que l'Ouverture
(glace vanille sur un caramel au beurre salé maison et
brisures de tuile croustillante de croquant malouin)
ainsi que des suggestions raffinées tous les week-ends.
Les galettes et les crêpes sont également à emporter.

■ LA MOUETTE GOURMANDE
19, rue Jacques-Cartier
✆ **02 99 56 12 04**
www.saint-malo-tourisme.com
♿

*Ouvert toute l'année. Ouvert 7j/7 en juillet et en août.
Ouvert tous les jours pendant les vacances scolaires. Service
tardif jusqu'à 23h le week-end et en saison. Menus de 11 €*

à 23 €. Chèque Vacances, Chèque Restaurant. Accueil des groupes (jusqu'à 40 personnes sur réservation). Carte trilingue. Anglais parlé. Animaux acceptés.

Les spécialités ne manquent pas à la Mouette Gourmande, nouveau restaurant intra-muros ouvert depuis le 16 octobre 2010. Brigitte et Patrick, les maîtres des lieux, vous invitent donc à vous installer en salle ou en terrasse afin de découvrir la carte et les nombreux mets qui s'y cachent. Selon vos envies et vos appétits, vous pourrez opter par exemple pour l'une des 25 pizzas – qu'il est possible d'emporter – des moules frites, des galettes comme La Goéland à la fondue de poireaux-Saint-Jacques-crème-citron-balsamique ou encore des crêpes comme celle au caramel au beurre salé maison. L'hiver, des spécialités savoyardes préparées maison viennent s'ajouter à la liste comme des fondues aux cèpes et à la charcuterie, différentes tartiflettes ou des boîtes chaudes.

LA P'TITE PARLOTTE
6, rue Gustave-Flaubert
✆ 02 99 56 95 26

Ouvert du lundi au jeudi de 8h à 19h ; le vendredi de 8h à 23h ; le samedi de 8h à 18h. Réservation recommandée. Plat du jour : 9,80 € (ou tarte, crumble, gratin du jour..). Le vendredi soir, spécialités de pierrades® de poissons et de viandes marinées. Accueil des groupes (et apéritifs dînatoires sur réservation). Terrasse.

C'est l'une des plus belles adresses de la ville. La P'tite Parlotte, charmant établissement à la décoration harmonieusement élégante et chamarrée situé en plein cœur de Paramé, est Le Lieu à ne surtout pas manquer. L'accueil et le service y sont des plus souriants et attentionnés, la carte originale et alléchante, quant à la cuisine, tout simplement divine. Au menu des plaisirs, formules tartes et cakes salés qui varient quotidiennement, plats du jour créatifs comme le canard confit aux mirabelles, sans oublier les fameux desserts maison – crumble, fondant au chocolat… – ou encore les savoureuses glaces artisanales, telles que la P'tite Parlotte – glace pain d'épice, nougat, caramel beurre salé – ou la Mémé Yvonne – glace rose, violette, rhubarbe. Le vendredi soir, ce sont les pierrades® de poissons et de viandes marinées qui régaleront vos papilles. La P'tite Parlotte propose également une belle variété de thés, à consommer sur place ou à emporter. A noter d'ailleurs, que vous pouvez emporter vos thés, cafés et chocolats chauds, ainsi que quelques douceurs d'Antan (bâtonnat de réglisse, fraises Tagada, sucette Barbapapa…) pour le bonheur des petits comme des grands. Cerise sur le gâteau, la plaisante terrasse ensoleillée aux beaux jours. Un véritable coup de cœur pour cette adresse qu'on adore, à consommer sans modération. La P'tite Parlotte, on n'a pas fini d'en parler et d'en entendre parler, et c'est tant mieux !

RESTAURANT DE LA PLACE
12, rue des Cordiers
✆ 02 99 40 85 74

Ouvert toute l'année. Basse saison : du jeudi au lundi le midi ; du jeudi au samedi le midi et le soir. Ouvert 7j/7 en juillet et en août. Service jusqu'à 22h le week-end. Menus de 13,50 € à 22,50 €. Accueil des groupes (jusqu'à 20 personnes sur réservation). Terrasse ensoleillée de

30 couverts. Accès wifi. Animaux acceptés. Anglais parlé. Eric Chouamier a repris l'établissement situé en face de la galerie Plisson, entre la porte Saint-Louis et la Grande Porte, depuis le 2 juillet 2012. D'un excellent rapport qualité-prix, le restaurant ne travaille que des produits frais – cuisinés maison bien sûr – ce qui explique que la carte change tous les mois. Parmi ses spécialités, on peut citer le tartare de bœuf au couteau à la coriandre, le mille-feuille de bar et épinards frais, le coq au vin, les moules de bouchots ou encore l'incontournable mousse au chocolat. A découvrir.

Le gîte

AJONCS D'OR***
10, rue des Forgeurs
✆ 02 99 40 85 03
Fax : 02 99 40 80 70
www.st-malo-hotel-ajoncs-dor.com

Accueil 24h/24. 22 chambres. De 48 € à 180 €. Petit déjeuner buffet : 11 € (- 50 % pour les moins de 12 ans). Garage : 10 € (à 15 € pour voitures et motos). Chèque Vacances. Animaux acceptés (10 €). Wifi gratuit.

Situé dans une rue calme près de la Porte Saint-Louis, à quelques minutes du casino et du Palais du Grand Large et à proximité immédiate de la plage, cet établissement cosy et de caractère se compose de 22 chambres, dont 4 familiales, de haut standing (salle de bains avec douche ou baignoire, téléphone direct, accès Internet Wifi gratuit, tv écran plat, Canal +, Satellite, mini-bar, service de réveil…) qui offrent toutes une décoration différente, véritable invitation au voyage. A partir du printemps 2013, venez découvrir la nouvelle réception ainsi que les nouvelles chambres. Le charme d'intra-muros, la qualité de l'accueil on ne peut plus chaleureux ou encore le grand confort des lieux est autant d'atouts qui font des Ajoncs d'Or une adresse parfaite pour un séjour de qualité.

LES AMBASSADEURS**
11, chaussée du Sillon
✆ 02 99 40 26 26
Fax : 02 99 40 12 86
www.hotel-ambassadeurs-saintmalo.com

20 chambres. De 65 € à 120 €. Petit déjeuner buffet : 9 €. Lit supplémentaire : 10 €. Animaux acceptés (10 €). Wifi.

Situé à 800 m d'Intra-Muros, les pieds sur la plage du Sillon, cet hôtel, l'un des plus anciens de la ville, jouit depuis 1926 d'un paysage d'une rare beauté. Ses chambres, entièrement redécorées depuis janvier 2007, avec balcon sur mer, sont réparties sur 3 étages. L'hôtel étant l'un des plus hauts de la digue, il offre une vue panoramique exceptionnelle. L'ambiance y est familiale et l'accueil de Madame Nicolas est des plus charmant et convivial. Des livres d'or sont à votre disposition pour vous permettre d'immortaliser votre séjour ici. L'établissement dispose également d'un bar licence IV, d'un salon de thé et d'une crêperie ouverte 7j/7 de 11h à 22h en service continu. Grâce à son accès direct à la plage, vous assisterez en premières loges, des mystères de la mer.

■ **L'ARTIMON**
61, chaussée du Sillon
℡ 02 99 56 11 98
hotel.artimon@orange.fr
Ouvert toute l'année. 8 chambres. Basse saison : chambre double 30 €. Haute saison : chambre double 60 €. Demi-pension : 17 € (par personne). Petit déjeuner : 6,50 €. Chèque Vacances. Wifi gratuit.
Idéalement situé à deux pas de la grande plage du Sillon, entre intra-muros et les Thermes Marins, et à 800 mètres de la gare SNCF, l'Artimon a pris ses quartiers dans une authentique maison bretonne. L'hôtel se compose de 8 chambres (single, double, twin ou familiale), refaites en décembre 2010, confortables et toutes équipées d'un téléviseur écran plat avec TNT. Vous pourrez stationner gratuitement votre véhicule sur l'avenue et un arrêt de bus se trouve à 20 mètres. L'établissement étant également un restaurant, il est également possible de s'y restaurer, et cela savoureusement et à bon prix.

■ **BRASSERIE ARMORICAINE**
6, rue du Boyer
℡ 02 99 40 89 13
www.hotel-armoricaine.com
Ouvert 7j/7. 19 chambres. Chambre double de 50 € à 60 €. Pension complète. Demi-pension. Petit déjeuner : 7 €. Chambre familiale de 80 € à 85 €.
Cette demeure du XVIIIᵉ siècle, située à deux pas de la plage et des remparts, est l'endroit idéal pour des vacances en famille. Entièrement rénovées, les chambres sont confortables et lumineuses. Le restaurant à la cuisine simple et traditionnelle propose fruits de mer, poissons et viandes, sans oublier des petits plats mijotés maison. L'établissement est également très apprécié pour sa fameuse tête de veau. Une salle d'une capacité de 120 personnes vous permettra d'organiser repas d'affaires ou repas de famille. « Accueil et convivialité », telle est la devise de la maison.

 DOMAINE DE LA BARBINAIS
La Barbinais
℡ 02 23 52 09 85 / 06 76 83 56 36
www.domainedelabarbinais.com
Ouvert toute l'année. 9 chambres. Chambre double 66 € ; chambre triple 81 €. Petit déjeuner : 8 € (enfant -12 ans : 5 €). Parking. Chambre 4 personnes : 97 €. Gîte de 2 personnes 370 € la semaine, gîte 4 personnes 450 € la semaine, gîte 6/8 personnes 850 € la semaine.
« Le charme de la campagne aux portes de la ville et à proximité des plus belles plages de la Côte d'Emeraude », voilà le rêve que propose à vos nuits ce bel hôtel installé au cœur d'un parc paysagé et arboré d'un hectare. Il offre neuf chambres lumineuses, aux lignes pures et zen, à la décoration sobrement moderne et élégante, et confortablement équipées de salle de bains privative, d'une tv écran plat TNT et d'un accès wifi sécurisé par un code. Pour vous détendre, la Barbinais dispose d'un Espace Loisirs, et propose sur place une foule d'activités individuelles ou en groupe : fitness, cours de step, aérobic, gym douce, Pilate, streching, relaxation, cours de yoga et de qi-gong ou encore des cours de danse de couple avec l'école de danse Cap Danse (cours de danse de salon, de rock'n'roll, de salsa, soirées et après-midi dansants…).

■ **GRAND HÔTEL DE COURTOISVILLE★★★★**
69, boulevard Hébert
℡ 02 99 40 83 83
www.hotel-saint-malo-courtoisville.com
Chambre double à partir de 119 €. Demi-pension. Petit déjeuner buffet : 14 €. Chambres familiales à partir de de 259 €. Animaux acceptés (10 €). Séminaires. Réceptions et mariages. Restauration.
A 50 mètres de la plage du Sillon et des thermes marins, cet hôtel est l'endroit rêvé pour profiter du calme et de la bonne chère. Un beau et grand jardin reposant, une piscine chauffée avec jets hydromassants, un salon de 135 m² décoré avec goût, idéal pour se détendre, et surtout un fameux restaurant qui associe admirablement cuisine fine et traditionnelle, issue de la pêche locale et des produits du marché : huîtres creuses de Cancale, terrine de foie gras de canard maison, poêlée de Saint-Jacques à l'étuvée de petits légumes, sole belle meunière, filet de saint-pierre au beurre nantais… Les chambres sont spacieuses, de 17 m² à 19 m² pour les chambres standard et plus de 22 m² pour les chambres de catégorie supérieure, et confortables (salle de bains avec sèche-serviettes, sèche-cheveux et miroir de cosmétiques, WC séparés, volets électriques, double vitrage, coffre-fort, télévision écran plat relié Canal+ et CanalSat). Un petit coin de paradis qui allie silence et charme de la mer.

■ **HÔTEL ÉDEN**
1, rue de l'Etang
℡ 02 99 40 23 48
www.hotel-eden-saintmalo.com
Fermé du 13 novembre au 31 janvier. Accueil de 7h à 19h. 26 chambres (dont une pour les personnes à mobilité réduite et 6 familiales). De 63 € à 180 €. Petit déjeuner : 9 €. Parking (privé payant). Animaux acceptés (12 €). Wifi gratuit. Anglais parlé.
Situé au calme d'un quartier résidentiel de Saint-Malo, à 100 m de la grande plage et à 800 m des Thermes Marins, cet hôtel de charme, chaleureux et cosy, lumineux et moderne, offre 26 chambres confortables, de la single à la familiale. A l'heure du petit déjeuner continental, place au choix et à la qualité et quand le soleil pointe les premiers rayons de son nez, qu'il est agréable de s'installer dans la petite cour extérieure. Enfin, l'accueil de Mme et M. Ledaguenel est à l'image des lieux, charmant.

■ **HÔTEL ÉLISABETH**
2, rue des Cordiers
℡ 02 99 56 24 98
www.st-malo-hotel-elizabeth.com
17 chambres. Petit déjeuner : 11 €. Garage : 12 € (à 15 €). Chambres bâtiment « Skipper » de 70 € à 95 € et chambres triples bâtiment « Armateurs » » de 100 € à 145 €. Wifi gratuit dans les deux bâtiments.
Cette maison datée du XVIIᵉ siècle, les « Armateurs », nichée dans une rue calme au cœur de la cité des corsaires, a su concilier respect du cadre et confort moderne. Les chambres de style sont particulièrement vastes et disposent de minibar, coffre-fort, plateau de courtoisie et sont desservies par un ascenseur. Vous apprécierez de prendre votre petit déjeuner sous les

HOTEL LE LOUVRE ★★★

2, rue des Marins — Tél. 02 99 40 86 62
35400 Saint-Malo — Fax 02 99 40 86 93
www.hotel-du-louvre-saint-malo.com
contact@hotel-du-louvre-saint-malo.com

poutres et les voûtes de pierres du « Cellier », véritable lieu de charme et de caractère. L'hôtel dispose d'un autre bâtiment, les « Skippers » tout près, où les tarifs sont plus bas, avec des chambres standard. Toute l'équipe, passionnée par la région de Saint-Malo, sera vous conseiller pour des balades hors du commun. A noter que l'hôtel Élisabeth est l'hôtel le plus proche du terminal ferry. Bon séjour !

LE LOUVRE***
2, rue des Marins
✆ 02 99 40 86 62
www.hoteldulouvre-saintmalo.com
Ouvert toute l'année. Accueil 24h/24. 50 chambres (dont 2 pour personnes handicapées). Chambre simple de 78 € à 130 € ; chambre double de 88 € à 144 € ; suite de 154 € à 226 €. Petit déjeuner buffet : 12 € (en chambre : 14 €). Parking : 12 € (box sur réservation : 17 €). Poste Internet. Wifi gratuit.
Ce très bel hôtel situé au cœur de la ville historique, propose 50 chambres tout confort, décorées chaleureusement après avoir été entièrement rénovées et insonorisées. Elles sont équipées d'une nouvelle literie, salle de bains avec sèche-cheveux, téléphone et prise modem, et disposent chacune d'un téléviseur LCD grand écran avec 50 chaînes françaises et internationales dont Canal+, coffre-fort, plateau de courtoisie et couette dans toutes les chambres. Un accès wi-fi gratuit et une cabine Internet en libre-service gratuit, permettront aux accros de la toile de ne pas perdre le fil ! Les + : hôtel facilement accessible en voiture toute l'année et avantage ticket stationnement 7,5 € les 24 heures.

Chambres d'hôtes

■ VILLA ESPRIT DE FAMILLE
19, place du Canada
✆ +33 2 99 20 12 30
✆ 06 81 27 12 35
www.villaespritdefamille.com
5 chambres. De 69 € à 109 €. Petit déjeuner inclus. Garage (parking privé). Garde d'enfants. Wifi gratuit. Services bien-être (massages à domicile, produits de soin bio).

Depuis l'été 2011, Myriana et Jean-François vous accueillent avec convivialité au sein de leur grande villa malouine, bâtisse de caractère du XIXe. Idéalement située à Rothéneuf, à 200 m des plages du Havre du Lupin, du Val et du Nicet, à 6 km de l'Intra-Muros, cette escale à l'esprit authentique est une étape incontournable sur la côte entre Saint-Malo et Cancale. La Villa Esprit de Famille offre 5 chambres d'hôtes de charme – trois doubles et deux de 4 personnes – des chambres à la décoration chaleureuse et tendance, ultra-confortables et toutes équipées d'une tv écran plat et d'un lecteur de DVD. Nouveautés 2013, une nouvelle salle de petit déjeuner ainsi que deux appartements de 4 personnes. Autre atout, ce véritable havre de paix et de repos est également le point de départ de nombreuses balades. Séjour réussi à coup sûr.

LA PETITE VILLE MALLET – JOËLLE ET HENRI-PIERRE COQUIL
Le Gué
✆ 02 99 81 75 62
www.lapetitevillemallet.com
De Rennes, suivre voie rapide Paramé/ Cancale : au rond-point des Français Libres, prendre route de Cancale par Saint-Coulomb, 2e route à droite puis 1re à gauche.
2 chambres (et 1 suite). à partir de 75 €. Suite de deux chambres de 130 € à 140 €. Animaux acceptés (sur demande préalable).
Le calme de la campagne à Saint-Malo ! C'est le rêve que vous propose cette belle demeure bretonne lovée dans son écrin de verdure et de fleurs, véritable havre de paix idéalement situé à 3 km des plages et des sentiers pédestres et à 5 minutes du centre historique. Vous serez reçu ici comme chez des amis car l'accueil est le maître mot des propriétaires, issus tous deux de longues lignées de corsaires et d'armateurs, qui prendront toujours un immense plaisir à vous raconter l'histoire de Saint-Malo qu'ils connaissent sur le bout des doigts… Les chambres qu'ils proposent, habillées de magnifiques meubles anciens, décorées avec soin et beaucoup de goût, sont toujours très bien tenues et impeccables. Enfin, le copieux petit déjeuner servi sur la terrasse aux beaux jours, est on ne peut plus plaisant. A noter également que l'on parle ici l'anglais. Séjour réussi à coup sûr.

© DOMAINE DE LA VILLE HUCHET

Domaine de la ville Huchet

Campings

■ **DOMAINE DE LA VILLE HUCHET****
Route de la Passagère
Quelmer ✆ **+33 2 99 81 11 83**
Fax : +33 2 99 81 51 89
www.lavillehuchet.com
Bus ligne 4, arrêt Grassinais
Pictos : magasin d'alimentation ; plats cuisinés à emporter ; lave-linge, sèche linge ; piscine intérieure ludique chauffée ; piscine toboggans aquatiques extérieure chauffée ; bar ; salle de jeux, tv ; wifi et borne internet ; terrain multisports ; golf miniature ; location de vélos. Ouvert du 12 avril au 22 septembre. Terrain de 6,5 ha. 198 emplacements. Exposition : mi-ombragé. Sol : herbeux. Relief : plat. Emplacement de 10 € à 16,30 €. Personne supplémentaire de 4,10 € à 6,80 €. Mobil-homes 2/4/6 personnes de 245 € à 994 € la semaine ; chalets 4/5 personnes de 364 € à 896 € ; appartements 2/3 personnes de 273 € à 665 €. Jeux pour enfants. Animaux acceptés. Animations et mini club en juillet et août.

Situé à Saint-Malo et à 4 km des plages, ce magnifique parc de 6,5 ha clos de murs et sécurisé, comprend 198 emplacements dont 93 locations (mobile-homes, cottages malouins, chalets, appartements et nouveauté 2013 : les mobil-homes grand confort 3 chambres multimédia). Ce sympathique camping dispose d'hébergements de qualité, et c'est un véritable Eden de loisirs et de détente. De nombreuses activités et animations sont proposées dans une ambiance familiale : superbe piscine couverte ludique et parc aquatique, location de vélos, terrain multi-sports ou encore aire de jeux pour enfants avec trampoline ! Un bar en forme de bateau, un snack, une crêperie, un dépôt de pain ou encore une supérette sont à disposition pour répondre à tous vos besoins. Et pour satisfaire encore plus sa clientèle, le domaine propose également un mini-golf, TV grand

Faire son jogging

Cette petite parenthèse est destinée à tous les sportifs et à tous ceux qui ne peuvent pas se passer de leur jogging hebdomadaire ou quotidien pendant les vacances. Elle est destinée également à ceux aussi qui ne courent pas mais qui marchent, et qui souhaitent eux aussi profiter des paysages de toute beauté. Saint-Malo est merveilleuse et les coins paradisiaques ou atypiques ici, ne manquent pas. Essayez le tour des remparts, par exemple. De la Porte Saint-Vincent à la Porte Saint-Thomas, ils représentent 1 900 m de panoramas exceptionnels sur la baie malouine qui s'offrent au regard. Vous aurez la chance de croiser sur votre chemin de célèbres Malouins tels que Duguay Trouin, Surcouf, Mahé de la Bourdonnais, Chateaubriand ou encore Jacques Cartier, étonnantes statues qui vous jetteront un regard de pierre. Cette promenade étant la préférée des Malouins, il est préférable de venir y courir le matin et le soir, loin de l'affluence humaine. Sur 3 km de distance, la plage du Sillon est, elle aussi, un lieu privilégié pour s'adonner à toutes sortes de sport. Qu'y a-t-il de plus agréable, franchement, que de courir les pieds nus dans le sable, le long de la mer ? Certes, on est fatigué plus rapidement, mais le bonheur de sentir le sable sous ses pieds n'a pas de prix. Et puis, il y a toujours la digue ! Le splendide parc de la Briantais est également un endroit que les « joggeurs » aiment arpenter, car terre et mer se mêlent magnifiquement pour créer un site unique. A vos marques, prêts ? Partez !

écran pour les retransmissions sportives, bornes Internet et accès wifi sur tout le camping. Le paradis sur terre…

Sorties

■ LE 109
3, rue des Cordiers
☎ 02 99 56 81 09
www.le-109.com
Basse saison : ouvert du mardi au samedi. Haute saison : tous les jours de 22h30 à 6h. Privatisation possible.
L'eau, la terre et le feu sont autant d'éléments qui s'harmonisent pour créer un lieu à nul autre pareil, branché et épuré, zen et lumineux, moderne et élégant. Bar principal de verre et d'eau, comptoirs phosphorescents, fresques à la feuille d'or, bar en Onyx, murs d'eau, vidéo dans les salons, jeux de lumières… l'endroit est magique, et offre des ambiances différentes selon les salons. Espace privilégié pour les anniversaires, soirées…, salon privé spécial champagne, salon champêtre, piste de danse en dalles lumineuses, j'en passe et des meilleurs mais le mieux c'est encore de venir voir ! Concerts et musiques éclectiques sont toujours bien choisies par le DJ (lounge, électronique, musique live, hip-hop…). Retrouvez le 109 sur Facebook, Twitter et My Space.

■ LE CASINO DE SAINT-MALO
2, chaussée du Sillon
☎ 02 99 40 64 00
www.lucienbarriere.com
Ouvert toute l'année. Entrée gratuite. Interdit aux mineurs non accompagnés. Machines à Sous de 10h à 2h en semaine et jusqu'à 4h le week-end. Boule, black jack et stud poker de 20h à 2h en semaine et jusqu'à 4h le week-end.
Un décor inspiré des luxueux paquebots des années trente pour une plongée au cœur de la salle de jeux. Une partie de boule ? Allez les jeux sont faits, rien ne va plus ! Rendez-vous incontournable des amoureux de la fête, de nombreuses animations sont proposées toute l'année au bar du casino dans une ambiance feutrée, ou tout simplement pour un moment de détente après les grands frissons du jeu autour d'un des cocktails maison. Quant au Carré, le restaurant de l'établissement, c'est dans un décor marin que l'on savourera une cuisine faite de sensations et de parfums d'ailleurs. Bienvenue à bord !

Emplettes

■ CHOCOLATERIE GALLAND
4, rue Broussais ☎ 02 99 40 93 53
Ouvert tous les jours de 9h à 19h30. Expédition possible.
Au cœur de la cité corsaire, offrez-vous une pause douceur dans cet antre de la gourmandise. Craquez pour l'un de leurs irrésistibles péchés mignons, comme la ganache chocolat au lait à la vanille et aux épices. La chocolaterie Galland propose également des galettes, des crêpes, des confiseries – œufs de mouette, nougats, pâtes de fruits, dragées… –, des liqueurs, cidres et

CHOCOLATERIE GALLAND

**4, rue Broussais
Intramuros - 35400 Saint-Malo
Tél. 02 99 40 93 53**

calvados… et autres délices artisanaux, ainsi qu'une quarantaine de thés. De nouveaux chocolats à chaque saison.

■ LE COMPTOIR IRLANDAIS
Saint-Servan
38, rue Ville Pépin
☎ 02 99 81 46 14
Ouvert le lundi de 14h30 à 19h ; du mardi au samedi de 9h45 à 12h et de 14h30 à 19h.
Le Comptoir Irlandais, une enseigne incontournable dans le paysage breton qui a été fondée il y a 25 ans ! Une petite ambassade de la verte Erin, où les amateurs de culture irlandaise seront ravis… Dans cette boutique, on se sent comme là-bas grâce à l'ambiance et aux nombreux produits proposés, tous issus de la culture irlandaise. On y trouve, entre autres, des articles pour la cuisine (mugs, tasses, tabliers, gants…), mais aussi des vêtements (pulls en laine vierge, gilets, duffle coats, polos, maillots et accessoires de rugby, grosses chaussettes en laine, écharpes, bonnets, et même des kilts pour vous messieurs…). Sans oublier l'impressionnant rayon whisky et bien sûr les bières… Les amateurs vous le diront : la boutique cache quelques petites merveilles. Elle propose également de nombreuses sortes de thés qui occupent un autre rayon tout aussi important. Des gâteaux, de la marmelade, du caramel, des peluches, des affiches, un grand choix de bières, des bijoux, du chocolat, c'est aussi tout cela que vous pourrez trouver dans ce magasin.

■ **LA FROMAGÉE**
9, rue de l'Orme
☎ 02 99 40 88 79
www.lebeurrebordier.com
Ouvert le lundi et le mardi de 9h à 12h30 ; du mercredi au samedi de 9h à 12h30 et de 15h30 à 19h.
Qui ne connaît pas Jean-Yves Bordier, maître fromager et affineur de talent, dont les fromages sont de petits miracles à eux seuls ? Une telle carte de visite et une si belle sélection font chavirer le cœur des amateurs de bons fromages, qui se trouvent être aussi souvent, des amateurs de bons vins. La spécialité de la maison réside avant tout peut-être dans un savoir-faire qui donne naissance toute l'année à un beurre remarquable. De grands noms de la restauration ne s'y trompent d'ailleurs pas et ont pris l'habitude de se fournir à la Fromagée. De nombreuses pâtes cuites de 16 à 18 mois sont affinées par les soins de Jean-Yves Bordier, comme tous les fromages proposés. En été, à la pleine saison du chèvre, plus de 25 sortes s'offrent à vous pour satisfaire tous les palais.

■ **GALERIE OMBRE ET LUMIÈRE**
7, passage de l'Émerillon
☎ 06 32 86 19 94
www.galerie-ombre-lumiere.fr
Ouvert du vendredi au dimanche de 14h30 à 18h30. Les autres jours sur rendez-vous. Ouvert à l'année.
Ombre et Lumière a vu le jour en 1990. Avant de prendre en l'an 2000 ses quartiers à Saint-Malo, en plein cœur d'Intra-Muros, à deux pas de la rue Broussais, cette galerie d'art contemporain a passé dix années à Rennes. D'une superficie de 100 m², elle présente sur deux étages des œuvres essentiellement abstraites, les peintres privilégiant le travail sur papier (encres, aquarelles, gravures, empreintes).

■ **GALERIE PLISSON**
9, rue des Cordiers
☎ 02 23 18 44 80
galerie-stmalo@orange.fr
Ouvert du mardi au samedi de 10h30 à 12h30 et de 14h à 19h ; le dimanche de 11h30 à 13h et de 14h à 18h30.
Dans cette galerie de 100 m² située au pied des remparts, à deux pas de la Grand-Porte, Michel Segalen vous invite à découvrir à travers deux espaces, les œuvres de Philip et Guillaume Plisson, photographes de la mer. Un premier espace offre un choix important de reproductions photographiques avec cadres originaux, tandis qu'un second est dédié à la pixographie (impression sur papier d'art signé Philip Plisson) et à la digigraphie® (tirages sur papier ou sur toile numérotés et signés). Enseigne incontournable.

■ **GARDEN BIER**
ZI Sud
3, rue du Clos-du-Noyer
☎ 02 99 82 56 55
www.gardenbier.com
Ouvert du lundi au samedi de 10h à 20h sans interruption.
Voilà déjà six ans que Matthieu et Wilfried régalent – et désaltèrent – le palais des amateurs et des connaisseurs de bières ! Concept unique sur la région de Saint-Malo, cette immense « cave et bar à bière » de 285 m², offre plus

de 350 références de bières en provenance du monde entier. Vous y trouverez le plus grand choix de bières belges de la ville, des bières allemandes, tchèques, 100 % naturelles... et l'enseigne est également dépositaire et importateur sur tout le secteur, de plusieurs brasseries belges dont la célèbre brasserie Huygues qui produit la bière Délirium. Pour accompagner vos dégustations – l'établissement dispose d'une licence IV – vous aurez le choix entre une vingtaine de saucissons, à consommer sur place ou à emporter. Dans ce lieu hors du commun, vous trouverez aussi de nombreux produits dérivés comme des affiches, des cadres, des tee-shirts ou encore des verres de brasseurs. Paniers composés, coffrets, bières au mètre, sont autant d'idées cadeaux que vous pourrez offrir tout au long de l'année. Le service n'est pas en reste dans cette cave qui propose la location tirage pression en bière belges, allemandes et hollandaises. Bières fraîches et mini-fûts de 5 litres frais sont prêts à emporter ou à déguster sur place. Cet établissement dont la devise est « qualité et convivialité » possède également un parking gratuit et privé.

 **MAISON LARNICOL**
6, rue Saint-Vincent
☎ 02 99 40 57 62
www.larnicol.com
Ouvert tous les jours de 9h à 20h. Nocturnes en juillet et en août.
Encore une nouvelle boutique du maître chocolatier de Quimper ! Georges Larnicol c'est un nom, une signature, une maison qui ne cesse de se développer. L'enseigne compte désormais une douzaine de boutiques disséminées en Bretagne, dans le Sud-Ouest et même à Paris. Connue pour ses chocolats, elle est également réputée pour ses pâtisseries et ses macarons, sans oublier les kouignettes, les galettes et autres palets bretons.

▶ **Autre adresse :** Quimper, Locronan, Pont Aven, Concarneau, Auray, Guérande, Nantes et Bordeaux.

■ **LA NOUVELLE VAGUE**
18, quai du Val
☎ 02 99 81 61 63
Fax : 02 99 81 35 02
www.fraicheurdesaintmalo.com
Ouvert du mardi au vendredi de 9h à 12h30 et de 15h à 19h ; le samedi de 9h à 12h30 et de 15h à 18h30 ; le dimanche et les jours fériés de 9h à 12h. L'été la poissonnerie est également ouverte le lundi de 9h à 12h30 et de 15h à 19h.
Renault Marée vous propose toute l'année un festival de produits frais en direct du pêcheur : poissons côtiers (lotte, églefin, cabillaud, rouget barbet, sole...), coquillages et crustacés vivants et cuits (homards, langoustines, tourteaux, araignées de mer, praires, bigorneaux...), plateaux de fruits de mer ainsi que des produits élaborés (brochettes de la mer maison, soupe de poisson...). Composez vous-même votre plateau de fruits de mer pour toutes les occasions entre amis ou en famille : anniversaires, mariages, banquets, séminaires, fêtes de fin d'année... Choisissez vos crustacés vivants directement dans les viviers de la poissonnerie et recevez les conseils d'Olivier, Erwan et Chantal pour préparer vos poissons et

produits de la mer. Pour être informé chaque semaine des promotions et suivre l'actualité de la poissonnerie, inscrivez-vous à la newsletter. Et pensez à demander votre carte de fidélité !

■ **PÂTISSERIE-CONFISERIE-SALON DE THÉ STÉPHANE DENIS**
69, rue Georges-Clemenceau
✆ **02 23 52 23 13**

Ouvert du mardi au samedi de 8h à 13h et de 14h à 19h ; le dimanche de 8h à 13h.

Avis aux gourmands, Stéphane Denis, chef pâtissier qui a officié chez Olivier Roellinger au Château Richeux de 2005 et 2009, et Somjit Thonthan vous accueillent depuis novembre 2009 dans leur pâtisserie-confiserie-salon de thé située rue Georges-Clemenceau, face à la Droguerie Marine. Dans ce paradis de douceurs, tout est fabriqué maison, du millefeuille vanille aux trois crèmes ou aux fruits rouges au fruit des îles, du carrément chocolat aux cakes (chocolat, citron, fruits, pain d'épices...), en passant par les nombreuses confiseries (guimauve, caramels au beurre salé, meringue au gingembre, pâtes de fruits...) sans oublier les marmelades et autres confitures. Le salon de thés propose une trentaine de thés différents « Lindfield teas », que vous pourrez déguster en salle ou sur la petite terrasse de mars à novembre. Une excellente adresse à découvrir.

■ **Dans les environs**

Saint-Suliac

Il fait partie des plus beaux villages de France. Typiquement breton, ce charmant petit bourg de pêcheurs, parsemé de ruelles étroites, aurait été fondé au Xe siècle par les vikings.

Du mont Garrot, on peut encore y apercevoir depuis un sentier, des ruines d'un de leurs anciens camps, accessible uniquement à marée basse. Selon la légende, le mont serait le tombeau du géant Gargantua.

Ogre insatiable, coupable d'infanticide envers son propre fils, il aurait été vaincu jour pour jour l'année suivant son méfait, par l'incessant harcèlement de quelques bonnes gens téméraires, témoins de cet atroce crime. On dit que pour pouvoir l'enterrer, il fut nécessaire de le plier en sept...

Sur le chemin qui mène au moulin de Beauchet, on peut y apercevoir le menhir de Chablé qui, comme on le raconte, serait une dent de Gargantua ayant servi à recouvrir la tombe de son fils, décédé ici-même. Le sommet du mont culminant à 73 m, offre sur 360° d'enchantement, un panorama unique et d'une rare beauté, sur la Rance et la baie du mont Saint-Michel.

Vitré

■ **OFFICE DE TOURISME DU PAYS DE VITRÉ**
Place du Général-de-Gaulle
✆ **02 99 75 04 46**
www.ot-vitre.fr

Ouvert le samedi de 10h à 12h30 et de 15h à 17h. Basse saison : le lundi de 14h30 à 18h ; du mardi au vendredi de 9h30 à 12h30 et de 14h30 à 18h. Haute saison : du lundi au samedi de 9h30 à 12h30 et de 14h à 18h30 ; de 10h à 12h30 et de 15h à 18h.

L'office du tourisme propose des visites guidées de la ville et de ses monuments : le château, l'église Notre-Dame et son prieuré, le monastère, la chapelle et le musée Saint-Nicolas, les Rochers de madame de Sévigné ou encore le jardin du parc (4 € plein tarif, 2,50 € tarif réduit). D'autres sont organisées le soir, sur le thème de la cité commerçante. Un billet vous donne l'accès libre à tous les musées : celui de Saint-Nicolas, le musée du Château, celui des Rochers de Sévigné et celui de la Faucillonnaie. Pour une approche ludique, le kit « jouer en famille » vous permet d'évoluer dans Vitré au rythme d'énigmes, à l'aide d'une longue vue et d'un baladeur MP3 (10 € pour deux heures). Tous les jeudis, l'été, se tient un marché nocturne des produits du terroir et de l'artisanat. La ville est rythmée par de nombreuses manifestations culturelles, dont le festival du bocage vitréen de fin juin à mi-juillet avec des pièces de théâtre, des concerts et un spectacle son et lumière (début juillet pendant une dizaine de jours au château) inspiré de la vie de Pierre-Olivier Malherbe : « l'Extraordinaire voyage d'un Vitréen autour du monde ».

© JEANPHILIPPE DELISLE – FOTOLIA

ILLE-ET-VILAINE

L'église Saint-Martin de Vitré

Route d'Ernée - 35500 Vitré - Tél. 02 99 75 34 52 - Fax 02 99 75 38 14
www.hotel-restaurant-lagrenouillere.com - Email : lagrenouillere@libertysurf.fr

Le gîte

■ **LA GRENOUILLÈRE**
63, route d'Ernée
🕐 **02 99 75 34 52**
Fax : 02 99 75 38 14
lagrenouillere@libertysurf.fr
Ouvert toute l'année. Fermé le dimanche soir. Accueil jusqu'à 22h30. 34 chambres. Chambre simple à partir de 52 € ; chambre double à partir de 60 €. Petit déjeuner : 6,50 €. Parking (et garage privés). Soirée étape : 65 €. Séminaires. Réceptions et mariages. Wifi gratuit. Restauration (menus à 12,30 €, 16,50 €, 19,80 €, 22 € et 26 €. Le midi, formule entrée-plat ou plat-dessert à 9 €. Menu Banquet et menu Car). Tv satellite, Canal +. La Grenouillère est située au bord de la Vilaine, à 1,5 km du centre ville et à 2 km du château, sur le chemin de Compostelle. L'hôtel dispose de 34 chambres tout confort (télévision Canal + et Canal Satellite, Internet, wifi gratuit...) et le restaurant office une belle cuisine de terroir, savoureuse et raffinée, mitonnée à partir de bons produits frais. Beaucoup de calme dans cet hôtel-restaurant situé à l'écart du centre : les bâtiments modernes donnent sur un parc de 5 hectares. L'hôtel est situé dans un bâtiment moderne, les chambres d'un bon rapport qualité prix, et les parties communes ont été décorées avec une petite touche à l'ancienne, et des vieilles pierre typiques de l'architecture du pays de Vitré. L'établissement offre aussi une bonne prestation pour les repas de famille, réunions, séminaires, mariages et autres réceptions, et dispose de trois salles de 15 à 400 personnes pour les accueillir. Si le temps le permet, l'apéritif est servi en terrasse. A noter que chaque année une partie de l'établissement est rénovée pour le bien-être de sa clientèle.

■ **Dans les environs** ━━━

La Guerche

■ **MARCHE DE LA GUERCHE**
Le mardi.
C'est un des plus anciens – la première édition eut lieu un mardi en 1121 - et des plus pittoresques de Bretagne. A suivre, en juillet à La Guerche, les Estivales guerchaises, et le premier dimanche de septembre le marché à l'ancienne, dans une ambiance de foire 1900.

Voilier à Port-Louis
© RAYMOND THILL – FOTOLIA

Morbihan

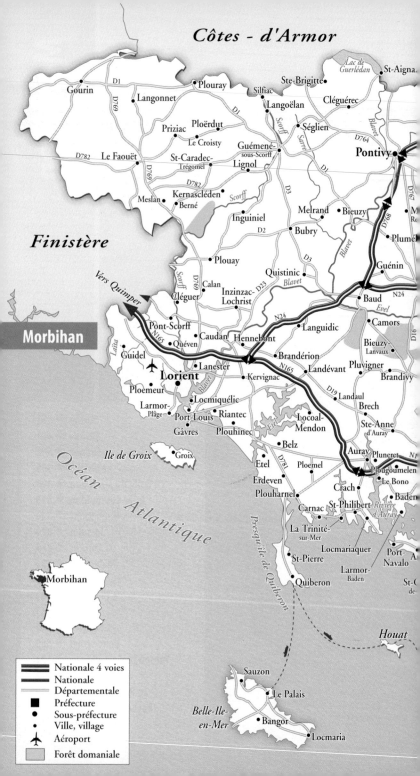

Côtes - d'Armor

Ille - et - Vilaine

Loire- Atlantique

0   30 km

©Andres Rodriguez

Montpelli
www.petitfute.c

plus de **500 000 adresses**
et **bons plans,**

l'avis des internautes,

des **jeux concours**...

Egalemer
disponible su
votr
smartphon

Morbihan

Auray

Cité d'art et d'histoire. Point de rencontre de l'axe Vannes-Lorient et d'un profond bras de mer qui a creusé son lit à l'ouest du golfe du Morbihan, Auray et ses alentours constituent d'abord un pays de terre mêlé d'eau, où de nombreux agriculteurs se lancent dans l'ostréiculture. Mais cette contrée fut aussi le point d'arrivée des caboteurs et des navires du large, qui rapportaient des denrées d'outre-manche et d'Europe du Nord. Ce carrefour autrefois prospère à travers lequel serpentent les rivières d'Auray, du Bono et du Loch, abrite désormais un patrimoine important qui doit son origine aux nombreux courants commerciaux, politiques, religieux et artistiques qui traversèrent cette région. Echanges maritimes à Saint-Goustan, chouannerie avec le souvenir de Cadoudal, pèlerinages de Sainte-Anne-d'Auray, pêche et ostréiculture dans le port du Bono, activité rurale en Brec'h. Autant de lieux parsemés de souvenirs à faire renaître lors d'une promenade touristique.

■ OFFICE DE TOURISME D'AURAY COMMUNAUTÉ
20, rue du Lait
Chapelle de la Congrégation ✆ **02 97 24 09 75**
www.auray-tourisme.com
Basse saison : ouvert du lundi au vendredi de 9h30 à 12h et de 14h à 18h ; le samedi de 9h30 à 12h. Haute saison : du lundi au samedi de 9h30 à 19h ; le dimanche de 9h30 à 12h. De Pâques à fin juin, ouvert du lundi au samedi de 9h30 à 12h et de 14h à 18h.

Points d'intérêt

Marchez dans le quartier ancien, nez en l'air, pour voir les monuments : église Saint-Gildas, mausolée de Cadoudal, chapelle du Saint-Esprit.

Puis descendez par la rue du Château bordée de maisons du XVIIe siècle, jusqu'au port de Saint-Goustan, de l'autre côté du petit pont de pierre du XIIIe siècle. Là se trouve la Goélette, musée Saint-Sauveur, où vous apprendrez beaucoup sur l'histoire de ce ravissant port, qui rivalisait sous l'Ancien Régime avec celui de Vannes. Remontez ensuite les minuscules et tranquilles ruelles derrière l'ensemble de maisons du XVe siècle, comme la rue Saint-René et la pittoresque rue du Petit-Port.

■ AURAY ET LE PORT DE SAINT-GOUSTAN
L'histoire d'Auray commence en haut du belvédère du Loch, d'où on domine le port de Saint-Goustan, et où se dressait un castellum romain avant que le duc Arthur Ier ne choisisse d'y construire une véritable forteresse de pierre vers 1201, disputée tour à tour par les Bretons et les Français lors de la guerre de Succession. Ce sont ces derniers qui remportèrent la dernière manche de cette âpre bataille, en 1487, et qui occupèrent les lieux jusqu'à la destruction du château, ordonnée par Henri II, en 1558. En 1727, puis en 1823, furent élevées en deux temps, à ce même endroit, les fameuses rampes du Loch, ou belvédère, une magnifique promenade qui descend jusqu'au pont de pierre du XIIIe siècle, menant à Saint-Goustan. Cet ancien port de commerce rivalisait sous l'Ancien Régime avec ceux de Vannes et d'Hennebont.

Le pont de pierre de Saint-Goustan, au pied de la cité d'Auray

Alain Lanty

Enfant du pays, ce chanteur et compositeur français est né à Auray en 1961. Son nom est associé à celui de grands noms de la chanson française (Renaud, Florent Pagny, Marc Lavoine, Maurane, entre autres...) pour lesquels il a composé. Egalement pianiste d'exception, La Grande Sophie, Johnny Hallyday, Calogéro ou encore Pascal Obispo (liste non exhaustive !) ne s'y sont pas trompés en lui demandant de les accompagner sur de nombreux titres d'albums. Très engagé, on peut le voir participer à différentes causes qui lui tiennent à cœur comme les Restos, Sol en Si, Sidaction... A son actif également, des génériques télé, des spots publicitaires (France Télécom, La Poste...) ainsi que des musiques pour le cinéma

Le couvert

■ LE BISTROT DU PORT
7, place Saint-Sauveur
Port de Saint-Goustan ☎ 02 97 29 15 38
Ouvert tous les jours de février à fin novembre. Service continu de mai à septembre. Formule du midi : 12 € (entrée-plat ou plat-dessert et 15,90 € entrée-plat-dessert. En semaine et le week-end). Chèque Vacances, Chèque Restaurant. Accueil des groupes (jusqu'à 35 personnes sur réservation). Terrasse. Carte bilingue.
Cette crêperie-brasserie-pizzeria, idéalement située sur le port de Saint-Goustan, offre de sa belle terrasse de 60 couverts une vue imprenable sur la rivière d'Auray. M. Bardary et toute son équipe vous réserveront un accueil chaleureux et charmant, un service rapide et efficace. La carte, diverse et variée, affiche des galettes comme celle aux noix de Saint-Jacques fraîches ou encore celle au saumon et fondue de poireaux, des moules frites, 11 pizzas, une viande et un poisson différents chaque jour, des classiques de brasserie tels que l'andouille grillée, des crêpes comme l'incontournable caramel au beurre salé maison sans oublier les desserts comme par exemple le tiramisu banane chocolat ou la tarte Tatin caramel au beurre salé et glace vanille.

■ LA CLOSERIE DE KERDRAIN
20, rue Louis-Billet
☎ 02 97 56 61 27
www.lacloseriedekerdrain.com
Basse saison : ouvert du mercredi au samedi le midi et le soir ; le dimanche midi. Haute saison : du mardi au dimanche le midi et le soir. Menus de 45 € à 80 €. Carte : 70 € environ. Formule du midi : 28 € (sauf le dimanche). Accueil des groupes. Terrasse.
M. et Mme Corfmat vous accueillent dans cet hôtel particulier du XVIIe siècle, idéalement situé en plein centre-ville. L'établissement dispense une cuisine gastronomique connue et reconnue avec des produits préparés par des artisans et des producteurs locaux. Velouté de fenouil au chèvre frais, melon, pastèque, langoustines au vin de muscat ; queue de homard bleue à l'huile de vanille, réduction de vinaigre de verveine, citronnelle, épinards ; vapeur de bar sauvage, fondant d'artichaut, réduction de tomate, beurre au citron yuzu ou encore verrine glacée au chocolat blanc, abricot, Chantilly au réglisse sont parmi les merveilles du moment. A cela, s'ajoutent une belle carte de vins et la possibilité de visiter le potager aux herbes aromatiques derrière la bâtisse.

■ CREPERIE SAINT-MICHEL
33, rue du Belzic
☎ 02 97 24 06 28
Basse saison : ouvert le lundi et du jeudi au samedi le midi et le soir ; le mercredi midi. Haute saison : du lundi au samedi le midi et le soir. Formule du midi : 10 €. Chèque Vacances, Chèque Restaurant. Accueil des groupes (jusqu'à 20 personnes sur réservation). Terrasse.
Située à 50 mètres de la place aux Pierres, en plein cœur de la ville, la crêperie Saint-Michel fait partie de celles où on ne se lasse pas d'aller... Tout d'abord, pour l'accueil chaleureux et souriant de Véronique, ensuite pour la qualité de ses produits – locaux et du terroir comme la farine artisanale ou le cidre fermier – et surtout le talent qu'elle a de divinement les accommoder... Résultat, crêpes et galettes se volent la vedette et il est très difficile de faire son choix parmi toutes ses spécialités... Pour notre part, nous avons succombé à « l'engoulevent » (Saint-Jacques, moules, crevettes et sa sauce maison) côté galettes et à « la gourmande » (pommes rissolées et caramel au beurre salé, crème fraîche) côté crêpes. Vous nous en direz des nouvelles ! A découvrir ou à redécouvrir.

■ L'ESPRIT CARAÏBES
48, avenue du Maréchal-Foch
☎ 02 97 50 82 00
lespritcaraibes.com
Ouvert du lundi au samedi de 8h à 1h. Midi et soir, menu à 11,90 € entrée-plat ou plat-dessert et menus à 13,90 € entrée-plat-dessert. Tous les samedis soir, sur réservation, repas créole maison avec menus à 15 €, 25 € et 35 €. Accueil des groupes (jusqu'à 25 personnes sur réservation).
Si vous avez envie de soleil, alors ce nouvel établissement, bar-restaurant à l'ambiance latino antillaise, est l'adresse qu'il vous faut ! Stéphanie et Fimbart, charmants maîtres des lieux, vous accueillent depuis le 19 septembre 2012 dans une décoration chaleureuse rythmée au son de la musique salsa meringué Batchata. L'Esprit Caraïbes propose midi et soir deux formules traditionnelles d'un bon rapport qualité-prix dans lesquelles vous pourrez choisir par exemple une assiette de charcuterie, une salade de chèvre chaud, un filet mignon en croûte, du bœuf bourguignon ou encore l'incontournable mousse au chocolat maison en dessert. Tous les samedis soir, sur réservation, l'établissement vous propose des repas créoles maison : assiette créole (boudin antillais, acras, samoussas), colombo de porc, cuisse de poulet coco réunionnaise, verrine exotique

maison sont parmi les spécialités. Quant au bar, il offre une belle sélection de cocktails et de rhums arrangés, à consommer avec modération... Enfin, tous les mardis à partir de 20h30, des cours de salsa sont proposés. A découvrir.

◼ LA VILLA VERDI
35, Place de la République
✆ **02 97 82 23 83**

Ouvert du lundi au samedi. Plat du jour : 8,10 € (formule entrée-plat ou plat-dessert à 11,10 € et formule entrée-plat-dessert à 12 €. Le midi). Accueil des groupes. 2 salles.
Madame et Monsieur Guillevic et toute leur équipe, vous accueillent depuis le 20 septembre 2011 après 3 mois et demi de travaux dans leur restaurant situé en face des Halles, à côté de la mairie. Venez découvrir la toute nouvelle déco et son mobilier, et admirer les magnifiques fresques murales. D'un excellent rapport qualité-prix, la maison propose des salades repas, des viandes (pavé de bœuf...), des poissons (dos de cabillaud...) des pizzas – 20 à la carte – comme la Fiorentina (tomate, fromage, jambon, lardons, champignons, œuf, persillade) sans oublier l'incontournable café gourmand. Aux beaux jours, l'établissement met à votre disposition une belle terrasse de 25 couverts.

Le gîte

◼ HOTEL IBIS
Route de Quiberon
ZA Toul Garros ✆ **02 97 56 22 22**
ibishotel.com
Sur la RN165, prendre la sortie Carnac-Quiberon puis suivre Quiberon-ZA de Toul Garros.

Ouvert toute l'année. Accueil 24h/24. 50 chambres. Chambre double à partir de 57 €. Petit déjeuner buffet : 8,50 €. Wifi gratuit.
Situé à 15 minutes de Vannes et à 25 minutes de Lorient, l'hôtel offre 50 chambres – dont 2 pour personnes à mobilité réduite et 6 communicantes – qui disposent

de tout le confort : literie avec couette, salle de bains avec douche ou baignoire, tv avec Satelitte, téléphone direct, lit bébé, bureau et accès Wifi gratuit. Pour bien commencer la journée, un petit-déjeuner copieux sous forme de buffet est servi de 6h30 à 10h (viennoiseries, crêpes, tortillas...). L'hôtel met à disposition 2 salles de réunion pour les séminaires et autres conférences ainsi qu'un bar pour vous détendre.

◼ HOTEL LE MARIN
1, place du Rolland
Port de Saint-Goustan
✆ **02 97 24 14 58**
www.hotel-lemarin.com

12 chambres. De 60 € à 115 €. Petit déjeuner : 8,50 €. Wifi.
Un authentique décor marin pour le seul hôtel de Saint-Goustan, joliment situé sur le site touristique de Saint-Goustan en bord de rivière, à 15 minutes de tous les sites de randonnées et de découverte et à 10 minutes des plages de Carnac, de la baie de Quiberon ou encore à 8 km du sanctuaire de Sainte-Anne-d'Auray. L'hôtel offre 12 chambres de charme, tout confort et toutes équipées de télévision écran plat avec 30 chaînes, téléphone, sèche-cheveux, wi-fi, prise Internet, et dispose d'une terrasse des plus appréciables aux beaux jours. Pour une halte très agréable.

Gîtes

◼ GITES DE FRANCE DU MORBIHAN
42, avenue Wilson
✆ **02 97 56 48 12**
www.gites-de-france-morbihan.com
Les Gîtes de France du Morbihan vous offre la possibilité de choisir parmi quelque 900 locations recensées en Bretagne sud. Gîtes, chambres d'hôtes et autres locations de vacances labellisées « Gîtes de France » vous assurent la garantie en matière de qualité. Accueillir, bien recevoir, informer et guider leurs hôtes, telle est la mission que s'est donnée Les Gîtes de France du Morbihan. Sélection, classification et catalogue sont actualisés chaque année.

MORBIHAN

Maison de Saint-Cado

Les marchés

Plusieurs marchés sont organisés chaque semaine. Les halles municipales, situées en centre ville, sont ouvertes toute l'année du lundi au samedi de 6h30 à 13h. Elles permettent de s'approvisionner quotidiennement de produits frais auprès d'une vingtaine de commerçants. Le marché du centre-ville, qui accueille jusqu'à 400 commerçants l'été et environ 150 et 200 en basse saison, s'installe entre la place Maréchal-Joffre et la place de République et dans les rues du cœur de ville, tous les lundis matin (de 8h à 14h30 du 1er juin au 30 septembre et de 8h à 14h du 1er octobre au 31 mai). Un marché bio, qui compte environ 25 commerçants, s'établit chaque jeudi de 17h à 20h place Notre-Dame tandis que le marché alimentaire des producteurs locaux prend ses quartiers chaque vendredi matin de 8h à 12h30 au même endroit. Il peut accueillir une vingtaine de marchands.

Sorties

■ **LE PETIT CHÂTEAU**
28, rue du Château
℗ **02 97 29 07 34**
De l'hôtel de ville, prendre la ville piétonne direction Saint-Goustan
Ouvert toute l'année. Le lundi et du mercredi au samedi de 10h à 19h ; le dimanche de 15h à 19h. Formule le midi à 12 €. Wifi gratuit.
Quelle charmante adresse que ce salon de thé où vous accueillent très chaleureusement Colette et son fils Christophe depuis le 1er août 2009. On se sent tout de suite très bien dans son décor cosy et chaleureux avec ses belles pierres apparentes et sa grande cheminée fin du XVIe, harmonieux mélange d'ancien et de moderne. A l'heure du déjeuner, vos hôtes vous proposent une formule à 12 € au choix une tarte fine du jour servie avec sa salade ou une salade complète avec thé ou café gourmand, le tout préparé avec des produits frais et cuisinés maison. L'établissement qui, de l'assiette à la tasse, n'utilise que des produits de qualité dévoile une belle variété de thés Mariage Frères (80 différents), 14 cafés arabica, des chocolats veloutés ainsi que des pâtisseries du jour. Un espace boutique propose un coin épicerie fine, café et thé ainsi que de la vaisselle et de nombreux accessoires. Une adresse fortement recommandée.

Emplettes

■ **MAISON LARNICOL**
1, quai Martin
Port de Saint-Goustan
℗ **02 97 29 43 62**
www.larnicol.com
Ouvert toute l'année. Ouvert jusqu'à 23h en juillet et août.
Si dans le sud-ouest finistérien et même au-delà, les délices de maître Larnicol ne sont ignorés par aucun amateur de douceurs de haut vol, l'ouverture d'une enseigne éponyme sur le port de Saint-Goustan est en soi un événement dans le Landerneau gourmand du Morbihan ! Car Georges Larnicol, meilleur ouvrier de France, est un pâtissier fabuleux doublé d'un maître en chocolat de la délicatesse. Derrière la façade bordeaux, du chocolat – 7 grands crus – dans tous ses états (rochers, galets, boîtes et bourriches...) mais aussi la Torchette, véritable petite bombe énergétique qui voisine en bonne et savoureuse intelligence avec les kouignettes, extrapolation larnicolienne du célèbre kouign-amann, se déclinant en caramel au beurre salé, à l'abricot, au citron vert et à bien d'autres parfums (16 en tout) tous aussi inattendus et parfaitement délicieux ! Mais la maison Larnicol c'est aussi des galettes (palets, cookies...), des caramels au beurre salé, des sucettes au chocolat mais désormais à la guimauve.

Marchés

■ **Dans les environs**

Le Bono

Le port, le vieux pont suspendu, les rives du Sal, tout comme la découverte de la nécropole du Rocher (tumulus et tombelles de Kernours), sont autant d'agréables promenades. Des sentiers pédestres longent la rivière sur plusieurs kilomètres. N'hésitez pas à y flâner. Ancien port de Plougoumelen (faites entendre le « N » à la fin de Plougoumelen : Plougoumelène), le Bono n'est devenue commune à part entière qu'en 1947, à une époque où *Le Forban*, le bateau de pêche traditionnel du village, vivait ses derniers jours. A bord de ce navire à deux mâts non ponté, équivalent du Sinagot vannetais, les marins partaient fréquemment pour une ou deux journées, avant de rapporter le produit de leur pêche, que leurs femmes s'en allaient vendre en poussant la brouette. L'ostréiculture constituait la seconde activité de ces familles pauvres. La rivière a compté, entre les deux guerres, jusqu'à 200 chantiers qui utilisaient le bouquet de tuiles chaulées pour le fixage des huîtres. En 1974, ces gisements ont été anéantis par un parasite, et quelques ostréiculteurs seulement se sont reconvertis pour adopter l'huître creuse. Par la route Auray-Baden, on emprunte inévitablement le grand pont qui enjambe la rivière. De là, on découvre la vue la plus pittoresque du port de pêche de Bono.

■ **NOTRE-DAME-DE-BEQUEREL**
Cette chapelle du XVIe siècle se situe entre Le Bono et Plougoumelen. Son autel a été construit sur une source, qui fut probablement un lieu de culte antique car on prêtait à cette eau une vertu curative contre les maux de bouche. La chapelle, l'enclos et la fontaine du XIVe siècle sont, depuis 1925, classés à l'inventaire des

Monuments historiques. Ancien lieu de pèlerinage, on venait à Notre-Dame de Béquerel pour retrouver le corps d'un marin disparu ou avoir des nouvelles d'un proche parti au loin. Une association de protection de la chapelle organise pardons, messes et événements culturels (concerts).

■ LES ALIZES
46, rue Pasteur
✆ **02 97 57 97 80**
www.lesalizes-restaurant-lebono.fr
♿

Basse saison : ouvert du jeudi au lundi le midi et le soir ; le mardi et le mercredi le midi. Haute saison : tous les jours le midi et le soir. Menus de 14,90 € à 35 €.
Chez Monsieur et madame Guillemet, on aime le bien manger et on sait le faire partager, simplement. A des prix très raisonnables, vous pourrez déguster une cuisine authentique et savoureuse, copieuse et de qualité, qui met en avant fruits de mer et poissons frais, mais qui sert également des viandes bien tendres. Moules gratinées au cidre – en saison –, brochettes de Saint-Jacques, choucroute de la mer, plateaux de fruits de mer, andouillette ou encore tarte fine et glace vanille et sa sauce au caramel maison. L'été, vous apprécierez sa grande terrasse. Très bon rapport qualité-prix.

■ CREPERIE DU GOLFE
ZA de Kerian
Route de Baden
✆ **02 97 57 94 71**
Basse saison : ouvert du mardi au dimanche. Haute saison : tous les jours. Terrasse (avec espace jeux pour les enfants).
La Crêperie du Golfe est située à 1 km du petit port du Bono, sur la route de Baden en direction d'Arradon. Corinne et Fabrice vous y accueillent et vous invitent à découvrir leurs différentes spécialités. A la carte, des galettes, bien sûr, comme la nordique (saumon fumé, crème fraîche citronnée et asperges) ou la bigoudène (andouille de Guémené, fromage et salade) et des crêpes – avis aux gourmands, nous vous recommandons

fortement la Trégor composée de glace nougat, pommes caramélisées et sirop d'érable, accompagnées pourquoi pas d'une petite bolée de cidre artisanal ou à la pression. La maison propose également des moules de bouchot – marinière ou à la crème –, de véritables andouillettes de Troyes ou encore des maxi salades.

BEST WESTERN HOSTELLERIE ABBATIALE

Manoir de Kerdréan ✆ **02 97 57 84 00**
www.manoirdekerdrean.com

Ouvert toute l'année. Fermé deux semaines en février et à Noël. 69 chambres (dont 18 dans le manoir). De 73 € à 134 € ; suite de 195 € à 255 €. Petit déjeuner buffet : 11,50 €. Parking privé. Animaux acceptés (9 €). Séminaires. Réceptions et mariages. Restauration (menus de 19,50 € à 64 €).
Sur les hauteurs de la rivière d'Auray, au bord du golfe du Morbihan, le manoir de Kerdréan dresse sa majestueuse façade au beau milieu d'un havre de verdure. Sa construction date de 1427, les bâtiments de gauche et la tour carrée sont du XIIIe siècle, le centre du XVIe siècle. Aujourd'hui, le Manoir est un hôtel-restaurant confortable et chaleureux pour tous les visiteurs qui souhaitent goûter au charme de l'hostellerie de caractère. Le domaine compte plusieurs hectares propices aux promenades, avec un parc calme et ombragé. Les menus sont composés à partir de recettes du terroir relevées de parfums d'épices soigneusement incorporés aux plats. A la carte, qui change toutes les saisons, vous pourrez déguster terrine au saint-pierre d'asperges, une aumônière croustillante andouille et pommes sauce au cidre, une brochette de gambas poêlées crémeux de patate douce, une râble de lapin et sa poêlée de pommes de terre grenailles ou encore un mille-feuille pistache et framboises. Deux salles de restaurant s'offrent à vous, l'une avec un intérieur en pierre et poutres apparentes donne sur un vaste jardin, l'autre, moderne, dans la partie récente de l'établissement ouvre sur la piscine.

© IRENE ALASTRUEY – AUTHOR'S IMAGE

L'église Stella Maris, Le Bono

■ **LES PETITS FRUITS DU MANÉGUEN**
Manéguen
✆ 02 97 57 16 63
www.les-petits-fruits.fr
Magasin ouvert de mi-avril à octobre de 10h à 12h30 du lundi au samedi.
Si le soleil n'est pas de la partie, allez le chercher à la ferme du Manéguen, dans les barquettes des délicieux fruits de saison que cultivent avec amour Joachim et Nicolas Mahé, et toute l'équipe. Sur les étalages – et selon la période – vous trouverez des fraises d'avril à octobre, des framboises de mai à septembre, des cassis et des groseilles de mi-juin à juillet, des myrtilles en juillet et en août, ainsi que des fruits divers : mûres, logan-berry, tomates cerise... La maison est présente sur les marchés de Vannes, Auray et Baden.

Brech

Petite commune dont l'une des frontières borde le nord d'Auray. Il faut sans doute rechercher assez loin, dans la préhistoire, l'origine de Brec'h. Son nom remonterait en effet à la haute Antiquité. Il s'agirait d'un vocable gaulois, bracos, hérité d'une langue préceltique et qui signifie marais. De l'église romane (XIIe siècle) subsistent encore, de nos jours, le pilier et les arcades de la nef. On ne manquera pas d'admirer les très intéressants chapiteaux, bel exemple d'art celtique. Les corbeilles en sont sculptées de motifs chers aux sculpteurs d'Irlande et d'Armorique : spirales, croisettes, entrelacs, feuilles de fougères, losanges, palmettes. Sur l'une d'elles, figurent deux hommes barbus, le corps schématisé par un rectangle, comme sont traités les personnages humains sur certaines croix irlandaises. Sur une autre, des femmes aux bras croisés sont comme les cariatides qui soutiendraient le tailloir. Pas de syndicat d'initiative mais la mairie fournit aimablement tous les renseignements désirés.

■ **L'ÉCOMUSÉE DE SAINT-DEGAN**
✆ 02 97 57 66 00
www.ecomusee-st-degan.fr
Haute saison : ouvert tous les jours de 10h à 19h. Adulte : 5 €. Enfant (de 4 à 14 ans) : 2,50 €. Forfait famille nombreuse. Chèque Vacances. Visite guidée (ou visite libre avec livret explicatif). Animation.
Une étape pour remonter le temps et se plonger dans le quotidien des paysans bretons depuis le XVIIIe siècle. On peut ainsi découvrir le four, le puits, l'étable, les hangars, la maison du sabotier et l'intérieur des maisonnées, avec le coin le repas auprès de la cheminée, les lits mi-clos typiques de la Bretagne, le mobilier rustique avec ses bancs-coffres, ses vaisseliers et ses armoires, ainsi que les ustensiles du quotidien. Des sentiers permettent de sillonner tout le village. Une exposition permanente présente des toiles de Lucien Pouedras qui témoignent des activités paysannes des années 50, une autre retrace l'histoire du menuisier et une dernière expose les vêtements et costumes du pays d'Auray entre 1920 et 1950. En juillet et en août, des animations quotidiennes sont proposées : écrémage du lait et bouillie de blé noir le lundi, balade nature et paysage le mardi, beurre à la baratte le mercredi, costumes et traditions le jeudi, stages

de fabrication de pain et de crêpes certains vendredis (sur réservation), visite pour les enfants le samedi et jeux bretons le dimanche.

■ **AUBERGE DE TOULBAHADEU**
Rue de la Bataille ✆ 02 97 56 65 78
Ouvert le lundi et le mardi le midi ; du jeudi au dimanche le midi et le soir. Menus de 13,50 € à 35 €. Chèque Restaurant. Accueil des groupes (jusqu'à 30 personnes pour repas d'affaires ou de famille). Terrasse ensoleillée de 30 couverts. Grand parking.
Situé à 2 km d'Auray et à 200 m du Champ des Martyrs, l'endroit est idéal pour manger à la campagne sans trop s'éloigner de la ville. Et l'établissement de Gwenolé vaut bien qu'on s'y arrête, car la cuisine traditionnelle que vous dégusterez ici est d'un excellent rapport qualité-prix. Parmi ses spécialités, cuisinées maison avec des produits frais, essayez par exemple le foie gras de canard mi-cuit et son caramel de poires, la brochette de Saint-Jacques fraîches au beurre blanc, les grillades au feu de bois (entrecôte à la fleur de sel...), les rognons de veau à la moutarde ou encore les incontournables profiteroles. Une belle adresse.

Crach

Se prononce crack et serait une variante de kreac'h ou krech qui signifie l'éminence ou la colline en breton. La commune se situe à mi-chemin de Vannes et de Lorient, sur l'axe Nantes-Quimper. Elle est bordée à l'est par la rivière d'Auray et à l'ouest par la rivière qui porte son nom. Elle est stratégiquement placée car elle se trouve à quelques heures de points touristiques très connus tels que Sainte-Anne-d'Auray, Carnac ou le golfe du Morbihan. La ville n'est pas en reste avec ses diverses églises, chapelles, fontaines, calvaires ou encore mégalithes. Les paysages préservés permettent de jolies balades pédestres notamment grâce à quatre parcours aménagés.

■ **LA CHAPELLE SAINT-ANDRÉ-DE-LOMAREC**
La chapelle est un modeste édifice rectangulaire. La date de 1606 confirme bien l'architecture plein cintre de la porte ouest. Deux fenêtres indiquent une restauration plus tardive. Le clocheton s'appuie sur une souche rectangulaire. La chapelle est connue surtout par un sarcophage de pierre mérovingien qui a retenu l'attention des archéologues. Les statues de saint André et de la Vierge à l'Enfant ornent le chœur. Deux bénitiers de pierre complètent le mobilier. Un joli vitrail a été restauré en 1999. On y honore l'apôtre saint André à qui l'on attribuait le pouvoir de guérir la coqueluche, sans doute parce que son nom a une certaine homonymie avec le mot breton « an drew » ou « an driu » qui désigne cette maladie. Aussi conduisait-on les enfants qui en souffraient à la chapelle ou bien on trempait les linges et parfois les corps dans la fontaine la plus proche.

■ **BREIZH HÔTEL**
1, rue du Tourbillon
✆ 02 97 55 00 12
www.breizhhotel.com
35 chambres. Chambre double de 52 € à 72,50 €. Pension complète. Demi-pension.

Une agréable adresse que cet hôtel de trente-cinq chambres avec ascenseur, qui offre pour paysage le petit village de Crac'h, charmant et typiquement breton, ou le verdoyant parc privé. Rénovées en 2012, les chambres, confortables, lumineuses et à la décoration joliment marine, sont chacune équipées d'une salle de bains avec WC, douche ou bains, d'un téléviseur écran plat, et du téléphone direct. Le WIFI est mis à votre disposition gratuitement. L'établissement bénéficie d'un bar, propice à la détente, et dispose d'un restaurant, Le Tourbillon qui saura satisfaire les amoureux d'une cuisine généreuse.

Pluneret

Pluneret est une commune du littoral morbihanais, délimitée à l'ouest par la rivière d'Auray (Le Loch), et à l'est par la Rivière du Bono (Le Sal), prolongements du Golfe du Morbihan. Elle s'étend sur 2 619 hectares à 15 km de Vannes, chef-lieu du département, et à 5 km d'Auray, chef lieu du canton. Le territoire est bordé au nord par Sainte-Anne-d'Auray et Plumergat, à l'ouest par Crac'h, Auray et Brech, à l'est par Plescop et Plougoumelen, au sud par Le Bono. Sophie Rostopchine (1799-1874), la Princesse de Ségur, fut autrefois la plus illustre habitante de Pluneret.

■ **SORTIES NATURE**
℡ 02 97 24 01 06
℡ 06 30 17 43 81
animation-nature.pluneret@orange.fr
Fermé de décembre à février. Gratuit jusqu'à 12 ans. Adulte : 2 € (pour une balade classique à 5 € pour une animation avec prestataire).
De mars à novembre, le samedi ou le dimanche et en semaine en période estivale, la mairie organise des sorties nature guidées qui vous permettront de découvrir les circuits de promenades et de randonnées de la commune. Ces balades (entre 3 et 10 km à pied et 20 km pour les sorties à vélo) sont ouvertes à tous et durent environ 2 heures. Renseignement à la mairie de Pluneret ou au 02 97 24 01 06.

■ **CAMPING DU PORT LES POMMIERS**
Branhoc
℡ 02 97 24 01 48 / 06 99 47 71 48 (hors saison)
www.camping-auray.com
Fermé du 16 septembre au 31 mai. Exposition : ombragé. Emplacement + véhicule à partir de 6,70 €. Personne supplémentaire à partir de 4,30 €. Mobile homes de 380 € à 600 € la semaine. Bain bouillonnant.
On apprécie l'environnement calme et verdoyant de ce camping situé à proximité de Sainte-Anne d'Auray et à 900 m du port de Saint-Goustan. Il est équipé de deux blocs sanitaires avec eau chaude et baignoire bébé, d'une aire de jeux avec des trampolines, des terrains de pétanque et de volley, d'une salle de jeux et de télévision ainsi que d'une piscine chauffée avec toboggans et Jacuzzi. Le camping offre des emplacements délimités et ombragés et propose à la location (au week-end, à la semaine ou à l'année) des mobil-homes 4/6 personnes avec terrasse en bois. Sur place, snack-bar, plats à emporter, dépôt de pain. Hypermarché à 400 mètres. Mention spéciale pour l'accueil.

Sainte-Anne-d'Auray

Basilique, cloître, galerie d'art religieux, musée du costume breton, Sainte-Anne-d'Auray est le plus important lieu de pèlerinage de Bretagne. Il accueille plus de 800 000 visiteurs par an, dont la majorité sont des pèlerins. Chaque année, ils viennent par milliers au grand pardon de Sainte-Anne le 26 juillet, qui se situe au troisième rang des pèlerinages français après Lourdes et Lisieux. La mère de la Vierge Marie est vénérée ici depuis le Ve siècle, mais le pèlerinage a commencé au XVIIe siècle, à la suite des apparitions de sainte Anne à Yves Nicolazic, un pieux laboureur, en juillet 1623. L'évêque de Vannes, après enquête, a reconnu l'authenticité de ces apparitions. Deux ans plus tard, fut posée la première pierre du sanctuaire dédié à sainte Anne, à l'endroit même où celle-ci surgit devant le paysan breton. Il s'ensuivit la construction d'un couvent des Carmes et d'un magnifique cloître encore visible aujourd'hui. Ce n'est pas le cas de la première chapelle, qui a laissé sa place à la basilique actuelle en granit, édifiée entre 1866 et 1877 dans un style néoRenaissance. Au sommet de la tour (75 m) se dresse une statue de bronze représentant sainte Anne, un flambeau à la main. Face à la basilique, au centre de la vaste esplanade, on découvre la fontaine miraculeuse surmontée d'une statue de sainte Anne et vers la grande entrée, la Scala Sancta, une chapelle ouverte édifiée en 1872. Les pèlerins y arrivent sur les genoux en chantant l'Ave Maria. Autre monument de l'enclos, le mémorial en rotonde, surmonté d'un toit pointu qui abrite cinq absidioles consacrées aux saints patrons des évêchés bretons. Tout autour, sur le mur, sont inscrits les noms des Bretons morts pour la France lors de la Grande Guerre. Attenant à la basilique, l'impressionnant trésor regorge d'objets votifs, qui vont des maquettes de bateaux aux bijoux et aux dentelles, en passant par le maillot jaune de Jean Robic, vainqueur du Tour en France en 1947 ! À côté, une galerie d'art expose des ex-voto peints et des statuettes bretonnes, dont la majorité représente sainte Anne. Point Informations de mai à septembre tél. 02 97 57 69 16.

■ **OFFICE DE TOURISME**
9, rue de Vannes
℡ 02 97 24 34 94
http://sainte-anne-auray.net
Basse saison : ouvert du lundi au vendredi. Haute saison : du lundi au vendredi de 9h30 à 12h30 et de 13h30 à 17h30 ; le samedi de 9h30 à 12h30.
L'antenne de Sainte-Anne d'Auray de l'Office de tourisme Auray Communauté est ouverte toute l'année. Elles vous propose des renseignements sur la commune et le sanctuaire mais également sur les communes avoisinantes, les loisirs, les activités, les sites à visiter, les animations en cours ainsi que tous les détails pratiques indispensables à votre séjour. Des visites guidées vous permettront de découvrir le sanctuaire d'Auray, l'un des plus grands sanctuaires de France et haut lieu de pèlerinage breton.

MORBIHAN

© F. IREN & C. PINHEIRA – AUTHOR'S IMAGE

Cérémonie du pardon de Sainte-Anne-d'Auray

■ **LE MUSÉE DE CIRE L'HISTORIAL**
Rue de Vannes
✆ **02 97 57 64 05**
www.musee-de-cire.com
Ouvert toute l'année. De 8h à 19h. Adulte : 4 €. Enfant (de 6 à 14 ans) : 1,50 €. Visite guidée (de 30 à 45 min).
Situé en face du sanctuaire, ce musée retrace, à travers différentes scènes, les origines du pèlerinage, la vie d'Yves Nicolazic, les apparitions de sainte Anne mère de Marie et ses miracles, à l'origine du grand pèlerinage breton. La dernière scène réalisée par le musée Grévin de Paris, présente le pape entouré de 5 enfants bretons, clin d'œil à la visite de Jean-Paul II à Sainte-Anne d'Auray le 20 septembre 1996. Les visites sont commentées et expliquées en breton, français, anglais, allemand et hollandais.

■ **L'AUBERGE**
56, route de Vannes
✆ **02 97 57 61 55**
Fax : 02 97 57 69 10
www.auberge-sainte-anne.com
En voiture, sortir Rennes ou Nantes direction Vannes/Sainte-Anne d'Auray. Prendre la D768.
Ouvert toute l'année. Du jeudi au mardi le midi et le soir ; le mercredi soir. Menus de 28 € à 85 €. Accueil des groupes.
Ce restaurant gastronomique est le rendez-vous incontournable des gourmets. Ici, savoir-faire rime avec authenticité, et l'exquise cuisine de Jean-Luc Larvoir fait valser avec brio produits régionaux et parfums du terroir. Dans un cadre raffiné et confortable, vous partirez à la rencontre de mets de saison et de saveurs nouvelles. Effilochée d'aile de raie aux agrumes, salade d'herbes ; foie gras miroir de sureau, chutney de betterave au cumbava, brioche maison ; suprême de pintade de la « ferme des granges » cuit moelleux, langoustines rôties, céleri et noisette ; chausson de homard bleu aux pommes de terre ou encore coque de framboises

marinées à l'huile d'olive, sorbet basilic soufflé ne sont qu'un court aperçu des plats de haut vol que dipense cette table d'exception.

■ **CREPERIE LES AJONCS**
4, rue de Vannes ✆ **02 97 57 62 94**
creperielesajoncs@orange.fr
Basse saison : ouvert du mardi au samedi ; le dimanche midi. Haute saison : tous les jours. Menus de 12 € à 16 €.
Tout au long de l'année, les Ajoncs vous proposent de découvrir leurs spécialités de galettes comme « la Boëdic » aux poireaux et noix de Saint-Jacques ou « la fermière » composée de pomme de terre, lardons, fromage, œuf et salade. Entre autres crêpes, laissez-vous tenter par exemple l'incontournable pomme cuite au caramel au beurre salé maison et sa glace vanille… Tous les après-midi, les Ajoncs vous accueille pour un thé accompagné – pourquoi pas – de pâtisseries maison. L'établissement propose également à la vente des produits régionaux, petits plaisirs gourmands de notre chère Bretagne, qui feront forcément le bonheur des amateurs.

■ **L'AUBERG'INE**
20, place Nicolazic ✆ **02 97 31 37 19**
www.restaurant-aubergine-56.fr
♿
Ouvert le lundi, le mardi et du jeudi au samedi. Formules midi et soir à 14 € (2 plats) et 16 € (3 plats). Accueil des groupes (jusqu'à 20 personnes sur réservation). 20 couverts en terrasse. Nicolas et Sandrine Le Grand vous accueillent depuis le 3 mai 2012 dans leur restaurant à la décoration chaleureuse et contemporaine situé en face de la Maison Nicolazic. L'établissement ne travaille que des produits frais qu'il cuisine maison, et parmi ses spécialités, on peut retenir les oeufs meurette sur un lit d'épinards et de poireaux, le lieu et sa soupe de pommes de terre, l'échine de 7 heures et pommes Anna ou encore le mi-cuit au chocolat et sa glace vanille

Carnac

C'est le lieu du mégalithisme mondial. Sorte de Mecque des amoureux des « grosses pierres », l'endroit recèle dans un périmètre de quelques kilomètres carrés la plus forte concentration de mégalithes au monde. De toutes sortes et de tout genre. Mais c'est surtout pour ses alignements que Carnac est célèbre ! Les chiffres bruts donnent le vertige ! Quelque 3 871 pierres levées, menhirs ou peulvens selon l'ancienne appellation, répartis dans les quatre grands groupes du Ménec, de Kerzerho, de Kerlescan et de Kermario, très proches les uns des autres, auxquels on peut ajouter encore celui du Petit Menec qui comporte une centaine de pierres réparties sur huit rangées. Le paysage est à ce point marqué par la présence des pierres qu'il a donné son nom à la commune. Carnac tire en effet son nom de *carn*, mot commun à toutes les langues celtiques qui désigne un tas de pierres. Sur les alignements on a dit à peu près tout et son contraire. Des théories de Royer de la Sauvagère qui, en 1755, y voyait les vestiges d'un camp romain à celles de ces GI américains qui, en 1944, les prirent pour des lignes de défenses antichars allemandes, en passant par les délires ophiolâtriques du docteur Stukeley en 1824, on pourrait faire une encyclopédie du bêtisier mégalithique carnacéen. Il fallut attendre la seconde moitié du XIXᵉ siècle et, dans les années 1860, les premières fouilles scientifiques organisées sous les auspices de la Société Polymathique du Morbihan, pour se rendre enfin compte, à la vue du mobilier qui y fut découvert, que les dolmens à couloirs étaient en réalité des sépultures, datant du néolithique, c'est-à-dire antérieur d'au moins 2 000 ans à l'arrivée de « nos ancêtres les Gaulois » ! Quant aux alignements, ils continuent à faire couler beaucoup d'encre. Et leurs constructeurs n'ayant pas laissé davantage de traces écrites que leurs successeurs celtiques, on débat encore sur leur signification. La plus couramment admise aujourd'hui cependant, veut qu'ils aient constitué des sortes de temples astronomiques orientés dans le sens du lever du soleil au solstice d'hiver. Pour de nombreux auteurs comme Jacques Briard et Gwenc'hlan Le Scouëzec, Carnac, par sa monumentalité, aurait constitué à son époque, un grand centre religieux où des foules immenses se rassemblaient pour célébrer des cultes des saisonniers.

■ **OFFICE DU TOURISME**
74, avenue des Druides
Carnac-Plage
℮ **02 97 52 13 52**
Voir page 16.

■ **LE PETIT TRAIN TOURISTIQUE**
Carnac et La Trinité-sur-Mer
℮ **02 97 24 06 29**
www.petittrain-carnac.com
Le Petit Train circule tous les jours d'avril à septembre et pendant les vacances de la Toussaint. Adulte : 7 €. Enfant (jusqu'à 12 ans) : 4 €. Groupe (20 personnes) : 5,50 €. La meilleure solution pour visiter Carnac et la Trinité sur Mer, sans effort et sans avoir à prendre sa voiture, est encore de prendre le petit train touristique. En 50 minutes, vous partirez à la découverte de la beauté et

des mystères des trois sites mégalithiques mondialement connus de Carnac. Trois points d'embarquement : Parking du Ménec, Port en Drô et Port de la Trinité sur Mer, arrêt de bus du centre.

Points d'intérêt

■ LES ALIGNEMENTS DE CARNAC
♿ ⚲

Accueil de mai à juin de 9h à 18h, en juillet et août de 9h30 à 19h30 et de septembre à avril de 10h à 17h. Gratuit jusqu'à 18 ans. Adulte : 6 €. Enfant (de 18 à 25 ans) : 5 €. Gratuit pour personne en situation de handicap et son acompagnateur. Label Tourisme & Handicap. Fauteuil manuel en prêt, parking gratuit.
C'est le lieu du mégalithisme mondial. Sorte de Mecque des amoureux des « grosses pierres », l'endroit recèle dans un périmètre de quelques kilomètres carrés la plus forte concentration de mégalithes au monde. De toutes sortes et de tout genre. Mais c'est surtout pour ses alignements que Carnac est célèbre ! Les chiffres bruts donnent le vertige ! Plus de 3 000 pierres levées, menhirs ou peulvens selon l'ancienne appellation, répartis dans les 4 grands groupes du Ménec, de Kerzerho, de Kerlescan et de Kermario, très proches les uns des autres, auxquels on peut ajouter encore celui du Petit Menec qui comporte une centaine de pierres réparties sur 8 rangées. Le paysage est à ce point marqué par la présence des pierres qu'il a donné son nom à la commune. Carnac tire en effet son nom de carn, mot commun à toutes les langues celtiques qui désigne un tas de pierres.

MORBIHAN

Menhirs mégalithiques à Carnac

■ MUSÉE DE PRÉHISTOIRE
10, place de la Chapelle © **02 97 52 22 04**
Fax : 02 97 52 64 04
www.museedecarnac.com

Fermé en janvier, le 1er mai et le 25 décembre. Basse saison : ouvert du mercredi au lundi de 10h à 12h30 et de 14h à 18h. Haute saison : tous les jours de 10h à 18h. D'octobre à mars, fermeture à 17h. Adulte : 5 €. Tarif réduit : 2,50 €. Gratuit pour les personnes handicapées et leurs accompagnateurs. Visite guidée. Boutique. Ateliers familiaux et visites de sites archéologiques.

Premier musée au monde pour le mégalithisme, le Musée de Préhistoire de Carnac présente tous les objets découverts sur les sites archéologiques qui ont fait la réputation de la région. Prélude indispensable à la visite des dolmens et menhirs alentour, vous y découvrirez aussi la vie quotidienne à la période néolithique (5000-2200 av. J.-C.). Ne manquez pas les grandes haches en jade alpin, les parures polies importées d'Espagne ou du Portugal... autant d'objets de prestige, témoins de l'époque où Carnac était un grand centre européen de pouvoir et de richesse, au début du Ve millénaire av. J.-C.... Visites guidées à thèmes, ateliers familiaux, démonstrations de techniques préhistoriques ou encore conférences sont également au programme de ce musée très instructif. Un incontournable.

■ LES PLAGES
Carnac offre cinq belles plages (la grande plage, Beaumer, Ty Bihan, Saint-Colomban et la Légenèse) agréablement abritées et réputées pour leur sable fin, leurs pentes douces ou encore la clarté de leurs eaux. Patrimoine naturel exceptionnel, le littoral carnacois est préservé. Des zones de baignade sont surveillées sur la grande plage et la plage de Saint-Colomban pendant la saison estivale. Carnac c'est aussi la baignade pour tous grâce au label Tourisme et Handicap.

■ LE TUMULUS DE SAINT-MICHEL
Edifié vers 4500 ans avant Jésus-Christ, le tumulus Saint-Michel mesure 12 mètres de haut, 125 mètres de long et 60 mètres de large. Ont été découverts sous cet amas de terre et de pierres : un dolmen, deux chambres funéraires, une quinzaine de coffres de pierre remplis d'ossements ainsi que des haches, des poteries et des bijoux exposés au Musée de la Préhistoire. Il est un magnifique point

d'observation sur la région, agrémenté d'une table d'orientation. L'intérieur du tumulus est actuellement fermé au public au public en raison de travaux.

Le couvert

■ LE BOLÉRO
23, avenue Miln
© **02 97 52 26 72**

Fermé de septembre à mars. Ouvert tous les jours pendant les vacances scolaires en service continu. Service jusqu'à 23h en saison. Ouvert samedi et dimanche en octobre et mars. Menus à partir de 21,50 € + carte. Chèque Vacances, Chèque Restaurant. Accueil des groupes (jusqu'à 20 personnes sur réservation). 50 couverts en terrasse. Carte bilingue. Voisin du cinéma Rex, l'établissement est à la fois un bar, une brasserie et une crêperie. Tous les produits sont frais et cuisinés maison, et les galettes et les crêpes sont préparées minute avec de la farine biologique bretonne. Galette Saint-Jacques et sa fondue de poireaux, salades repas, filets de rouget et ses tagliatelles au pesto, moules (marinière, bretonne, curry...), assiettes et plateaux de fruits de mer, omelettes ou glaces artisanales sont quelques incontournables de la carte. Le bar quant à lui propose un large choix de cocktails avec ou sans alcool.

■ CAFÉ DEL SOL
44, avenue de Port-an-Drô © **02 97 58 89 48**
Ouvert à l'année. Ouvert tous les soirs d'avril à septembre et le week-end hors saison. Grande terrasse de 40 places. Yannos et toute son équipe vous accueillent au Café del Sol, bar à vins-tapas-restaurant à la décoration chaleureuse et cosy situé à Carnac-Plage, dans une rue parallèle au front de mer, derrière l'hôtel Le Diana. Dans une ambiance bodega espagnole, vous dégusterez ici différentes spécialités maison inspirées de la péninsule ibérique. Charcuterie en provenance d'Espagne, tapas chaudes comme les chipirones (petits calamars en friture), tapas froides à l'instar *del pan tostalo con tomate y jamon* (pain toasté, confit de tomates séchées, jambon ibérique), mais aussi des plats tels que la gardienne au bœuf mijoté sans oublier les desserts comme l'incontournable café gourmand, sont autant de spécialités qui méritent d'être découvertes. Enfin, la très belle cave à vins avec son mur impressionnant de bouteilles, invite au voyage.

CRÊPERIE "AU PRESSOIR"

Fabrication artisanale et cadre rustique

✳✳✳
✳✳✳

Ferme du Ménec - 56340 CARNAC
Tél. **02 97 52 01 86**

Retrouvez toutes les infos sur la page Facebook Café del Sol Carnac. Adresse et accueil des plus sympathiques.

■ LA CALYPSO
Anse du Pô ✆ **02 97 52 06 14**
www.calypso-carnac.com
♿

Fermeture annuelle de mi-novembre à début février. Basse saison : ouvert du mardi au samedi ; le dimanche midi. Haute saison : du mardi au dimanche. Service tardif en saison. Carte : 55 € environ. Quel charme ! Le cadre paisible, déjà, au sein des parcs à huîtres du Pô, ensuite la maison elle-même, basse, typique, et enfin le décor, intime, cosy, bon enfant que vient tiédir la douce chaleur du feu de cheminée. Quelques bigorneaux aident à patienter en faisant son choix. Tous les poissons (turbot, barbue, sole, rouget, lotte... 10 à 12 variétés de poissons selon arrivage d'Etel), tendres viandes et divinissimes homards à peine sortis du vivier sont grillés à la cheminée et devant le client, gage majeur de qualité. Le saint-pierre, les brochettes de Saint-Jacques ou de lotte, la sole et l'entrecôte se grillent dans l'âtre tout comme le homard (une spécialité de Marc Brosolo). Le carpaccio de bar et les huîtres chaudes sont parfaits, le gratin de langoustines excellent sans oublier les fruits de mer. Un dessert pour finir en beauté tel que les merveilleuses fraises flambées (en saison) et l'on sort l'humeur joyeuse, et en plus si vous avez la chance de croiser une célébrité parmi la clientèle, c'est la cerise sur le gâteau ! Hautement recommandable, chaudement recommandé. Parking.

■ LE COSY
2, rue Saint-Cornely ✆ **02 97 52 60 84**
restaurantlecosy@bbox.fr
Ouvert toute l'année. De 12h à 14h30 et de 19h à 22h. Menus de 12,90 € à 16,50 €. Menu enfant : 8,50 €. Formule du midi : 10,50 € (deux plats et 13,10 € 3 plats). Chèque Vacances, Chèque Restaurant. Accueil des groupes (jusqu'à 16 personnes sur réservation). 2 salles dont une à l'étage. Cour intérieure 30 couverts. Wiifi gratuit.
On peut dire que le restaurant de Gwenola et Jonathan ; avec sa décoration chaleureuse et moderne, ses salles où s'exposent en permanence ici et là peintures d'artistes locaux ou encore sa charmante cour intérieure petit paradis aux beaux jours ; porte bien son nom ! Vous y dégusterez une cuisine traditionnelle travaillée principalement à partir de produits frais : terrine bretonne aux

Saint-Jacques, jarret d'agneau saveur ail et thym et son écrasée de pommes de terre aux olives, fricassée de la mer sauce chablis, cœur fondant au chocolat... sont au menu. En juillet et août, Le Cosy assure service continu et salon de thé l'après-midi.

■ CÔTÉ CUISINE
36, avenue de la Poste ✆ **02 97 57 50 35**
www.cotecuisine-carnac.fr
Ouvert toute l'année. De mi-septembre à mi-juin, fermé lundi et mardi. De mi-juin à mi-septembre, fermé le lundi. Menus de 34 € à 40 €. Formule du midi : 22 € (entrée-plat ou plat-dessert et formule entrée-plat-dessert à 29 €). Sauf le dimanche). Accueil des groupes (jusqu'à 25 personnes sur réservation). Terrasse côté jardin de 20 couverts. Salle de réception.
Laëtitia et Stéphane Cosnier vous accueillent au sein de l'hôtel Lann Roz, dans un restaurant à la décoration contemporaine et élégante. On y déguste une cuisine soignée, mitonnée avec des produits frais, ce qui explique que la carte change ici assez régulièrement. Lomo de thon aux épices, pluma iberica (cochon bellota) snackée et ses pommes agata et encornets, lotte rôtie pulpe de courgette et pâte de citron ou encore croustillant choco-framboise et son sorbet étaient à la carte lors de notre passage. A découvrir.

■ CREPERIE AU PRESSOIR
Ferme du Ménec ✆ **02 97 52 01 86**
Ouvert d'avril à septembre. Ouvert tous les jours. Fermé le lundi et le mardi en mai et juin.
Tout près d'un site exceptionnel, l'établissement se situe face aux alignements du Ménec, venez passer un agréable moment dans cette crêperie familiale depuis 1968 ! Vous y dégusterez, dans une ferme de fin XIXᵉ siècle et dans un cadre rustique, une cuisine faite avec amour, où toutes les galettes sont préparées à base de farine artisanale bretonne pure blé noir. Toutes les crêpes sont faites à la minute pour une garantie de fraîcheur. Vous vous trouverez face à un choix cornélien : je prends la complète ou l'andouille pomme de Plouharnel. La chocolat maison ou la beurre sucre ? Quelle que soit votre décision, il vous sera servi du cidre bouché artisanal bretonde la Gacilly médaillé au Salon de l'Agriculture 2008 pour accompagner. Cette « 100 % crêperie » comprend une terrasse et un jardin donnant sur un bel espace de liberté pour les enfants. Excellent accueil et très bon rapport qualité-prix.

MORBIHAN

■ **LE FLAMINGO**
35, avenue de Port-en-Dro
Carnac-Plage
℡ **02 97 52 73 25**
www.flamingo-carnac.com
Basse saison : ouvert du vendredi au dimanche le soir jusqu'à 1h. Haute saison : tous les jours le soir de 18h à 2h. D'avril au 1er juillet, fermé lundi et mardi. Menus de 19,90 € à 27 €. Accueil des groupes (jusqu'à 100 personnes sur réservation). Terrasse (80 couverts).
Ambiance garantie dans ce restaurant à la déco très nature et très sympa qui rappelle celle d'un chalet de montagne. L'accueil de Laurent et Magalie, les maîtres à bord depuis le 5 février 2010, est à l'unisson des lieux, très chaleureux ; les spécialités de la maison, mitonnées uniquement avec des produits frais, quant à elles sont à découvrir... A la carte, vous aurez le choix par exemple entre des pizzas celtes faites au blé noir – à noter que Gwenael qui les réalise a participé au championnat de France des pizzaiolo – comme la Ouessant (fromage, oeuf, champignons, asperges, saumon, crème fraîche, basilic) ou la Houat (fromage, œuf, champignons, calamars, thon, Saint-Jacques, crevettes) ; des viandes grillées VBF comme l'éminé de bœuf à la mexicaine, l'onglet à l'échalote ou la « Flamingo partie » (un assortiment de viandes grillées : cœur d'entrecôte, tranche de lard, chipolats, merguez) servies avec une salade, des frites et une sauce barbecue entre de nombreuses autres ; la cotriade du Flamingo (filet de julienne, filet de saumon, langoustines, moules, Saint-Jacques, riz, salade) ; l'incontournable choucroute de la mer, grande spécialité des lieux, ou encore l'un des desserts maison comme la crème brûlée. Un petit Irish-café avant de partir, autre grande spécialité du Flamingo, et l'on repart d'ici ravi ! Bon à savoir, une fois par mois le restaurant propose une soirée concert.

■ **L'ESTAMINET**
73, rue Saint-Cornely ℡ **02 97 52 19 41**
Ouvert toute l'année. Haute saison : tous les jours. Formule du midi : 10,90 € (entrée-plat ou plat-dessert et formule entrée-plat-dessert à 12,50 €. En semaine). Carte le soir. Terrasse côté jardin de 20 couverts. Parking privé gratuit.
Nolwenn et Michel vous accueillent chaleureusement à l'Estaminet, restaurant sympathique qui bénéficie d'une agréable terrasse côté jardin de 20 couverts. En ces lieux, on essaye de travailler principalement des produits frais et les spécialités qui en découlent sont savoureuses et bien exécutées (gambas flambées, poisson frais (dorade ou bar rôtis), brochettes de Saint-Jacques, cuisses de grenouille ou encore moules en saison sont les fers de lance de la maison. L'Estaminet propose également une carte de pizzas – à consommer sur place ou à emporter – sans oublier les desserts comme le croustillant de fruits rouges ou le fondant au chocolat. A découvrir.

■ **LA TERRASSE**
86, avenue des Druides
℡ **02 97 52 12 29**
Ouvert toute l'année. Basse saison : du jeudi au lundi. Haute saison : du mardi au dimanche. Service tardif en saison. Chèque Vacances. Accès wifi.
Cette pizzeria-grill située à 100 m de l'office de tourisme de Carnac plage propose les seules pizzas cuites au feu de bois de la ville. Pour se mettre en bouche, on peut commencer avec un apéritif maison. Une sélection de vins français et italiens achetés directement à la propriété vous sont également proposés. Outre la Calabraise ou la pizza Léo, on pourra déguster des grillades notamment l'entrecôte d'origine française VBF servie sur une planche à découper. En été, on profitera de la petite terrasse. L'établissement propose également ses pizzas en emporter.

Rochers

■ LA POÊLE À CRÊPES
56, avenue des Druides ✆ **02 97 57 95 35**

♿

Ouvert de mars à novembre. Basse saison : ouvert du jeudi au lundi. Ouvert tous les jours pendant les vacances scolaires. Service tardif en saison. Chèque Vacances, Chèque Restaurant. 50 places en terrasse. Anglais parlé.

Décoration originale et plaisante, faite ci-et-là de moulins à café, cocottes, tiroirs et autres objets d'autrefois, pour cette crêperie située dans la galerie des Radh-Coët. L'accueil, le service, sont impeccables ; et le plaisir se poursuit dans l'assiette où l'on découvre des produits frais, bien cuisinés par la maison qui vous régale de sa pâte à galette préparée de façon artisanale. Parmi ses spécialités, vous avez la Queue d'cochon (saucisse artisanale grillée, oignons rissolés), la Cul d'Poule (lard grillé, fromage, sauce roquefort maison), celle à l'émincé de poulet et ses champignons frais sauce curry mais aussi la liberté de composer vous-même votre galette au gré de vos envies. A la carte également des salades repas, sans oublier les crêpes comme la délicieuse Econome (pommes poêlées, caramel au beurre salé maison Caramelix et crumble de palets bretons). Adresse à découvrir.

■ LA POTION MAGIQUE
Rue Saint-Cornely ✆ **02 97 52 63 46**
creperie.lapotionmagique@gmail.com
Ouvert toute l'année. Labellisée Crêperie Gourmande depuis février 2012. Service tardif en saison. Chèque Vacances, Chèque Restaurant. Accueil des groupes (jusqu'à 12 personnes sur réservation).
Voilà une bonne maison qui s'est fait une spécialité de la galette… Banal ? Non, car la farine de blé noir est ici traditionnelle. Pour garantir une fraîcheur de produits, les galettes sont préparées à la demande. A découvrir la galette noix de Saint-Jacques flambées au cognac sur une fondue de poireaux, la sardine épinard tomate et la galette jambon fumé. Pour le dessert, on peut se laisser tenter par la cornelly, avec ses pommes rissolées au beurre et caramel maison. Un vrai bonheur ! Pour terminer agréablement son repas, qui peut être servi par beau temps sur la terrasse ensoleillée de 30 couverts, la maison offre à ses clients sa potion magique chouchen et crème de cassis. Etonnant ! Pendant ce temps, les enfants peuvent participer au grand concours de dessins pour voir ensuite épingler au mur leur chef-d'œuvre. A souligner

que l'établissement a reçu la médaille d'or au trophée de la gastronomie bretonne en septembre 2005. Vous la trouverez au centre-ville, à 100 m de l'église, en direction de Plouharnel. Adresse hautement recommandée.

Le gîte

■ LE PLANCTON***
12, boulevard de la Plage ✆ **02 97 52 13 65**
www.hotel-plancton.com

♿ 🛏 🍴

Fermé du 1er novembre au 12 avril. 29 chambres. Chambre double de 110 € à 188 €. Petit déjeuner inclus. Parking fermé : 5 €. Hôtel non-fumeur. Chèque Vacances. Wifi. Sauna.
Ce bel établissement situé en front de mer et face à la baie de Quiberon offre un très bon confort. Les chambres possèdent toutes une salle de bains, un sèche-cheveux, une télévision, le téléphone et l'accès Wifi, et certaines disposent même d'un balcon face à la mer. De mi-juin à mi-septembre une petite restauration est proposée le midi au bar ou en terrasse. L'établissement dispose d'une salle de séminaire et pour vous détendre, pourquoi ne pas aller faire un petit tour à l'espace fitness ou au sauna ?

MORBIHAN

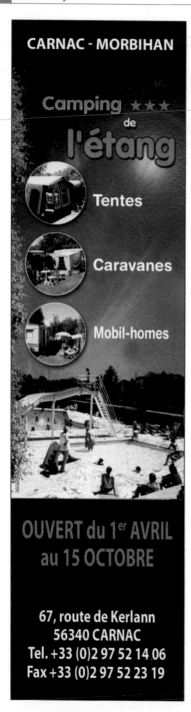

Campings

■ **CAMPING DE L'ÉTANG**
67, route de Kerlann
☎ **02 97 52 14 06**
www.camping-etang.fr

Ouvert du 1ᵉʳ avril au 15 octobre. Emplacement + véhicule + 1 personne de 4,80 € à 7 €. Mobile homes de 230 € à 660 € la semaine. Personne supplémentaire de 3,10 € à 5,30 €. Chèque Vacances. Jeux pour enfants. Salle de bains pour bébés. Animaux acceptés. Wifi. Animation.
Dans un site calme et verdoyant, à quelques km de la Baie de Quiberon et du Golfe du Morbihan, à deux pas des alignements de Carnac et à 3 km des plages, ce camping familial depuis 1969 offre 165 emplacements délimités par des haies ainsi que des mobile homes tout confort avec salon de jardin et barbecue. Sur place, vous pourrez profiter des joies de la piscine chauffée avec toboggan (de mi-juin à début septembre), de la pataugeoire pour les plus petits ainsi que d'un tas d'autres loisirs tels qu'un terrain de boules, un chapiteau avec tables de ping-pong, baby-foot et flipper, un terrain de tennis ou encore un terrain multisports. Le camping de l'étang dispose d'une aire de jeux pour les enfants (balançoire, tourniquet, toboggan...), d'une aire de service pour camping-car, d'une friterie midi et soir en juillet et en août (sandwichs, frites, grillades, glaces...), d'un dépôt de pain et croissants tous les jours de fin juin à début septembre, d'une épicerie de dépannage, journaux... et organise de nombreuses animations : soirées dansantes, cochons grillés, spectacles de marionnettes... A noter également la réfection des sanitaires début 2012. Bonnes vacances garanties !

■ **CAMPING LE MEN DU**
Chemin de Beaumer
☎ **02 97 52 04 23**
www.camping-mendu.com

Fermé de novembre à mars. Emplacement + véhicule + 1 personne de 15 € à 23,50 €. Personne supplémentaire de 3 € à 5 €. Mobile homes de 220 € à 630 € la semaine ; chalets de 170 € à 420 €. Jeux pour enfants. Animaux acceptés (2 €).
Ce camping familial et convivial est idéalement situé à 150 m de la plage du Men Du, à 1 km de Carnac Plage et de tous commerces (restaurants, casino, discothèques, cinéma...), à 2 km du centre des Mégalithes et à 500 m d'un supermarché. Dans un cadre paisible et reposant, le Men Du offre des emplacements délimités, ensoleillés et ombragés, ainsi qu'un large choix de mobil-homes et de chalets où verdure, fleurs et arbres abondent. Sur place : en juillet et en août un bar snack (viennoiseries, journaux, boissons diverses, glaces) et des plats chauds à emporter (pizzas, moules, frites, poulet, crêpes...), une laverie (machines à laver et sèche-linge), un bloc sanitaire moderne et agréable, un terrain de boules ou encore de la documentation pour vos balades. A proximité, une multitude de loisirs : équitation,

golf, karting, location de cycles, quad et mini-motos, randonnées pédestres, squash, tennis… Un endroit qui promet des vacances réussies.

Loisirs

■ RANDONNÉES

Les sentiers de randonnée sont légions par ici. Vous trouverez à l'office du tourisme des plans de circuits, généralement avec un fascicule qui explique et détaille ce qu'il permet d'admirer comme sites ou monuments. A noter que l'office de tourisme de Carnac propose plusieurs idées séjours, notamment un séjour « Oxygène » qui comprend une nuit (hôtel, chambres d'hôtes ou camping), un petit déjeuner dans votre hébergement, un déjeuner ou un dîner saveurs de chez nous (boissons non comprises), un guide des sentiers et des grèves de Carnac pour vous guider dans vos balades et randonnées et la location d'un vélo (VTC ou VTT) pour 2 jours. Renseignements et tarifs à l'office du tourisme.

Détente, forme

■ CARNAC THALASSO & SPA RESORT
avenue de l'Atlantique
✆ **02 97 52 53 54**
✆ **01 53 21 86 11**
www.thalasso-carnac.com
Séjour hôtel et spa zen 6 nuits/4 soins à partir de 827 €
*(Prix par personne en chambre double à Carnac Resort Hôtel**).*
Cinq restaurants dont un diététique, trois hôtels, salon de coiffure, boutiques et un centre esthétique. Il existe différents types de cures : remise en forme, amincissement, postnatale, éclat santé, santé du dos, santé des jambes, anti-stress… Immense piscine d'eau de mer chauffée à 29°C ouverte au public (se renseigner sur les jours et horaires). L'eau de l'Atlantique et ses 60 oligo-éléments, puisée au large à 400 m, associée à une savante alchimie d'hydrothérapie, d'algothérapie, de kinésithérapie, de thalassothérapie régénère incontestablement l'organisme fatigué. Jets sous-marins, bains bouillonnants, douche à affusion, algues, aquajambes, sauna, hammam, bains en piscine d'eau de mer, etc., débloqueront une articulation rouillée, anéantiront les bourrelets de graisse, redonneront un éclat de jeunesse à votre visage, chasseront le stress. Le cadre est superbe. Terrasses exposées, harmonies des bois, clarté des cabines, confort cotonneux et l'on vous bichonne. L'accueil est particulièrement attentionné.

Sorties

■ CASINO
41, avenue des Salines
✆ **02 97 52 64 64**
www.lucienbarriere.com
Ouvert toute l'année. Tous les jours.
A partir de 20h, du jeudi au dimanche, place au black jack, à la roulette anglaise et au stud-poker. Le jeu de la

boule c'est tous les jours à partir de 20h, sauf le jeudi. Bar Les voiles tous les jours à partir de 11h et restaurant La route du sel avec une vue superbe sur les célèbres Salines du Bréno le dimanche de midi de 12h à 14h et tous les soirs de l'année de 19h30 à 23h… (ouvert le midi pour les groupes à partir de 15 personnes sur réservation). « Rien ne va plus, les jeux sont faits… ».

■ LE FLAMINGO
35, avenue de Port-en-Dro
Carnac-Plage
✆ **02 97 52 73 25**
www.flamingo-carnac.com
Basse saison : ouvert du vendredi au dimanche de 18h à 2h. Haute saison : tous les jours de 18h à 2h.
Plongez dans l'univers des années soixante avec ce bar-pub à la décoration USA Route 66 parfaitement réussie, l'endroit incontournable de Carnac qui peut accueillir jusqu'à 1 000 personnes par jour en saison ! Chaque soir des animations y sont proposées telles que des soirées à thème, des soirées dj ou encore des shows cadeaux, entre autres. Dépaysement et ambiance garantis. Une référence en la matière. A découvrir absolument.

Emplettes

■ TIBIDY
171, route du Pô
✆ **02 97 52 08 15**
www.tibidy-huitres.com
Depuis 1937 et trois générations, les Jenot sont ostréiculteurs. Aujourd'hui, Hervé et Maxime élèvent les huîtres plates ou Belons, et les huîtres creuses. Le site d'élevage peut se visiter (1h) et permet de découvrir le métier d'ostréiculteur, notamment à travers un film intitulé Du parc à table (17 min). Au programme également, une dégustation de 6 huîtres accompagnées de vin blanc. Pour les amateurs, il est possible d'acheter au détail ou de se faire expédier huîtres et coquillages sur toute la France. A noter que Tibidy a été une nouvelle fois primé au « Trophées de la Gastronomie Bretonne » de Quiberon en septembre 2009.

■ Dans les environs

Erdeven

Erdeven, cela vient du breton Ar Deuwen, qui signifie le pays de la dune.

C'est à sa pointe que la mer, après avoir baigné les côtes de Kerouiec et de Kerhillio, s'engouffre dans une ria et où elle devient ainsi la rivière d'Etel. Située au bord de l'Atlantique, Ederven est un espace privilégié entre terre et mer, haut lieu mégalithique avec un très riche patrimoine culturel.

Avec ses 8 kilomètres de plage de sable fin, la commune conjugue habilement les activités rurales traditionnelles et les activités liées au tourisme. L'arrière-pays fourmille de clavaires et de vieilles chapelles que l'on peut découvrir au fil des 80 km de chemins piétonniers et cyclables.

MORBIHAN

Ker-Ysta
Maison d'hôtes
Le Manémeur- 56410 Erdeven
02 97 55 97 20 - 06 16 71 73 71
contact@ker-ysta.fr
www.ker-ysta.fr

■ **OFFICE DE TOURISME D'ERDEVEN**
7, rue Abbé-Le-Barh ✆ **02 97 55 64 60**
www.ot-erdeven.fr
Basse saison : ouvert du lundi au samedi de 10h à 12h30 et de 14h à 17h. Haute saison : du lundi au samedi de 9h à 19h. Ouvert le dimanche (et les jours fériés en saison). Dans cet office du tourisme, vous pourrez réserver vos billets pour des croisières sur la Ria d'Etel, dans le Golfe du Morbihan ou pour visiter les îles de Belle-Île-en-Mer, Houat, Hoëdic et Groix. Vous pourrez également y acheter vos tickets pour le parc de Branféré à un tarif préférentiel ainsi que pour le Tire-Bouchon (train circulant de juin à septembre entre Auray et Quiberon). L'office dispose d'un accès wifi.

■ **CREPERIE DES DUNES**
Loperhet ✆ **02 97 52 39 10**
Ouvert le vendredi soir, le samedi et le dimanche de mai à mi-septembre, et ouvert tous les jours en juillet et en août. Service tardif. Pour la 28ᵉ année, toute la famille Le Guellec vous réserve un excellent accueil, dans un cadre fleuri, et vous présente des spécialités à base de farine artisanale bretonne. La crêpe Forestière avec champignons, fromage, crème, ail et persil, la Provençale à base de tomate fraîche, fines herbes, jambon et fromage, et l'Air de veine avec glace vanille, caramel maison au beurre salé, chantilly maison, amandes grillées, valent le détour. Le cidre qui accompagne ces délicieux plats est fabriqué maison. Cette « 100 % crêperie » se situe entre Erdeven et Plouharnel et comprend un grand parking, une grande terrasse ensoleillée ainsi qu'un espace jeux pour les enfants. Une adresse à découvrir.

■ **L'ESCALE GOURMANDE**
8 bis, place de Kerhillio ✆ **02 97 24 42 03**
www.restaurant-itinerant.fr
Ouvert tous les soirs d'avril à octobre, sauf lundi et mardi. Ouvert midi et soi en juillet et en août sauf le mardi et le mercredi midi. Menu plat-dessert à 17 €, menu entrée-plat à 19 € et menu entrée-plat-dessert à 22 €. Chèque Vacances. Accueil des groupes. Terrasse de 30 couverts. Grand parking. Anglais et espagnol parlés.

Philippe et Cathy Delépine, les propriétaires, ainsi qu'Audrey en salle, vous accueillent depuis juin 2011. Dans ce restaurant, qui porte bien son nom, on vous régale d'une cuisine maison délicieusement réalisée à partir de produits frais. La carte, qui change trois fois par an, peut par exemple proposer des ardoises de tapas – grandes spécialités des lieux – des burgers et frites maison, un pavé de saumon accompagné d'une ratatouille et d'un écrasé de pommes de terre aux noisettes, des moules de bouchot en saison ainsi que l'incontournable fondant au chocolat, son coulis maison et sa boule de glace. L'établissement propose également une belle carte de vins au verre – à consommer avec modération – en parfaite adéquation avec les mets qu'elle affiche. Cette excellente adresse est située à Kerillhio, à 500 m de la plage.

■ **KER-YSTA**
Le Manémeur
✆ **+33 6 16 71 73 71 / 06 16 71 73 71**
www.ker-ysta.fr
🌳
5 chambres. 75 €. Petit déjeuner inclus. Wifi. Table d'hôte sur réservation 28 € (apéritif-boisson-entrée-plat-dessert-café-tisane). Menu enfant 10 €. Parking privé. Anglais parlé. Prêt de vélos.
Depuis le 1ᵉʳ avril 2011, Yvonne Le Gall vous accueille chaleureusement dans sa maison d'hôtes Ker-Ysta, belle longère de 1622 rénovée avec soin, lovée au cœur d'un merveilleux jardin fruitier de 5 000m² (pommiers, cerisiers, pruniers, pêchers...), petit paradis des convives comme des oiseaux. Ker Ysta offre 5 chambres aux ambiances différentes, des chambres indépendantes et confortables, décorées avec goût. Le matin, vous vous délecterez de petits déjeuners copieux et gourmands composés des incontournables (thé, café, chocolat, jus d'oranges et de baguette, pain aux céréales, fruits, yaourts, corn flakes) et de délicieuses pâtisseries bretonnes maison (gâteau breton, far, financiers au sarrasin, quatre-quarts, crêpes...). Le soir, sur réservation, Mme Le Gall vous accueille à sa table d'hôtes pour vous régaler de saveurs bretonnes dont elle a le secret, et il est aussi possible de lui commander un pique-nique (la veille) pour profiter de vos escapades en toute tranquillité (prêt de vélos). Un salon d'hôtes agrémenté d'une cheminée et équipé d'un réfrigérateur, d'une bouilloire et d'une cafetière est également à votre disposition tout au long de la journée, sans oublier le jardin, propice à la détente. La garantie d'un séjour agréable et reposant.

■ **L'IDEAL*****
Route de la Plage
✆ **02 97 55 67 66**
www.camping-l-ideal.com
Fermé du 30 septembre au 6 avril. 30 emplacements. Emplacement + véhicule + 1 personne à partir de 13 €. Emplacement + véhicule + 1 personne à partir de 5 €. Mobile homes de 260 € à 819 € la semaine ; chalets de 345 € à 819 €. Appartements de 275 € à 765 € la semaine selon la catégorie et la saison. Animaux acceptés (5 €).

L'Idéal pour vos vacances ? C'est vrai que ce charmant camping familial et convivial – avec ses 30 emplacements seulement – a de nombreux atouts pour séduire. Une situation géographique privilégiée à 800 m de la plage (à mi-chemin entre Lorient & Vannes, au pied de la presqu'île de Quiberon), des emplacements verdoyants et fleuris, une piscine couverte et chauffée avec bain enfants et solarium, un espace de remise en forme, une salle de jeux avec télévision, une table de ping-pong, des sanitaires confortables (cabine pour personnes handicapées), etc. Sur place, vous pourrez au choix planter votre tente, louer un mobil-home, un chalet ou encore un appartement entièrement et parfaitement équipé. L'Idéal pour vos vacances !

Locmariaquer

En breton, Locqmariaquer signifie le lieu où demeure Marie. Idéalement placé à l'entrée du golfe du Morbihan et de la rivière d'Auray, Locmariaquer devint naturellement le berceau de l'ostréiculture lorsqu'au milieu du XIXᵉ siècle les bancs naturels d'huîtres plates commencèrent à s'épuiser. Napoléon III chargea alors le scientifique Coste d'endiguer cet appauvrissement alarmant par des recherches dont découlèrent la technique du captage de naissains puis celle de leur élevage en parcs. Dans les années soixante-dix, la présence d'un parasite nommé martella sonna presque le glas de l'huître plate. Dès lors, les ostréiculteurs se tournèrent vers l'huître creuse, ou gigas, importée du Japon et élevée aujourd'hui par une quarantaine d'exploitations sur la commune. La fameuse belon ne se trouve plus aujourd'hui qu'en de rares endroits, notamment en Baie de Quiberon, où elle est élevée en eaux profondes. Mais la vocation ostréicole de Locmariaquer doit partager la vedette avec le patrimoine mégalithique, en particulier la fameuse table des marchands, le Grand Menhir Brisé ou le Tumulus d'Er Grah, entre autres.

■ OFFICE DU TOURISME
1, rue de la Victoire ✆ **02 97 57 33 05**
www.ot-locmariaquer.com
De janvier à mars et d'octobre à décembre, ouvert du lundi au vendredi de 9h à 12h et de 14h à 17h30, le samedi de 9h30 à 12h30. D'avril à septembre, ouvert du lundi au

samedi de 9h à 12h30 (13h l'été) et de 14h à 17h30 (18h l'été). Ouvert le dimanche (en juillet et août de 10h à 13h).

■ LE SITE DE LA TABLE DES MARCHANDS
Basse saison : ouvert de 10h à 12h30 et de 14h à 17h15. En mai et juin : ouvert de 10h à 18h, en juillet et août de 10h à 18h30. Fermeture de la billetterie 30 min avant. Gratuit jusqu'à 26 ans. Adulte : 5,50 €. Label Tourisme & Handicap. Lieu adapté aux personnes en situation de handicap mental même s'il n y a pas d'aménagement prévu. Visite guidée (sans supplément au droit d'entrée ou visite libre).
Le site de la Table des Marchands regroupe trois familles de monuments mégalithes érigés entre 4700 et 3800 ans avant Jésus-Christ : le dolmen de la Table des Marchands (tombe à couloir de 7 m de long et de 1,40 m de hauteur à l'entrée, restaurée et recouverte de son cairn), le Grand Menhir Brisé (le plus grand monolithe jamais construit par l'homme à cette époque : 280 tonnes pour 20,60 m) et le tumulus d'Er Grah, une sépulture individuelle fermée aux dimensions impressionnantes (140 m de long) découverte lors de fouilles réalisées sur le site en 1986.

■ LAGARGOTE
Lieu-dit Scarpoche ✆ **06 63 41 73 89**
www.lagargote-restaurant.com
Ouvert toute l'année. Du mercredi au lundi. Service tardif. Menus de 16,90 € à 26 €. Accueil des groupes (jusqu'à 50 personnes sur réservation). Que l'on se sent bien dans la décoration toute à la fois intime, cosy et chaleureuse de LagargOte, le restaurant de Florence, maîtresse des lieux depuis le 13 avril 2011, situé à 10 minutes d'Auray et à 5 minutes de la Trinité-sur-Mer. Et ce que l'on aime ici aussi par-dessus tout, c'est que le plaisir des papilles est associé à celui des yeux, puisqu'on ne travaille ici que des produits frais et bien évidemment cuisinés maison. Douzaine d'huîtres de Locmariaquer d'Erwan Frick, salade du pêcheur, assiette du boucher, cocotte de poisson du jour, choucroute de la mer, tartare coupé au couteau, pizzas (20 à la carte à consommer sur place ou à emporter) sans oublier les desserts maison (crumble, tiramisu...)... sont autant de succulences à consommer sans modération. A ne pas manquer, les dîners concerts particulièrement réussis qui ont lieu deux fois par mois.

MORBIHAN

Entrée du dolmen La Table des Marchands

■ **HOTEL-RESTAURANT LAUTRAM**
Place de l'Eglise ✆ 02 97 57 31 32
www.hotel-golfe-morbihan.com
Fermé d´octobre à mars. 24 chambres. Chambre double de 43 € à 96 €. Demi-pension. Petit déjeuner : 7,50 €. Animaux acceptés (4 €).
Cet hôtel-restaurant deux étoiles est situé en face à l'église et à trente mètres du port. Il propose vingt-quatre chambres, quatorze dans l'hôtel (une majeure partie d'entre elles ont été rénovées en 2008), dont une familiale de cinq personnes, et dix dans une annexe située à deux pas de la plage. Les chambres se composent de douche ou bains, WC, téléphone, télévision, et, pour information, toutes les chambres de l'annexe donnent sur un bien agréable jardin.

■ **CAMPING DE LA TOUR**★★
Route de Kérinis ✆ 02 97 57 40 62
www.camping-delatour.com

Fermé du 1ᵉʳ novembre au 31 mars. Terrain de 1 ha. Emplacement à partir de 3 €. Véhicule à partir de 2,90 €. Personne supplémentaire à partir de 3,90 €. Mobile homes de 230 € à 510 € la semaine ; caravanes de 260 € à 330 €. Chèque Vacances. Salle de bain pour bébés. Animaux acceptés (chien 1,30 €).
Ce camping familial d'un hectare est idéalement situé à 300 m de la mer et à 2,5 km des plages et des dunes de Saint-Pierre. Il offre des emplacements spacieux (de 90 m² à 100 m²) et délimités, et propose à la location des caravanes et des mobil-homes parfaitement équipés (vaisselle, couverture, salon de jardin, frigo, cuisinière ou réchaud, prêt de barbecue...). Le camping assure de nombreux services : douches chaudes gratuites, accès facilité pour les personnes handicapées, machines à laver, service courrier, dépôt de pain, boissons et glaces, frites... Côté loisirs, le camping de la Tour propose des animations en soirées, des concours de pétanque et dispose de jeux pour enfants.

Ploemel

Le nom vient du breton *ploe* qui signifie paroisse et de Emel, qui était un chef d'émigrés bretons venus s'implanter vers le VIIᵉ siècle. Il s'agit probablement de la ploue fondée par saint Meir, inconnu par ailleurs, mais qui pourrait être rapproché du latin Marius. La commune compte de nombreux bois et sous-bois, propices à d'agréables promenades cyclistes et pédestres, de même que le plan d'eau et le parc de Mané Bogad. Plusieurs chapelles et fontaines sont à découvrir comme celles de Saint-Cado et celle de Saint-Laurent. A voir également, la chapelle Notre-Dame-de-Recouvrance.

■ **RÉSIDENCE MAEVA LES COTTAGES DU GOLF**
Saint-Laurent
✆ 0 891 70 13 22
lcg@maeva.com

105 logements (cottages du 2 pièces 5 personnes au 3 pièces 6 personnes). De 261 € à 1470 € la semaine. Club enfants. Sauna.

Lovée en plein cœur du golf de Saint-Laurent, dans un écrin de verdure particulièrremment calme et joliment fleuri situé à 7 km de la plage Kerhilio, la résidence offre 105 cottages de 5 à 6 personnes, modernes et au confort sans failles : baignoire ou douche, balcon ou terrasse, coin cuisine, plaque de cuisson électrique, lave-vaisselle, four à micro-ondes, réfrigérateur, télévision avec chaînes nationales et mobilier de jardin. Paradis de la détente, vous pourrez profiter pleinement du soleil installé sur l'un des nombreux transats disséminés ici et là, sur la plaisante terrasse qui encercle la piscine extérieure chauffée (de mi-juin à mi-septembre). De nombreuses autres infrastructures, gratuites et payantes, sont également à votre disposition : tables de ping-pong, aire de jeux pour enfants et club pour les 6-12 ans (en juillet et en août), bassin pour enfants, sauna, boulangerie, laverie... Son cadre champêtre en fait un lieu propice aux balades à pied ou à vélo. Un véritable havre de paix.

■ **GOLF DE SAINT-LAURENT**
Saint-Laurent ✆ 02 97 56 85 18
http://hotel-golf-saint-laurent.com
Restauration. Boutique.
Au parc de loisirs de Saint-Laurent, ce joli golf se situe dans un cadre de vallons, de bois et de pins. A noter, son cheminement de toute beauté et la qualité de son entretien (gazon verdoyant, départs fleuris, sous- bois dégagés...) qui lui ont d'ailleurs valu d'être sélectionné pour accueillir les championnats de France Professionnels de 1988 et 1989 ainsi que l'omnium National de 1995. Parcours de 18 trous (par 72, 6128 m) pour les champions, et un 9 trous (par 35, par 2705 m) pour les joueurs de tous niveaux. Sur place, boutique et restaurant.

Plouharnel

■ **CARNAC LODGE HOTEL**★★★
Route de Carnac – Kerhueno
✆ 02 97 58 30 30 – www.carnaclodge.com
20 chambres (et mini-suites). De 90 € à 160 €. Petit déjeuner : 10 €. Parking fermé.
Dans un cadre calme et reposant au cœur d'un écrin de verdure, ce petit hôtel lodge plein de charme et d'élégance est situé entre Carnac et Plouharnel. Il offre 20 chambres et mini-suites, personnalisées et de grand confort, cosy et douillettes, équipées d'un accès wifi gratuit, d'un téléphone direct, d'un téléviseur lcd, d'un lecteur de DVD (prêt de dvd), d'une grosse couette moelleuse pour de douces nuits, et il dispose d'un salon avec cheminée. Les petits déjeuners aux accents exotiques, que vous pourrez savourer dans le salon donnant sur le jardin ou dans votre chambre, sont copieux et gourmands et il n'est pas de plus grand plaisir que de se prélasser au bord de la piscine, à part peut-être les soins de relaxation myo-énergétique (Shiatsu, Thaï, Shiatsu à l'huile...) que dispense le Lodge... L'établissement, joliment décoré d'expositions permanentes de peintres et d'artistes, réserve un accueil et un service attentifs. Au Carnac Lodge Hôtel, dont les maîtres mots sont harmonie, bien-être et détente, c'est l'assurance de vivre un moment privilégié.

La Trinité-sur-Mer

Le port principal de la côte des Mégalithes est celui, mondialement connu, de La Trinité-sur-Mer, rendez-vous incontournable de la plaisance et des grands noms des courses au large : Laurent Bourgnon, Francis Joyon, Loïc Peyron ou encore Marc Guillemot. La Société Nautique de La Trinité-sur-Mer est le premier club au classement de la Fédération française de Voile, et ce depuis plusieurs années. Elle organise des journées régates, mais c'est aussi une école de voile qui accueille les petits comme les grands. Déjà ancienne, l'ostréiculture est extrêmement présente : c'est une des activités professionnelles les plus florissantes aujourd'hui, particulièrement dans la rivière de Crac'h, où se récolte l'huître creuse. L'huître plate de rivière, appelée Belon, est attestée ici dès le VIIIe siècle. Le pont de Kerisper qui enjambe la rivière de Crac'h offre la possibilité de jeter un coup d'œil incomparable sur la baie de La Trinité. Le pont actuel, qui date de 1956, a remplacé celui construit par G. Eiffel en 1901 et détruit par les Allemands en 1944. Le panorama est superbe.

■ **OFFICE DE TOURISME**
30, cours des Quais
℡ **02 97 55 72 21**
www.ot-trinite-sur-mer.fr
Basse saison : ouvert du lundi au samedi. Haute saison : tous les jours.

■ **L'AZIMUT**
1, rue du Men-dû
℡ **02 97 55 71 88**
www.lazimut-latrinite.com
Basse saison : ouvert du jeudi au lundi le midi et le soir. Haute saison : le lundi soir ; du mardi au dimanche le midi et le soir. Menus de 28 € à 60 €. Formule du midi : 16,50 € (21 € et 26 €. Du lundi au samedi sauf fériés).
Le restaurant de Véronique et Rudy Deniaud a vue sur mer grâce à une grande terrasse ensoleillée et sa nouvelle décoration toujours dans l'esprit marin. Cette excellente adresse offre une cuisine gastronomique de mer et de terroir. La carte évolue en fonction des saisons. Poissons et crustacés grillés au feu de bois dans la cheminée sont parmi les grandes spécialités de la maison (bar grillé au beurre blanc, homard grillé sauce corail). Au menu, s'affichent élégamment pressée de foie gras et artichaut Camus, pain toasté aux olives ; compression de chair de tourteau, caviar d'aubergine légèrement fumé, monté à l'huile d'olive, verjus de tomate ; bar marqué côté peau pour un petit pois menthe, quelques coquillages dans leur jus et essence de citronnelle ; cochon fermier dans le filet, confit dans un bain d'épices douces, jus léger au miel, pommes de terre nouvelles rôties au romarin entre autres délices... En dessert, n'hésitez pas à savourer le Parfait glacé cacahuète en coque de chocolat noir, Chantilly café, brisure de brownie et beignet sucre cannelle. Tout un programme !

■ **LE GALET**
Saint-Philibert ℡ **02 97 55 00 56**
Fax : 02 97 55 19 77
www.legalet.fr

21 chambres (dont 2 suites et 1 chambre pour personne à mobilité réduite). Chambre double de 80 € à 130 € ; suite de 165 € à 245 €. Petit déjeuner buffet : 13 €. Lit supplémentaire : 25 €. Garde d'enfants. Animaux acceptés (12 € par jour). Wifi gratuit. Bain bouillonnant, sauna.
Merveilleusement situé à 2 km du port de la Trinité, de Carnac, des plages et des écoles de voiles, cet hôtel de charme est un véritable havre de paix et de détente, un hymne au bonheur et à la relaxation : très grande piscine extérieure chauffée (serviettes à disposition), écrin de verdure de 7000 m², terrain de tennis, espace forme et bien-être (2 spas avec aromathérapie et chromothérapie, un sauna, une salle de fitness, salle de modelage et soins esthétiques) sans oublier la très belle terrasse propice aux bains de soleils ou encore le lounge bar, espace contemporain très agréable avec cheminée. L'hôtel offre des chambres à la décoration sobre et raffinée, des chambres de grand confort équipées de literie haut de gamme et de couettes, de salles de bains ou douche et toilettes, téléphone, télévision LCD, station d'accueil i-pod dans les suites, connexion Internet par wi-fi, coffre-fort (gratuit), sèche-cheveux, bureau et terrasses privées pour la plupart. Vous l'aurez compris, cet endroit est un petit paradis sur terre...

MORBIHAN

Le port

■ **CAMPING KERVILOR**
Route du Latz
KERVILOR
☎ 02 97 55 76 75
Fax : 02 97 55 87 26
www.camping-kervilor.com

Fermé du 24 septembre au 30 mars. 250 emplacements. Emplacement + véhicule + 1 personne de 9,95 € à 14,60 €. Emplacement + véhicule + 1 personne de 3,75 € à 5,55 €. Emplacement + véhicule + 1 personne de 2,65 € à 3,95 €. Locations de 270 € à 947 € selon la saison. Jeux pour enfants. Aire pour camping-cars. Wifi. Animation.

Le nec plus ultra en matière de camping. Un emplacement de rêve à 1,5 km du port de La Trinité et à 2 km des plages de sable fin, un cadre calme et verdoyant composés de 250 emplacements délimités – dont 68 mobil-homes tout confort – ou encore les nombreuses activités auxquelles vous pourrez vous adonner pendant votre séjour : piscine couverte chauffée, piscine avec toboggans aquatiques et multiglisses, patageoires, solarium avec chaises longues, tennis, aire de jeux, espace multisport, mini-golf, tables de ping-pong, bouloadromes, billards, jeux vidéo ou encore animations (en juillet et en août), bref, vous l'aurez compris tout a été pensé pour votre bien-être et votre détente. Côté services, l'établissement est là aussi à la hauteur : friterie avec plats à emporter, bar avec télévision, épicerie, dépôt de pain, laverie, aire de camping-car, wifi... sans oublier toute l'équipe qui se fera un plaisir de vous accompagner tout au long de votre séjour afin qu'il soit inoubliable. Kervilor est un point de départ idéal pour découvrir les merveilles du golfe et son ensemble mégalithique unique en Europe, la côte sauvage voire, une escapade sur les îles.

■ **CAMPING LES PALMIERS**
Kernivilit – Saint-Philibert
☎ 02 97 55 01 17
www.campinglespalmiers.com

Fermé du 16 octobre au 31 mars. Terrain de 3 ha. Exposition : ombragé. Emplacement + véhicule + 1 personne (avec 6 A) de 19,70 € à 23,50 €. Emplacement + véhicule + 1 personne de 16,10 € à 19,90 €. Mobile homes de 260 € à 795 € la semaine. Animation.

Un emplacement privilégié sur la côte, entre Carnac et Locmariaquer et à 1,5 km du port de La Trinité-sur-Mer, pour ce charmant camping installé dans une ancienne ferme bretonne, au cœur d'un écrin de verdure de 3 hectares. Dans une ambiance familiale et joyeuse, Les Palmiers vous proposent des emplacements délimités de premier choix, pour la plupart ombragés et spacieux, ainsi que des mobil-homes de grand confort et parfaitement équipés. Côté loisirs, petits et grands apprécieront la piscine chauffée et son bel espace aquatique (pataugeoire, toboggan, Jacuzzi, pentagliss, et un solarium) sans oublier les nombreuses animations qui sont proposées en juillet et août. Dans une salle au décor authentique avec ses belles poutres apparentes et son imposante cheminée en pierre, vous pourrez vous restaurer, de grillades, pizzas, salades, et autres plats, snack. Un bar est également à votre disposition pour des moments de détente et de convivialité. Une adresse idéale pour des vacances en famille.

Le Faouët

A 40 km de Lorient, 85 km de Vannes et 50 km de Quimper, Le Faouët est le chef-lieu de canton. De nombreux monuments ayant un intérêt architectural et culturel rendent cette petite étape charmante. Les halles, qui datent du XVIe siècle, se trouvent en plein cœur de la ville, entourées d'une rangée d'arbres. A proximité, dans une campagne sauvage et verdoyante, se niche la chapelle de Sainte-Barbe. Bâtie en 1498 dans le style gothique flamboyant, elle culmine au-dessus de profonds ravins où coule la rivière Ellé, rivière par ailleurs très populaire auprès des pêcheurs de truites et de saumons.

Aux alentours, la chapelle Saint-Fiacre mérite, elle aussi, une attention toute particulière. Le style gothique flamboyant caractérise une fois encore cet édifice qui dispose d'un clocher à pignon. Entre la nef et le transept de Saint-Fiacre, on peut admirer un jubé remarquable en bois sculpté, considéré comme le plus beau de France. Les multiples randonnées balisées de la région (pédestres, équestres ou cyclistes) permettent de découvrir des sites enchanteurs.

■ **OFFICE DE TOURISME DU PAYS DU ROI MORVAN**
3, rue des Cendres
☎ 02 97 23 23 23
☎ 02 97 23 13 75
www.tourismepaysroimorvan.com
Haute saison : ouvert du lundi au samedi de 9h à 13h et de 14h à 18h30 ; le dimanche de 9h à 13h.

Points d'intérêt

■ **L'ABEILLE VIVANTE ET LA CITÉ DES FOURMIS**
Kercadoret
☎ 02 97 23 08 05
www.abeilles-et-fourmis.com

Fermé du 12 novembre au 31 mars. Haute saison : ouvert de 10h à 19h. Gratuit jusqu'à 3 ans. Adulte : 7,50 €. Enfant (de 4 à 12 ans) : 5,50 €. Toilettes, parking. Visite guidée (pour les groupes sur rendez-vous). Boutique.
Une manière ludique de plonger dans l'étrange univers de ces insectes ! Côté abeilles, des ruches vitrées permettent d'observer sans danger les ouvrières chargées de pollen, les ventileuses et l'entrée de la ruche, ainsi que la reine et sa cour. Une collection d'anciennes ruches et de matériel d'autrefois permet de suivre l'évolution de l'apiculture. Côté fourmis, on découvre leurs mœurs selon les diverses espèces

(fourmis champignonnistes par exemple, qui transportent des morceaux de feuilles ou de pétales en respectant tout un parcours ; fourmis des bois, qui, dans une fourmilière géante, s'activent autour de leur grand dôme d'aiguilles de pins...). La boutique du musée propose différents produits de la ruche (miel, pollen, gelée royale, propolis, bougies, encaustique, cire...) ainsi que du pain au miel, du pain d'épice, du nougat et du chouchen fabriqués traditionnellement par la maison ; et le magasin d'apiculture offre tout l'équipement qu'il faut pour devenir un apiculteur digne de ce nom !

■ **LE MUSÉE DU FAOUËT**
1, rue de Quimper
✆ **02 97 23 36 75**
Fax : 02 97 23 36 74
www.museedufaouet.fr
Fermé de novembre à mars. Basse saison : ouvert du mardi au samedi de 10h à 12h et de 14h à 18h ; le dimanche et les jours fériés de 14h à 18h. Haute saison : tous les jours et les jours fériés de 10h à 12h et de 14h à 18h. Gratuit jusqu'à 12 ans. Adulte : 4,50 €. Parcours des chevalets : 6,50 €. Produit journée « à la découverte des peintres du Faouet » : 11 €. Visite guidée (6,20 € pour les individuels et 4,50 € pour les groupes).
Inauguré en 1987, le Musée du Faouet a pris ses quartiers dans un ancien couvent d'Ursulines du XVIIᵉ siècle. Sa collection de peintures, dessins, gravures et autres sculptures dépasse aujourd'hui les 400 œuvres. Elle est présentée par roulement lors des expositions temporaires. Pour cette année 2012, ce sont les œuvres d'Alfred Swiejkowski (1869-1953), post-impressionniste polonais, et Maurice Ménardeau (1897-1977), peintre de la Marine, qui seront à l'honneur. Les cinq salles d'exposition et la salle de conférences sont dédiées en majeure partie aux scènes de la vie quotidienne, aux costumes bretons et aux demeures paysannes.

Le couvert

■ **RESTAURANT KAN AR BILLIG**
17, rue du Soleil
✆ **02 97 23 24 83**
www.restaurant-kan-ar-billig.com
Ouvert toute l'année. Tous les jours le midi de 10h à 14h et le soir de 18h à 22h. Service continu l'été. Chèque Vacances, Chèque Restaurant. Accueil des groupes (jusqu'à 50 personnes sur réservation).
Cette crêperie, dont le nom signifie en breton « le champ de la plaque ou du galetoire », se situe au centre du Faouët, face aux halles. Elle a pour particularité d'utiliser des farines bretonnes 100 % naturelles et de cuisiner tous les produits devant le client. Venez découvrir la Ker Ys qui est une crêpe au blé noir aux crevettes et noix de Saint-Jacques flambées au whisky avec une crème de ciboulette persillée ou bien la Ster ellé à la truite et saumons fumés avec tranche de citron et sauce ciboulette ; et côté crêpe au froment, essayez par exemple la Karantez an drouis avec boule vanille, pêche et gelée des Druides ou la An heni du au chocolat, raisins et flambée au rhum. Vous ne serez pas déçus !

Vous pouvez également choisir une pizza à manger sur place ou à emporter ainsi que des viandes ou des salades. Tous les gâteaux proposés sont faits maison et peuvent être emportés. L'établissement, qui offre au regard une exposition permanente d'artistes peintres bretons, comprend une terrasse et une pergola côté jardin, et fait office de salon de thé en août. Sur place également, vente de produits traditionnels : cd de groupes locaux, chouchen, cidre...

■ **LE RELAIS DES HALLES**
19, rue du Soleil
✆ **02 97 23 16 20**
Didier et son équipe vous accueillent dans ce bar-brasserie-restaurant de 7h à 21h. Ils vous proposent une cuisine traditionnelle et familiale, et vous servent en salle ou en terrasse. Vous pourrez choisir des spécialités comme du veau maringo, du couscous ou le poisson du moment, et, tous les jeudis, de l'andouille de Guémené et sa purée maison. Vous pouvez aussi choisir une assiette kebab, une omelette, un steak-frites ou bien un repas végétarien. Quel que soit le plat commandé, laissez-vous tenter, pour finir, par le dessert maison : la crème caramel au beurre salé. Une carte de restauration rapide et de sandwichs est disponible si vous avez un petit creux en dehors des heures de repas.

Le gîte

■ **CAMPING MUNICIPAL BEG ER ROCH*****
Route de Lorient
✆ **02 97 23 15 11 / 06 89 33 75 70**
camping@lefaouet.fr

Fermé du 1ᵉʳ octobre au 12 mars. Emplacement + véhicule + 1 personne de 9,35 € à 13,90 €. Mobile homes de 216 € à 423 € la semaine. Chèque Vacances. Jeux pour enfants. Animaux acceptés.
Au cœur de la station verte de vacances que constitue Le Faouët, il s'étend sur trois hectares spécialement aménagés pour le confort et la détente. Les emplacements sont délimités et garantissent le calme. Un terrain de jeux satisfait petits et grands : volley-ball, ping-pong, terrain de boules, salles de jeux et mini-golf sont à la disposition de la clientèle. Son emplacement privilégié en bordure de rivière est idéal pour la pêche et les randonnées.

Loisirs

■ **RANDONNEES**
Pour les randonnées pédestres et cyclistes, des documents sont disponibles à l'office du tourisme (renseignements au tél. 02 97 23 23 23). Le club de cyclos randonneurs du Pays faouëtais a par exemple établi 5 circuits touristiques de 26 km à 87 km, qui permettent de découvrir les vallées de l'Ellé et du Scorff. A partir du Faouët, vous pouvez également accéder aux chemins situés sur les communes de Quemper-Guézennec, Lanleff, Saint-Jacques, Saint-Gilles-les-Bois et Trévérec.

MORBIHAN

▪ Dans les environs ══════════

Gourin

Le nom de Gourin vient de colline de Wraen ou Warhen, d'après le nom de l'échanson du roi Gradlon.. Appelée aussi « capitale des Montagnes Noires », il s'agit de la plus haute commune du Morbihan et représente aussi la transition entre le pays vannetais et la Cornouaille dont elle fut la plus grande paroisse jusqu'à la Révolution. Ce petit village est très attaché à ses traditions. La musique bretonne y est très présente, puisqu'il s'y déroule tous les ans, en septembre, le championnat de Bretagne de Musique traditionnelle, grand rendez-vous des sonneurs et chanteurs traditionnels. Le patrimoine architectural est également riche, notamment avec le domaine de Tronjoly, bâtisse du XVIIIᵉ siècle nichée dans un superbe parc, et ses nombreuses chapelles construites pour la plupart, au XVIᵉ siècle. Aujourd'hui Gourin est considéré comme la capitale de la crêpe, et la finesse de ses galettes est reconnue au-delà de ses frontières et la fête de la crêpe a lieu chaque année.

■ OFFICE DE TOURISME DU PAYS DU ROI MORVAN
24, rue de la Libération ✆ **02 97 23 66 33**
www.tourismepaysroimorvan.com
Haute saison : ouvert du lundi au samedi et les jours fériés de 9 h à 13 h et de 14 h à 18 h 30.

■ LA CHAPELLE SAINT-HERVÉ
Cette chapelle en pierre de taille (construite de 1518 à 1536) est un bel exemple de Renaissance bretonne avec sa tour-clocher complètement ajourée. Elle abrite une voûte lambrissée, des sablières ornées de motifs végétaux qui encerclent animaux et autres petits personnages ainsi que deux statues de saint Hervé, patron des bardes et des sonneurs qui selon la légende était un musicien de talent aveugle qui apprivoisa le loup qui avait dévoré son âne et qui en fit une bête de trait pour tirer sa charrue. Ce qui explique pourquoi, chaque année en septembre les meilleurs sonneurs de Bretagne s'affrontent à Gourin lors du championnat de musique traditionnelle.

■ LES MONTAGNES NOIRES
Cette région culminante du Morbihan (ensemble de pics rocheux, landes, forêts, vallées et autres ruisseaux), est la terre de toutes les légendes. L'atmosphère mystérieuse et secrète qui y règne entraîne, à qui sait l'entendre, l'esprit dans un autre monde, celui du fantastique et de la mélancolie, de l'énigmatique et de l'impénétrable. On raconte qu'au Rock' an Ankou surviennent d'inexplicables accidents et qu'on y entendrait parfois les grincements de roues de la charrette de l'Ankou (squelette armé d'une faux, serviteur de la mort en Bretagne). On dit aussi que le cheval du roi Arthur y fut enchaîné pendant 17 ans.

Kernascléden

Cette petite commune est surtout connue grâce à sa belle église, joyau de l'art gothique. Dans son voisinage, la romantique forêt de Pontcallec permet de superbes ballades pédestres.

■ ÉGLISE NOTRE-DAME
Vestige de l'architecture flamboyante bretonne, cette église paroissiale a commencé à être édifiée en 1420 pour être achevée en 1464. A l'intérieur, la nef possède une voûte en pierre, fait relativement rare en Bretagne pour être souligné. A l'intérieur, vous découvrirez des fresques murales représentant la vie publique de Jésus et la vie de la Vierge Marie, ainsi qu'une représentation de la danse macabre et de l'enfer. Thème très prisé au XVᵉ siècle, il ne reste aujourd'hui que deux danses macabres en Bretagne, la seconde se trouvant dans la chapelle de Locmaria-en-Inquist près de Plouha dans les Côtes-d'Armor.

■ LA MAISON DE LA CHAUVE-SOURIS
1, place de l'Eglise
✆ **02 97 28 26 31**
www.maisondelachauvesouris.com
Fermé de novembre à mars. Ouvert toute l'année sur réservation. Basse saison : ouvert de 14 h à 17 h 30. Haute saison : du mardi au dimanche et les jours fériés de 10 h à 12 h (dernière visite à 13 h 30) et à partir de 18 h 30. Gratuit jusqu'à 8 ans. Adulte : 4 €. Groupe (20 personnes) : 3,50 €. Visite guidée (pour les groupes sur réservation). Boutique.
Ce musée original se situe jusqu'à côté de l'église et ce n'est pas étonnant étant donné que cette dernière abrite la quatrième plus grande colonie en France de Rhinolophus ferrumequinum. Il est aussi le plus grand musée dédié à cet animal en France mais là encore, rien de bien étonnant, car la Bretagne recense 21 espèces protégées sur les 34 répertoriées en France. Le musée demande à ses visiteurs de participer activement, ce qui le rend très intéressant et attrayant. Des visites guidées sont organisées en juillet et août (départs à 15 h et 17 h), pour vous faire découvrir avec un chiroptérologue, le site d'une importante colonie de reproduction de grands rhinolophes installée dans l'église. A ne pas manquer également en juillet et en août, les nuits de la chauve-souris, un rendez-vous convivial qui vous permettra de vivre la sortie de gîte de plusieurs centaines de Grands Rhinolophes, observer les jeunes restés au gîte grâce à la caméra infra rouge et découvrir de façon ludique le mode de vie de la colonie. De nombreuses autres animations sont proposées.

Priziac

Cette petite commune de 1 000 habitants, bordée par deux rivières, est principalement connue pour son lac, le lac du Bel Air et sa base de loisirs. Situé sur l'itinéraire Lorient-Roscoff, ce remarquable plan d'eau de plus de 50 ha qui se fond dans les prés et les bois permet le canotage, la pêche, les promenades en bateaux pédaliers ainsi que la pratique de la voile.

■ LE PARC AQUANATURE
Le Sterou ✆ **02 97 34 63 84**
www.parcaquanature.com
D'avril à novembre, ouvert tous les jours de 11 h à 19 h, et ouvert de 14 h à 18 h le dimanche et pendant les vacances scolaires. Adulte : 6 €. Enfant : 3 €. Entrée + safari breton 4x4 (équipé fauteuil roulant) 10 € pour un adulte et 6 €

pour un enfant. Entrée + safari voiturette 15 € pour un adulte et 8 € pour un enfant. Restauration. Boutique. Aire de pique-nique.

Le Parc Aquanature se situe dans un domaine de six vallées et de 80 hectares. Sur les 15 km de parcours pédestres aménagés, on découvre de remarquables sites, au cœur de la vallée des Sources, comme le légendaire trou du Biniou et les étangs en cascades. Le parc compte quelque 140 cerfs, daims, faons et autres biches, qui vivent en totale liberté. Gigantesques aquariums de poissons d'eau douce. Outre la quiétude du domaine que l'on découvre avec plaisir, une exposition sur la faune et la flore permet d'en savoir encore plus sur cet environnement très préservé. Un restaurant de plus de 200 m² accueille les amateurs de gastronomie : terrines de cerf et civets de daim sont notamment à l'honneur. La location, en toute saison en semaine ou le week-end, de deux gîtes ruraux de caractère 3 épis pour six à huit personnes s'avère une idée originale pour fêter une occasion particulière entre amis.

La Gacilly

Le nom de La Gacilly pourrait être d'origine romane et signifie le domaine du nommé Gacel. À l'extrémité orientale des Landes de Lanvaux et du Morbihan, le Pays de La Gacilly est une terre de schistes et d'ajoncs, à l'aspect boisé et vallonné, parcouru de rivières, canaux et marais. Le canal qui longe ce pays à sa limite sud-ouest, l'Aff, traverse le bourg de La Gacilly à l'est, et les nombreux étangs dans les terres incitent à s'arrêter. Des petites péniches sont disponibles et des activités sportives comme l'escalade, l'équitation ou de simples promenades sont possibles. Forte d'un réseau de plus de 1 000 km de sentiers et de chemins balisés, cette terre de verdure a su exploiter au mieux les richesses historiques d'un passé chargé. Ses principales communes sont Carentoir, Cournon, Glénac, La Chapelle-Gaceline, Les Fougerêts, Quelneuc, Saint-Martin-sur-Oust et Tréal. On sait qu'au Moyen Âge, La Gacilly eut un château mentionné dans de vieilles archives comme le château du Houx. Sa chapelle lui a survécu, et a longtemps servi d'église, puis a disparu à son tour. L'actuelle église est un monument d'inspiration néoclassique qui tranche avec les chapelles à l'architecture locale du pays (celle de Saint-Jugon, route de Ploërmel, vaut le détour ; elle est nichée près de sa fontaine dédiée au saint local, natif du pays). Les terres du château ont appartenu à la famille de Montauban, à François de Bretagne, à la duchesse de Bretagne, aux Rohan puis à la famille de la Bourdonnaye. De nos jours, l'enfant du pays est naturellement Yves Rocher.

■ OFFICE DU TOURISME
Le Bout-du-Pont
✆ 02 99 08 21 75
www.paysdelagacilly.com
Basse saison : ouvert du mardi au samedi de 10h à 12h30 et de 14h30 à 18h ; le dimanche et les jours fériés de 14h30 à 18h. Haute saison : du lundi au samedi de 10h à 18h30 ; le dimanche et les jours fériés de 11h à 12h30 et de 14h30 à 18h30. Ouvert toute l'année.

Points d'intérêt

■ JARDIN BOTANIQUE YVES ROCHER
✆ 02 99 08 35 84 – www.yves-rocher.com
Ouvert toute l'année. En juillet et août, visite guidée gratuite du lundi au vendredi à 14h. Gratuit.
La Marque Yves Rocher vous invite à La Gacilly pour un moment privilégié dédié à la nature et à la beauté. Vous partirez à la découverte du Végétarium né de la collaboration entre le Muséum National d'Histoire Naturelle et Yves Rocher, et découvrirez le jardin botanique riche de plus de 1 000 espèces végétales. Vous y apprendrez les usages étonnants de ces plantes : l'alimentation, la parfumerie, la cosmétique, la teinture, la médecine... et parcourerez en famille des espaces remarquables tels que le sentier des épices, la bambouseraie, l'arboretum ou encore la collection d'armoises. Des expositions végétales, des animations ainsi que des ateliers verts chaque mercredi de l'été sont organisés.

■ LE VILLAGE DES ARTISANS
Essentiellement regroupée dans la descente vers l'Aff, le long de rues piétonnes, une trentaine d'artisans vous attendent à La Gacilly. Les échoppes sont souvent abritées dans de vieilles maisons, et vous pourrez de ce fait voir travailler en direct sculpteurs, verriers, potiers, graveurs, peintres, relieurs, ébénistes... entre de nombreux autres. Vous trouverez, disséminés dans le village, panneaux et plans des différents lieux.

Le couvert

■ LE MOUCHOIR DE POCHE
7, rue la Fayette ✆ 02 99 08 50 63
brigitteplace@hotmail.fr
Ouvert toute l'année. Fermé le mardi et le mercredi jusqu'au 31 mars. Fermé le mardi soir et le mercredi du 1er avril au 30 juin et du 1er septembre au 30 septembre. Service continu du 1er juillet au 31 août. Accueil des groupes (jusqu'à 20 personnes sur réservation). Parkings à proximité.
Aux nombreux inconditionnels des galettes et des crêpes, cette adresse est celle qu'il vous faut ! Labellisée « Crêperie Gourmande », l'établissement de Brigitte et Jean n'a volé pas son mérite : ici, vous ne trouverez que des produits de qualité, frais et du terroir (de la farine artisanale aux nombreux cidres : cidre pression, cidre fermier du Mel, cidre artisanal bio, cidre Kérisal, cidre Label Rouge Royal Gulvic..) remarquablement cuisinés par la maison dont le savoir-faire est indéniable. Entre autres spécialités de galettes 100% blé noir, essayez par exemple la copieuse « spontaï » (fromage râpé, œuf, poitrine roulée, tomate, pommes de terre sautées) ou la délicieuse « aboyeur » (saumon, épinards à la crème ou fondue de poireaux) à moins que tout gourmand que vous êtes, vous ne préfériez composer vous-même la galette dont rêvent vos papilles... Côté crêpes, craquez pour la « Keridwenn » (zestes d'orange confits maison flambés au Grand Marnier) ou la « Brocéliande » (cocktail de fruits des bois, glace vanille et chantilly). Le mouchoir de poche propose également des salades, des omelettes et des viandes. Très agréables, la belle terrasse couverte et le feu de cheminée.

■ L'ABRICOTIER
Le Bout du Pont ✆ **02 99 08 00 00**
l.abricot@wanadoo.fr
Ouvert du jeudi au mardi. Menu unique à 18,80 €.
Formule du midi : 9,90 € (entrée-plat ou plat-dessert et
formule entrée-plat-dessert à 11,90 €). Terrasse. Pizza
à emporter avec carte de fidélité.
Venez découvrir la nouvelle décoration de l'Abrico-
tier, restaurant-pizzeria dans lequel vous accueillent
depuis le 26 janvier 2011 Stéphanie et Samuel, les
propriétaires. La maison vous laisse le choix entre des
pizzas (22) comme l'incontournable Bretonne (crème,
moutarde à l'ancienne, mozzarella, pomme de terre,
lardons, oignons, andouille de Guéméné) et des plats
traditionnels comme par exemple la salade de chèvre
chaud sur betterave rouge, l'escalope de veau filouse
gratinée au four ou encore les Saint-Jacques poêlées à
la fleur de sel et sa fondue de poireaux. Une petite place
pour le dessert ? Essayez donc la pizza banane chocolat
noix de coco, gourmande et originale.

■ AU BOUT DU PONT
7, place de la Ferronnerie ✆ **02 99 08 12 42**
Ouvert du mercredi au lundi le midi ; le vendredi et le
samedi le soir. Menus de 20 € à 32 €. Formule du midi :
9,50 € (entrée-plat ou plat-dessert et formule entrée-
plat-dessert à 12 €). Ardoise à 30 € le week-end. Accueil
des groupes (jusqu'à 50 personnes sur réservation). Salle
de 60 couverts + véranda + 2 terrasses. Anglais parlé.
Accès wifi gratuit.
Très belle décoration, tendance et épurée, pour ce restaurant situé au bout du pont – d'où son nom ! – à côté
de l'office de tourisme. Violaine et Sylvain Libeau vous
y accueillent chaleureusement depuis le 16 février
2011 et vous invitent à vous installer en salle, dans la
véranda ou sur l'une des deux terrasses qui composent
l'établissement. Parmi les spécialités, réalisées avec des
produits frais et cuisinés maison, il y a par exemple
le saumon fumé d'Ecosse, la tagine d'agneau façon
printanière, l'entrecôte VBF grillée, le pavé de cabillaud
sauce Nantua ou encore le délice aux épices et caramel au
beurre salé maison pour finir en apothéose... A découvrir.

BAR - RESTAURANT
AU BOUT DU PONT
Violaine & Sylvain

Ouvert tous les midis
et le Vendredi et Samedi soir
Fermé le mardi

La Gacilly 02 99 08 12 42

Le gîte

■ EUROP HÔTEL**
15, place du Square ✆ **02 99 08 11 15**
Fax : 02 99 08 25 88
www.hotel-lagacilly.com
Fermé du 21 décembre au 6 janvier. 16 chambres. De
49 € à 55 €. Petit déjeuner buffet : 7 €. Taxe de séjour :
0,50 €/personne. Animaux acceptés. Wifi gratuit.
L'établissement est fermé entre Noël et le 1er de l'an
et le dimanche soir d'octobre à avril. 2 parkings. Cet
hôtel familial au cadre convivial et chaleureux, qui
fait partie des « Logis », est idéalement situé en plein
cœur de La Gacilly, une charmante cité des métiers
d'art récompensée de quatre fleurs par le label « Ville
Fleurie ». Europ'Hôtel dispose de 16 chambres avec bain
ou douche, WC, tv avec TNT et canal sat, sèche-cheveux,
Wifi gratuit et réveil automatique, d'un rapport qualité
prix très intéressant.soir

■ LA GRÉE DES LANDES***
Cournon ✆ **02 99 08 50 50**
www.lagreedeslandes.com
29 chambres. Chambre simple de 135 € à 145 € ;
chambre double de 135 € à 145 € ; suite de 170 € à
210 €. Demi-pension (à partir de 2 nuits). Petit déjeuner
buffet : 13 € (17 € en chambre). Cabane de 175 €
à 205 €.
Au cœur d'un écrin de verdure, ce complexe hôtelier
unique en son genre car inspiré de la nature, est un
éco-hôtel spa Yves Rocher. Il bénéficie de 29 chambres
de plain-pied avec terrasse privative, des chambres
confortables et personnalisées, esthétiques et écologiques (toit végétalisé pour une isolation phonique et
thermique optimale, peintures naturelles, literie bio,
parquets et lambris en chênes issus de forêts gérées, salle
de bains ouverte à la lumière naturelle conçue comme
une cabane en bois brut, énergies douces...) propices au
calme et à la sérénité. Sur place également, un restaurant
gastronomique à l'ambiance zen et chaleureuse, ainsi
qu'un spa et une cabane spa dans les arbres à 5 m de
hauteur pour vous relaxer et prendre soin de votre corps
et de votre esprit. Un havre de bien-être et de détente,
un retour nécessaire à la nature. A essayer d'urgence.

▪ Dans les environs

Carentoir

L'origine du nom de Carentoir, qui remonterait au IXe
siècle, viendrait du nom d'un homme, Carantoer, formé,
selon l'usage, de deux mots : carant, aimant, et oer,
froid. Le village de Carentoir est un gros bourg, dont
le centre-ville ne révèle pas le secret de son charme.
Pour découvrir Carentoir, il faut prendre les sentiers
environnants et se laisser envahir par l'attrait du patrimoine du passé. Dans ce paysage de schiste et d'ajoncs,
nombreux sont les bâtiments qui portent la marque
des durs labeurs d'autrefois, même si la commune met
l'accent sur le tourisme vert. La mairie se fera d'ailleurs
un plaisir de vous renseigner sur les récentes innovations,
et le dynamisme qui détermine la mise en valeur du

patrimoine rural y est très intense. Le projet Tourisme d'histoire, initiative qui rassemble les trois communes de Carentoir, Quelneuc et Comblessac, a pour but de mettre en valeur le patrimoine rural local. Ce projet s'adresse non seulement aux scientifiques (recherches, conférences et études), mais aussi au grand public, des visites guidées et des animations sont proposées toute l'année. Des circuits découverte vous permettront de sillonner la région à pied, en VTT, à cheval. La mairie met à la disposition des curieux une documentation importante et variée.

■ LA FERME DU MONDE
Le Bois Brassu ✆ 02 99 93 70 71
Fax : 02 99 08 97 72
www.lafermedumonde.com
A Carentoir, suivre le fléchage jusqu'à la ferme du monde à 3 km du bourg

Ouvert du 1er avril au 11 novembre. Basse saison : ouvert tous les jours et les jours fériés de 10h à 18h. Haute saison : tous les jours et les jours fériés de 10h à 19h. Du 1er octobre au 11 novembre, ouvert mercredi, week-end et vacances, de 10h à 18h. Gratuit jusqu'à 4 ans (visite commentée en train 1 €). Adulte : 8,50 € (visite commentée en train : 2,50 €). Pédal'kart : 1,50 € les 30 min. Chèque Vacances. Chiens guide acceptés. Accueil enfants. Visite guidée. Restauration (bar et petite restauration). Boutique. Animation.
Sur le domaine du manoir Le Bois-Brassu, 400 animaux d'élevage des cinq continents vivent en semi-liberté sur 25 ha de bois et de prairies : yacks, zébus, chameaux, grands lamas, chevaux d'Asie, poneys indiens... Un aménagement original des allées et de la basse-cour permet d'observer en toute sécurité les quatre-vingt-dix espèces présentées. La durée moyenne de la visite est de deux heures pour les piétons et d'une heure en petit train. Un circuit de 1 km en pédal'kart (à partir de 5 ans) est une façon ludique et rigolote de découvrir le parc ! Jeux pour enfants et adultes, expositions, boutique, bar, aire de pique-nique. Expositions thématiques sur les métiers d'autrefois... A noter enfin que la ferme du monde a été entièrement imaginée et réalisée par le personnel et les travailleurs handicapés de l'ESAT.

■ LE CLOS SAINT-FIACRE
Le Passoir
✆ 06 89 12 37 42 / 02 99 08 84 52
www.leclossaintfiacre.fr
Ouvert toute l'année. 5 chambres. Chambre double 55 €. Petit déjeuner inclus. Lit supplémentaire : 15 €. Restauration (dîner table d'hôte avec boissons et café sur réservation : 22 €).

Coup de cœur garanti pour cette maison de maître authentique et de caractère, merveille architecturale lovée au cœur d'un parc verdoyant, joliment fleuri et paysagé, petit paradis pour les différents animaux de la maison (moutons, ânes, poules...) et lieu extraordinaire de dépaysement et de bien-être. Dans un décor au cachet incomparable, les maîtres des lieux, aux petits soins pour leurs hôtes, offrent des chambres de charme, intimes et romantiques, cosy et raffinées, telles celles que l'on trouve dans les contes de fées... La salle à manger, splendide avec ses pierres apparentes, ses boiseries, son mobilier d'époque ou encore ses nombreuses statues, vous accueille pour de délicieux petits-déjeuners maison et vous invite à découvrir les saveurs de la région lors des tables d'hôtes.

Glénac

■ NICOLS
✆ 02 41 56 46 56
www.nicols.com
Voir tarifs et promotions sur le site.
Voguer au fil de l'eau pour découvrir autrement les paysages de la région, qui n'en a jamais rêvé ? Vous pouvez opter pour le tourisme fluvial en louant un bateau sans permis pour une croisière à la carte (deux jours à une semaine) avec l'option piscine et la location de vélo pour une parenthèse sportive. Les bateaux sont tout équipés que vous partiez en couple ou avec une dizaine d'amis. Après avoir reçu les consignes de navigation, vous serez le nouveau capitaine à bord. Au départ de Glénac, vous pourrez naviguer sur la Vilaine vers le port de La Roche-Bernard ou en direction de Rennes ou encore emprunter l'Erdre jusqu'à Nantes.

Quelneuc

■ AIR GAME AVENTURE PARC
2, rue du Houx
✆ 02 99 93 71 00
www.rgame-aventure.com
Ouvert toute l'année. Tous les jours. Sur réservation. Enfant (1,55 m les bras levés) 16,50 € de 1 à 15 personnes. Restauration sur réservation à partir de 15 € par personne. Tyroliennes, roulettes, ponts de singe, saut de Tarzan... ce sont plus de 90 jeux répartis sur 4 parcours adultes (à partir de 1,80 m bras levé) et un parcours enfant (à partir de 8 ans à partir de 1,55 m bras levé). Une formule Indiana Jones à 40 € par personne, qui offre en journée complète paintball + parcours aventure, est également proposée. Enfin, venez toucher les étoiles en essayant les parcours de nuit... frissons assurés !

MORBIHAN

Saint-Jacut-les-Pins

■ **LE PARC TROPICAL**
Laugarel
℗ **02 99 71 91 98**
www.tropical-parc.com
Fermé du 29 octobre au 31 mars. Basse saison : ouvert tous les jours et les jours fériés de 10h à 12h et de 14h à 19h. Haute saison : tous les jours et les jours fériés de 10h à 19h. Adulte : 13 €. Enfant (de 4 à 10 ans) : 7,50 €. Chèque Vacances.
Fondé sur une idée simple, mais animée par la force d'une dynamique familiale, le Parc Tropical offre les plaisirs d'un dépaysement complet. Sous les tropiques – du Morbihan ! – une serre des orchidées, une serre asiatique, une serre des cactus, un musée des Minéraux, un jardin du jurassique, un jardin mexicain, un jardin thaïlandais, un jardin africain ou encore une maison musicale, le tout peuplé çà et là de nombreuses sculptures. Vous y rencontrerez de nombreux animaux (kangourous, alpagas, chèvres naines, paons, dindons, porcs du Vietnam et d'Indonésie, grues, perruches, perroquets, aras...) qui, évoluent en semi-liberté permettant ainsi une proximité privilégiée, et assisterez à des tours de dressage d'animaux, allant du coq hollandais huppé qu'il faut parfois jusqu'à deux ans de travail. La boutique propose des produits artisanaux, vendus dans le respect des règles de commerce d'une coopération avec les pays lointains.

Saint-Vincent-sur-Oust

■ **L'ILE AUX PIES**
Répartie par les hasards administratifs sur trois communes différentes, l'île aux Pies, qui est un des plus beaux lieux de la Bretagne intérieure, fait partie des sites protégés depuis 1981. Elle abrite une faune et une flore aussi variées que ses paysages : bois, falaises, marais, cours d'eaux... Il paraît que les loutres y vivent encore, mais cette affirmation, pourtant d'origine scientifique, a laissé une moue sceptique

sur les lèvres de ceux à qui nous l'avons rapportée. Que cela ne vous empêche pas d'aller apprécier la lumière et le chant des crapauds, si vous ne voulez pas taquiner l'anguille ou le brochet.

Le Golfe du Morbihan

Arradon

Au bord du golfe, les pieds dans l'eau. On appelle cette partie de la côte ouest de Vannes la riviera du golfe, tant s'y affirme l'aspect méditerranéen dû à la présence des pins maritimes et des figuiers dans les parcs luxuriants des grandes propriétés et villas de caractère. Elle est d'ailleurs considérée comme le lieu de résidence privilégié des notables vannetais, et se classe parmi les communes les plus recherchées du golfe. Cette riviera se présente sous la forme d'une côte très allongée, dont la hauteur offre une vision d'ensemble sur Séné, l'île d'Arz, l'île aux Moines et Baden. Arradon est la station calme par excellence. Peu de choses à visiter, la plupart des propriétés étant privées. Par contre, les 11 km de sentiers côtiers permettent de découvrir le golfe de la Terre. La chapelle du bourg est le lieu privilégié pour les expositions et les concerts qui se renouvellent tout au long de l'année. Pour ce qui concerne la partie sportive, une école de voile, située à la pointe d'Arradon, permet l'initiation et la pratique de la voile, du kayak, etc., tandis que les terrains de tennis sont suffisamment nombreux pour ne pas faire trop attendre les joueurs. Sur les 15 km de côte s'égrainent plus de 1 000 mouillages destinés à la plaisance.

Points d'intérêt

■ **L'EGLISE PAROISSIALE SAINT-PIERRE**
C'est grâce à l'énergie des abbés Quilleré et Questel, et au mécénat de m. Bouruet Aubertot que l'église paroissiale verra le jour, elle sera inaugurée le 15 août 1887. Le gros œuvre était achevé, mais le recteur écrivit que « l'église demeurait nue comme l'étable de Bethléem », son

---

La semaine du golfe

Manifestation maritime et terrestre incontournable réunissant plus d'un millier de bateaux de caractère français et européens, la Semaine du Golfe – créée en 2001 – est une fête biennale qui se déroule durant la semaine de l'Ascension. Quinze communes participent à cet événement : Arradon, Arzon, Auray, Baden, Ile d'Arz, Ile-aux-Moines, Larmor-Baden, Le Bono, Le Hézo, Locmariaquer, Plougoumelen, Saint-Armel, Sarzeau, Séné, Vannes. Les bateaux inscrits sont répartis en 8 flottilles : yoles et bateaux voile-aviron, yachts classiques, anciens voiliers de pêche et de travail... ainsi qu'une trentaine de spectaculaires voiliers de 20 à 40 m du patrimoine maritime européen (trois-mâts, bricks, goëlettes, etc.). Chaque jour, chaque flottille suit son propre programme de navigation et relâche chaque soir dans un port différent. Pour accueillir les navigateurs et les visiteurs de passage, chaque port propose des animations entre festoù-noz, concerts, expositions ou encore dégustation d'huîtres, de poissons et de produits du terroir. La semaine s'achève par une parade regroupant tous les bateaux participants dans un défilé de l'entrée du golfe à Vannes. La prochaine édition aura lieu en 2013.

mobilier sera complété les années suivantes. L'église est en moellon de granit, tour et clocher en pierre de taille et les voûtes en pierre de Saint-Savinien.

Le couvert

■ L'ARLEQUIN
3, allée Denis-Papin
Parc de Botquelen © **02 97 40 41 41**
Ouvert du mardi au samedi de 19h à 21h ; du mardi au vendredi et le dimanche de 12h à 13h30. Menus de 25,50 € à 42 €. Carte : 40 € environ. Formule : 18 €. Terrasse.
Ce n'est pas la table la plus médiatique du département mais dans la famille « table appliquée », elle tient son rang depuis plusieurs années grâce au sérieux de Manuel Caradec qui sait attirer les hommes d'affaires et quelques gourmets de Vannes qui souhaiteraient changer d'air de temps à autre. Nous sommes toujours séduits par la cuisine de Manuel qui même avec le menu le plus bas réussit à nous convaincre. Le saint-pierre aux épices douces reste un souvenir émouvant notamment dans la perfection de la cuisson du poisson. Une table à découvrir ou à redécouvrir.

■ L'AUBERGE D'ARRADON
2, rue Bouruet-Aubertot
© **02 97 44 02 20**
www.restaurant-arradon.com
Ouvert du mardi au samedi le midi et le soir ; le dimanche midi. Menus de 19,90 € à 29,90 €. Menu enfant : 8,50 €. Formule du midi : 12,90 € (du mardi au vendredi). Accueil des groupes.
L'Auberge d'Arradon a tout pour plaire. Tout d'abord un accueil aimable de la part de Mme et M. Boisramé, les maîtres des lieux, une décoration du plus bel effet

(poutres repeintes, nouveau mobilier, tissus muraux chatoyants, carrelages contemporains et parquet...) qui mélange subtilement le moderne avec l'ancien, et enfin des produits d'une fraîcheur irréprochable, issus du marché local, remarquablement cuisinés par la maison. Déclinaison de homard en médaillon, gratin, mini verrine ; foie gras de canard maison, poêlée de fruits au Pommeau de Bretagne, petit pain aux raisins revisité ; feuilleté de ris de veau aux morilles, julienne de légumes ; médaillon de lotte à la crème de homard, tarte sablée à la fondue de poireaux ; verrine douceur vanille, coeur fruits rouges...... sans oublier « les suggestions du jour » 4 entrées 4 plats 4 desserts qui changent tous les jours, sont autant de tentations à découvrir en fonction de la saison.

■ LES VENETES
La Pointe-d'Arradon © **02 97 44 85 85**
www.lesvenetes.com
Fermé en janvier. Ouvert du lundi au samedi le midi et le soir ; le dimanche midi. Menus de 45 € à 75 €.
Ce magnifique restaurant panoramique qui a les pieds dans l'eau et une vue imprenable sur les îles, risque fort de vous faire papilloner les papilles ! Dans sa très belle salle à manger aux tons blancs et bleus, vous apprécierez une cuisine de saison, plus particulièrement spécialisée dans les produits de la mer et la pêche des petits bateaux. Huîtres du golfe, tartare de crevettes roses à l'estragon, langoustines rôties au chorizo à déguster avec les doigts, foie gras de canard au pop corn et marmelade de dattes, dos de saumon d'Ecosse label rouge et sa fricassée de légumes verts, homard bleu entier gratiné à l'estragon ou encore cromesquis au chocolat Manjari sont parmi les succulences. En prime, une carte des vins bien troussée et le clapotis du golfe du Morbihan...

MORBIHAN

La tour Saint-Vincent à Arradon

Hôtel★★★ - Restaurant
Rue Plessis d'Arradon
56610 ARRADON
Tél. 02 97 44 03 15
www.hotelstivell.com

A 5 min des rives du golfe du Morbihan, entre Vannes (6 km) et Auray, un hôtel Logis aux chambres spacieuses et claires, toutes équipées de téléviseur LCD. La cuisine du marché et de saison du restaurant fait la part belle aux produits et saveurs de Bretagne : galette de blé à l'andouille de Guémené parfumée au foie gras, choucroute de la mer, gâteau Saint-Justin, gateau breton, mousse au chocolat blanc, framboises et confitures au thym... sont parmi les nombreuses réussites de la maison. L'art de la présentation se révèle dans l'assiette comme dans le service, irréprochable et soigné. Cerise sur le gâteau, la belle terrasse ombragée et l'exposition permanente des œuvres et créations de Anne Chalet-Lefevre. Accueil de groupes jusqu'à 60 personnes sur réservation.

Arzon

A l'entrée du golfe du Morbihan et à la pointe de la presqu'île de Rhuys, une des rares communes à pouvoir s'enorgueillir de 33 km de côtes. Entourée d'un côté par les vagues de l'océan, de l'autre par les eaux calmes du golfe, Arzon est, depuis la création du port du Crouesty en 1970, devenue station balnéaire par excellence. Par ailleurs, Arzon a reçu le label de Station Kid, élaboré par le ministère du Tourisme, la Fédération nationale des offices de tourisme et l'association des maires des communes touristiques et stations classées. Il récompense tous ceux qui font des efforts dans le domaine de l'accueil des enfants. La commune offre en effet de nombreux jeux, sans compter les ateliers, les sports et les spectacles, tout au long de l'année.

Le gîte

■ **LE STIVELL**
15, rue Plessis-d'Arradon ✆ **02 97 44 03 15**
www.hotelstivell.com
25 chambres. Chambre double de 65 € à 98 €. Pension complète : 77 € (jusqu'à 82 €, prix par personne). Demipension : 60 € (jusqu'à 64 €, prix par personne). Petit déjeuner buffet : 8,50 €. Parking. Soirée étape : 69 €. Chèque Vacances. Wifi gratuit. Restauration (formules à 10,50 € et 15 €, menus de 20 € à 38 €). Tv satellite. Anglais parlé.

■ **OFFICE DU TOURISME**
Port du Crouesty
Place des Huniers
✆ **02 97 53 69 69**
www.crouesty.fr
Ouvert du lundi au samedi de 9h à 12h et de 14h à 18h.
Classé 3 étoiles, l'Office de Tourisme d'Arzon – Port du Crouesty – Port Navalo propose tout au long de la saison de nombreuses visites guidées thématiques payantes : sorties à l'écoute des oiseaux, balades plantes sauvages et herbes folles, sortes astronomie, escapades en kayak,

La plage de Port-Navalo

sorties nature et ornithologie, visite d'un parc ostréicole avec dégustation d'huîtres ou encore promenade à pied pour partir à la découverte de la nature arzonnaise. Inscriptions obligatoires.

Points d'intérêt

■ LA BUTTE DE CÉSAR
Ouvert toute l'année. Accès libre.
Ce tumulus de 56 m de diamètre et de 18 m de hauteur fut exploré en 1853. Au sein de sa chambre centrale, formée de trois supports monolithiques dissimulés sous une dalle de quartz, et de son allée couverte aujourd'hui en partie écroulée et ensevelie par la vase, une importante collections d'objets et outils mégalithiques (colliers de jaspe, haches, poteries...), que l'on peut admirer au Musée de la Préhistoire à Vannes, a été découverte. Classée en 1926, la Butte de César, suite à de nouvelles fouilles et travaux en 1934, a fait le jour sur les sépultures secondaires et témoigne des importantes tribus pastorales et agricoles qui peuplaient alors le tour du Golfe du Morbihan.

■ LE CAIRN DU PETIT MONT
✆ 02 97 57 19 38
gavrinis.info
Fermé du 1ᵉʳ octobre au 31 mars. Gratuit jusqu'à 8 ans. Adulte : 6 €. Enfant (de 8 à 17 ans) : 3 €.
L'ensemble mégalithique du Petit Mont est classé d'intérêt national depuis l'achèvement des travaux de recherches archéologiques en 1989. 11 années de recherches ont mis en lumière la complexité du site archéologique, construit en 4 phases. Les premiers occupants néolithiques, apportant avec eux l'usage de l'agriculture et de l'élevage, dressèrent un tertre tumulaire vers 5000 av. J.-C. Vers 4500 av. J.-C., un cairn de pierres sèches à murraillements multiples fut construit au-dessus de ce tertre. Dépourvu de chambres funéraires, ce cairn pourrait avoir eu une fonction astronomique ou avoir fait office de cénotaphe. Un nouveau cairn fut construit vers 4000 av. J.-C. contre la face sud du précédent, et fut utilisé jusqu'en 3100 av. J.-C. Le dolmen montre une réutilisation d'éléments architecturaux empruntés aux monuments plus anciens (stèles idoles par exemple), et présente des gravures d'un grand intérêt, parmi lesquelles certaines rappellent les décors du dolmen de Gavrinis. Enfin, vers 3000 av. J.-C., 2 dolmens furent édifiés sur la façade est. Ce site a obtenu le label « Qualité Arzon ».

■ LES PLAGES
Arzon offre 32 km de côtes dont 3,5 km de plages. Ses plages de sable fin du Kervert, de Kerjouanno, du Fogeo ou encore la Grande Plage de Port-navalo font le bonheur des vacanciers, tandis que sur les bords du Golfe, les pointes de Bilgroix, Monteno, Pembert, la Palisse, Kerners, Saint-Nicolas ou encore le Béchir abritent des criques intimistes, petit paradis des amoureux. De belles balades sont à portée de main, vous permettant ainsi de partir à la découverte des paysages uniques et variés (landes, étendues d'ajoncs et de genêts, champs en friche, feuillus et résineux, étangs...).

Le couvert

■ LE CAP HORN
Port Crouesty
✆ 02 97 53 60 04
www.restaurant-lecaphorn.fr
Ouvert toute l'année. Tous les jours. Menus de 16,90 € à 30 €. Menu enfant : 7,20 €. Plat du jour : 8 € (et formule du jour 11,50 €. Le midi sauf dimanche et fériés).
Le Cap Horn est une adresse comme on les aime, généreuse et passionnée de l'accueil à l'assiette ! Et l'on s'y sent bien tant côté salle où vous jouerez les boucaniers, que sur la grande et belle terrasse (couverte et chauffée si besoin), ancrée face au port de plaisance, lieu propice au farniente et à la décontraction. Au programme, une multitude de douceurs culinaires très colorées et variées, adaptées à toutes les bourses et à tous les goûts, qui flattent le palais et réveillent les sens : Salades gourmandes – comme la délicieuse Vent du Cap Horn (salade mélangée, tomates, saumon fumé, brochette de Saint-Jacques et crevettes, crème ciboulette, blinis), tartares de bœuf maison, fruits de mer, moules, spécialités de poissons (poêlée de Saint-Jacques relevées à l'andouille grillée, morgates en tajine à la provençale, choucroute de la mer...), viandes (risotto frit comme un bœuf thaï, magret de canard rôti au pralin, côte de bœuf...), sans oublier les hamburgers maison et les tapas. Un petit conseil futé, moussaillons, ne quittez pas le navire sans avoir pris commande du redoutable café gourmand !

■ LA MARINA
Port du Crouesty
✆ 02 97 53 98 92
www.la-marina-arzon.com
♿

Basse saison : ouvert du vendredi au mercredi le midi et le soir ; le jeudi midi. Ouvert tous les jours d'avril à fin septembre. Menus de 12 € à 26 €. Chèque Vacances, Chèque Restaurant. Accueil des groupes (jusqu'à 40 personnes sur réservation). 60 couverts en terrasse. Animaux acceptés. Anglais parlé. Page Facebook.
Murielle et Bruno vous accueillent dans leur restaurant situé face à la Capitainerie. La cuisine y est traditionnelle, et on peut par exemple commander des rillettes maison de saumon frais et fumé, des moules frites, un bar grillé au fenouil, des rognons de veau aux tagliatelles, une entrecôte grillée, des plateaux de fruits de mer (sur réservation hors saison) ou encore un dessert maison comme l'incontournable moelleux au chocolat.

■ LE P'TIT ZEPH
1, rue du Phare
✆ 02 97 49 40 34
Idéalement situé face à la mer, l'établissement vous propose des dégustations d'huîtres et autres fruits de mer, en provenance directe de leur propre bassin. Inutile donc de préciser qu'ici, la fraîcheur est de mise ! Le P'tit Zèph offre également une bonne cuisine traditionnelle avec par exemple pour spécialités, la poêlée de Saint-Jacques aux pâtes fraîches et au beurre de crevettes ou encore le thon rouge juste poêlé au wok de légumes. Au P'tit Zeph, c'est l'assurance d'un bon bol d'air marin !

■ **LA SORCIERE**
59, rue des Fontaines
Port-Navalo
✆ 02 97 53 87 25
www.creperie-lasorciere-portnavalo.fr
Haute saison : ouvert du mardi au dimanche. Réservation recommandée. Carte : 15 € environ. Chèque Vacances. Accueil des groupes. Terrasse.

Cette crêperie dont la réputation n'est plus à faire, est merveilleusement située face à la mer. Ses galettes, réalisées avec de la farine 100 % blé noir breton, sont délicieusement fines et croustillantes. Ici, tout est préparé maison, à la demande et à la minute, dans la cuisine ouverte. Parmi les spécialités, la Pennsardine (sardine, échalote beurre et jus de citron), la Bergère (chèvre, miel et salade verte) ou la Périgourdine (magret de canard fumé, champignons, pomme de terre) sont incontournables. En dessert, offrez-vous la crêpe pomme-cannelle-crème fraîche-flambée calvados ou la banane raisin macérés au rhum, véritables gourmandises... Sa déco chaleureuse envahie par de nombreuses et charmantes sorcières et sa terrasse ensoleillée sont des plus agréables.

Le gîte

■ **HÔTEL GLANN AR MOR**
27, rue des Fontaines
Port-Navalo ✆ 02 97 53 88 30
www.glannarmor.fr

Réception tous les jours de 8h à 12h et de 16h à 20h. 9 chambres (dont 2 familiales). De 54 € à 82 €. Petit déjeuner : 9 € (11 € en chambre). Animaux acceptés (chiens : 6 €). Wifi gratuit.

Si cet hôtel ouvert depuis les années 1930 a été entièrement rénové en 2006, il a su conserver son esprit d'origine. Ses 9 chambres, calmes et confortables, sont toutes équipées d'une salle de bains avec douche, WC, d'un téléviseur LCD, d'une ligne téléphonique directe et de l'accès Wifi. Si l'établissement ne fait plus restaurant depuis cette année, il propose toutefois un room service (de 18h30 à 20h et à partir de Pâques) qui vous permettra de commander depuis votre chambre un plateau froid composé de charcuteries, pâtés bretons, rillettes de la mer, fruits... Situé tout près de la plage de Port-Lenn et de la rade de Port-Navalo, il est un pied-à-terre idéal pour découvrir la presqu'île.

■ **CAMPING DE BILOURIS**
Pointe de Kerners
✆ 02 97 53 70 55
www.campingdebilouris.com

Ouvert du 1er avril au 5 novembre. Terrain de 2 ha. Exposition : ombragé / ensoleillé. Les mobil homes ont tous la vue mer. Mobile homes de 290 € à 700 € la semaine. Emplacement + véhicule + 2 personnes : de 12.90 € hors saison à 18.90 € en juillet et août. Location à la nuit de 60 à 80 € selon la saison. Chèque Vacances. Animaux acceptés (chiens : 1 €).

Installé sur l'une des pointes de la presqu'île, face à l'île aux Moines, ce camping moderne vous accueille sur deux hectares de parc fleuri et ombragé. Ses emplacements offrent un accès direct sur le littoral et tous les mobil-homes bénéficient de la vue mer. Sur place : un bar qui propose également de la restauration rapide (croque-monsieur, tartines...), une laverie, un service postal, une boulangerie viennoiserie tous les matins ainsi qu'une aire de services pour les camping-cars à proximité.

Loisirs

■ **KROG E BARZ**
Port-Navalo
✆ 02 97 49 07 50 / 06 47 35 73 84
www.krog-e-barz.com
Sorties vers Houat et Hoedic à 49 € pour un adulte et 39 € pour les – 12 ans. Sortie apéritif dans le Golfe : 32 € pour un adulte et 22 € pour les – 12 ans. Gratuit jusqu'à un an.

Embarquez à bord du Krog E Barz, réplique authentique d'un bocq langoustier de 1910 construit en 1992, et apprenez les manœuvres à l'ancienne, à lancer la grand'voile, tenir la barre ou encore traîner une ligne. Prenez le large vers les îles d'Houat ou de Hoedic ou découvrez le charme du golfe du Morbihan en remontant la rivière d'Auray le temps d'un apéro-sortie des plus plaisants. Il est utile de prévoir ciré, chaussures de pont ou baskets, vêtements chauds, ainsi que lunettes de soleil, casquette et protection solaire, le tout si possible dans un sac étanche. A noter que le Krog E Barzest labellisé Bateau d'Intérêt Patrimonial par la Fondation du Patrimoine Maritime et Fluvial et classé Navire à Utilisation Collective par les Affaires maritimes.

■ **MIRAMAR CROUESTY**
Port du Crouesty
✆ 02 97 53 49 13
www.miramarcrouesty.com
Ouvert tous les jours de 9h à 18h30. Ouvert à partir du 5 février 2012. Cure remise en forme à partir de 1 296 € 6 jrs/6 nuits/24 soins. Cure morpho plus à partir de 2 256 € 6 jrs/6 nuits/6 jours de soins pension complète diététique. Forfait essentiel spa 1 jr/1 nuit/1 jour de soin à partir de 255 €.

Situé sur un lac entre dunes et lagunes à la pointe de la presqu'île de Rhuys, le Miramar Crouesty présente une architecture pour le moins originale puisque l'hôtel-thalasso est construit sous la forme d'un paquebot transatlantique début du siècle. La mer et ses puissants effets revitalisants est évidemment à l'honneur à la thalasso de Crouesty, à travers les soins d'hydrothérapie. Chargée d'iode, riche en oligo-éléments, elle contient aussi l'ensemble des sels minéraux transmis à l'organisme à travers la peau pour combler les déficits à l'origine de la fatigue. L'algothérapie qui concentre à l'extrême les nutriments marins fait également partie intégrante des nombreux soins proposés pour des haltes détente le temps de quelques heures ou de quelques jours, comme les soins d'Orient (reiki, shiatsu, massages thaï), des soins

indiens ou des soins d'Occident. L'espace beauté propose aussi une pléiade de longs soins relaxants et esthétiques, comme le massage aux pierres chaudes et les soins visages kerashin. Différentes cures sont proposées.

Emplettes

■ **FUMAGE ARTISANAL D'ARZON**
23, rue Centrale
✆ **02 97 53 80 18**
Fax : 02 97 53 62 35
www.fumage-arzon.fr
Patrick Chauchard est producteur de saumon fumé au hêtre vert et salé au sel de Guérande. Excellent ! Il fume surtout du saumon écossais Label Rouge, dont il fait aussi des rillettes, mais également le maquereau, la sardine, le thon, le haddock... Tarama, feuilleté, ravioles, lasagnes et cakes, tous ces produits se retrouvent sur les marchés des presqu'îles de Rhuys et Quiberon. Colis isothermes expédiés tous les jours ouvrables dans toute la France, avec réception dès le lendemain. Boutique en ligne : www.fumage-arzon.fr

Baden

C'est tout d'abord le pays natal de l'aviateur Joseph Le Brix, perdu en 1931 dans les montagnes de l'Oural, alors qu'il tentait le raid Paris-Tokyo sans escale à bord du Trait-d'Union. Baden possède la particularité d'avoir pignon à la fois sur le golfe et sur la rivière d'Auray, situation privilégiée qui ravira les randonneurs côtiers. La fenêtre badennoise sur le golfe s'ouvre d'abord sur l'île d'Irus au large de Bois Bas, avant que ne se dessine derrière elle la pointe nord-ouest de l'île aux Moines. C'est par le port de Baden, Port-Blanc, que s'effectue la liaison la plus courte entre l'île et le continent. Les bateaux assurant le transport de marchandises et des passagers, y accostent à un rythme incessant pendant toute la journée. Visiteurs de quelques heures ou résidents de l'île, ils sont plusieurs centaines à prendre le bateau tous les jours. Puis, passé Port-Blanc et Toulindac, on gagne Larmor-Baden avec Berder en point de mire. Côté rivière d'Auray, le chemin débute à Locmiquel pour se diriger vers les sept îles et la pointe du Blair, via une longue promenade par l'anse de Baden. Très belle balade à Kerdréan, également, à proximité du golf, sans

e, cette fois-ci. Une dernière chose à savoir : le bourg de Baden étant situé sur un promontoire, le clocher de son église constitue un amer remarquable de fort loin pour la navigation. En le mettant en alignement avec l'obélisque blanc planté sur l'île du petit Veizit, les bateaux qui viennent du large peuvent entrer dans le golfe par le chenal le plus profond.

■ **SYNDICAT D'INITIATIVE**
Point I
Place du Marhallé
✆ **02 97 57 23 96**
pointibaden@orange.fr
Ouvert le dimanche et les jours fériés de 9h30 à 12h30.
Basse saison : du samedi au jeudi de 9h30 à 12h30.
Haute saison : du lundi au samedi de 9h30 à 12h30 et de 15h à 18h30.

© IRÈNE ALASTRUEY – AUTHOR'S IMAGE

MORBIHAN

Le centre-ville de Baden

Points d'intérêt

■ L'EGLISE PAROISSIALE

Elle affiche dans l'aile du midi, des contreforts extérieurs affirmant son origine romane. Rebâtie au XIXe siècle, en fonction des plans de l'architecte du Département Emile Ame qui lui voulait un style XIIe, les travaux de l'église se terminaient le 17 novembre 1861, tandis que la flèche du clocher, construite en 1864, fût montée en 1866. En 1869, le recteur fit l'acquisition d'un retable monumental en bois, une œuvre du XVIe siècle, provenant de la Chapelle de la Chartreuse d'Auray. Le sculpteur Le Brun de Lorient le remonta dans l'Eglise et le compléta. Les Beaux Arts le classèrent Monument Historique en 1912. A l'extérieur, près du porche, on peut découvrir deux stèles gauloises.

■ MUSÉE DES PASSIONS ET DES AILES
2, place Weilheim ✆ **02 97 57 27 89**
www.museedebaden.fr
Fermé du 16 septembre au 5 juin. Basse saison : ouvert tous les jours de 10h à 12h. Haute saison : du lundi au samedi de 10h à 12h et de 15h à 18h ; le dimanche de 10h à 12h. Gratuit jusqu'à 16 ans. Adulte : 3,50 €. Groupe (5 personnes) : 3 €. Espace boutique ouvert à tous.
Inauguré le 11 juin 2006, le musée comprend 3 salles et est géré par l'association des amis du musée de Baden. Une est dédiée à l'aviateur Joseph Le Brix, né en 1899 à Baden et décédé dans un accident d'avion dans l'Oural en 1931 alors qu'il tentait une liaison Paris-Tokyo sans escale. De nombreux documents et objets personnels retracent sa vie et ses exploits, il a, en effet, été le premier à effectuer la traversée de l'Atlantique Sud avec Costes, son compagnon de voyage, en 1927. Pendant la visite, des hauts parleurs diffusent un enregistrement de Le Brix et Costes racontant leur voyage. Une autre est consacrée à la collection, donnée par Anne et Jean Farkas, célèbres fabricants d'automates à l'ancienne et collectionneurs passionnés de jouets et d'objets d'art. Elle se compose de poupées, de jouets en céramiques, de tableaux ou d'automates, entre autres. La dernière servira pour des expositions temporaires qui changeront deux fois par an. On peut également voir deux films de 30 min, l'un sur une partie du tour de monde que Joseph Le Brix a effectué en 1928 et qui date de cette époque, et l'autre sur l'œuvre des époux Farkas qui date de 1995.

Le couvert

■ CREPERIE ER LANNIC
Port-Blanc ✆ **02 97 57 07 07**
www.creperieerlannic.com
Menu enfant : 7,50 €. Chèque Vacances, Chèque Restaurant. Accueil des groupes. Terrasse.
La crêpe est l'étoile du ciel breton, devise emblématique de la maison ! Incomparable Bretagne bénie des dieux, vous diraient Marie et Jean-François Le Port, établis sur ces rives depuis plusieurs années maintenant... Ils vous accueillent avec un sens familial inné, qui ne gâche rien au plaisir de la dégustation. Au mur, les photos des îles morbihannaises font découvrir aux visiteurs ces landes de terres entourées d'eau salée. Deux salles s'offrent aux gourmets de passage, la première typique avec sa cheminée, pierres et poutres apparentes, la deuxième, plus familiale, avec ses banquettes et sa vue sur le jardin. La terrasse permet de faire une pause en plein air tout en regardant les enfants s'amuser. Côté assiette, des galettes, des crêpes et un choix de pizzas, pâtes, carpaccio de bœuf, fruits de mer et snack. Er Lannic propose également des pizzas à emporter.

■ LE GAVRINIS
1, rue de l'Ile-Gavrinis ✆ **02 97 57 00 82**
www.gavrinis.com
Ouvert du mardi au vendredi le midi et le soir ; le samedi soir ; le dimanche midi. Menus de 29 € à 49 €. Menu enfant : 13 €. Formule du midi : 14,50 € (du mardi au vendredi). Vin au verre.
Ce restaurant gastronomique conjugue à tous les temps des mets qui résonnent en bouche telle une symphonie de saveurs pour laisser le convive béat de bonheur : Carpaccio de saint-pierre mariné à l'huile de noisette et fruits de la passion, légumes croquants en condiments ; terrine de foie gras de canard de Chalosse et son chutney de figues des Bios de Baden, toast de pain au levain ; pavé de barbue poêlé, réduction de veau safranée, Risotto vert et asperges cuisinées ; roulade d'épaule d'agneau confite 6 heures et son jus réduit, accompagnée de pomme paille et carottes au cumin ; crumble au chocolat-thé, coulis de Mangues aux saveurs de Séchuan... La carte évolue en fonction des arrivages de poisson et est déclinée en fonction des saisons. Tout n'est que délice. La carte des vins est bien troussée avec un cognac et un armagnac millésimé 1950. Les amateurs de thé ont le plaisir de se voir présenter une sélection de crus choisis parmi les meilleurs jardins japonais ou chinois, entre autres.

Le gîte

■ LE GAVRINIS***
1, rue de l'Ile-Gavrinis ✆ **02 97 57 00 82**
www.gavrinis.com
Ouvert toute l'année. Fermeture annuelle en janvier. 18 chambres. Chambre double de 59 € à 120 €. Demi-pension. Petit déjeuner : 11,50 €. Lit supplémentaire : 20 €. Soirée étape de 74 € à 82 €. Animaux acceptés (7,50 €).
Décoration personnalisée, et du plus bel effet, pour cet établissement trois étoiles, véritable maison de famille dressée à 3 km des bords du Golfe du Morbihan et de Port Blanc. Les 18 chambres, climatisées pour la moitié, sont confortablement équipées de salle de bains avec douche ou baignoire, toilettes séparées, sèche-cheveux, télévision avec canal satellite, réseau adsl pour Internet gratuit en chambre et, selon disponibilité, lit bébé pliant gratuit. Une séduisante adresse.

Loisirs

■ GOLF DE BADEN
Kernic ✆ **02 97 57 18 96**
www.golfdebaden.fr
Ouvert toute l'année. Restauration.

Situé en bordure du Golfe de Morbihan et de la rivière d'Auray, ce très beau golf (18 trous par 72 - 5 952 m - 3 trous par 9 - 535 m) offre deux ambiances, marine et champêtre. Parmi les installations d'entraînement, un practice couvert de trente postes, un practice sur herbe de quatre postes, un practice couvert de deux postes, deux putting greens, un green d'approche et un parcours green 18 trous.

Larmor-Baden

Comme son nom l'indique, la commune de Larmor-Baden était, jusqu'à une époque récente, rattachée à la commune de Baden dont elle était l'un des deux ports. Séparée en 1924 de Baden pour devenir commune à part entière, Larmor-Baden vit notamment de l'ostréiculture. Non loin de Pen Lannic (le port), une chaussée praticable à marée basse permet d'accéder à l'île Berder. Cette île, ou presqu'île à certaines heures est actuellement propriété du groupe Yves Rocher qui la loue à un centre LVT (organisme de loisirs, vacances et tourisme). Souvent délaissé au profit d'une balade sur Berder ou d'une visite de Gavrinis, le bourg de Larmor-Baden n'en recèle pas moins beaucoup de charme, et lorsqu'on l'a agréablement traversé pour rejoindre le Paludo, on se laisse souvent entraîner sur le sentier côtier de l'anse de Locmiquel, autre village établi sur la commune de Baden, au bout duquel on parvient aux sept îles. Depuis l'embarcadère, il est possible de faire des excursions sur le golfe, la rivière d'Auray et les îles du large. C'est aussi l'unique point de départ pour la visite du Cairn de Gavrinis (île de la Chèvre), la chapelle Sixtine de la préhistoire a-t-on coutume

de dire (3 500 ans avant Jésus-Christ), dont les pierres entièrement gravées restent un mystère et gardent encore aujourd'hui tout leur secret.

Le couvert

■ **SAVEURS MARINES**
17, rue de Berder ✆ **02 97 57 13 85**
Fermé du 12 novembre au 9 février. Basse saison : ouvert le dimanche, le lundi, le jeudi et le vendredi le midi et le soir ; le mardi et le samedi le soir. Haute saison : tous les jours le midi et le soir. Menus de 23 € à 40 €. Accueil des groupes (jusqu'à 50 personnes sur réservation). Parking privé. Accès wifi gratuit.
Un emplacement privilégié pour ce délicieux restaurant, cosy et lumineux, situé dans l'auberge du Parc Fétan, à deux minutes seulement du port. Virgine et Clément Massé seront ravis de vous faire découvrir leur savoureuse cuisine traditionnelle de la mer, savamment préparée avec des produits d'une fraîcheur irréprochable : Saint-Jacques juste snackées jus de pommes au cidre, cassolette de gambas et ris de veau au chouchen, pavé de lieu jaune en écailles de chorizo huile vierge, bar et Saint-Jacques en duo crème de café vanillée sont un petit aperçu des spécialités océanes que vous apprécierez ici. Les amateurs de viande ne sont pas oubliés et il est fort à parier qu'ils ne résisteront pas longtemps à la tendre pièce de bœuf au parfum truffé que mitonne joliment le chef. Quant aux desserts, comme la tarte choco-caramel beurre salé et écorces d'oranges confites, ils sont d'irrésistibles tentations gourmandes… Une belle adresse.

MORBIHAN

Vieille maison à Lamor-Baden

Le gîte

■ L'AUBERGE DU PARC FETAN
17, rue de Berder
✆ **02 97 57 04 38**
www.hotel-parcfetan.com
♨

Chambre double de 45 € à 76 € ; studio / appartement de 320 € à 793 € ; suite de 110 € à 130 €. Demi-pension : 31,50 €. Petit déjeuner : 8,50 €. Lit supplémentaire : 12 €. Chèque Vacances. Animaux acceptés (petits chiens : 7 €). Wifi gratuit. Tv satellite.
Un environnement de toute beauté pour L'Auberge du Parc Fétan qui propose des chambres confortables et entièrement rénovées, côté mer ou côté jardin. Celles côté mer, offrent une vue lumineuse sur les îles du golfe du Morbihan et sont toutes équipées de sèche-cheveux, tv écran plat avec TNT, téléphone, baignoire ou douche, et certaines bénéficient de la climatisation d'autres de l'accès wifi gratuit. Les chambres côté jardin, spacieuses et calmes, donnent sur la piscine et sont toutes équipées d'une douche, de sèche-cheveux, tv écran plat avec TNT, téléphone et l'accès wifi gratuit pour quelques-unes dentre elles. De mai à septembre, vous pourrez vous prélasser sur les transats au bord de la piscine après avoir piqué une tête dans une eau agréablement chauffée. Le salon, chaleureux, est parfait pour se détendre autour d'un verre ou d'un jeu de société en famille. Une adresse très complète.

Saint-Gildas-de-Rhuys

Le village de Saint-Gildas-de-Rhuys, doit son nom au moine écossais saint Gildas, renommé pour avoir débarrassé la région d'un dragon qui gîtait au Trou du Serpent et dévorait la jeunesse. Il lui fit avaler une quenouille et le traîna par le fil de laine jusqu'à la pointe du Grand-Mont, d'où son cheval s'élança d'un bond prodigieux jusqu'à Houat. On voit encore la marque du sabot dans la roche. Le dragon fut lâché au-dessus des flots où il s'engloutit. Saint Gildas fonda un monastère au VIe siècle. Grâce à ce monastère, Saint-Gildas fut, pendant des siècles, le pôle spirituel et intellectuel de la presqu'île. En 1125, Pierre Abélard, épris de la belle Héloïse (de 22 ans sa cadette), après avoir été exilé dans les ordres, rétablit l'ordre dans la communauté de Saint-Gildas, dont les mœurs s'étaient nettement relâchées. Une partie du monastère est devenue un centre privé de vacances, tandis que l'église paroissiale peut être visitée.

■ OFFICE DU TOURISME
Rue Saint-Goustan ✆ **02 97 45 31 45**
www.saintgildasderhuys.com
Basse saison : ouvert le lundi, le mardi, le jeudi et le vendredi. Haute saison : tous les jours. Fermé en janvier.

Sarzeau

Chef-lieu du canton de la presqu'île, dont la population décuple l'été, ville natale des écrivains Alain René Lesage (1668-1747) et Marie Lefranc (1879-1965), comme du peintre-écrivain Xavier de Langlais (né dans la même maison que Lesage). Rien de bien extraordinaire dans cette bourgade, à l'exception de quelques demeures ornées de belles façades des XVIIe et XVIIIe siècles, et de l'église avec son intéressante statue de saint Isidore. D'abord ville de marchands et d'artisans, Sarzeau est ensuite devenue une communauté représentée aux Etats de Bretagne ; elle en fut ensuite le siège jusqu'à la Révolution. Ici s'installèrent avocats, avoués, notaires et officiers de justice. En témoigne l'ancienne Sénéchaussée de Rhuys, que l'on peut voir rue Bonable. Une légende raconte que la fameuse baignoire du révolutionnaire Marat, dans laquelle sévit Charlotte de Corday, aurait échoué, on ne sait comment, au presbytère avant d'être vendue par le curé à un collectionneur qui en fit don au musée Grévin. Au départ de Sarzeau, deux itinéraires recommandés : le château de Suscinio et la route du Golfe.

■ OFFICE DU TOURISME
Rue du Père-Coudrin
✆ **02 97 41 82 37**
www.tourisme-sarzeau.com
Basse saison : ouvert du lundi au samedi de 9h à 12h et de 14h à 18h. Haute saison : du lundi au samedi de 9h à 12h30 et de 14h à 18h30 ; le dimanche de 10h à 12h.

Points d'intérêt

■ CHÂTEAU DE KERLEVENAN
✆ **02 97 26 46 79**
Le château de Kerlevenan est un parfait exemple d'architecture néoclassique. Entre Saint-Armel et Sarzeau, sur la route de Vannes, enchâssé dans son écrin de verdure, cet édifice harmonieux fut construit entre 1780 et 1802 par Joseph Armand de Gouvello, puis par son fils. Le château reste aujourd'hui encore propriété privée de la famille de Gouvello. On appréciera le tuffeau de ses murs et les ardoises de son toit qui proviennent d'Angers et furent transportés par bateau. Le château accueillit souvent un invité de marque, le peintre anglais Turner, ami de la famille. Les jardins, la chapelle et le pavillon chinois sont ouverts au public au cours d'une visite qui offre également une belle vue sur le golfe.

■ CHÂTEAU DE SUSCINIO – MUSÉE D'HISTOIRE DE BRETAGNE
✆ **02 97 41 91 91**
www.suscinio.info
Basse saison : ouvert de 10h à 12h et de 14h à 18h. Haute saison : tous les jours et les jours fériés de 10h à 19h. De novembre à janvier, ouvert de 10h à 12h et de 14h à 17h. Gratuit jusqu'à 8 ans. Adulte : 7 €. Enfant (de 8 à 17 ans) : 2 €. Famille (2 adultes + les enfants) : 15 €.
Attirés par les bois de la presqu'île, vastes domaines pour les chasses, les ducs de Bretagne ont fait de Suscinio une de leurs résidences préférées. En 1218, un acte atteste de l'existence d'un premier manoir de chasse dont l'édification a été commandée par Pierre de Dreux. Situé dans une zone inondable, de vasières et de marais, à quelques centaines de mètres de l'anse de Suscinio, le bâtiment sera constamment remanié au fil des siècles et selon le caprice de ses hôtes, de Jean Ier à Jean V. Partiellement détruit pendant la guerre de succession,

au XIVe siècle, pris par les Anglais puis libéré par Du Guesclin en 1373, le château devint une importante place forte à sa reconstruction. En 1450 Suscinio n'est plus résidence coutumière des ducs de Bretagne. Nantes prend le relais. François Ier, gendre de la duchesse Anne, qui aimait se reposer au château, le confisque pour le donner au prince d'Orange... L'ancienne résidence des ducs se dégrade petit à petit, et elle est inscrite par erreur dans la liste des biens des émigrés en 1795. Le château est vendu en 1876 et sauvé in extremis par Prosper Mérimée au XIXe siècle, qui le fait classer par les Monuments historiques.

Le couvert

■ CRÊPERIE-PIZZÉRIA AVEL VOR
Place Richemont
✆ 02 97 48 20 03
♿

Ouvert du lundi au mercredi, le vendredi et le samedi le midi et le soir ; le jeudi et le dimanche le midi. Ouvert 7j/7 pendant les vacances scolaires. Menus de 9,50 € à 13,50 €. Formule du midi : 9 €. Chèque Vacances, Chèque Restaurant. Accueil des groupes (sur réservation). Cette crêperie-pizzeria, à la décoration claire et apaisante avec ses murs blancs et ses belles pierres apparentes, est située face à l'église. Depuis mars 2007, Marie-Anne vous y accueille et vous propose de déguster crêpes, galettes (farine 100 % blé noir bretonne), pizzas, salades et moules en saison. A tous les amateurs de galettes, nous conseillons la « Guéméné » (andouille, pommes) ou

encore « l'Avel Vor » (Saint-Jacques, crevettes, poireaux, champignons, crème). Côté crêpes, notre préférence (mais le choix est cornélien) va vers « l'andro » (chocolat maison, amandes et glace vanille) et le « bal de Rhuys » (caramel au beurre salé maison, amandes, glace vanille et chantilly). Quant aux pizzas, savoureusement fines et croustillantes, goûtez donc la « Gavrinis » (tomate, oignons, champignons, viande kébab, fromage, crème, persillade) : un régal. Les pizzas sont également disponibles à la vente à emporter avec carte de fidélité.

■ MANOIR DE KERBOT
Saint-Colombier ✆ 02 97 26 40 38
www.kerbot.com
Ouvert du mardi au dimanche le midi et le soir. Menus de 34 € à 60 €. Formule du midi : 24 € (sauf dimanche et fériés). Accueil des groupes (jusqu'à 150 personnes sur réservation). Boutique.
Un lieu élégant et raffiné et une cuisine à l'aulne, toute de délicatesse : Noix de Saint-Jacques juste poêlées, risotto à l'encre de seiche et piquillos, crème de poivron vert ; foie gras en terrine, cuit à 65°, marbré d'abricots et cerises séchées, toasts de ciabatta à l'huile d'olive ; marbré aux épices de pain d'épices et sa gelée de melon et crème de cassis ; ris de veau braisé sur un lit de pleurotes, jus de volaille crémé aux champignons ; saumon fumé maison au bois de hêtre, grillé sur la peau, sauce hollandaise ou enfin entremet chocolaté sur un sablé au cœur de framboise et disque croustillant... bref un florilège de voluptés que vos papilles ne seront pas prêtes d'oublier ! Une adresse enchanteresse avec espace épicerie (confitures, gelées, liqueurs, vinaiges, huiles...).

MORBIHAN

© IRÈNE ALASTRUEY – AUTHOR'S IMAGE

Le château de Suscinio datant du XIIIe siècle

■ **LES PIEDS DANS L'PLAT**
3, rue du Poulmenach ✆ **02 97 48 22 28**
www.lespiedsdanslplat.fr
Basse saison : ouvert du mercredi au dimanche. Haute saison : du jeudi au lundi. Ouvert tous les jours en juillet et en août. Menus de 17,50 € à 28 €. Formule du midi : 12,90 € (en semaine). Chèque Vacances, Chèque Restaurant. Accueil des groupes (jusqu'à 20 personnes sur réservation). Deux salles, un patio et une terrasse côté jardin. Animaux acceptés.
Gwen et Quentin sont à la tête de ce restaurant – crêperie situé au cœur de Sarzeau, entre l'église et le cinéma, depuis décembre 2009. Côté crêperie, les gourmets seront à leur aise car les spécialités de la carte, tantôt classiques tantôt plus originales, sont de véritables petits bijoux de gourmandise, à l'instar des galettes Jojo (magret de canard fumé, foie gras maison, pomme, pignons de pin, salade verte) ou Sarzeautine (noix de Saint-Jacques et crevettes grillées à la plancha, pomme, sauce crustacés au Kari Gosse, salade verte), sans oublier les crêpes comme la délicieuse Bretonne (pomme, glace vanille, caramel au beurre salé maison, amandes grillées, flambée au Calvados). Côté restaurant, vous aurez le choix entre des produits de la mer et de la terre, comme des moules de bouchot en saison, une brochette de noix de Saint-Jacques, du poisson frais selon arrivage, la pièce du boucher en brochette ou encore des salades repas. Ici, on met peut-être les « pieds dans l'plat », mais ils ne sont pas dans le même sabot ! A découvrir.

■ **PIZZERIA VALENTINO**
23, rue Adrien Regent ✆ **02 97 41 76 51**
www.pizzeriavalentino.fr
&
Ouvert le lundi, le mardi, le jeudi et le vendredi le midi ; du mardi au dimanche le soir. Formule du midi : 10,80 € (plat + dessert + vin ou café). Chèque Vacances. Accueil des groupes (jusqu'à 50 personnes sur réservation). Vente à emporter. 20 couverts en terrasse. Animaux acceptés.
La pizzeria de Denis et Sophie, qui se compose de deux salles et d'une terrasse, se situe à côté du supermarché Casino. La carte, diverse et variée, propose différentes spécialités mitonnées principalement à partir de produits frais. Ainsi, vous aurez le choix entre de pâtes fraîches (carbonara, gorgonzola...), des pizzas (24 différentes) comme par exemple la Goéland (tomate, fromage, lardons, chorizo, jambon, champignons, oignons, œuf, crème) ou la Savoyarde (tomate, fromage, pommes de terre, lardons, reblochon) ou encore des suggestions de plats du jour à la carte tels que brochettes de bœuf, blanquette de veau, papillotes de poisson du jour... sans oublier les desserts maison comme la classique – mais non moins délicieuse – crème brûlée. Bon à savoir, toutes les pizzas sont à emporter et la livraison est possible le soir de 19h à 22h sur toute la presqu'île.

■ **LA ROSE DES VENTS**
5, rue Saint-Vincent ✆ **02 97 41 93 77**
www.la-rose-des-vents-sarzeau.com
Ouvert toute l'année. Basse saison : du mardi au dimanche et les jours fériés. Haute saison : tous les jours et les jours fériés. Menus de 20,50 € à 28,50 €. Formule du midi : 12,50 €. American Express, Chèque Vacances. Accueil

des groupes (jusqu'à 50 personnes). Animaux acceptés.
La Rose des Vents a retrouvé son âme depuis le 25 janvier 2011. Monsieur Cariou, le propriétaire, vous invite à découvrir la nouvelle déco des lieux, dans un cadre un rustique et chaleureux avec sa belle cheminée. Et la qualité est de mise dans ce restaurant et crêperie gastronomique, qui ne travaille que des produits frais et cuisinés maison. Pour maintenir la qualité, la tradition et une meilleure dégustation, les crêpes et les galettes sont cuisinées à la demande... Côté galettes, vous avez celle aux noix de Saint-Jacques et sa fondue de poireaux, la galette Sud-Ouest composée de magret fumé et son foie gras maison, véritables délices, ou encore la galette du jour. Côté crêpes, laissez vous séduire par la crêpe glace au caramel au beurre salé maison sauce au caramel... La carte propose aussi des salades repas, des moules de bouchot servies en cocotte (700 g), des plateaux de fruits de mer sur commande, un poisson du marché chaque jour sur l'ardoise ou encore un magret d'oie au miel et au cidre, entre autres. Bon appétit ! Adresse incontournable sur Sarzeau pour passer un pur moment de bonheur culinaire, installé pourquoi pas, sur l'agréable terrasse côté jardin d'intérieur.

Guer-Coëtquidan

A mi-chemin entre Vannes et Rennes, non loin de la mystérieuse forêt de Brocéliande, Guer est une ville de tradition et d'histoires militaires. La ville doit son origine à saint Malo, premier évêque d'Aleth qui construisit au VIIe siècle un ermitage. A partir du XIXe siècle, Guer devient une ville de garnison. En 1908, une école militaire y verra le jour grâce à Napoléon Bonaparte où sera formée l'élite militaire. L'endroit est également propice aux amoureux de la nature pour découvrir le patrimoine naturel et architectural du Pays de Guer-Coëtquidan à pied à cheval ou en vélo.

■ **OFFICE DU TOURISME**
Place de la Gare ✆ **02 97 22 04 78**
www.guer-coetquidan-tourisme.com
Haute saison : ouvert du lundi au samedi de 9h30 à 18h30. De mi-septembre à fin mars, ouvert du mardi au samedi de 10h à 12h30 et de 15h à 18h. D'avril à mi-septembre, ouvert du lundi au samedi de 9h30 et de 14h30 à 18h30.

Points d'intérêt

■ **LE MUSÉE DU SOUVENIR**
Cour Rivoli ✆ **02 97 70 72 16**
musee.saint.cyr@gmail.com
Ouvert du mardi au dimanche de 10h à 12h et de 14h30 à 18h. Adulte : 4 €. Chèque Vacances. Situé en plein cœur des écoles militaires de Saint-Cyr-Coëtquidan, ce musée expose une magnifique collection de plus de 5 000 objets authentiques qui retracent le passé glorieux, mais parfois dramatique, des officiers de l'armée de l'Ancien Régime à nos jours. Napoléon ou encore le général de Gaulle sont évoqués dans ce musée du souvenir. A l'entrée, une statue d'Antoine Bourdelle trône en bonne place.

Le couvert

■ ÉPICES ET COMPAGNIE
7, rue Saint-Thomas ℰ **02 97 22 10 41**
Ouvert du lundi au vendredi le midi ; le vendredi et le samedi le soir. Menus de 21 € à 26 €. Suggestion du jour : 10,50 € (et 12,50 €. Le midi en semaine). Accueil des groupes (jusqu'à 25 couverts sur réservation). Terrasse côté jardin de 20 couverts. Wifi gratuit.
Julia et Victorien ont repris l'établissement situé face à la Maison des Arts depuis mars 2012, et vous invitent à découvrir une cuisine moderne, réalisée avec des produits frais principalement, dans une décoration cosy. Terrine du boucher, salade avec émietté de poissons, mijoté de bœuf aux quatre épices, papillottes de poissons du jour et ses légumes ou encore mousse au chocolat maison sont au menu. A noter que la maison propose des plateaux-repas pour les entreprises à partir de 10 €.

■ LE MEWEN
31, rue Saint-Gurval ℰ **02 97 22 55 54**
Ouvert du lundi au mercredi, le vendredi et le samedi le midi de 11h30 à 14h et le soir ; le dimanche soir. Service jusqu'à 22h30 le week-end. C. Midi et soir en semaine, formule entrecôte frites à 14 € et formule steak haché frites à 10 €. Chèque Restaurant. Accueil des groupes (jusqu'à 16 personnes sur réservation). Vente à emporter.
Nouvelle déco, nouvelle façade et nouveaux propriétaires, M. et Mme Bouvet sont les maîtres à bord depuis juin 2011, pour ce restaurant-pizzeria de 35 couverts dont le choix ne manque pas ! Des pizzas, bien sûr, préparées maison et pâte faite main comme la copieuse « tartiflette » (tomate, mozzarella, pomme de terre, lardons, oignons, reblochon, crème fraîche, salade) ou l'incontournable « reine » (tomate, mozzarella, œuf, jambon, champignon, crème fraîche, salade), des pâtes (spaghettis, tagliatelles), mais aussi les desserts maison. Toutes les pizzas sont disponibles à emporter.

Le gîte

■ HÔTEL DE BELLEVUE
3, rue de Saint-Cyr ℰ **02 97 75 70 51**
www.hotel-guer.com
Ⓨ ⌷⌷
10 chambres. Chambre double de 55 € à 70 €. Petit déjeuner : 5,50 € (jusqu'à 8,50 €). Animaux acceptés (5 €). Wifi gratuit.

L'hôtel de Bellevue est situé face à l'école militaire de Saint-Cyr-Coetquidan. Entièrement rénové, l'établissement propose des chambres confortables toutes équipées de douche ou bains, lits 160x 200 cm et couettes, toilettes, TV 81 cm écran plat avec chaînes TNT, téléphone et wifi gratuit. Le bar vous accueille avec des couleurs tendance et un aspect rétro des années 1900, et vous propose tout au long de votre séjour boissons et tapas.

■ Dans les environs ■

Beignon

■ HÔTEL O2B AUX BERGES DE BROCÉLIANDE
Place de l'Eglise
ℰ **02 97 70 71 30**
http://hotel-broceliande.o2b.fr
♿
Ouvert toute l'année. 7j/7. 12 chambres. Chambre double de 69 € à 89 € ; chambre triple de 75 € à 105 €. Petit déjeuner : 10 €. Animaux acceptés (6 €). Wifi gratuit.
Cet hôtel est situé dans un cadre magnifique, à deux pas de la forêt de Brocéliande et aux portes de la jolie ville de Paimpont. Malgré sa façade en pierre, l'établissement est moderne : l'ambiance lounge du bar, ses fauteuils club en cuir et sa déco épurée vous enchantera, tout autant que les chambres de l'hôtel ! Vous souhaitez passer des nuits « pourprées, satinées, étoilées, halées, boisées, embrasées, voilées, nacrées, dorées, ambrées, bleutées ou encore miroir aux fées » ? Vous êtes à la bonne adresse : douze chambres, douze ambiances, toutes décorées avec soin sur le thème de l'arbre. L'hôtel possède une cave à vins et à cigares, et vous pourrez siroter au bar l'Appart' les spécialités maison comme le planteur. Futée, l'adresse vous propose aussi la demi-pension avec une étape aux délices des rois si vous le souhaitez. Possibilité d'effectuer cocktails, séminaires, soirées étape.

Concoret

Kon Korred signifie val des druides ou val des fées. Le village porte en lui une lourde tradition de sorcellerie. Des personnages troubles, dont Eon de l'Etoile ne fut pas le moindre, hantèrent ces lieux étranges... En 2005, Concoret a reçu le label de Bourg du Patrimoine Rural de Bretagne qui reconnaît l'intérêt patrimonial du bourg et du village des Closiaux.

⚓	accès direct à la plage	⧖	espace fumeurs	🌳	jardin ou parc
Ⓨ	bar	⧗	établissement non-fumeurs	⌷	jeux
⊒	blanchisserie	⊞	fitness	🔲	lave-linge / laverie
✳	climatisation	⛳	golf miniature	⚲	location de vélos
♪	discothèque	♫	handicap malentendant	🛒	magasin d'alimentation
Ⓔ	distributeur d'argent	◈	handicap malvoyant	✕	navette aéroport
☂	eau potable	♿	handicap mental	⚒	pêche
⇗	équitation	♿	handicap moteur	⊞	piscine intérieure

■ **CHEZ MAXIME**
Place du Pâtis-Vert
☏ 02 97 22 69 63
Fax : 02 97 22 98 92
www.chezmaxime.fr
Ouvert tous les jours de 12h à 15h et de 19h à 22h. En hiver, fermé le mardi soir et le mercredi. Réservation recommandée. Menus de 15,50 € à 36 €. Carte : 26 € environ. Formule du midi : 9,50 €.

La forêt de Brocéliande, berceau des légendes arthuriennes, est aussi un haut-lieu de la chasse et de la pêche en rivières. C'est l'esprit auquel ont voulu rester fidèles Serge et Christelle Lefebvre : dans ce restaurant, on ne badine pas avec la gastronomie bretonne. Chez Maxime, c'est de la cuisine du terroir, avec les saveurs de l'Argoat et de l'Armor, le tout dans un cadre typique du pays gallo, avec ses murs en schiste. Tian de Saint-Jacques aux agrumes, terrine de foie gras aux épices douces, les entrées déjà généreuses servent de mises en bouche avant des pièces de bœuf ou des entrecôtes de taille plus que respectables. En somme, de la cuisine de marché, une carte qui varie selon les arrivages et les saisons, des viandes et des poissons d'une fraîcheur incontestable, entre simplicité et petites touches imaginatives. Un service souriant, pas guindé, et les conseils avisés de la sommelière en font une table très fréquentable au détour d'une virée dans la forêt de Paimpont. Comptez environ une trentaine d'euros par personnes pour un repas incluant entrée, plat et fromages, mais on y mange bien pour 16 €, si l'on ne craque pas pour les délicieuses entrées du chef. Une bonne adresse nichée dans une joli petit bourg, au pied du chêne Guillotin, du château et du lac de Comper.

Monteneuf

■ **LES MÉGALITHES**
Place Saint-Nicodème
☏ 02 97 93 27 70
Ouvert le mardi midi ; du mercredi au dimanche le midi jusqu´à 14h et le soir. Accueil des groupes (jusqu'à 40 personnes sur réservation). Petite salle à l'étage. Parking.

Dans ce restaurant traditionnel situé sur l'axe Malestroit-Guer, à 1,5 km du site mégalithique des Pierres Droites, l'accueil de Nathalie et Carine, propriétaires deslieux depuis le 18 décembre 2008, est on ne peut plus charmant. La décoration est chaleureuse et la grande terrasse ensoleillée très appréciable… Parmi les spécialités de la maison : duo d'huîtres tièdes, poivrons marinés aux anchois frais, brochette de lotte au beurre blanc, pavé de loup sauce à l'oseille, aiguillettes de canard au porto, crème brûlée à l'orange… Et à ne pas manquer : la fondue chinoise sur réservation. Bon à savoir, une fois par mois sont organisés une soirée concert ou une soirée à thèmes ainsi qu'un déjeuner dansant le dernier dimanche du mois (24,50 €). Enfin, l'été, « les meufs de Monteneuf » combinent plusieurs fêtes dont la fête de la musique, des fest noz et des concerts avec restauration sur place à l'occasion de la fête des motards.

■ **AUBERGE DES VOYAJOUEURS**
Rue du Chaperon Rouge
☏ 02 97 93 22 18 / 06 76 45 70 91
www.auberge-des-voyajoueurs.com
10 chambres. De 62 € à 99 €. Demi-pension : 24 €. Petit déjeuner : 8 €. Lit supplémentaire : 15 €. Panier pique-nique : 9 €.

Un concept unique qui allie hôtel et jeux de société des 5 continents, dans un cadre exceptionnel à deux pas de la légendaire Forêt de Merlin. Tout a été pensé pour que votre séjour soit une expérience inoubliable : Des chambres chaleureuses et douillettes ; une salle de petit déjeuner avec vue sur l'étang du Chaperon Rouge ; un service bébé voyajoueurs qui offre les indispensables au confort de bébé ; des menus traditionnels et des saveurs du monde en partenariat avec des restaurateurs locaux ; des encas variés qui accompagneront vos moments de jeux ; tout le nécessaire pour vos randonnées ; une bibliludithèque qui offre une centaine de références de livres sur le jeu… et bien sûr, ce qui rend cet endroit extraordinaire et unique en son genre, les 400 jeux de société des 4 coins du monde qu'il propose à travers ses différents espaces de jeux entièrement accessibles de plain pied. Jeux de stratégie, d'adresse, d'ambiance, d'affrontement, d'alliance, de réflexion, de rapidité, de réflexe, de plateaux, jeux géants, de pistes, traditionnels, Wii, pions, dés, cartes, billes…, pour petits et grands, en solo ou en équipe, pari tenu que vous allez adorer voyajouer ! A ne pas manquer !

Hennebont

Habité depuis l'âge de fer au moins (des fouilles attestent d'une occupation gauloise au Ier siècle avant Jésus-Christ), Hennebont a toujours été un lieu de passage. Ce fut un port très actif (Hen Pont signifie vieux pont). Il y a mille ans, les seigneurs d'Hennebont dressèrent leur château sur la rive droite du fleuve. Mais depuis le XIIIe siècle, le site antique de la rive droite a fait place à la ville close sur la rive opposée. Sa construction est due à Jean Ier Le Roux, duc de Bretagne. En témoignage de réconciliation et de soumission à l'Eglise, sœur Blanche de Champagne-Navarre, fonda en 1275 l'abbaye de la Joie-Notre-Dame. Pendant la guerre de Cent Ans, la guerre de succession au duché de Bretagne opposa les partis de Montfort et de Blois. Cette lutte fratricide valut à Hennebont de subir plusieurs sièges en 1342. La ville était défendue par l'épouse de Jean de Montfort, Jehanne de Flandre, dite Jehanne La Flamme (le pont entre les deux rives porte d'ailleurs son nom). Puis, à la fin du XIVe siècle, la cité subit l'occupation anglaise dont elle fut délivrée par Du Guesclin. Au XVIIe siècle, les maisons et hôtels particuliers se multiplièrent, exprimant la nouvelle prospérité de la ville. A partir de 1666, l'établissement de la Compagnie des Indes à Lorient entraîna le déclin de la sénéchaussée d'Hennebont au profit du nouveau port créé à l'embouchure du Blavet. Le XIXe siècle vit Hennebont devenir capitale du cheval breton, avec l'installation des Haras nationaux en 1857. La création des forges et l'arrivée du chemin de fer créèrent à

Hennebont une culture ouvrière qui subsista jusqu'à la guerre. Les bombardements de 1944, qui détruisirent les quartiers anciens du centre, sont à l'origine de la reconstruction et de l'urbanisation nouvelles.

■ **OFFICE DU TOURISME**
9, place Maréchal-Foch
✆ 02 97 36 24 52
www.hennebont-tourisme.com

■ **CROISIÈRES HENNEBONT – GROIX – HENNEBONT**
✆ 02 97 36 24 52
Du 3 juillet au 11 septembre. Ouvert le dimanche. Gratuit jusqu'à 4 ans. Adulte : 28 € (jusqu'à 31 €). Enfant (de 5 à 12 ans) : 16 € (jusqu'à 17,50 €). Visite guidée (croisières commentées tous les dimanches du 4 juillet au 12 septembre).
Des croisières commentées à Groix au départ d'Hennebont à bord du Navire catamaran Stereden an Heol. Départ en vedette d'Hennebont, pont Jehanne la Flamme, avec la découverte du Blavet maritime, de sa faune, sa flore, son cimetière des bateaux avant d'entrer dans la rade de Lorient ; puis cap sur l'île de Groix, tour de l'île en vedette commenté, escale à Groix et retour Hennebont. A noter que les horaires peuvent changer selon la marée.

Points d'intérêt

■ **HARAS NATIONAL D'HENNEBONT**
Espace Découverte du Cheval en Bretagne
Rue Victor Hugo
✆ 02 97 89 40 30
www.haras-hennebont.fr
Fermé du 8 novembre au 6 avril. Haute saison : ouvert tous les jours de 10h à 19h. Gratuit jusqu'à 5 ans. Adulte : 7,30 €. Enfant (de 5 à 17 ans) : 5,70 €.
Ce lieu merveilleux et prestigieux abrite les bâtiments historiques des écuries napoléoniennes. Berceau du cheval de trait breton, le haras d'Hennebont élevait à l'origine des chevaux de guerre. Si l'activité du lieu a bien évidemment évolué au fil du temps, elle est toujours aussi présente : reproduction d'étalons, club hippique, dressage, promenades en calèche, visites touristiques, sellerie... Situé au cœur du Haras, l'Espace Découverte du cheval vous invite à découvrir l'histoire qui unit l'Homme et le cheval, les métiers et la vie quotidienne du haras. De nombreuses animations sont proposées de juin à septembre : découverte du parc en calèche, présentation des étalons, show équestre, expositions... Une visite ludique dans un site exceptionnel.

■ **LE MUSÉE DES TOURS BROEREC'H**
Rue de la Prison
✆ 02 97 36 29 18
www.musee-hennebont.fr
Fermé du 1er octobre au 31 mai. Ouvert tous les jours de 10h30 à 12h30 et de 13h30 à 18h30. Gratuit jusqu'à 12 ans. Adulte : 4 €. Jeunes, étudiants et sans emploi : 3 €.

Les tours, qui datent de la fin du XIVe et début XVe siècle, constituent l'ouvrage défensif de la ville. Elles abritent aujourd'hui, dans leurs dix salles, un musée d'art et de tradition qui retrace l'histoire de la ville et l'activité du port. Le musée nous permet également de partir à la découverte du mobilier et des costumes bretons, des faïences, ainsi que de nombreuses maquettes et autres gravures. Des animations pour les enfants de 6 à 12 ans (2 € par enfant) sont proposées le mercredi et le samedi de 14h à 16h : conte, dessin, visite du musée et goûter.

Le couvert

■ **LE BISTROT DU VIADUC**
2, quai du Pont-Neuf
Ouvert du lundi au samedi le midi de 11h30 à 14h30. Menu unique à 15 € (le midi). Plat du jour : 9 € (formule entrée-plat ou plat-dessert à 12 €). Chèque Vacances, Chèque Restaurant. Accueil des groupes (jusqu'à 20 personnes sur réservation). Terrasse. Grand parking. Wifi gratuit.
Nenette et son équipe vous accueillent du lundi au samedi dès 6h30 du matin. Dans cette brasserie traditionnelle située au feu en bas du viaduc, on met l'accent sur la convivialité. Nenette aime les gens et ça se sent. Et pour le leur prouver, le chef prend plaisir à mitonner de bons petits plats maison cuisinés à la minute, et chaque jour à l'ardoise sont proposés différents plats de viande et de poisson en fonction des produits frais en direct du marché. Salade de chèvre chaud, poulet à la crème de champignons, rôti de veau, sauté de bœuf et légumes de saison, charlotte aux framboises ou tartes maison sont quelques incontournables à déguster sur la nouvelle terrasse à découvrir ou dans la salle de restaurant entièrement redécorée en mars 2011. Le Bistrot du Viaduc propose également une carte de brasserie traditionnelle ainsi qu'une carte snack (croque, sandwich...) ou encore des glaces artisanales. Enfin, l'établissement dispose d'un point presse, française de jeux et tabac. Adresse fort sympathique doublée d'un très bon rapport qualité-prix.

■ **LES DEUX TOURS**
9, rue Trottier
✆ 02 97 36 58 32
Basse saison : ouvert du mardi au samedi le midi et le soir ; le dimanche midi. Haute saison : du mardi au dimanche le midi et le soir. Menu enfant : 6,80 €. Accueil des groupes (jusqu'à 25 personnes sur réservation avec formule spéciale). Carte bilingue.
Chez Anne et André, les galettes sont exclusivement réalisées avec de la farine de blé noir. Parmi les spécialités de la maison, nous avons par exemple la Saint-Jacques poireaux ou sauce à l'andouille ou encore la forestière avec des champignons et des lardons. Côté crêpes, essayez par exemple l'incontournable gourmande composée de pommes rissolées, caramel au beurre salé et glace vanille ou l'originale forêt-noire avec de la confiture aux fruits rouges, du chocolat maison, un sorbet cerise et de la chantilly. A la carte également, des salades. Une bien sympathique adresse.

■ LE P'TY COSY
6, rue Edouard-Hériot
✆ 02 97 32 92 46
leptycosy@hotmail.fr

Ouvert toute l'année. Du mardi au vendredi et le dimanche le midi et le soir ; le samedi soir. Accueil tardif le week-end. Menus de 24 € à 30 €. Formule : 13,90 €. Chèque Restaurant. Accueil des groupes (jusqu'à 25 personnes sur réservation). Accès wifi.

Le restaurant d'Elise et Julien, dont l'accueil est des plus charmants, est une adresse comme on les aime, où la décoration est soignée, l'ambiance feutrée, et la cuisine délicieusement créative et raffinée. Comme on utilise ici des produits frais et de saison, la carte est renouvelée très régulièrement. Tartines d'avocat en gambas persillées et aux épices tandoori, craquants de saison et vinaigrette de crustacés ; escalope de lotte fondante, risotto crémeux de courges *Butternut*, verdure d'huîtres ; duo de filet mignon de porc farci au foie gras et médaillon de pommes au boudin noir ; fondant craquant chocolat praliné, cœur de caramel au beurre salé maison et molécule de Get 27 font partie des spécialités du moment. L'établissement, qui dispose d'une petite terrasse, se situe à 20 m de la place du Général-de-Gaulle et de la poste. Un excellent rapport qualité-prix. Vivement recommandé.

■ RESTAURANT DU BLAVET
3, route de Port-Louis
✆ 02 97 36 28 74
restaurantdublavet@hotmail.fr

Fermé mercredi soir et dimanche. Salle climatisée. Parking.
Situé face au Blavet, d'où son nom, le restaurant de Julien et Katty, les propriétaires depuis le 8 juillet 2009, va suprendre vos papilles de sa cuisine intuitive, soigneusement concoctée avec des produits frais et de saison uniquement, cuisinés maison. Il en résulte ainsi de savoureux délices comme le velouté de champignons et son émulsion au lard (en hiver), le dos de cabillaud rôti et son fin ragoût de coco paimpolais, le cœur de rumsteck poêlé, la mitonnée de joue de porc ou la Tatin d'ananas sauce au caramel de banane et rhum. D'un bon rapport qualité prix, le menu du midi laisse le choix entre une viande et un poisson. Un restaurant à découvrir.

Emplettes

■ MARCHÉ
Ouvert le jeudi de 9h à 13h.
A ne pas manquer ! Plus de 350 exposants sur 6 650 m² se retrouvent dans le centre-ville d'Hennebont pour le plus grand marché du département. Une tradition qui dure (elle daterait du Moyen Age) et qui attire toujours autant de monde. Les visiteurs et acheteurs viennent de tous les départements bretons, pour leurs propres moyens ou par cars entiers. L'ambiance y est quasi méditerranéenne. En juillet et août, il est même possible de venir en bateau, au départ de Lorient et de Port-Louis, si la marée le permet. (Billetterie à l'office de tourisme Tél. 02 97 36 24 52). On y trouve de tout : fruits et légumes, fromages, charcuterie, traiteurs asiatiques, crêpes à emporter, vêtements, faïence bretonne, dentelle, fleurs...

■ Dans les environs

Baud

A mi-chemin entre Lorient et Josselin, Baud est située à l'extrémité nord du plateau des landes de Lanvaux, qui sépare le Morbihan intérieur de sa partie littorale. Charmant petit bourg, Baud est le point de départ de nombreuses balades sur le Blavet et dans les landes. La racine du nom Baud serait probablement le nom de famille germanique Baldo, qui signifie audacieux. Historiquement, le bourg de Baud a vu son développement se concrétiser principalement aux XIIe et XIIIe siècles, comme la plupart des hameaux et villes du royaume de France.

Mais Baud restait avant tout une seigneurie foncière, où la population versait divers impôts, directs et indirects, aux seigneurs. Ainsi, les paysans étaient contraints de se rendre au four et au moulin seigneuriaux (ils devaient payer obligatoirement une taxe pour obtenir le droit d'y entrer).

A l'époque de la Révolution, on sait que les masses populaires se soulevèrent en vue d'abolir ces privilèges seigneuriaux. Parmi les Baudais, un homme se distingua : François-Xavier La Rochefoucault-Liancourt, seigneur éclairé de Quinipily. Refusant le système féodal en place, il montra lui-même l'exemple en abandonnant ses droits sur la commune de Baud.

■ SYNDICAT D'INITIATIVE DU PAYS DE BAUD
Place Mathurin-Martin
✆ 02 97 39 17 09

■ LE CARTOPOLE (CONSERVATOIRE RÉGIONAL DE LA CARTE POSTALE)
Rue d'Auray
✆ 02 97 51 15 14
www.cartolis.org

Basse saison : ouvert le mardi et le jeudi de 13h30 à 18h ; le mercredi de 9h30 à 12h30 et de 13h30 à 18h ; le samedi de 9h30 à 16h. Haute saison : le mardi et le dimanche de 14h à 18h ; du mercredi au samedi de 10h à 12h30 et de 14h à 18h. Gratuit jusqu'à 8 ans. Adulte : 5 €. Enfant (de 8 à 15 ans) : 2,50 €. Tarif réduit 4 € (étudiant, demandeur d'emploi...).

Il est le seul conservatoire français dédié à la carte postale. Ici, la Bretagne est à l'honneur et l'on redécouvre son histoire à travers celle de la carte postale. L'histoire rurale tout d'abord (un diaporama bien documenté présente quelques aspects de la vie au début du XXe siècle), mais aussi l'histoire de la guerre ou l'histoire touristique. Ainsi y apprend-on par exemple que les sites morbihannais les plus représentés sur les cartes postales sont Auray, Josselin et Quiberon. La présence sur ces trois communes, d'une basilique, d'un château et de la côte sauvage n'est pas étrangère à leur succès... Une base documentaire en consultation, riche de 58 000 cartes, permet de d'explorer la richesse des collections du Conservatoire. La thématique 2013 : « Le monde maritime en Bretagne » à travers un documentaire d'une quinzaine de minutes. Le jeu cartolin, doté de récompenses, fera le bonheur des petits et des grands.

■ CRÊPERIE DES FONTAINES
14, rue Constantin Le Priol
📞 02 97 39 08 65

*Ouvert du lundi au vendredi le midi ; le mardi et le
vendredi le soir. Accueil des groupes. Vente à emporter.
Salle de 30 couverts.*

La crêperie des Fontaines est une affaire familiale
depuis 30 ans, et c'est aujourd'hui Anne-Laure Liège
qui vous y accueille depuis maintenant 5 ans. Et cette
crêperie a une particularité originale et unique, celle
d'y venir avec son panier, c'est-à-dire que vous avez la
liberté – et c'est assez rare pour le souligner – de vous y
installer avec vos propres couverts et ingrédients que
vous choisirez de mettre sur la crêpe sèche, pratique
qui se faisait beaucoup dans le passé. Et sinon, pour
ceux qui viennent les mains vides – comme nous ce
jour-là – la maison, bien sûr, assure la restauration
traditionnelle ! Et notre choix s'est penché sur la Super
Forestière (œuf, champignons, lardons, crème) côté
crêpe au blé noir, et sur la crêpe pomme-caramel
côté crêpe au froment. A noter que la maison pratique
également la vente à emporter, madame étant devant
les biligs pour les particuliers comme pour les professionnels. Très bon rapport qualité/prix. A découvrir.
Bon appétit !

■ LE PAPAGAYO
13, rue d'Auray
📞 02 97 39 14 80

*Basse saison : ouvert le lundi midi ; du mardi au samedi
le midi et le soir. Haute saison : le lundi et le mardi le
midi ; du mercredi au dimanche le midi et le soir. Service
jusqu'à 23h le vendredi et le samedi. Formule du midi :
9 € (pizza du jour + dessert ou plat + dessert. Formule
entrée-plat-fromage-dessert-1/4 boisson à 11 €).
Accueil des groupes (jusqu'à 25 personnes). Vente à
emporter. Salle de 50 couverts. 30 couverts en terrasse.
Grand parking. Wifi.*

Pizzeria-restaurant dans lequel Cathy et Rico vous
accueillent depuis février 2010, le Papagayo est situé
à côté de la caserne des pompiers et de la place du
Champ-de-Foire. A la carte, vous aurez le choix par
exemple des salades larges ou extra larges, des
tagliatelles à la carbonara, des grillades comme l'entrecôte ou le pavé de bœuf grillés ainsi que des pizzas,
23 au total, comme la copieuse Savoyarde (pommes
de terre, lardons, jambon de pays, reblochon, crème
fraîche, oignons, fromage, origan) ou l'incontournable
Reine. En dessert, nous vous recommandons la crème
brûlée maison, délicieuse. La maison assure la vente à
emporter de pizzas à partir de 18h30. Accueil particulièrement charmant.

■ L'AUBERGE DU CHEVAL BLANC**
16, rue de Pontivy
📞 02 97 51 00 85
www.hotelduchevalblanc56.com

*Chambre double à partir de 48 €. Demi-pension. Petit
déjeuner : 8 € (11 € en chambre). Animaux acceptés
(5 €). Wifi gratuit. Restauration. Canal +.*

Charme et authenticité pour cet ancien relais de poste
joliment transformé en un hôtel plaisant, composé
de dix-neuf chambres coquettement meublées. Elles

sont toutes décorées sur un thème différent (Bretagne,
coloniale, New York) et bénéficient chacune de tout
le confort nécessaire à un séjour agréable : tv écran
plat, Canal+, wifi gratuit... A votre disposition, salon,
Jacuzzi, sauna, ainsi qu'un restaurant. Une belle étape
au cœur du Blavet.

Brandérion

Brandérion compte 1 300 habitants pour 617 ha.
Elle est plus étendue que Port-Louis, Malestroit,
la Roche-Bernard ou encore Josselin. Sa superficie
est comparable à celle d'Auray, Gestel ou la Trinité-
sur-Mer. La commune possède la plus ancienne chapelle
dédiée à sainte Anne, la patronne de la Bretagne, et
se caractérise aussi par un grand nombre de fours à
pains et de puits...

MORBIHAN

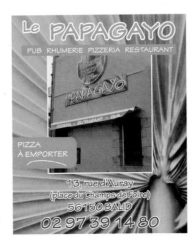

■ **LA TISSERIE – ESPACE DE DÉCOUVERTE DU TISSAGE**
Rue Vincent Renaud ✆ **02 97 32 90 27**
www.la-tisserie.fr
♿

Fermé du 1ᵉʳ octobre au 6 avril. Haute saison : ouvert tous les jours de 10h à 19h. Pendant les vacnaces de Pâques, ouvert du lundi au vendredi de 9h30 à 12h30 et de 14h à 18h, le samedi et le dimanche de 14h à 18h. En mai, juin et septembre, ouvert le dimanche de 14h à 18h. Gratuit jusqu'à 5 ans. Adulte : 4,20 €. Enfant (de 5 à 17 ans) : 3,40 €. Famille (2 adultes – 2 enfants) : 15 €.
L'un des cinq espaces de découverte du Pays de Lorient. Celui-ci est entièrement dédié au tissage. Pour découvrir l'histoire de ce savoir ancestral et avoir un aperçu des différences selon les pays. Petit ou grand, il est possible de s'essayer au tissage, sur un vrai métier. Un très beau film sur une légende africaine relative à l'histoire du tissage est diffusé sur grand écran. En juillet et en août, diverses animations sont proposées comme des ateliers (apprenti tisserand, créations en feutre, découverte des fibres) ou des expositions. Une visite didactique qui reste ludique, et aussi l'occasion de faire un tour à Brandérion pour découvrir ce joli petit village...

Inzinzac-Lochrist

L'histoire de cette commune verdoyante, située à une vingtaine de kilomètres de Lorient, fut fortement marquée par la création des forges sur les bords du Blavet, qui fabriquaient encore, jusqu'à la fin des années 1960, du fer blanc et de la tôle pour répondre aux besoins des conserveries bretonnes. Le centre-ville de Lochrist fut en grande partie réhabilité et modernisé jusqu'en 2007, tout en ayant su préserver le patrimoine existant.

■ **L'ÉCOMUSÉE INDUSTRIEL DES FORGES**
✆ **02 97 36 98 21**
ecomusee.lochrist@wanadoo.fr
Fermé de janvier à février. Ouvert le week-end de 14h à 18h30. Basse saison : du lundi au vendredi de 10h à 12h et de 14h à 18h ; le dimanche de 14h à 18h. Haute saison : du lundi au vendredi de 10h à 18h30. En juin, ouvert lundi au vendredi de 10h à 12h et de 14h à 18h, le week-end de 14h à 18h. Gratuit jusqu'à 6 ans. Adulte : 4,40 €. Enfant (de 6 à 18 ans) : 2,20 €. Visite guidée (tous les jours en juillet août à 15h). Créée à partir de 1978 par une association de bénévoles dévoués et passionnés, l'Ecomusée raconte l'histoire sociale, les techniques ou encore les traditions de nombreux enfants, femmes et hommes des campagnes voisines, qui deviendront au fil des années, membres de la communauté ouvrière des « Forges d'Hennebont ». Vous découvrirez dans les 18 salles à thèmes, des maquettes, photos, témoignages ainsi que des films documentaires dans la salle de vidéo projection. Vous pourrez également vous promener sur les traces des métallurgistes et visiter l'ancien site des Forges.

■ **LA VALLÉE VERTE**
Le Pont-Neuf ✆ **02 97 36 04 56**
Voie express Lorient-Rennes, prendre la sortie Languidic, direction Plouay, au bord du Blavet

Ouvert du mardi au dimanche le midi. Le soir, ouvert uniquement sur réservation. Menus de 13,50 € à 28 €. Formule : 10 €. Accueil des groupes (jusqu'à 110 personnes sur réservation : mariage, baptême, communions... avec menus de 25 € à 50 €). Grand parking privé.
Voilà déjà vingt que M. et Mme Schier sont à la tête de cet établissement qui se trouve au bord du Blavet. Ce restaurant traditionnel propose une formule ouvrière bon marché qui se compose d'un buffet d'entrées, d'un plat du jour, fromage, dessert et un quart de vin ; et tous les mardis, une spécialité du terroir est mise à l'honneur (choucroute, cassoulet, pot-au-feu...). À la carte, s'affichent aussi des classiques comme les incontournables brochette de Saint-Jacques ou la charlotte maison.

■ **PARC D'EAU VIVE**
Ile de Locastel ✆ **02 97 36 09 27**
www.sellor-nautisme.fr
Fermé du 15 au 31 décembre. Durée 2h. Accès libre au parc. Entrée : 6,50 € (sans location de matériel et 14,40 € avec le matériel).
Le parc d'eau vive d'Inzinzac-Lochrist dispose d'un parcours aménagé pour la pratique du kayak à tous niveaux. L'ascenseur à canoë, unique en France, permet de remonter la rivière sans effort, et de repartir sur les eaux mouvementées. Le parc d'eau vive propose aussi des randonnées en canoë au fil du Blavet, pour une demi-journée ou plusieurs jours. Et si le kayak n'est pas votre truc, le bassin et ses abords plantés d'arbres constituent un lieu de promenade et de pique-nique fort agréable.

Languidic

L'origine du nom de la commune vient du breton *lan*, qui signifie ermitage. Quant à Guidic, il s'agissait d'un roi gallois et d'un homme d'une grande sainteté. Il vécut longtemps dans la forêt, en sauvage, d'où son surnom dérivé du gallois *kyndir*, signifiant bûcheron. Languidic est située à une vingtaine de kilomètres de la ville de Lorient à laquelle elle est reliée par la voie express. Par sa superficie de 10 908 ha, c'est la commune la plus étendue du Morbihan et la troisième en Bretagne. Elle compte aujourd'hui 7 200 habitants environ.

■ **OFFICE DU TOURISME**
2, rue de la Mairie
✆ **02 97 84 78 00**
www.tourisme-languidic.com

■ **NIN'ARION**
Embarquement quai de Pont-Augan
✆ **02 97 36 93 18 / 06 03 48 78 74**
www.ninarion.fr
De Rennes : N24 direction Lorient, sortir gare de Baud et suivre Quistinic. De Lorient : direction Rennes, sortir à Languidic et suivre Quistinic
Ouvert d'avril à fin septembre. Location de bateaux sans permis. Adulte : 10 €. Enfant (de 5 à 12 ans) : 6 €. Chèque Vacances. Réservation possible du bateau pour occasions particulières : anniversaires, mariages...

Un beau moyen de partir à la découverte de l'environnement et du patrimoine fluvial du Blavet que cette péniche, ancien chaland construit en 1903 qui, le temps d'une promenade commentée de deux heures avec passage d'écluses, vous fera entrer dans l'univers particulier de la batellerie. A son bord, vous découvrirez une exposition, « Itinéraire de bohème fluviale », qui retrace le parcours de l'équipage, de leur coup de foudre avec les péniches jusqu'à la Nin'arion. La Nin'arion organise également des animations pour les groupes enfants ainsi que des croisières champêtre pour les adultes (minimum 40 personnes). Et si l'envie vous prend de jouer les aventuriers en solo sur le Blavet, alors sachez que vous pouvez aussi louer un bateau sans permis ! Idéal en famille comme en amoureux.

■ **LA CAMPANELLA**
17, rue de la Libération
Route de Kergonan
℡ 02 97 65 10 94
Ouvert du mercredi au vendredi le midi et le soir ; le week-end le soir. Service tardif le week-end. Vente à emporter. Salle de 55 couverts. Carte de fidélité.
Depuis 20 ans, Didier satisfait vos papilles de ses nombreuses pizzas – 40 au total – à la pâte fine et croustillante et copieusement garnies, comme par exemple l'Elizabetta (tomate, jambon, fromage, chèvre et crème) ou la Campanella (tomate, fromage, gambas, encornets, noce de Saint-Jacques, moules et crevettes). La maison propose également des salades repas, des escalopes normandes, des pâtes... La Campanella est située à 50 m à gauche plus bas de l'église.

■ **FLEUR DE SEL**
5, rue de la Mairie ℡ 02 97 11 23 18
www.fleurdesel56.com
Ouvert du mardi au dimanche. Menu unique à 24 €. Formule du midi : 10,50 €.
Ce restaurant a tout pour vous séduire. Un décor et un cadre agréable avec pierres apparentes, une cuisine créative et savoureuse avec ses épices du monde et un accueil attentionné, celui d'Amir et Sophie qui partagent avec vous ces haltes gourmandes. Du mardi au vendredi, ils vous proposent un menu très bon marché à 10,50 €, menu qui change toutes les semaines et qui peut par exemple se composer d'un struzappreti aux épinards et parmesan, d'une longe de porc demi-sel grillée sauce au vadouvan et d'une mousse au chocolat blanc au chouchen. Quant à la carte et au menu à 24 €, ils regorgent de bons petits plats tous plus alléchants les uns que les autres : flan de cèpes au galanga et pignons de pin grillés, mijoté d'agneau au hoi çin et basilic et purée de fèvettes au cumin, crème légère aux arômes de géranium citronné...

Quistinic

■ **POUL-FETAN – UN VILLAGE D'AUTREFOIS**
℡ 02 97 39 51 74
www.poul-fetan.com
Fermé d'octobre à mars. Ouvert tous les jours de 14h à 18h30. Basse saison : tous les jours de 11h à 18h30.

Haute saison : tous les jours de 10h45 à 19h. Gratuit jusqu'à 5 ans. Adulte : 9,80 €. Enfant (de 6 à 16 ans) : 5 €. Forfait « famille » : 26 € (2 adultes, 2 enfants et plus). Chèque Vacances. Visite guidée. Aire de stationnement pour camping-car (48h maxi).
Cette reconstitution très réussie d'un village breton d'autrefois nous plonge dans un lieu de mémoire vivante de sauvegarde du patrimoine, un endroit de détente à nul autre pareil où l'on peut participer dans une ambiance chaleureuse et joviale aux activités traditionnelles de la campagne bretonne. Vous y admirerez des chaumières typiques dans un terroir préservé, découvrirez une ferme d'antan et ses animaux (vache pie noir, porc blanc de l'ouest, postier breton...), participerez aux animations (fabrication du beurre, filage de la laine, traite des vaches) et retrouverez des saveurs du terroir à travers du pain cuit au feu de bois, des crêpes de blé noir ou encore du beurre et du lait ribot. Les boutiques et les artisans du village (atelier de poterie, librairie, boulangerie traditionnelle, une auberge qui sert une cuisine traditionnelle à base de produits locaux...) se feront un plaisir de vous accueillir, plaisir partagé car soyez sûr que vous en ressortirez conquis ! Sur le site du village se déroule aussi chaque année la fête d'antan, le 15 août, et la fête du cidre, le 4e dimanche de septembre. Embarquez les yeux fermés pour cet incroyable voyage à travers le temps.

Josselin

Josselin, prénom du fondateur de la ville : au cœur du pays du Porhoët, son père Guéthenoc fit construire, au début du XIe siècle, une chapelle sur les lieux de l'apparition miraculeuse de la Vierge, deux siècles auparavant. Josselin fonda la dynastie des Rohan. Josselin, autrefois nichée entre ses remparts fut favorisée par la fortune des Rohan due à l'exploitation des forêts et par sa florissante activité drapière : on y tissait le lin pour en faire des draps au Moyen Age.
Elle eut durement touchée par les guerres de Religion et vit s'entre-déchirer les Malestroit, catholiques, et les Rohan, protestants. Des neuf tours d'origine, il ne reste plus que quatre ; on dit que Richelieu se vanta d'avoir joué aux quilles.
Après quelques lustres misérables au XIXe siècle, où les Rohan l'abandonnèrent, son château, baigné par le canal de Nantes à Brest, est aujourd'hui, et à juste titre, la fierté de la ville.
Il protège de son ombre les maisons anciennes de la cité (la plus ancienne date de 1538) et la basilique Notre-Dame-du-Roncier. Josselin constitue une des plus belles vitrines de la Bretagne intérieure, et a pour cela reçu la distinction de Petite Cité de caractère. Situé dans un cadre naturel préservé, les passionnés d'activités nautiques seront charmés par les espaces de tranquillité le long des chemins de halage lors des promenades et découvriront les nombreuses écluses fleuries. (petits bourgs de Lanouée, La Grée-Saint-Laurent et Helléan ; site classé deux libellules). Donc, larguez les amarres et louez des vélos !

© MARIE LOUISE DETOUX – FOTOLIA

Josselin

■ **OFFICE DE TOURISME DE JOSSELIN**
4, rue Beaumanoir ✆ **02 97 22 36 43**
www.paysdejosselin-tourisme.com
L'office du tourisme du Pays de Josselin organise différents séjours : Séjours actifs (canoë, pêche, randonnées…), séjours gourmands (restauration traditionnelle et gastronomique, crêperies, pizzerias, produits du terroir…), ou séjours reposants (chambres d'hôtes, hôtels, meublés, campings…). Pour tous renseignements et demande de documentation, n'hésitez pas à contacter l'équipe de l'office du tourisme.

Points d'intérêt

■ **LE CHÂTEAU**
Place de la Congrégation
✆ **02 97 22 36 45**
www.chateaudejosselin.fr
Fermé de novembre à avril. Basse saison : ouvert tous les jours de 14h à 18h. Haute saison : tous les jours de 11h à 18h. En octobre, ouvert uniquement le week-end et les vacances scolaires de 14h à 17h. Adulte : 8 €. Enfant : 5,20 €.
L'histoire du château de Josselin remonte au début du XIe siècle. En 1370, Olivier de Clisson devient propriétaire de Josselin et sera nommé Connétable de France (chef des armées royales) en 1380. A partir du château existant, Clisson fait édifier une véritable forteresse, dotée d'un donjon très puissant et de neuf tours dont quatre subsistent encore aujourd'hui. A découvrir à l'intérieur : la salle à manger, vaste pièce de 16 m de long sur 9 m de large décorée vers 1880 dans laquelle vous découvrirez une cheminée monumentale et une statue équestre d'Olivier de Clisson ; l'antichambre où sont présentés un certain nombre de portraits de famille ; le grand salon meublé avec des éléments du XVIIIe siècle ; ainsi que la bibliothèque qui comprend pas moins de 3 000 ouvrages qui datent du XVIIe siècle au début du XXe siècle. Après la visite guidée, vous pourrez profiter du parc du château le temps d'une balade.

■ **LE MUSÉE DE POUPÉES**
3, rue des Trente
✆ **02 97 22 36 45**
www.chateaudejosselin.fr
Fermé de novembre à mars. Basse saison : ouvert tous les jours de 14h à 18h. Haute saison : tous les jours de 11h à 18h. En octobre, ouvert uniquement le week-end et les vacances scolaires de 14h à 17h. Gratuit jusqu'à 7 ans. Adulte : 7 €. Enfant (de 7 à 17 ans) : 4,90 €.
Dans les anciennes écuries du château, sont installées les poupées de la collection d'Antoinette de Rohan, collection commencée à la fin du XIXe siècle par Herminie de Rohan, l'arrière grand-mère de son mari.. Venus de tous les pays d'Europe, ces messieurs et dames joufflus, ont pour certains, trois cents ans d'existence. Aujourd'hui, la collection compte près de 5 000 pièces parmi lesquelles environ 3 000 poupées ainsi que des jeux, des jouets, des animaux en peluche, des livres pour enfants, dont certains sont d'une grande rareté. Un lieu féerique et poétique qui emmène petits et grands au pays du jouet. Chaque année, une exposition à thème est proposée.

Le couvert

■ **LE PRIEURE DE CLISSON**
2, rue Georges-Le-Berd
✆ **02 97 73 93 58**
www.le-prieure-de-clisson.fr
Fermé du 4 au 18 octobre. Ouvert du mardi au samedi le soir de 19h à 21h ; du mardi au dimanche le midi de 12h à 13h30. Menus de 21,50 € à 31,50 €. Formule du midi : 10,50 € (entrée-plat ou plat-dessert et 12,50 € entrée-plat-dessert. Sauf week-end et fériés).
Une cuisine traditionnelle proposée dans un cadre exceptionnel, original et chaleureux. En effet, le restaurant a pris ses quartiers dans la plus vieille chapelle de Josselin, datant de 1168 ! L'endroit a été mis en valeur par une décoration sobre des plus réussies. Et l'hiver, on pourra manger près d'un feu de cheminée...A la carte, renouvelée très régulièrement et où ne sont proposés que des produits de saison, s'affichent de formidables mets tels que le magret fumé et foie gras maison comme un millefeuille, le croustillant d'andouille bretonne et saladine au jambon cru, le filet mignon de porc breton rôti au vinaigre balsamique et son riz sauvage, le carré d'agneau en croûte d'herbes fraîches ou encore les noix de Saint-Jacques rôties à la fleur de sel et ses légumes mijotés au jus de volaille. A ne pas manquer, les terrines de poissons, les pâtisseries maison ou encore les glaces artisanales. Un service traiteur vous propose des plats à emporter.

■ **Dans les environs** ■

Les Forges

■ **CREPERIE LES FORGES**
Moulin de Cadoret
✆ **02 97 75 38 49 / 06 61 90 33 43**
Basse saison : ouvert du mercredi au dimanche le midi et le soir. Haute saison : tous les jours de 12h à 20h. Formule du midi : 11,50 €.
Anthony et Sébastien vous accueillent dans leur crêperie située dans un ancien moulin du XVIIIᵉ siècle, posé au bord du Canal de Nantes à Brest. Tout y est cuisiné maison, la farine bretonne est 100 % blé noir et la pâte est travaillée à l'ancienne (à la main). Parmi les nombreuses spécialités de galettes, la Bord de Mer (noix de Saint-Jacques, fondue de poireaux, sauce maison) et la Grande Doudouille (andouille de Guéméné, oignons cuisinés maison, pommes fruit et crème fraîche) sont incontournables. Côté crêpes, difficile de résister à la pomme caramel au beurre salé maison et à la Duchesse (poire, glace poire, chocolat maison, chantilly et amandes grillées)... L'établissement propose également des salades repas en saison, des faux-filets frites, des jambon frites (porc breton fermier Label Rouge) ou encore des soupes de poissons. Un très bon rapport qualité-prix. La crêperie bénéficie d'une charmante terrasse sur le canal, venez vous relaxer pour un repas ou un goûter en regardant les péniches passer dans un écrin de verdure et de calme... En quelques mots, cela vaut le détour, un vrai régal

dans une ambiance sympathique accessible également les après-midi de juillet et d'août.

Lizio

Petite cité de caractère, à l'instar de Josselin ou Rochefort-en-Terre, ce village est resté longtemps à l'écart des routes automobiles, alors que sa situation géographique en faisait une étape sur la route de Saint-Jacques de Compostelle. C'est ainsi qu'au début du XIIIᵉ siècle, les Templiers y établirent un relais. Lizio fut aussi une petite ville prospère aux XVIᵉ et XVIIᵉ siècles, et quelques belles maisons anciennes, aux façades restaurées strictement, en témoignent. Aujourd'hui, joliment rénové, Lizio a tout le charme d'un bourg d'antan. A côté de l'insectarium se trouve un beau four à pain.

■ **L'INSECTARIUM**
Bourg de Lizio Rue du Stade
✆ **02 97 74 94 31**
www.insectariumdelizio.fr
Fermé du 1ᵉʳ octobre au 31 mars. Basse saison : ouvert tous les jours de 14h à 18h. Haute saison : tous les jours de 10h à 19h. Gratuit jusqu'à 4 ans. Adulte : 7,50 €. Enfant (de 4 à 16 ans) : 5,50 €.
L'Insectarium se distingue en cinq salles judicieusement aménagées pour vous faire découvrir le monde aérien et souterrain des insectes. Une salle pédagogique dans laquelle beaucoup d'espèces sont exposées dans leur milieu naturel reconstitué, une salle vidéo qui propose un film de 50 minutes tourné en prise de vue microscopique pour une présentation réaliste de la vie des insectes vivants dans la maison ou un film de 26 minutes sur la libellule, la salle des insectes sociaux retraçant le travail des fourmis et des abeilles, la salle à inversion des échelles dans laquelle vous prendrez la place de l'insecte ou encore la salle des mangeurs d'insectes pour découvrir l'importance des mangeurs d'insectes pour notre équilibre... Après cette visite, il est certain que vous verrez les insectes autrement !

■ **LE MUSÉE DU POÈTE FERRAILLEUR**
Route du Roc-Saint-André
Ville-Stephant
✆ **02 97 74 97 94**
www.poeteferrailleur.com
Fermé du 2 novembre au 31 mars. Haute saison : ouvert tous les jours et les jours fériés de 10h30 à 12h30 et de 14h à 19h. Adulte : 6 €. Enfant (de 4 à 14 ans) : 5,50 € (3ᵉ enfant gratuit).
Robert Coudray, enfant du pays et génie de la fantaisie vous fait entrer dans un monde hors du commun, faisant fi de la mode. Deux heures dans un monde magique, insolite et turbulent inventé avec un fabuleux mélange de techniques et d'ingéniosité, d'humour, de sensibilité et d'intériorité. Vous découvrirez pas moins de 80 sculptures animées, automates, engins cinétiques, objets turbulents, fontaines musicales, totems de vent et autres machineries, des films, des livres, des jardins, des jeux... appuyez sur un petit bouton, pédalez, tournez des manivelles et tous ces personnages prennent vie.

Aidons nous les uns

...les autres

et aussi Paul Leila Elie Moussa Béatrice ...ela

www.secours-catholique.org
BP455 PARIS 7

Secours Catholique
Réseau mondial Caritas
Être près de ceux qui sont loin de tout

Lorient

Les affaires étant les affaires, Colbert obtint de Louis XIV en 1664 l'autorisation de créer la Compagnie des Indes orientales pour profiter du juteux commerce des épices. C'est en 1666 que la Compagnie s'installa sous la protection de la citadelle de Port-Louis. Des chantiers du Faouëdic, sortit un navire de 1 000 tonneaux, Soleil d'Orient. La Révolution baptisera le port de Lorient. Bien protégé au fond de sa rade, Lorient est aujourd'hui le 2e port de pêche français, dont l'activité majeure reste celle tournée vers la mer, avec l'Arsenal, la Marine marchande et la pêche. Escale des grandes courses nautiques, elle a accueilli Riguidel, Arthaud, Bourgnon. Lorient est aussi l'une des rares villes reconstruites à obtenir le précieux label « Ville d'Art et d'Histoire », label qui garantit la qualité des actions de mise en valeur du patrimoine ainsi que la compétence d'un personnel qualifié et agréé par le ministère. Aujourd'hui, Lorient appartient au réseau national des 146 Villes ou Pays d'art et d'histoire aux côtés de neuf autres villes bretonnes : Concarneau, Dinan, Dinard, Fougères, Morlaix, Quimper, Rennes, Vannes et Vitré. Chaque année au mois d'août, elle est le siège du plus grand rassemblement celtique mondial (avec près de 4 500 artistes et 650 000 spectateurs) : le festival interceltique.

■ OFFICE DU TOURISME DU PAYS DE LORIENT
Quai de Rohan
℃ 02 97 84 78 00
www.lorient-tourisme.fr

L'office délivre des informations sur toutes les communes du Pays de Lorient, de même que sur les sites des pays touristiques voisins. L'été et pendant les vacances scolaires, l'office propose des visites guidées de la ville (enclos du port, Lorient 1950, ancienne base de sous-marins, abri anti-bombes), ainsi que des croisières commentées dans la rade de Lorient. Service de Batobus pour rejoindre l'année pour rejoindre Locmiquélic, Port-Louis ou Gâvres.

■ BASE DE SOUS-MARINS KEROMAN
℃ 02 97 84 78 00
www.lorient-tourisme.fr
Billetterie et départ des visites au Point Information Tourisme de la Base des sous-marins, entre la capitainerie et le musée sous-marin.

Fermé en janvier. Pendant les vacances scolaires tous les jours à 15h. Hors vacances scolaires, le dimanche à 15h. Gratuit jusqu'à 12 ans. Adulte : 6 €. Enfant (de 12 à 17 ans) : 3 €. Visite guidée (1h30).
Accompagné d'un guide conférencier, vous allez partir à la découverte de la plus grande forteresse du XXe siècle. Ce haut lieu de l'histoire de la Seconde Guerre mondiale (en 1940, il est la principale base de sous-marins sur l'Atlantique des Allemands) constitue un monument capital du patrimoine de l'humanité, comme architecture militaire et comme trace des affrontements stratégiques du XXe siècle. Avec une capacité d'accueil sous abri d'une trentaine de sous-marins, la base de Lorient est la plus importante du Mur de l'Atlantique qui comprend celles de Brest, Saint-Nazaire, La Pallice et Bordeaux. Dès sa libération, elle est réutilisée par la Marine française jusqu'en 1997. De 2001 à 2007, elle est reconvertie en pôle économique, touristique et nautique. La base de Keroman a reçu le label Patrimoine du XXe siècle.

■ L'ABRI DE DÉFENSE PASSIVE – LE MÉMORIAL DE LA VILLE DÉTRUITE
Place Alsace-Lorraine
℃ 02 97 02 23 29
www.lorient.fr

Gratuit jusqu'à 12 ans. Adulte : 5 €. Enfant : 3 €.
L'abri anti-bombes de 400 places, situé sous la place Alsace-Lorraine, fut l'un des premiers à être mis en service, en septembre 1941. Il a permis d'abriter la population du centre ville, en particulier lors des bombardements de janvier et février 1943 qui réduisirent l'intra-muros à l'état de ruines. Conservé en grande partie dans son état d'origine, l'abri de défense passive est aujourd'hui un bouleversant lieu de mémoire et un vibrant hommage aux victimes civiles de cette page tragique de notre histoire pendant l'occupation allemande. Le site est ouvert en visite guidée. Renseignements Tél. 02 97 02 23 29 (animation de l'architecture et du patrimoine).

Pour s'y rendre

■ COMPAGNIE OCÉANE
Gare Maritime
Rue Gilles-Gahinet
℃ 0820 056 156 (0,12 €/min)
www.compagnie-oceane.fr

Départs quotidiens toute l'année véhicules et passagers. Accès possible aux personnes à mobilité réduite. Horaires, tarifs et réservation sur le site Internet et par téléphone. Aller simple adultes : 17,90 €, senior : 15,75 €, enfant et junior : 10,60 €. Gratuit pour les enfants de – 4 ans. Tarifs préférentiels pour les morbihannais.
Au départ de la Gare Maritime de Lorient, deux navires, le « Saint-Tudy » et l'« Île de Groix », assurent toute l'année la liaison Lorient-Île de Groix. Les deux navires sont accessibles pour les personnes en fauteuil roulant. Le « Saint-Tudy » peut accueillir jusqu'à 440 passagers + 20 véhicules de tourisme et relie l'île de Groix en 50 minutes. Le navire « île de Groix » a une capacité d'accueil de 450 passagers + 32 véhicules de tourisme et assure la liaison vers l'île en 45 minutes. Les délais de présentation sont de 20 minutes avant le départ pour les passagers et de 45 minutes pour les véhicules. La garantie d'une balade inoubliable dans des sites enchanteurs.

MORBIHAN

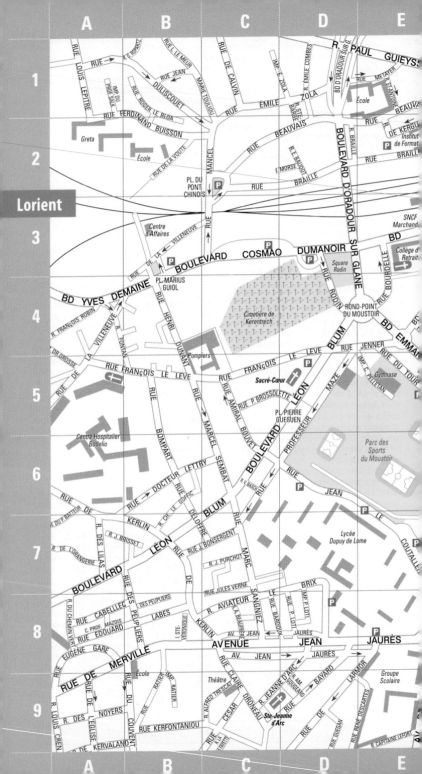

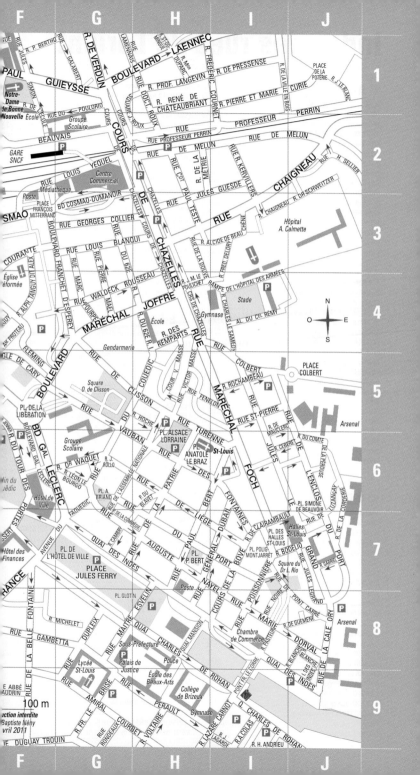

Index des rues de Lorient

Points d'intérêt

■ **CITÉ DE LA VOILE ÉRIC TARBALY**
Base de sous-marins de Keroman
✆ 02 97 65 56 56
www.citevoile-tabarly.com
Ouvert tous les jours de 10h à 19h pendant les vacances d'été, tous les jours de 10h à 18h pendant les petites vacances scolaires. Hors vacances scolaires : consulter le site Internet. Gratuit jusqu'à 7 ans. Adulte : 11,90 €. Enfant (de 7 à 17 ans) : 8,60 €. Forfait Famille : 37,50 €. Visite + Embarquement immédiat : adulte : 26,10 € enfant : 20,80 €. Forfait Famille pour 2 adultes et 2 enfants. Visite + Pôle course au large : Adulte : 17 € Enfant : 13,50 € Forfait Famille pour 2 adultes et 2 enfants. Restauration. Boutique.
Plus de 3 heures de visite pour vivre l'aventure de la voile moderne et de la course au large à travers un parcours d'exposition permanente avec films, manipulations ludiques, reconstitutions uniques, simulateurs et bien d'autres surprises ! Des animations ludiques et dynamiques sont proposées pendant les vacances scolaires pour toute la famille : baptême en optimist, activités manuelles et bricolage pour les juniors, brèves de pontons… Chaque année, découvrez également une nouvelle exposition temporaire sur plus de 400 m². Une visite à la Cité de la Voile, c'est aussi la possibilité d'embarquer pour 1 heure sur un vrai voilier, d'avril à septembre avec l'Embarquement Immédiat, ou encore de découvrir le Pôle course au large avec les guides animateurs.

Le couvert

■ **BAR MITON**
60, avenue Jean-Jaurès
✆ 02 97 87 80 84
www.brasserie-barmiton-56.com
Ouvert du lundi au vendredi le midi et le soir ; le samedi soir. Accueil tardif le soir. Menus de 19,80 € à 24,80 €. Formule du midi : 11,90 € (et 13,90 €). Accueil des groupes (jusqu'à 45 personnes sur réservation). Jardin. Terrasse.
Une belle surprise que ce très beau pub-brasserie sous véranda, avec terrasse sur jardin, situé à deux minutes

de Halles de Merville. Myriam et son chef Marie vous réservent un accueil des plus charmants et vous invitent, dans une décoration très féminine des plus réussies, à découvrir les classiques d'une cuisine traditionnelle maison, délicieusement mitonnée à partir de produits frais et locaux qui impliquent que la carte évolue très régulièrement. Carpaccio de Saint-Jacques à la fève tonka, cuisses de grenouille en persillade, foie gras maison et son chutney de fruits, Saint-Jacques et queues de crevettes sauce Kari-Gosse, souris d'agneau et sa poêlée de légumes, l'incontournable tartare de bœuf au couteau ou encore la mousse au chocolat cœur de Toblerone sont au menu cet hiver. A découvrir !

■ **LE BISTROT DU BOUCHER**
ZAC de Keryado
Boulevard Pierre-Mendès-France
✆ 02 97 37 05 17
Fax : 02 97 37 19 65
www.bistrotduboucher.fr
Ouvert du lundi au samedi le midi de 12h à 14h30 et le soir de 19h à 22h30. Jusqu'à 23h le week-end. Menus de 19 € à 28 €. Menu enfant : 8,50 € (jusque 12 ans). Formule du midi : 12,50 € (et 16,50 €).
Passion du métier, goût de la qualité, choix de la différence et menu tout compris sont les 4 engagements fondamentaux de ce lieu qui est très attaché aux valeurs. Dans une ambiance conviviale, vous apprécierez une cuisine maison qui met en avant les produits frais de saison et qui privilégie les viandes de 1er choix et les recettes traditionnelles française. Feuilleté de noix de pétoncles marinées au plat, tournedos de magret de canard mariné aux épices et gâteau de pommes de terre, filet de raie poêlé pommes fondantes tombée d'épinard et crème de moules, tiramisu, feuilleté praliné et chocolat blanc, biscuit de Reims sont un petit aperçu de la carte. Mention spéciale pour la décoration à l'ancienne avec ses photos et ses gravures d'artistes « Music-hall, théâtre et cinéma », ses banquettes de velours rouge et ses couleurs chaudes, ses miroirs et ses luminaires rétro ou encore ses multiples recoins aux atmosphères différentes. Le service est efficace et peut être rapide, la bonne humeur de mise. A consommer sans modération et en toute occasion !

© BOBROY20 - FOTOLIA

L'ancienne base sous-marine allemande de Kéroman à Lorient

En 2013, **avec sa nouvelle exposition temporaire**, la Cité de la Voile vous fait découvrir les **premières émotions à la voile** de Bretons, anonymes et personnalités. Sur le ton de la confidence, ces témoignages sensibles expliquent comment **ces "premières fois" les ont transformés durablement.**
Portraits panoramiques et objets témoins vous font pénétrer dans **ces souvenirs emblématiques afin que le goût de la navigation et son élan** vous emportent…

Ma première émotion à la voile...

Expo 2013

Rejoignez la Cité de la Voile sur **facebook**

CITÉ DE LA VOILE
ÉRIC TABARLY

BASE DE SOUS-MARINS **À LORIENT**

citevoile-tabarly.com

■ **COMME A LA MAISON**
8, rue de Saint-Pierre
℡ 06 79 50 72 89
Ouvert du lundi au vendredi le midi de 11h45 à 14h.
Ouvert le soir et le week-end pour les groupes sur
réservation uniquement. Plat du jour : 8 € (formule
entrée-plat ou plat-dessert à 10 € et formule entrée-
plat-dessert à 12 €). Tous les lundis menu Anti-Crise
à 8 € (plat et dessert). Chèque Restaurant. Accueil des
groupes. Salle de 30 couverts.
Soyez comme chez vous dans le restaurant de Florence
– en cuisine – et Erwann – au service – situé dans
une petite rue perpendiculaire à l'avenue Foch et la rue
Jules Legrand. Oui, ici, on se sent comme à la maison...
La cuisine y est délicieusement simple et conviviale,
à l'image de l'ambiance des lieux, et la carte affiche
des incontournables de la cuisine traditionnelle, bien
exécutés, comme par exemple œufs mimosa, riz au
crabe au curry, poisson du jour, bœuf bourguignon,
lapin chasseur, hamburger maison tous les mercredis,
soupe en hiver, fondant au chocolat maison ou encore
la pêche surprise, un autre dessert à découvrir.

■ **LE COMPTOIR DES ANGES**
2, rue de Clisson
℡ 02 97 21 95 11
www.comptoirdesanges.com
Ouvert le lundi et le samedi le soir ; du mardi au vendredi
le midi et le soir. Service tardif. Menus de 20 € à 26 €.
Formule du midi : 12 € (et 14,50 €). Accueil des groupes
(jusqu'à 20 personnes sur réservation).
C'est dans une décoration chaleureuse que Thierry
vous accueille avec sa cuisine inventive qui respire
la fraîcheur et la gourmandise. Tout est cuisiné en
fonction des arrivages du marché. On ne peut que
vous recommander la charlotte au crabe aux crevettes
et avocat à la coriandre, les sucettes au chèvre bio
panées au noisettes salade jambon pays, le risotto
aux noix de Saint-Jacques et champignons des bois,
le tournedos dans le faux-filet de bœuf sauce foie
gras frites paysannes ou encore la roulade de filet

Entre **terre...**

Cuisine traditionnelle
Grillades de viandes
Cuisine d'antan

...et mer

20, cours de la Bôve - 56100 LORIENT
02 97 64 25 85 - www.entreterreetmer-lorient.com

mignon au comté et jambon Serrano pommes sautées
champignons des bois, entre autres spécialités. Pour
le dessert, le cheesecake façon Clément à l'ananas et
sablés breton ou la crème brûlée du moment sont
particulièrement divins.

■ **CREPERIE SAINT-GEORGES**
14, rue Paul-Bert
℡ 02 97 64 28 11
Ouvert du lundi au samedi. Chèque Vacances, Chèque
Restaurant. Accueil des groupes (jusqu'à 18 personnes
sur réservation). Anglais parlé.
Fabienne vous accueille dans cette vraie crêperie
très fréquentée le midi, appréciée pour la qualité
de ses crêpes, préparées à partir de farine bretonne
du moulin de Carmenais de Saint-Servant-sur-Oust,
et pour la hardiesse du service. A découvrir : une
déclinaison de spécialités sans cesse renouvelées
telles que la Napolitaine (mozzarella, champignons,
jambon, olives noires sauce tomate, origan) et la
Bretonne (andouille de Guéméné, fromage, saucisse,
pomme) côté galettes, ou la Délice (caramel au beurre
salé maison, pommes cuites au beurre et boule de
glace à la vanille) côté crêpes... L'établissement 100 %
crêperie propose également des salades repas. Venez
manger près de la cheminée ou aux beaux jours sur
la nouvelle et grande terrasse ensoleillée. Les prix
sont étudiés pour être à votre goût et l'accueil est
très bon. A noter que la crêperie Saint-Georges s'est
refaite une beauté en mars 2011, alors n'hésitez pas à
venir découvrir son nouveau décor. Au total, vraiment
régalant et agréable !

■ **ENTRE TERRE ET MER**
20, cours de la Bôve
℡ 02 97 64 25 85
www.entreterreetmer-lorient.com
Ouvert du mardi au samedi le midi et le soir jusqu´à 22h ;
le dimanche midi. Menus de 15,90 € à 25,90 €. Menu
enfant : 6,50 € (- 10 ans). Formule du midi : 11,50 €
(et 14,50 €). Plat du jour : 9 €. Accueil des groupes
(jusqu'à 40 personnes sur réservation). Terrasse de
16 couverts ensoleillée et chauffée l'hiver.
Dans le restaurant de Tony et Marina, qui vous
y accueillent, vos papilles pourront opter pour des
plats traditionnels – et copieux – entre terre et mer
ou une divine cuisine gourmande d'antan, mitonnée
à partir de produits frais de qualité cuisinés maison avec
un savoir-faire indéniable. Foie gras de canard maison
et chutney d'échalotes à la grenadine, crumble de
fromage de chèvre fermier aux tomates confites,
fricassée de crevettes au chorizo, filet de dorade royale
au beurre blanc, poelée de Saint-Jacques bretonnes au
safran, filet de bœuf façon Rossini, filet mignon à la
crème de jambon cru, terrine de crêpes au caramel au
beurre salé, panacotta et son coulis de fruits rouges ou
encore tiramisu aux fraises sont quelques spécialités de
la carte. D'avril à septembre, vous aurez également le
choix entre 8 spécialités de moules, des salades repas
(5) ou encore l'assiette du pêcheur composé d'huîtres,
bulots, bigorneaux, crevettes roses et grises. Une
adresse chaleureuse et conviviale d'un très bon rapport
qualité-prix.

■ CROC'EPI RESTAURANT BIO
1, impasse Jean-Saint-Marc
✆ 02 97 88 31 38
www.les7epis.fr
Ouvert du lundi au samedi le midi. Nombreuses formules intéressantes. Sur place ou à emporter. Service traiteur. Afin de rendre accessible le bio et de le faire découvrir au plus grand nombre, la biocoop les 7 Epis a ouvert son propre restaurant 100% bio en 2009. On s'y délecte de plats équilibrés et riches en saveurs, joliment cuisinés à base de produits frais, locaux et de saison, par le chef Mickael Saiget, qui a été formé notamment par Olivier Roellinger. Au menu, un grand buffet de crudités, des desserts variés et des plats différents chaque jour. Un espace « snacking » pour les personnes qui ont peu de temps pour déjeuner propose un large choix de tartes, quiches, salades, soupes, jus frais, sandwiches et desserts à consommer sur place et à emporter. A noter également que le restaurant assure la livraison à domicile ou sur le lieu de travail. Excellent rapport qualité-prix. N'hésitez pas à consulter sur le site Internet les plats du jour et les dîners-concerts régulièrement organisés !

■ IL PALAZZO
46, rue Duguay Trouin
✆ 02 97 89 38 74
Ouvert du mardi au samedi le midi et le soir ; le dimanche soir. Service tardif le soir. Menus de 16,90 € à 25,90 €. Menus express le midi en semaine à 11,90 € et 13,90 €. Chèque Vacances, Chèque Restaurant. Jusqu'à 40 personnes sur réservation. Parking privé. Accès wifi. Sophie et Stéphane vous accueillent au Palazzo, restaurant-pizzeria situé dans la rue du Cep et derrière le lycée Saint-Louis. La carte du restaurant réserve de bonnes surprises comme la cassolette de Saint-Jacques (tomates, Saint-Jacques, crème et cari), la salade Il Palazzo (salade, avocat, crevettes, thon) ou l'escalope involtini gratinée au four ; quant à celle des pizzas, elle en propose pas moins de 30 à l'instar de la Celtique à l'andouille de Guéméné, champignons, tomates, fraîches, lardons et fromage. Gardez une petite place pour les desserts maison comme les incontournables café gourmand ou tiramisu. Et pour ceux qui préfèrent se sustenter chez eux, l'établissememnt propose pizzas, plats et pâtes à emporter avec carte de fidélité. Enfin, une fois par mois des soirées concerts et des soirées culinaires à thème sont organisées.

■ LE JARDIN DES CURES
14, rue Bayard
✆ 02 97 64 21 13
www.lejardindescures.com
Ouvert tous les jours le midi ; du mardi au samedi le soir. Menu à 26 € + ardoise. Plat du jour : 8,50 € (formule plat-dessert : 11,50 € (13 € avec un verre de vin) et formule entrée-plat-dessert 17 €. Le midi). Animaux acceptés. Chèque Vacances, Chèque Restaurant. Accueil des groupes (jusqu'à 25 personnes sur réservation le dimanche midi). Les avis sont unanimes concernant l'établissement de Morgane et Samuel, propriétaires des lieux depuis avril 2012, courez-y les yeux fermés, vous ne le regretterez

pas ! Car tout est mis en œuvre ici pour y passer un bon moment : une décoration moderne, une terrasse ombragée côté jardin des plus plaisantes aux beaux jours, une cuisine du marché généreuse et raffinée qui n'utilise que des produits frais, un accueil et un service sans fausses notes, le tout d'un excellent rapport qualité-prix, ce qui ne gâche rien ! A l'ardoise, cannelloni de brandade de morue, émincé de poulpes sautés ; croustilles de Saint-Jacques au basilic, fondue de poireaux et crème de lard ; bruschetta d'épaule d'agneau braisé et ses légumes confits ou encore moelleux au chocolat cœur Nutella et noisettes torréfiées font encore saliver nos papilles... Adresse fortement recommandée.

■ LE JARDIN GOURMAND
46, rue Jules-Simon ✆ 02 97 64 17 24
www.jardin-gourmand.fr
Ouvert du vendredi au dimanche le midi de 12h15 à 13h30 ; le vendredi et le samedi de 19h30 à 21h30. Ouvert du mercredi au dimanche midi pendant les vacances d'été, de la Toussaint et de Noël. Menus de 24 € à 56 €. Formule du midi : 24 € (et 30 €). American Express. Terrasse. Nathalie Beauvais, celle que l'on surnomme « la fée du Morbihan » se démène pour faire connaître la Bretagne, ses produits, ses bonnes adresses et son M.P.U.C.BT.B (Mouvement pour une Cuisine Bretonne Trop Bonne) est la vitrine de son combat, celui de mettre en avant l'andouille, le cidre, les langoustines, le chou, le tourteau, les huîtres, les coquilles Saint-Jacques sans oublier le chou-fleur, les artichauts ou le far Breton. Tous ces produits se glissent dans son menu du marché qu'elle compose au gré de ses pérégrinations matinales chez les producteurs et les artisans locaux. Au final, une cuisine fraîche comme la rosée du matin sur la campagne morbihannaise, vivifiante comme le vent du large qui s'engouffre dans les rues de Lorient.

■ K5
5, rue du Sous-Marin-Vénus
Pôle Course au Large ✆ 02 30 91 70 00
www.k5-lorient.fr
Ouvert du lundi au samedi de 11h30 à 22h ; le dimanche midi. Menus de 24 € à 29,75 €. Menu enfant : 7,50 €. Formule du midi : 12 € (entrée-plat ou plat-dessert ; formule entrée-plat-dessert à 14 € et plat du jour à 9,50 €. Du lundi au vendredi). Accueil des groupes (jusqu'à 180 personnes sur réservation). Terrasse intérieure. Wifi gratuit. Carte de fidélité attrayante. Ce bar-restaurant-lounge, qui se situe tout près de l'académie Eric Tabarly, a ouvert ses portes le 1er juillet 2011. Particulièrement réussie, la décoration très moderne et design est de style coloniale. L'accueil y est agréable et la carte tient ses promesses. Ici, on ne propose que des frais – 80 % d'entre eux sont bretons – et le chef François Pichon a l'art et la manière de les accomoder. Foie gras de morue et son confit d'oignons au Kari Gosse, gambas et foie gras mi-cuit en bouillon de légumes au Kari, onglet de veau braisé aux Côteaux du Layon et cueillette de champignons ou encore tiramisu de châtaigne et biscuit spéculoos sont autant d'originalités à la carte qui sauront ravir les papilles les plus exigeantes. Forcément à découvrir !

■ L'OLIBRIUS
5, rue de Carnel
℡ 02 97 82 71 52
Ouvert le lundi, le mardi, le jeudi et le vendredi le midi ; du jeudi au mardi le soir. Service tardif le week-end. Plat du jour : 9,90 € (formule entrée-plat ou plat à 12,90 € et formule entrée-plat-dessert à 14,90 €). Chèque Vacances, Chèque Restaurant. Accueil des groupes (jusqu'à 15 personnes sur réservation).
Monique et Pierre-Yves vous accueillent depuis le 8 juillet 2012 à l'Olibrius, resto bistro rigolo où l'on ne propose que des produits frais et cuisinés maison. A la carte, que vous pourrez si vous avez l'humour d'un Olibrius consulter à la jumelle, vous découvrirez une cuisine gourmande et savoureuse qui réveille les papilles : os à moelle sur tartines grillées et fleur de sel, poisson du jour « Le retour du chalut », entrecôte VBF normale (220 g) ou méga (350 g), cochon dans tous ses états et ses pommes de terre écrasées, une spécialité tous les vendredis comme la tête de veau ou encore la tarte de l'Ivrogne à découvrir en dessert. Original, on aime beaucoup.

■ LE PIC
2, boulevard Franchet-d'Esperey
℡ 02 97 21 18 29
www.restaurant-lepic.com
Ouvert le lundi, le mardi et du jeudi au samedi le soir de 19h à 21h45 ; du lundi au vendredi le midi de 12h à 13h45. Menus de 14,50 € à 38,50 €. Menu enfant : 10 € (jusqu'à 12 ans). Accueil des groupes (salon privé pour repas de famille, entreprise ou association, maximum 26 personnes avec formule tout compris). Terrasse.
Le restaurant de Nathalie et Marc Saulou se situe entre l'Orientis et le Cinéville. Ceux-ci vous vous proposent une remarquable cuisine du marché et de la mer, ainsi que de la viande de qualité. Foie gras de canard maison, compotée de Granny Smith au vin rouge ; croustillants de crabe décortiqué au coulis de langoustines ; poire de bœuf « race à viande » poêlé, galette de pomme de terre aux lardons et comté, sauce moutarde à l'ancienne ; filet de cabillaud, galette de blé noir à l'andouille de Guémené, fumet sarrasin ; joues de lotte, risotto au parmesan et son croustillant ou encore tarte fine tiède aux pommes, crème glacée spéculoos... A découvrir.

■ LE QUAI DES AROMES
1, rue Maître-Esvelin
℡ 02 97 21 60 40
Fax : 02 97 35 58 29
www.lequaidesaromes.com
Ouvert toute l'année. Du lundi au vendredi le midi et le soir ; le samedi soir ; le dimanche midi. Ouvert tous les jours pendant le Festival Interceltique. Menus de 13,10 € à 27,90 €. Accueil des groupes (sur réservation, menus de groupe possibles).
Toute l'équipe du Quai des Arômes et le chef au parcours étoilé, Sébastien Hopgood, vous invitent à découvrir la cuisine du marché et du moment de ce « bistrot gourmand », dont les fers de lance sont qualité et fraîcheur. A la carte, qui suggère des mets créatifs et tentateurs, laissez-vous séduire par exemple par les queues de langoustines décortiquées et rôties, risotto crémeux et émulsion de coquillage, le filet de bœuf charolais poêlé, asperges blanches et vertes au beurre demi-sel ou la soupe de fraises gariguette, bonbons Tagada et sorbet fraise-basilic... Si le palais est conquis, les yeux le sont tout autant devant la présentation des assiettes. Une valeur sûre d'un excellent rapport qualité-prix.

■ QUAI OUEST
Cité de la Voile Eric Tabarly
℡ 02 97 65 42 58
www.quaiouest-lorient.com
Ouvert le mardi et le dimanche le midi ; du mercredi au samedi le midi et le soir. Menus de 25 € à 29,50 €. Formule du midi : 15,90 € (entrée-plat ou plat-dessert et formule entrée-plat-dessert à 18 €). Du lundi au vendredi). Accueil des groupes (pour vos repas de famille, mariages... une salle de 200 m² avec 150 places assises et 400 places pour les cocktails).
Installé depuis le 5 juillet 2010 dans le quartier de la Base des Sous-Marins, Quai Ouest est un lieu atypique et agréable, dans lequel vous apprécierez une cuisine généreuse et créative qui met en valeur produits frais et de saison : foie gras de canard cuit au naturel, chutney de fruits secs ; risotto aux noix de Saint-Jacques, légumes et roquette suée à l'huile d'olive ; rognon de veau à la moutarde de Meaux cuit à l'étouffée, tagliatelles fraîches aux champignons sont un petit aperçu des mets à la carte. Michel Denis, Mattieu Fontaine le chef au parcours étoilé et toute l'équipe seront ravis de partager avec vous leur amour du métier. Le restaurant bénéficie d'un espace exceptionnel et unique sur le territoire de Lorient et offre au regard une vue imprenable sur la mer. Quai Ouest organise toutes sortes de manifestations (repas d'affaires, cocktail dînatoire, soirée privée, café d'accueil mais aussi tête à tête en amoureux et réunions de famille (150 personnes assises à plus de 400 pour un cocktail). Le chef vous concoctera un menu sur-mesure sur demande selon vos envies, à moins que vous ne préféreriez opter pour l'une des trois formules proposées. A découvrir.

■ RESTAURANT NATHALIE LE CORRE
85, rue de Lanveur
℡ 02 97 37 33 88
Restaurant ouvert du lundi midi au vendredi midi et fermé le samedi après-midi et le dimanche après-midi. Formule : 10 €. Plat du jour et dessert : 8,50 €.
L'établissement familial depuis 1970 est tenu depuis 2005 par Nathalie le Corre, la fille de Mme Tréhin. Elle vous propose une cuisine traditionnelle mijotée et faite avec amour comme du bœuf bourguignon ainsi que la possibilité de manger des plateaux de fruits de mer sur réservation. Le jeudi soir et le vendredi midi, place à la crêperie. Le vendredi soir, 4 fois par an, soirées et dîners à thèmes (rétro, breton, guinguette). L'accueil, dès 9h car c'est aussi un bar, est chaleureux et on se sent comme chez soi avec les murs en pierres apparentes et les meubles en bois de style breton ou le feu de cheminée l'hiver. La différence se situe dans la décoration car le restaurant est dédié au cyclisme comme le souligne les photos et les nombreux trophées

exposés. Le bar bénéficie d'une nouvelle décoration depuis 2008. Vous le trouverez en allant en direction de Ploemeur.

■ LA ROZELL
7, rue de Maréchal Foch ✆ **02 97 64 41 74**
Ouvert du mardi au samedi le midi et le soir. Accueil tardif jusqu'à 22h. Accueil des groupes (jusqu'à 35 personnes sur réservation).
Joelle Chevestrier est depuis le 1er mai 2011 à la barre de la Rozell, jolie crêperie au ton jaune doux dans laquelle photos de bateaux et fleurs se mélangent harmonieusement. Dans un accueil des plus charmants, elle vous invitera à découvrir sa carte 100% crêperie. Parmi ses spécialités de crêpes pur blé noir, essayez par exemple la Guémené, camembert et pommes, la Rochefort et poitrine salé ou la chèvre figues. Entre autres spécialités de crêpes de froment, nous avons tout particulièrement apprécié celle à la crème de pistache, boule framboise et Chantilly et fondu pour celle au chocolat, pépites d'orange, glace orange, flambée au Grand-Marnier. Bonne adresse.

■ SAKURA
12, rue Clairambault ✆ **02 97 84 88 53**
Ouvert le lundi de 19h à 22h ; du mardi au jeudi de 12h à 14h et de 19h à 22h ; le vendredi de 12h à 14h et de 19h à 22h30 ; le samedi de 19h à 22h30. Formules le midi à 10 € et 13 €. Menus le soir à 15,90 €, 20 €, 25 € et 36 € pour deux personnes. Accueil des groupes (jusqu'à 20 personnes sur réservation).
Venez découvrir ce nouveau restaurant japonais, qui signifie « fleur de cerisier », dans lequel Dan et Hugues vous accueillent depuis le 25 juin 2009. Nems au thon ou brochettes de poulet pour commencer, california roll, kushisteak (brochettes de boeuf), unaqui-maki (sushi aux anguilles) ou encore niguiri comme plats de résistance, et enfin mitsuya (gâteau de riz), entre autres desserts, voilà de quoi dépayser les papilles !

■ TABLA DE AMICI
33, rue du Couëdic ✆ **02 97 35 21 55**
Ouvert du lundi au vendredi le midi jusqu'à 14h15 ; du mercredi au samedi le soir jusqu'à 22h30. Plat du jour : 8,50 € (formule midi entrée-plat ou plat-dessert à 11 € et formule entrée-plat-dessert à 13 €). Chèque Vacances. Accueil des groupes (jusqu'à 15 personnes avec ou sans réservation). Terrasse.
Claude vous accueille à sa table depuis fin avril 2012. Sa cuisine est principalement axée autour de la cuisine italienne, comme l'attestent ses différentes spécialités de pizzas – comme par exemple la Tabla des Amici (fondue de poireaux, Saint-Jacques et pétoncles, crème de curry) et la Mexicaine (merguez, poivrons, haricots rouges, viande épicée) – de pâtes telles que les tagliatelles aux fruits de mer sans oublier l'incontournable tiramisu. A la carte également, des salades repas à l'instar de la salade du Pêcheur. Accueil des plus charmants.

■ TAVARN AR ROUE MORVAN
1, place Polig-Monjarret ✆ **02 97 21 61 57**
tavarn-morvan@wanadoo.fr
Ouvert du lundi au samedi. Ouvert 7j/7 pendant le Festival Interceltique.
A la Tavarn, on y mange, on y boit, on y danse. C'est le lieu incontournable pour tous les amateurs de cuisine du terroir, de musique et de danses bretonnes. Ici vous serez accueilli autour d'une bière, d'un café Koueffet ou d'un kig ha fars, dans un esprit de convivialité et de partage comme au pays Pourlet. Une belle adresse comme on les aime et que l'on vous recommande donc tout particulièrement.

■ LA TAVERNE DE MAITRE KANTER
23, place Aristide-Briand
Centre-Ville
✆ **02 97 21 32 20**
Ouvert toute l'année. Tous les jours le midi et le soir. Accueil des groupes (jusqu'à 150 personnes).
Marie-Paul et Rollande vous accueillent déjà depuis 11 ans à la Taverne ! Dans un nouveau cadre exceptionnel, reconnu désormais incontournable, convivial, confortable et classique... Terrasse chauffée en étage, vue panoramique sur la place Aristide Briand. Toute l'équipe vous invite à découvrir sa nouvelle carte composée d'un choix unique « plus de 130 plats accessibles à toutes les bourses » sans oublier sa réputation pour ses crustacés en vivier... Formule brasserie élaborée au quotidien. Accueil tous les jours de l'année, midi/minuit. Fête de famille – amis – déjeuner d'affaires – groupe – entreprises... A bientôt !

■ LA TAVERNE IBÉRIQUE
38, rue de Verdun
✆ **02 56 54 50 96**
✆ **06 19 79 15 50**
taverneiberique@laposte.net
Ouvert du mercredi au dimanche de 11h30 à 14h30 et de 18h30 à 24h. Jusqu'à 3h sur réservation. Menu le soir à partir de 15 €. Formule du midi : 12 €. Accueil des groupes.
On adore ce nouveau restaurant qui régale les papilles d'une savoureuse cuisine traditionnelle portugaise, qui réchauffe les cœurs de son ambiance familiale et des plus conviviales et qui attire le regard avec ses expositions permanentes d'artistes locaux. Ici, on est heureux, on aime cuisiner et partager toutes ces délicieuses spécialités à la portugaise comme le poulet à l'angolaise, les accras de morue, les brochettes Madère ou encore les fameux bifanas... A noter que le jambon de pays, le vin et les alcools arrivent directement du Portugal. Repas personnalisés sur demande, possibilité de réserver la salle pour les groupes, plats à emporter midi et soir... ici tout est possible. L'adresse est idéale pour vos soirées, vos fêtes, vos réunions... chez vous, au travail, en plein air... A découvrir absolument. Dépaysement garanti avec Mario le Tavernier !

Retrouvez l'index en fin de guide

■ **LE TIRE BOUCHON**
45, rue Jules-Legrand
℡ **02 97 84 71 82**
www.letirebouchonlorient.com
Ouvert du jeudi au mardi de 19h à 21h ; du dimanche au mardi, le jeudi et le vendredi de 12h à 13h30. Menus de 20 € à 56 €. Carte : 40 € environ. Menu enfant : 12 €. Suggestion du jour : 13 € (entrée-plat ou plat-dessert et 16 € entrée-plat-dessert). American Express, Chèque Restaurant.
C'est la petite adresse qui monte à Lorient. Avec un tel nom, on pourrait imaginer que l'on se dirige vers un bistrot où l'on pourrait s'encanailler de plats bistrotiers à souhait et boire du vin au verre à la régalade. Ce n'est pas tout à fait exact. Au fil des mois, le Tire-Bouchon se « gastronomise » pour notre plus grand plaisir et notre dernier repas nous l'a confirmé. Les huîtres chaudes aux œufs de hareng fumé, émulsion citron étaient succulentes comme l'était l'œuf cocotte et son escalope de foie gras poêlée et langoustine. A suivre, un bar sur son risotto de gnochettis aux coques, émulsion langoustine, sublime, comme les crépinettes de bœuf braisées, céleri et girolles parfumée à l'huile de truffe. Pour conclure, un mi-cuit au chocolat qui évolue en fonction des saisons. Cette fois, il était escorté d'une glace au lait d'amande mais nous l'avons connu accompagné d'un agréable smoothie mangue ananas.

Le gîte

■ **AUBERGE DE JEUNESSE**
41, rue Victor-Schœlcher
℡ **02 97 37 11 65**
www.fuaj.org
Fermé du 21 décembre au 2 janvier. Accueil de 9h à 12h et de 17h30 à 22h. A partir de 15,40 € la nuitée. Petit déjeuner de 3,90 € à 4,00 €. American Express, Chèque Vacances.
L'Auberge de Jeunesse du TER, idéalement située au bord du chemin pédestre qui entoure cet étang d'eau salée, vous accueille dans ses locaux rénovés. A partir de l'Auberge, vous découvrirez les bords de mer et l'estran de la rade de Lorient. Restauration sur réservation 24h/24 avec code. Lave-linge collectif. Cuisine

à disposition pour les familles et individuels. Possibilité de repas améliorés et organisation d'activités sportives ou culturelles.

■ **CONFORT HÔTEL ASTORIA*****
3, rue de Clisson
℡ **02 97 21 10 23**
Fax : 02 97 21 03 55
www.hotelastoria-lorient.com
35 chambres. De 58 € à 143 €. Petit déjeuner : 10 €. Lit supplémentaire : 13 €. Animaux acceptés (5,50 €). Wifi gratuit.
Situé en plein centre-ville, à proximité de la gare SNCF, du Palais des Congrès, de la DCN, du port de plaisance, des restaurants et du cinéma, cet établissement, tenu par Nordine et Laurence, offre des chambres tout confort, chacune équipée de télévision écran plat, Canal+ et satellite, TPS, prise Internet. Un ascenseur conduit aux étages et, pour les familles, il existe des chambres communicantes. Une salle de séminaires équipée est à disposition. Un parking gratuit se trouve à proximité. Les petits animaux sont les bienvenus. L'accueil est sympathique et les prestations de qualité.

■ **HÔTEL D'ARVOR**
104, rue Lazare Carnot ℡ **02 97 21 07 55**
www.hotel-darvor-lorient.com
Fermé du 15 décembre au 4 janvier. Pour arrivée tardive, accueil avec Digicode. 13 chambres. De 32 € à 40 €. Petit déjeuner : 5,50 €. Chèque Vacances. Wifi gratuit.
Hôtel de famille depuis 1936 et trois générations, c'est aujourd'hui Madame Marchalot qui réserve à sa clientèle fidèle le plus charmant des accueils. Situé près de l'office de tourisme, du Palais des Congrès, du tribunal et du port de pêche, l'hôtel qui a été détruit pendant les bombardements et reconstruit en 1947, a conservé depuis les mêmes boiseries, faïenceries et meubles. Convivial et calme, l'établissement, bien que non classé pour le moment, est d'un bon confort, toutes les chambres bénéficient de salle de bains et d'une télévision. Aux beaux jours, une terrasse côté jardin est à votre disposition pour des petits déjeuners ensoleillés. En semaine – et sur réservation – une formule servie au bar (entrée-plat-dessert à 10 €). Très bon rapport qualité-prix.

■ **LES GENS DE MER**★★
14, boulevard Louis-Nail
✆ **02 97 37 11 28**
Fax : 02 97 37 41 31
www.lesgensdemer.fr
27 chambres. Chambre double de 50 € à 63 €. Petit déjeuner : 8 €. Chambre familiale de 60 € à 72 €.
Situé en face du nouveau port de pêche et à 5 min du centre-ville en voiture, le restaurant de ce sympathique hôtel propose un large choix de menus à la cuisine familiale d'un excellent rapport qualité-prix. L'hôtel propose 27 chambres confortables et dispose également d'une salle de réunion pouvant accueillir 20 personnes, ainsi qu'un parking. Possibilité d'organisation de banquets et de séminaires sur demande.

■ **ESCALE OCÉANIA LORIENT**★★★
30, rue du Couëdic
✆ **02 97 64 13 27**
Fax : 02 97 64 17 39
www.oceaniahotels.com
32 chambres. Petit déjeuner buffet : 10 €. Parking : 6 € (parking privé). Tarifs week-end à partir de 79 € petits déjeuners inclus (2 personnes). Séminaires. Wifi gratuit.
Récemment rénové, cet hôtel de bon confort est idéalement situé dans une rue calme en plein centre-ville, à quelques pas du Palais des Congrès, du Grand Théâtre et de la gare. Toutes les chambres, spacieuses et accueillantes, bénéficient d'un confort moderne avec couettes et écrans plats (32 pouces permettant d'accéder à un grand choix de chaînes TNT, Canal +, Canal + cinéma,

Canal + sport, 8 chaînes Canalsat dont 2 anglophones). À signaler, le nouveau design des salles de bains. Cette enseigne, rattachée au groupe des hôtels Océania, est incontestablement une étape où le service est chaleureux et professionnel.

■ **HOTEL IBIS**★★★
9, cours de Chazelles
Galerie marchande L'Orientis ✆ **02 97 35 20 20**
www.ibishotel.com
♿ ☂
Ouvert toute l'année. Accueil 24h/24. 51 chambres. Chambre double à partir de 69 €. Nos promotions sur www.ibishotel.com. American Express, Diners Club, Chèque Vacances. Label Tourisme & Handicap. Chambres adaptées. (Surtout téléphoner pour réserver selon vos besoins spécifiques). Wifi gratuit. Restauration (menus à partir de 11,40 €. Encas 24h/24. Tickets restaurant acceptés).
L'hôtel est idéalement situé à 5 minutes de la gare SNCF, du port et de l'embarcadère pour les îles de Groix et Belle-Île, à 3 km des plages et à 5 km du parc des expositions. Et on se sent un peu comme chez soi dans ses belles chambres chaleureuses et modernes, spacieuses et confortables avec son lit douillet et sa salle de bains fonctionnelle. L'établissement dispose d'un agréable restaurant avec terrasse qui dispense une cuisine généreuse et savoureuse, d'un bar ouvert avec service de boissons alcoolisées suivant la réglementation en vigueur et de 2 salles de réunion. Pour les accros de la toile, l'hôtel bénéficie d'une connexion Internet en Wifi. Une adresse qui a tout pour plaire.

36, rue Lazare Carnot
56100 LORIENT
Tél. 02 97 21 16 24
Fax 02 97 84 95 13
hotelvictorhugo.lorient@wanadoo.fr

- Centre des congrès
- Centre-ville
- Proche du port de plaisance
- Débarcadère Groix, Belle-Ile
- 30 chambres - Garage privé
- Canal+ - TV câblée
- Accès internet
- WiFi gratuit

■ **HÔTEL LE VICTOR HUGO****
36, rue Lazare-Carnot ✆ **02 97 21 16 24**
Fax : 02 97 84 95 13
www.hotelvictorhugo-lorient.com
Ouvert toute l'année. Ouvert tous les jours. 30 chambres (dont 3 familiales). Chambre double de 59 € à 112 €. Petit déjeuner buffet : 9 € (11 € en chambre). Garage : 9 €. Soirée étape : 79 € à 82 €. Animaux acceptés (6 €). Wifi gratuit. Idéalement situé, entre le port de plaisance, le palais des congrès, le centre-ville et l'embarcadère de Groix, le Victor Hugo offre une très bonne prestation. Les nouveaux propriétaires vous accueillent tous les jours et vous proposent des chambres, qui ont été entièrement rénovées en 2009 et redécorées en novembre 2010 dans un style moderne, au confort irréprochable avec une série d'options : couettes douillettes, télévision écran plat LCD 22 pouces canal+ et TNT dans toutes les chambres, accès Internet wi-fi gratuit, téléphone direct et garage privé. A prestations égales, il est l'hôtel deux étoiles le moins cher de Lorient. Tarif spécial le week-end. Les animaux sont admis, sauf dans la salle du petit déjeuner. Le service plus : sur tout le réseau contact-hôtel, au bout de 12 nuits, vous serez remboursés de 53 € et de 26,50 € au bout de 6 nuits ! On se sent comme chez soi dans cet agréable hôtel qui vous réservera un accueil des plus chaleureux.

■ **HÔTEL-RESTAURANT CHEZ ANDRÉ**
1, place Colbert ✆ **02 97 21 08 19**
Fax : 02 97 21 91 77
Fermé le samedi après-midi et le dimanche après-midi. 8 chambres. Chambre double de 37 € à 50 €. Petit déjeuner : 7 €. Chèque Vacances. Animaux acceptés (7 €). Restauration (plat du jour à 9 € et formule midi entrée-plat-1/4 vin-café à 12 €).
L'affaire familiale qui date de 1973, a toujours conservé la convivialité et l'accueil digne d'une bonne maison. Cette dernière est située face à la porte principale de l'arsenal et à côté de l'hôpital pôle « femme – enfant ». L'hôtel offre des chambres simples mais propres et le restaurant propose une cuisine traditionnelle familiale à travers copieuses assiettes et formule midi bon marché boissons incluses.

■ **KEROTEL*****
Rond-point du Plénéno ✆ **02 97 87 90 97**
Fax : 02 97 87 07 58
www.kerotel.fr
Ouvert tous les jours de l'année sauf deux semaines entre Noel et le jour de l'an. 50 chambres (de grand confort). Chambre simple de 65 € à 85 € ; chambre double de 68 € à 90 € ; chambre triple de 76 € à 98 €. Demi-pension : 76 € (jusqu'à 88 € selon la saison, sur une base d'une personne). Petit déjeuner buffet : 8 € (10 € en chambre). Soirée étape : 75 €. Animaux acceptés (6 €). Wifi gratuit. Restauration (formules midi à partir de 12 €. Menus de 21 € à 25 €). Tv satellite, Canal +.
Etablissement lié à la chaîne Brit Hôtel, cet hôtel est facilement accessible de la voie express par la sortie Lorient-Centre. Il est situé à 5 minutes de la gare SNCF, 10 minutes de l'aéroport de Lann-Bihoué et à 5 min des plages et des activités nautiques. Les chambres sont insonorisées et l'accès handicapé est aménagé. Le parking privé de l'hôtel ainsi que le parking fermé pour motos permet d'être tranquille concernant le stationnement des véhicules. Des salons pouvant accueillir jusqu'à 50 personnes permettent de tenir des séminaires. Le restaurant Le Bon Appétit vous propose une cuisine traditionnelle dans une ambiance et un décor chaleureux.

■ **REX HÔTEL*****
28, cours de Chazelles ✆ **02 97 64 25 60**
www.rex-hotel-lorient.com
Logis (2 cheminées). Fermé du 23 décembre au 2 janvier. 24 chambres. De 55 € à 92 €. Petit déjeuner : 9 €. Parking. Animaux acceptés (9 €). Wifi gratuit. Canal +.
Il est situé en centre-ville et se trouve à 5 minutes de la gare et à seulement 5 km des plages ! Les vingt-quatre chambres insonorisées, offrent un décor moderne et lumineux. Toutes bénéficient de la TNT, Canal+ et l'accès wifi gratuit. Idéalement situé dans une grande avenue, sans circulation la nuit, entre la gare et le port de plaisance, l'hôtel comprend une cour intérieure, un salon/détente, une salle de réunion et une facilité de stationner face à l'hôtel. Véronique vous accueille pendant votre séjour, en vous assurant une ambiance familiale et chaleureuse.

Sorties

■ **LE FACTORY CAFÉ**
6, place Jules-Ferry ✆ **02 97 21 46 35**
Ouvert du mardi au samedi de 15h à 2h. Sauf le jeudi, fermeture à 1h.

Ce beau bar de nuit, aux lumières feutrées et à la sublime décoration « Pop Art », est un clin d'oeil à la factory d'Andy Warhol (célèbre atelier qu'il a ouvert à New-York). S'il est un endroit hors mode avec sa décoration, il l'est tout autant dans la musique qu'il diffuse grâce à des tubes toutes générations, des musiques dansantes qui créent ici un esprit extraordinairement festif et bon enfant, tellement festif que l'on danse même jusque sur le bar et les banquettes ! Toute l'équipe vous y accueille chaleureusement et vous propose de déguster, à l'intérieur ou sur la terrasse plein sud, ses petits rhums arrangés comme le Shrub (rhum de Noël martiniquais), les mojitos.. L'établissement incontournable de Lorient.

◼ **LE GALION**
2, rue Florian-Laporte
✆ **02 97 37 41 23**
www.myspace.com/legalion
Cristelle et Jean-Baptiste vous accueillent au « Galion », vieux bar mythique de Lorient, lieu atypique, mystique et chaleureux avec son mélange de mobilier et son ancienne fresque murale. On se sent tout de suite à l'aise dans cet endroit unique qui offre à sa clientèle deux facettes, deux ambiances différentes le jour et la nuit. Bar de pêcheur familial le jour où tout le monde se connaît avec une clientèle de tout horizon, le Galion le soir venu, se transforme en un lieu où se mélangent les artistes, s'organisent des répétitions et autres événements comme des soirées poker, avec les décors assortis... Le Galion propose des projections de films, des concerts toujours étonnants et parfois spectaculaires comme le groupe australien « SIX FT HICK » ainsi que des projections de films. Un véritable coup de cœur original à découvrir.

Emplettes

◼ **GALERIE PLISSON**
Base de Sous-Marins de Keroman
7, rue Estienne-d'Orves
✆ **02 97 50 31 85**
www.plisson.com
Ouvert du mardi au samedi de 10h à 12h et de 14h à 19h. Fermé le lundi hors saison. Ouvert le dimanche (après-midi).
Vivez un face à face avec la mer, au cour de la base de Sous-Marins, face à la Cité de la Voile Éric Tabarly. Venez découvrir l'ensemble des collections, des reproductions encadrées ou à la feuille, toiles, livres, ainsi qu'une galerie d'art dédiée à la photographie d'auteurs. A découvrir également, l'exposition de sculptures en bronze et schiste de Jean Lemonnier qui offre un autre regard sur le monde marin. La grâce des formes par la sculpture et l'harmonie des couleurs sur toiles par Philippe et Guillaume Plisson. Bonne visite !

Panier gourmand

◼ **MOULIN LORIENT MARÉE**
Magasin 78
Port de Pêche
✆ **02 97 37 30 00**
Ouvert du lundi au samedi de 8h à 12h.

Mareyeur-expéditeur depuis 1968, ce magasin fait quotidiennement passer les produits de la mer des cinq principales criées de Bretagne (Lorient, Concarneau, Loctudy, Le Guilvinec et Saint-Guénolé-Penmarch) aux consommateurs. Les produits sont assurément frais et le libre-service du matin permet de faire son choix entre poissons entiers et en filets, crustacés et coquillages à des prix très intéressants. Tous les produits sont issus de la pêche côtière lorientaise (filets de poissons frais faits main et préparation gratuite). N'hésitez pas à commander ! Réservation en période de fêtes et estivales.

◼ **VIVIERS DE BEG ER VIR**
22, rue Beg-Er-Vir
Lomener
✆ **02 97 82 82 67**
Ouvert le vendredi et le samedi de 9h30 à 12h30 et de 17h à 19h ; le dimanche de 9h30 à 12h30.
Les Viviers de Beg Er Vir sont installés aux halles de Merville, tous les matins, du mardi au dimanche, ainsi que les jours fériés. C'est là que l'on peut se procurer homards, tourteaux, araignées, étrilles, huîtres, palourdes, Saint-Jacques, bigorneaux, et tout ce qui est nécessaire pour confectionner un plateau de fruits de mer, plateau qui peut être préparé par la maison. Vous pouvez également demander que les crustacés soient cuits avant de les emporter (cuisson vapeur). Vous trouverez la même enseigne à Lomener, ouverte de 10h à 12h tous les jours de juillet et d'août.

MORBIHAN

Marchés

■ HALLES DE MERVILLE
Ouvert tous les matins.
Tous les gourmets vous le diront, les Halles de Melville sont un petit paradis de la gourmandise où se réunissent toutes les bonnes enseignes du coin, dans une ambiance délicieusement bon enfant... D'étal en étal, vos yeux ne sauront plus où donner de la tête tandis que vos papilles s'emmerveilleront de bonheur devant les trésors qui onchent les stands de poissonneries, de rôtisseries et de fromageries.

■ HALLES SAINT-LOUIS
Ouvert le matin du lundi au samedi.
Ces halles présentent des étals de produits artisanaux : maraîchers, fromagers et même bouchers. Mieux vaut se lever tôt pour circuler aisément et disposer de la primeur des produits de qualité. A noter que le mercredi et le samedi, ce sont les marchands de vêtements qui volent la vedette aux autres négociants. Ils pratiquent des prix honnêtes et ponctuent toujours leurs ventes d'anecdotes amusantes.

■ Dans les environs

Guidel

La commune de Guidel est située à l'extrême sud-ouest du département. Bordée sur plusieurs kilomètres par l'estuaire sinueux de la rivière la Laïta, elle fait face, sur l'autre rive, au Finistère et à la commune du Pouldu. Commune de près de 10 000 habitants répartis sur 5229 hectares, Guidel compte 5 kilomètres de plages (plage du Pouldu, plage de la Falaise, plage du Loch et plage du Fort-Bloqué) et de nombreux bois : la forêt domaniale du Rocher Royal à Locmaria et les rives boisées de la Laïta. Attention ! Lorsque vous êtes à Guidel-Plages, vous n'êtes pas encore au centre. La commune proprement dite se situe à quelques kilomètres à l'intérieur des terres. Connue pour ses plages et ses bois, Guidel est aussi réputée pour ses chapelles... De mi-juillet à mi-août, une manifestation, celle « des sept chapelles en art », a pour but de faire découvrir le patrimoine culturel à travers la musique, des expositions et des promenades. Un concert et une exposition sont donnés dans chaque chapelle : peinture, sculpture, gravure, photographie. A ne pas manquer, également, le Festival de Polignac, festival de musique classique, jazz et musique du monde donné chaque année au mois de juillet. Les concerts se déroulent dans l'église de Guidel.

■ LA FERME D'AUTRUCHES
La Saudraye
La Haye
✆ 02 97 65 04 54
www.autruches.blogspace.fr
Route de Ploemeur à partir du bourg de Guidel.
Haute saison : ouvert tous les jours de 9h à 19h. Gratuit jusqu'à 2 ans. Adulte : 4 €. Enfant (de 3 à 6 ans) : 3 €.
Monsieur Le Bec organise des visites pendant lesquelles vous pourrez découvrir les plus grands oiseaux du monde,

les autruches, ainsi que leur cousin d'Australie, l'émeu. De mai à octobre, vous assisterez à la naissance de l'autruchon. Le site dispose d'un magasin dans lequel vous trouverez une gamme de produits de « Viandes Fraîches » de grande qualité (pavés ou rôtis, steaks, tournedos, rillettes, terrines, conserves, mousse de foie, charcuterie, plats cuisinés...) ainsi que de la maroquinerie comme ces sacs en cuir d'autruche véritable.

■ LA CANTINE DES TOQUES REBELLES
Guidel Plage
RD 152, La Falaise,
✆ 09 71 00 56 01
Ouvert tous les jours le midi et le soir. Ouvert en continu. Menu enfant : 9 €. Suggestion du jour : 12 € (formule entrée-plat ou plat-dessert à 18 € et formule entrée-plat-dessert à 22,50 €). Terrasse.
Sylvain Gandon et toute son équipe vous accueille depuis le 17 octobre 2011 à la Cantine des Toques Rebelles, un concept de restauration issu d'un « créatif gourmand » Patrick Rougereau, photographe culinaire depuis 25 ans. Très bien situé à Guidel Plage, avec une belle vue mer, l'établissement se compose d'une belle terrasse de 48 couverts ainsi que d'une salle de 80 couverts, à la décoration chaleureuse toute à la fois tendance et rétro avec ses grandes photos en noir et blanc. Vous y apprécierez une cuisine révisée et bien pensée, des produits frais entièrement mitonnés maison. A la carte, qui change trois fois par an, vous pourrez par exemple vous délecter d'un tartare de poisson à la Tahitienne, d'un tournedos de lotte piqué au chorizo et parfum d'estragon, de côtes d'agneau au piment d'Espelette coulis de piquillos ou encore une bouchée chocolat et son caramel au beurre salé. La Cantine des Toques Rebelles dispose également d'une salle de séminaires entièrement équipée et vous invite à découvrir le Spa Océane, un centre dédié aux soins, à la détente et au bien-être. Une belle adresse à découvrir, à quinze minutes du centre-ville de Lorient et de l'aéroport de Ploemeur.

■ DOMAINE DE KERBASTIC
Route de Locmaria
✆ 02 97 65 98 01
Fax : 02 97 65 01 30
www.domaine-de-kerbastic.com
17 chambres. De 185 € à 360 €. Petit déjeuner : 17 €. Restauration (menus de 29 € à 58 €).
Un environnement exceptionnel pour cet hôtel de luxe et de charme 4 étoiles, caché tel un secret dans un écrin de verdure enchanteur, havre de paix et de quiétude de 33 ha blotti près de Lorient, entre terre et mer. Elégance, confort, et discrétion se font écho dans ce domaine de caractère, « berceau de cœur » de la famille Polignac. Entièrement rénové en 2007, le domaine a su préserver une authenticité rare, et on a tout particulièrement aimé la convivialité dans son ensemble, de l'équipe qui vous accueille et prend grand soin de vos désirs à la décoration des lieux qui font que l'on s'y sent presque chez soi. Chaque chambre, à mi-chemin entre une chambre d'hôte de luxe et une chambre d'hôtel, offre une décoration chaleureuse, raffinée et unique (photos de famille, œuvres de Cocteau...), et un confort sans failles (TV avec Canal + et Satellite, téléphone direct, Internet haut-débit, coffre-

fort, grande salle de bains avec baignoire et douche, coiffeuse, sèche-cheveux ou encore peignoir). Enfin, le restaurant est une véritable invitation au voyage, celui de la gastronomie. Tout simplement magnifique.

■ BREIZH YOURTE
Coatroual
✆ 06 07 36 24 48
www.breizh-yourte.fr
Chambre double 76 €. Petit déjeuner inclus. Pour 2 personnes, petit déjeuner inclus, à partir de : 76 € la nuit, 342 € le forfait 5 nuits 454 € le forfait 7 nuits. À proximité : balade en canoë sur la Laïta, randonnée à vélo, Paddle Board, sentiers pédestres et plage.
Breizh Yourte, une chambre d'hôtes insolite pour une nuit ou un séjour confortable en yourte avec petit déjeuner. Découvrez Guidel, Lorient et le sud de la Bretagne ; profitez des activités à partir de Breizh Yourte telles qu'une balade en canoë sur la Laïta, une randonnée à vélo, des sensations en Paddle Board, les sentiers pédestres et bien sûr la plage (4km)... L'hiver votre yourte se transforme en un cocon chauffé au bois ou vous pouvez dormir en observant les étoiles... Breizh Yourte c'est 3 yourtes de 4 personnes dans un site préservé pour des vacances naturellement bien !

■ CAMPING LES JARDINS DE KERGAL****
Route des Plages
✆ 02 97 05 98 18
www.camping-lorient.com

Fermé du 12 novembre au 31 mars. Terrain de 5 ha. 200 emplacements. Emplacement + véhicule (avec 10 A) de 9 € à 16 €. Personne supplémentaire de 5 € à 7 €. Mobile homes de 200 € à 830 € la semaine ; chalets de 240 € à 830 €. Enfant de 2 à 10 ans de 3 € à 5 €. Chèque Vacances. Jeux pour enfants. Animaux acceptés (chiens : 3 €). Wifi.
Dans un cadre privilégié, arboré et fleuri, idéalement situé à 1,5 km des plages et du bourg de Guidel, Les Jardins de Kergal disposent de 200 spacieux emplacements, ensoleillés ou au contraire ombragés, délimités par des arbres ou des haies, sur 5 ha de verdure. Pour des vacances de rêve et de loisirs, le camping met à votre disposition deux piscines (une couverte et chauffée et une deuxième de plein air avec toboggans), un terrain multisports, un mini-golf, un terrain de tennis, un château gonflable, des tables de ping-pong, un terrain de boules ainsi qu'un club enfants pour les 3-12 ans. Pour vous détendre après toutes ces activités, le camping dispose d'une salle de télévision et d'une bibliothèque. Côté services, vous trouverez un bar, un espace restauration (paëlla, crêpes, cochon grillé, pizzas...), une épicerie de dépannage et en juillet et août dépôt de pain, viennoiseries, journaux, glaces... Des animations sont proposées tout au long de la journée (aquagym, tournois de palets, pétanque, ping-pong, football...) et de la soirée (soirées à thèmes : bretonne, disco, loto, élections de miss et mister camping...). Vacances inoubliables en perspective !

Kervignac

Située à environ 40 m d'altitude, cette commune d'une superficie de 3956 hectares, est la plus étendue du canton de Port-Louis. Son caractère rural, à proximité d'Hennebont et de Lorient, et son paysage magnifique et varié (véritable lieu de prédilection pour les randonneurs, vététistes, cavaliers...) en font un cadre de vie privilégié.

■ L'ÉGLISE NOTRE-DAME-DE-LA-PITIÉ
Reconstruite après la guerre (1956-1958), on la reconnaît facilement grâce à sa haute tour et son clocher coiffé d'une flèche ajourée. Cette église est sublime avec son beau plafond recouvert de sapin verni et ses vitraux en dalles de verre symbolisant la vie de la Vierge Marie, œuvres du maître verrier Gabriel Loire. Récemment rénovées, les 12 statues en bois (qui représentent les 12 Apôtres) qui ornent le porche d'entrée sont classées au Patrimoine départemental.

MORBIHAN

© BREIZH YOURTE

Breiizh Youthe

■ **CHATEAU DE LOCGUENOLE**
℅ **02 97 76 76 76**
www.chateau-de-locguenole.com
Ouvert du mardi au dimanche. Menus de 46 € à 92 €.
Formule : 38 € (plat et dessert sauf week-end et fériés).
Olivier Beurné, le chef, et toute son équipe, régalent les papilles d'une cuisine de saison, romantique et gourmande, où délices de la mer scintillants de fraîcheur et produits du potager breton sont intimement liés, pour le meilleur : Pressé de foie gras de canard et artichaut, cristalline et marmelade de pomme cardamome au balsamique blanc ; dos de bar rôti sur la peau, carottes glacées miel et cumin, écume et croustillant de roquette ; filet d'agneau rôti sur des branches de romarin, carré de panoufle, pâte de tomate, poudre d'olive noire ; chocolat, caramel : sphère Guanaja, crémeux caramel, crème de caramel au beurre salé... Un florilège de saveurs.

■ **CREPERIE DU BONHOMME**
Maison Rouge
℅ **02 97 76 73 11**
En venant de Lanester, traverser le pont du Bonhomme et 1re à gauche au rond-point.
Ouvert toute l'année. Le lundi, le mardi et du jeudi au samedi le midi et le soir ; le dimanche soir. Accueil des groupes (jusqu'à 25 personnes sur réservation). Grand parking.
C'est avec beaucoup de gentillesse que Madame Couliou vous accueille dans son établissement 100 % crêperie, idéalement située sur la route des plages, à 5 km de Lorient et d'Hennebont et à 8 km de Port-Louis. La décoration et l'ambiance familiales qui règnent en ces lieux font que l'on se sent ici un peu comme chez soi. Les enfants ont même un jardin à disposition dans lequel ils pourront jouer librement. Cette pure crêperie, qui utilise de la farine de Bubry artisanale bretonne, n'offre à sa clientèle que des produits frais et cuisinés maison. Côté salé, les crêpes de blé noir comme la crêpe aux noix de Saint-Jacques ou la crêpe roquefort-pommes sont incontournables. Côté sucré, laissez-vous tenter tout simplement par la crêpe de froment « beurre-sucre » ou encore la « pommes-caramel Calvados »... Exquises.

■ **CREPERIE HENT ER MOR**
30, avenue des Plages
℅ **02 97 65 77 17**
creperiehentermor@freee.fr
Ouvert du mercredi au dimanche. Hors saison et hors vacances scolaires. Accueil tardif jusqu'à 22h. Chèque Vacances, Chèque Restaurant. Parking privé.
Cette crêperie, dont le nom signifie « chemin de la mer » en breton, existe depuis 1967. A sa tête aujourd'hui, la troisième génération, représentée par Annaïg et Frédéric, qui continue à perpétuer la tradition familiale. Tous les produits proposés dans ce restaurant 100% crêperie, sont frais, cuisinés maison et farine utilisée est de la farine artisanale de Bubry. Entres autres spécialités de crêpes de blé noir, vous avez avez par exemple celle à l'andouille artisanale, fromage et crème moutarde ou celle aux moules et beurre d'escargot et côté crêpes de froment, la gourmande pomme entière, crème caramel au beurre salé maison et glace vanille. L'établissement qui bénéficie d'un cadre chaleureux, de trois salles et

de trois ambiances, se situe, en venant d'Hennebont, à la sortie du bourg, à 200 m du Leclerc. Tous les avis concordent, une excellente adresse à découvrir.

Lanester

Troisième ville du Morbihan, Lanester compte aujourd'hui plus de 23 000 habitants. Son nom vient du breton *lann-er-ster*, qui veut dire la lande de la rivière. Aux IIe et IIIe siècles, les Romains et Gallo-Romains ont séjourné sur la commune. Au Moyen Age, on y développe la pêche et l'agriculture. Vient le temps des mutations, avec la Compagnie des Indes orientales reprise par la Marine royale en 1790. Entre 1909 et 1939, Lanester connaît une lente évolution. Les bombardements de la Seconde Guerre mondiale dévasteront la ville, obligeant la population à s'exiler. Puis sonne l'heure de la reconstruction. Lanester renaît de ses cendres. La ville voit sa population fortement augmenter. Dans les années quatre-vingts, un nouveau centre-ville est créé. En 1992, Lanester se dote d'un nouvel hôtel de ville. Aujourd'hui, la ville possède un tissu économique très varié et une vie culturelle très riche, avec entre autres, le festival du théâtre amateur de Kerhervy en juin, le festival de théâtre professionnel du Pont du Bonhomme en juillet, le salon des artistes en octobre ou encore le festival du film étranger en novembre.

■ **BIOCOOP LES 7 EPIS**
87, rue Ambroise Croizat
℅ **02 97 76 77 00**
www.les7epis.fr
Ouvert du lundi au samedi de 9h30 à 19h.
Ouverte en 2005, cette Biocoop de 400 m² propose plus de 10 000 références, principalement alimentaires, dont beaucoup de produits locaux. Les amateurs de produits naturels trouveront ici tous les produits dont ils ont besoin : fruits et légumes cultivés pour les 3/4 dans le département, viande, poissons bio ou sauvages fumés artisanalement à la Pointe du Raz, céréales, conserves... en passant par la crèmerie, le vin, des produits pour nos chers compagnons à poils ou encore tout ce qui touche aux soins de la personne (produits d'hygiène, lessives, cosmétiques sans chimie...). Le magasin organise tous les mois des découvertes produits avec Sylvie, diététicienne de formation.

Larmor-Plage

La commune, autrefois rattachée à Ploemeur, a pris son indépendance en 1925.
Elle compte 8752 habitants sur une superficie de 727 ha. Avec ses 3 km de plage et ses 6 km de littoral, Larmor est aujourd'hui une station touristique par excellence, classée station voile depuis 1991.
C'est à Port-Maria, petite plage près du bourg, à 100 mètres de l'église, que se concentrent le club de plage pour enfants, les terrasses de cafés, les glaciers, les crêperies, les restaurants et bien sûr les vacanciers. La promenade qui longe la plage, appelée promenade des touristes, s'étend aujourd'hui sur plusieurs kilomètres, jusqu'au Parc océanique de Kerguélen et à la petite plage de Kerpape.

© DOMINIQUE LUZY – FOTOLIA

Les vagues de l'océan à Larmor-Plage

■ SYNDICAT D'INITIATIVE
Avenue Général-de-Gaulle
✆ 02 97 84 78 00
larmorplage@lorient-tourisme.fr
Haute saison : ouvert tous les jours.

■ L'ÉGLISE NOTRE-DAME-DE-LARMOR
Bâtie aux XIVᵉ, XVᵉ et XVIᵉ siècles, l'église, au centre du bourg, mérite une visite. Petite et charmante, elle est classée aux Monuments historiques depuis 1990. Autrefois, les navires qui quittaient Lorient pour une longue campagne saluaient Notre-Dame d'une salve de trois coups de canon en passant devant son clocher. Le prêtre bénissait alors le vaisseau tandis que sonnaient les cloches ! À noter : le vaste porche au nord, orné de statues des 12 apôtres (XVIᵉ), la tour carrée à vocation militaire (XVIIᵉ) et, à l'intérieur, les retables, statues et maquettes de bateaux.

■ LE PARC OCEANIQUE DE KERGUELEN
Le Parc océanique qui longe la plage des Mouettes compte un large espace vierge de toute construction hors l'hôtel des Mouettes et le centre nautique de Kerguélen. Il est accessible par une promenade à pied, qui borde la côte depuis Larmor-Plage. Il offre une remarquable diversité de milieux naturels. Des balades nature y sont proposées par l'association Nature du Parc. Au choix : découverte de la flore, ou faune et plantes des rochers.

■ LES MOUETTES
Anse de Kerguélen ✆ 02 97 65 50 30
www.lesmouettes.com
Ouvert toute l'année. Tous les jours de 12h à 13h30 et de 19h15 à 21h30. Menus de 25 € à 49 € (menu tout homard sur commande à 75 €). Carte : 50 € environ. Formule du midi : 17 € (entrée-plat et formule plat-dessert à 19 €). Du lundi au vendredi). Terrasse.

Quelle vue ! Quel emplacement ! Les pieds dans l'eau, voici comment on peut qualifier cette adresse. Le sable à portée de mains, la mer à deux enjambées, un spectacle au quotidien qui ne lasse jamais. La cuisine, elle aussi, ne lasse jamais nos palais. Comme on peut s'en douter vu la situation, elle s'inspire essentiellement de la mer même si, ici et là se faufilent quelques plats à base de viande pour celles et ceux qui n'auraient pas envie d'un menu iodé. En ce qui nous concerne, nous avons joué la carte marine et ce fut en tous points une réussite. Croques en bouche au homard européen et son aigre-douce épicée à la tomate pour se mettre en jambe puis un filet de saint-pierre à la plancha, pommes de terre fondantes, croustillant provençal et pour conclure une douceur onctueuse à la vanille Bourbon, accompagnée de ses fruits rouge et d'un sorbet framboise basilic.

■ LE CELTIC
9, promenade de Port-Maria ✆ 02 97 65 42 62
www.leceltic-larmorplage.fr
Fermé le mardi et dimanche soir et lundi toute la journée de septembre à février inclus. Ouvert tous les jours pendant les vacances scolaires. Menus selon saison, carte et plats du jour variés et produits frais. Terrasse.
Dans un superbe cadre, sur la plage, face à la mer, l'équipe du Celtic vous propose une cuisine classique et copieuse, servie avec rythme et sympathie. Une cuisine articulée autour de produits frais, en plats du jour ou à la carte : entrées et salades copieuses, cafés gourmands et autres plaisirs qui attisent les papilles. Le Celtic propose également à tous les promeneurs du bord de mer une carte de thés composée des meilleures saveurs pour satisfaire tous les amateurs : après une belle promenade sous les embruns, ou avant de partager un verre sur la grande terrasse chauffée ou ensoleillée, les yeux dans l'océan.

MORBIHAN

■ L'OPTIMIST
Port de plaisance de Kernével
℡ 02 97 84 61 82 – www.loptimist.fr
♿

Ouvert toute l'année. Tous les jours. Service tardif tardif jusqu'à 22h30. Menus de 25 € à 30 €. Formule du midi : 14 € (hors week-end). Carte. Chèque Vacances, Chèque Restaurant. Accueil des groupes (jusqu'à 80 personnes sur réservation). Wifi.

L'été, s'installer sans hésiter sur la grande terrasse abritée pour déguster un bon repas composé, par exemple, d'un méli-mélo de saumon et chair de crabe en entrée, d'un poisson de la criée ou sa sauce du moment ou l'incontournable côte de bœuf (Nouvelle-Zélande) en plat, pour finir par un mi-cuit au chocolat maison. A la carte, également des pizzas comme l'originale Pourquoi Pas (tomate, fromage, escargots, persillade, chiffonnade de salade verte, vinaigrette) ou encore des salades. La vue sur le port de plaisance, l'ancienne base de sous-marins, et la rade de Lorient est imprenable. De l'intérieur, la vue est aussi très bien mise en valeur par une série de baies vitrées en demi-cercle. Nouveau depuis l'été 2012, le restaurant dispose d'un bar vue mer, La Plage, dans lequel on peut manger pizzas et huîtres. Adresse bien sympathique à découvrir ou à redécouvrir.

■ PIZZ AND LOVE
40 bis, rue des Quatre Frères Leroy Quéret
℡ 02 97 11 28 13
www.pizzandlover.fr
Ouvert du mardi au samedi de 11h30 à 14h et de 18h30 à 22h. Jusqu'à 23h le samedi et le dimanche. Vente à emporter. Carte de fidélité. Livraison sur Larmor Plage et Lomener. Parking privé.

Steven et Christopher sont à la tête de cet établissement situé à l'entrée de Larmor, en face de la pharmacie, depuis le 15 mai 2011. Dans un accueil des plus sympathiques, ils vous invitent à découvrir leurs excellentes pizzas, à la pâte fine et croustillante (35 au total), comme la Love (crème, fondue de poireaux, champignons, fromage, Saint-Jacques, poitrine fumée) ou la Cannibale (tomate,

fromage, bœuf hâché, chorizo, merguez, poivrons). La carte propose aussi 9 paninis, des salades repas ou encore des sandwiches froids (le midi), le tout à consommer sur place ou à emporter. Très originale, la pizza apéro, une pizza 40 x 40 cm composée de 60 carrés de diverses garnitures. A découvrir.

■ LE VIEUX MOULIN
52, rue du Vieux Moulin ℡ 02 97 33 73 66
www.vieux-moulin-larmor-plage.fr
♿

Ouvert du lundi au vendredi le midi. Ouvert un samedi sur deux. Formule du midi : 10,80 € (entrée-plat-fromage-dessert-boisson). Chèque Restaurant. Vente à emporter.

Dans le restaurant ouvrier de Patrick Guinaudeau, situé route de Ploemeur à droite du bowling en venant de Lorient, on travaille principalement des produits frais que l'on cuisine maison. La formule propose toujours deux entrées au choix et des classiques de la cuisine traditionnelle en plat de résistance comme de la blanquette de veau, du goulash... Le jeudi, de la viande ou du poisson est proposée, tandis que le vendredi est réservé aux spécialités comme le couscous, la paella, la choucroute, la potée ou encore le reblochonnade... A noter que tous les plats sont également à emporter (6,80 €). Très bon rapport qualité-prix. Accueil des plus aimables.

Merlevenez

■ LE CARPE DIEM
1, rue de la Mairie ℡ 02 97 02 63 14
th.pic@free.fr
A 10 km de Port-Louis et 15 km de Lorient
Ouvert du lundi au samedi. Accueil tardif le vendredi et le samedi jusqu'à 22h. Formule du midi : 10 € (entrée-plat-fromage-dessert-1/4 boisson. Du lundi au samedi). Chèque Restaurant. Accueil des groupes (jusqu'à 50 personnes sur réservation avec menus à partir de 12 €). Vente à emporter. Petite terrasse.

Hugues et Tamara, dont l'accueil est des plus charmants, sont à la tête du Carpe Diem depuis avril 2011. A l'heure du déjeuner, vous trouverez un menu bon marché avec les classiques de la cuisine traditionnelle tels que la tête de veau sauce gribiche, des émincés de volaille au curry, un poisson du jour en papillote, un couscous maison une fois par mois, des boulettes de bœuf... à la russe, sans oublier la tarte aux pommes ou le délice au mascarpone en dessert ! Le Carpe Diem propose également une carte de 12 pizzas comme par exemple l'Éponyme Carpe Diem (fromage, champignons, olives, bœuf épicé, crème fraîche) ou l'incontournable Savoyarde (fromage, oignons rouges, lard, reblochon, pomme de terre). Très bon rapport qualité-prix.

BAR - RESTAURANT

Le Carpe Diem

1, rue de la Mairie
56700 MERLEVENEZ
02 97 02 63 14

■ EN ATTENDANT LE JOUR
3, rue de l'Eglise
℡ 02 90 61 11 79
www.enattendantlejour.fr
Situé à 9 km des plages de Plouhinec, à 10 km d'Hennebont, à 15 km de Lorient, à 22 km d'Auray

3 chambres (de 2 à 5 personnes). De 65 € à 95 €. Petit déjeuner inclus. Chèque Vacances. Wifi. Parking. Jardin clos. Anglais parlé.

C'est en plein cœur de Merlevenez, à deux pas des commerces, que Stéphanie Elie, la maîtresse des lieux dont l'accueil est particulièrement charmant, vous ouvre les portes de sa maison d'hôtes, une ancienne ferme rénovée avec goût. Ses trois chambres, spacieuses et confortables, sont décorées avec soin, élégance et douceur, transportant ainsi le corps et l'esprit dans une atmosphère chaleureuse et cosy, véritables nids douillets dans lesquels il est bon de poser ses bagages. Les petits déjeuners copieux et délicieux (tout est maison, des confitures aux gâteaux en passant par les yaourts et les salades de fruits) sont servis dans l'un des 2 salons donnant sur le jardin clos ou sur la terrasse. Pour préparer en toute quiétude vos repas ou pique-nique, une cuisine entièrement équipée est mise à votre disposition. Difficile de trouver meilleure adresse où passer la nuit en attendant le jour...

■ **LA VILLA ROMANCE**
6, place des Tilleuls
✆ **02 97 11 24 63**
Ouvert le lundi midi ; le mardi et du jeudi au samedi le midi et le soir ; le dimanche soir. Plat du jour : 10 € (le midi en semaine). Le midi en semaine, formule à 12 € (entrée-plat ou plat-dessert) et formule à 14 € (entrée-plat-dessert) + Carte. Chèque Vacances, Chèque Restaurant. Accueil des groupes (jusqu'à 35 personnes sur réservation avec menus à partir de 25 €). Vente à emporter. 16 couverts en terrasse.

On aime la décoration originale, lumineuse et cosy de ce restaurant-pizzeria situé face à l'église, celui de Carine et Rémy, prororiétaires des lieux depuis août 2011. La carte de la pizzeria en propose 14, comme par exemple la savoureuse Romance (fromage, lardons, Saint-Jacques, persillade, crevettes) ou la copieuse Savoyarde (jambon de pays, pomme de terre, reblochon, crème) ; tandis que celle du restaurant affiche salades repas, Brochettes (brochettes de Saint-Jacques, brochette de bœuf VBF...) ainsi que des desserts maison comme

l'incontournable moelleux au chocolat. La maison propose également une belle carte de vins au verre et assure la vente à emporter de pizzas. Une sympathique adresse à découvrir.

Ploëmeur

La devise de Ploëmeur est terre et mer, douar ar mor en breton. La commune, très étendue, s'étale sur 17 km de côte, mais son centre se situe à près de 6 km des vagues et de l'écume. Quatrième ville du Morbihan pour sa population (20 000 habitants) en constante évolution, Ploemeur, entre terre et mer, compte dunes, petits ports de pêche (Lomener, Kerroch), plages de sable fin mais aussi chapelles, calvaires, petits chemins creux et le premier centre français d'extraction de kaolin, dont les montagnes blanches s'aperçoivent de loin. L'une des plages de Ploëmeur tire son nom de ce centre : la plage des Kaolins, entourée de dunes et au sable particulièrement blanc.

Sur la plage de Lomener

■ OFFICE DU TOURISME
25, place de l'Eglise
℡ 02 97 84 78 00
www.lorient-tourisme.fr

■ RESTAURANT LES SALONS DU GOLF
Golf de Plœmeur Océan
℡ 02 97 32 86 99
Fax : 02 97 32 82 24
www.salonsdugolf.com
Ouvert tous les jours. Restaurant ouvert le soir pour tout événement familial ou professionnel. Chèque Vacances, Chèque Restaurant. Wifi gratuit.
Situé sur le golf de Ploemeur (18 trous, 5819 m, par 72), le restaurant Les Salons du Golf bénéficie d'un environnement calme et chaleureux, où terre et mer s'harmonisent sublimement. Le restaurant propose une cuisine soignée et raffinée, associant délicatement cuisine du monde et produits du terroir, et pour les golfeurs de différentes et nombreuses salades, de beaux desserts, sans oublier l'assiette du golfeur, sont proposés ! Dans un cadre chaleureux et agréable, les golfeurs apprécieront autant la pause déjeuner que le parcours paradisiaque (au panorama exceptionnel sur la mer et l'île de Groix), qui offre un véritable links sur lequel ils pourront s'adonner à leur passion dans des conditions rêvées.

■ SENTEUR CAFE
6, rue Sainte-Anne
℡ 02 97 86 32 90
Basse saison : ouvert le lundi, le mardi et du jeudi au samedi le soir ; du lundi au samedi le midi. Haute saison : tous les jours le midi et le soir. Service tarif jusqu'à 23h le week-end. Menus de 14,90 € à 22,99 €. Formule : 9,90 € (plat +dessert ou plat + café). Chèque Restaurant. Accueil des groupes (jusqu'à 40 personnes sur réservation). Vente à emporter. Grand parking derrière le restaurant.
Une adresse conviviale que ce restaurant-pizzeria-grillade situé à côté de la mairie et dans lequel vous accueillerez chaleureusement Mickael et Maureen depuis le 10 février 2009. A la carte, vous découvrirez un choix considérable de pizzas (25 au total également disponibles à emporter) comme l'originale californienne (poulet, poivron, oignons, tomate fraîche et curry) ou la Pomm'Andouille avec des pommes rissolées et caramélisées, des nouveautés comme la demi pizza-salade, des salades-repas, mais aussi des viandes VBF comme une belle entrecôte de 280 g et ses brochettes, l'incontournable poêlée de Saint-Jacques ou encore les desserts maison comme la pizza desserte, à découvrir ! Un bien sympathique établissement.

■ L'AUBERGE DE KERSCOUET
Route de Lomener
℡ 02 97 82 86 68
www.aubergedekerscouet.com
♿
Ouvert tous les jours le midi ; du vendredi au dimanche le soir. Ouvert le soir sur réservation. Menu unique à 22 €. Menu enfant : 10 €. Formule : 12 € (et 15 €). Accueil des groupes.

L'Auberge de Kerscouet a changé de propriétaires. A présent c'est Marc Le Coq qui vous y accueille depuis le 15 septembre 2012. Dans un accueil chaleureux et convivial, il vous invite à découvrir une cuisine qui leur ressemble, voluptueuse et généreuse, réalisée exclusivement avec des produits frais et de saison. Croustade dieppoise, anchoïade de la mer, caneton farci bigarade ou encore le buffet des desserts – à volonté – sont à découvrir. Un excellent rapport qualité-prix pour cette sympathique adresse.

■ LES ASTERIES***
Place des Forces-Françaises-Libres
℡ 02 97 86 21 97
Fax : 02 97 86 34 33
www.hotel-lesasteries.com
♿
35 chambres. Chambre double à partir de 69 € ; chambre triple à partir de 79 €. Chambre double supérieure à partir de 84 €. Chambre twin à partir de 74 €. Soirée étape : 79 €.
Ce complexe hôtelier, moderne et très paisible, est situé près de Lorient, en plein centre de Ploemeur, à deux pas de l'océan et du golf. Il offre des chambres relativement spacieuses, équipées d'une salle de bains, WC, sèche-cheveux, téléphone, écran plat HD, TNT, CANAL+, Canal satellite, accès Wifi. Mention spéciale pour le petit déjeuner, fort copieux. A noter que l'hôtel est entièrement accessible aux personnes handicapées.

■ GOLF PLŒMEUR OCEAN
Saint-Jude-Kerham
℡ 02 97 32 81 82
www.asgolfploemeurocean.com
Ouvert toute l'année.
Surplombant magnifiquement l'océan avec vue imprenable sur l'île de Groix, ce beau parcours de 18 trous (5819 m, par 72) fera le bonheur de tous les amoureux de la mer et de la nature et comblera de plaisir tous les amateurs d'un véritable links, avec greens vastes et fairways bien entretenus, exposé aux humeurs des vents... Installations d'entraînements : practice couvert, zone d'approche, putting green.

Plouhinec

■ LE CLOS MARINE
17, rue du Driasker
℡ 02 97 85 81 80
www.leclosmarine.fr
Ouvert du mercredi au dimanche. Fermé le lundi pendant les vacances scolaires. Service tarif le week-end et en saison. Chèque Vacances. Accueil des groupes. 2 salles de restaurants. Terrasse ensoleillée de 50 couverts. Parking privé. Wifi gratuit.
Quelle sympathique adresse que le Clos Marine, crêperie-saladerie-grill installé au cœur d'une belle longère du XIXe. L'établissement bénéficie de deux salles de restaurants décorées avec soin, d'une cheminée qui réchauffe les cœurs l'hiver ainsi que d'une terrasse de 50 couverts sous le soleil exactement. La carte offre des spécialités originales et gourmandes, dont les produits

sont issus pour la plupart de producteurs locaux, comme par exemple la galette chèvre-confiture de courgettes, la Tomato (sorbet tomate, tomates cuisinées et basilic) ou encore la crêpe Tatin (pommes cuisinées, glace vanille, caramel au beurre salé et Chantilly) ; ainsi que des classiques tels que des salades ou encore des entrecôtes et andouillettes grillées. A découvrir.

■ DEGEMER MAT
18, route du Magouer
Locquénin
℡ 02 97 85 88 35
Ouvert toute l'année. Tous les jours. Réservation recommandée. Formule : 10,80 €. + Carte. 20 couverts en terrasse.

Dans la crêperie de Lydia Cario, maîtresse des lieux depuis mai 2011, les produits sont frais et cuisinés maison, soigneusement sélectionnés auprès de maraîchers et producteurs locaux. Certains d'entre eux sont issus de l'agriculture biologique comme par exemple la farine, les œufs, le lait ou encore le cidre. En terrasse ou encore en salle dans laquelle le regard se plaît à contempler les expositions permanentes d'artistes locaux, vous aurez le choix entre de nombreuses spécialités comme par exemple la Plouhinec (œuf, jambon, courgette et champignons cuisinés) ou la Bretonne (fromage, andouille de Guémené) côté galettes, l'Estivale (caramel au beurre salé maison, glace vanille, Chantilly, amandes) ou la Crêp'fitrole (chocolat maison, glace vanille, Chantilly, amandes) côté crêpes. A la carte également, salades repas, viande (faux-filet frites) ou encore omelettes. Nous recommandons l'adresse, la réservation aussi.

■ DÉGUSTATION DE SAINT-GUILLAUME
Saint-Guillaume
Nestadio
℡ 02 97 36 73 26
www.fruits-de-mer.eu
A 15 minutes de Lorient et d'Auray
Fermeture annuelle de janvier aux vacances de Pâques. Basse saison : ouvert du vendredi au dimanche. Haute saison : tous les jours. Menu à 12 € midi et soir (6 huîtres-moules marinière-dessert). Accueil des groupes (jusqu'à 60 personnes sur réservation).

La Dégustation Saint-Guillaume vous ouvre ses portes au cœur d'un chantier ostréicole, tenu par des ostréiculteurs depuis 1990, véritable havre de paix les pieds dans l'eau, face à la ria d'Etel à 15-20 minutes de Lorient et

d'Auray. De l'assiette de pêcheur au super plateau de fruits de mer, tous les produits (huîtres, langoustines, crevettes roses, crevettes grises, bulots, bigorneaux, palourdes, araignée, tourteau...) que l'on vous sert ici sont d'une fraîcheur irréprochable. Incontournable.

■ LA GARGOUILLE
Kerallan
℡ 02 90 61 14 66
℡ 06 45 17 95 76
restaurantlagargouille@sfr.fr
Ouvert du lundi au samedi. Formule du midi : 11 € (buffet d'entrées, plat, fromage, buffet de desserts, boisson, café. En semaine). Accueil des groupes. Terrasse côté jardin de 200 couverts. Grand parking privé. Service traiteur jusqu'à 700 personnes (mariages, baptêmes, communions).

Ce restaurant-traiteur est situé sur la départementale entre Merlevenez et Belz. Le midi en semaine, la maison propose un menu d'un très bon rapport qualité-prix. La cuisine y est traditionnelle et on retrouve les classiques au menu : jambon à l'os, langue de bœuf, cuisse de lapin, dos de cabillaud, couscous tous les jeudis en hiver et moules de bouchot frites tous les jeudis en été, entre autres. Pour vos mariages, baptêmes ou encore communions, l'établissement propose un service traiteur jusqu'à 700 personnes.

■ LE MOULIN DE LA GALETTE
3, rue du Passage Neuf
℡ 02 97 85 70 70
Ouvert de mi-février à fin décembre. Basse saison : ouvert du mercredi au dimanche. Haute saison : tous les jours. Service continu le dimanche. Chèque Vacances. 3 terrasses. Grand parking. Anglais parlé.

Ce bar-crêperie-restaurant, dans lequel Dany et Patrick vous accueillent depuis 2007, est situé en contrebas du pont Lorois, près de la boulangerie, à 15 km d'Auray. Il offre une vue agréable sur la ria d'Etel et bénéficie non pas d'une, ni de deux mais de trois terrasses. Ici, les amateurs de crêpes et galettes ne seront pas déçus, elles sont faites à la minute. Saint-Cado (noix de Saint-Jacques, champignons, sauce, crème et salade) ou Bigoudène (andouille de Guémené, pommes, crème fraîche) pour les galettes, la Dany (tranches de far poêlées au beurre, caramel au beurre salé, glace vanille) ou la pomme caramel au beurre salé maison. A la carte également, des salades repas, des viandes, des huîtres ou encore des moules (en saison).

MORBIHAN

■ **LA SAPINIÈRE**
Kerros ✆ **02 97 85 79 80**
www.restaurant-la-sapiniere.fr
A 30 minutes de Lorient et d'Auray
Ouvert tous les jours le midi ; du jeudi au dimanche le soir. Menus de 14,90 € à 31 €. Formule du midi : 11 € (buffet d'entrées – plat (viande ou poisson) – fromage – buffet de desserts. Du lundi au samedi). Chèque Vacances. Accueil des groupes (jusqu'à 120 personnes sur réservation (anniversaire, banquet, mariage...) avec menus à partir de 24 €). 30 couverts en terrasse. Grand parking gratuit. Nelly et Mikael vous accueillent à la Sapinière, brasserie-restaurant dans lequel on travaille principalement des produits frais et entièrement cuisinés maison. Une formule ouvrière bon marché est proposée le midi et vous aurez également le choix entre quatre menus. Moules marinières, coquilles Saint-Jacques à la bretonne, ; morgate à l'Etelloise, filet de mignon de porc et ses frites maison ou encore far au caramel au beurre salé

maison figurent à la carte. L'établissement accueille les groupes jusqu'à 120 personnes et dispose d'une terrasse de 30 couverts. Enfin, l'accueil est particulièrement charmant.

■ **LE CLOS MARINE**
17, rue du Driasker ✆ **02 97 85 81 80**
www.leclosmarine.fr
5 chambres. De 55 € à 79 €. Petit déjeuner inclus. Frédéric et Sylvie Vaillant vous ouvrent les portes de leur belle longère bretonne du XIXe sicèle, le temps d'un séjour placé sous les signes de l'authenticité et de la modernité. Ils tiennent à votre disposition 5 chambres tout confort de 2 à 3 personnes entièrement rénovées en 2011, des chambres joliment décorées, chacune avec un thème différent, celui des couleurs (rouge, rose, bleue, taupe et vert). Elle se situent toutes au premier étage, et sont équipées d'une télévision, d'une douche et de WC privatifs et indépendants, ainsi que de l'accès wifi. Les petits déjeuners, qui proposent crêpes et confitures maison ou encore pains spéciaux, sont servis, suivant le temps, en terrasse ou dans la crêperie des lieux. Une belle adresse.

Port-Louis

Sentinelle attentive à l'entrée de la rade de Lorient, Port-Louis s'appelait autrefois Blavet et son port fut fréquenté dès le Moyen Age par les bateaux sillonnant l'Atlantique et la mer du Nord. En 1590, la cité est occupée par les Espagnols qui y construisent un fort, le fort de l'Aigle. L'occupation espagnole de Blavet dure 8 ans. En 1618, Blavet devient Port-Louis en l'honneur de Louis XIII qui ordonne l'agrandissement de la citadelle et la fortification de la ville. Peu à peu, l'activité commerciale de Port-Louis se déplace sur l'autre rive de la rade choisie comme site de la Compagnie des Indes. Au XIXe la cité maritime se reconvertit dans la pêche... Port-Louis conserve de son passé de nombreux témoignages architecturaux : citadelle, belles maisons bourgeoises, rues étroites...

■ **OFFICE DU TOURISME**
1, rue de la Citadelle ✆ **02 97 84 78 00**
www.ville-portlouis.fr
Basse saison : ouvert le mardi, le mercredi, le vendredi et le samedi de 9h à 12h. Haute saison : le mardi, le mercredi et le vendredi de 10h à 12h et de 14h à 17h30 ; le jeudi et le samedi de 10h à 12h. L'Office de tourisme du Pays de Port-Louis regroupe les communes de Gâvres, Locmiquélic, Port-Louis et Riantec. Tout au long de l'année, il offre d'incontour-nables informations touristiques, propose un service de réservations pour les activités de sorties en mer, pêche et croisières entre autres nombreuses sorties sur le Pays de Lorient. Vous pouvez également y acheter des tickets et carnets de bus.

■ **BELLE-VUE**
1, rue de la Pointe ✆ **02 97 82 46 03**
Fax : 02 97 82 17 80
www.restobellevue.com
Haute saison : ouvert tous les jours. Menu enfant : 7 € (à 9,50 €). Formule : 16,90 € (plat+dessert). 19,90 € entrée-plat ; 21,90 € entrée-plat-dessert.

Menu dégustation à 29,90 €.
En surplomb des remparts et du port, ce restaurant offre une échappée visuelle imprenable sur la rade. Donnerez-vous la préférence à la marmite de moules marinières et frites, aux formules, au menu Dégustation, au plateau de fruits de mer ou à la carte ? Mireille et François vous suggèrent certaines de leurs spécialités maison comme les huîtres creuses de la rivière d'Etel, la fricassée de noix de Saint-Jacques aux petits légumes cuisinés au Champagne, le dos de cabillaud sur sa peau, le filet de julienne sur son velouté au fumet de crustacés, la souris d'agneau au jus d'ail et au thym ou encore les grillades de bœuf charolais et de race normande... Aux fourneaux, le chef de cuisine, François, propose une cuisine gastronomique traditionnelle basée sur les produits de la mer achetés le jour même sur le port. Label de qualité pour ses produits frais cuisinés maison, adhérent à la charte de l'authentique plateau de fruits de mer frais, cet établissement ne s'approvisionne qu'en viandes issues d'animaux de race française. Admirez le point de vue tout en savourant sur sa terrasse d'été.

■ **LE BISTROY**
Port de Locmalo
☎ **02 97 82 48 41**
Basse saison : ouvert le lundi, le mardi, le vendredi et le samedi le midi et le soir ; le dimanche midi. Haute saison : du mardi au samedi le midi et le soir ; le dimanche midi.
Isabelle et Damien vous accueillent et vous présentent une carte constituée exclusivement de produits frais et cuisinés maison, ce qui explique qu'elle change 5 à 6 fois par an. Une très belle carte de vins et des petits propriétaires, renouvelée également plusieurs fois dans l'année, est disponible pour accompagner les plats. L'établissement dispose d'un coin salon avec une cheminée, et offre un service jusqu'à 22h le week-end et 22h30 en juillet et août. La décoration – de la salle à l'assiette – est soignée, la cuisine divine et l'accueil des plus charmants. Une excellente adresse qui se situe sur le port de Locmalo et qui offre une vue sur la petite mer de Gâvres particulièrement agréable.

■ **CREPERIE DE L'HORIZON**
42, Grande Rue
☎ **02 97 82 58 49**
creperie.lhorizon@gmail.com
♿
Ouvert le jeudi et les jours fériés le midi. Basse saison : le mardi, le mercredi, le vendredi et le samedi le midi et le soir. Ouvert 7 j/7 du 10 juillet à fin août. Menus de 8,90 € à 13,90 €. Menu enfant : 7,90 €. Chèque Vacances, Chèque Restaurant. Terrasse côté jardin de 40 couverts. Anglais et allemand parlés.
Marie-Hélène et son équipe vous accueillent depuis février 2011 dans cet établissement 100 % crêperie situé en plein centre-bourg. L'ambiance est chaleureuse – poutres et pierres apparentes – la décoration, délicieusement exotique, invite au voyage, tandis que la terrasse côté jardin est un petit paradis aux beaux jours. Parmi les spécialités de la maison, faites à partir de farine 100 % blé noir produite au moulin de la Carmerais de Saint-Vincent-sur-Oust, nous vous recommandons tout particulièrement les savoureuses Atlantique (Saint-Jacques et crevettes poêlées au curry breton) et Morbihannaise (andouille de Guémené, fromage râpé, pommes fruits poêlées et glace de blé noir) côté galettes, l'incontournable Bretonne (pommes poêlées, glace vanille, caramel au beurre salé maison et Chantilly maison) côté crêpes. A noter également que la maison propose des assiettes froides (assiette marine, assiette de charcuterie, assiette de fromages), des omelettes ainsi que des glaces artisanales. A l'image de l'accueil,

MORBIHAN

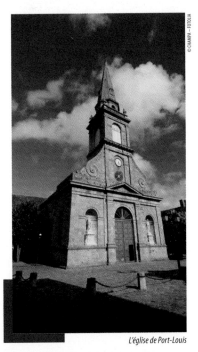

© CHAMPA – FOTOLIA

L'église de Port-Louis.

le rapport qualité-prix est excellent.

■ LE JEAN BART
14, Grande Rue
ℰ 02 97 82 42 26

Ouvert toute l'année. Basse saison : du mercredi au lundi le midi ; du mercredi au samedi le soir. Haute saison : tous les jours. Menus de 9,20 € à 13,90 € (midi et soir). Menu enfant : 7,10 €. Chèque Vacances, Chèque Restaurant. Accueil des groupes (jusqu'à 15 personnes sur réservation). Petite terrasse de 12 couverts. Carte bilingue.

C'est avec beaucoup de gentillesse que Valérie Le Roux vous accueille dans sa charmante crêperie, si chaleureuse avec ses pierres apparentes, située à côté du bar de la Peau de l'Ours et en face de la boulangerie Denigot. On y déguste avec envie des galettes préparées avec de la farine 100 % blé noir de Bretagne telles que la Promenade (lit de poireaux, noix de Saint-Jacques, beurre persillé), des salades repas, des tartines paysannes passées au grill, des omelettes, des viandes, mais aussi bien évidemment des crêpes au froment comme l'incontournable Bigoudène (caramel au beurre salé, glace vanille, palets bretons) ou encore des gâteaux comme le far frit au caramel au beurre salé. Ajoutons à cela une petite bolée de cidre artisanal et bio de Colpo en admirant les expositions permanentes d'artistes locaux, et on s'y sent bien.

■ RESTAURANT AVEL-VOR
25, route de Locmalo
ℰ 02 97 82 47 59
www.restaurant-avel-vor.com

Ouvert du mercredi au samedi le soir de 19h30 à 21h30 ; du mercredi au dimanche le midi de 12h à 13h30. Menus de 51 € à 89 €. Accueil des groupes.

Une adresse qui vaut le détour, de l'aéroport de Lorient ou de Carnac ; 30 minutes par la voie rapide. Comment découvrir et apprécier le charme d'un port breton des baies vitrées d'Avel-Vor, assister au spectacle vivant et coloré des chaloupes et des mâts tanguants de Locmalo ! La famille Gahinet vous accueille dans cet espace de vie aux tons chauds où contrastes et volumes produisent toute la séduction. En cuisine, Patrice, récompensé par une étoile au Guide Michelin, s'ingénie à inventer des recettes aux saveurs de l'océan, du terroir, composées à partir de produits frais et locaux. Nage de lotte aux aromates et tomates, vinaigre de xérès ; caviar d'aubergine, glace safran et huile d'olive, rouget poêlé ; turbot poché dans son jus, marmelade de citrons, fumet de turbot acidulé ; homard bleu, risotto pané au comté, coulis de homard au safran ; pigeonneau et foie gras poêlé, croustillant de pomme de terre ; délice choco passion, sablé à la vanille de Madagascar sont une bénédiction pour le palais...

■ LE TAN'LOUISE
9, rue de la Pointe
ℰ 02 97 82 17 74

Ouvert toute l'année. Du vendredi au mardi le midi et le soir ; le mercredi midi. Ouvert 7j/7 en juin, juillet, août et septembre. Plat à 14 €. Formule plat-dessert à 18 €, formule entrée-plat à 20 € et formule entrée-plat-dessert à 24 €. Chèque Vacances, Chèque Restaurant. Accueil des

groupes (jusqu'à 20 personnes sur réservation). Terrasse de 18 couverts avec vue mer. Carte en anglais et en allemand.

Dans ce restaurant-crêperie-pizzeria qui offre une vue mer des plus agréables, on apprécie une cuisine intuitive réalisée à partir de produits frais et travaillés maison. A la carte, large et variée, vous aurez le choix entre 26 spécialités de moules frites comme la Pont-Scorff (cidre, miel, crème), la Mexicaine (vin blanc, ail, persil, oignons, crème et épices mexicaines) ou la Port-Louisienne (fumet de crustacés et crevettes) ; 29 pizzas différentes comme par exemple la Vénitienne (tomate, fromage, jambon, merguez, chorizo, poivrons, crème), mais aussi des crêpes de blé noir (farine pur blé noir à l'ancienne) telles que l'Océane (noix de Saint-Jacques à la crème persillée) et des crêpes de froment à l'instar de la Quiberonnaise (pomme poêlée au caramel au beurre salé maison et glace vanille). Très bon accueil.

■ HOTEL DE LA CITADELLE
Place du Marché
ℰ 02 97 82 46 05
Fax : 02 97 82 11 02
www.hotel-citadelle.fr
A 15 km de Lorient. A 10 min de Lorient par le bateau bus.

Ouvert toute l'année. 24 chambres (dont deux pour les personnes handicapées). De 40 € à 108 €. Demi-pension. Petit déjeuner : 9 €. Ascenseur. Chèque Vacances. Animaux acceptés (4 €). Séminaires. Restauration.

Cet hôtel de charme avec jardin est idéalement ancré en plein cœur de la cité de Port-Louis, à 200 m des plages et des musées de la Compagnie des Indes et de la Marine. Sylvie, Raphaël, Lucette, Alexandre et Anaël, membres d'une même famille dont les maîtres mots sont échange et partage, vous y accueillent chaleureusement et en toute simplicité depuis 2009. L'hôtel offre des chambres modernes et confortables – de la simple à la familiale, dont deux pour personne à mobilité réduite, sur trois niveaux avec ascenseur – avec vue sur la mer, sur le jardin ou sur la cour, toutes équipées d'une baignoire ou d'une douche, WC, tv écran plat avec Canal +, CanalSport et TNT, téléphone ligne directe avec service réveil et wifi gratuit. L'établissement dispose d'une belle salle pour vos séminaires et repas de famille. Une halte bien agréable.

Malestroit

Petite cité de caractère. L'origine du nom Malestroit est bretonne et signifie le maître du passage (Maël trec'h). Cela dit, cette origine est contestée et serait latine, venant de male stricum qui signifie passage étroit et dangereux. La guerre des langues fait encore rage, rappelant ainsi que pour passer l'Oust il fallait acquitter un droit. C'est à Malestroit que fut signée, en 1343, dans la chapelle de la Madeleine aujourd'hui ruinée, la trêve de la guerre de Cent Ans. La cité souffrit beaucoup des guerres civiles et ne fut pas épargnée par les chouanneries. Elle restera petite et ne verra son essor économique, malgré son activité incessante de tannage le long de l'Oust, prendre son envol, qu'avec la percée du canal de Nantes à Brest et l'arrivée du chemin de fer. Pourtant La Mennais, philosophe et religieux tenta d'y installer une école et y écrivit des ouvrages controversés. Emile Zola fit l'acquisition des vitraux de la chapelle de la Madeleine, désaffectée en 1870 et ancienne léproserie, dont il orna son cabinet de travail avant qu'un musée américain ne les rachète. Aujourd'hui, Malestroit possède trois libellules au label du tourisme fluvial et offre une halte charmante aux plaisanciers qui choisissent de découvrir la Bretagne intérieure en bateau.

Points d'intérêt

■ L'ÉGLISE SAINT-GILLES

Datant des XIIᵉ, XIIIᵉ, XVᵉ et XVIᵉ siècles, outre la particularité d'avoir deux nefs parallèles, cette église dispose d'un véritable trésor en mobilier ecclésiastique. La fontaine sacrée sur laquelle l'église fut édifiée est toujours à l'extérieur, au chevet de l'église, sous la forme d'un puits. Sur la façade sud, se trouve sculpté un bœuf de belle facture, souvenir de l'animal qui, après la prière de son propriétaire à saint Gilles, se releva d'une chute et continua sa route en parvenant à tirer seul la charrette qui avait perdu une roue. A l'intérieur, des vitraux admirables du XVᵉ siècle éclairent le lieu de culte et ses statues polychromes, dont une pietà très touchante et un saint Georges.

■ MUSÉE DE L'EAU ET DE LA PÊCHE
L'Ecluse
℡ 02 97 55 26 50
Haute saison : ouvert tous les jours de 10h à 12h et de 14h à 19h. Gratuit.
La maison de l'Eau fut créée par des passionnés, et cela se sent, qui vous invitent à rencontrer les habitants de nos rivières, faune piscicole et flore aquatique. Sur les conséquences dramatiques de la pollution de l'eau et l'engagement des gens du cru pour sauver les ruisseaux, vous trouverez des reportages très vivants. Le musée est ponctué de matériel de pêche ancien et de photo de trophées des pêcheurs locaux. Brochets, écrevisses et perches peuplent les bassins, et une vidéo sur les Pays de Vilaine complétera ce tour d'horizon.

Le couvert

■ CRÊPERIE MALTRECH
13, place du Bouffay
℡ 02 97 75 17 72
www.maeltrech.fr

Basse saison : ouvert le lundi et le mardi le midi ; du jeudi au dimanche le midi et le soir. Haute saison : tous les jours. Accueil tardif en saison. Formule du midi : 9 € (en semaine sauf juillet et août). Menu du terroir à 11,50 €. Chèque Vacances, Chèque Restaurant. Accueil des groupes. Terrasse de 60 couverts. Carte bilingue.
Mael Trech – comprenez Seigneur du Passage – se situe au cœur de la cité médiévale, en face de l'église. Cette crêperie, dans laquelle Valérie Launay et toute son

équipe vous réservent un accueil des plus charmants, bénéficie d'une décoration à la fois chaleureuse et apaisante avec ses couleurs douces, et dispose d'une agréable terrasse de 60 couverts. La carte des galettes propose des spécialités appétissantes, à l'instar de la galette « Morgane » (galette de blé noir à la fricassée de Saint-Jacques à l'andouille) ou de la « Brocéliande » (reblochon, pomme de terre, oignons, lardons, crème, salade), et parmi les crêpes, nous n'avons pas su résister à celle à la glace caramel (glace artisanale de Ruffiac « Terre de Glace ») et son caramel au beurre salé maison. A ne pas manquer non plus les pâtisseries maison comme la tarte Tatin et sa glace à la cannelle. Bon appétit !

■ LA GRANGE À LOUISE
4, rue aux Anglais
℡ 02 97 72 21 74
http://lagrangealouise.onlc.fr
A partir du parking principal, prendre la première ruelle à droite en direction de l'église
Basse saison : ouvert du mercredi au dimanche. Haute saison : du mardi au dimanche. Crêperie-salon de thé ouvert en continu de 9h30 à 18h et magasin ouvert de 9h30 à 19h. Formule du midi : 10 €. Jardin. Terrasse. Boutique. Accès wifi gratuit. Anglais parlé.
Dans La Grange à Louise, enfin plutôt dans celle de Catherine et Maryvonne, deux sœurs qui vous réserveront un accueil on ne peut plus charmant, on aime tout, de la décoration zen et chaleureuse avec ses pierres apparentes, au très joli jardin avec terrasse, en passant par les divines spécialités de la maison que peuvent être la galette « kebab », celle à l'émincé de poulet à la moutarde ou la crêpe pomme rissolée au caramel au beurre salé maison. Multi-facette, l'établissement est également un salon de thé, une épicerie fine (vous y trouverez confitures, thés, liqueurs, biscuits, chocolats, terrines...) et une boutique cadeaux qui propose les inéluctables en matière de cadeaux bretons (textile, vaisselle, bijoux...). Une adresse à découvrir, très familiale, dans laquelle on se sent un peu comme chez soi.

MORBIHAN

▪ Dans les environs

Missiriac

■ LA GALETTE RIEUSE
Le Bourg ✆ **02 97 75 10 60**

Ouvert du mercredi au midi et le soir. Service tardif en juillet et en août. Formule du midi : 11 € (entrée-plat-dessert-1 boisson. En semaine). Chèque Vacances, Chèque Restaurant. Accueil des groupes (jusqu'à 20 personnes sur réservation). 45 couverts en salle, 20 couverts en terrasse. Parking. Animaux acceptés.

Dans cet agréable village fleuri situé à 3 km de Malestroit, face à l'église, voici une crêperie qui redonne le sourire, celui de la satisfaction qui se dessine sur les lèvres après un agréable repas, car ici Anne et Nicolas, maîtres des lieux depuis juillet 2011, jouent la carte de la qualité. Galettes comme la Rieuse (œuf, emmental, andouille de Guémené, champignons, salade verte) ou l'Italienne (œuf, emmental, parmesan, jambon de Parme, tomates confites et salade), crêpes comme le caramel au beurre salé maison, salades repas, viandes (faux-filet, escalope de veau...), terrasse l'été, bien sympathique que tout cela !

Saint-Marcel

■ MUSÉE DE LA RÉSISTANCE BRETONNE
Les Hardys Béhelec ✆ **02 97 75 16 90**
www.resistance-bretonne.com
♿

Basse saison : ouvert du mercredi au lundi de 10h à 12h et de 14h à 18h. Haute saison : tous les jours de 10h à 19h. Fermé le mardi de mi septembre à mars et le week-end en fin et début d'année (se renseigner). Gratuit jusqu'à 8 ans. Adulte : 7,50 €. Groupe (20 personnes) : 6 €. En juillet et aout : musée + visite du parc en véhicule : 10 €. Tarif réduit : 8,80 €. 5-9 ans : 5,20 €. Gratuit pour les moins de 5 ans. Visite en véhicule sans le musée : 5,20 €. Facilités d'accès pour les personnes handicapées (parking et musée). Boutique.

Saint-Marcel, dans les landes de Lanvaux, a abrité le plus grand maquis breton où s'est déroulé le 18 juin 1944, un combat mémorable de l'histoire de la France et de la Bretagne. Avant même que les Alliés débarquent en Normandie, les parachutistes de la France Libre étaient largués sur la Bretagne, et dans les jours qui suivirent à Saint-Marcel où se rassemblaient 2 500 bretons. Ces faits d'armes de la Résistance en Bretagne, l'une des premières régions de France reconnue pour son héroïsme et ses sacrifices méritent d'être reconnus, expliqués, commémorés et préservés à jamais. Construit sur les lieux mêmes des combats dans un parc de 6 ha, ce musée d'histoire unique en Bretagne vous fait découvrir sur 1500 m² d'exposition permanente, la vie et l'engagement des Bretons durant la 2de guerre mondiale. Les nombreuses collections présentées dans les 6 salles sont pour certaines uniques en France et complétées par de nombreux audiovisuels sur grands écrans. Vous serez également surpris par les reconstitutions grandeur nature. La visite se poursuit dans le parc en suivant un parcours extérieur. Unique en France, en juillet et août, visite commentée en véhicule d'époque ! (sauf week-end)

■ LE 39-45
Les Hardys Béhélec ✆ **02 97 75 11 41**
A 20 min de Vannes et à 15 min de Ploermel
Basse saison : ouvert du mardi au dimanche. Haute saison : tous les jours. Carte. Accueil des groupes (jusqu'à 60 personnes sur réservation avec menus adaptés). Parking privé. Wifi. Anglais parlé et carte bilingue.

Cette crêperie-grill doit certainement son nom au musée de la Résistance bretonne, situé à 50 mètres de l'établissement. Les spécialités de galettes ont elles aussi des noms évocateurs telles que la Blokhause (pomme de terre, fromage à raclette, lardons, oignons, salade) ou la Maquisarde (œuf, lardons, champignons à la crème, fromage et salade). A la carte, vous pourrez également commander petites salades et salades repas comme la Gésier, ainsi que des viandes (faux-filet de 200 g et ses frites, saucisse artisanale de Bretagne) et bien sûr des crêpes comme la chocolat et amandes grillées pour terminer sur une note gourmande.

Muzillac

Site occupé par l'homme depuis le néolithique, colonisé par les Vénètes depuis le Ve siècle avant Jésus-Christ, Muzillac a connu son premier développement après l'invasion romaine. L'origine de son nom, attesté en 1130 sous la forme de Musuliacum, serait gallo-romaine et perpétuerait le souvenir d'un Gaulois nommé Musius.

Situé sur la grande voie romaine de Vannes à la Loire, le bourg prit de l'importance au cours du Moyen Age au point d'accueillir la Chambre des comptes de Bretagne de 1288 à 1432. Entre l'estuaire de la Vilaine et les Landes de Lanvaux, Muzillac apparaît par ailleurs comme un parfait compromis entre mer et campagne, fort bien illustré par l'incontournable site de Pen-Mur, son ancien moulin à papier et les rives boisées de son étang. C'est ici qu'eut lieu un fait d'armes en 1815, célébré par Chateaubriand et le poète Brizeux, resté célèbre sous le nom de bataille des écoliers, qui vit la victoire des écoliers de Vannes et des troupes royalistes sur les troupes impériales.

■ **OFFICE DU TOURISME**
Place Saint-Julien
✆ 02 97 41 53 04
www.tourisme-muzillac.com

Points d'intérêt

■ **LE MOULIN DE PEN MUR-MUZILLAC**
✆ 02 97 41 43 79
www.moulin-pen-mur.com
Haute saison : ouvert du lundi au vendredi de 10 h à 12h30 (dernière visite à 11h) et de 14h30 à 19h (dernière visite à 18h) ; le week-end de 14h30 à 19h (dernière visite à 18h). Adulte : 6 €. Enfant : 4 €. Visite guidée. Boutique.
Situé sur la Grée des Chouans, c'est le seul moulin à papier qui perpétue la tradition de la fabrication du papier en Bretagne. Niché dans la vallée au bout de l'étang, il dévoile toutes les subtilités de l'élaboration du papier à partir de la toile de lin et de coton, pilée, découpée et tamisée. Nous ne vous dirons pas comment les éléments floraux s'intègrent à la feuille terminée, qu'elle soit vierge, enluminée ou manuscrite, car vous pourrez vraiment le découvrir par vous-même. Sur 4 niveaux, dont le niveau 1 réservé à l'atelier de fabrication, le moulin est accessible à tous, les personnes handicapées pouvant découvrir l'essentiel au début de la visite. Deux étages sont consacrés à la vente du produit fini et à l'artisanat. Le dernier niveau abrite le séchoir. Un conseil : si vous êtes motorisés, n'hésitez pas à laisser votre véhicule et à aborder le site à pied, votre récompense sera le chant de la grande roue qui actionne les mécanismes.

Le gîte

■ **CAMPING LA BLANCHE HERMINE**
Boissignan
✆ 02 97 45 67 03 / 02 97 45 61 16 (hors saison)
Fax : 02 97 45 67 06
www.lablanchehermine.fr
Fermé du 16 octobre au 31 mars. 48 emplacements. Exposition : ombragé / ensoleillé. Emplacement + véhicule de 3,50 € à 6,60 €. Personne supplémentaire de 2,50 € à 4,60 €. Mobile homes de 169 € à 685 € la semaine ; chalets de 189 € à 585 € ; caravanes de 149 € à 404 €. Animaux acceptés (chiens 1ᵉ et 2ᵉ catégories exclus, de 1,50 € à 2,50 €).

Situé à 7 km de la plage de Billiers et 10 km de celle de Damgan, ce camping compte 3 ha d'emplacements ensoleillés et ombragés au choix. Vous pourrez y louer mobil-homes, caravanes et chalets. De nombreuses animations sont au programme comme des soirées karaoké, soirées dansantes, loto familial, jeux, moules-frites, crêpes, grillades... Le camping possède une piscine (ouverte du 11 juin au 15 septembre) et une pataugeoire chauffées, un mini-golf gratuit, une aire de jeux pour enfants (balançoires, toboggan, tourniquet...), une aire multi-sport (volley, handball, basket...), une aire de boules, table de ping-pong... et propose des ateliers créatifs d'une heure pour les enfants du lundi au vendredi (modelage, jeux, maquillage, chapeau...). Simplicité et convivialité sont les maîtres mots de ce sympathique camping.

■ **Dans les environs**

Ambon

Ambon est une petite station balnéaire d'une superficie de 38 km², entourée d'anciens marais salants, qui se trouve au seuil de la presqu'île de Rhuys. Elle offre de belles plages et des petites criques toutes aussi agréables qui feront le bonheur des petits comme des grands.
A marée haute, vous pourrez longer les falaises et rejoindre le port de Penlan. Ambon est idéalement située pour se baigner, s'initier à la pêche à pied ou pour faire de plaisantes randonnées sous le soleil breton.

■ **OFFICE DU TOURISME**
1, place du Requério
✆ 02 97 41 20 49
point-info.ambon@cegetel.net
Ouvert de début avril à fin septembre. Ouvert le dimanche (le matin).

■ **AU BOUT DU CHEMIN – MME JARLEGAND ARMELLE**
Kerizel
✆ 02 97 45 62 75
www.auboutduchemin-chambresdhotes.fr
3 chambres. Chambre simple à partir de 48 € ; chambre double à partir de 52 €. Petit déjeuner inclus. Un gîte de 230 € à 390 € la semaine. Chèque Vacances.
Mme Armelle Jarlegand vous ouvre les portes de sa belle maison de caractère, longère de 1850 rénovée avec soin, blottie dans un écrin de verdure, véritable havre de paix de plus d'un hectare. Dans un accueil chaleureux, la maîtresse des lieux vous invite à découvrir ses trois confortables chambres d'hôtes, spacieuses et décorées avec goût. Le petit déjeuner « maison » vous sera servi dans une grande pièce de vie avec pour vos repas. A l'étage, une mezzanine avec canapé, télévision et accès Internet est parfaite pour la détente, sans oublier le jardin, propice aux bains de soleil. Indépendant des chambres d'hôtes, un gîte de deux personnes, tout aussi charmant que les chambres d'hôtes et original avec son four à pain dans la chambre, est également à votre disposition. Dépaysement et bien-être assurés.

Arzal

Les vieilles maisons autour de la chapelle Saint-Jean-Baptiste, laquelle ne compte pas moins de sept autels, méritent le détour avant de vous rendre à Vieille Roche, où vous retrouverez le souvenir des gabelous qui surveillaient le trafic maritime. Les fours à pain et les moulins témoignent encore de l'intense activité de la région, dont le nombre d'habitants variait en fonction des navigations sur la Vilaine. Il y a quelque temps encore, la commune était traversée par l'antique voie romaine de Nantes à Vannes. Occupée par les Bretons jusqu'aux invasions normandes du IXe siècle, la paroisse apparaît dans le cartulaire de Redon au XIIe siècle, par l'intermédiaire du patronyme d'un certain Riocus d'Arzal. Le temple de Lantiern construit par les moines chevaliers, date de cette époque. Niché au cœur d'un groupe de maisons anciennes, il séduit toujours autant. Arzal est maintenant plus connu pour son barrage, édifié entre 1962 et 1970 afin de réguler les eaux. Étape de la navigation fluviale, son port de plaisance bénéficie de 1 000 emplacements et d'une flottille de pêche. Le public est accueilli toute l'année au bureau du port.

Billiers

Le nom de la commune pourrait être d'origine celtique et évoquer le dieu Belénos. Le curieux dolmen du crapaud, qui remonte au Ve millénaire avant Jésus-Christ, atteste de l'ancienneté du lieu. Le duc de Bretagne Jean Ier (dont le tombeau se trouve dans la chapelle de l'abbaye, il suffira que vous en demandiez la clef) y fit construire une abbaye cistercienne au XIIe siècle, qui resta active dans les tourments de l'histoire jusqu'à la Révolution française. Elle conserve une tour carrée, seul vestige de l'église abbatiale élevée au XVIIIe siècle. Aujourd'hui transformée en centre de réadaptation sociale, l'abbaye ouvre ses portes aux visiteurs désireux de retrouver l'ambiance de l'ancienne activité monacale. On y visite la ferme, les serres et le sentier botanique. Comme les moines de l'abbaye de Prières se nourrissaient de poissons, l'activité du port de pêche est restée constante jusqu'à la fin du XIXe siècle. Au port, à Pen Lan, si vous êtes amateurs de vieux gréements, vous irez saluer la *Belle de Vilaine*, réplique d'une ancienne chaloupe locale, qui pourra même vous embarquer si le cœur vous en dit, pour aller découvrir Houat ou Hoëdic. Dans les années cinquante, lorsque fut aménagé le Domaine de Roche Vilaine, on fit venir à grands frais les pierres et les éléments d'un manoir situé dans les terres à Pleucadeuc.

DOMAINE DE ROCHEVILAINE
Pointe de Pen-Lan ☎ 02 97 41 61 61
Fax : 02 97 41 44 85
www.domainerochevilaine.com
Ouvert toute l'année. Tous les jours de 12h à 13h30 et de 19h à 21h30. Menus de 75 € à 105 €. Carte : 100 € environ. Formule du midi : 40 € (du lundi au vendredi). American Express. Terrasse.
Un merveilleux restaurant sur la mer dans lequel Patrice Caillault, Maître Cuisinier de France, varie ses cartes et menus au rythme des saisons : Foie gras de canard mi-cuit au naturel, confit d'oignons rouges de Roscoff ; délicat consommé de crustacés, homard, langoustines et surprises de la pêche ; homard façon carpaccio en marinade instantanée, sorbet à la tomate et au basilic ; blanc de turbot sauvage aux herbes jardinières et quenelles de fèves ; morue fraîche en croûte de piment d'Espelette et sa mousseline de poivrons rouges ; ris de veau cuisinés au Guillevic et vinaigre de cidre doux, céleris et pommes de l'air ; épaule d'agneau fondante en cuisson de 7 heures, jus au cumin et courgettes multicolores ; soufflé glacé au vieux marc de la pointe bretonne... Face à l'océan, les poissons de pêche locale sont rois ! Un fleuron de la restauration.

Damgan

Petite ville balnéaire située entre la presqu'île de Rhuys et l'embouchure de la Vilaine, protégé par les dunes et bénéficiant d'un excellent climat, la réputation de Damgan n'est plus à faire. Ses plages de sable fin, sur lesquelles vous pourrez vous adonner à la baignade, à la pêche aux coquillages, aux activités nautiques, et ses nombreuses manifestations culturelles telles que fest noz, fête de la mer, concerts... font de Damgan une station familiale par excellence.

■ **OFFICE DU TOURISME**
Place Alexandre-Tiffoche
☎ 02 97 41 11 32
www.ot-damgan.com
Basse saison : ouvert du lundi au samedi de 9h30 à 12h30 et de 14h à 18h. Haute saison : du lundi au samedi de 9h30 à 19h ; le dimanche et les jours fériés de 10h à 12h30.

■ **LE GALION**
32, rue Fidèle-Habert
☎ 02 97 41 03 89
www.legalion-restaurant.com
Ouvert toute l'année. Haute saison : tous les jours. Menus de 21,90 € à 31,90 €. Carte : 50 € environ. Formule du midi : 14,90 €.
Le Galion, situé près de l'office du tourisme, fondé en 1984 est le repère des amateurs de poissons : Le homard breton rôti au four mousseline de corail, les poissons à la plancha, les plateaux de fruits de mer ou encore la Galionade valent leur pesant d'or. Le filet de bar au beurre blanc ou le magret de canard rôti au cidre et au miel aiguise les papilles. Réservez un peu de place à la marquise au chocolat maison et sa crème anglaise vanillée, incontournable dessert du Galion. Le lieu accueillant s'étale sur trois salles et une jolie terrasse de bois bleu.

■ **AU PETIT KERVOYALAIS**
28, Grande Rue
☎ 02 97 48 79 11
Basse saison : ouvert du mardi au samedi jusqu'à 22h30. Ouvert 7j/7 midi et soir et en service continu en juillet et en août. Service c. Formule du midi : 12 € (en semaine). Vente à emporter. Terrasse de 20 couverts.

A la tête de l'établissement situé à côté des Halles depuis septembre 2011, l'équipe, composée de Jean-Michel, Corinne et Ophélie, vous réservera un accueil comme on les aime, convivial et chaleureux. Vous pourrez y déguster des salades repas (Saint-Jacques au vinaigre de framboise...), des moules frites de mai à octobre, ou encore faire votre choix parmi les 11 pizzas de la maison, pizza à la pâte fine et croustillante, comme par exemple la Beauprès (tomate, fromage, poitrine fumée, chèvre, champignons, crème fraîche, origan)

■ LE PUITS CARRE
3, rue des Dunes
☎ **02 97 41 03 41**
y.flottic@wanadoo.fr
Du centre-ville, prendre la direction de la grande plage.
Ouvert de Pâques à la Toussaint. Service tardif en saison. Chèque Vacances, Chèque Restaurant. Accueil des groupes (jusqu'à 30 personnes sur réservation).
Dans une des plus ancienne crêperie de cette petite station balnéaire, Le Puits Carré n'est pas une banale crêperie. Sur le chemin de la plage et noyée dans la végétation, elle vous offrira de savoureuses spécialités traditionnelles à la farine de sarrasin artisanale. Les galettes Grand'baie, Pénerf ou Braden'braz, font partie des incontournables. Pour les crêpes bretonnes, nous avons craqué pour la Normande aux pommes rissolées et l'Orange Noire au chocolat noir et marmelade d'orange. La crème de caramel au beurre salé est aussi au rendez-vous. Petite carte de snack, quelques salades et une belle carte de glaces avec plus de 20 coupes différentes. Laissez vous séduire par ce petit coin de verdure, sa terrasse abritée ou son feu de cheminée en demi-saison. Qualité et service sont au rendez-vous. Adresse fort sympathique.

■ HÔTEL DE LA PLAGE***
38, boulevard de l'Océan
☎ **02 97 41 10 07**
www.hotel-morbihan.com

Fermé de novembre à mars. 17 chambres (sur 3 niveaux avec ascenseur). Chambre double de 80 € à 135 € ; suite de 115 € à 155 €. Petit déjeuner : 13 €. Parking inclus. Chambre familiale (4 personnes) de 116 € à 139 €. Chèque Vacances. Animaux acceptés (9 € petit chien). Wifi gratuit.
Entièrement rénové en 2009, l'hôtel offre des chambres douillettes et personnalisées, agréablement décorées et confortables (téléphone, télévision, double vitrage), exposées plein sud et s'ouvrant toutes sur l'océan. Les suites juniors proposent un grand balcon et une grande salle de bains qui invitent à la relaxation. Côté restauration, Le Solent vous accueille le midi avec son menu à l'ardoise. Le service est rapide et efficace. Un espace détente propose des soins du corps, épilation, maquillage, soins des mains et des pieds, visage... Les adeptes de la pêche à pied seront ravis puisqu'il suffit de traverser la rue pour avoir les pieds dans l'eau et profiter de la marée basse.

Le Guerno

Le Guerno, dont le nom signifie marais en langue celtique, possède un adorable bourg de maisons anciennes, classé depuis 1995 Bourg du Patrimoine rural. C'est aussi un ancien lieu de pèlerinage important. Le plus beau fleuron du village demeure sans doute la remarquable église des Templiers rebâtie au XVIe siècle. En prenant l'embranchement à droite de la mairie (en venant de Vannes), on trouve en contrebas la fontaine Sainte-Anne avec son lavoir et, 200 m plus loin, la fontaine Sainte-Marie, toutes deux datant du XVIIIe siècle. La fontaine Sainte-Anne est l'une des plus belles de Bretagne, avec ses colonnettes en granit et son faux air fragile. La tradition lui attribue la faculté de guérir les affections de la peau. En 1847, m. Cayot Delandre décrivit le Guerno comme « un pauvre village composé d'une vingtaine de chaumières ». Malgré la modernité, Le Guerno a su garder le charme qui fait de lui un des plus beaux villages de haute Bretagne. Visite de l'église en été, se renseigner à la mairie 02 97 41 53 04.

■ **LE PARC ZOOLOGIQUE DE BRANFÉRE**
© **02 97 42 94 66**
www.branfere.com
Fermé de novembre à février. Ouvert tous les jours. Gratuit jusqu'à 4 ans. Adulte : 17 €. Enfant (de 4 à 12 ans) : 11,50 €. Carte abonnement (validité 1 an) : 33 € pour les adultes et 22 € pour les enfants. Chèque Vacances. Restauration (produits biologiques et locaux). Boutique. Aire de pique-nique à l'extérieur du parc. Location de jumelles.
Dans le parc botanique d'un château du XIXe siècle, planté d'essences rares au XVIIIe, c'est un vaste espace de liberté de 40 ha qui est offert à plus de 120 espèces animales des 5 continents vivant ici (lémuriens de Madagascar, singes capucins, girafes du Niger, aras, pandas roux, hippopotames pygmées, lamas, chiens de prairie, grues du paradis...). Avec ses points d'eau reliés par des cascades, ses vastes prairies, ses îles et ses sous-bois, on flâne dans la quiétude et l'harmonie de ce lieu enchanteur. A voir absolument, le spectacle de haut vol des oiseaux en liberté (cigognes, pélicans, aigles, vautours, faucons, perroquets et perruches volent à au-dessus des têtes) véritable ballet aérien et belle complicité entre l'homme et l'animal. A découvrir également, le parc à bout, un parc d'évolution dans les arbres en parfaite harmonie avec la nature qui vous offrira détente et sensation. Enfin, ne manquez pas les animations nature pour tous. Intégrée au parc, l'école Nicolas Hulot, centre de sensibilisation et d'éducation à l'environnement se propose de faire découvrir, connaître, aimer et protéger le vivant au travers de stages et de séjours. Un endroit très attachant.

Ploërmel

C'est saint Armel qui donna son nom à la cité où l'on retrouve la racine plou, qui indique la paroisse du saint. Il venait de Grande-Bretagne et fonda la ville au VIe siècle. Ploërmel eut à souffrir des guerres de successions et de la Révolution. La ville vit la fondation des Frères de l'Instruction chrétienne par Jean de La Mennais et, en 1904, elle fut le théâtre d'affrontements lorsque les troupes voulurent expulser les religieux. Enfin, Ploërmel fut bombardée et occupée par les Allemands avant sa libération en août 1944. Ville fleurie, attrayante et commerçante, Ploërmel réserve à ses hôtes un accueil chaleureux et authentique qui en font une cité agréable à vivre et à découvrir en toutes saisons. La cité ducale

Maison des Quatre Soldats à Ploërmel

se visite : vous pourrez y admirer l'ancien couvent des carmes, son cloître, les vestiges des fortifications du XII e, les vieilles demeures du centre-ville, le puits de la Cohue, l'église Saint-Armel (portail nord, intérieur, tombeau des ducs de Bretagne, gisant de Philippe de Montauban...) et l'Horloge astronomique. Il vous faudra pour ce faire, contacter l'office du tourisme.

■ **OFFICE DU TOURISME**
5, rue du Val
℡ **02 97 74 02 70**
www.tourisme-ploermel.com
Basse saison : ouvert du lundi au samedi de 10h à 12h30 et de 14h à 18h. Haute saison : du lundi au samedi de 9h30 à 18h30 ; le dimanche et les jours fériés de 9h30 à 12h30. De novembre à mars, fermé les jeudis après-midi, dimanches et jours fériés.

Points d'intérêt

■ **L'HORLOGE ASTRONOMIQUE**
1, boulevard Foch
℡ **02 97 74 06 67**
Ouvert toute l'année. Basse saison : tous les jours de 9h30 à 18h. Haute saison : tous les jours de 9h30 à 20h. Gratuit.
Elle fut construite entre 1850 et 1855 par le frère Bernardin. Ingénieuse et performante, elle comporte dix cadrans indiquant l'heure, le calendrier, les phases de la lune, les mois, les saisons, les signes du zodiaque, le temps absolu, le lever et le coucher du soleil, le temps moyen dans le monde, les positions de la terre, de la lune et du soleil, et l'aspect de la voûte céleste au-dessus de Ploërmel. La petite aiguille du dixième cadran compte les siècles. Vous avez donc peu de chances de la voir faire un tour complet... Découvrez le fonctionnement de l'horloge grâce à un film 3D.

■ **L'ÉGLISE SAINT-ARMEL**
Edifiée au XVI e siècle dans le style gothique flamboyant, suite à une première construction du XV e siècle, elle garde quelques parties de l'édifice primitif. La tour carrée qui la domine fut élevée au XVIII e siècle. A voir, à l'intérieur, la voûte de bois et les vitraux, parmi lesquels celui de l'arbre de Jessé ou encore les tombeaux des ducs Jean II et Jean III, du chancelier d'Anne de Bretagne, Philippe de Montauban et de son épouse, Anne de Chastellier.

Le couvert

■ **LE COBH**
10, rue des Forges
℡ **02 97 74 00 49**
Fax : 02 97 74 07 36
www.hotel-lecobh.com
Ouvert du mardi au samedi de 19h15 à 21h ; du jeudi au samedi de 12h15 à 13h30. Menus de 27 € à 42 €. Menu enfant : 14 €. Plat du jour : 9,50 € (formule entrée-plat ou plat-dessert à 12,90 € et formule entrée-plat-dessert à 16,90 €. Le midi, du mardi au vendredi).
Coup de chapeau au chef de ce bel établissement qui compose poétiquement une cuisine toute à la fois traditionnelle et recherchée pour de merveilleux instants

gastronomiques : déclinaison autour de la tomate, chèvre frais de l'Abbaye d'en bas et pesto basilic des jardins de Cahérans ; terrine de foie gras maison au naturel, pickles de girolles et gelée de Pacherenc du Vic-Bilh ; pavé de cabillaud en cuisson vapeur en infusion de citronnelle et basilic thaï, crème de chou-fleur et sommités marinées ; encornets farcis à l'amande et au persil, boulgour et moules de bouchot, poivron rouge en coulis ; crème brûlée au caramel salé, Royal Gala des vergers bretons rôtie et crumble de sarrasin font encore frémir nos papilles. Le service est souriant et attentif aux besoins de chaque client.

■ **LE PASSAGE DES CARMES**
8, rue de la Gare
℡ **02 97 72 36 76**
Ouvert du mardi au dimanche le midi et le soir. Menus de 23,50 € à 29,50 €. Formule du midi : 10 € (entrée-plat ou plat-dessert et formule entrée-plat-dessert à 14 €).
Ce restaurant-grill-pizzeria offre au regard un intérieur très sympa, avec sa déco colorée et lumineuse, à la fois moderne et originale. Rachel et Patrick vous proposent un grand choix de salades, de viandes ou d'autres spécialités comme les brochettes de noix de Saint-Jacques (250 grammes) au Noilly ou au beurre blanc, ou les gambas flambées au whisky. Une gamme d'une vingtaine de pizzas est également disponible avec le choix entre un diamètre de 26 cm ou 31 cm comme la guémenoise avec tomate, fromage, andouille, pomme et pomme de terre, ou la Bretonne à base de fromage, tomate, Saint-Jacques, saumon fumé et persillade. L'établissement possède une carte de fidélité et offre un service jusqu'à 23h le vendredi et le samedi. A noter que toute la carte est à emporter ! Bonne adresse.

■ **LE ROI ARTHUR**
Lac au Duc
℡ **02 97 73 64 64**
Fax : 02 97 73 64 50
www.hotelroiarthur.com
Ouvert tous les jours de 12h à 13h30 et de 19h à 21h30. Menus de 38 € à 44 €.
Le restaurant de l'hôtel du Golf dévoile aux yeux de magnifiques vues panoramiques sur le lac et sur le golf et régale les papilles d'une cuisine du terroir inventive et savoureuse, traditonnelle et régionale, une cuisine dans le temps qui met l'accent sur les produits locaux. Guillaume Le Net et Laurent Danet, qui composent au piano, signent des mets délicats, véritables caresses pour le palais : perles de Quéhan n° 3 en croûte de wasabi ; nems revisitées, parfum d'algues, langoustines poêlées, vinaigrette au soja ; foie gras poêlé, variété de betteraves en deux cuissons, sésame doré et vinaigrette au réglisse ; suprême de faisan et noix de Saint-Jacques, champignons de saison, tagliatelles de blé noir et jus de langoustines ; dos de cabillaud rôti, pulpe de patate douce, zeste d'oranges, pousses d'épinards et jus de viande à l'huile de noisette ; dacquoise passion, chocolat ivoire, coco torréfié et sorbet mangue... Le tout à savourer évidemment autour d'une table ronde... Roi Arthur oblige !

Le gîte

■ RÉSIDENCE LANCELOT
Lac au Duc
℡ 02 97 73 58 58
www.hotelroiarthur.com

Ouvert toute l'année sauf du 23 février au 10 mars 2013 inclus. 28 chambres classiques et 12 duplex cottages. Chambre single de 63 € à 68 € ; chambre double de 76 € à 86 €. Duplex/cottages (de 2 à 5 pers.) de 105 €/nuit à 186 €/nuit. Demi-pension, pension complète. Petit déjeuner : 10 €.Restauration, Spa, bar avec terrasse au Roi Arthur Organisation de séminaires, de réunions, d'événements incentives sur le domaine.

La résidence Lancelot, située dans le parc de l'hôtel du Roi Arthur, offre vingt-huit chambres de charme au confort irréprochable ainsi que douze appartements cottages indépendants, avec kitchenette équipée, à la décoration soignée et chaleureuse. Et comme à l'hôtel du Roi Arthur, « son grand frère », tout a été minutieusement mis en œuvre pour rendre votre séjour inoubliable ou votre séminaire agréable. Que vous soyez seul, en couple ou en famille, vous aurez tout le loisir de profiter de cet environnement exceptionnel et de grande qualité... Au départ de Lancelot, vous aurez le choix entre des promenades botaniques sur le chemin des hortensias et des randonnées VTT, mais vous pourrez également vous rendre au centre de bien-être du Roi Arthur : piscine chauffée, sauna, hammam, bain bouillonnant. Merveilleux...

■ LE ROI ARTHUR****
Lac au Duc
℡ 02 97 73 64 64
Fax : 02 97 73 64 50
www.hotelroiarthur.com

Ouvert toute l'année sauf du 23 février au 10 mars 2013 inclus. 46 chambres (grand confort au design actuel, propices au repos et à la relaxation). Chambre simple de 94 € à 134 € ; chambre double de 114 € à 189 € ; studio / appartement de 262 € à 488 € ; suite de 134 € à 288 €. Pension complète. Demi-pension. Petit déjeuner : 16 €. Séminaires. Restauration. Hammam, bain bouillonnant, sauna.

Situé à l'orée de la forêt de Brocéliande là où depuis toujours opère la magie arthurienne, dans un superbe écrin de verdure de 18 hectares lové au bord d'un lac, Le Roi Arthur, bâtiment de style contemporain qui offre de merveilleuses vues panoramiques sur l'extérieur, présente de nombreux attraits. Des prestations haut de gamme (chambres raffinées et de grand confort, piscine couverte et chauffée, espace bien-être...) digne des plus grands, un accueil attentionné et soigné et une cuisine traditionnelle qui visite avec bonheur le terroir. Et puis, les loisirs ne manquent pas : parcours 9-trous (par 36, 2 935 m), multiples activités sur le site du lac au Duc et les hauts lieux de la forêt sur les pas de Merlin et Viviane ou encore le centre de bien-être de l'hôtel (sauna, hammam, Jacuzzi, soins, massages, atelier de beauté...), paradis du corps et de l'esprit.

Des fêtes médiévales, au salon du Val sans Retour, à la lumières des torches, en compagnie de conteurs et ménestrels sont organisées. Un lieu enchanteur.

Loisirs

■ LA VOIE VERTE
www.voiesvertes.com

De Questembert à Mauron, sur 53 km, cette ancienne voie ferrée a été aménagée par le conseil général du Morbihan. Elle s'intègre dans le projet global de réseau de véloroutes et de voies vertes en Bretagne. Cet itinéraire de promenade et de randonnée est accessible à un large public : promeneurs occasionnels, randonneurs, sportifs, enfants, parents, personnes handicapées, rollers, cyclotouristes... Après avoir croisé le canal de Nantes à Brest, vous longerez les berges du lac au Duc parmi 4 900 hortensias, puis vous poursuivrez votre route le long de l'Yvel en direction de Brocéliande.

■ Dans les environs

Loyat

L'origine du nom n'est pas certaine. Il dériverait soit du nom d'un officier romain, Loyatus, soit du mot breton *loué* qui signifie cuillère. Ce qui est sûr, en revanche, c'est que c'est une ville très agréable entre les balades le long de l'Yvel ou dans sa campagne où croix, chapelles et fontaines sont à découvrir au gré de ses pérégrinations.

■ LE RELAIS DE LA VOIE VERTE
Trégadoret
℡ 02 97 93 00 07
www.resto-traiteur-voieverte.com

Ouvert du lundi au vendredi de 6h30 à 19h. Ouvert le week-end sur réservation pour repas traiteur sur commande. Formule du midi : 9,50 € (et 13 €).

Le Relais de la Voie Verte est un bar-restaurant-traiteur situé sur la départementale D766 Ploermel/Saint-Malo. Dans la salle de restaurant de 80 places assises ou sur la terrasse aux beaux jours, vous dégusterez ici une cuisine traditionnelle de bon aloi, le chef en cuisine étant boucher, charcutier, traiteur et pâtissier. Toute l'année, il concocte une bonne tête de veau, tous les mardis et vendredis du poisson comme du colin à la catalane ou des encornets à l'armoricaine et propose une carte adaptée selon la saison. Par exemple en hiver, vous pourrez manger du couscous tous les mercredis, du jarreton frites tous les jeudis tandis qu'en été la paëlla est au menu tous les mercredis, le jeudi c'est la journée des moules frites, et des brochettes maison sont également proposées avant de se laisser tenter par un petit dessert maison. La maison propose également deux formules bon marché le midi, l'une à 9,50 € (buffet d'entrées, fromage ou dessert) et l'autre à 13 € (buffet d'entrées à volonté, deux plats au choix, buffet de desserts, café, boisson comprise – 3 boissons au choix). Sur réservation le week-end, l'établissement accueille des repas de groupes avec des menus adaptés.

■ LE TRISKEL
4, place de l'Eglise ✆ **02 97 73 83 75**

Ouvert le lundi, le mardi et du jeudi au samedi le midi de 9h à 20h (dernier service à 14h) ; le mercredi de 9h à 14h. Fermé le dimanche sauf sur réservation. Formule du midi : 11 €. Accueil des groupes (baptêmes... jusqu'à 50 personnes sur réservation). Vente à emporter. Parkings.

Situé à 6 km de Ploërmel et de Néant-sur-Yvel et à 15 km de Mauron, ce restaurant propose une cuisine traditionnelle familiale. Sophie et Frédéric Bassac, propriétaires des lieux depuis septembre 2009, vous accueillent au bar et perdit beaucoup d'hommes au bar. Vous y mangerez les spécialités du chef, des frites tous les lundis, de la tête de veau chaque jeudi ou encore, sur place ou à emporter, des plats tels que choucroute, paella, cassoulet... tous les samedis. Et, si le temps le permet, vous pourrez vous attabler sur la grande terrasse ensoleillée. Il est possible d'organiser des baptêmes le week-end sur réservation (menus adaptés) avec service traiteur à l'extérieur.

Mauron

Peut-être simplement éponyme du saint, attesté en Ille-et-Vilaine, Mauron souffrit beaucoup des guerres de succession de Bretagne. Les partisans du roi de Bretagne y furent écrasés en 1352. Mauron, comme nombre de communes du centre Bretagne, souffrit grandement de l'exode rural et perdit beaucoup d'hommes au front pendant la Première Guerre mondiale. La ville, également tenue par les Allemands jusqu'en 1944 vit s'y livrer une bataille acharnée contre l'infanterie et l'artillerie. Depuis, elle s'est ressaisie et c'est en profitant de l'imaginaire arthurien que Mauron revit.

■ LE BRAMBILY**
14, place Henri-Thébault ✆ **02 97 22 61 67**
www.hotel-lebrambily.com
♿

Logis. Fermé du 26 janvier au 24 février, du 8 au 16 juin et du 5 au 13 octobre. 20 chambres (dont 2 familiales). Chambre simple à partir de 44 € ; chambre double à partir de 59 € ; chambre triple à partir de 70 €. Pension complète : 66 € (sur une base de deux personnes). Demi-pension : 50 € (sur une base de deux personnes). Petit déjeuner : 7,70 €. Lit supplémentaire : 11 €. Soirée étape :

64 €. Anglais et allemand parlés. Tickets restaurants acceptés. Chèque Vacances. Wifi gratuit. Restauration (formules de 9,50 € à 18 € et menus de 11,50 € à 35 €).

A l'orée du pays de Brocéliande, Madame et Monsieur Danet vous accueillent au Brambily, un établissement au bon confort bourgeois. Venez découvrir son nouveau cadre feutré et ses chambres à l'ambiance délicieusement rustique. Confortablement installé dans la belle salle à manger, vous apprécierez les différentes spécialités de la mer et du terroir que propose le restaurant. La maison assure un service traiteur de 30 à 200 personnes et se déplace également à l'extérieur dans un rayon de 50 km. Une très bonne adresse.

Plouay

■ OFFICE DU TOURISME DU PAYS DE PLOUAY
Place du Vieux-Château ✆ **02 97 33 11 14**
tourisme.paysdeplouay@wanadoo.fr

Le couvert

■ CREPERIE SAINT-VINCENT
Place du Vieux-Château ✆ **02 97 33 07 53**
http://creperiesaintvincent.free.fr

*Label Resto bikers. Pictos : moteur.
 Ouvert du mardi au samedi le midi et le soir. Accueil des groupes (jusqu'à 15 personnes sur réservation). Terrasse. Parking privé. 50 couverts en terrasse. Carte bilingue. Animaux acceptés. Tickets restaurant, chèques déjeuner et chèques vacances acceptés. Crêperie référencée « Resto Bikers », tous les bikers se verront offrir un apérirtif.* La crêperie de Françoise Manuel, se situe derrière la mairie et comprend un parking privé et une terrasse. Parmi ses spécialités de crêpes de blé noir, essayez par exemple la guémenoise (andouille de Guémené, oeuf, champignons, moutarde à l'ancienne, salade) ou la suggestion au chèvre, noix, jambon de pays et salade. Pour les crêpes de froment, la Tatin aux pommes rissolées, caramel au beurre salé maison, glace cannelle et chantilly devrait vous satisfaire pleinement. La maison propose également des salades, des omelettes ainsi que des viandes comme l'escalope forestière. Bon accueil. Adresse sympathique à découvrir.

MORBIHAN

■ **LE PILI-PILI**
6, rue des Alliés 📞 02 97 33 19 06
Ouvert du mercredi au dimanche de 18h30 à 22h. Formule kebab-frites + une boisson sans alcool : 6,10 €. Formule Burger-frites + une boisson sans alcool : 5,60 €. Formule Panini + une boisson sans alcool : 4,50 €. Chèque Restaurant. Vente à emporter. Livraison à domicile du vendredi au dimanche soir, jusqu'à 3 km autour de Plouay.
L'équipe du Pili-Pili, pizza et kebab à emporter situé face à l'Agence Laforêt, vous accueille du mercredi au dimanche de 18h30 à 22h. Au menu, vous aurez le choix entre 30 pizzas à la pâte fine et croustillante comme par exemple la Landaise (sauce tomate, champignons, gésiers de volaille, fromages, magret, crème, salade), la Montagnarde (sauce tomate, pomme de terre, jambon de pays, fromages, crème, persillade, fromage à raclette) ou encore la Celte (sauce tomate, andouille, champignons, oignons, lardons, persillade, fromages) ; mais aussi des kebabs, des paninis, des burgers ainsi que des bols de salades de juin à septembre. Le tout d'un excellent rapport qualité-prix. Idéal tant pour les petits creux que pour les grosses faims.

■ **CRÊPERIE LA ROZELL**
25, rue Paul Lhuel
📞 **02 97 33 28 40**
Accueil des groupes (jusqu'à 45 personnes sur réservation). Vente à emporter. Accès wifi gratuit.
Il y a 2 ans tout juste, La Rozell changeait de propriétaires. Ici, tout est frais et cuisiné maison, et la carte offre aussi bien des classiques comme la complète jambon que des spécialités comme la Sud-Ouest (magret de canard, gésiers, lardons, tomate, œuf poché, salade) ou la Sucrée-Salée (pommes rissolées, andouille de Guémené, confiture de mûres). Côté crêpes, la Rozell (pommes rissolées, coulis de fruits rouges, crumble de palets bretons, caramel au beurre salé maison, Chantilly et boule de glace de pomme cidre) est incontournable. Le tout accompagné d'une bonne petite bolée de cidre artisanal, et l'on passe ici un bon petit moment.

Inguiniel

■ **LE PENSEAD**
7, Place de l'Eglise
📞 **02 97 80 41 15**
jeanmarie.lefort@orange.fr
Ouvert du lundi au mercredi le midi ; du jeudi au samedi le midi et le soir ; le dimanche soir. Menu à 20 € le week-end. Formule du midi : 10,80 € (2 entrées au choix – 2 plats au choix – fromage – dessert – 1/4 boisson). Accueil des groupes (jusqu'à 45 personnes sur réservation). Grand parking.
Le restaurant de Vanessa et Jean-Marie, dont l'accueil est particulièrement charmant, est situé face à l'église. La cuisine y est tradtionnelle et on y déguste les incontournables de la gastronomie française comme du bœuf bourguignon, du veau Maringot, de l'andouillette sauce moutarde, un dos de colin et sa fondue de poireaux ou encore une aile de raie au beurre citronné. La maison propose également 10 pizzas à la carte, à consommer sur place ou à emporter (carte de fidélité), et assure un service traiteur, sur place et à l'extérieur, jusqu'à 180 personnes. Très bon rapport qualité-prix.

Pontivy

Pontivy a été fondée au VIIe siècle par le moine Ivy, venu d'outre-Manche. Il fit construire un pont sur le Blavet, d'où le nom de la ville, Pont-Ivy. L'histoire de Pontivy est liée à celle de la famille des Rohan, du XIIe siècle jusqu'à la Révolution. En effet, la maison des Rohan a profondément marqué la ville, dans sa chronologie comme dans sa physionomie. Au XVe siècle, Pontivy devient une ville importante en Bretagne. Pour concrétiser cet essor, le vicomte Jean II de Rohan décide de faire construire un château, le premier de Pontivy. En 1562, le vicomte Henri de Rohan, devenu protestant, fait ériger une église réformée à Pontivy. Le conflit catholiques-protestants ne sera réglé que par l'édit de Nantes de 1598, qui

Le château des Rohan à Pontivy

accorde certains droits aux huguenots. En 1603, le vicomte devient duché prairie des Rohan, et Pontivy en est la capitale, ce qui donne un nouvel essor à la ville. Pendant la Révolution, en 1794, les Rohan se voient retirer le château de Pontivy. Ce n'est qu'en 1814 que le duc de Rohan put racheter les châteaux de Pontivy et de Josselin (vendus en 1802 à Louis-Henri Janzé). Sous l'Empire, Napoléon Ier fit construire une nouvelle ville aux rues rectilignes, à côté de l'ancien Pontivy. La cité prit alors le nom de Napoléonville. Sous-préfecture, la ville compte aujourd'hui près de 15 000 habitants. Principale ville en centre Bretagne, elle se situe à 50 km de Vannes, 65 km de Saint-Brieuc, 110 km de Rennes et 140 km de Brest. Le bassin pontivyen représente un pôle essentiel dans l'industrie agroalimentaire.

Points d'intérêt

■ LA BASILIQUE NOTRE-DAME-DE-JOIE
Place Anne de Bretagne
Située près de la poste, elle est l'œuvre de Claude de Rohan, quatrième fils de Jehan II de Rohan, constructeur du château actuel. Le décor sculpté sur les montants de cette entrée souligne la participation des Rohan (colonnes frettées décorées de macles, emblème des Rohan). A l'origine, l'église a été dédiée à saint Ivy, patron de la ville. Le pardon de Notre-Dame-de-Joie a lieu chaque année, le 12 septembre ou le dimanche suivant le 12.

Le couvert

■ AIGLON
42, rue Général-de-Gaulle
✆ 02 97 27 98 08
www.laiglon-pontivy.com
Ouvert toute l'année. Du mardi au dimanche jusqu´à 22h. Fermé lundi sauf réservation. Menus de 23,10 € à 36,50 €. Menu enfant : 8,90 €. Plat du jour : 10,70 € (formule entrée plat ou plat-dessert à 12,60 € et formule entrée-plat-dessert à 14,50 €. Le midi sauf dimanche et fériés). Suggestion du jour : 18,30 €. Le midi sauf

dimanche et fériés. Chèque Vacances, Chèque Restaurant. Accueil des groupes. Terrasse.
Croustillant de Saint-Jacques et d'asperges, foie gras « maison » au bordeaux blanc et confiture d'oignons, effeuillé de lotte et d'andouille au thym, filet de bœuf sauce bordelaise... sont un petit aperçu des spécialités entre terre et mer que vous réserve la maison, sans oublier tous les desserts maison : café gourmand, crumble de pommes et raisins secs, glace Armagnac... L'Aiglon propose également une ardoise du jour, des spécialités italiennes ainsi que des pizzas (17 à la carte) telles que la Pontivyenne (tomate, mozzarella, trappe de « Timadeuc », andouille de Guéméné/Scorff oignons, pommes fruits et pommes de terre) ou la Bourguignonne (tomate, mozzarella, champignons frais garnis d'escargots, beurre persillé). Qualité des produits et de la cuisine sont les maîtres mots de la maison.

■ LA BELLE ÉPOQUE
22, rue de Lourmel ✆ 02 97 25 85 24

Ouvert le lundi et du mercredi au samedi le midi ; du mardi au dimanche le soir. Formule du midi : 9,90 € (et 13,50 €). Chèque Vacances, Chèque Restaurant. Accueil des groupes (jusqu'à 20 personnes sur réservation). Terrasse. Parkings. Michelle et Guy Le Berche ont repris cette crêperie-grill-saladerie en juillet 2011. Dans une décoration contemporaine et chaleureuse, parsemée de-ci de-là de quelques objets bretons, vos papilles auront le choix entre des galettes comme la Belle Epoque (noix de Saint-Jacques, andouille de Guéméné, purée de pommes maison au beurre salé) ou la Tartiflette (lardons, pommes de terre, reblochon, oignons, jambon cru et salade), des crêpes comme la délicieuse Ty Breizh (purée de pommes maison, caramel au beurre salé maison et glace vanille), mais également des salades repas, des omelettes ou encore une carte de grill (entrecôte grillée, poêlée de Saint-Jacques sauce chouchen...). A noter que tout est cuisiné maison et que l'établissement a été labellisé Crêperie Gourmande le 1er janvier 2013. Enfin, la Belle Epoque propose un service traiteur avec la possibilité de commander vos petits fours fabriqués maison pour toutes vos occasions.

MORBIHAN

© ALONBIOU – FOTOLIA

■ **MEN – GLAZ**
3, rue Emile-Souvestre
℡ 02 97 25 65 29
&

Basse saison : ouvert du mardi au samedi le midi et le soir. Service tardif jusqu'à 22h le week-end. Formule du midi : 12,40 € (et 15,90 €). Plat du jour : 10,40 €. Accueil des groupes (jusqu'à 30 personnes sur réservation). Terrasse. Wifi gratuit. Page Facebook.

Dans ce restaurant–pizzeria situé en bas de la rue du Pont, direction l'église, on aime l'accueil de Laurent, maître des lieux particulièrement sympathique. Ils vous proposent de découvrir leurs nombreuses pizzas (20 au total), à la pâte toute à la fois croustillante et moelleuse car faite et étalée à la main, à l'instar par exemple de la délicieuse Del Mar composée de crème, fromage, Saint-Jacques, crevettes, pesto et citron. A la carte, s'affichent d'autres spécialités italiennes comme des lasagnes bolognaises maison mais également une cuisine plus traditionnelle avec l'incontournable entrecôte grillée, des moules en saison à déguster, pourquoi pas, sur la terrasse aux beaux jours ou encore une copieuse fondue bourguignonne l'hiver. Tous ces plats et pizzas peuvent être à emporter.

■ **LA PETITE MARMITE**
15, rue des Forges
℡ 02 97 38 24 15

Ouvert tous les jours. Menus de 16 € à 34 €. Formule du midi : 14,50 € (kir pétillant-plat-dessert-un verre de vin-café. En semaine). Chèque Vacances. Accueil des groupes (jusqu'à 20 personnes sur réservation). Petite terrasse de 20 couverts. 2 salles.

Monsieur Zariouh, le nouveau propriétaire des lieux depuis le 11 mai 2012, vous réservera un accueil des plus délicieux, à l'image de sa cuisine. Frisée à l'ail et son andouillette artisanale poêlée, pavé de rumsteak au roquefort, choucroute de la mer, duo de poissons aux framboises et langoustines, fondant au chocolat maison et son caramel au beurre salé sont quelques spécialités qui figurent à la carte.

Sorties

■ **ZE BAR**
3 bis, rue Noble
℡ 02 97 27 32 29 / 06 80 27 01 85
www.ze-bar.fr

Ouvert du lundi au samedi de 15h à 1h ; le dimanche de 18h à 23h. Concerts. 2 salles.

Anciennement le Napoléon, Ze Bar qui a ouvert ses portes le 30 avril 2010, se situe près du château, dans une petite rue près du magasin « la maison du meuble ». Ze Bar a toutes les qualités requises pour rallier et fidéliser les foules. Une déco tendance et colorée, un accueil particulièrement chaleureux – celui de Benjamin et son équipe, une équipe dynamique, conviviale et festive – ou encore, et c'est la grande particularité de Ze Bar, les prix pratiqués ici, des prix discount qui défient toute concurrence : café à 0,90 €, demi à 1,70 € ou encore soda à 1,20 € ! Autres atouts des lieux, les soirées salsa tous les 2ᵉˢ samedis du mois, les soirées étudiantes avec DJ tous les jeudis,

l'esprit clubbing (soirée disco, chippendales, tempête de neige, électro...), la programmation musicale très variée ou encore de nombreux jeux (fléchettes, billard, flipper, baby-foot...)... Retrouvez toute l'actualité de Ze Bar sur leur page Facebook. Le slogan des lieux résume très bien le tout : « venez pour le prix, restez pour l'esprit ! ».

■ **Dans les environs**

Bréhan

■ **BOULANGERIE-PATISSERIE GOLVET**
2, rue Chateaubriand
Place de l'Eglise
℡ 02 97 38 81 12

Ouvert du jeudi au mardi de 6h30 à 13h30 et de 14h30 à 19h30.

Dans la famille Golvet, on est boulanger de père en fils depuis 6 générations et on a la passion du métier. Aujourd'hui c'est Patrice Golvet, Maître Artisan, élu meilleur apprenti de France en 1987, qui, après avoir travaillé dans les meilleures adresses (M. Thuriès à Cordes, M. Second à Aix en Povence...), a repris le flambeau. Son talent a d'ailleurs été récompensé de très nombreuses fois : Croissant d'Or 2005 du meilleur croissant de Bretagne, Finaliste du meilleur kouign-amann de Bretagne en 2006, 1ᵉʳ prix départemental de la dynamique artisanale en 2006, Trophée d'Argent 2007 du meilleur pain de seigle de Bretagne ou encore Baguette d'Or 2011 de la meilleure baguette du Morbihan apelée « la Bréhannaise ». Patrice Golvet a également été finaliste à la pré-sélection de la coupe du monde de la boulangerie à Paris, rien que ça ! Afin de donner à son pain toute sa saveur, la maison travaille sur de longues fermentations pour préserver la arômes (baguettes de tradition, Bréhannais, apin de sigle, pain aux figues... font partie des spécialités). L'établissement excelle aussi dans les viennoiseries, les douceurs maison (pains d'épices...), les spécialités bretonnes (kouign amann) entre autres. Bref tout est bon vous l'aurez compris. Située face à l'église, la maison fait également des galettes de blé noir et vend sandwiches et boissons fraîches. Accueil charmant, des professionnels à votre écoute.

Cléguérec

Cléguérec est une commune, dont les origines très anciennes seraient liées à saint Guérec, moine celtique. Elle recèle bon nombre de demeures de caractère, manoirs, fermes fortifiées, etc. Le village de Boduic, avec ses maisons en pierre bleue, est particulièrement intéressant. A voir également, la statue de la Liberté, juste au-dessus de la fontaine, place Pobeguin. Le monument a été élevé sous le chêne de la Liberté, à la mémoire de Joseph Pobeguin, membre de la seconde mission Flatters, dont l'objectif était d'ouvrir de nouvelles voies à travers le Sahara. Le maréchal des logis Pobeguin est mort tragiquement dans le désert, à l'âge de 28 ans. A voir aussi, les nombreuses chapelles, l'allée couverte de Bot-er Mohed ou encore les fontaines qui comptent parmi les plus remarquables celles de de Locmaria, Boduic et La Trinité, classées par les Monuments historiques.

■ L'ÉLEVAGE DE CERFS
Kerfulus ℂ 02 97 39 68 99
**De Cléguérec, direction Mur-de-Bretagne, à
3 kilomètres du bourg.**
*Fermé du 2 novembre au 23 avril. Haute saison : ouvert
tous les jours. Adulte : 3,50 €. Enfant : 2,50 €. Groupe
(10 personnes) : 4 € (visite guidée avec dégustation
de terrines).*
Promenade dans le parc de l'auberge de Kerfulus appartenant à un couple qui, il y a vingt ans, a décidé de se
tourner différemment vers le monde agricole. Ils y
élèvent un cheptel de 80 cerfs mais aussi des daims, des
ânes, des sangliers, des lamas, des chevaux ou encore
des cochons chinois. Il est possible de prendre un repas
à l'auberge et toute l'année ils vendent des produits
maison tels que terrines de cerf ou de sanglier et viande
de cerf au détail. Une superbe balade particulièrement
prisée des enfants.

■ AUBERGE DES CERFS DE KERFULUS
Kerfulus ℂ 02 97 39 68 99
*Ouvert du vendredi au dimanche. Menu à partir de
16,70 €. Accueil des groupes.*
De Cléguérec, direction Mur-de-Bretagne, à 3 kilomètres
du bourg, sur la droite – panneaux indicateurs. Parmi
des têtes de cerfs et de sangliers, dans une auberge en
pierre attenante au parc, un endroit fort original pour
déjeuner ou dîner. Cuissot de cerf au poiré, cochon grillé
au feu de bois, terrine de cerf façon Kleg, terrine de
sanglier maison... Dans l'espace boutique vous pourrez
acheter terrines et autres civets et commander aussi de
la viande fraîche de cerf ou de sanglier. Sur réservation
préalable, l'auberge propose des repas le week-end pour
les particuliers et des repas la semaine pour les groupes.
En journée, la visite du parc d'animaux s'impose comme
balade digestive !

Guéméné-sur-Scorff

Capitale du Pays Pourlet et de l'andouille, Guéméné-
sur-Scorff a été fondée vers 1050 et s'appelait alors
Kemenet-Guégant, fief du seigneur Guégant. Vers le
XVe, Kemenet s'est transformé en Guéméné. Petite cité
sur le bord du Scorff, Guéméné s'est trouvée mêlée à
l'histoire de la Bretagne depuis le Moyen Age. Tour à
tour dominée par les seigneurs bretons ou anglais,
Guéméné échoit au XVe siècle à la famille des Rohan et
ce, jusqu'à la Révolution. Les habitants du Guéméné,
connus sous le nom de Pourlets se distinguaient parmi
ceux des cantons du Vannetais, à la fois par leur parler,
leur costume et leur danse. Le château des Rohan,
reconstruit en 1860, abrite aujourd'hui la mairie. Quant
au reste du bourg, il est constitué de maisons anciennes
particulièrement pimpantes et préservées. Guéméné est
aussi la capitale de l'andouille.

■ OFFICE DE TOURISME
1, rue Haha ℂ 02 97 39 33 47
Fax : 02 97 39 34 73
www.tourismepaysroimorvan.com
*Basse saison : ouvert du mardi au samedi de 10h à 12h30 et
de 14h à 17h30. Haute saison : du lundi au samedi de
9h à 13h et de 14h à 18h30 ; le dimanche de 9h à 13h.*

Langoëlan

■ LE SCORFF
2, rue Louis Le Bail ℂ 02 97 39 35 30
*Ouvert du mardi au samedi le midi et le soir ; le dimanche
soir. Formule du midi : 11 € (entrée-plat-fromage-
dessert-1/4 vin. En semaine). + Carte. Accueil des
groupes (jusqu'à 80 personnes sur réservation). 2 salles
de restaurant. Terrasse de 15 couverts. Parking privé.
Pizzas à emporter avec carte de fidélité.*
Le restaurant-pizzeria d'Olivier Legueult, maître des
lieux depuis le 1er avril 2009, est situé face à l'église. La
carte du restaurant propose diverses spécialités cuisinées
maison comme par exemple des salade repas, des pâtes
(tagliatelles maison...), de la viande (faux-filet ou côte de
bœuf grillés...), ainsi que 20 pizzas, dont la copieuse et
gourmande Guémenoise (tomate, mozzarella, oignons,
pommes de terre, véritable andouille de Guéméné-sur-
Scorff, foie gras de canard, crème). La maison pratique
la vente à emporter (carte de fidélité).

■ LA FLORENTINE
63, rue Duchelas ℂ 02 97 39 38 70
o.furnival@orange.fr
*Ouvert du mardi au dimanche. Service tardif en saison.
Formule du midi : 12 € (buffet d'entrée + plat du jour +
fromage + buffet de desserts + 1/4 de vin + café. En
semaine). Carte le week-end. Accueil des groupes (jusqu'à
40 personnes sur réservation). Vente à emporter. Terrasse
de 15 couverts avec espace clos pour les enfants. Carte
de fidélité pour le midi et le soir.* Olivia vous accueille à
la Florentine, restaurant-pizzeria, depuis juillet 2011.
La carte de la pizzeria, diverse et variée, laisse le choix
entre 26 pizzas différentes comme par exemple la
Bretonne ou la Campagnarde ; tandis que la carte du
restaurant propose des salades repas comme la salade
Saint-Jacques, des pâtes à l'instar de ces tagliatelles à
l'indienne ou encore des viandes comme l'incontournable
entrecôte avec frites et salade. La maison propose ses
pizzas à emporter et a mis en place une carte de fidélité.
La formule midi est d'un très bon rapport qualité-prix.

MORBIHAN

Locminé

Son nom veut tout simplement dire Lieu des Moines. L'abbaye fut fondée au VIe siècle. En cette place fort religieuse, le visiteur s'étonnera de ne trouver qu'une église contemporaine. Il faut dire que les deux constructions précédentes, jumelées, l'église Saint-Sauveur et la chapelle Saint-Colomban se trouvaient dans un tel état de vétusté, au milieu du village, qu'il fallut se résoudre, en 1975, à les détruire. Elles furent donc remplacées par cet édifice aux belles lignes modernes. A l'intérieur, on conserve cependant un autel en bois sculpté, peint et doré, et des panneaux de vitrail ancien présentant la vie de saint Colomban, patron de la paroisse.

■ **KERASIE**
4 bis, rue de la Rampe ✆ **02 97 61 08 19**
www.kerasie.fr
Ouvert du mardi au dimanche de 8h30 à 20h. Menu Vapeur : 6,50 €. Menu salade : 7,50 €. Menu Plat chaud : 8,50 €. Vente à emporter.
Située dans une petite rue, en bas de la rue du fil, cette épicerie exotique tenue par un couple franco-cambodgien, ne propose que des produits frais et cuisinés maison. Ici, tous les sens sont en éveil : l'odorat tout d'abord, titillé par d'exaltantes odeurs, la vue ensuite séduite par toutes ces merveilles culinaires représentatives de la gastronomie du sud-est de l'Asie, et enfin le goût, tourbillon de saveurs pour les papilles. Dans le but de faire découvrir un maximum de spécialités à sa clientèle déjà conquise, Kerasie propose chaque jour des mets différents. Nouilles sautées comme celles à la Singapourienne, crevettes sauce piquante, cochon de lait et canard laqué traditionnel cuit à la chinoise (sur commande), riz cantonnais, rouleaux de printemps, raviolis frits, boulettes à la chinoise, salade bo-bun ou encore les soupes et les potages asiatiques en hiver ne sont qu'un petit aperçu des plaisirs nombreux et variés qu'ils concoctent. A découvrir aussi, les sushi qui ont fait leur apparition en septembre 2010. Kerasie propose également des formules rapides à emporter ainsi que

L'Olivier
SAVEURS MÉDITERRANÉENNES
RESTAURANT - BAR PIZZERIA
Vente à emporter   midi & soir - 7/7
KERSTRAQUEL
Route de BUBRY
56310 MELRAND
✆ 02 97 39 54 40

des plateaux repas. Poussez la porte et envolez-vous... Une adresse incontournable à Locminé.

Melrand

■ **AUBERGE DE LA TOURELLE**
1, place de l'Eglise ✆ **02 97 39 51 13**
Ouvert tous les jours le midi ; le lundi et du mercredi au samedi le soir. Menus de 18 € à 30 €. Formule du midi : 8,50 € (plat-dessert et formule entrée-plat-dessert à 10,50 €). Accueil des groupes (jusqu'à 60 personnes sur réservation). Terrasse plein sud de 25 couverts.
A l'Auberge de la Tourelle, tous les produits sont frais, cuisinés maison et on connaît son affaire pour exécuter une cuisine traditionnelle particulièrement généreuse et savoureuse. Poêlée de Saint-Jacques aux pistils de safran, lotte à la bisque de langoustines, souris d'agneau au roquefort ou encore tarte abricot pistache, ont laissé à nos papilles un souvenir impérissable. Et l'accueil de toute l'équipe est particulièrement aimable. On ne peut que vous le recommander.

■ **L'OLIVIER**
Kerstraquel
Route de Bubry ✆ **02 97 39 54 40**
lolivier0465@orange.fr
Basse saison : ouvert du mardi au dimanche. Haute saison : tous les jours. Service tardif le week-end et en saison. Accueil des groupes (jusqu'à 35 personnes sur réservation). Terrasse de 30 couverts. Parking privé. Wifi gratuit. Ce restaurant-bar-pizzeria est situé à la sortie de Melrand, au plan d'eau de Kerstraquel, en direction de Bubry. L'équipe réserve un accueil sympathique et invite à découvrir la carte large et variée des lieux dont une terrasse de 30 couverts donne sur le lac. Au menu donc, vous aurez le choix entre des salades géantes telle que la Sergio (jambon cru, chorizo, salade, gambas grillées, saumon fumé, maïs), 20 pizzas comme par exemple la Petronne (fromage de chèvre, chorizo, lardons, tomate, mozzarella), des grillades (côte de bœuf VBF de 2,3 kg pour deux personnes...) mais aussi des poissons (filet de saumon, papillotte de poisson...) ou encore des spécialités sur réservation (couscous royal, bouillabaisse, dorade à la croûte de sel...). La maison propose également une carte de snack et ses pizzas à emporter (carte de fidélité). L'été, venez découvrir les soirées à thème organisées tous les week-ends.

Pluméliau

■ **LE CHALET**
3 bis, promenade des Estivants
Saint-Nicolas-des-Eaux ✆ **02 97 51 88 87**
Fermé en janvier. Basse saison : ouvert du mardi au dimanche. Haute saison : tous les jours. Carte. Accueil des groupes (jusqu'à 50 personnes sur réservation). Terrasse. Espace jeux pour les enfants à l'intérieur. Carte bilingue.
Cet établissement 100 % crêperie, dans lequel vous accueille Isabelle Collin depuis maintenant 9 ans, est, comme son nom l'indique, un véritable chalet comme à la montagne grâce à sa décoration toute en bois et sa belle cheminée. Il bénéficie d'une grande terrasse ensoleillée et d'un espace jeux à l'intérieur pour occuper

les enfants. Appétissante, la carte propose des crêpes fines, divinement préparées avec des produits frais cuisinés maison. Parmi les spécialités de crêpes de blé noir, vous avez par exemple les incontournables Sèche au lait Ribot ou la Beurre fine et croustillante mais aussi la Campagnarde (champignons, fromage, beurre persillé) ou encore la Sucrée-Salée (chèvre, pommes et salade). Les crêpes de froment ont elles aussi des inconditionnelles comme la caramel au beurre salé maison, la Chiffonnée (glace vanille, menthe, chocolat, coulis de chocolat, Chantilly, amandes) ou encore la crêpe Clown, pour les enfants, à découvrir. On aime beaucoup.

■ **AU DOMAINE DES CAMÉLIAS**
Béven ✆ **02 97 51 86 66 / 06 19 57 11 24**
www.audomainedescamelias.com

Ouvert à l'année. Anglais parlé. 3 chambres (dont une familiale). De 48 € à 110 €. Petit déjeuner inclus. Un gîte de 6 personnes (110 m²) de 270 € à 840 € la semaine. Béatrice et Arnaud Raimbaud vous accueillent dans cette ancienne maison de pays rénovée avec soin, cachée comme un secret au cœur de son écrin de verdure d'un hectare. Dans un accueil des plus charmants, les maîtres des lieux vous invitent à découvrir les chambres d'hôtes et le gîte qu'ils mettent à votre disposition. Les chambres d'hôtes, à la fois douillettes et confortables, authentique et raffinées, sont situées dans l'ancienne étable et bénéficient d'un accès indépendant. Les chambres communiquent avec le salon d'été où sont servis les délicieux petits déjeuners maison. Chaleureux et spacieux, le gîte peut accueillir jusqu'à 6 personnes. Ultra confortable, il dispose d'une cuisine équipée et aménagée (lave-vaisselle, micro-ondes, réfrigérateur et partie congélateur), d'une salle de bains avec double vasque et large douche, ainsi que deux chambres. Très appréciables, les soirées au coin du feu grâce à la belle cheminée d'époque. Enfin, Au Domaine des Camélias dispose d'une piscine sous verrière entièrement découvrable et propose des forfaits bien-être pour hommes et femmes. Une belle adresse.

Rohan

■ **L'EAU D'OUST**
6, rue du Lac ✆ **02 97 38 91 86**
Situé à la sortie de Rohan, direction Saint-Samson et Loudéac

Ouvert le lundi, le mardi et du jeudi au samedi le midi et le soir ; le dimanche midi. Menus de 25,50 € à 34,50 €. Formule du midi : 14,50 € (entrée-plat ou plat-dessert et formule entrée-plat-dessert à 17 €). Accueil des groupes (jusqu'à 40 personnes sur réservation). 12 couverts en terrasse. Grand parking. Animaux acceptés. Dans le restaurant de Madame et Monsieur Sinquin, maîtres des lieux depuis le 7 avril 2012, tous les produits sont frais et cuisinés maison ; et la carte change trois fois par an. Foie gras de canard, homard rôti et son risotto, pavé de bar et flan de potiron, carré de veau pommes gros sel et lantins jus de curry ou encore kouign amann aux poires et son sorbet safrané sont parmi les spécialités de la maison.

LE CHALET
Crêperie

Ouvert toute l'année
Espace jeux enfants

3 bis, promenade des Estivants
56930 Saint-Nicolas des Eaux
Tél. **02 97 51 88 87**

Pont-Scorff

Au XIIIe siècle, Pont-Scorff était le siège de la juridiction de la puissante seigneurie de la Roche-Moisan. Au siècle suivant, à la suite de querelles de succession pour le duché de Bretagne, la famille des Rohan-Guémené reçut la châtellenie en gage d'amitié. Pont-Scorff était alors une cité d'importance et la justice se rendait dans la Maison des Princes, construite en 1511, l'actuelle mairie classée par les Monuments historiques. Le bourg ancien, composé de ruelles étroites, bordées de maisons de caractère, mérite le détour. Manoirs, anciennes églises et chapelles jalonnent aussi la bucolique campagne scorvipontaine. Se balader le long du Scorff est très agréable, et l'on peut y pratiquer diverses activités (pêche, kayak...). Sur le plan culturel, la petite ville de Pont-Scorff est littéralement exceptionnelle. La commune est d'ailleurs labellisée commune de patrimoine rural en Bretagne et ville des métiers d'art. Artisanat, art contemporain et théâtre y ont trouvé leur place au même titre que le zoo ou l'espace de découverte du saumon sauvage.

■ **OFFICE DU TOURISME**
2, rue de Lorient
✆ **02 97 84 78 00**
✆ **02 97 32 50 27**
www.lorient-tourisme.fr
Ouvert le lundi, le mardi, le jeudi et le vendredi de 9h à 12h et de 14h à 18h. Ouvert un mercredi après-midi et un samedi matin sur deux. L'agence de Pont-Scorff représente particulièrement tout le secteur touristique de Cléguer, Gestel et Quéven, communes limitrophes de Pont-Scorff, ainsi que Caudan, Guidel, Larmor-Plage et Ploemeur, notamment via le guide L'Essentiel Pratique. Ce dernier présente sur 24 pages, les différents aspects pratiques des huit communes. On y trouve ainsi les marchés, plus de 150 commerces et services ainsi que les renseignements utiles tels que les moyens de transport, les numéros des mairies...

Points d'intérêt

■ LA COUR DES MÉTIERS D'ART
8, rue Prince-de-Polignac ℰ **02 97 32 55 74**
courmetiersdart@orange.fr
Ouvert toute l'année. Basse saison : du mardi au dimanche et les jours fériés. Haute saison : tous les jours et les jours fériés. Gratuit.

La Cour des Métiers d'Art, héritage des XVIIᵉ, XVIIIᵉ et XIXᵉ siècles, invite dans une atmosphère accueillante, harmonieuse et chaleureuse, à la découverte des Arts du Feu. Promouvoir l'artisanat d'art, telle est la vocation de la Cour des Métiers d'Art. L'espace met en scène les réalisations contemporaines d'une soixantaine d'artisans d'art. Objets de verre, terre, bois aux essences multiples, résine, métal, ardoise... dévoilent aux regards curieux une authenticité et un savoir inestimables. Des objets à offrir ou à s'offrir ! Dynamique, la Cour des Métiers d'Art organise régulièrement des événements qui font la part belle au rêve et à l'éclectique. Peintures, créations de bronze, de marbre, de terre ou toiles sculptées s'exhibent le temps d'une exposition temporaire.

■ L'ODYSSAUM – ESPACE DE DÉCOUVERTE DU SAUMON SAUVAGE
Moulin des Princes ℰ **02 97 32 42 00**
www.odyssaum.fr
Ouvert de Pâques à la Toussaint. Basse saison : ouvert du lundi au vendredi de 9h30 à 12h30 et de 14h à 18h ; le week-end de 14h à 18h. Haute saison : tous les jours de 10h à 19h. Gratuit jusqu'à 5 ans. Adulte : 6 €. Enfant (de 5 à 17 ans) : 4,60 €. Forfait famille : 18,50 €. Étudiants et demandeurs d'emploi : 4,80 €. Durée de la visite : 1h30. Départ toutes les 45 minutes.

Un musée du saumon, si ce n'est pas rare, ça ! La rivière Scorff en contient encore un grand nombre. Ils y naissent, y passent environ deux années, avant d'effectuer un long périple dans l'Atlantique. Ils y restent deux hivers avant de retrouver leur rivière natale, pour s'y reproduire et mourir. L'Odyssaum, l'espace de découverte du saumon sauvage, explique tout cela à travers des aquariums, des panneaux, des films ou encore des tiroirs interactifs. La technique de pêche à la mouche y est expliquée, à travers un atelier de montage et, à l'extérieur, on peut découvrir la station de comptage de l'INRA qui poursuit des recherches scientifiques sur les populations de saumon sauvage du Scorff. De juin à novembre, de nombreuses animations sont proposées : « saumon en herbe » jeu en extérieur pour vivre la vie du saumon, « les rives insolites » pour partir à la rencontre des habitants de la rivière armés d'épuisettes et de filets, des « sorties nature » les pieds dans l'eau pour explorer l'univers du scorff accompagné d'un guide, « les secrets du scorff » pour découvrir les plantes sauvages comestibles et les jouets buissonniers, entre autres.

■ LE ZOO DE PONT-SCORFF
Route de Quéven ℰ **02 97 32 60 86**
Fax : 02 97 32 57 06
www.zoo-pont-scorff.com
Ouvert toute l'année. En saison ouvert de 9h à 19h, en avril, mai et septembre de 9h30 à 18h, les autres mois de 9h30 à 17h. Fermeture des caisses 1h avant la fermeture du parc.

Gratuit jusqu'à 3 ans. Adulte : 18,50 €. Enfant (de 3 à 11 ans) : 11,50 €. Restauration. Boutique. Animation.

C'est dans un décor magique de 12 ha que vous découvrirez des animaux magnifiques. Au travers de centaines de bananiers et de milliers de bambous, vous observerez plus de 600 animaux de 120 espèces différentes issues des 5 continents, tels que les éléphants, les girafes, rhinocéros, hippopotames, lions blancs, tigres, panthères, singes, perroquets... A noter d'ailleurs que le premier éléphanteau breton, Arwen, petite éléphante d'Asie – de 70 kilos ! – a vu le jour au zoo dans la nuit du 29 mai 2012. Ne manquez pas les spectacles ludiques et pédagogiques des otaries, des perroquets et des oiseaux marins. Comptez 4 à 5 heures de visite avec les spectacles. Dès le mois d'avril, vous pouvez vous inscrire à des « journées soigneurs » pour être au plus près des animaux. Sur place : bar, restaurant, cafétéria, snack, crêperie et boutique.

Le couvert

■ L'ART GOURMAND
14, place de la Maison-des-Princes
ℰ **02 97 32 65 08**
www.lartgourmand.com
Ouvert du jeudi au lundi le soir à partir de 19h ; du jeudi au mardi le midi à partir de 12h. Menus de 18 € à 31 €. Formule du midi : 13 € (entrée-plat ou plat-dessert. Formule entrée-plat-dessert à 15 €). American Express.

Au fil des mois, au fil des années, le restaurant de Marc et Agnès Le Ouedec s'impose parmi les meilleures tables de la ville. Derrière les fourneaux, Marc compose une cuisine savoureuse et de qualité, à l'image des produits frais qu'il travaille, bref, du beau et du bon et notre dernier repas à été à la hauteur de nos espérances. Souvenir agréable d'un foie gras de canard poêlé, figue pochée au vin de Porto ; d'un poisson issu de la pêche du moment, cocos de Paimpol au jus de coquillage et d'un exquis baba au rhum, mangue marinée au jus en dessert... Certains diront que le choix est un peu restreint. Certes, mais c'est un gage de fraîcheur et on se doit de le saluer.

■ Dans les environs

Calan

On n'est pas certains de l'origine du nom. Il peut signifier lande de la bataille mais lan peut aussi désigner un établissement religieux, à moins qu'il ne dérive d'un terme pré-indo-européen voulant dire Lieu rocheux comme l'affirment certaines sources. Deux chemins de randonnées sont disponibles pour admirer plusieurs façades de maison ou tout simplement pour flâner en famille : le circuit Hent er Fetaniou (chemin des fontaines) long de 7 km et le circuit Hent er Hoeh Coh (chemin du vieux ruisseau), long de 12 km.

■ L'ÉGLISE DE LA SAINTE-TRINITÉ
L'église Sainte-Trinité est l'une des plus anciennes églises du département car elle date du XIᵉ siècle et a été remaniée au XVᵉ siècle. Elle présente de nombreux éléments de l'art roman et est toujours entourée de son cimetière. A l'intérieur, on peut apercevoir des morceaux

Crêperie Calanaise

Crêperie traditionnelle
Glacier - Crêpes à emporter

Tél. 02 97 33 33 80

de fresques ainsi que plusieurs figurines, censées chasser les esprits malins. Sa taille impressionnante qui compte trois nefs prolongées de transepts au fond du chœur, laisse penser que Calan a été un lieu de culte de grande importance.

■ **CREPERIE CALANAISE**
Le Bourg ✆ **02 97 33 33 80**
Ouvert du mardi au dimanche. Menu unique à 9,50 €. Menu enfant : 6,50 €. Accueil des groupes (jusqu'à 50 personnes). Parking privé. Jardin clos avec espace jeux pour les enfants. Wifi gratuit.
Au milieu du tourisme vert, au centre du triangle entre Plouay, Hennebont et Pont-Scorff, venez découvrir une recette unique et authentique. L'équipe vous accueille dans une ambiance chaleureuse et familiale, et ce tout au long de l'année. La crêperie 100 % traditionnelle, qui se situe au centre de Calan, près de l'église, a été labellisée Crêperie Gourmande par le comité régional du tourisme en janvier 2007 et Qualité Tourisme en avril 2010. Elle est également référencée « Breizh Box » par l'office du tourisme de Lorient. En spécialité de galettes, c'est-à-dire crêpes de blé noir, on trouvera la Saint-Valéry à base de saumon fumé, crème fraîche et salicornes, ou la Calanaise avec du fromage de chèvre et de l'andouille de Guéméné. Il est possible de composer sa galette soi-même. Côté crêpes, on trouvera le mont Blanc au chocolat maison, glace vanille et Chantilly maison, ou la pomme cuite caramel salé maison. Des cidres artisanaux sont à disposition pour accompagner les plats. Service+ pour les enfants : coloriage, chaises hautes, table à langer. L'établissement propose aussi des ventes à emporter et peut accueillir des groupes sur réservation.

Plouay

L'origine du nom de cette petite ville, appelée autrefois Plouzay ou Plozoë, demeure un mystère... On ne sait pas vraiment ce que signifiaient les syllabes zay et zoë. Certains pensent que Plozoë signifierait la paroisse de Saint-Doë mais beaucoup restent sceptiques. On pense que c'est à la fin du VIIIe siècle que la cité naquit réellement, avec l'établissement d'une petite paroisse qui allait s'étendre par la suite. Du point de vue de l'héritage historique, il ne faut pas manquer à Plouay l'église datant des XVIIe et XVIIIe siècles, ainsi que les châteaux de Kerdrého (XVIe) et de Ménéhouarne (XVIIe), dont le

parc invite à de belles promenades. Mais Plouay, c'est surtout la proximité de la vallée du Scorff et, bien sûr, chaque mois d'août, le grand prix cycliste International.

■ **OFFICE DU TOURISME DU PAYS DE PLOUAY**
Place du Vieux-Château
✆ **02 97 33 11 14**
Voir page 563.

■ **CRÊPERIE LA ROZELL**
25, rue Paul Lhuel
✆ **02 97 33 28 40**
Voir page 564.

■ **CREPERIE SAINT-VINCENT**
Place du Vieux-Château
✆ **02 97 33 07 53**
Voir page 563.

■ **LE PILI-PILI**
6, rue des Alliés
✆ **02 97 33 19 06**
Voir page 564.

Presqu'île de Quiberon

Quiberon

Dès le début du siècle, son climat et ses paysages ont attiré les férus d'air iodé. L'île de Quiberon est reliée au continent par une flèche de sable longue de 7 km, qui rétrécit pour ne plus faire que 22 m de large au niveau de Penthièvre. La longueur totale de la presqu'île est de 14 km et il faut parfois être patient pour atteindre Quiberon car, en saison, le trafic automobile est intense. D'ailleurs le chemin de fer y a gagné son surnom : le tire-bouchon (Auray-Quiberon). L'ensemble présente un contraste saisissant, entre la côte orientale, calme et sablonneuse, et le flanc occidental, rocheux et battu par la houle : la fameuse Côte sauvage. Jusqu'à la fin de la période médiévale, la presqu'île était couverte d'une forêt giboyeuse appréciée par les ducs de Bretagne. Depuis, l'Office national des Forêts a reboisé quelques sites en résineux et l'inclinaison de ces derniers est révélatrice des vents dominants d'ouest.

MORBIHAN

© ALAIN BACHELIER - FOTOLIA

Quiberon

Les vestiges mégalithiques, nombreux, témoignent de l'occupation humaine au néolithique : menhirs (pierres longues), dolmens (tables de pierres) et cromlech (cercles de pierres) sont encore en place depuis ce lointain passé. Ce sont les moines de Sainte-Croix de Quimperlé qui débutent le défrichement, lequel atteint son apogée au XIVᵉ siècle. Il n'existe plus de constructions antérieures à 1746 car, cette même année, l'amiral anglais Lestock lance ses marins sur la presqu'île, qui est mise à feu et à sang pendant une semaine.

Il faudra une intervention de Louis XV (qui accorde des subsides) pour que la région se relève. En 1882, le chemin de fer atteint Quiberon, pour des raisons économiques, à savoir, le transport rapide des sardines. A cette époque, il existe près d'une vingtaine de conserveries qui emploient plus de 1 500 ouvrières. Quiberon est le premier port sardinier de France, mais le tourisme devient rapidement la locomotive économique et Quiberon obtient le label en 1924. C'est en 1963 que Louison Bobet fonde la thalassothérapie et aujourd'hui plus de 65 000 curistes par an fréquentent les lieux. Le potentiel d'hébergement de la presqu'île est à l'image de son succès touristique, et le nombre de résidences secondaires a d'ailleurs été multiplié par 4,5 entre le début des années soixante et la fin des années 90.

■ **OFFICE DU TOURISME DE QUIBERON**
14, rue de Verdun
✆ 02 97 50 07 84
www.quiberon.com
Ouvert toute l'année.

■ **COMPAGNIE OCEANE**
Gare Maritime – Port Maria
✆ 08 20 05 61 56
www.compagnie-oceane.fr
Départs quotidiens toute l'année véhicules et passagers. Accès possible aux personnes à mobilité réduite. Horaires, tarifs et réservation sur le site Internet et au 0 820 056 156 (0,12 €/mn). Aller simple adultes : 17,90 €, senior : 15,75 €, enfant et junior : 10,60 €. Gratuit pour les enfants de – 4 ans. Tarifs préférentiels pour les morbihannais.

Au départ de la Gare Maritime Port-Maria, vous pourrez vous rendre tout au long de l'année à Belle-Ile (45 minutes de traversée), Houat (entre 40 et 45 minutes de traversée) et Hoëdic (entre 55 et 70 minutes de traversée). Les délais de présentation sont de 20 minutes avant le départ pour les passagers et de 45 minutes pour les véhicules. La garantie d'une balade inoubliable dans des sites enchanteurs.

Points d'intérêt

■ **FUMAGE ARTISANAL MAISON LUCAS**
10, quai de l'Océan
✆ 02 97 50 59 50
www.maisonlucas.net
Ouvert à la visite de Pâques à la Toussaint. Ouvert du lundi au jeudi de 8h à 12h et de 14h à 18h ; le vendredi de 8h à 12h et de 14h à 17h. Visite guidée (une vingtaine de minutes, gratuite et à horaires libres). Boutique.
Dans ce grand bâtiment de 400 m², on vous accueille avec le sourire, on vous explique clairement les processus grâce à une vidéo-projection, et en cheminant à travers plusieurs salles vitrées vous assistez au filetage, au salage, au fumage, tranchage et enfin emballage des poissons fumés que proposent Michel et ses fils. Vous serez désormais incollable sur le sujet. A la fin de la visite, vous pouvez vous faire plaisir à l'espace-vente ou aller quai de l'Océan, la poissonnerie dont la réputation n'est plus à faire. Espadon, saumon bio fumé, saumon Label Rouge fumé, anguille fumée, boutargue, flétan blanc, harengs, lieu noir, tarama, oeufs de poissons, conserves ou rillettes... sont autant de produits maison à faire découvrir à vos papilles. Pour boucler la boucle et rester dans la famille, installez-vous juste à côté, au restaurant la Criée, tenu par la sœur de Michel.

Le couvert

■ **LA CHAUMINE**
79, rue de Port-Haliguen ✆ 02 97 50 17 67
www.restaurant-lachaumine.com
Fermé du 15 novembre au 15 mars. Basse saison : ouvert du mardi au samedi le midi et le soir ; le dimanche midi.

Haute saison : du mardi au dimanche. Menus de 28 € à 39 €. Menu enfant : 10 € (moins de 8 ans). Formule du midi : 20 € (poisson + dessert, sauf dimanche et fêtes). Terrasse.
Séverine et Cyril vous accueillent dans un nouvel écrin, tout de bleu et de blanc vêtu, avec terrasse abritée côté jardin, lumineuse à souhait. Vous y apprécierez une cuisine régionale composée de poissons frais et de produits locaux : homard du vivier grillé, huîtres gratinées aux salicornes et aux noisettes, taquez de crabe au coulis de crustacés, bar de ligne au beurre rouge, poissons du marché cuisinés selon l'humeur du chef, cotriade quiberonnaise (sur commande) mais aussi filet de bœuf (poêlé, au poivre vert ou à la bourguignonne), vol au vent de ris d'agneau à la forestière, crépitéroles sauce chocolat... Bref, de bons petits plats qui n'attendent que vous. A découvrir.

Le gîte

 **HÔTEL BELLEVUE***
Rue de Tiviec
℡ 02 97 50 16 28
www.bellevuequiberon.com

Fermé d´octobre à mars. 38 chambres (tout confort avec canal Satellite, Wifi gratuit dans tout l'hôtel et téléphone, dont 10 avec vue sur mer par dessus les toits). Chambre double de 62 € à 126 €. Petit déjeuner : 10 €. Parking (privé). Animaux acceptés (8 €).

A l'abri des foules et cependant à seulement quelques dizaines de mètres de la plage, l'hôtel Bellevue bénéficie d'une situation privilégiée. Gwenaëlle et Michel Le Mat vous accueillent avec gentillesse dans cet établissement de tradition familiale. Il offre des chambres personnalisées au confort moderne et contemporain, un décor aux agréables couleurs printanières qui souligne l'atmosphère détendue des vacances ainsi qu'une piscine chauffée et un parking privé.

■ **LE NEPTUNE***
Port-Maria
4, quai de Houat ℡ **02 97 50 09 62**
www.hotel-neptune-quiberon.com
Ouvert toute l'année. 21 chambres. Chambre double de 59 € à 86 €. Petit déjeuner : 9 € (continental ou buffet). Parking. Animaux acceptés (chiens : 5 €). Wifi gratuit. Anglais parlé.
Depuis près de 50 ans, le même service attentionné est pratiqué dans cet établissement familial : les filles, Michèle et Albane, vous réservent le meilleur des accueils, convivial et chaleureux, au Neptune. L'hôtel, idéalement situé face à la mer et à 300 m des embarcadères pour les îles, propose des chambres vue mer d'où vous découvrirez une vue panoramique sur Quiberon et les îles ainsi que des chambres côté jardin. De bon confort et joliment décorées, elles bénéficient toutes d'une tv écran plat LCD, du wifi gratuit et d'une salle de bains complète. Certaines d'entre elles bénéficient même de balcon et de couette. Ici, on se sent comme chez soi ! Excellent rapport qualité-prix.

MORBIHAN

■ **HÔTEL-RESTAURANT EUROPA★★★**
B.P. 50343
Port-Haliguen
℡ **02 97 50 25 00**
Fax : 02 97 50 39 30
www.europa-quiberon.com

Logis. Ouvert du 1ᵉʳ avril à la Toussaint. 53 chambres (dont 26 vue mer). Chambre double de 82 € à 169 € ; chambre triple de 95 € à 123 € ; suite de 138 € à 316 €. Petit déjeuner buffet : 12 € (7,50 € pour les enfants). Lit supplémentaire : 10 €. Parking (gratuit et privé). Animaux acceptés (8,50 €). Wifi gratuit. Restauration (de 19 € à 49 €). Hammam, bain bouillonnant, sauna.

Ce très bel hôtel-restaurant situé face à l'océan offre 53 chambres réparties sur 2 étages avec ascenseur, des chambres modernes, chaleureuses et élégantes, très lumineuses et confortables, toutes équipées de balcon ou terrasse avec vue sur la baie de Quiberon ou sur le jardin, d'un écran plat, de l'accès wifi illimité ainsi que d'une salle de bains avec baignoire ou douche et sèche-cheveux. Pour vous détendre, une belle piscine couverte et chauffée avec solarium et transats, un bar et un mini-golf sont à votre disposition sans oublier l'espace bien-être qui offre hammam, sauna, spa, fitness et massages (sur réservation). Quant au restaurant, il saura vous séduire avec une cuisine traditionnelle axée sur les trésors de la mer. Pour toujours mieux vous servir, l'établissement a mis en place un service de navette gratuite. Enfin, l'accueil de Mme et M. Norée, les maîtres des lieux depuis avril 2009, est particulièrement chaleureux. Une excellente adresse à découvrir ou à redécouvrir.

LE ROCH PRIOL★★
1, rue des Sirènes
℡ **02 97 50 04 86**
Fax : 02 97 30 50 09
www.hotelrochpriol.fr
Situé à 400 mètres de la nouvelle piscine municipale.

Ouvert du 11 février au 11 novembre et du 16 décembre au 6 janvier. 39 chambres. Chambre double de 59 € à 84 €. Demi-pension (de 67 € à 83 € par personne). Petit déjeuner : 9 €. Parking (privé et gratuit et garage sécurisé pour vélos et motos). Wifi gratuit. Restauration (menus de 10,50 € à 37,90 € + carte).

À quelques pas de l'océan et des plages de la baie, l'hôtel bénéficie d'un emplacement privilégié, à l'écart des mouvements de la ville. L'accueil, réputé, est charmant et discret. Le décor soigné lui procure un certain standing. Dominique et Bernadette Sellier, avec le chef Laurent Guibert, vous concoctera en parfait accord une cuisine non dénuée d'inventivité, brochette de Saint-Jacques façon Roch Priol, foie gras mi-cuit, l'assiette aux saveurs marines et ses toasts chauds, grenadin de veau aux pleurotes, filet mignon parfumé colombo et raisins, bar rôti et sa hollandaise au beurre d'agrumes et tous les desserts maison.

Roch-Priol
HÔTEL** RESTAURANT

...restaurant est le lieu agréable ...convivial pour déguster ...ne fine cuisine composée ...tour des produits de la mer. ...rmi les nombreuses spécialités : ...ochette de saint-jacques façon ...ch-Priol, feuilleté de coquilles ...ux endives, poissons ...homards du vivier.

La mer, quelle fraîcheur !

Dans un quartier résidentiel à 600 m du Port-Haliguen, la joyeuse ambiance familiale d'un hôtel contemporain pour le bonheur des vacances bretonnes et des cures de thalasso : 45 chambres de charme, salon-bar, terrasse au jardin. Séminaires (30-40 personnes). Et là-bas... la mer, les plages, les joies du nautisme, la randonnée et ses sentiers côtiers, le VTT, le golf.

Roch-Priol
HÔTEL** - RESTAURANT

1 à 5, rue des Sirènes
BP 70470
56174 Quiberon Cedex
Tél. 02 97 50 04 86
Fax 02 97 30 50 09
rochpriol@aol.fr
www.hotelrochpriol.fr

Emplettes

■ POISSONS FUMÉS MICHEL LUCAS
10, quai de l'Océan ✆ **02 97 50 09 50**
www.maisonlucas.net
Ouvert du mardi au samedi. Ouvert le dimanche (le matin).
Truites, harengs (incomparables), thons, saumons, etc.,
fumés au bois de hêtre, sont à déguster chez Michel Lucas
et à emporter. Ne pas oublier le tarama maison qui, nappé
sur des toasts, étonnera en apéro. Il faut savoir aussi que
tous ces produits bien vivants se retrouvent les pattes en
croix, la queue en mayonnaise et la coquille farcie dans
le restaurant de la maison, La Criée. Ce dernier propose
aussi des plateaux de fruits de mer à emporter. Que
demande le peuple ? Visiter l'entreprise ? C'est possible,
il suffit de se rendre ZAC Plein Ouest.

■ LA QUIBERONNAISE
30, rue du Port-de-Pêche ✆ **02 97 50 12 54**
Fax : 02 97 50 27 19
www.sardine.fr
*Basse saison : ouvert du lundi au vendredi de 9h à 12h et
de 14h à 18h30 ; le samedi de 10h à 12h et de 14h30 à
18h30. Haute saison : tous les jours de 10h à 12h et de
15h30 à 19h. En haute saison 5 quai de Houat à Quiberon
face au Port Maria.*
Cette entreprise, créée en 1921, continue à fabriquer
ses produits de la même façon qu'à cette époque.
Les conserves sont préparées à la main, en utilisant
uniquement du poisson frais. Le résultat est remarquable et le choix draconien : spécialités de sardines

millésimées, spécialités de la mer à toaster, soupe
de poissons bretonne et rouille, thon blanc Germon
de l'Atlantique, conserves de maquereaux, huîtres
fumées, spécialités aux algues marines, saumon et autres
spécialités à réchauffer... La Quiberonnaise propose
également des produits bretons aux saveurs sucrées,
une sélection de Miles de France ainsi que des colis et
assortiments gourmands.

■ Dans les environs

Saint-Pierre-de-Quiberon

Le couvert

LA MISAINE
2, rue du Manoir – Bourg
✆ **02 97 30 95 23**
www.creperie-lamisaine.com
*Ouvert de février à mi-novembre. Fermé le lundi et le mardi
et ouvert tous les jours pendant les vacances scolaires et
les jours fériés. Menus de 12,90 € à 16,90 €. Menu
enfant : 6,90 €. Accueil tardif. 2 parkings.*
Cette crêperie est située en face de la mairie. Tous les
plats y sont cuisinés maison et à partir de produits
frais. Les galettes, dont la pâte est réalisée avec de la
farine artisanale 100 % blé noir, sont cuites de façon
traditionnelle, c'est-à-dire des deux côtés. La Bréhat
(noix de Saint-Jacques, fondue de poireaux, crème
fraîche, vinaigre balsamique) ou la Cromelette (une

omelette sur bilig au chocolat ou au caramel) font partie des spécialités. En ce qui concerne les crêpes, vos papilles craqueront à coup sûr pour l'exquise « exotique » (ananas, banane, glace rhum-raisin, caramel au beurre salé maison). Au menu également des salades repas, des entrecôtes ou andouillettes du label de qualité « AAAAA » ou encore, nouveauté 2012, des pizzas (12 à la carte) à consommer sur place ou à emporter comme la Hoedic (tomate, mozzarella, sardines piquantes, poivron, olives, origan). Aux beaux jours, c'est un vrai plaisir de s'installer dans le beau jardin fleuri – l'établissement a d'ailleurs reçu un prix au concours départemental des maisons fleuries en 2010 – avec terrasse de 60 couverts et pour les amoureux de la pierre, un très joli bar. L'accueil est des plus charmants. A découvrir.

■ **CREPERIE AVEL MOR**
8, promenade de Téviec-Portivy
℡ **02 97 30 74 11**
www.creperie-avel-mor.fr
Basse saison : ouvert le lundi et le jeudi le soir ; le mardi et du vendredi au dimanche le midi et le soir. Haute saison : le lundi soir ; du mardi au dimanche le midi et le soir. En octobre, ouvert vendredi soir, samedi et dimanche. Accueil des groupes (jusqu'à 20 personnes). Terrasse.
Odette Lechat vous accueille dans une crêperie lumineuse avec baies vitrées et terrasse ensoleillée face au port de Portivy. Ici, c'est qualité et tradition avec des produits frais et cuisinés maison. En spécialités de galettes 100 % blé noir, on pourra goûter à la galette aux filets de sardine marinés au basilic sur salade verte, la galette au saumon fumé crème citronnée ciboulette ou la chèvre caramel pomme au four. A découvrir côté crêpes, la poire chocolat Chantilly ou la flambée au lambig... En venant d'Auray, prendre à droite au feu de Kerhostin.

Ria d'Etel

A 30 minutes de Vannes et 10 minutes de Carnac, le Pays de la Ria d'Etel est un lieu tout à fait privilégié mais méconnu. L'Etel n'est pas une rivière mais une Ria : ce mot désigne la partie aval d'une vallée encaissée, envahie par la mer. Elle ressemble en plus petit au golfe du Morbihan, avec ses anses abritées, ses rochers, ses petits bois de pins. La Ria, c'est 135 km de côtes aux doux et agréables paysages, à découvrir en vélo ou à pied (itinéraires fléchés). L'histoire de la Ria est aussi liée à des peintres, tel Gauguin, qui aimaient venir y travailler car la luminosité est exceptionnelle.

Belz

Points d'intérêt

■ **L'ÉGLISE SAINT-SATURNIN**
D'allure néogothique, elle a été construite en 1914, remplaçant ainsi une très vieille église rasée l'année d'avant. Mais les premiers pourparlers pour le nouvel édifice remontaient à 1879... L'une des particularités de cette église est qu'elle ne possède pas de clocher ! Le village de la Madeleine a aussi son histoire. C'est une ancienne léproserie du XIIe qui comprend, entre autres vestiges, l'allée de la Corderie, les ruines des murs de l'hôpital et deux croix sculptées dans la pierre par des lépreux.

Le couvert

■ **LES ALGUES MARINES**
8, place Pen er Pont
℡ **02 97 55 33 30**
Ouvert du mardi au dimanche le midi. Carte. Accueil des groupes (hors saison, jusqu'à 20 personnes sur réservation). Grand parking.
Voilà quarante ans que Madame Philippe vous accueille aux Algues Marines, établissement qui bénéficie d'un emplacement exceptionnel, les pieds dans l'eau sur la Ria d'Etel. Depuis toujours, il règne ici une convivialité et un esprit très familial, qui font que l'on s'y sent merveilleusement bien. Tout en admirant des expositions permanentes de peintures, vous y dégusterez des douceurs locales telles que des huîtres de la Ria, des langoustines selon arrivages, des crevettes, des moules-frites ainsi que du far breton et des glaces en dessert. Cerise sur le gâteau, c'est bon et c'est copieux, que demander de plus ? !

MORBIHAN

© THIBAUT – FOTOLIA

L'îlot de Nichtarguer, perle de la ria d'Etel

Emplettes

■ BISCUITERIE KERJEANNE – ATELIER DE PÂTISSERIE BRETONNE
26, route d'Auray
✆ **02 97 55 38 97**
Fax : 02 97 55 20 88
www.patisseriebretonne.fr
Basse saison : ouvert du mardi au vendredi de 8h à 13h et de 14h à 19h ; le samedi de 8h à 19h ; le dimanche de 8h à 12h30. Haute saison : tous les jours.

Les gourmands viennent ici depuis 1964 car ils sont sûrs d'y trouver leur bonheur grâce à un grand choix de biscuits, galettes, palets en boîtes avec des décors bretons, des sachets en vrac... Vous cherchez un quatre-quarts breton, un véritable gâteau breton, un far aux pruneaux, un kouign-amann (nature ou aux pommes), un gâteau breton caramel au beurre salé de Guérande Kälon Breizh ou encore un Belz ? Vous en avez ici. Si vous n'avez pas eu le temps de préparer un entremets, pas de soucis, il y en a des savoureux comme le saint-honoré, la forêt-noire ou le fest-noz avec des poires et du caramel. Les caramels ou crèmes de caramel au beurre salé ou encore les rochers des côtes feront de délicieux cadeaux tout comme un chocolat maison peint pour allier esthétisme et gourmandise. A noter que la maison a obtenu deux prix aux trophées de la gastronomie bretonne en 2009. Egalement, divers idées cadeaux et artisanat (composition bretonne, « A l'Aise Breizh », vaisselle « Bécassine », textile...) ou encore des produits « cuisine de la mer » issus de la gastronomie bretonne (rillettes de Saint-Jacques, de langoustines, d'ormeaux...).

Etel

Points d'intérêt

■ LA BARRE D'ETEL
Elle se situe entre la pointe d'Erdeven et la tourelle du Chaudronnier, qui mérite bien son nom par gros temps ! La barre est un phénomène naturel apparu au cours du siècle dernier et qui doit son nom à un banc de sable sous-marin. Cette accumulation sableuse se découvre partiellement à basse mer et se déplace au gré du vent

et des marées. Elle rend la navigation difficile, voire impossible certaines fois et même par temps calme le danger demeure. Le chenal est étroit, soit pas plus de 200 m à marée basse, et peu profond, soit moins de 2 m aux plus basses mers. Selon la légende, c'est sainte Brigitte à une époque lointaine qui lança du sable très loin dans la Ria, créant ainsi la dangereuse barre d'Etel. Elle voulait punir les habitants pour leur comportement peu chrétien. A ne pas manquer, le magnifique point de vue sur la mer et l'entrée de la Ria d'Etel

Le couvert

■ BIHAN CAFE
56, rue de la Libération ✆ **02 97 55 28 06**
tybihancafe@hotmail.fr
Ouvert toute l'année. Basse saison : du mardi au samedi le midi et le soir ; le dimanche midi. Ouvert 7j/7 du 1er juillet au 15 septembre. Menus de 12,50 € à 19,50 € (menu Matelot à 6 €). Accueil des groupes. Terrasse abritée de 50 couverts. Wifi gratuit.

On se sent un peu comme chez soi chez Bénédicte et dans son Bihan Café, bar-brasserie qui se situe en bas de la Grand Rue, entre les deux boulangeries. L'accueil de la maîtresse des lieux est particulièrement charmant, la décoration cosy et l'établissement dispose d'une terrasse abritée de 50 couverts. A la carte, de grandes salades repas comme la Gourmande (salade, toasts de foie gras mi-cuit, jambon sec, croûtons, gésiers chauds, tomate, sauce balsamique), des viandes grillées (bavette ou entrecôte), une tarte de Saint-Jacques et saumon, mais surtout, et c'est la grande spécialité, des moules de bouchots cuites et servies en cocotte (11 recettes différentes) telles que les moules Bihan au vin blanc, à l'andouillette bretonne, au persil et à la crème ou encore les Carbonara au vin blanc, lardons et crème. On peut également y venir pour boire et verre et découvrir les cocktails de la maison.

■ LA GOURMANDINE
3, rue du Moulin
Le Pont du Sach
✆ **02 97 55 49 75**
A 14 km d'Auray et de Carnac. En venant de Belz, situé à la première à gauche après le pont du Sach

Ouvert toute l'année. Basse saison : du vendredi au mercredi. Haute saison : tous les jours. Service continu de juin à fin septembre. Formule : 10 € (un verre de cidre, une galette de blé noir beurre, une galette complète, une crêpe beurre sucre. Midi et soir). Chèque Vacances, Chèque Restaurant. Accueil des groupes (jusqu'à 50 personnes sur réservation). Etablissement climatisé. Terrasse ensoleillée de 20 couverts. Parking privé. Wifi gratuit.

C'est avec beaucoup de gentillesse que Virginie et Jean-Pierre vous accueillent à « la Gourmandine », crêperie justement nommée qui a pris ses quartiers dans une jolie maison de maître des années 1930, avec vue sur le jardin et sur la rivière de Sach. Justement nommée parce qu'ici, on privilégie la qualité avant tout : les légumes sont issus de producteurs locaux, et on utilise également beaucoup de produits biologiques comme par exemple la farine, le lait, les œufs, le beurre ou encore les glaces. Entre autres spécialités de galettes, nous avons tout particulièrement adoré, gourmands que nous sommes, la Mortagnaise (boudin, compote de pommes), la Paysanne (poitrine fumée, fondue de poireaux, saucisse artisanale) et la délicieuse Saint-Jacques forestière avec champignons, lardons et crème fraîche. Côté crêpes, la Terroir (pomme poêlée, pomme au beurre salé maison et boule de glace vanille) nous a fait succomber... Original et on ne peut plus agréable aux beaux jours, la maison met à disposition de sa clientèle une piscine. Alors pensez à prendre votre maillot de bain !

■ **LE LAMPARO**
42, rue de la Libération
✆ **02 97 55 42 96**
Ouvert toute l'année. Du mardi au dimanche. Ouvert tous les jours pendant toutes les vacances scolaires. Service tardif. Menus de 13,50 € à 19,50 €. Chèque Vacances. Accueil des groupes (jusqu'à 45 personnes sur réservation).

Ce restaurant qui a pris ses quartiers dans une ancienne épicerie parisienne, est situé rue de la Libération, à quelques pas du port. A sa tête, Yvan, maître des lieux depuis 22 ans, vous invite à vous installer en salle ou sur l'une de deux terrasses – dont une de 14 couverts côté cour – pour découvrir une cuisine traditionnelle exécutée exclusivement avec des produits frais cuisinés maison. Brick à l'andouille et aux poireaux au beurre de cidre, morgates à l'armoricaine, saumon au sésame et au sirop d'érable, moules marinières, fruits de mer (sur réservation), entrecôte grillée sans oublier l'incontournable far breton et son coulis de pruneau au calva et au chouchen font partie des classiques de la maison.

■ **LE QUAI 12**
12, cours des Quais
✆ **02 97 35 42 46**
quai-12@orange.fr
Ouvert du jeudi au lundi le midi et le soir ; le mardi midi. Menus de 19 € à 34,50 €. Formule du midi : 11,50 € (entrée-plat ou plat-dessert et formule entrée-plat-dessert à 14 €). Chèque Vacances, Chèque Restaurant. Accueil des groupes (salle panoramique à l'étage pour groupes jusqu'à 40 personnes pour repas d'affaires,

famille, séminaires avec menus selon budget). Terrasse 30 couverts.

Ancré au port de plaisance, l'établissement de Madame et Monsieur Kergal offre une vue panoramique sur la ria d'Etel. La carte, à la hauteur des lieux, déroule ses incontournables entre comme le foie gras maison, les palourdes farcies, la choucroute de la mer, les poissons de la criée (filet de lieu, merlu au beurre blanc), le tournedos de magret de canard sauce fruits rouges, ses fromages du Champs du Treffle à Erdeven ; et affiche ses grandes spécialité que sont les assiettes et les plateaux de fruits de mer, sans oublier les desserts parmi lesquels le far breton ou le fraisier par exemple. Une délicieuse cuisine entre terre et mer qui fait encore saliver nos papilles conquises.

La Roche-Bernard

L'origine de la ville qui fait partie de l'Association des cités de caractère et a reçu pour son dynamisme le label Meilleure initiative en 1999, remonte au Xe siècle, où un Viking, Bern Hart (fort comme un ours) bâtit son donjon sur le promontoire rocheux qui domine la Vilaine. La bourgade, créée par des gens du Nord, aura donc pour nom La Roche-Bernard. Le territoire deviendra la baronnie de la Roche-Bernard, où la féodalité s'organise et où se développent les activités portuaires. Jusqu'à la Révolution, c'est l'une des plus puissantes baronnies de Bretagne, mais la Réforme de 1790 et le découpage départemental réduisent son influence. Les ruelles des vieux quartiers sont d'agréables lieux de promenade : place du Bouffay, rue de la Saulnerie ou le chemin du Ruicard, qui conduit au château de Basses-Fosses abritant le musée de la Vilaine maritime... La promenade du Ruicard offre une belle vue sur le vieux port. Une commune à l'histoire riche, à admirer directement dans ses rues, sur son port ou, pour prendre de la hauteur, de son ancien pont suspendu au-dessus de la Vilaine.

■ **OFFICE DU TOURISME DU PAYS DE LA ROCHE BERNARD**
14, rue Docteur-Cornudet
✆ **02 99 90 67 98**
www.tourisme-pays-la-roche-bernard.fr

Points d'intérêt

■ **CHAPELLE SAINTE-ANNE**
✆ **02 99 91 84 33**
L'édifice actuel date du XVIe siècle et a été entièrement restauré au XIXe siècle puis dans les années 1980. L'intérêt du lieu est essentiellement historique, puisqu'il est directement lié à l'histoire du protestantisme à La Roche-Bernard. La chapelle comporte deux portes dont l'une est murée. Refusant d'emprunter la même porte que les catholiques – et passer ainsi sous une représentation de la Vierge – les protestants auraient construit une nouvelle porte. Quand la chapelle est revenue au rite catholique, ceux-ci ont décidé de se venger en la condamnant.

■ **Dans les environs** ▬▬▬▬▬▬

Pénestin

A l'embouchure de la Vilaine, Pénestin est quasiment bordée comme une presqu'île par la rivière au nord et par l'océan au sud. 25 km de côte, cela fait rêver... Des hommes ont vécu à Pénestin dès la préhistoire, plusieurs vestiges mégalithiques en témoignent, telle la Pierre Blanche, gros menhir de quartz de 4 m de hauteur à la pointe du Scal. Les Phéniciens entreposaient sans doute ici les cargaisons d'étains en provenance des îles anglaises des Scilly (d'où l'étymologie du lieu). Les Gaulois, habiles forgerons, ont laissé à Pénestin des traces de leur industrie du fer. Le nom de la commune de Férel trouve là son origine. A la fin du premier millénaire, Pénestin a connu de sanglantes incursions normandes. Les drakkars ont remonté plusieurs fois la Vilaine au-delà de Redon. A la Révolution française, lorsque furent découpés administrativement nos territoires en communes et départements, le cours de la Vilaine devait représenter la limite entre le Morbihan et la Loire-Atlantique. Mais l'Ille-et-Vilaine ayant obtenu le rattachement de Redon, le Morbihan reçut en compensation sept communes de la rive gauche, formant depuis le canton de La Roche-Bernard. Pénestin a échappé au remembrement, ce qui explique le charme intact de ses haies et de ses chemins creux longeant les marais et le bois, dont la proximité fait tout le délice de ce paysage. Profitez de vos balades pour découvrir les maisons anciennes aux escaliers extérieurs des villages de Pénestin, comme Couarne, Trébestan, Rochefort ou le Haut-Pénestin.

■ **OFFICE DU TOURISME**
Allée du Grand-Pré
✆ **02 99 90 37 74**
www.penestin.com
Basse saison : ouvert du lundi au samedi de 10h à 12h30 et de 13h30 à 18h ; les jours fériés de 9h30 à 12h30. Haute saison : du lundi au samedi et les jours fériés de 9h30 à 13h et de 14h à 19h ; le dimanche de 9h30 à 13h.
L'office de tourisme de Pénestin assure la réservation de vos croisières sur la Vilaine, dans le Golfe du Morbihan ou pour Belle-île, Houat ou Hoëdic ; vous fait bénéficier de certains tarifs préférentiels (jusqu'à -2 € / billet sur certain parc) ; met à votre disposition toute l'année une borne internet et wifi (comptez 1€ le quart d'heure sur la borne et 2 € l'accès wifi pour la journée). Bon à savoir, toute prestation réglée à l'office de tourisme peut se faire par carte bancaire et que les Chèques Vacances sont acceptés.

■ **LA MAISON DE LA MYTILICULTURE**
15, rue du Port-Tréhiguier
✆ **02 99 90 33 11**
Ouvert tous les jours pendant les vacances scolaires et le week-end de mai à juin. Gratuit jusqu'à 7 ans. Adulte : 3,70 €. Enfant (de 7 à 12 ans) : 2,70 €.
A l'entrée de Tréhiguier, cet ancien phare qui appartenait à la mairie est devenu le lieu d'exposition de la vie des moules de bouchot et de l'histoire du mytiliculteur appelé aussi « Paysan de la mer ». Depuis la fin du siècle dernier, il s'agit d'une activité importante de

Pénestin. Dans des salles sous-marines, vous partagerez l'activité quotidienne des mytiliculteurs à travers vidéos, reconstitution grandeur nature, outils, photographies et maquettes ; et pourrez même glaner quelques recettes incontournables !

Rochefort-en-Terre

La situation géographique de Rochefort-en-Terre, sis sur un éperon rocheux dominant des gorges profondes, a fortement influencé la vie de la cité. Rochefort se trouvait être en outre une voie de passage stratégique menant de La Roche-Bernard vers Malestroit et Josselin... Les Romains le comprirent très vite et édifièrent sur le site villas, temples et camp fortifié. Au Moyen Age, la motte féodale qui remplace le castrum romain s'enrichit rapidement d'un donjon et peu à peu, à l'ombre du château, œuvre des seigneurs de Rochefort, un nouveau bourg prend son essor. Mais la trop grande notoriété de la famille de Rochefort vaut à la place forte d'être démantelée à deux reprises en 1488 et en 1594. Le château sera reconstruit au XVIIe siècle, mais les Chouans le démolissent à nouveau pendant la Révolution. Le bourg poursuit cependant son développement et autour de 1900, le tourisme (déjà !) fait son apparition, attirant ici paysagistes et artistes divers. Parmi eux, le peintre américain Alfred Klots : il rachète les ruines du château et s'installe dans les communs qu'il transforme en magnifique manoir breton. En 1911, le peintre américain crée à Rochefort le premier concours de maisons fleuries, contribuant à affirmer la vocation touristique du bourg. Depuis, Rochefort est toujours aussi fleurie, ce qui lui vaut d'être classée hors concours depuis 1967 ! En 1978, le château a été racheté par le département du Morbihan et plus de 80 maisons anciennes ont été restaurées dans un rayon de 20 km. Désormais, Rochefort-en-Terre fait partie du circuit des Petites cités de caractère.

Points d'intérêt

■ **LE CHÂTEAU-MUSÉE**
Le Bourg
✆ **02 97 43 31 56**
Fermé d'octobre à avril.
Le château de Rochefort-en-Terre, propriété du département, construit sur une plateforme rocheuse, domine le bourg. Il fut au Moyen Age le siège d'une importante et illustre seigneurie. Il appartint aux familles de Rochefort, puis de Rieux, qui jouèrent un rôle éminent dans l'histoire du Duché de Bretagne aux XVIe et XVe siècles. Le château actuel fut, au début du siècle, restauré avec goût par le peintre américain Alfred Klots, à partir d'éléments extérieurs rapportés. Il abrite une collection de meubles anciens, d'objets d'art et de peintures d'Alfred Klots et de son fils Trafford. Près du château, un musée est consacré à l'Histoire et aux traditions locales. Par ailleurs, une partie du musée est consacrée chaque année à une exposition sur la peinture américaine. Le visiteur peut également découvrir une partie des jardins. Suite à une décision du Conseil Général du Morbihan, propriétaire,

et pour des raisons de sécurité, le château, le musée et le parc ont été fermés au public toute la saison 2012. Se renseigner pour la saison 2013.

Le couvert

■ LA PETITE BRETONNE
8, rue Porte Cadre
☏ **02 97 43 37 68**
Ouvert le lundi, le mardi et du jeudi au samedi le midi et le soir ; le dimanche soir. Petite terrasse de 10 couverts d'avril à septembre.
Située face à l'église, cet établissement 100 % crêperie à la décoration colorée, chaleureuse et à l'ambiance familiale est labellisée Crêperie Gourmande depuis 2007. L'hiver, vous apprécierez de vous réchauffer auprès d'un agréable feu de cheminée tandis que d'avril à septembre, une petite terrasse vous tend ses tables. Parmi les spécialités de la maison, essayez par exemple l'éponyme Petite Bretonne (andouillette, oignons cuisinés au cidre) ou la Trikell (trio de galettes sur lit de salade) côté salé ; l'Aumônière (pommes, glace vanille, crème de mûre maison, Chantilly) ou le Doudou (banane, chocolat maison, glace noix de coco, Chantilly) côté crêpes. Accueil charmant, très bon rapport qualité-prix.

■ **Dans les environs**

Questembert

Cette cité aux origines médiévales, située au cœur d'une région de châtaigniers, est célèbre dès 888 avec la victoire d'Alain Le Grand, roi de Bretagne, contre les Normands. Selon la tradition, les croix qui jalonnent les voies marqueraient le lieu de cette bataille. Un monument est consacré à Alain le Grand à l'hôtel de ville.

Depuis cette époque glorieuse, la ville s'est enrichie de maisons de style (XVᵉ et XVIᵉ siècles) et surtout de Halles datées de 1552, dont la remarquable charpente, classée, vaut à elle seule une visite. Restaurées une première fois en 1675, elles ont fait l'objet d'une rénovation complète (couverture et charpente) l'année dernière. Jérôme de Carné, créateur des foires de Questembert en est à l'origine. Elles sont par ailleurs les seules subsistantes en Bretagne, avec celles du Faouët dans le Morbihan et celles de Plouescat dans le Finistère. L'histoire de la région de Questembert est particulièrement riche et brillante : ayant préservé son indépendance grâce à la victoire de Nominoë sur les francs en 845, les Questembertois et leurs alliés repoussèrent aussi les Vikings normands et purent jouir d'une paix qui leur permit, trois siècles avant le reste de la France, d'affranchir les serfs. Mais le pays porte la cicatrice des guerres de la chouannerie, particulièrement sanglantes et marquées par les atrocités de la colonne infernale de Le Batteux, après la résistance acharnée à la République. La Paix ne revient dans le canton qu'après 1815.

■ ROCHEFORT EN TERRE TOURISME
15, rue des Halles
☏ **02 97 26 56 00 / 0**
www.rochefortenterre-tourisme.com
Rochefort-en-Terre et Questembert sont d'adorables petites cités récompensées par divers prix. Afin de vous faire découvrir la richesse de son patrimoine, l'office de tourisme propose des visites guidées pour les groupes tout au long de l'année. A ne pas manquer : la Collégiale du XVIᵉ siècle, les maisons moyenâgeuses, l'ancien lavoir, le château et son musée, les artistes et artisans, les boutiques, les croisières sur le golfe de Morbihan...

▶ **Autre adresse :** 7, place du Puits – Rochefort-en-Terre

Voilier sur l'eau à La Roche-Bernard

Vannes

Vannes, ville préfecture, chef-lieu du Morbihan, est à une heure de Rennes, Nantes, Quimper et Saint-Brieuc, à trois heures et demie de Paris par l'autoroute, trois heures par TGV, une heure par avion. Elle est aussi à une heure et demie, par voie express de l'aéroport de Nantes, à 30 minutes de celui de Lorient. Vannes est entourée immédiatement de Séné et Arradon au sud, de Theix à l'est, de Saint-Avé et Plescop au nord et de Ploeren à l'ouest.

Pour s'y rendre

■ **COMPAGNIE DU GOLFE**
Gare maritime Parc du Golfe
✆ **02 97 01 22 80**
www.compagnie-du-golfe.fr
Horaires, tarifs et réservation sur le site internet et au 02 97 01 22 80. Le Tour du Golfe avec ou sans escale à partir de 15 € par adulte. Traversée vers Belle-Ile en Mer : AR 30 €/adulte dans la journée.
Pour une journée inoubliable, partez à la découverte de l'une des plus belles baies du monde... La Compagnie du Golfe vous propose d'avril à septembre des croisières découvertes commentées au départ de Vannes et de Port-Navalo (Arzon), avec ou sans escale à l'Ile d'Arz et/ou l'île aux Moines. Vous pouvez également poursuivre l'aventure jusqu'à la plus grande des îles bretonnes, en embarquant avec la Compagnie du Golfe à Vannes ou à Port-Navalo (Arzon) vers Belle-Ile-En-Mer. Une fois le pied posé à le Palais, appréciez toutes les facettes de l'île aux mille visages...

Points d'intérêt

Musées

■ **LE MUSEE D'HISTOIRE ET D'ARCHEOLOGIE**
Château Gaillard
2, rue Noé
✆ **02 97 01 63 00**
Basse saison : ouvert tous les jours de 13h30 à 18h. Haute saison : tous les jours de 10h à 18h. Gratuit jusqu'à 18 ans. Adulte : 4,40 € (6,20 € pour les deux musées). Chèque Vacances.
Château-Gaillard a accueilli le parlement de Bretagne au XVe siècle et est aujourd'hui dédié à la conservation des témoignages de l'histoire et de la préhistoire. Dans ce musée, les deux premières salles seulement sont consacrées à la préhistoire et la protohistoire, la plupart des objets exposés provenant de fouilles effectuées avant 1940 sur les lieux mégalithiques voisins. Parmi les pièces remarquables, une série de quatre colliers du mésolithique (Hoëdic, 1924), une hache cultuelle en chloromélanite du néolithique, unique en Europe, et une pyramide de lingots, dépôt de fondeurs du bronze final. Leur succède la salle du gallo-romain, nantie d'un impressionnant couvercle de sarcophage égyptien du IXe siècle avant Jésus-Christ, puis l'on grimpe quelques marches pour un bond en avant de plusieurs siècles en débouchant sur le Cabinet des pères du désert et ses 54 panneaux de bois peints du XVIIe siècle. La dernière salle présente une intéressante série d'ivoires et albâtres anglais du XVe siècle et, plus loin, sur fond de bibliothèque (contenant des ouvrages remontant au XVIe siècle) une collection d'armes blanches du plus bel effet, telles ces épées gravées Louis XVI.

Balades, flâneries

■ **L'AQUARIUM DE VANNES**
21, rue Daniel-Gilard
✆ **0810 40 69 01**
www.aquarium-du-golfe.com
A la sortie du port de Vannes, à trois minutes du centre ville en direction de la presqu'île de Conleau, à côté des embarcadères pour les îles, se trouvent deux établissements consacrés, l'un à la faune aquatique, l'autre aux papillons.
Ouvert tous les jours toute l'année sauf le 25 décembre et le 1er janvier. De 14h à 18h d'octobre à mars, de 10h à 12h et de 14h à 18h en avril, mai et septembre et de 9h à 19h30 en juillet et août. Gratuit jusqu'à 4 ans. Adulte : 12 € (12 ans et plus). Enfant (de 4 à 11 ans) : 8,40 €. Visite combinée avec le Jardin aux Papillons : adultes 17,50 € et enfants 12,30€. Une salle de 120 personnes est à votre disposition pour séminaires ; cocktails, événements...
L'Aquarium du golfe abrite un beau rêve de gosse concrétisé en 1984 par Denis Konnert. Passionné de la nature, l'eau et ses animaux, il fut le premier en France à concevoir et réaliser un grand aquarium ouvert au public. La 1re galerie est consacrée aux poissons du golfe du Morbihan et de l'Atlantique : bars, dorades, homards, seiches, balistes – nouvel hôte du golfe qui vient d'Afrique – ou l'hippocampe, espèce que les biologistes de l'aquarium tentent de sauver grâce à un élevage expérimental. La 2e galerie abrite une riche collection de poissons des récifs coralliens tropicaux tels que poissons anges, poissons papillons, archers ou autres clowns à l'instar de Némo. La 3e galerie évoque les eaux douces tropicales des grands lacs africains et de l'Amazone. Vous y découvrirez des poissons surprenants : piranhas, poissons chats, anguilles électriques capables d'électrocuter un homme... Enfin, dans un grand bassin de 110 m³ évoluent 5 requins à ailerons noirs et 3 tortues marines. Et le clou du spectacle, c'est le crocodile du Nil trouvé en 1983 dans les égouts de Paris et confié à Denis Konnert par le Muséum d'histoire naturelle. Il a depuis beaucoup grandi... Bonne plongée !

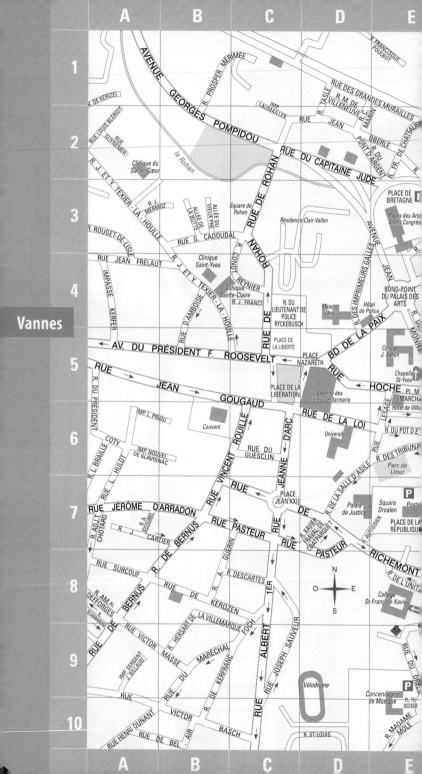

Index des rues de Vannes

■ LE JARDIN AUX PAPILLONS
21, rue Daniel-Gilard ✆ **0810 40 69 01**
Fax : 02 97 40 54 40
www.jardinauxpapillons.com
Fermé d´octobre à mars. Ouvert en avril et septembre de 14h à 18h ; en mai et juin de 10h à 12h et de 14h à 18h ; en juillet et août de 10h à 19h. Gratuit jusqu'à 4 ans. Adulte : 10 €. Enfant (de 4 à 11 ans) : 6,90 €. Visite combinée avec l'Aquarium : adultes 17,50 € et enfants 12,30 €.
A 100 mètres de l'aquarium, le Jardin aux papillons offre un spectacle aérien et végétal car tous les étés, entre le 1er avril et le 30 septembre, il accueille parmi ses fleurs des centaines de papillons tropicaux en liberté. La serre de 500 m² est devenue au fil des ans un magnifique jardin tropical où se côtoient une multitude de fleurs. Chaque semaine 400 chrysalides arrivent dans la serre où elles achèvent leur mue dans un éclosoir exposé au public. Ainsi les visiteurs deviennent les témoins de l'éclosion émouvante des papillons. En se promenant dans les allées, entre lianes et arbustes fleuris, ils croisent le vol des papillons affairés à butiner leurs fleurs préférées. Au cours de la balade dans cet Eden reconstitué il n'est pas rare d'en observer certains qui se posent délicatement sur un bras ou une épaule se prêtant quelques instants à une observation rapprochée. Un conseil pratique : les papillons sont très actifs en pleine lumière, il est donc préférable de visiter ce Jardin aux papillons un jour de grand soleil entre 10 h et 17 h. Par temps gris, ou le soir ils sont toujours là mais il faut les chercher sous les feuilles où ils s'abritent. Bonne découverte !

■ VISITER LES JARDINS
Vannes est aussi une ville jardin avec 150 ha d'espaces verts, 6 000 m² de massifs fleuris et 9 000 arbres. Voici quelques jardins à ne pas manquer : les jardins à la française au pied des remparts, les espaces verts du parc de Trussac (place Anatole-France), le jardin à quatre étages de l'hôtel de Limur (entrée par la rue des Tribunaux), les espaces verts du parc du golf avec son célèbre aquarium. Le Pays de Vannes compte sur ses terres de nombreux sentiers de randonnée. Quantité de chemins côtiers, pédestres et cyclables, sont également aménagés pour des balades plus sportives. Deux itinéraires sont proposés : celui de la rive droite du port qui s'oriente vers la partie maritime de la ville, et celui de la rive gauche du port qui conduit vers Vannes et ses jardins. L'office du tourisme organise un dimanche après-midi par mois une randonnée au pays de Vannes. Autour d'un guide et d'un conférencier, ces balades sont l'occasion de découvrir sur le terrain l'histoire et les richesses de la ville.

Le couvert

■ LE BOUDOIR
45, rue de la Fontaine
✆ **02 97 42 60 64**
Fax : 02 97 42 59 71
www.restaurantleboudoir.com
Ouvert le lundi, le mardi et du jeudi au samedi. Menus de 23 € à 52 €. Menu enfant : 12 €. Formule du midi : 17 € (entrée-plat ou plat-dessert). Accueil des groupes.

On se sent bien, immédiatement, dans la décoration cosy et du meilleur goût de ce restaurant, dans lequel vous accueillent Sandrine Vinet-Couchevellou et Emmanuel Codary, le chef. Dans l'une des trois salles qui composent l'établissement, vous partirez à la découverte d'une cuisine de saison, raffinée et élégante, soigneusement travaillée par un chef qui aime associer algues et fleurs, un chef qui a le goût du vrai et du frais, puisque tous les produits qu'il utilise sont des produits du terroir local d'une fraîcheur irréprochable. En vedette, aiguillettes de canard marinées au sirop d'érable et vinaigre de mangue, poêlée de champignons ; homard bleu décortiqué, bisque aux algues et nage de fruits, sirop à la fleur d'hibiscus, crémeux à la vanille et coque meringuée. A noter également que la maison propose des plats sans gluten. Le Boudoir propose des ateliers culinaires pour adultes en partenariat avec une nutritionniste. Une belle adresse gourmande à découvrir sans modération, adresse qui a obtenu depuis 2010 le label de qualité Restaurant du Terroir, et qui fait partie depuis février 2012 du Club des Chefs du Morbihan qui regroupe 19 adresses.

■ BUDDY BREIZH
8, rue Closmadeuc
✆ **02 97 54 10 50**
Basse saison : ouvert le lundi et le mercredi le midi ; du jeudi au dimanche le midi et le soir. Haute saison : tous les jours. Formule du midi : 11,60 € (en semaine). Accueil des groupes (jusqu'à 20 personnes sur réservation). Anglais et japonais parlé. Carte également en anglais et en japonais.
Dans cet établissement, on prône la qualité avant tout. Tout y est frais, cuisiné maison et on se fournit principalement auprès de producteurs locaux. On peut ajouter à cela également que tous les fromages sont au lait cru, que les gruyères sont suisses et que les crêpes et les galettes sont tournées à la demande et à la minute, ce qui demande donc quelques instants de patience. Parmi les spécialités, essayez par exemple la délicieuse Saumon (saumon fumé artisanal, crème de ferme, ciboulette, citron) côté galette de sarrasin et la Tout caramel (caramel au beurre salé, glace artisanale au caramel au beurre salé, Chantilly maison) côté crêpe de froment. Le soir, vous pourrez également vous délecter d'une bonne potée bretonne mijotée chaque jour avec soin. Adresse à découvrir.

■ CAFÉ DE CONLEAU
Presqu'île de Conleau ✆ **02 97 63 47 47**
Ouvert toute l'année. Tous les jours le midi et le soir. Menus de 15,90 € à 20,90 €.
Pour les marcheurs affamés ayant usé leurs semelles sur le sentier de la pointe des Emigrés, Le Café de Conleau est l'endroit idéal pour une petite escale face à la mer. Situé tout près du Roof, c'est le même propriétaire, mais pratiquant des prix plus abordables, ce restaurant aux tons jaunes et bleus propose de nombreuses variétés de plats à base de produits de la mer : aile de raie aux câpres, sole meunière ou encore bar grillé. On se régale en contemplant le golfe et sous la véranda, lorsqu'il fait beau, le plaisir est encore plus doux, hiver comme été. A noter, service en terrasse face au golfe l'été et bon à savoir, le parking du Roof est gratuit pour les clients de la brasserie. Enfin, le service et l'accueil sont irréprochables.

Jardin au pied des remparts de Vannes
© SHOENBERG – FOTOLIA

■ CHEZ LA MÈRE 6 SOUS
11, rue de Closmadeuc
℡ 02 97 01 93 67

Basse saison : ouvert du mardi au samedi. Haute saison : tous les jours. Accueil tardif jusqu'à 22h30. Menus de 14,20 € à 15,60 €. Formule du midi : 9 € (10,90 € et 11,90 €). Chèque Vacances, Chèque Restaurant. Accueil des groupes (jusqu'à 40 personnes sur réservation).
Petite impasse haute en couleurs tapissée d'ardoises aux propositions variées : flammeküeches, pizzas, salades, saucisses lentilles… La composition des décors dans les deux salles laisse rêveur, sur un fond bordeaux se détachent les fichus orangés des guéridons, des objets de brocante comme ce vieux landau de bébé rempli de géraniums et des affiches d'époque. A votre arrivée, un serveur en canotier vous place à une table de bistrot sur un air d'accordéon, flonflons ! Ne vous déplaise, en savourant sa fameuse andouille-purée, sa brandade de poissons, son hachis parmentier, sa marinade de saumon, ses poissons grillés (Saint-Jacques…), son assiette bretonne ou encore sa pomme au four au caramel au beurre salé maison, nous avons retrouvé l'esprit de cette bonne vieille Mère 6 Sous ! Un détour par les toilettes vous rappellera quelques souvenirs d'antan. Très bon rapport qualité-prix !

■ CRÊPERIE LA BRETONNE
5-7, Place Stalingrad
℡ 02 97 61 95 36 / 06 60 21 65 28
creperielabretonne@gmail.com

Basse saison : ouvert du mardi au samedi ; le dimanche soir. Service tardif le week-end. Plat du jour : 9 € (formule plat du jour + dessert à 12,90 € et formule galette à 12,90 € (galette classique + crêpe classique + café). Midi et soir sauf le week-end). Accueil des groupes (jusqu'à 45 personnes sur réservation).
Félix et Tony ont ouvert la crêperie Bretonne le 16 mars 2011. Dans cet établissement, situé à côté de l'étang du Duc, tout est frais et cuisiné maison. Parmi les spécialités de galettes, on notera, entre autres, celle aux sardines

grillées ou encore la Bretonne (fromage, lamelles de pomme de terre, andouille, pommes rissolées et sauce moutarde à l'ancienne) et côté crêpe la « Jeepster » (pommes rissolées, Grand Marnier, caramel au beurre salé) a eu notre préférence. Au menu également, des salades repas sans oublier tous les desserts maison. Les plus de maison : plusieurs fois par an on organise des bœufs musicaux (concert de jazz…) et pour vos réceptions, une salle est à votre disposition gratuitement. Très bonne adresse à découvrir.

 DAN EWEN
3, place Général-de-Gaulle
℡ 02 97 42 44 34
www.danewen.fr

Basse saison : ouvert du mardi au samedi. Haute saison : du lundi au samedi. Service tardif le week-end et en saison. Réservation recommandée. Menus de 10,90 € à 17 €. Formule du midi : 9,50 €. Carte. Accueil des groupes (jusqu'à 50 personnes sur réservation).
Ici, les galettes sont fabriquées à la demande devant le client, avec une farine de blé noir soigneusement sélectionnée. « La Patern » (andouille, pomme de terre, oignons, champignons, emmental, salade) et la « Corentin » (fruits de mer à la bisque de homard, persil, pommes de terre) sont à tomber tandis qu'entre autres spécialités de crêpes, la « Korrigans » ont fait craquer nos papilles. La maison propose également de copieuses salades telle que la Fisel (salade, pommes de terre tièdes, lardons chauds à la crème), des omelettes cuites sur les galletoires ou encore des coupes de glace à vous faire fondre de bonheur… La déco, est réussie, on se croirait presque dans une vieille taverne bretonne, aux poutres apparentes, et à la cheminée en pierres. De vieilles photographies en noir et blanc rappellent aux convives à quoi ressemblait la vie en Bretagne au début du siècle précédent, soit le XXe siècle ! Les objets sont bretons jusqu'à la soucoupe métallique où l'on vous dépose l'addition. L'établissement est labellisé « Crêperie Gourmande » depuis 2009.

La presqu'île de Conleau

■ LA DOLCE VITA
23, place du Général de Gaulle
✆ 02 97 61 94 27
www.ladolcevita-bistro-italien.com

Ouvert le lundi et du jeudi au samedi le midi et le soir ;
le mardi et le mercredi le midi. Formule : 11,70 € (midi
et soir). Chèque Vacances. Accueil des groupes (jusqu'à
12 personnes sur réservation). Terrasse. Wifi gratuit.
C'est dans le quartier Saint-Patern que Serge et Jamy
ont ouvert le 21 avril 2011, la Dolce Vita, leur restaurant italien dans lequel tout est fait maison, avec des
produits en provenance directe d'Italie, dans la plus
pure tradition. A la carte, vous aurez le choix entre
tapas et spécialités italiennes comme en témoignent
les suggestions de la semaine comme par exemple
le parmigiana d'aubergines, le suprême de poulet au
mascarpone, le cotechino (saucisse italienne) et gâteau
de pomme de terre ou encore la torta Barozzi, gâteau
au chocolat, amandes et café. Une adresse conviviale
et ensoleillée, particulièrement appréciée des amateurs
de cuisine italienne.

■ LA GOURMANDIÈRE D'OLIVIER SAMSON
Lieu-dit Poignant ✆ 02 97 47 16 13
www.la-gourmandiere.fr
Ouvert le lundi et du jeudi au samedi de 19h à 21h ; le
week-end de 12h à 19h30. Menus de 50 € à 69 €.
Formule du midi : 25 €.
Qu'on se le dise, Olivier Samson est de retour au pays
(il est originaire de Loudac) et avec lui, gageons que La
Gourmandière se hisse très vite sur le podium des grandes
tables de Vannes. Olivier n'est pas un débutant, il était
auparavant chef à La Réserve de Beaulieu et auréolé de
nombreuses récompenses qui se sont venues saluées
son travail sans oublier quelques années passées chez
Anne-Sophie Pic à Valence. Excusez du peu, voilà un CV
rassurant. Son talent a d'ailleurs été récompensé d'un
Macaron Michelin en mars 2012. Dans cette longère, il
a, avec sa compagne, Aurélia, aménagé deux établissements. D'un côté, un bistrot. De l'autre, un gastro.
En un seul mot, bluffant. Menu uniquement au gré
du marché et avec des produits de saison. Adresse
incontournable à Vannes.

■ LE GRAIN DE SEL
13, rue des Halles ✆ 02 97 54 37 41
www.legraindesel56.com
Ouvert le mardi et le dimanche le midi ; du mercredi au
samedi le midi et le soir ; le midi et le soir. Menus de 18 €
à 25 €. Formule : 14 €. Accueil des groupes (jusqu'à
45 personnes sur réservation). Terrasse.
Cet établissement propose une cuisine traditionnelle
dans deux salles ou en terrasse aux beaux jours. Ici, tout
est frais et cuisiné maison. En spécialités on trouve par
exemple des rillettes de duo de saumons à l'aneth citron
confit et gingembre, un filet de saint-pierre au citron vert,
un curry d'agneau aux raisins blonds et riz à l'indienne,
un fondant tiède au chocolat et crème anglaise. Ici, on
se sent comme chez soi. Le service est rapide, la cuisine
excellente, l'accueil chaleureux et l'accès Wifi est gratuit.
Service tardif en saison. Une bonne adresse !

■ LE K'19
19, rue de la Boucherie
✆ 02 97 61 50 90
www.lek19.fr

Ouvert du mardi au samedi. Menus de 22,50 € à 28,50 €.
Plat du jour : 9,90 € (formule entrée-plat ou plat-dessert
à 12,90 € et formule entrée-plat-dessert à 15,90 €. Le
midi en semaine). Chèque Restaurant. Accueil des groupes.
Terrasse côté jardin de 10 couverts.
Situé en centre-ville près du Monoprix, ce nouveau
restaurant ouvert depuis le 22 mars 2012 vous propose
de déguster une cuisine traditionnelle raffinée, dans une
déco très réussie. Ici, tout est frais et cuisiné maison et la
carte offre de petits délices tels que le tartare aux deux
saumons, la brochette de Saint-Jacques rôties et boudin
noir, le tournedos de langoustines, l'entrecôte VBF de
300 grammes avec ses frites maison sauce béarnaise
ou poivre de Séchouan ou encore la tatin façon K19. La
petite terrasse côté jardin est très agréable et l'accueil
des plus charmants. A découvrir.

■ KALON BREIZ
6, rue Pierre-René-Rogue
✆ 02 97 54 27 20
Ouvert tous les jours. Accueil tardif. Menu enfant :
8,80 €. Formule : 12 € (et 13,50 €, midi et soir).
Chèque Restaurant. Salle à l'étage.
Le Kalon Breiz a changé de mains et de nouveaux maîtres
des lieux vous y accueillent depuis le 8 avril 2011. Dans
cette crêperie-grill-saladerie, vous pourrez choisir de vous
sustenter de galettes comme la Gwened (andouille de
Guéméné et pommes chaudes) ou la Kalon Breiz (saucisse
artisanale, oeuf et emmental), de crêpes telle que la
gourmande Tatin (pomme chaude, caramel au beurre
salé maison et amandes) ou encore de salades repas. Le
tout accompagné pourquoi pas d'un petit cidre bouché,
fermier ou à la pression. Accueil des plus sympathiques.

■ AU PECHE MIGNON
Quartier Saint-Patern
6, place Général-de-Gaulle ✆ 02 97 54 01 18
www.aupechemignon.net
Ouvert du lundi au samedi le midi et le soir jusqu'à 22h30.
Ouvert le dimanche midi sur réservation. Menus de 24 €
à 29 €. Formule du midi : 12,50 € (12,90 € et 15 €).
Chèque Restaurant. Accueil des groupes (sur réservation).
12 couverts en terrasse.
Situé au cœur du quartier Saint-Patern, près de la
préfecture et en face de la crêperie Dan Ewen, ce
beau restaurant repris par Perrine et Nicolas depuis
le 25 septembre 2010, est une véritable invitation à la
gourmandise... Vous serez sous le charme d'une cuisine
du marché fait maison avec des produits 100 % frais qui
respectent le cours des saisons. Médaillon de foie gras et
magret fumé, marbré de chèvre au saumon fumé et son
coulis de poivrons au citron vert, noix de Saint-Jacques
au chorizo, magret de canard aux figues avec son écrasé
de pomme de terre et son flan de légumes sans oublier
tous les desserts maison comme par exemple le cœur
coulant au chocolat sont autant de péchés mignons
auxquels il est bon de succomber !

■ PIZZA DEL ARTE
Parc Lann – 37, rue de Gay Lussac
℃ 02 97 62 00 00 – www.delarte.fr
Ouvert tous les jours. Menu Presto : 10,10 €. Menu Del Arte : 14,10 €. Menu enfant Angelo : 5,90 €. Accueil des groupes (jusqu'à 60 personnes sur réservation). Vente à emporter. 180 couverts en salle et 75 couverts en terrasse. Grand parking privé.

Est-il encore nécessaire de présenter cette enseigne incontournable de la restauration italienne ? Dans le restaurant de Vannes, à la décoration très chaleureuse style villa toscane, on privilégie la chaleur de l'accueil, ainsi que la constance des produits et de la carte. A la carte justement, vous avez par exemple le choix entre une farandole d'antipasti, des plateaux de charcuterie italienne, des escalopes milanaises, des tagliatelles à la sicilienne, des pizzas maison (20 à la carte préparées à la commande et devant le client), des assortiments de fromages italiens et bien sûr l'incontournable tiramisu, entre autres. Le tout accompagné d'une belle carte de vins italiens, à consommer avec modération. Bon à savoir, sur présentation du ticket du Cinéville, la maison vous accordera une réduction de 20 % (hors menu). Excellent rapport qualité-prix.

■ LA P'TITE SOURIS
36, rue du Port ℃ 02 97 47 15 90
Ouvert du lundi au samedi. Menus de 21 € à 27 €. Formule du midi : 12,50 € (entrée-plat ou plat-dessert et formule entrée-plat-dessert à 15,50 €. En semaine). Chèque Vacances, Chèque Restaurant. Accueil des groupes (accueil de groupes jusqu'à 25 personnes sur réservation). 3 salles. Anne-Sophie en salle et Régis le chef vous accueillent depuis le 7 juillet 2012 à la P'tite Souris, restaurant composé de trois salles, où l'on déguste avec plaisir une bonne cuisine du marché mitonnée exclusivement avec des produits frais. Crumble de noix de Saint-Jacques, foie gras poêlé, filet de bar grillé à la plancha, dorade royale farcie aux agrumes, magret de canard au jus de miel et framboises ou encore tiramisu breton – à consommer sans modération – sont quelques succulences à découvrir parmi d'autres.

■ LE ROSCANVEC
17, rue des Halles ℃ 02 97 47 15 96
www.roscanvec.com
Ouvert du mardi au samedi de 19h à 21h ; du mercredi au dimanche de 12h à 13h30. Menu unique à 43 €. Carte : 50 € environ. Formule du midi : 25 € (sauf le dimanche). Terrasse.
Ce restaurant orchestré par Thierry Seychelles propose une cuisine créative et originale avec des saveurs subtiles à base de produits frais et de saison. Noix de Saint-Jacques dorées au poêlon, raisins et câpres en condiments, chou-fleur et huile de curry maison ; ravioles de foie gras de canard et bouillon mousseux des sous-bois ; joue de bœuf braisée au vin de Merlot, macaronis nourris à la crème et gratinés au parmesan, petits oignons et lardons ; choco-caramel en ganache onctueuse, cacahuètes salées en nougatine et glace pralin ou encore tarte fondante chocolat et miel, glace au lait d'amandes démontrent bien l'exigence de la qualité du produit et le souci accordé aux détails.

■ SUSHIYA
13, rue Thomas de Closmadeuc
℃ 09 83 29 03 15
www.sushiya-vannes.fr
♿
Ouvert du mardi au samedi. Service tardif le week-end. Menus de 21 € à 24 €. Formule du midi : 13 € (en semaine). Chèque Restaurant. Vente à emporter.
Madame et Monsieur Antonini vous accueillent au restaurant Sushiya à Vannes depuis le 10 juillet 2012. Décoration épurée, minérale et moderne. Dans la maison du sushi, traduction de Sushiya, tous les produits sont frais et fraîchement travaillés ! Leurs poissons arrivent entiers et finiront en de délicieuses bouchées que vous apprécierez de déguster soit au comptoir soit en salle ou bien à la maison ! A découvrir.

■ TI KOLO
13, place du Général de Gaulle
℃ 09 81 23 67 89 – www.creperievannes.onlc.fr
Ouvert du lundi au samedi le midi et le soir. Accueil tardif midi et soir. Ouvert en continu pendant les vacances scolaires. Menu enfant : 6,50 €. Formule du midi : 9,20 € (à 14 €. En semaine). Chèque Vacances, Chèque Restaurant. Petite terrasse plein sud. Service + : accueil poussette et table à langer dans les toilettes.
Marie et Matthieu sont à la tête de cette crêperie située face à l'ancienne préfecture depuis février 2012. Dans une ambiance familiale, ils vous invitent à découvrir leurs spécialités maison réalisées avec des produits frais. Côté galettes, nous avons été séduits par l'originale Bréhat (poulet rôti, fondue de poireaux, gingembre et citron vert) et l'incontournable Soubise Andouille (fondue d'oignon et andouille de Guémené) ; tandis que parmi les crêpes, nous n'avons su résister à la Ti Kolo (sorbet litchi, confiture banane noix de coco au rhum, Chantilly) et à la chocamel maison (caramel beurre salé chocolat). La carte propose aussi des salades repas ainsi que de délicieuses glaces maison, sans additifs, 100 % fruits frais (parfums mangue, coco, spéculoos...) à consommer sans modération. Les confitures sont également maison. A découvrir.

■ VILLA VALENCIA
3, rue Rogue ℃ 02 97 54 96 54
www.lavillavalencia.com
Ouvert tous les jours. Accueil tardif. 3 salles avec trois décorations soignées. Nouvelle déco depuis le printemps 2010 ! Les propositions, à la carte ou sur l'ardoise, sont élaborées avec des produits du marché pour des saveurs garanties ; au gré de l'inspiration du chef. A la saison, soit de mai à novembre, ce sont de véritables moules de bouchot qui sont servies en cocotte en fonte accompagnée de pommes frites, et la Villa est aujourd'hui une référence sur Vannes en la matière. Pizzas maison fines et croustillantes, pâtes fraîches et belles salades repas complètent un choix bien appétissant, sans oublier les poissons et les viandes d'une grande fraîcheur et toujours les suggestions à l'ardoise. Le restaurant occupe trois étages et sa décoration est en harmonie avec cette superbe maison à pans de bois du XVIe siècle. L'accueil est charmant. Accueil de groupes. Nous consulter.

Le gîte

■ BEST WESTERN LE ROOF
10, allée des Frères-Cadoret
Presqu'île de Conleau
℗ **02 97 63 47 47**
www.le-roof.com
Ouvert toute l'année. 40 chambres. Chambre double de 89 € à 165 €. Demi-pension. Petit déjeuner : 13 €. Parking. Séminaires. Wifi gratuit. Restauration (menu Déjeuner Affaire en semaine à 26 € entrée-plat ou plat-dessert avec eau minérale et café inclus et menus à 31 €, 43 € et 61 €).
Cet établissement prestigieux situé sur la presqu'île de Conleau offre de très belles chambres, spacieuses et joliment décorées, avec presque toutes un balcon, minibar, Canal +, écran plat et téléphone direct ainsi qu'un plateau de courtoisie ; et bénéficient presque toutes de la vue mer. Pour vous restaurer, l'établissement dispose d'un restaurant et d'une brasserie pour le plaisir de vos papilles car ici on déguste les meilleures assiettes et plateaux de fruits de mer de Vannes sans oublier le homard bleu sorti directement du vivier et présenté vivant au client, dans un cadre idyllique. L'endroit est idéal pour manger face à la mer ou pour prendre un apéritif en terrasse face au Golfe. Une belle adresse à découvrir ou à redécouvrir.

■ BEST WESTERN PLUS CENTRE VANNES ET RESIDENCE LOCATIVE MEUBLEE****
6, place de la Libération
℗ **02 97 63 20 20**
Fax : 02 30 96 05 69
www.bestwestern-vannes.com

△ ❄ ⊞

Ouvert toute l'année. Accueil 24h/24. 58 chambres (climatisées dont 10 familiales en duplex). Chambre double de 99 € à 199 € ; studio / appartement de 389 € à 665 €. Parking (privé et payant). Séminaires. Wifi gratuit. Restauration (menu plat du jour à partir de 11,90 €). Tv satellite. Terrasse 20-25 places à votre disposition.
En plein centre-ville, à deux pas de la cité médiévale et à proximité de toutes commodités, cet hôtel très tendance est tout à la fois chic et design, sobre et coloré, moderne et cosy. Les chambres, élégantes et de grand confort (lit double, couette, tv écran plat par satellite, terrasse ou balcon privatif...), ont été entièrement pensées pour que vous vous sentiez ici comme chez vous. Charmant avec ses vieilles pierres et son patio avec jardin aromatique, le restaurant au décor très tendance propose une cuisine traditionnelle et régionale. Pour vous détendre, une salle de fitness en accès libre est à votre disposition. L'Hôtel Best Western Vannes Centre accueille les séjours d'affaires et propose des salles de réunions entièrement équipées. Enfin, l'établissement offre 21 appartements de standing, confortables et parfaitement équipés (location à la semaine, au mois ou au week-end. Tarifs dégressifs selon la période). Le mobilier y est contemporain, la décoration raffinée et soignée. Un lieu high-tech et chaleureux, parfait en toutes circonstances.

■ HOTEL DE FRANCE***
57, avenue Victor-Hugo
℗ **02 97 47 27 57**
www.hotelfrance-vannes.com
Fermé du 25 décembre au 5 janvier. Accueil jusqu'à 22h. 30 chambres. Chambre double de 55 € à 82 €. Petit déjeuner buffet : 8,50 €. Parking : 5 € (privé. Egalement garage fermé gratuit pour les motos). Possibilité de plateaux-repas : 11,50 €. Soirée étape : 74 €. Animaux acceptés (5 €). Wifi gratuit. Tv satellite.
Situé à 300 mètres de la gare et près du palais des congrès, ce bel hôtel rénové en 2005, offre 30 chambres, agréables et tout confort, parées de jolies teintes beige et bleu ardoise, de bois chaleureux, de matières naturelles et équipées d'écrans plats avec CanalSat et d'un accès wifi gratuit et illimité. L'accueil y est attentif et chaleureux, l'environnement calme et des expositions permanentes de peintures d'artistes locaux sont à découvrir. A votre disposition, un salon dans une terrasse couverte, un patio extérieur fleuri, un jardin ou encore une salle équipée pour les séminaires jusqu'à 25 personnes. L'hôtel de France dispose également d'un bar licence IV ouvert jusqu'à 22h. Le service+ de la maison : un plat chaud, fromage ou yaourt et dessert pour 12 €, mais l'établissement n'est pas un restaurant.

■ LE MANCHE OCEAN**
31, rue Lieutenant-Colonel-Maury
℗ **02 97 47 26 46**
www.manche-ocean.com
Fermé du 15 décembre au 7 janvier. Accueil 24h/24. 42 chambres. Chambre double de 55 € à 97 €. Petit déjeuner buffet : 9 €. Garage : 6,50 € (sur réservation). Plateau repas sur réservation. Animaux acceptés (6,50 €). Séminaires. Wifi gratuit. Tv satellite, Canal +.
Situé en centre-ville, à deux pas des remparts et de la cathédrale, cet hôtel calme et de bon confort tenu par Isabelle et Pierre-Yves Le Gal, offre de belles chambres entièrement rénovées dans des tons chaleureux, toutes équipées d'une literie récente avec couette, d'une salle de bains (baignoire ou douche) avec sèche-cheveux, d'un téléviseur écran plat, d'un accès Internet wifi, mini-bar et téléphone direct. Ascenseur, garage et séminaires. Accueil distingué et courtois.

Emplettes

■ ARMOR LUX
22, rue Saint-Vincent
℗ **02 97 47 02 50**
www.armorlux.com
Ouvert le lundi de 14h à 19h ; du mardi au samedi de 9h à 19h.

■ LE COMPTOIR IRLANDAIS
13, rue Hoche
℗ **02 97 47 82 94**
Ouvert le lundi de 14h à 19h ; du mardi au samedi de 10h à 13h et de 14h à 19h.
Le Comptoir Irlandais, une enseigne incontournable dans le paysage breton qui a été fondée il y a 25 ans !

Une petite ambassade de la verte Erin, où les amateurs de culture irlandaise seront ravis... Dans cette boutique, on se sent comme là-bas grâce à l'ambiance et aux nombreux produits proposés, tous issus de la culture irlandaise. On y trouve, entre autres, des articles pour la cuisine (mugs, tasses, tabliers, gants...), mais aussi des vêtements (pulls en laine vierge, gilets, duffle coats, polos, maillots et accessoires de rugby, grosses chaussettes en laine, écharpes, bonnets, et même des kilts pour vous messieurs...). Sans oublier l'impressionnant rayon whisky et bien sûr les bières... Les amateurs vous le diront : la boutique cache quelques petites merveilles. Elle propose également de nombreuses sortes de thé qui occupent un autre rayon tout aussi important. Des gâteaux, de la marmelade, du caramel, des peluches, des affiches, un grand choix de bières, des bijoux, du chocolat, c'est aussi tout cela que vous pourrez trouver dans ce magasin.

▶ **Autre adresse :** 11, rue du Fil – 56300 Pontivy Tel 02 97 25 21 00. Ouvert du lundi au samedi de 9h15 à 12h15 et de 14h à 19h. • 32, avenue de la Perrière – Lorient Tel 02 97 87 01 23. Ouvert du lundi de 14h à 19h et du mardi au samedi de 9h30 à 12h15 et de 14h à 19h

▆ Dans les environs ▆

Allaire

▪ L'ARLEQUIN
4, rue Saint-Hilaire ✆ **02 99 71 96 72**
Ouvert du mardi au dimanche. Formule du midi : 10,20 € (entrée-plat-dessert ou café. En semaine). Petite terrasse ensoleillée. Parking. A la tête de l'Arlequin depuis juillet 2007, Monsieur et Madame Levieil vous accueillent très chaleureusement et invitent à découvrir leur restaurant-crêperie, situé en face du collège. Ici, tout est frais et cuisiné maison, et vous aurez le choix entre des spécialités issues de la cuisine traditionnelle — comme par exemple le faux-filet sauce au poivre et ses légumes — et de divines spécialités de galettes et de crêpes, nous disons divines oui, car Monsieur Leviel a obtenu en 2008 et en 2010 le 1er prix au concours de la meilleure galette catégorie crêperie de la Confrérie Piperia. Campagnarde (andouille, lard fumé, sauce moutarde) et Mauritanienne (noix de Saint-Jacques et fondue de poireaux) côté galettes, crêpe pommes et son caramel au beurre salé maison en dessert, tel a été notre choix ce jour-là, et nous ne l'avons pas regretté ! Bon rapport qualité-prix !

MORBIHAN

Retrouvez le sommaire en début de guide

Monterblanc

■ 2AL ULM
Aéroport Vannes-Meucon ✆ **06 89 06 99 25**
www.ulm2al.fr
Ouvert toute l'année. Ecole de pilotage ULM en Bretagne
Sud et baptême ULM au-dessus du Morbihan à Meucon
et Quiberon.

Pilotez vos rêves et élevez vous en toute liberté aux
commandes de cet engin magique qu'est l'ulm, qui vous
permettra d'apprécier, en toute sécurité, une aviation
bucolique et économique. Grâce à cette école affiliée à
la FFPLUM (Fédération Française de Planeur Ultra-Léger
Motorisé) et aux compétences de Jean-Marie LE DOUX,
instructeur breveté d'Etat et ancien pilote de chasse de
l'armée de l'air française, vous aurez le bonheur découvrir
les plaisirs du pilotage à bord de l'Ikarus C42, merveilleux
modèle d'apprentissage combinant stabilité, facilité,
accessibilité et sécurité. Pour satisfaire les goûts de
chacun, l'ULM se divise en 5 classes du paramoteur à
l'aérostat. 2AL propose des baptêmes de l'air avec pilote
expérimenté et assure la formation jusqu'au brevet de
pilote ULM. Repérage photo, circuits touristiques ou
encore événementiel, rien n'est impossible ! Avec 2AL,
vous allez changer de regard sur les ULM !

Plescop

■ PAUSE NATURE
15, rue René Despres ✆ **02 97 67 46 80**
wwww.pausenature.net
A deux km de Vannes
Ouvert du lundi au vendredi le midi. Plat du jour : 5 €.
Formule à 9,50 € (soupe ou crudités – tarte – dessert)
et menu galette à 10 € (une galette au choix – une crêpe
au choix – un verre de jus de pomme ou un café). Vente
à emporter. Terrasse de 20 couverts en saison. Parking.
Pour tous ceux qui veulent se sustenter rapidement et
sainement, alors le restaurant d'Anita, qui a ouvert ses
portes le 1er décembre 2011 et qui se trouve derrière le
centre commercial des 3 Soleils, est l'adresse idéale. Et il
faut dire que l'établissement a tout pour séduire : l'accueil
de la maîtresse des lieux est des plus charmants, les prix
sont très attractifs et la cuisine proposée à l'heure du
déjeuner est simple, équilibrée et de qualité. Tous les
produits sont issus de productions locales et biologiques,
tout est fait maison, et il est possible de manger sans
gluten et sans produits laitiers... bref, ici, on pratique
le respect de la clientèle avant tout. Salade de quinoa
aux fruits secs, salade petit épautre au potimarron
rôti, salade de lentilles corail aux tomates séchées, Roll
Breizh (galette de sarrazin, tartare d'algues, crudités,
poisson et graines) ou encore moelleux au citron ou au
chocolat sont au menu. A noter que tous les produits
et les plats sont également disponibles à emporter.
A découvrir absolument.

■ RÉSIDENCE KER GOH LENN – VILLAGE CENTER
6, rue Camille Claudel
✆ **02 97 43 74 30**
http://residences.village-center.fr
Label Clef VerteA partir de 280 € la semaine. Tarifs selon
période et type d'appartement.
La résidence Village Center Ker Goh Lenn, à l'architecture
moderne, se trouve en lisière de Vannes et côtoie un
agréable étang naturel. Les appartements, du studio
pour 2 au cottage pour 6, sont entièrement équipés,
spacieux et confortables. Le mobilier chaleureux et
l'ensemble lumineux confèrent à ce lieu une réelle
sérénité. La détente est partout au rendez-vous avec
de nombreuses activités à proximité et la présence
d'un espace bien-être avec sauna, hammam et bain
bouillonnant pour prendre soin de vous, ainsi qu'un club
de gym. La piscine chauffée est accessible gratuitement,
de même que les nombreuses plages de la baie qui
sont à 15 minutes de la résidence. Entre terre et mer,
ce village de vacances est le point de départ pour aller
découvrir le riche patrimoine du golfe du Morbihan et
sa gastronomie. Un séjour d'une ou deux semaines
dans cet écrin de nature est idéal pour se ressourcer.

Port-Anna

Séné

■ LA RÉSERVE NATURELLE DES MARAIS DE SÉNÉ

Falguères ✆ **02 97 66 07 40**
www.sene.com
Située dans la partie orientale de Séné, La Réserve est indiquée à partir du bourg de Séné en direction de Montsarrac.

Fermé du 1er septembre au 31 janvier. Accueil de groupes et scolaires toute l'année sur réservation. En février et mars, ouvert tous les jours de 14h à 18h. D'avril à juin, ouvert tous les jours de 14h à 19h. En juillet et août, ouvert tous les jours de 10h à 13h et de 14h à 19h. Adulte : 5 €. Forfait famille : 12 € (visites commentées et ateliers nature compris).

La Réserve Naturelle des Marais de Séné est le plus grand espace naturel préservé du littoral du Golfe du Morbihan – elle couvre 530 hectares. Elle est un site d'importance internationale pour les oiseaux d'eau. Ses sentiers offrent une nature exceptionnelle et des observatoires aménagés vous permettront d'assister à un spectacle extraordinaire, renouvelé à chaque saison. Pour la découvrir, plusieurs possibilités s'offrent à vous. La visite libre, la visite commentée d'une heure avec les animateurs nature, des ateliers nature de 45 minutes, des chantiers nature ou encore les balades nature de 2h30 (plus complète que la visite commentée et guidée du début à la fin) qui vous permettront d'entrer dans l'intimité de la réserve et des sites remarquables du Morbihan en compagnie d'un animateur. Des conférences gratuites sont également régulièrement organisées. Sur place, des expositions photos permanentes, un mini-espace lecture/jeux pour les plus jeunes ainsi ou encore un espace boutique.

■ LE CAFÉ COMPTOIR

Route de Nantes
Parking Intermarché ✆ **02 97 47 63 73**
♿
Ouvert du mardi au samedi. Service tardif jusqu'à 22h30. Menu à 16,50 €. Menu enfant : 6,50 €. Formule du midi : 11,50 € (entrée-plat ou plat-dessert). Accueil des groupes (jusqu'à 40 personnes sur réservation). Terrasse de 50 couverts. Wifi gratuit.

Le Café Comptoir, anciennement Restaumarché, a ouvert ses portes le 29 juillet 2012. Dans cet établissement lumineux à l'esprit bistrot et à la décoration contemporaine, la carte est large et variée, satisfaisant ainsi tous les goûts et tous les appétits. Salades repas comme l'Italienne (jambon sec de pays, penne au basilic, tomates confites, parmesan, olives, salade), burgers tels que le Comptoir (steak haché avec lard fumé, tomates, oignons, salade), plats du jour traditionnels (blanquette de veau, hachis de canard et sa purée olive et noix...), viandes (côte de bœuf, souris d'agneau maison), poissons (escalope de saumon grillée...) ou encore depuis peu galettes et crêpes sont au programme. En dessert, laissez-vous tenter par un petit mi-cuit au chocolat ou les profiteroles. Le tout cuisiné par la maison. On s'y sent un peu comme chez soi.

■ AR GOUELENN

Le Bourg
✆ **02 97 66 06 13**
Ouvert tous les jours le midi ; du jeudi au samedi le soir. Menus de 17 € à 23 €. Formule du midi : 11 € (entrée-plat-dessert-1/4 vin. Autre formule à 14,50 €. En semaine). Chèque Vacances, Chèque Restaurant. Accueil des groupes (jusqu'à 55 personnes sur réservation avec menu groupe à partir de 18 € boisson comprise. Salle à l'étage). Vente à emporter. Terrasse de 35 couverts. Carte de fidélité pour le midi et les pizzas.

Chez Ar Gouelenn, le restaurant que Magali et Ludovic tiennent depuis le 7 avril 2008, tous les produits sont frais et cuisinés maison. La cuisine y est traditionnelle et savoureuse, et parmi les classiques de la maison vous avez par exemple des blancs d'encornets à la sinagote, une cassolette de Saint-Jacques à la bretonne, des « sôt l'y laisse » à la crème, des fruits de mer (plateau sur réservation) ou encore un crumble aux pommes caramélisées au beurre salé maison. L'établissement propose également une carte de 12 pizzas à consommer sur place ou à emporter. Accueil des plus charmants.

Theix

■ BRASSERIE MOR BRAZ

4, rue Ampère
✆ **02 97 42 53 53**
Voir page 54

MORBIHAN

L'Île Tristan

Organiser son séjour

Se rendre en Bretagne

En avion

■ **AIR FRANCE**
BREST
☎ 36 54 (0,34 €/min) – www.airfrance.fr
Ce sont quatre destinations en vols directs au départ de Brest que propose cette compagnie : Paris, Lyon, Marseille et Nice (à partir de 50 € pour un aller simple). Mais vous pourrez également profiter des neuf vols quotidiens qui relient Brest à la capitale (aéroports d'Orly et Charles-de-Gaulle) et des trois autres vols quotidiens assurés sur Lyon en moins d'1h30. Quant à l'aéroport de Nice, il est desservi le samedi de fin mars à fin octobre en 1h40. Une fois à Paris, ou à Lyon, le monde entier vous sera alors accessible en correspondance...

■ **FINIST'AIR**
Aéroport de Brest Bretagne
GUIPAVAS ☎ 02 98 84 64 87 – www.finistair.fr
Si vous avez le mal de mer et que vous souhaitez aller à Ouessant, une solution s'offre à vous : le transport aérien grâce à la liaison Brest-Ouessant effectuée en 15 minutes. Depuis 1981, la compagnie assure régulièrement des vols vers cette île. Cela représente environ 6 000 passagers par an, dont 75 % d'insulaires, alors pourquoi pas vous ? Pour tous renseignements sur les tarifs (groupes, insulaires, séjour...), connectez-vous sur le site Internet de la compagnie.

En bateau

■ **VEDETTES AZENOR**
Face à l'entrée d'Océanopolis
Port du Moulin-Blanc – BREST ☎ 02 98 41 46 23
Voir page 22.

■ **COMPAGNIE OCÉANE**
Gare Maritime
Rue Gilles-Gahinet – LORIENT
☎ 0820 056 156 (0,12 €/min)
Voir page 50.

■ **COMPAGNIE MARITIME PENN AR BED**
Port du Stiff – OUESSANT
☎ 02 98 80 80 80 – www.pennarbed.fr
La compagnie Penn-ar-Bed, gérée par le Conseil Général du Finistère, propose de partir, toute l'année, soit de Brest (traversée du Goulet), soit du Conquet. Les parkings publics permettent de laisser son véhicule à l'embarcadère, même si le stationnement est difficile en saison. Quatre compagnies se partagent la location de vélos, soit dès le débarcadère, soit dans le bourg de Lampaul, si l'on choisit de grimper en car ou en taxi la côte qui y mène. Le coût est globalement le même. Certains vélos sont équipés de paniers et de sièges enfants. À pied, les randonneurs férus parviendront au bourg, distant de 3,5 km, en 40 minutes environ. D'octobre à fin juin, des tarifs préférentiels sont disponibles. Il y a également possibilité d'acheter ses billets en ligne.

Circuler en Bretagne

En bateau

Vous trouverez dans les rubriques précédentes les différents moyens de circuler en bateau, avec notamment les différentes adresses des ports de chaque ville, du moins les principales.

S'informer sur la Bretagne

Médias

Presse écrite

■ **CÔTÉ BREST**
59, rue Louis Pasteur – BREST
☎ 02 98 20 96 20 – Fax : 02 98 20 96 29
www.cotebrest.fr
Côté Brest est un hebdomadaire gratuit « 100% brestois » distribué à 35 000 exemplaires tous les mercredis depuis avril 2012. Ce journal fait partie du groupe Publihebdos, premier groupe de presse hebdomadaire de France. Son credo : loisirs, bons plans, patrimoine, actus, sports... La rédaction est composée de trois journalistes : Adèle Flageul (la rédactrice en chef du journal), Yann Guénégou et Ronan Strullu. Chaque semaine le journal s'ouvre sur les lieux préférés d'une personnalité brestoise, c'est « Le Brest de... ». Le journal contient de nombreuses pages consacrées à toutes les sorties possibles sur Brest et ses environs : concerts, cinéma, expositions, jardins, compétitions sportives... pour la semaine à venir. La découverte du patrimoine brestois et des communes alentours, les bons plans, l'actualité de la ville et le sport, on trouve toutes ces rubriques, ainsi que des jeux, dans Côté Brest. Pour se procurer le journal, vous croiserez certainement des personnes aux couleurs de l'hebdo (orange) pour vous l'offrir le mercredi en centre ville mais vous le trouverez aussi en accès libre devant de nombreux commerces dans toute la ville. Un journal qui a rapidement trouvé sa place chez les Brestois

Bateaux dans l'Aber-Benoît

© Fortuné PELLICANO

■ OUEST-FRANCE
24, rue Algésiras – BREST
✆ 02 98 33 22 00 / 08 20 00 07 30 (0,12 €/min)
pour les abonnements – www.ouest-france.fr
Créé en 1944, *Ouest-France* est à ce jour le plus grand tirage de la presse quotidienne en France en terme de diffusion (à raison de 800 000 exemplaires/jour environ) ainsi que de la presse francophone dans le monde entier (2,23 million de lecteurs). Etalé, non pas sur une seule région, mais, comme son nom l'indique, sur tout l'ouest du pays (de la Bretagne à la Basse-Normandie, en passant par les Pays de la Loire), soit 12 départements, le *Ouest-France* est une véritable référence. Constitué de plusieurs sections d'information (mondiale, nationale, régionale, locale), ce journal publie 42 éditions différentes. La rédaction de Brest, l'une des plus importantes eu égard à l'actualité très fournie à la pointe de Bretagne, est dirigée par Olivier Pauly, un excellent professionnel très proche de son équipe, composée au total de 15 journalistes. L'édition brestoise propose diverses rubriques, selon les différents thèmes chers aux yeux des lecteurs de la cité du Ponant. Pêle-mêle, on peut parler du sport (traité par trois journalistes spécialisés) de la culture, de la justice, de la mer ou encore des faits de société. La nouveauté, depuis que l'équipe de football de la ville est passée en Ligue 1, ce sont les deux pages supplémentaires qui paraissent en locale le samedi pour les rencontres à domicile du Stade Brestois 29.

■ SILLAGE
Brest métropole océane
Service communication – BREST
www.brest.fr/sillage.html
Sillage, c'est le magazine de Brest métropole océane. Bimestriel distribué gratuitement dans toutes les boîtes aux lettres de l'agglomération, il vous informe sur les grands projets de la collectivité, et, à travers de nombreux articles et reportages, des initiatives qui font toute la vitalité du pays de Brest. On y parle également des projets les plus ambitieux des associations locales, mais aussi des personnalités influentes du territoire, des spectacles culturels et festivals à venir, des coups de cœur de la rédaction ainsi qu'une rubrique historique retraçant les évènements et lieux marquants de la ville en dernière page de chaque numéro. Elisabeth Jard, rédactrice en chef du magazine, poursuit sur la lancée toujours plus dynamique de ce magazine d'une cinquantaine de pages, très lu par les Brestois, et distribué à plus de 100 000 exemplaires. Futé : retrouvez les anciens numéros de *Sillage* en PDF sur le site Internet de la ville.

■ LE TÉLÉGRAMME
19, rue Jean-Macé – BREST
✆ 02 98 33 74 00 – www.letelegramme.com
Le Télégramme est un quotidien régional diffusé sur le Finistère, le Morbihan et les Côtes-d'Armor. C'est le plus lu en Finistère et à Brest, dont il est originaire. D'abord appelée *La Dépêche de Brest et de l'Ouest*, le journal devient, en 1944, *Le Télégramme de Brest et de l'Ouest*. Pionnier dans le domaine de la presse, il sera le premier de sa génération à adopter le format tabloïd, puis à passer à la couleur en quadrichromie et même à introduire des agrafes dans sa reliure. Aujourd'hui dirigé par Edouard

Coudurier, *Le Télégramme* emploie 550 personnes dans les trois départements, dont 220 journalistes. Son tirage moyen atteint désormais les 220 000 exemplaires. Pour le Finistère la direction départementale est assurée par René Pérez, une des plus belles plumes de ce quotidien. Pour s'en convaincre, il suffit de se se reporter à ses billets d'humeur hebdomadaires. L'édition de Brest, scindée en trois zones, est restée, à ce jour, la plus importante de toutes (70 000 exemplaires à elle seule). Toute l'actualité locale (politique, justice, faits divers, sport, loisirs et culture, vie étudiante,...) y est traitée avec attention, tout comme son très fréquenté site Web. La rédaction locale brestoise, dirigée par Sarah Morio, journaliste reconnue pour sa très grande compétence, est constituée d'une quinzaine de professionnels qui excellent dans leur domaine respectif et connaissent le terrain comme leur poche !

■ SEPT JOURS A BREST
47, avenue Baron Lacrosse
GOUESNOU
✆ 02 98 33 86 13
www.septjoursabrest.fr
Un journal bien pratique à feuilleter chez soi, au bureau, ou confortablement installé dans le tramway ! Sept jours à Brest, c'est un hebdomadaire 100% gratuit et 100% brestois destiné à un public jeune, dynamique et urbain. Le rédacteur en chef, Vincent Lastennet, est à l'origine de ce projet, dont la première édition a vu le jour le 9 novembre 2011. Issu de la société Valo (filiale de Viamédia, la régie publicitaire du groupe Le Télégramme), ce petit journal fort agréable à lire, est tiré à 25 000 exemplaires par semaine et est distribué un peu partout dans la ville, chaque mercredi. Grâce à une petite équipe de journalistes (composée de Vincent Lastennet, Fabrice Pouliquen et Emmanuel Saussaye) et plusieurs correspondants locaux, le lecteur est informé sur toute l'actualité de l'agglomération brestoise. Deux pages de dossier ouvrent chaque édition, suivies d'articles d'actualité générales et d'infos locales, les nouveautés de la villes en matière de bars, restaurants, commerces ainsi qu'une importante rubrique sport, dont plus de la moitié est consacrée au Stade brestois et son parcours en Ligue 1. Futé : si l'on souhaite connaître les bons plans en matière de sorties, Sept Jours à Brest propose également à ses lecteurs un agenda et des bons plans de sorties nocturnes brestoises.

■ TY ZICOS
LE TRÉHOU ✆ 02 98 80 05 62
Fax : 02 98 80 12 01 – www.tyzicos.com
Très pratique, ce petit agenda qui tient dans une poche. Ty Zicos est un mensuel gratuit tirant à 25 000 exemplaires sur toute la Bretagne, et recense l'essentiel des concerts dans la région. Autant dire que Yann, la responsable d'édition, fait un travail de titan tous les mois. Les premières pages listent les cd de groupes bretons récemment sortis, et le reste est un agenda d'une quarantaine de pages où les concerts, dans tous les genres musicaux, qui sont indiqués par des pictogrammes, sont annoncés jour par jour. Connue pour son bouillonnement musical, Rennes y occupe une belle place.

■ CUISINER AU JOUR LE JOUR
10, rue Blehua Sainte-Barbe
PLOUHARNEL
☏ 02 97 29 53 29
www.lafontpresse.com
Trimestriel national. Prix au numéro : 4,90 €.
Trimestriel consacré à la cuisine avec des recettes traditionnelles ou des plats plus originaux mais toujours simples et rapides pour chaque repas de la journée. On y retrouve des rubriques Art de Vivre, Cuisine, Nouveaux Produits Alimentaires, Recettes de Cuisine, Shopping, Vins et Spiritueux, etc.

■ ECHO BIO MAGAZINE
Editions Fitamant
2, rue Felix-le-Dantec
QUIMPER
☏ 02 98 98 01 40
www.echobio.fr
Ce magazine s'affiche comme étant celui de la génération bio, du consommateur bio et de la vie en bio. Il souhaite accompagner et orienter ceux qui décident de mieux consommer pour la santé de la terre donc de ses habitants. EchoBio, qui a vu le jour en 2007, est le petit frère de la revue professionnelle BioFil, qui depuis plus de 10 ans, soutient avec détermination le développement de cette filière éthique et novatrice. L'objectif d'EchoBio est d'informer en toute transparence sur le mode de vie bio. Au fil des pages et des saisons, l'univers bio dévoile ses spécificités : mode de production et de transformation bio contrôlé et certifié, nouveautés en cosmétiques et hygiènes naturels, tendances de l'habitat, la décoration et du jardin écologiques… Le magazine et son site Internet riche en infos sont réalisés par une équipe de journalistes spécialisés, en lien avec des professionnels de la santé, du bien-être, de l'habitat et du jardinage écologiques. On le trouve dans les magasins bio. Le plus : sur le site Internet vous pouvez charger et imprimer des invitations gratuites pour les salons bio.

■ OUEST-FRANCE
24, boulevard Dupleix
QUIMPER
☏ 02 98 90 93 93 / 02 98 33 22 00
www.france-ouest.com
Ce sont près de 800.000 exemplaires qui sont diffusés dans ce qu'il est convenu de nommer le Grand Ouest, à savoir la Bretagne, la Basse-Normandie et ce singulier découpage administratif qui se nomme Pays de Loire ; ce qui fait également de Ouest-France avec 2 337 000 lecteurs, le premier quotidien de l'hexagone et le premier quotidien francophone du monde ! Mélange d'informations allant des dépêches internationales aux reportages locaux, une information complète et détaillée faisant la part belle à la proximité, font le succès de ce journal. Le dimanche, place au " DOF " (dimanche Ouest-France) qui sous un format tabloïd, traite, en quatre cahiers internes, de l'actualité de la famille, du sport, des nouvelles générales et des sorties. La direction départementale du Finistère est assurée par le passionné Christian Gouérou.

▶ **Autre adresse :** 24, rue Algésiras – BREST

■ LE PROGRES DE CORNOUAILLE ET LE COURRIER DU LEON
55, route de Brest
QUIMPER
☏ 02 98 95 43 85
www.lecourrier-leprogres.fr
Hebdomadaire du Finistère, ce journal a deux titres : en Cornouaille, c'est *Le Progrès*, tandis qu'au pays du Léon, c'est *Le Courrier*. Mais c'est bel et bien le même journal. Et cela dure depuis près de 60 ans… Avec un tirage de 8 000 exemplaires chaque semaine, il couvre toute l'actualité du département. Il comporte une page religion, une chronique en langue bretonne et de nombreuses annonces judiciaires et légales, actualité, économie, agriculture, patrimoine, faits de société, petites annonces… Tous les vendredis, ces sujets sont traités par des journalistes locaux. Le journal a également lancé Enquête d'Emploi, un mensuel gratuit disponible, à Brest, à la fac, dans certaines boulangeries, les mairies de quartiers, bibliothèques, etc. et sur le site Internet (www.enquete-emploi.fr).

■ NOUS VOUS ILLE
Hôtel du Département
1, avenue de la Préfecture
RENNES
☏ 02 99 02 35 35
www.ille-et-vilaine.fr
Nous Vous Ille est le magazine du conseil général d'Ille-et-Vilaine, édité par ses soins et publié à 466 000 exemplaires. Distribué dans les boîtes aux lettres, il vous informe en quelque 40 pages des actualités de l'Ille-et-Vilaine. Vous y trouverez l'actualité qui concerne le conseil général et les domaines dans lesquels il intervient : l'action sociale, l'éducation, la solidarité, les routes et les transports interurbains, l'économie, l'environnement, la culture, l'agriculture, le logement, le sport, le tourisme… Vous y serez informé également des décisions de l'assemblée départementale, les orientations et les projets qu'elle entreprend, mais aussi des différentes opinions des groupes politiques. D'autres thèmes figurent au sommaire : un cahier consacré à l'actualité des sept pays d'Ille-et-Vilaine (Rennes, Fougères, Saint-Malo, Redon, Vitré, Brocéliande et Vallons-de-Vilaine) et une rubrique sur le thème du patrimoine et le tourisme. La page « Écrivez au président » (du Conseil général) remporte un succès notoire puisque ce dernier reçoit près de 200 lettres par mois ! L'agenda, qui est le supplément de Nous Vous Ille, vous indiquera toute la programmation culturelle, pays par pays. Tout en couleurs suivez l'actualité de votre département, à raison de quatre publications par an.

■ LE PAYS MALOUIN
7, rue Emmanuel-Leguen
SAINT-MALO ☏ 02 99 40 27 00
Ce bel exemple de presse locale appartient au groupe Publihebdos, premier groupe de presse hebdomadaire de France. Il est diffusé dans les cantons de Saint-Malo, Dinard, Cancale, Châteauneuf, Dol-de-Bretagne et Combourg. A l'intérieur du Pays Malouin, vous découvrirez de manière agréable et sous un angle nouveau, les personnalités de la région et ses petits et grands

événements, mais aussi les activités des clubs sportifs du coin, des annonces légales ou des petites annonces... Le Pays Malouin paraît chaque semaine, le jeudi, au prix de 1,20 €.

Radio

■ BFM RADIO (107.3)
www.bfmtv.com
Cette radio du groupe NextRadioTV (RMC et BFM TV), créée en 1992, a trouvé son créneau de prédilection dans la tranche de l'information économique. Elle est d'ailleurs la seule sur les ondes à proposer une émission 100 % bourse ! Sur BFM Radio, tous les domaines sont abordés d'un point de vue économique : entreprises, ressources humaines, sports, développement durable, loisirs, vins et spiritueux, nouvelles technologies et Internet... Sans oublier l'émission matinale « Good morning business » de 6h à 9h du lundi au vendredi. Le soir le « Grand journal » de 18h à 19h du lundi au vendredi est suivi des « Décodeurs de l'éco » jusqu'à 20h30 et du « 20h30 » avec chaque soir un invité.

■ CHERIE FM (99.7)
www.cheriefm.fr
Sur cette station, vous pouvez écouter, comme le laisse entendre son slogan, « vos plus belles émotions ». Difficile alors de résister au charme de cette radio, surtout qu'avec une programmation musicale très variée, tout est fait pour séduire le plus grand nombre. Pour ceux qui se lèvent tôt, Chérie FM présente l'émission « Bonjour Chérie » une matiale 100 % locale de 6h à 10h. Le reste de la journée vous serez bercés par vos chansons préférées, non stop... jusqu'au soir avec Cyrille Laporte qui vous propose, de 20h à minuit, toujours plus de chansons.

■ EUROPE 1 (104.7)
www.europe1.fr
Radio généraliste avec informations et divertissements, Europe 1 propose des rendez-vous importants, comme « Europe 1 matin » de 7h à 9h animé par Bruce Toussaint. Dans cette tranche horaire, vous pourrez écouter, entre autre, « L'interview » de Jean-Pierre Elkabbach ou la « Revue de presque » de l'imitateur Nicolas Canteloup. D'autres émissions phares rythment la journée comme celles de Morandini « Le grand direct des médias » tous les matins à 9h, « Faites entrer l'invité » présenté par Michel Drucker à 10h. Les après-midi sont rythmées par l'émission de Laurent Ruquier « On va s'gêner » de 15h30 à 18h. On retrouve aussi la célèbre émission « Taratata » animé par Nagui tous les vendredi de 0h30 à 2h du matin. Sans oublier la « Libre antenne » les autres soirs...

■ FRANCE BLEU BREIZH IZEL (93 ET 99.3)
20, quai Malbert
Port de commerce – BREST
℡ 02 98 53 65 65
www.francebleu.fr
France Bleu Breizh Izel est l'un des premiers choix d'écoute des Finistériens. Si son siège est basé à Quimper, son antenne est ancrée à Brest depuis son studio installé quai Malbert au port de commerce. Situation idéale pour vivre pleinement la vie locale, les concerts, la circulation en ville, le tramway et les nouveautés de la cité du Ponant. La station locale du réseau France Bleu diffusée sur l'ouest breton, qui a fêté ses 30 ans en 2012, se démarque des autres par la richesse et la diversité de ses programmes. On retiendra l'émission animée par Axel Perret de 6h à 9h, émission dédiée à l'info générale et locale, toute les activités et les services de proximité. Mention particulière au 9h/12h, avec des conseils sur la vie quotidienne, les innovations, la cuisine, les jeux, le tout en musique avec bonne humeur. L'autre spécialité de la chaîne, outre un journal d'information très complet, de midi à 13 h, c'est « Cultures Breizh » en français et en breton de 13 à 14 h. Et tout cela sans compter les nombreux podcasts en langue bretonne et en français. La fin d'après-midi est dédiée à la détente, les sorties, la musique, le trafic en fil conducteur, avec la complicité des auditeurs. Futé : retrouvez la fréquence de la commune où vous séjournez dans l'Ouest Bretagne en saisissant son nom sur le web : http://www.francebleu.fr/frequences.

■ FRANCE CULTURE (97.8 ET 94.4)
www.franceculture.fr
Cette radio du service public, originale par ses créations radiophoniques, propose de nombreuses émissions aux thèmes variés. Ses principales émissions sont « Les Matins » de 6h30 à 9h par Marc Voinchet et ses nombreux invités et chroniqueurs, « La Grande Table » par Caroline Broué à l'heure du déjeuner et « Le Rendez-vous » de Laurent Goumarre de 19h à 20h. Mais France Culture c'est aussi « La Suite dans les idées », « Continent Sciences », « Les Pieds sur terre », « Les Nuits de France Culture »... de quoi se cultiver, apprendre et découvrir tout au long de la journée. Mais France Culture c'est aussi, depuis 2012, le magazine *France Culture Papier*, la première revue culturelle réalisée à partir des émissions de radio.

■ FRANCE INFO (105.5 ET 1404 KHZ)
www.franceinfo.fr
Pour être au courant de toute l'actualité nationale et internationale, nuit et jour, c'est sur les ondes de cette radio qu'il faut se brancher. Quasiment toutes les demi-heures, vous pourrez entendre un journal de 7 minutes. Sans compter que la station émet un rappel régulier des titres de l'information. Aucun domaine ne manque : économie, sport, sciences, technologie, culture... Avec des spécialistes et un réseau d'envoyés spéciaux permanents dans le monde entier, France Info est au plus proche de l'actualité.

■ FRANCE INTER (88.3 ET 95.4)
www.franceinter.fr
Voilà une autre radio qui fait partie du groupe Radio France et qui propose de nombreuses émissions qui allient informations, reportages, musique et humour tout au long de la journée. Outre le « 7-9 » de Patrick Cohen tous les matins de la semaine, vous pourrez écoutez des émissions cultes comme « La tête au carré », « Le masque et la plume », ou encore « Ouvert la nuit ». D'autres émissions font également la renommée de la station : le fameux « Jeu des 1 000 euros » ou encore « Le Téléphone sonne », sans oublier « On va tous y passer », « Le grand entretien »... Une radio du service public à la programmation variée que l'on écoute avec plaisir toute la journée.

■ FRANCE MUSIQUE (89.4 ET 91.3)
www.francemusique.fr
Cette radio, d'abord consacrée à la musique classique, s'est peu à peu ouverte au jazz (avec notamment l'émission « Open Jazz » du lundi au vendredi à 18h). Mais si France musique diffuse beaucoup de musique classique, d'opéra ou d'opérette, elle s'intéresse à toutes les musiques : musiques actuelles et contemporaines, musiques de films... À noter que sur cette station, la programmation musicale est régulièrement commentée, permettant ainsi aux auditeurs de s'instruire tout en se divertissant.

■ FREQUENCE MUTINE (103.8)
Rue Franchet-d'Espérey
BREST
℡ 02 98 05 07 96
www.frequencemutine.net
Fréquence Mutine, radio associative s'adressant à tous les Brestois, jeunes ou moins jeunes, étudiants, fans de rock (du black métal au rock indépendant en passant par la pop), a récemment fêté ses 30 ans. 30 ans que, depuis le Centre social de Kerangoff, Mutine nous fait écouter, réécouter ou découvrir du rock à gogo mais aussi de l'électro, du hip-hop, de la country (avec Bill !), de la musique du monde, du jazz ou encore du classique. Il y en a pour tous les goûts quoi... Pour les infos, c'est tous les jours à 12h30. Sinon, vous pourrez également écouter entre 12h et 13h30 l'émission Gomina Radio Show pour un tas d'infos plus ou moins culturelles. A noter que Fréquence Mutine est l'une des dernières radios engagées du paysage radiophonique brestois.

■ FUN RADIO (98.9)
www.funradio.fr
Créée en 1985, cette radio musicale du groupe RTL est spécialisée dans « le son dancefloor ». Du lundi au vendredi matin, de 6h à 9h, c'est Bruno et toute son équipe qui vous réveillent dans la matinale Fun Radio. Le soir, à partir de 21h c'est « Party Fun » et ses DJ's résidents. Et pour les tranches horaires qui battent des records d'audience, on retrouve la « Fun list » de 19h à 21h (un classement des 10 meilleurs titres dancefloor établi par les auditeurs).

■ HIT WEST (96.9)
www.hitwest.com
Depuis 2001, Hit West, qui appartient au groupe Ouest-France, diffuse les tubes du moment. Dès 5 heures, le West up de Sevan diffuse musique, actualité et bons plans de la ville. Le reste de la journée, l'information prend la forme de flashs régionaux. Avis aux amateurs de foot, du lundi au jeudi, entre 20h et 20h30, l'émission « Kop West » vous dit tout sur le Stade brestois et les autres clubs régionaux en donnant la parole aux joueurs, entraîneurs et supporters. Mais quelle que soit l'heure de la journée, rien n'arrête les hits sur Hit West !

■ MFM (93.6)
www.mfmradio.fr
Depuis sa création en 1981, l'ancienne Radio Montmartre a bien changé. D'abord spécialisée dans la musique française des années 1920 aux années 1960, MFM a rajeuni sa programmation au fil des ans. Et, aujourd'hui, MFM diffuse essentiellement les tubes des deux dernières décennies. Le matin, entre 6h et 9h, c'est Yves Hecker et Ombline qui animent « le réveil malin » : des infos toutes les 30 minutes, des actus people, l'horoscope, des échanges avec les auditeurs... De 19h à 20h, c'est Marc Toesca, le célèbre animateur du Top 50, qui prend les commandes en animant Génération Toesca avec le meilleur de la musique française des années 80 et 90. Le reste de la journée, c'est 100 % musique française non-stop...

■ LE MOUV' (94)
www.lemouv.fr
Station du groupe Radio France, Le Mouv' était à l'origine, une radio reconnue pour sa programmation rock de qualité ainsi que pour la promotion d'artistes indépendants et une certaine liberté de ton. Mais, comme les audiences n'étaient pas assez satisfaisantes, Le Mouv' a progressivement diversifié sa playlist en s'ouvrant à d'autres styles musicaux mais aussi à un public un peu plus âgé et propose différentes émissions sur la musique, le cinéma, l'actu et la société. Des thèmes et musiques qui intéresseront les 18-30 ans, mais pas seulement...

■ NOSTALGIE (97.4)
www.nostalgie.fr
Nostalgie, « la légende des années 60, 70 et 80 », c'est la radio qui a le don de nous faire plonger dans nos souvenirs : un titre, un artiste, et c'est un passage de notre vie qui défile... Bien plus qu'une légende cette station ! Essentiellement tournée vers la chanson française à ses débuts, la radio alterne désormais artistes francophones et internationaux. Les fans des années 70 et 80 seront ravis d'écouter leur émission « la légende des seventies » et « nostalgie classique 80 ». Et l'incontournable « Nostalgie Disco & Co » les vendredis et samedis soirs de 22h à 2h, idéal pour faire la fête. Sans oublier ceux qui se lèvent tôt avec « Happy Days », une émission animée par Laurent Petitguillaume 6h à 9h... Futé : les 20 webradios thématiques proposées sur le site web de la radio.

■ RADIO CLASSIQUE (106.6)
www.radioclassique.fr
L'un des principaux objectifs de cette radio, c'est de rendre la musique classique accessible à tous. Au programme, vous pourrez écouter les informations, notamment « Le journal de Radio Classique » de 7h à 8h, mais aussi les actualités culturelles, « 3 minutes pour la Planète »... Sans oublier d'écouter la musique toute la journée ! La plupart des émissions sont confiées à des journalistes et des animateurs connus et reconnus comme Guillaume Durand, Eve Ruggieri ou encore Claire Chazal, et bien d'autres ! Et, tous les soirs en semaine, à 20h, retrouvez Elodie Fondacci qui raconte un conte de fée dans « Des histoires en musique » (idéal pour endormir les enfants et divertir les parents...). Sans oublier, pour les curieux, « Discoportraits ». Une émission présentée par Francis Drézel du lundi au vendredi de 23h à minuit.

Breton

NRJ (102.4)
www.nrj.fr

En plus de 30 ans, la « Nouvelle radio jeune » a bien grandi. Aujourd'hui, avec de nombreuses webradios, webtélés et chaînes de télévision, le groupe est présent partout dans le monde. Sur NRJ, outre la matinale de Manu et quelques émissions, c'est « Hit music only ! « , comme l'indique son slogan. Une radio principalement écoutée par un public jeune et qui diffuse de nombreux succès commerciaux. A Brest, durant les décrochages du programme national, Ludovic Lerissel présente des bulletins d'informations locales très complets. Depuis plus de 10 ans, la station organise également les « NRJ Music awards » qui récompensent des artistes populaires dans différentes catégories. Sinon, vous pouvez aussi retrouver Cauet toute la semaine de 21h à minuit...

LA RADIO DE LA MER – OÜI FM (90.5)
http://laradiodelamer.ouifm.fr

La radio de la mer programme désormais Oüi FM, la radio rock, mais s'adresse toujours aux amoureux de la mer. Elle émet dans 8 villes côtières, de Dunkerque aux Sables d'Olonne en passant par Cherbourg, Lorient, Boulogne sur Mer, Fécamp, Granville et, bien sûr, Brest. Au programme : beaucoup de musique, Rock évidemment, mais également des choniques liées à la mer et aux thèmes qui lui sont proches : tourisme, environnement, aventure, sports...

RADIO NEPTUNE (95)
7, rue du Château – BREST ✆ 02 98 44 01 95
www.radio-neptune.net

Radio associative née à Brest dans les mois qui ont suivi la libération des ondes, Radio Neptune propose un programme de musique classique la journée et de jazz à partir de 20h et toute la nuit jusqu'à 9h. On tient à préciser également que les œuvres sont diffusées dans leur intégralité, sans pub aucune. Et on apprécie vraiment... A 19h, la radio propose des magazines culturels thématiques tels que « les Lundis de la Santé », « Anachroniques » ou encore « Des mots ». A noter que si vous souhaitez aider Radio Neptune, qui est une association sans but lucratif présidée par le sympathique et passionné Jean Le Corvoisier, vous pouvez lui adresser un don de 20 € par an.

RADIO NOVA (100.2)
www.novaplanet.com

Nova est née à Brest depuis 2007. Une radio musicale créée comme beaucoup d'autres il y a une trentaine d'années. Au fil de son histoire, sa programmation est notamment passée du rock alternatif au rap pour devenir aujourd'hui une station ouverte à de nombreux styles musicaux en constante recherche de nouveautés à partager avec ses auditeurs. Nova c'est « le grand mix », une radio qui a su sortir du microcosme parisien pour proposer à tous ses découvertes musicales.

RFM (105.9)
www.rfm.fr

Le slogan de cette radio station est tout simplement « le meilleur de la musique »... RFM diffuse principalement les hits des années 1990. Entre 6h et 9h du lundi au vendredi, Bruno Roblès vous promet « le meilleur des réveils » tandis que Pat Angeli animera vos après-midi de 13 à 17h mais également les soirées des week end avec « RFM Night Fever » pour danser entre 22h et 1h !

RIRE ET CHANSONS (90.9)
www.rireetchansons.fr

Si vous voulez « du rire garanti toutes les 3 minutes », il vous suffit d'écouter cette station. Idéal si vous n'avez pas le moral... Tous les matins de 6h à 10h, c'est MDR (Morning du rire !) avec notamment, à 9h, Laurent Baffie dans « C'est quoi ce bordel ? « . Sur les ondes de Rires et Chansons, vous pourrez également écouter des émissions 100 % sketchs et 100 % live, mais aussi le journal du rire tous les jours à 10h30. Bref, c'est la radio des grands du rire d'hier et d'aujourd'hui avec une programmation musicale essentiellement rock.

RMC (92.4)
www.rmc.fr

En plus d'un demi-siècle, cette radio généraliste a bien changé... En 2001 Alain Weill, s'inspirant des radios outre-Atlantique, a lancé la formule « info, talk, sport « . On retrouve du lundi au vendredi Jean-Jacques Bourdin à l'antenne de 6h à 10h, suivi des « Grandes gueules. L'après-midi, c'est Brigitte Lahaie qui innove en abordant des sujets relatifs à la sexualité de 14h à 16h. Sinon, RMC fait aussi la part belle au sport avec des émissions phares comme « Larqué Foot » ou le « Moscato show » et toujours du direct.

RTL (104.3)
www.rtl.fr

Cette radio de la rue Bayard, qui a su résister aux effets du temps, est un poids lourd de la bande FM. Le matin, vous pourrez écouter Laurent Bazin entouré de célèbres chroniqueurs tels que Jean-Michel Aphatie, Alain Duhamel, Yves Calvi et l'imitateur Laurent Gerra... La journée se poursuit en compagnie de figures du PAF et avec bien sûr, à 16h, l'émission de divertissement « Les grosses têtes » et son animateur-vedette, Philippe Bouvard, à l'antenne depuis plus de 30 ans : une véritable institution ! Côté sport, « On joue le match » tous les soirs de la semaine à 20h et le « Multiplex RTL-Ligue 1 » le samedi à 19h.

RTL 2 (90)
www.rtl2.fr

Les ondes de cette radio n'émettent que du son pop-rock toute la journée parce que RTL 2, « ce n'est pas de la radio, c'est de la musique » ! Vous pourrez écouter l'émission du matin de 6h à 9h, « le Grand Morning », animé par Christophe Nicolas et Agathe Lecaron. Et si vous êtes plutôt fans de concerts, écoutez le « Pop Rock Sélection » du lundi au vendredi de 20h à 22h (extraits des plus grands concerts, des moments rares, des reprises...). Sans oublier l'émission de Francis Zégut « Pop-Rock station « , du lundi au jeudi de 22h à minuit, histoire de terminer la journée en beauté...

VIRGIN RADIO (96.5)
✆ 02 98 02 90 70
www.virginradio.fr

Virgin Radio, c'est la station Pop rock qui se veut proche de ses auditeurs, avec par exemple sa matinale de 6h à 9h. Sinon, de 13h à 20h du lundi au vendredi, vous pourrez écouter toutes les infos de votre région ainsi qu'un max de tubes avec Pierre-Alex. Et si vous êtes plutôt un auditeur du soir, vous pourrez aussi entendre les meilleurs tubes du moment avec Double F et son « Lab Virgin radio » entre 20h et 2h en semaine.

■ SKYROCK (101.8)
www.skyrock.fm

Skyrock est une radio qui s'adresse aux 15-25 ans. Son animateur phare, Difool, est incontournable : il anime la matinale du lundi au vendredi de 6h à 9h et reprend l'antenne tous les soirs de 21h à minuit pour « Radio libre » (également le dimanche). Le reste de la journée est principalement consacré aux dédicaces en début d'après-midi et aux « Hits Skyrock ». Côté styles musicaux Skyrock est la première radio sur le rap et le r'n'b.

■ FRANCE BLEU ARMORIQUE (103.1)
14, avenue Janvier
RENNES
✆ 02 99 67 43 21

Plus d'un quart de siècle d'existence, d'information locale, et autant d'années d'ancrage au cœur de la région. Une radio très appréciée par les Rennais qui peuvent ainsi suivre l'actualité culturelle du bassin rennais. L'auditeur y a une place toute particulière, il occupe souvent l'antenne pour réagir, discuter ou encore vendre sa voiture, sa maison, sa salle à manger… du local, on vous dit ! Cela n'enlève rien au professionnalisme et à la qualité des animateurs et des émissions. C'est une radio qui se veut proche de la population. Parmi les émissions, les auditeurs peuvent suivre - outre les informations et les matinales très complètes – des programmes sur la nature en Bretagne, avec des idées balades et découvertes des pays bretons, des contes, une excellente émission historique sur l'histoire de la région. Ces dames ont également leur créneau spécialement pour elles, le samedi midi. Sans oublier, bien sûr, le sport, avec notamment la couverture en direct des matches du Stade rennais, et l'émission Sport en Armorique de 18 à 19h le dimanche, durant laquelle Cédric Guillou décortique l'actualité sportive du week-end.

Télévision

■ FRANCE 3 IROISE
Rue Frédéric-Le-Guyader – BREST
✆ 02 98 43 51 60 – http://bretagne.france3.fr

Les studios de France 3 Iroise, qui est l'édition locale de France 3 Ouest, sont installés dans les locaux du Quartz à Brest. L'équipe composée de professionnels chevronnés mais aussi de quelques jeunes, est dirigée par le très professionnel et passionné Gurvan Musset. Outre ses fonctions, cet amoureux et spécialiste de voile et de cyclisme, commente également les grands évènements sportifs lorsque ceux-ci se déroulent sur l'ensemble de l'ouest. Cette antenne, diffusant ses programmes sur l'ensemble du Finistère, est aussi à l'origine de nombreux reportages diffusés dans les journaux nationaux et émissions thématiques de France 3. Voilà de quoi rappeler, s'il en était besoin, le rôle important d'une télé régionale lorsque son équipe est bien implantée dans son territoire.

■ TEBEO
19, rue Jean-Macé – BREST
✆ 02 98 33 94 30 – www.tebeotv.fr

Présidée par Hubert Coudurier et lancée à la fin de l'année 2009 par le quotidien régional Le Télégramme, Tébéo ou TBO (pour Télévision Bretagne Ouest), représente de façon jeune et dynamique, l'actualité dans le Finistère, et

parfois un peu plus loin. Dans ses studios, situés au sein des locaux brestois du Télégramme, une équipe de journalistes travaille sans relâche pour le meilleur de l'actu sur la TNT. En plus du « bout de la terre », les parties est du Morbihan et des Côtes d'Armor peuvent profiter de ses émissions variées. Les grilles de ses programmes incluent une belle diversité de sujets, outre son très regardé JT quotidien. On retrouve notamment, du mardi au vendredi, le talk-show « La Complète ». Mais la cuisine, le cinéma, l'économie, la langue bretonne, le sport (et en particulier l'avant et après match du SB29, présenté par Hervé Ugo) et des émissions spéciales (Festival des Vielles Charrues, Trop Bro Léon, la Route du Rhum, etc…) ont eux aussi leur temps d'antenne, tout comme les chroniques humoristiques présentés avec talent et l'accent brestois par Steven Le Roy, par ailleurs journaliste à la plume incisive au sein de la rédaction brestoise du Télégramme. Animée par une équipe jeune au sein de laquelle on retrouve entre autres Gwenaëlle Fleur, Pauline Fercot, Christophe Boucher ou encore le directeur et rédacteur en chef Olivier Clech, cette télé, dont la bonne réputation a largement dépassé les limites du Finistère, a encore de belles années devant elle !

■ FRANCE 3 OUEST
9, avenue Jean-Janvier
RENNES
✆ 02 99 01 79 79

A deux pas du TNB, sur l'avenue Janvier, l'antenne régionale de France 3 a fière allure. Les équipes rattachées à France 3 Ouest produisent des documentaires et émissions de grande qualité, alliant proximité et professionnalisme. Les journaux locaux sont très suivis, à l'heure où le régionalisme est mis en avant à bien des égards : fouillés et construits, les reportages informent des téléspectateurs friands et curieux. Présent sur les grands événements comme sur les plus petits, toujours à l'affût, France 3 Ouest est un excellent relais régional. Ses équipes sont aussi reconnues pour leur professionnalisme. Elles interviennent d'ailleurs pour la préparation d'émissions diffusées sur le canal national de France 3, comme pour Des Racines et des ailes. Là encore, un gage de leur compétence.

■ TV RENNES 35
19, rue de la Quintaine
RENNES
✆ 02 99 30 58 58
www.tvrennes35bretagne.fr

TV Rennes, l'une des premières chaînes de télévisions locales créées en France en 1987, est diffusée sur le câble dans l'agglomération rennaise et sur la TNT (box ADSL Orange, le reste doit suivre ; Numericable). Son fonctionnement repose sur une équipe de trente personnes, dont 14 journalistes reporters d'images. La chaîne, acteur de référence dans le paysage médiatique local, et partenaire des acteurs locaux, s'inscrit pleinement dans la vie de la cité, regardée par tout ou même 60 000 téléspectateurs par jour. Ce sont plus de vingt émissions (productions propres) qui donnent la couleur locale de l'antenne. TVR est présente sur tous les grands événements rennais et bretons. La chaîne mise en outre de plus en plus sur la souplesse du média Internet pour offrir une information en temps réel, sans oublier l'application smartphone pour suivre votre média de proximité partout et à toute heure.

Index

Retrouvez le sommaire en début de guide

Le site mégalithique de Carnac
© SERIEME - FOTOLIA

ABONNEZ-VOUS !

et voyagez toute l'année avec le guide
Week-ends en Europe

BULLETIN D'ABONNEMENT

A retourner à :
Petit Futé mag – service abonnements
18-24, quai de la Marne - 75164 Paris Cedex 19

+ Le guide Week-ends en Europe

❏ **Oui,** je souhaite m'abonner au Petit Futé mag pour 1 an (soit 6 numéros) **au prix de 25 €** (au lieu de ~~29,40 €~~) et je recevrai en cadeau le guide Week-ends en Europe.

❏ **J'offre** un abonnement d'1 an (soit 6 numéros) **au prix de 25 €** au lieu de ~~29,40 €~~ et je recevrai en cadeau le guide Week-ends en Europe.

❏ Je joins mon règlement par chèque bancaire ou postal à l'ordre de Petit Futé mag

❏ Je préfère régler par carte bancaire :

CB n° | | | | | | | | | | | | | | | | | |

Expire fin : | | | / | | |

Clé : (3 derniers chiffres figurant au dos de la carte) | | | |

Date et Signature

PC13

Mes coordonnées : ❏ Mme ❏ Mlle ❏ M.

Nom . . . . Prénom . . . .

Adresse . . . .

Code Postal . . . . Ville . . . .

Tél. . . . . Email . . . .

J'offre cet abonnement à : ❏ Mme ❏ Mlle ❏ M.

Nom . . . . Prénom . . . .

Adresse . . . .

Code Postal . . . . Ville . . . .

Tél. . . . . Email . . . .

Découvrez
toute la collection Voyage

FRAIS DE PORT OFFERTS

BULLETIN À RETOURNER À :
PETIT FUTE VPC 18, rue des Volontaires 75015 PARIS Tél. 01 53 69 70 00

Mme ☐Mlle ☐M. Nom..Prénom...

Adresse...Code postal.................................

Ville...Email..

Je commande les guides suivants : ☐ ....X...........€
                                     (titre)   (prix)

☐ ....X...........€

Je joins mon règlement par chèque bancaire ou postal à l'ordre du Petit Futé

Je préfère régler par carte bancaire la somme totale de ....€

date et signature
obligatoires :

B. n° ☐☐☐☐ ☐☐☐☐ ☐☐☐☐ ☐☐☐☐

Expire fin : ☐☐ / ☐☐   N° de contrôle (les 3 derniers chiffres au dos de votre carte) ☐☐☐

Liste des titres au verso. Offre réservée à la France métropolitaine dans la limite des stocks disponibles.

Vous pouvez également commander en ligne sur www.petitfute.com

Collaborez à la prochaine édition
Bretagne

....
....
....
....
....
....
....
....
....
....
....
....
....
....
....
....
....
....
....
....
....
....
....
....
....
....

Collaborez à la prochaine édition
Bretagne